W0078166

Joachim Radkau

Theodor Heuss

Carl Hanser Verlag

1 2 3 4 5 17 16 15 14 13

ISBN 978-3-446-24355-2

Satz: Greiner & Reichel, Köln
Druck und Bindung: CPI – Ebner & Spiegel, Ulm
Printed in Germany

MIX
Papier aus verantwortungsvollen Quellen
FSC® C006701

Inhalt

Die Hintergründigkeit der Heuss-Welt:
Erlebnisse bei einer Wiederbelebung

Heuss-Reize und Heuss-Rätsel: »Regulierte Taktlosigkeit« und »Theos Kleine Nachtmusik« (13) Wie gewinnen Bundespräsidenten im Kollektivgedächtnis Gestalt? (14) Wo ist in diesem Leben die Linie? (15) Charisma und Kairós (16) Zwischen Historisierung und Aktualisierung: Neue Sichtweisen in einer Geschichte der Möglichkeiten (17)

1 Allotria im Bannkreis Friedrich Naumanns

Zeittafel (21) Selbstabgrenzung im Anblick einer Überfülle von Optionen: Die Modernität des Heuss'schen Dilemmas (23) »Mein rundes Bekenntnis zum ›Allotria‹« (25) Weder Vater-Sohn-Konflikt noch väterliches Vorbild – weder Achtundvierziger noch Bismarck-Deutscher (29) Konflikt zwischen den Vätern: Friedrich Naumann und Lujo Brentano (32) Heuss und die Heilbronner Weingärtner: zwischen allen Fronten (36) Latente Distanz zu Naumanns Flottenbegeisterung (38) Heuss und die haarsträubenden Naumann-Eskapaden (39) Naumanns Charisma und seine Schwachstellen: eine lebenslange Lehre für Heuss (43) Kreise ohne Klüngel (46) Mütterliche Freundinnen: Lulu, Lis, Lu – und dann Elly (48) Unschlüssigkeit und Leidenschaft (54) Selbstprofilierung als Gegenpart zu Elly (57) Wappnung gegen die nervöse Reizbarkeit der Zeit (58) Spaltung zwischen Kultur und Politik oder »Konkubinat von Romantik und Realismus«? Der Deutsche Werkbund als Synthese (60) Zeppelin statt Wagner – und statt »Titanic« (62) Wo ist die politische Leidenschaft? (64) Fehlende Feindbilder (66) »Es gibt in der Politik keine absoluten Wahrheiten, sondern fast nur Relationen« – Das Heuss'sche Vergnügen an der Politik (67) Eine lebenslange Liebe: Heuss und Wilhelm Busch (70)

2 Kühl und korrekt durch den Krieg:
Der Zivilist vor der Urkatastrophe des 20. Jahrhunderts

Zeittafel (73) Zwei Logiken zur Erklärung des Kriegsausbruchs (75) Ahnungslosigkeit als Bedingung des Kriegsausbruchs und das Beispiel Heuss (76) Ernst Jäckh und Paul Rohrbach oder: Der fragwürdige Nutzen von Insider-Kontakten (80) Heuss, die drei Akte der Fischer-Kontroverse und das Rätselraten um die Tagebücher Kurt Riezlers (83) Eine Verlockung zu Heuss'scher Selbstbespiegelung: Die doppelbödige Gestalt Bethmann Hollwegs (87) Der lächelnde Bülow als Proto-Heuss? (89) Die schwierige Sinngebung des Krieges als Chance für Literaten und Gelehrte: Heuss als Kriegspublizist und als Verächter der »Kriegsliteraten« (91) Im Gezänk der Kriegsliteraten: Heuss, Hesse und Hodler (93) In der Gefahr der Banalität, aber nicht aus der Ruhe zu bringen (96) Zwischen Entsetzen und Entdeckung ungeahnter Fähigkeiten: Elly Heuss-Knapp im Krieg (97) Gegen Kurt Hiller, den »Famulus des Geistes«: Irritation durch Friedensliteraten (100) Das größte und abgründigste literarische Kriegsereignis: Naumanns »Mitteleuropa« (102) Heuss' Missmut gegenüber der Friedensresolution des Deutschen Reichstags (106) Heuss und Max Weber: Reale Begegnung und retrospektive Aneignung (108) Neue »Kreise« in Berlin und Heimkehr zum Werkbund: 1918 als Jahr des Neuanfangs (113)

3 Auf Schlingerkurs, gelassenes Scheitern und geschärftes Profil:
Heuss in der Weimarer Republik

Zeittafel (119) Abschied und doch kein Abschied vom Obrigkeitsstaat oder: Die vergebliche Suche nach der Heuss'schen Staatstheorie (122) Die Mehrdeutigkeit der Demokratie in der Weimarer Verfassung (125) »Kronprinz muss warten«, »nach Strich und Faden hereingelegt« und doch: Ein unverdrossener Fehlstarter (129) Ein Leitmotiv im Lavieren: Gegen die »ekelhafte Monopolisierung der Worte Vaterland und Nation« durch die Rechte! Der Kapp-Putsch als »Verbrechen gegen die Nation« (137) Von »Mitteleuropa« zum »Anschluss« (139) Zwischen völkischer Romantik und antichauvinistischer Taktik: Heuss' Engagement für die Auslandsdeutschen und der »Flaggenstreit« (140) Eine Freundschaft von politischer Brisanz: Heuss und der Reichswehrminister Otto Gessler (143) Eine unüberwindliche Aversion: Heuss und der Pazifist Friedrich Wilhelm Foerster (145) Völkerbund und Paneuropa-Union: Politische Luftschlösser? (148) Zonen des Schweigens in der Flut der Worte (150) Das Dilemma des Anstands in der Wirtschaft oder: Wie dachte Heuss über Inflation und Deflation? (151) Eine Lebensfreundschaft bei »ganz verschiedenen Temperamenten«: Heuss und Gustav Stolper (156) Warum wurde die DDP nicht zur Partei der Frauen – und warum ging Heuss nicht dabei voran? Und welche Rolle spielten dabei Elly Heuss-Knapp und Gertrud Bäumer? (158) Der größte Kampf in der 1920er Jahren: Heuss in vorderster Front für das Gesetz gegen »Schund und Schmutz« (164) Wo bleibt die

Wiedervereinigung der Liberalen? Und warum stattdessen die »Deutsche Staatspartei«? (170) Heuss und Hindenburg (173) Ein Proto-Heuss: Willy Hellpach als demokratischer Gegenkandidat Hindenburgs und als politischer Prophet (174) Die Frage nach den Gründen des NS-Aufstiegs: Erneut zwei Logiken der historischen Kausalität (176) Eine gewisse Begabung zur Hellsicht gegenüber der NS-Gefahr (177) »Hitlers Weg« – wohin? (179) Ironie und historische Analogie im Blick auf die Adressaten von »Hitlers Weg« (181) Heuss' Weg zum Ermächtigungsgesetz (184) Noch zwei historische Analogien: Wartburgfest und Hambacher Fest (187)

4 Unter der NS-Diktatur: Kreativer Rückzug auf sich selbst

Zeittafel (191) »Das Leben ist ziemlich eingeschrumpft« (193) Heuss' Kunst der Balance gewinnt Format (196) Erfahrung des »Dual State«: Fühler zum NS-Apparat (198) Heuss'sche Toleranzen und Toleranzgrenzen: Wilhelm Stapel, Paul Schmitthenner und Carl Schmitt (200) Zum Vergleich: Gertrud Bäumer und der Drang zum Dabeisein (203) »Den ganzen Kopf voll mit Reklame«: «Ellys große Zeit« als Krisenmanagerin (204) Vorneweg auch in der Erinnerungspolitik: Elly Heuss-Knapps »Ausblick vom Münsterturm« (206) Eine elsässische Konnexion mit einem verhinderten Proto-Hitler (208) Die Heussens und die Stolpers: Eine Freundschaft wird transatlantisch (209) Das andere Deutschland trifft die anderen USA (212) Die große Naumann-Biographie: die lange Abarbeitung am geistigen Vater (212) Konkurrierende Naumann-Erinnerungen: Noch einmal Heuss und Gertrud Bäumer (213) Im Mittelpunkt der imaginären Naumann-Gemeinde (215) Wiederbelebung von Werkbund-Erinnerungen: Das »Lebensbild« des Architekten Hans Poelzig (217) »Unheimlich nahe an die Naturwissenschaften heran«: Die Biographie des Meeresbiologen Anton Dohrn (222) An der Schwelle zur Ökologie (224) Heuss und Margret Boveri: Der Beginn einer gereizten Freundschaft (226) Lob des Mischwalds; Heuss und das Holz (227) Die Leidenschaft in den Naturwissenschaften: Heuss als Liebig-Biograph (230) Die Biographie des Bosch-Zünders und die Bestimmung eines deutschen Erfolgspfads in der Technik (231) Eine gefährliche Beziehung: Bosch, Goerdeler und Heuss (234) Rehabilitation der Bastelei gegenüber der Theorie in der Technik (235) Der kritische Punkt: Der Streik von 1913 und das »Bosch-Tempo« (236) Kriegsaussichten (237) Zuflucht zur Geschichte: Ein Wohlgefühl als »Allerweltshistoriker« (240) Ein neues Selbstgefühl als überlebender Zeitzeuge (242) Ein Fenster in NS-Abgründe: Die Berichte des Sohnes (243) »Schmale Wege«: Ein erster Versuch der Vergangenheitsbewältigung durch Elly (246) Das Problem der «anständigen Elemente« im NS-System und der Fall Martin Sandberger (248)

5 Heuss' historische Stunde: Schwächen verwandeln sich in Stärke

Zeittafel (253) Vom Rand ins Zentrum des Geschehens: Die schlagartige Expansion der Heuss-Welt und der Ansturm neuer Möglichkeiten (256) Wie kam es zum großen Sprung? Heuss, die Amerikaner und die Emigranten (259) Eine zeitgemäße Art von bürgerlicher Lebenskunst (265) Gegen das Vergessen, und doch: Die ewigen Reizthemen »Entnazifizierung« und Ermächtigungsgesetz; und noch einmal Kurt Hiller (267) Mitherausgeber der »Rhein-Neckar-Zeitung«: Eine Vorübung in Überparteilichkeit (274) »Leben wir noch?« Liberale Wiederbelebungsversuche und Heuss'sche Entkrampfungskünste (279) »Kein Entrinnen aus dem deutschen Gesamtschicksal?« Die Kluft zwischen Ost und West bricht auf – Heuss bricht mit Wilhelm Külz (283) Verleidung des Liberalismusbegriffs (293) Heuss' persönliche Westorientierung: Scharfe »Weltluft« in den Hochalpen und die verworrene »deutsche Wirklichkeit« (293) 1948–1848: Vom historischen Allotria zur gezielten Geschichtspolitik (298) »Zünglein an der Waage« im Parlamentarischen Rat: Heuss und die Erfindung der Bundesrepublik Deutschland (302) 1. Gegen die Betonung des Provisorischen (307) 2. Für eine starke Bundeskompetenz (307) 3. Christliche Erziehung ohne konfessionelle Regelschule (309) 4. Gegen die schwarze Legende vom Proporzwahlrecht (311) 5. »Cave Canem«: Warnung vor dem Plebiszit – Abschied vom Mythos »Volk« (311) 6. »Es darf hier in diesem Hause keiner besiegt worden sein«: Konsensorientierter Debattierstil – Kontroverse mit Dolf Sternberger (313) »Aber wenn in der Welt kein Humor mehr vorhanden ist, dann lohnt sich die Welt nicht mehr.« Heuss und Carlo Schmid: Wilhelm-Busch- und Homer-Humor (315) Und wieder die Gereiztheit des Zivilisten gegen die Pazifisten (318) Auf dem Weg ins Präsidentenamt; Heuss und die Debatten über die Kompetenzen des künftigen Bundespräsidenten (320) Mysterium oder Banalität? Die Genese der Allianz Adenauer – Heuss (322) Ein Hauch von Charisma: Von »Wie soll ich Dich empfangen?« zu »Großer Gott, wir loben Dich« – und zum »Mut zur Liebe« (324)

6 Entkrampfung der Deutschen – Veralltäglichung des Heuss'schen Charismas

Zeittafel 1950–1963 (331)

6.1 Hymnenschöpfer oder »Hüter der Verfassung«? Ein fehlerfreundlicher Bundespräsident auf der Suche nach dem Präsidentenprofil

Die Gefahr präsidialer Langeweile inmitten von Hektik, und: Die Präsidentenmacht als Funktion der Kanzlernerven (336) Junggesellenwirtschaft mit Bott: Bremsversuche gegenüber einer Bürokratisierung des Präsidialamtes (338) »Das Mögliche aus dem Amt herausholen«: Aber was? (342) Der Hymnenstreit, oder: Ein Ironiker verfällt in unfreiwillige Komik (345) Heuss, Hesse und Hebel, der »Homer aus dem Wiesental«: Eine verhaltene Romantik (348) Ein Versuch zum Einklang mit der SPD scheitert an Schumachers Schwabenspott (349) Trotz Koeppens »Treibhaus«: Die Unschlagbarkeit der Heuss'schen Popularität (351) Hüter der Verfassung, Kanzlermarionette oder zaudernder Zauberlehrling? Heuss' Gang nach Karlsruhe und zurück (353) Heuss' peinlichste politische Beziehungskrise: Der Bruch mit Dehler (356) »Was ist Qualität?« Der schwer zu fassende »Stil« und das erlösende Wort »Entkrampfung« (359) Auf vermintem Gelände, aber »mit Selbstironie und begrenzter Bosheit«: Der »geheime Bundeskultusminister« und die Grabenkämpfe um die Moderne in der Kunst (362) Mit Blick auf das Atomium: Verdrossen in Brüssel – Heuss in der Kontroverse um den deutschen Pavillon auf der Weltausstellung von 1958 (365) Ein Kuss für den Kernspalter: Eine Männerliebe besonderer Art in der Ära der Atomeuphorie (368) Wissenschaftspolitik als Politik der Sparsamkeit (370) Als Architekt einer neudeutschen Walhalla: Neuerfindung der »großen Deutschen« (372)

6.2 Heuss und Adenauer: Yin und Yang –
Ein Stil des Understatement als Gegengewicht zur »Politik der Stärke«

Ein klassischer Kontrast, doch mit querschießenden Momenten (375) Ironie, Krisenstrategie und Ökologie à la Adenauer und Heuss (381) Der Fall Edgar Alexander: Ärger mit einer Adenauer-Apotheose, und zugleich ein Reizthema in der Beziehung zu Toni Stolper (388) »Kein Dreck ohne Jäckh«: Der »Weichensteller« wird zum Wolkenschieber (390) Ein weltläufiger Lehrmeister der politischen Ernüchterung: Moritz Julius Bonn (393) Verlockende Dritte-Welt-Perspektiven (394) Nasser, Hitler und die Makkabäer: Historische Assoziationen in der Suezkrise von 1956 (395) Außenpolitische Schwachstellen als Chance für den Bundespräsidenten: mit Reiserei, dabei nicht ohne Risiko (398) Die Streitfrage der alten Seilschaften im Auswärtigen Amt (401) Die Vereinigung mit der Saar: »von Heuss vollzogen«, doch unter Spaltung der FDP (404) Heuss' Gelassenheit als Temperaturregler im Kalten Krieg (406) »Entkrampfung« auch in den Beziehungen zum Ostblock (411) Der 17. Juni 1953: »Tag der Deutschen Einheit« oder wilder Streik? (415) Von der »Entkrampfung« zur »Entspannung«? Die Kontroverse um Kennan zwischen Adenauer und Heuss (417) »Vertriebene« in Anführungszeichen; ökologische Umfunktionierung der »Heimat« (420) Koketterie mit dem »Anti-Adenauer-Komplex«: Heuss, Margret Boveri und der Fall Otto John (424) Ein erstes Göttinger Manifest gegen einen »deutschen McCarthy«: Heuss, Toni Stolper und das Anti-Schlüter-Netzwerk (427)

6.3 Die große Liebe, der doppelte Krach und die unvermeidliche Banalisierung

Mai 1955: »Im Jubel des Blütenregens« (430) Liebe, Selbstverliebtheit und Selbstbespiegelung (434) Und die Männerliebe? (436) Gesellschaftsgeschichte des Präsidentenkörpers: Ein Pendeln zwischen Wirtschaftswunderbürger und »grazilem Intellektuellen« (438) »Im Briefeschreiben der Genusssucht frönender Routinier«: In der »Produktivität des Behagens« (441) Dokumente der Bedeutung oder der Bedeutungslosigkeit? Zwiespältige Reaktionen auf die »Tagebuchbriefe« (442) Heuss als Testfall für Grenzfragen des Politischen (446) Von der Freundin aus New York: Internationales Insider-Wissen in die »deutsche Klause« des Präsidenten (447) »Mut zur Liebe« ganz persönlich – doch auch Grauzonen der Lieblosigkeit (450) Heuss als »gefundenes Fressen« für Adenauer und: »Papa Heuss« als politischer Vatermörder (453) »Bemerkungen zur Bundespräsidenten-Frage«: Heuss als Mentor der Staatsräson (456) Schwankende Kurse an der »Bundespräsidenten-Börse« (458) Zwei konträre Kräche (459) Missverständnis und Bekenntnis zur »Metapolitik« (460) Wer ist schon für den Atomtod? Heuss gegen die »Pharisäer« (463) »Christlich eingekleidete Demagogie« kontra »Hohe Schule für Berufsverbrecher« (465) Hinter Niemöller die »rabiaten Barthianer« (469) Das Dilemma der Kontroverse um die Atomwaffen (473) Die Zweideutigkeit des »Nun siegt mal schön«; Heuss als Netzwerker zwischen den Fronten (474) In der Spaßgesellschaft: Die Entkrampfung wird banal (478) »Ich habe ja von so vielen Dingen renommiert«: Koketterie mit der Koketterie (483) Von der Inklusion zur Exklusion: Das Dilemma der Suche nach der Mensch-zu-Mensch-Kommunikation (484) Abwimmeln und Kampf gegen Verkitschung als Präsidenten-Alltag (486) »Emigrantenrede« und neue Horizonte – von Willy Brandt bis Tagore (487) Der letzte Triumph über Adenauer: Gelassenheit im Loslassen (495)

Egeria, Sarastro und der Sputnik:
Die weibliche Seite der Toni-Theodor-Tagebuchbriefe (501)

Anhang

Dank (529)
Anmerkungen (533)
Personenregister (630)
Bildnachweis (639)

»Mein wesenhafter Ehrgeiz ist der, mit mir selber im Reinen zu bleiben. … Und den Deutschen als Gesamterscheinung gegenüber habe ich bei der sachlichen Begrenzung der konkreten Zuständigkeiten als wesenhafte Aufgabe dies unternommen: sie zu ›entkrampfen‹. Einigermaßen ist mir das geglückt, wenn auch freilich für die Parteigrenzkämpfe nur in bedingtem Maße.« *Theodor Heuss am 29. Juni 1951 an Friedrich Dessauer*

»Als bei dem Neujahrsempfang 1950 Adenauer eine Ansprache an mich hielt und mir freundlich Elogen machte, wies ich sie zurück und sagte, mein ›Programm‹ für die nächsten Jahre sei mit einem Wort umfasst, nämlich ›Entkrampfung‹. Zum Teil ist mir diese Therapie gelungen, aber ich sehe, dass bei vielen Menschen, wie auch bei Gruppen, eine Verliebtheit in ihre Komplexe besteht, so dass sie sich nach Lockerungen doch wieder in das so interessante Gespaltensein flüchten.«

Theodor Heuss am 18. Mai 1954 an Margret Boveri

»Man darf keinen ›Heuss-Kult‹ etablieren – die Demokratie ist nebenher ein Erziehungs- und Gesinnungsprozess. Ich weiß, dass ich einige angenehme Talente besitze, darunter das für mich wichtigste, dass ich mich nie mit mir gelangweilt habe.«

Theodor Heuss am 3. Januar 1959 an Ludwig Erhard

»Aber Ihre Auffassung, dass ich keine Feinde habe, ist doch zu harmlos. Zum leisen Schrecken meiner nächsten Mitarbeiter führe ich von Zeit zu Zeit gegen rechts oder links eine journalistische Polemik durch, was die Herren des Bundespräsidialamtes eigentlich ›unter meiner Würde‹ finden; aber als alter Journalist lasse ich mir nichts, und vor allem keine Fälschungen gefallen.« *Theodor Heuss am 12. Februar 1959 an Karl Loewenstein*

Die Hintergründigkeit der Heuss-Welt: Erlebnisse bei einer Wiederbelebung

HEUSS-REIZE UND HEUSS-RÄTSEL: »REGULIERTE TAKTLOSIGKEIT« UND »THEOS KLEINE NACHTMUSIK«. Als Zehnjähriger bekam ich mit, wie Theodor Heuss als spitzbübischer Bundespräsident zum Star unserer Familiensaga wurde. Das kam so: An der Universität Frankfurt, wo mein Onkel Helmut Koch frischgebackener Professor für Betriebswirtschaftslehre war, wurde ein internationales Studentenheim eingeweiht, und Heuss hatte zugesagt, auf dem Festakt zu reden. Sonst pflegte er Einladungen von lediglich lokaler Bedeutung abzuwimmeln, aber der Bau eines solchen Studentenheims besaß für ihn damals Signalwirkung. Denn es war eines seiner Lieblingsziele als Präsident, das Studentenwesen aus dem Dunstkreis der Korporationshäuser und ihrer Prügel-Ehre heraus ins Freie zu befördern.

Schon dies ein Grund, Heuss nicht ewig in der Schublade »*Restauration*« zu verstauen! Dieser Bundespräsident, der historische Anekdoten wie Kaninchen aus dem Zylinder zauberte, war ein neuer Typ in der deutschen Politik. Doch zurück nach Frankfurt 1953. Die Ergüsse der Heuss'schen Vorredner, der Honoratioren der Universität, wurden lang und länger. Schließlich verlor er die Geduld, verließ das Podium, setzte sich in eine Ecke zu den jungen Dozenten neben meine Tante, eine Schönheit der 1950er Jahre, ließ ihr und sich einen Schoppen Wein kommen, zündete sich eine seiner geliebten Zigarren an – all das zur Begeisterung seiner Umgebung und der Presseleute – und begann zu plaudern, wobei sich seine Augen lustvoll zu Schlitzen verengten, wie überhaupt die präsidiale Heuss-Ikone eine gewisse Ähnlichkeit mit der späteren Mao-Ikone aufweist. Natürlich hielt er am Ende doch noch eine anständige Rede, die im Regierungsbulletin den Titel bekam: »Die Freiheit kann auch eine konservative Aufgabe sein.«[1]

Nicht ohne Grund trumpfte Heuss 1960 gegenüber seiner Altersliebe Toni Stolper auf: »Ich rühme mich ja, der Erfinder der ›regulierten Taktlosigkeit‹ zu sein.«[2] 1955 hatte er ihr über eine gerade an der Universität München gehaltene Rede über Stilfragen der Demokratie geschrieben: »Die jokose Art des Anfangs war dazu bestimmt, das Pathos wegzuschwemmen, das der Rektor und der Dekan produziert hatten.«[3] Statt Demokratie neu zu definieren, führte er vor, was für ihn demokratischer Stil im Alltag bedeutet.

Kein Wunder, dass meine Tante Heuss fortan liebte – in jenem weiten Sinne, den das Wort »Liebe« im Heuss'schen Freundschaftsvokabular besaß. Und doch hatte sie sich vorher wie so viele deutsche Zeitgenossen ausgeschüttet vor Lachen über »Theos Kleine Nachtmusik«: jene von Rudolf Alexander Schröder ausgedachte »Hymne an Deutschland«, die Heuss in seinen ersten Präsidentenjahren verbissen und unbelehrbar als neue Nationalhymne durchzusetzen versuchte. Neben dem Engagement des Weimarer Reichstagsabgeordneten Heuss für das »Schund-und-Schmutz«-Gesetz, mit dem Heuss sich viele Freunde verdarb, ist für Heuss-Bewunderer bis heute nichts so rätselhaft geblieben wie sein gereizter Kampf für die neue Nationalhymne.

Allzu leicht wird man durch vieles, was von und über Heuss geschrieben wurde, zur Identifikation mit ihm verführt, schon gar, wenn man sich durch seine charmant-unterhaltsamen Memoiren in die Heuss-Welt locken lässt; da ist das Nationalhymnen-Intermezzo ein Warnsignal. Es führt vor Augen: Auch Heuss hätte zur lächerlichen Figur werden können, wie es seinem Nachfolger Lübke widerfuhr. Man wird noch sehen, wie er sich als Bundespräsident manchen politischen Eigensinn von Adenauer austreiben ließ; das blieb der Öffentlichkeit nicht verborgen und hat dem bundesdeutschen Präsidentenamt bis heute etwas Unsicheres gegeben.

WIE GEWINNEN BUNDESPRÄSIDENTEN IM KOLLEKTIVGEDÄCHTNIS GESTALT? Ende 2008 erhielt ich Gelegenheit zu einem Heuss-Gespräch mit dem damals amtierenden Bundespräsidenten Horst Köhler, dem *Genius loci* zuliebe in der Bonner Villa Hammerschmidt. Ich begann das Gespräch mit der Bemerkung, dass ich gerade aus dem *Haus der Geschichte* käme und mir nur schwer erklären könne, dass ich im dortigen Buchladen keinen einzigen Titel über Heuss gefunden hatte, den populärsten deutschen Politiker seiner Zeit. Köhler erwiderte nicht ohne Resignation, das sei wohl das Schicksal der Bundespräsidenten, dass von ihnen nur Punktuelles, nur losgelöste Fetzen mit bestimmten Effekten im Gedächtnis haften blieben – »Meine Damen und Herren, liebe Neger« von Lübke, Weizsäckers Berliner Rede.

Das wirft ein Licht auf ein Grundproblem: Mit konventionellen Kategorien der Politikgeschichte ist die Bedeutung von Bundespräsidenten nicht zu fassen. Da gerät man in Verlegenheit durch die Frage, was Heuss eigentlich konkret getan habe, außer der Wiedereinführung von Orden und diesem und jenem Klimbim. Bislang haftete die Heuss-Erinnerung noch am ehesten an einzelnen Sätzen: die ernsthafte Erinnerung an die Ersetzung der »Kollektivschuld« durch die »Kollektivscham« – bei geschickten Wortschöpfungen war Heuss in der Tat ganz in seinem Element – oder die humoristische an den Heuss'schen Ausrutscher gegenüber den bei Boppard ins Manöver ziehenden Rekruten »Nun siegt mal schön!« Die wirkliche Bedeutung dieses Bundespräsidenten für die deutsche Geschichte ist am wenigsten aus seinen verfassungsrechtlichen Kompetenzen herzuleiten.

Den unmittelbaren Anstoß zu dem Heuss-Vorhaben gab meine Arbeit an der Biographie Max Webers. Als das Register des Buches vorlag, staunte ich, Heuss dort nicht weniger als 20 Mal zitiert zu haben. Als ich das Umfeld Max Webers erkundete, war ich über die dürftige Literaturlage zu Heuss überrascht; da reizte mich die Idee, mich von jenem leidenschaftlichen Denker bei dem – wie es scheint – Mann ohne Leidenschaften zu erholen.

Wenn ich Bekannten von meiner Heuss-Liebhaberei erzählte, kam reflexartig der Hinweis auf dessen Zustimmung zum Ermächtigungsgesetz. Die hat freilich nicht der Biograph zu verantworten, und Heuss war nicht der Einzige, der den mörderischen Kern der nationalsozialistischen Ideologie nicht erkennen konnte oder wollte.

Aber warum wollte ausgerechnet er – der als Zivilist an keinem Krieg teilgenommen hatte und den man sich nicht mit angelegtem Gewehr vorstellen kann – nahezu als Einziger im Parlamentarischen Rat verhindern, dass das Recht auf Kriegsdienstverweigerung ins Grundgesetz aufgenommen wurde? Glaubte er nach zwei Weltkriegen wirklich noch, dass der Militärdienst die Basis von »Demokratie als Lebensform« ist? Damit Heuss Denkanstöße gibt, muss man ihn selber stoßen. Man darf sich nicht gar zu sehr daran gewöhnen, sich verständnisinnig in ihn einzufühlen, sondern er verträgt es auch, wenn man an ihn mit zupackenden Fragen herangeht.

WO IST IN DIESEM LEBEN DIE LINIE? Schon Heuss selbst fiel es schwer genug – sofern ihm das überhaupt wichtig war –, in seinem Leben irgendeine Kohärenz und Entwicklungslogik zu erkennen. Aber gibt es vielleicht in Heuss' Leben bis kurz vor 1949 gar Linie zu erkennen? Der Biograph muss der Versuchung widerstehen, die Bedeutung des Bundespräsidenten in den Heuss der Weimarer Republik zurückzuprojizieren: Merkwürdig ist eben, dass Heuss, obwohl in jungen Jahren ein Schnellstarter und zeitlebens ein Schnellschreiber, vielseitig begabt, von gewinnendem Wesen, physisch-psychisch robust, ungeheuer fleißig und – um im heutigen Jargon zu reden – »voll vernetzt«, die längste Zeit seines Lebens nie so recht vorankam – weder als Politiker noch als Publizist. Um 1919 konnte man ihn für den kommenden Mann der Demokraten halten, aber nüchtern besehen bestand seine politische Laufbahn während der gesamten Weimarer Zeit aus einem Fehlstart nach dem anderen, bis sie 1933 scheinbar an ihr Ende kam. Nach 1949 überschlugen sich mehr und mehr Publizisten in Huldigungen an den Bundespräsidenten, wobei sie sein unverwechselbares Wesen genau zu kennen glaubten. Aber man suche in der Literatur *vor* 1949 nach markanten Schilderungen der Heuss'schen Persönlichkeit: Da erlebt man eine Fehlanzeige nach der anderen. Müsste Heuss nicht wenigstens in den 1924 veröffentlichten Briefen und Aufzeichnungen seines schwäbischen Parteifreundes Conrad Haußmann ausgiebig vorkommen, mit dem er eng zusammenarbeitete? Nichts davon![4] Oder in den umfangreichen, 1931 publizierten Memoiren seines akademischen Lehrers Lujo Brentano, mit dem Heuss dazu über Naumann und über die Familie seiner Frau verbunden war? Nicht ein einziges Mal wird er dort erwähnt.[5] Nicht besser steht es mit den Memoiren der ihm bestens bekannten Gertrud Bäumer, die 1933 erschienen[6]: zu einem Zeitpunkt, als sie und Heuss allen Grund hatten zusammenzuhalten. Als er jedoch zum Bundespräsidenten gewählt worden war, wollte diese Frau seine Biographie schreiben: eine für ihn »geradezu erschreckende Vorstellung«![7]

CHARISMA UND KAIRÓS. Vor diesem Hintergrund scheint der Kern der Heuss-Historie darin zu bestehen, dass sich jene zersplitterte Vielseitigkeit und Schwerentschiedenheit, die bis dahin Heuss' ewiges Handicap gewesen war, nach der Wahl zum Bundespräsidenten mit einem Schlage in einen Trumpf verwandelte: in weise Überparteilichkeit, die Verbissenheiten zu entkrampfen half. So verstanden besitzt die gloriose Pointe, die das Heuss'sche Leben schließlich doch fand, etwas Tröstliches: Man soll die Hoffnung nie aufgeben, dass sich eigene Schwächen durch überraschende Konstellationen in Stärken verwandeln! Und es mag als Memento dienen, dass auch eine gewisse Unentschiedenheit eine Tugend sein kann – in der Politik wie im Leben –, zumindest in unübersichtlichen Situationen und über eine gewisse Strecke hinweg.

Nicht so sehr als *prima causa* der Geschehnisse, sondern mehr noch als Medium seiner Zeit ist Heuss von historischem Interesse. Seine Briefe und Essays bieten ein wahres Kaleidoskop deutscher Geschichte von der wilhelminischen Ära bis zur Ära Adenauer, das von der Politik einschließlich sozialer und ökonomischer Fragen bis zur Kunst, Literatur, Architektur, ja selbst zur Technik reicht. Von seinem Mentor Friedrich Naumann, dem er seine »wichtigste literarische Arbeit« widmete, bemerkte Heuss, dass »alle Zeitprobleme durch den Mann hindurchgehen«[8]: Auch dadurch, nicht nur als großer Akteur, gewinnt man Bedeutung; an einem solchen Punkt erkennt man, wie Heuss sich selbst in seinem einstigen Vorbild spiegelt und von ihm Selbstbewusstsein bezieht. Wie kaum ein anderer Politiker filterte Heuss unablässig eine Fülle von Zeitströmungen.

ZWISCHEN HISTORISIERUNG UND AKTUALISIERUNG: NEUE SICHTWEISEN IN EINER GESCHICHTE DER MÖGLICHKEITEN. Man kann es nicht leugnen: Heuss-Studien verführen zur Nostalgie und zu einer Sehnsucht nach einem bundesdeutschen *back to the roots*. Dieses Heuss'sche In-sich-Ruhen, diese vielfältige und feine Bildung, dieses Stilgefühl, diese Zurückhaltung mit großen Worten und knalligen Effekten, diese lässige Nüchternheit, versetzt mit einem zarten Hauch von Romantik! Obwohl von Hause aus ebenso sehr Journalist wie Politiker, legte er als Bundespräsident sein öffentliches Auftreten nur in sehr verhaltener (dafür umso wirksamerer) Weise auf Medieneffekte an; eher verkörperte er jene Kultur des Understatement, die zur Klugheit der frühen Bundesrepublik gehört. Dazu dieser unermüdliche Fleiß bis in seine letzten Jahre; die schwäbische Sparsamkeit und Korrektheit noch als Bundespräsident eines »Wirtschaftswunder«-Landes; die Zurückhaltung mit Protektion trotz seiner weit verzweigten Freundeskreise; dieses Festhalten an eigener Authentizität, indem er noch als Präsident seine vielen Reden selber verfasste! Obwohl sich die Medienleute um diesen Präsidenten rissen, suchte er doch stets den Kontakt von Mensch zu Mensch; nicht zuletzt aus diesem Grund noch als Präsident diese Briefeschreiberei von früh bis spät.

Das Beste von dem, was Heuss zeitlebens vorlebte, ist vielleicht seine Fähigkeit, Politik nicht als »schmutziges Geschäft«, sondern als stets anregende, ja vergnügliche Angelegenheit zu erfahren, selbst in den Jahren der Weimarer Republik, die ihm immer neue Enttäuschungen bescherte. Wie es scheint, ertrug er seine Niederlagen mit einer gewissen Gelassenheit (wenn wohl auch nicht ganz so, wie er nach außen zeigte); er verachtete Leute, die sich vom »Ressentiment« beherrschen ließen und einen Dauerzustand der Gekränktheit und Gereiztheit kultivierten. Die Manier, mit viel zu hohen Erwartungen in die Politik zu gehen und sich hernach wehleidig in bitterer Enttäuschung zu ergehen, lag ihm ganz fern.

Beim Herumlesen in der Heuss-Literatur muss man Distanz halten zu jener subtil höfischen Atmosphäre, die um die Villa Hammerschmidt den Stil bestimmte. Eine frühe Biographin schwärmt über Heuss: Es sei, »als habe ein unsichtbarer Gott ihn uns geschickt, um Verzeihung zu erbitten, dass er Deutschland in den Jahren davor von einem Teufel habe regieren und unterdrücken lassen«.[9] Heuss selbst hätte sich über eine derartige Apotheose geschüttelt; aber sie erinnert daran, welche Blüten der Heuss-Kult treiben konnte – und wie den Nachfolgenden auf solche Art die Erinnerung an ihn verleidet werden konnte. Wenn man sich intensiv mit Heuss' Umfeld beschäftigt und immer wieder auf die vielen Arabesken und Floskeln in dem Wust der Briefe stößt, droht die Laune zu kippen. Merkwürdig: Kaum je in letzter Zeit konnte ich mich so lebhaft wie bei den Heuss-Recherchen wieder in jene Stimmung zurückversetzen, die meine Intellektuellengeneration in die Rebellion von 1968 führte.

Jene Revolte hat sich mit Vorliebe als Vater-Sohn-Konflikt inszeniert: Das war ein klassisches Muster, das in Deutschland bis ins 18. Jahrhundert zurückreicht. Aber genau besehen existierten die autoritären Nazi-Väter oftmals gar nicht (so auch bei mir nicht). Nicht so sehr unbelehrbare Altnazis waren, wie es scheint, in vielen Fällen der Grund des Aufbegehrens, sondern eher Tanten oder Großtanten, die auf ihre eigene Art den NS-Horror bewältigt hatten – mit Goethe, Kultur, Dezenz und gemütlich ausstaffierter Privatwelt. Keine harte Autorität war oftmals die Herausforderung, sondern eher das, was Herbert Marcuse »repressive Toleranz« nannte: ein herablassender Humor, an dem Unpassendes abglitt und der keine Angriffsfläche bot, an der sich Jugendliche kräftig hätten reiben können. Da gab es nicht »richtig« und »falsch«, sondern »reif« und »unreif«, »seriös« und »unseriös«, »anständig« und »albern«, guten und schlechten Stil. Es kam mehr auf einen gewissen gepflegten Bildungshabitus an als auf die geistige Substanz: Auch das gehört zur Breitenwirkung der Heuss-Welt in jener Zeit!

Die Heuss-Generation, soweit sie nach 1945 noch bei Kräften und nicht offenkundig durch Mittäterschaft bei NS-Verbrechen diskreditiert war, erlangte eine Chance wie kaum eine andere ältere Generation vor ihr: In einem Lebensalter, wo man normalerweise durch die nachrückende Generation aufs Altenteil abgedrängt wird, war diese jüngere Generation stärkstens dezimiert, desorientiert, disqualifiziert, lückenhaft gebildet – für die Älteren eine einzigartige Gelegenheit, erneut zum Mittelpunkt zu werden und eine überlegene Selbstgefälligkeit auszubilden! Was bei Heuss selbst bei allem Triumph verhalten blieb, konnte bei Heuss-Verehrern, die sich von diesem Habitus anstecken ließen, penetrant wirken. So verschwand die Heuss-Welt am Ende aus dem kollektiven Gedächtnis der Jüngeren. Heuss-Bücher, in denen ich heute mit Vergnügen lese, wirkten auf mich in meiner Jugend antiquiert: »Lust der Augen« oder »Von Ort zu Ort«, die auf allen Geschenktischen herumlagen oder die sich in allen großen Buchhandlungen breitmachenden »Großen Deutschen«, jene voluminöse Neukonstruktion eines geistig bedeutenden Deutschlands, auf die Heuss als Bundespräsident so viel Zeit und Kraft verwandte – trotz meiner Leidenschaft für die Geschichte wäre ich nie auf die Idee gekommen, in solche Bücher auch nur einen Blick zu werfen!

Obwohl er zur Weitschweifigkeit neigte, besaß Heuss eine ausgeprägte Fähigkeit, Gedanken abzuwimmeln, die ihm nicht passten. Nicht zuletzt vor diesem Hintergrund muss man seine »Entkrampfung der Deutschen« verstehen. Mit der »Entkrampfung« vermied er den Begriff »Entspannung«, der in den 1950er Jahren zum Schlagwort gegen die Kalten Krieger wurde, mit dem er jedoch den Groll Adenauers riskiert hätte. Dabei verstand er die wachsende Sehnsucht nach Entspannung nur zu gut. Liest man sein Bekenntnis zur »Entkrampfung«, das als Motto vorangestellt wurde, in seinem Brief an die kritische Margret Boveri 1954 im Kontext, erkennt man, dass er mit diesem Begriff auch die Erwartung eines konkreten Programms abwehrte. Es war seine Art, aus der diffusen und wenig griffigen Kompetenz des Präsidentenamtes etwas zu machen.

Heuss schrieb als Bundespräsident in seiner Einleitung zur Neuausgabe von Max Webers politischen Schriften – auf nur wenige andere Texte verwandte er als Präsident so viel Mühe –, diese Schriften seien »Beiträge zu einer Geschichte deutscher Möglichkeiten«.[10] Und diese Bemerkung enthielt wie so vieles, was er über andere schrieb, zugleich ein Stück Bespiegelung seiner selbst. Am 7. Dezember 1944 schrieb er an den Architekten Paul Schmitthenner: »Ob auf mich je noch eine Aufgabe von gemäßem Sinn wartet, ahne ich nicht. Vielleicht bin ich museumsreif; dann will ich in eine Abteilung der deutschen Möglichkeiten gestellt werden …«[11] Ebendarin besteht auch vielleicht der beste historische Erkenntniswert der Heuss-Vita vor 1945, und zwar gerade dann, wenn man sich von der fixen Idee befreit, in dem frühen Heuss sei bereits der künftige Bundespräsident angelegt, vielmehr das Heuss'sche Beziehungsnetz als ein Potential mit einer Mehrzahl von Möglichkeiten begreift. Mehr noch: Diese Biographie spekuliert darauf, dass Heuss' Lebensgeschichte auch auf künftige Möglichkeiten verweist.

1

Allotria im Bannkreis Friedrich Naumanns

1884	Am 31. Januar Geburt von Theodor Heuss in Brackenheim am Neckar als Sohn des Regierungsbaumeisters Ludwig (genannt Louis) Heuss; die Mutter Elisabeth, geb. Gümbel, entstammt einer pfälzischen Försterfamilie
1890	Umzug nach Heilbronn
1899	Heuss' Vater erkrankt an einem Nervenleiden, muss sich aus diesem Grund pensionieren lassen und begibt sich in Heilstätten; von 1900/1901 an dauerhaft bettlägerig
1902	Abitur; am 31. Juli bei einer feuchtfröhlichen Nachfeier und Rempelei Schulterverletzung (»Luxation«), wegen der Heuss vom Wehrdienst freigestellt wird. Friedrich Naumann: Neudeutsche Wirtschaftspolitik; im Juni schreibt Heuss eine Besprechung des Buches für die »Neckar-Zeitung«: Beginn seiner Förderung durch Ernst Jäckh, den damaligen Chefredakteur der Zeitung. Oktober: erste Begegnung mit Friedrich Naumann beim nationalsozialen Vertretertag in Hannover. Beginn des Studiums der Neuphilologie und Nationalökonomie an der Universität München
1903	Bekanntschaft mit Lulu von Strauß und Torney. 30. Mai: Tod des Vaters im Alter von 50 Jahren in der Heilanstalt Winnenthal (Heuss' Mutter lebt noch bis 1921). 30. August: Auflösung des Nationalsozialen Vereins nach der Niederlage in den Reichstagswahlen; Naumann schließt sich der von Theodor Barth geführten Freisinnigen Vereinigung an
1903/04	Zweisemestriges Studium in Berlin
1905	Abschluss des Studiums der Nationalökonomie mit einer Dissertation zum Thema »Weinbau und Weingärtnerstand in Heilbronn am Neckar« bei Lujo Brentano. Redakteur von Naumanns Wochenzeitschrift »Die Hilfe« in Berlin; zunächst Leitung des literarischen Teils. Oktober: Erste Begegnung mit Elly Knapp »an einem Abend bei Naumann«
1906	April: Deutsche Heimarbeitsausstellung in Berlin mit weiter Resonanz: für Elly Knapp damals »der Mittelpunkt der Welt«; auch Heuss schreibt dazu in der »Süddeutschen Arbeiterzeitung«. Mai/Juni: Reise nach Paris; dort Treffen mit Wilhelm Hausenstein. September: Besuch der Deutschen Kunstgewerbe-

Ausstellung in Dresden. November/Dezember: Erfolgreicher Landtagswahlkampf für Ludwig Bauer in Urach

1907 Januar/Februar: Erfolgreicher Reichstagswahlkampf für Friedrich Naumann in Heilbronn. Übernahme des politischen Teils von Naumanns »Hilfe«. April: Verlobung mit Elly Knapp (geb. 1881), der Tochter von Georg Friedrich Knapp, Professor der Nationalökonomie an der Universität Straßburg. Juli: Reise nach Belgien und Holland. 5./6. Oktober: Gründung des Deutschen Werkbundes in München unter Beteiligung Naumanns

1908 11. April: Hochzeit mit Elly Knapp in Straßburg (Trauung durch Albert Schweitzer)

1909 Heuss in den Vorstand des Schutzverbandes deutscher Schriftsteller gewählt (bis 1912)

1909 April: Reise mit Elly in die Toskana

1910 6. März: Zusammenschluss der Freisinnigen Vereinigung mit der von Eugen Richter geführten Freisinnigen Volkspartei zur Fortschrittlichen Volkspartei unter Teilnahme Naumanns. Mai: Besuch der Weltausstellung in Brüssel. 5. August: Geburt des Sohnes Ernst Ludwig

1911 Juli: Reise mit Elly nach England

1912 Januar: Erfolgloser Reichstagswahlkampf für Naumann in Heilbronn. April: Chefredakteur der »Neckar-Zeitung« in Heilbronn (bis 1917) als Nachfolger von Ernst Jäckh. August/September: Reise nach Norditalien. November: Erfolglose Kandidatur in Backnang für den württembergischen Landtag

1913 Schriftleiter der Kulturzeitschrift »März« (bis 1917)

1914 Mai: Reise mit Elly nach Rom. 1. August: Ausbruch des Ersten Weltkrieges

SELBSTABGRENZUNG IM ANBLICK EINER ÜBERFÜLLE VON OPTIONEN: DIE MODERNITÄT DES HEUSS'SCHEN DILEMMAS. Wo findet man in dieser Lebensgeschichte einen Zugang, den Heuss selbst nicht als »banal«, »pedantisch« oder gar »subaltern« verspotten würde? Fragen wir besser so: Wo berührt der Heuss'sche Lebensweg in all seinem Auf und Ab, seinen Höhepunkten und seinem Schlingern ein aktuelles vitales Problem?

Vorweg eine vorläufige Antwort. Sie geht aus von folgender Regel: Vernünftig und erfolgreich handeln lässt sich am ehesten in einer übersichtlichen Welt, in der man einigermaßen überblickt, was wichtig ist, und die Folgen dessen, was man tut, mehr oder weniger abschätzen kann. Je unübersichtlicher dagegen die Welt wird, je schwerer sich die Folgen des eigenen Tuns vorhersehen lassen, desto größer ist – wie es scheint – die Gefahr, dass man dann, wenn man sich doch irgendwie entscheiden muss, aus Hilflosigkeit seinen Halt bei recht simplen Anhaltspunkten sucht. Ebendies scheint ein Grunddilemma unserer heutigen Ära der weltweiten technischen Vernetzung zu sein, wo wir unablässig mit Informationen, Reizen und Offerten aus aller Welt überschüttet werden und in vielen Fällen gar nicht durchblicken, was Substanz hat, ernst gemeint ist und in unsere eigenen Vorstellungen von gutem Leben passt – und in unsere begrenzte Lebenszeit. Je transparenter die ganze Welt wird, desto undurchsichtiger wird, an was man sich in der Lebenspraxis halten kann. Und je unübersichtlicher und komplizierter die Prozesse in Politik und Gesellschaft werden, desto weniger fühlt sich irgendwer für das, was geschieht, verantwortlich.

Schon der junge Theodor Heuss wurde in eine Welt hineingeboren, in der die Horizonte ausgeweitet waren wie nie zuvor, verlockende und verwirrende Bilder aus aller Welt einströmten, die deutsche Fahne unter Palmen flatterte und mit der wachsenden Sichtbarkeit ferner Welten auch die Unübersichtlichkeit der Welt stieg. »Welt«-Komposita kamen ähnlich in Mode wie in jüngster Zeit die Wortverbindungen mit »global«. Wo sollte sich die deutsche »Weltpolitik« als erstes engagieren? Auf Samoa, der »Perle der Südsee«, oder in Tsingtao, an einem Einfallstor in das chinesische Riesenreich, oder besser in Sansibar, wo der »dunkle Kontinent« Afrika lockte, oder noch besser im näher gelegenen Marokko, wo man jedoch bedrohlich mit Frankreich zusammenstieß?

Und diese verwirrende Fülle der Optionen bestand nicht nur für die Berliner Außenpolitik; sie bestand auch in der Kultur, der Technik, den Lebensstilen, und sie wurde ganz besonders von einem jungen Mann wie Theodor Heuss erfahren, der sich durch ein ungewöhnliches Aufnahmevermögen auszeichnete, vieles zugleich aufschnappte und vielerlei Zeitströmungen durch sich hindurchfilterte. Und was bot sich damals alles zugleich: In der Kunst, der die erste Liebe des jungen Heuss galt, folgten in raschem Tempo Historismus, Naturalismus, Jugendstil, Impressionismus und Expressionismus aufeinander; und in den großen politischen und sozialen Leidenschaften der Zeit konkurrierten Chauvinismus und Pazifismus, Sozialismus und Sexualreform, Jugendbewegung und Lebensreform, Individualismus und Suche nach neuen Formen der Gemeinschaft miteinander; mit alledem kam der junge Heuss in enge Berührung.

Und dazu die neue Technik, die Proklamation des »elektrischen Säkulums«, die neue Gigantomanie in der Industrie, die ersten Automobile und Flugmaschinen: Auch der Brückenschlag von der traditionellen Gebildetenkultur zu dieser neuen Welt der Technik wird zu einem lebenslangen Leitmotiv der Heuss-Welt, und dies mit steigender Tendenz. In einem Brief, den Elly Ostern 1906 an den 22-jährigen Heuss schreibt, erkennt man eine Sehnsucht nach einer permanenten Ruckzuck-Kommunikation, wie sie heute das Internet ermöglicht: »Eigentlich wäre ich für immerfort schreiben. Denn mir wenigstens geht es so, dass ich nur sofort Antwort finde, die noch als Resonanz gelten kann. … Mich packt immer die Ungeduld über die Langwierigkeit der Technik.«[1]

Aber was kommt aus dieser überwältigenden Fülle von Perspektiven für die junge Generation der Jahrhundertwende heraus? All dies geht am Ende unter in dem furchtbarsten Krieg der neueren europäischen Geschichte; die Wunderwerke der modernen Technik, die vielerlei Phantasien beflügelten, wurden auf archaisch-primitive Art zur Vernichtung eingesetzt; die hoffnungsvolle Jugend der europäischen Nationen mähte sich gegenseitig nieder und schoss sich zu Krüppeln. Und um die Absurdität auf die Spitze zu treiben: Bei keinem großen Krieg der neueren Zeit war später aus ruhiger Distanz so schwer zu rekonstruieren, wofür man ihn geführt hatte. Im Grunde hatten alle Beteiligten verloren. Ausgerechnet eine Ära der bis dahin beispiellosen Vielfalt und Raffinesse der Chancen und Optionen mündete am Ende in eine törichte Primitivität.

Es hat seine Logik, dass mit der wachsenden Vielfalt auch die Auswahl, die Selbstbegrenzung, der Rückgewinn der ruhigen Konzentration zur immer größeren Aufgabe wird. Auch da sind wir an einer Spannung, die das gesamte Heuss'sche Leben durchzieht: einer Spannung, die in diesem Fall produktiv wurde. Auf der einen Seite spürt man bei Heuss einen lebenslangen Ehrgeiz, nach vielen Seiten offen zu sein, Grenzen zu überschreiten, sich nicht festzulegen; auf der anderen Seite jedoch auch ein ausgeprägtes Bedürfnis danach, sich einzugrenzen, in sich selbst zu ruhen, »mit sich im Reinen« zu sein – Heuss'sche Lieblingsformel! –, bei der Aufnahme all der vielen Außenimpulse doch keiner Außensteuerung zu erliegen.

»MEIN RUNDES BEKENNTNIS ZUM ›ALLOTRIA‹.« Im September 1946 nahm Heuss als württembergischer »Kultminister«, der sich im Behördenbetrieb noch nicht recht zu Hause fühlte, in München an einer Ministerkonferenz zu Fragen der Reorganisation des Schulwesens teil. Später als Bundespräsident erinnerte er seinen Nachfolger Theodor Bäuerle daran: »als mir die Sache zu bieder wurde, beunruhigte ich die Teilnehmer durch mein rundes Bekenntnis zum ›Allotria‹, zum Spieltrieb der Jugend, zu den unnützen Dingen und zur Resignation gegenüber dem in allen Umbruchzeiten stark gemeldeten Anspruch der Schule, *alles* machen zu wollen, alles machen zu können.«[2] »Allotria«: ein »viel belachtes Wort« (so Heuss 1947 an Alfred Weber)[3] und Stichwort zu einer der beliebten Anekdoten, die über Heuss und auch von ihm selbst erzählt wurden.[4] Er glaubte damals, Bäuerle habe ihn »mit leicht missbilligendem Erstaunen« betrachtet; aber nein, dieser sein Mitschwabe stimmte ihm »von Herzen« zu und machte diese Szene sogar zum Clou seines Beitrages zu der Festschrift zum 70. Geburtstag des Bundespräsidenten.[5]

Gewiss wusste Bäuerle, dass »Allotria« ein Element von Heuss' eigener Lebensphilosophie war. Für den war es in der Tat eine elementare Erfahrung, dass man seinen Weg erst nach einigem Herumschweifen findet und nur so die Freude am eigenen Tun bewahrt. Sein ganzer Schreibstil, der erst nach einigem assoziativen Ausschweifen zur Sache kommt, spiegelt diese Erfahrung. »Allotria« war ein schulmeisterlicher Begriff für »Unfug«; aber der Humanist wusste, dass es wörtlich nur »Andersartiges« bedeutet. Heuss definierte es zu etwas Vergnüglichem, Anregendem um.[6] Im gleichen Sinne belehrte er 1955 Toni Stolper, »Herumdarmeln« sei nichts Unnützes, sondern »ein schwäbischer Ausdruck für schweifende Nachdenksamkeit«[7] – auch eine Heuss'sche Wortschöpfung.

1897 als 13-Jähriger schrieb er in einem Lebenslauf, seine »Lieblingsneigung« gelte dem »Studium der Litteratur und ihrer Geschichte«, aber zum »Lebensberuf« habe er sich »die Ausübung der Rechtswissenschaft gewählt«; weder das eine noch das andere brachte er zu Ende. Und doch glaubt Thomas Hertfel-

Porträt von Theodor Heuss in München, 1905

der, der als Geschäftsführer der Stiftung Bundespräsident-Theodor-Heuss-Haus in Stuttgart einen Überblick besitzt, wie ihn nicht einmal Heuss selbst je besaß: »Würde man sich die Mühe machen, in den 2304 öffentlichen Reden, die Heuss zwischen 1902 und 1963 gehalten hat, die am häufigsten zitierten Autoren zusammenzustellen, so stünden vermutlich Schiller, Hölderlin, Mörike und Uhland ganz am Anfang.«[8] Da verrät die bloße Quantität, dass die Liebe des Staatsmannes zeitlebens doch mehr noch als der Politik demjenigen galt, was man damals das »Schöngeistige« nannte – und dass er bei all seiner Offenheit eine Eingrenzung, eine Beheimatung im Schwabentum kultivierte, auch wenn er dem süddeutschen Föderalismus gerne einen Seitenhieb versetzte.

1941, als er beruflich vor dem Nichts stand, wusste er seinen jugendlichen Hang zum Allotria nicht mehr zu schätzen: »es gibt für meinen Rückblick kaum etwas Verpfuschteres als meine Studienzeit, da ich keinen Menschen hatte, der mich irgendwie geführt hätte. Ich hatte keine Ahnung, was ich studieren sollte, und studierte alles, vor allem Kunstgeschichte und Philosophie« – und dann doch Nationalökonomie, weil ihn Lujo Brentano in München reizte, aber dann ging er wegen Naumann nach Berlin, obwohl ihn die dortigen Ökonomen anödeten.[9] Doch dann wieder zurück nach München, um bei Brentano – heutzutage ganz unglaublich! – in wenigen Wochen eine ökonomische Dissertation herunterzuschreiben. Und danach wieder zu Naumann. Margret Boveri, die von dem Politiker Heuss noch in dessen Präsidentenzeit nicht allzu viel hielt, lässt in ihrer Einführung zu der Heuss-Bibliographie erkennen, dass Heuss' eigentliche Begabung ihn eher in das Kunst- und Literatur-Feuilleton verwiesen haben würde, hätte ihn nicht Naumann auf die politische Bahn gebracht.[10]

Nun, dieses anfänglich ziellose Herumstudieren – von »Schnupperstudium« würde man heute sprechen – war zu Heuss' Zeiten nicht ungewöhnlich; damals galten noch nicht detaillierte Lehrpläne als Inbegriff des Fortschritts an Schule und Hochschule, aber dafür fand man gewöhnlich nach dieser Übergangsphase seinen »Lebensberuf«, während es heute eher umgekehrt ist und auf ein straff reguliertes Studium ein unter dem Imperativ der Flexibilität stehendes Berufsleben folgt. Immerhin, der junge Heuss, mit 23 Jahren promoviert, wonach er unter Naumanns Einfluss nicht wie zuvor geplant in die Wissenschaft, sondern in den Journalismus geht, ist dort erst einmal ein Schnellstarter. Schon als 28-Jähriger, als Redakteur bei Naumanns »Hilfe«, kann er seinem Schwiegervater, dem Professor, selbstbewusst berichten, dass er einen finanziellen Zuschuss von ihm »eigentlich gar nicht nötig« habe, da seine Einkünfte »zu einem behaglichen bürgerlichen Leben« reichten.[11] Die »Hilfe« nehme nur seine »halbe Kraft« in Anspruch; er arbeite »an einer ganzen Reihe von Zeitungen und Zeitschriften mit« und sei dabei, sich einen »literarischen Namen« zu erwerben.[12] Bald darauf wird er mit nur 29 Jahren Chefredakteur der »Neckar-Zeitung«, eines liberalen Organs von überregionaler Bedeutung, und erreicht da bereits – wie sein damaliger Volontär Willy Dürr später berichtet – »so ungefähr das Endgehalt eines höheren Beamten« und stellt in Heilbronn etwas dar.[13]

Aber dann geht es über Jahrzehnte nicht so recht voran: weder in der Journalistik noch in der Politik oder gar in der Wissenschaft oder Schriftstellerei. Zwischen all diesen Bereichen kann er sich nie definitiv entscheiden – bis zu seiner Wahl zum Bundespräsidenten. Zum politischen Journalisten großen Formats fehlt ihm in seinen Artikeln zu oft die klare Linie und scharfe Pointe; spätere Heuss-Sammelbände enthalten auffallend wenige politische Artikel. Als Journalist zählt Heuss nie zu den ganz großen Namen; und ebenso wenig bis 1945 im Parteiwesen. Politisch erleidet er immer neue Rückschläge: Schon im Jahr 1912, als er als Chefredakteur in Heilbronn beginnt, führt er eine vergebliche Reichstagswahlkampagne für Naumann, für den er noch fünf Jahre davor mit Erfolg gekämpft hatte; und dann fällt er selbst als Kandidat für den württembergischen Landtag durch! In seinen Erinnerungen kommentiert er, dieser Reinfall sei »eine Erfahrung, die ich noch ein paar Mal gut überlebt habe«[14]. Nun, das schreibt er als Altbundespräsident; nach einem derart grandiosen Happyend hat er gut reden – und doch scheint eine Gelassenheit im Scheitern, ein unverdrossenes In-sich-Ruhen ohne krampfhafte Verrenkungen nach Selbstbestätigung von außen in der Tat zu seinen bemerkenswerten Fähigkeiten gehört zu haben, auch wenn er manches Tief hinter einer wohltemperierten Fassade verborgen haben mag. Er verachtete Menschen, die vom »Ressentiment« gereizt und permanent von einem unbefriedigten Geltungsbedürfnis gequält werden.

Im Sommer 1907, ein Vierteljahr nach der Verlobung, bekennt ihm Elly, die gerade an der Gründung einer Fortbildungsschule für Mädchen mitgewirkt hat, den darauf folgenden Schulalltag jedoch »tödlich langweilig« findet: »Das solide Arbeiten ist mir fremd, und wird's, fürcht ich, auch bleiben. Im Haushalt ist's ebenso. Anfallsweise bin ich sehr tüchtig und dann muss ich mal wieder was anderes sehen. Macht Dir das Kummer?«[15] Oh nein, da sucht sie ihr Verlobter mit einem eigenen Bekenntnis zur Leichtlebigkeit noch zu übertrumpfen. Elly, deren Mutter georgisch-armenischer Herkunft war[16], hatte damit kokettiert, dass sie bei Besuch aus dem Kaukasus »immer das nichtdeutsche Blut« in sich spüre. »Ich kann nicht so ganz bieder auf der Landstraße gehen, ein paar Seitensprünge sind mir Lebensbedürfnisse« (wobei sie aber sogleich einer sexuellen Interpretation dieser »Seitensprünge« vorbeugt).

Da will Heuss nicht zurückstehen: Er habe das Gefühl, dass bei ihm selbst »das ganze Leben ein weit größerer Exzess von der Landstraße« sei als bei ihren armenisch-russischen Verwandten. »Das weißt Du auch, dass Du bei mir nicht in die braven, ebenmäßige(n) Philisterarme kommst, sonst wärst Du gar nicht hineingegangen. Bloß, Liebes, kann man aus dem ›Leichtsinn‹ so zu sagen kein Programm machen, denn dann verliert er allen moralischen Wert.« Und, nachdem er bekannt hat, dass ihm »die russische Seele, Kultur, Gesellschaft noch recht fremd sind«, setzt er seine Lektion über limitierten Leichtsinn fort: »Unser Leichtsinn wird wahrscheinlich nicht zu oft die Form annehmen, dass wir über unsere innersten Grundlagen hinausschweifen; aber er wird bei uns bleiben als vollkommene Unabhängigkeit, die nur vor sich selber Verantwortung leistet.« Weiter: »Und was Du Dir vorwirfst: Mangel an Beständigkeit und so, ist alles nicht so schlimm.«[17]

Gewiss spürt Heuss genau, dass Elly im Grunde verlässlich ist und einen Sinn für die nötige Ordnung hat. Und er weiß auch, dass sein eigener Leichtsinn, so gerne er zuweilen mit ihm kokettiert, seine Grenzen hat. Man muss nur an die Tausende von Reden denken, die er in seinem Leben gehalten hat, und an die Tausende von Artikeln und Zehntausende von Briefen, die von ihm überliefert sind, dazu an das weit verzweigte Netz menschlicher Kontakte, das er sorgfältig pflegte, um jeden Zweifel daran zu verlieren, dass er bei aller Liebe zu Alkohol und Allotria im Kern doch ein kolossal disziplinierter Workaholic war. Wahllos nimmt er anfangs Publikationsangebote an. Da wird Elly schon in ihren verliebten Brautbriefen energisch: Zumindest Lexikonartikel solle Theodor (»Dorle«) nur unter der Bedingung übernehmen, »dass sie *sehr* gut bezahlt werden«. »Sei hart! Man verzappelt sich sonst zu leicht.«[18] Und: »stell Dich nur ruhig etwas auf die Hinterbeine.«[19] Sie sucht ihn zu mehr Durchsetzungsvermögen zu erziehen. Zum Riesenproblem wird die Selbstabgrenzung über 40 Jahre darauf für den Bundespräsidenten, der alle Tage mit Briefen, Bitten und Einladungen überschüttet wird. Dass Heuss jedoch relativ virtuos eine Balance zwischen Offenheit und Eingrenzung gehalten hat, liegt gewiss nicht zuletzt daran, dass er mit diesem Problem von jung auf seine Erfahrung besaß.

WEDER VATER-SOHN-KONFLIKT NOCH VÄTERLICHES VORBILD – WEDER ACHTUNDVIERZIGER NOCH BISMARCK-DEUTSCHER. Eine Lebensgeschichte beginnt üblicherweise mit den Eltern. Heuss selbst versichert in seinen ersten Memoiren: »Der geistige und seelische Einfluss des Elternhauses ist für mich unendlich viel wichtiger gewesen als die Schule und alles, was damit zusammenhängt, vor allem die bestimmte wie präpotente Art und Unart des Vaters, mit der wir uns schon frühe auseinandersetzen mussten.«[20] »Art und Unart«! Wie hat man sich die letztere konkret vorzustellen? Das bleibt im Dunkeln. In den Unmassen der Heuss'schen Briefe, die erhalten sind, findet sich kaum einer an seine Eltern. »Präpotent« kann übermächtig, aber vor allem in Österreich auch »überheblich« bedeuten.

Dieser Vater, Ludwig, genannt Louis Heuss (1853–1903), ab 1890 als Baurat in Heilbronn, avancierte 1899 zum Tiefbauinspektor dieser Stadt und bemühte sich in dieser Position vehement um die Durchsetzung einer »Schwemmkanalisation«, die auch die Fäkalien wegschwemmt und das Wasserklosett zum Standard macht. Die Kreisregierung in Ludwigsburg durchkreuzte jedoch das Projekt mit Hinweis auf die darauf drohende Verunreinigung des Neckars; kurz darauf brach Louis Heuss nervlich zusammen.[21] Schon mit 47 Jahren, als der Sohn erst 15-jährig war, verfiel dieser »präpotente« Vater in ein schweres »Nervenleiden«; er musste in Heilstätten und starb drei Jahre darauf. Zu der Zeit war Heuss auf einer Gebirgswanderung; von dem Tod des Vaters erfuhr er erst sechs Tage danach, wie er an Lulu von Strauß und Torney schrieb, »nachdem alle offiziellen Geschichten, Feuerbestattung usw. schon herum waren«[22] – man spürt die Erleichterung! »Feuerbestattung«: damals noch ungewöhnlich und in Kirchenkreisen heftig umstritten, aber bei einem engagierten Freidenker keines Kommentars bedürftig.[23]

Nichts weiter über den Vater – und dabei hätte die Adressatin, deren Vater zur gleichen Zeit gestorben war und die über diesen Tod lange Zeit nicht hinwegkam, mit Heuss gewiss liebend gern Vater-Erinnerungen ausgetauscht! Schon hier zeigt sich Heuss' Fähigkeit, Schockierendes zwar nicht zu verdrängen, aber an einem Ort abzulegen, wo es nicht stört. Soweit den Akten zu entnehmen, hat Heuss seinen Vater in der Anstalt nie besucht.[24] Mit dessen »Präpotenz« kann es nicht weit her gewesen sein; denn an anderer Stelle erinnert sich Heuss: »Der Ton im Hause war aufs Kameradschaftliche gestellt, und wir genossen im ganzen eine ungewöhnliche und viel beneidete Freiheit. Der Vater war gar nicht autoritätssüchtig, er hatte es gerne, wenn man auf seine Kosten Scherze machte, freute sich, wenn wir etwas besser konnten oder wussten.«[25] Also nichts von dem, wie man sich damalige patriarchalische Familienverhältnisse vorstellt!

Wenn Heuss auch gerade als Bundespräsident gerne damit kokettierte, dass

Familie Heuss, um 1885 (v.l.n.r.): Bruder Hermann (1882–1959), Mutter Elisabeth, geb. Gümbel (1853–1921), Theodor (1884–1963), Vater Louis (1853–1903) und Bruder Ludwig (1881–1932)

in ihm eigentlich ein Lausbub stecke, hatte er doch zu einer großen Auflehnung gegen den Vater nie so recht Gelegenheit; demgemäß hatte er für ein allzu trotziges Rebellenpathos lebenslang nie viel Sinn. Diesen Rebellentrotz verkörperte eher der Vater, der noch in der südwestdeutschen 1848er- und Hecker-Tradition stand. Wie der 22-jährige Heuss an die 33-jährige Lulu schrieb, deren politischen Konservatismus er auf sanfte Art zu lockern suchte: »es gehört zu meinen enthusiastischen Erinnerungen, wenn unser Vater abends seinen drei Buben schauerlich-schön aus Ça ira vorlas«, dem Gedichtband Freiligraths von 1846, dessen Titel auf das blutrünstige Revolutionslied anspielte. »Das war die Zeit, wo ich jeden Fürsten oder sonstigen Großen für einen gemeinen Menschen und des Totschlags würdig hielt. Zugleich aber wars meine schönste Zeit.« Bei einem leidenschaftlich-lustvollen Rebellentum verstünde sich demnach der Drang zum Tyrannenmord von selbst – aber sogleich beruhigt er Lulu: »Heute bin ich nicht mehr so gefährlich, weil allerhand Erkenntnisse und Einsichten die glühenden Rosen meines fröhlichen und düsteren Radikalismus angewelkt haben.«[26] Das klingt betrübt; aber Heuss' Ironie und Selbstironie stehen bereits in Blüte.

Aus seiner frühen Kindheit stand dem Memoirenschreiber Heuss noch eine Szene »mit erschreckender Deutlichkeit« vor Augen: Es war nach den Reichstagswahlen von 1887, dem letzten Triumph Bismarcks, als der »Eiserne Kanzler« mit seinem Alarm vor einem angeblich drohenden Angriff der Franzosen den Freisinnigen, die gegen das »Septennat« – eine Bewilligung des Militärhaushalts auf sieben Jahre – opponierten, eine vernichtende Niederlage zugefügt hatte und Heuss' Vater vor Erbitterung kochte. Da erblickte er auf der Terrasse einer Bahnhofswirtschaft einen politischen Gegner – es war »ein stämmiger, rotbärtiger Sägmüller namens Schwarzkopf«; und da stehen plötzlich beide auf und »beginnen sich zu verprügeln, bis die übrigen Gäste die hitzigen Männer auseinanderreißen«[27]. Heuss unterlässt nicht hinzuzubemerken, dass er den Sägmüller später als einen Kontrahenten schätzengelernt habe, mit dem man sich zivilisiert auseinandersetzen konnte. Aus der Rückschau muss Heuss diese Reizbarkeit des Vaters als Vorboten des Nervenleidens, nicht als gesunde Kampfeslust empfunden haben.

Der Vater verehrte Eugen Richter, den Führer des Freisinns und unversöhnlichen Gegner Bismarcks; in Heuss' Erinnerung war Richter »die Autorität der Kindheit«. Aber gerade gegen diesen Helden der Linksliberalen entwickelte Heuss eine förmliche Aversion. Der »alte Eugen Richterkreis« bestand in seinen Augen »aus einer Clique absoluter Simpel und gewalttätiger Philister«.[28] Richters »Freisinnige Zeitung« war für ihn »wohl das trostloseste Blatt des damaligen Berlin«.[29] 1932 fühlte er sich durch einen gewissen Typus von Nationalsozialisten an Eugen Richter erinnert.[30] In seiner Naumann-Biographie überschüttet er Richter und seinen Anhang mit abfälligen Bemerkungen: Über seinem Wirken liege ein »Schleier von Verdrossenheit, der sich zu gewalttätiger und unduldsamer Rechthaberei verfestigte«; dieser engstirnige »Parteidiktator« habe einen »Typus von unfrohen und unfreien Freiheitsbekennern« geschaffen.[31] Das »einigende Band« der von Theodor Barth geführten linksliberalen Dissidenten, der Freisinnigen Vereinigung, der sich Naumann 1903 anschloss, bestand Heuss zufolge darin, »auf Eugen Richter und seine nächste Umgebung zu schimpfen« – für ihn später ein Warnzeichen, »dass parteipolitische Bruder- und Nachbarschaftskämpfe ... zum menschlich Bösesten und sachlich Unfruchtbarsten gehören«.[32]

Die Distanz der durch die Reichsgründung von 1871 geprägten neuen Generation zu den »Achtundvierzigern« erinnert an die Distanz der durch die deutsche Einigung von 1990 geprägten Jüngeren zu den »Achtundsechzigern«: Sogar der zeitliche Abstand ist gleich. Aber Heuss, Jahrgang 1884, gehörte schon nicht mehr zu den Bismarck-Deutschen, deren Initiationserlebnisse die drei siegreichen Bismarck-Kriege gewesen waren und deren gesamtes politisches Denken vom Thema »Bismarck« beherrscht wurde, ob sie ihn nun verehrten oder abzuschütteln suchten. Vater Heuss – versteht sich – schimpfte auf den Kanzler, war dann freilich doch von den »Gedanken und Erinnerungen« des »Alten im Sachsenwald« gepackt.[33] Bei Heuss selbst dagegen fällt geradezu auf, dass bei ihm, dem passionierten Hobby-Historiker, Bismarck kaum je ein großes Thema ist: Weder liebt er ihn, noch hasst er ihn. Im Register der Heuss'schen Jugenderinnerungen – man staune! – fehlt das Stichwort »Bismarck«.

1957 monierte ein pensionierter Oberstudienrat in einem Brief an den Bundespräsidenten, dass dieser geschrieben habe: »Würde sich ein deutscher Garibaldi bei ihm (Bismarck) gemeldet haben, so hätte er ihn verhaften lassen.«

Er hielt Heuss entgegen: »Hat Bismarck jemals jemand verhaften lassen? Und zwar ... aus eigener Machtvollkommenheit? Hatte er diese Macht?« Oh, da kannte Heuss, der schwäbische Liberale, sich besser aus; mit historischen Anekdoten stets schlagfertig, klärte er in einem prompten und ausführlichen Antwortbrief seinen Kritiker auf, Bismarck habe bekanntlich »Blanko-Vollmachten für Anklageerhebungen ausgestellt«. »Es gehört zu meinen Kindheitsanekdoten, dass der schwäbische politische Publizist und Dichter Ludwig Pfau das ›Opfer‹ einer solchen Anklage wurde und für ein paar Monate ins Gefängnis spazierte, weil er die Bismarcksche Politik als einen Zerstörungsvorgang deutscher Kultur bezeichnet hatte.«[34] Diese Geschichte kommt nicht einmal in den drei Bismarck-Bänden Erich Eycks vor; Heuss kannte sie, da Pfau wie er Schüler des Heilbronner Karlsgymnasiums gewesen war.[35] Dagegen Naumann, Jahrgang 1860, gehörte in jungen Jahren noch ganz und gar zu den Bismarck-Deutschen; sein politisches Debüt gab er bei den Septennatswahlen von 1887, als er sich für die Nationalliberalen in die Schanze schlug, die zu Bismarck hielten.[36] 1946 bemerkt Heuss in einem Brief, sein »Weg zu Naumann« habe in seiner »Frühzeit« die innere Lösung von der »alten württembergischen Demokratie« bedeutet, die durch seinen Vater streitbar verkörpert wurde.[37]

KONFLIKT ZWISCHEN DEN VÄTERN: FRIEDRICH NAUMANN UND LUJO BRENTANO. Als Heuss kurz nach seiner Wahl zum Bundespräsidenten von einem deutschen Emigranten, der inzwischen in New York bei der U.S. Foreign Trade Co. arbeitete, um biographisches Material gebeten wurde, antwortete er ihm: »Das wesentliche in meiner Entwicklung ist die Beeinflussung durch Friedrich Naumann und die Schülerschaft bei Lujo Brentano.«[38] Naumann und Brentano: das waren beides Leitbilder, die sich sehen lassen konnten und von denen jeder seine eigene »Strahlkraft« besaß – um Heuss' Eindeutschung des »Charismas« zu gebrauchen. Naumann (1860–1919), der Ex-Pfarrer, der die nationalen, sozialen und liberalen Kräfte zusammenführen wollte und als Volksredner, sosehr er sich als harter Realist gab, etwas von einem Erweckungsprediger hatte und vielen Anhängern ein Erlebnis der Erleuchtung verschaffte, das diese lebenslang verband; Brentano (1844–1931), die glänzendste Erscheinung in der deutschen Nationalökonomie seiner Zeit – ein Typus von Wirtschaftswissenschaftler, wie es ihn schon bald nicht mehr geben sollte, noch unter Zeitgenossen Goethes aufgewachsen und mit breitem Bildungsfundus und packendem Rede- und Schreibstil, emphatischer Anhänger des Freihandels, nicht weniger jedoch der freien Gewerkschaften. Brentano, der Ältere und der berühmte Gelehrte, pflegte Naumann – so Heuss – »zu mahnen und zu belehren«; Heuss glaubte jedoch, dass diese Freundschaft dem Älteren noch mehr bedeutete als dem Jüngeren.[39]

Der junge Heuss stieß zu beiden genau in jenem Augenblick, als sie sich

Georg Friedrich Knapp, 1919

politisch verbündeten und Naumann sich nach der Wahlniederlage seines Nationalsozialen Vereins der Freisinnigen Vereinigung anschloss, laut Brentano dank seiner eigenen Vermittlung.[40] Im Unterschied zu Richters Freisinniger Volkspartei, von der sie sich abgespalten hatte, ließ sich die Freisinnige Vereinigung, in der es eine Reeder-Fraktion gab, partiell vom Flottenfieber anstecken.[41] Eine Zeitlang schienen sich die Kreise im Leben des jungen Heuss zu schließen: Gerade als sein Vater gestorben war, bekam er zwei geistige Väter[42], um die Höhenluft wehte und die in weite Zukünfte wiesen. Beide zeichneten sich durch Wortgewalt, weiten Blick, innere Autonomie und furchtlose Zivilcourage aus und wurden Heuss nicht zuletzt dadurch zum Vorbild, dass sie Selbstbewusstsein und Gleichmut auch dann bewahrten, wenn rasche Erfolge ausblieben. Heuss' Ehe schien den Kreis vollends zu schließen; denn Elly, die Heuss im Naumann-Kreis kennengelernt hatte, begeisterte sich für Naumann noch leidenschaftlicher als er selbst; und ihr Vater, der Nationalökonom Georg Friedrich Knapp, war trotz mancher Differenzen ein alter Freund Brentanos.

Als Bundespräsident explodierte Heuss gegenüber einem naseweisen Studenten der Philologie, der ihm allen Ernstes vorhielt, dass seine Art, wie er bei Brentano in München den Doktortitel erworben, zugleich aber schon in Berlin gewesen sei, die Universität und die Träger des Doktortitels zu verunglimpfen drohte. Da schrieb Heuss einen seiner wortreichen Schimpfbriefe, mit denen sich der Präsident, von dem die Öffentlichkeit immerzu milde Würde erwartete, von Zeit zu Zeit Luft zu machen liebte: Zwar sei seine Promotion, wie er in einer Rede bemerkt habe, formal »ein leichter Schwindel gewesen«, den Brentano jedoch »gedeckt« habe, da es ihm »Freude« bereitet habe, dass er, Heuss, den Ruf zu Naumann bereits zu Anfang seines fünften Semesters erhalten hatte. »Nur ein so enger Kopf, wie Sie es zu sein scheinen, kann in dieser Mitteilung eine grobe Verhöhnung sämtlicher Hochschullehrer sehen«; sein Mahnbrief sei eine »alberne Unverschämtheit«, die nur zeige, dass ihm, dem Studiosus, »der Sinn für lockere Selbstironisierung« fehle.[43] Für Heuss war dieser Sinn eine menschliche Qualität ersten Ranges.

Für Heuss war das Zusammenspiel von Brentano und Naumann bei seiner Promotion ganz in Ordnung. Aber die Kreise gingen wieder auseinander; immer wieder war Heuss' Lebensweg Zentrifugalkräften ausgesetzt. Naumann und Brentano, einander mehr emotional als intellektuell verbunden – der eine mit einem Leuchten in den Augen und der andere mit blitzendem Blick –, bildeten in mehrfacher Hinsicht zueinander den größten Kontrast. Naumann, dem – wie Heuss später bemerkt[44] – im Unterschied zu Brentano »das Talent zum Hassen« fehlte, suchte die ganz große Harmonie, eine *coincidentia oppositorum*, wie sie mehr der spirituellen als der politischen Sphäre angehört: die Versöhnung der Religion, dann der Nation mit der sozialen Leidenschaft, des liberalen Freiheitsdranges mit der Bindung an Staat und Volk, ja die Versöhnung von Militarismus und Menschlichkeit, von Kaisertum und Demokratie miteinander. Zu lange bildete er sich zum Horror Brentanos ein, in Wilhelm II. seinen Mann gefunden zu haben und zugleich in der vom Kaiser angeheizten Flottenbegeisterung die transzendentale, alte Fronten überbrückende Kraft. Brentano dagegen entfaltete seine rhetorische Brillanz in der Polemik, im bissigen Witz; er tat nichts lieber, als gegen Kollegen zu polemisieren, und suchte das kampfeslustige Bündnis gegen die konservativen Mächte. Anders als Naumann bewegte er sich auch auf internationalem Parkett mit Eleganz und erblickte in dem wachsenden völkischen Nationalismus ein Unheil. Schon körperlich waren die beiden der größte Kontrast, der sich denken lässt: Naumann massig-erdnah, schon in seinen besten Jahren von klobiger Korpulenz – selbst in den Augen eines Verehrers »ebenso breit wie groß«[45] –, dabei oft kränkelnd und früh alternd, Brentano dagegen anerkanntermaßen einer der schönsten Professoren, mit federndem Elan und noch in älteren Jahren wie das Urbild ewiger Jugend. »Man konnte sich auf dem Katheder keine brillantere Erscheinung denken«, erinnert sich Heuss noch viel später; und man merkt, wie ihm Brentano neben Naumann zum Vorbild wurde: »Mit vollkommener Sicherheit verfügte er über das Wort, über die Pointen, die er mit List und Anmut zu setzen wusste.«[46] Kein Zweifel: Genau diesen Ehrgeiz hegte auch Heuss! Und als Bundespräsident gelang ihm in seinen besten Stunden die Synthese seiner geistigen Väter.

Brentano glaubte wohl, Naumann durch die Vermittlung zu den Freisinnigen zu sich selbst, zu seinem inneren Freiheitsdrang geführt zu haben; in Wirklichkeit handelte es sich um eine spannungsgeladene Verbindung heterogener Kräfte, wobei die Frage war, was Naumann bei dieser linksliberalen Abspaltung eigentlich gewinnen konnte, mit der er in ein ganz anderes Milieu geriet als das christlich-soziale, aus dem er ursprünglich kam.[47]

Heuss mit Hut und Zigarre, Tübingen 1913

Selbst ein nicht von Naumann verfasster Leitartikel der »Hilfe« fragte 1903 mit Blick auf die anstehende Fusion: »Passen wir Lehrer, Pastoren und Beamte, mit all den Idealen der Hungerleider, auch in diese Kreise des Bank- und Börsenkapitals?«[48] Besonders aufgebracht reagierte Adolf Damaschke, der führende Kopf der Bodenreformer, die Land für Kleinbauern gewinnen wollten: »Die Freisinnigen würden nur durch die Presse zusammengehalten ... Welchen Landmann könne man mit dem ›Berliner Börsenkurier‹ begeistern?«[49]

Nun, wir können vermuten, dass ebendadurch dem jungen Heuss der Anschluss an Naumann eher erleichtert wurde. Für ihn in Württemberg bedeutete das Bürgertum etwas anderes als in Berlin, wo man eine neureiche Bourgeoisie vor Augen hatte. Zwar machten ihm feuchtfröhliche Abende und Nächte in der Schwabinger Bohème zwischendurch Spaß, und in seinen Briefen an Lulu von Strauß und Torney foppt er zuweilen die Biederkeit der Bückeburgerin; aber eine fundamentale Empörung gegen die Bürgerlichkeit scheint bei ihm nie sehr lange gewährt zu haben. »Eigentlich wäre ich gern ein Bohemien gewesen, aber dazu gehörten Liebesgeschichten und Schulden, beides hatte ich nicht«[50]: Das ist eines der besten Bonmots in seinen Jugenderinnerungen. Dann jedoch: »Wir traten aus diesem missglückten Versuch der Bohème in den Raum des ›Bürgerlichen‹ zurück, bemüht, durch unsere Leistungen und Haltungen dem Wort, das schier ein Schmähwort geworden war, ein Stück seiner Würde zurückzugewinnen.«[51] Aus der Rückschau kam er durch die Rückkehr zur Bürgerlichkeit wieder zu sich selbst.

So hätte er in jungen Jahren nicht geschrieben; aber schon damals scheint ihn die Bürgerlichkeit der Naumannianer nicht gestört zu haben.[52] Und ebenso wenig, dass Naumann am Linksliberalismus vor allem die Militärfeindlichkeit auszusetzen hatte und 1901 verkündete: »Ein antimilitärischer Liberalismus ist ein Liberalismus, der in Deutschland selbst nicht zur Herrschaft kommen will.«[53] Vermutlich hätte Heuss ihm schon damals zugestimmt. Das für Linksliberale so charakteristische Feindbild »Militarismus« ist bei Heuss nur spärlich belegt, am ehesten noch im Kontext mit dem ihm widerwärtigen Korporationswesen. In seiner späteren Erinnerung erlebte er seinen ersten rhetorischen Erfolg, als er an seinem 19. Geburtstag in öffentlicher Versammlung den Pazifisten Ludwig Quidde scharf attackierte (»Schämen Sie sich!«), der unter dem »knalligen Thema« (Heuss) »Die Lebendtötung der Arbeiterschaft« gewarnt hatte, der Vivisektion an Tieren würden entsprechende Versuche mit Krankenkassenpatienten folgen.[54]

Gewiss legte Heuss Wert darauf – so Anfang 1914 in einem Artikel im »März« –, dass das Militär »ein Werkzeug des Staates ..., nimmermehr aber der Träger des Staatsgedankens« sei[55]; aber in dieser Ablehnung des Militarismus hätte ihm selbst Hans Delbrück, der von Heuss hochgeschätzte Militärhistoriker, beigepflichtet. Heuss, laut eigener Aussage »totaler Zivilist«[56], der durch seine Schulterverrenkung (»Luxation«) nach dem Abitur zu seinem Glück um den Militärdienst herumgekommen war, vertrat gleichwohl zeitlebens die Überzeugung, dass Demokratie und allgemeine Wehrpflicht untrennbar zusammengehörten und der Respekt vor dem Soldaten, auch wenn man das Militär nicht gerade liebt, ein Gebot politischer Vernunft sei.

HEUSS UND DIE HEILBRONNER WEINGÄRTNER: ZWISCHEN ALLEN FRONTEN. Dafür gab es andere, schwäbische Distanzen zu Naumann wie zu Brentano. In jugendlich-weinfreudiger Unbekümmertheit hatte sich der 21-jährige Heuss die Heilbronner Weingärtner (»Winzer« ist dort verpönt!) als Dissertationsthema auserkoren. Bis heute ist der Weinbau ein originelles Thema: Da der Ertrag eines Jahrgangs so stark von den Launen des Wetters abhängt, dazu von dem wechselnden Geschmack der Kunden, fügt sich das Thema schlecht in ökonomische Lehrmeinungen ein. Aber auch die Agrarromantiker liebten die Winzer nicht; Wilhelm Heinrich Riehl schimpfte in seiner »Naturgeschichte des deutschen Volkes«: »Nirgends sehen wir ein verkommeneres und entsittlichteres Landvolk als in den eigentlichen Weingegenden«, wo »einem neben den Männern auch Weiber trunken und mit glühroter Nase entgegentaumeln«.[57]

Nun, das war nicht die Sichtweise des jungen Heuss; der ging mit den Winzern zur Arbeit in die Weinberge und natürlich auch in die Weinkeller[58]; die kritische Distanz zum Thema hielt sich in Grenzen. »Gemeinsam« sei den Weingärtnern – so lobte sie Heuss leicht übertrieben – »ein stark demokratischer Grundzug der Selbstbestimmung und des gleichen Rechts«.[59] An den Winzern schildert Heuss die von dem Gros der modernen Ökonomen ignorierte Subsistenzwirtschaft, zumal diese ihm lästige statistische Mühen ersparte: »Die Lebenshaltung in Geld auszudrücken ist unmöglich; ein Versuch in dieser Richtung, Haushaltsbudgets zu gewinnen, musste aufgegeben werden, da ein großer

Teil des Lebensmittelverbrauchs eigenes Erzeugnis ist und so von den Leuten kapitalistisch nicht genau veranschlagt werden kann …«[60]

Später als Bundespräsident versicherte Heuss, wenn er seinen mit Trollinger versetzten Lemberger trank: Wenn die württembergischen Weine außerhalb der Region so wenig bekannt seien, liege das daran, dass die Schwaben sie selber söffen. Aber natürlich vertranken diese Winzer nicht ihren gesamten Wein, sondern produzierten auch für den Markt; und da lag das Problem. Denn da lebten die schwäbischen Winzer in der Angst vor der Massen- und Billigkonkurrenz der Weine aus den sonnenreicheren Regionen in Frankreich und Italien, und daher waren sie geborene Schutzzöllner. Auch Heuss bemerkt, die Berechtigung eines Zollschutzes beim Wein könne »niemand in Abrede stellen«.[61]

Wirklich niemand? Das emphatische Bekenntnis zum Freihandel war das stärkste politische Band zwischen Brentano und Naumann, der die Schutzzoll-Protagonisten als »Zöllner« anprangerte, wobei der Ex-Pfarrer gleichsam den Jesus spielte, der die Zöllner aus dem Tempel vertrieb! Mochte Naumann sich auch »aus Gefühlsgründen« zu einer gewissen Ausnahme für die Winzer herbeilassen: Begeistern konnte Heuss mit seiner Dissertation keinen seiner beiden Mentoren. Brentano gab ihm die zweitschlechteste Zensur »cum laude«. Sein Schweigen über den ihm so wohlbekannten Heuss deutet darauf hin, dass dieser sein Schüler für ihn als Gesprächspartner uninteressant war. Für Naumann, der gerade in den ersten Jahren, als Heuss bei ihm war, sich den Alkohol abzugewöhnen suchte, waren die deutschen Winzer, wie er damals ganz offen schrieb, »volkswirtschaftlich nicht viel nütze«[62], und als Heuss 1907 ausgerechnet in Heilbronn für Naumann eine Wahlkampagne führte, und sogar eine erfolgreiche, waren – kein Wunder! – die Winzer die Hauptgegner. Um ihnen etwas Gutes zu tun, polemisierte Heuss 1908 gegen die Weinsteuer.[63]

Die Winzer waren nur ein Spezialfall für ein generelles Problem: Vehemente Freihändler wie Brentano und Naumann, für die der »Fortschritt« – politisch wie technisch – ein magisches Wort war, hatten ebendeshalb einen Hang zu den technisch fortgeschrittensten Sektoren der Großindustrie und neigten zur Geringschätzung der Klein- und Mittelindustrie, die noch in handwerklichen Traditionen stand. Von Spitzenunternehmen war langfristig am ehesten zu erwarten, dass sie sich auf der Basis wachsender Löhne mit mächtigen freien Gewerkschaften gut vertrügen.[64] Dieser Zug war gerade bei Naumann markant. In seiner »Neudeutschen Wirtschaftspolitik« (zuerst 1902), mit der Heuss sich als erstes auseinandersetzte, finden sich emotional getönte Passagen, über die ein Leser wie Heuss, der lauter tüchtige württembergische Klein- und Mittelunternehmen vor Augen hatte und überdies die schwäbische Sparsamkeit schätzte, eigentlich nur den Kopf schütteln konnte: Sosehr der moderne Deutsche »die gesunde Kraft einer deutschen Lokomotive« liebe, werde er zugleich doch herabgezogen durch ein »böses Gewimmel von rückständigen Sparsamkeitsgefühlen aus der alten kleinhandwerkerlichen und kleinstädtischen Zeit«. »Gewiss, wir gehen vorwärts, aber unsere Schritte könnten größer sein, wenn uns nicht die alte, kleingewerbliche Vergangenheit noch in allen Knochen steckte, und wenn nicht unsere Parlamente und die öffentliche Meinung von den Vertretern der Kleinbetriebe verhältnismäßig stark beeinflusst würden.«[65] Ein Schwabe wie Heuss dagegen hätte gerade in den Klein- und Mittelbetrieben eine Chance für die Liberalen sehen können. Aber damals wie heute bestand ein wirtschaftspolitisches Dilemma des Liberalismus darin, dass der wirtschaftliche Mittelstand in seiner Interessenlage höchst heterogen ist: Zum Teil wird er durch Zollschutz gefördert, in seinem exportorientierten Teil dagegen geschädigt. Zudem konnte Heuss, so gerne er lebenslang dem schwäbischen Genius huldigte, im Schatten Naumanns kein »Modell Württemberg« programmatisch entwickeln.[66] Das geschah erst in der NS-Zeit durch Erich Preiser[67], der damals Ostpreußen am liebsten württembergisieren wollte und später zu einem ökonomischen Vordenker der »Wirtschaftswunder«-Ära wurde.

LATENTE DISTANZ ZU NAUMANNS FLOTTENBEGEISTERUNG. Auch war es für Heuss anscheinend undenkbar, sich mit Naumanns Flottenbegeisterung offen anzulegen, obwohl diese den vom Neckarufer kommenden Heuss ziemlich kalt ließ[68] – aus der Rückschau muss man bedauern, dass er aus dieser seiner Vernunft damals kein Programm machte, sondern nach außen ins gleiche Horn blies wie sein Meister.[69] Daraus darf man jedoch schwerlich mit Peter Merseburger folgern, Naumann sei für Heuss ein »übermächtiges, stets unumstrittenes Vorbild« gewesen.[70] 1908 schrieb Heuss seinem Schwiegervater Knapp mit spürbarer Ironie: »Naumann wird in diesem Sommer fast immer weg sein; jetzt fährt er mit drei Dutzend Reichstagsabgeordneten auf der deutschen Marine herum.«[71] Naumann, immerzu redend und schreibend, konnte es nicht lassen, über die »Reichsmarinefahrt der Reichstagsabgeordneten« auch noch eine Druckschrift zu publizieren, wo er den Eindruck erweckt, als seien schon die hochgereckten Geschützrohre der deutschen Kriegsschiffe über dem schäumenden weißen Gischt ein unwiderstehliches Argument für den Flottenwettlauf.[72] Später spricht Heuss – nur zwischen den Zeilen spürt man die Distanz – von der »fröhlichen Tirpitzgläubigkeit« der Naumannianer[73], die an die von Tirpitz behauptete Zusammengehörigkeit von Flotte und Freihandel glaubten.[74]

Erst im Weltkrieg begriff Naumann, dass der Flottenwettlauf mit England ein Verhängnis war, und nun bekam sein Verhältnis zu dem Großadmiral die Bitterkeit enttäuschter Liebe.[75] Nach der Niederlage schlugen sich selbst völkische Nationalisten an den Kopf, wie man nur hatte so blind sein können, sich durch die Tirpitz-Propaganda in den Gegensatz gegen Großbritannien treiben zu lassen, wo man nichts gewinnen und nur verlieren konnte. Wenn die Deutschen von einer feindseligen französisch-russischen Allianz umgeben waren, mussten sie sich doch wenigstens die »stammverwandten« Briten zu Freunden machen – wieso hatte man diese simple Logik vor 1914 nicht begriffen, am wenigsten der von so viel klugen Geistern umgebene Naumann? Stattdessen war es Diederich Hahn, der Ideologe des Bundes der Landwirte und für die Liberalen der schwarze Mann schlechthin, der das Wort von der »grässlichen Flotte« geprägt hatte.[76] Hahn war ein Jugendfreund Naumanns gewesen, auch er ein glänzender Redner mit leuchtenden Augen, dem Naumann – so Heuss – »immer eine von nachsichtigem Humor durchfärbte freundschaftliche Gesinnung bewahrt« hatte[77]; aber politisch hatte er sich in konträre Richtung bewegt. Es gibt die Vermutung, Diederich Hahn sei das Vorbild für Diederich Heßling gewesen, den Widerling in Heinrich Manns »Untertan«[78], obwohl Hahn gerade *kein* unkritischer Verehrer Wilhelms II. war.

HEUSS UND DIE HAARSTRÄUBENDEN NAUMANN-ESKAPADEN. Um Naumann zu lieben, musste ein sensibler Mensch – und der Kern seiner Gefolgschaft bestand aus sensiblen Idealisten – über manches Anstößige hinwegsehen können. Aber ebendadurch kann Liebe etwas Bedingungsloses bekommen. Noch bevor Heuss ihn kennenlernte, hatte Naumann es zum geheimen Entsetzen vieler Anhänger fertiggebracht, die verheerendste aller Kaiserreden zu verteidigen: die »Hunnen-Rede« vom 27. Juli 1900, in der Wilhelm II. das gegen den chinesischen Boxeraufstand entsandte Expeditionskorps dazu aufrief, in China wie die Hunnen zu wüten: »Pardon wird nicht gegeben. Gefangene werden nicht gemacht.«

In seiner späteren Naumann-Biographie unterlässt Heuss es nicht, dieses Intermezzo in seiner ganzen Peinlichkeit zu schildern, und denkt nicht daran, es mit dem damaligen Zeitgeist zu entschuldigen. Das Gros der Deutschen habe die blutrünstige Kaiserparole, die für die antideutsche Propaganda seither ein gefundenes Fressen war, als »geschmacklos« und der Soldatenehre zuwider empfunden. »Es war für die ›Hilfe‹-Leser in ihrer Mehrheit eine kräftige Überraschung, als sie lasen: ›Die deutschen Staatsbürger haben jetzt in ihrer großen Mehrheit das wohltuende Gefühl, dass sie weit moralischer sind als ihr Kaiser … Wir halten diese ganze Zimperlichkeit für falsch. … Was sollen wir machen, wenn es 50000 Chinesen einfällt, sich uns zu ergeben? Dann bewachen und ernähren wir diese gelben Brüder und sind kampfunfähig.‹«[79]

Das war damals die Zeit, in der sich Naumann am liebsten mit Wilhelm II. identifizierte und vermutlich glaubte (und gar nicht einmal ganz zu Unrecht), dass dieser Kaiser ähnlich wie er selbst mit martialischen Gesten ein im Grunde unkriegerisches Naturell verdeckte. Ein wirklicher Gewaltmensch mochte zwar ohne großes Aufheben Gefangene massakrieren, wenn diese die Militäroperationen belasteten, aber er würde unter den Bedingungen der modernen Öffentlichkeit niemals laut davon *reden*. Das war schon rein militärisch die größte Torheit; denn so stachelte man den Gegner zum verzweifelten Widerstand an! Obendrein war in diesem Fall schon deshalb kein Grund zu großen Worten, weil der Boxeraufstand bereits niedergeschlagen war, als das deutsche Korps in China eintraf. Wie Eyck schreibt: »Die blutrünstige Gebärde« des Kaisers war »zur lächerlichen Grimasse geworden«, über die »die ganze Welt lachte«.[80]

Ein anderer dunkler Punkt war Naumanns Verständnis für die türkischen Massaker an den christlichen Armeniern, bei denen, wie er selber zugab, an die hunderttausend Menschen hingemetzelt worden waren – da hätte gerade Elly im Gedanken an ihre armenischen Vorfahren eigentlich aufschreien müssen![81] Der von Naumann nach einer Orientreise überlieferte Ausspruch eines »deutschen Töpfermeisters, der 19 Jahre in Konstantinopel lebte«, ging durch die deutsche Presse: Der Armenier sei »der schlechteste Kerl von der Welt«; die Türken hätten »Recht getan, als sie die Armenier totschlugen«.[82] Karl May übernahm dieses Zitat kurz darauf in seinen Roman »Im Reich des Silbernen Löwen«; auf dem nationalsozialen Parteitag dagegen wurde der osmanische Padischah als »gekrönter Massenmörder« gebrandmarkt.[83] Gerade christliche Kreise waren außer sich vor Empörung.[84] Noch 1938, als Heuss ihm seine Naumann-Biographie zugesandt hatte, schrieb ihm Albert Schweitzer aus Lambarene, für ihn habe Naumann »etwas Rätselhaftes«. »Er zwingt sich (wie in der Armeniersache) anders zu sein als er von Natur ist. Für mich war seine Haltung in der Armeniersache ein Hemmnis, ihm nahe zu kommen.« Wie es scheint, war das der Grund, dass er Heuss für dessen großes Werk zwar seine Bewunderung aussprach, zugleich jedoch erklärte, das Lob sei nicht für die Öffentlichkeit bestimmt.[85]

Gerade als Naumann auf seiner Reise die kahlen Höhen von Galiläa erblickt hatte und ihn das »Heilige Land« tief ernüchterte, wurde ihm die Bergpredigt zum rein *historischen* Text, der im Zeitalter Darwins nicht mehr aktuell war. Wieder wollte er ein Exempel für kalte Staatsräson statuieren: Das Bündnis mit dem Osmanischen Reich war der Eckpfeiler der deutschen Orientpolitik; und Paul Rohrbach und Ernst Jäckh, Naumanns Experten für »Weltpolitik«, wetteiferten auf den Spuren der Bagdadbahn in Orientphantasien. »Wir Deutsche freuen uns darauf, das Morgenland wieder zum Leben zu rufen«, jubelte Rohrbach.[86] Das Peinlichste war, dass Naumann, im Grunde seines Herzens ein Gefühlsmensch, es bei der Begründung seiner Position aus kühler Staatsräson nicht bewenden ließ, sondern dazu noch mit dem kolportierten Töpfermeister-Geschimpfe ein moralisches Recht suggerierte. Heuss, dessen Fernweh nicht weit über die Akropolis hinausreichte und den die Orientromantik kaltließ, hätte sich bei diesen Naumann-Eskapaden eigentlich schütteln müssen. Ernst Jäckh allerdings, Heuss' einflussreicher Gönner, der die Türkei zum Fressen gern hatte, lieferte der Schimpferei die statistische Basis.[87]

Naumann war einer, dem man viel verzieh und auf den man nicht so recht böse sein konnte. An seinem guten Herzen mochte kaum einer zweifeln, hatte er doch verkündet: »Wenn die Liebe in allen Herzen brennte, dann würde das Übrige schnell in Ordnung gebracht sein.«[88] Auch in der späteren Naumann-Erinnerungskultur wurden die skandalösen Episoden am liebsten verdrängt und konnten daher immer wieder neu enthüllt werden, obwohl in Heuss' Naumann-Biographie eigentlich das meiste schon nachzulesen war – nur zur Armenierfrage hüllt er sich in Schweigen[89]. Aber nicht zum Fall Carl Peters; denn da kam es zum ersten heftigen Konflikt zwischen Naumann und Brentano, und in dieser delikaten Angelegenheit hielt Heuss zu Naumann, der hier unter dem Einfluss des passionierten Afrika-Reisenden Paul Rohrbach stand.[90] Damals hatte Wilhelm II. Peters als den Gründer von Deutsch-Ostafrika rehabilitiert. Zehn Jahre davor war er aus dem deutschen Kolonialdienst entlassen worden, nachdem er seine afrikanische Geliebte mit seinem Diener *in flagranti* erwischt und beide hatte hängen lassen[91] – eine Peinlichkeit sondergleichen, nicht nur aus rechtlicher, sondern auch aus christlich-moralischer Sicht, mochten auch »alte Afrikaner« unter sich brummeln, das sei nun einmal im »dunklen Erdteil« der Stil. Von seinen Gegnern wurde der »Gründer Deutsch-Ostafrikas« fortan »Hänge-Peters« tituliert.

Brentano mahnte Naumann: »Wer die Humanisierung der Industrie will, der muss auch die Humanisierung der Kolonisation wollen.« Aber gab es die überhaupt? Naumann erwiderte, es sei ihm »beim besten Willen« nicht möglich, für Kolonialpolitik einzutreten und zugleich Peters »abzuschütteln«. Und dann: »Der Liberalismus wandelt sich: In den ethisch-rationalistischen Grundbestand werden die entwicklungsgeschichtlichen Ideen aufgenommen. … Rousseau wird mit Darwin verschnitten.«[92] Schneidender noch formulierte er es zu jener Zeit ausgerechnet in seinen »Briefen über Religion«: »Im Wort ›Kampf ums Dasein‹ liegt eine Weltanschauung. Der Kampf wird als Prinzip des Fortschritts gefasst, und zwar der ganz brutale egoistische Kampf.«[93] Daran muss man erinnern, wenn Heuss später wiederholt, ohne Naumanns Namen zu nennen, dem politischen Darwinismus Seitenhiebe erteilt.

1907 befand sich Naumann im Einklang mit der Zeitstimmung: Damals hatte Bülow in den »Hottentottenwahlen«, die im Zeichen der Kolonialpolitik standen, seinen größten Sieg errungen, und auch Naumann war wieder in den Reichstag gelangt, während die SPD ihren bis dahin schwersten Rückschlag erlitt. Wie man sah, war die Kolonialpolitik damals bis in die Wählerkreise der SPD hinein populär; Naumann konnte sich darin bestätigt sehen, dass eine Einigung der Deutschen im Zeichen eines sozialen Imperialismus keine Schimäre sei, und auch der junge Heuss, obschon kein Kolonialromantiker, muss diese Perspektive damals für realistisch gehalten haben. Wer die Geschichte der Konquistadoren von Pizarro bis Cecil Rhodes kannte, für den war ein skrupelloser Gewaltmensch wie Carl Peters nichts Besonderes. Noch später zeigte Heuss Verständnis für die »Bereitschaft Naumanns, menschliche Härte, mochte sie ihm auch selber fern liegen, als ein Element geschichtlichen Wirkens zu bejahen«. Demgegenüber habe Brentano ethisch-dogmatisch, nicht historisch gedacht.[94]

Zum definitiven Bruch zwischen Brentano und Naumann und damit zum Zerfall jenes Zweigestirns, das dem jungen Heuss die erste Orientierung geboten hatte, kam es jedoch erst kurz darauf über dem *Vereinsgesetz*. Aus zeitlicher Distanz ist schwer nachzuvollziehen, um was es bei diesem Streit konkret ging und wieso diese Freundschaft, die beiden so viel bedeutete, ausgerechnet darüber zerbrach. Die Materie ist so kompliziert, dass später selbst Sozialhistoriker[95] um dieses »Paragraphengestrüpp«, wie es schon damals genannt wurde[96], am liebsten einen Bogen machen. Das Gesetz, das Bülow den Konservativen abringen musste und das auf Posadowski, den tüchtigsten wilhelminischen Sozialpolitiker, zurückging[97], besaß Aspekte einer rechtlichen Absicherung, aber auch einer Reglementierung, womöglich Schikanierung der Gewerkschaften. Für Brentano jedenfalls überwog ganz klar das letztere; daher sah er sein Lebenswerk, den Kampf für das Koalitionsrecht der Arbeiter, in akuter Gefahr und war empört, dass ausgerechnet Naumann, der dazu im Reichtag partiell Bülows Blockpolitik mitmachte, ihm dabei in den Rücken fiel. Er wurde so grob, dass jetzt auch Naumann ganz gegen sein Wesen in Rage geriet.[98] Dem jungen Heuss war es »sehr unangenehm«, dass auch er in diesem Punkt »innerlich« gegen Naumann stand, auch wenn er diesen Konflikt nicht offen austrug.[99]

Als infame Fußangel empfand Brentano vor allem den Paragraphen 7 des Vereinsgesetzes, der besagte: »Die Verhandlungen in öffentlichen Versammlungen sind in deutscher Sprache zu führen.« Damit sei den Massen der polnischen Bergarbeiter im Ruhrgebiet, die noch nicht Deutsch sprächen, de facto das Koalitionsrecht genommen.[100] Aber genau an dem Punkt dachte Naumann anders: Dass das Deutsche Reich ein durch und durch deutsches Land werden sollte, besaß für ihn Vorrang. Und war der Paragraph 7 wirklich so wichtig; war es nicht nur eine Frage der Zeit, bis die polnischen Ruhrkumpel Deutsch sprachen, und gab dieser Paragraph womöglich einen nützlichen Anstoß dazu? Eyck bemerkt 30 Jahre darauf: »Von dem §7 des Vereinsgesetzes, der damals so erregt diskutiert wurde, hat man in späteren Jahren kaum noch etwas gehört.«[101] Die Querele wird Heuss' lebenslange Aversion gegen »Paragraphen« bestärkt haben.

Seltsamerweise erfährt man bei diesem Streit in der »Hilfe« nur nebenbei, dass das neue Vereinsgesetz den Frauen die volle Gleichberechtigung brachte[102]: für die Frauenbewegung eine kleine Revolution! Aber Frauenfragen waren unter den Linksliberalen umstritten. Das Frauenwahlrecht war für Naumann ein unbehagliches Thema[103]: Prinzipiell konnte er dagegen schlecht etwas einwenden, und doch war es ihm lieber, wenn die Frauen sich zur Stärkung der deutschen Volkskraft mehr auf Kinder als auf Politik konzentrierten.

Naumann war kein reiner Pragmatiker; auch er hatte seine Prinzipien, und dazu gehörte das gleiche und geheime Wahlrecht nicht nur im Reich, sondern auch in Preußen. Für viele Liberale war das ein heikles Thema: Aus Prinzipiengründen musste man eigentlich dafür sein; andererseits gehörte man in nicht wenigen Wahlkreisen zu den Nutznießern der Privilegierung der Vermögenden durch das Dreiklassenwahlrecht, und der gewitzte Reichskanzler Bülow ließ keine Gelegenheit aus, um die Liberalen damit zu foppen und im »Bülow-Block« bei der Stange zu halten.

In einem Brief an Elly 1907 aus der Zeit des innerliberalen Streits um die Wahlrechtsfrage bezeichnet Heuss diejenigen Liberalen als »Bande«, die sich von Bülow einschüchtern ließen und für Vertagung stimmten, die Naumannianer dagegen als die »7 Aufrechten«.[104] Gegen das »geradezu frivole« preußische Wahlrecht zieht er scharf vom Leder, das 1903 dazu führte, dass bei etwa gleicher Stimmenzahl die Konservativen 160 Sitze und die Sozialdemokraten keinen einzigen erlangten![105]

NAUMANNS CHARISMA UND SEINE SCHWACHSTELLEN: EINE LEBENSLANGE LEHRE FÜR HEUSS. Wenn Heuss in seiner Naumann-Biographie über seinen einstigen Lehrer Brentano schreibt, muss man bedenken, dass dessen Memoiren mit seiner Abwertung Naumanns nicht lange davor erschienen waren. Heuss schildert den einst bewunderten Lehrer als im Grunde unverbesserlichen Streithahn; »er klagte wohl darüber, dass er immer in Kampf und Streit verwickelt war, aber im Grunde gehörte das zu seinem Wesen. Naive Egozentrik und völlig selbstloses Einsetzen für die Sache der Wissenschaft, der Politik, für einen Menschen oder eine Menschengruppe waren bei ihm auf die wunderbarste Weise gemischt.«[106] Kein Zweifel: So wollte Heuss selbst nicht sein. Da war er eher Naumann kongenial: Am liebsten wollte er »national«, »sozial« und »liberal« irgendwie in Einklang bringen, zumindest die scharfen Grenzen überbrücken.

In manchem erinnert Naumanns rhetorische Grenzüberschreitung an die später von Heuss erstrebte »Entkrampfung«. Aber Naumanns Art, die Differenzen für den Moment durch eine suggestive Rhetorik zu überspielen, hatte er nicht; Naumanns politisches Schicksal demonstrierte auch nur zu deutlich, dass ein derartiges Feuerwerk keine dauerhafte Wirkung erzielte. Ludwig Curtius erinnert sich an einen Vortrag Naumanns über Wilhelm II. vor großem Publikum in München. »Alle waren Gegner des Kaisers.« Und da gelang es dem Redner, »diesen von uns allen gehassten Mann … beinahe liebenswert zu machen.«[107] Und dann folgt noch ein Passus, der in einer späteren Auflage der Memoiren gestrichen ist: »Ich entsinne mich noch, wie wir uns nach verrauschtem Beifall gegenseitig verwundert ansahen, ob wir nicht von einem indischen Fakir verzaubert, eine Distel als Dattelpalme angesehen und Früchte von ihr gepflückt hatten.«[108] Aber das war ein Strohfeuer; dadurch wurde die liberale Münchener Intelligenz nicht wilhelminisch.

Im Vergleich zu Heuss fällt bei Naumann auf, dass dessen rhetorische Effekte zu wenig durch eine Kunst der Geselligkeit, eine animierende Kommunikation im kleinen Kreis unterfüttert waren. Selbst die, die ihn liebten, klagten, man komme an ihn nicht so recht heran. Man gewinnt den Eindruck, dass der »Naumann-Kreis« so recht erst nach seinem Tode, ohne ihn, als imaginäre Gemeinschaft von Geistesverwandten florierte. Als Elly ihn zum ersten Mal sprechen hörte, hatte sie danach vor Erregung eine schlaflose Nacht: »Ich kann nicht beschreiben, wie stark der Eindruck war.«[109] Aber dann folgen nur dürftige Bemerkungen über *Gespräche* mit Naumann. Sein Humor war kein Thema; im Vergleich zu der Fülle von Heuss-Anekdoten fällt der Mangel an Naumann-Anekdoten auf. Elly berichtet von einem »Fastnachtsfest der Süddeutschen in Berlin«, wo die jungen Freisinnigen aus dem Süden um den massigen Naumann herumtanzten[110]; aber sie berichtet nicht von angeregten Diskussionen im vertrauten Kreis.

Im Vergleich zu der Fülle heiter-humoriger Heuss'scher Briefe sind die meisten seiner Schreiben an Naumann überraschend kühl und trocken. Noch als Redakteur der »Hilfe« redet er ihn jahrelang mit »Herr Doktor« an, und selbst als er ihn ab 1912 duzt und mit »lieber Freund« anredet, wird der Ton nicht wärmer. In einem Brief an Elly Ende 1906 nennt Heuss seinen Meister einen »irrenden Ritter« – eine Bezeichnung mit Don-Quichote-Assoziation –, da man für ihn nach einem erfolgversprechenden Wahlkreis herumsuchen müsse[111]; offenbar ist er nirgends verwurzelt. Als es dann doch gelingt, Naumann in Heilbronn durchzubringen, und die Freisinnigen ihren Sieg feiern, umarmt und küsst Naumann auf einmal den 23-jährigen Heuss. Der kommentiert zu Elly: »Es ist mir jetzt noch nicht deutlich, was ich dabei empfunden habe.«[112] 1911 schreibt er an den gleichaltrigen Historiker Willy Andreas über Naumann, von dem der Adressat glaubt, dass er »innerlich verflacht«: »Er redet zu viel, was er von mir fortgesetzt gesagt bekommt.«[113] Das erinnert an die Klage Brentanos.

Für die Heussens[114] wie für die Webers[115] und andere war es klar, wer die Schuld trug, dass Naumann zu viel redete und zu wenig kommunizierte: »die blödsinnige Frau Naumann« (Heuss 1915)[116]! Darin waren sich alle einig, dass man sich in ihrer Gegenwart einfach nicht wohlfühlt und sie die Geselligkeit verpatzt. Wenn die Rede auf sie kommt, fängt Heuss stets vulgär an zu schimpfen: »Gans«, »Saustall«! »Frau Naumann treibt sich noch hier herum, macht ihn nervös … Es ist ein Sau-Unfug.«[117] Solange bedeutende Männer ihre bedeutenden Gespräche nur unter Männern führten, fiel es nicht auf, wenn die Frauen geistig nicht mithalten konnten; aber es gehörte zu dem jungen Aufbruchsliberalismus um Naumann, dass da auch die Frauen stark vertreten waren; und da störte es, wenn Frau Naumann ebenfalls den Mund aufmachte. 1942 klagte Heuss in einem Brief an den Historiker Johannes Haller, die »persönliche Tragik Naumanns«, die er, Heuss, in seiner Biographie nur habe andeuten können, sei »eine ihn völlig lähmende Ehe« gewesen.[118] Er sagt nicht, worin diese Lähmung bestand; sie muss vor allem darin bestanden haben, dass diese Frau jene Art von Geselligkeit verdarb, die für Heuss die Essenz des Lebens ausmachte. Dass sie gegenüber ihrem Mann energisch werden konnte, kann es nicht allein gewesen sein; denn auch Heuss hatte eine sehr energische Frau, von der er später gerne meinte, dass sie die Rolle des Bundespräsidenten eigentlich besser spielen könne als er.

Naumanns Schwächen hätten sich in Stärken verwandeln können, hätte er wie Heuss das Glück gehabt, am Ende zum Präsidenten gewählt zu werden: Da war eine allumfassende Überparteilichkeit verbunden mit der Fähigkeit zu großen Reden gerade richtig und ein scharfes Profil, eine Verwurzelung in der Region eher hinderlich. Tatsächlich sahen manche seine Verehrer ihn nach dem Abtritt des Kaisers wie prädestiniert für die Rolle des neuen Reichspräsidenten. Aber am Ende des Kaiserreichs war auch Naumann mit seinen Kräften am Ende; er überlebte es kein Jahr. Gewiss hat Heuss daran zurückgedacht, als er 30 Jahre darauf zum Bundespräsidenten vereidigt wurde und der Choral erklang: »Großer Gott, wir loben dich.« In dieser Position hat er seinen eigenen Stil der »weltlichen Predigt« gefunden, den auch Naumann beherrschte, der jedoch Heuss selbst die längste Zeit fremd war; nur in seinen Anfängen bei Naumann hatte er ihn manchmal nachgeahmt.

Wenn Heuss an Naumann zurückdachte, konnte er als Bundespräsident stolz sein. Naumann war Vorbild und warnendes Beispiel zugleich. Er wollte mit seiner politischen Erweckungsrhetorik die breite Masse erreichen – »Masse« war bei ihm, anders als dem Gros der Gebildeten, ein Positivbegriff! –, aber in aller Regel waren es doch nur Bildungsbürger (nicht zuletzt Bürgerinnen), die sich von ihm begeistern ließen.[119] Da hatte es Heuss als Bundespräsident besser: Im Unterschied zu Naumann traf er auf eine Gesellschaft, in der die schroffe Grenze zwischen Bürgertum und Arbeiterschaft in Auflösung begriffen war (wenn auch mehr im Bewusstsein als in der Realität) – und er wollte nicht erwecken, sondern nur entkrampfen. Auch Naumann hatte bereits die Parteifronten überbrücken wollen, und doch besaß zu jener Zeit seine Anstrengung, Unvereinbares zu vereinen, etwas Krampfhaftes.

KREISE OHNE KLÜNGEL. Vor allem aber war Heuss seinem Mentor in der Kunst der Kommunikation weit voraus. Gerade in seinem Falle reizt das Thema »Geselligkeit« zu epochenübergreifenden Betrachtungen. In der Ära des Telefons, mehr noch heute in der des Internets geht der allgemeine Trend hin zu einer Vielzahl unverbindlicher Kontakte, mehr und mehr sogar ohne persönliche Begegnung; heutige Jüngere, die vorwiegend Facebook-«Freunde« kennen, wissen oft gar nicht mehr, was »Freund« im alten Sinne bedeutete. Der Jugendpsychologe Hans Heinrich Muchow, Jahrgang 1900, glaubte in der neueren deutschen Geschichte eine »Großepoche« der Jugendfreundschaft zu erkennen, die von 1770 bis 1920 reichte: von der Generation des Sturm und Drang bis zu der der Jugendbewegung; er selber hatte deren letzte Phase noch erlebt.[120]

Auch Heuss war in einer Zeit aufgewachsen, in der die alte Freundschaft noch in Blüte stand, ja durch die bündische Jugend neu belebt wurde. Er allerdings, der zum Wandern keine Wandergruppe brauchte, setzte später die »Jugendbewegung« in Anführungszeichen[121]; im Unterschied zu vielen Altersgenossen gehörte diese nicht zu den Erinnerungen, die er kultivierte. Der Reformpädagoge Gustav Wyneken, der Redner von dem »jungdeutschen« Treffen auf dem Hohen Meißner, dem Heuss mehrmals begegnete, war ihm »nicht sympathisch«.[122] Lebenslang liebte er nicht die engen, exklusiven, in sich geschlossenen Kreise, die einen Kult mit der »Gemeinschaft« trieben; er wollte seine Autonomie behalten und nach mehreren Seiten offen sein. Dass jene abendlichen »Gesellschaften«, die damals der Kern bürgerlicher Geselligkeit waren, ein »Martyrium« bedeuteten, war für ihn ohnehin ausgemachte Tatsache.[123] Elly, die später die verbindlichen Gemeinschaften liebte, empfand damals ähnlich wie er: »wir kannten keine andere Gemeinschaft als die des kleinen Kreises, der sich in loser Gemeinschaft freiwillig zusammenfand, der nach Eigenart strebte in Kleidung und Einrichtung, in Reden und Schreiben.«[124]

Das war ein Vorzug des Naumann-Kreises, der ein eher luftiges, »ideales«, nicht sehr verbindliches Gebilde war. In der Heuss'schen Semantik steht »Freund« auf der Mitte zwischen dem alten deutschen »Busenfreund« und dem modernen amerikanischen »friend«, obwohl Heuss auch in distanzierten Freundschaften sehr beständig sein konnte. Aber nur dadurch, dass er sich nie von einem engen Kreis absorbieren ließ, erlangte er die Fähigkeit, ein Kommunikationsnetz von einer Weite und Vielfalt aufzubauen, wie es vermutlich nicht sehr viele Zeitgenossen besaßen. Auf diese Weise hatte er zwar nie seinen »Klüngel«, und das bremste seine Parteikarriere; aber dieser Mangel verwandelte sich in einen Vorzug, sobald er zum Repräsentanten eines neuen Staates aufstieg, dessen Gesellschaft anfangs ganz amorph wirkte.

Die erste Gemeinschaft der Gymnasiasten war die Klassengemeinschaft. Auch für Heuss? »Unsere Klasse zeichnete sich durch einen vortrefflichen Gesamtgeist aus«, rühmt er in seinen Memoiren[125]; aber in einem Brief des Abiturienten an einen befreundeten Mitschüler liest es sich anders: »mit den Leuten der Klasse ist größtenteils nichts anzufangen, also ziemlich öd.«[126] Besonders auffällig ist bei seinem Herkunftsmilieu, dass er sich dem studentischen Korporationswesen fernhielt. Lag das nur daran, dass seine Schulterverrenkung ein Handicap beim Fechten und Duellieren war? Er gesteht, dass er, »um der häuslichen Tradition nicht gänzlich zu entlaufen, zwei Kurse im Säbelfechten belegte und mit dem ungeschickten linken Arm (sich) redliche Mühe gab«; das sei ihm jedoch nicht erst später als »unglaubhafter Atavismus« vorgekommen.[127] Als 24-Jähriger zog er bei diesem Thema in der »Hilfe« scharf vom Leder wie nur selten: Die große Zeit des studentischen Nationalismus sei das frühe 19. Jahrhundert gewesen, als das Gros der deutschen Bevölkerung politisch noch nicht erwacht war; heute dagegen sei die »politische Rolle des Studententums« »endgültig ausgespielt«, und was die Korporationen an »verlogener Romantik« vorführten, sei eine hässliche Karikatur. Besonders ekeln ihn die zu den Sauforgien gehörigen Bordellbesuche an (»*in Baccho et Venere excediret*« war ein stehender Vermerk in studentischen Krankenakten), die dahin führten, dass »die geschlechtliche Erkrankung eine Voraussetzung zur Burschenrezeption bildet«.[128]

In der Tat, für das Korporationswesen mit seiner Enge und Exklusivität, mit seiner Bierseligkeit und plumpen Vertraulichkeit und auch mit seinen sexuellen Eskapaden war er nicht der Typ. Da wurde seine Aversion tief und beharrlich, auch wenn er damit Parteifreunde verdross[129]; noch als Bundespräsident führte er einen »kleinen Feldzug« gegen das Wiederaufleben des Korporationswesens, und dass er da unterlag und besonders in seiner ersten Präsidentenzeit fast täglich mit vorwurfsvollen Studentenbriefen überschüttet wurde[130], pflegte er zusammen mit dem Scheitern der neuen Nationalhymne als seine beiden großen Niederlagen zu bezeichnen. Als ihn 1950 Theodore F. Green, außenpolitischer Experte des amerikanischen Senats, besuchte und von dem Alt-Heidelberger Korporationsglück vorschwärmte, verulkte ihn Heuss in seiner frischen Präsidentenherrlichkeit, indem er ihm »O schöne Burschenherrlichkeit« vorsang.[131] Das von den Korporationen betriebene Protektionswesen war Heuss zuwider. Als ihm ein Jugendfreund, der dem CV (Cartell-Verband) angehört hatte, berichtete, wie er im Leben immer wieder durch glückliche Zufälle vorangekommen sei, brummte Heuss, er wisse »gar nicht, dass man Zufall mit CV schreibt«.[132]

Als Student ging Heuss nicht nach Tübingen, wo die Korporationen herrschten, sondern nach München, wo die literarisch-künstlerische Bohème lockte; aber auch da gehörte er nicht so recht dazu. »Im Grunde war ich recht vereinsamt … Und doch behagte es mir in dieser ziellosen Verlorenheit aufs beste«, schreibt er in seinen Memoiren[133], und man darf es ihm glauben. Es gehörte zu seinen Stärken, die ihn auch die NS-Zeit ungebrochen überstehen ließen, dass er bei all seiner Kunst der Kommunikation nicht zwanghaft auf bestimmte Konnexionen angewiesen war, sondern – wie er gerne mit Stolz betonte – auch mit sich allein ganz gut zurechtkam.

Umso mehr kann man wiederholt darüber staunen, wie loyal Heuss an manchen Freundschaften festhielt, auch wenn diese Beharrlichkeit politisch überhaupt nicht opportun war. So zu Gottfried Traub, einem Mitstreiter Naumanns, der 1912 durch den »Fall Traub« zum Helden aller Freigeister wurde, als er, der Pfarrer, der sich um eines freien Christentums willen mit seiner Kirchenbehörde angelegt hatte, dafür mit sofortiger Dienstentlassung ohne Pension bestraft wurde und dem Ex-Pfarrer Naumann dadurch nur umso näher rückte.[134] In den Folgejahren gehörten »Traubs Andachten« zur ständigen Kolumne auf der Titelseite der »Hilfe«. Aber das war eben nicht das Ende der Geschichte: Traub, ohne Sinn für eine gemäßigte Politik, wurde 1917 zum Mitgründer der chauvinistischen Vaterlandspartei und nahm 1920 am Kapp-Putsch teil. In den 1950er Jahren finden wir ihn als einen wilden Kalten Krieger wieder, der hinter jedem Ausscheren aus der Front des Westens gleich das Grinsen Stalins sieht und überhaupt viel herumschimpft – für einen Heuss eigentlich ein Greuel, und doch setzt der mit Briefeschreiberei überlastete Präsident die Per-du- Korrespondenz mit ihm fort.

Für ihn gehörte Traub wohl zu jenen »anständigen«, innerlich unabhängigen Menschen mit humaner Kultur, die er mochte und zu denen er hielt, im Unterschied zu dem anderen prominenten Naumann-Apostaten Max Maurenbrecher, der zunächst zur Sozialdemokratie, dann zu den Ultranationalisten ging und den Naumann zwar – wie Heuss meinte – »am meisten von allen« liebte, der jedoch für Heuss – ebenso wie für Max Weber[135] – ein Wirrkopf und schwülstiger Politromantiker war, dazu, schlimmer noch, ohne Humor.[136] Kein Wunder, dass ein solcher Mann einem Heuss tief zuwider war. Sein Freundschaftsnetz war stark von Sympathie, nur begrenzt von politischem und publizistischem Kalkül bestimmt. Daher war es gegenüber politischen Konjunkturen auch vergleichsweise resistent.

MÜTTERLICHE FREUNDINNEN: LULU, LIS, LU – UND DANN ELLY. Heuss liebte die nicht gar zu verbindlichen, nur moderat von Verpflichtungen belasteten Freundschaften. Das gilt auch für seine frühen Frauenbeziehungen, angefangen mit der Beziehung zu seiner Mutter. Sie überlebte den Vater um 19 Jahre; aber in den Heuss-Briefen aus jener Zeit kann man ihr Fortleben nahezu vergessen. »Mei-

Hermann und Theodor Heuss malen im Freien, Speyer, September 1901

ne Mutter war nicht stark genug, sich ein eigenes Leben aufzubauen«, bemerkt Heuss dezent in seinen Jugenderinnerungen. »Worin sie sich durchsetzte, war die häusliche Lebensführung und Gesundheitspflege«[137] – und Heuss konnte Belehrungen über gesunde Lebensweise die längste Zeit nicht ausstehen. Die Kunst sei ihr fremd, dafür »zum Anöden das dankbarste Objekt«, schreibt er 1906 an Elly über seine Mutter[138] – schon das sagt alles[139]. Noch brutaler im Jahr darauf: Man merke, dass seine Mutter »als braves Mädchen« »aus absolut beschränkten, kleinbürgerlichen und bigotten Kreisen« stamme. »Innerlich vollständig ausgeschöpft, d. h., weder der Mann noch die Söhne haben sich um das Innenleben je stark gekümmert. Ich weiß auch nicht, ob eines da ist.«[140] Der Nachsatz ist hart! Wenn Heuss die längste Zeit seines Lebens der Lehre Freuds mit Ironie begegnete, mag sich das daraus erklären, dass er den berühmten Ödipuskomplex unmöglich nachempfinden konnte: Weder erkennt man bei ihm eine starke Liebe zur Mutter noch eine Eifersucht auf den Vater, den er bald nur noch als Anstaltsinsassen kannte.

Später, wenn er von seiner Liebe zu Wald und Wandern sprach, erinnerte er gern daran, dass er mütterlicherseits aus einer Försterfamilie mit dem Wahlspruch »*In silva salus*«, »Im Walde das Heil«, stammte; aber das ist eine ex post konstruierte familiäre Verwurzelung – wie er später bekannte, hatte er »nie den geringsten Sinn für Ahnenforschung gehabt«[141]. Überhaupt kann man in der Masse seiner Korrespondenzen die Existenz seiner Verwandten und Brüder fast vergessen.[142] Dabei muss seine Mutter sehr wohl praktische Intelligenz besessen haben, und zwar auch in Bereichen, die damals als Männersache galten; denn nach dem frühen Tod ihres Mannes wurde es – wie Heuss schreibt – ihr »Ehrgeiz, den Söhnen fast alles, was sie für gar nicht gut und notwendig hält, finanziell zu ermöglichen, ohne das Vermögen zu tangieren. Es ist ihr fast gelungen. Wie, ist mir noch nicht ganz klar.«[143] Von dem typischen Lamento lebenslustiger Studenten über leeren Beutel und Schulden ist bei dem jungen Heuss kaum etwas zu finden. Die Mutter muss das Vermögen klug angelegt haben – und der Sohn durchschaute nicht einmal, wie![144]

Ein Muttersöhnchen war Heuss eindeutig nicht; aber er liebte mütterliche Freundinnen. Gerade zu einer Zeit, wo Männer üblicherweise jüngere, oft erheblich jüngere Frauen suchten, fällt auf, dass der junge Heuss vertraute Kontakte vor allem zu solchen Frauen pflegte, die erheblich älter waren als er: vor allem zu Lulu von Strauß und Torney und zu Elisabeth (»Lis«) Niemeyer, die eine ihm um elf und die andere ihm um zwölf Jahre voraus; auch zu Louise Charlotte (»Lu«) Märten, Jahrgang 1879, und seiner Cousine Marie Senn, Jahrgang 1877. Auch Elly Heuss-Knapp war drei Jahre älter als er und sah neben ihm noch älter aus, schon gar später, als sie leidend war. Das war so augenfällig, dass der Vater Knapp die Nachricht von der Verlobung brutal kommentierte, er könne nur staunen, »dass die Jünglinge heute ihre Großmütter heiraten«[145] – und, noch erstaunlicher, Heuss erzählte diesen verletzenden Kommentar auch noch herum. Anfang 1957 verriet er sogar in einer Rundfunkansprache, seine 1881 geborene Frau habe ihr Geburtsjahr in einem Dokument, das dann in Druck ging, so geschrieben, dass aus der 1 eine 7 wurde![146]

In dem Briefwechsel zwischen »Dorle« und »Lulu« sprechen beide gerne von dem Trio, wobei »Lis«, Elisabeth Niemeyer, die Dritte im Bunde ist. Der Witz ist jedoch dabei, dass die drei, wie aus der – stets per Sie geführten – Korrespondenz hervorgeht, gar nicht sehr oft zusammen sind, da Lulu zu den Menschen gehört, die Verabredungen mit Vorliebe im letzten Augenblick absagen. Und bezeichnend ist, dass »Dorle« ihr das nicht einmal übelnimmt, sondern sich darüber nur amüsiert. »Ach, Sie sind doch ein ganz unheimliches Vertagungsgenie!«[147] Er findet diese Unverbindlichkeit erheiternd – und erleichternd. Offenbar bereitet es ihm ein spezielles Vergnügen, sich gegenüber der konservativ-kleinstädtischen Bückeburgerin als lebenslustiger süddeutscher Bohemien aufzuspielen, was er in Wahrheit nur mit gewissen Hemmungen ist: »So ein Morgen, um 5

Heuss, Karl Glass, Heinrich Rustige und Gustav Stotz, 1902–05

herum, nach einer schönen Nacht, ist mir immer wieder schlechtweg ein Erlebnis. Da möchte ich vor Lebensfreude immer bloß brüllen und Verse machen.«[148] Die Lebenslust, die sich nur in Versen austobt, hält sich in den Grenzen des bürgerlichen Anstands.

Wie es scheint, war es – zumindest von Heuss' Seite – bei den Freundschaften mit Lulu, Lu und Lis unausgesprochene Voraussetzung, dass diese auch bei verbalem amourös angehauchtem Getändel stets platonisch bleiben würden und sich auf der gleichen Ebene bewegten wie damalige Heuss'sche Männerfreundschaften. Das galt besonders für den Graphiker Gustav Stotz, im gleichen Jahr wie Heuss geboren und von ihm zärtlich »Stotzle« genannt; später trafen sich die beiden im Deutschen Werkbund wieder. Im Juli 1907 tummelten sich »Dorle« und »Stotzle« gemeinsam auf einer »jüdisch-orientalischen Fastnachtsmimik am Kurfürstendamm«. »Stotzle kommt als Salome in einem schönen, äußerst indezenten Nichtgewand und ich als Jochanan in einem Hemd aus Sackleinen, das furchtbar stinkt«[149] – es war die Zeit, als Richard Strauss mit »Salome« die Zuschauer schockierte.

Dorle, Stotzle und Lu Märten bildeten eine Zeitlang ein Trio, ähnlich wie Heuss mit Lulu und Lis. Während Lulu später zur gläubigen Verehrerin Hitlers wurde, ging Lu zu den Kommunisten; aber in der Aufbruchsstimmung der jungen Generation nach 1900 vertrug sich noch manches, was sich nach dem Weltkrieg verfeindete. Mit Lu kam Heuss rasch zum Du, und da geriet die Beziehung anfangs an die Grenze zum Verbindlichen. Als Heuss sie 1906 kennenlernte, war sie unglücklich verlobt, und es scheint, dass sie von ihm mehr erwartete als ein bloßes Geplänkel. Heuss' Antwort enthält eines der merkwürdigsten Geständnisse über sich selbst und sein bisheriges Leben, eine rätselhafte Passage:

»Von meinem Leben will ich einmal erzählen. Es gibt in ihm eine Stelle, die dunkel ist, und die mich einmal erdrücken wollte. Mit der Skepsis dessen, der ›Novellen sieht‹, hab ich sie überwunden. Aber sonst ist es ein Leben, reich an Eindrücken und Schönheiten, arm an Leidenschaften und zerwühlendem Geschehnis.

Vielleicht wäre es besser gewesen, ich wäre gestern Nacht bei Dir geblieben. Wir hätten alle Dialektik fahren lassen, wir hätten ein wenig gelesen, Du hättest Dich gelegt, und ich hätte Deinen Schlaf behütet. Aber ich war so müde von den Anstrengungen der letzten Tage, und heute früh erwartete mich ein großer Haufen Arbeit. Vielleicht bin ich ein großer Philister und Dionysos ist nur eine Gastrolle.«[150]

Wenn ein junger Mann bei einer erotisch frustrierten Frau, die keine bürgerlichen Hemmungen kennt und sich nach Liebe sehnt, über Nacht bleibt, dann auch im Jahr 1906 nicht nur zum gemeinsamen Lesen. Stattdessen stilisiert sich der junge Heuss hier zum Mann ohne Leidenschaften, ja zum »großen Philister« – was in dieser von Aufbruchsstimmung und Freiheitslust erfüllten Jugendszene nun auch wieder apart war! Heuss, der später nach seiner Wahl zum Bundespräsidenten mit seiner Rede vom »Mut zur Liebe« (zwischen Deutschen und Juden) geniale Worte zu dem allerheikelsten Thema fand, deutet hier gegenüber Lu eine tiefe, ihn früher quälende erotische Hemmung an.

Oder spielt er das nur, weil er zu jener Zeit bereits bei Elly Feuer gefangen hat? Zu ihr schreibt er darüber und über die Dreiecksbeziehung zu Lu und »Stotzle« ganz offen und sinniert in der Zeit ihrer beider Verlobung über »das merkwürdige: während ich auf Lu eifersüchtig war, dass ihr Einfluss mir Stotzle entwand, war er eifersüchtig auf mich, dass Lu mich mehr liebe als ihn … Ich bin zu harmlos, um so was zu merken, und war erstaunt, als Lu mir dies heute vortrug. Ohne eine Ahnung, wie gefährlich nahe Lu und ich uns in den ersten Tagen unserer Bekanntschaft gekommen waren, bis eine Resignation und Ernüchterung kam.« Es war in seinen Worten »eine ganz dackelhafte Situation«[151]. »Dackelhaft«: Ein Jahr davor hatte Heuss Elly, die er noch siezte, gestanden, es sei »durchaus kein Vergnügen, 22 Jahre alt zu sein und außer einer kleinen Cousine noch kein Mädel geküsst zu haben. Man kommt sich dabei dann bisweilen noch so arg dumm und dackelhaft vor.«[152] Man ahnt, dass für Heuss die Verlobung mit Elly ein Stück Ordnung in den Gefühlshaushalt brachte, der zwischendurch in Konfusion zu geraten drohte – zu einer Zeit, als auch die politische Dreiecksbeziehung, um die Naumann rang – die Versöhnung von »national«, »sozial« und »liberal« –, immer neue Konfusionen bescherte.

Auch Elly war zunächst eine Dritte im Bund: in der Beziehung zwischen Heuss und Naumann, den Elly mit weit größerer Inbrunst verehrte, als Heuss dazu jemals fähig war, und die er über Naumann kennenlernte. Auch die Heuss'sche Beziehung zu der drei Jahre älteren Elly war keine »Liebe auf den ersten Blick«, sondern schien über ein halbes Jahr und länger von der gleichen unverbindlichen Art zu sein wie die Freundschaften mit Lulu, Lu und Lis – nur spielte Elly auf die Dauer in diesem Ton nicht mit. Dabei muss man bedenken, dass sie weniger Zeit hatte als »Dorle«: Nach den Maßstäben jener Zeit gehörte sie schon bald zu den »alten Jungfern«. Schon in Heuss' erstem überlieferten Brief an sie, dem vom 31. März 1906, erkennt man zwischen den Zeilen, dass er bei der Adressatin eine gewisse Ungeduld spürt, wenn er ihr bekennt, er habe »Frauen gegenüber nicht das Talent der raschen Annäherung«. Da gab es nicht die Heuss vertraute Männergeselligkeit, wo man die Nacht durchzechte und rasch dabei war, miteinander Bruderschaft zu trinken. Elly gegenüber bleibt es noch ein ganzes Jahr beim Sie. Er schreibt ihr, »wir« hätten »Heimweh« nach ihr – da ist zumindest noch »Stotzle« eingeschlossen –, Heimweh »nach Ihrem Lachen, Ihrer Mütterlichkeit«.[153] In der Folge schreibt Elly ihm immer wieder so dicke Briefe, die sie jedoch als Normalbriefe frankiert, dass Heuss – wie er nicht zu erwähnen unterlässt – »jedes Mal Strafporto zahlen« muss[154], und sie ist zwischendurch »so betrübt«, dass er mit der Antwort auf sich warten lässt.[155]

Sein Brief vom 8. September 1906 ist in der Stuttgarter Gesamtausgabe als »Liebeserklärung an Elly Knapp« verzeichnet; aber ist er das wirklich, oder ist er fast schon das Gegenteil, ohne dies im Klartext zu sagen? Weiß Heuss überhaupt, was er will, oder weiß er das gerade *nicht*, und ist es gerade dies, was er im Ton der Enthüllung *ver*hüllen will? Bei kritischer Lektüre wirkt dieser Brief ähnlich mehrdeutig wie Max Webers angeblicher Brautwerbebrief vom 23. Januar 1893.[156] Gewiss, Heuss will ihr von seiner »Liebe« reden, aber sie kenne ihn ja, es handele sich »nicht um eine jungenhafte Verliebtheit oder eine plötzliche Leidenschaft, sondern um eine Zuneigung, die in Stille und Stete erwachsen ist«. Er schreibe ihr den Brief »um der Reinheit und Klarheit unseres Verhältnisses willen, wie es sich auch gestalten wird« – aber schafft dieser Brief Klarheit? »Aber der Schein der zärtlichen Lüge soll uns nicht umglitzern«, fährt er fort: Mit der »zärtlichen Lüge« kann er nur eine etwaige Illusion Ellys meinen, bei ihm selbst gebe es eine starke Leidenschaft, die auf eine dauerhafte Verbindung dränge. Vor allem, wenn man dann weiterliest:

> Sie wissen, liebe, liebe Elly, wie schwer es mir wird, das niederzuschreiben, denn es mag sein, dass ich Sie verletze, traurig oder mitleidig mache. ... Aber ich kann dieses ungewisse Schweigen nicht mehr aushalten. Und Sie sagten mir selbst, dass man mit ihm vielleicht an der wartenden Geduld der Frau sündigen könne. ... Sie erinnern sich, als wir am Dienstag durch die Mondnacht fuhren und mit verschlungenen Händen am Fenster standen. Da beklemmte uns ein schweres Schweigen. Sie sagten: »an was denkst Du, Bub?« und ich: »an nichts, an Gleichgiltiges.« Mehr fand ich nicht. Ich wehrte meine Hand, die Sie umfassen und an mich ziehen wollte und meine Lippen, die Ihre Stirn suchten.[157]

Man sieht: Elly unternimmt einen Vorstoß zum Du; aber Theodor bleibt beim Sie und in seinen darauf folgenden Briefen noch über ein halbes Jahr. Elly geht in ihrem Antwortbrief wieder an einer Stelle zu »Du« in Verbindung mit »Bub« über – wobei das Du wiederum keine intimere Freundschaft, sondern eine Regression in die Kindheit oder auf eine volkstümliche Sprachebene signalisieren kann –, aber dann wieder zum Sie; und das Du gebraucht sie nur dort, wo sie – vermutlich provozierend – ausspricht, sie sollten den Gedanken an eine Ehe besser aufgeben: »Aber ich fühle wirklich, dass ich für Dich zu alt bin, mein Bub. Wenn ich überhaupt noch heiraten könnte, müsste es bald sein, sonst wird es zu spät. Das fühle ich oft.« Sich ihm bittend an den Hals zu werfen, ist sie viel zu stolz; lieber tut sie streckenweise so, als sei sie die Umworbene, die den stürmischen Liebhaber dämpfen müsse. »Wir haben uns sehr, sehr nahe gestanden«: Von ihrer engeren Beziehung spricht sie wie von etwas Vergangenem. Sie werde ihm »eine gute Schwester sein« – und doch gesteht sie ihm eingangs, dass sie »sehr verwirrt« sei »und ein wenig traurig«. Und am Ende schließt sie: »Ich habe endlos lang an diesem Brief geschrieben und möchte so gern die rechten Worte finden. Und bitte bleiben Sie bei mir!«[158] Auf einen doppeldeutigen Brief antwortet sie mit einem nicht weniger doppeldeutigen.

UNSCHLÜSSIGKEIT UND LEIDENSCHAFT. Beim jungen Heuss ein Schwanken allenthalben: zwischen Literatur und Politik, zwischen rechts und links, zwischen Ethik und Ästhetik, zwischen Männer- und Frauenfreundschaften und zwischen Platon und Dionysos. Noch eine Zeitlang wiederholt Heuss dieses Spiel mit Elly. Am 2. Oktober 1906 schildert er, wie er Hand in Hand »mit einem schönen und fröhlichen Mädchen in unserem schönsten Wald spazieren«gegangen sei, alles natürlich wieder ganz locker und unverbindlich – »Das war das Erotische und Landschaftliche«. Und dann plaudert er nicht ohne Selbstverliebtheit über sein eigenes »Gemütstempo, das nicht Brüche, sondern nur Entwicklungen kennt«[159]. Das Geschichtsverständnis des 19. Jahrhunderts auf die eigene Person bezogen! Da nun platzt Elly sichtlich der Kragen, endlich. Am 6. Oktober 1906 schreibt sie ihm einen Brief, in dem eine wütende Ungeduld offen durchbricht, Zorn auch gegen sich selbst, die das Spiel mitmacht, und zugleich ein Ärger über Heuss' Naturell, das man weder vorher noch nachher nur ganz selten, wenn überhaupt, in derartiger Schärfe geschildert findet:

> Sehen Sie, manchmal packt mich ein Zorn gegen uns alle miteinander. Was sind wir doch im Grunde für kümmerliche Seelen, die nichts Ganzes und Großes mehr fordern, sondern sich mit Halbem begnügen und dann womöglich noch stolz sind auf ihr feines »Nuancen«-Empfinden oder wie man den Unsinn sonst noch nennt.
>
> Das, was Sie sagen, von nicht fähig sein, mal eine große Leidenschaft zu erleben, fällt auch darunter. Was soll eigentlich diese Resignation? Man *soll* sie erleben und er-

Elly Knapp und Theodor Heuss, Berlin 1906

warten wollen!- Aber ich glaube jetzt einen Grundzug Ihres Lebens gefunden zu haben oder vielmehr zu verstehen. Über dem »Grünen Heinrich« ist es mir klar geworden. Erinnern Sie sich, wie der das Begräbnis der kleinen Anna erlebt und schildert? Ganz ohne innersten Anteil, novellistisch schauend sozusagen, genießend. So leben Sie auch Ihr Leben. ... Sie »kennen keine Brüche, sondern nur Entwicklungen« – das ist es. ... Ich möchte aber einmal Großes geben und nehmen! ... Und ich möchte manchmal von Ihnen auch etwas weniger wohlgeordnete Briefe haben, um Sie besser zu verstehen.[160]

Jetzt scheint sie es endlich fertiggebracht zu haben, auch Heuss aus der Reserve zu locken und zu reizen. Jetzt legt auch er los, und auch er mit einer Selbstcharakteristik von einer Intimität und selbstbewussten Schärfe wie kaum je sonst in seinen Briefen:

> Wenn ich schrieb, es gäbe bei mir keine Brüche, sondern Entwicklungen (jetzt lässt er das »nur« weg! JR), so dachte ich, damit etwas Kräftiges auszusprechen: dass mich das Leben nie unterkriegte, sondern dass ich seine Wege verstand und das in mich sammelte, was es mir, auch im Leid und Entsagen, bot. Das soll nicht renommistisch klingen, aber ich will nicht als der genießerische Schwächling vor Ihnen stehen, für den ich mich selber auch in den intimsten Stunden meiner Seele nicht halten kann. Und Sie sollen auch das nicht falsch verstehen, wenn ich Ihnen sagte, dass ich nicht die »große Leidenschaft« erwarte. Ich sagte, ich weiß nicht, ob sie kommt und ob sie sein wird, wie man sie liest und als 17-Jähriger träumt. Es handelt sich dabei, wenn ich das sagen darf, um eine sehr stark disziplinierte Sexualität. Diszipliniert weniger durch soziales Räsonnement als durch eine vollkommen individuelle, unpropagandistische Reinheits- und Reinlichkeitsethik.[161]

Hier begegnet in dem Briefwechsel erstmals das Stichwort »Sexualität«, und zwar als Kern jenes Verhaltens, über das sich die beiden streiten. Es ist die Zeit, in der die erotische Bewegung, das Evangelium der freien Sexualität auch den Eheleuten Max und Marianne Weber und vielen anderen Zeitgenossen zu schaffen macht. Marianne Weber notiert 1907 mit Seufzen: »Es scheint zweifellos, dass wir in einer Periode starker sexueller Spannung leben.«[162] Man erkennt, der

22-jährige Heuss legt Wert darauf, sein eigenes sexuelles Zögern als freien individuellen Entschluss, weder als neurotische Verklemmtheit noch als Reflex einer spießigen Bürgerlichkeit verstanden zu wissen.

Immerhin war er 1906 erst 22 Jahre alt: ein Alter, in dem man mit Grund mit einer Entscheidung fürs Leben zögert. Man kann verstehen, dass er sich missverstanden sah, wenn Elly diese seine Langsamkeit lediglich als eine Aufschieberei verstand, die von einem Mangel an Vitalität zeugte. Aus der Freundschaft der beiden entwickelte sich dann doch eine stabile Verbindung.[163] Ohne dass sich aus den erhaltenen Briefen eine dramatische Zäsur erkennen lässt, kam es im Frühjahr 1907, als sich Elly drei Wochen in Berlin aufhielt, zur heimlichen Verlobung. Nun wechseln sie endlich zum Du; im übrigen erkennt man nur ein sanftes Ansteigen der Temperatur. Die 1986 unter Auflagen der Diskretion veröffentlichte Fassung des Briefwechsels könnte sogar den Verdacht wecken, dass mit dem Näherrücken der Hochzeit und der Einrichtung der gemeinsamen Wohnung die Liebesträume zunehmend durch Probleme der Tapetenwahl verdrängt werden. Doch dieser Eindruck täuscht durchaus; das dokumentieren die Originalbriefe. Denn bei dem jungen Heuss kam die ungestüme Leidenschaft dann doch, Mitte August 1907, ja sogar »wahnsinnige Sehnsucht«[164]; und von da an war er nicht mehr zu halten. Es scheint, dass Elly, »des lauen Tons nun satt«, ganz ungeniert die Libido ihres Liebhabers reizte, und dies mit vollem Erfolg. Jetzt meldet sich »Herr Iste«, Goethes Chiffre für den Penis, deren sich auch Max und Marianne Weber bedienten.[165]

Aber, auch das bezeichnend, von »dem Letzten« hielten sich die Verlobten bis zur Hochzeit zurück. War das eine bloße Konzession an die bürgerliche Moral der Zeit? So einfach ist das nicht: Das wilhelminische Deutschland war insgesamt längst nicht so prüde, wie es im späteren Klischee aussieht. Sehr zu Unrecht erweckt Freud den Eindruck, zu seiner Zeit hätten sexuelle Bedürfnisse durchweg mit psychoanalytischer Raffinesse aus den Tiefen des Verdrängten emporgeholt werden müssen: Patientenakten der »Neurastheniker« offenbaren ganz im Gegenteil, dass viele Menschen, die unter ihrer Labilität litten, von sexuellen Gedanken geradezu besessen waren.[166] Und dass Sex die beste Medizin gegen Nervosität sei, war das augenzwinkernde Von-Mann-zu-Mann-Rezept vieler Ärzte, auch wenn es sich nicht schickte, dies zu laut zu sagen. Willy Hellpach, einer der rührigsten Nerven-Publizisten jener Zeit, meinte später sogar, um 1890 sei »die große Jungfräulichkeitsidee des Bürgertums« »unerhört rasch« verabschiedet worden. »Es hat in der Sittengeschichte selten eine so rapide Umwandlung gegeben.«[167]

Wenn Theodor und Elly an dieser Idee dennoch festhielten, obwohl sie der sexuellen Lust in den letzten acht Monaten vor ihrer Hochzeit ganz in der Art der damaligen erotischen Bewegung eine erlösende Kraft zuschrieben, hatte diese Zurückhaltung etwas von einer bewussten Wahl, einem Spiel mit der Spannung. Nach der Hochzeit jedoch – das war ihnen ganz wichtig – wollten sie keinen einzigen Tag länger warten – und da geriet Elly sechs Wochen davor fast in Panik, als es so aussah, als ob ihre Monatsregel genau in diese Zeit fiel! »O Liebster, siehst Du wie infam so ein Kalender ist. ... Es ist scheußlich. ... Gelt wir sind doch geplagte Wesen?«[168] Und mit vereinten Kräften verlegten die beiden den Tag der Trauung mitsamt Albert Schweitzer, der als Freund der Familie Knapp als Pfarrer fungierte, und Friedrich Naumann auf einen »sicheren« Termin. Im Antwortbrief machte sich Heuss, der später als Bundespräsident so vielen Feierlichkeiten die höhere Würde verleihen sollte, ein Vergnügen daraus, der Braut unter die Nase zu reiben, dass er »der Zeremonie gegenüber von ganzer Gleichgiltigkeit sein werde«[169]. Wie wenig Sinn er, der die Taufe einen »abgekürzten Badeakt« nannte, damals für förmliche Festivitäten besaß, ist auch daraus zu erkennen, dass Elly erst nach zwei Jahren der Freundschaft seinen Geburtstag erfuhr.[170] Die Spannung zwischen bürgerlicher Ordnung und emotionaler Spontaneität, den man in der Naumann-Bewegung erkennt, durchzieht auch das Liebes- und Eheleben des jungen Heuss.[171]

SELBSTPROFILIERUNG ALS GEGENPART ZU ELLY. Bezeichnend für die dann folgende Rollenverteilung des jungen Paares sind bereits die Begleitumstände der ersten Begegnung der beiden im Oktober 1905 »an einem Abend bei Naumann«: Das war ein förmliches Initiationserlebnis. Ein alter Bekannter Naumanns, ein heimgekehrter (angeblicher) Auslandspfarrer, berichtete »phantastische Dinge« (so Elly Heuss-Knapp) »von den religionspädagogischen und sozialen Experimenten, die er hinter sich und vor sich hatte; er war eine beredte und eindrucksvolle Erscheinung.« Elly »schien entflammt, und ihre wissenslustige Teilnahme steigerte den Propheten des eigenen Ruhms« (so Theodor Heuss). Was der Weitgereiste erzählte, waren Geschichten von der Art, wie sie auch den jungen Albert Schweitzer erweckt haben mussten und wie sie viel später von Entwicklungshelfern aus der »Dritten Welt« berichtet werden.

Heuss dagegen, der sonst so Unterhaltsame, hüllte sich an jenem Abend beharrlich in Schweigen; er begriff nicht, »dass so viel innerlich beteiligter Eifer einer nebulösen Sache zugewandt wurde«. Und hernach entpuppte sich das Ganze tatsächlich als fauler Zauber; in den Worten von Heuss' Erinnerungen: »Denn jener Mann, das ergab sich nach ein paar Jahren, war ein Irrlicht gewesen, das im Kriminellen erlosch.«[172] In Ellys Worten: »Es stellte sich später heraus, dass jener ein Hochstapler war und gar nicht das Recht hatte, sich Pfarrer zu nennen.« Schon ein Jahr darauf trumpfte Heuss gegenüber Elly auf: »meine Sherlock Holmes-Instinkte bewahrten mich davor, hereingelegt zu werden.«[173] Der kühle Mann mit dem scharfen Blick gegenüber der schwärmerischen, für exotische Caritas empfänglichen Frau! Auch die selbstbewusste Elly, die durch die kühle Skepsis ihres Mannes oft befremdet wurde, gesteht ihm in ihren Erinnerungen im Anschluss an diese Episode zu: »Theodor Heuss hat seither öfters bewiesen, dass er recht behielt … Wir schlossen bald Freundschaft.«[174] Gerade durch den Kontrast zu ihrer eigenen Emotionalität hat er sie gereizt.

Von dieser ernüchternden Erfahrung her scheinen die beiden auch den Afrika-Plan Albert Schweitzers beurteilt zu haben – nicht immer trifft die nüchterne Sicht ins Schwarze! Als Theologe, Bach-Kenner und Orgelspieler stand Schweitzer bei den Knapps schon damals in hohem Ansehen; Vater Knapp versicherte Heuss, in Schweitzer stecke »mehr als in der gesamten theologischen Fakultät« zu Straßburg, die ihn nicht zu würdigen wisse.[175] Aber war es nicht gerade für einen Mann mit solcher Begabung absurd, in den Urwald zu gehen? Diese seine Absicht stieß bei Elly und ihrem Kreis auf Unverständnis, schon gar bei Heuss. Für den stand das auf der Grenze von Karitas und Karl May; noch der Bundespräsident assoziiert bei exotischen Eskapaden mit Vorliebe Karl May. Wie Elly sich später, als Albert Schweitzer ein Halbgott war, reumütig erinnert: »Er musste sich oft genug seiner Haut wehren, denn man war unbarmherzig kritisch untereinander.«[176] Als es vorübergehend so aussah, als hätte Schweitzer seinen Afrika-Plan aufgegeben[177], zeigte Heuss sich »in hohem Maße befriedigt«, weil das »der einzig mögliche Abschluss einer längst schon verlogen gewordenen Romantik« sei.[178] Die Afrika-Reiserei seines Präsidenten-Nachfolgers Lübke dagegen sollte der Heuss'schen Skepsis gegenüber exotischen Engagements dann doch wieder recht geben!

WAPPNUNG GEGEN DIE NERVÖSE REIZBARKEIT DER ZEIT. Die Regel, dass sich das Ich durch das Du ausbildet, gilt besonders für Menschen wie Heuss, in denen vieles angelegt ist. Man erkennt deutlich, wie er durch das markante Gegenüber von Elly eine schärfer umrissene Gestalt annahm und sich zur Verkörperung von Ruhe und Gelassenheit stilisierte; gegenüber der erregbaren Elly, bei der er schon 1913 ein »Versagen der Nerven« diagnostiziert[179], bekam er noch reichlich Gelegenheit dazu. Notfalls half er bei sich selbst kräftig mit Wein und Zigarren nach.[180] Denn auch in seinem Naturell steckte ein reizbarer Mensch; noch als Präsident, dem die Medien zu seinem Spott Milde und Güte zuschrieben, erzählte er im kleinen Kreis gerne, dass er »in seiner Jugend jähzornig war«.[181] Ende 1958 findet er es »seltsam«, »wie leidenschaftlich ich als Bub und noch als Student sein konnte – man schloss den tobenden Knaben in ein Zimmer ein, bis ihm der Krakehl wahrscheinlich langweilig wurde – es sind die Jahre bei Naumann, der in allen Schwierigkeiten das Beispiel einer versachlichenden Hinnahme der Ereignisse vorlebte.«[182]

Von dem trüben Ende seines Vaters her musste der junge Heuss befürchten, dass seine Reizbarkeit ein unheilvolles Vorzeichen war. Der prominente Psychiater Krafft-Ebing bezeichnete damals die Nervosität als »eine Art Pandorabüchse«, aus der »alles mögliche Unheil« entstehen könne.[183] Dass eine nervöse Reizbarkeit die Vorstufe zur Geisteskrankheit sein könne, war damals eine gängige Lehrmeinung, wenngleich manche Autoren jener Zeit in der Nervosität ein kreatives Potential entdeckten, allen voran der Historiker Karl Lamprecht, der Wilhelm II. verehrte. Aber der war der umstrittenste Historiker seiner Zeit. Anderswo wurde ein Untergrund-Gegrummel über die fatale »Neurasthenie« des Kaisers, mit der dieser sein ganzes Volk anzustecken drohe, immer verbreiteter und vernehmbarer.[184]

»Nervosität« war damals kein so banales Thema wie heute; das muss man auch bei Heuss' Bemerkung bedenken, Naumanns Frau mache ihren Mann »nervös«! Für viele Zeitgenossen war die Nervenschwäche die große Zeitkrankheit und deren Überwindung die große Aufgabe der Zukunft. Elly schätzte den 22-jährigen Heuss, als sie ihrem Vater zum ersten Mal von ihm schreibt, als Kontrast zur modischen »Nervenkultur«; und zu einem solchen Kontrast hat sich ihr Partner fortan zeitlebens stilisiert, auch gegenüber ihrer eigenen Erregbarkeit. Nach einer Initiation in die »Nervenkultur« um den Soziologen Georg Simmel und die skandalumwitterte Lou Andreas-Salomé gerät sie in einen Kreis von nach Berlin verschlagenen Schwaben: »Eine viel gesündere und deutsche Art von Kultur hat Heuss ... Die Schwaben sind doch wirklich noch die alten braven deutschen Jünglinge ...«[185] Heuss hatte auch sehr andere Seiten; aber schon früh sucht er Profil als Widerpart zum »nervösen Zeitalter«. Bereits der 18-Jährige erteilt in seinem ersten veröffentlichten Artikel dem Gerede von der »Nervosität der Zeit« eine Abfuhr: »Skeptiker« mögen in der »Zersplitterung« der Kunstrichtungen nur »Unruhe, Kraftvergeudung« erkennen. »Wir aber begrüßen diese Zersplitterung mit Freuden«, als ein breites Angebot der Möglichkeiten.[186] Lebenslang wird Heuss die Fähigkeit kultivieren, gegenüber der Flut der Reize die Ruhe zu bewahren.

Eine typische Klage der Zeit ging dahin, dass bereits die »Schulüberbürdung« – stehender Begriff! – frühzeitig den Keim zur Nervenzerrüttung lege.[187] Da konnte Heuss nun für seine Person beruhigt sein; denn darunter hatte er nie gelitten.[188] Zu einer Zeit, als es in Literatenkreisen zum guten Ton gehörte, die eigene Schulzeit als Horror zu schildern, brachte der junge Heuss den elsässischen Schriftsteller René Schickele geradezu aus der Fassung mit dem Bekenntnis, er selbst sei gerne zur Schule gegangen.[189] Er entschied sich dafür, an seine eigene unerschütterliche Gesundheit zu glauben, körperlich wie seelisch, und stilisierte sich auf diese Weise zum Gegenpol seiner Gattin, die seit der schweren

Geburt des gemeinsamen Sohnes oft kränkelte und ihm 1922 klagt: »Nachts denke ich immer, dass ich nie wieder gesund werde.«[190] Während der Mann sich ein Vergnügen daraus macht, ihr immer wieder zu schildern, wie er unverwüstlich redet, schreibt, raucht und zecht.

Auch Wilhelm Hausenstein, der Kunsthistoriker und Literat, mit dem Heuss 1906 durch Paris bummelt und der fast ein halbes Jahrhundert darauf durch Fürsprache des Bundespräsidenten deutscher Botschafter in Paris werden wird, gab ihm Gelegenheit, den Nervengesunden zu spielen: Einen Brief an ihn unterzeichnet Hausenstein als »absolut verfatzter und galliger Jammerlappen«[191], und Heuss fand seine ewige Unruhe manchmal »schrecklich« anstrengend, diagnostizierte bei ihm »Neurasthenie«, aber fand es doch reizvoll, zusammen mit einem anderen Freund »mit unseren Zungen an alle Körperteile seiner Seele« zu »kitzeln«[192], so dass daraus eine lebenslange Freundschaft entstand und Heuss sich diesem Freund zuliebe als Präsident sogar mit der abstrakten Kunst anlegte.

Die leidende Elly denkt immerzu an ihre Gesundheit, während Heuss lässig die Gesundheitslehren der damaligen Jugend- und Lebensreformbewegung in den Wind schlägt. In einer Reformschrift jener Zeit berichtet der fiktive afrikanische Häuptlingssohn Lukanga Mukara von seiner »Forschungsreise ins innerste Deutschland« – Parodie auf die damals beliebten Expeditionsberichte ins »innerste Afrika« –, das er schaudernd von Kreaturen wimmeln sieht, die er nur mit Mühe als Menschen identifiziert: den »Stinkern« und »Schluckern«, den Rauchern und Säufern.[193] Heuss stand, wie wir sahen, den Korporationen fern, die diesen Menschentyp züchteten, und er hatte von jung auf Spaß am »Simplicissimus«, der diesen Typ verulkte, und doch war er überzeugt, dass ihm selbst Wein und Zigarren prächtig bekamen. Nur das eine bedang sich Elly im »Ehevertrag« aus: dass ihr Gatte nicht im Schlafzimmer rauchte; sonst war in der Heuss-Wohnung alles verraucht. Mit unverhohlener Befriedigung schildert er Elly im Herbst 1907, wie auch bei Naumann nach jahrelanger Entziehungskur wieder der große Durst durchbrach, worauf er »sich in ein Wirtshaus setzte und drei Kulmbacher, zwei Pilsner und eine Flasche Wein trank, wie er sagt, mit Behagen, als ob die 5 Jahre Abstinenz gar nicht gewesen«[194].

SPALTUNG ZWISCHEN KULTUR UND POLITIK ODER »KONKUBINAT VON ROMANTIK UND REALISMUS«? DER DEUTSCHE WERKBUND ALS SYNTHESE. Heuss und all die neuen Zeitströmungen nach der Jahrhundertwende in Kunst, Literatur und Lebensstil: das gäbe Stoff für ein eigenes Buch, dessen Pointe jedoch schwer zu fassen wäre. Blättert man durch die Bände der »Hilfe«, als Heuss dort Redakteur war, spürt man deutlich, dass ihn Novitäten der Kunst und Literatur tiefer berührten als die Aktualitäten der Politik, obwohl er von 1907 bis 1912 in Berlin den politischen Teil der Wochenschrift Naumanns zu leiten hatte. Anfang 1908 bekannte er Elly: »Ich habe einen großen Optimismus für das Fortschreiten der ästhetischen Neubelebung unserer Kultur …, aber furchtbar wenig Glauben an die politische Arbeit.«[195] Auf Veranlassung Naumanns, jedoch zum Verdruss Ellys, der Großstädterin, ging er 1912 von Berlin wieder zurück nach Heilbronn, um dort von Ernst Jäckh die Redaktion der »Neckar-Zeitung« zu übernehmen. Als er 1916 erstmals überlegt, nach Berlin zurückzugehen, ist es vor allem der Deutsche Werkbund, der ihn dort anzieht und ihm eine Stelle verspricht: »Meine innere Doppelexistenz zwischen Kunstgeschichtler und Politiker kann zu einer beruflichen Einheit kommen …«[196]

Damit spricht er ein Leitmotiv seines Lebens an. Der 1907 ins Leben gerufene Werkbund, zu dessen Gründervätern Naumann gehört[197], wird das für ihn zumindest innerlich wohl bedeutsamste Beziehungsnetz; kaum irgendwo anders laufen so viele Linien seines Lebens zusammen. Vergleicht man seine durch den Werkbund inspirierten Essays mit vielen politischen Artikeln, wo er nur Argumente anderer übernimmt, erkennt man deutlich, wie sehr er hier zu sich selbst kommt. Bei seinem Bericht über die Dresdner Werkbund-Tagung von 1911 triumphiert er, wie dieser neue Geist »das deutsche Kunstgewerbe aus seiner stilistischen Verluderung und aus der skrupellosen Herrschaft minderwertiger Surrogate erlöst« habe[198]: Bei diesem Thema schießt er scharf! Noch 1951 als Bundespräsident bemüht er sich um die Wiederbelebung des Werkbundes, damals unter der Parole »Qualität« gegen die einfallslose Nachahmung amerikanischer Massen- und Billigprodukte.

In diesem Zusammenhang prägte er sein »keckes Wort«, eines seiner besten Bonmots: »Das *Konkubinat von Romantik und Rationalismus*, von Historismus und Industrialismus, es war eine überaus kinderreiche Beziehung.«[199] Er musste es wissen; denn auch er konnte sich mit seinen Ambivalenzen zu diesen Kindern rechnen. Aber dann erklärt er jenes Konkubinat für unanständig; in einer Ansprache in der Heidelberger Universität 1953 belehrt er: »Das Rationale und das Romantische stehen in *gleichen* Rechten, wenn sie sich achtungsvoll gelten lassen. Schlimm wird es auch nicht, wenn sie sich beschimpfen …; aber schlimm wird es, wenn sie sich vermählen. Dass sie sich vermählten, hat das Gesicht unserer Städte und den Weg unserer Politik verdorben.«[200]

War nun der Werkbund eine *Verbindung* von Romantik und Rationalismus, oder wollte er im Gegenteil diesen Verbund bekämpfen? Das bleibt in der Schwebe – beim Werkbund wie bei Heuss. Der Werkbund erstrebte eine Synthese von Kunst und moderner Technik, mit dem Ziel einer »Wiedereroberung harmonischer Kultur«, aber auch einer Eroberung des Weltmarktes durch deutsche Qualitätsarbeit. Doch im Innern des Werkbundes ging es oftmals weniger harmonisch zu als – wie es scheint – im Innern von Theodor Heuss: Die einen strebten nach einem modernen Industriedesign auf der Basis mechanisierter Produktion, die anderen nach einer Renaissance des Handwerks und glaubten an eine unübersehbare Kluft zur modernen Technik, die dritten forderten das eine und praktizierten das andere. Auch der Architekt Hans Poelzig, dessen Biographie Heuss später mit viel Einfühlungsvermögen schrieb und dessen Ästhetik bei aller Moderne ein barockes Element enthält[201], gehörte phasenweise zur dritten Kategorie.

Später schildert Heuss den Werkbund als eine Synthese diverser Zeitströmungen und als eine Verbindung von Sozialökonomie, Volkserziehung und Ästhetik »vom Sofakissen bis zum Städtebau«[202], geistesverwandt der von Naumann ersehnten großen politischen Synthese. In der Tat, kaum irgendwo anders war Naumann so in seinem Element wie im Werkbund – hier eben nicht nur redend, sondern praktische Anstöße gebend –, und mehr als auf anderen Ebenen waren er und Heuss hier ein Herz und eine Seele. »Wohl in keiner Gemeinschaft fühlte sich Naumann so gelöst«, schreibt Heuss später über die Bedeutung des Werkbundes für seinen Mentor. »Ein neuer Typ von Menschen trat ihm hier entgegen … Hier war kein Philistertum und keine Enge, keine Last überkommener und verstaubter Überlieferungen wie im Bereich der Parteipolitik, es herrschte eine frohe Aufbruchsstimmung, neben der sachlichen Leidenschaft die Heiterkeit anmutiger Laune.«[203] Kein Zweifel: Auch Heuss fühlte sich in diesem Kreis rundum wohl.

ZEPPELIN STATT WAGNER – UND STATT »TITANIC«. Noch in einer anderen, zu jener Zeit sehr wichtigen Beziehung waren Heuss und Naumann gleich gestimmt: in ihrer Distanz zu *Richard Wagner*, der nicht nur der musikalische Halbgott der wilhelminischen Eliten war, sondern sogar auf dem Monte Verità bei Ascona verehrt wurde, wo sich Aussteiger aller Art sammelten und nackt auf der »Walkürenwiese« tanzten. Naumann war von Bayreuth anfangs, wie er erzählte, »als eine Art Siegfried« umworben worden; aber bei näherer Berührung mit dem Wagnerianertum sträubte sich sein Wirklichkeitssinn. Seine Welt war die reale Geschichte, nicht die mythisierte Vergangenheit. Wagner wurde für ihn zum Inbegriff jener Romantik, die er den Deutschen austreiben wollte; das Ärgste war für ihn der »Parsifal«. »Wagner verlangt von uns, dass wir einen Ritterbund sehen, der eine Seelenzartheit pflegt wie sie niemals in einem Rittertum sein kann und darf.« »Alle Wirklichkeit muss gestorben, aller Geschichtssinn begraben sein, ehe man diesen Sturm geschichtslos gewordener Motive ertragen kann.«[204]

Heuss konnte von Wagner nur die »Meistersinger« ertragen[205]; im übrigen hegte er von jung auf eine tiefe Aversion gegen »Richard Wagners schweren Schwulst« (auch ein Stabreim!) und zog wie der späte Nietzsche Bizets »Carmen« vor.[206] Nicht einmal der Wagnerianer Gustav Stolper, der seit den 1920er Jahren für Heuss als Bezugsperson immer bedeutender wurde, konnte ihn umstimmen; noch als Präsident weigerte er sich beharrlich, die Bayreuther Festspiele zu besuchen, wobei er zugleich den Verdacht abwehrte, seine »Vorbehalte gegen Bayreuth stamm(t)en daher, dass das Haus Wahnfried den Hitler im Kulturellen gesellschaftsfähig gemacht« habe[207]: Seine Abneigung rührte aus keiner *political correctness*, sondern aus einem früh entwickelten Stilgefühl.

In der Tat war er schon in seiner Jugend gegen Wagner »verbockt« und hatte nach eigenem Bekunden »viele gute Freunde durch ein sich versteifendes Anti-Wagnerianertum … geärgert«.[208] Bei einem anderen, damals ebenfalls emotional wie ideell aufgeladenen Thema stand er im anderen Lager als Elly: in Sachen Stefan George, dessen Kult gruppenbildend war, ähnlich wie im Fall Naumann nach seinem Tod (1933) mindestens so sehr wie davor.[209] Elly schätzte George, während sich der Naumann- und der George-Kreis sonst selten überschnitten; Heuss dagegen war in seiner Abneigung gegen George ähnlich beständig wie in seiner Aversion gegen Wagner.[210] Später ließ er gegenüber Toni Stolper seinem Ärger über den »Hochmut der Georgianer« freien Lauf und nannte deren »Monopolanspruch zu wissen was Kunst ist« »im Grunde frech und taktlos«.[211]

Dafür schwärmten beide Heussens um die Wette für den »Zeppelin« und seinen schwäbischen Erfinder, als das Luftschiff im August 1908 über den Bodensee und das Schwabenland schwebte und unter den Deutschen einen Taumel der Begeisterung auslöste. In einer Zeit, da die Briten über die Meere herrschten, bildeten sich jetzt viele Deutsche ein, künftig Herrscher der Lüfte zu sein.[212] Der distanzlose Stil, in dem Heuss diesen Rausch in der »Hilfe« schildert, erinnert an die Art und Weise, wie später der Mythos der ersten Augusttage 1914 beschworen wurde: als ein überwältigendes Erlebnis der Gemeinschaft über alle Parteigrenzen hinweg, eine unvergessliche und historisch singuläre »Gemeinsamkeit des großen Erlebens« und des nationalen Kraftgefühls. »Niemand ist heute so populär in ganz Deutschland, wie der 70jährige schwäbische Graf.«

In dem Überschwang, mit dem der 28-jährige Heuss über diese kollektive Ekstase schreibt, erkennt man den sonst selbst in seinen Frauenbeziehungen so moderierten Mann nicht wieder. Und wie er den Gedanken von sich weist, es könne sich bei dem großen Klamauk nur um eine Augenblickssensation handeln! »Diese zusammengepresste Massenstimmung dieser zwei Tage ist keine Begeisterung, die an einer Sensation verflackert, sondern musste in ihrer Schwere positiv und fruchtbar werden. Sie hat erst den Grund gelegt, dass Zeppelins Versuch der Zukunft unseres Volkes und der Menschheit jetzt fest gesichert ist.« Heuss ist nicht mehr zu halten: »Das große Versuchen und Gelingen verführt die Phantasie, hoch durch die Luft die Erde zu umkreisen …, ja Schlachten zu schlagen und Kriege zu gewinnen.« Und erst Elly: Im gleichen Heft der »Hilfe« schildert sie den Anblick des »Zeppelins« wie eine Erleuchtung, eine vom Himmel kommende Offenbarung.

Der junge Heuss, der den Zeppelin-Flug für epochal hielt, glaubte von der großen negativen Techniksensation jener Jahre, die bis heute wirkt, sie werde bereits »in einigen Monaten« nur noch »eine blasse Erinnerung« sein: Es handelt sich um den Untergang der »Titanic«! Drei Tage nach der Katastrophe, am 17. April 1912, schrieb er als Chefredakteur der »Neckar-Zeitung« dazu einen Kommentar, den man nur als inhaltsleer und banal bezeichnen kann: Bei diesem Thema verließ ihn sein Witz. »Es ist eine alte Lehre, wie die plumpe große Macht der Natur den Stolz der Menschenweisheit zerbricht« – aber dann sucht er doch seinen Trost im technischen Fortschritt: »noch vor ein paar Jahren, ehe es die wunderbare Erfindung der drahtlosen Telegraphie gab, hätten nur herumschwimmende Trümmer die Botschaft eines Geschehenen bringen können, wäre niemand gerettet worden.«[213] Am selben Tag empört sich die Freifrau von Spitzemberg in ihrem Tagebuch über den aufreizenden »amerikanischen Snobismus«, der sich in dem Riesen-Luxusschiff mit seinem protzigen Namen manifestiert und der »dann noch trotz der bekannten Gefahren durch die Eisfelder einen Schnelligkeitsrekord riskiert«[214]. Bei Heuss vermisst man diese Kritik, die damals selbst unter deutschen Ingenieuren allgemein war; noch fast 50 Jahre darauf erinnert das erste deutsche Standardwerk zu Kernreaktoren daran, um vor einem forcierten Tempo beim Reaktorbau zu warnen.[215]

WO IST DIE POLITISCHE LEIDENSCHAFT? In den politischen Artikeln des jungen Heuss sucht man vergeblich jenen Enthusiasmus, der ihn beim Zeppelin überkam, und auch jenen Esprit, den man in nicht wenigen seiner Essays zu Themen der Kunst und Literatur findet. Der 1965 edierte Briefwechsel zwischen ihm und Lulu von Strauß und Torney enthält ein Gedicht »Streik«, das der 19-Jährige der Schriftstellerin zusandte, die schon durch Balladen bekannt geworden war. Für den späteren Heuss muss der Tenor dieses Gedichtes ein Musterbeispiel jenes »Miserabilismus« gewesen sein, den er ebenso wie Max Weber von oben herab zu behandeln pflegte: als ein politisch irrelevantes Schwelgen in sentimentalem Mitleid. Die bettelarmen Arbeiter greifen in ihrer Not zum Streik und verelenden vollends: »Sechs Wochen währt bereits die böse Not, / Scheu wimmern die Kinder nach ihrem Brot – / Ein Dutzend ihrer scharrte man schon ein. / Das war ein Mütter-Klagen und Schrein.« Und am Ende hat alles keinen Sinn; der Streik bricht vor Hunger in sich zusammen.[216]

Von der tatsächlichen Situation und den Chancen deutscher Arbeiter um die Jahrhundertwende gab das Gedicht ein viel zu entmutigendes Bild. In der Folge bekommt das Adjektiv »sozial«, in Anführungszeichen gesetzt, bei Heuss einen

Unterton von »banal«.[217] Da traf er sich sogar mit Elly, deren Gefühle durch den Anblick von Elend stärker aufgewühlt wurden und die doch phasenweise das Wort »Sozialpolitik« nicht mehr hören konnte[218], und schon gar mit ihrem Vater, dem Nationalökonomen. Knapp, der aus der sozialpolitisch engagierten Historischen Schule kam, fühlte sich mittlerweile, wie Elly 1906 klagte, »wissenschaftlich entsetzlich vereinsamt«. »Er sagt, die Sozialpolitik, so nützlich sie sei, habe die Leute entsetzlich verflacht. Jeder, der etwa geschrieben habe, man müsse Arbeiterhäuser 2stöckig bauen statt 3stöckig, erscheine heute sich und anderen als Nationalökonom.«[219] Eben auf diese Weise geriet die Historische Schule bei einer neuen Generation von Ökonomen in Misskredit, die stärker theoretisch und weniger sozial ambitioniert war.

Im Kaiserreich gab es noch einen ausgeprägten konservativ-bildungsbürgerlichen Antikapitalismus; von diesem erkennt man bei einem Liberalen wie Heuss jedoch nur wenig, ähnlich wie bei dem späteren Naumann und bei Max Weber. Ein wirklicher Feind ist für Heuss freilich Alexander Tille, der mit rüder Demagogie und einer Prise Nietzsche den absoluten Herr-im-Hause-Standpunkt der Schwerindustriellen gegen jegliche Arbeiterrechte verfocht. In der »Hilfe« attackiert Heuss Tilles Fanfaren als »dummen Schwindel« und »erbärmlichstes Kraftmeierphilistertum«.[220] Aber das war in seinen Kreisen nichts Besonderes: Auch für Max Weber waren Tille und Konsorten »Kanaillen«, wie er öffentlich verkündete[221]; und schon gar Lujo Brentano, gegen den Tille ein ganzes Pamphlet publiziert hatte[222], schäumte bei dessen Namen vor Wut und Verachtung und erbaute sich an der Vorstellung, dass Tille in der Erregung über eine von Brentano erhobene Beleidigungsklage am Herzschlag gestorben sei.[223]

Aber die Polemik des jungen Heuss zielt nicht nur nach rechts. Einen förmlichen Wutausbruch leistet sich der erst 21-Jährige in der »Hilfe«, als der sozialdemokratische Parteivorstand unter Führung Bebels die Redaktion des »Vorwärts«, des zentralen Parteiorgans, 1905 von Revisionisten säuberte, die – wie es damals hieß – eine »ethisch-ästhetische« Richtung des Sozialismus vertraten[224] und zu Naumann hätten vermitteln können. Umso empörter war Heuss über den »Vorwärtsskandal«: »Er ist nur ein Symptom der geistigen Entartung, die sich mit innerer Notwendigkeit an die Politik der Unfruchtbarkeit anknüpft, die jetzt die höchste politische Weisheit der Sozialdemokratie geworden ist.« Die »Berliner Clique« um Bebel könne nur »Nachschwätzer und Nullen« gebrauchen.[225] Gegenüber sozialdemokratischen Journalistenkollegen, die nicht anständig schreiben können, wird Heuss besonders ausfällig.

Wenn es in seiner Journalistentätigkeit vor 1914 ein politisches Leitmotiv gibt, dann am ehesten das Bemühen, vom Naumann-Kreis Verbindungen zu unorthodoxen Sozialdemokraten zu knüpfen, wie es sie gerade im deutschen Süden immer häufiger gab und mit denen man sich auf menschlicher und kultureller Ebene verständigen konnte.[226] Die Auflehnung des »deutschen Südens«, wo man miteinander zu leben versteht, gegen die »Parteischablone« des doktrinären Nordens wird ein Lieblingsmotiv des Schwaben Heuss in seiner Berichterstattung über den Revisionistenstreit in der Sozialdemokratie[227]: ein Motiv, das der spätere Bundespräsident mit seinem »Entkrampfungs«-Plädoyer wieder aufnimmt. Heuss gewann freundschaftlichen Kontakt zu dem zehn Jahre älteren Ludwig Frank, dem Führer der badischen Sozialdemokratie, der in den letzten Jahren vor 1914 bereits als der »kommende Bebel« gehandelt[228] und von Heuss als neuer Lassalle[229] begrüßt wurde, jedoch schon kurz nach Kriegsausbruch als Freiwilliger fiel. Lassalle: das bedeutete die Verbindung von Sozialreform und Bejahung des Nationalstaats. Ein Sozialdemokrat jüdischer Herkunft als erster unter den wenigen Reichstagsabgeordneten, die den Kriegertod starben! In seinen Erinnerungen hat Heuss ihm, »da ich ihn liebte«, ein warmherziges Denkmal gesetzt.[230] Hätte Frank überlebt – wer weiß, womöglich wäre Heuss zum Vermittler einer sozialliberalen Koalition geworden! Seinen damaligen Artikeln in der »Hilfe« nach zu urteilen, hatte er jedoch vor dem konservativen Führer Heydebrand[231] mehr Respekt als vor den meisten Wortführern der Sozialdemokratie.

FEHLENDE FEINDBILDER. Betrachtet man den jungen Heuss aus der Retrospektive, entdeckt man eine Prädestination für die spätere Koalition mit der CDU. Denn fragt man nach Feindbildern, die bei Heuss *fehlen*, fällt im Gesamtszenario des damaligen Liberalismus am allermeisten auf, dass sich ein antiklerikaler Furor bei ihm nur spärlich findet und er sich auch nicht sehr vor einer Übermacht des politischen Katholizismus gruselt: jener Macht, die viele Liberale jener Zeit für noch unheimlicher hielten als den Militarismus und unaufhaltsam im Aufsteigen glaubten. An den Karikaturen jener Zeit kann man verfolgen, wie der spinnenhaft-dürre intrigante Jesuit, der Pater Filuzius des Wilhelm Busch, nunmehr durch den feist aus allen Nähten platzenden politisierenden Priester ersetzt wird.[232] Friedrich Naumann, der Ex-Pfarrer, verteidigte 1908 seine Beteiligung an Bülows Blockpolitik mit der dunklen Warnung, »dass hinter dem Block die klerikal-konservative Nacht liegt«[233]. »Klerikal-konservative Nacht«: Da war die Grundstimmung bei dem in der Kunstgeschichte schwelgenden Heuss völlig anders. Der verband mit dem Katholizismus die strahlenden Barock- und Rokokokirchen des deutschen Südens, die er auf Wanderungen wie eine Erleuchtung erlebte[234], zog das »Kulturkampfgefasel« ins Lächerliche[235] und fand bei all seiner Wilhelm-Busch-Verehrung dessen »Pater Filuzius« »künstlerisch schwach«[236]. Kaum irgendwo anders war seine Kunstliebe politisch so produktiv wie hier; denn nur in Kooperation mit dem Zentrum gab es für eine Demokratisierung ein stabiles Fundament. 1903, als Naumanns Nationalsoziale bei den Reichstagswahlen ihre vernichtende Niederlage erlitten, erlebte der 19-jährige Heuss, obwohl er damals zu Naumann ging, eine Zentrumskundgebung, wo Spitzenleute sprachen, als »großartiges Schauspiel«![237] Mit Recht bemerkt er 1956, er habe »nie einen antikatholischen Komplex gehabt«.[238] Auch jene Wut auf die agrarischen Schutzzöllner, die seit der Bismarck-Zeit die Liberalen einte, konnte Heuss im Gedanken an seine Heilbronner Winzer nicht teilen. Er besuchte sogar stets die Großkundgebungen des Bundes der Landwirte, nicht so sehr, um sich zu ärgern, sondern mehr noch, um zu lernen.[239]

»ES GIBT IN DER POLITIK KEINE ABSOLUTEN WAHRHEITEN, SONDERN FAST NUR RELATIONEN« – DAS HEUSS'SCHE VERGNÜGEN AN DER POLITIK. Am meisten ist man beim Stöbern in der Masse der Heuss-Dokumente darüber enttäuscht, dass man allzu oft vergeblich nach irgendeiner intensiven Reflexion über Grundfragen der damaligen Politik sucht. Auf diese Weise verkörpert er über weite Strecken seines Lebens – das ist nicht zu beschönigen – die Mehrdeutigkeit und Undeutlichkeit des politischen Liberalismus. Aber dieses Heuss'sche Defizit besitzt auch seine lichtere Seite: Gerade weil Politik für ihn nicht darin bestand, große Konzepte zu verwirklichen, fundamentale Probleme definitiv zu lösen und Feinde zu vernichten, konnte er auch nicht so schwere Enttäuschungen und Niederlagen erleben wie jene, die mit höherem Ehrgeiz in die Politik gehen.

Man nehme als Gegenbeispiel den Heuss wohlbekannten Werner Sombart, der sich nach dem Erscheinen der Erstausgabe seines »Modernen Kapitalismus« (1902) als neuer Marx feiern ließ, aber schon fünf Jahre darauf in einer von altem Gebildetenhochmut und neuem Snobismus strotzenden Artikelserie »Politik und Kultur« der Politik seine tiefe Verachtung erklärte: »Lassen wir die Hände von der Politik. Wir haben Besseres zu tun.« »Geistig öde, ethisch verlogen, ästhetisch roh: das ist die Signatur, die unser politisches Leben offensichtlich von Tag zu Tag mehr annimmt.«[240] Als einziges Gegenargument ließ er die Persönlichkeit Naumanns gelten, der Politik mit Geist verbinde wie kein anderer.

Naumann blieb Sombarts »Anti-Politik« die Antwort nicht schuldig; da leistete ihm auch Heuss Schützenhilfe. Am reizvollsten ist sein Essay, wo er Sombart wiedergibt: Man merkt, dass er dessen elegant formulierte Geringschätzung des Politikbetriebs gegenüber der Welt des Geistes nicht ohne Vergnügen liest und ganz gut nachvollziehen kann. Sehr eindrucksvoll ist seine Gegenpointe nicht; er weiß gegen Sombart nicht viel mehr als ein »eingeborenes Pflichtgefühl« ins Feld zu führen[241] – eine fulminante Antwort auf Sombarts geringschätzigen Essay »Politik als Beruf« gab erst zwölf Jahre darauf Max Weber mit seinem gleich betitelten Vortrag, nach der deutschen Niederlage, als niemand mehr der Politik entrinnen konnte. Die Rede Webers wurde zu einem heiligen Text, unendlich oft zitiert – aber Weber selbst ging nie in die Politik; Heuss dagegen tummelte sich dort, von der NS-Zeit abgesehen, sein Leben lang! In einem Stichwortzettel für einen Vortrag »Demokratie und Persönlichkeit« vom 11. Mai 1911, wo er den damals modischen Persönlichkeitskult als Argument gegen die mit »Massen« rechnende Politik zurückweist, notiert er als Schlusspointe mit Naumann-Pathos: *»Der Verächter der Politik sündigt an seinem Volke.«*

Der konservativeren Lulu schrieb Heuss Anfang 1909 eines seiner bemerkenswertesten politischen Bekenntnisse, wieder mit einem Anflug von Naumann-Pathos:

> Ich bin nie auf die Idee gekommen, die kleine Partei, zu der ich gehöre, sei im Alleinbesitz der politischen Weisheit, ich habe ihr gegenüber einen umfänglichen Vorrat von Kritik und weiß natürlich, dass auch die Konservativen oder das Zentrum oder die Sozialdemokraten anständige und kluge Männer haben. Es gibt in der Politik keine absoluten Wahrheiten, sondern fast nur Relationen. Ich bin Demokrat, nicht aus Hass der Junker, sondern weil ich glaube, dass Deutschland, das industriell werdende Sechzigmillionenvolk, die Demokratie braucht wie das tägliche Brot und den Segen Gottes, wenn es in der Weltgeschichte und Weltwirtschaft *vorwärts* kommen will.[242]

Gerade weil Heuss seine eigene Position nicht durch Feinde definierte und nicht Politik aus dem Hass heraus betrieb, auch gar keine großen Erwartungen hegte, spürt man bei ihm oft ein Vergnügen am Politisieren, auch wenn er dieses nie in einer Theorie der Politik auf den Begriff gebracht hat. Schon als 19-Jähriger, im Reichstagswahlkampf von 1903, stürzte er sich vor großem Publikum in ein Streitgespräch mit Georg von Vollmar, der eindrucksvollsten Gestalt der unorthodoxen süddeutschen Sozialdemokratie; hernach schrieb er stolz an Lulu: »So vor 1–2000 Menschen zu reden und ihnen ein paar Grobheiten sagen zu können hat mir viel Spaß gemacht, auch konnt ich mit dem Erfolg wohl zufrieden sein.«[243] Als er vier Jahre darauf für Naumann in den Wahlkampf geht, machen ihm auch gewisse Tricks nichts aus, so mit einer Schar von Claqueuren in Dorfschenken zu gehen, die den Raum füllen und nachhelfen, wenn der Beifall nicht von selber kommt.[244] Seine Reden zählt er von Anfang an[245], wogegen er nie Tagebuch führt und auch viele seiner Artikel nicht sorgsam aufbewahrt.

»Haben Sie eine Vorstellung von einer Wahltournee?«, schreibt Heuss 1906 an Elly. »Das ist etwas unsagbar Komisches, wenigstens im Lande Württemberg.« Und er schildert, wie er »fünf alkoholfeste demokratische Gerbermeister« als Claqueure auf seinen Wagen geladen hat.[246] Politik im Verständnis von Heuss, der durch die politische Kultur des deutschen Südwestens geprägt war, bestand in einem Wechselspiel von öffentlicher Polemik, schlagfertiger Entgegnung und anschließendem Sich-Zusammenraufen bei einem Schoppen Wein. Dieser Politikstil wurde durch das Persönlichkeitswahlrecht des Kaiserreichs begünstigt, wo es einem Kandidaten oftmals beim ersten Wahlgang nicht gelang, die erforderliche absolute Mehrheit zu erlangen, und er daher für die dann folgende Stichwahl auf Vereinbarungen mit anderen Parteien angewiesen war, wobei diese Zweckallianzen von Wahlkreis zu Wahlkreis unterschiedlich aussehen konnten.[247]

Nach 1918 hat Heuss vom Kaiserreich kaum je ein derartiges Negativbild gezeichnet, wie es andere Linksliberale pflegten; seine große Naumann-Biographie unterscheidet sich von anderen Rückblicken auf jene Zeit dadurch, dass sie von dem damaligen Deutschland ein Bild voller Hoffnung entwirft. So wie der junge Heuss die wilhelminische Ära erlebte, war diese eine Vorschule der Demokratie, ganz so, wie sie jüngst Margaret Lavinia Anderson in ihrem provokativ revisionistischen Opus »Practising Democracy« (2000) darstellte. In seinen Erinnerungen bekennt Heuss, aus der Rückschau sei ihm schon bald bewusst geworden, dass Bülow, der sich als Kanzler mindestens so sehr um eine Reichstagsmehrheit wie um die Gunst des Kaisers bemühte, »der sozusagen illegitime Vater des deutschen Parlamentarismus« geworden sei.[248]

Für den jungen Heuss spielt sich demokratische Politik nicht nur in Sitzungen und Versammlungen ab, sondern auch bei Demonstrationszügen und Kundgebungen unter freiem Himmel und mit frischem Wind. Ähnlich wie Naumann glaubt er zu jener Zeit noch an den demokratischen Fortschritt durch (gewiss friedliche) Mobilisierung der Masse; anders als bei Kultursnobs à la Sombart ist der Begriff »Masse« bei ihm noch positiv besetzt. Im Frühling 1910, als selbst der Berliner Polizeipräsident von Jagow in Revision des bisherigen Verbots politische Versammlungen im Freien zugelassen hat und alles friedlich verlaufen ist, triumphiert Heuss: »Nirgends gedeiht das Gefühl sozialer Brüderlichkeit so, als wenn der Mensch dort, wo er sonst nur als einzelner, als gesellschaftliches Atom zerstreut ist, in seiner Massenhaftigkeit auftritt, und die große Zahl den Stolz und das Kraftgefühl des einzelnen befreit. Die Versammlung unter dem freien Himmel, die Wanderung durch die Straße ist ein gewaltiges Propagandainstrument geworden.«[249] Zugleich erkennt man, dass Heuss selbst an die Reformfähigkeit der preußischen Polizei glaubt. Natürlich schimpfte er wie die meisten, die etwas von Politik verstanden, zwischendurch auf Wilhelm II.; aber sehr tief ging sein Antiwilhelminismus nicht. In seinem Nachruf auf den dichtenden Hohenzollernspross Ernst von Wildenbruch rühmte er diesen als »Herold nationaler Gesinnung«.[250] Der hatte frei nach Heine gereimt: »Wenn ich an Deutschland denke, tut mir die Seele weh / Weil ich ringsum um Deutschland die vielen Feinde seh.«[251]

Aber es gab auch weltoffene Formen des Wilhelminismus. Heuss, der später als Präsident fast jede Nacht lange Briefe an die Freundin in New York schreiben wird, lässt sich schon in jungen Jahren von amerikanischen, sogar sehr amerikanischen Schriftstellern inspirieren: von Henry Thoreau und dessen »Walden«[252], dem Gründerwerk des amerikanischen *environmentalism*, von Walt

Whitman und von Mark Twain. Während er die Sexomanie eines Frank Wedekind als Krampf empfindet, der »eine Horde von Dilettanten zur Phalluspoesie« ermutigt habe[253], erlebt er 1906, als seine Beziehung zu Elly intimer wird, das panerotische Schwelgen eines Walt Whitman, an dem damals viele Amerikaner Anstoß nahmen, als rundherum befreiend. Und da taucht zum ersten Mal bei Heuss jenes Motiv auf, das er 1919 auf John Deweys Formel »*Demokratie als Lebensform*« bringt, und dazu mit einer bei Heuss sonst ungewohnten Emphase: »Der programmatische Inhalt dieses Lebens heißt: Demokratie, und zwar nicht in einem bloß politischen Sinn, sondern in einem allgemeinen, kulturellen, philosophischen. Die Demokratie ist die würdigste und gesündeste Form eines Volkes, zu leben … Das Demokratische ist die Grundlage der Persönlichkeitsentwicklung.« Es bedeutet Kameradschaft, Kraft, Willen.[254] Dabei geht freilich auch dies und das verloren, an dem Heuss hängt, so auch ein gewisser Humor. 1910 schreibt er im Nachruf auf Mark Twain:

> Bei den großen Humoristen unserer Dichtung, bei Jean Paul, Raabe, Keller, Vischer liest man mit einer warmen und feinen Freude, bei Mark Twain lacht man. … Wäre er nicht der Sohn einer Demokratie …, wäre er vielleicht ein großer Satiriker geworden. Aber ihm fehlte das große Objekt, das zu bekämpfen sich gelohnt hätte, er wuchs auf in der Unbekümmertheit des jungen Amerika, und er konnte aus sich heraus nicht das große Ethos eines Gesellschaftssatirikers erzeugen.[255]

Dafür gedeiht unter deutschen Bedingungen etwas sehr anderes: das Schmunzeln oder auch schallende Gelächter über einen Wilhelm Busch.

EINE LEBENSLANGE LIEBE: HEUSS UND WILHELM BUSCH. Man kann es bezeichnend finden, dass der allererste Artikel, den Heuss – erst 18-jährig! – für die »Hilfe« schrieb, eine Huldigung an Wilhelm Busch zu dessen 70. Geburtstag war. Über diesen populärsten deutschen Humoristen wird er immer wieder schreiben, sich in seinen Würdigungen steigernd, bis er als Bundespräsident dafür sorgt, dass Busch in das Monumentalwerk »Die großen Deutschen« aufgenommen wird. Als Hobby-Zeichner hat er seinen eigenen intimen Zugang zu Busch; er weiß dessen genial gekonnten Strich umso mehr zu schätzen, als er selbst, dem das Zeichnen zu einer Meditationstechnik wurde[256], über ein Gekrakel nicht weit hinauskommt und nur statische Eindrücke wiederzugeben vermag.[257] »Er ist ein äußerst scharfer Beobachter«, schreibt er 1902 über Busch; »er ist zum Bewegungszeichner geboren: daher diese von ihm so geliebten Massenstürze mit Porzellanbegleitung.«

Viele von Buschs Späßen sind eigentlich recht widerwärtig, und das Vergnügen daran hat etwas von hämischer Schadenfreude. »*Und hilflos und mit Angstgewimmer / Verkohlt dies fromme Frauenzimmer*«: ein solcher Vers aus der »Frommen Helene« wurde an antiklerikalen Stammtischen mit dröhnendem Gelächter quittiert; aber das war keine Geselligkeit, die Heuss liebte. Aber ähnlich wie Naumann ist Busch für ihn einer, dem man alles verzeiht – menschenverachtende Eskapaden, selbst üble Ausfälle gegen die Juden –, weil der Wissende hinter allem ein gutes Herz, eine »empfindsame, diskrete Natur« (Heuss)[258] erkennt (und bei Busch dazu noch Schopenhauer). Und gerade dann, wenn man an das Gute im Menschen nicht zu hohe Anforderungen stellt, kann man das wirkliche Leben mit Humor nehmen. »Das Leben ist ja verteufelt schlecht und kleinlich; aber wenn wir nun einmal da sind, warum sollen wir das bißchen Leben nicht genießen, soweit wir's können«: Das ist für den 18-jährigen Heuss bei Busch »die Moral von der Geschicht'«[259], und vermutlich enthält sie auch eine interne politische Philosophie des künftigen Bundespräsidenten.

2

Kühl und korrekt durch den Krieg: Der Zivilist vor der Urkatastrophe des 20. Jahrhunderts

1908 Erste Begegnung zwischen Theodor Heuss und Kurt Riezler, aus der eine lebenslange Freundschaft entsteht; Riezler wird 1909 ein Vertrauensmann des neuen Reichskanzlers Theobald v. Bethmann Hollweg. Ebenfalls erste Begegnung zwischen Ernst Jäckh und Alfred v. Kiderlen-Waechter, der 1911 Staatssekretär des Äußeren wird und zu dem Jäckh ein Vertrauensverhältnis gewinnt

1911 Im Buchverlag der »Hilfe« erscheint Paul Rohrbach, »Deutschland unter den Weltvölkern«, ein außenpolitischer Bestseller jener Zeit, der den Zusammenhang zwischen »freiheitlicher Volksentwicklung« und expansiver Weltpolitik verkündet

1914 Ernst Jäckh und Paul Rohrbach bringen zusammen die Zeitschrift »Das größere Deutschland« heraus; 1915 geht das Blatt in alldeutsche Hände über. 4. Oktober: »Aufruf an die Kulturwelt«, von 93 prominenten Persönlichkeiten des Deutschen Kulturlebens – darunter auch Lujo Brentano und Friedrich Naumann – unterzeichnet, der die These von der deutschen Kriegsschuld und Berichte über Greueltaten deutscher Truppen in Belgien als Lügen anprangert und die Behauptung enthält: »Ohne den deutschen Militarismus wäre die deutsche Kultur längst vom Erdboden getilgt.« Elly Heuss-Knapp gründet mit einem Kredit, den der befreundete Friedrich Mück (Mitgründer der Handels- und Gewerbebank Heilbronn) beschafft, eine private Arbeitsvermittlung für Frauen, deren männliche Versorger im Krieg sind

1914 September: Ludwig Klein, Heuss' engster Jugendfreund, gefallen; ebenso Ludwig Frank, bis dahin für Heuss die Zukunftshoffnung der Sozialdemokratie. 16. Oktober: Offener Brief von Ernst Haeckel an Ferdinand Hodler (Genf), in dem er fordert, Hodlers Monumentalbild »Aufbruch der Jenaer Studenten 1813« aus der Universität Jena zu entfernen, da Hodler einen Protest gegen die Beschießung der Kathedrale von Reims durch die deutsche Artillerie mit unterzeichnet hatte; Welle von deutschen Protesten gegen Hodler

1915 Februar/März: Heuss fährt als Berichterstatter an die Ostfront. Friedrich Naumann: »Mitteleuropa«. Heuss: »Kriegssozialismus«; »Schwaben und der deutsche Geist«. 1. November: Heuss verteidigt in der »Neckar-Zeitung« Hermann Hesse gegen den Vorwurf, ein »vaterlandsloser Gesell« zu sein

1916 Januar: Ernst Jäckh und Paul Rohrbach bringen die Zeitschrift »Deutsche Politik« heraus. 1. März: Heuss veröffentlicht in dem »literarischen Echo« einen kritischen Essay: »Die Politisierung des Literaten«, der sich gegen die sich formierende kriegskritische Linksintelligenz wendet. 6. November: Heuss wendet sich scharf gegen die »Judenzählung« im deutschen Heer

1917 Ende Mai: Um Pfingsten nimmt Heuss an dem »Geisterparlament« (Friedrich Meinecke) auf Burg Lauenstein teil und lernt dort Max Weber kennen. Julikrise: Friedensresolution im Reichstag und Rücktritt des Reichskanzlers Bethmann Hollweg, der zuletzt nur noch von den Linksliberalen unterstützt wird. Sommer: Durch Vermittlung von Ernst Jäckh, der eine Verbindung zwischen Naumann und dem Industriellen Robert Bosch herstellt, legt Bosch die finanzielle Basis für die künftige Deutsche Hochschule für Politik in Berlin, um die fortab Naumanns Gedanken kreisen und an der Heuss Dozent wird. August: Reise nach Oberschwaben mit Friedrich Mück; dieser schwäbische Regionalbankier wird zu Heuss' Freund und finanziellem Berater

1918 Januar: Umzug nach Berlin; im April Nachzug der Familie in die Wohnung Fregestraße 80 in Berlin-Friedenau. Januar: Heuss wird Redakteur der »Deutschen Politik«. Januar: Deutsche Hochschule für Politik als »Staatsbürgerschule« gegründet. Mitarbeit in der Geschäftsstelle des Deutschen Werkbundes in Berlin (hauptamtlich bis 1921). Juni: zweiwöchige Reise nach Wien; Heuss lernt Gustav und Toni Stolper kennen. Veröffentlichung von »Die Bundesstaaten und das Reich« und »Das Haus der Freundschaft in Konstantinopel«. Heuss erkrankt für kurze Zeit an der Spanischen Grippe. Schriftleiter der Zeitschrift »Deutsche Politik« (bis 1922). November: Revolution in Berlin; Beginn der Mitarbeit bei der neu gegründeten Deutschen Demokratischen Partei (DDP)

1919 Januar: Gründung der Zeitschrift »Die deutsche Nation« durch Kurt Riezler, Harry Graf Kessler und Bernhard Wilhelm von Bülow, deren Redaktionsleitung Heuss im Mai 1922 übernimmt, deren Mitarbeiterkreis für ihn schon gleich nach Kriegsende zu einer politischen Heimat wird. Die Zeitschrift propagiert einen demokratischen Nationalismus, verbunden mit der ständigen Mahnung, an die verlorenen Reichsgebiete zu denken. 24. August: Tod Friedrich Naumanns in Travemünde

ZWEI LOGIKEN ZUR ERKLÄRUNG DES KRIEGSAUSBRUCHS. Eine mechanistische Logik suggeriert: Große Geschehnisse müssen auch große Ursachen haben. Aber gerade bei Katastrophen gibt es auch eine konträre Logik: Die größte Gefahr droht von ganz trivialen Vorfällen, an die niemand gedacht hat. Es lohnt sich, unter beiden Hypothesen über die Entstehung des Ersten Weltkrieges nachzudenken – und darüber, wie sich dieses Geschehen im Leben von Theodor Heuss spiegelt, der 1914 die 30 überschreitet.

Die These, mit der der Hamburger Historiker Fritz Fischer in den 1960er Jahren Furore machte und die gesamte bundesdeutsche Historikerschaft spaltete, entsprach ganz der erstgenannten Logik: Der Weltkrieg wurde zielstrebig von der deutschen Reichsregierung entfesselt, die von langer Hand ehrgeizige »Weltmacht«-Ziele verfolgte, die nur durch einen entsprechend großen Krieg zu erreichen waren, und die infolgedessen die »Lokalisierung« des Krieges auf Serbien nicht konsequent betrieb. Auf der anderen Seite war es selbst unter Fischerianern klar, dass *diesen* Krieg, der dann kam, niemand gewollt hatte. Beide Seiten der Kontroverse konnten immer neue Belege ins Feld führen: dafür, dass der große Krieg von der Reichsregierung gewünscht und gewollt und ganz bewusst herbeigeführt worden sei, aber auch dafür, dass die Stimmung in Berlin eher defensiv war, selbst an der Spitze des Generalstabs die Sorge vor dem großen Krieg überwog und man diesen nur als Präventivschlag begann, um einer künftigen Übermacht der Gegner zuvorzukommen.[1] In typischen Fällen waren beide Dispositionen sogar in ein und demselben Menschen angelegt, angefangen bei dem Reichskanzler Bethmann Hollweg. Auf diese Weise entstand leicht ein Rollenspiel: Zeigte sich der eine besorgt, ergriff der andere die Gelegenheit, den Mutigen zu spielen und seinem Gegenspieler »Nervosität« zu unterstellen.

Die Fischer-Kontroverse hat beide Positionen auseinandersortiert und diese Dialektik verdeckt. Es gibt Indizien für eine vergleichbare Ambivalenz auch bei Deutschlands Gegnern, die zwar verhinderte, dass man von sich aus zur Offensive ging, aber auch eine konsequente Friedenspolitik hemmte. Unter solchen Umständen braucht ein gigantischer Krieg nicht unbedingt ähnlich gigantische Ursachen zu haben. Hätte man vorausgesehen, wie entsetzlich er würde, wäre wohl jeder der Beteiligten zurückgeschreckt. Daher gehört zu den Vorbedingungen dieses Krieges gerade auch die verbreitete Ahnungslosigkeit, die der Julikrise 1914 vorausging.[2]

AHNUNGSLOSIGKEIT ALS BEDINGUNG DES KRIEGSAUSBRUCHS UND DAS BEISPIEL HEUSS. Von dieser Ahnungs-, ja Arglosigkeit zeugen die Heuss-Korrespondenzen der letzten Vorkriegsjahre; darin war er ein Kind seiner Zeit, jedoch durch sein Naturell, dem Feindbilder und Horrorvisionen nicht lagen, besonders dazu disponiert. Seine spätere Freundin Toni Stolper, deren Wiener Vorkriegsjugend stärker von politischen Spannungen und bösen Vorahnungen überschattet gewesen war, wurde bei der Lektüre der Heuss'schen Jugenderinnerungen besonders durch deren Unbeschwertheit beeindruckt und dadurch in einem nichtdeterministischen Geschichtsbild bestärkt: »Es gibt Leute, die überklug lehren, Europa sei aus inneren Spannungen rettungslos den Kriegen verfallen gewesen. Ein Buch wie Theodors fügt meiner Überzeugung einen weiteren inneren Beweis hinzu, dass solche Geschichtsdeutung ex post sehr flach ist.«[3] Wieder: So manches an Heuss'schen Fehlurteilen lässt sich nicht nur als Geschichte von Irrtümern, sondern auch von ungenutzten Chancen begreifen. Doch am 15. August 1914 klagte Heuss im »März«: »Das Unausdenkbare, das nur der erhitzten Phantasie unverantwortlicher Leute anzugehören schien, ist Ereignis geworden: die europäischen Nationen stürzen aufeinander, sich zu zerfleischen …«[4] Man spürt eine erschrockene Rat- und Verständnislosigkeit, selbst in jenen Augusttagen, deren Kriegseuphorie später zur nationalistischen Legende wurde.

Damit stand Heuss nicht allein; diese Arglosigkeit reichte bis in höchste Kreise, selbst bis zu einem so kritischen Kopf wie Lujo Brentano, der »vierzehn Tage vor dem Ausbruch des ungeheuren Weltbrandes mit seiner ganzen unwiderstehlichen Logik triumphierend nachwies, dass die Verflechtung und die Vernunft der modernen Weltwirtschaft jeden Krieg, zum mindesten jeden längeren Krieg völlig unmöglich mache«.[5] Friedrich Naumann suchte im Frühling 1914 Erholung durch eine Frankreichreise, worüber sich seine Freundin Gertrud Bäumer aus der Rückschau wundert: »So vollständig konnte doch zeitweise die Ahnung einer gespannten Weltlage vergehen, dass ein deutscher Reichstagsabgeordneter im April 1914 nach Frankreich ging – auf den Spuren der Jungfrau von Orleans.«[6] Sogar in den Vorkriegsbriefen eines Max Weber, der sonst einen

Hang zu düsteren Visionen hatte, sucht man vergeblich auch nur die geringste Vorahnung dessen, was kam.[7]

Diese Ahnungslosigkeit war international. Zwar hatte in den Jahren davor, von der zweiten Marokkokrise bis zu den Balkankriegen, Krieg in der Luft gelegen; aber gerade 1914 wirkte die internationale Atmosphäre zunächst wieder entspannt.[8] Gerade Berliner Insider glaubten, dass Wilhelm II. im Grunde seines Herzens den großen Krieg fürchte und dies nur durch sein sprichwörtliches »Säbelrasseln« zu kaschieren suche; und damit hatten sie nicht einmal ganz unrecht. Selbst in der pazifistischen »Weltbühne« erinnert noch 1930 ein Rezensent von Bülows »Denkwürdigkeiten« mit Verachtung an die »weibische Atmosphäre des berliner Hofs«.[9] Die pazifistische »Friedens-Warte« jubelte 1913 zum 25-jährigen Regierungsjubiläum Wilhelms II., dass dieser preußische Monarch, von Hause aus »Soldat vom Kopf bis zum Fuße«, »25 Jahre ohne Krieg regieren konnte«, sei in der bisherigen Weltgeschichte ein Rekord an Friedenswahrung, »etwas, das von einer inneren Umwälzung des internationalen Lebens beredtes Zeugnis gibt«.[10] Der Reichskanzler Bethmann Hollweg galt geradezu als der Inbegriff des bedächtigen Zauderers. Die Reichstagswahlen von 1912 brachten den bis dahin größten Erfolg der Sozialdemokratie: Fortschritte zum dauerhaften Frieden von unten wie von oben – so konnte es scheinen!

Aber genau hier stoßen wir auf den springenden Punkt, der nicht nur für das Verständnis von 1914, sondern von vielen anderen Rätseln der Geschichte von Bedeutung ist: Es kommt darauf an, nicht nur in direkten, linearen Kausalitäten, sondern auch in Wechselwirkungen, Rückkopplungen und dem Sog von Vakuen zu denken. Gerade wegen dieser verbreiteten Arglosigkeit waren die Abwehrkräfte gegen einen großen Krieg zu gering und zu wenig geistesgegenwärtig. Gerade der Linksruck im Reichstag verstärkte auf der Gegenseite die Spekulation, durch einen Krieg den Großteil des Volkes unter konservativ-nationalem Banner sammeln zu können[11] – ein fataler Lernprozess aus den Bismarck-Kriegen, der bei einem kurzen und siegreichen Krieg womöglich sogar seine Bestätigung gefunden hätte. Gerade weil Wilhelm II. und sein Kanzler bei den Chauvinisten immer mehr in den Ruf der Feigheit gerieten[12], hatten sie Anlass, in einer kritischen Situation diesen Verdacht umso demonstrativer zu widerlegen.

Im übrigen war es bis 1914 gar nicht so leicht, die Kriegstreiber zu fassen; denn schon damals gehörte es bei Prominenten, die auf sich hielten, zur *political correctness*, im Prinzip die Segnungen des Friedens zu preisen, nur für den Fall nationaler Not zum Krieg zu rufen und im übrigen die Kriegsbereitschaft als bestes Mittel zur Erhaltung des Friedens zu rühmen. Hellmut von Gerlach, vor 1914 Heuss' liberaler Parteifreund, der durch den Weltkrieg zum leidenschaftlichen Pazifisten wurde, weist darauf hin: »Fast nie ist ein Staatsmann ruchlos genug, einen Krieg mit vollem Bewusstsein herbeizuführen.«[13] Ein Winston Churchill gestand zwar am 22. Februar 1915 der Gattin des britischen Premierministers: »ich liebe diesen Krieg … ich genieße jede Sekunde davon.«[14] Von Bethmann Hollweg wäre eine derartige Äußerung jedoch undenkbar; der ging an dem Krieg physisch-psychisch zugrunde.[15] Aus der Sicht jener Zeit war der Verdacht vieler Deutscher, der außenpolitisch unerfahrene Reichskanzler habe sich von gewieften Strategen wie Poincaré und Iswolsky in die Falle locken lassen, nicht gänzlich absurd.[16] Der Lauf der Dinge setzte jedoch auch bei Bethmann Hollweg ein Potential an Kriegswillen voraus, wobei dieser in seinem Fall nicht wie bei Churchill purer Kampfeslust, sondern dem Fatalismus entsprang.

Später in der Zeit des nuklearen Wettrüstens im Kalten Krieg wurde von Kritikern warnend an das Wettrüsten als Kriegsursache von 1914 erinnert. Nun, der Kalte Krieg wurde vermutlich vor allem deshalb zu keinem heißen Krieg, weil weder Ost noch West ein nukleares Inferno wollte. Da war die Situation von 1914 anders: Das haben Fritz Fischer und seine Schüler bewiesen. Und doch war der Kriegswille auch damals nichts Stabiles und Kontinuierliches, sondern bedurfte bestimmter Situationen, um zur Tat zu werden, gerade bei einem Mann wie Bethmann Hollweg. Daher wäre es nicht richtig, der früheren Wechselwirkungs- und Kurzschlusstheorie jeglichen Erklärungswert abzusprechen, zumal sie vermutlich dazu beigetragen hat, uns einen neuen Weltkrieg bislang zu ersparen. Auf dem Höhepunkt der Kubakrise 1962 erinnerte Präsident Kennedy in einer Besprechung mit den angriffslustigen militärischen Stabschefs an die Julikrise 1914, über die er kurz zuvor in Barbara Tuchmans »Guns of August« gelesen hatte: »Alle seien sozusagen in den Krieg gestolpert, infolge von Dummheit, individuellen Antipathien, Missverständnissen …«[17] Das war damals die konventionelle, von Fischer verworfene Erklärung des Kriegsausbruchs. Aber die Fischer-Schule erforschte nicht die damaligen Vorgänge in Paris, London, St. Petersburg. Aus heutiger Distanz sollte man sich nicht auf eine einzige Erklärung versteifen.

Zurück zu Heuss: Wenn er sich später trotz seiner Loyalität gegenüber Adenauer mit einer Rhetorik des Kalten Kriegs zurückhielt, sollte man seine Erinnerung an 1914 bedenken. In seiner Naumann-Biographie zitiert er seinen einstigen Mentor, wie dieser 1895 seine Wende hin zum Protagonisten der Flottenrüstung begründet: »Jesus steht im Geist vor uns und fragt: Wie dient ihr dem Frieden am besten, mit oder ohne Rüstung? Wir antworten: Ach Herr, die Rüstung ist ein schweres Kleid, und wir werden froh sein, wenn wir es ausziehen können, aber heute abrüsten heißt den Tod ins Land rufen! Herr, willst Du das? Mir ist, als hörte ich Jesus sprechen: Das will ich nicht, gehet hin, baut die Schiffe und bittet Gott, dass ihr sie nicht braucht!«[18] Heuss kommentiert lakonisch: »Die Wendung ist bezeichnend, sie erschöpft die Schwere der Frage nicht.«

Heuss schrieb das zu einer Zeit, als selbst völkische Nationalisten bis hin zu Hitler das Verhängnis dieses Flottenrüstens begriffen hatten. Wer sein Stilgefühl kennt, spürt ganz gut, dass er sich bei dieser pastoralen Art Naumanns, dieser gekünstelt-naiven und in Wahrheit völlig willkürlichen Berufung auf den Herrn Jesus innerlich schüttelte. Dass er überhaupt ein derart peinliches Zitat in Erinnerung hält, verrät, dass ihm Naumann mittlerweile nicht nur ein Vorbild, sondern auch ein warnendes Beispiel ist. Naumanns Art, sich zum Flottenwettlauf zu bekennen, zeigte geradezu klassisch jene innere Gespaltenheit, die für das Gros der damaligen Eliten typisch ist und die man auch beim Kaiser und seinem Kanzler erkennt: Man hält die verstärkte Rüstung für notwendig, glaubt sogar an die kräftigende Wirkung des Krieges auf das deutsche Volk, aber schreckt zugleich vor dem Krieg zurück und will nicht dazu stehen, dass man dafür selber Verantwortung trägt.

»Welt«-Komposita grassierten schon um 1900; zu ihnen gehörten nicht nur »Welthandel« und »Weltwirtschaft«, sondern auch »Weltmacht« – und »Weltkrieg«. Heuss überliefert eine Prophezeiung Naumanns aus der Zeit des Burenkrieges: »Wenn irgendetwas in der Weltgeschichte sicher ist, so ist es der zukünftige ›Weltkrieg‹, das heißt der Krieg derer, die sich vor England retten wollen.« Und offenbar wünscht er, dass das Deutsche Reich dabei mitmacht, auch wenn er das nur durch die Blume zu verstehen gibt: »Gerade herausgesagt: so gern wir bessere Kolonien gewinnen, Bezahlung für ruhiges Zusehen beim Burentod möchten wir nicht haben.« Das findet Heuss einen »merkwürdigen Satz«, Ausdruck einer »Gefühlslage, die sich der politischen Rechenhaftigkeit entzogen hat«[19]; und in der Tat macht er Naumann ebenso wenig Ehre wie dessen Mobilisierung des Herrn Jesus für Tirpitz. »Gerade herausgesagt«: Aber er sagt eben nicht im Klartext, dass er Krieg gegen England will. Und doch enthält eine Naumann-Anthologie von 1913 (»Das Blaue Buch von Vaterland und Freiheit«) einen Satz, bei dem man aus dem Rückblick erschauert: »*Die Volksgemeinschaft ist niemals größer und beweglicher, als wenn zusammen gestorben werden muss.*«[20]

Im Mai 1912, als trotz der Verständigungsdemarche des britischen Kriegsministers Haldane eine neue Flottenvorlage anstand, spricht Heuss in einem Brief an Naumann von der »Überwindung der Englandscheu« als von einer Aufgabe der Zeit und scheint da ein Einverständnis mit dem Adressaten vorauszusetzen: »Denn ich habe die Empfindung, dass wir zu England in das Verhältnis kommen müssen, das Gothein umgrenzt« – der linksliberale Parteifreund Georg Gothein, der gerade in der »Hilfe« einen Artikel »Der deutsch-englische Gegensatz ein Kulturhemmnis« publiziert und dazu aufgerufen hatte, »den Chauvinisten und gewerbsmäßigen Hetzern in beiden Ländern das Handwerk zu legen«.[21] Damals erklärte Heuss den »zum Sensationsroman gewordenen Krieg mit England« für »das größte nationale Unglück, das sich ausdenken lässt«, da dann »der ganze Kontinent in Flammen stehen« werde.[22] Auch Momente solcher Hellsicht finden sich beim damaligen Heuss.

ERNST JÄCKH UND PAUL ROHRBACH ODER: DER FRAGWÜRDIGE NUTZEN VON INSIDER-KONTAKTEN. Schon der junge Heuss jener Zeit war kein »Mann auf der Straße«, der die große Politik nur aus der Froschperspektive sah, sondern verfügte über beste Insider-Verbindungen, vor allem über seine enge Beziehung zu Ernst Jäckh und Paul Rohrbach, Naumanns Experten für »Weltpolitik«. Beide begegnen in der Literatur als Ideologen des wilhelminischen Imperialismus, beide jedoch nicht von der Art, dass sie vor 1914 den Blick in Abgründe geöffnet hätten. Eher handelte es sich um gutgelaunte Globetrotter, in ihrer Grundstimmung dem jungen Heuss wesensverwandt, bei denen sich arglos imperialistische mit kosmopolitischen Anwandlungen mischten. In seiner blühenden Phantasie dachte sich Jäckh ein deutsch geführtes Mitteleuropa »als Zellkern einer künftigen supranationalen Gemeinschaft, die sich dem Ziel der Weltharmonie verpflichtet hätte«.[23]

Jäckh, der »Orientmann«, der zur Festigung der deutsch-türkischen Freundschaft »einen ganzen Waggon Jungtürken nach Deutschland verfrachtete«, ist für Hallgarten ein »frischfröhlicher Politiker des ›Sowohl-als-auch‹«, jener »Weltmacht«-Ambition nach allen Seiten, die das Reich am Ende mit allen anderen Großmächten in den Krieg führte.[24] Aber solange man an keinen großen Krieg glaubte, konnte man es für vorteilhaft halten, sich auf kein Bündnis festzulegen, sondern in leichtlebiger Bülowscher Art die Fühler mal in dieser, mal in jener Richtung auszustrecken. Jäckh wurde zum Intimus des notorischen Kraftmenschen Kiderlen[25], des Staatssekretärs des Äußeren in der zweiten Marokkokrise von 1911, der von seinen Verehrern der »schwäbische Bismarck« tituliert wurde und als schwäbisches Urviech Heuss' Sympathie genoss, jedoch mit seinem Versuch, – in Heuss' Worten – »mit kühnem Vorgehen die Marokko-Frage zu liquidieren«[26], das Reich schon damals an den Rand des Krieges brachte.

Aus der Rückschau war gerade der »Panthersprung nach Agadir«, die von Kiderlen veranlasste Entsendung eines deutschen Kanonenbootes vor diesen marokkanischen Hafen, eine verhängnisvolle Zäsur: Vor allem von da ab gewann die Kriegsstimmung auf deutscher wie auf französischer Seite konkrete Gestalt.[27] Die Kiderlen-Episode in der wilhelminischen Außenpolitik bietet mehrere Lesarten; denn dieser impulsive Mann sagte einmal dies, einmal das. Jäckh stilisierte ihn in seinen nach zwei Weltkriegen verfassten Memoiren zum klügsten Staatsmann nach Bismarck, der zu seiner Zeit Europa mehr als einmal vor dem großen Krieg bewahrt habe.[28] Aus kritischer Distanz dagegen wirkt der »schwäbische Bismarck« eher wie ein Elefant im Porzellanladen.

Jäckh, nach Kiderlens Tod weiterhin ein Vertrauensmann des Auswärtigen Amtes[29], galt auch in der Julikrise 1914 als »best Eingeweihter« (Schulze-Gävernitz) und versicherte nach Kriegsausbruch, der Kaiser habe sich »bis zuletzt um den Frieden« bemüht.[30] Als Heuss damals hörte, dass die Türkei zu Deutschland stand und die türkische Flotte unter deutschem Oberbefehl stehe, freute er sich für Jäckh[31], der damals noch sein Mentor war, politisch wie journalistisch,[32] und ihm erst in seiner Präsidentenzeit zum Quälgeist wurde.

Lebenslang[33] zeigte jedoch Heuss eine Schwäche für Paul Rohrbach, den Welterfahrenen und »weltpolitischen« Bestseller-Autor, nach dem Hererokrieg Regierungskommissar in Deutsch-Südwestafrika, demgegenüber Leute wie er, Heuss, sich »doch als erbärmliche Binnenländer fühlten«, auch wenn Rohrbach als Redner die Pointen »verbrummelte«[34] – aber das passierte auch Heuss selbst nur zu oft. Rohrbach und Jäckh wurden beide mit ihren Kriegsschriften zu Kronzeugen Fritz Fischers[35], die ihn zu seinem Titel »Griff nach der Weltmacht« inspirierten, der dann Sensation machte. Kurz nach Kriegsausbruch begann Jäckh die Flugschriftenreihe »Der deutsche Krieg« herauszubringen, zu der auch Heuss beitrug – als wäre es darauf angekommen, dass sich die Deutschen diesen Krieg nicht wegnehmen ließen, sondern als ihr Eigentum proklamierten! Gleich im ersten Heft verkündete Rohrbach, dass »der gegenwärtige Krieg den Durchbruch Deutschlands zur Weltmacht bringen« werde[36]: was nicht gerade glaubwürdig nach der offiziellen Version des Verteidigungskrieges klang. Heuss, zu dieser Zeit noch eine politische Randfigur, war in seinem Kommunikationsnetz doch nah dran an den innersten Zirkeln. Aber merkt man bei ihm etwas davon?

Aber das ist es eben, und das spüren wir im Zeitalter des Internets mehr denn je: Gerade die Überfülle der Informationen macht es so schwer wie noch nie, die Qualität von diesem und jenem zu beurteilen und zu erkennen, was wichtig ist – und was sich in Zukunft als entscheidend herausstellen könnte. Die Geschichte der zeitgenössischen Zukunftsperspektiven ist noch nicht geschrieben. Man erkennt, welch ein Wirrwarr von Visionen auch in der Phantasie des jungen Heuss herumschwirrte, dessen Kontakte von den Flottenschwärmern bis zu den Pazifisten reichten und der voller Neugier die kulturelle Tragweite der neuesten Technik verfolgte. In dem meisten steckte sogar ein Stück Wahrheit – aber eben bestenfalls die halbe Wahrheit; Entscheidendes fehlte.

Scheuklappen sind nicht das Problem des jungen Heuss, weder nationalistische noch konservativ-bildungsbürgerliche. »*Am deutschen Wesen wird die Welt genesen*« bildet er sich gewiss nicht ein. 1909 stellt er in der »Hilfe« Rodin über Klinger, dessen Versuche, Rodin nachzuahmen, »etwas Peinliches« hätten.[37] Wenn er ganz im Geiste des Werkbunds dafür eintritt, dass die deutschen Künstler ihren eigenen Weg suchen und nicht das Ausland imitieren, so nicht etwa deshalb, weil er das Ausländische für minderwertig gehalten hätte. Die Glanzlichter von Paris sind für ihn unübertrefflich und unnachahmlich. 1906 schreibt er an Elly, in der Redaktion der »Hilfe« sei er bisher »sozusagen der einzige, der die politische Anti-Englandstimmung keine Minute mitgemacht hat«[38].

Dann fühlt er sich auf Reisen – und da war er nicht der einzige – doch manchmal durch britische Weltenbummler gestört: »Ich habe heut eine elende Wut auf die Engländer und dieses yes, das in der Luft herumwirbelt. Ich werde noch die Idee einer zeitweiligen Kontinentalsperre propagieren oder doch einer zeitlichen und räumlichen Kontingentierung ihres Rumreisens.«[39] Aber natürlich ist das ein Witz, wohl mit einer Prise Ernst, aber ohne Gedanken an einen Krieg mit dem Empire. Kein Zweifel: Heuss war lebenslang ein durchaus unmilitärischer Typ. Es klingt glaubwürdig, wenn er in seinen Jugenderinnerungen berichtet, dass er schon früh gelernt hatte: »es schien mit den lustigen Soldatengeschichten nicht ganz zu stimmen, der Kommiß erwies sich als eine humorlose Institution.«[40] Für einen Heuss ein vernichtendes Urteil!

Und dennoch trat er 1913 in seiner »Neckar-Zeitung« sehr entschieden für die damalige große Wehrvorlage ein, die aus der Rückschau als das Vorspiel zum Krieg wirkt. Damals wurde sie gewöhnlich mit der gleichzeitigen Verlängerung der Dienstzeit auf drei Jahre in Frankreich begründet[41] – während die Franzosen umgekehrt ihre Heeresvorlage mit der deutschen begründeten –; Heuss dagegen, der die antifranzösische Spitze nicht liebte, legte das Gewicht darauf, »dass wir um Oesterreichs willen rüsten. Die Milliarde wird für den Bestand des österreichischen Staates aufgebraucht«[42]. Das nahm die kommende Rechtfertigung des Krieges vorweg, als das Deutsche Reich offiziell zur Rettung der Habsburgermonarchie in den Krieg eintrat.

Ganz in diesem Sinne verhielt Heuss sich auch bei der Zuspitzung der Julikrise. Er wies sogar als Redakteur des »März« am 27. Juli 1914 einen »größeren Aufsatz« des renommierten Völkerrechtlers und Pazifisten Otfried Nippold zurück, der die enge Verbindung mit Österreich-Ungarn in scharfer Form verurteilte, und bekräftigte dem Herausgeber Conrad Haußmann gegenüber »alle die starken Beziehungen, die wir von unserem Blatt aus nach Österreich gewonnen haben«[43], ohne ein Bewusstsein von dem ganzen Ausmaß der drohenden Gefahr erkennen zu lassen. Dabei hatte er nach dem Wiener Ultimatum sofort erkannt, dass es »auf ein Unannehmbar eingerichtet« war: »Das heißt Krieg.« Aber er hoffte damals: Krieg nur mit Serbien. Vorher, nach der Ermordung des österreichischen Thronfolgerpaars, hatte er geschrieben: »Die moralische Einbuße, die das Serbentum in Europa durch das Attentat … erlitten hat, wird aber kaum Russland und Frankreich in der allernächsten Zeit zu einer direkten Unterstützung der großserbischen Pläne ermutigen«, zumal sie dann nicht mit der

Unterstützung Englands rechnen könnten.[44] Eine typische deutsche Illusion jener Wochen, deren Platzen dazu führte, dass sich fortan die öffentliche Wut ganz auf England, das »perfide Albion«, konzentrierte.

Es fällt auf, dass Heuss gleich in seinem ersten Kriegsartikel im »März« den schon damals verbreiteten Eindruck zurückwies, »als ob nur das automatische Verfahren von Bündnisverträgen dieses Schicksal herbeigeführt« habe. Diese Sicht sei »oberflächlich«. »Deutschlands Eingreifen hing nicht von einem Paragraphen des Dreibundvertrags ab« – »Paragraph« besitzt für den Nichtjuristen Heuss stets einen negativen Beiklang –; es hätte also den Krieg durchaus vermeiden können, *wenn es gewollt hätte*. Aber das wollte es eben nicht, *durfte* es aus Heuss'scher Sicht nicht wollen. Denn es gehe um die Existenz Österreich-Ungarns, die durch die großserbische Propaganda bedroht sei, da dieses Staatswesen ohnehin »von so starken zentrifugalen Kräften beunruhigt werde«.[45] Wenn dieser große Krieg nun einmal geführt wurde, musste er für Heuss auch einen angemessen großen Sinn haben; der Grund durfte kein bloßer »Paragraph« sein. Zu jener Zeit begann in weiten Kreisen der deutschen Gebildetenwelt mit gewaltigem Wortschwall ein Bemühen um die Sinngebung dieses Krieges, das umso penetranter und krampfhafter wurde, als es mit diesem Sinn schlecht bestellt war. Das konnte einem Heuss, der gegen Krampf so allergisch war, auf die Dauer schwerlich verborgen bleiben. Nicht selten ist im Ersten Weltkrieg auch sein Schweigen beredt – und doch wüsste man manchmal gern, *was* er verschwieg.

HEUSS, DIE DREI AKTE DER FISCHER-KONTROVERSE UND DAS RÄTSELRATEN UM DIE TAGEBÜCHER KURT RIEZLERS. Bei der Kriegsursachenfrage lohnt es sich, bis in die 1950er und 60er Jahre vorzugreifen. Denn die Tagebücher des Heuss-Freundes Kurt Riezler, des einstigen Vertrauten von Bethmann Hollweg, wurden zum großen Rätsel und heftigsten Konfliktpunkt der Fischer-Kontroverse; und der Fall Riezler gibt auch über Heuss viel zu denken. Das Rätseln um die Riezler-Tagebücher ist ein Drama in drei Akten. Im *ersten Akt*, der bis zu ihrer Veröffentlichung 1972 reicht, hat es sich herumgesprochen, dass diese Tagebücher Sprengstoff enthalten, eine bislang unbekannte Belastung der deutschen Reichsregierung, und ihre Veröffentlichung daher immer weiter verzögert wird. Schon in Fischers »Griff nach der Weltmacht« (1961) ist zu lesen, aus Riezlers Aufzeichnungen gehe »unzweideutig« hervor, dass es in Berlin 1914 eine bewusste Entscheidung zum Krieg, nicht nur einen Mechanismus der Bündnisverpflichtung gegeben habe. Im Juli 1972 triumphiert der Fischer-Assistent Imanuel Geiss mit der Publikation der Riezler-Tagebücher in einem beeindruckenden 766-Seiten-Folianten: Hiermit sei die Kontroverse siegreich beendet; dieses Opus dokumentiere »in einem Umfang, wie es 1959/61 beim Entstehen des *Griffs nach der Weltmacht* niemand in seinen kühnsten Träumen zu hoffen gewagt hätte, den offensiven und expansiven Charakter der offiziellen Kriegsziele«.[46] In der Tat ist es fortan nicht mehr möglich, sich Bethmann Hollweg als einen Friedenskanzler vorzustellen, der im Juli 1914 lediglich defensiv und bündniskorrekt gehandelt habe.

Aber das Drama ist nicht zu Ende. Denn der volle Wortlaut des Tagebuchs ist voller Ambivalenzen. Vieles klingt gar nicht militant; träumt Riezler den einen Tag von deutscher »Weltherrschaft«, sehnt er sich schon am anderen nur noch nach Ruhe in der Natur – was bei diesem Mann ernst zu nehmen ist, darüber lässt sich streiten. Radikale Parteigänger Fischers jedoch reißen eine neue Kluft auf, indem sie Indizien dafür entdecken, dass in Riezlers Aufzeichnungen über die allerletzte Zeit vor Kriegsausbruch etwas wegretuschiert und später durch eine gereinigte Version ersetzt wurde – durch wen auch immer. Jetzt wird die Kontroverse giftig.[47] Was könnte in der ursprünglichen Version gestanden haben?

Da rücken nun Heuss und seine Freundin Toni Stolper ins Zentrum der Neugier: Beide waren mit Riezler befreundet und haben sich mit seinen Tagebüchern beschäftigt; sie müssten die ursprüngliche Version gekannt haben, falls sie erst durch spätere Bearbeiter retuschiert wurde. Aber auch der Heuss-Nachlass, der in der Kontroverse um Riezler in Teilen noch die große Unbekannte ist, bietet keine eindeutige Lösung des Rätsels, wenn auch Anhaltspunkte. Umso mehr verschafft der Themenkomplex »Riezler – Bethmann Hollweg« Einblicke in wenig bekannte Regionen des Heuss'schen Geschichts- und Selbstverständnisses – und in das, was er unter »Entkrampfung der Deutschen« verstand. Daher hat es seinen Reiz, bei diesem Thema zu verweilen.

Aus den uns vorliegenden Korrespondenzen aus dem Heuss-Umkreis geht hervor, dass die Riezler-Tagebücher aus damaliger Sicht Bedenkliches enthielten, Riezler selbst sie nach seinem Tod vernichtet wissen wollte und Heuss ein Hauptverdienst daran trägt, dass dies nicht geschah und die Tagebücher sogar an die bundesdeutsche Historische Kommission weitergegeben wurden – womit Heuss den Bruder Walter Riezler aus der Fassung brachte[48], dem sein Bruder auf dem Sterbebett das Versprechen abgenommen hatte, die Tagebücher zu vernichten.[49] Der Historiker Hans Rothfels – ein Deutschnationaler, der allein aus »rassischen« Gründen emigriert war – hatte, wie Heuss 1957 von ihm erfuhr, Riezler in den USA während des Zweiten Weltkriegs davon abgebracht, die Tagebücher zu publizieren: in Heuss' Worten »wegen der stark pessimistischen Zukunftsschau von Bethmann Hollweg«[50], konkret: wegen der diesem Fatalismus entsprungenen Bereitschaft zum Präventivkrieg. Selbst Rothfels war jedoch »unter allen Umständen gegen eine Vernichtung der Niederschrift«. Dies wurde von Heuss vollauf bekräftigt, jedoch nicht mit Hinweis auf darin enthaltene unbekannte Fakten, sondern auf das in den Tagebüchern »durchaus vorherrschend(e)« »subjektive Element«, das die Lektüre »seelisch sehr bewegend« mache.[51]

Für den Historiker Peter Rassow, einem Vetter Ellys, der sich mit Heuss duzte, ging die dokumentarische Bedeutung dieser Aufzeichnungen noch weit darüber hinaus: Diese seien »eine Quelle von unermesslichem historischen Wert«, vor allem für die Kanzlerschaft Bethmann Hollwegs. Die Historiker seien diesem Mann »bisher sehr viel, ja fast alles schuldig geblieben«. Und zwar hat er dabei nicht den Kriegsausbruch im Blick, sondern die darauf folgenden »Kämpfe zwischen der politischen Reichsleitung und der obersten Heeresleitung«, die mit Bethmanns Sturz endeten: Kämpfe, die im Rückblick Sympathie für diesen Kanzler weckten. Rassow geht am Ende bis zu der Prophezeiung, eine »neue Generation« werde an diesen Aufzeichnungen erkennen, »dass es die besten Kräfte der Nation sind, die von Bethmann Hollweg über Naumann und den Stresemann der zwanziger Jahre zu Heuss und Adenauer führen«[52].

Toni Stolper, zu deren engstem New Yorker Emigranten-Freundeskreis Riezler gehört hatte[53], zeigte ebenfalls an den Tagebüchern stärkstes Interesse: nicht nur an ihrer Erhaltung, sondern zunehmend auch in ihrer Publikation. 1968 äußerte sie sich verärgert darüber, dass der damit beauftragte Karl Dietrich Erdmann sie nicht längst veröffentlicht hatte.[54] In ihrer 1960 publizierten Biographie ihres Gatten, über die sie mit Heuss viel korrespondiert hatte, widmet sie der »Frage der Kriegsschuld« ein eigenes Kapitel – und lässt die Frage mehr oder weniger offen. Von ihrer Situation in den USA her war sie vor allem zur Frontstellung gegen die vom Krieg her im Westen »gebetsmühlenartig« wiederholte These disponiert, die aus Bethmann den Hitler von 1914 gemacht hatte.[55]

Im Frühjahr 1962 erfuhr Heuss von der Kontroverse um Fischers »Griff nach der Weltmacht«; kein Wunder, dass er sofort Interesse zeigte. An Toni Stolper schrieb er, der sich unter damaligen deutschen Neuhistorikern gut auskannte, mit skeptischem Ton: »Der Historiker Fischer in Hamburg ist mir auch dem Namen nach nicht bekannt. Ich will mich umhören. ... was über Bethmann H. angedeutet wird, klingt höchst unwahrscheinlich.« [56]An diesen kurzen Bemerkungen fällt mehreres auf. Heuss kann eine Urfassung der Aufzeichnungen, die eine Bethmannsche Kriegspolitik in der Julikrise noch krasser hätte erkennen lassen als die spätere Edition Erdmanns, nicht gekannt haben. Falls diese je existierte, muss sie bereits von Riezler selbst retuschiert worden sein. Heuss' Bemerkung bezieht sich auf die bekannten Tagebuchpassagen, die Bethmanns Fatalismus im Blick auf die wachsenden russischen Ressourcen erkennen lassen.[57]

Heuss kann die Fischer-These zwar nicht ganz glauben, geht jedoch nicht gleich auf Gegenposition – im Unterschied zu Toni Stolper, die Fischer die »Fortsetzung des schiefen historischen Bildes« vorwirft und sich ärgert, dass Fischer bis dahin in den USA nur anerkennende Rezensionen bekam. Für Heuss ist die Frage nach der Kriegsursache noch nicht abgeschlossen; anders als viele deutsche Zeitgenossen hat er sich in keiner apologetischen Position verschanzt. Im Unterschied zu führenden deutschen Historikern jener Zeit war er kein Kriegsteilnehmer gewesen und brauchte keine eigene Soldatenehre zu verteidigen.[58] Heuss' Bethmann-Bild ist durch die späteren Kriegsjahre geprägt, als der Kanzler in einen immer schärferen Konflikt mit der Obersten Heeresleitung geriet und am Ende im Reichstag nur noch die Linksliberalen hinter sich hatte, zu denen Heuss gehörte.

Und das Gleiche gilt für Heuss' Bild von Kurt Riezler. Beide waren Schüler von Lujo Brentano gewesen; nähergekommen waren sie sich seit 1908. »Die Bewunderung wurde zur Liebe« erst »in den Jahren nach 1918«, so Heuss in seinem Nachruf auf Riezler, der eine Zeitlang das Dauerthema in seinen Briefen an Toni Stolper war; Heuss begann den Nachruf mit dem Bekenntnis: »Ich liebte Kurt Riezler.«[59] Der Riezler, den Heuss »liebte«, ist nicht der elitäre Imperialist von 1914, sondern der Vernunftrepublikaner von 1918, der sich, wenn auch mit einem »machiavellistischen Zug«[60], der kosmopolitischen Welt des Geistes zuwendet, über Aristoteles und Parmenides schreibt und – mit einer Tochter des »nichtarischen« Malers Liebermann verheiratet – 1938 in die USA emigriert. Er selbst nimmt Heuss anscheinend erst seit dem Ende des Ersten Weltkriegs deutlich wahr, als beide im Kreis um die neue Zeitschrift »Die deutsche Nation« zusammenkommen.[61]

Als Riezler im August 1955 im Sterben liegt, schreibt Heuss an Toni Stolper: »Der Kranke beschäftigt mich sehr, da ich ihn ja seit meiner Studentenzeit kenne und seine Gescheitheit bei allen skurrilen Zügen, die er nebenher pflegte, immer sehr hoch schätzte.«[62] Es ist nicht der Kriegsausbruch, der ihn beim Thema Riezler beschäftigt. Vermutlich hat es ihn gar nicht gewundert, wenn er in dessen Tagebüchern nebenbei darauf stieß, dass der Kriegseintritt durchaus durch eine bewusste Entscheidung Bethmanns geschah. Denn wie wir sahen, hielt Heuss schon im August 1914 nichts von der Vorstellung, das Reich sei durch die bloße Mechanik der Bündnisverpflichtungen in den Weltkrieg hineingeraten.

In einer Ansprache im zerstörten Berlin am 18. März 1946 blickte Heuss auf die heftige Kriegsschuldkontroverse der Zwischenkriegszeit zurück: »Schließlich hat man sich sozusagen auf das nicht geistreiche, aber vielleicht richtige Wort von Lloyd George geeinigt, dass die Völker in den Krieg ›hineingeschlittert‹ seien.«[63] Diese Kompromissformel, die Lloyd George am 22. Dezember 1921 aus aktuell-politischen Motiven geprägt hatte[64] und die sogleich im Berliner Auswärtigen Amt aufgegriffen wurde[65], war noch in der bundesdeutschen Öffentlichkeit der 1950er und 60er Jahre die Patentmanier, um das leidige Problem zu erledigen[66]; aber man spürt, dass sie Heuss schon 1946 nicht befriedigt. Gewiss, in ihrer angelsächsischen Lässigkeit entsprach sie seinem Ziel der »Entkrampfung«: Entkrampfung des deutschen Verhältnisses zu den bisherigen Feinden wie zur eigenen Vergangenheit; aber einem Historiker konnte sie nicht genügen, und überdies wurde Bethmann Hollweg in dieser Version zum Trottel, wenn auch zum ehrenwerten Trottel unter anderen Trotteln. Ebendies musste Heuss am allermeisten stören.

EINE VERLOCKUNG ZU HEUSS'SCHER SELBSTBESPIEGELUNG: DIE DOPPELBÖDIGE GESTALT BETHMANN HOLLWEGS. Denn das ist in unserem Zusammenhang der springende Punkt: Wie Heuss noch in seinen »Erinnerungen« bekennt, die in seinem Todesjahr erschienen, trug er sich »lange« mit dem Plan, Bethmann »einmal eine Biographie zu widmen«. Der Grund dafür war Riezler: Über ihn, so Heuss, glaube er, »das Elementare von Bethmanns Wesen begriffen zu haben. Das war der sittliche Ernst, der auch in der technischen Unbesonnenheit nicht überhört werden soll, die das Neutralitätsabkommen europäischer Staaten über Belgien, darunter auch Preußen, einen ›Fetzen Papier‹ nannte« – ein Bethmannscher Ausrutscher, für seine Freunde ein Beweis seiner Ehrlichkeit, doch ein gefundenes Fressen für die Feindpropaganda. Heuss, der eine Vorliebe für historische Randfiguren hegte, reizte die Rehabilitierung Bethmanns umso mehr, als sich die deutschen Historiker, wie er schreibt, daran gewöhnten, »seine Erscheinung zu bagatellisieren« (was noch dezent ausgedrückt war).[67] Besonders viel zu denken gibt dieser Heuss'sche Plan, wenn man sich vergegenwärtigt, dass seine Lust an der Biographie ihren Höhepunkt am allermeisten dann zu erreichen pflegte, wenn er sich in dem Menschen, über den er schrieb, auf irgendeine Art selber spiegeln konnte. Und da wird die Frage spannend, wieso er das ausgerechnet von der Gestalt Bethmanns erwartete.

Schon gar verblüfft dieser Biographie-Plan, wenn man sich daran erinnert, wie Heuss früher über Bethmann geschrieben hatte. So hatte er 1910 in der »Hilfe« ganz wie ein linksliberaler Heißsporn gegen den neuen Kanzler polemisiert, der neben dem Weltmann Bülow, der sich nach Bedarf liberal geben konnte und Hoffnung auf Reformen weckte, engstirnig und reaktionär wirkte, zumal er am bestehenden preußischen Dreiklassenwahlrecht festhielt und sogar vom verrohenden Effekt des demokratischen Wahlrechts sprach. Da lässt der 26-jährige Heuss politisch kein gutes Haar an ihm: »Wir haben mit Bethmann den ersten Kanzler, der vom wichtigsten Recht des deutschen Volkes schlecht denkt …« Damit habe er sich »ganz und gar unstaatsmännisch« verhalten. Sein Geist sei der der »volksvertreibenden Distrikte des großen Grundbesitzes« im Osten, der sich anmaße, über den west- und süddeutschen Gewerbefleiß zu herrschen – selten zieht der junge Heuss derart radikale Register. »Menschlich sympathisch« findet er – merkwürdig genug – Bethmann schon damals.[68] In den Jahren darauf und ganz besonders in der ersten Kriegszeit erwirbt sich dieser Kanzler dann das Image dessen, der bei allem Mangel an Brutalität und taktischen Finessen doch absolut anständig ist: jenes Image, das auch Heuss selbst frühzeitig erlangte.

Im Riezler-Tagebuch findet Heuss – so im November 1956 an Toni Stolper – »interessant, was K. R. über Bethmann sagt, den er zu erfassen beginnt«[69]. Das müsste sich auf die Julikrise 1914 beziehen, wo Riezler tief beeindruckt ist, wie der lange Zeit so zaudernde Kanzler auf einmal kämpferische Tatkraft entwickelt[70]; später scheint er von Bethmann ein einigermaßen klares, wenn auch immer noch schwankendes Bild zu haben. Auch das gibt einen Hinweis auf den Reiz, den dieses Thema für Heuss vermutlich besaß. Denn da konnte er etwas Verwandtes erkennen: Auch er selbst hatte einen Hang zum Einerseits-andererseits, zum unschlüssigen Lavieren, und gewiss war ihm bewusst, dass dies Ausdruck einer Fähigkeit sein kann, die Dinge von mehreren Seiten zu sehen – aber wenn es drauf ankam und nach einer Phase des Bedenkens konnte er dann doch Farbe bekennen und Position beziehen oder wollte zumindest glauben, diese Fähigkeit zu besitzen. Auch Heuss brauchte einen Gegner, um Profil zu gewinnen!

Wenn Bethmann sich im Blick auf die Kriegsgefahr zunächst schwere Sorgen macht und zögert und schwankt, dies jedoch nicht ewig fortsetzt, sondern sich am Ende nach dem Motto »Wenn schon, denn schon« aufrafft, muss diese Dynamik für einen Heuss mühelos nachvollziehbar gewesen sein, während sich in der Fischer-Kontroverse jede Seite den für sie brauchbaren Bethmann-Aspekt abspaltete. Daraus, dass Heuss sich mit Bethmann zunehmend identifizierte, erklärt sich am ehesten seine beharrliche, politisch eigentlich unkluge Aversion gegen Erzberger und Stresemann, die stärksten Begabungen der neuen Politikergeneration, die jedoch beide beim Sturz Bethmanns ihre Hand im Spiel gehabt hatten; es scheint, dass es vor allem dies war, was er ihnen als ein tief unanständiges Intrigenspiel nie verzieh.[71]

Über Riezler musste Heuss wissen, dass Bethmann in der Julikrise nicht ganz der Friedenspolitiker gewesen war, als der er vielfach galt. Er war nicht in den Krieg »hineingeschlittert«, sondern hatte sich bewusst für ihn entschieden. Der geschichtsbewusste Heuss hatte gut in Erinnerung, was viele andere Zeitgenossen, selbst einstige Nationalisten, am liebsten nicht mehr wahrhaben wollten: dass eine derartige Kriegsbereitschaft, die nach zwei Weltkriegen skandalös wirkte, 1914 kein Makel, sondern geradezu Ehrensache war. In den 1960er Jahren wurde es zum Skandal, wenn Riezler bei Bethmann »die echt deutsche idealistische und richtige Überzeugung« erkannte, »dass das Volk einen Krieg nötig hat«[72] (wobei er gewiss nicht an *den* Krieg dachte, der dann kam!); diese Überzeugung war jedoch auch einem Naumann nicht fremd gewesen. Heuss wusste das sehr wohl; und ebendies muss in seinen Augen der Gestalt dieses Kanzlers mehr Format gegeben haben, als wenn dieser ein geistesabwesend in den Krieg gestolperter Friedensfreund gewesen wäre.

Man kann es bezeichnend finden, dass nicht nur Heuss, sondern auch Fritz Fischer ursprünglich aus einem Kreis kam, der sich um die historische Rehabilitierung Bethmann Hollwegs bemühte. Sein ursprünglicher Impuls ging keineswegs dahin, diesen Kriegskanzler moralisch anzuprangern, sondern ihn im Gegenteil als einen Machiavellisten darzustellen, der den Krieg im Blick auf die öffentliche Meinung mit großer Klugheit inszenierte und der, hätten die deutschen Heere gesiegt, als neuer Bismarck in die Geschichte eingegangen wäre – ebenso wie Bismarck als Hasardeur, wäre Preußen bei Königgrätz unterlegen.

DER LÄCHELNDE BÜLOW ALS PROTO-HEUSS? Dass Bethmann – und erst recht sein Intimus Riezler[73] – sich bei alledem nicht als verantwortlicher Akteur im vollen Sinne fühlte, sondern eher als einer, der sich mit einem übermächtigen Schicksal herumschlägt, musste Heuss ebenfalls vertraut sein; denn auch er selbst erlebte sich nie als Urheber der Geschichte, sondern nur als einen, der im Strom des Geschehens hier und da zu steuern versucht. Und doch musste er *einen* entscheidenden Unterschied zwischen sich und Bethmann kennen: Dessen düsterer Fatalismus war ihm selbst völlig fremd. Insofern konnte ihm die Beschäftigung mit diesem Unglückskanzler bei aller Sympathie ein Gefühl eigener Überlegenheit verschaffen. In mancher Hinsicht ähnelte er eher Bethmanns Vorgänger Bülow, diesem ewig lächelnden Charmeur, der alle Spannungen und Verlegenheiten am liebsten mit Zitaten und Anekdoten überspielte[74] und in seinem gesamten Habitus zu Bethmann den größten Kontrast darstellte.

Aber von diesem potentiellen Spiegel seiner selbst wollte der spätere[75] Heuss nichts wissen, während Naumann seinerzeit den Anschluss an den Bülow-Block gesucht und – wie Heuss selbst berichtet – noch am 14. August 1914 gegrübelt hatte, ob in Bülows »leichtem und vielgewandten Kopfe nicht doch noch andere Möglichkeiten friedlicher Lösung aufgestiegen wären«[76]. Genau das versicherte Bülow fortan bei jeder Gelegenheit: zunächst intern, am Ende in seinen »Denkwürdigkeiten«, bei deren Bosheit und Indiskretion die kaiserlich-deutschen Eliten erbebten. Dass jedoch der politisch kaltgestellte Ex-Kanzler nunmehr unablässig gegen Bethmann stänkerte[77], muss ihn für Heuss zur Unperson gemacht haben. Dafür kam er nach Kriegsende im Kreis um die Zeitschrift »Die deutsche Nation« in freundschaftlichen Kontakt zu dem Neffen des Ex-Kanzlers, Bernhard Wilhelm von Bülow, der ab 1919 das Kriegsschuld- und danach das Völkerbundreferat des Auswärtigen Amtes leitete, dort 1930 zum Staatssekretär aufstieg und diesen Posten bis zu seinem Tod 1936 behielt. Der Nachruf, den Heuss ihm damals widmete, gipfelte in der Bekräftigung, »kaum ein größerer Gegensatz« sei denkbar als der zwischen diesem herben, schlichten und treuen Staatsdiener und der »eitlen und fragwürdigen Brillanz« seines Onkels.[78] Und doch nahm er sich im September 1930 die schweren Bände der »Denkwürdigkeiten« als Urlaubslektüre mit an den Gardasee, und diese raubten ihm mitunter – für ihn höchst ungewöhnlich! – sogar den Schlaf. »Das ist schon die schlimmste Lektüre seit langer Zeit, die eleganteste Gemeinheit«, schrieb er an Elly, »dabei in historischen Dokumenten z. T. rasend interessant.«[79]

Wie wir spätestens aus dem großen Enthüllungswerk über das Auswärtige Amt unter der NS-Diktatur mitsamt den späteren personellen Kontinuitäten wissen, war auch der Bülow-Neffe, der persönlichen Anstand mit politischem Machiavellismus verband, geradezu der Prototyp einer doppelbödigen Persönlichkeit.[80] Schon kurz nach Kriegsende, als viele Deutsche politisch noch wie betäubt waren, wurde er zum »kompromisslosen Revisionisten« und »zum rührigsten Propagandisten des Gedankens einer zentral gesteuerten Revisionspropaganda« (Ulrich Heinemann).[81] Mit seiner Beziehung zu diesem Bülow war Heuss somit an der Quelle der Kampagnen gegen die »Kriegsschuldlüge« von Versailles. Noch später bezeichnet er dessen Buch von 1922 »Die Krisis« als nach wie vor unübertroffene Erörterung der Kriegsschuldfrage.[82] Bülow war klug genug, nicht auf einer deutschen Unschuld zu insistieren, ja sogar zuzugeben, mit den vorliegenden Dokumenten ließe sich »mit einigem Geschick … ›alles‹ beweisen«. »Es lässt sich die Verantwortlichkeit Deutschlands begründen, oder aber behaupten, dass Wilhelm II. ein großer und genialer Friedenskaiser war …«[83]

Das erklärt, weshalb für Heuss die Frage der Kriegsschuld weiterhin offen blieb, und das erklärt auch das Pingpongspiel mit Aktenzitaten in der Fischer-Kontroverse. Eine Delikatesse bekam die Situation in den 1920er Jahren für einen Liberalen dadurch, dass das Auswärtige Amt zu diesem Zweck gerade Persönlichkeiten der Linken und des Linksliberalismus besonders gut brauchen konnte; denn diese waren gegenüber dem Ausland am wenigsten durch Kriegshetze und Annexionismus diskreditiert. Für diese war es allerdings verdrießlich, dass sie nunmehr in gewissem Sinne die kaiserlich-deutsche Politik verteidigen sollten, die sie einst attackiert hatten – oder zumindest Bethmann Hollweg als Traumtänzer in Ehren beließen.

Kein Wunder, dass Heuss in den 1920er Jahren, auch wenn er bei Gelegenheit die »Kriegsschuldlüge« korrekt-national anprangert[84], zu diesem Thema am liebsten schweigt, zumal in ihm eben nicht nur ein Politiker und aktueller Publizist, sondern auch ein Historiker steckte: und als solchem musste ihm bei seinen Insider-Kontakten bewusst sein, dass ein Sich-Festbeißen an einer behaupteten deutschen Unschuld mit ernsthafter Geschichtsforschung nicht zu vereinbaren war. In seinem Buch von 1926, »Staat und Volk«, das aus Vorträgen vor allem für die »Reichszentrale für Heimatdienst« hervorging, holt er am liebsten weit in der Geschichte aus, aber berührt den Großen Krieg nur am Schluss und so kurz wie möglich, ohne auf seine Entstehung genauer einzugehen; stattdessen flüchtet er sich in die Allgemeinheit: »Die Geschichte der Kriege kennt tausend echte und falsche Motive für die Eröffnung militärischer Unternehmung.«[85] Wäre er von der Geringfügigkeit der deutschen Kriegsschuld überzeugt gewesen, hätte er das gewiss laut verkündet.

DIE SCHWIERIGE SINNGEBUNG DES KRIEGES ALS CHANCE FÜR LITERATEN UND GELEHRTE: HEUSS ALS KRIEGSPUBLIZIST UND ALS VERÄCHTER DER »KRIEGSLITERATEN«. Mit alldem haben wir weit vorgegriffen; nun zurück in die Kriegszeit. Diese konnte an sich für einen Heuss – den Naumann-Freund wie den Redakteur und Literaten – als die Chance des Lebens begriffen werden. Gerade weil dieser große Krieg nach sehr viel Sinn verlangte und dieser Sinn offensichtlich nicht per se gegeben und von den Politikern öffentlich nur schwer auf den Punkt zu bringen war, konnte er von Gelehrten und Literaten als glänzende Gelegenheit begriffen werden, sich vor der Nation als Sinnproduzenten zu profilieren.

Ebendies geschah nun in einer Weise, die nicht erst aus der Rückschau überaus peinlich wirkt und grundsätzliche Zweifel daran weckt, ob die Wissenschaft politische Weisheit hervorbringt. Heuss' Schwiegervater Knapp, der seinen kühlen Kopf behielt, schrieb Ende 1914 an den Historiker Alfred Dove, der dies gleich zustimmend an seinen Kollegen Friedrich Meinecke weitergab: »Finden Sie nicht, dass die Kundgebungen unserer Kollegen eine starke Ähnlichkeit haben mit dem Stammesgeheul der Sioux-Indianer?«[86] Obwohl der Weltkrieg für das Gros der deutschen Gebildeten überraschend kam und noch kurz davor ganz andere Themen in der Luft gelegen hatten, setzte diese Sinnproduktion erstaunlich prompt nach Kriegsbeginn ein.

Auch Heuss hielt sich da nicht völlig heraus; aber wenn man vergleicht, mit welchem Übereifer sich sein damaliger Mentor Ernst Jäckh gleich nach Kriegsausbruch in die Kriegspropaganda stürzte, wirkt Heuss eher dezent und verhalten. »Ich bin mir zu tiefst bewusst, dass Kriegsbroschüren im allgemeinen ein Unfug sind«, versicherte er am 20. Juli 1915 Lulu von Strauß und Torney; aber für Jäckh sei er »unter die Sünder« gegangen.[87] Für dessen Reihe »Der deutsche Krieg« verfasste er damals eine Broschüre »Kriegssozialismus«. Da griff er das damals und in den folgenden Jahren unter politischen Ökonomen am heißesten diskutierte Thema auf: ob die Kriegswirtschaft mit ihrer staatlichen Lenkung auch als Modell für die dann folgende Friedenswirtschaft tauge und als eine Form von Sozialismus zu verstehen sei, mit dem sich die Sozialisierungsforderungen der Linken integrieren ließen.[88] Diese Frage wird von Heuss damals grundsätzlich bejaht; er akzeptiert den Begriff »Kriegssozialismus« im Sinne einer »Intensivierung staatlicher Sozialpolitik« und rechnet das, was sich damals unter diesem Etikett vollzog, sogar unter die »gewaltigsten Ereignisse und Leistungen der Wirtschaftsgeschichte«.[89]

Das war eine Konzession an die Kriegsstimmung und ist als Heuss'sche Position schwerlich ernst zu nehmen, zumal die Broschüre Sätze enthält wie diesen, der – aus dem Zusammenhang gerissen – einem kommunistischen Pamphlet entstammen könnte: »Die Arbeiter kämpfen, wenn man das drastisch ausdrücken will, mit Gewehr und Handgranate für die Profitrate des Unternehmers, und dieser kann nur wünschen, dass sie recht ausdauernde Soldaten seien.«[90] Ein Hinweis auf die erhöhte moralische Verantwortung der Unternehmer für ihre aus dem Krieg heimkehrenden Arbeiter; aber war das Sozialismus? Der Gesamttenor der Schrift ging dahin, dass der Krieg der schlagende Beweis dafür sei, dass zwischen Sozialpolitik und privatem Unternehmertum kein Widerspruch bestehe, ganz im Gegenteil. Im Krieg wurde ja die Loyalität der Arbeiter zur nationalen Lebensfrage, und die Kriegsversehrten machten Sozialpolitik zur Ehrensache.

Heuss war und blieb im Kern ein Wirtschaftsliberaler und kam später nie wieder auf dieses Pamphlet zurück. Als er drei Jahre darauf Freundschaft mit Gustav Stolper schloss, dem Vorkämpfer eines neuen ökonomischen Liberalismus, und dazu in Verbindung zu Robert Bosch trat, dem Inbegriff des schöpferischen Unternehmers, der die freie Weltwirtschaft, den amerikanischen Markt brauchte, war die Rhetorik des »Kriegssozialismus« aus der Welt. 1919 schrieb er: »Der Krieg hat zwar in der Produktion und Verteilung bestimmte ›sozialistische‹ Bindungen erzeugt, aber eben nur als Kriegsfrucht, nicht aus wirtschaftlichem Rationalismus.«[91] Eben!

Die Schlusspointe des »Kriegssozialismus« zielt sehr realistisch auf die finanzpolitischen Abgründe des Krieges:

> Es ist heute schon offenbar, dass wir vor ganz riesigen Finanzaufgaben stehen, die unser gegenwärtiges Steuersystem nach mancher Richtung stark ausdehnen werden. … Wir glauben auch, dass das System der »direkten« Steuern … künftig von dem Vorwurf »sozialistisch«, der »Konfiskation« befreit bleiben wird. … Vielleicht bedarf es nur des Einschaltens einer starken Progression, um so ziemlich all das, was eine »unnormale«, eine durch Kriegslieferungen herbeigeführte Steigerung (des staatlichen Finanzbedarfs; J. R.) zu erreichen. Das wäre mit das brauchbarste und dauerhafteste Stück »Kriegssozialismus«.[92]

Kein Zweifel: In Wahrheit will Heuss gar keinen Sozialismus; seine sehr berechtigte Sorge richtet sich darauf, dass dieser Krieg, wenn er weiterhin durch versteckte Geldschöpfung finanziert wird, eine Inflation hervorruft, die weite Teile des Mittelstands ruiniert. Seine wahre »Sünde« besteht darin, dass er sich als

Sozialist verkleidet, und später, dass er, durch seinen Anti-Erzberger-Komplex blockiert, die Erzbergersche Finanzreform nicht würdigt, die genau von dieser Sorge geleitet war!

Die andere »Sünde« war das kleine Bändchen, dessen Titelcover einen von zwei Fäusten umfassten und von grünem Eichenlaub umrankten Schwertgriff zeigt: »Schwaben und der deutsche Geist«, ebenfalls zuerst 1915. Ausgerechnet im Krieg sucht der nach Heilbronn heimgekehrte Heuss so wortreich wie noch nie Zuflucht bei seinem Schwabentum, mit dem zu kokettieren viel später zum humoristischen Habitus des Bundespräsidenten gehören wird: zu einer Zeit, da der deutsche Nationalismus ins Zwielicht geraten ist. 1915 jedoch entwirft er die Vision, wie das schwäbische Weltbürgertum, ursprünglich eher ein Reflex der Winzigkeit der Territorien im Schwabenland, in eine »Welteroberung des arbeitenden Deutschland« mündet: so das mehrdeutige Finale, bei dem sich der Autor konkret vermutlich am ehesten die Eroberung des Weltmarkts durch den Bosch-Zünder vorgestellt hat.[93] Noch in seinen »Erinnerungen« bekennt Heuss, die Niederschrift dieses Schwaben-Essays habe ihm »viel Freude gemacht«[94]; offenbar gab sie ihm den ersten Anstoß, seiner Verbundenheit mit Schwaben über die Heimatsentimentalität hinaus einen höheren Sinn zu geben.

Lulu von Strauß und Torney erwidert auf »Dorles« Sündenbekenntnis, da habe er ihr »aus der Seele gesprochen«. Dabei bekennt sie sich als »in tiefster Seele deutsch«, »mit jedem Blutstropfen«; ihr Widerwille gegen »diese nationale Selbstbeweihräucherung« war eine Frage des Stils. Mit hellsichtiger Sensibilität spürt sie: »Es erinnert an Kinder, die im Dunkeln möglichst laut singen, und beweist viel mehr Mangel an innerer Sicherheit als wirkliches ruhiges Selbstbewusstsein.«[95] Auch Heuss wurde gewiss nicht nur durch sein zivilistisches Naturell, sondern auch durch sein Stilgefühl, seinen literarischen und künstlerischen Geschmack im allgemeinen vor chauvinistischen Exzessen bewahrt; schon gar gegen die »Kriegslyrik« war er immun.

IM GEZÄNK DER KRIEGSLITERATEN: HEUSS, HESSE UND HODLER. Als Heuss am 1. Juli 1913 die Redaktion der linksliberalen Kulturzeitschrift »März« übernahm, wurde er von seinem Vorgänger Wilhelm Herzog auf ehrenrührige Art attackiert: Als bloßes »Anhängsel des ausschlaggebenden Druckereibetriebes« habe Heuss ihn aus seiner Stellung verdrängt. Auch der Anarchist Erich Mühsam, ein Liebling der literarischen Bohème, kündigte seine Mitarbeit auf. Hermann Hesse dagegen erklärte sich zu verstärkter Mitarbeit bereit: Das war für Heuss Hilfe in der Not.[96] Dafür kam er nach Kriegsausbruch von ganz anderer Seite unter Beschuss: Da wurde er von dem ihm bis dahin wohlgesinnten Ludwig Thoma rüde attackiert, der – ganz vom Kriegsfuror gepackt – seine Mitarbeit kündigte: »Bringt doch nicht gar so wachsweiche superkluge und wohltemperierte Aufsätze. … ich mag nicht neben den fadesten, farblosen Schulaufsätzen u. internationalen Gerechtigkeiten stehen.«[97] Ein scharfer Hieb auf den ausgewogenen Heuss-Stil! Der populäre Bayer Thoma, der sich gerade noch in »Simplicissimus«-Manier über Klerus, Korporationsstudenten und Korporale mokiert hatte, poltert jetzt gegen alle die, die ihre forsche Militanz nicht auf Kriegskurs brachten.

Für Heuss dagegen war es Ehrensache, schon im Interesse der literarischen Qualität den »März«-Mitarbeiter Hermann Hesse, Inbegriff eines schwäbischen Weltbürgers, der mit dem Krieg nichts zu tun haben wollte, gegen Attacken auf den »vaterlandslosen Gesell« in Schutz zu nehmen. »Ist denn jedermann davon überzeugt, dass der Krieg die Menschen ›besser‹ mache – wie kommen wir denn dazu, eine scharfe Gesetzgebung gegen den Wucher zu brauchen? Ist es denn unmoralisch, wenn sich jemand innerlich dagegen sträubt, dass man immer von dem ›Segen des Krieges‹ spricht – es gibt nun einmal Naturen, die über die Mauer der Leichen nicht ohne Schauern weg sehen können.«[98]

Das schreibt er in seiner »Neckar-Zeitung«, nicht in einem privaten Brief. Da zeigt Heuss Flagge, und das begründet eine lebenslange Freundschaft zwischen ihm und Hesse. Der sandte ihm »eine große Adressentafel von Pfarrern und Pfarrwitwen«, denen Heuss seine Verteidigung des Dichters zusenden möge, damit dieser ihnen nicht als »verlorener Sohn seines Volkes« gelte.[99] Zur gleichen Zeit schreibt Heuss an den Historiker Wilhelm Ohr, den Generalsekretär des Nationalvereins für das liberale Deutschland: »Es ist nämlich nicht wahr, was Traub und Rohrbach schreiben, dass der Krieg die Menschen besser mache – er zeigt nur, *wie* gut die Guten sind und wie mäßig die, die es immer waren.« Zu den letzteren zählt er jene »Kultur-Intellektuellen und Hochschulprofessoren«, die aus sicherer Entfernung von der Front aus purer Eitelkeit »Handgranaten von Aufrufen und Protesten« warfen.[100]

37 Jahre später, in seiner Festrede zu Hesses 75. Geburtstag, erinnerte der Bundespräsident sich an Verse, die Hesse ihm im November 1917 zugesandt hatte:

> Wenn auch die Welt in Krieg und Angst erstickt,
> An manchem Ort
> Brennt heimlich doch, ob niemand sie erblickt,
> Die Liebe fort.[101]

Schwerer als mit Hesse tat Heuss sich im Fall *Hodler*: Er, der Zeichner, schätzte lebenslang diesen Schweizer Maler, der nicht nur starke Farben auftrug, sondern diesen auch scharfe Konturen gab und alles mit Bedeutung auflud. Schon 1905 hatte der 21-jährige Heuss als frischgebackener Redakteur der »Hilfe« mit einer Eloge auf den heiß umstrittenen Hodler debütiert, darüber sogar eine Kontroverse mit dem auf den Impressionismus eingeschworenen Naumann riskiert und von Hodler ein kurzes Dankschreiben erhalten, das sein Stolz war.[102] Reichsweites Aufsehen – Proteste, aber noch weit mehr Begeisterung – erregte 1909 das Monumentalgemälde »Aufbruch der Jenaer Studenten 1813«, das Hodler für die Universität Jena gemalt hatte. Kein Bild entsprach besser dem Geist der Jahrhundertfeiern von 1913, die aus der Rückschau die Kriegseuphorie der Augusttage 1914 vorbereiteten. In der späteren Kunstgeschichte begegnet er als Vorläufer des Expressionismus; damals war er der einzige Vertreter der Moderne, für den sich selbst Wilhelm II. begeisterte[103], und seine angespannt straffen muskulösen Körper würden noch weit eher als Vorläufer der NS-Kunst gelten[104] – hätte er sich nicht die Feindschaft deutscher Chauvinisten zugezogen.

Denn über den gerade noch in den Himmel gehobenen Monumentalmaler, der »uns wieder lehrte, groß zu denken«[105], ergoss sich kurz nach Kriegsausbruch eine Welle nationaler Wut, als sein Name unter einem am 27. September 1914 in Genf veröffentlichten Protest Schweizer Bürger gegen das »ungerechtfertigte Attentat« auf die Kathedrale von Reims stand.[106] Kein anderes Thema brachte die Kriegsliteraten in der ersten Kriegszeit derart in Rage, obwohl Hodler überhaupt kein Deutschenfeind war und diese Zielscheibe kaum törichter hätte gewählt werden können, gerade wenn es darum ging, die Gebildeten im neutralen Ausland zu beeindrucken.

Für Heuss hätte der Klamauk um Hodler ähnlich wie die Attacken auf Hesse eine Gelegenheit sein können, seinen Kunstsinn und seine kühle Vernunft zu demonstrieren. 1909 hatte er, über dessen Schreibtisch Hodlers »Rückzug von Marignano« hing, in der »Hilfe« das »Jenenser Studentenbild« heftig gegen Kritiker verteidigt und mit einem Überschwang, den man bei ihm nicht oft findet, als Meisterwerk ohnegleichen verherrlicht: »Bei keinem Maler wie diesem, der vielen roh oder brutal erscheinen mag, ist jedes Einzelding wertvoll und bedeutsam. An ihm kann man sich nicht ›satt‹ sehen.«[107] Und doch wagte er 1914 nicht, sich der gegen Hodler losbrechenden Wut frontal entgegenzustellen. Gewiss betont er, dass der hohe »Wert der Hodlerschen Kunst« sich auch »in den Wochen des Krieges nicht um das geringste geändert habe«; zugleich aber nennt er den von Hodler mit unterzeichneten Protest »bombastisch, dumm und gehässig«. Hodler habe »eine unaustilgbare und schmerzliche Schuld auf sich geladen«, »dem blöden Gerede von den deutschen Barbaren seinen Namen als Stütze« zu leihen.

Angewidert zeigte er sich jedoch von jenen Schmähungen, die Hodler das viele Geld vorhielten, das er in Deutschland verdient habe. Und nichts gegen sein Monumentalbild von den Jenenser Studenten, »das uns innerlich nie so nahe stand wie jetzt«[108]. In der Tat, das ist das Paradox: Kein anderes berühmtes Gemälde spiegelte so suggestiv die erste Kriegsbegeisterung! Das Thema Hodler lässt Heuss nicht los; noch als Bundespräsident, 1954, greift er es wieder auf, und seine Bewunderung für diesen Maler ist ungebrochen, obwohl man in der bewussten »Parallelität« der Hodlerschen Körper auch etwas Krampfhaftes, eine Ästhetik der Gleichschaltung erkennen kann.

IN DER GEFAHR DER BANALITÄT, ABER NICHT AUS DER RUHE ZU BRINGEN. Als Chefredakteur der »Neckar-Zeitung« wurde Heuss in den Kriegsjahren mehr und mehr von der Kriegsberichterstattung absorbiert, so sehr, dass er kaum mehr zu seinen literarischen und künstlerischen Liebhabereien kam. Das muss für ihn eine Selbstentfremdung bedeutet haben und ein Grund dafür gewesen sein, dass er selbst im Kriegswinter 1917/18 die Gelegenheit wahrnahm, vom heimatlichen Heilbronn in das damals alles andere als einladende Berlin überzusiedeln. In seinen Kriegsartikeln, die er später nie wieder abdrucken ließ, übernahm er in der Regel kritiklos die offizielle militärische Berichterstattung, verbrämt mit pflichtgemäßem nationalem Pathos.

Als ein deutsches U-Boot am 7. Mai 1915 vor der irischen Südküste den britischen Passagierdampfer »Lusitania« mit 1100 Menschen, darunter 128 Amerikaner, versenkte, wobei die mitgeführte Munitionsladung explodierte – für die Deutschen eine Legitimation dieses Kriegsaktes gegen ein Zivilschiff –, feierte Heuss diese Tat als »großen Tag für unseren U-Bootkrieg«[109], obwohl dieser Coup zum Fanal für die amerikanischen Interventionisten wurde. Schon damals musste man nicht so arglos sein wie Heuss. Riezler schmäht in seinen Tagebüchern schon seit Kriegsbeginn den Admiral Tirpitz mit dessen Prophezeiungen der angeblichen Wunderwirkungen des U-Bootkrieges als »Vater der Lüge«.[110]

Gewiss triumphierte Heuss im Juli 1917, als der Kaiser die preußische Wahlrechtsreform in Aussicht gestellt hatte, dass der Krieg die »Demokratisierung Deutschlands« voranbringe[111]; aber das schrieben damals auch andere, und Heuss hatte das Pech, dass nach Abfassung dieses Artikels prompt Bethmann Hollweg stürzte und er ihn dann lieber nicht in Druck gab. Insgesamt wird deutlich, dass er – weder Militarist noch Pazifist – mit diesem Krieg geistig nicht viel anzufangen wusste. Er hatte sich im Frieden mit dessen Vielfalt von Perspektiven ganz wohl gefühlt; er käbbelte sich im Wettstreit der Parteien mit Vergnügen und geriet durch die kaiserliche Proklamation bei Kriegsausbruch »*Ich kenne keine Parteien mehr, ich kenne nur noch Deutschland!*« gewiss nicht in Verzückung. Er hatte seine Kunst der Kommunikation in diversen Kreisen ausgebildet und brauchte keine Kriegskameradschaft; im Unterschied zu vielen »Nervösen« jener Zeit brauchte er auch keinen Krieg, um zur Nervenruhe zu gelangen, indem er alle Energien auf *ein* Ziel konzentrierte und eine Verwurzelung in der Kameradschaft fand.

Der Krieg scheint ihn jedoch weit weniger als viele andere Deutsche aus der

Ruhe gebracht zu haben. Schon zu Silvester 1908 hatte er sich bei der Nachricht von dem furchtbaren Erdbeben von Messina über sich selbst gewundert: »Ich selber habe vor allen solchen Katastrophen, bei denen Tausende ihr Leben lassen, immer höchst eigentümliche Empfindungen, fast gänzliche Mitleidslosigkeit, so sehr imponiert mir der Vorgang in seiner Gesamtheit, diese Demonstration von der relativen Wert- und Machtlosigkeit der Menschen.«[112] Und auch der Krieg hatte für ihn – so scheint es – etwas von einer Naturkatastrophe; das erklärt seinen Gleichmut.

Anfang April 1917 muss er Elly »die furchtbarste Nachricht bringen«, die er »im Augenblick ausdenken könnte«: Der mit den Heussens befreundete Kunstkritiker Hans Otto Schaller ist gefallen.[113] Aber dann unternimmt er erst einmal eine Waldwanderung und trinkt danach »einen schönen, gelben Liter Eilfinger Gewächs, was das Beste an württembergischen Naturalkohol ist«[114]; und dann ist – so scheint es zumindest – wieder alles gut. Als er sich freilich im Juli 1916 einen neuen Pass ausstellen ließ, machte er die »seltsame Entdeckung«, dass die Polizei seine Haare, die noch am Weihnachten davor blond gewesen waren, als »ergraut« eintrug.[115] Und doch wirkt er nach außen selbst in den schlimmsten Kriegsjahren merkwürdig unberührt.

ZWISCHEN ENTSETZEN UND ENTDECKUNG UNGEAHNTER FÄHIGKEITEN: ELLY HEUSS-KNAPP IM KRIEG. Mit *Elly* stand es ganz anders. Wenn man ihren Memoiren von 1934 glauben kann, war sie von dem Gemeinschaftsrausch der ersten Kriegswochen, der später zur nationalen Legende wurde, tief gepackt und glaubte sogar, allen sei es ähnlich gegangen: »Ich ging auf im großen Wir. Die Kranken vergaßen sogar ihre Krankheit.« Die »Hochspannung dieser ersten Wochen« sei »das Größte, was wir erlebt haben«; und sie war erschüttert, dass viele Deutsche dieses Erlebnis später wieder vergaßen.[116] Dabei litt sie stärker als ihr Mann mit den Kriegsopfern, und zu denen, die im Krieg ihre Krankheit vergaßen, gehörte sie nicht[117]; aber für diese von Natur energische Frau, die in den letzten Vorkriegsjahren durch eine schwere Geburt und nachfolgendes Leiden von einem Grundgefühl der Schwäche verfolgt worden war und obendrein durch die Übersiedlung von Berlin nach Heilbronn ihre Verbindungen in der Reichsmetropole verloren hatte, bedeutete der Kriegsausbruch den eigenen Durchbruch zur Aktivität großen Stils und zur Entdeckung ungeahnter eigener Fähigkeiten, indem sie Pionierarbeit leistete bei der Organisation der Arbeitsvermittlung für Frauen, deren Ehemann im Felde stand, und zwar gerade auch für Mütter.

War noch kurz davor die Heimarbeit der von sozial engagierten Frauen zuoberst angeprangerte Skandal gewesen, organisierte Elly jetzt die Vermittlung von Heimarbeit, die die Frauen nicht von ihren Kindern trennte. Dabei stellte sie das bisherige Fortschrittsideal, das gerade Naumann mit seiner ganzen Emphase verkündete, komplett auf den Kopf: »Es ist ihr Plan, Maschinenarbeit in Handarbeit, Fabrikarbeit in Heimarbeit zu verwandeln.« (Margarethe Vater)[118] Und dabei entwickelte sie einen praktischen Einfallsreichtum wie noch nie; unter Benutzung ihrer prominenten Beziehungen beschaffte sie trickreich Kapital und Rohstoffe; alles in allem: Seit Kriegsbeginn ist sie nicht wiederzuerkennen. Hatte sie vorher nicht rechnen können und Heuss ihr kopfschüttelnd beigebracht, ihr »mathematisches Talent« sei sogar noch geringer, als sie selber glaube – da hatte sie ihm vorgerechnet, 8 mal 8 sei 16[119] –, brachte sie es jetzt im Krieg fertig, aus der Heimarbeitsvermittlung sogar ein gewinnbringendes Geschäft zu machen.[120] Auf ihre Art hatte sie jetzt an ausstrahlender Aktivität mit ihrem Gatten gleichgezogen, wenn ihn nicht gar übertroffen. Im Stichwortzettel zu einer wohl 1918 gehaltenen Rede auf einer Frauenversammlung in Berlin-Schöneberg, wo Heuss eine Bilanz des durch den Krieg bewirkten Wandels zieht, notiert er als Schlusspointe: »Die Geschichte kehrt zu den Müttern zurück.«[121]

Dabei war sie intern in ihrer Kritik an der Kriegspropaganda und insbesondere an der These von der deutschen Unschuld klarer und schärfer als ihr Ehemann, zumal sie sich von ihrer elsässischen Jugend her besser in die französische Seite hineinversetzen konnte und durch ihre Beziehung zur Familie Stinnes hinter die Kulissen der Schwerindustrie blickte. Alexander Leoni, der beste Freund ihrer Jugend, war zu ihrem tiefen Schmerz schon im November 1914 gefallen[122]. So schrieb sie am 19. Juli 1915, als Heuss gerade seine Kriegsbroschüren herausbrachte, an die Dichterin Therese Köstlin: »Ich empfinde es als Heuchelei, wenn wir beginnen, den Krieg an sich zu loben.« Auch die Hamburger Choleraepidemie von 1892 habe viele Beispiele selbstloser heroischer Bewährung hervorgebracht, aber wer wäre damals auf die Idee gekommen zu sagen: »Die Cholera ist das Erhabenste, Reinigendste, Begeisterndste, das es gibt, die heilige Cholera!« »Nun werden Sie sagen: ›Wir sind überfallen.‹ Ja, das sagt jedes Volk. Die Gründe dieses Krieges sind doch wirtschaftlicher Natur. Was davon bisher in den Zeitungen stand, ist doch drei Viertel bewusste Fälschung und ein Viertel noch nicht ganz geklärt.«[123] Solche Worte wird man im damaligen Deutschland außerhalb der radikalen Linken nicht oft finden!

1916 philosophierte Elly gegenüber einem Bekannten, der verwundet in einem Feldlazarett lag, über die »Gelassenheit der Seele« ihres Gatten, die wohl »etwas ganz Schwäbisches« sei und die sie auch bei ihrem Gegenüber erkannte. Es ist die aparteste Reflexion über die Differenz in Seele und Temperament zwischen ihr und ihrem Mann und über den Wandel in ihrer Wahrnehmung seit der Zeit der ersten Liebe. »Früher nannte ich es ›Angst vor dem Pathos‹ oder Angst vor starken Gefühlen. Kurz, ich fand es etwas Negatives und rannte oft dagegen Sturm. Nach und nach habe ich es als positive Kraft schätzen gelernt, wenigstens zur Hälfte. Ihr seid Leute mit festem Aggregatzustand, feste Körper – unsereins ist gasförmig oder flüssig und sucht den Raum auszufüllen, sich dem Raum anzupassen, sich auszudehnen oder zusammenzuziehen. … Natürlich verstehen die Gasförmigen besser, sich in die festen Körper hineinzudenken, als umgekehrt.«[124] Natürlich! So hat sie am Ende ihrem Gatten doch etwas voraus. Und nur »zur Hälfte« wusste sie dessen unerschütterliche Ruhe zu schätzen!

Heuss, als Redakteur über die Kriegslage besser als die meisten anderen Deutschen informiert, schrieb am 29. September 1915 an Elly über das Neueste von der Westfront, wo der deutsche Kriegsplan durch die Marneschlacht zum Scheitern gebracht war und eine französische Gegenoffensive unter General Joffre folgte: »Joffres Offensive ist der Börse in den Darm gefahren; aber sie scheint jetzt wieder sich zu erholen. … Ich bin wegen der westl. Offensive völlig ruhig – ihr Einsetzen war schon ein paar Tage vorher zu erkennen. Sie wird keinen strategischen Erfolg nach sich ziehen, aber natürlich Opfer genug kosten.«[125] Natürlich! Und dieser Grundtenor, um jeden Preis die Ruhe zu bewahren, ist und bleibt typisch für Heuss.

Zu jener Zeit zeigte sich selbst der für sein ewiges Lächeln bekannte Ex-Kanzler Bülow entsetzt, als er hörte, »dass ein Mann in Dortmund fünf Söhne im Felde hatte. Als vier tot waren, hat er ein Gesuch eingereicht, dass man ihm den fünften zurückgeben solle. Das Gesuch wurde bewilligt, aber gerade war auch der fünfte Sohn gefallen.«[126] Derart krass-konkrete Schlaglichter auf das Grauen des Krieges findet man bei Heuss nur selten: besonders auffällig bei einem Mann mit einem sonst unerschöpflichen Reichtum an Anekdoten von lebensvoller Anschaulichkeit. An Lulu von Strauß und Torney allerdings, die über Kriegsverluste im Verwandten- und Freundeskreis klagte[127], schreibt er zu jener Zeit in sehr anderem Ton. Wohl habe der Krieg seine Familie »unmittelbar noch kaum getroffen«. »Um so schauerlicher hat der Krieg unter meinen nächsten Freunden gehaust und *alle* getötet, die mir von der frühesten Kindheit oder aus den Studentenjahren nahestanden, näher als meine Brüder … Ich gestehe zu, dass all dies es mir nicht leicht gemacht hat, mich mit dem Krieg abzufinden, besonders am Anfang hab ich sehr darunter gelitten, zumal ich von der Mehrzahl der Leute mich isoliert fühlte.«[128]

Isoliert wohl nicht als Kriegsgegner – das war er keineswegs –, sondern deshalb, weil er wegen seiner Schulterverrenkung zwölf Jahre davor nie zum Wehrdienst eingezogen worden war und deshalb in Gefahr war, in den Geruch des »Drückebergers« zu geraten: Das darf man bei seinem vorsichtigen Verhalten im Krieg nicht vergessen. Noch 20 Jahre darauf, als Elly 1934 an ihren Jugenderinnerungen schrieb, bat Heuss sie, seine Luxation nicht zu erwähnen.[129] Wie er im August 1914 gestand, traute er sich in den ersten Kriegstagen »im Bürgerkittel gar nicht recht auf die Straße«[130]. Er bot ja keineswegs das Bild eines Invaliden; hätte es ihn wirklich zum Kampf getrieben, dann hätte er sich dennoch als Freiwilliger gemeldet und wäre gewiss im Heer irgendwo untergekommen so wie sein späterer liberaler Kombattant Reinhold Maier, der zuvor wegen zwei Schilddrüsenoperationen vom Militärdienst freigestellt worden war.[131]

Aber umso mehr hat Heuss ein Gespür für die Peinlichkeit im Verhalten derer, die aus dem sicheren Zuhause ein Kriegsgeschrei erheben – vor allem derer, die es besser wissen könnten. »Die Kulturproteste ärgern mich, besonders das deklamatorische Pathos der Professoren.«[132] Da wusste er sich mit vielen Frontsoldaten einig, denen die heroischen Phrasen vergangen waren und die das Maulheldentum von der Heimatfront nicht mehr hören mochten. Und selbst Bethmann Hollweg klagte 1915 gegenüber Theodor Wolff, dem liberalen Chefredakteur des »Berliner Tageblatts«, »unsere Professoren« hätten »versagt«; »ganz fürchterlich« jedoch seien »die Großindustriellen« mit ihren größenwahnsinnigen Annexionsforderungen.[133]

GEGEN KURT HILLER, DEN »FAMULUS DES GEISTES«: IRRITATION DURCH FRIEDENSLITERATEN. Kritisch reagierte Heuss jedoch nicht nur auf die »Kriegsprofessoren«, sondern auch auf die sich zur Gegenfront formierenden Literaten: auf den nunmehr aufkommenden Typus des »freischwebenden« Linksintellektuellen, der weder durch eine akademische Position noch durch eine Partei diszipliniert war. Anlass war eine 1916 erschienene Broschüre »Das Ziel – Aufrufe zu tätigem Geist«, herausgebracht von dem allzeit streitbaren Publizisten Kurt Hiller, der Heuss 1945 wegen seiner Zustimmung zum Ermächtigungsgesetz als »Banditen« beschimpfte.[134]

»Das Ziel« begann mit dem 1910 verfassten Essay von Heinrich Mann »Geist und Tat« und vereinte eine ganze Galerie klangvoller Namen von der Literaturkritik bis zur Reformpädagogik wie Hans Blüher, Leonard Nelson, Alfred Kerr, Max Brod, Eduard David, Franz Werfel, Gustav Wyneken, Rudolf Leonhard, Walter Benjamin und – als einzige Frau – Hedwig Dohm, die Schwieger-Großmutter Thomas Manns und radikale Frauenrechtlerin[135], 1916 im Alter von 83 Jahren, die in der Broschüre mutiger und wütender als alle Männer die Verherrlicher des Krieges, gerade auch unter ihren Geschlechtsgenossinnen, attackiert: »Nie aber werde ich begreifen, dass auch Frauen sich für die ›Seligkeit des Sterbens‹ ihrer Söhne und Gatten auf dem Schlachtfeld enthusiasmieren.« Voller Erbitterung schreibt sie über eine der »brausenden Chauvinistinnen«, die die Frauen-Friedensliga als »schamlos, ehrlos« geschmäht hatte: »Wäre ich grausam, ich würde dieser Frau sieben Söhne anwünschen, damit sie sich an den qualvollen Zuckungen der zerfetzten Leiber ihrer verröchelnden Söhne mit patriotischer Wollust weiden könnte.«[136]

Diesen Ton findet man sonst jedoch in dieser Broschüre kaum. Auf heutige Leser wirkt es paradox, dass sie zwar den Titel »Das Ziel« trägt, die in ihr enthaltenen kritischen Spitzen aber in derart diffuse Richtungen zielen, dass man sich am Ende fragt: Was ist denn das Ziel, worauf wollen die Autoren hinaus? Das fragt man sich am allermeisten bei Hillers Schlussbeitrag »Philosophie des Ziels«; der kulminiert in Fanfaren wie dieser: »Was wollen wir? Das Paradies. Wer erringt es? Der Geist. Was braucht er dazu? Macht. Wie gewinnt er die? Durch Zusammenschluss.«[137] »Der Geist«: das ist das magische Wort dieser Streitschrift, das schon von dem vorangestellten Essay Heinrich Manns beschworen wird. Im Kriegsjahr 1916 wirkte »das Ziel« dieser Schrift vermutlich nicht so diffus wie auf heutige Leser: auf und zwischen den Zeilen allenthalben ein Aufschrei, die Fesselung des Denkens durch die Kriegszwänge aufzusprengen. Mit Blick auf die Militärzensur und die Militanz des Chauvinismus waren die meisten Autoren offenbar vorsichtig, anders als Hedwig Dohm; man musste fürchten, als Verräter und Defätist geschmäht zu werden.

Nicht nur bei Hillers »Ziel«, sondern auch bei der Heuss'schen Replik »Die Politisierung des Literaten« fragt sich der spätere Leser: Worauf will er eigentlich hinaus? Denn dieser wortreiche Essay enthält kaum eine konkrete Auseinandersetzung mit bestimmten Beiträgen der Broschüre; es geht Heuss vielmehr grundsätzlich um den ganzen Stil, den Gestus, das Auftreten, die Selbstdarstellung dieses Literatentums, das im Unterschied zu ihm selbst politische Mitsprache beansprucht, ohne irgendeine politische Funktion zu übernehmen. Ähnlich wie schon vor 1914 gegenüber den studentischen Korporationen, die sich als nationale Schildträger aufspielten, operiert er mit der Geschichte: Dieser politische Anspruch des Literaten stamme aus einer Zeit, als es noch keine Parlamente und Parteien gab; mittlerweile sei er zum Anachronismus geworden. Der heutige Literat politisiere vorwiegend aus Eigenliebe und Wichtigtuerei, nicht aus Interesse an der Sache. »Der Literat entrinnt seiner selbstgewollten oder halb erzwungenen Vereinsamung … Welche Wohltat für einen überwiegend asozialen Typus, dessen egozentrisches Weltbetrachten kaum noch viel mehr als einen Kreis oder eine Clique umfasste!«

Ganz fair war das nicht; denn die Autorenschaft von Hillers Pamphlet war äußerst heterogen und keineswegs identisch mit einer einzigen »Clique«. Heuss, der mit Pointen stets seine Probleme hat, zielt umso treffender auf eine Schwäche der Gegenseite: »Das, was ein wenig misstrauisch macht, liegt ja nun an dem Jargon dieser Literaten: sie können keine Pointe, kein Wortspiel, kein bescheidenes Witzchen unterdrücken und verplempern dadurch das Ethos leicht in Geschwätz.« Da ist ihm selber eine Pointe gelungen! Und mit Recht erkennt er in dem »Geist«-Getöne Hillers, den er als »Famulus des Geistes« titulierte, viel unfreiwillige Komik. Und am Ende findet Heuss doch eine politische Pointe, die von Max Weber stammen könnte[138]: »Nicht der Literat als Literat wird die Politik befruchten und führen – schließlich kommt die Politik ja auch ohne ihn aus – sondern der Literat als Bürger, als Staatsbürger, gleichgültig wohin er sich wendet.«[139]

Viel heftiger und spektakulärer als Heuss schlug sich Thomas Mann im letzten Kriegsjahr mit dem politisierenden »Literaten« neuen Typs herum, der damals am stärksten in seinem Bruder Heinrich verkörpert wurde; und diese Auseinandersetzung bekam monumentale Ausmaße: in den »Betrachtungen eines Unpolitischen«. Aber dieses Opus, das schon im Titel dem »Politischen« einen abfälligen Beiklang gab, konnte einem Heuss nicht gefallen. 1919 widmete er dem Mannschen Bruderzwist in der »Hilfe« einen Essay »Mann gegen Mann«, in dem man spürt, dass er von diesem Machwerk des berühmten Schriftstellers geradezu angewidert ist. Gegen Krampf und Ressentiment ist Heuss stets besonders allergisch; und genau diese »gequälte Gereiztheit« spürt er in dem Buch – nicht ohne Grund.

Aber er spielt nun nicht einfach Heinrich gegen Thomas Mann aus, sondern erteilt auch dem »Untertan« des attackierten Bruders einen kräftigen Seitenhieb: »Nicht darüber soll gesprochen werden, ob das Wilhelminische Deutschland in der Tat so ausgesehen hat, ob der deutsche Typus der ekelhafte, feige, verbrecherische und brutale Bursche war, wie er hier beschrieben ist, ob die deutsche Mittelstadt eine Sammlung von Eseln, Lüstlingen, Bonzen usw. – das Buch ist ein gut geschriebenes Pamphlet, aber ein ganz dürftiges Kunstwerk. Zum Humor fehlt ihm die Liebe, zum Hass die freie Leidenschaft … es fehlt ihm die Freiheit des Lachens.« Heuss' spätere Jugendmemoiren lassen keinen Zweifel daran, dass er die wilhelminische Ära sehr anders in Erinnerung hat, als Heinrich Mann – der diese Zeit auf seine Art ebenfalls genoss – sie im »Untertan« stilisiert.[140]

DAS GRÖSSTE UND ABGRÜNDIGSTE LITERARISCHE KRIEGSEREIGNIS: NAUMANNS »MITTELEUROPA«. Das große Ereignis in der politischen Publizistik des Weltkriegs, keineswegs nur im Heuss'schen Gesichtskreis, war ohne Zweifel Friedrich Naumanns Buch »Mitteleuropa«, das im Herbst 1915 herauskam und Heuss zufolge seit Bismarcks »Gedanken und Erinnerungen« »der stärkste buchhändlerische Erfolg eines größeren politischen Werkes« war[141] – was etwas heißen will! Es war die wohl populärste Schrift zur Sinngebung dieses Krieges, die auch bei Frontsoldaten großen Anklang fand. In einer Zeit, in der eine immer tiefere Kluft aufbrach zwischen den Annexionisten und denen, die sich nach Frieden sehnten, erschien dieses Buch mit dem von Herzen kommenden Naumann-Ton noch am ehesten geeignet, eine innerliche Einheit des Volkes zu retten.

Mit der mehrdeutigen Perspektive »Mitteleuropa« löste Naumann verbal das Dilemma, dass über konkrete Kriegsziele, die auf Kosten anderer Länder gingen, in der Öffentlichkeit nicht geredet werden durfte, die Deutschen jedoch irgendeinen markigen Begriff für den Sinn dieses Krieges brauchten – denn dieser Sinn war eben nicht per se evident. Und er konnte nicht einfach nur im Status quo bestehen; denn den hätte man ja auch ohne Krieg haben können. »Mitteleuropa« klang nach Selbstbescheidung der Mittelmächte, aber bezeichnete zugleich einen Machtblock, der von den Vogesen bis zu den Karpaten reichte und zur Mitte, zum Gravitationszentrum Europas zu werden versprach.

Vor allem musste Naumann auch begründen, weshalb man gerade wegen Österreich den Weltkrieg auf sich genommen habe; denn das Habsburgerreich stand im Deutschen Reich nicht gerade in hohem Ansehen, in Preußen noch weniger als im deutschen Süden; und gerade im Krieg sank es noch in der Achtung der Reichsdeutschen, zum Kummer eines Heuss.[142] Im Kern des Naumannschen »Mitteleuropa« steht daher der Entwurf einer künftigen deutsch-österreichischen Zollunion, die – nicht zuletzt durch die Kraft der Kriegskameradschaft – ein mitteleuropäisches »Wirtschaftsvolk« hervorbringen soll. »Mit diesem Krieg im Rücken können wir Berge versetzen.«[143] Von »Großdeutschland« durfte er nicht reden; denn das wäre ein Affront gegen die slawische Mehrheit des Habsburgerreiches gewesen: Das war damals das Dilemma der deutschvölkischen Rhetorik![144] Frei von germanischem Rassismus und auch frei von Fanfaren gegen die Feinde konnte »Mitteleuropa« den Naumann-Bewunderern noch viel später als Vorentwurf für die Europäische Wirtschaftsgemeinschaft gelten. Elly Heuss-Knapp erklärte sogar 1949 als bundesdeutsche First Lady zum 30. Todestag Naumanns, »Mitteleuropa« sei »unter all seinen Büchern dasjenige, das heute am aktuellsten anmutet«[145].

Die Parole »Mitteleuropa« wurde nicht von Naumann erfunden, sondern ging auf Bethmann Hollweg zurück, der sie von dem wortgewandten Walther Rathenau hatte. Da fungierte dieses Schlagwort jedoch als Chiffre für Ambitionen, die über die Territorien der Mittelmächte erheblich hinausreichten. Die Mitteleuropa-Idee war der Kern von Bethmanns Septemberprogramm, das darauf zielte, das Reich zur Hegemonialmacht Europas zu machen.[146] Sie bot keine Basis für einen Verständigungsfrieden und wurde auf der Gegenseite auch nicht als solche wahrgenommen. Das war im Kontext der damaligen Zeit auch nicht schwer zu erkennen. Naumann, bis 1914 ein begeisterter Anhänger des Freihandels, war ja stets als emphatischer Protagonist der expandierenden deutschen Exportindustrie hervorgetreten, von der er allen Fortschritt erwartete: Wäre diese bei Zusammenbruch des Welthandels dauerhaft auf den Export nach Österreich-Ungarn beschränkt gewesen, dessen Industrie ohnehin zum Teil in Abwehrhaltung gegen die deutsche Konkurrenz stand, wäre sie an ihren Überkapazitäten erstickt.

Kein Wunder, dass Lujo Brentano Naumanns Bestseller für »unsinnig« hielt und glaubte, dies Buch habe Deutschland in der angloamerikanischen Welt, für die es alsbald übersetzt wurde, »unendlich geschadet«: »Es wirkte dort als glänzender Beleg für unsere Ansprüche auf Unterwerfung der Welt unter die deutsche Hegemonie; es wurde benutzt als Beweis, dass Deutschland darauf aus sei, das gesamte Wirtschaftsgebiet von Hamburg bis zum Persischen Meerbusen für sich in Anspruch zu nehmen.«[147] »Mitteleuropa« ergab nur dann einen Sinn im Geiste Naumanns, wenn Entscheidendes nur angedeutet wurde: so vor allem der von dem begeisterungsfähigen Jäckh propagierte Plan, das Osmanische Reich dem deutschen Wirtschaftsraum einzuverleiben und dadurch das Tor zum Orient zu öffnen.

In einem Aufsatz »Mitteleuropa als Organismus« verkündete dieser großspurige Phantast sogar ein »deutsches Mitteleuropa« vom Nordkap bis zum Persischen Golf.[148] Jäckh stand damit in Heuss' politischem Umfeld nicht allein; selbst Conrad Haußmann, der Herausgeber des »März« und führende Kopf des württembergischen Linksliberalismus, im Krieg ein enger Vertrauter Bethmanns, bemerkte am 2. August 1915 zu Riezler: »Die Frucht des Sieges reift in Kleinasien; wer sie pflückt, ist Sieger.« Und Riezler erwiderte: »Sie haben vollkommen recht.«[149] Heuss betonte 1916 in einem Vortrag die Bedeutung einer »starken Türkei« für Deutschland. »Wir haben keine politischen Ziele. Deshalb vertraut uns der Türke.«[150]

Jäckh war die treibende Kraft der »Deutsch-Türkischen Vereinigung« und ihres spektakulären Bauprojekts: der Errichtung eines »Hauses der Freundschaft« in Istanbul; noch 1918 schrieb Heuss die Einleitung zu einem Bildband des Architektenwettbewerbs. Man erkennt, wie das deutsche Unglücksjahr 1918 für Heuss zu einem Jahr neuer Horizonte wurde. Jäckh behauptete, die Initiative zu dem Bau sei von der türkischen Regierung ausgegangen; in Wahrheit hatte er es allen Beteiligten aufgedrängt.[151] Entscheidend war der finanzielle Rückhalt bei Robert Bosch, dem Förderer des Werkbundes, der für Heuss nicht weniger bedeutsam werden sollte als Naumann. Der Architekt Hans Poelzig, auch er für Heuss künftig eine bedeutsame Bezugsperson, lieferte einen monumentalen Terrassenstufen-Entwurf, bei dem die einen an ein »überdimensionales Schreibmaschinenmodell« (Heuss)[152], die anderen an die legendären Gärten der Semiramis dachten und noch andere einen assyrischen Tempel oder gar Totenbau assoziierten und über den – wie Heuss selbst in seiner Poelzig-Biographie verrät – im Preisgericht gefrotzelt wurde: »ja, der Bau sei denkbar, wenn die Deutschen Istanbul erobert hätten und dort ein Siegeszeichen errichten wollten.«[153] Aber ob Semiramis oder Schreibmaschine, Assyro-Archaismus oder Neue Sachlichkeit: Die Jury, die kurioserweise aus den Wettbewerbsteilnehmern bestand, favorisierte einen anderen Entwurf. Die Grundsteinlegung erfolgte 1917 im Beisein von Wilhelm II., der damals von Gelehrten der Universität Istanbul für den Friedensnobelpreis vorgeschlagen wurde; aber der Bau blieb als Folge der beiderseitigen Niederlage schon in den Anfängen stecken. Heuss, der Poelzigs Entwurf unterstützt hatte, bekennt im Alter, das Stadtbild von Istanbul habe durch diesen Baustopp nicht viel verloren.[154]

Auch dieses ambitiöse Istanbul-Projekt gehörte innerlich zu »Mitteleuropa«. Naumann selbst lässt schon zu Anfang seines Buches keinen Zweifel daran, dass sein »Mitteleuropa« weit davon entfernt ist, Europa einen dauerhaften Frieden zu bescheren: »Man denke doch nicht, dass am Schlusse dieses Krieges schon das lange Jubeljahr des ewigen Friedens beginnt! … Nach dem Kriege werden Grenzverschanzungen überall dort errichtet werden, wo Kriegsmöglichkeiten vorliegen. … Europa bekommt zwei lange Wälle von Norden nach Süden, von denen der eine irgendwie vom Unterrhein zu den Alpen geht, der andere von Kurland bis rechts oder links von Rumänien.«[155] Ganz besonders an diese Stelle dachte der einstige Naumann-Freund Hellmut von Gerlach, wenn er »Mitteleuropa« 1924 in der »Weltbühne« »das Furchtbarste und Schädlichste« nannte, »was überhaupt geschrieben werden konnte«.[156]

Über weite Strecken wirkt dies Buch allerdings sachlich-besonnen, schon gar im Vergleich zu dem damaligen Schwall chauvinistischer Ergüsse. Das mag erklären, dass Heuss, dem Naumann ein Exemplar mit Widmung zusandte, darauf freundlich und ohne Kritik reagierte, ja sogar die Herstellung einer »Schützen- und Feldpostausgabe« empfahl.[157] Er zeigte sich von dem Umfang des Buches »sehr überrascht«, hatte also sein Entstehen nicht verfolgt; man erkennt, dass in Heilbronn sein Verhältnis zu Naumann distanzierter geworden war, obwohl sie sich erst jetzt duzten. Wenn man vergleicht, zu welch geistvollen Kommentaren Heuss sonst in der Lage war, wirken seine Bemerkungen zu »Mitteleuropa« auffallend blass und banal. Umso ausführlicher wird später die Apologie des Buches in seiner Naumann-Biographie; offensichtlich hat er dessen politische Tragweite erst später begriffen. Da findet er es unglaublich, dass dieses Buch nicht nur bei böswilligen Feinden Deutschlands als Ausdruck von deutschem Imperialismus wahrgenommen wurde.[158] Dabei sieht er sehr wohl, dass das Buch von einem Geist der Expansion erfüllt ist. »Naumanns Grundstimmung« spürt er besonders in einem Satz wie dem: »Der Geist des Großbetriebs und der überstaatlichen Organisation hat die Politik erfasst.«[159]

Heuss beachtet vor allem das warmherzige Plädoyer für eine engere Beziehung zu Österreich, die auch ihm selbst am Herzen liegt, um das süddeutsche Element im Bismarck-Reich zu stärken und sich vom klein- zum großdeutschen Horizont zu weiten. An diesem damals entscheidenden Punkt standen Heuss wie

Naumann in denkbar größtem Kontrast zu Brentano, der einen Horror davor hatte, den freien Welthandel diesem Mitteleuropa zu opfern »mit all den Abhängigkeiten von den ungewaschenen Völkern Österreichs …, den Intriguen der Wiener Hofburg und der österreichischen Schranzen« und den »rachitischen Industrien«, die man nur durch Schutzzölle am Leben erhalten könne.[160]

HEUSS' MISSMUT GEGENÜBER DER FRIEDENSRESOLUTION DES DEUTSCHEN REICHSTAGS. Auch wer bei Heuss vor allem dessen politische Vernunft schätzt, muss erst einmal schlucken, wenn er entdeckt, dass Heuss seinem Mentor Naumann während des Krieges in *einem* Punkt widersprach, natürlich nur intern: ausgerechnet in dessen Unterstützung der Friedensresolution des Reichstags, die dieser am 19. Juli 1916 mit einer Mehrheit von 212 gegen 126 Stimmen annahm: mit Zentrum, Fortschritt und Mehrheitssozialdemokraten gegen Konservative, Nationalliberale und USPD. Es war ein Plädoyer für einen »Frieden der Verständigung«; der Kernsatz[161] lautete: »Mit einem solchen Frieden sind erzwungene Gebietserwerbungen und politische, wirtschaftliche und finanzielle Vergewaltigung unvereinbar.« Das ließ die Hintertür offen, dass sich die Nationalitäten des russischen Westens mit deutscher Nachhilfe freiwillig vom Zarenreich lösten.

Was hatte Heuss dagegen einzuwenden? Sein davon handelnder Brief an Naumann klingt recht gewunden; man wird nicht leicht daraus klug. Heuss gesteht, er werde »seine Bedenken nicht los, dass die Fassung der Resolution die Technik des Friedensschlusses erschwert«. Offenbar glaubte er – und vielleicht dachte er da an den Wiener Kongress von 1814/15 –, dass man zum Frieden am besten durch interne Diplomatie, nicht durch parlamentarische Proklamationen gelangt, die nur Emotionen aufwühlten. In der Tat verschärfte die Friedensresolution die Kluft in der deutschen Öffentlichkeit; als Gegenfront entstand die »*Vaterlandspartei*«, von der eine direkte Kontinuität zur NSDAP reicht. Außerdem befürchtete Heuss von der Resolution jedoch eine »Entwertung der tauschbaren Faustpfänder«, konkret: der von den deutschen Truppen besetzten westfranzösischen Gebiete.[162] Aber was wollte er gegen diese »Faustpfänder« einhandeln? Im Westen gab es als Kriegsziele nur Belgien und das Erzbecken von Longwy-Briey: genau die Ziele jener alldeutsch-schwerindustriellen Annexionisten, die von den Linksliberalen bis hin zu den Brüdern Alfred und Max Weber wütend bekämpft wurden.

Naumanns Antwortbrief, in dem er Heuss' Kritik rundheraus für »falsch« erklärt, ist weitaus klarer als die Kritik: Diese »Kundgebung« sei aus dem Grunde »notwendig« gewesen, weil »von jetzt an alldeutsche Überschreitungen nicht mehr der Nation im ganzen auf das Konto gesetzt werden können«[163]. In der Tat war es von der Logik her durchaus denkbar, dass die Friedensresolution die Moral auf deutscher Seite hob, auf alliierter dagegen erschütterte: Warum sollten die französischen und britischen Soldaten weiter kämpfen und bluten, wenn Frankreich seine Ostgebiete auch ohne Krieg zurückerhalten konnte? In der Tat verbreitete sich damals auf französischer Seite mindestens so sehr wie auf deutscher eine tiefe Kriegsmüdigkeit.

Aber genau darauf spekulierten auch die deutschen Kriegstreiber. Und das damalige Heuss'sche Denken bewegte sich ebenso wie das so vieler anderer Zeitgenossen in dem fatalen Zirkel: Gerade wenn man den Frieden will, darf man das nicht nach außen zeigen; denn das kann vom Feind als Zeichen der Schwäche verstanden werden und diesen erst recht zum Weiterkämpfen ermutigen. Dieser Zirkel des »*Si vis pacem, para bellum*« – »Wenn du den Frieden willst, bereite den Krieg vor« – durchzieht als fundamentales Dilemma Heuss' gesamtes Politikerleben, vom wilhelminischen Rüstungswettlauf bis hin zu Adenauers »Politik der Stärke«.

Was man dazu bei Heuss, diesem zwischen so vielen Gedanken schwankenden Bildungsbürger, im Kriegsjahr 1916 besonders peinlich vermisst, ist ein Gefühl dafür, dass man diesen furchtbaren Krieg nicht ewig weiterlaufen lassen durfte, sondern kühne Vorstöße riskieren musste, die dem Morden ein Ende setzen. Da war Matthias Erzberger, der starke Mann des Zentrums und die treibende Kraft der Friedensresolution, von ganz anderem Schlage: War er zuerst mit seinem ganzen Temperament – zugleich getrieben von seiner Beziehung zu dem Schwerindustriellen Thyssen – als polternder Protagonist des »Siegfriedens« und ehrgeiziger Kriegsziele aufgetreten, zog er nun nach offenkundigem Fehlschlag des U-Boot-Krieges und drohendem Kriegseintritt der USA ebenso radikal, rücksichtslos und abrupt die Konsequenz und die Kehrtwende: Wenn dieser Krieg nicht mehr zu gewinnen war, musste man sich eben um Frieden bemühen – und wenn die Feinde darauf nicht eingingen, konnte man mit umso besserem Gewissen weiterkämpfen. Aber Erzberger war und blieb für Heuss ähnlich wie Stresemann schon vom Typus her unausstehlich.[164] Man erkennt aus dem zitierten Heuss-Brief an Naumann, dass ihm die Friedensresolution schon von den Menschentypen her, die sie propagierten, suspekt war. Dass Erzberger zur gleichen Zeit zu denen gehörte, die den Sturz Bethmann Hollwegs und damit de facto die Militärdiktatur herbeiführten, konnte Heuss nur darin bestätigen, dass dieser vermeintliche Friedenspolitiker in Wahrheit ein falsches Spiel betrieb.

Heuss' Verhältnis zu Naumann wurde durch diesen Dissens nicht dauerhaft gestört; Erzberger gehörte spätestens 1919, als er die Unterzeichnung des Friedensvertrags von Versailles betrieb, zusammen mit dem Fürsten Bülow und dem Pazifisten Friedrich Wilhelm Foerster zu den drei Menschen, die Naumann verachtete – so jedenfalls behauptet Heuss.[165] Im Auftrag Naumanns unternahm

Heuss im Juni 1918 – seit Anfang 1918 wieder Berlin zurückgekehrt und in Naumanns Nähe – eine zweiwöchige Reise nach Wien, um dort neueste Informationen über die Chancen von »Mitteleuropa« einzuholen; denn da hatte Naumann die Rechnung ohne den Wirt gemacht, nämlich ohne die Völkerschaften des Habsburgerreichs, bei denen überhaupt nicht sicher war, ob sie durch die erdrückende Umarmung durch die Reichsdeutschen beglückt würden.

Da konnte Heuss aus Wien nur Ernüchterndes berichten: Der Zerfall des Habsburgerreiches zeichnete sich ab; die große »Mitteleuropa«-Idee war dabei, zum »Anschluss« zu schrumpfen: zur erhofften Angliederung des verbleibenden kleinen Deutsch-Österreichs an das Deutsche Reich. Aber für Heuss brachte diese Reise einen viel besseren Ertrag und einen Gewinn für sein gesamtes künftiges Leben: durch die damals begründete Freundschaft mit Gustav Stolper und seiner späteren Gattin Toni (damals noch Kassowitz) und die »fast tägliche« Begegnung mit Max Weber. Die Beziehung zu den Stolpers wurde die bei weitem wichtigste unter allen neuen Heuss'schen Freundschaften; aber auch die geistige Beziehung zu Max Weber begleitete ihn für den Rest seines Lebens.

HEUSS UND MAX WEBER: REALE BEGEGNUNG UND RETROSPEKTIVE ANEIGNUNG. Heuss lernte Weber zuerst Pfingsten 1917 auf dem »Geisterparlament« (Friedrich Meinecke) auf Burg Lauenstein kennen[166], wo der Verleger Eugen Diederichs, Bewunderer Naumanns[167] und mittlerweile Ehegatte von Lulu von Strauß und Torney, eine »etwas wirre Gesellschaft von Gelehrten und Dichtern, Publizisten und Künstlern, Alten und Jungen der verschiedensten ›Richtungen‹ und Parteien« sammelte, zur gemeinsamen Verständigung über eine Erneuerung Deutschlands in einem neuen Geist: einem dem »Ziel« Hillers nicht unähnlichen Vorhaben. Aber hier verging Heuss der Spott. »Geistig beherrscht wurde das Zusammensein von Max Weber, der sehr frisch, geistreich und rücksichtslos war; wir sind zusammen noch einen schönen Abend in Weimar gewesen, ich habe ihn sehr genossen.«[168] Das schreibt Heuss schon damals an seinen Schwiegervater Knapp, der bereits im Herbst 1909, als Weber nach langem Leiden erstmals wieder in Hochform war, von ihm förmlich bezaubert war.[169]

Gegenüber dem jungen Heuss brach es auf Burg Lauenstein aus Max Weber heraus: »Sobald der Krieg zu Ende ist, werde ich den Kaiser so lange beleidigen, bis er mir den Prozess macht …« Das berichtet Marianne Weber 1926 im »Lebensbild« ihres verstorbenen Mannes, wo sie Heuss als dessen »Gesinnungsgenossen« erwähnt; die Beziehung Heuss-Weber ist also nicht, wie man argwöhnen könnte, erst nachträglich konstruiert – zu einer Zeit, als beide berühmt waren und viele zu ihnen Verbindung haben wollten.

Wenn Heuss, als er mit Weber in Weimar bummelte, »etwas unbedacht« bemerkte, ihm »erscheine die hartnäckige These von der ›Wertfreiheit‹ etwas

Kulturtagung Burg Lauenstein, 1917; der Pfeil zeigt auf Heuss. Rechts vor ihm der Verleger Eugen Diederichs mit Lulu von Strauß und Torney. Hinten, Dritter von rechts, Max Weber

wie eine Selbstschutzveranstaltung, die er sich aufgezwungen habe«, kann man das nach Webers Wutausbruch gegen den Kaiser verstehen, auch wenn Weber auf diesen ihm vorgehaltenen Spiegel verdutzt reagierte.[170] Dass Heuss von seiner persönlichen Weber-Erfahrung her die vielzitierte Webersche »Wertfreiheit« nicht so ernst nahm wie viele Spätere, die Weber nur aus zweiter oder dritter Hand kannten, trug wohl dazu bei, dass Heuss auch nach 1945 stets zu Weber stand, als allenthalben die Rückbesinnung auf die »Werte« gefordert wurde und Weber von daher vielen als fragwürdiger Denker galt, der zu überwinden war.

Bevor Heuss den berühmten Gelehrten persönlich kennenlernte, war ihm der Weber-Kult – der damals erst in kleinen Kreisen florierte – schon von zwei Seiten übermittelt worden: von seinem Schwiegervater und von Friedrich Naumann, der nicht zuletzt unter Webers Einfluss vom sozialen Missionar zum »Realpolitiker« oder – um mit Heuss zu reden – vom »Franziskus« zum »Machiavell« geworden war.[171] Mittlerweile brauchte Naumann Weber mehr denn je als Autorität, da er seinen anderen strahlenden wissenschaftlichen Leitstern, Lujo Brentano, verloren hatte. Weber wusste die Freiheit des Unternehmers zu schätzen; und doch kreiste sein Denken viel mehr als das Brentanos um den starken Nationalstaat, nicht um die Weltwirtschaft. Gerade dies schätzte Heuss damals an ihm besonders.

Heuss nutzte die zwei Wochen in Wien, um eifrig die dortige Vorlesung Max Webers zu besuchen, die trotz mancher Klagen der Höhepunkt seiner gesamten Lehrtätigkeit war. Am liebsten hätte ihn Heuss damals, als der Liberalismus durch den allgemeinen Linksruck zwischen zwei Fronten geriet, als Anti-Marx gehabt. Wie er sich 1927 erinnert: »Als ich ihm nach ein paar Vorlesungen … sagte, ›jede Stunde mache Marx töter'[172], lehnte er den etwas despektierlichen Ton mit großem Ernst ab, denn er empfand zu stark die einschneidende Bedeutung der Marxschen Fragestellung und fühlte sich ihr immer verpflichtet – aber eben dies bleibt seine Leistung, dass er die ganze materialistische und positivistische Thesenwelt flüssig gemacht hat; Erstarrtes wird bewegt, und es ist ein Schauspiel von hinreißender Kraft, Zeuge zu sein, wie ein vom Werke selber bewegter Mensch die Fesseln der Begriffe löst und doch aller Wirklichkeit die höhere Deutung verleiht.«[173] Man merkt, wie Heuss sich Weber assimiliert – wie könnte ein Heuss anders verfahren, auch wenn dieser Gelehrte in seiner reizbaren Leidenschaft und seinem bohrenden Grübeln geradezu ein Kontrast zu ihm ist! Und doch: Weber als Vordenker einer typisch Heuss'schen Entkrampfung, einer Auflockerung der sich in Begriffen und Denkschablonen festfahrenden sozialwissenschaftlichen Routine – diesen Weber hat es in der Tat gegeben, und diese Seite Webers ist zu oft vergessen worden.

Schon im Heidelberg der 1920er Jahre wurde »Marx und Max« zum Standardthema; und speziell Webers posthume steile Karriere in den USA in der Zeit des Kalten Krieges verdankte sich nicht zuletzt seiner Eignung zum Marxtöter: Webers »Protestantische Ethik« gegen die räuberische »ursprüngliche Akkumulation« von Karl Marx. Demgegenüber wies Schumpeter, der Weber von Wien her nur zu gut kannte, nicht ohne Grund darauf hin: »Sämtliche Tatsachen und Argumente von Max Weber passen vollkommen in Marxens System.«[174] In seinem Nachruf auf Weber bedauert Heuss, dass er »uns die Auseinandersetzung mit dem historischen Materialismus schuldig« geblieben sei.[175] Ob Weber jedoch einen derartigen Showdown mit Marx vorhatte, ist zweifelhaft. Der früher am liebsten überlesene Ausblick seiner »Protestantischen Ethik« – dass der Kapitalismus am Ende »Fachmenschen ohne Geist, Genussmenschen ohne Herz« hervorbringe – wirft ein Licht darauf, dass er den Kapitalismus bei allem Respekt vor dessen Effizienz doch keineswegs glorifizierte.

Heuss, der die »verflüssigende« Kraft des Weberschen Denkens bewunderte, dachte denn auch nicht daran, sich an dem Marx-Töter Weber festzubeißen, auch wenn er in den 1920er Jahren Weber als Waffe gegen Marx und die politische

Linke benutzte. Aber das war damals banal. Was ihn an Weber vor allem faszinierte? Am wenigsten vermutlich die Webersche »Politik-ist-Kampf«-Rhetorik, die in der Folge von Carl Schmitt radikalisiert und in die NS-Ideologie überführt wurde. Wie wir sahen, hegte Heuss einen ausgesprochenen Widerwillen gegen Feindbilder; Politik ganz von Frontstellungen her zu konzipieren statt von konstruktiven Zielen lag ihm so fern wie nur möglich.

Webers Grundüberzeugung jedoch, dass die Politik ein kräftiges Führertum brauche und die besondere Qualität des Parteienkampfes in der Demokratie gerade darin bestehe, dass er kraftvolle Führergestalten hervorbringe, anders als die Monarchie mit ihren Höflingen und Geheimräten, traf sich ganz mit Anschauungen, die Heuss von Naumann geerbt hatte. Sein erster Nachruf auf Weber mündet in die Pointe: »Dies ist das Erlebnis, das er uns gab: die Nähe eines großen Menschen, groß in der Gewalt des Herrschens und in der Kraft der Entsagung. ... Dies ist das Problem, an dem sich unseres Volkes Zukunft entscheiden wird: das Führertum in der Demokratie.«[176] »Führer« war 1920 noch ein unschuldiger Begriff. Aber selbst 1958, als der Begriff längst seine Unschuld verloren hatte, wiederholt Heuss in seiner Einleitung zu Webers politischen Schriften dieses Finale.[177]

1920 verband er diesen Schlussakkord noch mit einem Seitenhieb auf Erzberger und Stresemann. Eine Ironie liegt darin, dass zu jener Zeit genau diese beiden deutschen Parlamentarier die stärksten Führerqualitäten besaßen. Sie verkörperten am ehesten jenes neue demokratische Führertum, das aus dem Wettstreit der Parteien hervorgegangen war und dessen man zur Stärkung der neuen Republik bedurfte. Ein klassisches Beispiel für das immer neue Problem, prinzipielle Einsichten auf die aktuelle Gegenwart anzuwenden! In Heuss' Augen waren diese beiden Politiker mit ihrer Interessenverfilzung und ihrem Opportunismus nicht »anständig«; und das Anständig-Sein wurde in seinen Urteilen über Menschen zum entscheidenden Kriterium. Heuss' Schrift von 1927 »Führer aus deutscher Not« beginnt mit Essays über Friedrich Naumann und Max Weber: beide für Heuss Verkörperungen des Anstands; aber er wollte offenbar nicht wahrhaben, dass keiner von beiden echte Führerqualitäten besaß und es vor allem an Weber selbst lag, wenn er nie in eine politische Führungsposition gelangte[178]. Dabei berichtete Heuss seiner Frau 1921 fasziniert von einem Graphologen, dessen »Treffsicherheit« ihm »fast unheimlich« war und der die Handschrift Max Webers analysiert hatte, ohne je etwas von ihm gelesen zu haben, mit folgendem Befund: »Kein Mann der Tat, nur das Medium ganz großer Intuitionen.«[179]

Nach den bis dahin unvorstellbaren Verstößen der NS-Diktatur gegen jeglichen Anstand scheint Heuss einen weiteren Begriff des Anständigen gewonnen zu haben, der auch einen Adenauer einschloss. Da endlich hatte er den Führer gefunden, der zu ihm passte. Und auch er selbst wurde am Ende eine Art von Führer, jedoch einer, der sich von Max Webers heroischer Führeridee weit entfernte. Mit wenig anderen Abhandlungen während seiner Präsidentenzeit mühte er sich derart ab wie mit seiner Einleitung zu Webers politischen Schriften; eigentlich hatte er so viel anderes zu tun, aber immer wieder bekam er durch das »Anknabbern« von Webers Schriften neuen Appetit.[180] Ein Jahr vor seinem Tod staunte er über die damals anlaufende neue Weber-Konjunktur: »Jetzt macht doch der Mann die Leut heut noch verrückt.«[181]

Der Ruf nach Führertum in der Demokratie besitzt als solcher etwas Vieldeutiges; kritisch wird stets die Anwendung auf den konkreten Fall. Aber Heuss fand an Weber noch ganz anderes. Sein Weber-Essay von 1927, als die Erstauflage von »Wirtschaft und Gesellschaft« vorlag und er gerade durch Marianne Webers »Lebensbild« eine viel breitere Kenntnis dieses Gelehrten gewonnen hatte, überrascht vor allem durch folgenden Gedanken, der das »Verflüssigungs«-Motiv fortführt: Zwar habe Weber bei all seiner Gedankenfülle »zu einer Systematik« hingedrängt, und ein System könne »des ›Gesetzes‹ nicht entbehren, aber Weber befreit die sozialökonomische Gesetzmäßigkeit, indem er den fruchtbaren Begriff des ›Idealtypus‹ und der ›Chance‹ einführt – bestimmte Voraussetzungen schaffen die Möglichkeit bestimmter Folgerungen. … Wenn man so will: es ist eine Geschichtsphilosophie der Wahrscheinlichkeitsrechnung.«[182]

Da gelingt Heuss eine kurze Formel, die ins Schwarze trifft und bei der man sich wundern muss, dass sie von der weltweiten Weber-Forschung so wenig aufgeschnappt wurde. In seinem Weber-Essay von 1936, den er als Bundespräsident in die »Deutschen Gestalten« aufnimmt, greift er diesen Gedanken erneut auf: »Zwischen Dogmatik und bloßen Pragmatismus hat er seine Schauweise gestellt, die eine mechanische Gesetzmäßigkeit wie eine organische Deutung ablöst durch die Einführung des Begriffes der ›Chance‹ …«[183] Da hat Heuss das Denken über Weber am fruchtbarsten fortgeführt – und zugleich Weber sich selbst am meisten assimiliert. Heuss' gesamtes Werk, ganz besonders die Hunderte seiner biographischen Essays, zeugt so klar wie nur möglich davon, dass für ihn die Essenz der Geschichte in Individuen, in lebendigen Menschen besteht. »Ach, ich selber bin ja so entsetzlich skeptisch gegenüber dem Typologischen, wohl wissend, dass man nicht ohne derlei auskommen kann«, bekennt er 1956 gegenüber Toni Stolper.[184] Da scheint ihn von Max Weber eine tiefe Kluft zu trennen; aber auch der legt Wert darauf, dass seine »Idealtypen« nicht mit realen Phänomenen zu verwechseln sind, und gegen Ende seines Lebens bekennt er in einem Brief an den Ökonomen Robert Liefmann, der einer seiner ersten Doktoranden gewesen war[185]: Wenn er »jetzt nun einmal Soziologe geworden« sei, »dann wesentlich deshalb, um dem immer noch spukenden Betrieb der mit Kollektivbegriffen arbeitet, ein Ende zu machen. Mit anderen Worten: auch Soziologie kann nur durch Ausgehen vom Handeln des oder der, weniger oder vieler *Einzelner*, strikt individualistisch in der Methode also, betrieben werden. … Der Staat ist im Sinne der Soziologie nichts als die Chance, dass bestimmte Arten spezifischen *Handelns* stattfinden, Handelns bestimmter einzelner Menschen. Sonst gar nichts. Seit Jahren schreibe und lehre ich das.«[186]

Das Gros der Weberianer scheint das dennoch nicht begriffen zu haben – Heuss hatte es erkannt, weil es sich ganz mit seiner eigenen Überzeugung traf. Zugleich bot es einen Ansatz, an dem Grunddilemma des Liberalismus zu arbeiten, so wie Heuss es verstand. 1910 hatte er in einer Rigaer Zeitung – wagte er das nicht in der »Hilfe« auszusprechen? – die schwere Geburt der vereinten Fortschrittlichen Volkspartei kommentiert: »Das individualistische Prinzip, das als lebendige Kraft im innersten Kern des Liberalismus steckt, hat sich dann als Verhängnis für die Organisation erwiesen.«[187] Webers Denken enthielt den Impuls, mit diesem ewigen Grunddilemma des Liberalismus, das zugleich seine Kraftquelle war, bewusster umzugehen. Heuss war und blieb ja ein eingefleischter Individualist, der sich gleichwohl virtuos darauf verstand, sich in reizvolle »Kreise« diverser Art einzufügen.

NEUE »KREISE« IN BERLIN UND HEIMKEHR ZUM WERKBUND: 1918 ALS JAHR DES NEUANFANGS. Und in neue »Kreise« kam Heuss ab 1918 hinein. Dieses letzte Kriegsjahr, für die meisten Deutschen ein Tiefpunkt, wurde für ihn ein Neubeginn, und zwar von Anfang an.[188] Spätestens 1917 wurde Heilbronn für ihn zur Sackgasse, politisch wie journalistisch und literarisch. Der »März«, dessen Titel Frühlingsgefühle beschworen hatte und in dem Heuss seine literarischen Neigungen hatte ausleben können, war im Krieg kläglich dahingesiecht, so dass Heuss schon im Juli 1915 auf sein Redakteursgehalt und die Honorierung seiner Beiträge verzichtete. Ende 1917 musste die Zeitschrift ihr Erscheinen einstellen. Zur gleichen Zeit hatte sich auch Heuss' Verhältnis zum Verleger der »Neckar-Zeitung« getrübt.[189] Kein Wunder: Die Redaktion einer Tageszeitung entsprach nicht seinem Naturell – er war keiner, der alle Tage begierig nach Aktualitäten jeder Art suchte, sondern ließ seine Phantasie lieber in die Welt der Geschichte, der Kunst und Literatur schweifen. In Heilbronn hatte er nicht mehr viel zu verlieren.

Im Januar 1918 zog Heuss wieder nach Berlin, um dort die Redaktion der Zeitschrift »Deutsche Politik« zu übernehmen. Wenn man sich nicht in ihn hineinversetzt, könnte dieser Ortswechsel ausgerechnet in jenem Hungerwinter, als aus Berlin nicht viel Gutes zu hören war, wie ein Rätsel wirken; denn in Heilbronn war er daheim gewesen, hatte noch im Krieg gut zu essen gehabt und war – wie Elly Anfang 1918 stolz an ihren Vater schrieb – »wirklich in den sechs Jahren hier im Land ›Führer‹ geworden«[190]. (Die Anführungszeichen verraten, dass »Führer« damals ein modisches Neuwort war!) Aus Berlin dagegen hörte sie schon im Kriegswinter davor selbst von akademischen Koryphäen, die am Kaiserhof ein und aus gegangen waren: »Die Schilderungen des Speisezettels von Harnacks und Delbrücks waren erschütternd. Kein Gemüse, keine Milch, nicht genug Brot trotz vorhandener Marken – nichts als Kohlrüben mittags und abends, keinen Käse, Fleisch nur sonntags.« So dass sie schloss: »Wir sind dagegen noch wie im Paradies« und könnten alle Tage nur Dank sagen.[191] Und im Juli 1917 in der Zeit der Friedensresolution des Reichstags schimpfte Heuss in Heilbronn über die »üblen Gase«, die von der »wüsten« Berliner Presse ausgingen.[192] Kurz darauf schreibt er an Elly, die gerade in Arosa, in der friedlichen Schweiz, weilt, von einer behaglichen Kunstreise durch Oberschwaben: »Das Bier ist schlecht, der Wein anständig, das Essen gut und reichlich.«[193] Man sieht: Den Heussens ging es damals besser als prominenten Berliner Professoren!

Aber schon Anfang 1916 wollte Heuss am liebsten wieder zurück nach Berlin: Ihn reizte der Werkbund, wo seine Vorlieben und »Kreise« am meisten zusammenliefen, und er wollte in den Reichstag kommen. Die Kriegsberichterstattung in der »Neckar-Zeitung« muss ihn schon bald angeödet haben; da war er nicht er selbst. »Werkbund und Parlament wäre für ihn die beste mögliche Arbeit«, schrieb Elly im Januar 1916 an ihren Vater[194], und Heuss selbst sah die Chance: »Meine innere Doppelexistenz zwischen Kunstgeschichtler und Politiker kann zu einer beruflichen Einheit kommen.«[195] Die Übersiedlung Anfang 1918 war also nur der Vollzug eines längst gehegten Plans.

Die Wahl in den Reichstag sollte erst 1924 gelingen; aber schon ab 1918 wurde er Mitarbeiter in der Geschäftsstelle des Werkbundes: ein Kreis. Und dazu die Schriftleitung der Zeitschrift »Deutsche Politik« und die Beteiligung an den Vorbereitungsarbeiten für die *Deutsche Hochschule für Politik,* in Verbindung damit auch der Delbrück-Kreis, der seine Beziehung zu Riezler vertiefte: Sehr im Unterschied zu Heilbronn war er da mittendrin in diversen sich überschneidenden Kreisen, die ihm entsprachen. Bei alledem war wieder einmal der Tausendsassa Ernst Jäckh die Schlüsselfigur, dem Heuss damals ein »glänzendes Organisationsgeschick« attestierte[196], da er die Verbindung zwischen Naumann und Robert Bosch hergestellt und damit mitten in der Notzeit eine massive finanzielle Basis verschafft hatte.[197] Für Heuss bestand der politische Preis der neuen Metropolenkontakte darin, dass er seine parteipolitische Basis im heimatlichen Württemberg schwächte. Das bekam er in der Folgezeit zu spüren.

Aber erst einmal muss er bei der Rückkehr in den Werkbund frische Luft verspürt haben. Zwar bestand auch da ein geheimes Band mit Deutschlands imperialen Träumen; aber da konnte man die um sich greifende Finsternis des Krieges vergessen. Der Werkbund sollte ja den deutschen Stil und Qualitätssinn auch ohne Krieg über die Welt verbreiten. Am 25. April 1918 hielt Heuss in Hannover einen Vortrag über den Werkbund. Auch da vermag er nicht auf eine kurze Formel zu bringen, was der Werkbund eigentlich will. »Er will keinen Kanon schaffen, der einen Stil diktiert«, notiert er sich. »Aber Herausarbeiten einer deutschen Gesinnung. Dazu brauchte es nicht des Krieges.« Nichts von einer Abwertung anderer Kulturen, schon gar nichts von antienglischen Fanfaren; er verweist sogar auf die britischen Ursprünge der Werkbund-Idee, auf Ruskin und Morris, die Vordenker der *Arts-and-Craft*-Bewegung: Diese sei jedoch im »Sektierertum« steckengeblieben und habe nicht den Anschluss an die industrielle Dynamik gefunden.[198]

Vollmundiger legte 1919 Heuss' neuer architektonischer Favorit Hans Poelzig bei seiner Wahl zum Werkbund-Vorsitzenden los: »Fort mit der Politik, her mit der Geistigkeit!«[199] Wieder der »Geist«, das Zauberwort jener Zeit; aber bei einem Poelzig reizte es Heuss nicht zum Spott wie bei Hiller, obwohl »Fort mit der Politik« für einen wie ihn eigentlich ein Schlag ins Gesicht war: kein Wunder, dass er diese Parole in seiner Poelzig-Biographie verschweigt! Umso stärker betont er einen Appell des Architekten mit pastoralem Naumann-Ton: »Der Werkbund muss das *Gewissen* der Nation werden. Man muss an ihn *glauben*, man muss überzeugt sein, dass er alles Gute und Zukunftsfrohe fördert.«[200] Poelzig selbst fiel dieser Glaube nicht immer leicht.

Anfang 1918, nach der ersten Nacht in Berlin, schrieb Heuss in gewohnter Wohlgelauntheit an die Frau: »Wenn die Ernährung so bleibt wie jetzt, komm ich durch. Weisser Käse, dicker Brei, Wurst, deutscher Tee, mehrere Brote, sogar Butter beim Abendessen«[201] – und gerade Butter war damals in deutschen Städten selbst bei Bessergestellten zur heißbegehrten Rarität geworden! Auch von seinem Lieblingslaster, den Zigarren, braucht Heuss nicht zu lassen; »ich erwarte bald, eventuell unter der Adresse ›Werkbund‹ oder ›Deutsche Politik‹ die gewünschten Zigarren, da ich sonst gleich die guten vollends wegrauche«, mahnt er die Gattin.[202] »Wenn Du so wacker hamsterst, muss ich alle sich bietenden Möglichkeiten der Geldverdienerei prompt ausführen«, schreibt er im März 1918 an Elly; er sehe »ja nicht gerade trübe in die finanzielle Zukunft«. Kriegsanleihen will er jetzt nicht mehr kaufen[203] – bei allem Patriotismus finanzielle Klugheit nach Schwabenart!

Der damalige Körperkontrast zwischen ihm und Naumann könnte nicht krasser sein: Wie sich Naumanns einstiger Freund Hellmut von Gerlach erinnert, erlitt der im Krieg einen rapiden körperlichen Verfall. »Der starke Mann, der zu seiner Ernährung das Doppelte eines Durchschnittsmenschen brauchte, hielt sich aus Patriotismus streng an die Rationierungsvorschriften.« Als er schließlich aus Hunger doch davon abging und »Vorträge nur noch gegen Naturalien übernahm« – diese sollten jedoch legal, nicht auf dem Schwarzmarkt beschafft sein –, »da war es zu spät. Sein vorzeitiger Tod ist zweifellos durch die Entbehrungen verursacht, die er sich in patriotischer Askese auferlegt hatte.«[204] Heuss, der mit weit weniger Nahrung auskam, sah es genauso.[205]

Nicht nur in der Ernährung war Naumann konsequenter als Heuss; er zog auch klarer, wenn auch tief deprimiert, die Konsequenz aus der Kriegserfahrung – er, dem der Krieg zunächst die Krönung seines Lebenswerkes beschert zu haben schien: die große Volksgemeinschaft über die Klassengrenzen hinweg! Am 6. Oktober 1918 schrieb er an Gertrud Bäumer, schon seit langem seine engste Vertraute: »Überall stecken diejenigen ihre Köpfe hervor, die von vornherein à la baisse spekuliert haben: Pazifisten und flache Internationalisten. Dabei muss man ihnen zugeben, dass sie Recht haben: wir brauchen jetzt eine gewisse Allerweltsflachheit, um weiter leben zu können, und müssen aus dieser Not eine Tugend machen. Mir wird diese notwendige Einstellung noch blutsauer, aber ich ermuntere andere, sie schnell zu vollziehen, denn wir brauchen jetzt Völkerbundsoptimismus sowohl als politisches Hilfsmittel wie als Ersatz für verloren gegangene nationale Hoffnungen.«[206] Wenn das Gros der Deutschen dies schon nach 1918 und nicht erst nach 1945 erkannt hätte, wäre Deutschland unendlich viel erspart geblieben!

Heuss dagegen, der für seine Person nie eine heroische Lebenseinstellung proklamierte, sah 1918 zwar neue Perspektiven, erkannte jedoch keine Notwendigkeit einer fundamentalen inneren Wende.[207] Naumanns unerwarteter Tod am 24. August 1919 bedeutete für ihn keine tiefe Zäsur. Eher gewinnt man den Eindruck, dass die geistige Gemeinschaft der Naumannianer so recht erst dann florierte, als sie nicht mehr durch den leibhaftigen Naumann belastet wurde. 1921 begann Heuss mit den Vorarbeiten für seine Naumann-Biographie[208]: Naumann, dessen Verhältnis zu Heuss oft eher distanziert gewesen war, zumindest längst nicht so eng wie später zu Gertrud Bäumer, stand jetzt der Heuss'schen Erinnerungspolitik zur freien Verfügung.

Was sich Heuss von Max Weber aneignete, praktizierte er gerade nach 1918 ebenso wie später nach 1945 ausgiebig in seinem eigenen Leben: dass Strukturen keine Determinanten sind, sondern Chancen, die Individuen auf ihre Art zu realisieren vermögen. Wie wir heute wissen, lebte dies auch Max Weber zu jener Zeit auf seine Art: indem er genau zu der Zeit, in der das Reich militärisch am Ende war, in der Liebe die Lust der Unterwerfung entdeckte.[209] Bei ihm wie bei Heuss mag man manchmal bedauern, dass sie private Lebenskunst nicht auf die Politik übertrugen.[210] Heuss war doch ein Virtuose der Kommunikation; warum war er derart auf die Idee fixiert, dass es in der Politik auf *Führung* ankomme, nicht auch auf Teamwork, Verständigung, geschickte Vernetzung? Aber dem Bundespräsidenten Heuss ist ebendies am Ende doch gelungen.

Das immerhin hatte Heuss von Naumann gelernt, der im Unterschied zu den meisten Deutschen[211] im Herbst 1918 die Wahrheit über die Westfront kannte: Die Deutschen waren in der Tat, obwohl sie noch tief im Feindesland standen, militärisch besiegt worden; die Dolchstoßlegende war eine Lüge. Das bekannte Heuss nicht nur intern, sondern auch öffentlich.[212] Und doch schrieb er 1919, als die Unterzeichnung des Vertrags von Versailles bevorstand: Vielleicht wäre »Hubertusberg« zu erreichen gewesen – wäre nicht diese Chance »durch die Revolution verstopft« worden.[213] »Hubertusberg«: das war der Friede von 1763 nach dem Siebenjährigen Krieg auf der Grundlage des Status quo ante. Aber hatte nicht der amerikanische Präsident Wilson erklärt, mit dem Kaiser wolle er nicht verhandeln, und war nicht mit der Abdankung Wilhelms II. das ärgste personelle Feindbild der Gegner entfallen? Aber nicht nur Heuss, sondern selbst Max Weber glaubte damals an diese abgeschwächte Version der Dolchstoßlegende.[214]

Ganz absurd ist diese selbst aus heutiger Sicht nicht[215]; und für die damaligen Zeitgenossen war die Situation unendlich viel unübersichtlicher als heute für uns; das darf man nicht vergessen. Wie dem auch sei, ein verheißungsvoller Neuanfang waren die revolutionären Vorgänge bei und nach Kriegsende für Heuss ganz und gar nicht, weder im politischen noch im geistigen Sinne. »Wenn wir die große Umwälzung als einen Akt der Selbstbefreiung etikettieren, so glaubt uns das draußen kein Mensch«, spottete er 1919. »Das geistig Lebendige des ganzen Vorgangs ist ja auch, trotz aller Literatenmanifeste, bescheiden genug.«[216] Und 1920 spottet er in einem Essay über seinen Lieblingsdichter Richard Dehmel über »diese Zeit, die ihre Sensation von hysterischen Brandreden oder von Revolverschüssen auf ephemere Erscheinungen bezieht«.[217] »Ephemere Erscheinungen«: Er muss an Kurt Eisner, Karl Liebknecht, Rosa Luxemburg gedacht haben. Mit ironischer Gelassenheit, weder als revolutionären Aufbruch noch als infamen »Dolchstoß« erlebte Heuss die Wende vom Kaiserreich zur ersten deutschen Republik.

3
Auf Schlingerkurs, gelassenes Scheitern und geschärftes Profil: Heuss in der Weimarer Republik

1918 5. Januar: Heuss übernimmt die Redaktion der »Deutschen Politik« (bis 1922). November: Revolution in Berlin; Heuss beginnt mit der Mitarbeit an der neugegründeten Deutschen Demokratischen Partei (DDP), der Nachfolgerin der Fortschrittlichen Volkspartei. 17. Dezember: Auf Initiative Ernst Jäckhs und unter Vorsitz Erzbergers wird die *Deutsche Liga für den Völkerbund* gegründet

1919 19. Januar: Erfolglose Kandidatur für die verfassunggebende Nationalversammlung, bei deren Wahlen die DDP mit 16,5% der Stimmen den weitaus größten Erfolg ihrer Geschichte erlangte; aber Heuss bekam auf der württembergischen Kandidatenliste der DDP einen schlechten Platz, da die DDP-Führung den Vertretern bestimmter Berufsstände Vorrang gab. Februar: Reise zusammen mit Hjalmar Schacht nach Wien, um dort den Wahlkampf der Bürgerlich-Demokratischen Partei durch Reden zu unterstützen. 23. Februar: Wahl zum Mitglied der Bezirksversammlung von Berlin-Schöneberg

1920 13.-17. März: Kapp-Putsch; Heuss veröffentlicht danach die Broschüre: »Kapp-Lüttwitz – Das Verbrechen gegen die Nation«. 25. März: Otto Gessler (in der Folge DDP) wird Reichswehrminister; zwischen ihm und Heuss entwickelt sich von da an ein lebenslanges Vertrauensverhältnis. 6. Juni: Erfolglose Kandidatur bei den Wahlen zum ersten Reichstag, bei denen der Anteil der DDP sich gegenüber den Wahlen zur Nationalversammlung um mehr als die Hälfte vermindert. Oktober: Gründung der Deutschen Hochschule für Politik; Heuss wird Studienleiter (bis 1925), dann Dozent (bis 1933). Wahl zum 2. Vorsitzenden des Schutzverbandes deutscher Schriftsteller

1921 Beginn der Vorarbeiten für die Biographie des am 24. August 1919 verstorbenen Friedrich Naumann

1922 Mai: Auch als Nachrücker für einen ausgeschiedenen DDP-Reichstagskandidaten wird Heuss übergangen. Mai: Schriftleiter der Zeitschrift »Die Deutsche Nation« (bis 1925), die von Bernhard Wilhelm von Bülow und Kurt Riezler herausgegeben wird

1923 Sommer: Dozent bei den Schulungswochen der *Reichszentrale für Heimat-*

dienst, der Vorläuferin der heutigen Bundeszentrale für politische Bildung, die am 1. März 1918 unter Mitwirkung von Heuss von der Regierung gegründet worden war

1924 4. Mai: Wahl in den zweiten Reichstag für die DDP, die insgesamt Verluste erleidet. 7. Dezember: Wiederwahl von Heuss in den (dritten) Reichstag; in der darauf folgenden Regierung Luther, an der auch Deutschnationale beteiligt sind, bleibt Gessler in der Regierung, obwohl die DDP erstmals nicht mehr zu den Regierungsparteien gehört

1925 Januar: Gustav Stolper siedelt von Wien nach Berlin über, zunächst als Chefredakteur des »Berliner Börsenkuriers«. 28. Februar: Tod Friedrich Eberts; 26. April: Wahl Hindenburgs zum Reichspräsidenten. 5. April: Wahl zum 1. Vorsitzenden des Schutzverbandes deutscher Schriftsteller (Rücktritt 1926 über der Kontroverse um das Gesetz gegen »Schund und Schmutz«). Mai: Mit Rücksicht auf die Winzer setzt Heuss sich im Reichstag im Einklang mit der Reichstagsmehrheit dafür ein, im anstehenden deutsch-spanischen Handelsabkommen einen Zollschutz für die Landwirtschaft vorzusehen, was zu einem monatelangen deutsch-spanischen Zollkrieg führt; darüber Dissens zwischen Heuss und Robert Bosch. August/September: Reise nach Österreich zu einer Kundgebung des Deutsch-Österreichischen Volksbundes für den Anschluss Österreichs an das Deutsche Reich

1926 Veröffentlichung von »Staat und Volk«, basierend auf Vorlesungen für die »Reichszentrale für Heimatdienst«. 23. Januar: Wahl zum 1. Stellvertretenden Vorsitzenden des Bundes der Auslandsdeutschen. Mai: Heinrich Schnee, der ehemalige Gouverneur von Deutsch-Ostafrika, begrüßt als Vorsitzender des Bundes der Auslandsdeutschen die Flaggenverordnung des Reichspräsidenten Hindenburg an Gesandtschaften und Konsulate, in ausländischen Häfen neben der schwarz-rot-goldenen auch die alte schwarz-weiß-rote Handelsflagge zu führen; im folgenden »Flaggenstreit« ist Heuss intern auf der Seite der Kritiker. Juni: Heuss nimmt gegen das Volksbegehren auf entschädigungslose Fürstenenteignung Stellung; darüber Dissens mit Anton Erkelenz, dem Sprecher des linken DDP-Flügels. 3. Dezember: Gegen die Stimmen der Linksparteien nimmt der Reichstag das Gesetz zur Bewahrung der Jugend vor Schund-und-Schmutz-Schriften an. Heuss und Gertrud Bäumer engagieren sich vehement für das Gesetz; für die DDP bedeutet es jedoch eine »Zerreißprobe«. Beginn der Mitarbeit an Gustav Stolpers »Deutschem Volkswirt«, der am 16. Juni mit Unterstützung von Hjalmar Schacht gegründet wird; Beteiligung am Kreis um Gustav und Toni Stolper

1927 Veröffentlichung von »Führer aus deutscher Not – Fünf politische Porträts« (Friedrich Naumann, Max Weber, Conrad Haußmann, Hugo Preuß, Friedrich Ebert)

1928 Januar: Gesslers Rücktritt als Reichswehrminister. 20. Mai: Bei den Wahlen zum vierten Reichstag, die der DDP starke Verluste bringt, bleibt Heuss erfolglos; Gertrud Bäumer plädiert dafür, Verbindung zum *Jungdeutschen Orden* aufzunehmen. September: Teilnahme an der Balkanfahrt des Bundes der Auslandsdeutschen; in Sofia lernt Heuss den Philosophen Eugen Rosenstock-Huessy kennen

1929 Oktober: Wahl in den Vorstand der DDP. 17. November: Wahl in die Berliner Stadtverordnetenversammlung

1930 Juli: Umzug in die Kamillenstraße 3 in Berlin-Lichterfelde-West. Die DDP schließt sich mit dem *Jungdeutschen Orden* zur *Deutschen Staatspartei* (DStP) zusammen. 14. September: Heuss kehrt als DStP-Kandidat in den Reichstag zurück; zugleich erster spektakulärer Wahlerfolg der NSDAP. 17. September: Wahl zum Geschäftsführer der DStP-Fraktion

1931 Auf Veranlassung des Auswärtigen Amtes auf zwei internationalen Tagungen: 4.-8. April in Athen: Teilnahme am Kongress der *Entente Internationale des Partis Radicaux et des Partis Démocratiques Similaires.* Ende September in Warschau und Krakau, Teilnahme an einem Treffen von *Les Amitiés internationales.* September/Oktober: Abfassung von »Hitlers Weg«; im Dezember wird das Buch ausgeliefert

1932 11. Mai: Reichstagsrede gegen die NSDAP. 28. Mai: Gedenkrede zur 100. Wiederkehr des Hambacher Festes, jenes radikal-liberalen Nationalfestes, bei dem sich noch deutsche und polnische Freiheitskämpfer miteinander verbrüdert hatten. 31. Juli: Wahl in den sechsten Reichstag für die DStP, die insgesamt nur noch vier Abgeordnete besitzt, gegenüber 230 Abgeordneten der NSDAP. 6. November: Erfolglose Kandidatur für den siebten Reichstag

1933 1. Januar: Herausgeber der »Hilfe«. 5. März: Noch einmal Rückkehr in den Reichstag für die DStP. 17. März: Verbot des »Deutschen Volkswirt«; von da an planen Gustav und Toni Stolper die Emigration. 21. März: »Tag von Potsdam«: Festgottesdienst mit Hitler und Hindenburg. 23. März: Zustimmung der DStP-Reichstagsabgeordneten unter Einschluss von Heuss zum Ermächtigungsgesetz. 3. Mai: Verlust der Dozentur an der Deutschen Hochschule für Politik. In der Woche ab 10. Mai: Bücherverbrennung; auch zwei Bücher von Theodor Heuss werden verbrannt. 12. Juli: Aberkennung des Reichstagsmandats

ABSCHIED UND DOCH KEIN ABSCHIED VOM OBRIGKEITSSTAAT ODER: DIE VERGEBLICHE SUCHE NACH DER HEUSS'SCHEN STAATSTHEORIE. »Gegen so vulgär gewordene Begriffe wie dem ›Zusammenbruch der bürgerlich-kapitalistischen Gesellschaft nach dem Ersten Weltkrieg‹ bin ich entsetzlich empfindlich«, bekannte Heuss noch 1957.[1] Für weite Teile des deutschen Bürgertums brach mit der militärischen Niederlage des Kaiserreichs eine Welt zusammen; nicht für Heuss. Zwar begann er eine Rede in Berlin am 17. November 1918 mit einem Blick auf den »so jähen Zusammenbruch, bei dem man wünschen könnte, nicht mehr zu leben«[2]; aber dabei ist der Potentialis »könnte« zu beachten – nichts in Heuss' Briefen jener Zeit deutet auf Lebensmüdigkeit. Im Gegenteil, mit den banalen Pflichtübungen der Kriegsberichte hatte es jetzt ein Ende; dafür gab es jetzt andere Themen, die ihm weit mehr lagen: Gedanken zu neuen Perspektiven der Politik und Kultur. Heuss war ja nicht zuletzt Literat: Bei seinen Sarkasmen gegen die »Literaten« darf man nie vergessen, dass er damit auch einem Stück von sich selbst eins auswischte.

Und doch gehörte er nicht zu denen, die mit dem Ende der Monarchie Morgenluft witterten. Im Anblick der revolutionären Tumulte von 1918/19 war ihm das Gefühl »Jedem Anfang wohnt ein Zauber inne« – um den von ihm geliebten Hermann Hesse zu zitieren – im Grunde fremd; man hat den Eindruck, dass er das Pathos des Neuanfangs vorwiegend aus politisch-pädagogischen Gründen bemühte. Ihm war von seinen Werkbund-Verbindungen her wohlbewusst, was viele Spätere vergaßen: dass die Moderne in Kunst, Architektur und Design bereits mitten im Kaiserreich begonnen hatte und keineswegs eine Frucht von Krieg, Niederlage und Revolution war.[3] Das Kaiserreich hatte zwar seinen Spott, nur selten jedoch seine Empörung erregt; im Gefolge Naumanns hatte er das wilhelminische Deutschland als entwicklungsfähig, keiner Revolution bedürftig und auf dem besten Wege zur Parlamentarisierung erlebt – und womöglich hatte er damit sogar recht.[4] Aber dann spottete er auch noch darüber, dass das revolutionäre Pathos ins Leere verpuffte und die Revolution keine war. Unter dem Titel »Es bleibt alles beim Alten« verfällt er sogar in die sonst von ihm verspottete Manier des Literaten, der sich partout keine Pointe entgehen lassen will, und schwelgt ganz gegen seine Art in Sarkasmen:

> Die Augen dem Neuen zugewandt, während die Sohlen an dem Lehm der Vergangenheit kleben. Die gekrampften Fäuste zerren an dem Glockenseil der neuen Freiheit und die Antwort ist das alte Bim-Bam-Bum. Nur dass die Literaten, die bisher auf dem Bänkchen der Gekränkten saßen, in den Glockenstuhl geklettert sind und sich mit ihren Flöten und Klarinetten und etwas Zeithysterie wichtig machen dürfen, wozu der Arbeiter lacht; das ist einer der wenigen neuen Züge.[5]

Dabei ist Heuss im Grunde seines Herzens heilfroh, dass die bestehende Ordnung in der Essenz erhalten bleibt. Dem Bürger erschien angesichts der revolutionären Unruhen die Gefahr, dass den Deutschen »russische Zustände« drohten, weit größer, als sie in Wirklichkeit war. Mehr als vor 1914 fühlte Heuss sich als Liberaler fortan zwischen zwei Fronten; und lange Zeit war er unsicher, ob die größere Gefahr von rechts oder von links drohte. Im Oktober 1939 erklärte er im Rückblick seine eigene Wende bei Kriegsende:

> Mit dem »Bürger« ist das so: ich habe natürlich auch meine »antibürgerlichen« Ansätze, suchte meine Jugendfreunde in der Arbeiterschaft, hielt mich in den münchner Studentenjahren für einen Bohemien, der Chansons dichten müsste – seit 1918 aber betrieb ich dann die Ehrenrettung des Wortes »bürgerlich«, mit dem Wunsch, zwischen dem »Bourgeois« u. dem »Spießbürger« eine Sphäre zu sichern, gegen das Schlagwort der Marxisten, gegen das Ressentiment der nach rechts oder links entlaufenen und Literaten gewordenen Bürgersöhne, aber auch gegen die politische Parteimobilisierung dieses Wortes.[6]

Die »Masse«, für Naumann noch ein verheißungsvoller, programmatischer Begriff (»Das Land der Masse!«), bekam für Heuss – und nicht nur für ihn – einen bedrohlichen Klang. Am Ende der Weimarer Republik beklagt er die »seelische Vermassung, in die das Wahlrecht und das Dauerwählen den Deutschen gebracht« habe.[7] In »Hitlers Weg« schildert er die »Masse« als Lebenselixier des NS-Führers.[8] Das Wunschbild der alten Demokratie-Romantik, dass »das Volk« in seinem Kern gut und nur der monarchische Herrschaftsapparat die Quelle des Bösen sei, war Heuss ab 1918/19 vergangen. Das Gleiche gilt für den alten rebellischen südwestdeutsch-liberalen antibürokratischen Impetus: Im Horror vor dem vermeintlich drohenden Chaos lernte Heuss den starken Staat und die kompetente Beamtenschaft schätzen – beides fortan Grundelemente seines politischen Denkens. Insofern verkörpert er in Reinform das Grunddilemma des politischen Liberalismus seit jener Zeit: dass er seinen ursprünglichen Impetus, den Zauber der »Freiheit« verloren hatte. Dieses Dilemma ist fortan ein untergründiges Leitmotiv von Heuss' politischer Laufbahn.

Immer wieder wies Heuss die Formel von sich, jetzt sei der »Volksstaat« an die Stelle des »Obrigkeitsstaates« getreten[9]; seinen Demokratie-Artikel zum »Handbuch für republikanische Politik« der DDP begann er mit dem Hinweis, »Demokratie«, »Volksherrschaft« sei, wörtlich genommen, ein Widerspruch in sich. Auch der republikanische Staat sei in seiner Essenz Macht und fordere Gehorsam.[10] Nicht einmal die »Obrigkeit« war für ihn passé: Ein Staat, der nicht Obrigkeit sei, entarte zur Karikatur, erklärte er mitten in den revolutionären Turbulenzen im Januar 1919.[11] In der erwähnten Ansprache vom 17. November 1918 vor der liberalen Bürgerschaft von Berlin-Schöneberg, in deren Bezirksversammlung er im Februar 1919 gewählt wurde, erklärte er: »Wenn wir einmal Abschied vom Obrigkeitsstaat genommen haben, so sind dessen Taten doch groß gewesen, und auch die Revolution kann die hohen Tugenden der Beamten nicht entbehren, wenn auch die Dinge rauh und hart aneinander bleiben.«[12] Die Zeit verlange »einen neuen staatlichen Lebenswillen, der herb und hart zur Not von Staat und Volk ja sagt«, verkündete er 1925.[13] Das enthielt damals auch eine Spitze gegen bürgerliche Sehnsüchte zurück nach dem Kaiserreich; und doch begrüßte er die Kontinuität des kaiserlich-deutschen Beamtenapparats einschließlich der Richter über den politischen Umbruch hinweg, ohne große Sorge, dass diese für die neue Republik zur schweren Hypothek werden könnte.[14] Alles in allem erkennt man, dass ihm damals viel von der vom Vater ererbten emotionalen Basis des freiheitlichen Liberalismus zerbröckelte – bis zur Erfahrung der NS-Diktatur.

Bei alldem ist zu bedenken: Es wäre ganz unheussisch, den Ehrgeiz zu entwickeln, in all das, was Heuss über Staat, Nation, Volk, Demokratie schrieb, so viel Tiefsinn, Theorie und Terminologie wie möglich hineinzulegen: Damit verdeckte man das Tastende, Schwankende, Abwägende, Prozessuale seines Denkens. Heuss war kein systematischer, sondern ein dialogischer Geist; bei den meisten Themen seines Lebens muss man mitdenken, in welcher Gestalt sie ihm entgegentraten und in welchen Freundeskreisen sie das Gespräch bildeten. Seine Lebensgeschichte gewinnt ihren Reiz nicht so sehr als politische Ideengeschichte[15], sondern weit mehr als Spiegel politischer Stil-, Kultur- und Kommunikationsgeschichte. Zum Republikaner wurde Heuss nicht auf theoretischem Wege, sondern durch die neuen Beziehungsnetze, in die er sich einspinnen ließ, und die neuen Aufgaben, die sich stellten. Offenherzig bekennt er in seinen Memoiren, er habe seine politischen Schriften, die als bloße Gelegenheitsarbeiten entstanden, »nie wieder gelesen«.[16]

Am allerwenigsten lassen sich seine politischen Stellungnahmen aus einem fixen Konzept von Liberalismus ableiten. Noch als der 73-jährige Bundespräsident von seiner kleinen Enkelin Barbara gefragt wurde, was »Liberalismus« sei, sah er sich »in Verlegenheit«, die Frage »kinderleicht« zu beantworten.[17] So verkörperte er das dauernde Dilemma des politischen Liberalismus im 20. Jahrhundert, klare und einfache Konturen zu gewinnen; kein Wunder, dass es ihm schwerfiel, dieses Dilemma aus der Distanz zu analysieren. Dass die große Gefahr nicht nur in einem Mangel, sondern auch in einem Zuviel an Führertum bestehen kann: zur Wiederentdeckung dieser alten liberalen Überzeugung bedurfte es bei ihm der Erfahrung mit der NS-Diktatur.

DIE MEHRDEUTIGKEIT DER DEMOKRATIE IN DER WEIMARER VERFASSUNG. Das Gebot der Stunde war nach dem Ende der Monarchie erst einmal die neue *Verfassung*; und wie Heuss darüber dachte, interessiert gerade aus späterer Sicht, im Blick auf seine Rolle im Parlamentarischen Rat, geisterte doch bei der Beratung des Grundgesetzes die Idee herum, dass bereits die Weimarer Verfassung am Fiasko dieser ersten deutschen Demokratie mitschuldig sei. Zwar wurde Heuss zu seiner Enttäuschung nicht in die Weimarer Nationalversammlung gewählt, aber er stand in engem Kontakt zu Schlüsselpersonen: Conrad Haußmann bekam den Vorsitz des Verfassungsausschusses der Nationalversammlung; und auch Hugo Preuß, der als »Vater der Verfassung« gilt, gehörte der DDP an, die innerhalb der Nationalversammlung so stark vertreten war wie nie wieder auch nur annähernd in den darauf folgenden Reichstagen und die Verfassung mehr prägte als jede andere Partei.

In *einem* damals zentralen Grundprinzip war sich Heuss mit den »Vätern der Verfassung« einig, und dazu bekannte er sich auch nach 1945: in dem *zentralistischen* Grundzug. Der von den Fürsten besetzte Bundesrat des Kaiserreichs – theoretisch das führende Reichsorgan – war ein vordemokratischer Anachronismus gewesen; und auch nach 1918 erblickte Heuss, so gerne er den Schwaben spielte, im Föderalismus nie ein republikanisches Kraftpotential. Daraus mag es sich erklären, dass er selbst zu Papens »Preußenschlag« vom 20. Juli 1932 – der Ersetzung der sozialdemokratischen Regierung Preußens durch einen Reichskommissar – bei aller Aversion gegen diesen Reichskanzler schwieg.[18] Schon 1919 hatte er, hier im Einklang mit Hugo Preuß[19] und anderen, besonders süddeutschen Liberalen, die Auflösung Preußens favorisiert, derweil Max Weber die Parole »Los von Preußen!« als »verbrecherische Dummheit« gegeißelt hatte.[20]

Zwar wollte Heuss »Demokratie als Lebensform« in den Kommunen, in Schulen und Hochschulen als Grundhaltung von Unbefangenheit und Fairness gelebt sehen[21]; aber vom deutschen Föderalismus, der aus der Fürstenherrschaft hervorgegangen war, erhoffte er sich nichts, und um dies zu bekräftigen, bediente er sich mit Vorliebe historischer Munition. Er glaubte an einen inneren Zusammenhang von Parlamentarismus und Zentralismus[22]; die Pluralität der Landesparlamente zersplitterte in seiner Logik die politische Energie. Wenn man jedoch »Demokratie« als »Volksherrschaft« beim Worte nahm, war sie am ehesten in kleinen Welten möglich, und Anhänger der direkten Demokratie verwiesen auf die Schweiz; aber dazu war Heuss zu sehr Naumann-Schüler und war ihm Deutschlands nationale Größe zu sehr ein bleibender Wert, als dass ihm die Schweiz hätte zum Vorbild werden können.

Immerhin, ein Stück direkter Demokratie wurde in die Weimarer Verfassung eingebaut: die Möglichkeit eines *Volksbegehrens*. In seinem Buch »Staat und Volk« von 1926 behandelt Heuss diese plebiszitäre Ingredienz, die vor allem auf Haußmann zurückging[23], noch eher beiläufig als ein undramatisches Element: »Die Lehren der Schweizer Praxis, die Dutzende von Volksabstimmungen über Kantons- und Bundesgesetze kennt, weisen nach, dass das Verfahren stärker die konservativen als die wandlungsbereiten Elemente eines Volkstums stärkt.«[24] Im gleichen Jahr mobilisierten die Kommunisten jedoch alle Wut auf unverdienten Reichtum bei ihrer Kampagne für ein Volksbegehren zugunsten einer entschädigungslosen Enteignung der Fürsten: Da bekannte Heuss gegenüber Erkelenz, der den Volksentscheid befürwortete, er habe »noch nie so unter dem geistig niederen Niveau unseres politischen Kampfes gelitten« wie jetzt.[25] Dabei waren nicht nur Kommunisten, sondern auch große Teile der DDP-Wähler für die Enteignung: Gerade das liberale Mittelbürgertum war von der Inflation besonders hart getroffen und hatte seine Ersparnisse verloren; wieso sollten da ausgerechnet die Fürsten ungeschoren davonkommen? Daher führte das Thema innerhalb der Partei zu Spannungen; am Ende kam eine halbherzige Erklärung heraus, und Hjalmar Schacht, als Reichsbankpräsident kompromissloser Anhänger der Unantastbarkeit des Privateigentums, verließ darüber die Partei.[26]

1929 angesichts der aggressiven deutschnationalen Kampagne gegen den Young-Plan zur Neuregelung der Reparationen bekräftigte Heuss, dass er »ein grundsätzlicher Gegner des Volksbegehrens in der großräumigen Massendemokratie« sei, und erinnerte daran, schon 1919 habe er Haußmann vergeblich davon abzubringen versucht. Er führte darüber eine ungewöhnlich scharfe Kontroverse mit seinem Parteifreund Wilhelm Cohnstaedt, dem politischen Redakteur der »Frankfurter Zeitung«, den er von seiner Münchener Studentenzeit her kannte. Cohnstaedt empfand Heuss zu jener Zeit nicht mehr als Journalistenkollegen, sondern als einen, der von der Höhe der Hochschule aus die Journalisten schulmeistern wollte.[27] In der Tat zeigte Heuss eine zunehmende Aversion gegen die »demokratische Großstadtpresse«[28], mit Theodor Wolffs »Berliner Tageblatt« an der Spitze, und positionierte sich selbst zwischen Politik, Journalismus und

Wissenschaft. Seine Abneigung gegen das lärmende Drum und Dran von Volksentscheiden wurzelte nicht zuletzt in seinem Stilgefühl. Später im Parlamentarischen Rat kanzelte er das Referendum als »Prämie für Demagogen« ab; das wurde zur Standardformel.

In der Weimarer Verfassung gab es jedoch noch ein völlig andersartiges plebiszitäres Element, das bei der Beratung des Grundgesetzes noch stärker in Misskredit geraten war, mit Folgen, die Heuss' späteres Schicksal bestimmten: die *Direktwahl des Reichspräsidenten*. Das war in der DDP damals Konsens; dahinter stand die Autorität Max Webers, wogegen die Sozialdemokratie opponierte[29], obwohl als erster der Sozialdemokrat Friedrich Ebert von der starken Stellung des Präsidenten profitierte. Demokratie braucht Führung, ja sogar der beste Vorzug der Demokratie besteht darin, dass sie starke Führer hervorbringt: Das war das Credo Max Webers, und da stimmten Naumann und Heuss mit ihm überein. Wäre der 59-jährige Naumann 1919 noch so bei Kräften gewesen wie 30 Jahre darauf der 65-jährige Heuss, hätte man sich ihn als idealen Reichspräsidenten vorstellen können, der die Kluft zwischen rechts und links überbrückt hätte.

Und doch äußerte Heuss anfangs Bedenken.[30] Ein Widerspruch bestand darin, dass man, wenn man eine starke Führung wollte, eigentlich nicht den Präsidenten, sondern den Kanzler mit der Autorität der Direktwahl hätte ausstatten müssen. Der Präsident besaß etwas von einem Ersatz-Monarchen; insofern war der demokratische Charakter der hinter der Direktwahl stehenden Philosophie nicht über allen Zweifel erhaben. Und doch bekannte sich Heuss am Tag vor Hindenburgs Wahl zur starken Stellung des Reichspräsidenten als einem Ausdruck deutschen Geistes: »Er ist auch Repräsentant, aber er ist nicht nur Repräsentant. Darin liegt der wesenhafte Unterschied zwischen dem französischen und dem deutschen Staatsgedanken. Der Deutsche will das Führertum wahren.«[31]

In merkwürdigem Kontrast dazu stand das andere charakteristische Element der Weimarer Verfassung, das später unter heftigen Beschuss geriet: der *Proporz*, nämlich die Wahl der Reichstagsabgeordneten nach dem Verhältniswahlrecht, wodurch die Parteiapparate, die die Landeslisten aufzustellen hatten, in eine Schlüsselposition gerieten. Auch dafür gab es den bekannten Grund: Eine Mehrheitsdiktatur sollte vermieden werden, und alle Wählerstimmen sollten unterschiedslos in der Zusammensetzung des Parlaments zum Ausdruck kommen. Wenn man wollte, konnte man gerade aus der Spannung zwischen Präsidenten- und Abgeordnetenwahl eine Demokratie-Philosophie machen: hier die Chance, ein Stück einigen Volkswillens und die Persönlichkeit zur Geltung zu bringen, dort die Methode, die Pluralität politischer Positionen in der Volksvertretung zu verankern.

Heuss bekannte jedoch schon 1920 auf dem zweiten Parteitag der DDP: »Ich müsste lügen, wenn ich behaupten wollte, dass die Verfassung von Weimar in ihrem gegenwärtigen Gewaltenaufbau mir persönlich in allen Teilen richtig und zweckmäßig erscheint; ich habe die Empfindung, wir werden darüber noch manche schwere Lehrstunde durchmachen müssen, dass wir Gedanken des plebiszitären Volkspräsidenten mit dem parlamentarischen Regime und der Verhältniswahl zusammenzwingen wollten; der Wille, so demokratisch wie möglich zu sein, hat politisch-technische Zweckwidrigkeiten geschaffen.«[32] Worte, die aus der Rückschau prophetisch wirken! In seiner Schrift »Die neue Demokratie« plädierte er dafür, die neue Verfassung nicht »als eine gefrorene Paragraphenreihe anzustarren«, sondern sie flexibel den Bedürfnissen der Zeit anzupassen.[33]

Im Weimarer Verfassungsausschuss wetterte Naumann vergeblich gegen den Proporz; in diesem Punkt ließ die Sozialdemokratie, für die dieses Wahlrecht ein Gebot der Gerechtigkeit war, nicht mit sich reden. Für Heuss war das Verhältniswahlrecht der größte Fehler der Verfassung.[34] Er kommentiert dazu 1926: »Der deutsche Staat hat, unbewusst, den Herrschaftsgedanken dem Suchen nach der vollkommenen Gerechtigkeit zum Opfer gebracht.«[35] In dieser Formulierung mischen sich noch Verständnis und Kritik; erst ab 1929 im Zuge der immer neuen Regierungskrisen aus Mangel an einer stabilen Reichstagsmehrheit wird Heuss' Kritik an diesem Wahlrecht schärfer. Gustav Stolper sprach schon bei den Maiwahlen von 1928, bei denen Heuss durchfiel, von dem »lächerlichsten, absurdesten, unmöglichsten aller Wahlsysteme«. Heuss glaubte noch vor der Septemberwahl 1930, die den ersten Erdrutsch zugunsten der NSDAP bringen sollte: »Es ist unausdenkbar, dass im Einzelwahlkampf, da der Mann einzustehen hat, Gebilde wie die nationalsozialistische oder kommunistische Fraktion so hätten wachsen können.«[36]

Die Situation war für ihn allerdings insofern vertrackt, als die DDP, die sich ganz zu Anfang noch zur großen Volkspartei zu entwickeln schien, mittlerweile Reichstagsmandate nur noch dank des Proporz erlangen konnte. Ihre Stärke hatte jedoch stets darin gelegen, dass sich in ihr relativ viele »Persönlichkeiten« sammelten: profilierte Charaktere mit vielseitiger Bildung, die etwas zu sagen hatten. Ein Optimist wie Heuss mochte hoffen, dass dieser Vorzug bei einem »Persönlichkeitswahlrecht« zum Trumpf werden würde gegenüber Apparatschiks, die einzig durch innerparteiliches Gekungel oben auf die Liste gekommen waren und nichts Eigenes zu sagen hatten, sondern nur Parteiparolen nachplapperten. Ob allerdings das Persönlichkeitswahlrecht tatsächlich »Persönlichkeiten« im Heuss'schen Sinne nach oben brachte und sich die Wähler nicht auch dort meist an Parteien orientierten, ist nicht sicher. Allenfalls schieden gewisse obskure Gestalten aus, die man in der Öffentlichkeit einfach nicht vorzeigen konnte; und das traf die Extremparteien wohl mehr als die DDP.

»KRONPRINZ MUSS WARTEN«, »NACH STRICH UND FADEN HEREINGELEGT« UND DOCH: EIN UNVERDROSSENER FEHLSTARTER. Heuss fühlte sich mit Grund als »Persönlichkeit«; aber immer wieder sah er diese Qualität selbst in seiner eigenen Partei schlecht honoriert. Am 17. November 1918 schrieb der bald 35-jährige Heuss an den 61-jährigen Conrad Haußmann, den Vorsitzenden der württembergischen DDP, zu dem er schon als Redakteur des von diesem herausgegebenen »März« in engem Kontakt gestanden hatte, er dürfe wohl mit Recht darauf hoffen, bei den anstehenden Wahlen zur Nationalversammlung auf einen guten Listenplatz zu kommen. Jetzt würden doch Leute gebraucht, die wie er etwas von Verfassungsfragen verstünden; zudem dürfe er »wohl sagen«, dass er in den letzten sechs Jahren in Württemberg »agitatorisch« wie kaum ein anderer »für die Partei gearbeitet habe« und er zudem durch seine »Stellung zu den Frauenfragen nach dieser Seite völlig unbelastet« sei – offenbar waren andere Parteikollegen durch ihr Desinteresse am Frauenstimmrecht für die neue Situation schlecht gerüstet. »Heute stellt sich für mich die Frage so dar, ob ich jetzt, Mitte der Dreißig, verantwortungsvoll in die Politik eintrete oder noch einmal eine Reihe von Jahren warten muss. Ich glaube, dass es der bürgerlichen Demokratie notwendig ist, bei dieser großen Kraftprobe neue Kräfte heranzuholen.«[37] In der Tat! Man erkennt, dass Heuss sich schon einmal hat vertrösten lassen; ein vorwurfsvoller Ton ist unüberhörbar; bezeichnend, dass der Schreiber hinzusetzt: »Nehmen Sie mir diesen Brief nicht übel.«

Die Antwort des Parteioberen bedeutete jedoch für Heuss »eine ziemliche Enttäuschung«. Er bekam keinen aussichtsreichen Listenplatz. Haußmanns Brief ist nicht erhalten; er muss den Hinweis enthalten haben, dass die Vertreter von wählerstarken Berufsständen Vorrang haben müssen – und Heuss repräsentierte keinen solchen Stand. Schon das war für ihn ein Grund, auf die damals grassierende Idee, das Parlament durch eine Ständevertretung zu ersetzen, allergisch reagierte. Verärgert schrieb er an Haußmann, diese Hervorkehrung des Berufsständischen scheine ihm »etwas wie politische Bauernfängerei zu sein«. »Es handelt sich doch darum, dass wir in der neuen demokratischen Bewegung den Führergedanken als solchen nicht völlig durch ein Kompliment vor der beruflichen Massenvertretung kompromittieren.«[38] »Führer« kontra »Masse«!

Hielt Heuss sich damals selbst für einen Führer? Ganz fern wird ihm dieser Gedanke nicht gelegen haben; 1946 behauptete er in einem Brief an die Stolpers, in seiner Gymnasialzeit sei er »der unbestrittene Führer der Klasse gewesen«.[39] Er legt Wert darauf, dass er keineswegs nur ein Kandidat für Bildungsbürger sei, sondern auch bei handfesten Leuten den richtigen Ton zu treffen wisse; gerade noch habe er »zu 2000 bis 2500 Metzgern« gesprochen. Er kontrastiert sich zu Alfred Weber, dem jüngeren Bruder Max Webers, der noch vor einem Monat zum provisorischen Vorsitzenden der DDP ausgerufen, aber wegen falscher Vaterlandsverrat-Vorwürfe gegen die Industriellen Stinnes und Thyssen schon wieder zurückgetreten war; und noch schärfer setzt er sich gegen Theodor Wolff ab, das Oberhaupt des linksliberalen Berliner Journalismus – wobei er zugleich seine eigene Selbsteinschätzung erkennen lässt: »Dass Alfred Weber zwar ein geistreicher Mensch ist, aber viel zu hysterisch, um Führerqualitäten zu haben, war mir von vornherein klar. Gelegentliche Demagogie, über die er verfügt, hilft nicht über den Mangel an sachlicher Ruhe und Gehaltenheit hinweg. … Mit Theodor Wolff an der Spitze ist allerdings auch keine Volksbewegung zu machen, da heute Deutschland etwas anderes als pazifistische Pointen braucht, sondern zur nationalen Würde erzogen werden muss.«[40]

Heuss als Erzieher; Auch das ein Leitmotiv der kommenden Jahre! Bei Haußmann nützt das alles nichts. Heuss schlägt einen scharfen Ton an, wie er es sonst gegenüber Parteifreunden nicht tut, stilisiert sich zum Sprecher der Jungen gegen die »alten Bonzen« und die »Stuttgarter Cliquenpolitik«, er droht sogar kaum verhüllt mit Mobilisierung des rebellischen Jungvolks[41] – alles umsonst; er, der sich 30 Jahre darauf im Parlamentarischen Rat zum künftigen Bundespräsidenten profiliert, kommt nicht in die Weimarer Nationalversammlung, die die neue Verfassung erarbeitet. Die Grunderfahrung dieser Phase seines Lebens ist die immer neue Erfolglosigkeit trotz mancher verheißungsvoller Anläufe. Damit verbunden ist jedoch ein weiteres Phänomen: dass Heuss durch diese Enttäuschungen nie dauerhaft verbittert wurde, kein Ressentiment in sich hineinfraß und nicht jegliche Lust an der Politik verlor.

1920 bringt Heuss in der »Hilfe« einen langen gutgelaunten Artikel »Empfindsame Wahlreise«[42], in Anspielung auf das »empfindsame« Literaturgenre der Goethe-Zeit. Es handelte sich um die Wahlen zum ersten Reichstag der Weimarer Republik, bei denen Heuss trotz unermüdlichem Reden und Herumreisen wieder einmal verliert – aber von den Wahlreden handelt der Essay nur zum geringeren Teil, mehr noch von der Freude an der Maiennatur: »Ach, nie war Schwaben so schön wie in diesem frühsommerlichen Mai …« »Du fährst zu den Leuten hinaus, um sie zu belehren, und bist selber immerzu ein Lernender. Wie ärmlich wird alles wichtigtuerische, großstädtische Literatengetue vor den Bedingungen eines kleinen, festen Arbeitslebens da draußen, das ernsthaft seine Sorgen kennt und trägt.« Nebenbei ein Seitenhieb auf den Berliner Theodor-Wolff-Flügel der DDP; aber keine Polemik durchzieht den Essay, obwohl Heuss in seinen Wahlreden – von denen leider nur wenige Texte überliefert sind – sehr wohl polemisieren kann; das zeigt die Duellforderung eines Gegenredners, der sich beleidigt fühlte: in dem Heuss-Essay jedoch nur die komische Pointe am Schluss!

Wie man sieht, lebte am Anfang der Republik der »diskursive« Wahlkampfstil der Kaiserzeit noch fort, wo in Wahlversammlungen auch Redner der Gegenseite auftraten: eine Herausforderung, die einem Heuss Vergnügen bereitete. Die Wander-Maxime »Der Weg ist das Ziel«, die Heuss später als Präsident auf dem Deutschen Wandertag bekräftigen wird, findet man hier auf die Politik angewandt. Was der Heuss'sche Lieblingsgedanke »Demokratie als Lebensform« konkret bedeutet, erkennt man in diesem Essay besser als in seinen politikkundlichen Abhandlungen. »Es hat mir eigentlich Spaß gemacht, in diesen Ersatzparlamenten wieder einmal zu fechten«, schreibt er im April 1929 an Elly über einen Auftritt in der Bezirksversammlung von Berlin-Schöneberg; er habe sozialdemokratische Gegenredner »so elegant und witzig demoliert, dass ihrem Fraktionsredner bei seiner Schlußentgegnung … die Spucke wegblieb«[43].

Eine Szene noch ohne jenen Hass, der die politischen Auseinandersetzungen jener Zeit zunehmend vergiftete: Das war ein lustvoller demokratischer Stil. Demokratie war ihm mehr Lebenskunst und kommunikativer Sport als Theorie, zur Enttäuschung von Politologen, die sich an Heuss versuchten, aber zur höheren Legitimation einer Heuss-Biographie. Und aus heutiger Sicht war dieses Verständnis von Demokratie eines der zukunftsträchtigsten Elemente in seinem Denken. Bei alledem war Heuss beileibe nicht so harmonistisch, wie er sich in dem späteren Kitschbild von »Papa Heuss« darstellt. Seine Nichte Hanna Frielinghaus, Jahrgang 1916, die später mit den »Heuss-Anekdoten« reüssierte, reimte aus der Erinnerung:

> Die Politik, ich muss schon sagen,
> bracht' auch uns Kindern ihre Plagen.
> War's einmal wieder Zeit,
> dass eine Wahl wurd' vorbereit',
> vorm Radio saß der Vater dann
> und hört sich jede Meldung an.
> Auf Schwarz auf Rot er schimpft und flucht,
> wenn zuviel Stimmen sie gebucht.[44]

»Demokratie als Lebensform« lautet das Schlusskapitel einer Broschüre »Die neue Demokratie«, die Heuss Ende 1919 publizierte, drei Jahre nachdem John Dewey in seinem Hauptwerk »Democracy and Education« die Formel von der Demokratie als »*form of life*« in Umlauf gebracht hatte.[45] Man erwartet eine spritzige Pointe einer aufgefrischten Demokratie-Idee – und wird enttäuscht. Der gesamte Text ist innerlich defensiv: Auf der einen Seite der Grundtenor, Demokratie bedeute Stärkung der Nation; das ist Abwehr des Vorwurfs der Nationalisten von der Rechten, dass die Demokratie das Reich in seiner Niederlage zusätzlich schwäche. Auf der anderen Seite entschiedene Abwehr plebiszitärer

Demokratie-Konzepte, ganz wie dann 30 Jahre darauf im parlamentarischen Rat: Man spürt den Horror vor der Eigenmächtigkeit der »Straße«.[46] Nichts mehr von dem amerikanischen Übermut eines Walt Whitman, und auch nichts von der lustvollen Lebendigkeit vieler Heuss'scher Wahlreise- und Verbaler-Schlagabtausch-Erfahrungen! Von »Demokratie als Lebensform« erfährt man am besten durch Heuss' Leben, nicht durch seine politischen Schriften.

Auch ohne politische Karriere fand Heuss in Politik und Publizistik ein Vollgefühl des Lebens. Eigentlich hätte er allen Grund gehabt, sich von Haußmann unfair behandelt zu fühlen, und dies nicht einmal im Interesse einer höheren politischen Weisheit; umso mehr kann man staunen, wie wenig er ihm diese Missachtung verübelt. Stattdessen nimmt er den 1922 verstorbenen Politiker 1927, als er selbst nun doch im Reichstag ist – aber nur, um 1928 schon wieder durchzufallen – unter die fünf »Führer aus deutscher Not« auf, nach Friedrich Naumann und Max Weber! Jetzt zeichnet er ihn – typisch Heuss – als einen Geistes- und Schicksalsverwandten, wohl etwas mehr, als dem wirklichen Mann entsprach: »Seine Natur war viel zu beweglich, als dass er ein Dogmatiker geworden wäre, und auch sein Leben ist durch zuviel enttäuschende Resignation hindurchgegangen, als dass ihm die Rätsel des politischen Kampfes sich mit dem sicheren Besitz programmatischer Heilswahrheiten gelöst hätten …« »Für die giftmichelhafte Verleumdung, die in Schwaben sich seit je ein umfriedetes Reservat geschaffen, hatte er innerliche Verachtung« – was nebenbei ein Licht darauf wirft, dass Heuss, der so gerne den Schwaben hervorkehrte, zur politischen Kultur seines Stammes in einem keineswegs spannungslosen Verhältnis stand. Wie auch Haußmann selbst, der zwar »dem demokratischen Grundbewusstsein des schwäbischen Volkes eine neue Stimme gab«, aber doch nach Berlin in die Reichspolitik drängte, ganz wie Heuss.[47]

Von dem anderen Doyen der schwäbischen Demokratie, Friedrich Payer, 1919 im Alter von 72 Jahren, der am Ende des Kaiserreiches sogar geadelt und zum Stellvertreter des Reichskanzlers aufgestiegen war, erhielt der damals doch ungeduldige Heuss, wie er in seinen Memoiren berichtet, die in schwäbelnde Bonhomie verpackte Abfuhr: »Kronprinze müesset warte könne.«[48] Eine Mischung von Verheißung und Vertröstung auf unabsehbare Zeit: Heuss zwar als »Kronprinz«, immerhin, aber er, Payer, der schwäbische Demokrat, der es auf ein Alter von 84 Jahren bringen sollte, als ein Monarch, der seinen Erben grau werden lässt! Noch stärker spürte der 14 Jahre jüngere Ernst Lemmer als Vorsitzender der DDP-Jugendvereine den »Druck einer breiten Seniorenbasis von oben her«; da blieb er jahrelang der Benjamin und Heuss noch als 40-Jähriger der »Vize-Benjamin«.[49] Heuss erinnert nicht ohne Bitterkeit daran, dass Payer mit noch nicht 30 Jahren Abgeordneter geworden sei; und doch: »Ich wusste mich damit abzufinden.«

Und das hat er offenbar tatsächlich getan. Wenn er stets geringschätzig über Menschen redete, die sich im Ressentiment verkrampften, dann als einer, der dazu für die eigene Person oft genug Grund gehabt hätte und sich davon dennoch freihielt. Schon nach den ersten Reichstagswahlen von 1920, als sich der Anteil der DDP gegenüber der Nationalversammlung, wo sie noch zur großen Volkspartei zu werden schien, um mehr als die Hälfte verminderte und auch Heuss wiederum durchfiel, erkennt er einen »allgemeinen Niedergang der Partei«, versichert jedoch, das sei für ihn »ganz gut zu tragen«, da er sich »keine Illusionen gemacht« habe.[50] Er ist auch weiterhin unermüdlich für die Partei tätig, vor allem in Wahlkämpfen, zumal in der Provinz. Selbstbewusst schreibt er im Reichstagswahlkampf vom Frühjahr 1924 an den Generalsekretär der württembergischen DVP, er könne »gut vier bis fünf Versammlungen an so einem Tage leisten«; er würde einen besseren Spitzenkandidaten abgeben als der an erster Stelle placierte Fabrikant Philipp Wieland.[51]

Noch im Herbst 1932 schrieb er an den Parteivorsitzenden Hermann Dietrich, es sei wohl bekannt, dass er, Heuss, in den letzten Jahren nahezu der einzige Abgeordnete gewesen sei, »der für alle Gegenden Deutschlands neben der intensiven Betreuung von Württemberg (Baden) zur Verfügung« gestanden habe; das war ihm wichtig, dass er keineswegs nur ein schwäbisches Regionalprofil besaß.[52] Im Vorstand der DDP wurde Heuss vor allem als der Mann in Württemberg geschätzt; der Parteivorsitzende Koch-Weser bedauerte Anfang 1930 in einer Vorstandssitzung: »Seitdem wir Herrn Heuss nicht mehr im Parlament haben, sind die Stricke nach Württemberg in bedauerlicher Weise gerissen.«[53] Hätte er sich besser konsequenter auf das heimatliche Württemberg konzentriert? Aber dort stieß seine Spitzenkandidatur 1930 auf Widerstand[54]; 1932 hieß es, er sei zum »Berliner« geworden.[55] Damals war seine Kandidatur für den Reichstag wieder einmal erfolglos; da brach es einmal aus ihm heraus: »Ich werde gegenwärtig nach Strich und Faden hereingelegt.«[56] Erst in der desolaten Situation vom März 1933 kehrte er dank einer Listenverbindung mit der SPD noch einmal für kurze Zeit in den Reichstag zurück.

Dabei war er als Reichstagsabgeordneter ohne Zweifel fleißig gewesen und mit Recht empört auf das gängige Stammtischgeblöke, das das Parlament pauschal als bloße »Quatschbude« für Tagediebe auf Kosten des Steuerzahlers beschimpfte. Zwar habe es Kollegen gegeben, die »ganz einfach faul« waren; aber für ihn selbst galt das ganz gewiss nicht; zuletzt saß er in nicht weniger als sieben Ausschüssen; gerade auch in undankbare Gremien wie den Petitions- und den Kriegsopferausschuss hatte er sich delegieren lassen.[57] Man kann verfolgen, wie seine innerparteiliche Bedeutung wuchs, je mehr es mit der DDP und der nachfolgenden Deutschen Staatspartei (DStP) bergab ging und ehrgeizigere Politiker das Interesse an dieser perspektivlosen Partei verloren. Schon im Mai 1924, nach den ersten drei Wochen Reichstag, als KPD-Abgeordnete die Eröffnungssitzung durch Absingen der Internationale gestört hatten, entfuhr Heuss der Stoßseufzer: »Wenn es so weitergeht, ist der Parlamentarismus ziemlich bald kaputt.«[58] Aber noch 1931 verteidigt er die Reichstagsarbeit geradezu wütend gegen ironisierende Glossen im Feuilleton der Presse.[59]

Warum kam Heuss in der Parteipolitik partout nicht voran? Offenkundig ballten sich jene »Kreise«, in denen er sich wohlfühlte, damals zu keiner politischen Hausmacht. In einer Metaphorik der Internet-Ära spricht Thomas Hertfelder von einem »Netzwerk mit offenen Rändern«[60]; insofern gibt die Heuss-Vita Anregungen zu der großen Frage unserer Zeit: wieweit Netzwerke solcher Art politisch etwas bewirken. Nur begrenzt suchte sich Heuss seine »Freunde« nach utilitaristischen Gesichtspunkten aus. Vermutlich hätte er mehr Erfolg gehabt, wenn er sich in Württemberg konsequent eine regionale Basis ausgebaut hätte; aber sein Platz war mittlerweile in Berlin, nicht in Stuttgart, noch weniger in Heilbronn oder Böblingen.

Er wollte sich auch als freier Geist fühlen und nicht mit einer bestimmten Gesellschaftsschicht identifiziert werden; das hemmte ihn 1924 in seinem Bemühen, den Fabrikanten Wieland, Vorstandsmitglied des Reichsverbandes der Deutschen Industrie, von seinem Spitzenplatz zu verdrängen. Geradezu »peinlich« war ihm der Gedanke, dass er »als ›Gegengewicht‹ gegen den Großindustriellen taxiert werden könnte, als der ›Vertreter‹ der Beamten, Angestellten usw.« Denn »gerade dies möchte ich vermieden wissen, von irgendeiner beruflichen Gruppe sozusagen auch nur taktisch in Anspruch genommen zu werden«[61]. Ein wahrer Horror auch nur vor dem Hauch jenes Lobbyismus, der im Parlamentswesen aller Länder gang und gäbe ist! Das wurde politisch wiederholt zum Handicap; dafür erwarb sich Heuss den Ruf eines durch und durch »anständigen« Politikers, und er hing an diesem Image. Und er wollte mit Menschen zusammen sein, mit denen zu plaudern und zu korrespondieren ihm Vergnügen bereitete.

In seinem Pamphlet von 1920 gegen den Kapp-Putsch hatte Heuss noch sein Schwaben als Heimat der Demokratie gepriesen: »Aber wenn die Freiheit die Luft des Regierens gibt, dann bot Württembergs durch altes Herkommen gefestigte Staats- und Volkstradition die sicherste Gewähr gegen Ultras der Rechten wie der Linken.«[62] Anfang 1930 jedoch klagte sein Parteifreund Eberhard Wildermuth, der es wissen musste, über die gleiche Region: »Württemberg ist in der Hauptsache ein Verwaltungsverband, große politische Fragen sind dort nicht mehr zu erledigen. … Die Interessen der Industrie und des Mittelstandes sind ausschlaggebend für Württemberg.« Nichts mehr von der Tradition des alten schwäbischen Freiheitssinnes; mehr als anderswo war die DDP dort zur reinen

Wirtschaftspartei geworden.[63] Da war nicht die Lebensluft für Heuss. Darin unterschied er sich von seinem Mitschwaben Reinhold Maier.[64] Der Vergleich mit diesem fünf Jahre jüngeren Parteifreund, der Heuss in schwäbisch-humoristischer Eloquenz nicht unähnlich war und seine Wege immer wieder kreuzte, zeigt bei aller Analogie umso schärfer Heuss'sche Eigentümlichkeiten. Denn Maier sorgte erst einmal für eine solide berufliche Basis in einer Rechtsanwaltspraxis und dann nicht weniger konsequent für eine regionale politische Hausmacht[65]; aber weder das eine noch das andere war Heuss' Weg.

Anfang Dezember 1932, keine zwei Monate vor Hitlers Machtantritt, bot sich Heuss die Gelegenheit, den Vorsitz der zur kümmerlichen Splittergruppe geschrumpften Staatspartei zu übernehmen; Dietrich wollte nicht mehr, und auch Reinhold Maier überließ Heuss gerne diesen undankbaren Posten. Man kann verstehen, dass auch Heuss diese Chance nicht mit Begeisterung ergriff. Aus dem internen Hickhack der Partei hatte er sich so weit wie möglich herausgehalten; manchen politischen Explosivstoff erkannte er erst jetzt. Einem Parteifreund gegenüber, der ihn vergeblich zum Vorsitz zu bewegen suchte, machte er die aufschlussreiche Bemerkung: »Man sagt mir im allgemeinen nach, dass ich ›in der Partei keine Feinde habe‹, und Dietrich hat einmal ganz witzig gemeint, das sei ja gerade mein Fehler.«[66]

Weil er sich aus der innerparteilichen Flügelbildung herausgehalten hatte, fehlte ihm, wenn es drauf ankam, ein starker Rückhalt in Sektionen des Parteiapparats. Aber lag ihm überhaupt an einer Parteikarriere? Ob sein Ehrgeiz nach einer politischen Spitzenposition damals sehr ausgeprägt war, kann man mit Grund bezweifeln; liest man seine Essays, spürt man sein Bedürfnis, zwischendurch auch ausgiebig in ganz anderen Welten, literarischen und künstlerischen, herumzuschweifen. Daher verübelte er es auch Reinhold Maier, dem kommenden Platzhirsch der württembergischen Liberalen, erstaunlich wenig, dass der ihn wiederholt – vor 1933 und nach 1945 – vom ersten Platz verdrängte. Mit einigem Recht sagte er von sich, dass »das Talent zum Übelnehmen«, das er für eine schlechte deutsche Eigenschaft hielt, bei ihm »nicht übermäßig stark entwickelt« sei[67], obwohl es Ausnahmen gab: siehe Stresemann. Da sein Wille zur Macht nur sehr mäßig ausgepägt war, konnten ihn Fehlschläge auch in keinen Abgrund der Enttäuschung stürzen. Aber von der Politik lassen wollte er nicht, auch als die Lage des Liberalismus immer desolater wurde. 1930 bot sich ihm die Chance – wieder einmal unter Mitwirkung von Jäckh –, an der Technischen Hochschule Stuttgart eine ordentliche Professur für Geschichte zu erlangen: für Heuss, der sich mit Lust in Historisches vertiefte, eigentlich sehr verlockend. Aber von der Berliner Politik wollte er sich nicht verabschieden.[68]

Mit dem Journalismus war die Politik weit besser zu vereinbaren. In der Tat hat Heuss auch in den Jahren der Weimarer Republik unablässig publiziert; wiederholt stößt man in seinen Briefen darauf, dass die Presse- und Zeitschriftenartikel für ihn nach wie vor nicht nur ein literarisches Exerzierfeld, sondern auch eine wertvolle Einnahmequelle waren. Hatte er sich jedoch vor 1914 noch als ein Sprecher der rebellischen Jugend fühlen können, wirkte er jetzt neben den schrillen Tönen einer aufgewühlten Zeit und einer neuen Sensationspresse bieder und moderat. Selbst zu Beginn seines Pamphletes gegen den Kapp-Putsch wettert er erst einmal gegen das »Schwätzbedürfnis wichtigtuerischer Journalisten«[69], ob rechts oder links, obwohl er doch selber in einem Gutteil seiner Tätigkeit Journalist mit ausgeprägtem »Schwätzbedürfnis« war – aber dann überkam ihn immer wieder eine Aversion gegen die Effekt- und Pointenhascherei der Presse. Jene Ausgewogenheit, die ihn später zum idealen Bundespräsidenten machte, war kein Trumpf im Journalismus der 1920er Jahre.

Zweimal übernahm er die Schriftleitung einer politischen Zeitschrift: im Januar 1918 die der »Deutschen Politik« und im Mai 1922 die der »Deutschen Nation«. Beide gingen nach wenigen Jahren wieder ein[70]; und im Unterschied zu vielen seiner biographischen Essays sind nur ganz wenige der dort von Heuss publizierten politischen Artikel in spätere Heuss-Anthologien eingegangen. Im November 1923 klagte Heuss, dass seine »publizistische Kraft nicht voll ausgenutzt« werde[71]; und dabei konnte er gerade in jener finanziellen Krisenzeit entsprechende Einnahmen gut brauchen. Immerhin markiert die »Deutsche Nation«, wo Heuss mit Riezler, dem Bülow-Neffen und dem Grafen Kessler zusammenarbeitete, ein gehobenes Niveau gegenüber der »Deutschen Politik«, wo Heuss im Schatten von Paul Rohrbach stand, dem ewigen Baltendeutschen und Afrika-Träumer, der in seinen Ostexpansions- und Kolonialphantasien auch nach der deutschen Niederlage unbelehrbar war, aber ebendadurch seine Leserschaft behielt.

1925 gelangte Heuss durch die Wahl zum Zweiten Vorsitzenden[72] des Schutzverbandes deutscher Schriftsteller (SDS) zumindest organisatorisch in den Mittelpunkt des damaligen deutschen Literaturbetriebes; aber schon im Jahr darauf sah er sich zum Rücktritt veranlasst, als er durch sein Engagement für das Gesetz gegen »Schmutz- und Schundschriften« für Teile der Literatenszenen zum Prügelknaben wurde. Kein Wunder: Der SDS war 1909 gegründet worden, um Schriftstellern Rechtsschutz gegen staatliche Eingriffe zu gewähren. Und dann das Finale der Heuss'schen Journalistenkarriere in den Jahren der Weimarer Republik: Er, der 1905 Redakteur der »Hilfe« geworden war, stieg zu deren Herausgeber erst am 1. Januar 1933 auf, als deren Auflage, die um 1910 um die 15 000 betragen hatte, auf 1000 geschrumpft war[73] und die Zeitschrift bald nur noch ein prekäres Schattendasein fristete. Nicht nur als Politiker, sondern auch als

Journalist erlebte Heuss eine Enttäuschung nach der anderen – und doch ließ er sich auch als Publizist nicht entmutigen, sondern schrieb unermüdlich weiter. Und doch behielt sein Verhältnis zu den »Literaten«, den »Intellektuellen« einen tiefen Zwiespalt. Manchmal bekannte er sich selber als ein solcher, zumindest in Anführungszeichen; öfter jedoch gebraucht er diese Sammelbegriffe mit ironischem, wenn nicht gar abfälligem Unterton.

Ende 1921, als der Werkbund durch die Inflation in eine Finanzkrise geriet, wurde Heuss von der Gehaltsliste gestrichen; aber ehrenamtlich blieb er weiter dabei, wenn auch ohne Funktion in den laufenden Tagesgeschäften. Wie es scheint, bereitete ihm die Mitarbeit im Werkbund das meiste Vergnügen. Und doch: »Was sollte ich eigentlich tun?« Er war weder Architekt noch Designer, kein visionärer Vorkämpfer irgendeiner Moderne. Was er dort tun konnte, war lediglich vermitteln, kommentieren, Kompromissformeln ausdenken, »Atmosphäre« schaffen – einmal stellte ein Witzbold den Antrag, Heuss zum »Werkbund-Transformulator« zu ernennen, und dieser Titel blieb an ihm über Jahre haften. All das war in diesem Verbund streitbarer Egomanen durchaus verdienstvoll; und doch blieb am Ende nicht viel, was sich vorzeigen ließ. Das änderte sich erst später, als Heuss die Erinnerung an den Werkbund verwaltete.[74]

EIN LEITMOTIV IM LAVIEREN: GEGEN DIE »EKELHAFTE MONOPOLISIERUNG DER WORTE VATERLAND UND NATION«[75] DURCH DIE RECHTE! DER KAPP-PUTSCH ALS »VERBRECHEN GEGEN DIE NATION«. Immerhin, bei allem Schlingern und Schwanken, ob zwischen rechts und links oder zwischen Politik und Publizistik, lässt sich bei Heuss doch die gesamte Zeit *ein* durchgängiges, von Naumann ererbtes Leitmotiv erkennen: die Sorge, das nationale Pathos nicht der Rechten zu überlassen. Das zeugt von Weitsicht; wie man aus der Rückschau erkennt, lag da eine noch tödlichere Gefahr, als ein liberaler Optimist in den guten Jahren der Weimarer Republik glauben mochte. Wie die meisten Deutschen war auch Heuss über die Bedingungen des Vertrags von Versailles tief empört; und obwohl kein großer Hasser, besaß er das Gespür für das brodelnde Potential nationalistischer Wut, das auf die Gelegenheit wartete. Aber er zog nationale Register nicht nur aus Kalkül, sondern auch aus Überzeugung. Obwohl von den durch Versailles verursachten wirtschaftlichen Schäden, aus nüchterner Distanz besehen, ähnlich übertriebene Vorstellungen herrschten wie später von den Segnungen des Marshallplans, beharrte Heuss wie viele andere Deutsche noch nach 1945 darauf, dass die letzte Ursache der NS-Machtergreifung in Versailles liege.

Ein Grund für den gewaltigen Wahlerfolg der DDP Anfang 1919 war wohl der gewesen, dass viele Deutsche damals glaubten, eine Demokraten-Regierung werde bessere Friedensbedingungen erzielen[76]; der jähen Enttäuschung durch Versailles folgte der erste Absturz der DDP. So gesehen zerstörte Versailles auch

Heuss' eigene Chancen auf eine politische Karriere. Obwohl von Hause aus frankophil, empörte ihn die französische Siegerpolitik[77], da wusste er sich mit den meisten Deutschen eines Sinnes. Es hatte allerdings auch seine Tücke, wenn ein Liberaler der Stärkung der Nation die allerhöchste Priorität gab; denn auf dieser Ebene wurden die zerbröckelnden Liberalen von der aufsteigenden NSDAP immer hoffnungsloser übertrumpft.

Aus besserwisserischer Retrospektive möchte man urteilen, dass ein Vernunftmensch wie Heuss, der in historischen Zeiträumen zu denken wusste, besser daran getan hätte, darauf hinzuweisen, dass das deutsche Wirtschaftspotential trotz Versailles in seinem Kern ungebrochen war, die Reparationslasten im Laufe der Zeit bei einer Milderung des internationalen Klimas voraussichtlich immer undramatischer werden würden und die allergrößte Gefahr in einem neuen Krieg bestand. Solche Einsichten waren Heuss gewiss nicht ganz fremd; so wandte er sich 1929 öffentlich gegen die deutschnationale Kampagne gegen den Young-Reparationsplan und deren Anklage, dass durch diesen noch die »Enkel versklavt« würden[78]: Wer wie Heuss den historischen Wandel kannte, konnte sich ausdenken, dass die Konstellation von Versailles in der Zeit der Enkel längst passé sein würde. Für ihn blieb ein republikanischer Nationalismus jedoch die wirkungsvollste Strategie, die Nationalisten mit ihren eigenen Waffen zu schlagen und bei jeder Gelegenheit anzuprangern, dass gerade die chauvinistischen Schreihälse, die unablässig nationale Parolen im Munde führten, dem nationalen Interesse am schlimmsten schadeten – wie schon im Krieg durch ihre Annexionspropaganda, so nach der Niederlage durch die Schwächung der deutschen Regierung und dadurch, dass sie den Chauvinisten der Siegermächte, die das Reich niederhalten wollten, die beste Munition lieferten.

Die erste und effektvollste Gelegenheit für eine derartige Attacke bot der Kapp-Putsch vom März 1920, als Wolfgang Kapp, der Gründer der chauvinistischen Vaterlandspartei vom Sommer 1917, mit Heereseinheiten, die von den Abrüstungsbestimmungen von Versailles bedroht waren, die Macht in Berlin zu usurpieren suchte. Obwohl sich die Reichswehrführung einem Vorgehen gegen die Putschisten verweigerte, brach der Putsch schon nach vier Tagen zusammen. Entscheidend war der von SPD und Gewerkschaften sofort ausgerufene Generalstreik; aber auch die von der Ministerialbürokratie und der Reichsbank geübte Obstruktion demoralisierte die rechten Rebellen.

Hatte Heuss 1919 die Hauptgefahr noch ganz auf der Linken gesehen[79], wurde ihm durch den Kapp-Putsch erstmals die neue Gefahr von rechts bewusst. Kurz nach dem Fiasko der Putschisten ließ Heuss sich von einem Berliner Verleger zu einem Pamphlet gegen die Kapp-Leute animieren, dem er den Untertitel gab: »Das Verbrechen gegen die Nation«. Da gab es kein Einerseits-andererseits;

da konnte er vom Leder ziehen wie noch nie und die Nationalisten mit ihren eigenen Waffen schlagen. Bezeichnenderweise erwähnt Heuss den Generalstreik nur nebenbei; sein Haupttenor geht ganz dahin, dass diese vermeintliche »nationale Erhebung« ein Dummejungenstreich gewesen sei, der an seiner eigenen Inkompetenz, Ziellosigkeit und Albernheit zugrunde gegangen sei.[80] Und doch war sie ein Zeichen der Zeit; Heuss erlebte den Putsch in Berlin im Unterschied zu anderen Zeitzeugen ein paar Tage als populäres Happening: »Unter den Linden sind die Menschen, Backfische, junge Frauen, Schüler, Studenten, Flaneure recht vergnügt. ... Es riecht in der Luft nach einer neuen, nach der guten alten Zeit.«[81]

Da war es für ihn ein gefundenes Fressen, dass die selbsternannte »Regierung« Kapp, die als erstes ein Nachtbackverbot (übrigens eine alte Forderung der SPD!) erlassen hatte, zu aller Lächerlichkeit auch noch geblufft hatte, dass sie die Siegermächte hinter sich habe, wenn sie in Deutschland für »Ruhe und Ordnung« sorge: »an Würdelosigkeit gegen das Ausland hat diese Kappsche Regierung in den wenigen Tagen ihres Bestehens alle vorangegangenen übertroffen.«[82] Nicht ohne Genuss hält sich Heuss eine Weile dabei auf, dass Stresemann das Kapp-Regime zunächst als Regierung anerkannt hatte[83], was Erich Eyck, der Stresemann-Verehrer, noch in seiner Geschichte der Weimarer Republik, die er Heuss zum 70. Geburtstag widmete, unterschlägt. Heuss verschweigt jedoch nicht, dass – »es tut mir in der Seele weh« – auch sein alter Freund Gottfried Traub bei den Putschisten ist.[84] Ihm jedoch nimmt er dieses Komplizentum nicht auf die Dauer übel; er weiß, Traub ist nicht Opportunist wie Stresemann, sondern Gesinnungstäter und insofern »anständig«. Elly dagegen liest dem Ex-Pfarrer, der zehn Jahre davor ihren Sohn getauft hatte, in öffentlicher Versammlung gehörig die Leviten – aber damit ist der Fehltritt, wie es scheint, bereinigt.

VON »MITTELEUROPA« ZUM »ANSCHLUSS«. *Ein* nationales Leitmotiv war bei Heuss stets klar: der österreichische Anschluss. Der erschien nach dem Zusammenbruch des Habsburgerreiches als Gebot simpler Vernunft, noch weit mehr als zur Zeit von Naumanns »Mitteleuropa«, als Wien noch Metropole eines Vielvölkerstaats war, den viele Deutsche als Belastung empfunden hatten. Jetzt war Österreich auf eine kleine Republik mit deutschsprachiger Bevölkerung geschrumpft, die für sich allein kaum mehr lebensfähig erschien. Deren Anschluss war die einzige Art von größerem Deutschland, zu dem man noch auf der Basis nationaler Selbstbestimmung und ohne Krieg gelangen konnte – theoretisch zumindest; de facto hintertrieb das siegreiche Frankreich derartige Bestrebungen vehement. Eine Reise nach Wien gemeinsam mit dem damaligen DDP-Parteifreund Hjalmar Schacht, um österreichische liberale Gesinnungsgenossen im Wahlkampf zu unterstützen, gehörte zu Heuss' ersten politischen Unternehmungen nach dem Ende des Kaiserreichs. Die Freundschaft zu Gustav Stolper, dem einflussreichen Redakteur des »Österreichischen Volkswirt«, und dessen Frau Toni gab der Sympathie mit Österreich eine emotionale Basis. Für Stolper war die »Vereinigung Österreichs mit Deutschland« der »feste Punkt, an dem sich jegliches politische Urteil orientieren konnte«.[85]

Mit auffallender Schärfe schrieb Heuss Ende Juni 1919, in jenen Tagen, als die deutsche Nationalversammlung zähneknirschend den Vertrag von Versailles akzeptierte und an den Anschluss vorerst kein Gedanke war: »Nur der hoffnungslose Tagespolitiker oder der modische Verräter am nationalstaatlichen Gedanken« habe die Vereinigung mit Deutsch-Österreich abgeschrieben, »die der nächste Inhalt unseres politischen Arbeitens bleiben muss«[86]. Und kurz darauf bekräftigte er gegenüber Gustav Stolper: »Ich glaube, es ist für Deutschland notwendig, ununterbrochen über österreichische Dinge zu reden.«[87] Heute assoziiert man den Anschluss mit Hitler; aber Heuss verband mit dem Anschluss damals gewiss nicht nur nationale Motive, sondern auch die Hoffnung, die politische Atmosphäre Deutschlands werde auf diese Weise süddeutscher, leichter, weniger preußisch werden.

Eine Reise nach Wien im August 1925 zu einer Kundgebung des Österreichischen Volksbundes für den Anschluss an das Reich, dessen Vorstand er angehörte, nannte er noch 30 Jahre darauf in einem Brief an Toni Stolper scherzhaft seine »Nibelungenfahrt«: ein Wortspiel mit jener fatalen »Nibelungentreue«, durch die sich das Reich angeblich 1914 von Österreich hatte in den Krieg ziehen lassen. Und noch damals erinnerte er sich an seine »sooo schöne Rede über den ›Anschluss‹«, die »unter ungeheurem Beifall mit dem Zuruf ›Freundschaft‹ endete, völlig ahnungslos, dass dies Wort einige Zeit davor zum Parteigruß der Sozialisten gemacht war«[88]. Offenbar empfand er diesen Auftritt als einen Höhepunkt in seiner damaligen Laufbahn als Politiker, wo er sich selbst als ein »Führer« fühlen konnte. Aus dem Rückblick mochte er glauben: Hätte es bei den Liberalen mehr solche Kerle gegeben wie ihn, die ganz unbefangen großdeutsche Register zogen, hätte jener andere Führer, der »Mein Kampf« gleich mit dem emphatischen Bekenntnis zum Anschluss begann, keine Chance gehabt.

ZWISCHEN VÖLKISCHER ROMANTIK UND ANTICHAUVINISTISCHER TAKTIK: HEUSS' ENGAGEMENT FÜR DIE AUSLANDSDEUTSCHEN UND DER »FLAGGENSTREIT«. Weit merkwürdiger ist bei Heuss ein anderes »nationales« Engagement: sein Einsatz für die *Auslandsdeutschen*. Seine eigene Erfahrung im nichtdeutschen Ausland war bis dahin kaum über die üblichen Bildungsreisen hinausgegangen; aber gerade weil er nie Fremdsprachen flüssig beherrschte, wusste er es zu schätzen, wenn er im Ausland Deutsche traf. Aber was hatte er mit den Auslandsdeutschen politisch zu schaffen? Weltpolitik war im Naumann-Kreis stets die Sache von Rohrbach und Jäckh gewesen; Heuss gab Rohrbach gegenüber noch 1929 zu, dass er selber »vom Auslandsdeutschtum doch nur einen verhältnismäßig geringen Prozentsatz kenne«.[89] Ergab sich der Zugang zu auslandsdeutschen Problemen aus dem Plädoyer für den österreichischen Anschluss? Aber gerade dann, wenn auslandsdeutsche Aktivitäten offen mit der Idee eines größeren Deutschland verknüpft wurden, drohten sie außenpolitisches Porzellan zu zerschlagen und bekamen einen fatalen alldeutschen Beigeschmack.

Und doch verkündete Heuss auf einem württembergischen DDP-Parteitag am 6. Januar 1924: Wenn man daran glaube, dass die volle Entfaltung der Nation der Sinn der Geschichte sei, dann dürfe man sagen: »Memel, Danzig, Straßburg, Bozen und Reichenberg, Graz und Wien – das ist alles nicht deutsches Reich, aber deutsches Land, Deutschland.«[90] Das war im Jahr von Locarno! So konnte nur jemand reden, der keine außenpolitische Verantwortung trug. Heuss dachte von der Innenpolitik her: Die Demokraten durften nationale Register nicht ihren Gegnern auf der Rechten überlassen. Er mochte an den Vers des Deutschlandlieds denken: »Von der Maas bis an die Memel, von der Etsch bis an den Belt …« Aber das klang nach Versailles anders als zu Zeiten Hoffmanns von Fallersleben. Und der Glaube an die Macht des Glaubens war ein pastoraler Ton, der zu Heuss nicht passte; in der Folgezeit hält er sich von einem solchen Irredentismus zurück.[91] Sein Interessenschwerpunkt verlagert sich auf solche deutsche Volksgruppen, die nie zum Reich gehört hatten und wo ein »Heim ins Reich« schon aus Gründen der Geographie unmöglich war.

Als Heuss Anfang 1926 zum Stellvertretenden Vorsitzenden des Bundes der Auslandsdeutschen gewählt wurde, war der Vorsitzende Heinrich Schnee, der ehemalige Gouverneur von Deutsch-Ostafrika. Obwohl er ein Typ von Mensch war, der Heuss lag – »ein Mann liberaler Gesinnung und korrekter Haltung«, mit dem »leicht zu fuhrwerken oder besser: in einer Karosse zu kutschieren« war[92] –, geriet er mit ihm schon wenige Monate nach seiner Wahl intern über den »Flaggenstreit« aneinander[93], über den damals der der rechtsliberalen DVP nahestehende Reichskanzler Luther stürzte. Der hatte eine Verordnung Hindenburgs gegengezeichnet, wonach die deutschen Gesandtschaften und Konsulate in ausländischen Häfen neben der schwarz-rot-goldenen Flagge auch die alte kaiserliche schwarz-weiß-rote, die als eine Handelsflagge belassen worden war, führen sollten. Der Streit gewann reichsweite Symbolbedeutung: für Heuss eine Gelegenheit, auch selber »Flagge zu zeigen« und zu Schwarz-Rot-Gold zu stehen – aber nur intern –, wogegen der einstige Kolonialgouverneur innerlich der Welt des Kaiserreichs verbunden blieb und sich darin mit dem Gros der organisierten Auslandsdeutschen eines Sinnes wusste.

Und das verstand Heuss gewiss nur zu gut; er blieb ihm weiterhin verbunden und enthielt sich im Flaggenstreit öffentlicher Kritik[94]. Als er 1929 als redaktioneller Berater beim Gedenkbuch der Reichsregierung zum 10. Verfassungstag fungierte, beanstandete er an dem Beitrag des angesehenen Rechtslehrers Gustav Radbruch, der 1921/22 Reichsjustizminister gewesen war, zu dessen Empörung »die zugespitzte Herausarbeitung des Gegensatzes von Schwarz-weiß-rot und Schwarz-Rot-Gold«.[95] Seinen eigenen Gefühlen entsprach in der Tat eher die Versöhnung dieser beiden deutschen Traditionen. Edwin Redslob (1884–1973), der »Reichskunstwart« der Weimarer Republik, der später den Bundespräsidenten Heuss verehrte und in den 1920er Jahren selber wie ein missglückter Proto-Heuss wirkt, entwarf damals eine Kompromissflagge, die Schwarz-Weiß-Rot und Schwarz-Rot-Gold kombinierte. Da »ertrank« er jedoch »beinahe in Spott und Hohn, die über seiner Behörde ausgekippt wurden«[96].

Schon in der Zeit der Inflation hatte Heuss gerne für auslandsdeutsche Blätter von Buenos Aires bis zum siebenbürgischen Hermannstadt geschrieben, da er auf diese Weise an harte Währung herankam – hart zumindest im Vergleich zur damaligen Mark. »Ich denke mit Rührung an die Kronen, an die Pesos, auch an die rumänischen Lei – da war man plötzlich wohlhabend.«[97] Der äußere Anlass von Heuss' Wahl in den Vorstand des Bundes der Auslandsdeutschen war jedoch sein Einsatz im Reichstag für die Entschädigung der im Krieg enteigneten Deutschen im Ausland.[98] Schon von der elsässischen Herkunft seiner Frau her besaß er zu Betroffenen persönliche Beziehungen[99]; andererseits waren ihm »Paragraphen« mitsamt vertrackten juristischen Fragen stets ein Horror, und da fehlte ihm die fachliche Kompetenz.

Die tieferen Gründe seines Engagements waren wohl anderer Art: Die Probleme der Auslandsdeutschen boten ihm wie überhaupt der DDP[100] die beste Gelegenheit, sich »national« zu profilieren und zugleich zu demonstrieren, dass gerade die Chauvinisten die deutschen Interessen am meisten schädigten; denn diese liefen Gefahr, die Auslandsdeutschen in ihren Gastländern in den Ruf der Illoyalität zu bringen. Noch in seiner großen Reichstagsrede gegen die NSDAP vom 11. Mai 1932 war es sein bester Trumpf, mit dem er die Nationalsozialisten in Verlegenheit brachte: »Das, was die *staatspolitische Grundauffassung der Nationalsozialisten* ist, jenes Prinzip vom ›Staatsbürger‹, der nur sein kann, wenn er ›Volksgenosse‹ ist, ist gerade für die Volksdeutschen draußen eine gefährliche Geschichte, wenn nämlich die anderen Völker und Staaten dahinter kommen.« Und er tippte den wundesten Punkt seiner Gegner an, wenn er darauf hinwies, dass die Nationalsozialisten in Südtirol mit Rücksicht auf das faschistische Italien von »Bolzano« und »Merano« sprachen![101] Auch in »Hitlers Weg« unterstrich er, die völkische Ideologie gebe »der nichtdeutschen Staatenwelt die Rechtfertigungen in die Hand, die Deutschen im fremden Staatsverband ihrer staatsbürgerlichen Rechte zu berauben«[102].

Zur gleichen Zeit konnte Heuss sich durchaus in völkischer Art davon fasziniert zeigen, wie deutsche Regsamkeit in der weiten Welt wirkte, von den Mennoniten an der Wolga bis zum Mississippi und von den Siebenbürger Sachsen und Banater Schwaben bis zu den schwäbischen Templern in Palästina, die den jüdischen Siedlern vorarbeiteten.[103] Heuss verschweigt jedoch nicht, dass es sich dabei nicht nur um eine Geschichte der Ausbreitung des Deutschtums, sondern mindestens so sehr um eine der Anpassung an fremde Länder handelte – eine im heutigen Deutschland weithin vergessene Geschichte, wo sich altdeutsches Sektierertum mit Exotischem mischte und die für einen Liebhaber historischer Kuriositäten wie Heuss den Reiz des Abseitigen besaß. Es war klar, dass diese weltumspannende Einheit der Deutschen unmöglich machtpolitischer Art sein konnte, sondern im Gegenteil dazu herausforderte, das Deutsche *kulturell* zu definieren.

Später als Bundespräsident machte Heuss keinen Hehl daraus, dass er vor 1933 mit den auslandsdeutschen Vereinen mehr und mehr in eine politische Schlangengrube geriet, wo unter der Hand ein alldeutscher Nationalismus fortlebte, der bruchlos in den Nationalsozialismus überging; voll Verachtung bemerkte er, diese hätten sich ab 1933 allesamt als Denunzianten hervorgetan.[104] Immerhin hatte er 1929 mit dem üppigen Honorar für seinen Beitrag über die Auslandsdeutschen zu einem Sammelband »Zehn Jahre Versailles« eine saftige Zahnarztrechnung begleichen können[105]: Auch das war dem Schwaben Heuss etwas wert. Aber später schrieb er mit gespielter Harmlosigkeit, er wisse gar nicht mehr, warum er sich für die Auslandsdeutschen engagiert habe.[106] Man kann sich denken: Er wollte es nicht mehr wissen.

EINE FREUNDSCHAFT VON POLITISCHER BRISANZ: HEUSS UND DER REICHSWEHRMINISTER OTTO GESSLER. Zentral unter den »nationalen« Themen war die *Rüstungsfrage*. Obwohl Heuss nie »gedient« hatte und der Kasernenhof in seinen Augen gewiss keine Stätte demokratischer Erziehung war, bestand für ihn stets ein untrennbarer Konnex zwischen Demokratie und allgemeiner Wehrpflicht. Das glaubte er durch die Geschichte, insbesondere die der Französischen Revolution, bewiesen, obwohl England und die USA Gegenbeispiele boten; und diese Überzeugung war eine Konstante seines Denkens von seinen Anfängen bei Naumann bis zu seiner letzten Präsidentenzeit, als er sich über Niemöllers Anprangerung des Militärs als Erziehung zum Verbrechertum empörte. Daher bedeutete für ihn die durch Versailles erzwungene Reduktion des Militärs auf ein Berufsheer von 100 000 Mann nicht nur eine Schädigung der nationalen Macht, sondern auch der Demokratie. Die Heeresleitung unterlief die Restriktion durch geheime Rüstung; Pazifisten verfolgten dies mit Empörung, und manche traten mit Enthüllungen die Flucht nach vorne an; in den Augen vieler Landsleute waren sie Verräter – kaum ein anderes Thema jener Zeit vergiftete derart die innenpolitische Atmosphäre.

Und Heuss? Wie er Ende 1923, kurz nach dem Hitler-Putsch in München, an Gustav Stolper schrieb, behandelte er in seinen Presseartikeln »die Reichswehr mit Absicht nicht allzu kritisch«, da diese »fast der einzig reale Machtbestand in diesem gallertartigen Staate« sei. Und er distanzierte sich von DDP-Parteifreunden und Sozialdemokraten, die bei der Reichswehr meist einen kritischen Ton anschlügen und dadurch »das Zusammenleben von Wehrmacht und Republik« ohne Nutzen erschwerten.[107] Politische Positionen verbinden sich bei ihm in aller Regel mit der Beziehung zu bestimmten Personen; in diesem Fall am markantesten auf der einen Seite mit seinem lebenslangen Vertrauensverhältnis zu Otto Gessler (1875–1955), dem der DDP nahestehenden Reichswehrminister von 1920 bis 1928 – in nicht weniger als 14 Kabinetten! –, und auf der anderen Seite in seinem ebenso lebenslangen Abscheu gegen den Pazifisten Friedrich Wilhelm Foerster (1869–1966), Gesslers ärgsten Feind[108], der der deutschen Regierung die Schuld am Weltkrieg gab und die geheime Aufrüstung öffentlich anprangerte.

Man konnte Gesslers beispiellose politische Überlebensfähigkeit, die bei der Kurzlebigkeit der meisten Weimarer Kabinette einfach phänomenal war, für Opportunismus halten[109]: Für Heuss war es verantwortungsbewusste Standfestigkeit; ihm erschien Gessler als der getreue Ekkehard der Republik, wie er sein dornenvolles Amt aller Kritik zum Trotz über acht Jahre fortführte. Daher verteidigte er ihn meist gegen parteiinterne Kritik, vor allem aus den Reihen der »Gruppe Erkelenz«[110], auch wenn er sich 1924 intern und innerlich »sogar im Traum« mit Gessler auseinandersetzte, als der sogar in einer Rechtsregierung, an der die Deutschnationalen beteiligt waren, die Stellung hielt.[111]

»Das militärische Denken ist nun einmal anders als das zivile«, sagte Gessler dem Leitungsgremium der DDP unverblümt ins Gesicht. »Wenn ich einem Offizier sage: ›Du gehst da und da hin und lässt Dich totschießen‹ – den Offizier möchte ich sehen, der dagegen Einspruch erhebt.«[112] Während selbst Gertrud Bäumer, sonst sehr um das »nationale« Profil der DDP besorgt, darauf den »Fall Gessler« als »ungelöstes Problem« bezeichnete[113], bekannte Heuss, er gehöre zu denen, »die im allgemeinen Gessler, dem Vielumstrittenen, die Stange halten«. Als Argument sein Geschichtsbewusstsein: »ich habe etwas zuviel historisches Gefühl, um aufs Ganze gesehen nicht anzuerkennen, dass es eine ungeheure Aufgabe war und bleibt, ein Heer mit dieser Tradition umzustellen ohne dauernde Krise in der Wehrmacht selber«[114]. Da Gessler auch innerhalb der DDP-nahen Presse »dauernd unter dem kritischen Feuer von links« (Erich Eyck) stand[115], geriet Heuss durch seine Hochachtung vor diesem Mann auf den rechten DDP-Flügel, auch wenn er Wert auf seine Unabhängigkeit von solchen Fraktionen legte. Von der unter Gessler begonnenen geheimen Aufrüstung muss er gewusst haben.[116]

Im Frühjahr 1925 war Gessler als Kandidat einer breiten bürgerlichen Sammlung für die anstehende Reichspräsidentenwahl im Gespräch; dies wurde durch Stresemann hintertrieben, wodurch der Weg für die Kandidatur Hindenburgs frei wurde – das scheint den letzten Ausschlag gegeben zu haben, dass Heuss' Stresemann-Bild fortan unverrückbar negativ blieb[117] und noch der Bundespräsident seine Aversion gegen Stresemann eines seiner drei »negativen Hobbys« nannte.[118] Dabei hatte Gessler, der den Außenpolitiker Stresemann als heroischen Kämpfer verehrte[119], dieses höchste Amt gar nicht erstrebt; das begründet er in seinen Memoiren ganz offen: »Meine politische Leidenschaft gehörte nicht der Weimarer Republik. Mein Herz gehörte der Vergangenheit, dem Bismarck-Reich.«[120] Darin unterschied er sich nicht von Hindenburg. Aber das hatte er mit vielen Deutschen gemein.

Gesslers Austritt aus der DDP 1927 trübte nicht sein Verhältnis zu Heuss; als er 1930 den Vorsitz des Vereins für das Deutschtum im Ausland übernahm, arbeiteten beide zusammen, und ihre Beziehung wurde noch vertrauter in der NS-Zeit, als beide ins politische Abseits gerieten. Nach dem 20. Juli 1944 wurde Gessler verhaftet und gefoltert. Heuss nahm sich noch als Bundespräsident, sonst unablässig über Überlastung klagend, erstaunlich viel Zeit, um Gessler, der nunmehr Hilfe brauchte, beim Abfassen seiner Memoiren zu unterstützen, und ließ sich von ihm fast zum Ghostwriter, zum »Ersatz-Eckermann« machen.[121]

Am Ende seines Lebens gab Gessler Heuss das Verdienst daran, dass Erich Eyck ihn in seiner »Geschichte der Weimarer Republik« »glimpflich« behandelt habe, obwohl er früher innerhalb der DDP eher auf der Gegenseite gestanden habe.[122] Heuss verwandte noch nach Gesslers Tod viel Mühe auf die Endredaktion von dessen Memoiren.[123] Kein Zweifel: Das war ein Mann nach seinem Herzen – ein Mann der Tat und zugleich ein »Charmeur« von feiner Bildung, der nicht nur »wunderbar erzählen«[124] konnte, sondern sich auch als Zivilist den Respekt der aus dem Kaiserreich überkommenen Militärs zu verschaffen wusste. Gessler war genau der Politikertyp, den aus Heuss' Sicht die deutsche Republik brauchte, um sich gegenüber ihren links- und rechtsextremen Gegnern zu behaupten.

EINE UNÜBERWINDLICHE AVERSION: HEUSS UND DER PAZIFIST FRIEDRICH WILHELM FOERSTER. Und, ebenso kein Zweifel: Friedrich Wilhelm Foerster war aus Heuss' Sicht genau der Antityp, der alles verpatzte. Dieser provokative Pazifist, der mit der Autorität eines Professors für Pädagogik und Philosophie auftrat, war für die nationalistische Rechte ein gefundenes Fressen; er war ihr ideales Feindbild, um zu demonstrieren, dass auf der Gegenseite Landesverräter standen. Kurt Eisner hatte als Führer der Münchener Revolutionsregierung Dokumente publiziert, die auf die Berliner Kriegsschuld von 1914 hinwiesen; Gessler glaubte, dass vor allem Foerster dahintergestanden habe, der schon während des Krieges als einziger deutscher Professor öffentlich der Reichsregierung die Schuld am Krieg gegeben hatte, und dass er auf diese Weise mitverantwortlich für den Kriegsschuldparagraphen von Versailles sei.[125] Heuss hat es Foerster zudem nie verziehen[126], dass er unter Eisner das Spiel des bayerischen Separatismus gespielt und sich zum bayerischen Botschafter in Bern hatte ernennen lassen[127], in einer Situation, in der für Heuss alles, alles darauf ankam, die Einheit des Reiches zu retten.

Dass Foerster – in mancher Hinsicht eher ein Altkonservativer als ein Mann der Linken – seine Position mit keinem politischen Kalkül, sondern mit einem religiös fundierten ethischen Rigorismus begründete, machte ihn für Heuss vollends zu einem unausstehlichen »Pharisäer«, während er gerade mit dieser Art Elly schon eher beeindruckte. Er war ein unbeugsamer und unabhängiger Geist, das musste man ihm wohl lassen – oder doch nicht? Gessler glaubte, dass Foerster in den 1920er Jahren »mit den reichen Mitteln der Carnegie-Stiftung (bewusst oder unbewusst) im Dienste des französischen Militarismus und Chauvinismus arbeitete«[128].

Hätte man damals schon seine Memoiren von 1953 gekannt, wäre er, der es bis auf ein Alter von 97 Jahren bringen sollte, zum bevorzugten Ziel rechtsradikaler Attentäter geworden; denn da rühmt er sich, den französischen Staats- und dann Ministerpräsidenten Poincaré, der als der gefährlichste Deutschenfeind galt, zu noch härterem Vorgehen gegen die besiegten Deutschen angespornt zu haben: Die Ruhrbesetzung von 1923 sei noch zu wenig gewesen; er hätte den Befehl geben sollen, weiter nach Berlin zu marschieren, auch wenn das »gewiss ein ungeheures Geschrei auf Seiten der westlichen Pazifisten« hervorgerufen hätte.[129] Nach 1945 sah er sich darin bestätigt, dass die deutsche Macht schon damals hätte zerschmettert werden müssen, während viele andere Friedensfreunde eine Gestalt wie Foerster, der die französischen wie die deutschen Pazifisten in Frankreich im eigenen Land diskreditierte, als ein Unglück für den Pazifismus betrachteten.

In seiner Schrift von 1919 »Zwischen Gestern und Morgen« empört sich Heuss, ohne Foersters Namen zu nennen, im Kontext Eisner über den »unermesslichen Schaden«, »den die Selbstprostituierung dem Deutschtum zu Hause und in der Fremde angerichtet hat«. Eine einzige Schande sei jene durch Versailles Lügen gestrafte Manier, da Deutsche zur vermeintlichen Erlangung besserer Friedensbedingungen »vom Ausland Mitleid erflehten und uns auf die Gassen der Welt stellten, um die deutsche Schuld auszuplärren«. Und der Gipfel sei es, wenn die »Schuldfrage« nicht als Politikum, vielmehr als »Frage der moralischen Reinigung genommen« werde[130]: Das musste zuoberst auf Foerster zielen; denn außer ihm gab es im Unterschied zu dem von Heuss erweckten Anschein damals nicht sehr viele Deutsche, die öffentlich die These von der deutschen Kriegsschuld vertraten. Zu jener Zeit führte der mit den Heussens gut bekannte liberale Militärhistoriker Hans Delbrück mit Foerster eine scharfe öffentliche Kontroverse, unter dem Beifall von Max Weber: »An Förster ist Hopfen und Malz verloren.«[131]

Das Thema »Foerster« ließ Heuss auch als Bundespräsidenten bis an sein Ende nicht los; seufzend bemerkte Anfang 1959 sein Intimus Hans Bott, dieser Wiedergänger habe Heuss über Jahre mehr als alles andere beschäftigt.[132] Denn Foerster war durch sein Ethos und seine alte Kultur eine eindrucksvolle Gestalt; seine Empörung über die Deutschen entsprang enttäuschter Liebe, und es wurde für Heuss vollends kompliziert, als der streitbare Pazifist, der sich dem politischen Katholizismus genähert hatte, in seinen alten Tagen Adenauer verehrte und überdies das Herz des einflussreichen amerikanischen Pädagogen Alvin Johnson gewann, der 1933 an der New Yorker *New School for Social Research* die *University in Exile* gegründet und dort emigrierte deutsche Sozialwissenschaftler gesammelt hatte.[133] Zu den größten Peinlichkeiten, die Heuss als Bundespräsident vermutlich erlebte, gehörte ein charmant-schmeichelnder und von Germanophilie überströmender Brief, den Johnson 1955 an ihn richtete mit der Bitte, für den verarmten Foerster etwas zu tun:

> Ich wende mich an Sie, Dr. Heuss, als einen deutschen Griechen, denn Sie wissen, wie ich es weiß, dass in unserer Zeit niemand als die Deutschen die Griechen zu verstehen vermochten … Er war ein wütender Verfechter des Friedens; ich war für Frieden mein Leben lang, aber nicht für wütendes Verfechten. … Deutschland, mein Deutschland, ich beuge mich vor dir. Sie sind deutsch und daher großherzig. … Ihm bleibt nur mehr ein Wunsch, seine armen alten Gebeine in dem Boden seines geliebten Deutschlands zur Ruhe zu legen. … Sie, mein Mit-Grieche, können Sie nicht zu Foerster in Ihrer süßen Sprache sagen:
> Komm her zu mir, Geselle
> Hier findst Du Deine Ruh.[134]

Das hatte Heuss gerade noch gefehlt, dass er für Foerster den Lindenbaum aus dem Lied »Am Brunnen vor dem Tore« spielen sollte! Und dann so ein Brief, wie ihn selbst Heuss, der als Präsident einiges an Schmeichelei gewohnt war, kaum je bekam. Wer seinen unüberwindbaren Abscheu gegen Foerster kennt, denkt bei der Lektüre: Armer Heuss! Auch jetzt ließ er sich nicht erweichen, begab sich auch nicht auf Johnsons philosophisch-poetische Ebene, sondern teilte ihm nur nüchtern mit, dass er zu seinem Bedauern nichts für Foerster tun könne.[135] Über Dritte ließ er ihm gleichwohl Geldbeträge von einigen 100 DM überweisen; Toni

Stolper gegenüber – die Foerster ebenfalls für ein Unglück hielt[136] – bekräftigte er jedoch: »ich kann amtlich und will persönlich nichts mit ihm zu tun haben ... Leute, die aus der Selbstgerechtigkeit ihr Hobby machen ... sind mir im Innersten fremd (oder fremd geworden).«[137] Noch 1959 lehnte er es ab, dem 90-jährigen Foerster einen Orden zu verleihen[138]: Nicht nur in Freund-, auch in Feindschaften war er beständig.

VÖLKERBUND UND PANEUROPA-UNION: POLITISCHE LUFTSCHLÖSSER? Sein Leben lang fiel es Heuss schwer, über die Nation hinauszudenken; davon zeugt nicht nur seine Aversion gegen den Pazifismus, sondern auch seine Distanz zum Völkerbund und zum Paneuropa-Projekt: beides in Nachbarschaft zur pazifistischen Ideenwelt, wenn auch die Affinität nicht ganz eindeutig war; denn der Völkerbund etablierte sich aus deutscher Sicht vorerst als ein Instrument der Siegermächte, und »Paneuropa« besaß eine Spitze gegen Sowjetrussland und gegen die aufbegehrenden Kolonialvölker. Willy Hellpach wies darauf hin, dass die »Paneuropa«-Landkarte des Grafen Coudenhove-Kalergi »bis zum Kongo und zum Nil« reichte[139]. Aber ebendadurch erlangte die Paneuropa-Idee einen machtpolitischen Reiz und wurde zur Vorläuferin des westlichen Bündnisses nach dem Zweiten Weltkrieg.

Dem beweglichen Ernst Jäckh fiel es nach dem Zerplatzen deutscher Weltmachtträume nicht schwer, auf ein kosmopolitisches »Weltbewusstsein« umzuschalten; und selbst das war ihm im Blick auf die Flugträume der Zukunft nicht genug: »Wir sind auf dem Weg zum globalen und kosmischen Universalismus«, verkündete er 1927 und deutete damit später in der Ära der Raumfahrt seine prophetische Gabe an.[140] Gerade die deutsche Situation nach der Niederlage, als die Deutschen unter die *Have-nots* der Welt abgesunken waren – bei diesen jedoch die Elite bildeten! –, konnte zu einem neuartigen Schwelgen in futuristischen Globalperspektiven reizen: Das Deutsche Reich an der Spitze all der vielen Kolonialvölker, bei denen es zu brodeln begann. Solche Horizonte eröffnete Anton Erkelenz in seiner großen Rede auf dem Weimarer Parteitag der DDP im April 1924.[141]

Heuss, dessen Phantasie lieber in die Geschichte als in den Kosmos schweifte, tat sich mit alldem schwerer. Ein Leitmotiv seines politischen Denkens bestand damals mehr denn je darin, dass Nationalstaat und Demokratie untrennbar zusammenhingen und Deutschland erst durch die Demokratisierung zur Nation im vollen Sinne werde; dies zu verkennen war für ihn der »grenzenlose Irrtum« der alten Eliten[142], das war für ihn die beste Waffe gegen die antidemokratischen Nationalisten der Rechten, und da schossen supranationale Konzepte quer. Die Locarno-Politik der Entspannung und der deutschen Mitwirkung im Völkerbund, die mitzutragen im Prinzip für die DDP Ehrensache war, konnte Heuss schon deshalb nicht begeistern, weil sie den Stresemann-Nimbus begründete. Heuss nannte den Völkerbund ein »Welt-Esperanto der Unverbindlichkeiten«.[143] In einem Brief an den schwäbischen Parteifreund und Eisenbahnobersekretär Wilhelm Hartmann Ende 1924 legte er ein förmliches Bekenntnis ab:

> Ich halte die internationalen Organisationen, wie Völkerbund und dergl., für Formen politischer Zweckmäßigkeit, derer ich mich immer bedienen würde, wenn ich für mein Vaterland darin Gewinn sehe, aber meine geschichtliche Betrachtungsweise erlaubt mir nicht, in Vorschlägen und Formen dieser Art die letzten Lösungen der Geschichtsentwicklungen als unbedingt anzuerkennen. Ich weiß auch das aus der Geschichte, daß der Eintritt der Demokratie in die Geschichte den nationalen Gedanken und die allgemeine Wehrpflicht geboren hat, und wehre mich deshalb gegen die wohlmeinende Gleichsetzung von Pazifismus und Demokratie.[144]

Geschichte, Geschichte ... Ein Bekenntnis wie dieses zeigt auch die Grenzen des Heuss'schen Geschichtsbewusstseins auf. Selbst wenn man den historischen Zusammenhang von Geschichte und allgemeiner Wehrpflicht für gegeben nimmt: Gehört zur Geschichte nicht auch der Wandel, und gab es nicht allen Grund anzunehmen, dass mit diesem Weltkrieg, der Europa bis ins Mark erschüttert hatte, eine neue Geschichte begann, die neue Herausforderungen und neue Chancen enthielt? Und wo gibt es in der Geschichte überhaupt »letzte Lösungen«? Heute sieht man in den Geschichtsbüchern das Foto, wo europäische Regierungschefs 1926 aus Anlass der Aufnahme Deutschlands in den Völkerbund posieren und in der Mitte Aristide Briand locker-lässig mit einer Zigarette neben Stresemann steht: Der Wandel des Klimas seit der eisigen Atmosphäre von Versailles 1919 ist optisch frappant. Warum gehörte ausgerechnet Heuss nicht zu denen, die bei dieser Entkrampfung tief aufatmeten? Aber auch er hatte seine Verkrampfungen.

Selbst für Stresemann hatte der deutsche Beitritt zum Völkerbund, wie wir längst aus seinem berüchtigten Brief an den Kronprinzen vom 9. September 1925 wissen[145], vorerst nur instrumentellen Charakter: als Rückendeckung im Westen, um die verlorenen Ostgebiete wiederzugewinnen. Wieweit dieser Machiavellismus der *ganze* Stresemann war oder bloße Taktik, um die Rechte ruhig zu halten, ist bis heute umstritten. Aber der Machiavellismus funktioniert nur als Geheimlehre derer, die am Hebel der Macht sind; das war Heuss nicht – er war ein Mann der öffentlichen Rede und Schreibe. »Man kann sein Vaterland nicht genug lieben«, beteuerte er 1919; die kommende Geschichtsperiode werde im Zeichen der Konsolidierung der Nationalstaaten stehen; der »gute Europäer« sei eine Illusion der »Literaten«; heute müsse man vielmehr dafür sorgen, »dass das Nationalgefühl nicht wieder ins Grenzenlose zerfließt«[146].

Mit auffallender Schärfe rechnet Heuss 1926 mit dem Paneuropa-Projekt des Grafen Coudenhove-Kalergi (1894–1972) ab, der in jener Zeit der Inbegriff des

High-Society-Kosmopoliten war: in Tokio als Sohn des dortigen k. und k. Botschafters aus brabantisch-byzantinisch-kretischem Adelsgeschlecht geboren, der 18 Sprachen beherrschte, mit japanischer Mutter; er selbst mal mit tschechischer, mal mit französischer Staatsbürgerschaft, später in den USA und zuletzt doch wieder im heimischen Österreich, wo er mit 75 Jahren die Witwe des Operettenkomponisten Ralph Benatzki heiratete. Der von ihm 1924 gegründeten Paneuropa-Union gehörten im Laufe der Jahre Albert Einstein und Thomas Mann, aber auch der französische Locarno-Politiker Aristide Briand und – Konrad Adenauer an. War das nicht ein exquisiter Kreis, der Heuss aufs höchste reizen musste? Umso mehr, als Carl von Ossietzky in der »Weltbühne« – für Heuss das Organ eines destruktiven Literatentums – die Paneuropa-Bewegung als Polit-Schickeria verspottete, die »ausschließlich in Grandhotels und exklusiven Konzertsälen zur Erscheinung kommt«, und Kurt Hiller sie ebendort in der Zeit des beginnenden Stalinismus als infame Verschwörung gegen das »großartige ethische Experiment in Sowjetrussland« beschimpfte!?[147] Coudenhove-Kalergis Pamphlet »Stalin & Co.« war zu jener Zeit eine der hellsichtigsten Publikationen über den Stalinismus.[148]

Aber in diesem Fall war Heuss in seiner Sichtweise zumindest von Ossietzky nicht weit entfernt; aus seiner Sicht wirkten Coudenhove-Kalergi und seine Anhänger wie ein Club wichtigtuerischer Schaumschläger, die mit ihrem stereotypen Europa-Geplapper von den realen politischen Problemen ablenkten. War Stolper in seiner ökonomischen Skepsis gegenüber Coudenhove noch respektvollverhalten gewesen[149], fällt Heuss 1929 geradezu wütend über »Paneuropa« her:

> Das dünne Wort »Paneuropa«, … eine blutleere und missverstandene Begriffskopie …, deckt kaum die seelischen und sachlichen Verlegenheiten zu. Es ist der pazifistische Abklatsch des imperialistischen Panamerika; eigentlich müsste das genügen, um misstrauisch zu machen. Geradezu körperlich schmerzhaft wird aber die Sache, wenn von den »Vereinigten Staaten von Europa« gesprochen wird und wir die Lehre empfangen …, was den Amerikanern gelungen, müsste einem aufgeschlossenen Europäertum doch auch möglich sein.

Das war für ihn aus historischer Sicht der Gipfel der Absurdität; denn Europa bestehe aus »im Boden gewachsenen Nationalitäten«, wie es sie auf dem Gebiet der USA nie gegeben habe.[150] Dieses Argument kann man noch heute gelten lassen; und doch zeigt Heuss merkwürdig wenig Sinn dafür, dass nach dieser Selbstzerfleischung Europas die Außenpolitik nicht im gleichen Stil weiterlaufen konnte wie zuvor. Am allermeisten musste ihn irritieren, dass Robert Bosch den Paneuropa-Grafen hochschätzte und förderte.

ZONEN DES SCHWEIGENS IN DER FLUT DER WORTE. Bei einem so eloquenten Mann wie Heuss ist es nicht nur wichtig, worüber er redet, sondern manchmal noch bedeutsamer, worüber er *schweigt*: Mit Recht hat Modris Eksteins darauf hingewiesen.[151] Und wenn man sich die Themen nicht allesamt von Heuss selbst suggerieren lässt, sondern auch immer wieder fragt, was ein Mann wie er zu seiner Zeit alles hätte bedenken *können*, wird eine Heuss-Biographie, sosehr sie mit der Überfülle der Assoziationen zu ringen hat, auch eine Geschichte auffälliger *Defizite*.

Es sind besonders drei Desiderate in der Heuss'schen Geschäftigkeit in der Weimarer Zeit, die aus der Distanz verblüffen: (1) Wo ist seine Auseinandersetzung mit der Inflation und der 1929 einsetzenden Wirtschaftskrise, jenen beiden ökonomischen Desastern, die weit mehr als die Gebietsverluste und das Proporzwahlrecht den existentiellen Nerv der meisten Deutschen trafen? (2) Wo sind seine strategischen Überlegungen, wie man das neue Wählerpotential der *Frauen*, die nach dem Krieg die Mehrheit der Bevölkerung ausmachten, für die DDP und für ihn selbst mobilisierte? (3) Wo sind seine Reflexionen über den von 1919 bis 1933 fast unaufhaltsam fortschreitenden Niedergang des politischen Liberalismus? Warum setzte er sich nicht für den Zusammenschluss der beiden liberalen Parteien ein; warum engagierte er sich ausgerechnet für das Gesetz gegen »Schund- und Schmutz«-Literatur, das die ohnehin geschrumpfte DDP noch weiter zu spalten drohte? All diese Fragen werfen ein Licht nicht nur auf Heuss'sche Präferenzen, sondern auch auf Heuss'sche Blockaden.

DAS DILEMMA DES ANSTANDS IN DER WIRTSCHAFT ODER: WIE DACHTE HEUSS ÜBER INFLATION UND DEFLATION? Zuallererst diese welthistorisch singuläre *Inflation*, die ausgerechnet Deutschland, das traditionell als so solide galt, 1923 in ein ökonomisches Irrenhaus verwandelte, wo am Ende ein Pfund Butter eine Milliarde Mark kostete, und deren Trauma über Generationen wirkte! Aus der Distanz könnte man fragen: Wäre dieser Horror für einen Heuss nicht *die* Chance seines Lebens gewesen, sich mit einem deutschen Schicksalsthema zu profilieren? Immerhin war er promovierter Ökonom; sein Schwiegervater war Georg Friedrich Knapp, der Verfasser der berühmten »Staatlichen Theorie des Geldes« (1905), und dessen »begabtester Schüler« (Heuss)[152] Karl Helfferich, der von 1915 bis 1917 als Staatssekretär des Reichsschatzamtes die Kriegsfinanzierung dirigierte; und diese Inflation war der ärgste Verstoß gegen jeglichen wirtschaftlichen Anstand, den man sich vorstellen konnte, sofern man überhaupt die Kategorie »Anstand« in der Wirtschaftspolitik kannte: Sie traf am allerschlimmsten jenen soliden Mittelstand, den Heuss schätzte und aus dem sich ein Gutteil der Wählerschaft seiner Partei rekrutierte.

Aber gerade hier war die Situation, aus der Nähe besehen, für Heuss vertrackt. Zunächst einmal war die Schuldfrage bei der Inflation für die meisten Zeitgenossen undurchsichtig. Am billigsten war es, alle Schuld auf Versailles und die Reparationen zu schieben; auf diese Weise fügte sich die Wut über diese kalte Enteignung in die allgemeine nationale Wut ein und wurde von dieser absorbiert. Schaute man schärfer hin, konnte man auch damals sehr wohl erkennen, dass es in Sachen Inflation ein Kartell des Schweigens gab, da hinter der Geldentwertung mächtige Nutznießer standen: Der Staat wurde auf diese Weise mühelos seine gigantischen Kriegsschulden los, ohne sich durch drakonische Steuererhöhungen in politische Kämpfe schwerster Art zu begeben; auch viele Industrielle profitierten von der Enteignung der Gläubiger und von dem durch die Inflation angeheizten Wirtschaftsboom, ja sogar die Gewerkschaften gehörten zumindest eine Zeitlang zu den Gewinnern, denn fürs erste bescherte die Inflation die Vollbeschäftigung und machte es möglich, mühelos wie noch nie fortwährend eine Erhöhung der Nominallöhne zu erreichen.

All diese Nutznießer und potentiell Mitverantwortlichen anzuprangern hätte einen politisch ruinösen Mehrfrontenkrieg bedeutet. Aber schon damals konnte man bestimmte Urheber der Inflation genauer bestimmen, und da wurde es für Heuss erst recht delikat[153]: nämlich Helfferich mit seiner Kriegsfinanzierung durch Anleihen, die eine versteckte Geldschöpfung waren – sofern das Reich nicht durch einen »Siegfrieden« die Deckung des gewaltig gewachsenen Geldumlaufes wiederherstellte! –, sowie Helfferichs Lehrer Knapp, der mit seiner damals revolutionären Geldlehre, die den Geldwert von den Edelmetallen abkoppelte und auf die Staatsautorität zurückführte, in den Augen seiner Kritiker der Inflation freie Bahn geöffnet hatte.[154] Natürlich hatte er das 1905 nicht im mindesten gewollt; er hatte damals einen Staat mit grundsolidem Beamtenapparat und florierender Wirtschaft vor Augen.[155] Und er hatte sein Buch als Theoretiker und Betrachter der Wirtschaftsgeschichte geschrieben, ohne auszudenken, was künftige Praktiker der Wirtschaftspolitik damit anstellen könnten.

Aber schon Max Weber, der die gespenstische Phase der Inflation nicht mehr erlebte, widmete Knapps Geldtheorie in »Wirtschaft und Gesellschaft« einen langen und besorgten Exkurs: Zuerst spricht er von »Knapps prachtvollem Buch«, um dann jedoch darauf hinzuweisen, dass Knapp nicht auf die Idee gekommen sei, der Staat könne aus seiner eigenen Rationalität heraus eine inflationäre Politik betreiben.[156] Der Bankdirektor Friedrich Bendixen, mit dem Knapp von 1905 bis 1920 über seine Theorie über 1000 Briefe wechselte und der als Mann der Praxis immer wieder Skepsis zeigte, seufzte Ende 1919: »wir haben nur die Wahl: ›Bankrott oder Inflation‹. Ersterer ist das weitaus Schlimmste für das Ganze.«[157] Knapp, damals verarmt und aus dem an Frankreich gekommenen Straßburg ausgewiesen, ging darauf zuerst nicht ein und zeigte sich dann über Bendixens »Pessimismus in Währungssachen erschüttert«[158], aber weiter nichts. Es gibt auch keine Anzeichen darüber, dass er je mit seinem Schwiegersohn Heuss darüber kommuniziert hätte.

Heute, wo die Risiken der vom Staat gelösten Euro-Währung in aller Munde sind, bekommt Knapps »Staatliche Theorie des Geldes« eine Aktualität neuer Art; damals muss die Erfahrung für den 80-Jährigen betäubend gewesen sein. Und sein Schwiegersohn ließ als politischer Publizist von dem heiklen Thema »Inflation« am liebsten die Finger.[159] Bei der Lektüre Heuss'scher Publikationen aus jener Zeit kann man dieses Thema fast vergessen – und die Monographien über den Heuss jener Jahre haben es denn auch vergessen.

Dafür fand Anton Erkelenz, der Sprecher des Arbeitnehmerflügels der DDP, bei diesem Thema starke Worte, jedoch von bizarrer Ambivalenz: In seiner großen Rede auf dem Weimarer DDP-Parteitag vom 6. April 1924, wenige Monate nach der Einführung der neuen Währung, bezeichnet er die Inflation als Teil der »unvermeidlichen Rebellion der Arbeit gegen die Rente«. Da wirkt die Geldentwertung letztlich als Fortschritt, und als ein unvermeidlicher, bei dem die Suche nach dem Schuldigen sinnlos ist. Und doch bedeutet sie zugleich »die Vernichtung der Kulturschicht, die Vernichtung des geistigen Mittelstandes«, jener breiten Schicht von »ehrlichen, fleißigen und soliden Menschen«, »die aus kleinem Vermögen etwas aufwenden konnten für Kultur, für gute Schulbildung ihrer Kinder, für bessere geistige Genüsse, genug für eine hochstehende Kultur«. Mit der Zerstörung dieser Schicht sinke »Europa unter das kulturelle Existenzminimum hinab«[160].

Heuss, der Untergangsängste nicht mochte, glaubte nicht, dass der Mittelstand durch die Inflation vernichtet sei; so als sei nichts geschehen, gab er 1925 die Wahlkampf-Richtlinie aus, »dass die Republik am sichersten sei in der Hand und Gesinnung der selbständigen mittleren Leute«.[161] Das war damals seine politische Soziologie, die sich aus seiner eigenen Erfahrung speiste; denn er selbst gehörte keineswegs zu jenen Kulturträgern, die durch die Inflation ins Bodenlose gestürzt waren. Seinen Briefen nach zu urteilen, lebte er vor allem von seinen laufenden Einnahmequellen: dem Dozentengehalt der Hochschule für Politik, den Diäten als Reichstagsabgeordneter und den Einnahmen aus seiner journalistischen Tätigkeit. In der Zeit der Inflation bekam er sein Gehalt manchmal erst dann, wenn es nichts mehr wert war; da war es Elly, die die Familie durchbrachte, indem sie einer Amerikanerin, einem Engländer und einem Japaner Deutschunterricht gab und auf diese Weise wertbeständige Devisen einnahm.[162] Als Heuss 1928 bei den Reichstagswahlen durchfiel, musste Elly wieder selber bügeln, statt bügeln zu lassen.[163] Doch im Mai 1930, selbst ohne Reichstagsdiäten, waren die laufenden Einnahmen so hoch, dass eine Professur an der Technischen Hochschule Stuttgart für ihn finanziell nicht attraktiv war.[164] Dazu kam ein (in seiner Höhe nicht zu ermittelndes) Vermögenspolster, wenn dieses auch zu einem Hauskauf lange nicht reichte – und sich in großem Stil zu verschulden widerstrebte Heuss zutiefst. Da unterschied er sich eklatant von vielen Wirtschaftsführern jener Zeit, die sich mit kurzfristigen Anleihen verhängnisvoll übernahmen.

Einen klugen finanziellen Berater und zugleich engen Freund hatte Heuss ab 1917 in dem Heilbronner Bankdirektor Friedrich Mück (1879–1936), den manche für den erfolgreichsten Bankier in Südwestdeutschland hielten.[165] Es sieht so aus, als habe er der Theorie seines Schwiegervaters, dass der Staat den Wert des Geldes garantiere, nie ganz getraut, sondern sich spätestens gegen Kriegsende statt der Kriegsanleihen lieber ein Aktienpaket zugelegt[166], während er bei den ab 1929 einander folgenden Aktienstürzen über »sehr gut rentierende festverzinsliche Papiere« verfügte.[167] Dennoch bekam auch er es empfindlich zu spüren, als in der Wirtschaftskrise überall gespart wurde. Ende 1932 seufzte er gegenüber Freund Mück, seine Lebensweise stehe im Zeichen »heroischer Sparsamkeit«; mit dem »Herumreisen« sei jetzt Schluss, und am Tag davor – welch ein Verzicht für ihn! – habe er sich auf eine einzige Zigarre beschränkt.[168]

Von ökonomischen Doktrinen wenig belastet, hatte er wohl begriffen, dass es in Wirtschaftsdingen keine überzeitlichen Rezepte gibt. Und das Gleiche gilt für Elly, die über ihren Vater nicht nur mit der Elite der ökonomischen Theoretiker verkehrte, sondern im Krieg auch reichlich praktische Erfahrungen gesammelt hatte. »Manchmal reden wir auch nicht vom Geld«, schrieb sie im August 1920 ihrem Mann, als sie in Wyk auf Föhr Urlaub machte und sich im Blick auf die steigenden Preise das Mittagessen abzugewöhnen suchte.[169] Unter den Eheleuten muss also sehr viel über Geld geredet worden sein, und in den darauf folgenden Jahren erst recht! Aber dieses leidige Thema gab für Heuss weder politisch noch literarisch etwas her; zu solchen Themen schwieg er, in der Öffentlichkeit zumindest.

Jene Weltwirtschaftskrise, die ab 1929 begann und Deutschland besonders schwer traf, hätte von Heuss, dem promovierten Ökonomen und Mitarbeiter des »Deutschen Volkswirt«, politisch wie publizistisch als Thema aufgegriffen werden können. Ein Verhängnis bestand damals darin, dass die Deutschen noch so sehr unter dem Trauma der Inflation standen, dass die meisten nicht erkannten, dass die Misere nunmehr eine gegenteilige Ursache hatte, nämlich die Deflation. Heuss selbst scheint ein Stück davon in seiner privaten Geldanlage begriffen zu haben; seinem beweglichen historischen Denken lagen ohnehin keine ökonomischen Dogmen. Aber er schuf keine eigene ökonomische Lehre. Kein Wunder: Das Gros der damaligen Wirtschaftswissenschaft stand dieser Krise ratlos gegenüber. Noch 1939 musste Toni Stolper von einer Freundin hören, deren Bruder habe »allen Respekt vor der Nationalökonomie verloren«, als Gustav Stolper in einem Vortrag zugegeben habe, dass man gegen die damalige »Riesenarbeitslosigkeit nichts unternehmen konnte«.[170]

Eine Ironie der Geschichte besteht darin, dass gerade jetzt Knapps durch die Inflation in Verruf geratene »Staatliche Theorie des Geldes« einen guten praktischen Sinn hätte erlangen können. In seiner Geldtheorie war Knapp ein Vorläufer von Keynes, wenn auch nicht in deren praktischen Konsequenzen. Keynes, der zum berühmtesten Ökonomen des Jahrhunderts werden sollte, war schon damals in Deutschland populär, jedoch nicht als Advokat des staatlichen *deficit spending* in einer Situation brachliegender Ressourcen, sondern als scharfer Kritiker von Versailles im Blick auf die absehbaren wirtschaftlichen Schäden des Friedensvertrags.[171] Insofern konnten sich diejenigen auf ihn berufen, die alle Schuld an der wirtschaftlichen Misere auf Versailles schoben.

Aber auch ohne die dem Laien im Detail kaum verständliche keynesianische Theorie, die damals nur in Aufsätzen vorlag, konnte man zu deren praktischen Folgerungen kommen, zumal diese politisch populär waren: in einer Zeit der Massenarbeitslosigkeit die Wirtschaft durch öffentliche Aufträge anzukurbeln. Anton Erkelenz schrieb Anfang 1934 einen fünf eng betippte Seiten langen Brief an Gertrud Bäumer, um sie davon abzubringen, die Ursachen des Zusammenbruches der Demokratie in geistigen Tiefen und Grundstrukturen der Republik zu suchen: Es sei ganz einfach Brünings Deflationspolitik gewesen, die »das Volk in einen Zustand des Irrseins und der Raserei versetzt« habe.[172] Als er damals einen Aufsatz mit dieser These an Heuss, den neuen Schriftleiter der »Hilfe«, sandte, sah sich der in einer »grässlichen Verlegenheit«. Ihm missfiel diese scharfe Schuldzuweisung an Brüning; er hielt dessen Sparpolitik für alternativlos. »Ich selber bin ein leidenschaftlicher Anhänger der Spartheorie, soweit ich meinen bescheidenen Vorrat an Leidenschaftlichkeit in diese Bezirke wende.«[173] Nicht zu vergessen: Der Vorsitzende seiner eigenen Partei, Hermann Dietrich, war Brünings Finanzminister gewesen, der jene eiserne Sparpolitik zu verantworten hatte, die die Depression noch verschlimmerte.[174]

Auch das hätte Heuss nicht unbedingt hindern müssen; denn sein Verhältnis zu Dietrich war stets distanziert. Selbst der schwäbisch-solide Bankier Mück hielt die Brüning-Dietrich-Politik am Ende für verfehlt und fürchtete, dass man ohne energische Arbeitsbeschaffungsmaßnahmen Hitler den Weg bereite.[175] Dieser skrupulöse Mann verfiel durch die Bankenkrise in eine tiefe Depression bis hin zu Suizidgedanken und quälte sich, wie Heuss schrieb, mit »Selbstvorwürfen«: »dass er selber zu hoch hinaus gewollt habe, in seinem Selbstgefühl und in seinen Ansprüchen sich übersteigert und nun das Ende komme, dass er in seiner Bank wie in seinen privaten Entscheidungen alles falsch disponiert habe und nun andere Menschen mit in sein Elend reiße.«[176] Es waren genau jene moralischen Skrupel, die Brüning wie Schacht an Hauptverursachern der Krise in der Wirtschaft gänzlich vermissten.

Die Herausforderung durch den NS-Wirtschaftstheoretiker Gottfried Feder, der die Parole »Brechung der Zinsknechtschaft« ausgab, lockte Heuss in Sachen Währungspolitik dann doch aus der Reserve; aus der Rückschau von 1962 bezeichnet er es als einen Hauptfehler, dass er Feder damals viel zu wichtig genommen habe.[177] Wenn Feder zur »Befreiung vom Golde« und damit von der »jüdischen Weltherrschaft« aufrufe – so Heuss in »Hitlers Weg« –, seien er und die vielen, die in das gleiche Horn stießen, »von einer Art von negativem Goldwahn besessen«, also von ebenjener Vorstellung, die Knapp über den Haufen geworfen hatte: dass der Wert der Währung auf Golddeckung beruhe. Aber auch dann, wenn Feder den Staat dazu auffordere, Geld zu machen, sei das ein Missverständnis der praktischen Folgerungen aus Knapps Theorie, wie man es sich »grausamer« kaum vorstellen könne.[178] Und in seiner Reichstagsattacke vom 11. Mai 1932 auf die NSDAP warnte er, »diese ganze währungspolitische Lehre« sei »nichts als *theoretischer Unsinn*«. Man würde sehen, was los sei, würde die Regierung den Weg der Geldschöpfung gehen: »Die Inflation würde morgen vorhanden sein.«[179]

Aber lag das Problem nicht mehr in der Praxis als in der Theorie? Schacht verstand die »Staatliche Theorie des Geldes« auf seine Art, allerdings erst ab 1933:[180] Ein allmächtiger Staat, der die Preise und die Presse kontrollierte, war sehr wohl dazu in der Lage, unter der Hand Geldschöpfung in größtem Ausmaß zu betreiben und dennoch eine Inflationspsychose zu verhindern und den Wert der Währung leidlich zu erhalten.

EINE LEBENSFREUNDSCHAFT BEI »GANZ VERSCHIEDENEN TEMPERAMENTEN«: HEUSS UND GUSTAV STOLPER. Aber Heuss' bester und dauerhaftester Freund, der von allen seinen Bekannten in der Ökonomie der bedeutendste Name war, wehrte damals vehement alle protokeynesianischen Rezepte ab: Gustav Stolper. 1925 war er von Wien nach Berlin übergesiedelt und hatte dort 1926 den »Deutschen Volkswirt« gegründet, an dessen kulturellem Teil Heuss mitarbeitete. Wie zuvor in Wien, zog jetzt auch in Berlin der Kreis um Stolper die ökonomische Elite an; hier fand Heuss ein Beziehungsnetz, das für ihn nicht minder wichtig war als der Werkbund und die Deutsche Hochschule für Politik. Verständlicherweise lag es ihm fern, in der Ökonomie Positionen zu vertreten, durch die er sich mit Stolper angelegt hätte, der ihm in diesem Revier weit überlegen war. Stolper war damals in seinem Kern ein doktrinärer Wirtschaftsliberaler. Auch er rief zwar nach dem starken Staat, aber es wurde nicht recht klar, was dieser in der Wirtschaft konkret anstellen sollte.

Die 1929 beginnende große Krise, die im Kern durch Wachstumsspekulationen einer sich selbst überlassenen Privatwirtschaft ausgelöst worden war, passte überhaupt nicht in sein Konzept. Ab 1929 propagierte er, wo er nur konnte, seinen »Finanzplan«[181]; da bemühte er sich um die Quadratur des Kreises: zugleich die Steuern zu senken, Gehaltskürzungen bei den Staatsbediensteten zu vermeiden und die Währung stabil zu halten. Er wollte sogar die Lohnsteuer abschaffen![182] Der Kern seiner Lösung bestand vor allem in Verbrauchssteuern: vor allem drastisch erhöhter Tabak-, Alkohol- und Luxussteuern. Genau das musste bei Heuss einen inneren Aufschrei hervorrufen![183] Noch in seinen Memoiren erinnert er sich mit Wohlgefallen an eine »flammende« Rede, die er 1925 im Reichstag gegen die Luxussteuer hielt und die er als »Sondersteuer auf Qualitätsarbeit« verunglimpfte.[184]

Auch im Gesamtcharakter hat der Kontrast zwischen diesen beiden Freunden etwas Skurriles: Stolper allzeit scharf-apodiktisch, immerzu polemisch, stets dezidierte Positionen beziehend; Heuss demgegenüber mit der Polemik eher sparsam, behutsam abwägend und in die Geschichte schweifend, im Einerseits-andererseits die Themen umkreisend. Heuss ein Augen-, Stolper ein Ohrenmensch, der Richard Wagner liebte, den Heuss nicht ausstehen konnte ... Aber es war eine Freundschaft besonderer Art,[185] die vielleicht durch ein Gefühl wechselseitiger Ergänzung gestärkt wurde, dazu mehr und mehr auch durch zartere Empfindungen zwischen Heuss und Toni Stolper. Aber zu einem rettenden Wort in der Wirtschaftskrise half sie ihm nicht. Ostern 1936 schreibt Stolper an Heuss aus dem Exil, in das er ihn gerne mitgenommen hätte, in der Vorfreude auf ein Wiedersehen in Italien:

> Wir beide haben ein ganz verschiedenes Lebensgefühl, das seine Quelle in ganz verschiedenen Temperamenten hat. Für Dich ist das Leben ein Betrachtungsobjekt für mich ein ununterbrochenes, unerschöpfliches Abenteuer, das man irgendwie in Ehren bestehen muss. Für Deine Art zu leben ist das Altern leichter als für meine, weil meine immer den vollen Krafteinsatz erfordert. Wir beide haben uns unser Leben und unser Schicksal nicht ganz frei gewählt und deshalb weckt es immer von neuem meine tiefste Bewunderung, wie Du gleichmütig, scheinbar spielend die Tragik unserer Generation »erledigst«, während unsereins zwischen Triumph und Niederlage nie zur Ruhe kommt.[186]

Bei aller erklärten Bewunderung spürt man zwischen den Zeilen ein überlegenes Lächeln; und Heuss, der ihm aus NS-Deutschland nicht mehr offen schreiben konnte, hatte es dort längst nicht mehr so leicht, wie sich das Stolper aus amerikanischer Distanz vorstellte. Und doch nahm Toni Stolper das Zitat in ihr Erinnerungsbuch auf, das in ständigem Austausch mit Heuss entstand: Es enthält die schönste Charakteristik Heuss' aus einer Zeit, als er für die meisten noch wenig Profil besaß, und lange vor der Flut von Apotheosen, die sich über den Bundespräsidenten ergoss.

WARUM WURDE DIE DDP NICHT ZUR PARTEI DER FRAUEN – UND WARUM GING HEUSS NICHT DABEI VORAN? UND WELCHE ROLLE SPIELTEN DABEI ELLY HEUSS-KNAPP UND GERTRUD BÄUMER? Noch eine weitere Frage, die man leicht vergisst, solange man sich die Fragen lediglich von Heuss selbst soufflieren lässt: Warum gelang es der DDP trotz vielversprechender Anfänge nicht, zur Partei der *Frauen* zu werden und den entscheidenden Schub zur großen Volkspartei durch das gewaltige neue Wählerpotential zu bekommen, das sich 1919 durch das Frauenwahlrecht auftat? Warum profilierte sich nicht gerade Heuss bei diesem Vorstoß in dies große Neuland der Parteipolitik: Heuss, der 1919 gegenüber den Parteihonoratioren noch jung wirkte und in seinem Denkstil, Politik nicht über Programme[187], sondern vor allem über menschliche Qualitäten und Beziehungen zu fassen, einen – wenn man so sagen darf – femininen Zug besaß?[188]

Naumann hatte das Herz vieler Frauen gewonnen, nur brachte ihm das im Kaiserreich, wo die Frauen kein Wahlrecht besaßen, politisch nichts. Führende Gestalten der Frauenbewegung, angefangen mit Gertrud Bäumer, stießen zum Kreis um Naumann und über ihn zur DDP. Und eine Chance zeichnete sich nicht nur auf der Ebene der Personen, sondern auch der Symbole ab. Wie schon auf dem Delacroix-Gemälde von 1830 »Die Freiheit führt das Volk« die Freiheit eine Frau ist, war die »weibliche Kodierung der Demokratie« – so Thomas Hertfelder – in der Aufbruchszeit nach 1918 auch »im Umkreis der DDP nicht ungewöhnlich: 1919 hatte sich die Partei auf einem Flugblatt zur Nationalversammlung als weibliche Allegorie präsentiert, die sich schützend vor das Volk stellt«.[189]

Zwar gab es einen Typus von Liberalen, der über die »weibische« Hofgesellschaft spottete und keinen Hehl daraus machte, dass er Politik für Männersache hielt; aber Heuss empfahl sich, wie wir sahen, Ende 1918 dem 27 Jahre älteren Haußmann als neuer Mann auch dadurch, dass er durch seine »Stellung zu den Frauenfragen nach dieser Seite völlig unbelastet« sei.[190] Der württembergische DDP-Parteifreund Fritz Elsas, dessen Tochter 1945, als er selbst von NS-Schergen ermordet worden war, Heuss' Schwiegertochter wurde, machte ihm 1924 zu seiner Freude das Kompliment, dass er »auf Frauen« wirke[191]; und gewiss gewann Heuss, der – wie die Fotos zeigen – im Gesicht noch lange einen jungmädchenhaften Zug behielt, besonders die Sympathie »neuer Frauen«, die nicht den »starken Mann«, sondern den sensiblen Partner suchten. Dazu hatte er mit Elly eine Frau zur Seite, die in manchen Kreisen bekannter war als er selbst und auch ein kräftigeres Profil besaß.

Da stoßen wir jedoch auf das Dilemma liberaler Frauenpolitik; gerade Ellys Entwicklung nach 1919 wirft ein scharfes Licht auf die Schwierigkeiten der DDP, unter den Frauen auf die Dauer einen festen Stand zu behalten und eine stabile Allianz mit der Frauenbewegung herzustellen. Ein Grundproblem hatte schon im

Kaiserreich bestanden: Gerade solche Frauen, die an Fragen der Politik dezidiert sachlich herangehen wollten, fühlten sich in typischen Fällen in der Atmosphäre der Frauenbewegung nicht wohl, wo die Frauen unter sich waren und die Gespräche oft ins Persönliche glitten, ob nun die »alte Jungfer« oder die der Erotik huldigende »Mutterschutz«-Frau den Ton angab, die für die »freie Liebe« und die Gleichstellung der unehelichen Mutter kämpfte.[192] Elly, die für ihre Person mit dem Patriarchat nie Probleme hatte, sondern eher mit der ewig Klavier spielenden Mutter (zum Vokabular der Heussens gehörte der Begriff »Klavierbürgertum«), fühlte sich zur Frauenbewegung anscheinend nie sehr hingezogen, auch wenn sie führende Gestalten wie vor allem Alice Salomon und Gertrud Bäumer persönlich schätzte; schon um 1906 lernte sie, wie sie 1934 schreibt, bei Alice Salomon »die Führerinnen der Frauenbewegung kennen, sehr erstaunt, dass es so viele gab«[193]. Heuss foppte Elly gerne damit, »dass sie im Grunde genommen den Führern der Frauenbewegung gegenüber ›undankbar‹ sei«, worauf sie nur meinte: »Vielleicht.«[194]

Nach 1919, als die Frauen das Wahlrecht hatten, nahm Ellys Desinteresse an der Frauenbewegung eher noch zu. Als Vermittlerin zwischen DDP und den Frauen fiel sie aus, zumal sie sich vom politischen Liberalismus immer weiter entfernte, innerlich noch mehr als nach außen. Sie war eine leidenschaftliche Frau; und als die Berliner Linke mit Plakaten dazu aufrief, die Kinder vom Religionsunterricht abzumelden, war sie so empört, dass sie fortan für die konfessionelle Schule eintrat[195]: für Liberale das Allerschlimmste, was es gab! Ellys Grundgefühl war jedoch in den Wirren der Nachkriegsjahre eindeutig: Die Deutschen müssen zurück zum Glauben; nur in der Religion finden sie wieder einen festen Halt. Sie verehrte Otto Dibelius, der seit 1915 als Pfarrer an der Kirche »Zum Heilsbronnen« in Berlin-Schöneberg eine intensive Gemeindearbeit betrieb und 1924 zum Generalsuperintendenten der Kurmark berufen wurde. Er, der am 21. März 1933 jenen Gottesdienst in der Potsdamer Garnisonskirche zelebrierte, der Hindenburg und Hitler in scheinbar trauter Einheit zeigte, in der Folge jedoch zu einer Säule der Bekennenden Kirche wurde, übte davor scharfe Kritik am säkularen Charakter der Weimarer Republik und kämpfte für die Rechristianisierung der Schule als eine Rettung aus den Nöten der Zeit.[196] Das war innerhalb des protestantischen Deutschland die Position der Deutschnationalen.[197]

Zu Silvester 1960 witzelt Heuss gegenüber Toni Stolper: »mich juckt die Idee, Elly würde im Himmel Schulungskurse für Gemeinschaftskunde einrichten.«[198] Mehr als irgendwo anders fand Elly im religiös-erzieherischen Bereich eine innere Heimat: eine, die sie vom Aktionsfeld ihres Mannes weit entfernte. Die Eheleute unternahmen in all diesen Jahren ihre Reisen in aller Regel getrennt voneinander; das hätte diesen beiden passionierten Briefeschreibern zumindest beste Gelegenheit für eine Fülle schöner Briefe gegeben – aber der Briefwechsel wird inhaltsarm; nicht zufällig haben nur wenige Briefe Eingang in die Stuttgarter Ausgabe gefunden. Die Frau sucht eine starke Religiosität: Die findet sie nicht nur in dem robusten Luthertum eines Dibelius, sondern auch bei katholischen Orden. »Von der Sozialpolitik zur Caritas« wird ihre Parole[199]: ein Zurück, bei dem sich modernen Sozialpolitikern die Haare sträuben, die allerdings in der Entstaatlichung der Sozialfürsorge mit liberalen Grundsätzen konvergiert. Auf einer Tagung von Sozialarbeitern notiert sie: »Sonderbares Ergebnis: geradezu Ekel vor der sozialen Neurasthenie. Jeder berichtet seine Misserfolge.«[200] Jene Neurasthenie, die seit Jahrzehnten als die Zeitkrankheit schlechthin galt, überwindet sie auf ihre Art, anders als ihr Mann.

Erleichtert registriert sie, dass sie durch ihre neue Neigung zu katholischen Orden nicht in Konflikt mit Dibelius gerät; 1932 berichtet sie ihrem Mann triumphierend von dessen neuem Buch über »Staat und Kirche«, »an dem Du ein blaues Wunder erleben wirst, so katholisch ist sein Kirchenbegriff. Ich sehe uns schon alle in den verschiedenen Orden verteilt, ich bleibe aber bei den Benediktinern und überlasse ihn den Jesuiten …«[201] Man sieht, auch in ihrem religiösen Eifer behält sie ihren Humor: Der ist die letzte gemeinsame Basis zwischen den Eheleuten. Zumindest möchte Heuss glauben, dass bei Elly nicht alles so ernst gemeint ist; noch 1961 belehrt er Margret Boveri, zum rechten Verständnis seiner Gattin müsse man bedenken, dass »Ironie und vor allem auch Selbstironie zum Heus'schen Familienjargon gehört«[202]. In der Tat findet man gelegentlich bei Elly sogar schwarzen Humor![203] Und doch muss sich Heuss bei nicht wenigen Geschäftigkeiten seiner Frau in jener Zeit innerlich geschüttelt haben, so als sie damit begann, für Geld selbst Professoren durch Handleserei ihre Zukunft zu prophezeien.[204] Gewiss, das geschah für einen guten karitativen Zweck. Auf dem Höhepunkt der Inflation schreibt sie: »das Handlesen hat mir schon viele Milliarden eingebracht. Heut hab‹ ich wieder eine Billion für die Armen unserer Kirchengemeinde bekommen.«[205] Aber bei einer Frau, die sich wie Elly mit allem, was sie tat, identifizierte, konnte man nicht sicher sein, ob sie nicht selber an ihre Handlinien-Hellseherei glaubte.

Und dann entwickelte sie in der letzten Zeit vor 1933 noch eine Leidenschaft zum Einstudieren religiöser Massen-Sprechchöre, die schon an die NS-Festkultur erinnern. Auf ihre Art besaß auch sie etwas Hemmungsloses; man muss sich von dem Bild der von Krankheit gezeichneten First Lady freimachen, mit dem sie am Ende ihres Lebens in die öffentliche Wahrnehmung der Deutschen einging. Es habe etwas »unglaublich Packendes«, schreibt sie Anfang 1932 ihrer Freundin Gertrud Stettiner-Fuhrmann, die ihr fast eine Ersatztochter wurde und 1933 nach Brasilien emigrierte, »wenn zweihundert oder dreihundert junge Menschen so ein Wort leise sprechen wie ›Das Volk ist wie Gras‹, oder wenn sie, ähnlich wie in der Matthäus-Passion, schreien: ›Kreuzige ihn, wir wollen nicht, dass dieser über uns herrsche.‹«[206] Was muss Heuss dabei ausgestanden haben? 1956 erinnerte er sich in einem Brief an Toni Stolper, dass Elly ihm den Ausdruck »religiöser Exhibitionismus« verboten habe[207] – kein Wunder!

»Mir ist das Herz sehr schwer. Dazu noch die Politik – grässlich!«, schrieb Elly im Mai 1926 ihrem Mann[208], dem die Politik trotz allem Vergnügen bereitete und Lebensinhalt war – und das war noch mitten in den relativ guten Jahren der Weimarer Republik! »Niemandem den Brief zeigen«, mahnte sie am Schluss. Und dann erst vor den Reichstagswahlen vom 6. November 1932, bei denen Theodor Heuss ohne Erfolg kandidierte: »Ich kriege Übelkeitsanfälle, wenn ich an diese Wahl denke und mich frage, wen ich wählen soll«, stöhnte sie gegenüber ihrem Mann[209]; es verstand sich also überhaupt nicht von selbst, dass sie seine Partei wählte!

Als sie 1926 bei Heuss' Buch »Staat und Volk« Korrektur las, brach sie auf Seite 120 in Tränen aus: »das ist zuviel.« »Ich finde es einfach jammerschade, wenn dieser Reichtum an Gedanken, Einfällen, Beispielen so halb verarbeitet als Buch erscheint. … Dies sind geistreiche Randbemerkungen; der Text fehlt sehr oft.«[210] Kein Wunder: Wer die klaren starken Worte liebte und einen Dibelius verehrte, dem konnte es bei dem typischen Lavieren des Heuss'schen Stils kribbelig werden. Aber auch kein Wunder, dass Heuss in jenen Jahren oftmals die Lust am Briefwechsel mit seiner Frau verlor. Als er im Herbst 1928, wieder allein, auf Italienreise war, klagte sie: »Es ist mir ganz unbegreiflich, warum Du nicht wenigstens in Genua eine Adresse angegeben hast. Du hast auf diese Weise 10 Tage keine Nachricht und unterdessen kann man längst begraben sein.«[211]

Aber auch ihrerseits hielt sie es nicht immer für nötig, ihren Mann darüber zu informieren, wann sie von einer Reise zurückkehrte.[212] Eine große Aussprache scheinen beide jedoch die ganzen Jahre hindurch wohlweislich vermieden zu haben. Weihnachten 1956 schrieb Heuss an Toni Stolper: »Denk Dir, Elly, die soviel Theologie trieb, hat auch nie die ›Gretchenfrage‹ an mich gestellt.«[213] »Mein lieber Theo, wie hältst Du's mit der Religion?«[214] Was hätte er darauf antworten können? Die Bergpredigt sei ihm »viel wichtiger als der ganze Paulus«, setzte er 1956 hinzu – es war kurz nach dem Suezkrieg. Daran fügt er ein merkwürdiges Bekenntnis über eine eigene innere Spannung: Friedrich Naumann sei »in den Instinkten ein homo religiosus« gewesen, »Max Weber, die größte Erscheinung für meine Jugend, war das nicht. In diesem Dilemma wuchs ich und wurde der, der ich bin«. In der Gestalt Ellys blieb der gläubige Grundton Naumanns stets präsent. 1956 hatte die Religiosität der Frau, die Heuss' Lästerzunge zum Schweigen brachte, längst ihren höheren Sinn bekommen: Ohne sie hätte sich Heuss für die CDU nicht zum Bundespräsidenten qualifiziert.

Aber ein solcher Sinn war in den 1920er Jahren nicht in Sicht, zumindest nicht für Heuss. Das Merkwürdige ist nun, dass *Gertrud Bäumer* (1873–1954), mit der die DDP die profilierteste Führungsgestalt der Frauenbewegung besaß und die von 1920 bis 1933 als Ministerialrätin für Jugendwohlfahrt und Schulwesen im Reichsinnenministerium, unberührt von den vielen Kabinettwechseln, im Innenleben der Politik präsent war, auf ihre Weise eine ähnliche Wende wie Elly Heuss-Knapp vollzog. Nach dem enttäuschenden Wahlausgang vom 20. Mai 1928, als auch Heuss sein Reichstagsmandat wieder verlor, deutete Gertrud Bäumer auf ihre Art die Ursachen für den fortdauernden Niedergang der DDP seit 1919: »Es sind die zwei Seelen in ihrer Brust, die von Naumann und die von Preuß«; die letztere habe »einen großstädtischen, radikalen, rationalen Liberalismus in sich, der ganz ›moralinfrei‹ ist und in der Berliner großen Presse lebt. Er ist denen wesensfremd, die Demokraten sind aus nationalsozialem Ethos heraus.« »So wird in der DDP kein gemeinsamer politischer Glauben zustande kommen, ein Schwung entwickelt, der über Interessengegensätze hinwegträgt …«[215] In Reinkultur findet man die »zwei Seelen« in dem Parteitagsbeschluss von 1927, der den »dezentralisierten Einheitsstaat« forderte mit Hinweis sowohl auf das »jahrtausendealte Sehnen« wie auf das »Zeitalter der Rationalisierung«.[216]

Kein Zweifel, zu welcher der beiden Seelen sich Gertrud Bäumer, die einstige Vertraute Friedrich Naumanns, bekannte. Die Suche nach der gemeinsamen Basis in ökonomischen Interessen war für sie ein fundamentaler Irrweg; sie vermisste vielmehr in weiten Teilen der Partei, am meisten in der Berliner parteinahen Presse die Wärme, die ethischen Werte, das Gemeinschaftsgefühl, und das war in ihren Augen wohl der entscheidende Grund, weshalb gerade auch viele Frauen der DDP den Rücken kehrten und – sofern man Willy Hellpach glauben darf – Frauen 1925 den Hauptanteil der Wähler Hindenburgs stellten[217]. Da wußte sie sich ganz in der Nachfolge Naumanns.

Aber das Fiasko linksliberaler Frauenpolitik hing nicht allein an Personen; vielmehr erkennt man ein Dilemma der Frauenförderung, das bis heute reicht: Die liberalen Reformerinnen konnten der Frau zwar formal die volle Gleichberechtigung im Bildungswesen verschaffen, aber ihr nicht garantieren, dass sie die gleichen Berufschancen wie Männer mit gleicher Ausbildung gewann. Und von Anfang bis heute die Gespaltenheit: Soll das Leitbild die volle Gleichstellung der Geschlechter in allen Bereichen sein, oder ist einem Großteil der Frauen mit Sonderrechten, speziell Hilfen für die Mütter, besser gedient?

Da bestand auch bei Elly eine tiefe Spaltung zwischen Botschaft und realem Sein. Realiter verkörperte sie in Reinkultur die autonome »neue Frau«, die ohne große Rücksicht auf die Familie viel herumreist und redet, publiziert, organisiert. Ihren einzigen Sohn steckte sie in ein Internat bei Holzminden fern von Berlin, obwohl er das gar nicht wollte, sich in der dortigen trotz Reformpädagogik »streng militaristischen« Disziplin[218] unglücklich fühlte und ihr diesen Mangel an Mütterlichkeit lebenslang verübelte.[219] Aber zugleich reiste sie herum und hielt Reden, wo sie Mutterschaft und Mutterliebe pries und zur Verantwortung für die Familie mahnte! Andere Frauen erlebten die umgekehrte Spaltung: Sie bekannten sich zwar zur weiblichen Autonomie, sehnten sich jedoch zugleich nach Kind und Familie. Elly gelang am Ende ihres Lebens eine geradezu geniale Versöhnung ihrer beiden widerstreitenden Impulse, indem sie ihren Namen mit dem Müttergenesungswerk verband, das den Müttern Erholung von der Familie bescherte.[220]

Am Beispiel Heuss erkennt man noch ein weiteres Hemmnis liberaler Frauenpolitik: Auch wenn man den Frauen volle politische Gleichberechtigung gewährte, behielt die Politik faktisch doch einen ausgeprägten männerbündischen Zug, mehr noch: Dieser wurde gegenüber der alten Gesellschaft der Höfe und der Salons, ja selbst gegenüber der traditionellen Honoratiorengeselligkeit eher noch verstärkt. In der Hofgesellschaft waren Frauen weit mehr präsent als in verrauchten Weinstuben, wo Liberale bis tief in die Nacht hinein palaverten. Das ist ein Faktum, das vor allem Männer leicht übersehen; über der Gesellschaftsgeschichte ist die Geschichte der Geselligkeit vergessen worden.

Noch im Juni 1949 betont Heuss »die Notwendigkeit eines verständigen Männergespräches zwischen den Deutschen«[221], auf dass ein handlungsfähiger neuer Staat entstehe. Die Heuss'schen Kreise zeigen den männerbündischen Zug dieser liberalen Geselligkeit in Reinkultur.[222] Gewiss war die Teilnahme von Frauen nicht verboten; hier und da waren auch Frauen dabei, insgesamt jedoch nur sporadisch – es mag sein, dass dieser gerade auch für das Heuss-Milieu typische Stil der Geselligkeit auf der Basis von Alkohol, Zigarren und ironischer Kühle in aller Regel die Frauen wie von selber draußen hielt. Dabei spricht manches dafür, dass Heuss selbst einige von ihnen gerne dabeigehabt hätte; seine gewaltige Korrespondenz kulminiert ja am Ende in den langen nächtlichen Briefen an Toni Stolper, deren Essenz alles Frühere übertrifft. Aber da stoßen wir auf einen weiteren Punkt: Die längste Zeit war es nicht Heuss selber, der Kreise um sich sammelte; sondern er fügte sich in bestehende Kreise ein. Und ob er gerade Frauen wie Gertrud Bäumer um sich haben mochte, ist nicht sicher. Die Bäumer-Biographin Angelika Schaser verweist auf das skandalöse Faktum, dass Heuss selbst in seinem Beitrag zu der Festschrift zu Bäumers 60. Geburtstag »den Naumann-Kreis als einen Männerbund vorstellte« und ausgerechnet sie, Naumanns engste Vertraute in den späteren Jahren, »kein einziges Mal nannte«[223].

Bei der Beschäftigung mit den politischen Frauen um Heuss kann man fast vergessen, dass es nach 1918 vor allem *ein* großes Thema hätte geben können, das die Frauen mobilisierte und politisierte, auf die Not der Zeit reagierte und ein festes Band zwischen Frauenbewegung und Linksliberalen knüpfte: die Sehnsucht nach Frieden! Dass im Kampf für den Frieden ein besonderer Auftrag der Frauen liegt, deren Natur das Soldatentum widerspricht, war nicht erst in der neuen Friedensbewegung um 1980, sondern schon vor 1914 eine gängige Vorstellung; man denke an die 1892 auf Initiative Bertha von Suttners gegründete Deutsche Friedensgesellschaft.

Auch nach 1918 fehlte es nicht an Ansätzen zur Überbrückung der Feindesfronten auf der Ebene der Frauenverbände; selbst in Gertrud Bäumers Memoiren von 1933 finden sich dazu ergreifende Passagen, unbekümmert um die *political correctness* der NS-Zeit. Welch eine Chance für die deutsche Frauenbewegung! Und doch behält Gertrud Bäumer gegenüber dem Pazifismus stets eine Sperre. Ihr Kriegserlebnis, so wie sie es später stilisierte, war tief ambivalent; mit Leidenschaft hing sie an dem Mythos der Volksgemeinschaft des August 1914, die in ihrer Erinnerung wie ein überwältigender kollektiver Eros wirkte. Ihr Nationalismus besaß mehr emotionalen Tiefgang als der eines Theodor Heuss.[224]

DER GRÖSSTE KAMPF IN DEN 1920ER JAHREN: HEUSS IN VORDERSTER FRONT FÜR DAS GESETZ GEGEN »SCHUND UND SCHMUTZ«. Das »nationale« Motiv fungierte nicht nur unter Millionen Deutschen, sondern auch zwischen Heuss und den damals für ihn wichtigsten Frauen, seiner Gattin und Gertrud Bäumer, als Harmonieakkord, der latente Spannungen übertönte. Und das Gleiche gilt für eine weitere Kampffront, bei der alle drei über Jahre einmütig zusammenstanden: dem Einsatz für das »*Gesetz zur Bewahrung der Jugend vor Schund- und Schmutzschriften*«, das 1926 unter heftigen Kontroversen durch den Reichstag ging und weitere Polemiken nach sich zog. Man staune: Bei keinem anderen Vorstoß hat sich Heuss, der im Reichstag sonst »zu den Stillen« gehörte (Hermann Dietrich)[225], während dieser gesamten Jahre auch nur annähernd so exponiert wie hier; nie stellte er sich derart der Kritik selbst von solcher Seite, die ihm sonst eher nahestand; und dabei ging es um ein Thema, das seine eigene ohnedies von Zerfall bedrohte Partei einer »Zerreißprobe« (Angelika Schaser) aussetzte.[226] Die Attacken von Schriftstellern, am meisten von der Linken, bewogen Heuss zum Rücktritt vom Vorsitz des *Schutzverbandes deutscher Schriftsteller*, den er gerade erst im Vorjahr erlangt hatte; kaum im Zentrum des Literaturbetriebes, war er schon wieder draußen, nur aufgrund dieser leidigen Kontroverse. Der Heuss-Biograph, der überall politische Weisheit erkennen möchte und seinen

Helden als Liberalen und Literaturfreund zu kennen glaubt, erkennt seinen Helden nicht wieder und steht vor einem Rätsel!

Man begreift diese Episode etwas besser, wenn man einen Seitenblick auf das Heuss'sche Engagement im Werkbund wirft: Auch da ging es um Qualitätsarbeit gegen Ramschprodukte. Noch im Herbst 1933 fasst Heuss in einem zweckoptimistischen Artikel »Der Werkbund vor neuen Aufgaben« die Ziele des Bundes in den Schlagworten zusammen: »Qualität und Leistung gegen charakterlosen Ramsch, Verantwortung, Ehrlichkeit in Stoffverwendung und Formausdruck«[227]; sein Werkbund-Vortrag von 1951 schließt mit dem simplen Satz: »Qualität ist das Anständige.«[228] Beim Werkbund befand er sich mit solchen Zielen jedoch in besserer Gesellschaft als in seinem Kampf gegen die Schundliteratur.

Das Gesetz berief sich auf Artikel 122 der Weimarer Reichsverfassung: »Die Jugend ist gegen Ausbeutung sowie gegen sittliche, geistige und körperliche Verwahrlosung zu schützen.« Ein Kommentar von 1928 weist darauf hin, »dass das Gesetz jede Definition der Schundschrift vermeidet«. Eine solche Definition wäre auch schwer gewesen. Der Kommentator weist darauf hin, dass sich das Gesetz nicht auf pornographische Schriften beziehe: Diese seien bereits vom Strafgesetzbuch erfasst. Er erläutert das Gesetz nicht so sehr mit allgemeinen Kriterien wie mit konkreten Beispielen, so an erster Stelle dem sich seit der Vorkriegszeit in immer neuen Folgen fortsetzenden Kolportageroman »Die schöne Krankenschwester – Lieben und Leiden einer edlen Dulderin«. Der Hauptvorwurf: »Der ganze Roman ist fast durchgehend in der Spekulation auf völlige Weltfremdheit des Lesers geschrieben.«[229]

Ein Literaturkenner konnte zu dieser Begründung eigentlich nur lachen. Zeichnen sich »Faust II« oder Grimms Märchen gegenüber der »Schönen Krankenschwester« etwa durch größere Wirklichkeitsnähe aus? Und konnte sich ein literarisch derart beschlagener Mann wie Heuss auch nur einen Augenblick einbilden, Gesetzesparagraphen könnten die Literatur vor Minderwertigem bewahren? War das nicht viel mehr eine Frage des Geschmacks als eine Angelegenheit der Juristen, und war der »Schund«-Vorwurf nicht auch gegen die Karl-May-Romane geschleudert worden, an denen der junge Heuss sein Vergnügen gehabt hatte und in Erinnerung daran er noch 1928 in Istanbul eine Wasserpfeife rauchte[230]? Wohl in Anspielung darauf verulkte damals Kurt Tucholsky Gertrud Bäumer als »Old Bäumerhand«.[231] Schon 1899, mitten im Kaiserreich, hatte das Zentrum mit der sogenannten *Lex Heinze* einen Vorstoß dieser Art unternommen; dem hatte sich mit großem Öffentlichkeitserfolg ein »Goethebund« entgegengestellt, in dessen Vorstand der Historikerpapst Theodor Mommsen saß und mit dem selbst der Reichskanzler sympathisierte.[232] Dieser Präzedenzfall hätte erst recht einen liberalen Republikaner abschrecken müssen. Der Spielraum, den ein derartiges Gesetz für willkürliche und parteiliche Interpretationen ließ, war offenkundig.

Heuss bringt in seiner Reichstagsrede vom 27. November 1926, die in ein emphatisches Plädoyer *für* das Gesetz mündet, zunächst unter dem Beifall der Sozialdemokraten die ihm, dem alten »Simplicissimus«-Leser, nur zu gut vertrauten Gegenargumente: »Überall und immer, wenn der Staat mit seinen Polizeiorganen irgendeine Kunst oder Kunstrichtung kanonisierte oder disziplinierte, hat ihn eine spätere Zeit ausgelacht. Die Geschichte der Zensur ist eine Geschichte der Grotesken von Heine bis Wedekind.«[233] Nun, selbst Anhänger des freien Geistes konnten Heines Sticheleien gegen den homoerotischen Platen in den »Bädern von Lucca« und Wedekinds lesbische Gräfin Geschwitz in der Lulu-Tragödie als geschmacklos empfinden; Heuss hatte mit Heine und Wedekind zwei Schriftsteller herausgepickt, die er nicht mochte. Aber natürlich wollte er das »Schund-und-Schmutz«-Gesetz nicht als Zensur verstanden wissen:

> Was und wen dieses Gesetz treffen soll, ist jene Literatur der Unterwelt, sind jene in der Schuljugend verbreiteten billigen und schlecht gedruckten Hefte, die durchaus nicht »unsittlich« sind im landläufigen Sinne des Wortes, sondern durch ihre verlogene Phantasie, ihre sprachliche Minderwertigkeit, ihr falsches Heldentum, ihre gekünstelten Abenteuer eine ungesunde Trübung der Welterkenntnis und eine Verwirrung ethischer sowie auch geschmacklicher Werte in sich schließen. Wenn es nicht zu pathetisch oder zu sentimental klingt: es gibt nicht nur eine Sozialpolitik der Tarifverträge, sondern es gibt auch eine Sozialpolitik der Seele.[234]

Oh doch, das musste Heuss selber empfinden: Das war zu pathetisch – eine für ihn untypische Begriffsblase! Für die »Weltbühne«, und nicht nur für sie, war dieses Gesetz mitsamt seinen Hintermännern und -frauen ein gefundenes Fressen; Kurt Tucholsky sprühte vor Sticheleien über dieses famose Indiz dafür, dass in Berlin die geist- und lustfeindlichen Spießer regierten. Er, der bei dieser Gelegenheit auch gegen Gessler vom Leder zog, nannte die damals von Gertrud Bäumer redigierte »Hilfe« den »Tummelplatz des männlichen Oberzensurrats Bäumer und der Oberzensurrätin Heuss«; nicht ohne Grund vermutete er, dass sich Heuss hier Gertrud Bäumer zuliebe so weit aus dem Fenster gelehnt habe.[235] Eine seiner Attacken, die mit Heuss und Bäumer auf die »Naumannsche Schlafwagengesellschaft Mitropa« zielt, also auf Naumanns »Mitteleuropa« anspielt, wirft eines der ganz seltenen Schlaglichter auf das Image des damals noch wenig auffälligen Heuss:

> Dass Theodor Heuss, der wacker mitgeholfen hat, verführt von dem Beifall kleinbürgerlicher Versammlungssäle, ein ehrlicher, überzeugungstreuer und rechtschaffener Mann ist, verschlimmert die Sache noch. Wäre er politisch begabt, er könnte von mir aus weniger anständig sein. Der leicht säuerliche Knastergeruch eines Tübinger Se-

minars durchzitterte die Luft, wenn der ehemalige Vorsitzende des Schutzverbandes Deutscher Schriftsteller im Reichstage sprach, und wie er, der geistige Arbeiter, die Interessen seines eigenen Standes an die Banausen verriet, das war umso übler, als er die Mittel dazu von den Schriftstellern entlehnt hatte. Mit Bildung, Lexikonkenntnis und einer sanften Philosophie wurde hier ein böses Werk getan.[236]

Das war für Tucholskys Verhältnisse sogar noch eine vergleichsweise respektvolle Attacke. Wo mag er sich sein Bild von Heuss gemacht haben? Vermutlich im Schutzverband deutscher Schriftsteller. Als dessen Vorsitzender hatte Heuss gerade noch Johannes R. Becher, den späteren Kultusminister der DDR, gegen die Anklage der Gotteslästerung und der Vorbereitung zum Hochverrat in Schutz genommen[237] und dadurch den Respekt der Linken gewonnen; das wirkt im Jahr darauf bei Tucholskys Polemik nach. Dass Heuss ein »anständiger« Mann war und er für seine Person keine politische Zensur im Sinn hatte, konnte auch der Gegner nicht bezweifeln.

Der »Weltbühne«-Chefredakteur Ossietzky freilich fand nicht nur das Gesetz, sondern auch die Aufregung darüber komisch, wieder mit einem Hauptstoß gegen Gessler und wieder mit Geschlechtertausch: »Denn was bedeutete es, dieses Protektionskind einiger liberaler Philister, betreut von Theodor Bäumer und Gertrud Heuss, rührigen Windelwäscherinnen der deutschen Bildung, – was bedeutete es ernsthaft neben der jahrelangen Misshandlung der Republik durch Gessler und seine Satelliten?«[238] Durch Angriffe solcher Art fühlte Heuss sich nur bestätigt. Peinlicher wurde es, als schneidende Kritik auch von Thomas Mann kam.[239] Aber auch das wischte Heuss sich in einer Reichstagsrede souverän beiseite. Selbst als sich den Kritikern noch große Namen wie Albert Einstein und Kandinsky zugesellten, zeigte er sich von diesem »Aufmarsch« »keinen Augenblick beeindruckt« und führte dagegen eine »namenlose junge Frau« in der Sozialfürsorge des Berliner Ostens ins Feld, die ihm hier »eine größere Autorität« sei »als die gesamte preußische Dichterakademie«. (»Sehr gut!«, tönte es da im Reichstag von rechts.)[240] Das war billiger Populismus, unter Heuss'schem Niveau.

Natürlich waren auch für Thomas Mann und Tucholsky Kolportageromane in der Art der »Schönen Krankenschwester« literarische Brechmittel; aber ebenso natürlich bestand keine Aussicht, minderwertige Literatur durch dieses Gesetz zu eliminieren. Auf der anderen Seite scheint es bis 1933 auch nicht zur politischen Zensur missbraucht worden zu sein.[241] So gesehen eigentlich viel Lärm um nichts; 1931 fand Heuss die ganze Aufregung um das von ihm jetzt so genannte »Schmuntz-Gesetz« »furchtbar übertrieben«.[242] Die Kontroverse hatte jedoch symbolische Bedeutung erlangt, und dies auf beiden Seiten. »Dieser Staat ist in seiner jetzigen Form weder legitimiert noch befähigt, Kulturgesetze zu erlassen«, tönte Tucholsky, »die tiefe Spaltung, die durch die Nation geht, hat in ihm keinen Niederschlag gefunden; er tut noch immer, als habe er's mit einer einigen Nation zu tun.«[243] Wollten die Gegner ein Signal für die Freiheit der Kunst und Literatur setzen oder gar die Legitimität der Volksvertretung anfechten, so die Befürworter ein Signal für Anstand und für die kulturelle Autorität des Parlaments.

Die »zwei Seelen« in der liberalen Brust, die Gertrud Bäumer 1928 erkannte, waren noch nie in einem derartigen Gegeneinander in Erscheinung getreten wie bei dem Streit um dieses Gesetz; damals trat Theodor Wolff mit einem Knall aus der DDP aus[244], aber gerade er repräsentierte für Bäumer und Heuss genau jene Berliner Journaille, die sie für das Unglück des Liberalismus hielten.[245] Andersherum sammelten sich aus Wolffscher Sicht bei den »Naumannianern« schon in der Gründungzeit der DDP »alle unklaren Köpfe und Dilettanten der Fraktion«[246]; für Gertrud Bäumer bot der Streit um dies Gesetz die Chance, die DDP als Partei Naumannschen Geistes neu zu profilieren. Auch für Heuss bot das Gesetz eine Gelegenheit, sein damaliges Lieblingsziel »Anstand« zu proklamieren. Da ließ er sich durch das Definitionsdilemma nicht stören: »Das Gesetz enthält keine Definition dessen, was ›Schund und Schmutz‹ sei; das stört vor allem die Juristen. ... Ich halte das nicht für sehr schlimm, weil ich fürchte, dass die geschraubten oder sehr allgemeinen Worte, mit denen solche definierenden Satzgetüme (sic!) arbeiten, zu einer juristischen Klauberei führen, wo es sich darum handelt, dass das einfache menschlich saubere und literarisch empfindende Gefühl das Notwendige findet und ausspricht.«[247]

Eigentlich hätte die Inflation eine ungleich gewichtigere Gelegenheit geboten, um zu demonstrieren, was fehlender Anstand in Politik und Wirtschaft konkret bedeutet.[248] Auch als nach dem Ende der Inflation die amerikanischen Anleihen flossen, hätte es Gelegenheit genug gegeben, gegen unsolide Wirtschaft zu polemisieren. Heuss' damaliger Parteifreund Hjalmar Schacht, der durch die Stabilisierung der Mark den Nimbus des »Finanzzauberers« erlangte, erklärte 1930 dem Reichskanzler Brüning gegenüber, als dieser in der Bankenkrise von lamentierenden Bankiers bedrängt wurde: »All die Leute, die uns hier gegenübersitzen, sind Verbrecher. Sie waren schon 1926 alle pleite.«[249] Auch Brünings Memoiren sind voll von Klagen über die miserable Moral vieler Wirtschaftsführer, denen der Bluff zur zweiten Natur geworden sei.[250] Stolper war in den 1920er Jahren von Schacht hemmungslos begeistert, auch von seinem »Kampf gegen die Überschwemmung Deutschlands mit kurzfristigen Auslandskrediten«[251], und auch bei Heuss spürt man eine Faszination durch diesen »Zauberer« selbst dann noch, als dieser zur nationalistischen Rechtsopposition übergelaufen war, nur dass er dann einen Schacht-Essay mit der Pointe schloss: »Die Porzellanläden haben etwas Angst vor ihm.«[252] In der Wirtschaft scheint Heuss sich jedoch nicht sicher, wo die ärgste Gefahr für den Anstand lauerte; da schwieg er zu diesem Thema. Kompetent dagegen fühlte er sich in der Literatur.

Wer bei der Schund-und-Schmutz-Kontroverse zu ihm hielt, hatte bei ihm fortan einen Stein im Brett[253], obwohl ihm auf die Länge der Zeit nicht alle Mitstreiter Freude bereiteten: Sein Verhältnis zu Gertrud Bäumer wurde gespannt, als diese ab 1928 erfolgreich für die Fusion der DDP mit dem Jungdeutschen Orden plädierte[254]; zum offenen Bruch mit dem Parteifreund Wilhelm Külz, 1926/27 Reichsinnenminister, kam es 1947, als dieser sich von der sowjetischen Besatzungsmacht politisch einspannen ließ; und schon gar die damalige Mitstreiterin Marie-Elisabeth Lüders[255], die »mit Schnoddrigkeit ihre Suada würzte« (Heuss)[256], erlangte später eine Spitzenstellung unter denen, die Heuss partout nicht ausstehen konnte, obwohl es in seiner Präsidentenzeit, als sie Alterspräsidentin des Deutschen Bundestages war, weiser gewesen wäre, sich mit ihr gut zu stehen. Beim Namen Lüders fuhr er später stets aus der Haut; »sie lügt hysterisch«, schrieb er 1955 an Toni Stolper; seit Mitte der 1930er Jahre habe er zu ihr jede Verbindung gemieden; »sie hatte damals verbreitet, Elly und ich seien der NSDAP beigetreten«[257]. Als 1950 wieder ein »Schmutz- und Schundgesetz« auf der Tagesordnung stand und sich die Internationale Schriftstellervereinigung deswegen an Heuss wandte, hütete sich der Bundespräsident vor jeglicher Einmischung und erklärte sich in dieser Sache für »historisch ›befangen‹«.[258] In der Tat, das war er.

Die Berufung auf eine »namenlose junge Frau« aus der Sozialfürsorge in Berlin-Ost hätte Heuss bei jedem anderen als pseudosozialen Kitsch empfunden. Diese ungenannte Frau hatte er vermutlich von Elly; die war mit ihm im Kampf gegen »Schund und Schmutz« ein Herz und eine Seele, und dieser schuf in einer Phase latenter Entfremdung zwischen den Eheleuten eine neue Solidarität. Noch 1934, als es schlimmere Gegner gab, witterte sie hinter den Gegnern des Gesetzes finstere Mächte: »Es roch im Reichstag ganz deutlich nach Schwefel.«[259]

In den letzten Jahren vor 1933 ackerte sich Elly durch den »Paracelsus«, die Romantrilogie von Erwin Guido Kolbenheyer, den Hitler 1944 auf die Gottbegnadetenliste der sechs wichtigsten Schriftsteller setzte. Die »Paracelsus«-Trilogie wirkte damals wie ein gewaltiges Opus von »Faust«-Format, voll völkischer Geschichtsmystik, aber nicht auf platte Art. Im Frühjahr 1932 beschäftigt es Elly sehr: »das Ringen von Christentum und Germanentum erscheint mir immer mehr nicht nur als eine interessante Frage der Vergangenheit, sondern als die brennendste der Gegenwart.«[260] Sie geht davon aus, dass das Wachstum der NS-Bewegung tiefere Gründe hat, mit denen man sich – egal ob man Hitler oder Goebbels mag – ernsthaft auseinandersetzen muss. Aber dann, eine Woche darauf: »Von Paracelsus habe ich das dritte Reich angefangen und spüre, wie sehr er die nationale Bewegung beeinflusst. Aber seine Mystik mit dem ewig ausgelaufenen Auge des Wotan ist mir ekelhaft …«[261] Sie erkennt wohl: »Schund« findet sich nicht nur in Groschenromanen, sondern auch auf höherem Niveau – gewiss auf andere Art, aber auf eine weitaus gefährlichere. Das »dritte Reich« des Paracelsus ist das Reich der »elementarischen Welt«, dem seine Medikamente entstammen. Damals, 1932, verschwamm es jedoch mehr und mehr mit dem »Dritten Reich« der Nationalsozialisten.

Tucholsky war trotz aller Stichelei gegen das Duo Bäumer-Heuss überzeugt: »Das Schundgesetz ist ein Gesetz des Zentrums.«[262] In der Tat entsprach es am besten dieser katholischen Partei, und selbstverständlich fand es dort jegliche Unterstützung. In Polemiken der »Weltbühne« hielt sich bis in die letzten Jahre vor Hitlers Machtergreifung die altliberale Manier, den gefährlichsten Feind in den Klerikalen zu erblicken, obwohl damals auch die Nazis gegen die »Schwarze Pest« hetzten. In einer politischen Blindheit, die aus der Rückschau rätselhaft wirkt, schrieb Ossietzky noch nach den Septemberwahlen von 1930, die einen Erdrutsch zugunsten der NSDAP brachten: »Lieber eine offene Rechtsregierung als eine Prolongation Brünings. Dieses spitznasige Pergamentsgesicht, dieser Pater Filucius mit dem E. K. I am Rosenkranz muss endlich verschwinden.«[263]

Für Heuss dagegen gehörte Brüning ganz klar zu den Anständigen[264], und noch mehr für seine Frau, »die für Brünings Puritanertum menschlich viel übrig hatte«[265] und sich damals dem Katholizismus näherte. Für ihn wie für Elly wurde das Zentrum zu einer Säule des Rechtsstaates; und da liegt eine strategische Bedeutung des Engagements für das »Schund-und-Schmutz«-Gesetz, das zunächst wie eine Marotte wirkt. Mit der Berliner linksliberalen Intelligenz um Theodor Wolff war aus Heuss' Sicht nicht viel verloren, wenn man dafür das Bündnis zwischen den Liberalen und dem »Zentrumsturm« emotional untermauerte. Und diese politische Orientierung deckte sich auch mit seiner persönlichen Neigung; und das war für ihn wohl am wichtigsten.

WO BLEIBT DIE WIEDERVEREINIGUNG DER LIBERALEN? UND WARUM STATTDESSEN DIE »DEUTSCHE STAATSPARTEI«? Es gab eine andere, politisch noch weit näher liegende Allianz, gegen die Heuss jedoch eine persönliche Sperre hatte: das Bündnis mit der Deutschen Volkspartei (DVP), der Partei Stresemanns. Das war am Anfang, als die DVP noch mehr durch den Geist Bassermanns als den Stresemanns geprägt war, anders gewesen; in seiner Schöneberger Rede vom 17. November 1918 hatte Heuss erklärt: »Man solle lernen toleranter zu werden, damit beide liberalen Parteien sich zusammenfinden, um eine nationaldemokratische Partei zu bilden.«[266] Das war in jener Zeit zwischen Waffenstillstand und Versailles, wo vorübergehend vieles möglich schien und die DDP bei einer liberalen Fusion in der Führung gewesen wäre. War nicht eine solche Wiedervereinigung der Liberalen das Gebot der Stunde? Die Spaltung stammte von dem preußischen Sieg bei Königgrätz 1866, als der rechte Flügel der Liberalen seinen Frieden mit Bismarck machte; nach 1918 dagegen war sie zum Anachronismus geworden, wo jetzt die liberale Linke staatsbejahender war als die bisherigen Nationalliberalen. Und vollends als es mit beiden liberalen Parteien bergab ging, hätten sie allen Grund gehabt, durch den Zusammenschluss wieder eine Macht zu werden.

1930 wird berichtet, dass gerade die württembergische Wirtschaft, die die DDP unterstützte, »immer dringender« ein »Zusammengehen« mit der DVP verlange.[267] Auch wenn Heuss sich keinem Parteiflügel zugeordnet wissen wollte und er eine spießige Stänkerei gegen Sozialdemokraten »ekelhaft« fand[268], stand er im allgemeinen auf dem rechten Flügel der DDP, war durch seine Beziehungen zu Gustav Stolper und Robert Bosch auf die unternehmerische Freiheit eingeschworen und hegte selbst gegenüber den Deutschnationalen keine Berührungsängste[269]. Er fand nichts dabei, auch einmal mit einem deutschnationalen Abgeordneten »bis tief in die Nacht« zu kneipen und wechselseitig Parteiinterna auszutauschen.[270] In dieser privaten Vertraulichkeit gegenüber politischen Gegnern war Heuss im Weimarer Reichstag kein Einzelfall; die heftige Polemik im Plenum schloss Mensch-zu-Mensch-Kontakte nicht aus.[271] Mochten Außenstehende im Reichstag nur Zank und Streit erkennen, war Heuss' Erfahrung entschieden anders. Gerade weil die Parteien Koalitionen brauchten, um in die Regierung zu kommen, waren sie auf informelle Kontakte zu den anderen angewiesen; das war ein Vorzug des Proporzwahlrechts.

Eine lebenslange, von der Heuss-Literatur bislang merkwürdig wenig beachtete Freundschaft entwickelte sich zwischen Heuss und Gottfried Treviranus, der ihm zuerst als deutschnationaler Reichstagsabgeordneter begegnete und mit ihm rhetorisch die Klingen kreuzte. Heuss hatte um 1925 im Auftrag seiner Partei Tirpitz wegen dessen rachsüchtigen und indiskreten Memoiren angegriffen; darauf hatte Treviranus den alten Admiral ebenso pflichtgemäß und emphatisch verteidigt – und war nachher zu Heuss gekommen, um sich für seine Attacke zu entschuldigen![272] Auch viele Deutschnationale konnten sich intern darüber nichts vormachen, dass Tirpitz eine verhängnisvolle Gestalt war. Mit dem geflügelten Wort aus dem Film »Casablanca« könnte man fortfahren: »Das war der Beginn einer wunderbaren Freundschaft.« Treviranus, Mitgründer einer deutschnationalen Sezession (der Konservativen Vereinigung), wurde in der Folge einer der treuesten Mitstreiter Brünings, emigrierte 1934 nach England und in die USA, sandte Heuss von dort 1946 ein Paket mit Nahrungsmitteln[273] und kehrte 1947 nach Deutschland zurück. Noch in den späten Korrespondenzen des

Bundespräsidenten taucht »Trevi« immer wieder auf; und wiederholt erinnert er sich mit Vergnügen an den streitbaren Auftakt dieser Beziehung.[274]

Aber den mochte er eben als Person; dagegen der Typus Stresemann war ihm tief zuwider – noch in seinen Memoiren macht er keinen Hehl aus seiner emotionalen Aversion gegen diesen bedeutendsten Außenpolitiker der Weimarer Republik, der zum liberalen Mythos geworden war. Heuss warf ihm vor, »eine einheitliche liberale Partei verhindert und die Spaltung des Bürgertums vorbereitet zu haben«; das habe der Republik den Untergang gebracht.[275] Zeitweise hatte Stresemann Bestrebungen zu einer liberalen Fusion in der Tat hintertrieben[276]; 1929 jedoch, kurz vor seinem Tod, unternahm er Vorstöße zu einem Brückenschlag.[277]

Wenn es um seine schwäbischen Weingärtner ging, widersetzte sich Heuss sogar Robert Bosch, dem Mäzen des Werkbundes und der Hochschule für Politik. Von dem bekam er 1924 einen langen aufgebrachten Brief, wobei Bosch im Namen des Reichsverbandes der Deutschen Industrie schrieb, da Heuss sich im Reichstag einem deutsch-spanischen Handelsabkommen widersetzt hatte, dass deutschen Industrieprodukten die zollpolitische »Meistbegünstigung« in Spanien und in Gegenleistung spanischen Agrarprodukten den gleichen Vorteil in Deutschland gewährt hätte. Bosch legte los: Immer sei »viel und laut von der Notlage der Landwirtschaft die Rede gewesen, die wieder einmal ihrem ›Ruin‹ entgegengeht«. Dabei bedürfe es »wohl keines Beweises«, dass das Schicksal der Millionen Arbeiter in der Exportindustrie sehr viel wichtiger sei als das der Weinbauern.[278] Aber gegenüber diesem massiven Lobbyismus eines befreundeten Großindustriellen blieb Heuss standhaft: Er weigere sich »volkspolitisch, einen Stand preiszugeben, der wie wenige heimatmäßig verwurzelt ist«.[279]

Statt einer solchen materiellen Bodenbasis suchte die DDP-Spitze jedoch einen Bodenkontakt sozialromantischer Art und fusionierte die Partei 1930 mit dem Jungdeutschen Orden (»Jungdo«) zur Deutschen Staatspartei (DStP): eine aus heutiger Sicht absonderliche Ehe, mit der der Schlussakt des Linksliberalismus beginnt. In seinen Erinnerungen schildert Heuss die Genese dieser Fusion als »eine Art von internem Staatsstreich« des Parteivorsitzenden Erich Koch-Weser[280], der nach dem dennoch niederschmetternden Ergebnis der folgenden Septemberwahlen die Konsequenz zog und den Vorsitz niederlegte.

In der Tat besaß diese Allianz etwas Absurdes: Während die DDP bis dahin als »Judenpartei« gegolten hatte, forderte der »Jungdo« von seinen Mitgliedern den Ariernachweis![281] Die Optimisten in der DDP glaubten, jetzt endlich ein Jugendpotential zu sich herüberzuziehen, das sonst den Nazis zuströmte; in Wirklichkeit scheint das Gros der Jungdo-Mitglieder gerade als Folge dieser Fusion zur NSDAP abgewandert zu sein.[282] Aber zu jener Zeit hatte die DDP ohnehin nicht mehr viel zu verlieren; insofern ließ sich dies kühne Experiment mit ungewissem Ausgang begründen. Spätestens von jetzt an breitete sich in der DDP die Stimmung aus: Egal was man macht, es ist immer falsch, und – in Heuss' Karikierung – »wir haben uns eigentlich nur noch darüber zu unterhalten, wie wir möglichst anständig sterben«[283]. Ein Glück für ihn, dass er auch außerhalb der Politik Felder zur Selbstbestätigung besaß!

Der neue Name »Staatspartei« war eigentlich paradox; denn ein liberaler Urimpuls war das Streben nach weniger Staat gewesen. Aber zumindest dieser Name musste Heuss gefallen; denn gerade 1928 hatte er geklagt: »Dem Liberalismus fehlt die aus seinem eigentlichen Wesen quellende verbindliche Staatsidee … Denn der konsequente Liberalismus denkt vom Staat überhaupt skeptisch; was er ihm an Zwecken zuweist, hat immer ein wenig den Charakter einer leider nicht vermeidbaren Konzession an das Unumgängliche.«[284] Zwischen den Zeilen ein Indiz, dass der Begriff »Liberalismus« Heuss mittlerweile verleidet war und er ihn für einen Anachronismus hielt.

HEUSS UND HINDENBURG. Als im Parlamentarischen Rat jene Position des Bundespräsidenten geschaffen wurde, die mit ihrem Mangel an konkreter politischer Entscheidungskompetenz fortan Heuss' Leben bestimmen sollte, stand als warnendes Beispiel der Reichspräsident Hindenburg vor Augen, der seine Vollmacht am Ende zur Berufung Hitlers benutzt hatte. Ob Hindenburg jedoch auch für Heuss der »Steigbügelhalter Hitlers« war, ist fraglich. Gewiss war Heuss im Frühjahr 1925 verärgert, als Stresemann die Präsidentschaftskandidatur Gesslers hintertrieb; und als auf diese Weise am Ende Hindenburg zum erfolgreichen Kandidaten einer Mitte-rechts-Sammlung wurde, sah er sich in seinem Groll bestätigt. Gegenüber Elly kommentierte er die Wahl des Feldmarschalls, »dass die Deutschen keine Dummheit unterlassen, die zu machen das Schicksal ihnen anbietet«[285]; und diese Lästerung gefiel ihm so gut, dass er sie ein paar Tage darauf gegenüber Robert Bosch wiederholte.[286]

Einen Tag vor der Wahl schrieb er für ein Stuttgarter Blatt einen langen Artikel »Hindenburg oder Marx?«; der Zentrumsvorsitzende Marx war damals der Gegenkandidat der republikanischen Mitte gegen Hindenburg. An dem Artikel fällt jedoch vor allem auf, dass sich Heuss eines Bekenntnisses zu Marx enthält. Kein Wunder: Er hielt dessen Kandidatur in Wahrheit aus württembergischer Sicht für eine Zumutung.[287] Er benutzt die Gelegenheit vor allem zu einem Hieb auf Stresemann und dessen »volksparteiliche Grammophon-Gehirne«. Kein böses Wort über Hindenburg; im Gegenteil: »Wir ehren den Marschall als große deutsche Persönlichkeit«; nur dass die Wahl dieses alten Mannes, der der Republik innerlich so fern stehe wie nur möglich, ein deutsches Armutszeugnis sei.[288] Dass Hindenburgs Fähigkeiten enge Grenzen hatten und er als Feldherr oft nicht viel mehr als eine Marionette Ludendorffs gewesen war, musste Heuss über Riezler wissen[289], aber das scheint ihn wenig gestört zu haben.

Vollends bei dem Kampf um die Präsidentenwahl vom März 1932, als Hitler gegen Hindenburg stand, stellte sich Heuss ganz hinter den damals 85-jährigen Reichspräsidenten und wollte nichts von den Gerüchten von dessen Senilität hören, über die damals schon Witze gerissen wurden. Noch nie konnte er sich derart als der wahre Getreue der nationalen Würde aufspielen gegenüber der Rechten, die den ehrwürdigen Kriegshelden verunglimpfte, wie in diesem Wahlkampf, kein Jahr bevor Hindenburg Hitler zum Reichskanzler berief. Es sei »ein Vorgang von großem geschichtlichen Ausmaß«, schrieb Heuss, dass Hindenburg dem Präsidentenamt »das Gewicht seiner innerlichen freien Persönlichkeit geliehen und die zu sich gezwungen« habe, »die ihm unsicher gegenüber gestanden«.[290]

»Innerlich frei«: für Heuss die höchste Qualität! Da nahm er bereits spätere Heuss-Apotheosen vorweg. Wenn man wie er als Republikaner davon ausging, dass eine große Sammlung unter nationalem Vorzeichen das Gebot der Zeit war, dann konnte man meinen, die beste Vorkehrung gegen eine Machtübernahme durch chauvinistische Fanatiker wie Hitler und Hugenberg bestünde darin, dass diese Sammlung unter einem besonnenen und rechtlich denkenden alten Nationalhelden wie Hindenburg geschah. In der Tat verlor die NSDAP in den Reichstagswahlen vom 6. November 1932 zwei Millionen Stimmen. Ende 1932 schrieb Heuss an Robert Bosch: »Die Hitlerei dürfte bei ihrer gegenwärtigen Krise sich nicht mehr erholen.«[291] Noch emphatischer triumphierte Gustav Stolper in der Weihnachtsausgabe des »Deutschen Volkswirt« 1932: »Das Jahr 1932 hat Hitlers Glück und Ende gebracht.« Seit den vorangegangenen Monaten sei »das Hitlertum in einem Zusammenbruch, dessen Ausmaß und Tempo nur mit dem seines eigenen Aufstiegs vergleichbar ist«[292].

EIN PROTO-HEUSS: WILLY HELLPACH ALS DEMOKRATISCHER GEGENKANDIDAT HINDENBURGS UND ALS POLITISCHER PROPHET. Nur flüchtig und mit einem Unterton von Sarkasmus erwähnt Heuss in seinen Erinnerungen[293], dass die DDP, nachdem Gesslers Präsidentschaftskandidatur von Stresemann schon im Vorfeld hintertrieben worden war, für den ersten Wahlgang doch noch einen eigenen Kandidaten nominierte: den Heuss wohlbekannten Willy Hellpach (1877–1955), der gerade eben, 1924, zum badischen Staatspräsidenten gewählt worden war. Seit 1911 war er Professor für Neurologie in Karlsruhe, ab 1926 in Heidelberg. Wie Hindenburg und Heuss profilierte auch er sich auf seine Art als Überwinder des »nervösen Zeitalters«. Nach der Jahrhundertwende hatte er zu den rührigsten Autoren über die »moderne Nervosität« gehört[294] und war therapeutischer Ratgeber und Korrespondenzpartner des von seinen »Nerven« gequälten Max Weber gewesen.[295] Er redete und schrieb über vieles, vom Pantheismus im

Christentum[296] bis zum Einfluss des Klimas auf die menschliche Seele (»Geopsyche«)[297]; »Hellpach redet über alles, über alles in der Welt« war die Variante seiner Studenten auf das Deutschlandlied.[298]

In dieser grenzensprengenden Vielseitigkeit wirkt er als Proto-Heuss, wenn nicht gar als Super-Heuss; noch 1949 und danach glaubte er wohl, er wäre der bessere Bundespräsident gewesen. Anders als Heuss war er in seiner Rhetorik allerdings nicht nur weitschweifig, sondern auch ausschweifend und konnte im Rausch der Worte politische Rücksichten vergessen. Wie er selbst bekannte[299], besaß er noch als badischer Staatspräsident nur wenig politische Erfahrung; Heuss gab sich Mühe, ihn in die Anfangsgründe demokratischer Wahlkampfrhetorik einzuführen, und suchte ihn vergeblich dazu zu bewegen, »auch einiges zu den konkreten Sorgen des Volkes zu sagen«.[300] Entschiedener noch als Heuss stand Hellpach auf dem rechten Parteiflügel und sah in Anton Erkelenz seinen »Gegenspieler«.[301] Werner Stephan dagegen, damals Leiter der Reichsgeschäftsstelle der DDP, war überzeugt, in der DDP-Prominenz komme nur Hellpach für die Präsidentschaftskandidatur in Frage; und Jahrzehnte darauf, nach zwölf Jahren Goebbels-Ministerium, bekräftigte er diese Überzeugung mehr denn je: Sehr im Unterschied zu den anderen DDP-Oberen habe Hellpach die »flammende Rednergabe« besessen; er sei einer gewesen, der selbst im Berliner Sportpalast »die Massen zu Begeisterungsstürmen hingerissen« habe.[302]

Nur hatte er den politischen Nachteil: Er gehörte zu denen, über die Heuss spottete, dass sie sich keine Pointe entgehen lassen könnten. So rutschte ihm, als er auf die Katholiken zu sprechen kam, das Wortspiel heraus: »Die, die nicht auf den Boden der Geistesfreiheit treten können, sind willkommen als *Bürger*, aber sie können nicht *Bürgen* sein, wohl Glieder und Diener, aber nicht Bahnbrecher und Treuhänder. Die Katholiken bilden den natürlichen Kern des konservativen Lagers.«[303] Die Katholiken gleichsam als Bürger zweiter Klasse: das war eine haarsträubende politische Torheit, umso mehr, als Hellpach sich bei anderer Gelegenheit selber als Konservativer bekannte! Noch 30 Jahre darauf, nach Hellpachs Tod, erinnerte sich Heuss mit Befriedigung daran, wie er Hellpach damals »nach Strich und Faden demoliert« und ihm entgegengehalten habe, dass »das obrigkeitliche Denken bei Luther mindestens so stark ausgeprägt« sei wie nur irgendwo im Katholizismus und »das klassische katholische Naturrecht« auch »Argumente für die Demokratie zur Verfügung stelle«.[304] Undenkbar, dass Adenauer der CDU einen Hellpach hätte als Präsidenten präsentieren können! Der jedoch konnte sich noch nach 1945 über diese Heuss'sche Breitseite nicht beruhigen: In dem unveröffentlichten dritten Band hackt er deswegen auf Heuss herum und gab dem nunmehrigen Bundespräsidenten nicht ganz zu Unrecht die Schuld daran, dass der Verlag diese Fortsetzung nicht mehr drucken wollte.[305]

DIE FRAGE NACH DEN GRÜNDEN DES NS-AUFSTIEGS: ERNEUT ZWEI LOGIKEN DER HISTORISCHEN KAUSALITÄT. Der Historiker, der den NS-Verbrechen und dem Wahnsinn des Zweiten Weltkriegs gegenübersteht und die unendlich oft gestellte Frage *Wie war das möglich?* wieder aufgreift, sieht sich in einer analogen Situation wie derjenige, der nach Erklärungen für jene »Urkatastrophe« des 20. Jahrhunderts, die Entfesselung des Ersten Weltkriegs, sucht. Auch im Fall von 1933 gilt gemeinhin derjenige Historiker als erfolgreich, der die NS-Machtergreifung am stärksten determiniert und in der Geschichte ein Maximum an Gründen dafür findet, dass es so kam, wie es gekommen ist. Es wurde geradezu zur populären Manier, in der deutschen Geschichte so viele Wurzeln des Nationalsozialismus wie nur möglich zu entdecken, nicht zuletzt auch deshalb, um vieles in der vorherigen Geschichte auf unheimliche Art bedeutsam und zukunftsträchtig zu machen. Aber auch 1933 muss man wie 1914 zugleich auch mit der umgekehrten Logik rechnen: Eine Katastrophe von derartigem Ausmaß war nur deshalb möglich, weil sie von nur wenigen erwartet wurde.

Das Verhalten von Theodor Heuss in den letzten Jahren vor 1933 und im Zuge der Machtergreifung liefert reichlich Stoff zum Grübeln über diese Frage. Hätten die Deutschen nur Hitlers »Mein Kampf« lesen müssen, um Bescheid zu wissen, was ihnen von diesem Mann drohte? Das wurde später oft behauptet. Heuss gehörte zu den vermutlich nicht sehr viel Deutschen, die in diesem Bekenntnisbuch gründlich gelesen hatten. Aber in diesem 780-Seiten-Wälzer steht vieles drin; man konnte daraus auch die Zuversicht gewinnen, dass Hitler, der die Realität des Krieges kannte, nicht so töricht sein würde, sich in einen neuen Mehrfrontenkrieg zu begeben, schon gar nicht mit den »germanischen« Weltmächten Großbritannien und den USA. Enthält das Buch nicht schlimmste Ausfälle gegen die Juden? Aber Karl Lueger, der antisemitische Wiener Bürgermeister der Jahrhundertwende, den Hitler als Vorbild seiner jungen Jahre rühmt, hatte im Wahlkampf vor seinem Machtantritt blutrünstiger gegen die Juden gewettert als Hitler und Goebbels zumindest in den letzten Jahren vor 1933[306]; sobald er jedoch in Amt und Würden war, verstand es sich von selbst, dass er den Wiener Juden kein Haar krümmte, sondern Recht und Gesetz respektierte.

Das Ausmaß der Katastrophe, in die die NS-Diktatur Deutschland und Europa stürzte, erklärt sich im Kern aus zwei ganz unterschiedlichen Faktoren, die beide nicht leicht vorhersehbar waren: zum einen aus der phänomenalen Unfähigkeit der NS-Regierung, der eigenen Ideologie konsequent zu folgen und dem Reich gegenüber den »germanischen« Mächten den Rücken frei zu halten; zum anderen aus einer kriminellen Energie, die in der gesamten deutschen Geschichte ohne Beispiel ist. Es ist wichtig, diese beiden entscheidenden Punkte festzuhalten, damit die Suche nach »Wurzeln des Nationalsozialismus« nicht in einer Weise zerfasert, dass am Ende nichts Präzises mehr übrigbleibt.

Wenn man sich vor 1933 an der deutschen Vergangenheit orientierte, war es sehr schwer, dieses Ausmaß an Kriminalität von oben auch nur im Ansatz zu ahnen. Es hatte seinen Grund, dass sich 1933 nur die wenigsten deutschen Juden an Leib und Leben bedroht vorkamen, soweit sie sich nicht auf der Linken exponiert hatten. Die Erfahrung schien zu zeigen, dass man antisemitisches Gerede nicht allzu tragisch zu nehmen brauche, da es sich unter seriösen Menschen von selbst verstand, dass solchen Worten keine Taten folgten. Mochte Deutschland auch an demokratischer Kultur hinter den Westmächten zurückstehen, war es doch bis 1933 ein stabiler Rechtsstaat mit vergleichsweise integrer Beamtenschaft. Zwar hatte es im Kaiserreich keinen Zola gegeben, der gegen ein Justizverbrechen seinen flammenden Protest erhob; aber auch ein derartiges Ausmaß von zynischer Rechtsverletzung von höchster Stelle wie im Fall Dreyfus wäre im kaiserlichen Deutschland schwer vorstellbar.[307] Max Weber hatte es ähnlich wie Hellpach empfunden: Was die Deutschen zu erdrücken drohte, war keine abenteuerlustige Führung, sondern ein Übermaß an korrekter Bürokratie.[308]

Und Heuss? In einem scharfen Anti-Hitler-Artikel im Juli 1932 bemerkt er, Hitlers Vorstellungen von der deutschen Zukunft seien »ja in großen Zügen bekannt«: »einem Deutschland, das mit lauter Widerstandskraft wieder bündnisfähig geworden ist, stellen sich Engländer und Italiener mit Mann und Waffe zur Verfügung, gemeinsam wird Frankreich vernichtet, Deutschland hat den Rücken frei und kann sich nun dem ›Hochziel‹ der nationalsozialistischen Politik zuwenden«, nämlich der Eroberung von Siedlungsraum im Osten.[309] Keine sehr friedliche Zukunft; aber auch kein neuer Weltkrieg. »Hitler weiß, was Krieg ist«[310]; das bedeutete: Er weiß, dass Krieg kein »frisch-fröhliches« Unternehmen ist, das man zum Vergnügen beginnt. Noch im Mai 1933 versichert er einem Freund, an Hitlers ehrlichem Friedenswillen« sei »nicht zu zweifeln«.[311] Nach den Reichstagswahlen vom 31. Juli 1932, als die DStP-Fraktion auf vier Abgeordnete schrumpfte, schrieb Heuss an Wilhelm Külz, der selber durchgefallen war und ihn zu seiner Wiederwahl mit dem altrömischen Gladiatorengruß »*Moriturus te salutat!*« beglückwünscht hatte: »Was wir vier Männeken machen sollen und wollen, ist mir noch etwas unklar.« Aber: »Irgendwann einmal müsste die bloße Leidenschaft, die Vernunft und Erfahrung verachtet, lahm laufen.«[312] Typisch Heuss: Er sucht eine optimistische Pointe und zeigt Geduld!

EINE GEWISSE BEGABUNG ZUR HELLSICHT GEGENÜBER DER NS-GEFAHR. Und doch war Heuss mehr als viele andere Zeitgenossen dazu disponiert, zumindest ein Stück der Gefahr zu ahnen, die auf Deutschland zukam. Spätestens seit den Turbulenzen von 1918/19 wusste er einen verlässlichen Rechtsstaat und eine integre Beamtenschaft zu schätzen. Nur unter dieser Voraussetzung plädierte er für eine starke Führung; von der Sehnsucht nach dem risikofreudigen Abenteurertum eines »charismatischen« Führers, der sich um Recht und Gesetz den Teufel schert, war er weiter entfernt als der von ihm verehrte Max Weber. Insofern war er mehr als andere in der Verfassung, sich durch die in NSDAP-Kreisen erkennbare kriminelle Energie alarmiert zu fühlen. Es gehörte zu seinem ganzen Wesen, nicht so sehr auf Ideologien und Programme wie vielmehr auf Menschentypen und auf deren Stil zu achten; auch das befähigte ihn dazu, die aus der NS-Bewegung drohenden neuartigen Gefahren zu erkennen, zumal er sich bei Wahlreden zunehmend mit NS-Störern herumzuschlagen hatte. Denn das Neue der NS-Bewegung bestand nicht so sehr in der Ideologie und im Parteiprogramm, sondern weit mehr im Aktionsstil und in der menschenverachtenden Brutalität. In einem Vortrag in Tübingen am 26. Februar 1931 »Ist der Nationalsozialismus Deutschlands Rettung?« erklärte Heuss, in der NSDAP dominierten nicht mehr ehrliche Idealisten, sondern kalte Zyniker und »Techniker der demagogischen Phrase«.[313] Da brachte ihn sein Blick für menschliche Charaktere zu einer treffenden Einsicht.

Und doch fällt auf, dass er zu jener Zeit nicht von eigenen Eindrücken bei Hitler-Veranstaltungen berichtet, nichts von Erlebnissen der Massensuggestion durch fanatische Rhetorik. Da war Elly neugieriger; mit ihrem Sinn für Sprechchöre besaß sie eher eine Antenne für die pseudoreligiöse Attraktion von NS-Kundgebungen. Einen Bericht von ihr über eine »Hitlerversammlung« Anfang April 1932 kommentierte ihr Gatte jedoch nur lakonisch: »Fleißig ist der Mann. Aber ich glaube, der Auftrieb in der Agitation fehlt.«[314] Er informierte sich über den NS-Führer vorwiegend aus Schriften, aus »Mein Kampf« und aus dem Parteiprogramm der NSDAP. Hinzu kam eine andere Schwäche: Heuss hatte einen Hang zur Suche nach historischen Präzedenzfällen; und nichts hat ihn bei der Beurteilung des Nazismus vor 1933 mehr in die Irre geführt als dies. Daher liefert er einzigartig viel Stoff zu Reflexionen über den sinnvollen Gebrauch von Geschichte.

Heuss, der so gerne den Anstand zum politischen Maßstab machte, fand in den Nationalsozialisten – oder zumindest in einigen ihrer Exponenten – endlich einen Gegner, bei dem dieses Kriterium einen Biss bekam und wo er selber als Protagonist der guten Sitten schlagartig an Format gewann. In seiner Reichstagsrede vom 30. März 1928 wurde er gegenüber Wilhelm Frick, damals Vorsitzender der NSDAP-Fraktion, scharf wie selten zuvor. Der hatte damals Amnestie für alle politischen Gewalttaten verlangt; zumal die rechtsradikalen Fememörder – so Frick – verdienten statt der Strafe den »Dank des Vaterlandes«, da sie Landesverräter »umgelegt« hätten. Vor allem dieses »umgelegt« erregte die Empörung des sprachsensiblen Heuss. Das schloss den Sprecher aus der gesitteten Gesellschaft aus. »Ich habe nicht die Absicht, mich mit Herrn Dr. Frick auseinanderzusetzen. Ein gewisses Gefühl für Reinlichkeit bewahrt mich davor. (Pfui-Rufe rechts – lebhafte Zustimmung links.) Ich muss aber doch sagen: es war der unerhörte Vorgang, als er hier sozusagen den Jargon der Mörder, für die er gesprochen hat, parlamentsfähig machen wollte (›sehr wahr!‹ links), als er davon sprach, dass die und die *›umgelegt‹* würden.«[315]

»HITLERS WEG« – WOHIN? Im September und Oktober 1931 schrieb Heuss im Auftrag der Deutschen Verlagsanstalt Stuttgart[316] in erstaunlichem Tempo das Buch »Hitlers Weg«, das bis zu seiner Präsidentenzeit sein weitaus größter publizistischer Erfolg war, bis heute von all seinen Büchern den Leser am stärksten erregt und den meisten Stoff für Kontroversen bietet. Ist es, aus seiner Zeit heraus gesehen, ein Dokument relativer Hellsicht oder im Gegenteil der Blindheit – oder, schlimmer noch, einer versteckten Sympathie für gewisse Seiten des Nazismus? Heuss wollte damals ein Buch schreiben, das objektiv-sachlich, nicht als Kampfschrift wirkte[317]; in dieser Art war es zum Zeitpunkt seines Erscheinens im Dezember 1931 etwas Neues, das in eine Marktlücke stieß, und erlebte in gut drei Monaten acht Auflagen, in den dann folgenden zehn Monaten bis zu Hitlers Regierungsantritt jedoch keine neue mehr; Heuss hatte nunmehr Konkurrenz von anderen Autoren, allen voran Konrad Heiden, bekommen.[318]

Wenn Heuss auf den Eindruck der Objektivität bedacht war, kann man gerade dies als politisch wohlüberlegt verstehen; denn erklärte Anti-NS-Pamphlete erreichten nur solche Leser, die ohnehin Gegner der NSDAP waren, während Heuss auf viele potentielle Adressaten gerade unter den bisherigen Wählern der Mittelparteien zielte, die in ihrer Einstellung zur NSDAP noch schwankten. An der über längere Strecken verständnisvollen Grundhaltung des Autors erkennt man, dass das Buch selbst für Sympathisanten der NS-Bewegung lesbar sein sollte, die keine Fanatiker waren, sondern manche Vorbehalte hatten; und solche gab es sehr viele.

»Hitlers Weg« wirkt von Anfang bis Ende innerlich gespalten; ein Schwanken zwischen Widerwillen und Verständnis durchzieht das gesamte Buch. Damals wie heute sind zwei konträre Lesarten möglich: Man konnte das Buch als Warnung lesen, aber auch als Anleitung zur Gelassenheit mit Blick darauf, dass das Phänomen Hitler mit gewisser Logik seiner Zeit entsprang. Anfang 1934 protestierte Heuss dagegen, dass eine NS-Propagandaschrift seinem Buch ganze Absätze entnommen habe.[319] Es gibt Passagen, wo man meinen könnte, die Hitler-Bewegung sei für jeden anständigen Menschen ein für alle Mal erledigt. »Der Begriff des ›Untermenschentums‹« – so Heuss – »verrät nicht bloß den pharisäischen Hochmut dessen, der (ihn) gebraucht, sondern ist Ausdruck zerstörerischer Bosheit.«[320] Das Übelste ist für ihn der Antisemitismus; in diesem Punkt war Heuss hellsichtiger als viele Zeitgenossen. »Die Zerstörung jüdischer Friedhöfe … beschmutzt uns alle. Wir tragen einen Fleck an uns herum, seit in Deutschland solches, feig und ehrfurchtslos, möglich wurde.«[321] Aber sehr häufig sind Passagen von solcher Schärfe nicht in dem Buch. Und dann die Schlussbilanz, in der man nicht nur Verständnis, sondern auch eine Art von Sympathie erkennen kann:

> »im Nationalsozialismus als Bewegung offenbart sich eine Auflehnung gegen die Institution, gegen das Programm, gegen das Papier, gegen die ›neue Sachlichkeit‹. Gewiss, sie lebt selber von einem Apparat und der Apparat lebt von ihr. Sie ist groß geworden unter der Herrschaft des Verhältniswahlsystems, das ihr günstig sein musste; aber sie hat dessen mechanistisch-rationale Ordnung ausgelöscht, indem sie die Wendung auf den Menschen, auf den Einen wählte. Programm, Entgleisung, Kontroverse – all das tritt hinter diesem Vorgang zurück, der einem starken natürlichen Bedürfnis den Weg weist. Man folgt nicht der Sache, sondern dem Mann, man glaubt nicht an Lehrsätze, aber an den Führer. Der ist sinnenhafter.«[322]

Was aber, wenn die Nazis selber den Staatsapparat in Händen haben? An solchen Stellen gewinnt man den Eindruck, dass Heuss durch nichts derart in die Irre geführt wird wie durch seinen Hang zu historischen Analogien. Damals mag dabei ein Stück Taktik mitgespielt haben; denn wenn man am Nationalsozialismus lauter »olle Kamellen« aufzeigte, konnte man glauben, seine Attraktion speziell für die Jugend zu mindern. Diese Strategie verfolgte Heuss streckenweise auch in seiner Reichstagsrede vom 11. Mai 1932: Das angebliche »neue Denken«, das Gregor Strasser für sein NS-Wirtschaftsprogramm in Anspruch nehme, sei »für denjenigen, der ein bisschen wirtschaftstheoretische Bildung hat, ein sehr altes Denken gewesen (»Sehr wahr!« bei Staatspartei und SPD), eine Kombination von deutscher Romantik und utopischem Frühsozialismus in der Weise von Weitling und Proudhon.«[323] Typisch Heuss: So suchte er seine historische Bildung als Waffe einzusetzen. Ganz auf der Linie »olle Kamellen« liegt die Schlusspointe, die aus der Rückschau gänzlich daneben schießt: »Die Ausstattung des Dritten Reichs wird aus einem Großausverkauf von neulackierten und aufgeputzten Ladenhütern der wilhelminischen Epoche bezogen sein …«[324] Wäre es so gewesen, hätte Heuss eine neue politische Jugend erlebt; denn damit wusste er umzugehen, da hätte er ideale Zielscheiben für seine Ironie wie in alten Zeiten gehabt!

Was hatte der Titel »Hitlers Weg« zu bedeuten? Meinte er nur Hitlers bisherige Laufbahn, oder glaubte Heuss zu wissen, wohin dieser Weg noch führen würde? Das Buch enthält absonderliche Stellen, die heute nur noch Kopfschütteln hervorrufen. Da glaubt Heuss zu erkennen, wenn auch mit vorsichtigem Vorbehalt: »Hitlers Ausgangspunkt liegt, wenn der Vergleich durchgeführt werden darf, bei Bakunin; seine Entwicklung führt ihn in die Nähe des alten Bebel – natürlich nur in diesem Grundsätzlichen der Haltung zu einem Staate, dessen ›System‹ abgelehnt wird.«[325] Oh diese historischen Analogien! Obendrein merkt man, der Text ist schnell dahingeschrieben, ohne große Sorge um die einzelne Formulierung. Demnach führt der Weg Hitlers vom gewalttätigen Anarchisten zu einem gereiften Revolutionär und Mann der Ordnung, der das Gewaltmonopol des Staates grundsätzlich anerkennt – wie aber, wenn er dieses Monopol selber besitzt?

Heuss stellt weiterhin fest, Hitler habe seine Reden, »wenn man so sagen will, ›humanisiert‹«. »Er frühstückt gar keine Juden mehr. Er kann jetzt stundenlang reden, ohne dass das Wort ›Jude‹ überhaupt vorkommt ...« Bloße Taktik? Wieder typisch Heuss: ja und nein. Er glaubt, bei dem von unten gekommenen »Selfmademan« Hitler werde »ein Gefühl der Genugtuung über seinen ›bürgerlichen Aufstieg‹ wirksam«. Zugleich sieht er jedoch, dass »die Feld-Wald-und-Wiesenpropagandisten der NSDAP« weiter hetzen wie bisher[326] – am Ende bleibt es in der Schwebe, welchen Tiefgang der Wandel in Hitlers Rhetorik besitzt. »Er frühstückt gar keine Juden mehr«: Diese Art, mit Hitlers Antisemitismus witzig umzugehen, zeigt mehr als alles andere die Grenzen des Zugriffs mit Heuss'schem Humor.

Manchmal kommt dem Leser der Verdacht, dass Heuss einen Teil von Hitler irgendwie mag – oder gezielt solche Leser einfangen will, die von Hitler fasziniert sind. Wenn er die Menschen, die er mag und die er nicht mag, gerne danach unterscheidet, ob sie innerlich frei sind oder sich von einem Ressentiment beherrschen lassen, steht Hitler merkwürdig in der Mitte. »Die Natur hat ihn mit einem glücklichen Temperament ausgestattet, so dass er gar nicht spürt, dass er selber immerzu in die Sünde des bloßen Ressentiments fällt. Das rationalistische Machtkalkül und die Hemmungslosigkeit des Gefühls stehen unvermittelt nebeneinander. Man mag darin eine ursprüngliche, frisch erhaltende Naivität erkennen.«[327] Wie so oft, wenn Heuss andere Menschen charakterisiert, entdeckt er in ihnen auch ein Stück von sich selbst! Bei alldem ist am merkwürdigsten, dass er immer wieder ein Vertrauen in seine Fähigkeit erkennen lässt, in Hitlers Innerstes hineinzuschauen, obwohl er ihn nie aus der Nähe erlebt hat und anders als bei Bethmann Hollweg keine Insider-Kontakte zur NS-Führung besitzt. Dass Hitler ein ganz anderer Mensch ist, als er, Heuss, sich ihn vorstellt: dass der Erfolg ihn nicht besonnener macht, vielmehr seinen Fanatismus und seine kriminelle Energie nur noch steigert, übersteigt damals das Heuss'sche Vorstellungsvermögen.

IRONIE UND HISTORISCHE ANALOGIE IM BLICK AUF DIE ADRESSATEN VON »HITLERS WEG«. Ende 1931, unmittelbar vor Auslieferung des Buches, gibt Heuss seinem Freund Friedrich Mück aufschlussreiche Hinweise auf Adressaten und Stil des Buches: »Das Buch wird vor allem von Studenten gelesen werden. Es ist ganz ohne laute Polemik, eine sachliche Auseinandersetzung, mit ziemlich viel Ironie durchsetzt. … Ich habe ziemlich viel Geschichte hineingebracht, darunter solche, die den Sozialdemokraten nicht gefallen wird (Parallele Hitler-Lassalle, Hitler-Bebel).«[328]

Besonders eindrucksvolle Frontberichte bekam Heuss zu jener Zeit von seinem Sohn Ernst Ludwig, der damals in Heidelberg Jura studierte. Die Studentenschaft gehörte zu jenen Bevölkerungsgruppen, wo der Nazismus am frühesten und stärksten Fuß fasste, und die Studentenstadt Heidelberg war schon Jahre vor 1933 nicht mehr eine Hochburg des freien Geistes, sondern der NSDAP, wo man sich bei NS-Kundgebungen bereits wie im Dritten Reich vorkommen konnte. Im Juni 1931 schrieb der Sohn aus Heidelberg:

> Heute ist hier S.A.-Tag in ungeheurer Aufmachung. Alle Strassen sind braun, und viele Häuser mit Hakenkreuzfahnen geschmückt. Gestern war aus diesem Anlass Schlossbeleuchtung und Feuerwerk, wobei über der alten Brücke ein riesiges Hakenkreuz in allen Farben strahlte. … Vorgestern gab es … einen Allgemeinen Ausspracheabend über das Thema »Wende der deutschen Außenpolitik?« bei dem Alfred Weber ein ausgezeichnetes Einleitungsreferat hielt. Die Diskussion dauerte bis halb 2 Uhr. Die anwesenden z.T. sehr sympathischen Nazis haben mit vollem Ernst den allgemeinen Bürgerkrieg in der allernächsten Zeit propagiert, wobei es ohne einige Hunderttausend Leichen nicht abginge, als jede Voraussetzung für irgendeine aktive Außenpolitik. Genau dasselbe wurde von links gesagt, d.h. von den Kommunisten.[329]

Eine gespenstische Szene: Man droht einander gegenseitig von rechts und links mit Mord und Totschlag, aber man diskutiert miteinander noch bis tief in die Nacht hinein und findet sich zum Teil sogar sympathisch! Solche Lageberichte sind wichtig, um Heuss' damaliges Verhalten zu verstehen. Er konnte glauben, dass nicht nur von rechts, sondern auch von links ein Bürgerkrieg drohte und im Blick darauf eine Beruhigung der Situation auf geordnetem Wege unter starker Führung so oder so ein Gewinn war. Und er musste den Eindruck gewinnen, dass es auch unter den Studentenmassen, die sich von der NS-Bewegung mitreißen ließen, viele im Grunde ihres Herzens anständige Kerle gab, mit denen man reden konnte, sofern man nicht gleich jegliche Verständigungsbasis zerbrach. Kurz nach dem Erscheinen von »Hitlers Weg« schrieb der Sohn – mit Ausrufezeichen –, er sei »zusammen mit dem Naziführer von Kügelgen« bei einem gemeinsamen Bekannten zu Abend »eingeladen, um über ›Hitlers Weg‹ zu diskutieren!«[330] Diese Nachricht machte dem Vater »Spaß«. »Du wirst mir dann ja erzählen, wie das Buch psychologisch auf den Menschentyp gewirkt hat, an den ich bei der Niederschrift vor allem gedacht habe.«[331] Das erklärt gewisse Passagen in »Hitlers Weg«, die nicht nur Verständnis, sondern fast Sympathie erkennen lassen und nach 1945 peinlich wirkten und dem Autor auch selber peinlich waren.

Die NS-Presse schwieg zu dem Buch. Goebbels bringt in seinen 1934 veröffentlichten Tagebucheintragungen »Vom Kaiserhof zur Reichskanzlei« unter dem 24. Januar 1932 folgende Notiz: »Ich lese eine Broschüre, die ein Demokrat über ›Hitlers Weg‹ geschrieben hat. Das ist alles so dumm, dass es kaum einer Beachtung wert erscheint. Die bürgerliche Welt versteht uns nicht und kann uns wohl auch nicht verstehen. Ihre Argumente gehen haarscharf an den eigentlichen Wesenheiten unserer Bewegung vorbei.« Immerhin nur »haarscharf«! Heuss selbst gab später, 1958, Goebbels in gewissem Sinne recht, wenn er auf maliziöse Kommentare zu seinem Buch erwiderte: »Unsere Phantasie, auch wenn wir einige Übersicht über Greuel des historischen Geschehens besaßen, reichte nicht so weit, das Verbrechen als institutionelle Form staatlichen Wirkens einzusetzen.«[332]

Das Merkwürdige ist jedoch, dass Goebbels »Hitlers Weg« in Wahrheit ernster nahm, als er öffentlich zugab. Im Original seines Tagebuchs lautet es unter dem 25. Januar 1932 anders: »Nicht ganz dumm. Weiß sehr viel von uns. Nutzt das etwas gemein aus. Aber immerhin eine Kritik, die sich sehen lassen kann.«[333] »Etwas gemein«, nicht »hundsgemein«: Bei einem Heuss findet selbst Goebbels Zwischentöne. Interessant ist die Frage, *was* es vor allem war, das aus Goebbels Sicht einen ihm »etwas« peinlichen Einblick in Interna der »Bewegung« verriet. Gewiss nicht die nationalsozialistische Aggressivität: Aus der machte Goebbels ja gar keinen Hehl; auf die war er stolz. Vermutlich eher wunde Punkte ganz konträrer Art: dass die NS-Bewegung aus Mangel an demokratischen Prozeduren, überhaupt an verlässlichen Regeln keinen Mechanismus zur Selbsterneuerung und Verjüngung besaß. Wenn niemand von unten die Führer absetzen konnte, drohte der NSDAP und dem von ihr okkupierten Staat auf die Dauer eine Erstarrung durch Überalterung. Heuss wusste, dass sich Goebbels mit diesem Problem herumschlug, ohne eine Lösung zu haben. Er fragte: »Will eine Bewegung politischer Jugend in der Vergreisung des Staates endigen?«[334] Vermutlich hat sich auch Goebbels – 1932 im Alter von 35 Jahren – diese Frage gestellt.

»Hitlers Weg« zeugt nicht gerade von prophetischen Gaben; aber zu seiner Zeit war es ein politischeres Buch, als ein heutiger Leser spontan erkennt. Und natürlich muss man es, um es recht zu würdigen, mit zeitgenössischen, nicht mit heutigen Urteilen über den Nazismus vergleichen. Einzelne Zeitgenossen – Ernst Toller, Erich Mühsam, Fritz Sternberg – waren hellsichtiger; öfter jedoch ist das Ausmaß der Fehlurteile gerade auch in der streitbaren und undogmatischlinken »Weltbühne« geradezu atemberaubend.[335] Da verspottet Ossietzky Hitler dafür, dass er nach dem Wahlerfolg vom 15. September 1930 nicht einfach mit Gewalt zur Macht griff. »Damals war die Stunde für den deutschen Duce da, legal oder illegal, wer fragte danach? Aber dieser deutsche Duce ist eine feige, verweichlichte Pyjamaexistenz, ein schnell feist gewordener Kleinbürger …«[336] Die Nazis, die das lasen, mussten folgern, dass sie am besten so brutal wie möglich losschlugen, um nicht nur den Respekt ihrer Mitstreiter, sondern auch den ihrer Gegner zu gewinnen.

HEUSS' WEG ZUM ERMÄCHTIGUNGSGESETZ. Wohin führte Hitlers Weg; was vermochte Heuss bis zur Machtergreifung zu erkennen? Als er von dem Reichstagsbrand am Abend des 27. Februar 1933 hörte, auf den hin das NS-Regime die Grundrechte außer Kraft setzte und die Kommunisten verfolgte, bekannte er seiner Frau, seine »ärgste Sorge« habe der Bibliothek des Reichstags gegolten. »An ein großes Komplott glaube ich nicht – das ist jetzt für den Bürgerschreck groß gemacht.« Ihm persönlich gehe es »ausgezeichnet«, und er »schlafe gut«.[337] Alles Stilblüten für die besserwisserische Retrospektive! Am 21. März 1933, dem »Tag von Potsdam«, besuchte er zusammen mit Reinhold Maier den Festgottesdienst in der Potsdamer Garnisonskirche; wie Hitler dort von Hindenburg und Dibelius eingerahmt wurde, während die Orgel das Niederländische Dankgebet intonierte, musste auf Heuss ungemein beruhigend wirken und ihm den Eindruck vermitteln, dass der NS-Führer, da er nun in der Verantwortung stand, zur Vernunft kommen würde. Wie Heuss eine Woche davor an Dibelius geschrieben hatte, wäre es ihm am liebsten gewesen, wenn dieser den Gottesdienst unter das Bibelwort »Gerechtigkeit erhöhet ein Volk« (Sprüche 14,34) gestellt hätte, jenes Wort, mit dem Heuss später seine Präsidentenzeit eröffnete.[338]

Man sieht: An Selbstbewusstsein mangelte es selbst dem nahezu machtlosen Heuss überhaupt nicht, wenn er, der Nichttheologe, einem Dibelius den Predigttext vorzugeben versuchte! Stattdessen wählte Dibelius das Wort aus dem Römerbrief (8,31), das Hitler gewiss besser gefiel: »Ist Gott für uns, wer mag wider uns sein?« Aber auch damit war Heuss ganz zufrieden. Unter dem frischen Eindruck schrieb er an Elly, wobei er an dem von ihr verehrten Dibelius eigene Schwächen bemerkt:

> Die Predigt von Dibelius war formal sehr gut, nach meinem Empfinden wieder etwas zu gut, sehr gebildet, allerhand historische Zitate, aber auch so, dass er meinen Wunsch ordentlich erfüllt hat. … Der »Staatsakt« ist ordnungsgemäß verlaufen, Hitlers vorgelesene Rede war maßvoll, sehr allgemein, einige gute Formulierungen, aber noch ohne konkrete Zielsetzung. Ich bin nun wirklich gespannt, ob die morgen zu erwartende Regierungserklärung die kommenden Aktionen verdeutlichen wird. Den Parademarsch etc. pp. habe ich mir geschenkt (Maier als alter Soldat war sehr von ihm begeistert). … Reichstagssitzung um 5 Uhr ohne Störung, etwas dumpfe Atmosphäre,

das ganze Haus mit SA und SS angefüllt, aber alles sehr höflich. Sollmann geht es angeblich langsam besser.[339]

Wilhelm Sollmann, ein innerhalb der Partei weit rechts stehender sozialdemokratischer Politiker, an dessen »nationaler« Gesinnung niemand zweifeln konnte[340], war von SA- und SS-Leuten zusammengeschlagen und in der Kölner NSDAP-Gauleitung gefoltert worden. Heuss wusste mittlerweile ganz genau, dass auf die »Höflichkeit« der Nazis kein Verlass war und sich deren Gewalt keineswegs nur gegen Kommunisten richtete, die selber gewaltbereit waren. Und am Tag darauf, am 23. März, stand im Reichstag das Ermächtigungsgesetz an. Nicht zuletzt unter dem Eindruck von Potsdam[341] entschloss sich das Zentrum zur Zustimmung und verschaffte dem Gesetz die von der Verfassung erforderte Zweidrittelmehrheit. Heuss, der nach den Wahlen vom 5. März 1933 noch einmal in den Reichstag zurückgekehrt war, plädierte in seiner auf fünf Abgeordnete zusammengeschmolzenen Fraktion zunächst für Enthaltung[342]; als sich jedoch die Mehrheit für Zustimmung aussprach, schwenkte auch er auf diese Linie ein. Immerhin war diese Zustimmung mit einem von Heuss formulierten Vorbehalt verknüpft, der im Reichstag von Reinhold Maier vorgetragen wurde, nach Lage der Dinge freilich nichts als ein frommer Wunsch war:

»Wir vermissen in dem vorliegenden Gesetzentwurf, dass den verfassungsmäßigen Grundrechten des Volkes und den Grundlagen der bürgerlichen Rechtsordnung keine ausdrückliche Sicherung vor Eingriffen gegeben wurde. Unantastbar müssen vor allem bleiben die Unabhängigkeit der Gerichte, das Berufsbeamtentum und seine Rechte, das selbstbestimmende Koalitionsrecht der Berufe, die staatsbürgerliche Gleichberechtigung, die Freiheit von Kunst und Wissenschaft wie ihrer Lehre.«[343]

Am folgenden Tag nun forderte Hitler den Reichstag auf, »uns zu genehmigen, was wir auch ohnedem hätten nehmen können«. Die Stimmen der Sozialdemokraten wolle er gar nicht. Die KPD war nach dem Reichstagsbrand des 27. Februar bereits verboten worden. Für das Ermächtigungsgesetz und damit für die Selbstentmachtung des Reichstags stimmten 441 Abgeordnete gegen die 94 Stimmen der Sozialdemokraten. Das Abstimmungsverhalten von Heuss' winziger Fraktion war unter diesen Umständen politisch irrelevant. Heuss suchte 1947 in dem vom Württembergisch-Badischen Landtag zur Prüfung entsprechender Vorwürfe die Bedeutung seines Abstimmungsverhaltens, ja überhaupt des Ermächtigungsgesetzes zu bagatellisieren[344] und reagierte später vergrätzt, wenn ihm wieder und wieder sein damaliges Votum vorgehalten wurde. Was hätte es denn 1933 am Gang der Dinge verändert, wenn er dagegen gestimmt hätte, außer dass er sich selber noch mehr gefährdet hätte, als er es ohnehin schon war?

Sein im Jahr seines Todes verfasstes Memoirenfragment zum Ermächtigungsgesetz, das er Toni Stolper zur »kritischen« Lektüre übersandte[345] – ganz sicher war er sich seiner Sache auch damals nicht –, beginnt mit dem Geständnis:

> Jeder von uns, der als Publizist oder als »Politiker« zu Entscheidungen gezwungen war, die er später bedauerte, hat Dummheiten gemacht. Doch dieser Begriff ist zu schwach für die Zustimmung zu diesem Gesetz, und auch das Wort »später« trifft nicht die innere Lage: denn ich wusste schon damals, dass ich dieses »Ja« nie mehr aus meiner Lebensgeschichte auslöschen könne.

Und er redet sich auch nicht damit heraus, dass es »Ermächtigungen« des Reichstags an die Regierung und den Reichspräsidenten »in kritischen Epochen schon vorher einige Male gegeben« habe: Diese seien »sachlich umgrenzt« gewesen, doch »Hitlers Ermächtigungsgesetz hatte einen allgemeinen Charakter und stellte die Geltung der Grundrechte in Frage«.[346] In gewissem Widerspruch dazu bekräftigt er dann doch seine »feste Überzeugung«, mit der er sich schon früher zu verteidigen pflegte: dass dieses Gesetz »für den praktischen Weitergang der nationalsozialistischen Politik keinerlei Bedeutung gehabt« habe[347] – noch ein Heuss'sches Einerseits-andererseits! Wie so oft wird er innerlich geschwankt haben: Das eine Mal nahm er dieses Mitläufertum auf die leichte Schulter, das andere Mal war es ihm doch eine Wunde in der Erinnerung. Für seinen Freund Gustav Stolper, der noch im gleichen Jahr in die USA emigrierte, war das Gesetz fatal[348]; dennoch scheint er ihm sein Votum nie vorgeworfen zu haben.

Als sich Heuss im September 1949 zur Präsidentenwahl stellte, fragte er zuvor seinen Gegenkandidaten Kurt Schumacher, »ob die SPD im Falle seiner Wahl sein Verhalten im Zusammenhang mit dem Ermächtigungsgesetz gegen ihn ins Spiel bringen werde«. So direkt sprach er dieses heikelste aller Themen gegenüber seinem Gegner an, der unter dem NS-Regime schwer gelitten hatte! Der soll erwidert haben, der gewählte Bundespräsident erfahre selbstverständlich auch den Respekt der SPD; und diese hat denn auch kaum je Heuss' Ja zum Ermächtigungsgesetz gegen ihn ins Feld geführt.[349] Eine denkwürdige Szene! Sprach da aus Schumacher die Loyalität gegenüber dem neuen Staat, die Eifersucht auf seinen Rivalen Carlo Schmid oder auch die Erinnerung an die ganze Unsicherheit in der Situation von 1933? Ausgerechnet der Sozialdemokrat Otto Wels, dessen mutige Rede gegen das Ermächtigungsgesetz in die Geschichte eingegangen ist, bemerkte nach der Abstimmung zu einem Zentrumsabgeordneten: »Gut, dass ihr zugestimmt habt, sonst wären wir dort nicht mehr herausgekommen.«[350]

Waren Heuss' Motive unrühmlich und trivial: Opportunismus und pure Angst? Oder auch die Hoffnung, die NS-Herrschaft werde sich in legale Bahnen leiten lassen und er selbst werde sich mit den neuen Herren arrangieren können? Vermutlich spielte das alles mit; und doch gab es bei ihm auch eine tiefere Disposition[351], die er mit dem Großteil solcher Deutscher teilte, die dem Nazismus innerlich fernstanden: die Grundüberzeugung, ein starker Staat, eine zu energischem Handeln fähige Führung, eine Einheit der Nation seien das Gebot der Stunde. Das Verlangen nach einer machtvollen, nicht mehr dem Hin und Her der Parteipolitik unterworfenen Regierung, die sich von den Siegermächten nichts mehr gefallen zu lassen brauchte und die deutsche Wirtschaft gegen fortdauernde Reparationsforderungen und extern verursachte Börsenkräche immunisierte, reichte von rechts bis links. Die Demokratie hatte das offenkundig nicht geschafft; kein Wunder, dass sich gegenüber dem Aufstieg Hitlers auch auf Seiten seiner Gegner Fatalismus verbreitete. Denkt man an den Schluss von »Hitlers Weg«, kann man sich vorstellen, dass der Sog der NS-Herrschaft 1933 auf Heuss unwiderstehlich wirkte – nicht nur auf ihn!

Heuss begrüßte sogar ausdrücklich die Gleichschaltung der Länder durch die NS-Regierung und schrieb im April 1933 in der »Hilfe«: »Die ›nationale Revolution‹ hat das nachgeholt, was im Winter 1918/19 versäumt wurde.«[352] Wieder: Nichts Neues trotz all dem Lärm! Am 10. Juni 1933 stimmte er sogar für die »Gleichschaltung« des Deutschen Werkbunds und erkannte eine direkte Linie von Naumanns Ruf nach einem deutschen Stil zu den Forderungen der Nationalsozialisten.[353] Zu jener Zeit bedeutete die Einführung des Führerprinzips im Werkbund konkret die Dominanz des mit Heuss befreundeten Duumvirats Jäckh-Poelzig[354] und die Entmachtung der Bauhaus-Anhänger, mit denen es in der Zeit davor »Spitzenintrigen« (Heuss) gegeben hatte.[355] Da der Werkbund für Heuss als geistige Heimat ohnehin wichtiger war als die Partei und er überdies den »kalten Intellektualismus« des Bauhauses nie geliebt hatte[356], war es für sein Verhalten 1933 von Bedeutung, dass er hier eine Zeitlang glauben konnte, auch in dem neuen System seinen Ort zu finden. In der Tat hätten die zuständigen NS-Kulturpolitiker, wären sie weniger engstirnig gewesen, den Werkbund unschwer ihren Zielen dienstbar machen können.

NOCH ZWEI HISTORISCHE ANALOGIEN: WARTBURGFEST UND HAMBACHER FEST. Am liebsten benutzte Heuss die Geschichte als ein Mittel, um über Gegenwärtiges nicht gar zu sehr in Alarm zu geraten; es war das Geschichtsbewusstsein des »Alles schon einmal da gewesen«. Die Bücherverbrennung vom Mai 1933, die fortan für das literarische Exil zum Fanal wurde: »Wer Bücher verbrennt, verbrennt auch Menschen«, erinnerte noch den Memoirenschreiber Heuss eher an die Vergangenheit: als eine »läppische Kopie«[357] der Verbrennung von Büchern vermeintlicher »Vaterlandsverräter« auf dem Wartburgfest der Burschenschaften 1817[358], die ihrerseits – wie selbst der Chauvinist Treitschke schimpft – eine

»Nachäffung« der kühnen Verbrennung der päpstlichen Bannbulle durch Martin Luther gewesen war.[359]

Dabei standen auf einer jener »Schwarzen Listen«, die an »Schandpfählen« hingen und die zu verbrennenden Buchtitel aufführten, auch Heuss' »Führer aus deutscher Not« und »Hitlers Weg«; das erfuhr Heuss von seinem Sohn.[360] Wenn man seinen damaligen Briefen glauben darf, verdross ihn nicht so sehr die Verbrennung selbst, sondern mehr die Gesellschaft, in die er auf dieser Liste geriet: »Einige der Leute, die auf der Liste stehen, sind ja menschlich keine schlechte Nachbarschaft, aber daneben findet sich auch das entwurzelte jüdische Literatentum, gegen das ich durch all die Jahre gekämpft habe, und das ist weniger schön, mit diesen in die Geschichte einzugehen.«[361] Gegen die »Literaten« hatte Heuss schon manchmal gestichelt; aber mit dem »entwurzelten jüdischen Literatentum« übernahm er den NS-Jargon, was er sonst peinlich vermied. Sein Groll gegen die Tucholsky-Ossietzky-Szene war offenbar durch deren ehrenrührige Attacken auf ihn in der »Schund-und-Schmutz«-Kontroverse so vertieft worden, dass er selbst in der Situation von 1933 durchbrach.[362] 1958 witzelt der Bundespräsident gegenüber dem Schriftsteller Kasimir Edschmid, der ihn zu einer Gedenkveranstaltung aus Anlass des 25. Jahrestages der Bücherverbrennung eingeladen hatte: »Mein Pech bei der Bücherverbrennung war nur, dass mein Name mit ›H‹ anfängt und in dem Anschlag hinter mir Magnus Hirschfeld und Hodann kamen, also lauter Sexualpathologen, eine Branche, mit der ich nun gar nichts zu tun habe.«[363]

Wenn Heuss mit seinem Hang zur historischen Analogie die Bücherverbrennung als Abklatsch des Wartburgfestes abtat, hatte er stattdessen im Mai davor das 100-jährige Jubiläum eines anderen zur Legende gewordenen Nationalfestes zelebriert: des Hambacher Festes vom Mai 1832. War an dem Feuer auf der Wartburg ein »Wehe über die Juden!« ertönt[364], wurde auf der Hambacher Schlossruine die »Fremdbrüderlichkeit« mit französischen und polnischen liberal-nationalen Gesinnungsgenossen gefeiert. Kein Wunder, dass das Wartburgfest für Treitschke trotz allem über Hambach stand; für Heuss dagegen wurde die Erinnerung an das Hambacher Fest, ein Jahr vor der Bücherverbrennung, zur Gelegenheit, den liberalen Schwung seiner Jugend neu zu beleben, auch wenn er nicht verschwieg, dass »für den Liberalismus als Volksbewegung« in Hambach am Ende »nicht viel herausgekommen« sei und der erste Anstoß damals von geschäftstüchtigen Wirten gekommen sei – auch 1932 stand neben Heuss' Rednerpult ein großes Schild der örtlichen Winzergenossenschaft[365]! Aber durch die darauf folgende »Demagogen-Verfolgung« bekam das Hambacher Fest aus der Rückschau die Gloriole der Freiheit; 50 Jahre nach der Heuss-Rede wurde die restaurierte Schlossruine als »Wiege der deutschen Demokratie« gefeiert.

Heuss mochte damals ahnen, dass auch die Weimarer Demokratie schon sehr bald bei all ihren Schwächen zu einer Erinnerung werden würde, nach der man sich zurücksehnte. »Das blieb die schmerzliche Wirkung des hoffnungsreichen Maientages«, schließt er einen Artikel über den »klassischen Tag des Vormärz«, »ungezählt die Gefängnisjahre, die den Beteiligten zum Ruhm gediehen. Es kam jene Zeit, da man den Witz in der Gesellschaft weitergab: dass das Vaterunser nicht gepredigt noch gedruckt werden dürfe. Denn die fünfte Bitte: ›Erlöse uns von dem Übel‹, sei eine Aufforderung zum Hochverrat.«[366] Ein hellsichtigeres Finale als dasjenige in »Hitlers Weg«!

4

Unter der NS-Diktatur: Kreativer Rückzug auf sich selbst

1933 3. Mai: Verlust der Dozentur an der Deutschen Hochschule für Politik; Ernst Jäckh, Präsident der Hochschule und seit fast drei Jahrzehnten Heuss' Gönner, emigriert nach England. 10. Mai: Bei der vom NS-Regime inszenierten Bücherverbrennung werden von Studenten der Universität Bonn auch zwei Bücher von Theodor Heuss verbrannt: »Führer aus deutscher Not« und »Hitlers Weg«. 10. Juni: Auf Initiative von Ernst Jäckh und unter Heuss' Zustimmung beschließt der Deutsche Werkbund seine eigene Gleichschaltung, um seiner Auflösung zuvorzukommen, und überträgt die Führung dem Nationalsozialisten Karl Christoph Lörcher, Mitglied im *Kampfbund für deutsche Kultur.* 28. Juni: Selbstauflösung der Deutschen Staatspartei. Juni: Heuss im Deutschen Steckbriefregister zum Fahndung ausgeschrieben; vorübergehend droht ihm »Schutzhaft«. 30. Juni: Gustav Stolper verlässt Deutschland; Toni folgt später; Ende September: Übersiedlung der Familie Stolper nach New York. 12. Juli: Aberkennung des Reichstagsmandats. Juli: Elly Heuss-Knapp wird Fachfrau für Rundfunkreklame. 1. August: Eintritt in den Reichsverband Deutscher Schriftsteller. 29. September: Rücktritt vom Vorstand des Deutschen Werkbundes. 7. Oktober: Heuss bemerkt, dass die an ihn gerichtete Briefpost überprüft wird, und beschwert sich am 11. Oktober bei der Gestapo. November: Erster Kontakt zu dem Kreis um Martin Niemöller, der damals als Pfarrer von Berlin-Dahlem vorübergehend suspendiert wurde

1934 29. Januar: Aufnahmeantrag beim Reichsverband der Deutschen Presse. April: Treffen mit Gustav Stolper in Zürich. 19. Mai: Ein redaktioneller Artikel der »Hilfe« (»Muß das sein?«) kritisiert die antijüdische Hetze des »Stürmer«. 12. September: Besprechung im Propagandaministerium mit dem früheren DDP-Parteifreund Ernst Brauweiler, der nunmehr Referent in der Presseabteilung des Goebbels-Ministeriums ist. 17. Dezember: »Ernsthafte« Verwarnung durch das Propagandaministerium wegen der »Art und Weise, in der politische Ereignisse und Probleme in der ›Hilfe‹ behandelt werden«

1935 15. Januar: Neue Verhandlungen im Propagandaministerium und mit der Gestapo

1936	15.–29. Juli: Gemeinsamer Urlaub der Familien Heuss und Stolper am Karersee in Südtirol. 22. September: Erneute, diesmal scharfe Verwarnung durch das Propagandaministerium. 31. Dezember: Heuss tritt als Herausgeber der »Hilfe« zurück
1937	16. Januar: Heuss erwirbt das Haus an der Kamillenstraße in Berlin-Lichterfelde, in dem die Familie Heuss seit dem Juli 1930 wohnt. 21. Juni bis 13. Juli: Aufenthalt bei Otto Gessler in Lindenberg. Dezember: Veröffentlichung der Biographie Friedrich Naumanns
1938	6. Juni: Über dessen Besprechung der Naumann-Biographie tritt Heuss in Briefkontakt zu Wilhelm Stapel, damals in der »Forschungsabteilung Judenfrage« in dem von Walter Frank geleiteten »Reichsinstitut für Geschichte des neuen Deutschlands«; daraus entwickelt sich eine intensive Korrespondenz
1939	Frühjahr: Veröffentlichung der Biographie des Architekten Hans Poelzig. Mai: Reise mit der Dante-Gesellschaft in die Toskana und nach Umbrien. 16. Oktober bis 26. November: Trotz Kriegsbeginn Reise nach Neapel zu Archivstudien an der Zoologischen Station für die Biographie von Anton Dohrn
1940	Juli (bis Februar 1941): Veröffentlichung von acht Beiträgen in der Zeitschrift »Das Reich«. Dezember: Veröffentlichung der Dohrn-Biographie
1941	Januar: Verbot der Poelzig-Biographie. Februar (bis August 1943): Freier Mitarbeitervertrag mit der »Frankfurter Zeitung«: für ein Monatsfixum von 500 Reichsmark 50 Artikel pro Jahr zu historischen Persönlichkeiten, für die ein Gedenktag ansteht. Dezember: Publikationsverbot für Beiträge in der »Frankfurter Zeitung«; im Mai 1942 Erlaubnis, unter Pseudonym zu publizieren; im August 1943 wird die Zeitung verboten
1942	Januar: Veröffentlichung der Kurzbiographie des Chemikers Justus Liebig. März: Beginn der Arbeit an der Biographie von Robert Bosch (1946 veröffentlicht)
1943	10./11. August: Durch die zunehmenden Luftangriffe und Ellys Herzanfälle veranlasst, verlässt das Ehepaar Heuss fluchtartig Berlin und siedelt nach provisorischen Aufenthalten in Heilbronn und auf dem Boschhof in Oberbayern am 29. Oktober nach Heidelberg-Handschuhsheim über. Anfang Dezember: Treffen mit Carl Friedrich Goerdeler in Stuttgart
1944	August: Der Verhaftungswelle nach dem Attentat vom 20. Juli fällt auch der frühere Berliner Bürgermeister Fritz Elsas, Vater von Heuss' künftiger Schwiegertochter Hanne, zum Opfer (am 4. Januar 1945 im KZ Sachsenhausen erschossen); auch Hanne wird in der Folge verhaftet. 4. Oktober: Heilbronn durch einen Luftangriff zu über 80 Prozent zerstört
1945	30. März: Einmarsch amerikanischer Truppen in Heidelberg. 23. April: Ernst Ludwig Heuss befreit Mutter und Schwester seiner künftigen Ehefrau aus dem Gefängnis Moabit, indem er sich als Beamter des Justizministeriums ausgibt; 5. August Heirat mit Hanne Elsas

»DAS LEBEN IST ZIEMLICH EINGESCHRUMPFT«. Ab 1933 kann man nicht nur die deutsche Geschichte insgesamt, sondern auch die Biographie von Theodor Heuss nicht mehr im gleichen Ton fortsetzen wie davor. Für das Gros der Deutschen änderte sich der Alltag nach dem 30. Januar 1933 vorerst nicht; für die Heussens änderte er sich bereits in wenigen Monaten radikal. Selbst auf den Fotos bekommt Heuss fast schlagartig ein neues Gesicht, ein älteres, stärker nach innen gekehrtes: Erstmals erkennt man jetzt das Antlitz des späteren Bundespräsidenten.

Über den Heuss vor 1933 gibt es umfangreiche Monographien; über sein Dasein unter der NS-Herrschaft nicht. Das kunterbunte Potpourri seiner vielen Beschäftigungen und vielseitigen Kommunikation, seiner Korrespondenzen und Presseartikel schrumpft schon nach kurzer Zeit drastisch zusammen, und selbst vielen erhaltenen Briefen merkt man die Vorsicht an – andere mag er, als er in Gefahr geriet, vernichtet haben. Dafür wächst die Fülle der oft mit Genuss geschriebenen historisch-biographischen Essays und dazu die Reihe seiner großen Biographien. Als er beruflich nichts mehr darstellt, beruht seine Bürgerwürde – um mit Bourdieu zu reden – allein auf kultureller Distinktion; aber diese bildet er jetzt zu einer Höhe aus wie nie zuvor[1], mitunter mit einer Spitze gegen die beamteten Bildungsbürger, wenn er geringschätzig von dem »dilettantischen Gerede« spricht, »mit dem heute das Genus der Studienräte in Zeitungen brilliert«.[2]

Wer deutsche Lebensgeschichten durch die NS-Zeit verfolgt, verfällt aus alter Gewohnheit in die Manier, die Entnazifizierungsbrille aufzusetzen und die Dokumente nach be- und entlastenden Indizien zu sortieren. In dieser Art ist auch wiederholt über Heuss geschrieben worden: immer wieder ein Pendeln zwischen »*Er war ein Glück für unser Land*« und »*Aber er stimmte für das Ermächtigungsgesetz*«. Das hatte seinen Sinn vor 50, 60 Jahren, als es galt, in die Gegenwart wirkende NS-Verbindungen aufzudecken oder Verdächtige reinzuwaschen; heute dagegen bringt ein derartiges Durchkorrigieren eines Lebens weder politischen Nutzen noch einen Zugewinn an historischer Erkenntnis. Kein Zweifel: Unter dem Aspekt der Nähe oder Ferne zum Nationalsozialismus weist Heuss' Verhalten während jener Zeit und noch danach Ambivalenzen auf. Ein historisches Verständnis kommt jedoch nur dadurch voran, dass man diese verschiedenen Seiten zusammen sieht und analysiert – nicht dadurch, dass man Be- und Entlastendes gegeneinander aufrechnet. Das führt schon deshalb in die Irre, da derjenige, der sich in manchen Punkten dem NS-Regime anpasste, sich dafür anderswo mitunter mehr Mut leisten konnte.

Seit dem Sommer 1933 durchzieht Heuss' Selbstzeugnisse ein für ihn ganz ungewöhnliches Lebensgefühl: ein Grundton der Vereinsamung, der zerbröckelnden materiellen Basis, ja der persönlichen Gefährdung, auch wenn sich immer wieder Lichtblicke auftun. Schon im Frühjahr 1933, viel früher als das Gros der späteren Emigranten, entschließen sich die Stolpers zur Emigration ebenso wie Ernst Jäckh, der seit fast 30 Jahren immer wieder Heuss an entscheidenden Punkten gefördert hatte. Schon dadurch zerriss ein ganzes Netz menschlicher Beziehungen, die Heuss viel bedeutet hatten. »Das Leben ist ziemlich eingeschrumpft«, klagt er Anfang August 1933 dem bereits in der Schweiz befindlichen Gustav Stolper[3]: So rasch ging das damals selbst bei dem geselligen Heuss. Dass seine Presseartikel vom politischen Teil ins Feuilleton wandern, kennzeichnet er als »eine Form der Verharmlosung des Daseins«. Seiner Empörung über die politischen Zustände wagt er bereits nicht mehr in einem Brief ins Ausland Luft zu machen; zwei Monate darauf bemerkt er, dass seine Post geöffnet worden ist.

Seine Dozentur an der Hochschule für Politik, sein Reichstagsmandat, seine Parteiverbindungen und – wichtiger noch – die ihm so wichtigen Kontakte durch den Werkbund: alles geht in kurzer Zeit verloren. »Neulich habe ich einmal eine Nacht nicht geschlafen wegen der beginnenden privaten Sorgen«, gesteht er im Juni 1933 seinem Sohn. Schlaflosigkeit bei Heuss: Das will etwas heißen, und noch dazu, mit Ausrufungszeichen: »Zigarrenkonsum wird reduziert!«[4] Im September 1933 ist er »fast ohne Einnahmen«.[5] Immerhin hat Jäckh für ihn als letzten Freundschaftsdienst noch eine Abfindung von 4950 Mark für seine Tätigkeit an der Hochschule herausgeschlagen, so dass er für den geplanten Hauskauf weiter ansparen kann.[6] Und auch in der Zeit darauf gibt es immer wieder Hoffnungsschimmer.

Gegenüber seinem damals engsten Freund, dem Bankier Friedrich Mück, bricht es einmal aus Heuss heraus: »Man kriegt einen Kropf von verschluckten Wahrheiten.«[7] Das war am 1. April 1933, im Anblick des Boykotts der jüdischen

Geschäfte. »Die Judenhetze empfinde ich ganz furchtbar, besonders, dass sie so dargestellt wird, als ob das deutsche Volk gezwungen sei, sich gegen die deutsche Judenschaft zu wehren.« Von Anfang an war es der Stil der antisemitischen Hetze, der ihn am Nazismus am allermeisten anekelte, bereits zu einer Zeit, als der Großteil der deutschen Juden die Gefahr noch nicht erkannte.

Gerade wo die Organisationen zerschlagen oder gleichgeschaltet waren, gewannen informelle vertrauliche Zirkel, so wie Heuss sie liebte, an Bedeutung; aber zu eng und verbindlich durften sie ihm nicht sein: Sein Lebenselixier war eine Pluralität lockerer Kreise. »Die relative Gefahr der gegenwärtigen Existenz ist das Abgeschnürtsein auf einen bestimmten Kreis, der ... im geistigen Konzentrationslager lebt«, klagt er 1934 einem schwäbischen Parteifreund; der harte Ausdruck »geistiges Konzentrationslager« spielte auf eine Formulierung Gertrud Bäumers in der »Hilfe« an.[8] Aber lange hielt er sich selten bei Klagen auf: Das war nicht seine Art. »Mein Betätigungsfeld schrumpft«, und: »Unser Leben begrenzt sich jetzt auf wenige Menschen«, berichtet er nach Kriegsbeginn in einem Brief an Toni Stolper[9]; aber das schreibt er aus der Casa Dohrn in Neapel, wo er sich glücklich fühlt wie lange nicht mehr und die meisten Menschen vermutlich gar nicht entbehrt.

Heuss' Kreise der NS-Zeit sind – informell, wie sie waren – nur spärlich belegt und selbst in Heuss' eigener Erinnerung undeutlich geblieben.[10] Trotz mancher Kontakte zu späteren Widerständlern ist der sonst so erzählfreudige Heuss über seine Beziehung zum Widerstand nie sehr deutlich geworden.[11] Am besten in Erinnerung hielt er den prominenten »Dahlemer Kreis«, der sich in der ersten Kriegszeit alle vier Wochen traf und zu dem der Historiker Hermann Oncken, der Pädagoge Eduard Spranger und der Agrarpolitiker Max Sering gehörten: alles unabhängige Geister, jedoch keine Fronde.[12]

Je mehr die größeren Kreise zerfielen, desto intensiver wurden einzelne persönliche Beziehungen, so etwa zu dem einstigen DDP-Parteifreund und preußischen Finanzminister Hermann Höpker Aschoff[13], den späteren Gründerpräsidenten des Bundesverfassungsgerichtes, der für Heuss' Nachkriegskarriere Bedeutung gewinnen sollte.[14] Heuss besaß zur Jurisprudenz bis dahin eine eher gebrochene Beziehung; aber durch die NS-Erfahrung erlangte der Rechtsstaat einen Wert wie nie zuvor. Ein Artikel von Höpker Aschoff in der »Hilfe« brachte Heuss eine erste Verwarnung durch das Propagandaministerium ein. Da hatte der Verfassungsrechtler die parlamentarische Demokratie Großbritanniens, der germanischen Weltmacht, als Vorbild hingestellt, die einen Machtwechsel ohne Zwang und Gewalt ermögliche, und vielsagend hinzugesetzt: »Wenn es aber so ist, dann sind der politischen Entwicklung in Deutschland noch große Aufgaben gestellt.«[15]

In jener Zeit entwickelte sich das enge Vertrauensverhältnis zwischen Heuss und dem Herausgeber der »Hilfe«, Hans Bott, der ab 1949 als persönlicher Referent rechte Hand des Bundespräsidenten wurde. Heuss nahm es Bott nicht übel, als der es ihm im Herbst 1936 nach der dritten, diesmal scharfen Verwarnung durch das Propagandaministerium nahelegte, die Schriftleitung niederzulegen, um die Zeitschrift vor dem drohenden Verbot zu retten.[16] Auch ohne Verbot schrumpfte die Abonnentenzahl der alten Naumann-Zeitschrift immer weiter zusammen; hatte die Auflage der »Hilfe« um 1910 in Naumanns großer Zeit über 15 000 gelegen, war sie 1933 auf ganze 1000 Exemplare gesackt.[17] Der Druck von außen machte jedoch die verbliebenen Beziehungen intimer. »Der Kontakt mit der Leserschaft ist ungeheuer intensiv geworden«, schrieb Heuss im März 1934 an Toni Stolper.[18]

Einem Schriftsteller gegenüber, der 1936 in die Schweiz emigrierte, 1943 jedoch wieder ins Deutsche Reich zurückkehrte, machte Heuss im Februar 1935 seinem Ärger Luft, als jener von ihm erwartete, in der »Hilfe« einen Artikel zu publizieren, der um Verständnis für die politische Emigration warb – das hatte dem ohnehin vom Verbot der Zeitschrift bedrohten Schriftleiter gerade noch gefehlt: Ohne Rücksicht auf Briefkontrolle wies er den Autor darauf hin, dass er sich »im Januar zwischen Scylla und Charybdis, d.h. Gestapo und Propagandamin(isterium) bewegen musste, um die erneut vom Verbot bedrohte, mit Verwarnungen gesegnete ›Hilfe‹ zu retten«.[19] Über Jahre scheint er darauf vertraut zu haben, seine Post werde nicht mehr kontrolliert, nachdem er sich im Oktober 1933 beim Gestapochef Rudolf Diels scheinbar mit Erfolg beschwert hatte.[20] Da war er, wie es ihm wiederholt geschah, an eine jener ambivalenten Gestalten geraten, die im NS-Apparat nicht ganz selten waren: Diels liebte ein gewisses Doppelspiel, hielt in der Folge als Kölner Regierungspräsident seine schützende Hand auch über Adenauer und spielte sich nach 1945 als Widerstandskämpfer auf.[21]

HEUSS' KUNST DER BALANCE GEWINNT FORMAT. Die Mitarbeiter der »Hilfe« hatten untereinander verabredet, das Wort »Führer« nicht zu gebrauchen[22]; auch das Schweigen, das schwer zu belangen war, wurde damals beredt. Heuss' redaktionelle Tätigkeit bei der »Hilfe« erforderte immer neue Balancekünste; als er sie Ende 1936 niederlegte, bedeutete das für ihn eine Entlastung, zumal diese Mühe finanziell nichts mehr brachte. Und doch darf man nicht vergessen: Als Schriftleiter der »Hilfe« war er eben zu der Zeit, als er an der großen Biographie Friedrich Naumanns arbeitete, der Mittelpunkt der verbliebenen Naumann-Gemeinde, deren Gefühl der Gemeinsamkeit umso intimer wurde, je mehr man sich als letzte Bannerträger eines vergangenen Ideals fühlte und Naumann zum Mythos wurde.

Und noch etwas anderes sollte man nicht vergessen: Die nun geforderte Kunst der Balance passte zum Heuss'schen Talent. Was in der vorangegangenen Ära einer expressiven Publizistik eine Schwäche gewesen war, wurde nach 1933 zur Stärke: die Fähigkeit, politische Botschaften nicht plakativ, sondern durch die Blume zu vermitteln, auf indirektem Wege, besonders durch Ausflüge in die Geschichte, wie sie Heuss ohnehin liebte. Damit erwarb er, der bis 1933 der Kirche ferngestanden hatte, sogar die Achtung des von Elly schon längst verehrten Dibelius, der ihm im Februar 1936 schrieb: »Ich verfolge mit großem Respekt, wie Sie die Quadratur des Zirkels lösen: auf die Bindungen, die dem Schriftleiter heute auferlegt sind, so zu achten, dass die Zeitschrift nicht verboten wird – und doch ihr zugleich eine eigene Note zu geben und sogar selbständige Urteile auszusprechen. Ich weiß, was dazu gehört!«[23]

Eine Woche nach dem Boykott vom 1. April 1933 brachte »Die Hilfe« einen redaktionellen Artikel »Der 1. April«, der mit dem Bedauern begann, an diesem 1. April habe man offenbar vergessen, eine Beziehung zu Bismarcks Geburtstag herzustellen, der ebenfalls auf diesen Tag fiel. Und ein solcher Bezug hätte sich »zwanglos« ergeben, etwa so: »Als mit der Schaffung des Reichsgerichts die erste geistige und organisatorische Reichsgründungsperiode ihren Abschluss und ihre Krönung fand, bestellte Bismarck zu dem ersten höchsten deutschen Richter den Juden Eduard Simson, wohl weil er wusste, in ihm einen würdigen Wahrer deutscher Rechtsentwicklung zu besitzen.« Das war mutig, einige Jahre später hätte man das nicht mehr wagen können. Aber der Artikel ist ein Balanceakt: Er enthält auch einen Hieb auf die antideutsche Greuelpropaganda von »ostjüdisch-kommunistischen Zirkeln von London und New York«. Wie wir in dem zitierten Heuss-Brief an Mück sehen, war das keine bloße Camouflage, sondern entsprach seiner tatsächlichen Überzeugung.

Darin war er ein Typ seiner Zeit: Zahllose andere Deutsche, die in nationaler Tradition und in der Erbitterung über Versailles aufgewachsen war, brauchten gar nicht gleichgeschaltet zu werden, um manche Züge der NS-Herrschaft zu bejahen. Heuss konnte die Grundstimmung, der der Nationalsozialismus entsprang, ganz gut verstehen; davon zeugt »Hitlers Weg«. Daran muss man sich erinnern, wenn man immer wieder darauf stößt, dass der spätere Bundespräsident, an dessen Abscheu vor den NS-Verbrechen kein Zweifel besteht, gegenüber vielen, die unter dem NS-Regime eine Funktion ausgeübt hatten, Nachsicht zeigte.

Anfang 1934 veröffentlichte »Die Hilfe« sogar eine Polemik gegen die Ostjuden, verfasst von dem deutschjüdischen Journalisten Ludwig Herz, den Heuss von dem Kreis um Hans Delbrück her kannte, in dem sich im Ersten Weltkrieg Gegner der alldeutschen Annexionisten gesammelt hatten. Da griff Herz die Ostjuden als »Agenten des Antisemitismus« an, ja sogar als »Schädlinge, Schädlinge nicht zuletzt an den eigenen Glaubensgenossen«, die der »alteingesessenen deutschen Judenheit … trotz allen Mitgefühls eine Verlegenheit« seien.[24]

Nach dem Holocaust wirkt der Artikel skandalös; aber er spiegelte eine gängige Meinung unter den alteingesessenen deutschen Juden; und die Empfindung, dass der deutsche Antisemitismus ohne die ostjüdische Zuwanderung nicht die damalige Schärfe erlangt hätte, war nicht grundlos: ein Motiv für eine spezielle Erbitterung auf die Ostjuden nach 1933. Selbst Max Weber hielt noch zu einer Zeit, als er den neuen Typ des jüdischen Intellektuellen als Gesprächspartner besonders schätzte, eine Freigabe der ostjüdischen Immigration für »indiskutabel«.[25] Dabei schwankte jedoch das Ostjudentum oft zwischen einer realen Population und einem Popanz; so auch bei Heuss. War nicht auch Toni Stolper, die große Liebe seiner späteren Jahre, eine geborene Kassowitz, deren Vater aus dem slowakischen Bratislava stammte? Oder war das noch Mitteleuropa? Aber sie hatte mit den Ostjuden ihre eigenen Schwierigkeiten. »My experience with Jewishness was negative from the beginning«, bekennt sie noch in ihren kurz vor ihrem Tod (1988) niedergeschriebenen Erinnerungen. Der große Zustrom von Ostjuden nach Wien sei ein »enormes Ereignis« im Leben der Donaumetropole gewesen; und »natürlicherweise« sei eine heftige antisemitische Reaktion erfolgt[26] – eben die, die den jungen Hitler prägte.

ERFAHRUNG DES »DUAL STATE«: FÜHLER ZUM NS-APPARAT. Dabei ist eines von Bedeutung: Während der gesamten NS-Zeit machte Heuss immer wieder die Erfahrung, dass es im nationalsozialistischen Machtapparat Menschen gab, mit denen er reden konnte, auch wenn er sich keine Illusionen darüber machte, dass diese nicht den Ton angaben. Spätere Bewunderer, vor allem unter den deutschen Emigranten, verehrten ihn gerne als Verkörperung des »anderen«, des geistigen Deutschlands, und in der Tat war seine Art zu reden der denkbar größte Kontrast zum Gebell der NS-Redner; und doch bestand zwischen Heuss' und Hitlers Deutschland keine scharfe Grenze – gerade in Heuss' Umkreis findet man auffallend viele Übergangsgestalten.

Alte Parteifreunde, Werner Stephan voran, saßen im Goebbels-Ministerium, ja selbst in der Gestapo; und je lauter sie nach außen ihre Linientreue bekundeten, desto mehr konnte Heuss darauf vertrauen, dass sie unauffällig seine Gelehrtenstube zu schützen wussten. Wie Heuss erfuhr, wurde ein im Dezember 1934 »erneut« von der Gestapo gefordertes Verbot der »Hilfe« durch ein Votum des Propagandaministeriums verhindert; und als Heuss im Februar 1935 auf der Gestapo erschien, verlief die Unterredung »in ausgezeichneter Form«, nicht als Verhör.[27] Bei der Gestapo wie im Goebbels-Ministerium gab man Heuss zu verstehen, dass »man an sich wenig Lust habe, ein Blatt wie die Hilfe zu verbieten«; nur müsse man Argumente gegen rabiatere Parteistellen haben, die auf Verbot drängten.[28] »In angenehmster Form« verliefen noch im Sommer 1939 Gespräche im Reichsverband der Deutschen Presse, als es Beschwerden gegen Heuss' publizistische Tätigkeit gegeben hatte: So jedenfalls schrieb Heuss an Stephan, seinen Mann im Propagandaministerium.[29]

Erst recht in ziviler Form verliefen Kontakte zu Historikern, die unter dem NS-Regime in Führungspositionen gelangt waren. Mit Karl Alexander von Müller, der Friedrich Meinecke als Herausgeber der »Historischen Zeitschrift« verdrängte, verkehrte Heuss noch als Bundespräsident in freundlichem Ton, zumal er in dessen essayistischer Eleganz etwas ihm selbst Kongeniales spürte[30]; und zu Willy Andreas, der in der NS-Zeit die erste Ausgabe der »Großen Deutschen« herausgab, bestand seit der gemeinsamen Studienzeit eine lebenslange Freundschaft. Selbst Walter Frank, der zum Präsidenten des »Reichsinstituts für Geschichte des neuen Deutschlands« aufstieg, war Heuss von früher her wohlbekannt, da er die Biographie von Naumanns Mentor Adolf Stoecker verfasst hatte, die Heuss 1928 in der »Frankfurter Zeitung« lobend rezensierte[31]; und noch als NS-Größe behandelte Frank den ins Abseits gestoßenen Heuss mit Respekt. Als allerdings Franks Witwe Anfang 1949 Heuss um Rehabilitation ihres Gatten bat, der sich 1945 nach der Kapitulation erschossen hatte, wurde es Heuss zu viel. Seine Weigerung begründete er jedoch nicht mit Franks NS-Karriere, sondern mit dessen Illoyalität gegenüber seinem Doktorvater Oncken[32], dem Heuss im »Dahlemer Kreis« nähergekommen war.

Ernst Fraenkel, Sozialdemokrat jüdischer Herkunft, der bis 1938 in Berlin als Anwalt Verfolgte des NS-Regimes vertrat und dann in die USA emigrierte, prägte aus eigener Erfahrung für das NS-System den Begriff »*Dual State*« – so der Titel seines zuerst 1941 erschienenen Werkes –: Dieser sei gekennzeichnet durch die Koexistenz eines einigermaßen verlässlichen »Normenstaates«, wo noch das Recht gilt, und eines rücksichtslosen »Maßnahmenstaates«, der sich an dem orientiere, was politisch opportun sei. Heuss erlebte für seine Person in kritischen Situationen mehr als einmal den noch leidlich funktionierenden »Normenstaat«, wohl wissend, dass es noch einen anderen gab. Er war bei Hitlers Regierungsantritt an die 50, als sich das NS-Regime konsolidierte, musste er davon ausgehen, den Rest seines aktiven Lebens in dieser Welt verbringen zu müssen. Eine Dauerhaltung ohnmächtiger Wut lag ihm nicht; »Ressentiment« war ihm der Inbegriff verächtlicher Verkrampfung. Da blieb ihm nur die Hoffnung auf eine leidliche Normalisierung der Verhältnisse.

Und doch erlebte er ohne Zweifel Tiefpunkte, auch wenn er ungern Verzweiflung zeigte. Dem Theologen Wilhelm Loew, dem Schwiegersohn Friedrich Naumanns, und dessen Frau schrieb er 1935: »Ich weiß nicht, ob Sie nicht beide die Bereitschaft der Nationalsozialisten, anständige Haltung und Leistung anderer anzuerkennen, überschätzen«[33] – auch er selbst hat sich da wohl eine Zeitlang Illusionen hingegeben. Wie er im Oktober 1936 im Blick auf das drohende Verbot der »Hilfe« an den Historiker Walter Goetz schrieb, dem er sein Inneres mehr als den meisten anderen öffnete, sah er damals seinen »publizistischen Tod« vor Augen[34] – und was blieb dann noch von ihm, nach seinem politischen Tod? Aber da fand Heuss für sich eine neue Bestimmung: die des Historikers, der aus dem Miterleben heraus einer späteren Zeit Kunde gab von einer Vergangenheit, die zeitlich noch nicht fernlag, aber von neuen Generationen nicht mehr verstanden wurde.

HEUSS'SCHE TOLERANZEN UND TOLERANZGRENZEN: WILHELM STAPEL, PAUL SCHMITTHENNER UND CARL SCHMITT. In dieser seiner Mission fand Heuss so manchen Geistesverwandten, der ihm politisch fernstand. Eine der allerseltsamsten Briefbeziehungen in der Fülle seiner Korrespondenzen ist der vertrauliche Gedankenaustausch mit Wilhelm Stapel, der im Juni 1938 begann, als Stapel Heuss' Naumann-Biographie ausführlich, und zwar kritisch, besprochen hatte, und sich bis zu Stapels Tod 1954 fortsetzte. Der Heuss-Verehrer entdeckt erst einmal mit Schauder, dass Stapel 1938 dem Beirat des »Reichsinstituts für Geschichte des neuen Deutschlands« angehörte und dort ausgerechnet in der »Forschungsabteilung Judenfrage« arbeitete! Von 1919 bis 1938 gab er die Zeitschrift »Deutsches Volkstum« heraus, das vielleicht geistvollste Organ der neuen völkischen Rechten, das sich dennoch durch scharfe antijüdische Ausfälle hervortat.[35] Aber Stapel war kein Opportunist. Hatte er vor 1933 scharf gegen die Juden gewettert, brach es nach dem Novemberpogrom von 1938 aus ihm heraus, »von nun an werde der Stern Hitlers sinken«, und nach dieser Schandtat schäme er sich, ein Deutscher zu sein.[36] Und hatte er während der Weimarer Zeit wütend auf die Pazifisten eingehauen, bekannte er sich, je mehr Hitler auf einen neuen Weltkrieg zusteuerte, im »Deutschen Volkstum« zum »Weltfrieden« und warnte vor einer Selbstzerstörung Europas durch einen neuen großen Krieg.[37] Da war er sogar couragierter und hellsichtiger als der damalige Heuss; und anders als dieser lehnte er die ihm angebotene Mitarbeit an der NS-Renommierzeitschrift »Das Reich« ab.[38]

Als Heuss zu ihm Kontakt aufnahm, brachte Stapel gerade unter dem Titel »Stapeleien« eine Anthologie seiner kauzigsten Essays heraus, vom »Gespräch mit einem Seehunde« (1935) bis zu »Der Bonze und der Meckerer« (1934): allesamt Zeugnisse eines freien Geistes, der auch im totalitären Staat gänzlich ungeniert schreibt und sich wohl gerade deshalb, weil er für viele Nazis »Stallgeruch« besaß, so manches leisten konnte. Vermutlich hätte Heuss am liebsten selber so geschrieben. Kurz und gut: Je mehr man sich in die Person Stapels vertieft, desto besser versteht man, weshalb Heuss für ihn eine Schwäche entwickelte und es ihm immer Spaß machte, ihm zu schreiben, auch nach 1945, als ein beflissener Wendehals einen solchen Kontakt schleunigst abgebrochen hätte. Noch als Bundespräsident, der alle Tage mit Papier überschüttet wird, findet er für Briefe an Stapel Zeit, klagt ihm gegenüber nicht wie gegenüber vielen anderen über seine permanente Überlastung und zeigt sich beeindruckt durch dessen neue These, »dass die moderne Naturwissenschaft den Pantheismus oder die praktizierende Naturtheologie zerstört«[39].

Ein Heuss-Brief an Stapel, nun wieder Anfang 1940, enthält einen Ausbruch von Frustration, wie man ihn in der Heuss-Korrespondenz sonst sehr selten findet: »Ich fühle mich in einer geradezu grotesken Situation, dass ich nämlich zu dem Geschehen der Gegenwart gar kein rechtes und intensives Verhältnis bekomme. Der Zeitungsinhalt kotzt mich an, das Radio mache ich nicht auf, von den Gerüchten, ob, wann, wo, wie eine Offensive beginne, mag ich mich auch nicht ernähren – es ist eine sehr unglückliche Lage.« Aber ein Heuss steigert sich nicht ins Unglück hinein: Der Seufzer ist nur der Auftakt zu der dann folgenden Ankündigung seines gutgelaunten Buches über Anton Dohrn, das ihn nach Neapel geführt hat.[40]

Noch mehr machte Stapel Heuss gegenüber seinem Herzen Luft – in einer Weise, die mitunter den Atem verschlägt, ohne jede Rücksicht auf eine etwaige Briefkontrolle durch die Gestapo. 1938 versichert er ihm nach Lektüre des »Naumann«: »Dass es nicht einfach war, dieses Buch durch die Dornenhecken der staats- und volksbeschützenden Bürokratie zu bringen, glaube ich gern. Ich bin schon so oft an den Wänden hochgegangen, dass ich bald als perfekter Wandgänger auf den Jahrmärkten die Bewunderung der Zeitgenossen für 20 Pfg Entrée erwecken kann.« Lieber hätte er den »Naumann« kürzer und schärfer gehabt. Und dann: »*Welches* Blut in solch einem Buche vergossen werden sollte? *Meines* zum Beispiel. Und das des Nationalsozialismus, der andere Wege ging als Naumann, Wege, die *Naumann* aus beachtenswerten Gründen nie gegangen wäre. Aber die Dornenhecke!«

Heuss hätte also das Blut des Nationalsozialismus vergießen sollen: So sehr ist Stapels Bewunderung für Hitler in Wut umgeschlagen! Und dann gibt er Heuss zu verstehen, dass er jene Wesenszüge, wegen derer Naumann kein »Massenführer« werden konnte (zwischen den Zeilen: wie Hitler), im Grunde seines Herzens an ihm glühend liebt. »Warum gelangte ein so hervorragender Mann wie Naumann, als Intelligenz wie als Charakter gleich ausgezeichnet, nicht zum Ziel? Das Stichwort scheint mir dies zu sein: *impedimentum humanitatis.* … Er hatte weder eine wilde Wut noch auch nur ein Ressentiment im Leibe. Darum *konnte* er nicht Massenführer sein, auch wenn er es sein *wollte.* … Die Substanz dieses Mannes ist lauteres Gold, auch etwas Stahl, geläuterter Stahl, aber nicht glühendes Eisen, nicht kaltes Eisen. Er war zu edel für die Scheußlichkeit, die Weltgeschichte heißt …«[41]

Ein mit Wilhelm Stapel vergleichbarer Fall im Heuss'schen Freundeskreis ist der Architekt Paul Schmitthenner, der 1933 als ein Wortführer des *Kampfbundes für deutsche Kultur* eine Kampagne gegen die »undeutsche« architektonische Moderne des Bauhauses führte, in der Folge jedoch von NS-Rivalen ins Abseits gedrängt wurde; da setzte er sich in manchen Fällen sogar für Verfolgte ein. 1945 verlor er gleichwohl seine Stuttgarter Professur. Heuss missbilligte Schmitthenners ideologische Polemik gegen die kubischen Flachdächer der Weißenhofsiedlung bei Stuttgart; gegenüber Elly witterte er 1933 hinter den Attacken auf den Werkbund »Rache der Subalternität und Schmitthenners für die Weißenhofsiedlung«.[42] Aber auch er empfand den schmucklosen Kubismus der Bauhaus-Architektur als Pedanterie: Da verstand er Schmitthenner ganz gut, und dieser blieb für ihn im Kern anständig, auch wenn er sich nach 1945 nicht förmlich für dessen Rehabilitierung einsetzen mochte, für die er als württembergischer »Kultminister« von allen Seiten bestürmt wurde – er selbst hatte ihn auf Befehl der US-Militärregierung aus dem Lehramt an der TH Stuttgart entlassen müssen![43]

Das genaue Gegenteil zu Konservativen vom Typus Stapel und Schmitthenner war der Rechtslehrer Carl Schmitt: für Heuss, der ihn in der Weimarer Zeit persönlich kennengelernt hatte, später der Inbegriff eines zwar intellektuell brillanten, charakterlich jedoch widerwärtigen Opportunisten. Bis 1932 spielte Schmitt sich als Anwalt der Weimarer Republik auf, beeindruckte am 19. Januar 1930 Heuss sogar durch einen glänzenden, wenn auch doppelbödigen Vortrag über Hugo Preuß, den Vater der Weimarer Verfassung[44], während Schmitt am 15. Januar 1932 über einen Heuss-Vortrag notierte: »Heuss sprach scheußlich, langweilig und quatschig. Schlief fast ein.«[45] Bis dahin ließ er sich die Förderung durch Juden gerne gefallen; aber kurz nach Hitlers Regierungsantritt schwenkte er radikal um, haute auf den jüdischen Geist ein, bejahte die Bücherverbrennung, diffamierte nichtkonforme Kollegen, suchte die Gesellschaft des brutalen Hans Frank, der im Krieg als »Schlächter Polens« berüchtigt wurde, und legitimierte die NS-Morde als »unmittelbare« Rechtsschöpfung.[46] Ernst Ludwig Heuss erlebte am 17. Februar 1934 in Köln, wie Schmitt über die von ihm so genannten »Lieblinge des Liberalismus« herzog: »eigentlich ein unwürdiges Theater.« In dieser Aversion bestärkte ihn sein Vater und gab ihm dazu einen Wink, wie er mit völkischer Korrektheit gegen Schmitt argumentieren könne: Dieser »polemische Aktualisator des Rechtsgedankens« stehe in Wahrheit »dem germanischen Recht ferner als irgendsonst einer«.[47]

Kein Wunder, dass Heuss mit seinem Begriff von Anstand noch als Bundespräsident mit damaligen Anläufen zu einer Carl-Schmitt-Renaissance nichts zu tun haben wollte. Mit auffallender Schärfe intervenierte er 1954 in der Redaktion der »Zeit«, als diese Schmitt ein Forum bot.[48] Einem Schweizer Schmitt-Adepten, der sich Carl Schmitt vergeblich als Schüler andiente[49], schrieb Heuss 1957: »Ich halte ihn für einen großartigen Schriftsteller, aber für einen tief unvornehmen Menschen mit Zügen, die ich schon ehedem verächtlich an ihm fand.«[50] In seinen Memoiren versetzt Heuss keinem anderen noch lebenden Menschen aus seinem Bekanntenkreis einen derart schneidenden Hieb wie Carl Schmitt, obwohl er ihn als »brillanten Unterhalter« in Erinnerung hat, und erkennt dessen Ursünde in dem Freund-Feind-Räsonnement: »Als er das Wesen des Politischen in die ›Freund-Feind‹-Beziehung einsperrte, gab er einer heranwachsenden Generation das Stichwort und dem Hitler-Regime eine Art von logizistischer Rechtfertigung für jegliche Gewalttat.« Bei ihm sei die Verbindung zwischen »Recht« und »Gerechtigkeit« nahezu vergessen; er sei »das eindrucksvollste Beispiel« eines »klugen und selbstsicheren Menschen, der sich auf seiner Lebenswanderung der ärgerlichen Last des Gewissens entledigt hat«.[51]

ZUM VERGLEICH: GERTRUD BÄUMER UND DER DRANG ZUM DABEISEIN. Heuss liebte nicht nur den Humor, sondern auch die Ironie; doch ein Zyniker war er nicht. Aber es gab noch weitere Gründe, die ihn gegenüber dem Nationalsozialismus immuner machten als viele andere Zeitgenossen; und diese erkennt man besonders deutlich im Vergleich zu Gertrud Bäumer, seiner Parteifreundin, Mitkämpferin gegen »Schmutz und Schund« und Mithüterin des Naumann-Erbes: Im Unterschied zu ihr hegte Heuss kein starkes Bedürfnis nach Begeisterung, keinen Hang zum Sich-mitreißen-Lassen und Mittendrin-Sein und empfand sein Leben nicht als leer, wenn er am Rande des Geschehens blieb. Das eine muss man ihm lassen: Er blieb stets er selbst. In manchen Situationen beeindruckt diese seine Art als Authentizität, in anderen kann sie als eine Unberührtheit erschrecken.[52] »Ich kann mich aber bekanntlich publizistisch nicht ummodeln«, bekannte er 1936, als seine Lage als Publizist »sehr kritisch« war[53]; und damit hatte er recht und wohl auch damit, dass die, die ihn kannten, das wussten.

Und genau da war Gertrud Bäumer bei aller Geistesverwandtschaft ganz anders: Sie empfand eine starke Sehnsucht nach gläubiger Begeisterung, nach großer Gemeinschaft, nach Romantik, nach einem Mittendrin-Sein im Strom des Lebens. Vermutlich dachte Heuss nicht zuletzt an diese Frau, wenn er im September 1945 in der ersten Ausgabe der von ihm redigierten »Rhein-Neckar-Zeitung« schrieb, unter den sogenannten »Idealisten« gebe es einen Typus solcher Menschen, die »nicht unlauter in ihren Grundinstinkten sind, aber immer und überall dabei sein müssen«[54]. Auch sie stand 1933 wie Heuss beruflich vor dem Nichts, als sie ihre Stellung als Ministerialrätin verlor, die sie seit 1920 innegehabt hatte; anders als Heuss hatte sie sogar heftig gegen die Zustimmung zum

Ermächtigungsgesetz plädiert – aber dann ließ sie sich immer wieder von der NS-Stimmung in einer Weise mitreißen, wie es Heuss von seinem ganzen Naturell her (»Stilgefühl« würde er sagen) widerstrebte.

Das war bei ihr nicht eigentlich Anpassung[55], nicht barer Opportunismus: In gewissem Sinne kam sie in der NS-Zeit zu sich selbst und lebte emotionale und literarische Bedürfnisse aus, die bis dahin bei ihr brachgelegen hatten – was nicht ausschloss, dass sie über Widerlichkeiten des Nazismus, mit denen sie konfrontiert wurde, furchtlos und impulsiv ihrer Erbitterung Luft machte, zuweilen offener als Heuss, so wenn sie 1934 in der »Hilfe« ihrer ehrlichen Empörung darüber freien Lauf ließ, dass Mitstreiter Naumanns jetzt »in ein geistiges Konzentrationslager« gezwängt, »in einer Art von politischer Pestzone« isoliert worden seien.[56] Eine Bestseller-Autorin, »entsetzlich produktiv« (Heuss)[57], die mit einer völkischen »Romantik des sacrum imperium« (Heuss)[58] reüssierte – »Adelheid, Mutter der Königreiche«! –, konnte sich auch im NS-Staat als Herausgeberin der Zeitschrift »Die Frau« manches leisten und wusste das.

»DEN GANZEN KOPF VOLL MIT REKLAME«: »ELLYS GROSSE ZEIT« ALS KRISENMANAGERIN. Szenenwechsel zu einer Tragikomödie: wie Elly Heuss-Knapp die Familie mit Werbesongs für den Rundfunk durch die NS-Zeit bringt. »Es setzte jetzt Ellys große Zeit an«, bemerkte Heuss später über die Jahre ab 1933.[59] Ähnlich wie Gertrud Bäumer besaß auch sie ein ausgeprägtes Bedürfnis danach, mitten im Leben ihrer Zeit zu sein, und eine Sehnsucht nach starken Emotionen und großer Gemeinschaft; aber sie fand beides nicht nur in Volk und Nation, sondern mehr noch in Religion und Spiritualität. Wie Elly Ende 1934 ihrem Sohn schrieb, meinte Gertrud Bäumer, »es sei mir zu gut gegangen, sodass es nicht bis zur Leidenschaft gereicht hätte«[60]. Gemeint war wohl: zur nationalen Leidenschaft.[61]

Die NS-Bewegung ließ auch Elly nicht kalt; wie so viele spürte sie dort eine neue Kraft, aus der womöglich etwas Gutes entstehen könnte; wie sich Toni Stolper erinnert, bekannte sie, von Hitlers Redetechnik beeindruckt gewesen zu sein, als sie den »Führer« einmal *in natura* erlebte, wie er »in ruhigem Ton, ohne viel Fanfare begann und sich und sein Publikum im Verlauf des Redens bis zur Raserei steigerte«.[62] Aber gerade deshalb war Hitler ihr unheimlich, wohl noch mehr als ihrem Ehemann, den die Massenekstase kaltließ. Obwohl der »Tag von Potsdam« Hitler und Dibelius äußerlich in trauter Einheit vorführte – für Elly eigentlich eine verführerische Szenerie –, berichtete Heuss schon Mitte März 1933 seinem Freund Mück, dass seine Frau »die Dinge von Anfang an sehr pessimistisch ansah«.[63]

Aber wie schon 1914 zog die Frau aus der Krise Kraft. Wie damals begann 1933 für sie eine Phase großer Aktivität, in der sie ganz neue Fähigkeiten entdeckte. Noch nie hatte sie in ihrer Ehe derart die Regie geführt wie in der NS-

Zeit. Mit Energie und praktischem Sinn zog sie rasch die Konsequenz daraus, dass alle beruflichen Perspektiven ihres Mannes zusammenbrachen, und ernährte die Familie durch die Komposition von Werbesongs für den Rundfunk – und zumindest bis in die erste Kriegszeit hat sie damit sogar ganz ordentlich verdient, so dass die Heussens sogar Anfang 1937 endlich das Haus an der Kamillenstraße in Berlin-Lichterfelde erwerben konnten, in dem sie schon seit dem Juli 1930 zur Miete wohnten. Zwar brachte auch Heuss hier und da durch seine Publikationen etwas Geld ins Haus; aber »ich verdiente soviel, als Elly Steuern zahlen musste«, erinnerte er sich 1958 in einem Brief an Toni Stolper und fügte hinzu: »Das ging ohne Scham.«[64]

Eine verblüffende Wandlungsfähigkeit: Elly, die sich eben noch für religiöse Massenchöre begeistert hat, entwickelt nun immer neue Phantasie für musikalische Ohrwürmer, die für Wybert-Halspastillen werben – und, noch phänomenaler: Sie identifiziert sich mit diesem neuen Job, kann sogar, wie es scheint, Effekte aus der Chormusik einbringen, und ihre Songs kommen an; sie erntet Lob, wird begehrt, und während sie den Job bei der Wybert-Firma GABA in Basel und Lörrach noch über einen Vetter, den dortigen Firmenchef, erlangt hat, melden sich jetzt auch andere Firmen bei ihr, Telefunken, Kathreiner, Radio Luxemburg – so steht sie jetzt mitten im Wirtschaftsleben. Auch das wird für die Heussens eine prägende Erfahrung: wie man durch die »freie Wirtschaft«, von der sich Elly »unglaublich gut behandelt« findet[65], dem Zwangsstaat ein Stück weit entrinnt.

»Also mein Geschäft hat Höchstkonjunktur«, triumphiert Elly schon am 12. November 1934 in einem Brief an Toni Stolper, unversehens auf amerikanische Art erfolgreicher als diese Neuamerikanerin. Es sei »unglaublich«, wie das jetzt laufe. »Ich suche fast nie die Verbindung mit neuen Firmen. Sie kommen zu mir.«[66] Was manche ihrer Freunde »gar nicht verstehen können«: »dass der Beruf mir so großes Vergnügen macht wie kaum je eine Arbeit.«[67] Sie entdeckt, dass in ihr Fähigkeiten stecken, von denen sie nichts ahnte. Und was sie tut, tut sie mit Leidenschaft, während ihr Mann zu derartigen Wandlungen unfähig ist; ebenso wenig wie er in das NS-Pathos einstimmen kann, vermag er in einschmeichelnden Banalitäten zu schwelgen, so wie er einst, 1907, in einem Brautbrief an Elly auf das »ganze ekelhafte Geknatsch von Reklame« geschimpft hatte[68]. Zu dem damals neuen Medium Rundfunk hatte Heuss noch lange kein Verhältnis.[69] In einem Brief an Toni Stolper Ende 1934 schreibt er über seine Frau: »Sie hat die Auffassung, dass ich hier zu ihrer Entlastung wegen zu tumber Bierehrlichkeit absolut unbrauchbar sei.«[70]

Elly dagegen verkündet Anfang 1935 nicht ohne Stolz: »Ich habe den ganzen Kopf voll mit Reklame«, jetzt nicht nur für Halspastillen, sondern auch für Hansaplast, Kaloderma, Nivea und … »Leider pflegen mir nachts Meridol, Kaloderma und Nivea einigermaßen feindlich im Kopf herum zu gehen.«[71] Wenn eine Freundin an der Grippe erkrankt, fällt ihr gleich ein neuer Werbetext ein. »*Ob's windet, regnet oder schneit, Wybert schützt vor Heiserkeit.*« Wenn der Winter mild bleibt, bedauert sie, dass die Leute so wenig erkältet und infolgedessen unempfänglich für Pastillen-Reklame sind. Von dem Geschäftsführer einer Kaffeegewürzfirma in Radebeul bei Dresden bekommt sie für ihre Werbeschallplatten schon 1934 ein trotz diverser Korrekturvorschläge geradezu überschwängliches Lob, auch »Bewunderung für die Schnelligkeit«, mit der sie das hinkriege: »Man kann das schon beinahe als Hexerei bezeichnen.«[72]

Ironie der Geschichte: Im Resonanzfeld der Goebbels-Propaganda wird auch die Wirtschaftswerbung suggestiver, und Elly ist mit Feuer und Flamme dabei. Das Jahr 1933 ist noch nicht vergangen, da publiziert sie im Hans Bott Verlag bereits selbstbewusst ein ganzes Konzept für neue, wirkungsvollere Formen der Rundfunkwerbung. »Der *Stil* der Werbung ist noch kaum ausgebildet. Mit ganz wenigen Ausnahmen sprechen die Firmen noch immer Zeitungsdeutsch, geschriebenes, gedrucktes, aber keineswegs gesprochenes Deutsch.« Und dazu sind die Werbetexte oft langweilig und werden akustisch reizlos geleiert – das will Elly gründlich verändern. Und dann bringt sie ein Beispiel nach dem andern, professionell-musikalisch mit Partituranweisungen. »Baß (ebenso getragen rezitativ wie am Anfang, aber etwas schneller): Redner, Raucher, Sänger / Räuspern sich nicht länger, / Denn kein Husten quält / Den, der Wybert wählt.«[73]

Was mag Heuss, der Vielredner mit dem Raucherbass, dabei empfunden haben? Ohne sein Selbstbewusstsein hätte er neben dieser Frau womöglich Komplexe bekommen. Aber das war nicht sein Problem. Bewundernd verfolgt er ihre Aktivität, von der er lebt: »Die bürgerliche Existenz wird wesentlich von meiner Frau bestritten, die natürlich auch ihren Unterricht verloren hat, aber mit ungeheurer Wendigkeit im Herbst ein neues Gewerbe ergriff … und Schallplatten für Rundfunkwerbung ›creierte‹«, berichtet er im Februar 1934 einem schwäbischen Parteifreund ohne bildungsbürgerliche Herablassung. »Ihr Sprachtalent und ihr Einfühlungsgeschick in die verschiedensten Branchen hat sie sofort zu einem ›Star‹ auf diesem Gebiet gemacht.«[74]

VORNEWEG AUCH IN DER ERINNERUNGSPOLITIK: ELLY HEUSS-KNAPPS »AUSBLICK VOM MÜNSTERTURM«. Ellys erhöhtes Selbstbewusstsein zusammen mit ihrer neuen Arbeitsenergie äußerten sich auch darin, dass sie Anfang 1934 in wenigen Monaten neben ihrer aufreibenden Tätigkeit als Werbefachfrau in einem Schwung ihre Lebenserinnerungen schrieb, die noch im gleichen Jahr unter dem Titel »Ausblick vom Münsterturm« herauskamen und wohl weitaus größere Resonanz fanden als bis dahin irgendeine Publikation ihres Ehemanns. »Fast jeder Briefträger bringt ihr Huldigungen ins Haus, von Freunden und Fremden«, schrieb Heuss an Toni Stolper schon kurz nach der Auslieferung des Buches; danach zu urteilen, müsse es ein »Riesenerfolg« werden.[75]

Memoiren im Alter von 53 Jahren und ohne prominente Position: Das zeugt von einigem Selbsbewusstsein. Heuss verfasste seine Jugenderinnerungen erst nach dem Ende des Zweiten Weltkrieges. Noch Anfang 1945 gestand er Wilhelm Stapel: »Manche meinten zu m(einem) 60. Geburtstag, ich solle Erinnerungen niederschreiben; ich habe ›Hemmungen‹. Die Jugend wäre ja ganz reizvoll, mit der Gefahr des Renommierens, in der späteren Zeit habe ich manche Menschen erlebt u. Ereignisse von der Nähe gesehen, aber mein eigener Beitrag als ›Handelnder‹ in der politischen Geschichte ist gering und rechtfertigt ein solches Unterfangen nicht.«[76] Elly kannte solche Hemmungen schon 1933 nicht. Und sie wäre damals nie auf die Idee bekommen, ihre eigene Bedeutung für ein breiteres Publikum dadurch zu definieren, dass sie Gattin von Theodor Heuss war; im Gegenteil: Sie sei beim Schreiben »fest entschlossen, Dich und mich darin nur eine ganz geringe Rolle spielen zu lassen«, verriet Heuss Ende 1933 seinem Sohn.[77] Der Sohn kam dann in den Memoiren gar nicht vor.

Man kann es bezeichnend finden, dass Heuss seiner Frau gegenüber Bedenken gegen ein Zitat aus einem an sie gerichteten Naumann-Brief äußerte[78], das sie in ihrem Buch dann doch bringt und mit dem Naumann begründete, dass er die Heussens zur Übersiedlung nach Heilbronn (1912) drängte: »Es will mir scheinen, dass für Ihren Mann der Heimatboden die rechte Stelle ist, um ein selbständiger, aktiver Charakter mit steigender Wirksamkeit zu werden. Er soll einmal von Stuttgart aus ein eigener Mann im deutschen Volk sein. Das liegt in ihm. Von Berlin aus würde er vielleicht nichts anderes als ein begabter, feiner Literat …«[79] Das ist das einzige Zitat in dem Buch über die Begabung und höhere Bestimmung des Mannes. Zwischen den Zeilen ahnt man, dass Naumann mit der Redaktionstätigkeit des jungen Heuss bei der »Hilfe« nicht zufrieden war – und ahnt weiterhin, dass Heuss durch die Rückkehr nach Berlin 1918 in den Augen seiner Frau am Ende nicht viel mehr war als ein »feiner Literat«. Seine politische Wirksamkeit in der DDP während der 1920er Jahre würdigt sie kaum einer Erwähnung. Er hatte ihr zu bedenken gegeben, »ob nicht an irgendeiner Stelle etwas Freundliches von der Begegnung mit der schwäbischen Demokratie zu sagen wäre« – mit dem bezeichnenden Zusatz: »auch wenn Du eigentlich nichts Freundliches zu sagen hast.«[80] Aber um Diplomatie gegenüber Demokraten kümmert sich Elly 1934 nicht; Namen wie Haußmann und Payer sucht man im Register vergeblich.

Wichtig war für sie dagegen, dass ihre elsässische Jugend gehörig zur Geltung gebracht wurde; das berührte die wunde Seele all jener Deutschen, die die

Gebietsverluste von Versailles nicht verschmerzten. »Das Elsässische soll irgendwie herein, darauf wird größter Wert von der Mutter gelegt«, berichtete Heuss Anfang 1934 seinem Sohn mit einem Unterton leichter Ironie; und: »Wir fangen an, die größte Propaganda vorzubereiten.«[81] Schon der Titel sollte »das Elsässische« signalisieren. »Aber einen Titel mit der Anspielung auf das Elsass (zu finden) ist natürlich verflucht schwer«, seufzte der Sohn. »Ausblick vom Münsterturm« fand er nicht gut: »Münsterturm« sei doppelt gemoppelt, da zum Münster ja der Turm gehöre.[82]

Aber neben der Schilderung der äußeren Geschehnisse besitzen ihre Erinnerungen bisweilen auch eine surreale Ebene. So berichtet sie von einem Traum: Sie blickt auf das Straßburger Münster, auf das Portal mit den Skulpturen der klugen und törichten Jungfrauen – »Und wirklich, da standen die Törichten, wiegten sich kokett in den Hüften, lächelten dreist, mit breiten Lippen, und schielten unter wulstigen Stirnen hin zum König Welt, der seine Zähne blitzen ließ, während Schlangen und Kröten sich gierig vom Fleisch seines Rückens mästeten …«. Doch »die klugen Jungfrauen, die edlen, maßvollen Stirnen erhoben«, stiegen herab und schickten sich an, die Stadt zu verlassen.[83] Hinter der simplen elsässischen Sinnenfreunde über Weißbrot, Rotwein und Frieden der Sieg diabolischer Sinnlichkeit!

Eine elsässische Konnexion mit einem verhinderten Proto-Hitler. Die Szene hat einen skurrilen Nebendarsteller, der einst ein Hauptdarsteller der Geschichte werden wollte: Eduard Stadtler. Er war es, der 1933 als Politischer Leiter des Ullstein-Verlages Elly zu ihrem Buch anregte[84]; erst als er dort wieder entlassen wurde und der Verlag darauf das Angebot zurückzog, übernahm Hans Bott das Buch für seinen Verlag.[85] Stadtler war geradezu memoirenversessen; 1935 brachte er, noch nicht 50 Jahre alt, dreibändige Lebenserinnerungen heraus, die Heuss in der »Hilfe« rezensierte.[86] Ähnlich wie Wilhelm Stapel war Stadtler ein Prototyp jener neuen radikalen Rechten, die politisch heimatlos blieb; Heuss kommentierte dazu: »Offenbar hat er das Talent gehabt, sich mit vielen Leuten zu überwerfen.«[87] Darin unterschied er sich sehr von Heuss.

Aber wie bei Heuss die schwäbische Stammesverwandtschaft manchmal eine Verbundenheit über politische Differenzen hinweg schuf, so bei Elly die gemeinsame elsässische Herkunft, und in beiden Fällen besonders dann, wenn die gemeinsame Herkunft von Naumann dazukam; das war bei Stadtler der Fall. Elly war von ihm hellauf begeistert, als er am 2. November 1918 auf einer Versammlung der Elsässisch-Lothringer in Berlin, die in Lächerlichkeit zu enden schien, mit einer glänzenden Rede die Situation rettete: Etwas Derartiges habe sie nie erlebt. »Das erlösende Wort.«[88] Damals hatte er, gerade aus Russland heimgekehrt, eine »Antibolschewistische Liga« und ein »Generalsekretariat zum Studium und zur Bekämpfung des Bolschewismus« gegründet, und Naumann hatte ihn dabei unterstützt, war dann jedoch gegenüber Stadtlers Demagogie auf Distanz gegangen.[89] Bei Stadtler wurde schon damals »nationalsozial« zu »nationalsozialistisch«; er rief öffentlich nach einem Diktator und nahm für sich das »Verdienst« an der Ermordung von Rosa Luxemburg und Karl Liebknecht in Anspruch.[90]

Für den Historiker George W. F. Hallgarten, den Enkel von Naumanns finanziellem Förderer Charles P. Hallgarten, war Stadtler ein Proto-Hitler, nur dass dieser Demagoge, der keine Massenbewegung hinter sich hatte, einen mächtigen Rückhalt bei Schwerindustriellen suchte, Stinnes und Vögler an der Spitze. Dass die Führerpersönlichkeiten der neuen Zeit »nicht aus Kreisen der Demokratie, sondern aus dem großen Unternehmertum kommen« würden, glaubte 1919 auch Naumann[91], der dabei später gewiss zuoberst an einen Mann wie Robert Bosch dachte. Elly war schon früher von einer persönlichen Begegnung her von Hugo Stinnes fasziniert und stand mit seiner Mutter in Kontakt[92], während dieser schwarzbärtige und finster blickende Kriegs- und Inflationsgewinnler andere an einen Assyrerkönig erinnerte. Auch diesen Machtmenschen darf man nicht vergessen, wenn man sich in Ellys Welt hineindenkt; und auch da traf sie sich mit einem Stadtler. Ironie der Geschichte: Dieser verhinderte Hitler wirkte am Ende als Geburtshelfer der Erinnerungen von Elly Heuss-Knapp in die Nachwelt. Davor hatte er vergeblich versucht, Heuss zu einer Autobiographie zu überreden, die dessen »Weg von Naumann zu Hitler darstellen sollte«![93]

Immer neue Herzattacken begleiten Ellys Weg durch die NS-Zeit, trotz der Höhepunkte, die sie durch ihren Werbeerfolg erlebt. Als am 20. Mai 1938 die Tschechoslowakei mobilmachte und der große Krieg bereits unmittelbar bevorzustehen schien, stöhnte die Frau auf: »Unsere Generation kann es nicht mehr durchhalten … Mein Herz jedenfalls nicht.« Aber dann ein überschwängliches Gefühl nach dem Münchener Abkommen vom 29. September 1938, das – so glaubte Elly – endlich den Frieden sicherte; am 1. Oktober meinte sie den »wunderbaren ersten Friedenstag seit 1914« zu erleben, wie sie ihrer nach Brasilien emigrierten Freundin Luise Bresslau-Hoff vorschwärmte. Dafür verzichte sie sogar auf ihr geliebtes Elsass. Das »Wunder« sei geschehen, »dass Europa seit 1914 wirklich etwas gelernt hat: Friedensschluss, ohne Krieg vorher zu führen«.[94] Noch immer hält sie es für möglich, dass Hitler im Grunde den Frieden will. Und doch freut sie sich 1940, als nach dem deutschen Sieg über Frankreich wieder die deutsche Fahne vor dem Straßburger Münster weht, auch wenn es die Hakenkreuzfahne ist. Der »Ausblick vom Münsterturm« geht nach mehreren Seiten!

DIE HEUSSENS UND DIE STOLPERS: EINE FREUNDSCHAFT WIRD TRANSATLANTISCH. Nicht zufällig war es Gustav Stolper, dem gegenüber Heuss schon im August 1933 über sein »eingeschrumpftes« Dasein klagte: Die Trennung von den

Stolpers muss ihn besonders getroffen haben; bei diesem Abschied spürt man bei ihm einen Schmerz wie nur selten in seinen Briefen. Trotz eines geplanten Wiedersehens ahnte er, das war ein Abschied für unabsehbare Zeit. »Nun ist das wieder eine Trennung, und ich kann nicht sagen, dass sie mich nicht angegriffen hätte«, schrieb Heuss an Freund Mück. »Denn wir waren bei allem Unterschied der menschlichen Art gut zusammengewachsen; ich habe viel von ihm gelernt, und er hat sich von mir manches sagen lassen.«[95] Das war ebenso fein wie treffend formuliert!

Noch am 1. April 1933, dem Tag des Boykotts jüdischer Geschäfte, hatte Heuss, der am liebsten demonstrativ die Ruhe bewahrte, über die Erregung Gustav Stolpers gegrollt, der Hals über Kopf emigrieren wollte; mit seiner »Panikstimmung« habe er bei Elly »fast einen Nervenkollaps mit Weinen usw.« ausgelöst.[96] In der Tat war Stolpers rascher Entschluss zur Emigration ungewöhnlich, und selbst seine Frau fühlte sich von dieser Abruptheit überrollt. Sie hing an ihren deutschen Freunden, allen voran den Heussens, und an all den Schätzen ihres Hauses. Aber: »Der Diktator Gustav hatte entschieden, dass alles andere (außer den Büchern) zu verkaufen war, da wir keinen Ballast mehr brauchen konnten, sondern ein neues Leben beginnen und alles, was wir benötigten, aufbauen würden.«[97]

Wie so viele Deutsche jüdischer Herkunft, die sich von jüdischen Traditionen längst gelöst hatten, hatten sich die Stolpers nie als Juden gefühlt, ja gegen ausgeprägt jüdische Milieus des Habsburgerreiches geradezu eine Aversion gehegt. Nur die allerwenigsten deutschen Juden kamen schon 1933 auf die Idee, sie könnten an Leib und Leben gefährdet sein; damals emigrierten in der Regel nur diejenigen, die als Linke bedroht waren oder ihre Beamtenstellung verloren hatten und eine Chance im Ausland sahen; die Stolpers gehörten weder zur einen noch zur anderen Gruppe. Aber Gustav Stolper war ein leidenschaftlicher Mann, zu dessen Wesen die scharfe Formulierung gehörte und dem anders als Heuss eine behutsam balancierende Sprache fremd war. Schon Hitlers erste Rundfunkrede nach dem 30. Januar hatte er im »Volkswirt« als eine schändliche »Demütigung« des deutschen Volkes attackiert; am 10. März war der Redaktion ein vorerst einmonatiges Verbot zugegangen – es war abzusehen, dass weitere Verbote folgen würden, wenn Stolper wie bisher seinem Herzen Luft machen würde.[98] Er war nicht der Mann, der so mit sich umspringen ließ.

Liberale Ökonomen konnten sich, wenn sie wollten, sehr wohl mit dem Nationalsozialismus arrangieren. Hätte Gustav Stolper von seinem Naturell her stärker zu Ambivalenzen geneigt, hätte die deutsche Situation von 1933 für ihn, den scharfen Antimarxisten, etwas Verführerisches haben können; denn sein einst geradezu enthusiastisch geschätzter Freund und »Volkswirt«-Mitarbeiter[99]

Hjalmar Schacht stieg nun – Reichsbankpräsident und Reichswirtschaftsminister zugleich – zum mächtigsten Mann der Wirtschaftspolitik auf. Im Juni 1933 gelang Stolper durch diskrete Vermittlung eines gemeinsamen Freundes, des vielgewandten Bankiers Felix Somary, der Verkauf des »Volkswirt« an Schacht: für den nicht gerade üppigen Betrag von 90 000 Reichsmark, der jedoch »auf Schachts Wink tatsächlich für Stolper ins Ausland transferiert« werden konnte.[100]

Stolper stand also in New York finanziell nicht vor dem Ruin wie andere Emigranten, die ihr Vermögen nicht aus Deutschland retten konnten. Er eröffnete sogar ein Büro an der Wall Street und machte dort mit seinem Hintergrund an europäischer Wirtschaftserfahrung eine rasche Karriere als Börsenspekulant und Finanzberater. 1936 kauften sich die Stolpers sogar ein Landhaus »in wunderbarem Bau- und Installationszustand«, wie Toni mit spürbarem Stolz an Heuss schrieb: »Veranden und Balkone«, »5 Badezimmer mit den schönsten Douchen, die man sich überhaupt vorstellen kann, Ölheizung usw.«[101] – im damaligen Deutschland für Normalbürger alles einfach unglaublich. Mehr als die allermeisten anderen Emigranten gewannen die Stolpers Beziehungen zur amerikanischen Elite; das war von großem Nutzen für Heuss' Nachkriegskarriere.

Hatten die Stolpers eine Zeitlang erwartet, dass die Heussens ihnen folgen würden, und grollten sie ihnen, weil sie in NS-Deutschland blieben, wie es Emigranten nicht selten gegenüber einst befreundeten »Dringebliebenen« taten, zumal wenn diese sich mühten, im NS-Reich noch einen Hoffnungsschimmer zu entdecken? Eine unterschwellige Spannung hat es vermutlich gegeben, vor allem in der ersten Zeit. Heuss wurde damals Zeuge, wie die Stolpers den aus den USA zurückgekehrten Journalisten Paul Scheffer mit Vorwürfen überschütteten, dass er nicht im freien Amerika geblieben sei.[102]

Aber Heuss war kein Weltmann wie Scheffer; gerade als die Stolpers ihre eigenen Depressionen beim Einleben in der Fremde durchmachten, wurde ihnen vermutlich bewusst, dass ein Mann wie Heuss in der Neuen Welt hoffnungslos verloren gewesen wäre. Nur im deutschsprachigen Ausland konnte man sich ihn vorstellen; Toni Stolper machte sich im Sommer 1933 eine Liste möglicher Themen, über die Heuss etwa in der Schweiz dozieren könnte, aber rasch stellte sich heraus, dass auf eine dortige Anstellung keine Aussicht bestand.[103] Heuss war kein Thomas Mann; die Biographie eines international berühmten Schriftstellers gibt keine Vorstellung von dem Elend solcher Emigranten, die im Ausland unbekannt und deren Kompetenzen dort nicht gefragt waren. In einem Artikel in der »Hilfe« am 5. August 1933, kurz nach dem Weggang der Stolpers, verteidigt Heuss die Emigration; es sei »Pharisäertum« zu behaupten, dass die gegenwärtige Emigration »eine Anhäufung von Feigheit und Landesverrat« sei.[104] Er wusste, wie viel Mut es erforderte, sich in eine völlig ungewisse Zukunft in die Fremde zu begeben. Dass man auf diese Weise den Bombennächten des Krieges oder gar dem Grauen der Vernichtungslager entging, konnte man 1933 nicht ahnen.

Nie spürt man in den Briefen der Stolpers jene subtile Herablassung, mit der die Amerikaerfahrenen gerne den Daheimgebliebenen begegneten. Am 6. Mai 1936 schrieb Gustav Stolper an Heuss aus Anlass des Todes von Friedrich Mück, dem gegenüber Heuss bis dahin immer seinem Herzen hatte Luft machen können: »Die Welt um Dich ist wieder ärmer und einsamer geworden, und dieser Gedanke bedrückt mich sehr schwer. Denn Du und Elly, Ihr seid sozusagen das lebendigste menschliche Band, das mich mit Deutschland noch verbindet. Und Du sollst wissen, dass dieses Band mit jedem Tag, um den meine deutsche Vergangenheit zurücksinkt, nicht schwächer sondern stärker wird.«[105]

DAS ANDERE DEUTSCHLAND TRIFFT DIE ANDEREN USA. Heuss' enges Vertrauensverhältnis zu den Stolpers, das als eine muntere Männerfreundschaft zwischen ihm und Gustav Stolper begonnen hatte, bekam viel später eine politische Bedeutung, die in den 1930er Jahren niemand ahnen konnte. Die deutsche Exilpresse in den USA betrieb während der gesamten NS-Zeit einen geradezu hemmungslosen Kult um den Präsidenten Franklin D. Roosevelt. Nüchtern betrachtet gab dieser den Emigranten dazu lange Zeit wenig Grund; umso deutlicher erkennt man, wie Roosevelt als Anti-Hitler aufgebaut wurde: als charismatischer Führer einer Demokratie, der mit dem New Deal der nationalsozialistischen Wirtschaftsankurbelung ein eigenes Modell entgegensetzte.[106]

Auch Gustav Stolper zeigte sich anfangs von Roosevelt stark beeindruckt[107]; aber er blieb im Kern ein überzeugter Wirtschaftsliberaler und ging zu dem Staatsinterventionismus jener Linksintellektuellen, die durch den New Deal in Schlüsselpositionen gelangten, zunehmend auf Distanz. Sein 370-Seiten-Buch »This Age of Fable«, das 1942, mitten im Krieg, erschien und ihn in den USA bekannt machte, erwähnt den New Deal nur sporadisch und ist, wenn auch etwas verdeckt, gegen jenen sozialistischen Intellektuellentypus gerichtet, der damals im Zeichen des Bündnisses mit der Sowjetunion gegen NS-Deutschland Oberwasser zu bekommen schien.[108] Das war der Grund, weshalb Stolper die durch Hitlers Aggressivität entstandene weltpolitische Konstellation ein »Zeitalter der Fabel«, wenn nicht gar »der Lüge« nannte. Durch die Stolpers gewann Heuss Kontakt zu der sich in den USA sammelnden Anti-Roosevelt-Koalition: zu jenem Amerika, das zur Basis des bundesdeutsch-amerikanischen Bündnisses der Ära Adenauer wurde.

DIE GROSSE NAUMANN-BIOGRAPHIE: DIE LANGE ABARBEITUNG AM GEISTIGEN VATER. Friedrich Naumann war für Heuss ein Dauerthema; die Heuss-Bibliographie von 1954 zählt zu Naumann nicht weniger als dreißig Titel auf. Die fast 600 Seiten starke Naumann-Biographie, die Heuss Ende 1937 herausbrachte, markiert den Gipfel eines 30-jährigen Sich-Abarbeitens an seinem Mentor. Schon zehn Jahre davor hatte Heuss einen 40-Seiten-Essay über Naumann, der noch in der Tradition der Nachrufe stand, an den Anfang seiner Aufsatzsammlung »Führer aus deutscher Not« gestellt, der ganze Band war darauf angelegt, anschaulich vor Augen zu führen, dass bereits die Weimarer Republik Führer hervorbrachte und der allenthalben ertönende Ruf nach dem Führer nicht zur Republikfeindschaft zu führen brauchte.

Aber 1927 befand sich die NSDAP auf dem Tiefpunkt; sie war für Heuss noch kein Thema. Damals konnte er noch bemerken, dass die von Naumann zuerst erkannten Gründe dafür, soziale und nationale Politik zu verknüpfen, »uns heute fast Selbstverständlichkeiten« geworden seien, und dies mit Recht.[109] Demnach hätte der Nationalsozialismus nichts Neues gebracht. Schon damals spürt man, wie Heuss in seinem Lehrer, der in seiner suggestiven und prophetischen Sprache von diesem seinem Schüler in Wahrheit weit entfernt ist, am liebsten das findet, was mit ihm selbst verwandt ist oder wohin er noch kommen möchte. Naumanns Aufsätze seien »Zwiesprache mit jemandem, der belehrt, beeinflusst oder mit irgendeiner netten Beschreibung erfreut werden soll«; »seine Kraft des Ausdrucks lag in einer lockeren Natürlichkeit und Einfachheit der Sprache«. Und auch im Lustprinzip, in der Entspannungstechnik konnte Heuss eine intime Verwandtschaft mit Naumann erkennen: Der war »in seinen Mußestunden, auf den Sommerreisen, unermüdlich mit dem Stift oder den Wasserfarben tätig, ein Autodidakt ohne technische Durchbildung, aber begabt, einer Landschaft, einem Städtebild das Entscheidende ihrer Art mit knappen Mitteln zu entlocken«, und der auf solche Bildchen »stolzer sein konnte als auf eine umjubelte Rede«.[110] Obwohl Naumann in der Kunst dem Impressionismus anhing, besitzen viele seiner Zeichnungen schärfere Konturen als die seines Schülers Heuss. Der schildert Naumann als einen Unvollendeten, der vor der Zeit starb, und einen Unzeitgemäßen, der mit seiner Botschaft zu früh kam, als das Nationale und das Soziale noch ganz verschiedenen Lagern verhaftet war; man spürt die Hoffnung, er selbst, Heuss, werde zu den Vollendern gehören.

Ebendeshalb geriet Heuss 1933 in eine ganz neue Situation, wenn er nun über Naumann schrieb. Wenn er von der damals nicht unrealistischen Annahme ausging, es werde für den Rest seines aktiven Lebens außerhalb des neuen Regimes keine Chance zu politischer Wirksamkeit geben, wäre es verlockend gewesen, den Ton darauf zu legen, dass die Naumann-Liberalen schon seit Jahrzehnten in einer Tradition standen, die jetzt durch die NSDAP zum Siege geführt wurde. Entsprechende Naumann-Zitate ließen sich leicht beibringen.

KONKURRIERENDE NAUMANN-ERINNERUNGEN: NOCH EINMAL HEUSS UND GERTRUD BÄUMER. 1933 verfasste Heuss einen Beitrag »Friedrich Naumann und sein Kreis« zu der von Hans Bott herausgegebenen Festschrift zum 60. Geburtstag von Gertrud Bäumer. Er muss zu einer Zeit entstanden sein, als aus Heuss' Sicht noch vieles in der Schwebe war. Das ist jetzt kein Nachruf mehr; der Ton ist frischer als in dem Naumann-Essay von 1927. »Deutschland muss wachsen, wachsen, wachsen«, sei Naumanns Botschaft gewesen; »unser ganzes nationales Dasein ist nicht bloß ›bewaffneter Friede‹ sondern, nach einem Naumannschen Wort, ›berechneter Krieg‹«.[111] Mit anderen Worten: Hitler ist der Vollender Naumanns, auch wenn es dem aufmerksamen Leser nicht entgeht, dass Naumann eine ungleich zartere und humanere Natur besaß als der NS-Führer.

Im gleichen Jahr erschienen die Memoiren von Gertrud Bäumer. Man lese in ihren Erinnerungen, die kurz hintereinander neun Auflagen erlebten, den fanfarenhaften Auftakt zu ihrer Zeit mit Naumann, um sich darüber klar zu werden, wie dezent und distanziert, geradezu entmythologisierend demgegenüber die in der Folge von Heuss begründete Naumann-Erinnerungskultur ist! Während Heuss am liebsten die ihm selbst verwandte kühl-rationale Seite hervorhebt, präsentiert Bäumer einen geradezu konträren Naumann: »Ich habe keinen Menschen gekannt, bei dem die *irrationale* Quelle der Erkenntnis so zutage lag wie bei ihm.«[112].

Wenn man bedenkt, dass Heuss mit seinen Vorarbeiten zur Naumann-Biographie bereits 1921 begonnen hatte und wenn man sieht, wie schnell er gewöhnlich schrieb und wie rasch nacheinander er nach dem Naumann-Opus neue Biographien produzierte, kann man sich wundern, wie lange es bis zum Abschluss dieses Werkes dauerte: und das bei einem Thema, bei dem – so sollte man meinen – bei ihm die Erinnerungen nur so strömten. Jäckh hatte Heuss bei dessen Ausscheiden aus der Deutschen Hochschule für Politik aus dem Fonds der New Yorker Columbia-Universität ein Stipendium von 1000 Dollar bzw. 319 Reichsmark im Monat für die Abfassung der Naumann-Biographie verschafft, das vom April 1933 bis zum September 1934 lief[113]; von daher gab es Grund zur zügigen Arbeit.

Aber diesmal litt Heuss über Jahre an Schreibhemmungen, damals sehr im Unterschied zu seiner Frau und ebenso zu Gertrud Bäumer.[114] Anders als sie, die alte Naumann-Freundin, muss Heuss sich dessen schon bald bewusst geworden sein, dass *sein* Naumann eine andere Welt als die des Nationalsozialismus verkörperte; von dort bezog er keinen Schwung zur Wiederbelebung dieser Erinnerung. Durch Aktualisierung konnte dieser Materie keine Bedeutung verliehen werden. Die Kombination von »national« und »sozial« bedeutete bei einem Hitler etwas völlig anderes als bei Naumann: Nichts konnte schlagender die bei deutschen Bildungsbürgern so beliebte Auffassung widerlegen, dass Begriffe die Wirklichkeit konstituieren![115]

An Karl Barth, für den Naumann ein Exponent jenes »Kulturprotestantismus« war, den er überwinden wollte, schrieb Heuss 1934, ihm zugleich seinen Dissens in Sachen Naumann bekennend: »Meine Biographie schreitet leider nur langsam voran. Die Gegenwart ist, auch wenn sie einem manchmal die Flucht in die Geschichte nahelegt, nicht gerade günstig für forschende Kontemplation.«[116] Aber dann fand Heuss gerade durch den Verzicht auf jegliche Aktualität, durch das historische Verständnis Naumanns seinen Stil und eine tiefe Befriedigung. Immer breiter wurde das Zeitpanorama, in das er seinen Mentor hineinstellte, womit er zugleich seine eigenen historischen Wurzeln üppiger ausgestaltete. Seine Naumann-Biographie werde »entsetzlich dick«, schrieb er Anfang 1937 an Willy Andreas, »da sie auch kunstpolitische, theologische, wissenschaftliche Kapitel enthält u. ein bisschen Zeitgeschichte werden soll … Es ist ein altmodisches Buch, das gar nicht auf die Gegenwart schielt.«[117]

Als die Biographie dann fertig vorlag, konnte Heuss stolz darauf sein, dass es über die wilhelminische Ära selbst von Fachhistorikern kaum ein anderes derart gewichtiges Opus von solcher Qualität und Objektivität gab[118], das zwar viel eigenes Erleben enthielt, aber ohne die gängigen abfälligen Vorurteile über die »wilhelminische Epoche«[119] und ohne die Beschränktheiten und Gehässigkeiten der üppig sprießenden Memoirenliteratur über die Vorkriegszeit. In den sensationellsten Memoiren, den »Denkwürdigkeiten« Bülows, war Naumann nur als politischer Einfaltspinsel vorgekommen; das Heuss'sche Opus dagegen erweckte den Gesamteindruck, Naumann sei ungeachtet parteipolitischer Misserfolge eine geistige Führergestalt seiner Zeit gewesen.

Zur Endredaktion der Biographie hatte Heuss sich in das Gartenhaus Otto Gesslers zurückziehen dürfen.[120] Diese Atmosphäre wirkte auf ihn entspannend und animierend; und an dem Urteil des früheren Reichswehrministers, der ebenfalls von Naumann herkam, war Heuss viel gelegen. Und schon zu Weihnachten 1937 nannte Gessler das gerade erschienene Buch einen »großen Wurf« und eine »große Freude« für ihn, »enthält es doch ein Stück unseres eigenen Glaubens und Hoffens in schöner Jugendzeit«[121] – eine versteckte Jugenderinnerung! Überblickt man die Heuss'schen Korrespondenzen während der ersten NS-Jahre, wird sehr deutlich: Die Arbeit an dem Naumann-Opus gab ihm damals, in der Zeit der Vereinsamung und Perspektivlosigkeit, einen inneren Halt und Lebenssinn.

IM MITTELPUNKT DER IMAGINÄREN NAUMANN-GEMEINDE. Als das Buch dann erschienen war, wurde Heuss wie von selbst zum Mittelpunkt und Erbwalter im Geisterreich der Naumann-Gemeinde, ohne Rücksicht darauf, ob er zu Naumanns Lebzeiten tatsächlich dessen »Kronprinz« gewesen war. Wie er der Jugendfreundin Lulu von Strauß und Torney gleichwohl gestand, war er zu jener

Zeit, als er keine politische Zukunft zu haben schien, nicht frei von Zweifeln, ob Naumann, der ihn in die Politik lockte, ihn von seiner eigentlichen Bestimmung abgebracht habe. »Die späte Reflexion sagt mir, dass es vielleicht richtiger gewesen wäre, der Wissenschaft zu dienen.«[122] Das war im September 1943: genau zwei Jahre, bevor er erneut in die Politik geholt wurde!

Heuss, vom Propagandaministerium wiederholt verwarnt, geriet – je mehr sich das Opus dem Ende näherte – in wachsende Spannung, ob die Publikation unter den NS-Bedingungen tatsächlich gelingen und ob das Buch Resonanz finden würde. Im Vorfeld der Veröffentlichung vollzog sich ein Drama von An- und Entspannung. Die DVA, bei der die Erstfassung herauskam, sandte die bereits umbrochenen 753 Seiten im Sommer 1937 an die Parteiamtliche Prüfungskommission der NSDAP. Da zeigte Heuss, der sonst am liebsten demonstrative Ruhe wahrte, die »größte Bestürzung«: Da habe der Verlag völlig unnötig Scherereien riskiert; für ihn, Heuss, sei es »eine Selbstverständlichkeit« gewesen, dass bei einem wissenschaftlichen Buch solchen Umfangs »irgend etwas wie Vorzensur, Genehmigungsbitte gar nicht in Frage komme«.[123]

Die wissenschaftlich-historische Literatur blieb von der NS-Zensur tatsächlich im allgemeinen unbehelligt; anders als nach 1945 zur Selbstverteidigung behauptet, erfolgten Anbiederungen an die NS-Ideologie überwiegend aus freien Stücken.[124] Mit Recht sah Heuss in dem Verhalten der DVA, das sein Lebenswerk gefährdete, eine höchst unnötige Liebedienerei gegenüber der NSDAP, die er dem Verlag nicht vergaß; die Neuauflage 1949 brachte er im Tübinger Rainer Wunderlich Verlag von Hermann Leins heraus, der sich aus seiner Sicht »in der ganzen bösen Zeit tadelfrei« benommen hatte und dem Heuss sich fortan bei seinen Publikationen »immer verpflichtet« fühlte.[125]

Im Herbst 1937, als der »Naumann« bei der NSDAP-Prüfstelle lag, war Heuss offenbar erregt wie noch nie; Tag für Tag fragte er bei der Prüfungskommission nach.[126] Aber nach diesem für Heuss ungewöhnlichen Intermezzo von Nervosität dann im November eine für ihn ebenfalls ungewöhnliche Euphorie, als die Parteistelle grünes Licht für die Publikation gab und die Druckmaschinen auf vollen Touren liefen.[127] Dazwischen lag eine von Werner Stephan vermittelte Unterredung zwischen Heuss und Philipp Bouhler, der nicht nur Vorsitzender der Prüfungskommission, sondern auch Chef der Kanzlei des »Führers« war. Das Gespräch scheint in nicht unfreundlicher Form verlaufen zu sein; Bouhler soll nur die eine Bedingung gestellt haben: »Das Buch darf an keiner Stelle eine Beziehung irgendwelcher Art zwischen dem Nationalsozialen Verein Naumanns und der NSDAP enthalten.«[128] So jedenfalls berichtet Stephan[129], womit sich zugleich ergibt, dass der Verzicht auf eine Annäherung Naumanns an die NSDAP nicht unbedingt ein Zeichen von Mut und »innerer Emigration« war, sondern im

Gegenteil einen Konflikt mit der Partei vermied. Diese legte ja gar keinen Wert darauf, in eine liberale Tradition gestellt zu werden! Das hatte Heuss seit seinem Naumann-Aufsatz von 1933 mehr als genug zu spüren bekommen.

Nur sehr begrenzt ist dies Opus eine Wiederbelebung Naumanns; weit mehr handelt es sich um eine Historisierung dieses Mannes. »Mit allen Fasern« habe dieser Mann seiner Zeit angehört, schließt Heuss sein Buch.[130] Indem er sich an seinem politischen Vater abarbeitet, löst er sich von ihm. So gesehen, ist er selbst in diesem Buch eben doch präsent. Er lässt erkennen, dass die scheinbare Nüchternheit Naumanns im Grunde doch eine große Portion politischer Romantik enthielt: und eben in dieser erblickt Heuss mehr und mehr das deutsche Verhängnis und eine Hypothek, die er zu überwinden sucht. Aber das spricht er nicht klar aus; die Distanz zu Naumann erkennt man nur zwischen den Zeilen und mit Seitenblick auf andere Heuss-Texte. Zugleich jedoch war Naumann dem Heuss von 1937 ein Vorbild der Gelassenheit im Scheitern: wie er nach der Wahlniederlage von 1903 »mit grausamer Kühle«[131] und durch die Klagelieder der Freunde ungerührt den Nationalsozialen Verein wieder auflöste und ohne Bitterkeit die Konsequenz aus der Erkenntnis zog, dass er nicht imstande war, eine eigene Partei ins Leben zu rufen. Und nichts von einem Sprung in die damalige Aktualität, von der nationalsozialen Niederlage von 1903 zum nationalsozialistischen Sieg von 1933! In der Schlussbetrachtung erkennt Heuss bei Naumann genau jene Lebensweisheit, die er selbst 1937 brauchte: »Die äußeren Misserfolge, die mehr als einmal seinen politischen Weg hemmen, können die innere Natur, die geistige Spannkraft, den unverwüstlichen Pflichtsinn nicht treffen: von keiner Empfindung blieb der Mann freier als von dem Ressentiment des Enttäuschten, der Rechthaberei des Gekränkten.«[132]

Heuss tut sich am Schluss der großen Biographie nicht leicht damit, Naumanns inneren Kern und historische Bedeutung auf den Begriff zu bringen; spätere Heuss-Biographen werden ähnliche Probleme haben. »Er brachte saubere Luft mit, in die Politik wie in die geistige Auseinandersetzung«, resümiert Heuss über seinen Mentor; »Verkrampfung löste sich, die Dinge wurden einfach, konkret; der bloße Schein verblich – das Daimonion einer letzten Wahrhaftigkeit bestimmte Urteil und Entscheidung, frei von allem rechthaberischen Rigorismus, in einer fast gelassenen Selbstverständlichkeit«.[133] Da klingt schon das spätere Ziel des Bundespräsidenten an: Entkrampfung der Deutschen!

WIEDERBELEBUNG VON WERKBUND-ERINNERUNGEN: DAS »LEBENSBILD« DES ARCHITEKTEN HANS POELZIG. Bei den drei nun folgenden großen Biographien, die von einem Strom biographischer Essays begleitet wurden, kamen wie so oft in seinem Leben die Anstöße von außen, von Verlagen und von Freunden: den Biographien des Architekten Hans Poelzig, des Meeresbiologen Anton Dohrn und des Erfinder-Industriellen Robert Bosch. Zusammengenommen markieren sie den Höhepunkt von Heuss' gesamter literarischer Produktivität; mit Recht konnte er später erklären, da habe er Bücher geschrieben, von denen er wisse, dass »sie ein anderer *nicht besser* geschrieben haben würde«; und dass er dazu gekommen sei, verdanke er Hitler, unter dessen Herrschaft er Politisches nicht habe schreiben dürfen.[134] Kein Zweifel: Diesen Arbeiten verdankte er es an erster Stelle, wenn er die NS-Zeit mitsamt dem Krieg nicht nur in ungebrochener geistiger Vitalität überstand, sondern noch innerlich wuchs und – in seinem äußeren Dasein beengt – seinen inneren Horizont weitete. Und merkwürdig: Obwohl die Anregungen zu allen drei Werken an Heuss von außen herangetragen wurden, führten diese am Ende dazu, dass sich sein bis dahin so diffuses Leben mehr und mehr abrundete. Von jetzt ab verstärkt sich für den Biographen die Versuchung, in dieses Leben eine geheime Prädestination hineinzuprojizieren.

Heuss' Publizistik unter der NS-Diktatur begann mit einer für ihn ungewöhnlichen streitbaren Fanfare, zu einer Zeit, als er noch nicht erkannt hatte, dass es mit der Pressefreiheit vorbei war und es gefährlich wurde, das neue Regime offen zu provozieren: mit dem Artikel »Der Kampf um Poelzig« in der »Hilfe«. Poelzig, der gerade noch, im Juni 1932, Vizepräsident der Preußischen Akademie der Künste geworden war, hatte dieses Amt niedergelegt, als er in das Kreuzfeuer vereinter Attacken der Nazis und Deutschnationalen, insbesondere des *Kampfbundes für deutsche Kultur* geraten war. Der Grund war läppisch: Poelzig hatte eine bereits vorbereitete Ausstellung belgischer Kunst trotz eines belgisch-deutschen Konflikts nicht abgeblasen. Offensichtlich diente dieser Vorfall lediglich als Aufhänger, um einen prominenten Vertreter einer »undeutschen« Moderne zu treffen, und das, obwohl gerade Poelzig zu einer auf Funktionalität und Schmucklosigkeit eingeschworenen modernen Architektur ein höchst zwiespältiges Verhältnis hatte.

Zu alledem schleuderten die Gegner das damals gängige Schimpfwort »Kulturbolschewismus« auf Poelzig, da sich dieser auf Einladung der Sowjetregierung an einem Wettbewerb für ein »Haus der Arbeit« in Moskau beteiligt hatte. Der Bolschewismus-Vorwurf war bei Poelzig besonders lächerlich; mit Recht brandmarkte Heuss die Attacken als »plump und dumm«. Aber ebenso mit Grund erkennt er auch, dass es sich nicht um belanglose Stänkereien, sondern um Auswüchse des neuen Zeitgeistes handelt, der »das Dumpfe« als deutsch ausgibt. Heuss spricht von »schleimige(n) Kunstredensarten, wie sie in der Geistesluft von Alfred Rosenberg üblich geworden sind«; eine derart offene und angeekelte Attacke auf den führenden NS-Ideologen, den Initiator des *Kampfbundes*, hätte man schon wenige Monate darauf nicht mehr wagen können. Und Heuss schließt hellsichtig: »Die innenpolitische Wendung des 30. Januar rückt den Vorgang in die Beleuchtung eines Vorfeldgefechtes, dem Kämpfe an anderer Stelle folgen mögen.«[135] Und doch suchte er im Herbst des gleichen Jahres gegenüber dem befreundeten Kunsthistoriker und Werkbund-Mitbegründer Walter Riezler, der für eine scharfe Abgrenzung gegenüber der NSDAP gekämpft hatte[136], die von Jäckh betriebene Gleichschaltung des Werkbundes mit Heuss'schem Humor zu nehmen und das Hauptproblem darauf zu reduzieren, dass Carl Christoph Lörcher, der neue nationalsozialistische Werkbund-Vorsitzende, keinen Alkohol vertrage und man Differenzen folglich nicht beim »Boxbeutel« bereinigen könne.[137]

Margret Boveri bemerkt später, von allen Heuss'schen »Buch-Biographien« sei der »Poelzig« nicht nur die kürzeste, sondern auch »diejenige, bei der der Leser den Eindruck gewinnt, dass der Autor selbst beim Schreiben die größte Freude hatte«. »Hier ist alles aus einem Guss; und nirgends entsteht das Gefühl des Erarbeiteten, des Gesammelten, des Nur-Gewussten« (zwischen den Zeilen ein Seitenhieb auf andere Heuss'sche Biographien!). Die Lebensgeschichte dieses Architekten ist, so wie Heuss sie erzählt, ähnlich wie die dann folgenden Biographien von Anton Dohrn und Robert Bosch von der Überzeugung geleitet, dass die Wirksamkeit auch solcher Menschen, die in die Technik und Naturwissenschaften hineinreicht, in der Essenz nicht aus der inneren Sachlogik dieser Wirkungsfelder herzuleiten ist, sondern auf intime Art mit Menschlichem zusammenhängt – mit Lebenserfahrungen, Leidenschaften, Wunschträumen. Wenn der britische Physiker und Schriftsteller Charles Percy Snow 1959 in einer vielzitierten Rede die wachsende Kluft zwischen den »zwei Kulturen« anprangerte – der literarisch-humanwissenschaftlichen auf der einen und der technisch-naturwissenschaftlichen auf der anderen Seite –, gelangte Heuss gerade in jenen Jahren zu der Einsicht, dass sich diese Kluft mit einem Gespür für die Tiefen des Menschlichen überbrücken lässt. Der spätere Heuss war eben nicht jener Prototyp des traditionellen Bildungsbürgers, zu dem der Bundespräsident immer wieder verkitscht wurde; sondern es wurde geradezu zu seiner Spezialität, die Brücke zwischen dem Menschlichen und dem Sachlichen zu schlagen. Anfang 1939 schrieb er über seine gerade abgeschlossene Poelzig-Biographie an Otto Gessler: »Innerhalb der Architekturpublikationen wird das Buch immerhin ein Unikum darstellen, da es den Versuch macht, psychologische Biographie mit Grundrissanalysen zu verbinden.«[138]

Als der Bundespräsident Heuss im Februar 1951 in Krefeld eine Poelzig-Gedenkausstellung eröffnete, erklärte er, von den vielen Menschen, die er in seinem Leben kennengelernt habe, habe er drei als »genial« empfunden, davon zwei Verstorbene: Max Weber »und eben Hans Poelzig«. (In seinen Memoiren verrät er den dritten, der damals noch lebte: Albert Einstein.[139]) »Was heißt in diesem Sinne »genial«? Es waren Menschen, im Irrationalen beheimatet, die die Fülle ihrer Gesichte in die Disziplin der ratio zu zwingen vermochten.«[140] Kein Wunder, dass Heuss diese Fähigkeit ganz besonders bewunderte; denn über eine »Fülle der Gesichte« verfügte auch er – daran lassen die Hunderte seiner biographischen Essays keinen Zweifel. Und sehr ausgeprägt war auch sein Drang nach rationaler Nüchternheit – nur dass er das eine mit dem anderen nicht immer zu vereinen vermochte. Aber das brachte auch Poelzig nicht fertig.

Mit Poelzig wird Heuss in seiner Biographie weitaus intimer als davor mit Naumann, dessen Zauber aus einer gewissen Distanz stärker wirkte als aus nächster Nähe. Bei Poelzig spürt man Heuss'sche Urlust: »Von diesem Poelzig, mit dem man, eine kräftige Brasil rauchend und noch eine und manche andere, vor kennerisch ausgesuchten Rotweinflaschen durch die Nacht in den Morgen zechen konnte oder musste oder durfte, wucherten die Anekdoten. Aber sie wurden leicht grob, wenn sie weitergegeben wurden … Es handelte sich bei diesem Humor nicht um den geistreichen Aphorismus …, sondern um die sinnenhafte Ausschöpfung einer gegebenen Situation.«[141] Da erkennt man eine Nähe zu Poelzig. Auch Heuss, der gerne viel trank, konnte grob und deftig werden, und auch die Heuss-Anekdoten mussten für den Druck selektiert und gereinigt werden.[142] Über Poelzig kann er sich auch zu eigenen nicht ganz wohlanständigen Wohligkeiten bekennen.

Ihren eigentlichen Witz bekommt die Poelzig-Biographie jedoch dadurch, dass Heuss alle Klischees abwehrte, die man über diesen Architekten stülpte. Der ist eben nicht einfach »modern«; sondern seine Bauten und noch mehr seine Entwürfe wimmeln von historischen Assoziationen. Heuss und Poelzig waren sich ja zuerst 1918 nähergekommen, als Heuss Poelzigs Entwurf für das »Haus der Freundschaft« in Istanbul verteidigte, den andere als »Gärten der Semiramis« ins Lächerliche zu ziehen suchten. Und wenn der Architekt sich schon von altorientalischen Phantasien hatte inspirieren lassen: warum nicht? Poelzig liebte eben nicht nur das funktionale Bauen im Geist der »Neuen Sachlichkeit«, sondern noch mehr den Fest- und Kultbau, auch wenn er diese Leidenschaft mehr in Entwürfen als in realen Bauten auszuleben vermochte. In Poelzigs privater Malerei erkennt Heuss jenes »latent Sakrale«, »dessen baumeisterliche Entfaltung im Werk von Stein ihm versagt blieb«.[143] Er entwarf die bizarre Filmarchitektur für Paul Wegeners Gruselfilm »Der Golem« (1920), dazu noch – was Heuss diskret unterschlägt – einen »Tempel der schrecklichen Göttin« für Wegeners pseudoesoterische Tibet-Klamotte »Lebende Buddhas«.[144]

Scheffler nannte ihn einen »verspäteten Barockbaumeister«[145], und dieser Ruf haftet Poelzig bis heute an[146]; der kunsthistorisch bewanderte Heuss wusste jedoch, dass nicht alles, was der »Neuen Sachlichkeit« spottete, schon deshalb »barock« war, sondern erkannte bei Poelzig, der mitunter von der Vertikale geradezu besessen war, auch das »gotische« Element, um dann vergnügt zu registrieren, wie dann dieser Exzentriker seine Bewunderer und Nachahmer mit einem »Gebäude betonter horizontaler Lagerung« überrascht[147]: Er passt eben in keine Schablone. Für die Frankfurter Verwaltungszentrale der IG Farben – Poelzigs größtem und berühmtestem Auftrag – fand er, so Heuss, eine »entzückende Lösung«: »Er wählte eine betont horizontal gedehnte Planung« mit leichter Schwingung; Baugrund und Umgebung hätten »ein Hochhaus als modischen Krampf erscheinen lassen.«[148] Schon wieder ein Entkrampfer!

Eine der merkwürdigsten Passagen des »Poelzig« bezieht sich auf ein Heuss'sches Lieblingsthema: das Verhältnis von Romantik und Rationalismus. »Solange Rationalismus und Romantik geschiedene Dinge blieben, war ihre künstlerische Substanz, karg oder stark, in sich sauber; jetzt, im ausklingenden 19. Jahrhundert, gingen die beiden Kräfte eine Ehe ein, und dies wurde zu ihrem Verderb.«[149] Aber sind dann bei Poelzig Romantik und Rationalismus wieder säuberlich voneinander geschieden? Und bei Heuss selbst?

In der ersten Zeit nach 1918 zielte Poelzigs Lieblingspolemik gegen Ambitionen, Technik und Kunst zusammenzubringen: Aber war nicht genau dies ursprünglich der Impetus des Werkbunds gewesen? Und zeugen nicht gerade auch Poelzigs megalomanische Architektur-Phantasien von hemmungsloser Faszination durch die Möglichkeiten der modernen Technik? Erst in seinem Werkbund-Vortrag von 1951 bringt Heuss jenes Poelzig-Zitat, mit dem der 1919 den Ärger von Robert Bosch erregt hatte: »Ein Automobil schmeißt man nach ein paar Jahren auf den Misthaufen, es ist einem gleichgültig und fremd geworden, weil neue Formen aus der rationalen Entwicklung der technischen und stofflichen Dinge sich gebildet haben, aber einen Schrank des Barock, eine Tür der Romanik, die sieht man, handgearbeitet wie sie ist ..., auch noch nach Jahrhunderten mit Ehrfurcht an.«[150] Nun, das Deutschland von 1919 war noch keine Wegwerfgesellschaft, in der man ein Auto nach wenigen Jahren verschrottete; den Grundgedanken jedoch machte sich auch Heuss zu eigen, und in seiner weniger aggressiven Form war diese Idee die Patentlösung, um Traditionspflege in der Kunst und Innovationsfreude in der Technik miteinander zu kombinieren.

Heuss' »Poelzig« verkaufte sich nicht gut[151]; anders als im Falle Naumanns fehlte hier die Poelzig-Gemeinde, der tradierbare Poelzig-Mythos, obwohl dieser Mann unter den modernen Architekten zeitweise als »Führer« anerkannt gewesen war[152]. Und dann kam im Januar 1941 überraschend und ohne Begründung das Verbot dieses Buches![153] Für Heuss lag es zunächst nahe, das Verbot auf Widersacher Poelzigs in der Baubehörde zurückzuführen, und er scheint damals die Gefahr, in der er schwebte, nicht begriffen zu haben[154]. Wie jedoch Oskar Stark, der damalige Chefredakteur der »Frankfurter Zeitung«, in Erfahrung brachte, ging das Verdikt auf den »Führer« persönlich zurück, weshalb er von nun an nicht mehr wagte, Heuss' Artikel unter seinem Namen, sondern zu dessen Missfallen nur noch unter Pseudonym zu veröffentlichen.[155] Wie Heuss später rekonstruierte: Als Hitler sich bei einem britischen Luftangriff mit Speer in den Luftschutzbunker begeben habe, habe dieser ihm zur Unterhaltung einige Neuerscheinungen zu Kunst und Literatur vorgelegt, darunter auch den »Poelzig«. Bei dessen Anblick sei Hitler in Wut geraten und habe eine weitere Auslieferung des Buches untersagt.[156]

Sofern diese von Speer selbst nicht bezeugte Geschichte zutrifft: War es der Name Poelzig, der den »Führer« in Rage brachte, oder war es die Erinnerung an »Hitlers Weg«? Besonders merkwürdig kann man finden, dass Speer das Buch Hitler in dieser Situation überhaupt vorlegte: Ihm war vermutlich nur der Name Poelzig ein Begriff, und er kam nicht auf die Idee, der könne für Hitler ein rotes Tuch sein. Speer schätzte Architekten der Werkbund-Tradition und zog sie gerne für öffentliche Aufgaben heran.[157] Kein Wunder; denn zwischen der Werkbund- und der Speer-Architektur fehlte es nicht an Gemeinsamkeiten und fließenden Übergängen; die Existenz einer spezifischen NS-Architektur ist ein Mythos, der damals vom *Kampfbund für deutsche Kultur*, später aus gegnerischer Perspektive von der Nachkriegsmoderne propagiert wurde. Schon 1927 hatte Poelzig für einen Wettbewerb einen großen Plan für eine monumentale Neugestaltung des Berliner Stadtzentrums entworfen, für den – wie das Preisgericht bemerkte – ein »ganzes Stadtviertel« hätte abgerissen werden müssen[158]. Da erstaunt es nicht, dass Speer für einen Poelzig etwas übrig hatte, auch wenn er einst als Student von Poelzig wegen mangelnder zeichnerischer Begabung abgewiesen worden war.[159]

»UNHEIMLICH NAHE AN DIE NATURWISSENSCHAFTEN HERAN«: DIE BIOGRAPHIE DES MEERESBIOLOGEN ANTON DOHRN. Nicht nur vom »Naumann« zum »Poelzig«, sondern auch vom »Poelzig« zum »Dohrn« erkennt man eine Steigerung: Jetzt endlich schreibt Heuss eine Biographie mit *Happyend*, und er tut dies trotz Kriegsausbruch mit Schwung und in einem in Anbetracht der Fremdheit der Materie phänomenalen Tempo, das zu dem schleppenden Gang der Naumann-Biographie, wo ihm alles so gut vertraut war, denkbar stark kontrastiert. Noch Ende 1948 schrieb Heuss an Carlo Schmid: »Der Dohrn ist das menschlich bunteste u. farbigste meiner Bücher – unsereins soll nie vergessen, dass er solche Rückzugslinien besitzt, ohne dabei im seelischen Armenhaus zu landen.«[160]

Anton Dohrn gründete 1872 die Zoologische Station in Neapel, die sich der Meeresbiologie widmete und durch ihr großes Aquarium Touristen anzog; er leitete sie mit wachsendem Erfolg bis zu seinem Tod. Der Name wurde mehr und mehr zum *understatement*: Es handelte sich um ein bis dahin international beispielloses Forschungsinstitut, das – so Heuss – um die Jahrhundertwende »fast den Rang eines kleinen Fürstentums erreicht, in dem der Souverän seine Kollegen empfängt«[161]; und ungewöhnlich, aber zu dieser Souveranität passend war auch Dohrns Idee, es zum Gutteil durch Einnahmen aus dem anschwellenden Massentourismus zu finanzieren. Gegenüber der Vorstellung, sein genial konzipiertes Forschungsidyll könne als staatliches Institut enden, hegte er geradezu einen Horror.[162]

Wie stets bei seinen historischen Arbeiten besaß Heuss auch hier den Urimpetus des eingefleischten Historikers: das Streben *ad fontes*, hin zu den Quellen, nach Informationen aus erster Hand, am besten nach solchen, die der Öffentlichkeit bis dahin unbekannt waren. Und die gab es hier, und zwar auf besonders überraschende Art. Bis 1939 hatte der Nachlass Anton Dohrns als verschollen gegolten: Man glaubte, dieser sei über seine russische Frau nach Russland gelangt und dort in der Revolution verschütt gegangen. Wie ein Dohrn-Erbe jedoch jetzt entdeckte, führte dieser »ein vollkommen ungestörtes, aber auch gänzlich unbeachtetes Koffer- und Kisten-Dasein« in einem Keller der Gartenstadt Hellerau, deren Mitbegründer der mit Heuss befreundete Wolf Dohrn, Anton Dohrns zweiter Sohn, gewesen war.[163] Dieser Fund war der Anlass für das Angebot der noch lebenden Kinder Anton Dohrns an Heuss, die Biographie zu schreiben. Damit verband sich die Aussicht auf einen Aufenthalt in Neapel, der offensichtlich die glücklichste Zeit in Heuss' Leben während der NS-Jahre war.

Auch der »Anton Dohrn« ist in unverkennbarem Heuss-Stil gehalten; und dennoch zeugt dieses Buch, vergleicht man es mit den voraufgegangenen Biographien, von einer staunenswerten Wandlungsfähigkeit. »Es war mir etwas unheimlich, so nahe an die Naturwissenschaften heranzugehen«, schreibt Heuss im Oktober 1939 aus der Casa Dohrn an Wilhelm Stapel[164]; ähnlich hatte er schon an Reinhard Dohrn geschrieben[165], den Sohn und Nachfolger Anton Dohrns in der Leitung der Zoologischen Station in Neapel. Aber man muss nur darauf schauen, mit welchem Schwung und welchem Tempo er an die Arbeit ging und wie rasch er dieses 400-Seiten-Opus herunterschrieb, um jeden Zweifel daran zu verlieren, dass ihn diese Aufgabe reizte und animierte.

Früh genug muss er erkannt haben, dass die Darstellung von Dohrns erstaunlicher Karriere gar keine spezielle naturwissenschaftliche Kompetenz erforderte, ein Sich-Festbeißen an Fachfragen vielmehr zum Verständnis dieses Lebensweges eher hinderlich war. Was Anton Dohrn durch den ganzen Aufwand seiner neapolitanischen Gründung an wissenschaftlichen Resultaten speziell herausbekommen hatte, vermochten offenbar selbst Biologen nur schwer auf den Punkt zu bringen; nicht seine Leistungen als Forscher hatten seinen Ruhm begründet, sondern seine Pionierarbeit als Gründer eines Großinstituts und – um im heutigen Jargon zu reden – als Netzwerker. Insofern war er ein ungemein zukunftsträchtiger Typ von Wissenschaftler, weit mehr noch, als Heuss das um 1940 ahnen konnte.[166] Wenn er später als Bundespräsident »der geheime Bundeskultusminister« wurde[167], den es offiziell laut Grundgesetz nicht geben durfte, kam ihm dabei sein lustvolles Studium des animierten neapolitanischen Netzwerkes zugute.

AN DER SCHWELLE ZUR ÖKOLOGIE. Pionierarbeit wurde in Neapel anders als geplant nicht so sehr in der Evolutionsforschung geleistet wie vielmehr in einem ganz neuen Forschungsfeld: der Ökologie. Nur nebenbei bemerkt Heuss, dass Jakob von Uexküll, der Schöpfer des ökologischen Umweltbegriffs, in Neapel »Grundzüge seiner Umweltlehre gefunden« habe.[168] Ähnliches galt später für Julian Huxley, einen der Gründerväter der modernen Umweltbewegung[169], dessen Großvater Thomas Henry Huxley den jungen Anton Dohrn bei Darwin eingeführt hatte.[170] Uexküll war speziell von den Seeigeln fasziniert[171]; aber nicht allein am Mikroskop in Neapel entstand seine Umweltlehre, sondern im Pendeln zwischen Neapel und Heidelberg, zwischen Empirie und Naturphilosophie. Ebendies entsprach auch der Überzeugung, zu der Anton Dohrn gelangte, so wie Heuss dessen innere Entwicklung beschreibt: Der Fortschritt der Naturwissenschaften führt nicht über die pure Empirie, sondern über das Wechselspiel zwischen empirischer Forschung und philosophischer Reflexion.

Auch Dohrn gelangte dahin, seinen einst hemmungslos verehrten Lehrer Haeckel förmlich zu hassen: ein Hass, der kräftig erwidert wurde. Dem deutschen Botschafter in Rom, Robert von Keudell, kündigt Dohrn 1880 einen »Kampf auf Leben und Tod« zwischen ihm und Haeckel an und trumpft auf, er werde noch Haeckel »die Treppe hinunter«werfen.[172] An solchen Stellen muss Heuss, der Haeckel seit 1914 verabscheute, ein ganz besonderes Vergnügen gehabt haben! Dabei hatte Dohrn, der später mit Fürsten verkehrte, einst in der Zeit des preußischen Verfassungskonflikts als 24-Jähriger Haeckel aufgefordert, mit ihm zusammen »Bismarck auf offener Straße durchzukeilen«.[173] Aber das war für den späteren Heuss, versteht sich, ein burschikoses Bramarbasieren ähnlich wie Haeckels großmäulige Angabe, die »Welträtsel« gelöst zu haben.

Worum ging es konkret bei diesem erbitterten Kampf zwischen Dohrn und Haeckel? Die evolutionsbiologischen Details wird der Leser bei der Lektüre dieser Biographie schwerlich begreifen; vermutlich hat auch Heuss sie nicht begriffen – und selbst wenn man sie erfasst, versteht man nicht die daraus erwachsene Wut.[174] Diese erklärt sich vor allem daraus – und das vermochte Heuss bestens nachzuvollziehen –, dass Haeckels eifernder Dogmatismus, seine prophetischen Allüren und seine Unfähigkeit zu jeglicher Selbstkritik Dohrn über kurz oder lang unerträglich wurden.

Wie Heuss es darstellt, brachte die Lektüre der »Geschichte des Materialismus« von Friedrich Albert Lange (1866), dem Dohrn auch persönlich begegnete, die entscheidende Wende in dessen geistiger Entwicklung. Damit stand er nicht allein; auch für viele andere Zeitgenossen wurde die Lektüre Langes zum prägenden Bildungserlebnis, von Max Weber bis zu Eduard Bernstein, dem Vordenker des Revisionismus in der Sozialdemokratie.[175] Die geistige Essenz dieses Werkes bestand in der Verbindung von Materialismus und Kantscher Erkenntniskritik. Friedrich Albert Lange leitete dazu an, sich Marx und Darwin anzueignen, jedoch nicht als verbindliche Dogmengebäude, sondern als heuristische Denkmodelle, deren man sich mit souveräner Freiheit bedient. Ebendies führte zwangsläufig zum Bruch zwischen Dohrn und Haeckel. Und genau dies war auch eine Einsicht, die Heuss' ganzer Art entsprach und seiner Biographik einen tieferen Sinn verlieh: dass in alle Erkenntnisse auch der Erkennende eingeht – sein Blickwinkel, seine Begriffe, Sprachfiguren, Denkmuster, Erfahrungen.

»Denkt Euch, *ich* treibe Geschichte der Zoologie, und das in dieser Zeit«, schreibt Heuss im Oktober 1939 aus Neapel an die nach New York emigrierten Stolpers; »der Stoff zwingt mich, geistesgeschichtlich (Darwinismus) einiges nachzuholen« – darin sah er die zentrale Aufgabe bei seiner Beschäftigung mit Anton Dohrn.[176] Für ihn war es eine Aufgabe von besonderer Delikatesse; denn da gelangte er zu mehr Klarheit an einem Punkt, wo Naumann in bloßen Schlagworten steckengeblieben war; und da gelangte er überdies an den rationalen Kern des Nazismus, den er schon in »Hitlers Weg« als »biologischen Naturalismus« definiert hatte.[177] Hitler, der in »Mein Kampf« die Natur als »die grausame Königin aller Weisheit« preist[178], predigt dort einen militanten Darwinismus reinsten Wassers ganz im Sinne des »Kampfes um das Dasein« und des *survival of the fittest.*

Nun, das große Aquarium von Neapel inspirierte auch ganz andere Richtungen der Evolutionslehre; die Auslese musste sich nicht unbedingt durch tödlichen Kampf, sondern konnte sich auch durch Umfunktionierung der eigenen Organe zur Anpassung an eine veränderte Umwelt vollziehen. Der Darwinismus der Casa Dohrn ist eine gänzlich andere Welt als das NS-Reich mit seinem Blutgeruch. Aber auch nationalsozialistische Naturfreunde ließen sich die Freude am Naturidyll nicht durch Hitlers »grausame Göttin Natur« verderben.[179] Heuss' Dohrn-Biographie bekam sogar im »Völkischen Beobachter«, dem führenden Organ der NSDAP, Ende 1940 »eine ganzseitige, fast fulminante Besprechung«, mehr noch: Der offiziöse »Zeitschriften-Dienst« hob den propagandistischen Nutzen des Buches hervor, da es sich »am stärksten nach der Seite der Weltgeltung deutscher Leistungen auswerten« lasse.[180]

Die Atmosphäre der Casa Dohrn, so wie Heuss sie schildert, entzückte durch kosmopolitischen Flair. Die Übergänge vom Kosmopolitismus zum Kulturimperialismus sind fließend; nicht umsonst wurde Dohrn kräftig vom Auswärtigen Amt gefördert. Bei ihm gaben sich deutsche, aber auch außerdeutsche Politiker die Klinke in die Hand; anders als in der Naumann-Biographie erlebt man hier den Reichskanzler Bülow, mit einer italienischen Gräfin verheiratet, von seiner besten Seite: als charmanten, geistvoll-gebildeten und weitsichtigen Weltmann[181], bei dem man sich in der Tat fragen kann, ob er sich in der Julikrise 1914 nicht klüger verhalten hätte als sein Nachfolger Bethmann. Auch das Dohrn-Opus ist auf seine Art ein Beitrag zur Kulturgeschichte des Kaiserreichs; diese gewinnt jedoch am Aquarium von Neapel einen weltoffenen Zug.

HEUSS UND MARGRET BOVERI: DER BEGINN EINER GEREIZTEN FREUNDSCHAFT. Margret Boveri, der wir noch wiederholt begegnen werden, kannte Heuss schon von ihrem Studium an der Berliner Hochschule für Politik, das sie begonnen hatte, nachdem sie in öden Seminaren zu der Erkenntnis gelangt war: »für die deutsche Universität gibt es nur Dynamit«; aber in ihren posthum publizierten Erinnerungen bekennt sie, bei Heuss sei sie an den Falschen geraten: »er war so langweilig, dass wir sogar untereinander schwätzten«; er trage eine Mitschuld daran, dass sie an der parlamentarischen Demokratie zu zweifeln begonnen habe.[182] Auch so konnte man also den damaligen Heuss erleben – aber keiner der alten Bekannten außer dieser scharfzüngigen Frau hätte ab 1949 so über ihn geschrieben! Ab 1933 über Boveris Mitarbeit an der »Hilfe«, vor allem jedoch über die gemeinsame Freundschaft mit den Dohrns kamen sie und Heuss sich dann doch näher.[183] Boveris Vater hatte als Zoologe mit der Casa Dohrn in engem Kontakt gestanden; sie selbst hatte dort in jungen Jahren eine Zeitlang als eine Art Sekretärin und Kontaktfrau gearbeitet.

An den Schluss der Nachkriegsausgabe des »Anton Dohrn« stellte Heuss einen Nachruf auf die Casa Dohrn, den Margret Boveri im August 1943 in der »Frankfurter Zeitung« veröffentlicht hatte, als das Haus durch einen amerikanischen Luftangriff zerstört worden war. Da erkennt man: Diese Frau besaß von ihrer Jugendzeit her eine noch intimere Kenntnis dieser Atmosphäre, als Heuss sie besitzen konnte, der dieses Haus erst in der angespannten Stimmung nach Kriegsausbruch erlebte. »Worauf die Wirkung der ›Casa Dohrn‹ eigentlich beruhte, war in Worten nie zu fassen«, schreibt Margret Boveri. »Mehr als einmal haben die Freunde im Gespräch versucht festzulegen, wo das Geheimnis lag. … Nie ist es ganz gelungen. Keine summierte Aufzählung von Gegenständen oder Eigenschaften, nicht die Erinnerung an die Stimmung eines Musikabends, kein Bild von der Grazie und dem Übermut, die zutage kamen, wenn die Kostüme aus den Truhen geholt und Tänze getanzt wurden, kann einen Begriff geben von dem, was aus Mangel an einem besseren Wort immer die ›Atmosphäre‹ genannt wurde.«[184] Später als frischgebackener Bundespräsident verkündet Heuss seinen Mitarbeitern: »Ich gebe keine Richtlinien, ich gebe Atmosphäre!«[185]

LOB DES MISCHWALDS; HEUSS UND DAS HOLZ. Noch eine weitere zukunftsträchtige Beziehung delikater Art gewann Heuss über die Biographie von Anton Dohrn: zu Walter von Keudell. Denn dessen Vater Robert von Keudell, von 1873 bis 1887 deutscher Botschafter in Rom, wurde zum einflussreichsten Förderer des gewagten Neapel-Projekts und zu einem engen Vertrauten Anton Dohrns. Über ihn gewann der Naturforscher einen direkten Draht zu Bismarck und zum Kaiserhaus, auch zu Wilhelm II.; ihm war es zu verdanken, dass die Zoologische Station im Zeichen der »Weltgeltung« deutscher Wissenschaft ab 1878 laufend Subventionen aus Mitteln des Auswärtigen Amtes bekam und der ebenso unkonventionelle wie extravagante Dohrn zum Liebling höchster Kreise avancierte.[186]

Aber gerade der Sohn, Walter von Keudell, gehört zu den Heuss-Kontakten sehr besonderer Art. Von seinem nahe gelegenen Gut Hohenlübbichow her Jagdgenosse Görings in der Schorfheide und Mitglied der NSDAP seit 1933, erlangte er 1934 das neu geschaffene Amt des Generalforstmeisters und suchte in dieser Machtstellung der gesamten deutschen Forstwirtschaft sein Konzept des »Dauerwaldes« aufzuzwingen: einer nachhaltigen Mischwaldkultur im Sinne dessen, was heute als »ökologischer Waldbau« gilt. Manchen Forstleuten jedoch, die an ihren Nadelholz-Monokulturen gut verdienten, ging bei seinen Direktiven einem Zeitzeugen zufolge »das Messer im Sack« auf; es kam zu einer öffentlichen Rebellion gegen den Generalforstmeister, die Rückhalt von oben fand, da Keudells »Dauerwald«-Strategie mit den steigenden Anforderungen der NS-Autarkiepolitik an deutsche Wälder kollidierte.[187] 1937 wurde er durch den linientreuen SS-Mann Alpers ersetzt. In der Zeit darauf nahm Heuss zu ihm Kontakt auf.

Von der Dohrn-Biographie, die Robert von Keudell an vielen Stellen würdigt, war dessen Sohn hellauf begeistert; er habe das Buch »mit starker innerer Bewegung in zweieinhalb Tagen und einer ganzen Nacht verschlungen«, schrieb er Ende 1940 an Heuss.[188] Als der ihn im Juni 1941 auf seinem Gut besuchte, schrieb er ihm ein schnell zusammengereimtes Lehr- und Lobgedicht auf den Dauerwald ins Gästebuch, das – obwohl von zweifelhafter poetischer Qualität – später von der 1947 gegründeten *Schutzgemeinschaft Deutscher Wald* der Vergessenheit entrissen wurde als Beweis dafür, dass sie ihren besten Schirmherrn im Bundespräsidenten habe. So soll es auch hier wiedergegeben werden:

> Der Kahlschlag scheint nur rationell / im ökonomischen Gefäll! / Verschwägert der Monokultur / dient er dem Umschlag und dem Handel, / jedoch der Haushalt der Natur, / er wehrt sich. Antwort ist der Wandel / aus dichter Fülle in dünne Zeile / der Kiefernsteppenlangeweile.
> Willst Sinn und Herz Du Dir erfrischen, / so musst Du die Bestände mischen. / Die Mi-

> schung schafft dann auch die Dauer, sie schlägt, lässt Du Dir Zeit, zu Buch / die Arbeit ist zunächst wohl sauer. / Doch merke dies: im Vollumbruch / (ob Eberswalde warnt und unkt) / hast Du den sicheren Ausgangspunkt.

Der in Klammern gesetzte Vers war ein Seitenhieb auf die Forstakademie im nahe gelegenen Eberswalde, die damals wie später zur DDR-Zeit die kurzfristige ökonomische Rationalität der Nadelholz-«Reinbestände« vertrat. Der Bundespräsident Heuss verkündete im Bonner Hofgarten am 25. April 1952 auf dem ersten »Tag des Baumes«, der mit seiner Unterstützung damals frisch aus den USA importiert war (wo er sich ab 1970 zum *Earth Day* weitete): »Die Zerstörung des weisen Gleichgewichtsverhältnisses in der Natur ruft die Rache der Natur hervor, die Verkarstung und Versteppung.«[189] Wie wir sehen, geriet Heuss über den »Anton Dohrn« auf mehrfache Weise in die Nähe dessen, was seit den 1970er Jahren als »Umweltbewusstsein« und als »Ökologie« im populären und politischen Sinne gilt. Aber die Zeit war noch nicht gekommen, die disparaten Impulse zu bündeln und politikfähig zu machen. Immerhin, Heuss war nahe dran.

1940/41, in der Zeit seiner Bekanntschaft mit Keudell, entstand auch Heuss' Essay »Vom Umgange mit Holz«, den er noch 1956 gegenüber Toni Stolper für eine seiner »nettesten Studien« hielt.[190] Das war damals eine Gabe zum 60. Geburtstag von Carl Georg Heise, einem Hausnachbarn an der Berliner Kamillenstraße, bis 1933 Museumsdirektor, der dann sein Amt wegen seines Engagements für moderne Kunst verloren hatte und in der Folge für die »Frankfurter Zeitung« schrieb.[191] Ähnlich wie in seinem poetischen Lob des Dauerwaldes spielt er mit der Vorstellung von der beseelten Natur. Wenn sich das geschlagene Holz verzog, rührte es ihm »an die Phantasie, dass in dem toten Stoff ein Leben weiterging, sich gegen das Totsein zu wehren schien und sich rächte, wenn die Ungeduld des Menschen ihn zu frühe in die neuen Zwecke zwingen wollte« – es ist das Grundproblem der Holzbearbeitung im Zeichen der modernen Temposteigerung. Und Heuss schildert »das Schluchzen der Platten, über die der Hobel geht«.

Aber es ist typisch für ihn, dass er eine solche Sentimentalität rasch wieder zugunsten einer realistisch-pragmatischen Sicht zurücknimmt: Höher als das Lebensrecht des Naturstoffes steht für ihn das Recht der Arbeit, der Reiz der Auseinandersetzung des Menschen mit dem Stoff. Und da hat er auch einmal eine wirkungsvolle Schlusspointe, die – wie er Toni Stolper berichtet – von der Gewerkschaft der Holzarbeiter mit Begeisterung aufgeschnappt wurde[192]: »Ganz deutlich wurde es mir nie, warum man nun gerade unbehagliche, ungelenke, langweilige Menschen ›hölzern‹ nennt. Diejenigen, die mit Holz zu tun

Heuss pflanzt zum »Tag des Baumes« einen Baum im Bonner Hofgarten, 25. April 1952

haben, sind es eigentlich nie.«[193] Kühne Behauptung! Wahrscheinlich dachte Heuss dabei an erster Stelle an Karl Schmidt, den »Erztischler von Dresden«, »Möbel-Revolutionär« und Mitbegründer von Hellerau, der – woran Heuss erinnert – den Spitznamen »Holz-Goethe« trug; aber auch an seinen Mitstreiter Richard Riemerschmid, 1921–1926 Vorsitzender des Werkbundes. Mit Möbeln, die von ihm entworfen waren, hatten sich die Heussens ausgestattet; »ich konnte fast sagen: Ich schreibe an R. R., ich schlafe bei R. R., ich sitze auf R. R., ich esse mit R. R.«, schrieb Heuss 1953 zu Riemerschmids 85. Geburtstag.[194]

Heuss' Komplimente an das Holz bekommen eine geheime Spitze dadurch, dass Naumann in seinem Streben nach höchster Modernität die Parole »*Eisen erzieht!*« ausgegeben hatte. Seine »Neudeutsche Wirtschaftspolitik« von 1907 sprudelt über von solchen Sprüchen: »Am Eisen entscheidet sich unsere Zukunft.« »Eisen bearbeiten zu können ist der Stolz der Modernität, und es muss deutsche Ehre sein und werden, dass keinem Volke das Eisen mehr in die Hand gewachsen ist als uns.« »Es ist deshalb nicht zuviel gesagt, wenn man die (gesperrt:) *Eisenproduktion als die größte Erzieherin ihres Menschenvolkes* bezeichnet ...«[195] Dagegen »Wald ist Mittelalter«![196]

Heuss hatte jedoch Grund, in diesen Bekenntnissen zum Eisen etwas Krampfhaftes zu spüren, berichtet er doch selber, dass Naumann, der als Pfarrer Waldgottesdienste abgehalten hatte[197], 1908 aus der Fassung geriet und »den größten Krach« schlug, als in der Nähe seiner Berliner Wohnung ein »schöner alter Baum« gefällt wurde.[198] Auch bei Wald und Holz konnte Heuss die Genugtuung empfinden, dass er für sich in einem Bereich, der bei Naumann unausgegoren und verworren geblieben war, ein Stück Klarheit schuf. Später als Bundespräsident pflegte er bei passender Gelegenheit daran zu erinnern, dass seine Mutter aus einer Försterfamilie mit dem Wahlspruch »*In silva salus*«, »Im Wald das Heil«, stammte.

DIE LEIDENSCHAFT IN DEN NATURWISSENSCHAFTEN: HEUSS ALS LIEBIG-BIOGRAPH. Fand Heuss schon beim Thema Dohrn die Nähe zu den Naturwissenschaften »unheimlich« – aber auf eine ohne Zweifel reizvolle Art –, so wagte er sich mit seiner folgenden Biographie noch näher an die Naturwissenschaften heran: mit seinem 90-Seiten-Bändchen über Justus von Liebig, den Chemiepapst des 19. Jahrhunderts und Großonkel von Elly Heuss-Knapp – auch hier war es eine persönliche Beziehung, die Heuss den Anstoß gab. Ohne diesen familiären Zugang wäre Heuss gewiss nie auf die Idee einer Biographie ausgerechnet dieses Chemikers gekommen; denn Liebig war zu ihm selbst geradezu der Antityp – in ihm konnte er sich schwerlich spiegeln. Liebig stöhnte über »das verfluchte Bücherschreiben, das mich in die größte Verzweiflung bringt«[199]: Größer konnte der Kontrast zu Heuss nicht sein! Während Dohrn sich um eine neue Synthese von Laborforschung und Naturphilosophie bemühte, hatte keiner der Koryphäen die Kluft zwischen beiden Welten tiefer aufgerissen als Liebig, der die Naturphilosophie der Hegel-Schelling-Tradition als »*die Pestilenz, den schwarzen Tod des Jahrhunderts*« verfluchte[200], wie er überhaupt dazu neigte, hinter allen Gegenpositionen Schwachköpfe und Schwindler zu wittern.

Heuss macht denn auch in seinem Liebig-Bändchen, das 1942 erschien, für ihn recht untypisch, Konzessionen an den kriegerischen Geist jener Zeit; da heißt es in gesperrtem Druck (und ausgerechnet dies wurde noch in späterer, friedlicherer Zeit in einem von dem damaligen Landwirtschaftsminister Heinrich Lübke herausgegebenen Band von Heuss zitiert![201]): »*Der Generalstab der siegreichen Feldzüge, die Deutschlands chemische Wissenschaft in den Laboratorien der Hochschulen und in den Werkstätten der Industrie während der zweiten Hälfte des 19. Jahrhunderts gewinnen sollte, ist unmittelbar oder mittelbar durch Liebigs Schule gegangen.*«[202] Heuss hatte für die Biographie, die den Untertitel »Vom Genius der Forschung« erhielt, ursprünglich sogar den Titel »Eroberung einer Welt« vorgeschlagen: »Liebig schafft die Welt der Chemie ganz neu, und in dem Wort ›erobern‹ kann man ja auch die Vervielfachung der vegetabilischen Bodenerträge durchklingen hören, d. h. es ist so viel wie neuer Landgewinn.«[203] Mitten im Krieg eine Erinnerung daran, dass Eroberungen auch auf nichtmilitärischem Wege möglich sind!

Heuss verschweigt jedoch auch nicht Liebigs peinlichste Niederlage: den Misserfolg mit dem von ihm maßlos propagierten »Patentdünger«. Das »Hohngelächter« ob dieser Blamage »dröhnte durch die ganze zeitgenössische Literatur«, schrieb Franz Schnabel.[204] Da ließ sich der stolze Liebig zu einem reumütigen *Peccavi* herbei, das von einer aufblitzenden ökologischen Einsicht zeugt und von Heuss in voller Länge zitiert wird: »*Ich hatte mich an der Weisheit des Schöpfers versündigt und dafür meine gerechte Strafe empfangen, ich wollte sein Werk verbessern, und in meiner Blindheit glaubte ich, dass in der wundervollen Kette von Gesetzen, welche das Leben an die Oberfläche der Erde fesseln und immer frisch erhalten, ein Glied vergessen sei, was ich, der schwache ohnmächtige Wurm, ersetzen müsse.«*[205]

Und doch: Dass Liebig, dieser Streithahn, »mehr als einmal in seiner Raschheit danebenschlug, hat ihn nicht besonnen gemacht – wer kann wider seine Natur?«[206] Heuss, der zwischendurch die »ganz muntere Demagogie« dieses Chemikers mit lässigem Humor zu nehmen versucht[207], gibt doch deutlich zu erkennen, dass Liebigs Vernichtungskriege[208] gegen wissenschaftliche Gegner nicht zum Lachen sind. Aber gerade deshalb bot dieser Chemiepapst das beste Beispiel dafür, dass auch in den Naturwissenschaften keineswegs nur kühle Sachlichkeit regiert, sondern auch Leidenschaften toben – und dass daher ein Autor wie Heuss, der sich mit dem Allzumenschlichen auskennt, dazu befugt ist, sich in dieser Welt zu tummeln. Immer mehr wird der Brückenschlag zwischen den »zwei Kulturen« zur Heuss'schen Spezialität.

Und er hat Grund, Liebigs Wutausbrüche gegen die Naturphilosophie nicht gar zu ernst zu nehmen; denn dieser Chemiker hatte seine eigene Naturphilosophie. Je mehr er in Fahrt kam, argumentierte er – so Heuss – »nicht mehr bloß chemisch oder pflanzenphysiologisch«, sondern präsentierte, »die Welthistorie durchwandernd«, nichts weniger als »eine Art von Geschichtsphilosophie der Düngerwirtschaft«[209], übrigens eine, die noch aus moderner ökologischer Sicht durchaus ernst zu nehmen ist und eine neue Diskussion verdiente.[210] Denn aus seiner Sicht hing das Schicksal aller Kulturen der Welt an der Regeneration der Bodenfruchtbarkeit – heute würden wir von »Nachhaltigkeit« reden –, und das bedeutete für ihn zu einer Zeit, als man die Bedeutung der Mikroben für den Boden gerade erst zu entdecken begann, die Rückführung der dem Boden entnommenen Nährstoffe. Der kritische Punkt war dabei die sorgsam-perfekte Rezyklierung der menschlichen Exkremente; und da waren dem Chemiker – wie Heuss mit leichtem Lächeln bemerkt – die chinesischen Kleinbauern das große Vorbild.[211] Später als Bundespräsident und begehrter Festredner verblüffte er bei Gelegenheit die Chemiker mit seiner intimen Liebig-Kenntnis. Auch da hob er hervor, der Kampf gegen die romantische Naturphilosophie sei für den großen Chemiker nur eine Durchgangsetappe gewesen. Gerade die Herausforderung durch die Philosophen habe ihn über das bloße Experimentieren hinaus auf das »Hintergründige der Dinge« gebracht, so dass er am Ende »selber etwas wie ein Philosoph« geworden sei.[212]

DIE BIOGRAPHIE DES BOSCH-ZÜNDERS UND DIE BESTIMMUNG EINES DEUTSCHEN ERFOLGSPFADS IN DER TECHNIK. »Das kleine Liebigbuch« (Heuss) veranlasste den 81-jährigen Industriellen Robert Bosch, am 4. März 1942 bei Heuss anzufragen, ob er bereit wäre, eine Biographie seiner selbst zu schreiben.[213] Das muss für Heuss umso überraschender gewesen sein, als es – wie er wusste – »Boschs Wunsch« war, »dass zu seinen Lebzeiten überhaupt nichts über ihn geschrieben wurde«.[214] Aber natürlich war dieser Wunsch bei einer derart markanten Unternehmerpersönlichkeit nie beachtet worden; und als sich Bosch an Heuss wandte, muss er gespürt haben, dass er nicht mehr lange zu leben hatte; er starb schon eine Woche darauf, am 12. März.

Aus diesem Angebot entstand das umfangreichste Werk, das Heuss je geschrieben hat; mit seinen über 700 Seiten übertraf es noch die Naumann-Biographie. Da Heuss für die Arbeit daran ein Monatsgehalt von 500 Mark bezog, das genau das bisherige Monatsgehalt der »Frankfurter Zeitung« ersetzte und ihm über die schlimmsten Kriegsjahre hinweghalf, war er nicht unbedingt darauf versessen, möglichst rasch fertig zu werden. Aus der von Otto Debatin redigierten Firmenzeitschrift »Der Bosch-Zünder« hätte er rasch ein Buch vollbekommen können; aber wieder hegte er den genuinen Historiker-Ehrgeiz, so weit wie möglich aus den Quellen zu schöpfen, den internen Akten und Korrespondenzen, aus dem Grundgefühl heraus, dass das Wichtigste verborgen ist. Bemerkenswert selbstbewusst und salopp schreibt er im März 1941 an den Präsidenten der Reichsschrifttumskammer, die eine Ordnungsstrafe gegen ihn verhängt hat, seine neuerlichen Werke fußten »auf weithin ungedrucktem, von mir zum Teil erst entdeckten oder ans Licht gezogenen Urmaterial«; bei ihm liege der Fall »anders, als wenn jemand aus sechs Bismarck-Biographien eine siebente macht«.[215] Als Wissenschaftler konnte er hoffen, nicht der politischen Zensur zu unterliegen.

Heuss' kannte Robert Bosch seit 1917/18 persönlich; Vermittler war wieder einmal Ernst Jäckh. Im Ersten Weltkrieg wurde Bosch zum finanziellen Rückhalt des Werkbundes und dann auch der Hochschule für Politik. Gerade der beste Teil der Heuss-Welt hing also indirekt an Bosch! Nur im Anhang seiner Bosch-Biographie versteckt Heuss ein Bosch-Geschnaube, als der Industrielle eigene Produkte in einer Stuttgarter Werkbund-Ausstellung entdeckte: »Was tun meine ehrlichen Erzeugnisse in eurem Narrenhaus?«[216]

Die Bosch-Biographie ist ohne Zweifel ein Phänomen, gerade wenn man sie mit den vorangegangenen Biographien vergleicht. Heuss zeigt eine erstaunliche Fähigkeit, sich in ganz unterschiedliche Welten hineinzuversetzen und sich diesen anzupassen. Selbst die kritische Margret Boveri zeigt sich beeindruckt, dass Heuss, »der selbst nie ein Auto gesteuert hat, die Entwicklung der Zündkerze und deren Bedeutung im Motor ebenso wie die relativen Vorzüge der Benzin- und Schwerölmotoren so darzustellen verstand, dass wohl auch die Fachleute einverstanden waren«.[217] Bis zu einem gewissen Grade respektiert Heuss den Widerwillen des spröden Bosch, ihm zu nahe zu kommen, auch wenn sein

Sachregister das Stichwort »Zärtlichkeit« mit drei Belegen enthält; anders als bei Poelzig und Dohrn zeigt er hier wenig Ehrgeiz, Sachkomplexe in Lebensgeschichte aufzulösen.

Dafür studierte er gründlich den »Bosch-Zünder«, die Werkszeitschrift, und arbeitete sich gründlich in Details der Automobiltechnik ein. Zwar spielt der menschliche Faktor – konkret: das aus dem Handwerk, der württembergischen Feinmechanik stammende Qualitätsbewusstsein des Facharbeiters – für den steilen Aufstieg der Firma Bosch eine eminente Rolle; aber Heuss hütet sich vor beliebten Banalitäten à la »auf den Menschen kommt es an«, sondern zeigt bemerkenswerten Respekt vor der technischen Rationalität.[218] Zu einer Zeit, als Nacht für Nacht amerikanische Bomberschwärme deutsche Städte verwüsteten, erkennt Heuss in der schöpferischen Auseinandersetzung mit den USA ein Leitmotiv dieser Firmengeschichte und einen Schlüssel zum Welterfolg des Stuttgarter Unternehmers. Schwäbische Feinarbeit, aber auch amerikanisches Tempo wurden zu Signaturen des Firmenprofils; das »Bosch-Tempo« wurde berühmt und berüchtigt. Gegenüber Henry Ford, der den Ehrgeiz hatte, sämtliche Produktionsstufen des Automobils innerhalb seiner eigenen Firma zum großen Fluss zu verschmelzen, reüssierte Bosch mit einem andersartigen Rationalisierungspfad: einzelne besonders komplizierte Komponenten mit höchster Qualität zu produzieren und als Zulieferer für mehrere Firmen zur Massenproduktion per Fließfertigung zu gelangen. Heutzutage, wo *Outsourcing* als Trumpf gilt, gehört dieser Erfolgspfad zum *Mainstream* der Ökonomen; früher erschien es zweifelhaft, ob diese Strategie, die Bosch zu seinem Leidwesen immer wieder in Abhängigkeit von großen Autofirmen brachte, für ein Großunternehmen zukunftsträchtig war. Schon gar um 1944/45 gab es sehr wenig Anlass zu einem auftrumpfenden deutschen Selbstbewusstsein gegenüber den USA. Auch früher hatte es, wie Heuss erinnert, Phasen gegeben, wo der deutsche Rückstand gegenüber amerikanischen Produktionsmethoden »peinlich« gewesen war.[219]

Aber man hatte in Stuttgart Konsequenzen gezogen. »Bosch selber war einer derjenigen gewesen, die weitsichtig und wagend immer die neuesten amerikanischen Werkzeugmaschinen in seinen Betrieb holte. Man hatte also lernen können, und man hatte gelernt. Doch man fühlte sich nicht in einem Schülerverhältnis. Denn die Maschine allein tut es ja nicht, sondern der Mensch und die Menschenführung. Hätten nicht seit einem Vierteljahrhundert er, Bosch, seine Techniker, seine Arbeiter gedacht, gebosselt, entworfen und verworfen, gewagt, geprüft, dann würde er nicht als ein wirtschaftlicher Eroberer in dies Land gekommen sein«[220] – so Heuss zu einer Zeit, als die Amerikaner drauf und dran waren, seine Heimat zu erobern. Mit einem *Happyend* kann er in der Bosch-

Biographie nicht aufwarten; die deutsche Zukunft war so dunkel wie noch nie, als er dies Buch fertigstellte. Ob der bisherige Erfolgspfad der Firma noch Zukunft hatte, konnte er nicht wissen; diese Unsicherheit merkt man dem Buch an. Einige Jahre darauf jedoch wurde klar, dass die von Heuss geschilderte Vergangenheit der Firma auch einen Weg in die Zukunft markierte.

Ganz im Sinne von Robert Bosch wie überhaupt einer Hauptströmung innerhalb des Werkbundes erkennt Heuss einen deutschen Weg zum industriellen Erfolg in der Verbindung amerikanischer Methoden der Massenproduktion mit handwerklichen Traditionen der Qualitätsarbeit für einen differenzierten und wechselnden Bedarf, gestützt auf einen breiten Facharbeiterstamm, der bis zu einem gewissen Grade sozial abgesichert ist, sich mit seiner Arbeit und dem Unternehmen identifiziert und dessen Erfahrungen in die Produktionsweise eingehen. Bosch unterschied sich von dem Gros der Unternehmerschaft dadurch, dass er frühzeitig nach einem guten Verhältnis zu den Gewerkschaften strebte und Formen innerbetrieblicher Mitbestimmung praktizierte, auch wenn er im Konfliktfall sehr wohl als »Herr im Hause« auftrat. Wie andere schwäbische Unternehmer beschaffte er sich sein Startkapital über familiäre Beziehungen, verlegte sich frühzeitig auf Selbstfinanzierung und vermied die Abhängigkeit von »fremdem Geld«.[221] Schon in seiner Biographie Friedrich Naumanns hatte Heuss darauf hingewiesen, dass Bosch für Naumann den »Idealtyp eines deutschen Industrieunternehmers« verkörperte.[222]

EINE GEFÄHRLICHE BEZIEHUNG: BOSCH, GOERDELER UND HEUSS. Heuss berichtet, dass Bosch laut eigener Angabe in jungen Jahren lieber Biologe als Mechaniker geworden wäre[223]; immer wieder kommt er auf seine Naturliebe und Naturbeobachtung zu sprechen. Carl Goerdeler, den Bosch seit 1937 unterstützte, als dieser durch NS-Druck sein Amt als Leipziger Oberbürgermeister verloren hatte[224], und der nach dem 20. Juli 1944 als ein Oberhaupt der Verschwörung hingerichtet wurde, glaubte an Boschs 80. Geburtstag in der Beziehung zur Natur einen Grundzug im Denken des Jubilars zu erkennen, der zusammen mit der Industrie- auch die Agrarproduktion zu heben suchte: Bosch habe erkannt, »dass Mensch und Gemeinschaft niemals mehr verbrauchen können, als durch Arbeit der Natur abgewonnen ist«.[225] Heute würde man dieses Wirtschaftsdenken »nachhaltig« nennen.

Bei den Feierlichkeiten zu Boschs 80. Geburtstag am 23. September 1941 lernte Heuss Goerdeler kennen; und im Dezember 1943 wurde er laut eigener Angabe[226] von ihm gefragt, ob er bereit sei, Pressechef einer Reichsregierung nach Hitler zu werden. Heuss sagte zu. Wir wissen von diesem Kontakt nur durch Heuss selbst, und der hat davon nicht viel Aufhebens gemacht und sich auch nie den Widerstandskämpfern zugerechnet. Offenbar handelte es sich um eine mehr unverbindliche und unbestimmte Absprache; selbst der Goerdeler-Biograph Gerhard Ritter, der Heuss hochschätzte, berichtet nichts davon. Dagegen lässt sich belegen, dass Goerdeler im Frühjahr 1944 den Berliner Wirtschaftsjournalisten Otto Meynen (der jedoch ablehnte) darum anging, sich als Reichspressechef zur Verfügung zu stellen.[227]

Dass Goerdeler ihn offenbar vergaß, hat Heuss vermutlich das Leben gerettet; denn Goerdeler war nach seiner Verhaftung nach dem 20. Juli 1944 ungemein auskunftsfreudig über seine vielen Verbindungen: In unbegreiflicher Fehleinschätzung der Situation wähnte er, auf solche Weise die, die ihn verhörten, zu beeindrucken und auf seine Seite ziehen zu können, derweil Hitler »diese Berichte jeden Abend gierig verschlang« (Gerhard Ritter)![228] Mit Grund klagte Heuss später gegenüber Margret Boveri über Goerdelers »gelegentlich auftrumpfende Unvorsichtigkeit«.[229] Ein Bewusstsein dessen, dass diese Unvorsicht für ihn selbst zur tödlichen Gefahr hätte werden können, erkennt man bei ihm jedoch nicht, ebenso wenig wie nach dem Einmarsch der Amerikaner eine Erleichterung, einer akuten Lebensgefahr entronnen zu sein.

REHABILITATION DER BASTELEI GEGENÜBER DER THEORIE IN DER TECHNIK. Zurück zu Bosch: Als deutscher Weg zum industriellen Erfolg galt typischerweise die »Verwissenschaftlichung« der Technik; das lehrten im eigenen Interesse die Technischen Hochschulen. Liebig hatte einst geblufft, viele seiner Schüler, die vorher nie in einer Fabrik gewesen seien, hätten schon nach einer einzigen Stunde im Betrieb, mit seiner Chemie bewaffnet, »eine Menge der zweckmäßigsten Verbesserungen« vorgenommen.[230] Das widersprach jedoch ganz und gar der Einstellung von Robert Bosch. Mochten die Diplom-Ingenieure auf die »Meisterherrschaft« in den Betrieben schimpfen[231]: Bei Bosch herrschten die Meister, und in ihnen erblickte er eine Grundlage seines Erfolgs. Um Heuss zu zitieren: »Der ›Akademiker‹, bloß weil er eine Hochschule hinter sich hat, imponiert ihm gar nicht, ja man mag eine gewisse Reizbarkeit herausspüren, wenn er Ansprüche zurückweist, die sich auf theoretische Kenntnisse und ein bestandenes Examen berufen.« Seinem »Misstrauen gegen die Theorie« habe er gelegentlich mit »groben Ausdrücken« Luft gemacht.[232]

Da fand Heuss sogar ein Stück von sich selbst; denn obwohl Akademiker, schätzte er doch die Erfahrung und das Gespür für die Situation höher als die Theorie. Und in der Tat spielt Theorie noch in der technischen Entwicklung des 20. Jahrhunderts gegenüber der praktischen Erfahrung eine geringere Rolle, als in Lehrbüchern zu lesen ist. Noch der Altbundespräsident Heuss fand 1960 bei dem »sehr intelligenten« Stuttgarter Daimler-Benz-Chef Hans A. Stoehr Bestätigung für seine »Grundthese« »mehr Facharbeiter als Vollingenieure«; »denn die ›Akademiker‹ wollen ihre Hände ›nicht beschmutzen‹«. Das wollte Heuss auf seiner bevorstehenden Reise nach Indien dort als ein Geheimnis des deutschen »Wirtschaftswunders« vortragen.[233]

Heuss gibt sich redliche Mühe, die Erfindung des berühmten Bosch-Zünders detailliert und mit technischer Kompetenz zu schildern und den »entscheidenden Gedanken« herauszuarbeiten; aber es handelt sich eben in der Essenz, wie er ganz richtig erkennt, um eine Bastelei, einen Erfolg des unermüdlichen und einfallsreichen Herumprobierens von Arnold Zähringer, der als Mechanikergeselle ins Werk gekommen war, und dem Elektrotechniker Gottlob Honold, der sein TH-Studium abgebrochen hatte.[234]

DER KRITISCHE PUNKT: DER STREIK VON 1913 UND DAS »BOSCH-TEMPO«. In der Erfolgsgeschichte von Robert Bosch gab es *einen* heiklen Punkt: den Arbeitskampf vom Frühjahr 1913, zumal dieser mit einem scharfen Konflikt innerhalb der Familie einherging: Die beiden Töchter ergriffen »mit aller Leidenschaft junger Herzen« (Heuss) Partei für die Streikenden[235] – ausgerechnet zu der Zeit, als Boschs einziger Sohn, der an multipler Sklerose litt, auf den Rollstuhl angewiesen wurde. Was Heuss nur versteckt zu erkennen gibt: Zu jener Zeit war die Bosch-Tochter Paula bereits eine Liebesbeziehung zu dem Maler Friedrich Zundel eingegangen, dem Ehemann von Klara Zetkin, einer Wortführerin des linken SPD-Flügels und später der KPD. Alles in allem eine höchst verworrene Geschichte; und Heuss' Situation war bei aller Sympathie für den Vater delikat, denn die Töchter lebten noch. Seine Darstellung dieses Konflikts ist ein Muster an Diplomatie.

Die Ursachen dieses Arbeitskampfes sind bis heute umstritten; bei Heuss bleiben sie im Grunde ein Rätsel; denn da lernt der Leser Robert Bosch als einen außergewöhnlichen Unternehmer kennen, der als überzeugter Sozialist, ja Kommunist beginnt, bis 1913 der Sozialdemokratie nahesteht, die Gewerkschaften bejaht, als einer der ersten den Achtstundentag einführt und höhere Löhne zahlt als die meisten anderen. Im Anhang der Bosch-Biographie zitiert Heuss einen Brief, den der mit ihm befreundete württembergische SPD-Politiker Wilhelm Keil 1936 an Bosch schrieb: Der Streik von 1913 sei nicht von der Gewerkschaft ausgegangen, sondern diese sei »von dem agitatorischen Terrorismus des ihren Vertretern überlegenen Westmeyer in den Kampf hineingedrängt« worden.[236] So sah es auch Bosch; und Heuss übernimmt diese Sicht.

Eine bis heute reichende Aktualität bekommt dieser Arbeitskampf jedoch durch einen ganz anderen Aspekt, den Heuss nur kurz antippt: durch Anzeichen dafür, dass die bei Bosch mit der Einführung des Achtstundentages einhergegangene Intensivierung der Arbeit eine Ursache der Unzufriedenheit gewesen sei.[237] Damals war das »Bosch-Tempo« sprichwörtlich geworden; auch in dem Heuss'schen Sachregister kommt es vor, aber nur einmal. Heuss weist diese These mit dem Hinweis auf die Unfallstatistik zurück: Bei Bosch sei die Unfallhäufigkeit geringer gewesen als in anderen vergleichbaren Betrieben.[238] Aber nicht nur in Unfällen, sondern auch in Stresserscheinungen kann sich ein überzogenes Arbeitstempo bemerkbar machen.

Als Bundespräsident kam Heuss in einer Rede vor dem Bundesverband der Deutschen Industrie (BDI) am 5. Mai 1952 auf die »Managerkrankheit« zu sprechen, damals ein brandneues Thema, das jetzt auch Heuss sehr ernst nimmt. Da erinnert er an Robert Bosch, aber als an ein Vorbild im modernen Stress; denn der habe die »Ausspannung« ebenso intensiv wie die »Anspannung« betrieben.[239] In der Tat war die Gesundheit für diesen Förderer der Homöopathie ein Hauptthema seines Lebens gewesen, was Heuss zuweilen als Zeichen von Hypochondrie empfand[240], zumal Bosch ihn vom Rauchen abzubringen suchte.[241] (1955 zeigte Heuss wenig Neigung, Hahnemann, den Begründer der Homöopathie, unter die »Großen Deutschen« aufzunehmen![242]) War Boschs »Ausspannung« auch der Belegschaft zugutegekommen? Diese Frage kommt bei Heuss nicht vor. Für ihn selbst hatte die Krise von 1913 ein *Happyend*: Seither ging Bosch zur Sozialdemokratie auf Distanz, näherte sich den Naumann-Liberalen und wurde auf diese Weise zu einem jener Förderer, denen Heuss so vieles verdankte.

KRIEGSAUSSICHTEN. Heuss berichtet von einem Gespräch im Juni 1942 mit Hans Walz, der schon seit einem Jahrzehnt der De-facto-Leiter der Bosch-Werke war. Auf dessen Frage, wie lange er für die Biographie brauchen werde, habe er erwidert: »Etwa zweieinhalb bis drei Jahre.« »Er erschrak: ›Das ist zu lange. Das Buch soll fertig sein, wenn der Krieg zu Ende ist.‹ Ich erwiderte: ›Darauf wird es ja ungefähr hinauskommen.‹«[243] Da Walz noch lebte, als Heuss von dieser Szene berichtet, wird sich das Gespräch wohl in etwa so abgespielt haben: für Heuss' ersten Biographen Hans-Heinrich Welchert ein Beweis für den prophetischen Genius seines Helden.[244]

Studiert man Heuss' Kriegsbriefe, erkennt man freilich die Grenzen seiner Voraussicht: Noch lange nach Stalingrad, ja selbst nach der amerikanischen Invasion in der Normandie scheint der Krieg aus seiner Sicht für Deutschland nicht definitiv verloren gewesen zu sein. So schreibt er am 30. August 1944 aus dem vom Luftkrieg unbehelligten Heidelberg an seinen Sohn, der die Lage damals realistischer sah: »Die strategische Situation im Westen beschäftigt meine Phantasie sehr; ich entwerfe merkwürdige Angriffs- und Abwehrschlachten, weiß nur nicht, wie viel Divisionen und welche Waffen mir zur Verfügung stehen, wenn ich so oder so operiere.«[245] Bei aller Aversion gegen das NS-Regime steckte in Heuss doch noch der alte nationale Naumannianer, für den die Hoffnung auf den deutschen Sieg Ehrensache war. Ein beträchtlicher Teil der Bosch-Biographie entstand mithin zu einer Zeit, als Heuss noch nicht erwartete, dass das Buch in einem besiegten Deutschland herauskommen würde, wo es dem in die Rüstung verstrickten Bosch-Konzern gegenüber der drohenden Demontage als Ausweis eigener Distanz zum NS-Regime dienen konnte.

Aber Heuss brauchte sich nur an die Quellen zu halten, um zu zeigen, dass Bosch im Kern ein Liberaler war, der das Militär nicht liebte[246] und ein brennendes Interesse am freien Welthandel besaß. »Autarkie würde Deutschland aus der Reihe der fortschrittlichen Länder streichen«, zitiert Heuss Robert Bosch.[247] Und in seinem Falle waren im Unterschied zu vielen anderen zwecks »Persilschein« erfundenen Widerstandsmeriten Beziehungen zu Kreisen des Widerstands überzeugend darzulegen[248], auch wenn Heuss verschweigt, dass Walz der SS und dem Freundeskreis Himmler beitrat[249]; bis 1947 saß er in alliierter Haft. Bei ihm, den Heuss schon von einer gemeinsamen linksliberalen Wahlkampagne in Urach 1909 her kannte[250], war es glaubwürdig, dass es sich bei der NS-Mitgliedschaft um Camouflage handelte, um den nonkonformen Bosch-Geist gegen Außendruck zu schützen. Oder doch nicht nur? Der weltberühmte Bosch-Konzern, der für die Rüstung unentbehrlich war, konnte sich auch im NS-Imperium manches leisten – und auf manches hoffen.

Otto Debatin hatte im April 1933 im »Bosch-Zünder« auf die NS-Regierung große Hoffnungen gesetzt und der Arbeiterbewegung vorgeworfen, sie habe »jämmerlich versagt«. Er kann das nicht ohne Einvernehmen mit Robert Bosch geschrieben haben.[251] Der hatte am 19. September 1932 gegenüber Anton Erkelenz geschnaubt: »Wer hat mit der Weimarer Verfassung uns dahin gebracht, wo wir heute sind? Ich sage, das Luderleben, das die politischen Parteien in unserem Parlament geführt haben.«[252] So zitiert ihn Heuss, der diese Pauschalabfuhr jedoch zweifellos für ungerecht hielt und an anderer Stelle anschaulich schildert, wie dieser Autokrat bei jeder Sitzung die Geduld verlor[253] – ihm konnten Parteien es prinzipiell nicht recht machen. Und gegenüber Debatin gab er 1933 zu erkennen, dass er dessen Hoffnung auf das neue Regime nicht teilte: »Ich weiß, dass man in Revolutionen nicht sentimental sein darf, aber ich fürchte sehr, dass sich das wahllose Unrecht, was hier geschieht, moralisch und wirtschaftlich an uns rächen wird.«[254] Heuss wird jene prompte Anbiederung Debatins an die Nazis in Erinnerung gehabt haben, als er Anfang 1948 in einer für ihn ganz ungewöhnlichen Weise gegenüber diesem Mann förmlich explodierte, als dieser ihm mit Vorwürfen, dass Heuss sich nicht für Schmitthenner einsetze, auf die Nerven fiel: »es ist mir vollkommen unerfindlich, wie ich zu dem Vergnügen komme, der Kotzkübel für Ihr Ressentiment zu werden.«[255] Nach Kriegsausbruch 1939, als der Bedarf nach Ellys Rundfunkwerbung schwand, hatte Heuss sich bei Debatin, dem damaligen Personalchef, um eine Anstellung bei Bosch beworben – vergeblich.[256]

Das war die Situation, in der Heuss sich dazu bereit fand, selbst für Goebbels' Renommierzeitschrift »Das Reich« zu schreiben, da diese Niveau hatte[257] und »geradezu vorweltkriegsmäßig opulent« zahlte[258]: mehr oder weniger unpolitische Artikel, wobei er immerhin 1940 aus Anlass des 50. Todestages Gottfried Kellers bei diesem Schweizer Schriftsteller großdeutsche Züge entdeckte und in jener Situation, nach dem »Blitzkrieg« im Westen, daran erinnerte, dass Keller frankophile Neigungen seiner Landsleute als »Franzosenborniertheit« gescholten hatte.[259] Der Artikel erschien am 14. Juli 1940, am Nationalfeiertag des damals besiegten Frankreich! Heuss' letzter Artikel im »Reich«, datiert vom 2. Februar 1941. Damals musste er seine Mitarbeit beenden, da er einen Dauervertrag mit der »Frankfurter Zeitung« geschlossen hatte. Das war der Grund, nicht – wie er nach 1945 behauptete –, dass damals die Leitartikel von Goebbels begannen.[260]

Im Februar 1933 hatte er seinen Neffen Conrad, der 1945 kurz vor Kriegsende fiel, zu seiner Aufnahme in die Offizierslaufbahn beglückwünscht: »die technischen und organisatorischen Fragestellungen sind rasend interessant geworden.«[261] Der Angriff auf Polen, mit dem der Zweite Weltkrieg begann, löste bei Heuss nicht nur Schrecken aus: »Ich finde, dass in dem Feldzug gegen Polen viel strategische Phantasie u. Kühnheit sich auswirkt – er wird in 1–2 Wochen abgeschlossen sein«, schrieb er am 17. September 1939 in zutreffender Prognose; und dann, ohne Fragezeichen: »Wird dann *politische* Mäßigung eintreten.«[262] Noch immer hofft er, von sich auf Hitler schließen zu können mit der Logik, dass der Erfolg wohlgelaunt, zufrieden und milde macht.

Am 10. Oktober veröffentlicht Heuss in der »Hilfe« einen Artikel »Der ›totale Krieg‹«. Die Kernaussage ist ein Musterbeispiel von Heuss'schem Einerseits-andererseits, wo er nicht einfach erzählt, sondern ein heikles Thema theoretisch auf den Punkt zu bringen sucht: »Der ›totale Krieg‹ ist in seiner Systematisierung eine sehr harte und nüchterne Angelegenheit der Ratio, der Rechenhaftigkeit, der Statistiken, der Büroweisheit, aber es lebt in ihm auch die Kraft, das Unberechnete, das Unberechenbare, das Irrationale zu wecken. Dann mögen Fiktionen die Seelen der Völker beherrschen und ihre Kinder verbluten lassen, während die unbeirrte Ratio mit den schmerzhaften Einsichten zuschaut und nur die antwortlose Frage kennt: wozu?« Da ist der totale Krieg zuerst blutleer, dann kräfteweckend, und die Ratio fördert das eine Mal den Krieg, das andere Mal den Frieden. Kein Wunder, dass das »Neue Deutschland«, damals das Zentralorgan der SED, dies Zitat unter Weglassung des Schlusses dazu benutzte, um Heuss als Verfechter des totalen Krieges anzuprangern, während Jürgen C. Heß mit dem Akzent auf dem Schluss eine Anklage an den Krieg herausliest.[263]

Am 4. Mai 1941 veröffentlicht Heuss in der »Frankfurter Zeitung« einen Essay zum 50. Todestag von Constantin Frantz, der von Zeit zu Zeit als »großdeutsch« gesinnter Bismarck-Antipode wiederentdeckt wurde.[264] Das war einer seiner ersten Vorschläge gewesen, als er mit der FZ den Mitarbeitervertrag schloss: Frantz sei »ein Mann von ziemlich erheblichem Rang, aber (!) ein sehr deutscher Typ.«[265] Da wählt er als Einstieg eine Passage aus einem Brief, den Frantz 1867 an Richard Wagner schrieb: »Deutschland in Bewegung zu setzen und die Russen hinter die Düna zu jagen – das wäre meine Freude.« Diesen Essay nimmt er sogar noch kurz vor seinem Tod in eine Anthologie auf, die er Toni Stolper widmet.[266] Solche Heuss-Eskapaden blieben im Militärapparat offenbar nicht unbemerkt: 1943 bot ihm ein Vertreter der für das gesamte militärische Bauwesen zuständigen Organisation Todt (OT) wiederholt an, Kriegsberichterstatter für die OT zu werden.[267]

Aber das war nicht Heuss' Sache; schon im Ersten Weltkrieg hatte seine Kriegsberichterstattung als langweilig gegolten. Animierend ist für ihn der Krieg nur in historischem Kostüm. Am freiesten konnte er sich während der NS-Jahre stets in seinen historischen Essays ausleben. Bereitete auch ihm die Vorstellung, »die Russen hinter die Düna zu jagen«, ein inneres Vergnügen, sieben Wochen vor dem deutschen Angriff auf die Sowjetunion? Auch danach zeigt er nach außen seine übliche Gelassenheit und Präferenz für die Hoffnung: »Ich rechnete seit Spätwinter mit diesem Konflikt u. erwartete s(einen) Ausbruch 4 Wochen früher. Hoffentlich zieht sich der Feldzug nicht zu lange hin …«[268] Und doch glaubt er damals, der Vorstoß bis zum Ural sei nur eine Frage von Monaten: »Das mit den 6 Wochen ›am Ural‹ war offenbar sehr leichtfertiges Gerede – man wird 2 Monate zugeben müssen. Dann wird es erreicht sein. Aber was dann?« Zugleich berichtet er verschlüsselt von der Deportation und dem Tod eines jüdischen Bekannten.[269] Selbst Anfang 1943, als die 6. deutsche Armee schon über einen Monat in Stalingrad eingekesselt war, glaubt Heuss, dass »größere *operative* Erfolge des Gegners vermeidbar bleiben«. Von einem baldigen Kriegsende ist jetzt keine Rede mehr; »das kann noch lang, lang so weitergehen«.[270] Und doch lässt er sich durch den Krieg, die Luftangriffe und seine »beruflichen Abenteuer« nicht am Schreiben stören: »Zum Glück habe ich ein dickes Fell.«[271]

ZUFLUCHT ZUR GESCHICHTE: EIN WOHLGEFÜHL ALS »ALLERWELTSHISTORIKER«. Er sei »ganz in die Geschichte vollends abgerutscht«, schreibt Heuss am 5. Februar 1941 an den nach New York emigrierten Kurt Riezler.[272] Als »Spezialisten für Gedenktage« nannte er sich selber »gelegentlich Leichenfledderer«.[273] Den »Allerweltshistoriker« zu spielen macht ihm »Spaß«[274]; da kann er einen bunten Bildungsfundus ausspielen, wie ihn damals nur noch wenige Jüngere besitzen, und da kann er sich selbst mit Herzenslust in historischen Gestalten spiegeln, die so abseitig sind wie er selbst zu jener Zeit. »Der Standort wechselt«, schreibt er über Georg Friedrich von Waldeck; »aber es begleitet den Mann der suggestiven Argumentation die seltsame Kraft, immer wieder ordnend und verbindend eine Mitte zu bilden«[275]: Das war gewiss auch sein persönliches Ideal, und später als Bundespräsident konnte er in dem Hochgefühl leben, es am Ende doch noch erreicht zu haben. Bei seinen Essays über historische Gestalten brauchte er auch nicht viele politische Rücksichten zu nehmen; dieses Metier muss auf ihn »entkrampfend« gewirkt haben. Und dazu konnte er glauben, mit seinem Geschichtsbewusstsein zumindest indirekt den NS-Fanatikern entgegenzuwirken, da man »in den eigentlichen Pg.(Parteigenossen)-Kreisen«, wie er 1935 schrieb, »bewusst radikal geschichtslos denkt«.[276]

In seinen Essays über historische Gestalten lebt Heuss nicht nur Freiheits- und Friedenssehnsucht, sondern mitunter auch eine Kriegslust aus, zu der die aktuellen Geschehnisse keinerlei Anlass boten. In seinem im Juni 1944 in der »Potsdamer Tageszeitung« publizierten Essay über den Grafen Waldeck schildert er, wie dieser Abenteurer, dem sein Ländchen zu klein war, sich nicht nur – darin Heuss ähnlich – als »enormer Briefeschreiber« betätigte, sondern auch in diverse auswärtige Kriegsdienste trat. Aber manchmal zeigt Heuss Unzufriedenheit, wenn Waldeck »das Ausweichen vor der Schlachtentscheidung als strategische Weisheit auch dann empfahl, wenn dem kühnen Zugriff der sichere Lorbeer winkte«. Diese Bedächtigkeit hat für Heuss 1944 etwas von »seltsamer Pedanterie«![277] Dieser Essay gefällt ihm noch nach Kriegsende so gut, dass er ihn in die »Schattenbeschwörung« von 1947 aufnimmt.

Der wohl unheimlichste und zugleich rätselhafteste Zeitbezug ist an einer Stelle versteckt, wo man ihn am wenigsten erwartet: in einem Artikel, den Heuss 1942 für die »Frankfurter Zeitung« über seinen Mitschwaben Hegel schrieb und den er – noch merkwürdiger – als Bundespräsident 1951 in seine Essaysammlung »Deutsche Gestalten« aufnahm. Hatte er Zeit gefunden, ihn damals noch einmal genau zu lesen? Da bringt er ein ganz langes, selbst unter Hegelianern kaum bekanntes Zitat des Philosophen von 1802 über die Juden, das man nur nach mehrmaliger Lektüre begreift und das den folgenden Bandwurmsatz enthält:

> Wenn die gesellige Natur des Menschen einmal ist gestört und gezwungen worden, sich in Eigentümlichkeiten zu werfen, so kommt eine so tiefe Verkehrtheit in sie, dass sie ihre Kraft jetzt auf die Entzweiung von anderen verwendet, und in der Behauptung ihrer Absonderung bis zum Wahnsinn fortgeht; denn der Wahnsinn ist nichts anderes als die vollendete Absonderung des einzelnen von seinem Geschlecht, und wenn die deutsche Nation nicht fähig ist, ihre Hartnäckigkeit in dem Besonderen bis zum Wahnsinn der jüdischen Nation zu steigern, dieser mit anderen zu Geselligkeit und Gemeinschaftlichkeit unvereinbaren Nation, wenn sie nicht zu dieser Verruchtheit der Absonderung, zu morden und sich morden zu lassen, bis der Staat zertrümmert ist, kommen

kann, so ist das Besondere und Vorrecht und Vorzug so etwas innig Persönliches, dass der Begriff und die Einsicht der Notwendigkeit viel zu schwach ist, um aufs Handeln selbst zu wirken …

Heuss Kommentar: »Das ist eine andere Sprache und eine andere Anschauung, als sie sieben Jahre zuvor in Kants Traktat zum ewigen Frieden aufgeklungen war; Hegel ist der Realist …«[278] 1942, als die Juden in die Vernichtungslager deportiert wurden! Das obskure Zitat muss Heuss von einem Hegel-Kenner zugesteckt worden sein; er selbst besaß wenig Neigung zur Lektüre von Philosophen. Aber er schätzte Hegel und dessen Lehre, dass Sittlichkeit nur durch den Staat in Kraft gesetzt werden kann. Heute erschauern bei diesem Räsonnement selbst Hegelianer; denn kurz und brutal gesagt bedeutet es nichts anderes als: Die Ermordung der Juden liegt in der Logik des Staates. Ein neues Beispiel dafür, dass Heuss in übermächtigen Entwicklungen dachte, gegen die man nicht ankommt, sondern denen gegenüber man nur seine Gelassenheit bewahren kann? Aber hatte es nicht den deutschen Juden seiner Zeit ferngelegen, sich außerhalb der staatlichen Gemeinschaft zu stellen? Es hilft nichts – ein Rätsel bleibt bestehen.

EIN NEUES SELBSTGEFÜHL ALS ÜBERLEBENDER ZEITZEUGE. Die Jugendfreundin Lulu von Strauß und Torney, die sich mit religiöser Inbrunst für Hitler begeistert hatte und spätestens nach Stalingrad gewiss gerne ein Stück von Heuss'scher Entspanntheit abbekommen hätte, schrieb ihm im Oktober 1942, sein Brief habe ihr »richtig wohl« getan: »es war so eine herrliche Gelassenheit darin, die doch nicht Wurschtigkeit war.«[279] Nur als Heilbronn, die Stadt seiner Jugend, am 4. Dezember 1944 durch einen britischen Luftangriff zerstört war und die Winzer beim Feuersturm in ihren tiefen Weinkellern, in denen sie sich sicher glaubten, elend erstickten, übermannte ihn eine »Müdigkeit oder Wurschtigkeit, wenn all die Dinge kaputt gehen, die man liebte«.[280] Aber gleich danach wieder das Selbstbewusstsein, Überlebender einer Generation zu sein, die »Deutschland nicht schlecht anstand«.

Dieses neue Selbstgefühl wird ihm gegen Kriegsende zu einem Leitmotiv: das Bewusstsein, nach dem Verstummen vieler anderer Zeitzeugen als beredter Zeuge einer Zeit übriggeblieben zu sein, von deren freiem Geist und buntem Leben die Jüngeren nichts mehr wissen. Selbst Meinecke, das einstige liberale Oberhaupt der Historikerzunft, nun aber müde und ratlos geworden, meinte 1944 zu Heuss' 60. Geburtstag, er, Heuss, sei derjenige, der die Geschichte der jüngsten Zeit auf eine Art schreiben könnte, die einen Sinn für die deutsche Zukunft gäbe[281]; das musste ihn mit Stolz erfüllen. Im Sommer 1944 witterte er geradezu Morgenluft in der Zuversicht, »dass eigentlich eine ziemlich große Anzahl literarischer Pläne bzw. Aufträge auf mich warten«, wenn er mit dem

»Bosch« zu Ende gekommen sei.[282] Es dürfte nicht sehr viele Deutsche gegeben haben, die die letzten Kriegsjahre mit derartiger Gelassenheit und ungebrochener geistiger Vitalität überstanden.[283]

Vermutlich enthalten seine Briefe, in denen er stets unverändert wirkt, ein Stück Selbststilisierung; Fotos aus jenen Jahren sprechen eine andere Sprache und zeigen ein schmales und von schwerer Zeit gezeichnetes Gesicht mit einem Zug von Resignation. Aber er war nicht jene »gespenstische, schlaksige Hungergestalt«, die Peter Merseburger bei Kriegsende aus ihm macht.[284]. Gerade in jenen Wochen ging er mit Schwung an die Niederschrift seiner Jugenderinnerungen: ein durch und durch wohlgelauntes, kaum irgendwo wehleidiges Werk. Im Vorwort meint er, jenes Buch hätte »in solcher Gelöstheit« vermutlich nur in jener Zeit geschrieben werden können.[285]

EIN FENSTER IN NS-ABGRÜNDE: DIE BERICHTE DES SOHNES. Heuss' Briefwechsel mit seinem Sohn, der 1933 ein 23-jähriger Student der Jurisprudenz war, ist nicht nur der menschlich anrührendste, sondern streckenweise auch der historisch aufschlussreichste Teil aus den Heuss-Korrespondenzen jener Zeit; und am Ende werden bei dem Sohn, der in Kontakt zu den Bonhoeffers stand und nach Kriegsende die Tochter des im KZ ermordeten Fritz Elsas heiratete, die Beziehungen zu Widerstandskreisen am ehesten direkt. Heuss hatte nicht nur gegenüber Elly, sondern auch gegenüber seinem Sohn fortwährend Gelegenheit, den Gelassenen zu spielen. Man spürt bei dem impulsiven Ernst Ludwig bei aller Anhänglichkeit an seinen Vater doch ein Aufbegehren gegen dessen Verhaltenheit; diese Sohn-Vater-Dialektik lebt noch später in Heuss' Präsidentenzeit wieder auf.

Ein Grundgefühl der Verbundenheit blieb bei alledem stets bestehen, nicht in gleichem Maße zwischen Ernst Ludwig und Elly, die ihn in ihrem immer heftigeren religiösen Eifer als »borniert« schalt und mit Vorwürfen überschüttete, weil er die Bibel nicht las und von Ellys theologischen Wendungen unberührt blieb, als sie unter dem Einfluss von Dibelius auf einmal vom Katholizismus nichts mehr wissen wollte.[286] Heuss jedoch besaß Verständnis dafür, dass sein Sohn zu jener Zeit anderes im Kopf hatte. »Es ist eine böse Lage, in die Deine Generation gestellt ist«, schrieb er ihm im November 1933.[287] »Das Hin-und-Her-Gerissen-Sein zwischen Wissenschaft, beruflichen Plänen und andringenden Forderungen«: So vorsichtig umschreibt der Vater bereits den politischen Druck, verschlüsselter als gegenüber manchem älteren Freund; vielleicht wollte er auch den Sohn zu größerer Vorsicht anhalten. »Entscheidend ist dabei, dass Du mit den Menschen, die Dir nahe stehen, in Klarheit verbunden bleibst, und dass Du Dir die innere Freiheit bewahrst.« An diese Maxime hat sich der Sohn, soweit zu erkennen, bis zum Schluss gehalten.

Ernst Ludwig hatte von seiner Mutter die Kunst des fesselnden Erzählens geerbt. Unter den vielen Briefen, die Heuss auch während der NS-Zeit bekam, gehören die des Sohnes zu den spannendsten Zeitdokumenten, so etwa seine dramatischen Schilderungen heftiger Zusammenstöße zwischen Hitler-Jugend und Korporationen in der Heidelberger Studentenschaft im Sommer 1934, deren besondere Delikatesse darin lag, dass es zum Gutteil ein interner Konflikt der NS-Bewegung war; denn die Heidelberger Studentenschaft war schon vor 1933 eine Hochburg des Nationalsozialismus gewesen, und jene Korpsstudenten, die sich jetzt mit HJ-Leuten prügelten, waren »alle in der SA«.[288] Daher konnten sie sich eine Zeitlang einen handgreiflichen Widerstand leisten, der linken NS-Gegnern zum Verhängnis geworden wäre.

Schon Ende Juli 1934 hatte Ernst Ludwig manchmal »das unheimliche Gefühl, dass wir bald eingezogen werden. Bei dieser Politik!« Er besuchte die Teegesellschaften Marianne Webers, von denen aus sich der Ruhm Max Webers über die Welt verbreiten sollte, und lernte dort den Psychiater Hans W. Gruhle kennen, der unter denen, die Max Weber in der Zeit seines psychischen Leidens berieten, diesem Patienten vermutlich am meisten genützt hat.[289] Mit Gruhle besichtigte er »eine große Irrenanstalt bei Leverkusen«, bei der »die Möglichkeiten des Erbkrankengesetzes in der Praxis« besprochen wurden[290] – bedachte Gruhle, der der NSDAP beigetreten war, wie es dem kranken Max Weber unter diesem Regime ergangen wäre? Zwei Geschichten, die Elly nach Kriegsende in ihrem Büchlein »Schmale Wege« publiziert, handeln von Menschen, die von der NS-Eugenik bedroht wurden; in der einen (»Superbia«) genügt die bloße Angst, für »lebensunwert« erklärt zu werden, dass sich ein begabter Student das Leben nimmt.

Ernst Ludwig berichtet dem vorsichtigeren Vater unbefangen von Kollisionen in seinem Bekanntenkreis mit dem NS-Regime; bei alledem geht er, wie es scheint, auch ohne krampfhafte Akte der Anpassung seinen Weg, wobei ihm wie schon zuvor seiner Mutter die familiäre Beziehung zur Wybert GmbH mit ihrem Schweizer Hintergrund von Nutzen ist. Zuletzt vor Kriegsausbruch ist er Abteilungsleiter an der Deutschen Handelskammer in London; er wäre wohl nicht ungern dort geblieben, findet jedoch nicht die erhoffte Unterstützung bei dem nach England emigrierten Jäckh: Diese Enttäuschung bringt den ersten Riss in Heuss' Beziehung zu seinem früheren Förderer.[291] Ein Schlaglicht auf die Situation im Hause Heuss nach dem Novemberpogrom 1938 und auch auf die Hellsicht des Sohnes wirft sein Brief aus London vom 24. November 1938 an die nach Jugoslawien emigrierte Heilpädagogin Annemarie Wolff, die 1945 in einem Ustascha-KZ stirbt und deren Tochter zwei Jahrzehnte darauf seine zweite Frau werden sollte: »Bei uns zu Hause geht es zu wie in einer jüdischen Beratungsstelle.« »Aber man kann ja nichts helfen, da die unerbittliche physische und materielle Ausrottung auf dem Programm steht, dass trotz aller Abneigung draußen und drinnen durchgeführt wird.«[292]

Nach Deutschland heimgekehrt, hatte Ernst Ludwig Glück: Von Kriegsausbruch bis Kriegsende bekam er eine Anstellung bei der Reichsstelle für Lederwirtschaft in Berlin, stieg dort sogar zum Geschäftsgruppenleiter auf und blieb von der Front verschont. Noch in den schlimmsten Kriegsjahren führte er dort ein privilegiertes Dasein; im Oktober 1943 berichtet er seinen Eltern von einer beschwingten Schlafwagenfahrt mit einem seiner Oberen »beim gemeinsamen Konsum einer Flasche Sekt und einer Flasche Kognak«; in Berlin erwartete ihn »eine ausgewachsene fette Gans«, zu der sich »noch ein Hühnchen gesellte«. »Der Salon-Bunker im Garten ist ganz fertig und ist wirklich fabelhaft, alles mit Holz verkleidet …«[293] Das schöne Leben der »Bonzen«-Welt, mag er sie auch im Innern verachten, lässt ihn nicht unberührt, während die Briefe seines Vaters in den letzten Kriegsjahren tonloser und wortkarger werden. Aber er bekam in seiner Position auch manches aus dem Innern des NS-Machtapparates mit, so über seinen Kollegen Willi Hintze darüber, dass die Gestapo Material gegen seinen Vater sammelte. Nicht zuletzt auf seine Warnungen, nicht nur auf Ellys Herzleiden scheint es zurückzugehen, wenn die Eltern Berlin Anfang August 1943 geradezu fluchtartig verließen.[294]

Drei Monate darauf, nach einem schweren Luftangriff, berichtet der Sohn nach Heidelberg: »Der Anblick Berlins ist unvorstellbar. Ich bin viel kreuz und quer herumgekommen. Schöneberg, Moabit, Charlottenburg, Wedding, Siemensstadt. Schätzungsweise 400 000 Obdachlose. Innenstadt fast völlig kaputt.«[295] Über geraume Zeit schildert er das Überleben im Berliner Chaos noch mit einem gewissen Galgenhumor. Als er jedoch dem Vater im Januar 1945 den üblichen Geburtstagsbrief zu schreiben sucht, fällt ihm nichts mehr ein. »Ich spüre nur eine völlige Leere in mir. … Ich kämpfe gegen starke allgemeine Depressionen. Bisher haben mich ja meine Nerven nicht verlassen, jetzt meine ich aber manchmal nicht mehr weiter zu können.«[296]

Und doch muss der Sohn, wenn auch auf andere Art wie der Vater, eine bemerkenswerte Fähigkeit besessen haben, in extremen Situationen die Nerven zu bewahren. Die »Schlacht um Berlin« durchlebte er im Frühjahr 1945 vor Ort; da verbarg er in seinem Kohlenkeller einen jungen Polen, Bogislav Sikora, der ihn dann gegen die anrückenden Russen schützte, als diese ihn in seinem Luftschutzkeller aufstöberten und mit Maschinenpistolen bedrohten.[297] Und unmittelbar vor dem Ende des NS-Regimes, am 23. April 1945, sein größter Coup, als er sich als Beamter des Justizministeriums ausgab und Mutter und Schwester seiner künftigen Ehefrau, der Tochter des im gleichen Frühjahr im KZ Sachsenhausen ermordeten Fritz Elsas, aus der Haft befreite!

Im Unterschied zum Vater, für den der 8. Mai 1945 trotz allem »einer der furchtbarsten Tage der deutschen Geschichte« war[298], erlebte Ernst Ludwig Heuss das Kriegsende einzig nur als Befreiung. Am 22. Februar 1945 berichtet er an seine Eltern von einem Abend mit Emmy Bonhoeffer, der Schwägerin des inhaftierten Theologen Dietrich Bonhoeffer, mit atemberaubender Offenheit, wohl in der Annahme, dass in dem allgemeinen Inferno auch die NS-Briefzensur nicht mehr funktioniere. Auch deren Gatte Klaus Bonhoeffer war wegen seiner Verbindungen zum 20. Juli in Haft; beiden Brüdern stand die Hinrichtung bevor. »Die Gnadengesuche sind eingereicht, mir scheint aber sehr wenig Aussicht auf Erfolg zu bestehen, da ja bisher noch in keinem Fall begnadigt wurde. Die einzige Chance ist, dass die Russen bis dahin, d.h. noch vor der Vollstreckung hier sind.«[299]

Der letzte Satz hätte ihn an den Galgen bringen können; der Vater muss bei der Lektüre zusammengezuckt sein. Und dann war noch nach Kriegsende jegliche Verbindung zwischen Sohn und Eltern über Monate unterbrochen! Am 4. August 1945 wurden Ernst Ludwig Heuss und Hanne Elsas mitten im zerstörten Berlin von Dibelius in der »einigermaßen wiederhergerichteten«, wenn auch noch fensterlosen Annenkirche getraut, ohne dass die Eltern in Heidelberg davon wussten, geschweige denn dorthin reisen konnten. Die langen Briefe, die die frisch getrauten Eheleute an Elly und Theodor Heuss schrieben, von denen sie noch immer kein Lebenszeichen hatten, haben etwas Verklärtes: mitten in all der Zerstörung entsteht da eine neue heile Welt voller Lebenssinn, Freundschaft und guten Geistern. Der Sohn wohnte mit seiner jungen Frau im Heuss-Haus an der Kamillenstraße in Lichterfelde, im amerikanischen Sektor, schützte es gegen die drohende Beschlagnahmung und ließ wieder Fenster einsetzen. »Uns geht es in der Kamillenstraße ausgezeichnet, und wir sind restlos glücklich«, schrieb er am 14. August 1945 an die Eltern, von denen er seit dem 25. März nichts mehr gehört hatte[300] – aber das schien ihm keinen Grund zur Sorge zu geben; aus Berliner Sicht war Heidelberg damals ein Idyll.

»SCHMALE WEGE«: EIN ERSTER VERSUCH DER VERGANGENHEITSBEWÄLTIGUNG DURCH ELLY. Während Heuss in seinen Memoiren bis zu seinem Lebensende zu Toni Stolpers Bedauern nicht über 1933 hinauskam, hat Elly, die passionierte Geschichtenerzählerin, die ihrem Ehemann bereits in der Publikation von Lebenserinnerungen voranging, schon kurz nach Kriegsende, als viele andere Deutsche noch geistig wie gelähmt waren, Erfahrungen mit der NS-Diktatur literarisch verarbeitet: in einer Sammlung von 17 Kurzgeschichten, jede nur wenige Seiten lang, die – wie die Autorin versichert – im Kern auf »wahren Begebenheiten« der NS-Zeit beruhen. Diese mögen manchmal von Ellys Erzählleidenschaft ausgeschmückt worden sein; aber der Strom von Briefen, die sie darauf bekam, zeugt von der Lebensechtheit dieser Geschichten und bestätigt manchmal auch deren Authentizität.

Die Anregung stammte von dem Verleger Hermann Leins; aber als Elly mit dem Schreiben anfing, kam sie rasch in Fahrt: »es floß und floß wie bei einem Wasserhahn, den man vergessen hat zuzuschrauben«, berichtete Heuss den Stolpers.[301] Der Titel »Schmale Wege« spielt auf ein beliebtes, gerne auch bildlich dargestelltes Motiv religiöser Erbauungsliteratur an, das den griechischen Mythos von »Herkules am Scheidewege« aufnimmt: Der Mensch muss sich zwischen dem breiten, bequemen und dem schmalen, mühsamen Weg entscheiden; der breite führt in die Verdammnis, der schmale zur Seligkeit.[302] Elly ist jedoch erfahren genug, dieses Motiv in ihren Geschichten nicht überzustrapazieren; das wirkliche Leben ist komplizierter: In manchen ihrer Geschichten braucht keine schmerzhafte Wahl getroffen zu werden; in anderen gibt es keinen Weg zum Heil – zumindest nicht in dieser Welt. Die Geschichten sind nicht durchweg erbaulich.

Ellys Botschaft ist vor allem diese: Die Menschen sollen ihren Seelenfrieden wiederfinden, wenn auch unter Tränen. In keiner anderen Veröffentlichung erreicht Ellys Erzählkunst ein solches Format wie in diesen kurzen Geschichten: *So* hat auch Theodor Heuss nie erzählen und die Menschen packen können; überall Spannung vom Anfang bis zum Ende, vor allem wenn man sich in Leser jener Zeit hineinversetzt. Zuerst hatte Elly an den Untertitel gedacht: »Schicksale aus dem anderen Deutschland«. Am liebsten hätte sie das Büchlein gleich auch in Übersetzungen im Ausland herausgebracht; aber da war ihr Gatte skeptisch: »Draußen würden bisher nur nuancenlose, schwarz in weiß gezeichnete Dinge wirken.«[303] In der Tat geben ihre Geschichten zu erkennen, dass es zwischen dem NS- und dem »anderen Deutschland« keine scharfe Grenze gab, so wie es auch den Erfahrungen der Heussens entsprach, deren Bekanntenkreis bis tief in den NS-Apparat hineinreichte. Zu oft hat die Populärliteratur den Eindruck erweckt, es habe *den* typischen Nationalsozialisten gegeben; da schildert Elly realistisch und aus reichlicher Erfahrung, dass sich in der NS-Bewegung sehr unterschiedliche Menschentypen aus ebenso unterschiedlichen Motiven sammelten.

Wir sahen, wie Elly in der NS-Zeit zwischen ihrer Verehrung für Dibelius und die Bekennende Kirche und ihrer Sehnsucht nach Geborgenheit in weltabgewandten katholischen Klöstern schwankte; diese Gespaltenheit spürt der Leser auch in den »Schmalen Wegen«. Erlösung erlebt er am stärksten in der Geschichte der Barbara Uetli (»Barmherzigkeit«), die in acht Monaten Gefängnis wegen »Beleidigung des Führers« einen tiefen Seelenfrieden findet, zum Katholizismus konvertiert und im Kloster, fern von den politischen Turbulenzen, zu einer alles verzeihenden Heiterkeit gelangt. Kein Zweifel, das war Ellys eigener

Wunschtraum. Und doch war der Drang nach Weltflucht nur ein Teil von ihr. Gegen Schluss des Büchleins berichtet sie unter dem Titel »Anlässlich einer Teegesellschaft« von dem Schicksal der »Direktorin v. Th.«, in der ihre Bekannten unschwer die nach dem 20. Juli hingerichtete Elisabeth von Thadden erkennen konnten und die zum Opfer eines infamen NS-Spitzels, des »Dr. R.«, wurde (Paul Reckzeh, der sich später, als ihm in der Bundesrepublik der Prozess drohte, als Oberarzt in der DDR etablierte[304]). Mit ihr gelangen wir in die bedrohte Welt der Bekennenden Kirche, der Dahlemer Bittgottesdienste für die Gefangenen. Die Weltflucht bleibt nicht die einzige Botschaft des Büchleins; damit hätte Elly sich selbst verleugnet, die im August 1933, als ihr die Lehrtätigkeit am Burckhardthaus durch die Denunziation ihrer Schülerin genommen war, ihrem Herzen Luft machte: »Unterricht fehlt mir wie ein abgeschnittenes Bein.«[305]

Von dem aus betrachtet, was wir heute über die NS-Herrschaft wissen, erscheint der totalitäre Charakter dieses Systems in den »Schmalen Wegen« überzeichnet. Das ist typisch für die ältere Literatur zur NS-Zeit und erklärt sich nicht nur aus dem Bestreben, diese Diktatur zu brandmarken, sondern manchmal auch aus dem Bedürfnis, ein eigenes nach außen angepasstes Verhalten zu rechtfertigen. Elly schrieb diese Geschichten auch mit Seitenblick auf potentielle Leser in den westlichen Ländern, die die Deutschen wegen ihrer Widerstandslosigkeit gegenüber den NS-Schandtaten verachteten und bei denen sie Verständnis für die Situation derer wecken wollte, die dem Nationalsozialismus innerlich fernstanden, aber zum Schweigen verdammt waren. Ohne Namensnennung berichtet sie davon, wie ihrem Mann von einer NS-Stelle »Verkehr mit Juden« vorgehalten wurde und er erwiderte, das seien alte Bekannte, und ihm sei es »noch von der Schule her geläufig, dass Treue für eine deutsche Tugend gelte«. Typisch Heuss: Die Nazis mit »völkischen« Waffen zu schlagen; in der Tat hatte er ihnen in dem Fall damit den Mund gestopft.

DAS PROBLEM DER »ANSTÄNDIGEN ELEMENTE« IM NS-SYSTEM UND DER FALL MARTIN SANDBERGER. Ellys eigene Erfahrungen im Zuge der NS-Zeit waren ähnlich verwirrend wie die ihres Mannes, der wiederholt in der Bedrängnis aus dem Innern des NS-Apparates von alten Bekannten Hilfe erfuhr. Am 25. November 1938 schrieb sie Toni Stolper aus Basel einen langen Brief; aus der Schweiz konnte sie offen schreiben. Sie gesteht, es quäle sie in schlaflosen Nächten, dass sie Toni die Bitte übermittelt habe, ihr »nicht zu schreiben«. Man wird an bestimmte Passagen ihrer Geschichte der Elisabeth von Thadden erinnert: Wer sich zwischen dem Reich und der Schweiz bewegt, wo sich Emigranten sammeln, muss mit besonders argwöhnischer Beobachtung durch die Gestapo rechnen. Aber dann schwärmt sie im gleichen Brief, zwei Wochen nach dem Novemberpogrom, dass »in diesen letzten Wochen, seit die Hölle los ist, auch die anständigen Elemente so unglaublich an Kraft gewonnen haben, dass alle Tage die sonderbarsten Dinge geschehen«. Toni möge ihr jetzt nicht »flammend vor Entrüstung« »eine gewisse Apologie« unterstellen: »Aber es ist tatsächlich so, dass bis zu Beamten der Gestapo viele bereit sind zu helfen, in geradezu unwahrscheinlichem Ausmaß.«[306]

Dieser Hintergrund zwiespältiger Erfahrungen scheint auch in den »Schmalen Wegen« durch: Es ist nicht leicht, gut und böse zu unterscheiden; der äußere Schein kann trügen. Bei einem vermeintlichen NS-Gegner kann es sich um einen Spitzel handeln; dagegen selbst ein SS-Mann kann im Kern anständig sein, sich womöglich nur unter Druck und zum Schutz anderer in die SS begeben haben, so wie es Theodor Heuss bei dem Bosch-Direktor Hans Walz erlebte und Elly in der ersten Geschichte der »Schmalen Wege« von dem Sohn jenes Bauern schreibt, der aus Wut und Verzweiflung über sein Familienschicksal auf einen Apfelbaum einschlägt. Vor diesem Hintergrund wird verständlich, weshalb Heuss der »Entnazifizierung« mit tiefer Skepsis gegenüberstand; denn diese erfolgte zwangsläufig nach äußerlichen, schematischen Kriterien, nach der Zugehörigkeit zu NS-Organisationen oder Entlastungsaussagen von Bekannten, deren Zuverlässigkeit ein Außenstehender nicht zu durchschauen vermochte.

Nicht zum Widerstand, aber zu den Anständigen rechneten sich die Heussens; darauf beruhte ihr Selbstgefühl, auch in der NS-Zeit »mit sich im Reinen« geblieben zu sein. Aber der Begriff »Anstand« ist nicht weniger mehrdeutig als der Begriff »Widerstand«. »Die anständigen Elemente« glaubte Elly im November 1938 »unglaublich an Kraft« gewinnen zu sehen: Aber was heißt hier *»anständig«*? Das voraufgegangene Novemberpogrom war ohne Zweifel ein übler Verstoß gegen jeglichen Anstand; so haben es vermutlich selbst viele kultivierte Anhänger des Nationalsozialismus empfunden, und das NS-Regime hat denn auch derart üble Rabaukenszenen, die jeden Ordnungsliebenden beleidigten, fortan vermieden; aber wo blieb der Anstand bei der Entrechtung der Juden auf dem Verordnungswege? Beruhte nicht die Macht des NS-Regimes entscheidend auf den »anständigen« Nazis, die aus ehrlicher Überzeugung, nicht aus Mordlust und auch nicht zur persönlichen Bereicherung handelten; gehörten nicht in gewissem Sinne selbst Hitler und Himmler zu ihnen?

Von dem Kaufmann Strömer, der seine Söhne einen nach dem anderen unerbittlich an die Front und in den Tod schickt, ja einen Professor auch noch denunziert, der ihn bereden will, wenigstens dem verbliebenen Jüngsten ein ärztliches Attest zu beschaffen, schreibt Elly in den »Schmalen Wegen«: »Es war die hohe Tugend der Pflichterfüllung, die in ihrer Verhärtung zum Zerrbild, zur Versündigung wurde.«[307] Sie möchte so gerne den Anstand zum Kriterium machen, nicht anders als ihr Mann; manchmal kann man daran tatsächlich jene

Menschen erkennen, die den »schmalen Weg« zum Heil beschritten, aber doch längst nicht immer. Dieses Problem bleibt für sie ungelöst.

Auch Theodor Heuss hat es nicht lösen können, noch als Bundespräsident nicht im Umgang mit NS-Belasteten. Da hat sein Verhalten in manchen Fällen auch seine späteren Bewunderer ratlos gemacht. Manches lässt sich vor dem Hintergrund seiner persönlichen Erfahrungen in der NS-Zeit nachvollziehen, so insbesondere seine Missbilligung des Prozesses gegen leitende Angehörige des Auswärtigen Amtes wie Ernst von Weizsäcker oder den Freiherrn von Neurath, der ihm Zugang zu Akten in Sachen Naumann gewährt hatte. Wir haben schon früher seine freundschaftliche Beziehung zu Bernhard Wilhelm von Bülow kennengelernt, der über 1933 hinaus im AA die Stellung hielt; das war in Heuss' Augen ohne Zweifel ein Typus Mensch, der im Kern grundanständig und vernünftig war und dessen Geschick im Laufe der NS-Zeit besser mit Begriffen der Tragik als mit solchen der Kriminalistik zu begreifen war. In diesem Punkt hatte Heuss sich jedoch nicht Max Webers Verantwortungsethik zu eigen gemacht: dass es in der Politik nicht so sehr auf die *Motive* eines Menschen ankommt wie auf das, was einer faktisch bewirkt und verantwortet.

Denjenigen, der bei Heuss am liebsten für alles Verständnis hat, bringt das Gnadengesuch des Bundespräsidenten für Martin Sandberger am allermeisten aus der Fassung, den Führer eines Sonderkommandos, das 1941/42 in Estland Tausende von Juden und Kommunisten ermordete. Er wurde 1948 von einem US-Gericht zum Tode durch den Strang verurteilt[308], entging jedoch der Hinrichtung und kam 1958 frei; er starb 2010 im Alter von 99 Jahren. Bei ihm handelte es sich eindeutig um keinen bloßen »Mitläufer«, sondern um einen Überzeugungstäter. Im Juli 1955 ließ Heuss sich gleichwohl von Sandbergers Anwalt Hellmut Becker, der schon Ernst von Weizsäcker verteidigt hatte, dazu bewegen, bei dem US-Botschafter Conant, wenn auch mit Vorbehalt, für Sandberger ein Wort einzulegen: Die ihm zur Last gelegten und von ihm zum Teil auch zugegebenen »Massenexekutionen« seien eigentlich Grund genug dafür, dass er, Heuss, sich dieses Falls nicht annehmen könne; »aber zehn Jahre Freiheitsentziehung kann – ich sage nur: kann – Läuterung gebracht haben und Gnade ist der schönste Teil, der dem Recht zugeordnet ist.«[309]

Der springende Punkt ist bei alledem recht deutlich: Sandberger war von einem ganzen Netz menschlicher Beziehungen umgeben, das Heuss anheimelte und ihm Vertrauen einflößte. Carl Friedrich von Weizsäcker kannte Sandbergers Schwester und setzte sich für den Häftling ein; Sandbergers Anwalt war ein Sohn des liberalen preußischen Kultusministers Carl Heinrich Becker, der Heuss aus der Weimarer Zeit in guter Erinnerung war; Sandbergers Vater war ein württembergischer Liberaler gewesen, den Heuss in jungen Jahren gekannt hatte; liberale Württemberger Honoratioren plädierten ebenfalls für Gnade, und selbst Carlo Schmid setzte sich für Sandberger ein; denn der hatte ihn 1934 in Tübingen als Führer der NS-Studentenschaft vor der Gestapo geschützt.[310] Man erkennt, wie Schmid diese Affäre als eine Angelegenheit »von Mensch zu Mensch«, zwischen Sandberger und ihm selbst, behandelte, wobei die anonymen Opfer draußen blieben.

Auch bei Heuss liegen die Dinge psychologisch recht einfach: Sandbergers Fürsprecher und die, die hinter ihnen standen, hatten für Heuss ein Gesicht und gehörten einer Welt an, in der er zu Hause war; für die Opfer galt das nicht. Im Falle der Juden spielte Sandberger den bloßen Befehlsempfänger, gab jedoch zu, an der Tötung von »etwa 350« Kommunisten direkt beteiligt gewesen zu sein.[311] Sein Verteidiger stellte dies als Kriegshandlung, als Vergeltungsakt dar, da auch die GPU kurz davor nach der sowjetischen Besetzung Estlands im Gefolge des Stalin-Hitler-Pakts Massenerschießungen vorgenommen habe. Da bekam Sandberger sogar Schützenhilfe aus den USA: Der deutschstämmige, scharf antikommunistische Senator William Langer setzte sich im Mai 1949 bei Präsident Truman persönlich für den Häftling ein und erinnerte ihn daran, dass man im Krieg »viele unerfreuliche Dinge« tun müsse, wie er, Truman, ja von seiner Entscheidung für den Abwurf der Atombombe her wisse![312]

Das Netzwerk der Fürsprecher für diesen schwerstbelasteten NS-Täter ist phänomenal. Man erkennt, dass sich Heuss bei seinem Gnadengesuch dennoch nicht wohl war. Und doch: Die Rolle dessen, der für Gnade plädiert, lag ihm mehr als die Rolle dessen, der unnachsichtig auf Vergeltung besteht. Begnadigen gehört zur Würde eines Staatsoberhauptes. Das Vergeben-Können war für ihn ein Beweis vornehmer Gelassenheit, gelungener »Entkrampfung«, ähnlich wie Barbara Uetli in den »Schmalen Wegen« dadurch, dass »alle Gehässigkeiten« an ihr abgleiten, eine heitere Ruhe findet und »strahlende Augen« bekommt wie noch nie.[313] Als *persönliche* Entscheidung mag dies ein Zeichen von Lebensweisheit sein, zumal dann, wenn man selber Opfer war und das eigene Leiden überwindet, nicht den Blick vom Leiden anderer abwendet. Als *politische* Entscheidung ist diese Art von Großherzigkeit jedoch anfechtbar. Wie so manches verweist sie auf offene Hypotheken, die die »Bewältigung der Vergangenheit« der Ära Adenauer/Heuss hinterließ.

5
Heuss' historische Stunde: Schwächen verwandeln sich in Stärke

1945 Ende April: Sergeant John H. Boxer von der amerikanischen *Information Control Division (ICD)*, der Journalisten ermitteln soll, die sich nicht unter der NS-Herrschaft kompromittiert haben, sucht Heuss in seiner Heidelberger Wohnung am Kehrweg auf; Heuss lehnt die Mitarbeit an einer Zeitung zunächst ab. 1. Juli: Abschluss seiner Jugenderinnerungen »Vorspiele des Lebens«. 5. September: Zusammen mit Rudolf Agricola (KPD), Hermann Knorr (SPD) und Adalbert Berger (früher Zentrum) erhält Heuss von den amerikanischen *press officers* die Lizenz für die Herausgabe der »Rhein-Neckar-Zeitung« (RNZ); bis Ende 1949 bleibt Heuss Mitherausgeber, während Berger wegen seiner früheren Mitarbeit im Propagandaministerium die Lizenz wieder entzogen wird. 24. September: Vereidigung zum »Kultminister« des zur amerikanischen Zone gehörigen Nordteils von Württemberg und Baden; Ende September Umzug nach Stuttgart-Degerloch. 3. November: Rede auf der Gründungsversammlung der Demokratischen Volkspartei (DVP) von Württemberg-Baden (»Leben wir noch?«). 25. November (Totensonntag): Stuttgarter Rede »In Memoriam«: Gedenken an die Opfer des Nationalsozialismus

1946 6. Januar: Wahl in den Vorstand der DVP von Württemberg-Baden. 18. März: Auf Einladung des *Kulturbundes zur demokratischen Erneuerung Deutschlands*, in dem der künftige DDR-Kultusminister Johannes R. Becher den Ton angibt, hält Heuss in Berlin die Rede »Um Deutschlands Zukunft«. 30. Juni: Wahl in die Verfassunggebende Landesversammlung von Württemberg-Baden. Herbst: Heuss' Biographie von Robert Bosch erscheint; der von der amerikanischen Militärregierung zunächst bewilligten Auflage von 5000 Stück stehen schon nach wenigen Wochen an die 50000 Bestellungen gegenüber. 28. September: Wahl zum Vorsitzenden der DVP in der amerikanischen Zone; seine Stellvertreter sind Thomas Dehler und August Martin Euler: der bayerische und der hessische Landesvorsitzende. Oktober: Heuss begibt sich zum ersten Mal in ein Sanatorium (Baden-Baden). 24. November: Wahl in den ersten Landtag von Württemberg-Baden. Dezember: Heuss legt das Amt des Kultministers nieder, damit nach dem Parteienproporz Reinhold Maier Ministerpräsident bleiben kann

1947 Februar: Der amerikanische Ex-Präsident Herbert Hoover bereist in Begleitung von Gustav Stolper Deutschland; am 11. Februar trifft Stolper auch Heuss zusammen mit Reinhold Maier in Stuttgart; am 18. März wird in Washington der Bericht der Hoover-Kommission vorgelegt, der Auftakt zum Marshallplan (5. Juni 1947). 12. Februar: Zeugenaussage vor dem Untersuchungsausschuss des Landtages von Württemberg-Baden zur Bedeutung des Ermächtigungsgesetzes von 1933 und der Aussagekraft seinerzeitiger Zustimmungen dazu. 17. März: Heuss und Wilhelm Külz (jetzt in der SBZ) werden gemeinsam zu Vorsitzenden der gesamtdeutschen Demokratischen Partei Deutschlands (DPD) gewählt. 9.–14. April: Teilnahme am Kongress der Liberalen Weltunion in Oxford. 4.–7. Juli: Teilnahme am Parteitag der ostzonalen Liberal-Demokratischen Partei (LDP) in Eisenach; programmatische Reden von Heuss und Külz, die zueinander in Spannung stehen. Juli/August: Treffen mit Gustav und Toni Stolper in der Schweiz; Austausch über Gustav Stolpers entstehendes Buch »German Realities«; Heuss verfasst für Stolper ein 37-seitiges Exposé zu Fragen einer künftigen deutschen Verfassung. 19. Dezember: Heuss bricht mit Külz und gibt dessen LDP die Schuld an der zunehmenden Spaltung des Parteilebens in Ost und West; vorausgegangen ist das Scheitern der Londoner Außenministerkonferenz (25. 11. bis 15. 12. 1948), die sich vergeblich um eine gesamtdeutsche Neuordnung bemühte. 27. Dezember: Tod Gustav Stolpers. Veröffentlichung der Essaysammlungen »Schattenbeschwörung – Randfiguren der Geschichte« und »Deutsche Gestalten – Studien zum 19. Jahrhundert«

1948 Zum 100-jährigen Jubiläum Veröffentlichung von »1848 – Werk und Erbe«. 12. Januar: Ernennung zum Honorarprofessor für politische Wissenschaften an der Technischen Hochschule (TH) Stuttgart. 18. Januar: Auf einer Sitzung des noch gesamtdeutschen DPD-Vorstands in Frankfurt kommt es zum Eklat, als die westdeutschen Vertreter die Anpassungsstrategie der LPD gegenüber der sowjetischen Besatzungsmacht und die Mitarbeit an der von der SED geführten »Blockpolitik« kritisieren und den Rücktritt von Külz verlangen. 4. Februar: In einem Artikel »Pensionen für Offiziere?« in der »Rhein-Neckar-Zeitung« plädiert Heuss für eine Pensionsberechtigung auch der Offiziere, die in der NS-deutschen Wehrmacht gedient haben. 28. März: Artikel »Die Paulskirche« in der »Abendpost«: 1848 als Vorbild für 1948. 13./14. März: Teilnahme am Parteitag der Berliner LDP. 26. April bis 31. Juli: Vorlesungen an der TH Stuttgart. 21.–25. Mai: Teilnahme am Kongress der Liberalen Weltunion in Zürich. Nachdem die Londoner Sechsmächtekonferenz, die am 6. Juni endet, Empfehlungen und Auflagen zur Gründung eines westdeutschen Staates beschlossen hat, schwenkt Heuss nach längerer deutschlandpolitischer Zurückhaltung jetzt offen auf diese Linie ein, während Adenauer diese Empfehlungen zunächst als »katastrophal« bezeichnet. 14. Juni: Einstellung eines Spruchkammerverfahrens gegen Heuss, das wegen seiner Zustimmung zum Ermächtigungsgesetz eingeleitet worden war. 20. Juni: Die Währungsreform, infolge derer die meisten Westdeutschen für einige Zeit von Geldfragen absorbiert werden, wird von Heuss als Verschnaufpause erlebt. 1. September: Beginn der Tätigkeit als Abgeordneter im Parlamentarischen

Rat. 9. September: Grundsatzrede im Parlamentarischen Rat über die künftige Verfassung; anders als Carlo Schmid warnt Heuss davor, den provisorischen Charakter des neuen Staatsgebildes zu betonen, und plädiert für »Bundesrepublik Deutschland« als Bezeichnung des zu gründenden Staatswesens: einen Begriff, den er noch 1947 ablehnte. 20. September: Heuss veröffentlicht in der »Rhein-Neckar-Zeitung« den Artikel »Von den Grundrechten« gegen eine Aufnahme sozialer Rechte in den Grundrechtskatalog. 21. September: Heuss wendet sich im Grundsatzausschuss des Parlamentarischen Rates gegen eine naturrechtliche Begründung der Grundrechte. 23. Oktober: Ein Artikel des »Tagesspiegel« berichtet von einer Rede des FDP-Politikers Max Rademacher in Neumünster, wo dieser Heuss als künftigen Bundespräsidenten in Aussicht stellt; Heuss ist davon peinlich berührt. 12. Dezember: Wahl zum Vorsitzenden der FDP in den gesamten Westzonen

1949 15. Januar: Ansprache zur Wiedereröffnung der Deutschen Hochschule für Politik in Berlin, des späteren Otto-Suhr-Instituts für Politikwissenschaft der FU, in der Zeit der Berliner Blockade durch die Sowjets (24.6.1948 bis 12.5.1949). 18. Januar: Im Hauptausschuss des Parlamentarischen Rates wendet sich Heuss gegen ein Recht auf Wehrdienstverweigerung in der neuen Verfassung. Januar: In den humorigen Hexametern seiner »Parlamentarischen Elegie« beschreibt Carlo Schmid Heuss als den weisen Mittler und das ausschlaggebende »Zünglein an der Waage« im Parlamentarischen Rat. Januar: Beginn der publizistischen Auseinandersetzung mit Dolf Sternberger, der Heuss bereits von der NS-Zeit her als Redakteur der »Frankfurter Zeitung« (1934–1943) bekannt war. 12. Februar: In seinem Artikel »Wer legitimiert?« in der »Rhein-Neckar-Zeitung« plädiert Heuss für eine Volksabstimmung über das Grundgesetz, obwohl er gegen die Aufnahme plebiszitärer Elemente im Grundgesetz Stellung nimmt. 25. April: Teilnahme an Besprechungen zwischen Vertretern des Parlamentarischen Rates und den alliierten Militärgouverneuren in Frankfurt a.M. 8. Mai: Schlussrede im Parlamentarischen Rat, mit Rückblick auf die »Paradoxie« des 8. Mai 1945 (»erlöst und vernichtet in einem«). 23. Mai: Heuss stellt sein frei nach Wilhelm Busch gereimtes »ABC des Parlamentarischen Rates« fertig (im Juli vervielfältigt). 13. Mai bis 8. Juni: Heuss' erster längerer Krankenhausaufenthalt (in Konstanz). 11. Juni: Heuss veröffentlicht in der »Neuen Zeitung« den Artikel »Der Mythos vom Wahlrecht« gegen die u.a. von Sternberger vertretene These, die Weimarer Republik sei nicht zuletzt am Proporzwahlrecht zugrunde gegangen. 14. August: Wahl zum ersten Deutschen Bundestag; CDU: 139 Abgeordnete; SPD: 131; FDP: 52; DP: 17: Bayernpartei: 17. Heuss fällt im Wahlkreis Stuttgart durch und gelangt nur über die Landesliste der FDP in den Bundestag. 12. September: Wahl zum ersten Bundespräsidenten. 7. Dezember: »Mut zur Liebe«, Ansprache in Wiesbaden bei einer Feierstunde der *Gesellschaft für christlich-jüdische Zusammenarbeit* (1946/47 gegründet) – die erste der »großen Reden« des Bundespräsidenten Heuss

VOM RAND INS ZENTRUM DES GESCHEHENS: DIE SCHLAGARTIGE EXPANSION DER HEUSS-WELT UND DER ANSTURM NEUER MÖGLICHKEITEN. Im Frühjahr 1947 veröffentlichte Heuss eine nach Kuriositäten ausgewählte Sammlung jener biographischen Essays, die er während des Krieges im Wochenrhythmus publiziert hatte, unter dem Titel »Schattenbeschwörung – Randfiguren der Geschichte«. Er hatte diese humorigen Skizzen zu einer Zeit geschrieben, als er selber zu einer solchen Randfigur geworden war; jetzt gehörte er zu den machtvollen Geistern, die – an der Pforte zur Unterwelt stehend – die Schattengestalten zu sich zu ziehen vermögen. Wie 1933 war auch 1945 nach Kriegsende der Szenenwechsel im Fall von Heuss abrupt: Das »eingeschrumpfte« Leben wandelt sich zur bedrängenden Fülle, auch wenn noch geraume Zeit die Kontakte über die Grenzen der Besatzungszonen hinweg recht mühsam sind. Schon die bloße Aufeinanderfolge der Daten demonstriert, wie sich Heuss' Leben von jetzt ab verdichtet und in den Hauptstrom der (west)deutschen Geschichte mündet.

Heuss wird als einer, der als *»uncompromising democrat«* auf der amerikanischen »weißen Liste« steht[1] – der Auflistung der nicht durch den Nazismus kompromittierten Politiker und Publizisten –, rasch zum begehrten Mann. NS-Karrieristen, die Heuss kaum mehr kannten und seine Briefe nicht beantworteten, möchten ihn jetzt auf einmal kennen und suchen seinen Kontakt; in Köln ergeht es Adenauer ähnlich.[2] Das Streben nach dem »Persilschein« ist ein Leitmotiv in der Heuss'schen Nachkriegskorrespondenz: das manchmal trotzige, meist schmeichelnde Bemühen, von einem anerkannten NS-Gegner die braunen Flecken abgewaschen zu bekommen, indem der bestätigt, dass man im Grunde »dagegen« gewesen sei. Heuss zeigt bei der Beantwortung solcher Schreiben erstaunliche Geduld, obwohl zur gleichen Zeit genug anderes auf ihn einstürmt – eigentlich viel zu viel.

Auch der Heuss-Biograph bekommt seinen Teil von der Überlastung mit, der Heuss von nun an zunehmend ausgesetzt ist. Jetzt, da es mit der beschaulichen Ruhe in Heuss' Leben vorbei ist, kann es sich auch sein Biograph von nun an seltener leisten, sich in aller Breite in einzelne Heuss-Dokumente zu vertiefen: Fortan muss er wieder viel intensiver nach den großen Linien suchen, über einen Wust von Wiederholungen und Banalitäten hinwegsehen, mit Fragestellungen in die Papiermassen Schneisen schlagen und manchmal nicht so sehr die Inhalte der Kommunikation zum Thema machen wie die Kommunikation selbst: die Schaffung von Netzwerken, wo die Gedanken wieder strömen, in einem zerrissenen Land.

Mit der großen Linie ist es ab 1945 erneut ein Problem wie schon vor 1933. Auch in der ersten Nachkriegszeit darf sich der Biograph nicht zur Teleologie verführen lassen und sich bei Heuss vorschnell eine Prädestination zum Bundespräsidenten einbilden. Noch bis 1948 zeichnet Heuss sich keineswegs durch Zielstrebigkeit aus: zuerst wieder der Weg in den Journalismus, dann an die Spitze des baden-württembergischen Kultusministeriums, dann in die Parteipolitik und in den Landtag, streckenweise das eine und das andere nebeneinander, aber immer wieder abbrechend und ohne sonderlich eindrucksvolle Resultate: Wir kennen diesen Schlingerkurs schon aus den 1920er Jahren und davor.

Bei dem Journalisten Heuss erkennt man wie eh und je das Manko, dass seine Stärke mehr in den weit ausholenden und abwägenden Betrachtungen als in zupackenden aktuellen Pointen liegt.[3] Als er im September 1945, keine drei Wochen, nachdem er in Heidelberg Herausgeber der »Rhein-Neckar-Zeitung« (RNZ) geworden ist (der er zumindest formal auch bis 1949 bleibt), als »Kultminister« nach Stuttgart geht, reimt der Heidelberger Historiker Fritz Ernst auf Schwäbisch: »*Kaum ischt er / Minischter / Entwischt er* …«[4] Aber auch auf dem Ministerposten hält es ihn nur ein gutes Jahr. Und dann zuerst DVP-, daneben DPD- und darauf FDP-Vorsitzender: Ohne Zweifel waren das Positionen, die ihm weit weniger Vergnügen bereiteten als das Stöbern in skurrilen Kapiteln der Geschichte. Den Vorsitz über die zerstrittene FDP wäre er schon nach einem halben Jahr am liebsten wieder losgeworden. Immerhin wurde er dadurch ein Prominenter im Parlamentarischen Rat; und da kam dann der Durchbruch, der über seine Zukunft entschied. Bis dahin war er als Nichtjurist, der mit den Paragraphen auf dem Kriegsfuß stand, für verfassungsrechtliche Kleinarbeit nicht gerade prädestiniert, auch wenn seine Verehrer später gerne das Gegenteil versicherten.

Das Ende des Krieges trifft mit dem Abschluss der großen Bosch-Biographie zusammen; jetzt wäre Heuss frei für die Politik, und Weimarer Demokraten wie er sind gefragt – aber während Elly mit Schwung und Inbrunst verschlüsselte Leidensgeschichten aus der NS-Zeit so packend schildert, dass manchem Leser die Tränen kommen, wimmelt ihr Mann die sich neu anbietenden Chancen eine Weile ab, um seine Jugenderinnerungen niederzuschreiben. Statt nach vorne zu schauen und sich mit der Not der Zeit zu konfrontieren, blickt er erst einmal zurück, mit Behagen und doch ohne Wehmut, obwohl eben noch sein altes Heilbronn zerstört wurde. Seine »Vorspiele des Lebens« stehen in der Tradition eines realistischen Erzählens mit verhaltener Romantik. Zu einer Zeit, als zahllose Deutsche von Schmerz und Verzweiflung geistig gelähmt waren, vermochte Heuss, der seine Heimat nie ganz verlor, seine Kindheit und Jugend mit gelassenem Humor und einer Prise Selbstironie zu schildern. Er musste sein Schwelgen in Jugenderinnerungen dann doch abbrechen, da er sich den Forderungen der Gegenwart nicht mehr entziehen mochte; erst 1953 wurden die »Vorspiele« veröffentlicht. Ohnehin könne er, wie er gegenüber Gustav Stolper kokettierte, die Jugenderinnerungen »nicht drucken lassen, solange ich Kultminister bin, da stehen die respektlosesten Sachen drin«. Um dann fortzufahren: »Aber ich freue mich schier auf den Zeitpunkt, wo ich procul negotiis in der Niederschrift meiner Lebenserinnerungen fortfahren kann, um die Atmosphäre nach der Jahrhundertwende einzufangen.«

Bloße Koketterie? Denn gerade als er diesen Brief schrieb, am 25. März 1946, konnte er sich als großer Mann fühlen wie noch nie in seinem Leben. Er war von dem *Kulturbund zur demokratischen Erneuerung Deutschlands* zu einem programmatischen Vortrag nach Berlin eingeladen worden, in einer Situation, wo viele Berliner fürchteten, von den neuen Politikern des Westens im Stich gelassen zu werden. Da sammelte sich um ihn Prominenz, er wurde »interviewt« (für ihn damals ein Neuwort, das er in Anführungszeichen setzt); der Sendesaal des Rundfunkhauses, wo er sprach, war überfüllt, es gab »Ovationen, gerade als ob ich Ammannulah (sic!) aus Afghanistan gewesen wäre«, dessen Berlin-Besuch 1928 eine Sensation gewesen war. Wie Heuss schmunzelnd frotzelte, gaben ihm alle möglichen Leute zu verstehen, »was ich für ein Kerl sei«; so hatte der Berlin-Auftritt »manchen für mein Lebensgefühl grotesken Zug«[5] – noch drei Jahre davor hatte er in Berlin nahezu namenlos gehaust. Kein Zweifel, dass ihm seine neue Prominenz schmeichelte: Das wäre wohl fast jedem so gegangen.

Aber auch die Sehnsucht nach der Bücherwelt war bei diesem lustvollen Bücherwurm und Vielschreiber echt. In der NS-Zeit hatte er mehr als je zuvor in seinem Leben den Reiz der *vita contemplativa* entdeckt; wer dieses Wohlsein kennt, versteht nur zu gut, dass Heuss sich davon nicht ganz leicht trennte. Für Adenauer war es stets klar, dass seine Welt die Politik war; für den Kultminister Heuss dagegen war das noch im Sommer 1946 überhaupt nicht klar,

Heuss mit Zigarre (zur Kultministerzeit in Stuttgart) 1947/48 in seiner Wohnung in Degerloch

da er, wie er an die Stolpers schrieb, »literarische Pläne und sonstige Pflichten genug vor sich« hatte, »die, auf die Länge gesehen, vielleicht wichtiger sind als die entsetzlich zeitraubenden Konferenzen, Lehrpläne, Theatertenöre, Akademiegraphiker, Sportberichterstattung, Volkshochschulkurse, Radiogesetze, Assistentenstellen und was sonst das tägliche Brot neben Konferenzen und Ausschußsitzungen darstellt«.[6]

WIE KAM ES ZUM GROSSEN SPRUNG? HEUSS, DIE AMERIKANER UND DIE EMIGRANTEN. Wieso stand Heuss schon bald nach Kriegsende im Mittelpunkt in einer Weise, wie das vor 1933 nie der Fall gewesen war? Nur aus der Rückschau erscheint dieser Sprung leicht verständlich; in seiner damaligen Gegenwart war Heuss im Mai 1945 vorerst ein Niemand, nicht anders als Adenauer[7], der damals wie Heuss erst einmal eine Gestalt der Vergangenheit war. Aber die jüngere Generation war teils im Krieg gefallen oder in Gefangenschaft, durch NS-Positionen belastet und ohne politische Erfahrung und ohne solche Beziehungen, die nach Kriegsende von politischem Nutzen waren. Und die Politiker aus der Zeit vor 1933 waren, soweit sie noch lebten, vielfach zermürbt, in ihrer Gesundheit angeschlagen und ohne Schwung.

Heuss' wie Adenauers erster Trumpf waren die ungebrochene physische und psychische Vitalität und geistige Präsenz. Von den früheren DDP-Größen war Anton Erkelenz in Berlin 1945 von Rotarmisten erschlagen worden, als er seine Haushälterin zu schützen suchte[8]; Erich Koch-Weser war nach Brasilien emigriert; Gertrud Bäumer hatte sich selbst in den Augen ihrer Freundinnen durch NS-Jargon kompromittiert und lebte längst in ganz anderen Welten als in denen einer liberalen Politik. Willy Hellpach war in seinem versponnenen Eigenbrötlertum für die Politik noch weniger zu gebrauchen als vor 1933: Noch immer rief er im Geiste des nationalsozialen Naumann – *horribile dictu* – nach einem »ehrlichen, geläuterten, echten ›Nationalsozialismus‹«![9] Am stärksten präsent waren von der früheren DDP-Prominenz noch Hermann Dietrich und Reinhold Maier;

aber Dietrich war kein Mann der Zukunft mehr, und Maier war und blieb ein eingefleischter Württemberger Landespolitiker.[10]

Später witzelte Heuss gerne, 1945 sei er »von den Amerikanern« entdeckt worden, gleichsam in Umkehrung der Entdeckung Amerikas durch Kolumbus im Jahre 1492. In der Tat war sein Platz auf der »weißen Liste« der Amerikaner die erste Vorbedingung für seinen politischen Neustart nach 1945; das Gleiche gilt für Adenauer, der von sich behauptete, »*Number One*« auf der »weißen Liste« der Amerikaner gewesen zu sein.[11] In Wirklichkeit war er es nur auf der Liste von Köln und stand dort auch nur aus Gründen der alphabetischen Reihenfolge an erster Stelle[12]; aber bald wurde er für die Amerikaner wirklich die Nummer eins. Bei ihm wie bei Heuss müssen deutsche Emigranten eine Schlüsselrolle gespielt haben, bei Adenauer insbesondere Heinrich Brüning, auch wenn sich solche informellen Einflüsse nur undeutlich rekonstruieren lassen.[13]

Die politische Emigration hatte 1933 ganz überwiegend als Flucht von unmittelbar bedrohten Politikern der Linken begonnen und dieses linke Image in Deutschland lange behalten; in Wirklichkeit vollzogen jedoch viele in die USA emigrierte deutsche Intellektuelle dort im Laufe der Jahre eine Kehrtwende zum Liberalismus, Individualismus, zur Hochschätzung konservativer Werte und zur Aversion gegen politischen Utopismus.[14] Karl Loewenstein, ein glühender Verehrer Max Webers[15], der – in die USA emigriert – nach Kriegsende zum »Rechtspapst« der amerikanischen Militärregierung avancierte, setzte Reinhold Maier bereits im Herbst 1945 auseinander, dass es geraten sei, sich auf die Gründung eines deutschen Weststaats einzurichten[16], Jahre bevor derartige Pläne publik wurden. In ähnlichem Sinne schrieb auch Gustav Stolper am 8. Juni 1946 an Heuss[17], der unter solchen Umständen gar nicht umhinkonnte, solche Gedanken schon früh in seinem Herzen zu bewegen. Kamen sich die Stolpers anfangs in den »antifaschistischen« Zirkeln des Exils isoliert vor – später wird sich Toni Stolper angewidert an die »Emigrationspsychose« in Paris und London zurückerinnern[18] –, wurden sie später zum Zentrum eines ganzen Netzwerkes von profilierten Emigranten, schon gar, als im Zuge der »Arisierung« die Fluchtwelle des deutschjüdischen Wirtschaftsbürgertums einsetzte.

Und zugleich gewann Gustav Stolper immer bessere Kontakte zur amerikanischen Wirtschaftselite und zu Neokonservativen, die über das Eindringen der Sowjetmacht in das mitteleuropäische Machtvakuum besorgt waren. Es sieht ganz so aus, als habe Heuss amerikanischen Besuch erwartet, als Ende April 1945 der Militärjeep des Sergeanten John H. Boxer von der *Information Control Division* am Heidelberger Kehrweg vorfuhr. Sein mündliches Englisch war kümmerlich genug; aber nicht nur über die Stolpers hatte er beste Kontakte zu den USA, sondern auch über alte Bekannte aus der Berliner Hochschule für Politik, die an der *New School for Social Research* in New York die *University in Exile* gegründet hatten, wo Emil Lederer, der einstige Mitarbeiter Max Webers, die Personalpolitik bestimmte.[19] Repräsentanten der Bekennenden Kirche genossen in den USA hohes Ansehen; der Heidelberger Theologe Martin Dibelius, der Vetter des von Elly verehrten Otto Dibelius, gutachtete für die *Information Control Division* in mühsamem Englisch: »Heuss, before all others, belongs to those people, whom one would like to see to take part in the publicistic preparations and the energetic foundation of a new democratic and social Germany.«[20]

Nicht zuletzt auch von der Redaktion der »Frankfurter Zeitung« liefen Fäden in die USA. Es war Benno Reifenberg, von 1924 bis 1943 Redakteur der FZ und von der vielseitigen Heuss'schen Belesenheit verblüfft[21], der John H. Boxer auf Heuss aufmerksam machte.[22] Merkwürdig und bemerkenswert bleibt bei alledem, dass Heuss von diesem seinem amerikanischen Background nie sehr viel Wesens machte.[23] Vermutlich erinnerte er sich an die giftige Polemik deutscher Nationalisten nach 1918 gegen all jene, die im Verdacht standen, sich mit dem siegreichen Feind gemein zu machen, wenngleich diese Sorge 1945 weit weniger begründet war, als nach dieser vernichtenden Niederlage und in der Angst vor den Sowjets selbst eingefleischte Nationalsozialisten, soweit sie noch lernfähig waren, schleunigst ihr Englisch aufzupolieren suchten.

Die Art, wie John H. Boxer seine erste Begegnung mit Heuss 52 Jahre später als 81-Jähriger schildert, gäbe Stoff für einen bühnenreifen Sketch: Zuerst steht er ratlos vor dem Haus am Kehrweg, kann sich nicht bemerkbar machen; die Klingel funktioniert nicht, es gibt keinen elektrischen Strom; neben ihm sein Fahrer Bill Grant mit Stahlhelm und angelegter Maschinenpistole. Schließlich klettert er über den Zaun, pocht an die Tür – nichts rührt sich. Erst als er immer wieder pocht, wird es in dem Haus lebendig, Elly kommt, und schließlich öffnet Heuss die Tür, »mit größter Vorsicht, denn schließlich war der Krieg noch nicht vorbei«. Aber dann kommt er, der Deutsch spricht, mit Heuss ins Gespräch, und die beiden werden miteinander warm. Schließlich sagt Heuss zu seiner Frau: »Elly, ich glaube, der Zeitpunkt ist gekommen.« »Meinst du?« »Ja.« Da geht Elly in den Keller, holt die »kostbare Flasche Wein, die für das Ende des Dritten Reiches aufbewahrt war«, und Heuss schenkt die Gläser ein. Aber »in der Sekunde, wo ich meines ansetzen wollte, fiel mir Bill Grant in den Arm und sagte: ›Don't drink that, it's poisened!‹« Boxer: »Das ist doch lächerlich, du siehst doch, die anderen trinken auch.« Aber der Fahrer: »But I have two children at home.« Als ob ein Heuss sich und seine Frau vergiftet, um zwei amerikanische G.I.s mit in den Tod zu nehmen! Eine derart absurde Wirkung konnte das Feindbild der Kriegspropaganda auf schlichte Gemüter ausüben.

War die Flasche Wein ursprünglich wirklich für das Ende des Dritten Reiches aufbewahrt worden oder nicht vielmehr für den Endsieg?[24] Am Ende löst sich alles in Wohlgefallen auf – zumindest in diesem Fall. Für Boxer wurden Elly und Theodor Heuss mit der Zeit sogar »so etwas wie meine Adoptiveltern in Deutschland«[25]; damals stellt er seinem Vorgesetzten Shepard Stone gegenüber Heuss ein geradezu begeistertes Zeugnis aus und schlägt ihn als Lizenzträger für eine neu zu gründende Zeitung vor.[26] Einen ebenso zuverlässigen, jedoch noch weitaus einflussreicheren Rückhalt gewinnt Heuss in ebendiesem Shepard Stone (1908–1990), einem früheren Chefredakteur der »New York Times«, 1945/46 Mitarbeiter der amerikanischen Militärregierung und auch damals nicht am Ende seiner Karriere, die ihn zu einer Schlüsselfigur in dem neuen intellektuellen Netzwerk zwischen amerikanischen und deutschen Antikommunisten werden ließ.[27] Er kannte Heuss schon aus der Zeit vor 1933, als er in Berlin an der Hochschule für Politik studiert hatte, rauchte mit ihm nach Kriegsende beim Wiedersehen in Heidelberg eine »Friedenspfeife« (wohl eher Zigarre) und war erfreut, in ihm einen vielerfahrenen Berater beim Wiederaufbau der deutschen Presse zu finden.[28]

Und doch – ganz so glatt vollzog sich die Heuss'sche »Entnazifizierung« nicht. Denn als Stone im Herbst 1945 entdeckte, dass Heuss für Goebbels' Renommierzeitschrift »Das Reich« geschrieben hatte, war er erst einmal bestürzt, und Heuss sah sich – was bei ihm nicht sehr oft vorkam – in Verlegenheit, denn diesen Amerikaner konnte er nicht so leicht mit billigen Entschuldigungen abspeisen wie deutsche Zeitgenossen, die die NS-Zeit selber durchgemacht haben. Die triviale Erklärung, dass er diese einträglichen Aufträge gebraucht hatte, um in einer finanziellen Flaute an Geld zu kommen, war nicht beeindruckend. Ellys Geschichten in den »Schmalen Wegen«, die auch auf westliche Leser zielten, besitzen auch diesen Hintergrund eigener Betroffenheit, wenn sie vor Augen führten, welche Anpassungstaktiken man manchmal zum Überleben brauchte. Stone sah das offenbar ein und zog unter diese Angelegenheit einen Strich.[29]

Rigorosere Widerstände gegen die Erteilung einer Zeitungslizenz an Heuss kamen dagegen von Alfred Toombs, dem Leiter der *Intelligence Branch* der ICD (Information Control Division). Merkwürdigerweise bezog dieser sich weder auf Heuss' Zustimmung zum Ermächtigungsgesetz noch auf Inhalte Heuss'scher Publikationen während der NS-Zeit, sondern vor allem darauf, dass Heuss dem Reichsverband der Deutschen Presse beigetreten sei und noch im Krieg für einen »Antinazi« verdächtig gut verdient habe: angeblich 1944 nicht weniger als 11 000 Mark. Für ihn war Heuss daher als neuer Zeitungsherausgeber indiskutabel. Aber das waren keine sehr überzeugenden Argumente; Shepard Stone, auf den es ankam, konnte sie leicht entkräften. Sein bester Trumpf war der Hinweis auf die Wärme, mit der Heuss in seiner Naumann-Biographie die enge Verbundenheit Naumanns mit seinem Förderer Charles Hallgarten, dem Deutschamerikaner jüdischer Herkunft, gewürdigt hatte.[30]

Max Stolper, Toni und Gustav Stolpers jüngster Sohn, der Heuss als amerikanischer G.I. kurz nach dem Einmarsch am Heidelberger Kehrweg aufgestöbert hatte, berichtete im Juli 1945 seinen Eltern: »Theodor has come to know the Americans pretty well – there is hardly a day, he tells me, when half a dozen don't come and call on him.«[31] Und dabei war es mit Heuss' mündlichem Englisch nicht weit her; wenn kein Dolmetscher da war, konnte er sich nur mit Emigranten und Deutschamerikanern verständigen. Daher fühlte er sich auf internationalem Parkett zunächst unsicher; vor dem Oxforder Kongress der Liberalen Weltunion im April 1947, an dem er dann doch teilnahm, hatte er Sorge, er würde da »wie ein soignierter Mannequin herumstehen«.[32] Umso erstaunlicher, wie flott die Kommunikation dennoch lief! Dabei bewahrte Heuss gegenüber den Amerikanern, schon gar wenn sie mit dem Anspruch auf *reeducation* kamen[33], im Innern stets eine gehörige Portion von deutschem Gebildetenhochmut.[34]

Auch in diesem Zusammenhang lohnt sich ein Seitenblick auf Margret Boveri. Sie, die als Halbamerikanerin und frühere Pressekorrespondentin in New York mehr amerikanische Insider-Kenntnisse besaß als die allermeisten Nachkriegsdeutschen, publizierte 1946 eine »Amerikafibel für erwachsene Deutsche«, deren Titel bereits andeutete, dass die deutschen Amerikaschwärmer für sie große Kinder waren. Die Grundlinie dieses spritzig geschriebenen Büchleins ging dahin, dass die US-Amerikaner in ihrer Wurzellosigkeit allesamt unfähig seien, heimatverbundene Kontinentaleuropäer zu verstehen: zwischen den Zeilen ein einziger Hohn auf die *reeducation*! In den Augen amerikanischer Behörden war das ein antiamerikanisches Pamphlet, das dazu führte, dass ihr über Jahre trotz ihrer amerikanischen Mutter ein Visum für die USA verweigert wurde. Heuss dagegen besprach das Büchlein in der »Rhein-Neckar-Zeitung« am 20. August 1946 so »freundlich-lobend«, dass die ihm nicht durchweg wohlgesinnte Boveri »sich beim Lesen fast etwas genierte«.[35]

Das wirft ein Schlaglicht auf latente Vorbehalte gegenüber den Amerikanern. Und doch waren ihm der amerikanische Optimismus und die transatlantische Lässigkeit gewiss sympathischer als der im damaligen Deutschland grassierende Kulturpessimismus und verkrampfte Hass. Und man kann sich unschwer vorstellen, dass auch er ein Typ war, der Amerikanern gefiel: er mit seinem *keep smiling*, seiner lockeren Gelassenheit und Souveranität, der stets die freundliche Form wahrte, ohne sich aufdringlich anzubiedern. Die widerborstige Margret Boveri schildert das »Lächeln zu jeder Tageszeit«, das sich die US-Amerikaner antrainiert hätten, eher gereizt[36]; Heuss dagegen wurde, wie die Fotos dokumentieren, in dieser Hinsicht immer amerikanischer. Dennoch Vorsicht mit

Heuss in einem Englischsprachkurs in London (mit weiteren Kursteilnehmern), 1949

seiner späteren Stilisierung der ersten Begegnungen mit den amerikanischen Besatzern: Auch in ihm muss zwischendurch der Ärger gebrodelt haben über die Kommando-Allüren alliierter Offiziere.[37] Insofern konnte er Margret Boveri verstehen.

Elly war ernster als ihr Ehemann; und doch ist nicht schwer zu verstehen, dass auch sie bei Amerikanerinnen, die mit missionarisch-sozialem Engagement nach Europa reisten, bestens ankam. Wie sie Ende 1948 an Toni Stolper schrieb, wurde sie, die besser Englisch sprach als ihr Mann, mittlerweile in ihrer kommunikativen Kapazität geradezu überfordert: »Ich werde immer zu Besprechungen mit Amerikanerinnen eingeladen. Round-table-Gespräche über ›Die Stellung der deutschen Frau‹. Das wiederholt sich alles ganz genau und ist nicht zum Aushalten. Ich gehe aber noch meistens tugendhaft hin, damit nicht nur die ganz links sprechen.«[38] Ein gewisser frauenbewegter Tenor ging ihr schon seit jungen Jahren auf den Geist, und umso mehr, wenn er wie hier bei den Amerikanerinnen mit Pauschalurteilen über »die deutsche Frau« verbunden war.

Aber für die allermeisten Deutschen jener Zeit war ein Übermaß an amerikanischen Avancen nicht das Problem. Man konnte die Amerikaner auch als brutale Besatzer erleben, die deutsche Klagen, mochten sie noch so begründet sein, wie lästiges Ungeziefer abwimmelten. Das erfuhr selbst ein Mann wie

Thomas Dehler, der unter der NS-Herrschaft mutig zu seiner »nichtarischen« Frau gestanden und einiges durchgemacht hatte und dem wir von jetzt an in der Heuss'schen Lebensgeschichte immer wieder begegnen werden. Dehler musste am 20. April 1945, als die Amerikaner in seiner Heimatstadt Bamberg einrückten, seine komfortable Wohnung binnen einer Stunde räumen, da das Haus als Amtssitz des neuen Town Major beschlagnahmt wurde. Nicht einmal an seine Möbel, seine Kleider, seine Bücher kam er mehr heran; alle Beschwerden dieses versierten Juristen, der sich selbst bei NS-Gerichten Respekt verschafft hatte, blieben ohne Erfolg; seine Frau, die schon unter den Nazis gelitten hatte, wurde darüber krank.[39] Obwohl er ein heftiger Antikommunist war, der Adenauers Westorientierung im Grundsatz vehement bejahte, brach bei ihm immer wieder ein gereizter Antiamerikanismus durch, der sich mit einem immer hemmungsloseren deutschen Neonationalismus verband. Die Erinnerung an die Verletzungen durch die Besatzungsmacht verdrängte die Erinnerung an die Verletzungen durch das NS-Regime. Das mag dazu beigetragen haben, dass die anfängliche Freundschaft zwischen ihm und Heuss sich später zu einem der spannungsvollsten Dramen unter den Heuss'schen Beziehungsgeschichten wandelte.[40] Aber damit haben wir vorgegriffen.

EINE ZEITGEMÄSSE ART VON BÜRGERLICHER LEBENSKUNST. Heuss hatte in seiner Seelenverfassung den Vorteil, dass er von derartigen Ressentiments einigermaßen frei war. In den deutschen Westzonen fanden die Amerikaner 1945 nicht allzu viele Menschen, die so wie er politische und publizistische Erfahrung besaßen, sowohl Antikommunisten als auch einigermaßen erwiesene Antinazis waren, dazu noch gesund und weder durch Krieg noch durch Konzentrationslager zermürbt. Aber auch unter den Deutschen der Nachkriegszeit war die Heuss'sche Art von Bürgerlichkeit überhaupt nicht mehr banal, sondern verkörperte die Sehnsucht der Zeit. In Krieg, Gefangenschaft, Nachkriegsnot brach in unzähligen Deutschen ein glühendes Heimweh nach einem ganz normalen bürgerlichen Leben durch. Keiner hat diese Erfahrung, die für viele – ob ehemalige Nazis oder Kommunisten – überwältigend war, damals aus eigenem Erleben heraus packender beschrieben als der Theologe Helmut Gollwitzer, später selber ein Exponent der Linksintellektuellen neuen Typs: Das einzige wahre Glück ist das private Glück, das Glück der kleinen Welten, das verlorene Glück. »Glück ist, mit den paar Menschen zu sein, die man liebt und von denen man geliebt wird.« Und zugleich die Wut auf die »Weltgefahr Nr. 1«: jene Intellektuellen, die »ihre antibürgerliche Romantik« kultivierten und »die totale Gesellschaft oder den totalen Staat« predigten – und dann »mit erstaunten Kinderaugen« aufschreckten, wenn sie am Ende selber von der totalen Macht zerquetscht wurden.[41]

Typisch für Heuss, den Antineurastheniker, waren in der »Rhein-Neckar-

Zeitung« solche Passagen, wo er mitten im Nachkriegschaos vor sinnloser Aufgeregtheit warnt. Als charakteristischen Zug der NS-Presse verurteilt er gleich in seinem ersten RNZ-Leitartikel am 5. September 1945 »jene lärmende Erregtheit, die eine innere Unsicherheit überschreien musste«[42]: Damit gibt er seinem eigenen gelassenen Stil, der einst auf manche Leser matt und lau wirken mochte, einen innovatorischen Sinn – und traf in der Tat eine Sehnsucht dieser Zeit. Als er im April 1947 in Oxford an einem Kongress der Liberalen Weltunion teilgenommen hatte – Auslandsreisen waren für damalige Deutsche ein seltenes Privileg –, fand er »die gelassene Selbstdisziplin« »das Imponierendste im Londoner Straßenleben«: »Es gibt keinen Kampf um den Platz, kein Drängeln, keine Nervosität.«[43] Da ging es in den damaligen überfüllten deutschen Zügen sehr anders zu. Als er im August 1947 vom Wiedersehen mit den Stolpers aus dem Engadin zurückkehrte, erlebt er als bedeutsam, was heute banal erscheint: »dass große Omnibusse über gute Straßen laufen, hintereinander, jeder kommt mit, es gibt keine Nervosität und keine Aufregung ...«[44]

»Jetzt ist Ruhe die erste Bürgerpflicht«: dieser berühmt gewordene Aufruf der preußischen Regierung drei Tage nach der Niederlage von Jena 1806 war eine Parole aus Heuss'schem Geist – sie wurde als Inbegriff des deutschen Spießertums zum geflügelten Wort und war doch in der Situation von 1806 ebenso wie in der von 1945 ein Ausdruck von Besonnenheit. Man erkennt die Heuss'sche Weisheit besonders deutlich im Kontrast zu Adenauer, der längst nicht immer jener Ikone abgeklärter Altersweisheit entsprach, als die er auf dem berühmten Wahlplakat von 1957 »Keine Experimente!« präsentiert wurde. Als am 7. Juni 1948 die Empfehlungen der Londoner Sechsmächtekonferenz veröffentlicht wurden, die sich für die zügige Gründung eines deutschen Weststaates aussprachen, wenn auch mit einer langen Kette von Auflagen, war für Heuss die Sache klar; und nach einem halben Jahr des deutschlandpolitischen Schweigens steuerte er in seinen RNZ-Artikeln jetzt ohne weiteres Zögern in Richtung der späteren Bundesrepublik[45], während Adenauer dieses alliierte Votum damals keineswegs als Auftakt zur »Ära Adenauer« begriff, sondern über die vielen Auflagen entsetzt war: Der Vertrag von Versailles, schrieb er damals einem holländischen Sozialdemokraten, sei »dagegen ein Rosenstrauß«.[46] Unter dem Eindruck der darauf folgenden Berlin-Krise rechnete er sogar allen Ernstes binnen weniger Jahre mit einem neuen Krieg, da die USA von den Sowjets ultimativ den Rückzug aus Osteuropa fordern würden[47]; einem Heuss lag eine derartige apokalyptische Stimmung ganz fern.

Das gibt einen ersten Begriff von seinem wohl größten Verdienst für die deutsche Zukunft: dass er auf dezente Art ein Gegengewicht zum Adenauerschen Alarmismus und Pessimismus bildete. Immer wieder muss man sich vor Augen halten, um die Heuss'sche Gelassenheit zu würdigen: Dass die westdeutsche Nachkriegsgeschichte zu einem *Happyend* führen würde, zumindest für Politiker wie Adenauer und Heuss und deren bürgerliche Welt, stand damals noch in den Sternen. Pessimismus und Verzweiflung waren allgemein; die Geschichte bot vielen ebenso wenig Hoffnung wie die Gegenwart, wenn man sich wie Adenauer an die Folgen von Versailles erinnerte und jetzt ein Super-Versailles erwartete. Geschichte verstehen bedeutet nicht zuletzt die Rekonstruktion einstiger Zukunftserwartungen, die sich sehr oft von der realen Zukunft unterschieden. Niemand hätte 1933 die NSDAP gewählt, hätte er die Zukunft gekannt.

In der Erinnerung an die Dolchstoßlegende, die das politische Klima nach 1918 vergiftet hatte, war es für Heuss von größter Bedeutung, dem Aufkommen einer vergleichbaren Hetze nach 1945 von vornherein vorzubeugen. Noch viel später konnte man hören, »unter Hitler« habe man keinen Hunger gelitten; die Hungersnot sei erst nach Kriegsende gekommen. Da konnte Heuss scharf werden, so zum ersten Jahrestag der Kapitulation vom 8. Mai 1945: »Das ist ein bequemer Sport unter Deutschen geworden, zur Freude der Nationalsozialisten, die solch Empfindung natürlich gern pflegen: ›Haben wir es nicht gesagt, dass es den Deutschen schlecht gehen werde, wenn wir den Krieg verlieren werden?‹ Manche haben die Frechheit, sich schier zu brüsten, wie richtig ihre Prophezeiung gewesen sei. Denen müsste man, auch bei bieder pazifistischer Gesinnung, einfach eine Ohrfeige als Antwort geben, denn sie verschieben die Tatsachen.«[48] Er kontert die alte Dolchstoßlegende mit einer Anti-Nazi-Version: Zwar sei das deutsche Heer militärisch von den Alliierten besiegt worden, moralisch sei es dagegen von der NSDAP zersetzt worden. »Die Erweichung eines überkommenen Ehr- und Würdegefühls durch das Eindringen nationalsozialistischer Denkgewöhnung gelang in der Schlussetappe fast vollkommen.«[49] Während die Verschwörer vom 20. Juli 1944 in den Augen vieler Deutscher noch lange Verräter waren, ließ Heuss nie einen Zweifel daran, dass sie für ihn Helden waren, die die beste Tradition deutscher Soldatenehre verkörperten.

GEGEN DAS VERGESSEN, UND DOCH: DIE EWIGEN REIZTHEMEN »ENTNAZIFIZIERUNG« UND ERMÄCHTIGUNGSGESETZ; UND NOCH EINMAL KURT HILLER. Natürlich war der Umgang mit der NS-Vergangenheit nach 1945 eines der heikelsten Themen für Politiker und Publizisten. Unter den deutschen Politikern der Nachkriegszeit gab es kaum jemanden, der mit diesem Thema derart eindrucksvoll und zugleich überlegt umzugehen wusste wie Heuss. Bereits am 25. November 1945, am Totensonntag, hielt er in Stuttgart eine Rede »In Memoriam«, bei der er nicht der Kriegstoten, sondern der Opfer des Nationalsozialismus gedachte. Damals war seine Erbitterung noch frisch. »Wenn ich mich entsinne, dass noch am 21. April so ein Rollkommando der SS fünf, acht Freunde von mir in Moabit erschossen hat, dann hört es mit dem Mitleiden und der Nachsicht auf. Man wird bitter und bleibt bitter.« Er verschweigt nicht, dass der vom NS-Regime geführte »latente Bürgerkrieg« mit der Verfolgung der Kommunisten begann, und er erinnert auch an »die Hunderttausende, ja Millionen Fremder, die zu Tode gequält sind«. Er erinnert an Fritz Elsas, der Goerdeler nach dem 20. Juli Zuflucht gewährt hatte[50] und jetzt, hätte er überlebt, Schwiegervater des jungen Heuss geworden wäre. Er war sich dessen bewusst, dass viele Deutsche damals »diese KZ- und Foltergeschichten«, für deren Verbreitung die Besatzungsmächte sorgten, nicht mehr hören wollten.[51] Toni Stolper zeigte sich von dieser Heuss-Rede tief bewegt und verbreitete sie in New Yorker Emigrantenkreisen. Wo das »Nach-Hitler-Deutschland noch stumm ist«, schrieb sie ihm, »da ist jede helle, tragende Stimme wie die Deine, lieber Theodor, von unabschätzbarem Wert. Sie ist es für uns persönlich, zunächst, damit wir uns an dem reinen Feuer, das in Europas Mitte bei Euch noch brennt, ein wenig erwärmen können, wenn die kalten Chaos-Meldungen von allen Seiten zu uns kommen.«[52]

Auch in der Folgezeit machte Heuss zuweilen seinem Groll darüber Luft, wie rasch viele Deutsche die NS-Verbrechen vergaßen und in ein Gezeter über die gesamte Entnazifizierung verfielen.[53] Aber auch dann, wenn man die NS-Verbrechen verabscheute, blieb die große Frage, wie man die Schuldigen zu fassen bekam und welche personellen Konsequenzen man daraus zog. Wer wie Heuss in überindividuellen historischen Prozessen dachte und den »Zeitgeist« intensiv miterlebt hatte, lebte in dem Bewusstsein, dass sich die Ursachen des Geschehens nur begrenzt personalisieren ließen. Aber auch von deutscher Kollektivschuld wollte Heuss bereits in seinem ersten RNZ-Leitartikel nichts wissen.[54] Jetzt, da Deutschland am Boden lag, musste ein Publizist wie er den Eindruck vermeiden, den Siegermächten nach dem Munde zu reden. »Alle Vergehen gegen menschliche und göttliche Gesetze verdienen ihre gerechte Strafe, das deutsche Volk ist durch sein Unglück schwer genug gestraft«, schrieb Heuss[55] und artikulierte damit eine Empfindung auch solcher Deutscher, die das grausige Ausmaß der NS-Verbrechen zugaben; selbst der weit links stehende britische Historiker Eric Hobsbawm teilte diese Empfindung, als er auf einer Deutschlandreise 1947 das dortige Elend vor Augen sah.[56]

Obendrein wurde bei Heuss wie bei vielen anderen die Erbitterung über das NS-Regime jetzt nur zu oft durch den aktuellen Ärger über allzu schematische »Entnazifizierungs«-Prozeduren überdeckt, die von nun an zum Alltag vieler Personen des öffentlichen Lebens gehörten. Auch Heuss erlebte als Kultminister, dass viele Beamte bis herunter zu solchen Lehrern, die er für unentbehrlich hielt, durch Entnazifizierungsverfahren vorerst für den Dienst gesperrt wurden.

Er sei »1946 und 1947 ungezählte Male in Entnazifizierungsgeschichten in Anspruch genommen« worden und habe »gewiss niemanden nur vom Hörensagen her verdächtigt«, explodiert er 1950 gegenüber einem Freund von früher, der ihm schon wieder mit einem Entnazifizierungslamento kommt und von dem er sich als »Kotzkübel« benutzt fühlt.[57] Er selbst als »Kotzkübel«: Das wurde einer seiner Lieblingsausdrücke, als er als Bundespräsident zum Adressaten der Schimpfbürger avancierte (ein Journalist, der ihm eine solche Derbheit nicht zutraute, machte daraus »Kunstgiebel«[58]). An Toni Stolper schrieb er 1948, er habe »im Einzelfall schon manchen Pg.'s durch Bekundungen geholfen, aber nur solchen, mit denen ich nach 1933 in persönlicher Beziehung stand.« Das ist typisch Heuss, wie auch der Folgesatz: »Ich bin von nichts ferner als von Ressentimentsgefühlen, aber es gibt natürlich Grenzen.«[59]

Die Angelegenheit war für Heuss umso prekärer, als seine persönlichen Sympathien manchmal quer zu den Entnazifizierungskriterien verliefen. So war der Heidelberger Historiker Willy Andreas, der im Februar 1946 wegen NS-Belastung seine Professur verlor, einer seiner besten Studienfreunde, zu dem er sich noch in den »Vorspielen des Lebens« bekannte[60], während er Franz Schnabel, der 1936 auf NS-Druck entlassen worden war und jetzt in Heidelberg als neu ernannter badischer Landesdirektor für Kultus und Unterricht seine große Stunde gekommen sah, wegen dessen Gegnerschaft gegen Andreas nicht schätzte.[61] Gleichwohl gab er Andreas den guten Rat, sich mit Emeritierung und Ruhegehalt zufriedenzugeben und keinen perfekten »Persilschein« anzustreben.[62] Aus heutiger Sicht war Schnabel, ein Pionier der Einbeziehung von Wissenschaft und Technik in den Gang der Geschichte, der bedeutendste unter den vom NS-Regime diskriminierten Historikern.[63] Es ist merkwürdig, dass er mit seiner südwestdeutschen Distanz zur preußischen Geschichtsschreibung einem Heuss nicht gefiel: auch dies ein Beispiel dafür, wie bei Heuss das sachliche Urteil durch eine persönliche Voreingenommenheit getrübt wurde.

Das Thema »Entnazifizierung« wurde in den ersten Nachkriegsjahren immer heikler: Je mehr die bürokratische Prozedur mit den langen Fragebögen und den oft fragwürdigen »Persilscheinen« in Gang kam, desto mehr wurde die Aversion dagegen unter den Deutschen allgemein. Das zuerst 1951 erscheinende 670-Seiten-Opus »Der Fragebogen« von Ernst von Salomon, der voller Ironie seine bizarre Lebensgeschichte, die in kein Schema passt, in den Entnazifizierungs-Fragebogen zwängt, wurde einer der größten Bucherfolge der Nachkriegszeit. In der Aversion gegen diese Fragebögen trafen sich paradoxerweise Nazis und Antinazis: Auch die letzteren beklagten, dass das Verfahren nicht selten nach dem Motto verlief: »Die Kleinen hängt man auf, die Großen lässt man laufen« und dass die gesamte Abrechnung mit dem Nazismus auf diese Weise in Misskredit kam.

Zudem hatten auch viele Gegner des Nationalsozialismus notgedrungen zu NS-Organisationen gehört und waren selber betroffen, wenn dies das entscheidende Kriterium war. »Entnazifizierung« – »dieses entsetzliche Wort«, schüttelte sich selbst der Sozialdemokrat Carlo Schmid im Parlamentarischen Rat; das dürfe man bloß nicht in einen Gesetzestext aufnehmen.[64] Gerade für einen sprachlich sensiblen Menschen klang das nach »Desinfizierung« und war ganz und gar inadäquat für alles das, was zur Überwindung des Nationalsozialismus gefordert war. Im Parlamentarischen Rat reichte die Ablehnung dieser Form der Entnazifizierung von rechts bis links.[65]

Ausgerechnet Martin Niemöller, der in den USA wohl populärste NS-Gegner, rief Anfang 1948 als hessischer Kirchenpräsident über die Kanzeln förmlich zum Boykott der Entnazifizierungsverfahren auf und verpflichtete die ihm unterstellten Pfarrer darauf, sich daran nicht zu beteiligen, »da das Vertrauen in die Zweckmäßigkeit, Gerechtigkeit und Menschlichkeit des gesamten Verfahrens nicht nur erschüttert, sondern völlig zerbrochen ist«.[66] Aber das ging Heuss zu weit. »Gut, es mag viele Leute gegeben haben, die sich aus Ressentiment, Rachsucht, Wichtigtuerei auf diese Tätigkeit in den Spruchkammern geworfen haben, aber die Mehrzahl hat es aus Pflichtgefühl getan«, schrieb er in der »Rhein-Neckar-Zeitung«.[67] Und intern an Toni Stolper: Niemöller habe sich »die Sache zu billig gemacht. Man muss bei aller Kritik an der Technik der Denazifizierung immer etwas aufpassen, dass da nicht neue Formen von nationalistischen Selbstgerechtigkeiten entstehen. Ich kenne jetzt schon eine ganze Reihe von Leuten, die es uns übel nehmen, dass wir nicht Nazi geworden sind, und die sich jetzt als Märtyrer des wahren Deutschtums aufführen, weil sie eine Zeitlang nicht wählen dürfen.«[68] Das war sein erster Zusammenstoß mit dem bis dahin hochgeschätzten Niemöller; später werden Zusammenstöße ganz anderer Art folgen.

Man konnte nicht die deutsche Kollektivschuld bestreiten und zugleich die Verfolgung individueller Verantwortlicher attackieren. Heuss, um Kompromissformeln nie verlegen, gab die Sprachregelung aus, die *Absicht* der Entnazifizierung verdiene Anerkennung; ihre »Methodik« dagegen sei »grundverkehrt«.[69] Aber wusste er eine bessere? Am 1. Dezember 1945 schrieb er an die US-Militärregierung in Stuttgart, es wäre besser gewesen, wenn die Amerikaner unmittelbar nach Kriegsende »gegen Kreisleiter, Amtsleiter der verschiedenen Art, die … Quäler der Bevölkerung, die Verfolger der Juden, die Schänder der Gotteshäuser« »exemplarische Strafen« verhängt hätten, als sie von der deutschen Bevölkerung erwartet und »als Akt der Gerechtigkeit empfunden« worden wären.[70] Aber dafür war es damals bereits zu spät; und wie hätten die Amerikaner so rasch die wirklichen »Quäler« ermitteln können, ohne auf falsche Denunziationen hereinzufallen? Auf solche Art hätte man am ehesten die offenkundig »unanständigen« Nazis zu fassen bekommen, dagegen nicht jene Schreibtischtäter in Schlüsselpositionen, die viel höhere Verantwortung trugen als die Kreisleiter.

Vom Stil her gefällt Heuss die Abrechnung *all'italiano*: »Das Tribunal, das ... in Como Mussolini richtete und hinrichtete, hat die Geschichtsforschung um manche Erkenntnisse betrogen, aber es hat der Laufbahn des Duce den gemäßen Abschluss gegeben ... Das hatte einen gewissen Stil, im Tempo einen italienischen Stil.«[71] Gewiss war im Falle des Führers die Schuldfrage klar; in vielen anderen Fällen ist jedoch das von der *resistenza* praktizierte Standrecht ein dunkles Kapitel, zumal auch die Mafia vom Faschismus verfolgt wurde und jetzt ihre Stunde gekommen sah.[72] Einem besonnenen Mann wie Heuss musste die Tücke einer Schnelljustiz aus der frischen Wut heraus wohlbewusst sein. Es hatte seine Gründe, wenn die Entnazifizierung ihren bürokratischen Gang ging.

Und doch bricht bei Heuss in dem zitierten RNZ-Artikel ein fast physischer Abscheu gegenüber dem Entnazifizierungsschematismus heraus: Man müsse »jene ekelhafte Methode ausschwitzen, die ehemalige Parteizugehörigkeit bei beruflichen Bewerbungen, bei Einstellungen, bei öffentlichen Betätigungen hervorzuholen und zu beschnattern«. In seiner Berliner Rede vom 18. März 1946 vor großem Publikum, zu dem auch viele Kommunisten und Vertreter der Besatzungsmächte gehörten, zog Heuss sogar eine direkte Linie von den Denunziationen der NS-Zeit zu denen der Entnazifizierung![73] Ein wenig saß er da ja selber im Glashaus; gerade aus historischer Sicht konnte man ihm vorwerfen, dass er mit seinem Ja zum Ermächtigungsgesetz eine viel größere Verantwortung für den Gang der Dinge trage als viele andere, die später, als nichts mehr zu ändern war, irgendwo mitmachten.

Immerhin war auch von Parteifreunden bezeugt, dass Heuss sich zuerst *gegen* die Zustimmung ausgesprochen hatte. Wer jedoch von Anfang an dafür gewesen war, war Reinhold Maier, der nunmehrige liberale Ministerpräsident von Württemberg-Baden! Aus diesem Grund startete der Journalist Franz Karl Maier, Jahrgang 1910, der noch eine große publizistische Zukunft als Herausgeber des »Berliner Tagesspiegel« vor sich hatte, 1946 gegen ihn eine öffentliche Kampagne, die als Kampf »Maier gegen Maier« weite Beachtung fand. Der Landtag setzte zur Prüfung der Vorwürfe eigens einen Untersuchungsausschuss sein. Heuss selbst stand dabei nicht in der Schusslinie; aber am 12. Februar 1947 wurde er, schon nicht mehr Kultminister, als Zeuge geladen.

Da war die Situation für ihn nicht ohne Delikatesse: Wenn er sich zu sehr seines anfänglichen Neins rühmte und beklagte, dass er sich von Parteifreund Maier habe widerwillig überreden lassen, belastete er den Regierungschef, für den er gerade, um ihn im Amt zu halten, auf sein Ministeramt verzichtet hatte! Wie er sich da aus der Affäre zog, ist typisch Heuss: Nicht als »politische Aktion«

habe er sein anfängliches Nein verstanden – an der NS-Allmacht sei so oder so zu jener Zeit nichts mehr zu ändern gewesen –, sondern dieses Votum habe »auf einem historischen Stilgefühl« beruht.[74] »Wenn Sie den Ausdruck nicht falsch verstehen wollen«, schickt er voraus; aber selbst spätere Heuss-Verehrer dürften mit diesem »Stilgefühl« ihre Probleme haben.

Heuss, obwohl nicht selbst im Visier des anderen Maier, schlug sich schon zu Silvester 1947 auf einer DVP-Versammlung im Württembergischen Staatstheater vehement für seinen Parteifreund in die Bresche und verhöhnte Franz Karl Maier als »Robespierre von Ochsenhausen« und Typus des selbsternannten Pazifisten, der »gern auf Menschenjagd« gehe[75]: Nicht einmal einen dummen Spruch auf die Pazifisten kann er sich verkneifen, keine zwei Jahre nach Kriegsende! Und dann nannte er »F. K. M.« in Anspielung auf Schillers »Räuber« Franz Karl Moor, eine »Verschwisterung von Tücke und Tugend«. Bei diesem Thema ist er nicht zu bremsen; vor dem Untersuchungsausschuss verdammte er die Vorstellung, die Nazis seien durch das Votum des liberalen Häufleins gestärkt worden, ob moralisch oder sachlich, als eine »hirnverrückte Idee«, auf die nur ein Franz Karl Maier habe kommen können.[76] Nicht auch sein alter Freund Gustav Stolper?

Nach seinem Silvesterauftritt machte ihm sein bisheriger persönlicher Referent (aber jetzt war Heuss nicht mehr sein Chef) einen der schlimmsten Vorwürfe, den Heuss in all den Jahren zu hören bekam: »Sie haben in zwanzig Minuten alles zerstört, was ich in einem halben Jahr an Goodwill aufgebaut habe!« So konnte damals ein Ministerialreferent mit seinem bisherigen Chef umspringen; und diese Attacke ging auch noch in die »Heuss-Anekdoten« ein![77] Wie man sieht, hatte Heuss, für den *»subaltern«* die verächtlichste aller Eigenschaften bezeichnete, auch seinen Referenten nicht zur Subalternität erzogen. Und der hatte ja etwas Richtiges getroffen: Mit einer derart nassforschen Abwimmelei drohte Heuss selbst bei sonst Wohlgesinnten den Eindruck zu zerstören, dass er sich mit den Ursachen der NS-Katastrophe ernsthaft auseinandersetzte!

Natürlich konnte man Weltkrieg und Holocaust nicht direkt und zwingend aus dem Ermächtigungsgesetz herleiten; aber Heuss musste nur zu gut wissen, dass man die allermeisten Nationalsozialisten entlasten konnte, wenn man nur die Monokausalität gelten ließ. Nach einiger Zeit muss ihm auch klar geworden sein, dass er einen F. K. Maier nicht als Stänkerer und Wichtigtuer abtun konnte. Ende 1949 antwortete der nunmehrige Bundespräsident freundlich-lässig auf ein Schreiben F. K. M.s, der den Schlagabtausch vom 1947 in weiteren Umlauf gebracht hatte und Heuss davon mit Weihnachtsgruß berichtete: »Ich habe mich gefreut, dass wir die publizistische und rednerische Fehde, die wir vor bald drei Jahren etwas turbulent durchgeführt haben, zu den Akten geschrieben haben.«

Und da bekennt er sich zu seinem neuen Lieblingsziel: »die innerdeutsche Verkrampfung, wenn nicht zu lösen, so doch zu lockern und damit den Deutschen gleichzeitig zu helfen, ein innerlich beruhigtes Gefühl gegenüber der sogenannten Welt zurückzugewinnen.«[78] Wie man sieht, fing er bei sich selbst mit der »Entkrampfung« an!

Ähnlich verhielt er sich im Fall von Kurt Hiller, den er 1916 als »Famulus des Geistes« verspottet hatte und der in der NS-Zeit nach London emigriert war. Der hatte am 20. Oktober 1945 in einer Gastvorlesung »Liebestanz der Ismen« in einem Londoner politischen Club, von jenen »fünf Banditen der Staatspartei« gesprochen, die 1933 wie die anderen Nichtsozialdemokraten »gleichfalls stramm mit Ja stimmten«, »unter ihnen übrigens jener Knabe Theodor Heuss, der vom Pfarrer Naumann zwar nicht das Talent, aber den Nationalismus geerbt hat und der heute, von Kenntnislücken amerikanischer Offiziere profitierend, Kultusminister von Württemberg spielt – während Gegner Hitlers brachliegen, auch selbst begabtere als Herr Hitlerhelfer Heuss.«[79] Diese Attacke publizierte er sogar noch 1966 in einer Sammlung seiner Reden: zu einer Zeit, als viele Mitemigranten Heuss als Verkörperung des »anderen Deutschland« gefeiert hatten! In dieser späteren Publikation knurrt er zum Thema »Heuss«, natürlich würde er ihn jetzt nicht mehr »Knabe« nennen; und doch steigert er sich auch jetzt in »wilde Wut auf jenes verächtliche Angstpack und Opportunistengesocks, das entgegen eigner Überzeugung dem Gesindel beflissen den Weg geebnet« habe. Noch immer findet er über den toten Heuss kaum ein gutes Wort; selbst in »Hitlers Weg« erkennt er nur »ungenießbar-scheinobjektive Lobhudelei«; *in summa*: »er war ein Nichtbarbar mit barbarophilen Zügen.« Hillers Londoner Rede von 1945 war vermutlich die rüdeste Attacke, der Heuss jemals ausgesetzt war. 1947, in der Zeit der Entnazifizierungs-Fragebögen, schickte ihm Hiller seinen eigenen Fragebogen in Sachen Ermächtigungsgesetz. Heuss reagierte ausführlich, ohne die Vorgänge von 1933 zu entstellen. Ein »Schuldgefühl der Geschichte gegenüber« empfinde er jedoch nicht. Dass das Ermächtigungsgesetz jetzt auf einmal so wichtig genommen werde, liege daran, dass Schacht sich mit dem Hinweis darauf aus der eigenen Verantwortung herauszureden suche. Das war ein versteckter Seitenhieb: Kurt Hiller auf Hjalmar Schacht hereingefallen! Schacht war in Nürnberg freigesprochen, jedoch auf württembergischen Boden erneut verhaftet und vor Gericht gestellt worden. Er erblickte darin das Werk Reinhold Maiers, und das war der Grund, weshalb er dessen Zustimmung zum Ermächtigungsgesetz hochspielte – und sein Stuttgarter Ankläger war niemand anders als Franz Karl Maier![80]

Heuss hatte mit seinen Beziehungen zu Emigranten Grund dazu, Hiller nicht als Gefahr zu empfinden.[81] Denn Hiller war ein notorischer Streithahn; schon die

Weimarer Demokratie hatte er, von der Diktatur einer linken Geistesaristokratie träumend, mit Schmähungen überschüttet[82] – das Schimpfen war sein Stil, wurde es immer mehr, und diese Obsession tobte er auch gegenüber Mitemigranten aus. Heuss war durch seine Freundschaft mit den Stolpers aus erster Hand darüber informiert, dass Kritik an der Entnazifizierungspraxis immer stärkeren amerikanischen Rückhalt fand. Die schneidendste Kritik kam von niemand anderem als Gustav Stolper. In seinen »German Realities«, die ihren letzten Schliff im Sommer 1947 im gemeinsamen Urlaub der Stolpers und der Heussens in der Schweiz erhielten, heißt es so schroff wie möglich: »Die Denazifizierung … bedeutete tatsächlich Renazifizierung.«[83] Oder gar Sowjetisierung: Der von Stolper beratene Ex-Präsident Herbert Hoover unkte, die von US-Seite übertriebene Entnazifizierung drohe die technische Intelligenz der Deutschen zu den Russen zu treiben. Ein Artikel »The Idiocy of our Denazification Policy« von Louis P. Lochner in »Reader's Digest« zitierte Gustav Stolper dafür, dass sich »das Denazifizierungsverfahren über das ganze Land wie ein unwiderstehliches Gift« ausbreite, »Hunderttausende völlig unschuldiger Menschen in tiefes Elend gestürzt« habe und »das sicherste, wirksamste Werkzeug der Renazifizierung geworden sei«.[84]

Lochner, der sich seit dem Ersten Weltkrieg für die Erwärmung der amerikanisch-deutschen Beziehungen engagiert hatte, war Deutschlandkorrespondent großer amerikanischer Zeitungen gewesen, stand in enger Beziehung zu Hoover[85] und publizierte 1954 »Tycoons and Tyrant: German Industry from Hitler to Adenauer« (deutsch: »Die Mächtigen und der Tyrann«), eine Verteidigung deutscher Wirtschaftsführer gegen die in Nürnberg erhobenen Anklagen.[86] Nun, Lochners/Stolpers Behauptungen waren reichlich übertrieben; bei Stolper erklärt sich die Schärfe daraus, dass er damals nicht zurück, sondern nach vorne blickte und seine Gedanken ganz darum kreisten, wie man die westdeutsche Wirtschaft ankurbelt und den Vormarsch des Kommunismus stoppt. Heuss hätte schon aus dem Grund nicht so geschrieben, weil er unter den Deutschen garantiert Beifall von der falschen Seite bekommen hätte: von den sich aus der Verantwortung stehlenden Nazis! Anders als Stolper (und Adenauer) scheint er, der im Kalten Krieg stets gelassen blieb, nicht an die Gefahr eines weiteren kommunistischen Vordringens geglaubt zu haben.[87]

MITHERAUSGEBER DER »RHEIN-NECKAR-ZEITUNG«: EINE VORÜBUNG IN ÜBERPARTEILICHKEIT. Als Heuss am 5. September 1945 Mitherausgeber der »Rhein-Neckar-Zeitung« wurde, hatte das etwas von einer Rückkehr in seine Jugendzeit; aber die »Neckar-Zeitung«, deren Redaktion der 28-jährige Heuss 1912 übernommen hatte, war ein liberales Blatt gewesen, während er in der Leitung der »Rhein-Neckar-Zeitung« Teil eines Allparteienstabes war. Das war eine Szenerie, die bereits den Parlamentarischen Rat vorwegnahm; und schon hier bewies

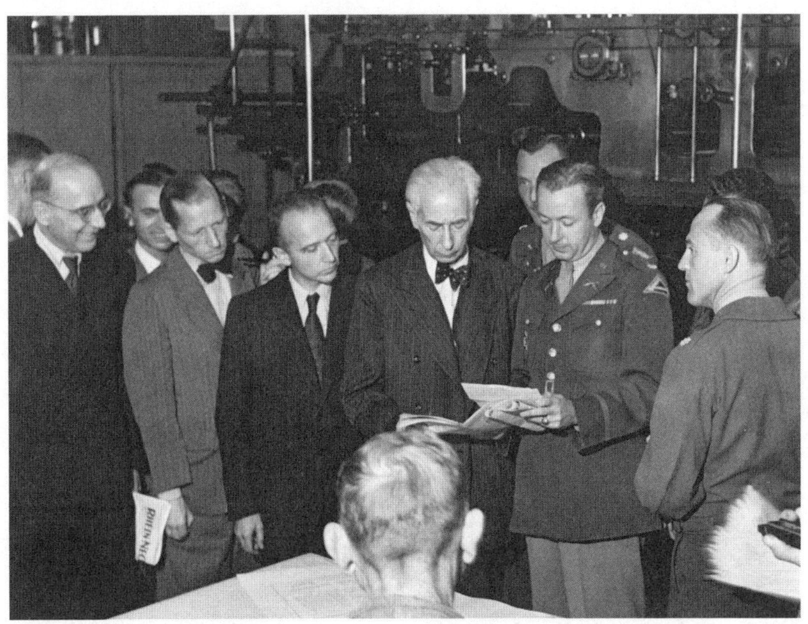

Heuss als Mitarbeiter der »Rhein-Neckar-Zeitung« mit Rudolf Agricola und Hermann Knorr, Heidelberg 1945

Heuss seine Fähigkeit zur überparteilichen Kooperation. Die für den früheren Zentrumsmann Adalbert Berger vorgesehene Lizenz wurde bereits im August 1945 widerrufen, als herausgekommen war, dass er ab 1942 für das Propagandaministerium gearbeitet hatte[88]; anders als im Fall Heuss blieb die ICD hier unerbittlich. Die sich fortan in der CDU sammelnden Kräfte waren in der RNZ-Leitung nicht vertreten; Heuss sah sich hier jetzt nur dem Sozialdemokraten Hermann Knorr und dem Kommunisten Rudolf Agricola gegenüber. Während der Sozialdemokrat und der Kommunist sich in die Haare gerieten[89], sind von Heuss' Seite große politische Differenzen nicht überliefert[90]. Erst nach der Währungsreform wurde die Beziehung zu Agricola gespannt, als der Ost-West-Konflikt offen eskalierte; aber dieser Streitpunkt erledigte sich, als die US-Militärregierung dem Kommunisten am 31. August 1948 die Lizenz entzog, weil ihn die sowjetische Militärregierung zum Rektor der Universität Halle machen wollte[91]: Das war der Auftakt zu einer DDR-Karriere.

Zum großen Knall dagegen kam es um den Jahreswechsel 1949/1950 zwischen dem frischgebackenen Bundespräsidenten Heuss und Knorr, der, je mehr

Heuss von der Politik absorbiert wurde, die Redaktion faktisch allein führte. Da vernehmen wir von Heuss auf einmal einen ganz ungewohnten Kommandoton und einen Dynasten-Anspruch; man kann sich des Verdachts nicht erwehren, dass ihm seine neue Position zu Kopf gestiegen war, denn in diesem Fall war er nicht nur juristisch, sondern auch sachlich im Unrecht. Gebieterisch forderte Heuss, dass ihn sein Sohn während seiner Präsidenten-Amtszeit in der RNZ-Leitung vertreten solle; dem stand jedoch der §6 des Gesellschaftsvertrages der RNZ entgegen: »Die Geschäftsanteile sind unveräußerlich und unvererblich.«[92] Zudem war Ernst Ludwig Heuss bereits als Direktor der deutschen Niederlassung der Wybert AG anderweitig vollauf beschäftigt, und vor allem: Er besaß so gut wie gar keine journalistische Erfahrung. Natürlich verwies Knorr auf die fragwürdige Befähigung des Sohnes; aber das brachte Heuss erst recht auf die Palme; »vor vierzig, fünfzig Jahren«, schimpfte er drauflos, wären dessen »kränkende Bemerkungen« über seinen Sohn »fast der Zwang« gewesen, ihn zum Duell zu fordern![93]

Aber auch als Bundespräsident konnte er hier kein Machtwort sprechen und musste 1952 in einen Vergleich einwilligen, wobei er mit 100000 DM (damals ein Vermögen) ausgezahlt wurde.[94] Des Pudels Kern war finanzieller Art: Als Heuss sein neues Amt antrat, war für den Bundespräsidenten, man staune, noch keine Pension vorgesehen.[95] Bei der Lizenzerteilung 1945 hatte Heuss sich noch durch Uneigennützigkeit hervorgetan und eine Vertragsklausel abgelehnt, die den Herausgebern alle Gewinne der neuen Zeitung zusprach[96]; ab 1949 dagegen, als sich die Verhältnisse ordneten und der Geschmack am guten Leben wiederkehrte, erkennt man bei ihm wie bei zahllosen Zeitgenossen ein energisches Streben nach solider finanzieller Basis. Der 17. Juni 1953, der spätere »Tag der Deutschen Einheit«, war für den Bundespräsidenten der Tag, an dem ihm ein Ruhegehalt zuerkannt wurde.

Zwischen Heuss' journalistischem Neubeginn und dem Parlamentarischen Rat, mit dem die große Kontinuität einsetzt, liegen noch drei weitere Neustarts, wobei Heuss jedoch in allen Fällen entweder die Lust oder die Zeit zum energischen Durchstarten fehlte; noch immer weist seine Lebenslinie Analogien zu den 1920er Jahren auf. Zuerst, im September 1945, die Ernennung zum »Kultminister« des zur amerikanischen Zone gehörigen Nordteils von Baden-Württemberg; sodann diverse liberale Parteivorsitze: 1946 der Deutschen Volkspartei (DVP) der amerikanischen Zone, 1947 der gesamtdeutschen Demokratischen Partei Deutschlands (DPD), Ende 1948 schließlich der FDP der gesamten Westzonen. Und als drittes jener Beruf, der ihm wohl mehr als jeder Parteivorsitz behagt hätte: die Ernennung zum Honorarprofessor für politische Wissenschaften an der TH Stuttgart. Die Geschichte wiederholt sich: Schon 1930 hätte er die Chance zu einer Stuttgarter TH-Professur gehabt; aber auch jetzt wird aus diesem Anlauf nichts Dauerhaftes: Wieder kommt die Politik in die Quere.

Sein Jahr als Kultminister gehört zu den Stationen seines Lebens, die am spärlichsten dokumentiert sind.[97] Das erklärt sich nicht allein aus der Papierknappheit der Nachkriegszeit: Heuss, der später als »geheimer Kultusminister der Bundesrepublik« galt und in kulturellen Dingen beschlagener war als die meisten anderen Politiker seiner Zeit, begriff die Leitung einer zuständigen Behörde allem Anschein nach nicht als Chance, um seine Trümpfe auszuspielen. Jegliche Forcierung der von den Amerikanern geforderten *reeducation* lag ihm fern; der Glaube, man könne durch Verordnungen von oben einen neuen Geist in den Schulalltag bringen, passt überhaupt nicht zu ihm.[98] Am liebsten erzählte er später aus seiner Kultminister-Zeit sein Plädoyer für die Rettung des »*Allotria*« an den Schulen: der für die Praxis scheinbar unnützen humanistischen und schöngeistigen Bildung ohne allzu enge Fixierung durch den Lehrplan.

Ministerpräsident des amerikanischen Württemberg-Baden wurde Reinhold Maier. Als Heuss und er von der US-Militärverwaltung ohne demokratische Legitimation ernannt worden waren und gemeinsam zu ihrem neuen Amtssitz hinübergingen, fasste Heuss ihn am Arm: »Du, Maier, wer setzt uns eigentlich wieder ab?« Der erwiderte schlagfertig in zeitbedingtem Zynismus: »Entweder die Amerikaner oder die Franzosen oder vielleicht gar die Russen. Und wenn es diese alle nicht tun, dann, wie schon einmal, das dankbare schwäbische Volk.«[99] Das »Volk« hatte nicht mehr den enthusiastischen Klang wie einst bei Naumann, sondern hatte nach zwölf Jahren Vereinsamung in der NS-«Volksgemeinschaft« einen sarkastischen Unterton bekommen – das Misstrauen gegenüber dem »Volk« durchzieht noch die Debatten des Parlamentarischen Rates. In der Tat ging es auf das »Volk« zurück, wenn Heuss schon Ende 1946 wieder aus dem Ministeramt ausschied: Bei den ersten Wahlen hatte seine DVP nicht genügend Mandate erlangt, um sowohl den Ministerpräsidenten wie auch einen weiteren Minister zu stellen. Da gab Heuss sein Amt zurück, »auf das sich die CDU wild kaprizierte«[100], um Maier als Regierungschef zu halten.

Selbstlose Großmut oder Zurückweichen gegenüber innerparteilichem Druck? Aber vieles spricht dafür, dass Heuss an diesem Amt nicht mit dem Herzen hing, sondern wie schon früher über Württemberg hinausstrebte, obwohl er sein Schwäbeln nie ablegte. Wir haben gesehen, wie Heuss es Maier schon in den letzten Jahren vor 1933 erstaunlich wenig verübelte, dass der ihn in Württemberg vom ersten Platz verdrängte. Das lag in der Natur der Sache; denn Reinhold Maier war der Inbegriff eines ganz und gar schwäbischen Vollblutpolitikers[101], der für den Posten des Stuttgarter Regierungschefs wie geschaffen war. Er liebte es, derb und direkt zu reden, nach Bedarf mit schwäbischer Grobheit, die Heuss nur dosiert einsetzte. Und bei allem Tricksen behielt er doch eine Ehrlichkeit und Echtheit, so dass Heuss ihm nie ernsthaft böse werden konnte. »Wir haben beide Humor und wissen, woran wir miteinander sind«, erklärte Heuss am 6. Januar 1946 auf dem ersten liberalen Dreikönigstreffen.[102] Im Innern ergänzte er vermutlich: »Im Guten wie im Bösen.« Maier hatte eigentlich einen anderen Parteifreund als Kultminister vorgesehen; es waren die Amerikaner gewesen, die ihm Heuss auf die Ministerliste gesetzt hatten.[103] Einmal stieß Heuss im Kabinett mit ihm zusammen, als er für sich die Aufsicht über das Kulturprogramm des Rundfunks reklamiert hatte: Nicht einmal dies wollte der selbstherrliche Maier einem Kultminister überlassen![104]

Auch das mag dazu beigetragen haben, dass bei Heuss keine rechte Begeisterung für sein Ministeramt aufkam. Sein Ärger richtete sich Ende 1946 jedoch auf CDU und SPD, die der DVP nicht zwei Regierungsposten zugestehen wollten, sondern sie vor ein Entweder-oder stellten. Wie er damals an die Stolpers schrieb, zog er sich aus dem Kuhhandel um die Posten »sehr bald mit einem schlechten Geschmack im Mund« zurück, nachdem er den beiden anderen Parteien »sehr deutlich« die Meinung »über den schlechten Stil der Fraktionstaktiken« gesagt habe. »Aber mein Abschied ist vollkommen klaglos.«[105] Gegenüber Otto Gessler vergleicht er sich sogar mit dem legendären schweizerischen Nationalhelden Arnold Winkelried, indem er »die auf Reinhold Maier gerichteten schwarz und rot bewimpelten Spieße aus Karlsruhe zusammenfasste und in die eigene Brust stieß«. »Ich habe eine Kombination gesprengt, die ich im Augenblick für die gesamtdeutsche Lage für unerwünscht halte, und komme mir deshalb gar nicht als das Opfer vor, sondern fast als ein ›Sieger‹.«[106] Gemeint war wohl: eine große Koalition CDU-SPD unter Ausschluss der Liberalen. Dieser aufsehenerregende Rückzieher muss Adenauer beeindruckt haben, der einen Bundespräsidenten brauchte, der eine solche Koalition ausschloss!

Gegenüber Wilhelm Stapel, mit dem er noch immer munter korrespondierte, sprach Heuss sich das Verdienst zu, »die fraktionellen Verkrampfungen« gelöst zu haben.[107] Da ist schon die »Entkrampfung«, das Lieblingsziel des späteren Bundespräsidenten! Dass im gleichen Jahr sein »Robert Bosch« als »das erste große Werk in der amerikanischen Zone« herausgekommen war und sich bei dem allgemeinen Papier- und Büchermangel die Leute um die Exemplare rissen[108], verschaffte ihm gewiss eine größere Genugtuung, als dies eine fragwürdige Ministerherrlichkeit im zerstörten Stuttgart vermocht hätte. Dieser literarische Erfolg schien damals seinen weiteren Weg vorzuzeichnen. Sein »Schicksal« scheine nun dies zu sein, »große Biographien zu schreiben«, schrieb er nach seinem Rücktritt an Otto Gessler.[109] Seine Bosch-Biographie werde »wohl das erste große ›Werk‹ sein, das in Deutschland neu erscheint«, triumphierte er im Mai

1946 gegenüber Wilhelm Stapel.[110] Zu einer Zeit, da der Firma Bosch als einem großen Rüstungsunternehmen die »Entflechtung« drohte, war das Buch überdies ein Politikum: Eine seriösere Weißwäsche konnte sich dies Unternehmen nicht wünschen!

Selbst Heuss' alter Parteifreund Willy Hellpach, der NS-Zeit und Krieg ebenfalls wohlbehalten in Heidelberg überstanden und ihn 1945 für das Kultministerium vorgeschlagen hatte, verstand nur zu gut, dass Heuss sich von diesem Posten so leicht wieder löste. Da sehe er ihn seiner »eigentlichen Wirksamkeit zurückgegeben«, schrieb er ihm am »Wintersonnwendtag 1946«: »der Publizistik großen und ernsten Stils, die wir in Deutschland wie das liebe Brot benötigen und deren *einziger* Repräsentant heute *Sie* auf der politisch und kulturell freiheitlichen Seite sind (nennen Sie mir einen zweiten, wenn Sie einen wissen!). Sie sind nun einmal, wie Schiller an Goethe mahnend schrieb, von der Natur ›dazu gemacht, *hervorzubringen*‹, nicht zu verwalten, und darin liegt die produktive Kraft Ihrer Persönlichkeit.«[111] Hellpach liebte es, den Mund vollzunehmen; sein Urteil über das damalige Heuss'sche »Alleinstellungsmerkmal« ist jedoch umso ernster zu nehmen, als die Beziehung zwischen den beiden im übrigen eher gereizt war. Auch Hellpachs Schmeichelei enthielt zwischen den Zeilen eine Mahnung: »*Schuster, bleib bei deinen Leisten!*« Selbst Shepard Stone, der auf Heuss als seinen Schützling stolz war, solange dieser die »Rhein-Neckar-Zeitung« redigierte, hatte ihn gleich gewarnt, als ihm der Ministerposten in Aussicht gestellt wurde: »Professor Heuss, Sie werden sich entschließen müssen, ob Sie ein erfolgreicher Herausgeber oder ein schlechter Politiker werden wollen!« Dieser Ausspruch wurde in den »Heuss-Anekdoten« verewigt; der Bundespräsident Heuss hat Stone, wenn der ihn später besuchte, immer wieder damit gefoppt.[112] Er war und blieb eben doch ein *Homo politicus*, der über die Nur-Literaten gerne lästerte; aus dem Rückzug in die Literatur wurde nichts.

»LEBEN WIR NOCH?« LIBERALE WIEDERBELEBUNGSVERSUCHE UND HEUSS'SCHE ENTKRAMPFUNGSKÜNSTE. Am 3. November 1945 hielt Heuss, bereits Kultminister, auf der Gründungsversammlung der Demokratischen Volkspartei (DVP) von Württemberg-Baden im Stuttgarter Landestheater seine erste politisch-programmatische Ansprache seit 1933. Elly, die sonst an Heuss' Stil manches zu bekritteln hatte, war diesmal hingerissen: Heuss habe sie bei dieser Rede »immer an Naumann erinnert. Bis in die Bewegungen hinein war das Naumannsche Schule.«[113]

Wie von vielen Heuss-Reden sind nur Stichwort-Blätter erhalten; aber in diesem Fall sind die Stichworte eindrucksvoller als jene Redetexte, die Heuss noch nachträglich und nicht selten weitschweifig für den Druck ausformulierte. Denn die Stichworte enthalten das, worauf es Heuss vor allem ankam. Sie beginnen:

Zwölf Jahre im öffentlichen Leben stumm ...
Wir erstickten manchmal schier an der würgenden Sorge um das Vaterland. ...
Leben wir noch? ...
Wir leben noch, zwischen Wunden und Trümmern
Zahllose hilflos, heimatlos, verstört, um den
Sinn ihres Glaubens betrogen, in ihrer bürgerlichen
Existenz ohne Boden, in ihrem Beruf gefährdet,
über die ewigen Fragebogen gebeugt ...

Man erkennt: Heuss richtet sich nicht nur an jene, deren Stimme vom NS-Regime zum Verstummen gebracht wurden, sondern auch an andere, die an Hitler geglaubt hatten und denen nun die Entnazifizierung zu schaffen macht. Auch Heuss machte manchmal seinem Ärger über den »grässlichen Schematismus der Fragebogen« Luft.[114] Ausländische Beobachter waren nach 1945 häufig verärgert, wenn sie bei den Deutschen mehr Selbstmitleid als Mitgefühl mit ihren Opfern erkannten. Heuss, der für seine Person nicht zum Selbstmitleid neigte, macht sich hier streckenweise zum Sprecher deutschen Selbstmitleids; aber gerade weil bei ihm, der die Gelassenheit liebte, das Mitleid gewöhnlich temperiert blieb, konnte er dem Selbstmitleid und der Scham zugleich Ausdruck verleihen. *»Wir sind schmutzig geworden – Denunziantentum«* lauten weitere Stichworte: Da mochten die einen an die Denunzianten der NS-Zeit, die anderen an die der Entnazifizierung denken.

Aber um welches Vaterland geht es jetzt überhaupt noch, 1945? Da wird Heuss gegen Schluss eindeutig – und dann doch nicht ganz: *»Wir wollen heute ein Werk beginnen für unser schwäbisches Vaterland, das auch Deutschland dienen soll. Deutsche Politik? Mit unsicherem Rhythmus fragen wir: Was ist des Deutschen Vaterland? Wir wissen es nicht. Es ist in unseren Herzen.«*[115] Bei jedem damaligen Zuhörer rief Heuss hier Ernst Moritz Arndts Lied von 1813, dem Jahr der Freiheitskriege, in Erinnerung: »Was ist des Deutschen Vaterland ist's Preußenland? ist's Schwabenland?« Und dann immer wieder der Refrain: *»O nein, o nein! Sein Vaterland muss größer sein, sein Vaterland muss größer sein!«* Aber diesen Refrain mochte sich, wer wollte, in seinem Herzen denken; damals war für Heuss erst einmal das schwäbische Vaterland konkret, und auch dies war in die amerikanische und französische Besatzungszone gespalten: Die Grenze verlief zwischen Stuttgart und Tübingen.

Ein deutliches Signal setzt Heuss als Kultminister: Bei der Neugestaltung des Schulwesens und der Lehrerbildung stehen die »Kräfte des religiösen Lebens« an erster Stelle. Das war eine klare Absage an die alte antiklerikale Tradition des südwestdeutschen Liberalismus, und da wusste er sich mit Elly ein Herz und eine Seele. Damit bekundete er zugleich Sympathie für eine Koalition mit der entstehenden CDU. Aus einem amerikanischen Geheimdienst-Dokument erfährt man, dass Heuss im Sommer 1945, noch bevor er sich auf die Neugründung einer liberalen Partei einließ, in Stuttgart Gespräche über die Gründung einer bürgerlichen Sammlungspartei führte, die auch solche Kreise einschloss, die in der Folge zur CDU gingen.[116] An den Berliner CDU-Pressemann Karl Brammer schrieb er am 24. November 1945: »Ich würde in Berlin an der Christlich-Demokratischen Union teilgenommen haben und bin etwas unglücklich darüber, wie nun im ganzen Reich die Chance, eine konfessionell umgrenzte Partei aus der deutschen Zukunft ausgeschaltet zu haben, verdorben ist.«[117] (Offenbar fürchtete er damals, in anderen Regionen würde das Zentrum wieder auferstehen.) In dieser Hinsicht unterschied er sich markant von Reinhold Maier, der von Anfang an gegen Heuss die Neugründung einer linksliberalen Partei verfocht und sich damit durchsetzte.[118] Womöglich hat Adenauer über Brammer schon früh von dieser Heuss'schen Präferenz erfahren und die Zuversicht gewonnen, dass Heuss sein Mann sei.

Und das wurde er ja auch. Man erkennt, wie Heuss das, was ihm an politischer Neuformierung vorschwebte, erst als Bundespräsident zu verwirklichen vermochte: nicht zuletzt die Verbindung von liberalem und christlichem Ethos, auf dem auch die Ehe der Heussens beruhte. Auf dem liberalen Dreikönigstreffen am 6. Januar 1946 bekräftigte Heuss: »Dem deutschen Volk das Christentum stehlen zu wollen, heißt nicht nur, es ärmer, arm zu machen, sondern die Elemente des Geschichtsaufbaus zu zerstören.« Er wollte das Christentum jedoch nicht als Monopol einer bestimmten Partei verstanden wissen, sondern richtete 1949 als FDP-Vorsitzender einen wütenden Protestbrief an den damaligen Essener Oberbürgermeister Gustav Heinemann, der – damals noch weit von seiner späteren politischen Rolle entfernt – schroff erklärt hatte, »SPD und FDP könnten nicht die politische Heimat evangelischer Christen sein«.[119]

Heuss, dem die Europa-Rhetorik stets hohl klang, macht sich dafür jetzt das neue »Abendland«-Pathos zu eigen: »Abendland – das heißt Einheit des germanisch-römischen Kulturkreises, Abendland, das heißt Kraftquelle der Antike und des Christentums.«[120] Das klingt für Heuss ungewohnt geschwollen; jedoch gab es da konkrete Anhaltspunkte: Da ließ sich die »Achse Berlin-Rom« der Hitler-Mussolini-Zeit, nunmehr eine Gemeinsamkeit der Besiegten, ebenso wie die neu zu begründende deutsch-französische Freundschaft unterbringen, die man bereits brauchte, um auch nur ungehindert von Stuttgart nach Tübingen zu gelangen. Bedeutsam war jedoch auch Gustav Stolpers Hinweis im Oktober 1946, dass die Deutschen auf kirchlicher Ebene am ehesten Unterstützung in den USA finden könnten: »Die Kirchen, eine nicht zu unterschätzende Macht in diesem Land, haben sich sehr entschieden für einen baldigen Aufbau Deutschlands ausgesprochen.«[121]

Wo Heuss in Aufzeichnungen von 1945 auf die Zukunft der Parteipolitik zu sprechen kommt, betont er wiederholt, dass es verhängnisvoll wäre, jetzt einfach wieder an das alte Parteiwesen vor 1933 anzuknüpfen, aus dem er selber kam; dieses habe »unzweifelhaft versagt«. Konkret meint er damit: Das demokratische bürgerliche Parteiwesen war in sich zu zersplittert – ob durch wirtschaftliche Interessen oder durch das Proporzwahlsystem –, als dass es die von der Not der Zeit geforderten Führungsaufgaben hätte wahrnehmen können.[122] Das Gebot der Stunde war aus Heuss'scher Sicht also die Gründung einer großen bürgerlichen Sammlungspartei; schon damals war er innerlich von Adenauer nicht sehr weit entfernt. Oder konnte diese doch unter liberalem Vorzeichen erfolgen; konnte Heuss sich hier von seinen alten Parteiverbindungen leiten lassen?

Aus der Ferne betrachtet hätte mit dem Untergang der NS-Diktatur eigentlich ein neuer Morgen für den Liberalismus anbrechen können. Wer diesen Zwang erfahren hatte, für den besaß »*Freiheit*« wieder einen hellen Klang. Mochte »Freiheit« einst im normalen Alltag ein Allerweltsbegriff gewesen sein, war sie für den KZ-Häftling ein sehr konkretes Objekt der Sehnsucht. Nur – viele von jenen Deutschen, die an Hitler glaubten, hatten auch dessen Herrschaft als eine Art von Freiheit empfunden: als eine Freiheit zum kollektiven Sich-Austoben. Und das war das peinliche Dilemma des politischen Liberalismus im ersten Nachkriegsjahrzehnt: Wollte er jetzt endlich zu einer großen Partei werden, dann musste er eine Massenanhängerschaft aus den Reihen bisheriger Nationalsozialisten gewinnen: all jener Nazis, denen die CDU zu schwarz und die SPD zu rot war. Am ehesten dort gab es ein massenhaftes Potential von Wechselwählern, die vorerst kein angestammtes politisches Lager besaßen.

Ernst Mayer, Geschäftsführer der DVP und ab 1950 der FDP, wetterte 1948 in einem Rundschreiben dagegen, dass gewisse Landesverbände durch Appell an die »gefährlichen nationalistischen Instinkte unseres Volkes« die Partei zu einem »Exerzierplatz verhinderter SS-Führer« machen wollten: aus Heuss' Sicht eine »überflüssige Schärfe«, jedoch aus einem sehr berechtigten Motiv.[123] Mayer zielte auf die FDP-Landesverbände in Nordrhein-Westfalen, Niedersachsen und Hessen. Im Juli 1949 warnte Heuss die Freidemokraten Niedersachsens, sich in einen »Wettlauf um einen Pseudo-Nationalismus« zu begeben; »niemand von uns im Süden denkt daran, einen solchen Weg mitzugehen«.[124] Selbstverständlich hätte Heuss nie mit einem neu erfundenen Liberalismus etwas gemein haben wollen, der die altliberale Szene des Südwestens, die dem alten Ideal auch unter dem Nationalsozialismus die Treue gehalten hatte, abgestoßen hätte – und doch erkennt man, dass er zugleich ehemaligen NSDAP-Mitgliedern die Tür öffnen wollte. Etwas anderes wäre auch politisch unklug gewesen. Aber wie wollte man aus Altnazis und Antinazis, zwischen denen erst einmal ein Abgrund bestand, eine auch nur einigermaßen gleich gestimmte, politisch handlungsfähige Partei machen? Die Frage war so heikel, dass man sie in den Heuss-Korrespondenzen kaum je in aller Härte angesprochen findet.

Als *deus ex machina* konnte in diesem Dilemma Friedrich Naumann vom Himmel kommen: Er war der Abgott vieler Altliberaler, aber mit ihm, dem Nationalsozialen, konnten sich ohne große Mühe auch viele Ex-Nazis identifizieren, ja sich sogar einreden, eigentlich sei es dessen Volksgemeinschaft, dessen Vereinigung des Nationalen mit dem Sozialen gewesen, was sie gewollt hätten, als sie Hitler folgten. Genau deshalb war Heuss als irdischer Erbwalter Naumanns, verbunden mit seinen »Entkrampfungs« – und Vermittlungskünsten, für die Liberalen nach 1945 eine ideale Integrationsfigur, auch wenn ihm der Geschmack am Naumannschen Nationalismus vergangen war. Dibelius fühlte sich durch Heuss' Berliner Rede 1946 an Naumann erinnert.[125]

»KEIN ENTRINNEN AUS DEM DEUTSCHEN GESAMTSCHICKSAL?« DIE KLUFT ZWISCHEN OST UND WEST BRICHT AUF – HEUSS BRICHT MIT WILHELM KÜLZ. Die untergründige Spannung zwischen Altnazis und Antinazis im politischen Liberalismus trat in den ersten Nachkriegsjahren zurück hinter der immer offener klaffenden Spaltung zwischen Ost und West, die von außen, durch die Besatzungsmächte, hervorgerufen wurde. Auch hier konnte Heuss eine Zeitlang zur Integrationsgestalt wie geschaffen erscheinen: er, der aus dem südwestdeutschen Liberalismus kam, jedoch über ein Vierteljahrhundert in Berlin gelebt hatte. Es hatte seinen Grund, wenn sein Berlin-Besuch im März 1946 in einer Weise zelebriert wurde, wie er das früher in dieser Stadt nie auch nur entfernt erlebt hatte.

Die Einladung ging vom *Kulturbund zur demokratischen Erneuerung Deutschlands* aus; die Initiative kam wohl von dem kommunistischen Schriftsteller Johannes R. Becher, dem künftigen Kultusminister der DDR und schon 1946 ähnlich wie Heuss auf dem besten Wege vom Außenseiter zur Repräsentationsfigur. 1925 hatte ihn Heuss als Vorsitzender des Schutzverbandes deutscher Schriftsteller (SDS) gegen eine Anklage der Vorbereitung zum Hochverrat und der Gotteslästerung in Schutz genommen[126]; in der Situation von 1945/46, als beide in kulturpolitische Schlüsselpositionen einrückten, schien sich zwischen ihnen geradezu eine Art von Freundschaft anzubahnen – eben zu der Zeit, als die Kühle zwischen West und Ost bereits spürbar wuchs. Für Heuss war Becher nicht jener Typ des Linksliteraten, gegen den er eine Aversion hegte; eher wirkte jener Poet bis zu seiner Nachkriegskarriere wie ein später Spross des alten romantischen Weltschmerzes, rührend und traurig zugleich, wie er sich nach Kleists Vorbild als 19-Jähriger, 1910, gemeinsam mit seiner Jugendliebe hatte das Leben nehmen wollen, jedoch nur sie erschossen, dagegen auf sich selber schlecht gezielt hatte.

»Mit großer Freude« gratulierte Becher Heuss zu seinem Kultminister-Posten, und in seinem ganzen Brief klang echte Herzlichkeit durch und ein durch die Schrecken der NS-Zeit entstandenes Gefühl von Verbundenheit nach den einstigen politischen Querelen im SDS: »In den 12 schweren Jahren der Emigration hab ich ab und zu von Ihnen einen Artikel gelesen, und ich habe sehr wohl verstanden, wie *beredt* Sie zu all dem schwiegen, was die Nazis gerne gehört hätten. Damit war mir Ihr politischer, antifaschistischer Standpunkt absolut klar.« Und dann sogar selbstkritisch: »Ja, wenn ich mich heute an unsere Differenzen und schreienden Auseinandersetzungen erinnere, muss ich mich schämen angesichts dessen, was hinter diesem Geschrei an wirklichen, realen Gefahren heraufzog, und wie wir uns den Blick haben trüben lassen in diesem keineswegs notwendigen und prinzipienlosen Gegeneinander.«[127] »Lieber Becher«, schrieb ihm Heuss nach seinem Auftritt in Berlin, er sei »besonders froh darüber, dass die menschliche Atmosphäre zwischen uns beiden von Anbeginn treu und warm gewesen ist«. »Es ist in den Gesprächen manches angeklungen, was in mir weitergeht ...«[128] Das waren mehr als bloße Höflichkeiten.

Die wechselseitige Wärme zwischen den beiden überrascht umso mehr, wenn man Heuss' stets entschiedene Ablehnung des Kommunismus kennt und den späteren Spott des DDR-Kultusminister Becher auf die »Mumie« Heuss, der sich mehr für den »Weingeist als für den Geist« interessiere. Aber das nahm Heuss »mit nachsichtigem Behagen zur Kenntnis«[129]; einem Becher konnte er nicht böse sein. Wenn er seinem Präsidentenamt in der ersten Zeit besonders mit der Schaffung einer neuen Nationalhymne sinnliche Substanz zu geben suchte, kann man annehmen, dass das Vorbild Bechers in der DDR dabei nicht ohne Wirkung war. Heuss' Berliner Rede vom 18. März 1946 wurde trotz ihrer starken Resonanz nie zu seinen Lebzeiten publiziert[130]; sie gehörte nicht zu den Reden, um deren Verbreitung er sich bemühte: War sie aus seiner Sicht schon bald nicht mehr zeitgemäß? Damals in Berlin gab er für die durch Nazismus und Krieg gegangenen Deutschen die Parole aus: *»lernen, lernen, lernen«*[131] – auch ohne dass er das sagte, wusste jeder anwesende Kommunist, dass das eine Anleihe bei Lenin war. Er verkündete: »Es gibt kein Entrinnen aus dem deutschen Gesamtschicksal.«[132]

Wirklich nicht – oder für die Westzonen eben doch? Da hatte man schon in der letzten Kriegszeit insgeheim darauf gebaut, Glück im Unglück zu haben, da man von den Amerikanern besetzt werden würde, sehr im Unterschied zu den Unglücklichen im Osten, denen die Okkupation durch die Rote Armee bevorstand. Ernst Ludwig Heuss berichtete im Dezember 1945 aus Berlin an seine Eltern, auch um zu unterstreichen, wie wichtig ein politischer Besuch des Vaters dort sei: »Man hat hier allgemein das Gefühl, dass der Süden die russische Besatzungszone ›abgeschrieben‹ habe und für die hiesigen Nöte und Schwierigkeiten kein Interesse mehr habe.«[133] So früh schon entstand dies Gefühl, lange vor dem offenen Ausbruch des Kalten Krieges!

Dass gerade Heuss die Herrschaft der Amerikaner als Glück im Unglück erlebte, ist nicht zu bezweifeln, ebenso wenig wie sein Horror vor dem Sowjetkommunismus. Schon am 30. Mai 1945 bemerkte er, dass »Ostdeutschland hinter einem dichten Vorhang liegt«.[134] Erst am 5. März 1946 prägte Churchill in seiner Rede in Foulton/Missouri, die als Auftakt zum Kalten Krieg in die Geschichte einging, das Wort vom »Eisernen Vorhang«, der sich über das gerade noch vermeintlich befreite Osteuropa gesenkt habe.[135] Deutsche bekamen am frühesten zu spüren, dass es sich bei der Grenze zum sowjetischen Machtbereich um keine normale Grenze handelte. Und die Sowjetzone wirkte auf Heuss 1945 noch ebenso bedeutend wie bedrohlich – so jedenfalls stellte er es der amerikanischen Militärregierung dar: »Die Aufteilung des geschichtlich und wirtschaftlich viel komplizierteren deutschen Westens in drei Zonen schafft eine eigentümliche Lage gegenüber dem Osten Deutschlands, der, mit geringerer Bevölkerungsdichte und viel weniger zerstörter Industrie, ein großes, geschlossen zu behandelndes Gebiet darstellt.«[136]

Es ist eine der undurchsichtigsten Fragen der deutschen Nachkriegsgeschichte, ab wann maßgebende deutsche Politiker mit der Teilung Deutschlands rechneten – und ob sie diese im Grunde ihres Herzens begrüßten. Gerade noch war die deutsche »Volksgemeinschaft« auf eine frenetische Art gefeiert worden wie nie zuvor, und vielen war es damit wirklich ernst gewesen. All diese und auch die, die mit beiden Teilen Deutschlands durch enge Beziehungen verbunden waren, standen der Spaltung Deutschlands noch lange fassungslos gegenüber mit dem Grundgefühl: »Das kann doch nicht wahr sein!« Und auch bei jenen Politikern, die anders empfanden, waren Bekenntnisse zur Wiedervereinigung stets ein absolutes Gebot der *political correctness*, und dies zu einer Zeit, als sonst in der Politik mehr als in späteren Jahrzehnten Klartext gesprochen zu werden pflegte. Der Verdacht, dass es sich um bloße Lippenbekenntnisse handelte, lag nahe.

Viele von denen jedoch, die die Wiedervereinigung ernsthaft wollten, sahen sich in einem quälenden Dilemma: In typischen Fällen handelte es sich um antikommunistische Deutschnationale; aber in der Situation nach 1945 war es evident, dass die deutsche Einheit – wenn überhaupt – nur durch eine Verständigung mit den Sowjets, konkret: mit Stalin zu retten war. Die Hintergedanken Stalins vermochte niemand zu durchschauen, und die kommunistischen Machtergreifungen in Osteuropa während der Nachkriegsjahre gaben allen Grund zum Misstrauen. All das wirkte einer klaren und offenen Diskussion der

Deutschlandfrage entgegen. Da wurde ein hohles Pathos zur Gewohnheit, an das auch die Heuss'schen »Entkrampfungs«-Übungen nicht rühren durften.

Selbst bei Heuss, von dem so viel mehr Briefe und interne Aufzeichnungen erhalten sind als von den allermeisten anderen Zeitgenossen, behält das Denken über Deutschland nach 1945 etwas Undurchsichtiges. Schon gar in seinen Presseartikeln hielt er sich bedeckt.[137] Auch dieses Heuss'sche Schweigen ist auf seine Art beredt: Hätte er leidenschaftlich an der deutschen Einheit gehangen, hätte er das laut verkündet. Zumal bei dem Bundespräsidenten hätte man dann deutsches Einheitspathos in höchsten Tönen erwarten können; aber nichts davon – noch nach seinen ersten Präsidentenjahren bemerkt Margret Boveri in ihrem Überblick über Heuss'sche Lieblingsthemen vielsagend: »Seine Äußerungen, die auf die Teilung Deutschlands Bezug nehmen, sind verhalten.«[138] Bei dieser leidenschaftlichen Anhängerin der deutschen Einheit besaß eine derartige Feststellung einen Unterton tiefer Enttäuschung, wobei sie ihm freilich zugesteht, dass er auf seine sanfte Art die deutsch-deutsche Grenze überbrückte, indem er die gemeinsame deutsche Geistestradition im Bewusstsein hielt.

Mit besonderem Vergnügen plauderte Heuss jedoch stets über spezifisch schwäbische Glanzlichter der deutschen Geistesgeschichte. Zugleich machte er freilich einen kleinstaatlichen Partikularismus, der auf germanische Stämme rekurrierte, mit der Trickkiste seines historischen Wissens stets lächerlich; für ihn war es klar, dass auch Württemberg wieder in einer größeren deutschen Einheit aufzugehen hatte – aber ebenso bestand kein Zweifel, dass das württembergische Erbe in einem Weststaat am besten zur Geltung kam. Schon als er im Sommer 1947 in Sils-Maria mit den Stolpers intensive Deutschlandgespräche führte, muss ihm deutlich geworden sein, dass alles für einen Weststaat sprach und es da kein Heuss'sches Einerseits-andererseits gab. Da fügte sich alles, an dem Heuss hing, zwanglos zusammen: bürgerliche Kultur, geistige Freiheit, Respekt vor Religion und privatem Unternehmertum, Abwehr des Kommunismus und ein starker Rückhalt bei den USA. Alles kam darauf an, wieder Freunde in der Welt zu haben und wieder Vertrauen zu erwecken: Da dachte Heuss ganz ähnlich wie Adenauer. Die suggestive Kraft der Westorientierung bestand nicht zuletzt in ihrer inneren Geschlossenheit und Einfachheit; mit dem krampfhaften Festhalten an der deutschen Einheit dagegen begab man sich in eine innere Zerrissenheit und in ein Spiel mit Unbekannten, bei dem alles kompliziert und unberechenbar wurde. Heuss, der von seinem Naturell her etwas Schwankendes hatte, lernte Adenauers Art schätzen, die Dinge auf einfache Formeln zu bringen.

Im Ersten Weltkrieg und danach trug Heuss' Freundschaft zu den Stolpers ebenso wie Naumanns »Mitteleuropa« dazu bei, dass ihm die enge Verbindung mit Österreich zu einem Herzensanliegen wurde. Nach 1945 dagegen wurde die

Verbindung mit den Stolpers zur emotionalen Basis seiner Westorientierung; man gewinnt den Eindruck, dass er den Blick auf Österreich fortan geflissentlich vermeidet, da dieses Land, das durch Neutralität seine Einheit erhielt, für die Verfechter der deutschen Einheit zur verführerischen Alternative wurde. Gleich 1945 wurde Karl Renner österreichischer Bundespräsident, den Heuss aus jungen Jahren als Mitarbeiter an der »Hilfe« kannte und schätzte; noch 1926 hatte er ihn, der schon von 1918 bis 1920 österreichischer Staatskanzler gewesen war, wieder getroffen und eine »menschliche Sympathie zwischen uns« wachsen gespürt[139] – nach 1945 scheint Renner für ihn nicht mehr zu existieren, obwohl zu der Zeit, als Heuss selber in die Präsidentenrolle schlüpfte, nichts nähergelegen hätte als ein Erfahrungsaustausch mit diesem alten Bekannten: so sollte man meinen. Aber auch der wollte jetzt von Deutschland nichts mehr wissen, sondern Österreich, das Herkunftsland Hitlers, zu einem von den Nazis okkupierten und von den Alliierten befreiten Staat machen. Mit einem Titel darüber gab DER SPIEGEL am 4. Januar 1947 sein spöttisches Debüt.

Zu einer Zeit, in der Heuss in seinen Presseartikeln zur Deutschlandpolitik schweigt, verrät seine Parteipolitik, dass er der deutschen Einheit spätestens gegen Ende des Jahres 1947 keine Chance mehr gibt.[140] Mehr noch: Es scheint, dass der sonst so oft schwankende Heuss in dieser Beziehung sogar noch früher als Adenauer eine klare Linie verfolgt. Als das Schlusskommuniqué der Londoner Sechsmächtekonferenz vom 6. Juni 1948 klare Modalitäten zur Gründung eines Weststaates vorlegt, ist Adenauer erst einmal über den Rattenschwanz von Auflagen und Kontrollen entsetzt[141], während Heuss zuoberst die freie Bahn und klare Linie für ein neues Westdeutschland wahrnimmt.[142] Selbst sein Mitschwabe Carlo Schmid, der durch geistige, menschliche und kulinarische Interessen ganz nach Frankreich orientiert war, löste sich schwerer von der deutschen Einheit als Heuss; mit Rücksicht darauf vertrat er noch 1948 den Grundsatz, keinen westdeutschen Staat, sondern einen »Zweckverband administrativer Qualität« zu schaffen.[143] Da konnte der Kontrast zwischen diesen beiden sonst so geistesverwandten Politikern nicht größer sein!

Wie so oft gewährt die Heuss-Vita auch hier Einblicke besonderer Art dadurch, dass sich Affinitäten und Spannungen in persönlichen Beziehungen manifestieren: in diesem Fall in dem Beziehungsdrama zwischen Heuss und seinem langjährigen Parteifreund Wilhelm Külz, das man mit Heuss'schem Wortspiel unter das Motto »Vom Duett zum Duell« stellen könnte. Wie mit der deutschen Teilung auch zahllose menschliche Entfremdungen einhergingen: Dieses peinvolle Stück deutscher Geschichte kann man hier an einem gutdokumentierten Prominenten-Beispiel verfolgen.

In der Weimarer Zeit hatten Heuss und Külz im Kampf für das »Schmutz-

und-Schund«-Gesetz zusammengestanden, und diese Kameraderie besaß etwas Verbindendes. Heinz Pol hatte in der »Weltbühne« sogar in Külz den wahren Urheber des Gesetzes gewittert[144]; der war bei der Ausarbeitung des Gesetzes Reichsinnenminister gewesen. Heuss redete ihn 1928 in einem Brief mit »*Verehrter, lieber Freund*« an; da schildert er ihn als einen Mann der Tat, der mit der Parole »*die Sache ist ganz einfach*« »die Geschichte zu schmeißen« liebt[145]: kein Zweifel, Külz war für ihn ein politisches Kaliber. Während der NS-Zeit gehörten beide zu einem »Kreis«; als Külz sich im November 1941 daraus zurückzog, empfand Heuss das als einen »schweren Verlust«.[146] Am 2. Februar 1945 gratulierte er ihm mit Wärme zum 70. Geburtstag: »Wir haben in guten und schlimmen Tagen immer eine schöne und offene Kameradschaft gepflogen; es hat, soweit mein Gedächtnis reicht, in dem (von) Rivalitäten und intimen Reibungen nicht ganz freien Leben unserer Gruppe in der Vergangenheit nie dergleichen zwischen uns gegeben.«[147] Zu kaum einen anderen alten Kämpen aus der DDP schreibt er in dieser Art. Und Külz antwortet ganz im gleichen Ton: Wenn er zurückblicke, so erscheine ihm das »Bild unserer freundschaftlichen Beziehungen« »niemals durch den geringsten Misston gestört oder getrübt«[148]: Das will bei Politikern etwas heißen.

Welch eine neue Bedeutung dieser politischen Freundschaft zwischen dem Schwaben und dem Sachsen könnte man sich für die Nachkriegszeit ausmalen! Der heute längst vergessene Külz erschien damals wie geschaffen dazu, der Adenauer der Sowjetzone, ja des neudeutschen Liberalismus überhaupt zu werden. Noch ein Jahr älter als der »Alte von Rhöndorf«, wie dieser bis 1933 Oberbürgermeister (Külz in Dresden), auch er von seinem ganzen Habitus und Auftreten her eine Autoritätsgestalt wie ein Geheimrat aus der Kaiserzeit. Nach Kriegsende fühlte er sich noch vor Adenauer als der kommende Mann, beanspruchte wie selbstverständlich überall die Führungsposition für sich, ließ sich hofieren und suchte mit noch weniger Skrupel, als es Adenauer mit den Amerikanern tat, die sowjetische Besatzungsmacht für sich zu nutzen. Dass er in Wahrheit von dieser instrumentalisiert wurde – und ebenda beginnt der Unterschied zu Adenauer –, scheint er bis kurz vor seinem Tod nicht begriffen zu haben.

1926 als Reichsinnenminister war er am Abschluss des deutsch-sowjetischen Neutralitätspaktes beteiligt gewesen; insofern verkörperte er für die Sowjets jene russenfreundliche Tradition, die es unter national gesinnten bürgerlichen Politikern auch gegeben hatte.[149] Darauf suchte er nach Kriegsende aufzubauen, und die Sowjets schienen mitzuspielen. Er liebte es, mit den Spitzen der Militäradministration zu bechern, und man kann sich lebhaft vorstellen, wie sich dieser selbstbewusste Mann auf solchen wein- und wodkaseligen Abenden mit ihren Trinksprüchen einbildete, mit den Sowjets auch politisch auf Augenhöhe verhandeln zu können. Zudem sah er sich, wenn er in der Sowjetischen Besatzungszone (SBZ) zu Parteiveranstaltungen herumreiste, von Anhängern umjubelt. Offenbar verkörperte er damals die Hoffnungen mittelständischer Schichten der Sowjetzone, dass ihnen der Sowjetkommunismus erspart bleiben würde. Dort war der Anteil der Katholiken viel geringer als im Westen; daher hatte die Anfang 1946 unter seinem Vorsitz gegründete Liberal-Demokratische Partei (LDP), die der Gründung der westzonalen FDP um fast zwei Jahre vorauseilte, beste Chancen, in ihrer Region mehr noch als die CDU zur neuen bürgerlichen Sammlungspartei zu werden[150] – hätte die Sowjetmacht auf die Dauer freie Wahlen und eine freie Konkurrenz der Parteien zugelassen!

Die LDP hatte jedoch auf unterer Ebene schon früh unter massiven Schikanen und Benachteiligungen gegenüber der SED zu leiden. Davon scheint Külz in seiner Führerherrlichkeit bis kurz vor seinem Tod kaum etwas bemerkt zu haben; stattdessen genoss er sein Privilegiertendasein in der allgemeinen Not mit einer peinlichen Naivität. An Emotionen zeigt sein sonst trockenes Tagebuch nur immerfort seine Eitelkeit und seine Freude an kulinarischen Genüssen.[151]

Heuss und Külz, die am 17. März 1947 in Wahrung der West-Ost-Parität gemeinsam zu Vorsitzenden der kurzlebigen gesamtdeutschen Demokratischen Partei Deutschlands (DPD) gewählt wurden, waren vom 4. bis zum 7. Juli des gleichen Jahres noch einmal auf dem Eisenacher Parteitag der LDP zusammen und hielten beide lange programmatische Reden. Beide verweilten mit Vorliebe bei dem, worin man sich einig war. Külz, der rhetorische Register oft kräftiger zog als Heuss, zeigte noch eine aus der Rückschau verblüffende Zuversicht, die Liberalen könnten sich frontal mit der SED und ihren Organisationen anlegen. Falls sich die Gewerkschaften »als Träger eines neuen Klassenkampfes zeigen würden, würden wir Gegner sein«, kündigte er an. »Wir kennen das Wort Klassenkampf in unserem politischen Lexikon überhaupt nicht.« Und unter Beifall erklärte er es für »absurd, den alten Ladenhüter des Klassenkampfes herauszuholen«. »Schleppenträger der SED« seien die Liberalen nicht. Wenn FDGB und FDJ sich »als Hilfstruppe einer bestimmten Partei für die Zukunft betätigen sollten, so würden sie die Tendenz eines Einparteiensystems in sich schließen und von uns bekämpft werden müssen«[152].

Heuss machte um das Thema SED einen Bogen und nach Möglichkeit auch um die Deutschlandfrage. »Es kann einem das Heulen ankommen, was aus Deutschland durch Hitler gemacht wurde«, klagte er. »Wir sind heute kein politischer, kein geographischer Begriff, wir sind ein Aggregat von Besatzungszonen von verschiedenem Rhythmus des wirtschaftlichen, des sozialen, besonders aber des geistigen Lebens.« So spielt er auf die sich abzeichnende deutsche Teilung an und rechtfertigt zugleich indirekt seine deutschlandpolitische Zurückhaltung –

wenige Wochen darauf wird er sich mit den Stolpers in der Schweiz treffen. »Wir haben heute wieder das Wort Sozialismus als ein Zauberwort«, spottet Heuss in der künftigen DDR. »Es wäre vielleicht an der Zeit, dieses Wort der Einseitigkeit in einen Erholungsurlaub zu schicken, wenn man es nicht in ein historisches Museum stellen will.« Aber er versichert auch: »So dumm sind wir nicht, zu glauben, dass mit der Parole des wirtschaftlichen Liberalismus die Nöte der Zeit zu lösen seien. Wenn man heute sagen würde: ›Gebt wieder den Markt frei!‹ Das wäre der Tod von Millionen und würde denen, die zufällig halbwegs glücklich durch den Krieg gekommen sind, die ihre Gesundheit, ihre Arbeitskraft, ihre Werkstatt behalten haben, ein Vorrecht geben.«

So sprach Heuss ein knappes Jahr vor der Währungsreform, mit der zusammen eine zumindest partielle Freigabe des Marktes erfolgte, eben gegen Warnungen von jener Art, wie Heuss sie ausgesprochen hatte! Während jedoch Reinhold Maier im Gedanken an seine schwäbischen Mitbürger, die guten Glaubens gespart hatten, den unsozialen Charakter des Währungsschnitts mit scharfen Worten geißelte[153], Toni Stolper aus der New Yorker Ferne die Begleiterscheinungen der Währungsreform als »aufregend« empfand[154] und selbst Adenauer dieses gewagte Experiment »mit angehaltenem Atem« verfolgte[155], genoss Heuss jene Tage, wo die Westdeutschen ganz mit Geld beschäftigt waren, als Verschnaufpause von Vorträgen und Sitzungen.[156]

In Distanz zu Külz ging Heuss in Erfurt nur an einer Stelle, wo es – bezeichnend für ihn – um eine Frage der Wortwahl ging. Külz hatte dazu aufgerufen, dafür zu arbeiten, die Liberalen endlich zur »Massenpartei« zu machen – für ihn war »Masse« noch ein positiv besetztes Wort im alten Naumannschen Sinne, während Heuss dieser Begriff spätestens durch die Nazis gründlich verleidet worden war. Eine Massenpartei hätte die FDP im Westen nur als eine Partei der alten Nazis werden können – Heuss dagegen wollte sie am liebsten als Partei einer geistigen Elite, auch wenn sie dann zwischen den großen Parteien nur das Zünglein an der Waage war. Im übrigen hielt er sich zu dem heikelsten Problem bedeckt: der Frage, welchen Preis er für die Erhaltung der deutschen Einheit zu zahlen bereit war. Die Ost-Berliner LDP-Zeitung »Der Morgen« zitierte ihn mit der Erklärung: »Wir können uns nicht in eine Ost- oder Westoption hineindrängen lassen, für uns gibt es nur eine Option, für Deutschland.«[157] In der autorisierten Fassung seiner Rede ist dieser Passus jedoch nicht enthalten.

Vermutlich nahm Heuss Külz' forsche Worte gegenüber den Massenorganisationen der SED schon damals nicht mehr ganz ernst; denn die »Blockpolitik« der LPD hatte bereits begonnen: Sie stellte sich bei den Wahlen nicht mehr als eine selbständige Partei, sondern in einem von der SED dominierten Block mit den anderen. Heuss ließ sich in Erfurt sogar »von der relativen Berechti-

Interzonale Tagung der LPD am 3. November 1947 in Frankfurt a. M.

gung Eurer sogenannten Blockpolitik« überzeugen, tadelte Külz jedoch, dass dieser gegenüber der Kritik eines in Erfurt anwesenden sowjetischen Offiziers gleich zurückwich[158]: Da zeigte Heuss gegenüber seinen Amerikanern mehr Courage.

In der Folgezeit wurde sein Kurs nach Westen rasch klar und eindeutig; und zugleich wuchs seine Verachtung gegenüber Külz' Rückgratlosigkeit gegenüber den Sowjets, die ihm offenbar mehr galten als die Loyalität gegenüber seinen westdeutschen Parteifreunden. Am 19. Dezember brach er in einem langen Brief an Külz die noch bis 1945 mit solcher Wärme gepflegte Beziehung mit einer Schroffheit ab, die in den gesamten Heuss'schen Beziehungsgeschichten einzig dasteht. Er gab ihm »mit allem Freimut« zu verstehen, dass man ihn fortan auf Sitzungen der westlichen Liberalen nicht mehr sehen wolle. Ihm sei »von verschiedenen Seiten gesagt« worden, dass man sich mit ihm »nicht mehr an einen Tisch setzen werde« und bei seinem Erscheinen »sofort den Ausschuss verlasse«. Als positiven Kontrast stellte er ihm Jakob Kaiser entgegen, den bisherigen Vorsitzenden der Ost-CDU, der sich jedoch – sosehr er an der deutschen Einheit hing – der Blockpolitik widersetzt hatte und von der sowjetischen Militärregierung darauf abgesetzt worden war.

Obwohl Heuss die Beziehung zu Külz auf derart schroffe Art abgebrochen hatte, schrieb Külz ihm zum Jahresende 1947 doch noch einmal einen Brief in überraschend mildem Ton, wo er ihn in alter Weise mit *»Verehrter, lieber Freund!«* anredete. Da begreift er Heuss' Brief als Reflex der allenthalben zunehmenden Entfremdung zwischen Ost und West: Der Brief zeige, »dass wir uns in den einzelnen Zonen so stark bereits auseinandergelebt haben, dass wir nicht nur verschiedene Sprachen sprechen, sondern dass auch die Grundlagen eines gegenseitigen Sich-verstehen-wollens erschüttert sind.« Und doch möchte er das Gespräch nicht abreißen lassen.[159] Im Frühjahr 1948 begann es ihm zu dämmern, dass er sich in seinem Glauben, man werde ihm und seiner Partei wesentliche

Machtpositionen überlassen, von den Sowjets hatte täuschen und als nützlichen Idioten hatte benutzen lassen. Die Einsicht nutzte ihm nichts mehr; am 10. April 1948 ist er gestorben.[160] Wie Heuss an Elly schrieb, hatte Külz' Sohn Helmut am Tag davor, weil er den Druck der SED nicht mehr ertrug, seinen Rücktritt von seinem Amt als thüringischer Justizminister erklärt; sowjetische Offiziere hatten sogleich den Vater bedrängt, er möge seinen Sohn bei der Stange halten, mit dem Effekt, dass es zwischen Vater und Sohn eine erregte Auseinandersetzung gab. »Der Alte nahm dann Schlafmittel.«[161] Heuss' Bericht erweckt den Verdacht auf Selbstmord.

Da widmete Heuss dem alten Parteifreund einen versöhnlichen Nachruf: »Er war im Elementaren eine optimistische Natur, die irgendwie und irgendwo im Hintergrund der Dinge eine vernünftige Einsicht als Siegerin über die Wirrnis der Fragen sah.«[162] Damit beschreibt Heuss zugleich sein eigenes Naturell. Das Schicksal seines einstigen Gesinnungsgenossen ist nicht ohne Tragik. Als Sachse, der in seiner Region verwurzelt war, hatte Külz es im beginnenden Kalten Krieg viel schwerer als der Schwabe Heuss. Die Heuss'schen Präferenzen griffen von jetzt ab alle ineinander; der Heuss'sche Optimismus vermochte sich mit Realismus zu verbinden; Külz dagegen verstrickte sich mit seinem beharrlichen Optimismus in Widersprüche, über die er sich nur mit Illusionen hinwegzutäuschen vermochte.

Man vergesse jedoch nicht: Ohne Kalten Krieg wäre die Lage anders gewesen; was nun zur Illusion wurde, hätte sich andernfalls womöglich als realistisch erwiesen. Külz war vom ganzen Typus her an und für sich kein Phantast. Heute sind wir »gescheiter«, um mit Heuss zu reden; aber aus der deutschen Perspektive von 1945/46 war das Külzsche Kalkül nicht absurd. Wer sich daran erinnerte, dass sich Stalin in den 1920er Jahren mit der Parole »*Sozialismus in einem Lande*« gegen seine auf die Weltrevolution eingeschworenen Widersacher durchgesetzt hatte, besaß Grund zu der Annahme, dass der Sowjetherrscher nicht auf den Export des Kommunismus nach Deutschland fixiert war. Isaac Deutscher, als Opfer der Stalinisierung der polnischen KP gewiss kein Apologet des Diktators, argumentiert in seiner Stalin-Biographie von 1961: Hätte Stalin in Ostdeutschland »von Anfang an die kommunistische Revolution geplant, so hätte er keinerlei Veranlassung gehabt, die deutschen Provinzen östlich der Oder-Neiße-Linie, an deren Erwerb die Polen nicht in ihren kühnsten Träumen zu denken gewagt hatten, zu Polen zu schlagen.«[163] Realpolitisch betrachtet wäre ein neutrales nichtkommunistisches Gesamtdeutschland der Sowjetunion nützlicher gewesen als ein kommunistisches Ostdeutschland. Ob Stalin allerdings tatsächlich einer solchen Art von Rationalität zugänglich war, vermochte niemand zu durchschauen. Auch Deutscher weist darauf hin, dass der »Eiserne Vorhang« für den Stalinismus eine notwendige Selbstabschottung war, die nicht erst dem Kalten Krieg entsprang.[164]

VERLEIDUNG DES LIBERALISMUSBEGRIFFS. Die Erfahrung mit der Liberal-Demokratischen Partei der Sowjetzone mag dazu beigetragen haben, Heuss den Begriff »liberal« zu verleiden. Dieser traditionsreiche Parteiname geriet nur zu leicht zu einem beliebig verwendbaren Gummibegriff, der zum Teil auf Avancen gegenüber Wirtschaftsmächten deutete, zum Teil auch eine lässige Grundhaltung des Laufenlassens und vor allem eine Distanz zum Staat signalisierte: alles Attitüden, die der Not der Zeit widersprachen. In der NS-Zeit war es für Heuss zuweilen Ehrensache gewesen, den Begriff »Liberalismus« gegen nationalsozialistische Schmähungen in Schutz zu nehmen.[165] Auf dem Dreikönigstreffen der württembergischen Demokraten vom 6. Januar 1946 suchte er noch den Begriff »liberal« mit Rückblick auf dessen ruhmvolle Geschichte im 19. Jahrhundert zu retten, bemerkte jedoch schon da, man sei »etwas unsicher« geworden, »ob man das Wort Liberalismus überhaupt in den Mund nehmen soll«.[166] Im Dezember 1948 bei der Gründung der künftigen FDP für die gesamten Westzonen dagegen war die Frage für Heuss klar entschieden, ja er ging so weit, seine Mitarbeit in dieser Partei, die ihn nunmehr zum Vorsitzenden wählte, an die Bedingung zu knüpfen, dass in dem neuen Parteinamen der Begriff »liberal« *nicht* vorkäme![167]

Auch mit der Kombination von »frei« und »demokratisch« fand Heuss an dem Parteivorsitz, den er vom 12. Dezember 1948 bis zu seinem Antritt des Präsidentenamtes innehatte, nur wenig Gefallen. In dieser weit versprengten politischen Szene hätte er erst einmal zähe organisatorische Aufbauarbeit leisten müssen; aber das war nun einmal nicht seine Sache. Der Seufzer, er sei kein »Organisationsmann«, »was jedermann weiß«[168] – eine Prise Koketterie des *Homme des lettres* mag auch dabei gewesen sein! –, ist ein Dauermotiv in seinen Briefen aus jener Zeit, ob gegenüber Friedrich Middelhauve, der der nordrhein-westfälischen FDP ein »nationales« Profil zu geben suchte[169] oder seinem früheren Studenten und künftigen Biographen Hans-Heinrich Welchert[170]. Freigeister und Lobbyisten, Antinazis und Altnazis, Antiklerikale und Antisozialisten zu einer handlungsfähigen Einheit mit gemeinsamem Geist und politischem Profil zu formieren besaß etwas von der Quadratur des Kreises; auch spätere FDP-Vorsitzende haben sich mit diesem Dilemma gehörig herumgeschlagen. Von Adenauer ist über die FDP der Ausspruch überliefert: »Man kann doch besser einen Sack Flöhe hüten als diese Partei zusammenhalten.«[171]

HEUSS' PERSÖNLICHE WESTORIENTIERUNG: SCHARFE »WELTLUFT« IN DEN HOCHALPEN UND DIE VERWORRENE »DEUTSCHE WIRKLICHKEIT«. Bei Heuss pflegen politische Zeitläufte auch in personalen Beziehungen Gestalt anzunehmen. Wie sich die Spaltung Deutschlands im Zerbrechen seiner Freundschaft mit Wilhelm Külz manifestierte, so seine Wendung zum Westen in der neuen Intensivierung seiner Freundschaft zu den Stolpers. »Wir brauchen wieder Weltluft«, rief Heuss in seiner Berliner Rede vom 18. März 1946, in der einstigen, nun in Trümmern liegenden Weltstadt; und noch einmal: »Dieses Wort Weltluft« empfänden »wir« als ein »Bedürfnis unserer Tage«.[172] Da sprach er, der sich vorerst in seine schwäbische Heimat zurückgezogen hatte, gewiss den Berlinern aus dem Herzen, die sich von der Außenwelt abgeschnürt fühlten. Und ebenso war sich Heuss mit dem Gros der Berliner vermutlich darin einig, auch wenn er das nicht ausdrücklich sagen durfte, dass »Weltluft« vor allem *Westluft* bedeutete. Der lockende Westen verkörperte sich für ihn zuoberst in den Stolpers – nichts war für ihn natürlicher als das. In einem bewegenden Brief an die Heussens vom 5. November 1945 gab Gustav Stolper seiner »grenzenlosen Freude über Eure Errettung aus der Hölle dieser Kriegsjahre« Ausdruck; und er bekannte im Ton der Begeisterung:

> In all den Jahren, in denen die Katastrophe sich entwickelte, seid Ihr für mich Deutschland gewesen, das Symbol seiner Integrität, seiner Tugend, seiner Würde, seiner Weisheit, seiner Schönheit, kurz das Deutschland, dem die besten Jahre meines Lebens gehört haben. In all der Zeit haben wir Euch ebenso die Treue gewahrt, wie Ihr sie uns bewahrt habt. In all der Zeit waren wir im Geist mit Euch, in Euren Gefahren und seelischen Qualen und Bemühungen, in all dem geistigen und moralischen Druck, immer zitternd für Euer Leben und immer hoffend auf ein nahes Ende.[173]

In dem Ozean der Heuss-Korrespondenzen, in denen eine starke Leidenschaft nicht sehr oft begegnet, ist ein Brief wie dieser ein Leuchtzeichen. In solchen Tönen ist Heuss sonst erst nach seiner Wahl zum Bundespräsidenten verherrlicht worden; und von da an konnte man nie mehr ganz sicher sein, ob sie wörtlich zu nehmen waren oder ein Stück höfisches Zeremoniell enthielten. Aber dieses Bekenntnis von 1945 war ganz ernst gemeint.

Bald wurde jedoch deutlich, dass diese alte Freundschaft in der neuen Weltkonstellation einen scharfen politischen Akzent bekam; denn Gustav Stolper kämpfte in den USA mit seiner ganzen Leidenschaft gegen die sozialistischen und teilweise sowjetischen Sympathien vieler New-Deal-Intellektueller und für ein dauerhaftes Engagement der USA in Westeuropa, um freie Wirtschaft und Demokratie wiederherzustellen und das »russische Gespenst« (Gustav Stolper)[174] aufzuhalten. In der Beziehung zwischen den Heussens und den Stolpers spielte sich das Gleiche ab wie einige Jahre darauf in der Beziehung zwischen der Bundesrepublik und den USA: die Begründung einer deutsch-amerikanischen Freundschaft im Zeichen des Antikommunismus und der »freien Welt«. Die Hauptsorge Gustav Stolpers war damals, dass die isolationistischen Kräfte, die in den USA nach wie vor stark waren, nach Kriegsende wieder die Oberhand gewinnen und dahin führen würden, dass Amerika die Europäer sich selbst und ihrem Elend überließ. Zu einer Zeit, als die amerikanische Öffentlichkeit noch gespalten war, vertraten er wie auch andere Emigranten aus Europa mit ganzer Emphase jene Ideologie der »freien Welt«, die um 1950 zur Herrschaft gelangte und den USA die Mission zuschrieb, in aller Welt die Freiheit zu verteidigen.

Erst am 11. Februar 1947 traf Heuss Gustav Stolper in Stuttgart wieder, und auch nur für wenige Stunden, als dieser den Ex-Präsidenten Hoover auf dessen Deutschlandmission begleitete; bei dieser Gelegenheit hatte Heuss auch Reinhold Maier und Hermann Dietrich, den letzten Vorsitzenden der Deutschen Staatspartei, in seine Wohnung in Stuttgart-Degerloch eingeladen: Das Treffen besaß daher einen politischen Charakter.[175] Die Annahme liegt nahe, dass schon damals die Orientierung auf einen künftigen Weststaat in dem Kreis um Heuss abgemachte Sache war. In Stolpers »German Realities« ist die deutsche Teilung bereits Realität: »Die Deutschen zu beiden Seiten des eisernen Vorhangs sprechen kaum mehr dieselbe politische Sprache. Ihre gegenseitige Entfremdung hat einen erstaunlichen Grad erreicht.« Und zwar dadurch, dass sich im Osten die Verhaltensweisen, die sich unter der NS-Diktatur ausbildeten, unter antifaschistischem Vorzeichen »in ungebrochener Kontinuität« fortsetzten, während sich im Westen »die Wirkungen der freieren, zivilisierteren Atmosphäre« bemerkbar machten.[176] Beobachtungen dieser Art muss Stolper von Heuss übermittelt bekommen haben.

Nach dem kurzen Treffen in Stuttgart dann das Zusammensein der Ehepaare Heuss und Stolper in Sils-Maria im Juli/August 1947! Das muss für Heuss der Höhepunkt der gesamten Nachkriegsjahre gewesen sein; wer damals aus Deutschland ins Engadin kam, erlebte die Rückkehr in ein verloren geglaubtes Paradies. Aber auch Toni Stolper erinnerte sich später an das gemeinsame Brainstorming in den Hochalpen: »Gibt es ein himmlischeres Leben?«[177] Es war ein Urlaub, aber ein intensiver Arbeitsurlaub; denn Gustav Stolper schrieb damals mit Tempo sein Buch »German Realities« herunter, mit dem er die amerikanische Öffentlichkeit aufrütteln wollte und bei dessen Abfassung er Heuss brauchte: nicht nur, um Berichte aus erster Hand über die »deutsche Wirklichkeit« zu haben, sondern auch, weil sein Buch zu einem erheblichen Teil nicht von der deutschen Gegenwart, sondern von der deutschen Geschichte handelte. Wie Toni Stolper später schrieb, haben die Stolpers Heuss damals »fast wie einen Schwamm« ausgepresst[178]; sie waren umso begieriger auf Direktinformationen aus Deutschland, als sie überzeugt waren, dass die westliche Öffentlichkeit vielfach Fehlinformationen unterlag.

Heuss schrieb für die Stolpers in wenigen Tagen ein handschriftliches 37-Seiten-Manuskript zur Frage einer künftigen deutschen Verfassung herunter[179];

von diesen Gedanken, die für den nach einer volltönenden Botschaft suchenden Stolper wahrscheinlich viel zu unschlüssig und abwägend waren, findet sich dann freilich in den »German Realities« nicht viel wieder. Dort heißt es vielmehr in apodiktischem Ton: »Solange Deutschland besetzt ist, kann keine deutsche Verfassung ersonnen werden, die die Besetzung überleben wird.«[180] Als die deutsche Ausgabe 1949, mit Nachwort von Theodor Heuss, herauskam, war der Parlamentarische Rat mit der Arbeit am Grundgesetz, das bis heute in Geltung geblieben ist, schon fast fertig, und dies unter Heuss' intensiver Mitarbeit!

Im Temperament und in ihrem gesamten Denk- und Schreibstil waren Heuss und Gustav Stolper die größten Kontraste; und Heuss muss bei der Mitarbeit an den »German Realities« seine inneren Vorbehalte gehegt haben. »Selbst der ungeheure Reichtum der englischen Sprache bleibt unzulänglich vor dem unaussprechlichen Schrecken der deutschen Wirklichkeit«: So schloss Stolper am 18. Dezember 1947 sein Vorwort zu dem Buch, neun Tage vor seinem plötzlichen Tod. Das war das genaue Gegenteil dessen, was Heuss als Pointe liebte: er, der überall die Hoffnungsschimmer suchte. Was geeignet sein mochte, amerikanische Leser zu schockieren und von einem voreiligen Rückzug aus Deutschland abzuhalten, musste auf deutsche Leser eher lähmend wirken. Und dann die historischen Exkurse des Buches, die ganz als Gegenstoß gegen die »skrupellose Geschichtsklitterung der Kriegspropaganda« (Gustav Stolper)[181] angelegt waren und darauf zielten, den Nationalsozialismus als Fremdkörper in der deutschen Geschichte erscheinen zu lassen und Deutschland von der Hauptschuld am Ersten Weltkrieg freizusprechen: Ein derart plakatives Geschichtsbild hätte Heuss, der die weit verzweigten deutschen Wurzeln des Nationalsozialismus nur zu gut kannte, unmöglich präsentieren können.

Ein heikler Punkt war die Anbiederung vieler Wirtschaftsführer an das NS-Regime. Man merkt, wie Stolper hier in seinen Gefühlen gespalten war. Auf der einen Seite polemisiert er mit aller Schärfe dagegen, dass weite Kreise der öffentlichen Meinung in den USA auf die marxistische These hereingefallen seien, die in Hitler ein Werkzeug des Großkapitals erblickte. Auf der anderen Seite hat er noch bitter in Erinnerung, wie er selbst, bis 1933 ein umworbener Wirtschaftspublizist, plötzlich von bisherigen Förderern verlassen worden war. »Die Industriellen, die bis in den Herbst 1932 gezögert hatten, diesen Volksaufrührer Adolf Hitler für einen Abend in ihre Gesellschaft zu lassen, waren auf einmal voll eifrigen Strebens um seine Gunst, voll Unterwürfigkeit vor den Größen der Nazibande, um einen Strahl von der Sonne der Macht zu erhaschen« – alles in allem »ein jämmerliches Schauspiel von Feigheit«.[182]

Wie Toni Stolper im Oktober 1948 an Heuss schrieb, war Günther Harkort aus seiner Erfahrung im Reichswirtschaftsministerium gleichwohl der Meinung, »Gustav sei mit den Industriellen zu sanft verfahren, sie verdienten einen schärferen Rüffler, sonst werde sie die Lektüre dieses Buches wieder frech machen«.[183] Harkort war keineswegs ein Marxist, sondern beendete seine Bonner Karriere sogar als Staatssekretär im Auswärtigen Amt; und gewiss hatte er darin recht, dass Industrielle beim Gang der Dinge während der NS-Zeit durchaus auch eine aktive und keineswegs nur opportunistische Rolle spielten. Später erwähnte Heuss seine hartnäckige Weigerung gegenüber Adenauer[184], dem Großindustriellen Flick einen Orden zu verleihen, als eines seiner »negativen Hobbies«.[185] »Er ist ein höchst versierter Käufer und Verkäufer von Aktienpaketen«, schrieb Heuss an den Kanzler, dem Flick wichtig war; »das ist eine schöne Sache, bei der man verdient, aber sich nicht notwendigerweise Verdienste erwirbt.« Brüning hat in seinen Memoiren dargestellt, wie Flick und andere in die Krise geratene Unternehmer ihn und seinen Finanzminister Dietrich förmlich zu erpressen suchten, ohne der republikanischen Regierung jedoch deren Entgegenkommen zu danken.[186]

Aber natürlich war Heuss weit von der linken These entfernt, die in den Nazis lediglich »die Büttel des Kapitals« erblickte. Und auch in anderen Punkten wusste er sich mit Stolper einig: dass die Deutschen wieder mehr Freiheit brauchten, Freiheit von kleinlicher Bevormundung, um aus dem Elend und der knechtischen Gesinnung wieder herauszukommen; dass die Grenzen der Besatzungszonen, die gewachsene Einheiten zerschnitten, und die neuen Regionalbürokratien, die unter dem Schirm der Besatzungsherrschaft zu wuchern begannen, ein verderblicher Ballast waren. »Die Sinnlosigkeit, dass etwa Stuttgart und Tübingen … plötzlich zu verschiedenen ›Ländern‹ gehören mussten, verhinderte die Politiker nicht, in tödlichem Ernst auf höheren Befehl Verfassungen für diese Länder mit allem Zubehör und dem Anspruch auf ewige Geltung zu schreiben«[187]: An solchen Stellen vernimmt man in den »German Realities« die Stimme von Theodor Heuss, der die regionalen »Verfassungsschöpfer« als Wichtigtuer verspottete, die mit ihrem Eigensinn einer künftigen gemeindeutschen Verfassung entgegenarbeiteten[188]; und daran muss man sich erinnern, wenn Heuss in der Folge immer wieder gegen den neuen Föderalismus und dessen pseudohistorische Legitimation stichelt.

Als die »Deutsche Wirklichkeit« 1949, im Jahr nach der Währungsreform, auf Deutsch erschien – von Toni übersetzt und von Elly gründlich korrigiert –, hatte sich die deutsche Wirklichkeit seit 1947, als das Buch entstand, bereits drastisch verändert. Es zeigte sich, dass die deutschen Industriekapazitäten bei weitem nicht in dem Ausmaße vernichtet waren, wie das Bild der zerstörten deutschen Städte suggeriert und auch Stolper angenommen hatte.[189] Die Wiederbelebung der Wirtschaft durch Liberalisierung funktionierte im Zuge der anrollenden internationalen Hochkonjunktur in einem Tempo, wie es sich selbst der überzeugte Liberale Gustav Stolper 1947 nicht hatte träumen lassen. Insofern war das Buch bei seinem Erscheinen in Deutschland bereits überholt. In den USA, wo es 1948 erschien, stand es eine Zeitlang auf der Bestsellerliste; und dennoch war Toni Stolper von der Resonanz tief enttäuscht[190]: was vor allem zeigt, wie hoch ihre Erwartungen gewesen waren.

In einer Hinsicht kam das Buch zu spät: Der Morgenthauplan war 1948 passé[191]; in anderer jedoch kam es zu früh: Die Zeit, die besiegten Deutschen als Verbündete und Freunde anzunehmen, war in den USA noch nicht gekommen. Heuss jedoch hat durch die enge Zusammenarbeit mit den Stolpers, die ein neues Amerika repräsentierten, wieder »Weltluft« geatmet wie nur wenige Deutsche seiner Zeit. Eigentlich hätte er überdies darauf stolz sein können, dass sein Freund Gustav Stolper, in dessen Augen er selbst das gute Deutschland verkörperte, zum Marshallplan beigetragen hatte; aber davon machte Heuss längst nicht so viel Wesens, wie man vom Mythos Marshallplan her hätte erwarten können. Von seiner Kenntnis der Firma Bosch her wusste er nur zu gut, dass nicht amerikanische Wirtschaftshilfe die deutsche Industrie nach oben brachte, sondern die Fähigkeit zur Konkurrenz mit den USA.

1948–1848: VOM HISTORISCHEN ALLOTRIA ZUR GEZIELTEN GESCHICHTSPOLITIK. Als Bundespräsident fand Heuss reichlich Gelegenheit, über die deutsche »Jubiläumssucht« zu jammern, die ihn mit Einladungen überschwemmte; davor jedoch, als die flotte Produktion biographischer Essays zu seinen Lieblingsbeschäftigungen gehört hatte, war die Erfindung von Gedenktagen und Gedenkjahren, an die diese Essays anknüpfen konnten, für ihn Routine gewesen. Nun, im Jahr 1948 drängte sich das Revolutionsjahr 1848 für Gedenkveranstaltungen geradezu auf; und als im September 1948 der Parlamentarische Rat in Aktion trat, lag es für jeden liberalen Geschichtskenner nahe, sich der Frankfurter Paulskirche von 1848 zu erinnern, ob man sie nun als Vorbild oder als Warnung nahm: Denn ob es bei diesem Jubiläum etwas zu feiern gab, war die große Frage.

Auch Heuss hatte von seiner Jugend her, wie wir sahen, zu den Achtundvierzigern ein gespaltenes Verhältnis, gerade weil sein Vater diese Tradition auf anstrengende Art kultivierte. Und doch war das Thema »1848« für Heuss wie geschaffen dazu, um in einer Zeit, wo liberale Traditionen vielfach in der Versenkung verschwunden waren, sein überlegenes Wissen auszuspielen. Mit einer Mischung aus Koketterie und Selbstironie schrieb er im März 1948 an Toni Stolper, er werde in den kommenden Monaten »viel unterwegs sein«, da er »schier etwas wie Monopolredner über 1848 geworden« sei, nicht nur im deutschen Südwesten: »jetzt wollen mich auch die Hansestädte haben!«[192] In Hamburg hielt er eine »1848er Rede vor etwa 1800 Leuten, sehr gut vorbereitet«; dann ging es gleich weiter nach Bremen und dann nach Düsseldorf, »wo ich im Opernhaus in einer Festsitzung des rheinisch-westfälischen Landtags meine Walze laufen ließ, mit einigen Einlagen über den rheinischen Revolutionsbeitrag«.[193]

Mit seinem »Naumann« und seinem »Bosch« behauptete Heuss als Zeithistoriker liberaler Tradition in dem unter Geschichtslosigkeit und Papiermangel leidenden Nachkriegsdeutschland eine prominente Position; es gab nicht viele Neuerscheinungen auf dem Büchermarkt der Westzonen, die sich mit diesen gewichtigen Werken messen konnten und die zugleich ein Zeitpanorama vermittelten, das an Vielseitigkeit und Gedankenreichtum die meisten damaligen Produkte historischer Seminare weit übertraf. »Man muss sich fast schämen, auf wie hohen Touren die Heuss-Produktion läuft«, schrieb er am 24. März 1948 an Toni Stolper. Ein neues deutsches Geschichtsbewusstsein zu begründen: das muss Heuss nach Kriegsende als die reizvollste Aufgabe erschienen sein, für die er sich selbst prädestiniert vorkommen konnte. Noch 1948 konnte er es sich wohl vorstellen, sein Berufsleben als Professor an der TH Stuttgart zu beschließen.

In seinem Vortrag »In Memoriam« vom Totensonntag 1945 hatte er noch bemerkt, die schwäbische »Tradition des Achtundvierzigertums« sei ein wenig »mit lässlicher Nachsicht in die Romantik der missglückten Dinge gekommen«. Heuss dagegen wollte daraus ein »stärkendes Erbe« machen.[194] Das tat er in der Folge durch den Brückenschlag von der Paulskirche zu Bismarck. Und 1948 jährte sich nicht nur zum 100. Mal die Revolution von 1848, sondern auch zum 50. Mal der Todestag Bismarcks; und Heuss setzte im Juli 1948 in seiner »Rhein-Neckar-Zeitung« beides zueinander in Verbindung. Die Vorstellung von Bismarck als dem »gewalttätigen und zynischen Gegenspieler der 48-er Bewegung« rechnet er zu den »überkommenen banalisierten Geschichtslegenden«, die gedankenlos nachgeplappert würden.[195] Die von Bismarck inspirierte Verfassung des Norddeutschen Bundes mit ihrem allgemeinen und gleichen Wahlrecht steht für Heuss letztlich in der Tradition der Frankfurter Paulskirche.[196]

Überhaupt wirken seine Anmerkungen zu den Verfassungsdebatten von 1848 wie eine Vorstudie zu seiner Bonner Aktivität, die im September 1948 begann. Beifällig schildert er, wie die Paulskirchen-Mehrheit die Forderung des »Kongresses deutscher Handwerker- und Arbeitervereine« abwehrte, in der Verfassung ein vom Staat zu gewährleistendes Recht auf angemessene Arbeit mit angemessenem Unterhalt zu verankern: Diese Idee sei schon damals durch »die finanzielle Katastrophe der Pariser ›Nationalwerkstätten‹« in Misskredit geraten; daraus habe man in Frankfurt gelernt und überdies »pädagogisch« darauf hingewiesen, durch eine derartige staatliche Fürsorge »würden die Arbeiter zur Unmündigkeit herab- und in Erschlaffung versinken«.[197]

Auch Heuss wollte 1948 im Parlamentarischen Rat nichts von einem Grundrecht auf Arbeit wissen. Als sich selbst ein Sprecher der CDU dafür starkmachte, meldete sich Heuss mit dem Gegenantrag zu Wort: »Dann beantrage ich die Aufnahme des ›Rechts auf Faulheit‹!«[198] Wusste der Bücherwurm Heuss, dass er auch damit in einer rebellischen Denktradition stand? Denn Paul Lafargue, der Schwiegersohn von Karl Marx, hatte eben unter diesem Titel »Das Recht auf Faulheit« 1883 eine Streitschrift herausgebracht, die von unkonventionellen Ideen sprüht und noch heute zu denken gibt.[199] Als aristokratisches Privileg gab es dieses Recht ja seit eh und je und auch als Geheimnis geistiger Kreativität. Heuss, dem die besten Gedanken bei Wein und Zigarren zuflogen, glaubt auch in dem alten Bismarck zumindest partiell seinesgleichen zu erkennen: diesem »Meister der konzentrierten und kombinierenden Denkarbeit wie des entspannten und entspannenden Faul-Seins«.[200] 1953 widersprach er, als Margret Boveri meinte, Bismarcks »Natur und Staatsauffassung« seien ihm konträr: Er stelle sich »fast vor, dass ich mich ausgezeichnet mit ihm hätte unterhalten können«.[201]

Wie wir sahen, hat Heuss das Thema Bismarck die längste Zeit in geradezu auffälligem Maße gemieden: Er muss das Gefühl gehabt haben, sich in dieser Gestalt nicht spiegeln, sich an ihr nicht entfalten zu können. Hier handelte es sich ja um keine neu zu entdeckende »Randfigur«, sondern um ein denkbar abgedroschenes Thema; aber wo Heuss nun selber zu einer Zentralfigur wurde, zumindest in der Geschichtspolitik, konnte er diesem Thema nicht mehr gut ausweichen, zumal der »Eiserne Kanzler« seit dem Zweiten Weltkrieg international unter Beschuss war. Gerade nach 1945 fiel ihm das Schweigen zu Bismarck schwerer. Am 8. Juni 1946 schrieb Gustav Stolper an das Ehepaar Heuss: »Ich ringe hier mit zahllosen Freunden um meine These, dass das Bismarck'sche Deutschland ein Friedenshort war – ich bin heute davon mehr als je überzeugt …«[202] Dass auch Heuss davon so ganz überzeugt war, ist schwer vorstellbar, wo in seinem »Naumann« Bismarck als Gegenpol zu Tolstoi begegnete. Stolpers »German Realities« enthalten eine ausgiebige Apologie Bismarcks.[203] Und im Vergleich mit einem Hitler wirkt Bismarck zumindest ab 1871 als Muster außenpolitischer Besonnenheit. Umso weniger war er jedoch als innenpolitisches Vorbild zu gebrauchen, hatte er doch durch Kulturkampf und Sozialistengesetz in politischer Blindheit den politischen Katholizismus und die Sozialdemokratie, die beiden künftigen Eckpfeiler der Weimarer Republik, zu »Reichsfeinden« abgestempelt.

Der Bundespräsident Heuss ließ sich denn doch, wenn auch widerwillig, dazu herbei, die Einführung zu einer Neuausgabe von Bismarcks »Gedanken und Erinnerungen« zu schreiben. Es ist alles in allem ein mühsamer Essay; Heuss konnte über historische Gestalten, die ihn animierten, weitaus spritziger schreiben. Geistesblitze finden sich nur vereinzelt und, wie zu erwarten, an solchen Punkten, wo Heuss an Bismarck doch etwas findet, in denen er sich zu spiegeln vermag. So etwa in »der so entzückenden wie kräftigen Koketterie des alten Mannes« gleich zu Beginn seiner Erinnerungen, er, der Monarchist *par excellence*, habe »die Schule verlassen mit der Überzeugung, dass die Republik ›die vernünftigste Staatsform sei‹«.[204] Wie Margret Boveri mit Recht bemerkt, gehört »Koketterie« zu den Heuss'schen Lieblingsbegriffen, wobei er ihn gerne nicht nur auf andere, sondern auf sich selbst anwendet.[205] Aber war das wirklich humorvolle Heuss'sche Koketterie oder nicht vielmehr Bismarckscher Sarkasmus mit dem Unterton, dass die Lehrer künftig besser an die Kandare genommen werden sollten?

An anderer Stelle spiegelt sich Heuss in dem »Eisernen Kanzler«, um seine eigene Überlegenheit durchblicken zu lassen. Da weist er darauf hin, was viele Leser überraschen wird: »Das Gut-Reden-Können im Parlament als Vortraining eines Staatsmanntums war ihm eine fremde Vorstellung. Er selber besaß als Redner die große Kraft unbefangener und starker Formulierungen, aber das Selber-Reden-Müssen machte ihm nur geringe Freude, und er blieb misstrauisch gegen die, denen es richtige Freude machte.« Da wäre Bismarck auch gegen einen Heuss misstrauisch gewesen! Besondere Beachtung verdient Heuss' Nachsatz: »So bremste er eine Entwicklung ab, die mit dem wachsenden politischen Bewusstsein der Völker im Grunde einen epochalen Charakter besaß.«[206] Im Klartext: Wer der parlamentarischen Demokratie erfolgreich zum Durchbruch verhelfen will, muss ein Typ wie Heuss sein, dem das Reden und Debattieren im Parlament Vergnügen bereitet und den nicht nur Hass und Rechthaberei auf die Tribüne treiben. Und gewiss hatte Heuss damit recht!

Gegen Schluss seines Bismarck-Essays ergötzt sich Heuss an dem Altherren-Idyll, wie der greise Bismarck, »auf dem Sofa liegend«, seine Erinnerungen dem am Tisch sitzenden Lothar Bucher diktiert, dem einstigen Achtundvierziger, der sich der Strafverfolgung durch die Flucht ins Londoner Exil entzogen, sich später jedoch zum treu ergebenen Intimus Bismarcks gewandelt hatte. Das war eine produktive Verbindung von 1848 und 1871; und gerade um diese Verbindung ging es Heuss in der deutschen Situation von 1948: Das muss ein Grund gewesen sein, warum er die drei Bände »*Bismarck*« seines alten Parteifreundes Erich Eyck, die dieser als Emigrant während des Krieges in Zürich herausgebracht hatte, nahezu ignorierte, obwohl es sich – national wie international – um die erste Bismarck-Biographie großen Stils handelte, mit der sich die deutschen Neuhistoriker nach 1945 über viele Jahre mit einer Mischung von Respekt und Widerwillen herumschlugen, ohne ein Opus von gleichem Format dagegen zu stellen. Bei seinem Bismarck-Essay zieht Heuss nicht Eyck, sondern dessen konservativen Kritiker Gerhard Ritter zu Rate. Für Eyck blieb ein Lothar Bucher ein Abtrünniger, der nach seinem Abfall vom Liberalismus auch charakterlich herunterkam. Heuss wollte die liberale und christlich-soziale mit der Bismarck-Tradition zusammenbringen und daraus ein historisches Bollwerk gegen die NS-Hypothek bauen, das dem neuen Bündnis zwischen CDU und FDP einen Rückhalt in der Geschichte gab; das monumentale Opus Erich Eycks jedoch, das sich mit großen Darstellungen der wilhelminischen Ära und die Weimarer Republik fortsetzte, erhob sich wie ein Sperrriegel dazwischen![207]

»ZÜNGLEIN AN DER WAAGE« IM PARLAMENTARISCHEN RAT: HEUSS UND DIE ERFINDUNG DER BUNDESREPUBLIK DEUTSCHLAND. Aus der Rückschau entsteht leicht der Eindruck, Heuss sei für seine Rolle im Bonner Parlamentarischen Rat prädestiniert gewesen[208]; aber dieser Eindruck täuscht. Am Anfang deutet nichts darauf hin, dass Heuss in diesem Verfassungsgremium die Chance seines Lebens erblickt hätte. Ganz im Gegenteil sieht es so aus, dass er zu dieser Arbeit zunächst nur wenig Lust verspürte; er wollte anfangs einen neun Jahre jüngeren Parteifreund, den Karlsruher Rechtsanwalt Hermann Kessler, vorschicken, der bereits in der Verfassunggebenden Landesversammlung von Württemberg-Baden mitgearbeitet hatte, aber im übrigen in der Politik nie von sich reden machte. Erst als dieser nicht nach Bonn wollte, sah Heuss sich gezwungen, selber dorthin zu gehen[209], obwohl es ihm nicht angenehm war, seine herzleidende Frau in Stuttgart allein zu lassen. »Elly sieht ein, dass in uns(erem) Kreis hier kein anderer recht in Frage kommt, aber klagt auf Vorrat über Einsamkeit«, schrieb Heuss am 11. August 1948 nicht gerade zartfühlend an Toni Stolper. »An manchen Tagen geht es ihr ganz ordentlich«[210] – an den meisten also nicht.

Von einem besonderen Heuss'schen Engagement bei der Ausarbeitung der Verfassung von Württemberg-Baden, bei der er mitwirkte, ist nichts überliefert. An dem von den Ministerpräsidenten der Länder einberufenen Verfassungskonvent auf der bayerischen Klosterinsel Herrenchiemsee im August 1948, der Grundsätze für die künftige Verfassung ausarbeitete, hatte er nicht teilgenommen; dieser war ihm vielmehr suspekt, da er aus seiner Sicht die Länderrechte zu stark machte und daher den künftigen Weststaat in seiner Handlungsfähigkeit zu lähmen drohte. In seiner Grundsatzrede im Parlamentarischen Rat am 9. September 1948 konnte er, der gern mit seiner Sensibilität für Stilfragen renommierte, es sich nicht verkneifen, der Sprachkompetenz der auf Herrenchiemsee versammelten Verfassungsexperten eins auszuwischen und damit zugleich deren Grundtendenz, die neue Staatsmacht mit Grundrechten in die Schranken zu weisen, aufs Korn zu nehmen; zugleich profilierte er sich als Geschichtspolitiker, bekannte sich als Anhänger des hegelianischen Staatsdenkens und gab überdies eine erste Kostprobe seiner Ironie (wobei er mit der Anrede »*Meine Herren*« die weiblichen Ratsmitglieder vergaß![211]):

Als ich diese Grundrechte von Herrenchiemsee in dem Entwurf las, da fangen diese mit einem Satz an, der so heißt: Der Staat ist um des Menschen willen da, nicht der Mensch um des Staates willen. Ich nehme an, dass der Verfasser sehr stolz darauf ist, diesen Satz geformt zu haben, und war betrübt, in den Zeitungen zu lesen, dass die Versammlung in Herrenchiemsee begeistert war, eine solche Präambel zu bekommen. Meine Herren, was für ein Deutsch! Der Staat ist … da …! Was ist denn das nun? Eine deklamatorische Sentenz oder ein einklagbares Recht, ist das ein Rechtssatz oder was eigentlich? Verzeihen Sie, wenn ich etwas grob bin. In diesem Satz steckt eine heimliche Polemik gegen den schief verstandenen, vor 117 Jahren verstorbenen Hegel drin. Und weil man gegen diesen Hegel, der wehrlos ist, irgendeine Polemik unterbringen muss, wird sie zu den banalsten Dingen, die wir der Welt nachreden, dass der Hegel unser Staatsdenken versaut hätte.[212]

Das war ein Seitenhieb auf Carlo Schmid, der schon in Herrenchiemsee dabei gewesen war und diesen gutgemeinten Artikel 1 formuliert hatte.[213] Der zuständige Unterausschuss des Parlamentarischen Rates schlug kurz darauf die Formulierung vor: »Die Würde des Menschen ruht auf ewigen, einem Jeden von Natur aus eigenen Rechten.« Darauf hatten sich CDU und SPD geeinigt; aber Heuss steigerte sich förmlich in den Widerspruch gegen die naturrechtliche Begründung hinein: gegen den Grundtenor, dass die menschlichen Grundrechte nicht *durch*, sondern *gegen* den Staat geschützt werden müssten. Unter seiner Mitwirkung, mehr noch der des wortgewandten CSU-Politikers Anton Pfeiffer kam am Ende die Formulierung durch: »Die Würde des Menschen steht im Schutze der staatlichen Ordnung.« Triumphierend berichtete er Elly, dass er »das antistaatliche ›Naturrechts‹-Gerede enttarnt« habe, als sei das eine Heldentat![214] Und doch konnte er dem Grundgesetz die naturrechtlichen Implikationen nicht austreiben. Man erkennt: Wenn sich Heuss und seine Parteifreunde 1930 zur Deutschen Staatspartei umbenannt hatten, so waren sie dies 1948/49 mehr denn je.

Eigentlich hätte der sprachgewandte Heuss, der Künstler der begrifflichen Nuancen, gerade in breit und vollmundig ausgestalteten Grundrechten eine Chance erblicken können, um seine eigene Begabung zur Geltung zu bringen. Aber ebendeshalb, weil er den neuen Staat stark machen wollte, liebte er dies Thema nicht und hätte die Grundrechte, wenn sie nun einmal in die Verfassung hineinmussten, wohl am liebsten nicht als »einklagbare Rechte« gehabt, die man gegen den Staat wenden konnte; denn in der gleichen Rede erinnerte er daran, wie stets seine historische Beschlagenheit ausspielend, mit einem Bekenntnis zur »Bismarckschen Tradition« und mit versteckter Ironie gegenüber seinem einstigen Mentor Naumann:

1918/19 wollte Hugo Preuß keine Grundrechte. Ebert hatte ihm gesagt, sie müssen herein. Preuß stammte, wenn Sie es wollen, aus der Bismarckschen Tradition. Und dann kam Friedrich Naumann mit seinem Entwurf sogenannter volksverständlicher

> Grundrechte, der aus der Empfindung entstand: der Katalog der klassischen Grundrechte reicht nicht für die neue sozialwirtschaftliche, seelische Gesamtstruktur. Seine Grundrechte hatten wesentlich die moralische Aufgabe der Integration dieses neuen Staates im Volksbewusstsein. Dann sind aber die Juristen darüber gekommen, und da passiert meist ein Unglück.[215]

Das Protokoll verzeichnet darauf »Heiterkeit«. Nun, ohne Juristen lässt sich keine Verfassung machen, die nicht nur aus unverbindlichen großen Worten besteht. Im Parlamentarischen Rat war Heuss auf den Beistand seiner beiden juristisch beschlagenen Parteifreunde Thomas Dehler und Hermann Höpker Aschoff angewiesen, des künftigen Bundesjustizministers und des künftigen Präsidenten des Bundesverfassungsgerichtes, beide in ihren verfassungsrechtlichen Positionen schärfer profiliert als Heuss, die in der Folge zu heftigen Gegnern werden sollten. Dieses spannungsvolle Beziehungsdreieck bringt mehr als alles andere ein dramatisches Element in Heuss' kommende Jahre.

Anfangs hatte man gehofft, der Parlamentarische Rat werde seine Arbeit spätestens bis Weihnachten 1948 mehr oder weniger abgeschlossen haben; die Beratungen zogen sich jedoch noch bis zum Mai 1949 hin, teils aufgrund alliierter Einsprüche, teils aufgrund des zähen bayerischen Beharrens auf Landesrechten, manchmal auch infolge der Uneinigkeit sowie der Fernsteuerung der beiden größten Parteien durch ihre Vorsitzenden, von denen der eine, Kurt Schumacher, dem Rat aus Gesundheitsgründen fernblieb, während der andere, Konrad Adenauer, an den Beratungen nur sporadisch teilnahm. In seinem »ABC des Parlamentarischen Rates« bedichtet Heuss die beiden Parteibosse mit Reimen in der Art von »Max und Moritz« seines geliebten Wilhelm Busch als nichtsnutzige Störenfriede, womit er implizit seine eigene Mittlerrolle zur Geltung bringt:

> Kurt und Konrad, diese beiden
> keiner konnte keinen leiden,
> kracht der eine wie in Bern,
> kommt das Echo rasch von fern,
> Komponisten im Krakehlen.
> Kinder, lasset Euch empfehlen,
> kürzet, da nun jeder funkte,
> Eure Kunst der Kontrapunkte.[216]

Unter »großer Heiterkeit« der Kollegen bemerkte er in seiner Schlussrede am 8. Mai 1949: »Wir, der Parlamentarische Rat in seiner Gesamtheit, mussten bieder mithelfen: Wie sage ich es also nun meinem Kinde, auch meinem Führer?«[217] Nicht zuletzt durch Interventionen aus Hannover (Schumacher) und München zogen sich die Verhandlungen in die Länge. Hatte Heuss anfangs gehofft, die neue Verfassung werde in zwei Monaten fertig sein[218] – so einfach stellte er sich das

Theodor Heuss und Kurt Schumacher, Schloss Brühl, 13. September 1949

zuerst vor! – und mit Beginn des neuen Jahres werde er seine Lehrtätigkeit an der TH Stuttgart wieder aufnehmen können, war schon bald daran kein Gedanke mehr. Heuss, der große Briefeschreiber, fand sich in Bonn derart mit Arbeit überlastet, dass er sich schon bald keine Post mehr aus Stuttgart nachsenden ließ.[219]

Wie sollte der neue Staat heißen? Schon in seiner Aufzeichnung vom Juli 1947 hatte er sich gerade mit dieser Namensfrage ausführlicher als mit den meisten anderen Problemen herumgeschlagen, ohne jedoch im Positiven eine klare Linie zu finden; klar waren ihm vor allem solche Staatsnamen, die er nicht für opportun hielt. Zwar vertrat er noch 1948 im Parlamentarischen Rat unter »lebhafter Zustimmung«, jedoch zur Verblüffung späterer Leser die These, das Deutsche Reich, »auch wenn es desorganisiert ist« (welch ein dezenter Ausdruck!), sei »rechtlich und politisch eine Geschichtstatsache geblieben«[220]: Das war die Gegenposition zu der in Herrenchiemsee vorherrschenden Auffassung, dass das Reich 1945 untergegangen sei und eine neue Staatsgewalt nur auf der Basis der Länder aufgebaut werden könne. Da hatte jedoch Carlo Schmid widersprochen.[221] Heuss verabschiedete sich wohl nicht nur aus juristischen, sondern auch aus historischen Motiven ungern von diesem Begriff; 1947 bemerkt er, der Reichsbegriff sei nach wie vor »lebendig geblieben«; aber dann gibt er doch zu verstehen, auch wenn er das nicht explizit sagt, dass es nicht angeht, das künftige Staatsgebilde wieder »Deutsches Reich« zu nennen.

»Ich selber pflege einfach von ›Deutschland‹ zu sprechen.« »›Vereinigte Staaten von Deutschland‹ ist zu bombastisch«: in der Tat! Damals stand vor allem der Begriff »Bund« im Raum; Heuss lehnt ihn nicht ausdrücklich ab, lässt jedoch erkennen, dass dieser Begriff durch den »Deutschen Bund« des 19. Jahrhunderts, der ein bloßes Bündel von Staaten bedeutete und die deutsche Zersplitterung kaschierte, einen schwächlichen Klang besitze, zumindest für den Geschichts- und Literaturkenner, dem dabei der von Bismarck aufgegriffene Heine-Vers einfiel: »*O Bund, du Hund, du bist nicht gesund.*« Heuss empfahl 1947 »für die formalrechtliche Bezeichnung« – das klingt nach Notlösung! – den Begriff »Deutsche Republik«, wobei er in Klammern den aus der Rückschau verblüffenden Zusatz anfügt: »nicht ›Bundesrepublik‹«.[222] Dieser Begriff stand also schon damals im Raum; später reklamierte Heuss diese Begriffsschöpfung sogar für sich![223] Dabei war es zuerst die französische Militärregierung, die auf diesem Begriff bestand, und zwar bei den Beratungen für die Verfassung von Württemberg-Baden.[224]

»Bundesrepublik« besitzt heute ähnlich wie »Grundgesetz« einen viel kräftigeren Klang, als dies um 1948/49 der Fall war. Dieses Kompositum, das uns heute längst ebenso normal wie sprachlich korrekt vorkommt, klingt nicht nach Heuss'schem Sprachgefühl: Zwar besitzen ein »Bundeskanzler« oder ein »Bundestag« als Kanzler oder Parlament eines Bundes ihre Sprachlogik; aber »Republik des Bundes«? Immerhin stärkte »Bundesrepublik« den historisch belasteten »Bund« durch »Republik«. Und dazu »Deutschland«! In seiner ersten Grundsatzrede im Parlamentarischen Rat plädierte Heuss nun mit Nachdruck dafür, »dass wir uns heute einfach ›Bundesrepublik Deutschland‹ nennen«. In Herrenchiemsee hatte man noch »Bund Deutscher Länder« vorgeschlagen; Heuss glaubt dagegen jetzt, mit »Bundesrepublik Deutschland« die »Magie des Wortes« zu beschwören, »weil damit schon eine starke moralische Attraktion für die jungen Menschen mit drinsteckt, die in diesem ›Bund Deutscher Länder‹ ja nur ein Ausweichen vor sich sehen«.[225] Insofern kann Heuss mit einem gewissen Recht als Erfinder der »Bundesrepublik Deutschland« gelten. Aber noch in seiner Schlussrede machte Heuss aus seiner Aversion gegen »Bundes«-Komposita keinen Hehl und erklärte offen und unter dem Beifall der Sozialdemokraten, dass er statt »Bundestag« den Begriff »Volkstag« vorgezogen und »gewünscht hätte, dass dieses Wort ›Bundestag‹, an dem die Staatenbundgeschichte von Deutschland hängt, mit der Geschichte untergehen würde«.[226] Aber schon bald assoziierte kaum einer mehr mit dem Bonner Bundestag den schwachen Frankfurter Bundestag des 19. Jahrhunderts.

Nicht nur in puncto »Bundesrepublik«, sondern auch in einer ganzen Reihe anderer zentraler Punkte bei der Gestaltung des künftigen Staates war Heuss bei der Eröffnung des Parlamentarischen Rates zur Klarheit gelangt. Man kann sogar sagen: Noch nie vorher in seinem Leben hat er ein derart klares, realistisches und mehrheitsfähiges politisches Konzept gehabt, und dies in einer Situation, wo viele andere Politiker noch keineswegs über ein solches verfügten. Man kann dieses sein Konzept an sechs Punkten festmachen:

1. GEGEN DIE BETONUNG DES PROVISORISCHEN. In seiner Grundsatzrede vom 9. September 1948 äußerte Heuss mit charakteristischem Understatement, »ein bisschen« habe er »die Sorge«, dass man es sich – aus durchaus verständlichen Gründen – zur Gewohnheit mache, »das Wort ›provisorisch‹ etwas zu oft auszusprechen«.[227] Der Grundtenor seiner politischen Plädoyers ging mittlerweile dahin, den Weg zum Weststaat konsequent zu beschreiten und nicht im Blick auf die dadurch vorerst verspielte deutsche Einheit allzu ängstlich den provisorischen Charakter der neuen Verfassung und des neuen Staates zu betonen. Sein »Gefühl für politische Atmosphäre« sage ihm – so Heuss an Helmut Külz, den in den Westen gegangenen Sohn von Wilhelm Külz –, dass man auch keine Vertreter der Ostzone zu den Verfassungsberatungen hinzuziehen sollte: Dann würde die Arbeit »vermutlich im Geschwätz über Sozialisierung stecken bleiben«[228]. Ein handlungsfähiger Staat braucht Autorität und muss Politik auf lange Sicht betreiben können; eine Betonung des provisorischen Charakters läuft dem zuwider.

2. FÜR EINE STARKE BUNDESKOMPETENZ. Die Ausgestaltung des Machtverhältnisses zwischen Bund und Ländern wurde zur größten »Zerreißprobe« des Parlamentarischen Rates.[229] Die Hauptgefahr bestand für Heuss in der deutschen Zersplitterung und der Übermacht der Länder, deren Regierungsapparate sich nach Kriegsende am frühesten etabliert hatten. Da war der stärkste Gegenspieler Bayern; und da konnten Heuss und seine Mitstreiter darauf hinweisen, dass es ein Schwindel war, wenn ausgerechnet dieses Land, das der Ursprung des Nationalsozialismus gewesen war und dessen autonomistische Bestrebungen den Aufstieg der NS-Bewegung in den 1920er Jahren begünstigt hatten, nun die NS-Katastrophe als Rechtfertigung für eine neue Autonomie ins Feld führte. Überhaupt erklärte Heuss es für Unfug, wenn sich die von Bayern angeführte Renaissance des Föderalismus, die sich nach 1945 unter dem Schutz der Besatzungsmächte vollzog, mit der deutschen Geschichte legitimierte. Da erinnerte er daran, dass sich 1948 nicht nur die Revolution von 1848, sondern auch der Westfälische Friede von 1648 jährte, der ein politisch zersplittertes Deutschland hinterließ. Und er spottete: »Wenn die Deutschen heute schon jubiläumsfröhlich

sind, dann könnten sie auch an 1648 denken, als den Deutschen die ›teutsche Libertät‹ geschenkt worden ist« – was ihm einen wütend zustimmenden Zwischenruf von Carlo Schmid einbrachte: »Nichtsnutzig eine deutsche Libertät, die prahlerisch im Feindeslager steht!«[230] Das war zuallererst ein Hieb auf Bayern. Noch Heuss' Schlussrede im Parlamentarischen Rat enthält Ausbrüche der Bitterkeit gegen Bayern, wie sie sonst für ihn ungewöhnlich sind; und dabei operierte er mit Vorliebe mit der Geschichte.

Auch sonst war Heuss mit seinem Geschick, seine Geschichtskenntnis als Waffe zu benutzen, stets auf der Höhe, wenn er pseudohistorische Rechtfertigungen einer neuen Selbstherrlichkeit der Länder auseinandernahm: als ob es sich bei diesen künstlichen Gebilden, die zum Teil dem napoleonischen Länderschacher, zum Teil überhaupt erst der Willkür der Besatzungsmächten entsprungen waren, um historisch gewachsene Stammesgebiete handele! Wie Heuss 1948 mit auffallender Schärfe an einen Parteifreund in Baden schrieb, wo sich der Widerstand gegen den Zusammenschluss mit Württemberg formierte:

> Ich habe nie in meinem Leben Respekt gehabt vor den Landesgrenzen, die zwischen 1803 und 1810 zustande gekommen sind, wie eben die Bestechung der Sekretäre von Napoleon besser funktionierte. Der mittelstaatliche Patriotismus ist ja eine seltsame Leistung des 19. Jahrhunderts geworden; aber sehen wir ihn etwas näher an, so ist er eine Beamtenangelegenheit, abhängig vom Sitz der Landeshauptkasse und des königlichen bzw. großherzoglichen Ordenskapitels. Die Stammes- und Menschengeschichte hat sich nicht darum gekümmert.[231]

Die Not der Zeit – darin waren sich sogar viele Altliberale mit früheren Nationalsozialisten einig – erforderte gebieterisch eine starke Zentralmacht, nicht zuletzt auch eine stark ausgebaute Steuer- und Finanzhoheit des Bundes, schon um die gigantische Aufgabe des Lastenausgleichs zu bewältigen und den Kriegsopfern auch nur ein Minimum an sozialer Gerechtigkeit zu verschaffen, aber auch, um zu verhindern, dass sich einzelne Bundesländer als »Steueroasen« unfaire Vorteile verschafften: Damals lernte Heuss dieses zukunftsträchtige Neuwort. Gerade hier bildete er zusammen mit Dehler und dem ebenso hochkompetenten wie hartnäckigen Höpker Aschoff, dem früheren preußischen Finanzminister, eine gemeinsame Front, die die nationalen wie die sozialen Argumente auf ihrer Seite wusste. »In welche Situation wären wir so oft gekommen – verzeihen Sie! –, wenn nicht ein Mann wie Höpker Aschoff zur Verfügung gestellt gewesen wäre«, erklärte Heuss in seiner Schlussrede vor dem Parlamentarischen Rat am 8. Mai 1949[232]: Keinen anderen Ratskollegen hob er derart hervor. In der Tat war es vor allem das Verdienst Höpker Aschoffs *und* der SPD, dass der künftige Bund eine stärkere finanzpolitische Stellung bekam, als ihm im föderalistischen Entwurf von Herrenchiemsee zugedacht gewesen war.[233] Die Protokolle des Hauptausschusses zeigen, dass Höpker Aschoff eine weitaus härtere Arbeit zu leisten hatte als Heuss.

Und doch gibt Heuss in seiner Schlussrede am 8. Mai 1949 erstaunlich schroff zu erkennen, dass er mit dem Erfolg des Kampfes gegen die neue Selbstherrlichkeit überhaupt nicht zufrieden war; und da bekundet er nicht nur einen überraschenden Respekt für Bismarcks Monarchismus, sondern auch einen für ihn sonst ungewöhnlichen Pessimismus:

> Wir stehen vor einem sehr großen Experiment unserer Geschichte. In dem Bismarckschen war nämlich immerhin noch die Monarchie vorhanden. Das war ein sehr wesenhaftes Element. Jetzt stehen wir vor der großen Wahrscheinlichkeit, einen Föderalismus der Bürokratie zu bekommen, und vor der Sorge, dass dadurch das Einheitsleben der Gesamtheit gestört wird. … Denn das jetzige Gebilde hat gerade das nicht, was eine junge Demokratie braucht, eine Integrationskraft ins Volksgefühl hinein.[234]

Zu jener Zeit konnte er bereits für wahrscheinlich halten, dass er selbst der künftige Bundespräsident werden würde. Vor diesem Hintergrund war da für ihn die oberste Aufgabe klar: dem neuen Staatsgebilde eine »Integrationskraft ins Volksgefühl hinein« zu verleihen, wie sie in der Verfassung nicht angelegt war.

3. CHRISTLICHE ERZIEHUNG OHNE KONFESSIONELLE REGELSCHULE. Die ersten Nachkriegsjahre waren durch ein neues Selbstbewusstsein der Kirchen gekennzeichnet, die von dem politischen und ideologischen Vakuum profitierten; und daher nahm der Fragenkomplex von Elternrecht und Konfessionsschule im Parlamentarischen Rat einen Raum ein, über den man aus der Distanz und im Blick auf viele andere dringendere Probleme jener Notzeit nur den Kopf schütteln kann. Die Frage, ob es ein Elternrecht auf Konfessionsschulen gebe, war streckenweise überhaupt das heißeste Thema bei der Beratung des Grundgesetzes.[235] Es war das alte Streitthema, das die Liberalen vom Zentrum getrennt hatte: aus der Rückschau ein Verhängnis, da die Zusammenarbeit zwischen diesen politischen Kräften zur Grundlage der Weimarer Republik gehört hatte.

Hier schlug 1948/49 die große Stunde derer, die sich wie Heuss auf die Kunst des Kompromisses verstanden; denn einen solchen Kompromiss brauchte auch die CDU, die sich mit dem Anspruch auf Überkonfessionalität gegründet hatte[236], auch wenn ihr noch vielfach der Geruch einer katholischen Partei anhaftete. Für Heuss war das Gebot der Stunde klar: Der charakterbildende Wert der Religion verdiente volle Anerkennung; der Religionsunterricht gehörte an die Schulen; Heuss sprach sich sogar für die Ausdehnung des Religionsunterrichts auf die Berufsschulen aus.[237] Konfessionsschulen mussten möglich, durften jedoch nicht die Regel sein; die Eltern hatten kein Recht, Konfessionsschulen zu erzwingen. In diesem Fall war sogar die Kulturhoheit der Länder ein nützliches Abschiebegleis.

Wenn katholische Wortführer aus diesem Elternrecht ein »Naturrecht« machten, war das für Heuss' historische Versiertheit ein gefundenes Fressen: Er konnte darauf hinweisen, dass dieses angebliche Naturrecht in Wahrheit eine Erfindung des 19. Jahrhunderts[238], wenn nicht erst der Zeit nach 1918 war.[239] Nur solche Leute, die von der Geschichte keine Ahnung hatten, konnten dieses Elternrecht für urtümlich halten; da fand Heuss vehemente Unterstützung bei dem geschichtskundigen Sozialdemokraten Carlo Schmid, der daran erinnerte, dass zu jener Zeit, als Religion noch Pflichtfach war, keine Rede von einem »Naturrecht« atheistischer Eltern auf Befreiung ihrer Sprösslinge vom Religionsunterricht gewesen sei[240]. Am 21. März 1949 berichtete Heuss stolz seinem in Schul- und Kirchenfragen engagierten Parteifreund Franz Varrentrapp, er habe »in vorderster Linie den Kampf gegen die Aufnahme des sogenannten Elternrechts (in das Grundgesetz) geführt«[241]. Und obwohl Elly, die der Konfessionsschule anhing, ihre Bedenken hatte[242], nahm Heuss in seinem »ABC des Parlamentarischen Rates« unter dem Buchstaben E das Elternrecht mit besonderem Spott auf die Schippe und zog dabei fröhlich altliberale antiklerikale Register gegen die »Schwarzen«:

> Das Elternrecht, Vermessener, rühr es doch nicht an,
> ein ganzes Erzkapitel rückt heran
> und hinter ihm, elementar
> erregt, und schon erprobt, die alte Einsatzschar,
> ergib dich, Elender, eh du verdammt,
> dein kecker Kahn vom dunklen Schiff gerammt.

An Stapel, dem er wie immer besonders offen sein Herz ausschüttete, schrieb er am 4. Juli 1949: »Ich kriege manchmal Angst, dass eine Klerikalisierung im Anmarsch ist, die wir als Problem jetzt nicht auch noch brauchen.«[243] Mit dieser Sorge stand Heuss in jener Zeit nicht allein; dass auf längere Sicht die Säkularisierung voranschreiten würde wie noch nie zuvor, war damals nicht abzusehen. Sogar Paul Wilhelm Wenger, der Bonner Redakteur des CDU-nahen »Rheinischen Merkur«, unterstützte Heuss vehement in seiner Polemik gegen das so verstandene Elternrecht, und zwar gerade im Interesse der CDU, die er durch die Engstirnigkeit alter Zentrumsleute bedroht sah: »Das Zentrum scheint es wirklich auf eine Art von Leichenfledderei an der CDU abgesehen zu haben.« Er gestand Heuss allerdings vertraulich, dass er alle Schulen, ob Konfessions- oder Simultanschulen, für ein »leider notwendiges Übel« halte und eine »große heimliche Sympathie« für solche Leute hege, »die ihre Kinder lieber zum Viehweiden als in die Schule schicken«.[244] Da erkannte Wenger durchaus ein urtümliches »Elternrecht«, mit dem er insgeheim liebäugelte! Das stärkste aktuelle Argument gegen konfessionell gebundene Regelschulen waren die Flüchtlinge, die in bis dahin konfessionell homogene Gebiete gelangt und selber anderer Konfession waren: Diese drohten durch Konfessionsschulen noch schärfer ausgegrenzt zu werden, als sie dies ohnehin schon waren. Im übrigen wären auf diese Weise noch mehr »Zwergschulen« mit dürftigem Bildungsangebot entstanden.

4. GEGEN DIE SCHWARZE LEGENDE VOM PROPORZWAHLRECHT. Das Wahlrecht war ein Punkt, an dem Heuss seit dem Sommer 1947 eine radikale Kehrtwende vollzogen hatte. Damals hatte er noch *gegen* das »Proporz-Verfahren«, das Verhältniswahlrecht, plädiert.[245] Da folgte er noch der alten Naumann-Linie. Naumann war der Überzeugung, dass Politik eine klare Führung und diese klare Mehrheiten brauche, die durch das Proporzwahlrecht verhindert würden. Auch Heuss scheint dieser Ansicht bis 1947 zugeneigt zu haben – aber dann muss er begriffen haben, dass nicht überall Württemberg war und das radikale Mehrheitswahlrecht den Untergang des politischen Liberalismus bedeuten könnte. 1948 warnte er einen Parteifreund, in den beiden großen Parteien fehle es nicht an »Leuten, die mit dem einfachen Mehrheitswahlrecht, in dem Schwärmen für das Zweiparteiensystem, unsere Gruppe aus dem deutschen Kräftespiel herauskomplimentieren möchten«[246].

Jetzt ist es für ihn barer Etikettenschwindel, das Mehrheitswahlrecht als »Persönlichkeitswahlrecht« zu beschönigen: Wer sich einbilde, auf diese Weise komme die Persönlichkeit des Wahlkreis-Kandidaten gegen den Parteiapparat zur Geltung, und sich dabei auf England berufe, habe von der dortigen Allmacht der Parteibosse keine Ahnung. Heuss glaubte zu wissen: »In England müssen die Leute, die gewählt werden, vorher ihrem Parteichef ihr Rücktrittsgesuch in die Hand geben. Sie sind viel mehr in der Hand der Partei als der durchschnittliche deutsche Abgeordnete.«[247] Wobei zu bedenken ist, dass zu jener Zeit, als die westdeutschen Parteien erst wieder im Entstehen waren, die Parteiapparate nicht entfernt die Macht besaßen wie Jahrzehnte darauf!

5. »CAVE CANEM«: WARNUNG VOR DEM PLEBISZIT – ABSCHIED VOM MYTHOS »VOLK«. Auch da war die Heuss'sche Grundlinie im Parlamentarischen Rat von Anfang an klar: Bekenntnis zur repräsentativen und Ablehnung der plebiszitären Demokratie. Anders als beim »Elternrecht« gab es zu diesem Thema in Bonn keine große Kontroverse; in Herrenchiemsee hatte man das Thema »Volksbegehren« »in staatsmännischer Weisheit« (Heuss) gar nicht erst angesprochen. In Bonn brachte es jetzt der Sozialdemokrat Walter Menzel, damals Innenminister von Nordrhein-Westfalen, wieder in die Diskussion; vor allem in der SPD gab es Fürsprecher einer stärkeren Verankerung plebiszitärer Elemente im

Grundgesetz, aber auch dort war die Begeisterung dafür nicht sehr groß: Dafür hatte man mit der Spontaneität der Volksmassen viel zu zwiespältige Erfahrungen gemacht. Erklärte Antinazis fühlten sich auch nach Kriegsende unter ihren deutschen Landsleuten oft isoliert; bei vielen blieb noch lange ein Misstrauen bestehen, ob nicht die Masse der deutschen Bevölkerung, sobald sie auf keine Besatzungsmacht mehr Rücksicht zu nehmen brauchte, sich erneut als Anhänger eines völkischen Nationalismus entpuppen würde.

»Volk« sei ein »höchst fragwürdiger Begriff«, erklärte Heuss 1955 in seiner Loccumer Rede über »Stilfragen der Demokratie«.[248] Schon am 9. September 1948 reagierte er auf Menzels Initiative mit der Warnung: »*Cave canem!*« Das Volksbegehren möge für die kleinen Welten der Schweizer Kantone geeignet sein, wo die politischen Dinge anschaulich vor Augen lägen; dagegen unter den deutschen Bedingungen der »Vermassung und Entwurzelung« sei es »die Prämie für jeden Demagogen«. Das Protokoll vermerkt an dieser Stelle den Zwischenruf »*sehr richtig!*« ohne einen Widerspruch. Dabei plädierte kaum jemand im Ernst dafür, für jegliche Entscheidungen – von den Steuern bis zur Todesstrafe – die Möglichkeit eines Referendums vorzusehen; zur Debatte standen ohnehin nur solche Fragen, bei denen man eine Urteilsfähigkeit des »Normalbürgers« annehmen konnte und keine fatalen Fernwirkungen zu befürchten brauchte. War da die Geschichte wirklich eine Warnung?

Während Heuss jedoch im Falle des Proporzwahlrechtes dagegen polemisiert, Erfahrungen der Weimarer Republik als warnendes Beispiel ins Feld zu führen, verhält er sich beim Plebiszit anders. Er bemerkt, die Weimarer Verfassung sei »das Opfer eines grandiosen Irrtums geworden«: »Sie glaubte nämlich, wie junge Demokratien ihrer Natur nach optimistisch sein müssen, an die Fairneß der Deutschen.« Es sei jedoch bezeichnend, dass diese dafür »kein eigenes Wort besitzen«.[249] Als es um die Frage der Direktwahl des Bundespräsidenten durch das Volk geht, erinnert er an die Wahl Hindenburgs (die jedoch auch er selbst 1932 geradezu emphatisch befürwortet hatte!): Im Blick auf diese Erfahrung daran sei die »Wahl des Bundespräsidenten vom Volk … von niemandem im Parlamentarischen Rat vorgeschlagen worden«. »Unser Volk ist gegenwärtig gar nicht innerlich strukturiert genug und könnte morgen wieder in seinem seelisch amorphen Zustand der Raub eines Demagogen sein.«[250]

Noch 1959 zeigte sich Heuss gegenüber Theodor Eschenburg, der sich als Staatslehrer ähnlich wie Heuss den Ruf eines *praeceptor Germaniae* erworben hatte, darüber befriedigt, dass die »Frankfurter Allgemeine« zwei Reden, die er im Parlamentarischen Rat gegen das Plebiszit gehalten hatte, veröffentlicht und Eschenburg das Heuss-Wort, Plebiszite seien »in der weiträumigen Demokratie Prämien für Demagogen«, zitiert hatte: Noch immer fand Heuss seine damaligen Ansprachen »fernsichtig wie für den Tag gesprochen« und dazu geeignet, das Staatsdenken zumindest »bei verständigen Leuten« zurechtzurücken.[251] Es ist merkwürdig und zeugt von zunehmender präsidialer Selbstgefälligkeit, dass Heuss nicht einmal aus der Distanz die Zeitgebundenheit seiner damaligen Polemik erkannte. Denn auch für ihn war, genau besehen, diese Frage überhaupt nicht einfach; auch er war kein Anhänger einer Alleinherrschaft der Parteien in allen politischen Dingen. Der Artikel 21 des Grundgesetzes (*»Die Parteien wirken bei der politischen Willensbildung des Volkes mit.«*) hatte ihm nicht gefallen.[252] Die Offenheit für Bürgerbewegungen war ein altes Erbe gerade des südwestdeutschen Liberalismus; wie Heuss selber korrekterweise erwähnte, gingen die plebiszitären Elemente in der Weimarer Verfassung gerade auf seinen alten Parteifreund Conrad Haußmann zurück.[253]

Gegen die Volksabstimmung über den Zusammenschluss von Württemberg und Baden hatte Heuss denn auch keineswegs etwas einzuwenden, im Gegenteil: Da begrüßte er es, wenn »das Volk« den Eigensinn der neu aufgekommenen Bürokratien und Landtage überwand und auch ein starkes südwestdeutsches Gegengewicht gegen Bayern schuf[254]. Er erinnerte daran, dass er im Gegensatz zu den württembergischen DDP-Oberen Payer und Haußmann sogar schon 1919 »den Zusammenschluss der beiden Staaten in allgemeinen Versammlungen gepredigt« habe.[255] Auch plädierte er dafür, das Grundgesetz durch eine Volksabstimmung zu legitimieren[256], zumal er darauf vertrauen konnte, dass diese positiv ausfiel; denn in den Augen der Masse der Bevölkerung musste jede Form deutscher Selbstregierung besser sein als die Fortdauer eines Zustandes, wo man der Willkür der Besatzungsmächte ausgeliefert war. Aber damit kam Heuss nicht durch: Die Stellung der Länder und das Misstrauen gegen »das Volk« mitsamt dessen wetterwendischen Launen waren zu stark.

6. »ES DARF HIER IN DIESEM HAUSE KEINER BESIEGT WORDEN SEIN«: KONSENSORIENTIERTER DEBATTIERSTIL – KONTROVERSE MIT DOLF STERNBERGER. Heuss und Dehler begleiteten ihre Tätigkeit im Parlamentarischen Rat laufend mit Presseartikeln zu den in Bonn anstehenden Themen, Dehler gewöhnlich pointierter und polemischer als Heuss, jeder jedoch auf seine Art darum bemüht, den Verhandlungen dieser nicht vom Volk gewählten verfassunggebenden Versammlung, bei der der Normalbürger nur Zaungast war, eine breite Öffentlichkeit zu verschaffen. Dolf Sternberger, 23 Jahre jünger als Heuss und ihm als Redakteur der »Frankfurter Zeitung« (1934–1943) wohlbekannt, nahm im Dezember 1948 in der von ihm zusammen mit Karl Jaspers herausgegebenen Monatsschrift »Die Wandlung« einen Heuss'schen Leitartikel aus der »Rhein-Neckar-Zeitung« nicht nur inhaltlich, sondern auch sprachlich auseinander. Da hatte Heuss vor einem polarisierenden Debattierstil im Parlamentarischen Rat gewarnt, mit-

unter in einem Ton, den man als pastoral empfinden konnte: »Die geschichtliche Gesamtlage fordert geradezu eine wechselseitige Annäherung, wie die künftige seelische Geltung des Grundgesetzes mit darauf ruht, dass es nicht das Ergebnis einer Vermachtung sein wird.« Und er schließt in einem ähnlich getragenen Ton bedeutungsvoller Andeutung: »War die Weimarer Verfassung in manchen Teilen sprachkräftiger, so wird die Bonner gehaltener und präziser sein, eben weil die Erfahrung einiger Jahrzehnte die Verantwortung für die Formel geschult hat.«[257]

Dieser Ton reizte Sternberger zum Spott; da verband sich bei ihm ein inhaltlicher Dissens mit einer Allergie gegen den Heuss'schen Sprachstil. Er wollte einen anderen Ton, ein anderes Verfassungskonzept und einen anderen, auf Kontroverse gestimmten Politikstil; ein Mehrheitswahlrecht sollte für klare Mehrheiten sorgen, und dementsprechend sollten durch Mehrheitsbeschlüsse klare politische Konzepte ohne gar zu viel Kompromisse durchgesetzt werden. Ihm war das ganze Profil des neuen Staats, das sich in Bonn abzeichnete, zu schwammig; und dazu passten die »gemütlich-lässigen Plaudereien«[258], mit denen Heuss – so Sternberger – die Fragen der Politik abhandelte.

In der Tat erkennt man bei Heuss'schen Reden über längere Strecken eine Abgehobenheit gegenüber den Nöten der Außenwelt[259]; er besaß die Begabung, Unangenehmes auf Distanz zu halten. Und Sternberger, der Heuss' Schwächen von früher her kannte, traf einen wunden Punkt: Heuss' Art, zwischen einem Einerseits-andererseits zu pendeln und in historische Anekdoten abzuschweifen. Aber im Parlamentarischen Rat verwandelte sich diese Schwäche in eine Stärke; da war Heuss gerade der Richtige, um eine Gesprächsatmosphäre auszustrahlen, bei der sich die meisten mit ihren Motiven eingebunden fühlen konnten und die die immer wieder aufbrechenden Gegensätze durchkreuzte. Heuss konnte sich jetzt ganz als Politiker vorkommen, der die Forderung des Tages begriff, während Sternberger für ihn damals das Musterbeispiel jenes von ihm verachteten »Literaten« war, der immerzu geistreichelnden Pointen nachjagt, ohne eine politische Verantwortung zu spüren.

Entsprechend selbstbewusst und überlegen reagierte Heuss auf Sternbergers »peinlichen Pointen-Journalismus«, setzte eine Gegendarstellung in der »Wandlung« durch und nahm jetzt auch seinerseits auf gekonnte Art die Sprache Sternbergers auseinander, der von Heuss als dem »Zünglein an der Waage« redete, darauf jedoch – aus dem Bild fallend – als von einem »Zünglein«, das man »hören« könne. Wenn Sternberger sich schon als Sprachlehrer betätige, möchte er, Heuss, »dem Sprachmeister eine kleine Gegengabe nicht schuldig bleiben«. Sodann aber schießt er inhaltlich scharf: Sternberger, der sich für seine Person (im Unterschied zu Heuss) wohl nie in das politische Kampfgetümmel gestürzt habe, vermöge Politik offenbar nur als Kampf zu begreifen. »Derlei haben wir schon einmal gehabt, als der Professor Carl Schmitt in Berlin das Wesen der Politik auf das ›Freund-Feind‹-Verhältnis beschränkte und damit geistig wie praktisch einen ungeheuren Unfug anrichtete. Offenbar wirkt dieser nach.«[260] Von den Problemen, mit denen sich der Parlamentarische Rat redlich herumschlage, habe Sternberger keine Ahnung; und wenn er den Ratsmitgliedern auch noch unterstelle, dass sie »das Volk leutselig verachteten«, überschreite er die Grenze zur »Infamierung«. Eine angemessene Antwort darauf würde »nichts vom Ton einer ›gemütlich-lässigen Plauderei‹ haben, sondern müsste mit harter Schärfe einen politisierenden Typ beschreiben, der, so will uns scheinen, der Demokratie verderblich ist«[261].

»ABER WENN IN DER WELT KEIN HUMOR MEHR VORHANDEN IST, DANN LOHNT SICH DIE WELT NICHT MEHR.« HEUSS UND CARLO SCHMID: WILHELM-BUSCH- UND HOMER-HUMOR. An den Debatten im Parlamentarischen Rat beeindrucken noch heute, zumal wenn man die Trostlosigkeit der Zeit bedenkt, über weite Strecken der besonnene und gepflegte Stil und der Verzicht auf schrille und hetzerische Töne. »Es war letztlich doch ein Gefühl der Kameradschaftlichkeit vorhanden – nur wenige schlossen sich davon aus –, das geholfen hat, über die heute schier vergessenen Schwierigkeiten hinwegzuhelfen«, erinnert Heuss sich 1955[262]; und das war keine bloße Verklärung aus der Rückschau. Gewiss hatten die meisten Beteiligten noch die giftigen Pöbeleien als Warnung vor Augen, die den Weimarer Reichstag für viele in Verruf gebracht hatten; und ihnen allen war bewusst, dass es nach Lage der Dinge ganz darauf ankam, den Siegermächten kein Schauspiel deutscher Zerstrittenheit zu bieten, sondern ihnen die Fähigkeit zur Selbstregierung zu demonstrieren. Das war die ideale Arena für jene »Entkrampfung der Deutschen«, die Heuss fortan zu seinem Lieblingsziel machte. Gerade weil der Parlamentarische Rat nicht direkt aus Wahlen, sondern aus den Landtagen hervorgegangen war und man noch nicht überschauen konnte, welche politischen Majoritäten sich in der künftigen Bundesrepublik ergeben würden, wäre es unbesonnen gewesen, umstrittene Regelungen mit knappen Mehrheiten durchzusetzen.

Das war die Stunde für einen Politiker wie Heuss. Carlo Schmid, der Schöngeist in der SPD-Führung, eröffnete im Januar 1949 in seiner »Parlamentarischen Elegie« den Festreigen der Huldigungen an die Respekt einflößenden Heuss'schen Mittlerqualitäten mit den auf Homer anspielenden Hexametern:

Doch noch fehlt eines, das Werk zu vollbringen …
Nestor selbst könnte es nicht so, dazu braucht's Theodor Heuss.
Wallend weht ihm das Haar im Silberschimmer der Weisheit,
Und seines Basses Gewalt gibt ein dreifaches Gewicht
Jeglichem Wort; so erdrückt es den Kampfmut des wildesten Streithahns …

> Weise verteilt der Heuss seine Gaben, das Ja und das Nein, dass
> Keinem schwelle der Kamm, und bis zum letzten Tag
> Zucke das Zünglein der Waage, und jeglicher merke: es siege
> Schließlich der, dem der Bass Theodors endlich sich neigt.
> Traun, das wird dann ein Fest sein im Zelte des Siegers! Doch Theodor
> Geht zu dem der verlor, und ein spendendes Wort
> Lehrt ihn, dass alles auf Erden ja wechsle, dass morgen ein Tag sei,
> Der, was sich heute versagt, bringen könnte, vielleicht ...[263]

Petra Weber, die Biographin von Carlo Schmid, hört aus diesen Versen vor allem Spott heraus[264] – natürlich war Carlo Schmid sich dessen bewusst, dass er selbst mehr als Heuss im Rat den Ton angab. Seine Hexameter vermitteln ein übertriebenes Bild von Heuss' Herrschergewalt im Parlamentarischen Rat; wer dessen Protokolle auf Heuss'sche Diskussionsbeiträge durchsucht, wird in Erinnerung an die Verse Carlo Schmids enttäuscht – von seiner Kompetenz her war Heuss nun einmal kein Verfassungsrechtler, der in der Detailarbeit das Wort führen konnte. Der britische Verbindungsoffizier Chaput de Saintonge fand die Heuss'schen Diskussionsbeiträge mit der Zeit langweilig. Um ihn im Original zu zitieren: »He prefers to talk politics on a general and philosophical basis rather than relating it in detail to the work of the Parliamentary Council and has been known in the presence of members of other parties to steer them skilfully away from their subject when they showed signs of being politically indiscreet.«[265] Genau da, wo es für den Briten spannend wurde, unternahm Heuss Ablenkungsmanöver!

Typisch für Heuss war im Hauptausschuss eine Aussage wie diese zu der Frage der Kompetenz des Bundeskanzlers: »Nach meiner Meinung kann die Verfassung selber darüber nichts aussagen, weil sie Bindungen des sich bewegenden Lebens und der praktischen Politik vorwegnehmen würde, die zwecklos und unter Umständen hemmend sind.«[266] Nun, in diesem Fall hat Heuss die Bedeutung des Buchstabens der Verfassung unterschätzt; die an der Stelle diskutierte Formulierung *»Der Bundeskanzler bestimmt die Richtlinien der Politik«* bekam durch Adenauer eine höchst lebendige Wirksamkeit. Und doch trafen gerade die Schlussverse Carlo Schmids etwas Richtiges. In seiner Schlussrede am 8. Mai 1949 erklärte Heuss: »Es darf hier in diesem Hause keiner besiegt worden sein.«[267]

Wirklich keiner? Auch die beiden Kommunisten nicht, Max Reimann und Heinz Renner? Von ihrer Seite kamen stets Querschüsse, und diese wurden von den anderen in aller Regel mit Selbstverständlichkeit übergangen – aber selbst im Umgang zwischen Kommunisten und Nichtkommunisten fehlt im allgemeinen jener Hetzton, der im Kalten Krieg gang und gäbe wurde und zu dem bereits die damalige Berliner Blockade und die Repressalien in der Sowjetzone Stoff genug geboten hätten. Heuss' Schlussrede erhielt durch Zwischenrufe des Kommunisten Renner ein Intermezzo, das Heuss solchen Spaß machte, dass er gleich in mehreren Briefen davon berichtete[268] und die Geschichte noch einmal sechs Jahre darauf breit ausgeschmückt dem Adenauer-Hagiographen Paul Weymar erzählte.[269]

Eigentlich waren es eher zustimmende Zwischenrufe an Stellen, wo Heuss gegen »Pharisäer« (eines seiner Lieblingsschimpfworte) in der CDU stichelte, die das Christentum für sich in Beschlag nehmen wollten. Aber als Renner keine Ruhe gab und noch einmal zwischenrief: »Christliche Partei, deren Führer lauter Pharisäer sind!«, wies Heuss den Rheinländer mit schwäbischer Derbheit zurecht: »Renner, halten Sie mal eine Zeit Ihr Maul und seien Sie ruhig!« An dieser Stelle im Protokoll: »Große Heiterkeit und Beifall – Glocke des Präsidenten.« Darauf Adenauer, der formal korrekt eine unparlamentarische Grobheit nicht einfach durchgehen ließ und Renner nach Bedarf mit rheinischer Stammesverbundenheit umgarnte[270]: »Herr Heuss, ich nehme an, Herr Renner hat Ihnen das nicht übelgenommen.« Heuss: »Er hat sich darüber gefreut.« Und Renner: »Das wollte ich sogar hören.«[271]

Selbst DER SPIEGEL schnappte dieses Heuss'sche Heckmeck am 8. September 1949, am Montag vor der Wahl des Bundespräsidenten, mit Wonne auf und begrüßte Heuss unter der Überschrift »Gutes Deutschland« als Geistesverwandten: »Seine angespitzte Ironie ist unwiderstehlich.«[272] Dieses Nachrichtenmagazin, auf seine Art »national«, verzichtete zumindest in Sachen Heuss auf den schneidenden Sarkasmus der »Weltbühne«, mit der es gerne verglichen wurde, und trug das Seine zur Popularisierung eines ironisch-humorvollen Heuss bei. Der ansteckende Humor wird zum Heuss'schen Markenzeichen. Als er am 1. Oktober 1949 nach seiner Wahl zum Bundespräsidenten seine nicht sehr lange Abschiedsrede vor dem Württembergisch-Badischen Landtag hielt, verzeichnet das Protokoll nicht weniger als achtmal beim Publikum »Heiterkeit«. »Aber wenn in der Welt kein Humor mehr vorhanden ist, dann lohnt sich die Welt nicht mehr«, schrieb Heuss bei der Vervielfältigung seines »ABC des Parlamentarischen Rates«.[273]

Da Heuss, dem das Pathos ohnehin nicht lag, in der Politik nie eine große Vision hatte, hielten sich auch seine Frustrationen in Grenzen. Nicht zuletzt darin besteht eine Lehre der bundesdeutschen Gründerzeit: dass gerade *ohne* eine solche utopisch angehauchte Vision, in einer Stimmung allgemeiner Skepsis, ein unerwartet dauerhaftes und erfolgreiches politisches Gebilde entstehen und der Weg nach oben gerade über das *Understatement* führen kann. Und nicht zuletzt in diesem Understatement wurde Heuss stilbildend – weit mehr als Adenauer mit seiner verbalen »Politik der Stärke«! Schon vier Tage vor seiner Wahl zum

Bundespräsidenten spricht DER SPIEGEL von seiner »bald international legendären Bescheidenheit«[274]: Es ist verblüffend, mit welcher Geschwindigkeit sich dieses Heuss-Image verbreitete. Nach der Ära des deutschen Größenwahns war man im In- und Ausland für Signale eines neuen konträren Stils empfänglich. »Äußerlichkeiten interessieren ihn nicht«, schmunzelte DER SPIEGEL. »Er ist leger bis zu den rutschenden Socken. Es macht ihm auch nichts aus, ein geflicktes Hemd aufzutragen.«

Wie dem auch sei, schon die äußeren Bedingungen der Bonner Arbeit unterstrichen das Understatement als Stil des neuen westdeutschen Staates: die Verhandlungen im naturhistorischen Museum König zwischen den zur Seite geschobenen und verhüllten ausgestopften Tieren, wobei die angeblich darüber lugende Giraffe zum Bestandteil der bundesdeutschen Gründungssaga wurde. Mit Grund fand Heuss die zuweilen aus »dem Volk« vernehmbare Unterstellung albern und ignorant, dass inmitten der allgemeinen Not die Ratsmitglieder in Saus und Braus lebten: In Wahrheit hausten die meisten von ihnen in Bonn nicht gerade komfortabel. Heuss und seine FDP-Kollegen, die im Hotel »La Roche« untergebracht waren, hatten noch vergleichsweise Glück gehabt. Nachts hörte Heuss zwar das Rattern vorbeifahrender Züge; dafür stellte ihm die Hotelbesitzerin ein Glas Rotwein mit Ei aufs Zimmer.[275]

UND WIEDER DIE GEREIZTHEIT DES ZIVILISTEN GEGEN DIE PAZIFISTEN. Befremdlich in dieser Szenerie, wo Heuss sich immer wieder als bedächtiger Vermittler hervortut, erscheint das Intermezzo, als er am 18. Januar 1949 im Hauptausschuss des Parlamentarischen Rates nahezu als einziger dafür eintritt, das Recht auf Kriegsdienstverweigerung aus dem Grundgesetzentwurf zu streichen.[276] Das hatte er schon am 19. November 1948 angekündigt, und zwar ohne Begründung.[277] Jetzt am 18. Januar begründet er sein Votum mit typisch Heuss'schen Vielzweckfloskeln: Er wolle »mit sich selber im Reinen bleiben«; für die Streichung des Absatzes spreche »so etwas wie ein historisches Stilgefühl«. Und dann, wie schon einst in den 1920er Jahren in seiner Polemik gegen die Beschränkung der deutschen Wehrmacht durch Versailles: »Die allgemeine Wehrpflicht ist das legitime Kind der Demokratie, seine Wiege stand in Frankreich.«

Zudem sieht Heuss – und das war nun nicht ganz unrealistisch – dann, wenn man unter Berufung auf sein Gewissen vom Wehrdienst freikommt, einen »Massenverschleiß des Gewissens« drohen; er hätte eine Sonderregelung für Freikirchen wie die Mennoniten oder Quäker vorgezogen, wo die Verpflichtung zum Pazifismus objektiv fassbar ist.[278] Da stieß Heuss jedoch prompt auf den Widerspruch von Carlo Schmid, der ihn eben zu der Zeit in seiner »Parlamentarischen Elegie« zur Verkörperung politischer Weisheit erhob. »Ich glaube, es wird im Kriegsfall mehr Zivilcourage dazu gehören, zu sagen: ›Ich berufe mich auf diesen Artikel und nehme kein Gewehr auf die Schulter‹, als Courage dazu gehören wird, einem Gestellungsbefehl Folge zu leisten.«[279]

Was mag Heuss dazu bewogen haben, sich ausgerechnet durch Widerspruch gegen das Recht auf Kriegsdienstverweigerung zu exponieren? Zur Erklärung ist man versucht, den Heuss'schen Lieblingsbegriff »Koketterie« zu bemühen: Es scheint ihm zwischendurch Vergnügen gemacht zu haben, einmal nicht den ausgleichenden Mittler, sondern den Außenseiter zu spielen, um zu zeigen – wie auch gegenüber Dolf Sternberger –, dass er auch anders konnte. Natürlich wisse er – so Heuss im Hauptausschuss –, dass »wegen dieses Antrags die sogenannten Militaristen sagen werden: Gott sei Dank, da ist noch einer vom alten Schrot und Korn gewesen«, wogegen »die sogenannten Pazifisten feststellen werden, dass sich wieder ein Reaktionär gemeldet hat«.[280] Und natürlich konnte er auch darauf bauen, dass die politische Öffentlichkeit mittlerweile wusste, dass er weder das eine noch das andere war; und ebenfalls musste ihm klar sein, dass er mit seinem Votum nicht durchkam, aber sich dennoch nicht ernsthaft isolierte.

Und doch war noch etwas anderes im Spiel: Selbst nach zwei Weltkriegen erkennt man bei Heuss eine irrationale Gereiztheit gegen die Pazifisten, wie schon 1919, als er über Friedrich Wilhelm Foerster empört war. Da steckte in ihm noch immer der alte Naumannianer. Dem Ex-Nazi Debatin versicherte er, er werde Naumann bei der Neuausgabe der Biographie »nicht zu einem pazifistischen Engelchen umarbeiten«.[281] Ein Bedürfnis nach Absicherung mag mitgespielt haben: Gerade er, der Inbegriff des Zivilisten, der nie »gedient« hatte, wusste die Rückendeckung alter Soldaten zu schätzen, gerade auch in einer Situation, wo die Veteranen in die Millionen gingen und man nicht wusste, wie sie sich politisch verhalten würden. Hatte Heuss noch im Oktober 1947 im Württembergisch-Badischen Landtag, um die Solidität der Finanzen besorgt, Bedenken dagegen geäußert, pauschal die Pensionsansprüche früherer Offiziere anzuerkennen, da der Offiziersstand in der NS-Zeit zum Massenberuf geworden sei[282], profilierte er sich 1948 – und zwar gegen Widerspruch innerhalb der Redaktion der »Rhein-Neckar-Zeitung« – durch sein Plädoyer für die Anerkennung dieser Pensionsansprüche.[283] Daran pflegte er fortan zu erinnern, wenn er von nationalistischer Seite attackiert wurde, so auch in einem Brief an Franz Blücher, dem Vorsitzenden der FDP in der britischen Zone, wo sich in der Partei viele Altnazis sammelten; und er wies darauf hin, dass dieses sein Engagement, um dem Offiziersberuf »aus der billigen und unsinnigen Pauschalverfemung herauszuhelfen«, ihm »eine Unmasse von Zuschriften für und wider eingetragen« habe.[284] Dabei war er sich sehr wohl darüber klar, dass die deutsche Militärführung an den NS-Verbrechen erhebliche Mitschuld trug[285] – aber dann setzt er den Begriff »Kriegsverbrecher« doch in Anführungszeichen![286]

AUF DEM WEG INS PRÄSIDENTENAMT; HEUSS UND DIE DEBATTEN ÜBER DIE KOMPETENZEN DES KÜNFTIGEN BUNDESPRÄSIDENTEN. Schon im Oktober 1948 kündigte der Hamburger FDP-Politiker und Speditionsunternehmer Max Rademacher in einer Rede in Neumünster Heuss als künftigen Bundespräsidenten an; der Berliner »Tagesspiegel« berichtete am 23. Oktober davon. Heuss gab sich in einem Brief an Rademacher am 1. November 1948 über diese Ankündigung peinlich berührt. »Die Quelle ist mir natürlich bekannt. Es gibt in der sozialdemokratischen Fraktion in Bonn einige Leute, die den Gedanken favorisieren und auch mich schon darauf angesprochen haben.« Im Mai 1949 schrieb er an Toni Stolper: »Meine ›Kandidatur‹ ist, glaube ich, eine Erfindung von Paul Löbe, die dann auch in die Zeitungen kam.«[287] Man ist verblüfft: Die erste Initiative, Heuss zum höchsten Repräsentanten des neuen Staates zu wählen, kam aus der SPD, noch dazu von Paul Löbe, der von 1920 bis 1932 Präsident des Reichstages gewesen und unter der NS-Diktatur zweimal verhaftet worden war: So wenig trug er Heuss die Zustimmung zum Ermächtigungsgesetz nach! Die charmanten Gesten, die Heuss mit Carlo Schmid austauschte, werden dazu beigetragen haben, dass unter Sozialdemokraten eine Zeitlang der Eindruck entstand, ein solcher Präsident wäre der gegebene Geburtshelfer einer SPD/FDP-Koalition.

Gegenüber Rademacher behauptete Heuss, er selbst »favorisiere den Gedanken jedoch gar nicht«, und zwar mit Rücksicht auf den schlechten Gesundheitszustand seiner Frau. Diese Begründung wirkt nicht überzeugend, zumal der Fortgang des Briefes zwischen den Zeilen verrät, dass Heuss diese Aussicht eben doch nicht unangenehm ist; aber ebendeshalb ist ihm die verfrühte Ankündigung unangenehm. »Jetzt sind die Heckenschützen, die es überall gibt, alarmiert.« Und so sei er »in der dümmsten Situation. Ich habe mich im Plenum für den Bundespräsidenten ausgesprochen; argumentiere ich jetzt in den Verhandlungen für ihn, so werden die einen sagen: aha, für sich.«[288] Denn ob ein solches Amt in dem neuen Staat überhaupt notwendig sei, nachdem man die Weimarer Präsidialdemokratie unbedingt vermeiden wollte, war anfangs umstritten; es gab den Alternativvorschlag, die repräsentativen Funktionen vorläufig durch ein kollegiales Direktorium wahrnehmen zu lassen. Dagegen hatte sich Heuss gleich in seiner Rede vom 9. September 1948 gewandt: »Wir halten dafür, dass die Person, die Amtsfunktion des *Bundespräsidenten* nicht in die ungewisse Geschichte abgeschoben werden soll, weil die Zeit noch nichts Rechtes für ihn zu tun gibt. Verkennen Sie nicht die Symbolkraft, die davon ausgeht ... Man muss schon den Mut haben, in das Strukturelle das Feste einzubauen.«[289]

Die Frage, welche Funktion der Bundespräsident im politischen Alltag ausübt und worin der feste Kern dieses Amtes besteht, hat sich bis heute immer wieder gestellt und steht auch am Anfang der Heuss'schen Präsidentenzeit. Denn da dieser neue Präsident von Anfang an nicht als Führergestalt, sondern als vermittelnde *pouvoir neutre* begriffen wurde[290] – diesen Begriff hatte der französische Staatsdenker Benjamin Constant im 19. Jahrhundert für die Funktion des Monarchen geprägt[291] –, kam dieses Amt mit einer gewissen Logik auf den FDP-Vorsitzenden Heuss zu; kein anderer führender Freidemokrat kam dafür in Frage. Man braucht nicht einmal herausragende Heuss'sche Leistungen im Parlamentarischen Rat anzunehmen, um zu erklären, dass sich die Gedanken über den künftigen Präsidenten zunehmend auf Heuss richteten.

Welche Rolle spielte Heuss bei den Beratungen über die Kompetenzen des künftigen Bundespräsidenten? Später wies er immer wieder wie auf eine bekannte Tatsache darauf hin, dass er dieses Amt »keinen Augenblick erstrebt« habe[292]; das bedeutete jedoch nicht, dass er nicht diese Aussicht frühzeitig in Rechnung gestellt hätte. Je mehr darüber gemunkelt wurde, dass voraussichtlich kein anderer als er selbst dieses Amt bekleiden werde, desto delikater wurde für ihn die Situation; kein Wunder, dass er sich im allgemeinen zurückhielt.[293] Gewiss stand von Anfang an fest, dass der Bundespräsident kein neuer Hindenburg, keine potentielle Gegenmacht gegen die Bundesregierung werden sollte.[294] Eine Direktwahl durch das Volk, die ihn mit einer plebiszitären Legitimation ausgestattet hätte, stand bei den großen Parteien nicht zur Diskussion – aber mit auffallender Eindringlichkeit und kuriosem Rückgriff auf das mittelalterliche deutsche Königtum wandte sich Heuss gegen die zeitweise von der CDU/CSU favorisierte Einschaltung des Bundesrates in die Präsidentenwahl[295]: Man erkennt seine Allergie gegen eine allzu stark herausgestrichene Länderherrlichkeit.

Eine Allensbacher Umfrage vom März 1949 ergab, dass 41 Prozent der Deutschen für einen starken Präsidenten, dagegen nur 23 Prozent für ein starkes Parlament plädierten.[296] Dehler forderte bis zum Januar 1949 im Namen der FDP und mit der Schärfe seiner Rhetorik eine Präsidialregierung, zumal abzusehen war, dass sein Parteifreund Heuss der Präsident werden würde: »Unser Volk hat ein Bedürfnis nach echter Autorität. Wir müssen es den Fängen der Scharlatane und Pathologen, die seine Schwäche und Unsicherheit auszunützen versuchen, entreißen ...«[297] Da hielt sich Heuss zurück, wohlweislich. Wie er an Middelhauve schrieb, dessen nordrhein-westfälischer FDP-Landesverband ebenfalls für die Direktwahl durch das Volk plädierte: »Ich selber habe für diesen plebiszitären Bundespräsidenten dann viel übrig, wenn er machtpolitisch ausgestattet ist. Das eben will heute niemand recht nach den zurückliegenden Erfahrungen und nach den offenkundigen Fehlkonstruktionen in der Weimarer Verfassung selber.«[298] Um ein mit Macht ausgestattetes Präsidentenamt hätte er sich in ein aussichtsloses Ringen mit Adenauer begeben müssen.

Aber eine ausschließlich repräsentative Funktion des Bundespräsidenten wäre für ihn, der für Zeremonien nie viel Sinn hatte, reizlos gewesen; daher sein Eintreten für die Wahl des Präsidenten durch die Bundesversammlung, seine »Originalerfindung«[299]: »Wenn wir irgend etwas wie eine Integrationskraft für den Bundespräsidenten wollen, dann müssen wir die Basis seiner Wahl verbreitern; sonst ist der Mann oder die Institution von vornherein verdorben.«[300] Ein Einblick auch in Sorgen für seine persönliche Zukunft! Aber ein besonderer Schutz gegen gerichtliche Verfolgung über die bei Parlamentsabgeordneten übliche Immunität hinaus ging ihm zu weit, zumal er wohl ohnehin auch als Präsident nicht gegen Gesetze zu verstoßen gedachte: Dergleichen mache für sein Gefühl auf den »berühmten Mann auf der Straße« einen schlechten Eindruck. »Die Position des Bundespräsidenten muss sich aus sich selber entwickeln, ohne dass ein solches Schutzgehege von besonderen Maßnahmen um ihn gelegt wird.«[301]

Wichtiger war ihm, dass der Bundespräsident im Fall von Regierungskrisen und eines Konfliktes zwischen Kanzler und Bundestagsmehrheit eine entscheidende Funktion bekam.[302] Eine solche erhielt er auch im Grundgesetz – aber in der gesamten Heuss'schen Amtszeit trat eine derartige Krise nicht ein. Später erinnerte Heuss daran, im Parlamentarischen Rat habe er als einziger seiner Fraktion Bedenken »gegen das sogenannte konstruktive Misstrauensvotum« angemeldet, das ursprünglich eine »Erfindung von Carlo Schmid« gewesen sei.[303] Diese GG-Regelung besagt, dass ein Bundeskanzler nur durch Wahl eines neuen Kanzlers gestürzt werden kann. Sie sollte eine kanzlerlose Zeit verhindern: Aber gerade ein solches Interregnum hätte den Bundespräsidenten zur alleinigen Staatsspitze werden lassen: für Heuss offenbar gar keine Horrorvorstellung!

MYSTERIUM ODER BANALITÄT? DIE GENESE DER ALLIANZ ADENAUER – HEUSS. Wie wir sahen, kam die Option für einen Bundespräsidenten Heuss anfangs von führenden Sozialdemokraten, natürlich in der Erwartung, dieser sei wie geschaffen zum Geburtshelfer einer Koalitionsregierung aus SPD und FDP; und wenn die SPD in den ersten Bundestagswahlen eine klare Mehrheit gegenüber der CDU und ihren Trabanten erzielt hätte, würde Heuss diese Rolle vermutlich gespielt haben. Innerhalb der FDP repräsentierte er den südwestdeutschen Linksliberalismus, die Gegenkraft zu den sich in den Landesverbänden des Nordens sammelnden Altnazis; und im Parlamentarischen Rat bildeten Heuss und Carlo Schmid ein durch poetische Höhenflüge einander verbundenes Duo. Noch am 20. Januar 1949 knurrte Adenauer vor seiner Fraktion, die FDP-Abgeordneten seien »absolut unzuverlässig«[304]; im Klartext: Man müsse jederzeit damit rechnen, dass sie mit der SPD anbändelten.

Es war Adenauer, der seine Partei gegen erhebliche Widerstände nach dem –

wenn auch hauchdünnen – Wahlsieg vom 14. August 1949 auf Heuss als Bundespräsidenten einschwor[305] und besorgte Kirchgänger, denen zu Ohren gekommen war, dass Heuss nicht kirchlich war, mit dem klassischen Ausspruch befriedigte: »Aber er hat eine fromme Frau; dat jenücht.«[306] Anscheinend kannte Adenauer schon damals Elly Heuss-Knapp nicht nur vom Hörensagen. Durch sie konnte er am ehesten die Zuversicht gewinnen, dass Heuss trotz seiner linksliberalen Herkunft und freundlicher Beziehungen zu manchen Sozialdemokraten einer Koalition mit der CDU deutlich mehr zuneigte als einer mit der SPD.[307] Aber wie gut kannten sich Heuss und Adenauer zu jener Zeit durch direkten Kontakt? Für Hans Peter Mensing, den langjährigen Leiter des Rhöndorfer Adenauer-Archivs, ist es ein merkwürdiges Phänomen, dass Adenauer und Heuss einander in früherer Zeit schon wiederholt begegnet sein müssen, ohne sich jedoch wahrzunehmen.[308]

Heuss glaubt sich 1955 daran zu erinnern, dass Adenauer vor 1933 als Präsident des Preußischen Staatsrates in seine »Vorlesungen über die innerdeutsche Geschichte nach 1918 geraten« sei[309] – aber das war es dann auch; einen nachhaltigen Eindruck scheinen die beiden aufeinander nicht gemacht zu haben. Dabei war Adenauer Vorsitzender im Ehrenvorstand des Deutschen Werkbundes gewesen und hatte zu dessen Förderern gehört[310]; Ernst Jäckh war mit ihm schon zu jener Zeit gut bekannt, was Heuss wusste[311]: umso merkwürdiger, dass er sich damals für Adenauer nicht interessierte. Natürlich renommierte der geltungsbedürftige Jäckh nach 1945 gehörig mit seinen Kontakten zu Adenauer wie zu Heuss[312]; ihm ist es durchaus zuzutrauen, dass er nach 1945 einen informellen Kontakt zwischen beiden herstellte – in dem Fall wäre er in der Tat bis zum Schluss Heuss' Schicksalsmann gewesen.

Durch die gemeinsame Arbeit im Parlamentarischen Rat scheinen Adenauer und Heuss sich nur wenig nähergekommen zu sein: Adenauer war zwar Vorsitzender des Rates, hielt sich als solcher jedoch aus der mühsamen Detailarbeit heraus und trieb dafür zu Heuss' Ärger wiederholt im Hintergrund Machtspiele mit den Alliierten[313], die – mögen sie auch politisch überlegt gewesen sein – dem Rat zu schaffen machten. Im April 1959, als Heuss darüber grollte, wie Adenauer mit dem Amt des Bundespräsidenten umsprang, schrieb er an Toni Stolper, im Grundgesetz stamme von Adenauer »kein Komma«, wogegen Carlo Schmid als »brillanter Leiter des ›Hauptausschusses‹« die »tragende Figur« gewesen sei.[314] So muss es Heuss damals in der Tat erlebt haben; Schmid trug den Titel »Vater des Grundgesetzes« noch am ehesten zu Recht[315].

Gegenüber Paul Weymar setzt Heuss den Akzent ganz anders: Immer, wenn man im Rat irgendwo nicht weiterkam, habe Adenauer »formlose interfraktionelle Besprechungen« einberufen, die »zumeist entscheidend« gewesen seien:

»Denn hier setzte Adenauers großartiges Talent ein, das in den Kontroversen der juristischen – und der weltanschaulichen – Spezialisten Verwirrte und Verwinkelte zu vereinfachen …«[316] Dort könnte sich zwischen Adenauer und Heuss am ehesten ein Vertrauensverhältnis entwickelt haben. Wie dem auch sei, der Heuss-Verehrer Theodor Eschenburg ist überzeugt, dass Adenauer an Heuss, als er ihn bei der CDU als Kandidaten durchsetzte, nur das einzige interessiert habe: dass ein Bundespräsident Heuss ihn als Kanzler vorschlagen würde – alles andere, ob Heuss'sche Bildung oder Heuss'scher Humor – habe ihn »nicht interessiert«.[317] Und darüber war er sich im September 1949 sicher, während sich die SPD darüber empörte, wie Adenauer die Kanzler- und Koalitions- mit der Bundespräsidentenfrage verband. Selbst Carlo Schmid sprach geradezu von »Verfassungsbruch«![318]

Am 12. September 1949 brauchte es dennoch einen zweiten Wahlgang, bis sich auf Heuss eine absolute Mehrheit vereinte: immerhin eine Mehrheit von 14 Stimmen im Unterschied zu der einen, mit der Adenauer drei Tage darauf zum Kanzler gewählt wurde. Heuss' Wahlsieg wurde dadurch entschieden, dass Kurt Schumacher wenige Stunden vor der Wahl seine Kandidatur verkündete[319]: Das war selbst in den Augen der meisten SPD-Abgeordneten eine »Schnapsidee«[320], die die Wahl zuungunsten der SPD entschied. Wenn man Schumachers Vertrauter Annemarie Renger glauben darf, hat sie im Auftrag Schumachers CDU-Dissidenten davon abgehalten, im zweiten Wahlgang für Schumacher zu stimmen[321]: Der wollte anscheinend gar nicht Präsident werden, sondern nur verhindern, dass Carlo Schmid diese Stellung erlangte! Sehr im Gegensatz zu Schmid, der von der aggressiven Rhetorik Schumachers ebenso wenig hielt wie Heuss[322] und diesem Hetzton, den viele Leute nicht mehr hören wollten, die Schuld an der Wahlniederlage der SPD gab[323], war Schumacher ein Politiker, der polarisierte und zur Anwerbung von Stimmen aus dem bürgerlichen Lager denkbar ungeeignet war. Hätte die SPD Carlo Schmid als Gegenkandidaten aufgestellt, dessen Löwenhaupt der SPIEGEL-Titel vom 12. März 1949 als »Zum Herrschen geboren« präsentiert hatte[324], der eine große Koalition befürwortete und durch die Brillanz seiner Bildung und seinen Fronten überbrückenden Charme wie kein anderer Heuss-Qualitäten besaß, wäre die Wahl womöglich anders ausgegangen; denn bis dahin war Schmid der Öffentlichkeit weit mehr ein Begriff als Heuss.

EIN HAUCH VON CHARISMA: VON »WIE SOLL ICH DICH EMPFANGEN?« ZU »GROSSER GOTT, WIR LOBEN DICH« – UND ZUM »MUT ZUR LIEBE«. Was man aus der Rückschau leicht vergisst: Noch bei der ersten Bundestagswahl fiel Heuss in seinem heimischen Wahlkreis durch; es war der letzte seiner politischen Abstürze! Ludwig Erhard, der Spitzenkandidat der CDU in der Region, hatte sich nicht an

Heuss und die Hohen Kommissare in Godesberg, 13. September 1949.
Von links nach rechts: John McCloy (USA), André François-Poncet (Frankreich) und Sir Brian Robertson (Großbritannien)

die Zusage gehalten, der FDP Leihstimmen zuzuschanzen. Heuss, der jetzt höhere Perspektiven hatte, nahm den Reinfall auf die leichte Schulter: »Wie oft bin ich in meinem Leben durchgefallen, und ich glaube, davon weiter keinen Schaden gehabt zu haben.« Bereits am Montag vor der Wahl zum Bundespräsidenten bekam Heuss von dem sonst so spöttischen SPIEGEL erstaunliche Vorschusslorbeeren, die umso mehr überraschen, als man bis kurz davor in der deutschen Publizistik fast vergeblich nach Heuss-Charakteristiken sucht, schon gar nach solchen, die ihn als bedeutenden Mann darstellen. Das Hamburger Nachrichtenmagazin schildert Heuss als einen Mann von überlegener Bildung, unwiderstehlichem Humor und allzeit guter Laune, der kaum je aus der Fassung zu bringen ist: Da findet man zum ersten Mal jenen Heuss-Nimbus in Reinkultur, der in der Folge bemerkenswert rasch zum bundesdeutschen Gemeingut wurde – gewiss nicht zuletzt auch deshalb, weil ein Bedarf nach einem solchen Repräsentanten des neuen Staates bestand.

»Wie soll ich dich empfangen« und darunter: »Gutes Deutschland« lautete

Bundesratspräsident Karl Arnold stößt mit Theodor Heuss (links) beim Empfang anlässlich von dessen Wahl zum Bundespräsidenten an, Schloss Brühl am 13. September 1949

die Überschrift des SPIEGEL-Artikels, der detailliert von Heuss' Lebenslauf berichtete. »Wie soll ich Dich empfangen, und wie begegn' ich Dir?«: Den Anfang dieses Adventsliedes, so erfährt der SPIEGEL-Leser, pflegte Heuss »mit seinem tiefen Bass choralig« zu singen, wenn »Lotti« zu ihm kam: Charlotte Kämpffer, schon seit den 1920er Jahren Ellys und seine Privatsekretärin, die »wie eine Tochter im Hause« wohnt und bis zu Heuss' Lebensende immer wieder als Faktotum auftauchen wird – 1960 bezeichnet Heuss sie als seine »einzige Rettung« –, obwohl ihre Gestalt in der gesamten Heuss-Literatur seltsam nebulös bleibt. Heuss werde »ein Vertreter des guten Deutschland sein«, zitierte DER SPIEGEL am Schluss den Schweizer Sender Beromünster: Da erlangte das »Wie soll ich dich empfangen« am Ende doch etwas von messianischer Erwartung![325]

Wirkte das Charisma des neuen Bundespräsidenten, wie manchmal vermutet wurde, am meisten bei der älteren Generation, der er selber angehörte? Margret Boveri und Paul Scheffer, der frühere Chefredakteur des »Berliner Tageblatt«, sprechen damals in ihrem Briefwechsel von Heuss ironisch als dem »Großvater«, im Unterschied zum »Landesvater« Adenauer.[326] Aber Kinder mögen ihre Großväter oft lieber als ihre Väter, nämlich dann, wenn die Alten über den Alltagsquerelen stehen und die Dinge lockerer nehmen. Ebendies traf bei Heuss zu, und in ihm fand die nachwachsende Generation einen, der die überkommenen Fronten zwischen rechts und links, zwischen Nazis und Antinazis, zwischen Klerikalen und Antiklerikalen, zwischen Kriegsveteranen und Zivilisten sowie zwischen Anhängern der deutschen Einheit und der Westorientierung – alles Fronten, die für viele Jüngere an vitaler Bedeutung verloren – nicht mehr gar so wichtig nahm, zumal als sich mit dem nicht endenden Wirtschaftsboom eine heiter-erleichterte Stimmung des *»Wir sind noch einmal davongekommen«* verbreitete und gerade die Jungen ganz in der Gegenwart lebten. Erst eine noch jüngere Generation musste heranwachsen, um zu entdecken, dass auch unter der Ägide des geschichtsbewussten Heuss viel böses Vergangene, das zu denken gab, unter den Teppich gekehrt worden war.

»Es ist eine Gnade des Schicksals beim Einzelmenschen, dass er vergessen kann«, sagte Heuss in seiner Antrittsrede als Bundespräsident – er selbst, mit einem phänomenalen Gedächtnis begabt, verfügte zugleich über eine ausgeprägte Fähigkeit, unangenehme Erinnerungen fortzuschieben. Heute kann man kaum mehr nachvollziehen, welche schmerzlichen Erinnerungen auf vielen seiner damaligen Zuhörer lasteten. »Wie könnten wir als einzelne leben«, fuhr Heuss fort, »wenn all das, was uns an Leid, Enttäuschungen und Trauer begegnet ist, uns immer gegenwärtig sein würde! Und auch für die Völker ist es eine Gnade, vergessen zu können. Aber meine Sorge ist, dass manche Leute in Deutschland mit dieser Gnade Missbrauch treiben und zu rasch vergessen wollen.«[327]

Diese Sorge durchzieht als Leitmotiv die Berichte vieler Emigranten, die in jenen Jahren Deutschland bereisten. Aber auch Heuss ging als Bundespräsident mit der Erinnerung an das Grauen der NS-Zeit behutsam um. Wahrscheinlich können spätere Generationen, die von Erinnerungen und Schuldgefühlen unbelastet waren, kaum mehr nachvollziehen, in welchem Maße eine gewisse Fähigkeit zum Vergessen zu jener Zeit für viele eine vitale Notwendigkeit war. Heuss schloss seine Antrittsrede mit dem Bibelwort: »*Gerechtigkeit erhöhet ein Volk.*« Es war ebendies Wort, das Heuss am 15. März 1933 Dibelius als Losung für den Potsdamer Festgottesdienst mit Hitler und Hindenburg vorgeschlagen, Dibelius jedoch nicht gewählt hatte! Am 12. September 1949 hätte Heuss gut daran erinnern können, dass dieses Bibelwort im Frühjahr 1933 genau den Nerv der Zeit getroffen hätte – aber er verzichtet auf dieses Memento.

Er verzichtet auch auf Erörterungen darüber, was *Gerechtigkeit* 1949 konkret bedeuten könnte. Gewiss verstand er darunter vor allem Rechtsstaatlichkeit – eine Verankerung der sozialen Gerechtigkeit in den Grundrechten hatte er abgelehnt. Die Frage, welche Aufgaben sich daraus an Politik und Verfassung ergeben, ist heute akuter denn je. 1949 erschien sie diffus; denn in der Wahrnehmung vieler damaliger Zeitgenossen waren die alten sozialen Differenzen durch die Kluft zwischen den Kriegsopfern und den anderen, die Glück im Unglück gehabt hatten, verdeckt. Heuss selbst hatte auf dem liberalen Dreikönigstreffen 1946 bemerkt: »Der Bombenkrieg hat sich nicht um eine Sozialstatistik gekümmert, hat die Villa des Kommerzienrats wie die Arbeitersiedlung heimgesucht …«[328] Das war ein Argument gegen die alte Sozialrhetorik – aber ein trügerisches; in aller Regel hatten die Wirtschaftsführer den Krieg eben doch unvergleichlich viel besser überstanden als das Gros der kleinen Leute. In der Heuss'schen Präsidentenzeit galt jedoch die Einsicht als modern, das die Bundesrepublik sich in Richtung einer mehr oder weniger homogenen Mittelstandsgesellschaft entwickle und das alte Anklagepathos gegen soziale Ungerechtigkeit ein historisches Relikt sei.[329]

Trotz der »Entpathetisierung«, zu der sich Heuss bekannte, verfiel auch er in gewissen Momenten in ein Pathos, wenn auch in ein verhaltenes. Es fällt auf, wie er immer wieder die Schiller-Verse zitiert, wie eine Zauberformel im deutschen Unglück:

> Stürzte auch in Kriegesflammen
> Deutsches Kaiserreich zusammen,
> deutsche Größe bleibt bestehn.

Schon seinen Stuttgarter Vortrag über »Deutschlands Zukunft« am 17. Januar 1919 schließt er mit diesen Versen; mit ihnen beginnt er seinen Berliner Vortrag vom 18. März 1946, wieder mit dem Titel »Um Deutschlands Zukunft«, und bis zu der Schlussrede im Parlamentarischen Rat 1949 kehren diese Worte Schillers, wie Eberhard Pikart bemerkt, »in Schriften und Reden von Heuss ständig wieder«.[330] Sie scheinen ihm wie ein Sesam-öffne-dich in die große Geschichte gewesen zu sein. Denn jene »deutsche Größe«, die nach dem Ende des Alten Reiches bestehen blieb, war ja geistiger Art; und nur wenige andere deutsche Nachkriegspolitiker verkörperten diese Tradition so eindrucksvoll wie Heuss.

So gesehen zeichnete sich die zentrale Aufgabe, die sich einem Bundespräsidenten Heuss bot, hoch über dem profillosen »Paragraphengespinst« des Grundgesetzes, dem Heuss in seiner Antrittsrede einen kleinen Seitenhieb erteilte[331], in aller Deutlichkeit ab: in einer Zeit der staatlichen Teilung die kulturelle Einheit Deutschlands zu verkörpern; in dem anfangs recht armselig wirkenden westdeutschen Rumpfstaat ein Stück vom Glanz der alten Kultur lebendig zu halten; gegenüber dem Gros der Bevölkerung, die von Wiederaufbau und Wirtschaftsboom absorbiert war, die Welt des Geistes in Ansehen zu halten; geschichtslosen jüngeren Generationen eine wohldosierte Erinnerung beizubringen und nicht zuletzt auch gegenüber einem Bundeskanzler, dem die Devise nachgesagt wurde *»Je einfacher denken ist eine jute Jabe Jottes«*, ein geistiges Gegengewicht zu bilden.

Heuss' Bedauern, als Bundespräsident nicht mehr zum Bücherschreiben, ja kaum zum Bücherlesen zu kommen, war sicherlich echt und seine Dauerklage über »irrsinnige Überlastung« wohlbegründet, wenn man auch nur die Postausgänge eines einzigen Präsidententages durchsieht – und Heuss, laut Stapel ein »echter, ein geborener Briefschreiber«[332], hatte den Ehrgeiz, sehr viele der zahllosen Zuschriften persönlich zu beantworten, auch solche, die spätere Präsidenten keines Blickes gewürdigt haben würden. Und doch kann man kaum daran zweifeln, dass Heuss sein Präsidentenamt vom ersten Augenblick an genossen hat. Da sprechen die Fotos gegenüber seinen brieflichen Klagen eine eigene Sprache: auf diesen beginnt mit seiner Wahl zum Bundespräsidenten eine Zeit des Lächelns, während man bis dahin auf den Fotos fast vergeblich nach einem lächelnden Heuss sucht. Er wird selber empfunden haben, dass die Vielseitigkeit seiner Interessen und seiner »Kreise« und sein Widerwille gegen allzu feste Parteipositionen und Klüngel, bis dahin sein großes Handicap, sich nun mit einem Schlage in einen Trumpf verwandelten und immer mehr Publizisten darin wetteiferten, in diesem Präsidenten ein Glück für den neuen bundesdeutschen Staat zu entdecken.

Selbstbewusst legt er jetzt auch in seinen Weg nach Kriegsende einen selbstlosen, herausragenden Mut und höheren Sinn: »Irgendwie musste es so anfangen, dass ein paar Menschen keine Angst hatten«, schrieb er 1949 an Karl Holl, seinen kulturpolitischen Kollegen der ersten Nachkriegszeit[333]; und auf dem Bonner Marktplatz verkündete er nach seiner Wahl zum Bundespräsidenten: »Aber wenn nicht eine Handvoll Menschen im Jahre 1945 sich dazu gesammelt und geopfert hätte, dann wären wir aus diesem bösen Zusammenbruch überhaupt nicht zu uns gekommen.« Und wenn er nach seiner Antrittsrede im Bundestag noch eine Rede draußen auf dem Marktplatz hält, vergleicht er sich mit den deutschen Königen des Mittelalters, die nach der Wahl durch die Fürsten erst draußen durch die Akklamation »des Volkes« in ihrer Königswürde bestätigt wurden.[334]

An dieser Akklamation hat es auf dem Marktplatz der neuen Bundeshauptstadt nicht gefehlt; die Glocken läuteten, und mangels einer Nationalhymne ertönte der Gesang: »Großer Gott, wir loben Dich.«[335] Der neue Staat hatte ein Gesicht bekommen, in dem mehr und mehr Menschen gerne etwas von sich selbst wiedererkannten. Heuss, dem bis dahin kaum je eine besondere Ausstrahlung nachgesagt worden war, hatte einen moderaten Typ von Charisma erlangt, wie er von Max Weber nicht vorgesehen war: ein Charisma des gelassenen Humors, des Selbstbewusstseins im Understatement; eines, das an eine bestimmte historische Situation gebunden war. Diese Situation allerdings hatte durchaus eine Analogie zu der Lage der von den Assyrern bedrängten Israeliten, in der die Weberschen Prototypen von Charismatikern auftraten: Es war eine Situation grassierender Angst. Aber auch das zunehmende westdeutsche Wohlsein wusste sich in Heuss zu spiegeln.

Die erste und vielleicht sogar berühmteste der großen Reden, die der Bundespräsident hielt, war dem heikelsten Thema gewidmet: dem deutschen Verhältnis zu den Juden. Es war die Ansprache, die er am 7. Dezember 1949 in Wiesbaden vor der *Gesellschaft für christlich-jüdische Zusammenarbeit* hielt. Da war der Sprachkünstler Heuss auf der Höhe. Unendlich oft zitiert wurden die Worte, wo er zwar eine deutsche »Kollektivschuld« als »simple Vereinfachung«, ja als Pendant zur pauschalen Verteufelung der Juden durch die Nazis zurückwies, sich aber zu einer »Kollektivscham« gegenüber dem Holocaust bekannte.[336] Als Repräsentant ohne handfeste Kompetenz konnte Heuss es sich leisten, über die Beziehung zu den Juden zu reden, ohne das Thema »*Wiedergutmachung*« anzusprechen: Schon der Begriff war Heuss vermutlich kaum weniger peinlich als der Begriff »Entnazifizierung«, von dem noch viel peinlicheren Problem der Monetarisierung dieser Schuld ganz zu schweigen. Heuss, der viele Juden persönlich kannte und auch in der Politik – das war Stärke und Schwäche zugleich – am liebsten in persönlichen Beziehungen dachte, möchte jetzt überhaupt »die Juden« ebenso wie »die Deutschen« als Kollektive dethematisieren. »Wir dürfen nicht immer sagen: Er ist ein Franzose – also; er ist ein Engländer – also; er ist ein Deutscher – also; er ist ein Jude – also. Nein, so geht es nicht. Wir müssen im Verhältnis Mensch zu Mensch eine freie Bewertung des Menschentums zurückgewinnen.«[337] Und er schließt mit dem Aufruf: »Mut zur Liebe.« Liebe zu bestimmten Juden – als Menschen, nicht als Juden – statt einer Dauergeste der Entschuldigung, mit der man dem Gegenüber nur auf die Nerven fällt. Da wusste Heuss, wovon er sprach; diese geniale Intuition besaß einen Untergrund persönlicher Erfahrung. Auch in seiner Liebe zu Toni Stolper, der nach New York emigrierten deutschen Jüdin, die sich nicht als Jüdin fühlt, sollte der Bundespräsident mutiger werden.

6

Entkrampfung der Deutschen – Veralltäglichung des Heuss'schen Charismas

Zeittafel 1950–1963

1950 17. Januar: Heuss lehnt es ab, ein Vorwort zu den Lebenserinnerungen von Ernst Jäckh zu schreiben; zunehmende Entfremdung zwischen ihm und Jäckh. 31. Januar: Elly Heuss-Knapp gibt zusammen mit Antonie Nopitsch die Gründung des Deutschen Müttergenesungswerkes bekannt. 18. April: Bei einem Berlin-Besuch fordert Adenauer zum ersten Mal zum Singen der dritten Strophe des Deutschlandliedes auf – Heuss ist irritiert. Mai: Heuss entscheidet sich für den Text Rudolf Alexander Schröders als Grundlage für eine neue Nationalhymne. 7. Mai: »Der Weg der Technik: Oskar von Miller«, Ansprache im Deutschen Museum in München. Juli: Wilhelm Hausenstein, Heuss' Studienfreund, wird durch dessen Fürsprache zum deutschen Generalkonsul (ab 1953 Botschafter) in Paris ernannt; am 5. Mai hat Heuss den Protest gegen diese Ernennung von Willi Baumeister, dessen Werke in der NS-Zeit als »entartete Kunst« diskriminiert worden waren, zurückgewiesen. 11. September: Unter Heuss' Vorsitz findet die konstituierende Sitzung des Beirats des Münchener Instituts für Zeitgeschichte statt. 21. September: Heuss setzt sich bei dem amerikanischen Hochkommissar John J. McCloy für die Haftentlassung Ernst von Weizsäckers (1938–43 Staatssekretär im Auswärtigen Amt) ein; McCloy ordnet für den 13. Oktober dessen Entlassung an. 24. September: Heuss spricht auf einer großen Bergarbeiter-Kundgebung in Bochum; seine Rede wird durch Kommunisten gestört. 5. November bis 13. Dezember: Heuss setzt die Niederschrift seiner Jugenderinnerungen mit der Darstellung seiner Studentenzeit fort. Ende November: Alfred Döblin bei Heuss; Gespräch zur Frage des Verbotes »jugendgefährdender Schriften«. Dezember: Verlegung des Amtssitzes von der Viktorshöhe in Bad Godesberg in die Villa Hammerschmidt in Bonn, Koblenzer Str. 135. Dezember: Heuss sitzt Oskar Kokoschka Modell für ein Porträt. 31. Dezember In der Silvesteransprache Vorstellung der »Hymne an Deutschland«, nachdem bereits das ganze Jahr hindurch eine Fülle von Vorschlägen beim Präsidialamt eingegangen war

(schon am 8. Februar 1950 hatte die Volkskammer der DDR die von Johannes R. Becher und Hanns Eisler verfasste Hymne »Auferstanden aus Ruinen« zur Hymne der DDR erklärt)

1951 10. Februar: »Was ist Qualität?«: Ansprache vor dem Deutschen Werkbund in Stuttgart. 4. Mai: In den »Hessischen Nachrichten« (Kassel) erscheint ein Artikel von Gerd Zepter: »Der isolierte Bundespräsident«: die schärfste Kritik an Heuss' Amtsführung, die dessen Empörung erregt. Juni: Heuss erfährt verärgert, dass Adenauer eigenmächtig Sportfunktionären empfohlen hat, bei Sportveranstaltungen den dritten Vers des Deutschlandliedes zu singen. Juli: Armbruch im Urlaub in Oberbayern beim Übersteigen eines Zauns. 14. August: Gespräch mit Kurt Schumacher, der die Schröder-Hymne als »schwäbisch-protestantischen Nationalchoral« verspottet. September: Veröffentlichung des Essays über Bismarck als Einleitung zur Neuausgabe der »Gedanken und Erinnerungen«. 28. September: Festansprache zur Eröffnung des Bundesverfassungsgerichts in Karlruhe; in der Folge holt Heuss dort ein Gutachten ein zur Verfassungsgemäßheit eines am 12. Juli vom Bundestag beschlossenen Gesetzes zur Bundesfinanzverwaltung, gegen das der Bundesrat Einspruch erhoben hatte. Anfang November: Die Konferenz der Kultusminister lehnt es entgegen Heuss' Wunsch vorerst ab, die »Hymne an Deutschland« in den Schulen singen zu lassen. 9. Dezember: Durch Volksabstimmung entsteht durch Zusammenschluss das Land Baden-Württemberg.

1952 Januar: Das Bundeskabinett spricht sich dafür aus, die dritte Strophe des Deutschlandliedes zur Nationalhymne zu erklären. 7. Februar: Ansprache vor der Carl-Schurz-Gesellschaft in Bremen (veröffentlicht unter dem Titel: »Amerika wächst in sein Schicksal«). 25. April: Zum Tag des Baumes, der in Deutschland erstmals begangen wird, pflanzt Heuss zusammen mit Bundesinnenminister Robert Lehr, dem Vorsitzenden der *Schutzgemeinschaft Deutscher Wald*, im Bonner Hofgarten einen Ahornbaum. 25. April: Reinhold Maier wird durch eine FDP/SPD-Koalition Ministerpräsident von Baden-Württemberg. 29. April: Von Heuss selbst entworfener Brief Adenauers an ihn zur Erklärung der dritten Strophe des Deutschlandliedes zur Nationalhymne mit Verzicht auf die »Hymne an Deutschland« 10. Mai: Heuss hält in Lörrach eine Rede auf den »alemannischen« Dichter Johann Peter Hebel (»Homer aus dem Wiesental«). 31. Mai: Wiederbegründung des Ordens *Pour le mérite* (Friedensklasse). 10. Juni: Ersuch um ein Rechtsgutachten beim Bundesverfassungsgericht, ob die Verträge über die Europäische Verteidigungsgemeinschaft (EVG) verfassungsgemäß seien; vorausgegangen war bereits am 31. Januar eine entsprechende vorbeugende Normenkontrollklage von 144 SPD-Bundestagsabgeordneten. 19. Juli: Tod von Elly Heuss-Knapp. 10. August: Festrede zur Hundertjahrfeier des Germanischen Nationalmuseums in Nürnberg. 23. August: Trauerrede auf Kurt Schumacher. 25. November: Heuss übt heftige Kritik an der öffentlichen Schelte des Bundesverfassungsgerichts durch den Bundesjustizminister Dehler. 30. November: Rede zur Einweihung des Ehrenmals im ehemaligen KZ Bergen-Belsen. 9. Dezember: Rücknahme des Gutachtengesuchs zum EVG-Vertrag beim Bundesverfassungsgericht

1953 Wolfgang Koeppens Roman »Das Treibhaus« suggeriert ein abfälliges Bild von Heuss. Interne Auseinandersetzung zwischen Heuss und Margret Boveri über deren biographische Einleitung zur Heuss-Bibliographie. 12. Mai: Rede zum 150. Geburtstag Justus Liebigs in Darmstadt. 21. Juni: Rede vor dem Bundestag zum Aufstand des 17. Juni in der DDR. September: Veröffentlichung der Jugenderinnerungen »Vorspiele des Lebens«. 20. Oktober: Verabschiedung Thomas Dehlers aus dem Amt des Bundesjustizministers als Folge der Heuss'schen Weigerung, seine erneute Ernennung zu unterzeichnen

1954 31. Januar: Heuss' 70. Geburtstag; Veröffentlichung der Festschrift »Begegnungen mit Theodor Heuss«. 18. März: »Unterbewertung der geistigen Arbeit«: Ansprache im Rahmen einer Kundgebung der Deutschen Angestellten-Gewerkschaft in Bonn. 22. März: »Was bedeutet uns die Heimat?«: Ansprache auf der Tagung Deutscher Heimat-, Wander- und Naturschutzbünde. 11. Juni: Zusammen mit Adenauer und James B. Conant, Chemiker und seit 1953 Hoher Kommissar, nimmt Heuss an der Hauptversammlung der Max-Planck-Gesellschaft (MPG) in Wiesbaden teil. 4. Juli: Bei dem Sieg der bundesdeutschen Mannschaft im Endspiel um die Fußball-Weltmeisterschaft in Bern singen zahlreiche deutsche Zuschauer die *erste* Strophe des Deutschlandsliedes; dennoch am 18. Juli Begrüßung der Fußballspieler durch Heuss im Berliner Olympiastadion. 17. Juli: Wiederwahl zum Bundespräsidenten in Berlin; 12. September: Beginn der zweiten Amtszeit. 19. Juli: Ansprache »Vom Recht zum Widerstand – Dank und Bekenntnis« in Berlin zur zehnten Wiederkehr des 20. Juli 1944. Am Abend des 20. Juli verschwindet Otto John, der bisherige Leiter des Bundesamtes für Verfassungsschutz, der wegen seiner Beziehung zu Kreisen des 20. Juli von Heuss empfohlen war, und meldet sich drei Tage darauf über den DDR-Rundfunk mit Kritik an der Bundesregierung. Oktober: Rede auf dem DGB-Kongress, die aus Heuss' Sicht »Furore« macht. November/Dezember: Angriffe auf Heuss, weil er dem vorzeitig aus Spandau entlassenen Konstantin Freiherr von Neurath, der in Nürnberg als Hauptkriegsverbrecher zu 15 Jahren Haft verurteilt worden war, ein Glückwunschtelegramm sandte, worin er ihn als »Märtyrer« bezeichnete

1955 8. Mai: Auf der Stuttgarter Gedenkfeier zu Schillers 150. Geburtstag halten Heuss und Thomas Mann die Festreden; mit Heuss' Einverständnis spricht Mann ebenfalls in Weimar auf einer Schiller-Gedenkveranstaltung der DDR. Mai: Gemeinsamer Urlaub mit Toni Stolper; am 28. Mai Beginn einer fast täglichen intensiven Korrespondenz (»Tagebuchbriefe«). 11. Juni: »Die Stadt der Zukunft«, Rede in Frankfurt zum 50-jährigen Bestehen des Deutschen Städtetages. 22. Juni: »Stilfragen der Demokratie«: Rede in der Evangelischen Akademie Loccum auf Einladung von Landesbischof Lilje. 12. Juli: »Notiz zur Angelegenheit Schlüter«: Leonard Schlüter, damals Kultusminister von Niedersachsen, steht wegen rechtsradikaler Verbindungen im Kreuzfeuer; im August 1955 publiziert das *Committee on Science and Freedom* unter Mitarbeit von Toni Stolper eine Broschüre »Göttingen versus Schlüter«. 2. August: Zehnstündige Besprechung mit dem Historiker Hermann Heimpel und dem Journalisten-Schriftsteller Benno Reifenberg über eine erste Auswahl »großer Deutscher« für das vom Ullstein-Propyläenverlag geplante Sammelwerk. 1. Oktober: Erster Besuch bei Ernst Jünger in Wilflingen. 23. Oktober: Die Volksabstimmung an der Saar erbringt 67,7 Prozent Nein-Stimmen zum Saarstatut. 25. Oktober: Ablehnung des Saarstatuts durch die FDP-Fraktion; Dehler greift Adenauer mit derartiger Heftigkeit an, dass Heuss ihm später vorwirft, er sei in die »Tonart und Lautstärke Adolf Hitlers verfallen«. Weihnachten: Sturz mit monatelanger Gehbehinderung als Folge

1956 Von 1956 bis 1959 erscheint das fünfbändige Sammelwerk »Die großen Deutschen«. George F. Kennan, ein einflussreicher politischer Vordenker der USA, plädiert in sechs von der BBC ausgestrahlten Vorträgen (»Reith Lectures«) für ein Auseinanderrücken (»Disengagement«) der beiden großen Machtblöcke. 23. Februar: Die vier der FDP angehörenden Bundesminister erklären ihren Austritt aus der Partei. 9. Mai: Treffen in Aachen mit Churchill, der dort den Karlspreis überreicht bekommt. 14.–22. Mai: Staatsbesuch in Griechenland. 9. September: Rede in der Stadthalle Hannover zu einer Gedächtnisveranstaltung der Deutschen Landwirtschaftsgesellschaft für den Agraringenieur Max Eyth, wo Heuss seinen Eyth-Essay von 1943 (schon zum zweiten Mal) wieder verwenden kann. 12. September: Ansprache »Zur Kunst dieser Gegenwart« in Baden-Baden vor dem Kulturkreis des Bundesverbandes der Deutschen Industrie (BDI)

1957 Januar: Auf Manfred Klaiber, den ersten Chef des Bundespräsidialamtes, folgt Karl Theodor Bleek, wobei sich Heuss' persönlicher Referent Hans Bott übergangen fühlt. Januar: Besuch im Saarland nach dessen Beitritt zur Bundesrepublik. Februar/März: Erkrankung an einer Lungenentzündung, anschließend Kuraufenthalt in Badenweiler; auf den 12. Februar datiert Heuss das Ende seines Gefühls unverwüstlicher Gesundheit. 5.–13. Mai: Staatsbesuch in der Türkei. 4. Oktober: Start des sowjetischen Erdsatelliten »Sputnik« – in der damaligen Wahrnehmung der Weltöffentlichkeit Beginn einer neuen Ära. 24. Oktober: Auf einer Sitzung der Deutschen Forschungsgemeinschaft (DFG) bei einem Vortrag Carl Friedrich von Weizsäckers über Philosophie und Naturwissenschaften lernt Heuss den früher mit den Stolpers befreundeten Atomphysiker Leo Szilard kennen. 19.–28. November: Staatsbesuch in Italien und im Vatikan; am 20. November Kranzniederlegung an der Gedenkstätte der Fosse Ardeatine, wo im März 1944 als Vergeltung für ein Attentat auf deutsche Soldaten zehnmal so viele italienische Geiseln erschossen worden waren

1958 Anfang Januar: Abhandlung »Max Weber in seiner Gegenwart« für die Neuausgabe der politischen Schriften Max Webers; Heuss verschickt davon viele Sonderdrucke. 2. Januar: Adenauer kritisiert Heuss dafür, dass dieser in seiner Neujahrsbotschaft Sympathie für das »Disengagement«-Konzept von George F. Kennan bekundete. 8. April: Selbstmord von Hanna Heuss, der Schwiegertochter des Bundespräsidenten. 28. Mai–4. Juni: Staatsbesuch in Kanada. 4.–23. Juni: Staatsbesuch in den USA. 20.–22. Juli: Heuss zusammen mit Hans Bott und Toni Stolper auf der Brüsseler Weltausstellung, die unter dem Thema »Der Fortschritt und der Mensch« steht und deren bundesdeutscher Pavillon in der deutschen Öffentlichkeit eine Zeitlang auf spöttische Kritik stößt, da er dem Thema gemäß nur wenig mit neuer Technik auftrumpft. 28. September: Bei der Verleihung des Friedenspreises des Deutschen Buchhandels in der Frankfurter Paulskirche an Karl Jaspers lernt Heuss Hannah Arendt kennen. 20.–23. Oktober: Staatsbesuch in Großbritannien; anschließend Kontroverse in der deutschen Presse, ob Heuss dort brüskiert worden sei

1959 10. Januar: Abschluss der »Bemerkungen zur Bundespräsidentenfrage«: Ablehnung einer dritten Amtsperiode als Bundespräsident. 8. März: Huldigung an den Atomphysiker Otto Hahn zu dessen 80. Geburtstag. 12. März: Ansprache »Soldatentum in unserer Zeit« vor der Führungsakademie der Bundeswehr in Hamburg-Blankenese; anschließend Kontroverse mit Niemöller, den er dort ohne Namensnennung wegen seiner Angriffe auf die Wiederbewaffnung als Demagogen angreift. 9. April: Langer »zorniger« Brief Heuss' an Adenauer wegen dessen abwertender Bemerkung über Heuss' Amtsführung in Verbindung mit der Ankündigung der eigenen Kandidatur; es folgt eine Auseinandersetzung zwischen Heuss und Adenauer. 1. Juli: Heinrich Lübke zum neuen Bundespräsidenten gewählt. 12. September: Ende der zweiten Amtszeit

1960 Reisen im März nach Frankreich, im Mai nach Israel und im November nach Indien

1961 24. April: Die »Stuttgarter Zeitung« veröffentlicht Heuss' »Emigrantenrede« (»Das Problem der politischen Emigration«), die einiges Aufsehen erregt, da Heuss seine Sympathie für Willy Brandt zu erkennen gibt, der von CDU-Seite im Wahlkampf wegen seiner Emigranten-Vergangenheit verunglimpft wird

1962 Seit April leidend; dennoch Weiterarbeit an den »Erinnerungen«

1963 Veröffentlichung der »Erinnerungen 1905–1933«. 27. August: Amputation des linken Beines wegen Durchblutungsstörungen. 12. Dezember: Tod

6.1 Hymnenschöpfer oder »Hüter der Verfassung«? Ein fehlerfreundlicher Bundespräsident auf der Suche nach dem Präsidentenprofil

DIE GEFAHR PRÄSIDIALER LANGEWEILE INMITTEN VON HEKTIK UND: DIE PRÄSIDENTENMACHT ALS FUNKTION DER KANZLERNERVEN. Die Zeittafel erinnert daran, dass vieles, was die Erzählung in ein Nacheinander ordnet, in der Realität ein chronologisches Knäuel bildete. Heuss' Leben verläuft ab jetzt wie nie zuvor in einem unaufhörlichen Hin und Her, wenn auch vom Präsidentennimbus umleuchtet. Jetzt, wo Heuss täglich Hunderte von Briefen bekommt und über mehrere Sekretärinnen verfügt, sprengt seine Korrespondenz endgültig alle Grenzen. Über die Zahl der hinterlassenen Heuss-Briefe findet man bei Nachlassverwaltern Angaben von 40 000, 60 000, ja sogar 80 000. Und dazu unablässig Vorträge, Empfänge, Gespräche. Wenn man fragt, ob und wie Heuss seinem Präsidentenamt ein politisches Profil gab, darf man nicht vergessen, in welchem Maße er durch den präsidialen Alltag absorbiert wurde, so dass sich die große Sinnfrage gar nicht stellte.

In seiner Antrittsrede vom 12. September hatte Heuss bemerkt, das Präsidentenamt sei »bis jetzt ein Paragraphengespinst« gewesen, das »von dieser Stunde an« »mit einem Menschentum gefüllt« sei[1]; aber natürlich bekommt ein Amt nicht bereits dadurch Profil, dass es von einem lebendigen Menschen bekleidet wird. Liest man einen Heuss-Artikel vom Juni 1948, als bereits deutlich war, dass man einen mächtigen Bundespräsidenten auf jeden Fall vermeiden wollte, erkennt man die Sorge, dass das Paragraphengespinst zu einem Gespenst würde: »Aber es ist klar: Die Paragraphen füllen dies Amt nicht aus. Dass es zur politischen Kraft werde, setzt nicht bloß den Mann voraus, der mit gelassener Überlegenheit und auch mit zugreifendem Willen regiert, sondern auch die Umstände, die sein Hervortreten, sein Zu- und Eingreifen fordern. Sonst mag es geschehen, dass er zur bloßen Repräsentationsfigur wegsinkt, dass er sich schließlich – langweilt.«[2] »Die Umstände«: Genau das war der Punkt. Erst in Krisenzeiten, wenn der Kanzler den parlamentarischen Rückhalt verlor, wäre die Stunde für eine starke Präsidentenpersönlichkeit gekommen; was aber in Zeiten der Normalität? Immer nur repräsentieren, ohne kreativ zu sein, hätte nicht zu Heuss gepasst, den bei allzu gravitätischer Feierlichkeit Lausbubengelüste überkamen, mit denen er gegenüber Adenauers Pressechef Felix von Eckardt kokettierte.[3] Und drohte ein nominelles Staatsoberhaupt, das realiter nichts zu sagen hatte, sondern nur ein besserer Butler war, der die Honneurs machte, nicht zum Popanz zu werden, sofern es nicht das Erbcharisma eines Monarchen besaß? Wenn Heuss sich wieder in den Frack zwängen musste[4], stöhnte er gerne, er sei der »Staatssklave«!

Adenauer mit seiner Art, alles »janz einfach« auszudrücken, hatte am 1. September 1949 in der Bundestagsfraktion der CDU/CSU versichert, der künftige Bundespräsident könne »überhaupt keine Schwierigkeiten machen, wenn der Bundeskanzler genügend Nerven hat, ihm das unmöglich zu machen«[5]. Ein Ausspruch, wie geschaffen zum geflügelten Wort – und doch doppelbödiger, als es auf den ersten Blick wirkt. Denn Adenauer, der im Unterschied zu Heuss schlecht schlief, war sich seiner »Nerven« keineswegs sicher; »Sie wissen, dass hauptsächlich meine Nerven derjenige Teil meines Körpers ist, der mir Schwierigkeiten macht«, schrieb er 1951 seinem Internisten; neben Valium-Tabletten lag ein Nerven-Ratgeber auf seinem Nachttisch.[6] Heuss dagegen lebte im Selbstgefühl unerschütterlicher Nervenruhe. Was ihm nach verbreiteter Annahme fehlte, waren die »Ellenbogen«, nicht die Nerven. Darauf spielte er in seiner Antrittsrede vom 12. September an, um gleich hinzuzusetzen, er glaube, »von der Ellenbogenpolitik haben wir reichlich genug gehabt«[7].

Überdies gibt Adenauer implizit zu erkennen, dass ein Bundespräsident rein vom Wortlaut des Grundgesetzes her sehr wohl in die Politik hineinreden könne; und dies bekräftigte er ein Jahrzehnt darauf, als er sich vorübergehend mit dem Plan trug, selber für das Präsidentenamt zu kandidieren. Der Kanzler bestimmt die *Richtlinien* der Politik – damit ist jedoch noch nicht gesagt, wer alles bei der *konkreten* Politik mit ihren zahllosen Details und nicht zuletzt den Personalfragen mitzureden hat. Die Kompetenzen, die der Bundespräsident laut Grundgesetz besitzt, sind eng begrenzt; aber gerade deshalb, weil sie so diffus und die entsprechenden Artikel so wortkarg sind, so dass sich aus dem »Paragraphengespinst« überhaupt kein geschlossenes Bild ergibt, könnte man folgern, dass der Bundespräsident, um seine Funktion als Staatsoberhaupt wirksam auszufüllen, noch weitere Handlungsfreiheiten besitzt. Soll man das Gesetz etwa in der Weise verstehen, dass alles, was nicht ausdrücklich erlaubt wird, verboten ist? Nicht einmal den Spielraum der Kinder gegenüber ihren Eltern würde man so eng definieren.

Ein GG-Kommentar der 1950er Jahre spricht von dem »bewussten Schweigen des GG« über die Kompetenzen des Bundespräsidenten.[8] Dieses Schweigen kann als Mahnung zur Abstinenz verstanden werden, im Gedanken an den im Parlamentarischen Rat vorherrschenden Horror vor einem neuen Hindenburg; es lässt jedoch auch die Chance offen, im Zuge des Wandels der Zeiten neue Handlungsfelder aufzuschließen. Den meisten Diskussionsstoff liefert bis heute der erste Satz des GG-Artikels 82, die »nach den Vorschriften dieses Grundgesetzes zustande gekommenen Gesetze« würden vom Bundespräsidenten »ausgefertigt«. Der Streit dreht sich darum, ob der Präsident lediglich die »formale« oder auch die »materiale« Korrektheit der Gesetze zu prüfen habe: nur die ordnungsgemäße Beschluss-Prozedur oder auch den verfassungsgemäßen Charakter des Inhalts. Aber sind Gesetze, die in ihrer Substanz gegen das Grundgesetz verstoßen, »nach den Vorschriften dieses Grundgesetzes zustande gekommen«? Ein Bundespräsident, der die formale Korrektheit nur in einem ganz äußerlichen Sinne überprüfte, wäre nicht viel besser als ein Unterschriften-Automat. Für Heuss war der Unterschied zwischen formaler und materialer Korrektheit vermutlich nichts als juristische Spitzfindigkeit.[9] Er war kein Jurist, und nichts deutet darauf hin, dass er in der Überprüfung von Gesetzen den Kern seines Amtes erblickt hätte, obwohl ein ambitiöser Bundespräsident darauf durchaus eine kompakte Machtstellung hätte bauen können.

Am allerwichtigsten muss es für Heuss gewesen sein, dass er seine Reden frei nach Laune und nach Stichwortzetteln halten konnte, ohne dass er den Text vorher im Kanzleramt einzureichen brauchte. Das verstand sich nicht von selbst; da hätte Adenauer ihm mit einer extensiven Auslegung seiner Richtlinienkompetenz in die Quere kommen können. Aber so weit ging selbst dieser Kanzler nicht. Im August 1959, einen Monat vor Ablauf seiner Amtszeit, berichtete Heuss seiner Freundin in New York von einem Gespräch mit Adenauer:

> Ich sagte ihm, es sei nett, dass er nicht gemerkt habe, dass ich die zehn Jahre hindurch verfassungswidrig gehandelt habe, da ich keine meiner öffentlichen politischen Reden ihm oder einem Ressort zur »Gegenzeichnung« vorgelegt habe. Ja, darüber sei wohl gelegentlich gesprochen worden, aber das hätte man sich doch nicht getraut ...[10]

JUNGGESELLENWIRTSCHAFT MIT BOTT: BREMSVERSUCHE GEGENÜBER EINER BÜROKRATISIERUNG DES PRÄSIDIALAMTES. Zu einer routinemäßigen Überprüfung der Gesetzesflut hätte Heuss im Präsidialamt einen ganzen Stab von Experten gebraucht; aber ebendies, der Aufbau eines »Apparates«, war ihm zuwider. So gern er über Technikkritiker spottete und die Nützlichkeit der materiellen Apparate würdigte, im Falle des metaphorischen »Apparates« gab er der Kritik recht: Es sei eine »Gefahr«, dass »auch vom technisch-rationalen Denken her in das staatliche Denken etwas zu viel hereinfließe vom Apparatemäßigen des Verkonstruierten«.[11] Mangels eines entsprechenden »Apparates« musste er sich 1951 sogar bei seinem alten Freund Wilhelm Hausenstein, dem nunmehrigen deutschen Generalkonsul in Paris, entschuldigen, als dieser in der Kulturpolitik um seine Hilfe bat, »weil das Bundespräsidialamt personell von mir aus mit großem Bedacht klein gehalten wird, die einzelnen Mitarbeiter aber, wie ich selbst, bis an den

Rand der Kraft beansprucht sind«.[12] Wirklich »mit großem Bedacht«, oder vor allem deshalb, weil Heuss um sich herum am liebsten einen »Kreis« mit formloser, familiärer Atmosphäre hatte als einen bürokratischen Apparat? Dabei war sein Präsidialamt natürlich keine Einsiedelei; 1950 gab es sechs, 1959 neun Referate mit insgesamt 300 Personen[13]; aber deren Vorhandensein kann man über weite Strecken der Heuss'schen Korrespondenzen vergessen. Unter Heuss wirkte das Parkinson-Gesetz der fortschreitenden Expansion der Bürokratie nach dem ersten Schub offenbar nicht kontinuierlich.

Im März 1959, als in dem Hin und Her um die Präsidentennachfolge zwischen ihm und Adenauer eine zunehmende Spannung entsteht, schreibt er einen langen Brief an seinen alten Freund Wilhelm Heile, zu dem er noch immer in vertraulicher Beziehung steht, obwohl dieser 1947 von der FDP zur DP ging. Dieser hatte ihn um finanzielle Hilfe gebeten; und in diesem Fall wäre Heuss gerne großzügig gewesen, wenn er entsprechende Mittel gehabt hätte. Aber er habe, bekennt er ihm, in seiner Anfangszeit, als er noch »Bundespräsident in Ausbildung« gewesen sei, »ein paar entscheidende Fehler« begangen. Der schlimmste sei der gewesen: »Ich habe auf die in den alten Etats der Reichspräsidenten eingesetzten Gelder aus Dummheit verzichtet, so dass ich nur verhältnismäßig geringe Beiträge für soziale Hilfe, für Ehrenpatenschaften und Ehrensolde und derlei zur Verfügung hatte, die ich etwa ergänzte, indem ich die sogenannte Künstlerhilfe ins Leben rief.«[14]

Das war in der Tat eines seiner Lieblingsprojekte; ein soziales Mitgefühl meldete sich bei ihm am meisten dort, wo es um notleidende Künstler oder Schriftsteller ging, die keine starken Gewerkschaften besaßen. »Die Sorge um alte Künstler und Schriftsteller ist ja fast zu unserem täglichen Brot geworden«, schrieb Heuss 1958 an Emil Preetorius, den ihm seit 1950 bekannten Bühnenbildner und Präsidenten der Bayerischen Akademie der Schönen Künste.[15] Auf einer Bonner Kundgebung des Hauptvorstandes der Deutschen Angestellten-Gewerkschaft am 18. März 1954 hielt Heuss eine Ansprache mit dem Titel »Unterbewertung der geistigen Arbeit«. Im Grunde ging es ihm dabei wohl vor allem um freischaffende Künstler und Schriftsteller; aber indem er den Begriff der »geistigen Arbeit« weit fasst und auch die Büroangestellten dazurechnet, appelliert er an die Solidarität der Angestellten-Gewerkschaft.[16] Die Ära des Wiederaufbaus war ja die letzte große Zeit der Handarbeit; da fühlten sich viele Schreibtischarbeiter eine Zeitlang im Hintertreffen.

Ob es freilich bloße »Dummheit« war, wenn er auf die genannten Ressourcen verzichtete, mag man bezweifeln. Sobald es sich herumgesprochen hätte, dass das Präsidialamt über beträchtliche Sondermittel für soziale und karitative Zwecke verfügte, wäre Heuss ohne Zweifel noch viel mehr mit Bitt- und Bettelbriefen überschüttet worden, als dies ohnehin der Fall war; und nur mit einem größeren Apparat wäre er solchen Anforderungen gewachsen gewesen. Wo er Künstler unterstützte, tat er das in der Regel auf unauffällige Art.[17]

Anfang 1957 schrieb er an eine Fürstin zu Hohenlohe-Langenburg, die ihm mit Bitten für die Protektion eines Kinderdorfes und dabei mit einer »Kombination von damenhafter Geschwätzigkeit, Sprüchen und sozialpädagogischem Dilettantismus« (so Heuss an Toni Stolper) auf die Nerven fiel, so dass er sie, als sie ihn besuchte und bedrängte, am Ende von Bott »herausschmeißen« ließ[18]: »Ich lehne ja Ersuchen solcher Art für die verschiedensten Zwecke dauernd ab und beschränke mich in dem sozial-karitativen Raum auf die Wahrnehmung des Erbes meiner Frau, das Müttergenesungswerk.«[19] Und, kein Zweifel: Die Künstlerhilfe lag ihm mehr als dieses Elly-Erbe mit seinem Mutterschutz-Pathos, wo das Gerappel der Büchsen der zum Spendensammeln ausgesandten Schulkinder damalige Zeitgenossen an das ewige Spendenbüchsengeklapper des NS-Winterhilfswerkes erinnerte. Natürlich hielt er auch pflichtgemäß Ansprachen zum Müttergenesungswerk; aber keine davon zählte zu seinen »großen Reden«. In einem Brief an Toni Stolper 1957 rangieren die Verpflichtungen durch das Mütterwerk unter der Rubrik »Bedrängnis«.[20] In einem Brief an Adenauer 1960 setzt er das »Müttergenesungswerk« in Anführungszeichen.[21] Zum Thema Künstler fiel ihm mehr ein als zum Thema Mütter; und das war eines der nicht sehr vielen Themen, bei dem auch Heuss in ein soziales Pathos verfiel.

Obwohl im Präsidialamt, gerade weil es personell relativ klein war, unter Hochdruck gearbeitet wurde, wirkt es in den vielen nächtlichen Briefen, die Heuss an Toni Stolper schreibt, nicht selten wie ein reines Junggesellenidyll, das im Kern aus ihm selbst und seinem persönlichen Referenten Hans Bott besteht, der ihm als Verleger der »Hilfe« in der NS-Zeit ans Herz gewachsen war und bei allem Fleiß lässige Gemütlichkeit ausstrahlte. Streckenweise kann man fast vergessen, dass der Chef des Amtes bis 1957 Manfred Klaiber war, an dessen früherer NSDAP-Mitgliedschaft und diplomatischer Karriere in der NS-Zeit Heuss sich nicht störte; aber auch er hat an der familiären Atmosphäre und dem »Entheussen«[22] der Präsidentenreden teil.[23] Mit Bott unternimmt Heuss Wanderungen; nach Bedarf spielt Bott sogar den Kammerdiener und sorgt dafür, dass der in äußeren Dingen am liebsten nachlässige Heuss nicht ungekämmt und unrasiert ins Amt kommt; nun kommentiert Heuss gegenüber Toni Stolper jene Zeit, in der er mit »verstruwweltem Haar« herumlief: »bottlose Epoche.« Elly hatte den von ihr so genannten »Struwwelpeter-Komplex«[24] ihres Gatten wohl als Schicksal hingenommen; aber damals war er ja noch kein Präsident. Von Bott lässt Heuss sich vieles sagen; Ende 1955 schreibt er an Toni: »der gute Bott hat einen Stöhn-Brief geschrieben, was alles in der Silvesterrede fehlt – zumal die

Religion!«[25] Nur Heuss' hoher Weinkonsum wird von Bott nicht gebremst, zur Sorge anderer in der Präsidenten-Umgebung.

Einen Knacks bekommt das Idyll, als bei Klaibers Fortgang, der ab 1956 absehbar ist, Bott aufmuckt und endlich selber zum Staatssekretär avancieren will, das Finanzministerium sich jedoch querlegt, da Bott nicht die angemessenen Voraussetzungen mitbringe. Das Heuss-Bott-Duo kollidiert mit den Regeln der Ministerialbürokratie – und Heuss setzt sich nur mit begrenztem Nachdruck für den Freund ein, da er die Widerstände versteht und die Regeln akzeptiert; an Toni schreibt er: »es zeigt sich, dass Bott gar nicht *so* beliebt ist, wie er annimmt[26] – seine frère et cochon-Methoden der vertraulichen Behaglichkeit konzediert man dem ›persönlichen Referenten‹, aber nicht einem Ministerialdirektor.«[27] Und ein anderes Mal: »Aber gelegentlich übertreibt er dann seine Formlosigkeiten, kaspert auf eine Art, die selbst mir zu arg ist ...«[28] 1953 hatte Heuss es sich noch gefallen lassen, wenn Bott sich ihm gegenüber zum »Sprecher der deutschen Frauen für etwas mehr Schlankheit des Kopfes und des ›embon point‹« aufführte[29] – so verbreitet war offenbar das Bedauern weiblicher Fans über seine zunehmende Leibesfülle und sein »Mostgesicht« –; drei Jahre darauf konnte sich wohl nur Toni solche Ermahnungen leisten.

»Bott hat ein paar leicht hysterische Züge entwickelt«, lästert er später über diesen seinen Intimus.[30] Der ist ihm offenbar mit seiner Vertraulichkeit am Ende zu weit gegangen. Bott habe sich ihm »schier unentbehrlich gemacht«, schreibt Heuss der Toni; »was ich für Literaten und Künstler tun konnte und tun kann, ist ohne ihn gar nicht denkbar, denn Klaiber, formal gescheit und auch versiert, ist im Elementaren eine kalte Natur. Bott ist beliebt, für manche etwas zu burschikos – er darf mir nicht auf den Gedanken kommen, dass die praktische Abhängigkeit, in die ich geraten bin, (Steuern, Versicherungen, Bauplatz-Verhandlungen u.s.f., Geschenke, Glückwünsche) zu einer Machtstellung mir gegenüber geführt habe.«[31] Man erkennt: Nach fast sieben Jahren Präsidentenherrlichkeit ist Heuss machtbewusster geworden! Aber wohl noch etwas anderes kommt vermutlich hinzu: Die neue Intimität mit Toni scheint den Reiz der alten Männerintimität mit Bott für Heuss vermindert zu haben; mehr noch: Jetzt wird ihm Botts Vertraulichkeit peinlich.[32]

Natürlich wurde Heuss als Präsident oft mit Protektionswünschen angegangen; wie jedoch Bott einen solchen Bittsteller aufklärte, reagierte er »fast immer sauer, wenn man ihn um seine Patronage angeht«[33]. »Fast«: Wenn Heuss jemanden gut kannte und dessen Fähigkeiten beurteilen zu können glaubte, machte er schon einmal eine Ausnahme. Im Falle seines alten Studienfreundes Wilhelm Hausenstein, der den 22-jährigen Heuss im Mai 1906 in die Wunder von Paris eingeführt hatte[34] und jetzt auf seine Empfehlung deutscher Generalkonsul

Heuss im Garten (Anfang der 1950er Jahre): Obwohl die längste Zeit Journalist, war er nach eigenem Bekenntnis ein schlechter Zeitungsleser

ebendort wurde, hatte er den Richtigen getroffen, obwohl er ihn einst als hoffnungslosen »Neurastheniker«, also als Kontrapunkt zu sich selbst, erlebt hatte[35]; peinlich dagegen wurde seine Fürsprache für Otto John, zu dem er wegen dessen Beziehung zu den Bonhoeffers und den Kreisen des 20. Juli Vertrauen gewonnen hatte, der jedoch den größten Skandal der Ära Adenauer verursachte, als er sich ausgerechnet am zehnten Jahrestag des 20. Juli, als Heuss eine seiner berühmtesten Reden hielt, in die DDR absetzte (oder dorthin entführt wurde?) und vom Ost-Berliner Rundfunk aus die Bundesregierung attackierte. Aber obwohl Heuss so viele gute Bekannte hatte, war eine Patronage von seiner Seite die Ausnahme. Er war und blieb ein Mann der unverbindlichen Kreise, nicht der Klüngel und Korporationen.

»DAS MÖGLICHE AUS DEM AMT HERAUSHOLEN«: ABER WAS? Heuss besaß in auffallend geringem Maß den Politiker-Instinkt, sich eine Hausmacht[36] und einen »Apparat« aufzubauen. Ohne einen solchen Apparat war er jedoch gegenüber dem Kanzleramt und den großen Ministerien kaum konfliktfähig. »Sie wissen, dass das deutsche Grundgesetz die unmittelbare politische Wirksamkeit des Bundespräsidenten begrenzt«, schrieb Heuss Ende 1949 an einen ihm aus seiner Kultministerzeit bekannten Officer der amerikanischen Militärregierung in Stuttgart. »Aber ich mache den Versuch, aus dem Amt das herauszuholen, was es an Möglichkeiten bietet.«[37] Dabei gelangte er jedoch schon in den ersten Monaten seiner Amtszeit dahin, solche Aktionsrichtungen zu meiden, wo er mit Adenauers Revier zusammenstieß. Ganz zu Anfang äußerte er Adenauer gegenüber den Wunsch, an Kabinettssitzungen teilnehmen und sogar »Informationssitzungen« des Kabinetts leiten zu dürfen. Da stieß er jedoch beim Kanzler auf strikte Ablehnung nach der Logik: Was nicht im Grundgesetz steht, ist nicht zulässig. Er insistierte nicht weiter, empfand das jedoch später als Niederlage und kam Adenauer gegenüber 1959 wütend darauf zurück, als dieser bei seiner ange-

Bundespräsident Theodor Heuss überreicht dem Schriftsteller Carl Zuckmayer das Große Bundesverdienstkreuz mit Stern, Bonn, 8. November 1955

kündigten Kandidatur für das Präsidentenamt bemerkt hatte, »man könne aus diesem Amt ja noch etwas machen«.[38]

Eines der ganz wenigen handfesten Rechte, die sich Heuss als Bundespräsident verschaffte, war das Recht auf Ordensverleihung. Rückblickend erklärte er es zu einem Fehler, dass die Weimarer Republik die Orden abgeschafft hatte. Eigentlich passten Zeremonien solcher Art nicht zu Heuss; die bissige Margret Boveri, die zu Heuss' 70. Geburtstag einen biographischen Überblick verfasste, mochte sich an diesem Punkt die Bemerkung nicht verkneifen, da habe Heuss seinen Standpunkt gewandelt, habe er doch ehedem die vom Staat verliehenen Orden als »gutes und billiges Düngemittel für die so brauchbare spießige Loyalität« ins Lächerliche gezogen. Heuss insistierte jedoch so beharrlich auf der Streichung dieser Reminiszenz, dass die spöttische Freundin nachgeben musste.[39]

Aber selbst in dieses Recht redete Adenauer ihm hinein. Als Heuss Ende 1951 dem 76-jährigen hoch angesehenen SPD-Politiker Paul Löbe – ebendem, der seinerzeit als erster dem Namen Heuss für den Präsidentenposten ins Gespräch gebracht hatte – das Großkreuz des Bundesverdienstkreuzes überreichen wollte, reagierte Adenauer, der gegenüber Sozialdemokraten sehr engstirnig sein konnte, »äußerst ungehalten« und ließ sich allenfalls auf den Kompromiss ein, dass dann auch der Kardinal Faulhaber, sein treuer Gefolgsmann, die gleiche Auszeichnung bekommen müsse. Der wollte jedoch zunächst kein durch Kuhhandel erlangtes Kreuz haben und gab erst auf Drängen der CSU nach. Unter Insidern beförderten derartige Vorkommnisse nicht gerade das Prestige der von Heuss wieder eingeführten Orden.[40]

Am 4. Mai 1951 erlebte Heuss von den »Hessischen Nachrichten« eine Attacke, wie er sie bis dahin als Präsident noch nicht erlebt hatte: Der Bonner Korrespondent des Blattes, Gerd Zepter, behauptete unter der Schlagzeile »Der isolierte Bundespräsident«, Heuss habe zwar in seiner Antrittsrede versichert, »dass er seine geistige Kraft verlieren müsse, wenn er dem Volk nicht verbunden bleibe«; dagegen seine Amtsführung strafe diesen Vorsatz Lügen. »Aber mit noch so zahlreichen, wohlformulierten Reden ist nicht der Beweis erbracht, dass zwischen dem ersten Bürger des Staates und dem Volke jener Kontakt besteht, der nur durch gemeinsames Arbeiten an den gemeinsamen Problemen geschaffen werden kann.« Als konkrete Beispiele nannte er den drohenden Generalstreik um das Mitbestimmungsrecht, die Alarmrufe über die Lohn-Preis-Spirale und den Schuman-Plan zur Gründung der Montanunion.[41] Heuss' Antwort datiert schon vom darauffolgenden Tag: Der Vorwurf grenze an »Infamie« und sei eine »menschliche und sachliche Unverschämtheit«, zumal »die Sachdarstellung des Arbeitsbetriebs im Bundespräsidialamt eine Fehldarstellung nach der anderen enthält und weil der Verfasser von der menschlichen Atmosphäre im Bundespräsidialamt offenkundig keine Ahnung besitzt«. Und dann spielt er mit Witz sein historisches Hintergrundwissen aus: »Ich weiß, da ich mich im Journalismus auskenne, dass es ganz attraktiv sein kann, eine ›Camarilla‹-Legende zu produzieren, in deren Mitte eine an sich liebenswürdige, doch vermutlich verwaltungsunkundige und darum wider das eigene Wissen dirigierbare Figur steht – ganz nett zu schreiben und in einer bedauernden Mitleidsempfindung oder leichten Entrüstung zu lesen.«

Wenn man den wirklichen Betrieb im Präsidialamt kennt, kann man Heuss' Empörung gut nachvollziehen: Er hielt ja ganz im Gegensatz zu dem, was ihm von Zepter unterstellt wurde, seinen Apparat bewusst klein, schottete sich vermutlich weniger als die meisten anderen Staatsoberhäupter gegen die Außenwelt ab, war vielen, mitunter allzu vielen Impulsen zugänglich und beantwortete selbst absonderliche Briefe von Unbekannten, die anderswo in einen »Idiotenordner« gewandert wären. Es war in Wirklichkeit nicht ein Zuviel, sondern ein Zuwenig an Apparat, das ihn in Interventionen hemmte. Zepters Kritik steht denn auch vereinzelt da und zog keine Kreise; der Autor blieb im Heuss'schen Umfeld ein Nobody.

DER HYMNENSTREIT, ODER: EIN IRONIKER VERFÄLLT IN UNFREIWILLIGE KOMIK. In seinen ersten beiden Präsidentenjahren war Heuss ein Herzensanliegen zentral, bei dem ein bürokratischer Apparat nicht genützt hätte: die Einführung einer neuen Nationalhymne. Warum wollte er sich gerade hier als Neuerer hervortun? Und warum wählte er ausgerechnet die Hymne »Glaube, Liebe, Hoffnung« von Rudolf Alexander Schröder, die seinem Stil so gar nicht entsprach? Wie war es möglich, dass gerade er, der sich sonst so gerne über Komik und Krampf mokierte, nicht merkte, dass jetzt er selbst ein Beispiel für Krampf und unfreiwillige Komik bot? Und am Schluss das größte Rätsel: Wie ist es zu erklären, dass dieses höchst peinliche Debüt der Popularität des Bundespräsidenten nicht im mindesten schadete, wogegen die kritische Öffentlichkeit seinem Nachfolger nach einigen Jahren rein gar nichts mehr verzieh?

Am 24. August 1941, als Heuss für die »Frankfurter Zeitung« im Wochenrhythmus Gedenk-Essays schrieb – erschien dort von ihm zum 100-jährigen Jubiläum des Deutschlandliedes ein Artikel.[42] Der Schluss des Textes huldigt dem Langemarck-Mythos, ohne ihn auf historische Wahrheit zu hinterfragen:

> Die schlichte Wucht der Formung, das einfache Pathos der Sentenz, die knappe Ausdruckskraft sind Elemente des Volksbewusstseins geworden. Seinen letzten Symbolgehalt gewann das Lied an jenem dunklen Novembertag 1914, da der Heeresbericht meldet: Westlich Langemarck brachen junge Regimenter unter dem Gesange »Deutschland, Deutschland über alles« gegen die erste Linie der feindlichen Stellungen vor und nahmen sie.

Auch Hitler schrieb in »Mein Kampf« wie aus eigenem Erleben (während aus authentischen Ohrenzeugenberichten hervorgeht, dass es in dem Höllenlärm der Geschütze ganz unmöglich war, Lieder zu hören):

> Aus der Ferne aber drangen die Klänge eines Liedes an unser Ohr und kamen immer näher und näher, sprangen über von Kompagnie zu Kompagnie, und da, als der Tod gerade geschäftig hineingriff in unsere Reihen, da erreichte das Lied auch uns, und wir gaben es nun wieder weiter: Deutschland, Deutschland über alles, über alles in der Welt.[43]

Hitler und der Heuss von 1941 verschweigen, dass es Reichspräsident Friedrich Ebert war, der das Deutschlandlied am 11. August 1922, am dritten Jahrestag der Inkraftsetzung der Weimarer Verfassung, zur Nationalhymne erhoben hatte.[44] Nun, viele deutsche Traditionsbestände waren von den Nationalsozialisten benutzt worden; in anderen Fällen pflegte Heuss sich als Bundespräsident nicht daran zu stören; warum verhielt er sich in diesem Fall anders? Und: War nicht gerade das Absingen der dritten Strophe, die mit »Einigkeit und Recht und Freiheit« begann und von Adenauer gegen Heuss'sches Grollen dann doch als

Nationalhymne durchgesetzt wurde, von den Nazis wohlweislich unterbunden worden?

Dagegen formulierte Heuss drei Standardargumente: (1) Immer wieder würden peinliche Situationen dadurch entstehen, dass die Ewiggestrigen auf Veranstaltungen die dritte mit der ersten Strophe übersingen würden, so dass ein »Krieg der stärkeren Stimmen« entstünde; (2) auch im besetzten Ausland sei im Zweiten Weltkrieg das Deutschlandlied so oft vor oder nach dem Horst-Wessel-Lied, der Parteihymne der NSDAP, gespielt worden, dass es in diesen Ländern auch weiterhin unliebsame Assoziationen hervorrufen würde; (3) mit einer neuen Nationalhymne müsse das Signal für einen Neuanfang gesetzt werden.

Sehr überzeugend war das alles nicht. Dass es albern und geographisch ignorant war, in der kleinen Bundesrepublik »Von der Maas bis an die Memel, von der Etsch bis an den Belt« zu singen und auf solche Art auch noch die Benelux-Nachbarn und Italien zu provozieren, mussten über kurz oder lang selbst die intelligenteren Ex-Nazis begreifen. Die Stimmung im Ausland vermochte Heuss zu jener Zeit nicht zu überblicken, und in anderen Fällen zeigte er mit Blick darauf keine übergroße Ängstlichkeit.

Fühlte Heuss sich dadurch herausgefordert, dass es Johannes R. Becher, zu dem er noch bis vor Ausbruch des Kalten Krieges eine vertrauliche Beziehung gehabt hatte, schon kurz nach der Gründung der DDR fertiggebracht hatte, sein »Auferstanden aus Ruinen«, von Hanns Eisler packend vertont, zur Hymne des neuen Oststaates zu erheben? Aber gerade dies war ein Gegenargument, mit dem Heuss sich immer wieder herumschlagen musste: Wenn jetzt auch die Bundesrepublik prompt ihre eigene Nationalhymne kreierte, und dies noch dazu mit betont christlichen Kernworten, unterstrich sie ihrerseits die deutsche Spaltung.

In diesem Sinne, nur schärfer, schrieben führende Jungdemokraten aus Nordrhein-Westfalen schon Ende 1950 an Heuss, kaum dass dessen Projekt einer neuen Nationalhymne publik geworden war.[45] Im März 1952 folgte der Landesvorstand der hessischen Jungdemokraten, holte sich von Heuss jedoch prompt eine schroffe und schulmeisterliche Abfuhr, die er noch dazu – bei solchen Adressaten höchst ungewöhnlich – von Bott unterzeichnen ließ, obwohl der Stil kaum Zweifel daran lässt, dass der Text von ihm selbst stammte.[46] Die höflichen FDP-Junioren fanden sich wie ungezogene Buben behandelt.

Die Groteske wird perfekt, wenn man sieht, dass in der gerade gegründeten Bundesrepublik, sobald Heuss' Hymnenpläne ruchbar wurden, ein allgemeiner poetischer Eifer ausbrach. Das war ein Thema, zu dem vielen etwas einfiel. Man gewinnt den Eindruck, dass sich in dieser allgemeinen Verseschmiederei nationale Emotionen neu auslebten, die in der ersten Nachkriegszeit gelähmt waren. Hunderte von Deutschen schickten Hymnen ein; was Heuss als sein Präsidenten-Vorrecht begriff, geriet unversehens zum Volkssport. Nicht nur im Präsidial-, sondern auch im Kanzleramt gingen »waschkörbeweise« die Vorschläge ein; noch das, was bis heute aufbewahrt wurde, füllt an die 40 Aktenordner.[47]

Heuss musste diesen Sängerwettstreit wie eine Karikatur auf sein eigenes Bemühen empfinden. Soweit zu erkennen, würdigte er keine einzige der Einsendungen einer ernsthaften Beachtung. An Schröders Text korrigierten jedoch nicht nur Heuss selbst, sondern auch Klaiber herum: Der Text, der der Öffentlichkeit zum Jahresende 1950 über den Rundfunk präsentiert wurde, entstammte streckenweise einem Teamwork im Präsidentenamt. Die erste Strophe lautete:

> Land des Glaubens, deutsches Land,
> Land der Väter und der Erben,
> uns im Leben und im Sterben
> Haus und Herberg, Trost und Pfand,
> sei den Toten zum Gedächtnis,
> den Lebend'gen zum Vermächtnis,
> freudig vor der Welt bekannt,
> Land des Glaubens, deutsches Land!

Es war eine Ontologisierung des Deutschen – als ob der Glaube ein Spezifikum deutschen Wesens sei! –, bei der sich Heuss eigentlich hätte schütteln müssen: So sollte man meinen. Der Schriftsteller Rolf Fechter, außenpolitischer Redakteur des »Rheinischen Merkur«, der Heuss schon am 4. Januar 1951 in einem langen, geradezu beschwörenden Brief von der Schröder-Hymne abzubringen suchte, appellierte denn auch nicht zuletzt an das Stilgefühl, auf das Heuss so stolz war – nicht zuletzt auch an seine Aversion gegen das Wagnerianertum und den NS-Jargon:

In seinem gesamten Leben dürfte Heuss nur selten eine Kritik erfahren haben, die in so peinlicher Weise traf. Kein Wunder, dass seine Erwiderung darauf für seine Verhältnisse ungewöhnlich hilflos war. Einen Rolf Fechter konnte er nicht wie einen dummen Jungen zurechtweisen. Vertraulich bekannte er dem Redakteur, dass »Land des Glaubens« von ihm selbst stammte; Schröder hatte »Land der Treue« gedichtet. Er, Heuss, habe mit Schröder über Treue und Glauben »bis zum Schluss ›gerungen‹«, da er im Glauben »eine typisch deutsche Geisteskraft sehe«, während er »die Treue als einen Sonderanspruch der deutschen Nation wahrlich nicht gegeben sehe, da ihre Geschichte schier von Anbeginn durch Treulosigkeiten wesenhafte Züge eingeprägt bekommen hat«[48]. Aber hat es nicht auch in der deutschen Geschichte Unglauben in Hülle und Fülle gegeben, und gewinnt nicht die Geschichte gerade auch durch manchen Unglauben ihren Reiz? Und wusste nicht gerade Heuss das ganz genau? Je tiefer man in den Hymnenstreit einsteigt, desto skurriler wird dieses Intermezzo.

Des Rätsels Lösung dürfte man hier wie bei der anderen großen Seltsamkeit in Heuss' Leben, seiner Streitbarkeit im Kampf gegen »Schmutz und Schund«, zu einem Teil bei Elly finden. Vor allem sie war es, die Rudolf Alexander Schröder verehrte; als sie zuletzt todkrank dalag, gehörte er zu den wenigen, die noch zu ihr Zutritt hatten; von ihm stammt der Titel des Erinnerungsbuches an Elly Heuss-Knapp: »Bürgerin zweier Welten«.[49]

Der Hymnenstreit fiel in ihre letzten Lebensjahre, als sich ihr Befinden immer hoffnungsloser verschlechterte; und Heuss, der sich sonst nicht viel mit Schuldkomplexen quälte, empfand hier doch eine eigene Mitverantwortung; denn es war nicht zu verkennen, dass sie an seinem Präsidentenamt, der von ihr erwarteten Rolle der *First Lady* zugrunde ging. »Meine Frau ist ganz krank davon geworden, was alles an Not an sie herangebracht wird, ohne dass eine politische, rechtliche und finanzielle Möglichkeit mit dem Amt verbunden ist, diesen Wünschen zu entsprechen«, schreibt Heuss schon kurz vor Weihnachten 1949 an eine Bittstellerin[50]; und Klagen dieser Art werden in seinen Briefen fortan zur Routine. Und dabei wurde sie, wie Heuss wiederholt bemerkte, als Präsidentengattin oft noch mehr mit Briefen überschüttet als er selbst; gewiss waren es in der großen Masse Bittschreiben, die an ihr karitatives Herz appellierten – es gab in dieser Nachkriegszeit noch unendlich viel Elend in Deutschland. Und weit weniger als ihr Gatte besaß sie die Fähigkeit, solche Hilfeschreie an sich abgleiten zu lassen. Während es Heuss im Präsidentenamt immer besser ging, konnte das Herz der Frau die dort auf sie eindringende Flut an Bitten und Anforderungen immer schlechter ertragen. Schon im Januar 1950 wurde sie, wie Heuss an Lotti Kämpffer schreibt, durch die »Last von täglich 100 oder 150 Briefen« »einfach niedergedrückt«, musste wie schon so oft zur Kur nach Badenweiler und dort »fast die ganze Zeit fest liegen«.[51] Die Schröder-Hymne war gleichsam das letzte Band zwischen den Eheleuten Heuss zu einer Zeit, als sich die beiden in ihrer realen Existenz immer weiter voneinander entfernten. So gesehen besitzt der »Hymnenstreit« bei aller Komik eine untergründige Tragik.

HEUSS, HESSE UND HEBEL, DER »HOMER AUS DEM WIESENTAL«: EINE VERHALTENE ROMANTIK. Und doch war Heuss' Kampf für die Schröder-Hymne mehr als eine bloße Geste gegenüber der kranken Elly: Er verrät, dass auch in ihm selbst ein geheimer Romantiker steckte, ein National- und Naturromantiker, wenn auch ein verhaltener, bei dem sich Erbauliches mit Ironischem mischt. Das offenbart sich in seiner Sprache deutlicher als in vielen inhaltlichen Aussagen. Man höre seine Huldigung an Hermann Hesse zu dessen 75. Geburtstag am 2. Juli 1952, als vor ihm Rudolf Alexander Schröder die Laudatio gehalten hatte, wo Heuss Hesses Emigration in die italienische Schweiz relativiert: »Durch die Träume von Montagnola rauscht dann und dann die Nagold, und die durchsich-

Theodor Heuss und seine Frau Elly Heuss-Knapp 1949 im Münchener Rathaus, 6. Oktober 1949

tige Helligkeit des Gartens im Tessin sehnt sich manchmal in den behütenden Schatten der dunklen Schwarzwaldtannen.«[52]

Ein Behagen in der Idylle schimmert in nicht wenigen Heuss-Texten durch; und man geht schwerlich fehl, wenn man nicht zuletzt da einen Grund seiner Popularität erkennt. Besonders hoch geschätzt wird unter Literaturhistorikern bis heute Heuss' Rede in Lörrach, dem nunmehrigen Wohnsitz seines Sohnes, über den »alemannischen« Dichter Johann Peter Hebel am 10. Mai 1952, nur wenige Monate nach der Entstehung des »Südweststaates«, gegen den es in Baden eine starke Gegenbewegung gegeben hatte, und daher für Heuss, den Württemberger, eine gute Gelegenheit zu charmanten Gesten gegenüber grollenden Badensern. Hebel, der aus der Ferne oft nur als badischer Mundartdichter wahrgenommen wurde, sei – so Heuss – »lebendig« geblieben, weil in dem »bewussten und begrenzten Provinzialismus der Gedichte ein *Weltgefühl* umfasst ist«. Und doch: Als es den »Homer aus dem Wiesental« beruflich in die »schnurgeraden Zeilen« der künstlich geschaffenen Residenzstadt Karlsruhe verschlug, habe er umso mehr jener poetischen Phantasie bedurft, wo »mit unbekümmerten Windungen der heimatliche Fluss, die ›Wiese‹, sprudelte, plätscherte, rauschte«. Wie ein »kräftiger Bergbach« seien Hebels »Alemannische Gedichte«. Diese »Wasser schwatzten und plauderten, sie redeten, erzählten, jubelten und sangen in einer Sprache, die damals in Karlsruhe kaum einer verstanden hat.«[53] Da spielt sich Heuss' eigene Erinnerung an das unbegradigte Bächlein seiner Kindheit, mit dem er sich umso lieber identifizierte, je mehr er in den Präsidentenfrack gezwängt wurde.

EIN VERSUCH ZUM EINKLANG MIT DER SPD SCHEITERT AN SCHUMACHERS SCHWABENSPOTT. Dem CDU-Ministerpräsidenten von Baden-Württemberg klagte Heuss 1954, er sei bei dem aus seinem »inneren seelischen Bedürfnis entstandenen Versuch, den Deutschen eine Nationalhymne zu geben, von den Parteien, zumal von Schumacher, desavouiert worden«.[54] Ganz zu Anfang stellte es sich sehr anders dar: Im März 1950 war es gerade ein *grand old man* der SPD, der damals 75-jährige Carl Severing, der Heuss kräftig darin bestärkte, eine neue Nationalhymne durchzusetzen, und ihm den irrigen Eindruck vermittelte, eine solche Initiative werde populär sein. Da brachte er das Argument, das Heuss fortan[55] ständig wiederholte, »dass bei den sogenannten feierlichen Anlässen in der Hitlerzeit das Deutschland-Lied in engster Verbindung mit dem banalen Sang eines gestrandeten Berliner Studenten verkoppelt worden ist, dass es entweder vor oder hinter diesem Gassenhauer Horst Wessels gesungen wurde«. Heuss versicherte ihm, das treffe sich mit seinen eigenen Überlegungen, die Frage habe ihn von Anfang an beschäftigt, es seien schon »viele, viele Dutzende von Vorschlägen eingegangen«, und er persönlich sei »von Anfang an entschlossen« gewesen, »*nicht* das Deutschlandlied vorzuschlagen«.

Damals bat er Severing noch, seine Ablehnung der alten Nationalhymne als vertraulich zu behandeln; zum Jahresende jedoch erklang über den Rundfunk die Schröder-Hymne, die bald den Spitznamen »Theos Nachtmusik« bekam. Noch 1951 bezog die SPD Stellung gegen das alte Deutschlandlied[56], und Heuss konnte glauben, mit seinem Engagement Sympathien bei der Sozialdemokratie zu gewinnen; und doch bekam die Schröder-Hymne den politisch schmerzhaftesten[57] Stoß gerade von einem Sozialdemokraten: von keinem anderen als Kurt Schumacher, der sie mit schneidender Ironie in einem Gespräch mit Heuss und mit Seitenhieb auf dessen Schwabenlob als »schwäbisch-protestantischen Nationalchoral« bezeichnete. »Er fand die Gesprächspointe so hübsch, dass er sie ein paar Tage später auch vor der Presse wiederholte«, berichtete Heuss mit Bitterkeit Anfang 1952 in einem Brief an Adenauer[58], wohl um dem Kanzler unter die Nase zu reiben, dass dieser sich mit seiner Distanz zur Schröder-Hymne mit seinem größten Gegner gemein mache; auf Schumacher zielt er mit seiner alten Standardstichelei gegen »Literaten«: dass diese sich keine Pointe verkneifen könnten.

Der Kanzler las das vermutlich mit Schmunzeln, hörte jedoch mit Sorge, dass auch Ernst Reuter, der Regierende Bürgermeister von West-Berlin und seit der Luftbrücke einer der populärsten SPD-Politiker, für das alte Deutschlandlied plädierte.[59] Dass die SPD am Ende von dem Hymnenstreit profitieren könnte, gab für Adenauer vermutlich den Ausschlag, zumal seine Popularität in seinem ersten Kanzlerjahr erst einmal in ein Tief gerutscht war[60]: Kaum jemand hätte damals vorhergesehen, dass seine Kanzlerschaft 14 Jahre dauern würde! Schon am 18. April 1950 hatte er zu Heuss' Verdruss bei einem Berlin-Besuch dazu aufgefordert, die dritte Strophe des Deutschlandliedes zu singen; Heuss gegenüber erklärte er, sonst hätte, wie ihm hinterbracht wurde, Ernst Reuter nach *seiner* Rede diese Strophe singen lassen; und diesen »nationalen Ruhm« wollte er der

SPD nicht lassen, die zu jener Zeit gegen die Adenauersche Westpolitik nationalistische Register zog.[61] Im Juni 1951 erteilte Adenauer, wieder von Heuss beanstandet[62], Sportfunktionären die gleiche Empfehlung. »Einigkeit und Recht und Freiheit«: Das war die in der Tat einfachste, beste und nächstliegende Lösung, in die sich auch Heuss am 2. Mai 1952 fügte, wenn auch grollend und unversöhnt.

Wie Heuss 1956 Dolf Sternberger unter dem Siegel des Vertrauens verriet[63], entwarf er selbst den Adenauer-Brief, dem er ohne gar zu großen Gesichtsverlust nachgeben konnte: einen Bittbrief, der in seinem Wortlaut eine Kompetenz des Bundespräsidenten in dieser Frage anerkannte.[64]

TROTZ KOEPPENS »TREIBHAUS«: DIE UNSCHLAGBARKEIT DER HEUSS'SCHEN POPULARITÄT. Bei alledem bleibt es ein Phänomen, wie wenig dieses Sich-Verrennen der Heuss'schen Popularität schadete. Man lachte zwar über »Theos Nachtmusik«; aber das Lachen war nicht hämisch. An Friedrich Sieburg schrieb Heuss im Februar 1951, ihm sei »natürlich völlig klar, dass ich mit dem Versuch bei vielen, vielen Menschen den sog. good will, den mir die letzten anderthalb Jahre zugeführt haben, riskiere«; »aber ohne Risiko ist das Leben ein sehr langweiliges Unternehmen«.[65] Wie sich jedoch herausstellte und Heuss wohl ahnte, war dann das Risiko gar nicht groß. All das deutet auf einen breiten Konsens darüber, dass man im Interesse des deutschen Ansehens in der Welt diesen Bundespräsidenten auf keinen Fall lächerlich machen durfte. Vermutlich empfanden auch viele, die am Deutschlandlied hingen, Sympathie für jene emotionalen Bedürfnisse, die sich im Heuss'schen Einsatz für die Schröder-Hymne verrieten.

Am 4. Juli 1954 nach dem »Wunder von Bern«, dem überraschenden Sieg der bundesdeutschen Mannschaft gegen die Ungarn im Endspiel um die Fußball-Weltmeisterschaft, schienen sich Heuss' Warnungen zu bestätigen, als viele deutsche Zuschauer nicht die dritte, sondern die erste Strophe des Deutschlandliedes sangen.[66] Eine Charlotte Buchholz schrieb Heuss, sie sei »kein hysterisches Frauenzimmer«; aber da seien ihr die Tränen die Wangen heruntergelaufen. Heuss reagierte darauf in einem Brief, den er von Bott unterzeichnen ließ, mit milder Ironie.[67] Zumindest in diesem Fall war »Deutschland, Deutschland über alles« kein größenwahnsinniger Anachronismus, sondern hatte einen ebenso aktuellen wie harmlosen Sinn. Und Heuss ließ es sich nicht nehmen, am 18. Juli im Berliner Olympiastadion die heimkehrenden Fußballhelden zu ehren. »Sie waren netter als die grässlichen Sportjournalisten«, schrieb er an Toni Stolper.[68] Bei den Sportreportern hielt sich der bellende Ton der NS-Redner am längsten.

1953 erschien Wolfgang Koeppens Roman »Das Treibhaus«, der den neuen Bonner Politikbetrieb in eine halb surreale Atmosphäre tauchte und ihm etwas Gespenstisches gab. Er schildert, wie der sozialistische Abgeordnete Keetenheuve im Leerlauf dieser Betriebsamkeit zunehmend resigniert und sich am

Ende in den Rhein stürzt. Das »Wagalaweia« der Rheintöchter Richard Wagners durchzieht den Roman von Anfang an. Auch Bott stöhnte in einem Brief an Elly Heuss-Knapp schon in der ersten Frühlingssonne von 1950 über den »Bonner Treibhauskessel«, der »auf Herz und Gemüt bedrückend einwirkt«. »Wenn dazu noch der unaufhaltsame Strom von Bettelbriefen kommt, kann man sich nur mit etwas Galgenhumor Luft machen.«[69]

Und doch erregte Koeppens Roman, der zum Kultbuch einer neuen kritischen Intelligenz wurde, die Empörung des Präsidialamtes, und zwar durch eine Passage, die 30 Jahre darauf sogar zum Aufhänger einer Heuss-Wanderausstellung (»Politik durch Kultur«) avancierte, wo man wohl froh war, zwischen all dem vielen Heuss-Lob, das längst langweilig geworden war, auch einmal etwas Bissiges zu finden. Die genannte Passage ist pure Phantasie, wird jedoch bis heute als authentisches Zeitzeugnis gehandelt. Da denkt sich Keetenheuve einen Präsidenten aus und dazu einen Präsidentenbutler, »Musäus mit Namen, und Musäus sah dem Präsidenten ähnlich. Er war so alt wie der Präsident, er sah so aus wie der Präsident, und er hielt sich für den Präsidenten.« Der Präsident als sein eigener Butler! »Er las zuviel Goethe«, stand »an rosenumrankter Brüstung« des Präsidialamtes, »schaute weit ins Land« und freute sich, dass »alles zu best stand, gedieh und lebte«. Aber dann überkam ihn Melancholie und ein Gefühl der Leere, er fühlte sich in seiner Residenz eingesperrt, »der gute Musäus, aber dann – der Posten war zu gut, und Küche und Keller waren zu wohl bestellt, Musäus aß ein Ripple, trank ein Fläschchen und nährte und beschwichtigte so sein seelisches Unbehagen.«[70] Der Katalog der Heuss-Wanderausstellung bringt eine etwas andere Version: »er trank ein Fläschchen, er musste es tun – aus Kummer, aus Schwermut, aus Traurigkeit und großer Herzbedrückung.« »Und man meldete dem Volk: Der Präsident ist alt, der Präsident schläft, der Präsident unterschreibt die Verträge, die der Kanzler ihm vorlegt.«[71]

Die Anspielung auf Heuss, genauer gesagt: auf ein verbreitetes Heuss-Image war nicht zu verkennen. Dass Heuss, 1949 noch gertenschlank, als Präsident rasch fülliger wurde, sah jeder; auch dass er gerne Wein trank, sprach sich herum, sosehr er auch darauf achtete, nicht beim Weintrinken fotografiert zu werden – nur die Zigarre gehörte zum Heuss-Image, deren »mythenbildenden Wert«, wie Margret Boveri glaubt, er wohl erkannt hatte[72]. In dem Namen »Musäus« steckt eine Anspielung auf die verunglückte Nationalhymne; und dazu passt auch die Melancholie dieses Butler-Präsidenten. Und doch war man im Präsidialamt über den Roman mit Grund empört: Wie schon im Fall des Journalisten Zepter spiegelte hier einer ein Insider-Wissen vor, der in Wahrheit keine Ahnung hatte. Denn der wirkliche Heuss war trotz hohen Weinkonsums bienenfleißig und bis in die Nacht hinein unermüdlich aktiv. Und nichts von Melancholie: Er war von einer geradezu unverwüstlichen Heiterkeit. Und auch nichts von Wagalaweia: Gerade gegen Wagner hegte Heuss von jung auf eine beharrliche Aversion. Doch die Öffentlichkeit ahnte ja nichts von seiner kolossalen Korrespondenz; was sie von Heuss mitbekam, passte zum Gutteil in ein vorgestanztes Klischee, das Heuss nicht ausstehen konnte: das Bild vom milden, gütigen, altersweisen Landesvater.

Eigentlich hatte Heuss genau dieses Image abwehren wollen, wenn er mit solcher Leidenschaft darauf insistierte, bei der Nationalhymne einen Bruch mit der Tradition zu vollziehen und sich auf etwas Neues einzulassen! Das Gleiche gilt für seine Kritik an der Restauration der studentischen Korporationen, auch das für ihn ein Ausdruck von »Verkrampfung«, da ihm »der akademische Tarif von Ehrenhaftigkeit eine völlig verjährte Angelegenheit zu sein schien«[73], wobei es ihn besonders verdross, wenn diese sich, da sie vom NS-Regime verboten worden waren, als NS-Verfolgte aufführten, obwohl Korporierte in Scharen der SA beigetreten waren und sich hatten gleichschalten lassen.[74] In einem Brief an Dolf Sternberger, der einst seinen Harmonismus bespöttelt hatte, setzt Heuss 1956 beides zueinander parallel: »Dass die Frage der Nationalhymne einer meiner Misserfolge geworden ist, ist mir ebenso klar wie meine vergebliche Bemühung, das Farben tragende Kappen-Studententum von der deutschen Entwicklung fernzuhalten.«[75] Die Klage, dass dies die beiden größten Enttäuschungen seiner Präsidentenzeit gewesen seien, kehrt immer wieder; Benno Reifenberg erinnert noch 1963 in seinem Nachruf auf Heuss in der F. A.Z daran.[76]

HÜTER DER VERFASSUNG, KANZLERMARIONETTE ODER ZAUDERNDER ZAUBERLEHRLING? HEUSS' GANG NACH KARLSRUHE UND ZURÜCK. Im gleichen Jahr 1952, als Heuss mit seiner Nationalhymne Schiffbruch erlitt, hätte er leicht noch durch ein anderes Hin und Her zur lächerlichen Figur werden können: dadurch, dass er am 10. Juni das Verfassungsgericht um ein Gutachten ersuchte, ob sich der anstehende Beitritt der Bundesrepublik zur Europäischen Verteidigungsgemeinschaft (EVG) mit dem Grundgesetz vertrage, und am 9. Dezember des gleichen Jahres dieses Ersuch wieder zurücknahm. Der Unterschied bestand nur darin, dass zum Hymnenstreit sehr vielen Deutschen etwas einfiel, während die Geschichte vom Heuss'schen »Gang nach Karlsruhe« mit nachfolgender Kehrtwende für Außenstehende etwas Verworrenes besaß: Zumal der juristische Laie konnte nur schwer durchschauen, was da gespielt wurde. *Eines* zumindest schien klar: Sowohl Heuss' Ersuch wie der darauf erfolgende Rückzieher geschahen auf Drängen des Kanzlers. Es war also eine im Grunde peinliche Episode, bei der Heuss als Marionette Adenauers wirkte, mochte er auch versichern, beim Hin wie beim Her aus eigener Überzeugung gehandelt zu haben.

Am 31. Januar 1952 fing es an: mit einer vorbeugenden Normenkontrollklage von 144 SPD-Bundestagsabgeordneten beim Bundesverfassungsgericht,

Bundespräsident Theodor Heuss (mit Zigarre) und Bundeskanzler Konrad Adenauer am Rande der Eröffnung des Bundesverfassungsgerichts in Karlsruhe, 28. September 1951

noch bevor der EVG-Vertrag in den Bundestag kam. Es ging um die Feststellung, ob die Wiederbewaffnung der Bundesrepublik mit der bestehenden Fassung des Grundgesetzes kompatibel sei oder ob es mit einer Zweidrittelmehrheit des Bundestages – und damit der Zustimmung auch der SPD – geändert werden müsse. Dehler hatte anfangs geglaubt, Höpker Aschoff, der Präsident des Bundesverfassungsgerichts, werde die Klage der SPD gar nicht erst zulassen; zu seiner bösen Überraschung erklärte der jedoch, dass er die Zulässigkeit »nicht ohne weiteres verneinen« würde. Der cholerische Dehler tobte darauf intern, er möchte »den ganzen Verfassungsgerichtshof eigenhändig in die Luft sprengen«. Ein erstaunlicher Wunschtraum eines Bundesjustizministers!

Offenbar begriff er erst jetzt, dass seinem Ministerium hier eine Gegenmacht erstanden war. Am Ende ging es in der Kontroverse gar nicht mehr primär um den EVG-Vertrag, sondern um die Unabhängigkeit des Bundesverfassungsgerichtes und um seine Kompetenz auch für Fragen, die tief in die Politik hineinragten. Dabei war gar nicht ausgemacht, ob der angeblich »rote« Senat wirklich so rot war und den EVG-Vertrag für verfassungswidrig erklären würde. Dennoch wurde Adenauer unruhig; auf seine Veranlassung bat das Kabinett den Bundespräsidenten, in Karlsruhe ein Gutachten anzufordern, ob die Westverträge mit dem Grundgesetz übereinstimmten. Der Paragraph 97 des Bundesverfassungsgerichtsgesetzes vom 12. März 1951 (der 1956 gestrichen wurde) gab nämlich dem Bundespräsidenten das Recht, ein solches Gutachten anzufordern: In diesem Punkt verfügte er über eine Kompetenz, die der Kanzler nicht besaß. Über ein solches Gutachten hätte nach damaliger Karlsruher Geschäftsverteilung der Zweite, also der (angeblich) »schwarze« Senat zu entscheiden gehabt. Heuss trat darauf tatsächlich den »Gang nach Karlsruhe« an, worauf der sozialdemokratische Kronjurist Adolf Arndt, der bei der Normenkontrollklage federführend war, explodierte: für ihn habe Theodor Heuss aufgehört, Bundespräsident zu sein.

Von nun an wird die Geschichte für den Außenstehenden heillos verworren; daraus erklärt sich, dass dieses heftigste politische Drama der Heuss'schen Präsidentenzeit, das um ihn herum einen Scherbenhaufen hinterließ, das Heuss-Image in der Öffentlichkeit nur wenig beeinflusst zu haben scheint. Selbst die SPD, die Heuss damals grollte, stimmte zwei Jahre darauf für seine Wiederwahl (vermutlich auch deshalb, weil sich erwiesen hatte, dass das Amt des Bundespräsidenten keine Machtposition war). Aus der Rückschau wirkt der ganze Streit wie viel Lärm um nichts: Der EVG-Vertrag fiel ohnehin in der französischen Nationalversammlung durch, und das Gerede über den »roten« und den »schwarzen« Senat erwies sich als leeres Gerücht. Der Karlsruher Eigenwille gegenüber Bonn trug jedoch, wie auch Adenauer besorgt registrierte[77], zur wachsenden Popularität des Verfassungsgerichts bei, nachdem die Auseinandersetzung noch aus der Sicht eines halben Jahrhunderts danach »zur größten Krise des Bundesverfassungsgerichts« zu werden drohte.[78]

Karlsruhe entschied am 8. Dezember 1952, dass das Gutachten vom Plenum zu fällen und für künftige Urteile beider Senate bindend sein sollte. Adenauers verdutzter Kommentar »Dat ham wa uns so nich vorjestellt« ist bis heute in Karlsruhe ein geflügeltes Wort: Da glaubte man in Bonn nämlich im Karlsruher Plenum eine Mehrheit der »roten« Richter ausrechnen zu können. Im Kabinett hob Adenauer wiederholt »sehr erregt hervor, dass man den Bundespräsidenten davor bewahren müsse, an einem Rechtsbruch teilzunehmen«[79] – einen solchen unterstellte er den Verfassungsrichtern! –, und entsandte augenblicklich zu Heuss eine Abordnung mit der dringenden Bitte, sein Gutachtenersuch wieder zurückzuziehen. Und dieser folgte prompt dem Drängen des Kanzlers, obwohl dieser Rückzieher einen Riss in sein Verhältnis zu Höpker Aschoff brachte.

Noch 1960 fällt Alfred Grosser, für den das Karlsruher Verfassungsgericht in der bundesdeutschen Verfassungsordnung »ohne Zweifel die originellste und interessanteste Instanz« darstellt, in seinem Standardwerk »Die Bonner Demokratie« unbeschadet seiner Sympathie für Heuss als Persönlichkeit das vernichtende Urteil, jener 10. Dezember 1952 habe die »entscheidende Probe« bedeutet, die Heuss »nicht bestand«, mehr noch: Jener Tag »dürfte das Ende jeder konkreten Tätigkeit des Bundespräsidenten als politischer Vermittler bezeichnen«.[80] Heuss selbst gab eine Begründung seines Rückziehers, die das Bulletin der Bundesregierung veröffentlichte. Er bemerkte, an »besorgten« Mahnungen an ihn habe es nicht gefehlt: »Halte Dich doch aus diesen Dingen draußen!« Diesem »Juristenkram«! Solche Mahnungen hat Heuss in der Tat beherzigt: In seiner Ansprache zur Amtseinführung von Höpker Aschoffs Nachfolger Josef Wintrich am 9. Juni 1954 erklärte er, fortan werde er nie wieder ein Gutachten aus Karlsruhe anfordern, da dort nun beschlossen sei, dass ein solches Gutachten ein künftiges Urteil präjudiziere.[81] Wir seien »aus dem Zustand der politischen Justiz herausgekommen«, aber nicht, um vom Regen in die Traufe, in eine »justizförmige Politik« zu geraten. Und er verwahrte sich gegen die Meinung, er habe sich von der Bundesregierung manipulieren lassen.

In der Tat war er mit dem Rückzieher wohl, um seine Lieblingsformel zu wählen, »mit sich selbst im Reinen«; denn es widersprach seinen Grundüberzeugungen, politische Fragen, die in den Streit der Meinungen gehörten, von Juristen apodiktisch durch Paragraphen entscheiden zu lassen. Wenn Heuss auf das Präsidentenrecht verzichtete, in Karlsruhe Gutachten einzuholen, und damit eines seiner wenigen zumindest potentiellen politischen Machtmittel aus der Hand gab, nahm er zugleich den Verfassungsrichtern eine Möglichkeit, die Politik vorweg zu determinieren: Auf solche Weise konnte er seinen Rückzieher sogar als politischen Gewinn verbuchen.[82] Auch aus heutiger Distanz betrachtet, hätte die Strategie, das Präsidentenamt über das Bundesverfassungsgericht zu profilieren, aller Wahrscheinlichkeit nach in Sackgassen geführt, indem sie politische Entscheidungen zu juristischen gemacht hätte. Heuss schloss mit dem Konsensappell: »Das Bundesverfassungsgericht ist ein ›Hüter der Verfassung‹ – der eine. Der Bundespräsident ist der andere. Sie müssen sich in den Staats- und Rechtsnotwendigkeiten zu begegnen verstehen.«[83]

HEUSS' PEINLICHSTE POLITISCHE BEZIEHUNGSKRISE: DER BRUCH MIT DEHLER. Während jedoch zwischen Höpker Aschoff und Heuss nur eine Entfremdung entstand, brach über der Frage der Karlsruher politischen Kompetenz zwischen dem Verfassungsrichter und Dehler eine förmliche Feindschaft aus. Hier prallten zwei Dickköpfe aufeinander. Dehler attackierte das Bundesverfassungsgericht mit einer Maßlosigkeit, die bei einem Justizminister geradezu selbstmörderisch wirkt[84]; und Höpker Aschoff schlug entsprechend zurück – Dehler klagte später über den »Hagel der vergifteten Pfeile«, die aus Karlsruhe auf ihn geschossen worden seien[85], während Höpker Aschoff ihm entgegenhielt, kein königlich-preußischer Justizminister des Jahres 1913 wäre mit einem kleinen Amtsrichter auf so unerhörte Art umgesprungen wie Dehler mit ihm.[86]

Von der Sache her zogen Heuss und Dehler damals an einem Strang; wütender noch als Heuss hielt Dehler den Karlsruher Bindungsbeschluss für eine unzulässige Eigenmächtigkeit der Richter[87], und er konnte sich dabei sogar auf ein Sondervotum des mit ihm befreundeten Karlsruher Richters Willi Geiger stützen, das eine Delikatesse von juristischem Scharfsinn darstellt.[88] Dehler steigerte sich bei dieser Auseinandersetzung jedoch in eine derartige Aggressivität hinein, dass er nicht nur aus Heuss' Sicht weit überzog. Er warf der SPD ein »teuflisches Spiel« vor, unterstellte den Karlsruher Richtern juristische Inkompetenz und mangelnden Rechtssinn[89], forderte von Heuss, nicht nur sein Gutachten zurückzuziehen, sondern darüber hinaus den Karlsruher Bindungsbeschluss zu attackieren, und erinnerte ihn dabei obendrein an seinen Präsidenteneid!

Diese Unterstellung eines Eidbruchs hat Heuss Dehler nie verziehen.[90] Spontan wollte er damals den Justizminister sogar mit solcher Schärfe zurechtweisen, dass diesem kaum eine andere Wahl als der Rücktritt geblieben wäre; in dieser Situation hat Adenauer Heuss zur Milderung bewegt[91]: Vertauschte Rollen! Paradoxerweise begann der Bruch zwischen Heuss und Dehler über einer Frage, bei der sie sich im Grundsatz eigentlich einig waren. Heuss, sonst ein Virtuose distanzierter Freundschaften, intervenierte am schroffsten gegen einen bisherigen Mitstreiter, der wie nur wenige andere Bonner Politiker darauf bedacht war, stets »mit sich selbst im Reinen« zu sein, dies jedoch zunehmend in einer exzentrischen Art, die Heuss wie eine Karikatur auf sein eigenes Ideal empfinden musste.

Hinzu kam eben zu jener Zeit eine fundamentale Sachdifferenz: indem Dehler, in seinem Wirtschaftsliberalismus mitunter geradezu fanatisch, gegenüber den Gewerkschaften einen Hetzton anschlug, den ein Brentano-Schüler wie Heuss nur als Gipfel von Ignoranz und Torheit betrachten konnte.[92] »Ihre Polemik wird ja schier ein Amoklaufen«, hielt er dem liberalen Streithahn entgegen.[93] Von da an verstärkte sich in ihm die Überzeugung, dass dieser Mann als Justizminister unhaltbar sei. Nie hat Heuss als Bundespräsident so rigoros in die Politik eingegriffen wie 1953 mit seiner Weigerung, Dehler erneut zum Justizminister zu berufen. In diesem Fall wusste er sich jedoch mit Adenauer einig, dem Dehler in seiner Schützenhilfe gegen Karlsruhe über das Ziel hinausgeschossen war und dessen eigenmächtige Unberechenbarkeit Adenauers Westpolitik zunehmend in die Quere kam. Heinrich von Brentano, damals Vorsitzender der CDU-Fraktion im Bundestag, bemerkte am 8. September 1953 in einer Kabinettssitzung, Dehler sei »eine Rakete, deren Abschußort und Zeit und Ziel immer unbekannt wäre«[94]. Als die CDU/CSU am Wahlsonntag des 6. September 1953, die Prognosen übertreffend, die absolute Mehrheit erlangt hatte, hätte Adenauer die FDP ohnehin nicht mehr nötig gebraucht.

Als Dehler dann noch im Frühjahr 1956 Walter Hallstein, den für seine Kühle bekannten Europapolitiker, öffentlich einen »Mann ohne Herz und Hoden« nannte und diesen Tritt unter die Gürtellinie noch in einer weiteren Rede wiederholte, war er für Heuss endgültig erledigt. Da verging Heuss sogar sein Lieblings-Seitenhieb, dass da mal wieder einer sei, der sich keine Pointe verkneifen könne: Das war keine Pointe mehr, sondern eine Pöbelei. Obwohl Heuss über Hallstein nicht viel besser dachte[95], teilte er dem FDP-Vorstand umgehend mit, dass Dehlers »Kaschemmenton« ihm einen weiteren Kontakt verbiete; am gleichen Tag entschied die Parteileitung, dass Dehler den Vorsitz abgeben müsse; sein Nachfolger wurde Reinhold Maier.[96] Toni Stolper gegenüber nannte Heuss damals Dehler einen »Dummkopf«[97] und »Esel«; und fast noch widerwärtiger war ihm, dass Dehler, wie berichtet wurde, im Freiburger Münster vor einer Versammlung gebetet hatte.[98] Er prophezeite: »Dehler wird die anständigen Leute aus der FDP verjagen und die Proleten halten oder sammeln«; das sei der »Bierbank-Exzess eines Kleinbürgers«.[99] Nur im Falle von Wilhelm Külz hatte Heuss eine politische Freundschaft derart mit einem Knall beendet.

In einem Brief an Friedrich Dessauer, einen Freund, den er mit Heuss gemeinsam hatte, titulierte Dehler im Juni 1960 den nunmehrigen Altbundespräsidenten als den »größten Snob dieses Jahrhunderts«.[100] Man kann sich lebhaft vorstellen: Aus Dehlers Sicht war Heuss einer, der immerzu vornehm tat, sich exquisit ausdrückte und Unliebsame mit subtiler Arroganz abqualifizierte, wogegen er, Dehler, aus seinem Herzen keine Mördergrube machte. Und doch hielt er am 31. Januar 1964, als Heuss 80 Jahre geworden wäre, auf den verstorbenen Ex-Freund eine der feinsten Gedenkreden, die je auf Heuss gehalten wurden, mit sensiblem Verständnis auch für solche Seiten, die ihn selbst von dem Verstorbenen getrennt hatten. Da verschmilzt er die Heuss- mit der Max-Weber-Tradition: Die Verehrung Webers hatte ihn mit Heuss schon früh verbunden. Heuss habe den Mitgliedern des Adenauer-Kabinetts – so Dehler – nahegelegt, Webers Vortrag »Politik als Beruf« »wenigstens einmal im Jahr zu lesen. Ich bin wohl der einzige geblieben.«[101] Da stilisiert er sich selbst zum besten Heuss-Schüler – und unausgesprochen zu einem noch besseren Weberianer, der im Unterschied zu Heuss auch die schroffen und explosiven Seiten Max Webers verkörperte!

Nachträglich muss es Heuss doch lebenslang gewurmt haben[102], wie er – immer auf Drängen Adenauers – zuerst Karlsruhe um ein Gutachten ersuchte und dann sein Ersuch wieder zurückzog, da er auf diese Weise in der Öffentlichkeit und auch gegenüber politischen Bekannten, an deren Achtung ihm lag, wie eine Marionette Adenauers wirkte: nicht nur gegenüber Höpker Aschoff, sondern mehr noch gegenüber Reinhold Maier, damals Präsident des Bundesrats, der gegen den Stil der Adenauerschen Westpolitik opponierte, und gegenüber führenden Sozialdemokraten. Schlimmer noch: auch gegenüber seinem eigenen Sohn![103] Am 28. März 1953 versicherte Heuss daher dem SPD-Vorsitzenden Ollenhauer, er werde die Ratifizierung des EVG-Vertrages nicht unterzeichnen, ehe das Bundesverfassungsgericht dessen Vereinbarkeit mit dem Grundgesetz erklärt habe. Wieder suchte Adenauer Heuss zu einem Rückzieher zu bewegen; aber dieses Mal blieb Heuss fest – endlich![104] Das politische Risiko war in diesem Fall ohnehin gering; denn sobald der EVG-Vertrag abgeschlossen war, konnte man auf die »normative Kraft des Faktischen« bauen; da wurde es unwahrscheinlich, dass Karlsruhe sich querlegen würde.

»WAS IST QUALITÄT?« DER SCHWER ZU FASSENDE »STIL« UND DAS ERLÖSENDE WORT »ENTKRAMPFUNG«. Alfred Grosser, der – wie zitiert – eines der härtesten Urteile über Heuss als Bundespräsidenten fällte, die es über ihn je gegeben hat, erkannte gleichwohl an, »unbestreitbar« habe dieser Präsident »weiterhin fühlbaren Einfluss auf die Stimmung – wenn man so sagen darf –, auf den politischen Stil der Bundesrepublik ausgeübt.« Atmosphäre, Stil: Das entsprach genau dem, worin auch Heuss seine Stärken sah. Konkret denkt Grosser vor allem an Heuss' »Abneigung gegen Pathos und Zeremoniell, seine Schlichtheit und demokratische Aufrichtigkeit«. »Seine Ansprachen und Reden, die er fast immer selbst verfasst, sind niemals banal und oft von hohem Mut getragen«, besonders wenn er die NS-Vergangenheit anspreche. Anders als bei Weizsäckers berühmter Berliner Rede von 1985 befanden sich zu Heuss' Zeiten ja noch zahllose Ex-Nazis in einflussreichen Positionen! Vieles von dem, was heute banal wirkt, war in den 1950er Jahren noch mutig und originell. Mit seiner »Schlichtheit« habe Heuss der »jungen Bundesrepublik« eine »zwanglose Würde« verschafft, »die zu ihren sympathischsten Eigenschaften« gehört.[105] Aber wie kann man diese Heuss'schen Qualitäten im Konkreten fassen?

Damit tat sich selbst Heuss auffallend schwer. Am 22. Juni 1955 hielt er in der Evangelischen Akademie in Loccum auf Einladung von Landesbischof Lilje, der Heuss gewiss für ein solches Thema geradezu prädestiniert glaubte, eine Rede über »Stilfragen der Demokratie«. Heuss liebte den Gedanken, dass der »Stil« einer Nation von tieferer Wirkung sei als die Verfassung.[106] Es hat jedoch seine Gründe, wenn Heuss Wert darauf legte, dass dieser von ihm wie üblich nach einem Stichwortzettel gehaltene Vortrag *nicht* veröffentlicht wurde[107]; denn bei der Lektüre dieses Textes fragt sich der Leser die längste Zeit: Wann kommt der Redner endlich zum Thema? Der größte Teil ist nämlich nichts als ein Sammelsurium aller Heuss'scher Gemeinplätze aus dem Parlamentarischen Rat mitsamt den dazugehörigen historischen Exkursen. »Diese historischen Bemerkungen werden Ihnen hoffentlich zeigen, worauf es mir ankommt, die rein begriffliche Betrachtung der Dinge etwas zu erweichen«[108] – das ist typisch Heuss; aber nicht selten wünschte man sich bei ihm eben doch ein schärferes Zupacken, um die Dinge auf den Begriff zu bringen! Denn an der Relevanz der Stilfrage war kein Zweifel; Heuss selbst weist treffend darauf hin, dass der besondere Charakter des Nazismus nicht in neuen Ideen bestand, sondern in einem neuartigen Stil.

»Die Aufgabe nach 1945 war nun dies, von solchem Stil wegzukommen, ohne ins Amorphe zu versinken«, fährt Heuss in Loccum fort; und dann unter allgemeiner Heiterkeit: »Jetzt wird's meine Meditation. Jetzt kommt nämlich das Jahr 1949 und ich werde Bundespräsident!« Und dann findet er wieder einmal in »Entkrampfung« das erlösende Wort: »Als ich damals nach meinem Programm als Bundespräsident gefragt wurde, habe ich bei einem Empfang gesagt: Mein ›Programm‹ ist in einem Wort zusammengefasst und das heißt ›Entkrampfung‹.« Und damit meinte er, die Deutschen nicht nur »aus der Verkrampfung der Hitlerzeit«, sondern auch aus »der furchtbaren Verkrampfung der Nachkriegszeit etwas herauszulösen«.[109] Mittlerweile scheinen ihm die »Verkrampfungen« nach 1945 noch ärger zu sein als der Krampf des NS-Stils: all die Ressentiments zwischen Altnazis und Antinazis, zwischen Kriegsopfern und Unversehrten, zwischen Emigranten und »Dringebliebenen«, zwischen Deutschen und Juden.

Heuss schließt in Loccum mit der Sorge, dass der Elan der Demokratie durch das »Vordringen des Hauptberuflichen, des Apparaturmäßigen« bedroht werde, das er – wie wir sahen – im Präsidialamt auf seine Art zu bremsen suchte. Wenn er jedoch verkündete: *»Die Demokratie lebt nur aus dem Ehrenamt«*[110], hätte ihm gerade auch der von ihm so verehrte Max Weber den Anachronismus vorgehalten: Das war politische Romantik, nostalgischer Rückblick auf die alte Zeit kommunaler Honoratiorenpolitik, die nicht gerade demokratisch war. Aber diese Hilflosigkeit erklärt sich aus der Zeit: Die Ära der Bürgerinitiativen und »neuen sozialen Bewegungen« war noch nicht gekommen. Als in Loccum nach Heuss' Vortrag der streitbare Erich Kuby die Wiederbewaffnung und den autoritären Regierungsstil Adenauers schärfstens attackierte, brach unter den Teilnehmern ein Sturm der Entrüstung los, und als erster verließ Heuss aus Protest den Saal[111]: Das war nicht sein Stil!

Auf vertrautem Boden bewegte Heuss sich besonders dort, wo er auf Werkbund-Traditionen zurückgreifen konnte; und dort bekamen Fragen des Stils am ehesten etwas ganz Handfestes. Kein Wunder, dass der Vortrag »Was ist Qualität?«, den Heuss am 10. Februar 1951 vor dem 1947 wieder gegründeten Deutschen Werkbund hielt, sich selber unter den Heuss-Reden durch ungewöhnliche Qualität und Dichte auszeichnet; selbst bei wiederholter Lektüre vermag man darin Neues zu entdecken. Schon am 22. Januar 1934 hatte Heuss vor dem gleichgeschalteten Berliner Werkbund einen Vortrag zu genau dem gleichen Thema gehalten. »Da kann ich alles unterbringen, was ich sagen will«, schrieb er damals an Elly: eine in der NS-Zeit hintergründige Aussage.[112] In der NS-Zeit diente das Qualitätsbewusstsein des Werkbundes als Waffe gegen einen Abklatsch von Historismus und Heimattümelei; 1951 dagegen bekam diese Tradition eine andersartige Aktualität: als Gegenstoß gegen die in der Not der Nachkriegszeit entstandene Tendenz der Industrie, billige Ramschproduktion als Erfolgsrezept schlechthin zu begreifen und mit der amerikanischen Massenproduktion zu wetteifern. »Wir sind selber den Zeiten noch zu nahe, da *alles* gekauft wurde, bloß weil es eben da war.«[113] In der Tat: Wäre die deutsche Industrie dort stehen geblieben, wäre es mit dem Wirtschaftsboom bald vorbei gewesen.

Auch in dem Hinweis auf die Bedeutung des Designs war Heuss seiner Zeit voraus, ebenso wie mit seinem Memento, über der Exportorientiertheit, die nach 1945 bei der westdeutschen Industrie alles Frühere weit in den Schatten stellte, nicht den heimischen Markt »verkümmern« zu lassen: »Denn dieser ist für die Kalkulation so wichtig wie für die Entwicklung einer eigentümlichen Formsicherheit.«[114] Und mit besonderem Nachdruck: »Dies eine soll gerade unsere Zeit begreifen: *das Gesetz der Armut, unter dem wir stehen, verträgt sich gut mit dem Gesetz der Anmut,* wenn menschliches Gefühl dahinter atmet.«[115] Das Wortspiel »Armut – Anmut« ist so hübsch, dass man am liebsten übersieht, dass der Wahrheitsgehalt dieser Aussage anfechtbar ist. In der Folgezeit fielen die Westdeutschen in der Wahrnehmung der Welt weder durch Armut noch durch Anmut auf.

Aber was ist nun Qualität? Ist sie gleichbedeutend mit Anmut? Aber das setzt als Erfolgsrezept eine Käuferschaft mit bestimmtem Geschmack voraus. Da kommt auch Heuss ganz realistisch auf das Problem zu sprechen, dass »unter den Käufern heute bei dem ungeheuren Umschichtungsprozess in der sozialen Lebensform und in den Herkünften eine irgendwie bestimmende, ja verpflichtende Schicht nicht mehr vorhanden« sei.[116] Die bundesdeutsche Gesellschaft wirkte in ihren Anfängen formlos, in ihrer Struktur wie in ihrer Kultur; die Qualitätsanforderungen, die sich aus der Nachfrage ergaben, waren noch undeutlich. Am Schluss wird Heuss sich dessen bewusst, dass er auf die im Titel gestellte Frage keine klare Antwort gegeben, sondern sie stattdessen »geschichtlich verhüllt« und »hin und her gedacht« hatte: Begonnen hatte er mit einem Rückblick auf ein Berliner Cafégespräch mit Naumann an einem Augustabend 1906, wie man zu »anständigen Gebrauchsgegenständen« komme – einer Erinnerung, bei der alte Naumannianer nur nostalgisch seufzen konnten. Und zu diesem »anständig« nimmt Heuss am Ende seine Zuflucht, wenn er schließt: »*Qualität ist das Anständige.*« Wieder einmal erkennt man: Während Heuss gegen Literaten stichelt, die sich keine Pointe verkneifen können, hat er selbst mit Pointen seine Probleme!

AUF VERMINTEM GELÄNDE, ABER »MIT SELBSTIRONIE UND BEGRENZTER BOSHEIT«: DER »GEHEIME BUNDESKULTUSMINISTER« UND DIE GRABENKÄMPFE UM DIE MODERNE IN DER KUNST. Wenn Heuss sich nach Chancen umsah, um seinem Präsidentenamt Substanz zu geben und der von ihm befürchteten Langeweile vorzubeugen, war es für ihn besonders verlockend, in das kulturpolitische Vakuum einzuspringen, das auf Bundesebene durch die Kulturhoheit der Länder bestand; und in der Tat unternahm er in dieser Richtung so manchen Vorstoß. Der Wiederaufbau bot den Architekten geradezu gigantische Aufgaben und brachte zugleich die Gefahr mit sich, dass den Kriegszerstörungen eine weitere Zerstörung der Städte durch kilometerlange Zeilen monotoner Neubauten folgte. Das wäre eigentlich, so könnte man meinen, eine glänzende Chance für einen Bundespräsidenten gewesen, der mit Kennertum über einen Poelzig geschrieben und über den Werkbund auch eine Reihe anderer Pioniere in Architektur und Design persönlich kennengelernt hatte.

Dem Kulturpolitiker Heuss stand als Schreckbild stets die NS-Reglementierung von Kunst und Architektur vor Augen, die sich am krassesten in der Ausstellung »Entartete Kunst« manifestierte. Aber dieser Horror wurde nach 1945 von neuen Kunstszenen auf eine Art instrumentalisiert, die einen Heuss nur verdrießen konnte. Nun suchten die Parteigänger der »abstrakten« Kunst die Akademien und Förderinstanzen zu erobern; sie pflegten ihre Widersacher als Traditionalisten herunterzuputzen und jede Kritik an ihnen selbst in die Nähe der Diffamierung der »entarteten Kunst« zu stellen. Auch durch den Hinweis auf den »sozialistischen Realismus« im Ostblock pflegte man eine Affinität der gegenständlichen Kunst zu totalitären Regimes zu suggerieren. Die »Architektur der freien Welt« des Berliner Hansaviertels, zu dem fortwährend ganze Busse voll Schulklassen hinfuhren, wurde dem »stalinistischen Zuckerbäckerstil« der Stalinallee entgegenstellt. Dabei war in Wahrheit auch die von den Nazis verfolgte »entartete Kunst« überwiegend gegenständlich gewesen – und auf der anderen Seite fehlte es auch unter den Protagonisten der neuen Moderne nicht an einstigen NS-Karrieristen.[117]

Für die stärkste Begabung unter den damaligen deutschen Malern hielt Heuss Oskar Kokoschka. Am 30. August 1947 veröffentlichte er in der »Rhein-Neckar-Zeitung« nach dem Besuch einer Zürcher Ausstellung einen Essay »Wiedersehen mit O.K.«[118]: Das war damals nur ein Wiedersehen seiner Bilder, und ein erfreutes: Hatte Heuss von dem einstigen Bürgerschreck Kokoschka noch eine »Exzentrik in der Formverkrampfung« in Erinnerung, wirkte er jetzt auf ihn wie ein innerlich gelöster Klassiker, der imstande ist, ganz einfach eine Blütendolde zu malen, »ganz ohne ›Pointe‹«. In der Folge kamen sich die beiden persönlich näher, fanden Gefallen aneinander und entdeckten sogar später im Mai 1956 in dem Bergnest Arachova über Delphi gemeinsam den harzigen Reiz des damals in Deutschland noch unbekannten Retsina.[119] Schon wenige Monate nach seiner Wahl zum Präsidenten saß Heuss für eine Kölner Kokoschka-Ausstellung dem Maler Modell für ein Porträt, und der SPIEGEL fand dieses Ereignis bedeutsam genug, um ihm einen ganzen Artikel zu widmen.[120] Das Nachrichtenmagazin unterließ nicht zu erwähnen, Kokoschka sei Hitlers »Kunstfeind Nr. 1« und »Entartetster unter den Entarteten« gewesen. Mit seinem Heuss-Porträt sei »ein Strich unter die Vergangenheit gezogen. Deutschland hatte sich zu Kokoschka und Kokoschka zu Deutschland bekannt.«

»O.K.« war für Heuss das beste Beispiel für seine Lieblingsthese, dass es einfältig sei, die Maler in Schubfächern wie »Impressionismus« und »Expressionismus« zu verstauen. Einst, in seiner provokativen Anfangszeit, war Kokoschka üblicherweise unter der Rubrik »Expressionismus« gelaufen; aber der gleiche Künstler, der die Öffentlichkeit 1910 mit der fratzenhaften Brutalität seiner Zeichnung »Mörder, Hoffnung der Frauen« schockiert hatte, malte 40 Jahre darauf ein Porträt des neuen Bundespräsidenten in einem sanft farbenflimmernden Impressionismus – nur dass Heuss in einem solchen Pinselstrich wieder einmal kein Profil bekam! Zu jener Zeit war, wie Heuss schreibt, »der verwegene ›Avantgardist‹ ein heftiger Verteidiger bestimmter Traditionswerte gegenüber den Propagandisten und Experimentatoren der sogenannten abstrakten Malerei« geworden.[121] Später musste Heuss erfahren, dass »zwei junge Schüler« Kokoschkas »sich das Leben genommen haben, weil sie inmitten der Favorisierung des ›Abstrakten‹ mit dem, was ihre Augen sahen und ihr Formgefühl nachbildete, keiner freundlichen Aufnahmewilligkeit mehr begegneten«[122]. Über Hausenstein und Kokoschka konnte Heuss mitunter den Eindruck gewinnen, dass die »Avantgardisten« der abstrakten Malerei gegen Andersdenkende ein Kesseltreiben veranstalteten. »Avantgardist« hat bei ihm stets einen spöttischen Klang; »dieses alberne Wort mit seinem Manöverton«[123], heißt es in seinem Kunst-Vortrag, von dem jetzt die Rede sein wird.

Die doppelbödige Modernität Poelzigs, die Wandlungsfähigkeit Kokoschkas: all diese speziellen Heuss-Hintergründe muss man kennen, um eine seiner Reden zu verstehen, deren Abfassung ihm ungewöhnliche Mühe bereitete – bei einem so riskanten Thema genügte kein bloßer Stichwortzettel! –, deren Druckfassung er jedoch in immer neuen Ausgaben verbreiten ließ: die Ansprache »Zur Kunst dieser Gegenwart«, die er am 12. September 1956 vor dem Kulturkreis des Bundesverbandes der Deutschen Industrie (BDI) in Baden-Baden hielt. Schon zu Beginn bemerkt er, man habe ihn gewarnt, »dass ich da in ein Wespennest greife«.[124] Aber dann kommt er in Fahrt und findet so rasch kein Ende mehr: »Die Kunst-Arbeit wächst mir über den Kopf«, heißt es zehn Tage darauf, derweil sich Adenauer um die Krise sorgt, die sich in Nahost zusammenbraut; »Nacht um Nacht« schreibe er daran, »mit Selbstironie« und »begrenzter Bosheit«. Für den Vortrag habe er schon viel zu lang geschrieben; er habe »halt so lang nicht mehr über derlei geschrieben und da hat sich offenkundig viel gestaut.«[125] Und so ist das Resultat ein mit kunsthistorischem Bildungsgut überfrachtetes Potpourri von einer Art, dass sich der heutige Leser über weite Strecken noch ratloser als bei vielen anderen Heuss-Reden fragt: Worauf will er eigentlich hinaus?

Immerhin war *eine* Botschaft an die versammelten Mäzene klar: ein Aufruf, die Pluralität der Stile in Kunst und Architektur zu schätzen und zu fördern und sich nicht von bestimmten Szenen ganz und gar vereinnahmen zu lassen. Schon mit dem Titel macht Heuss sich über all jene lustig, die eine bestimmte Kunstrichtung als »Kunst der Gegenwart« zum Maßstab machen wollen, als ob es *die* Gegenwart gäbe und jeder, der schon einige Lebenserfahrung hat, nicht bereits diverse Gegenwarten miterlebt hätte! Und das Gleiche gilt für die pathetisch beschworene »Moderne«: Da erinnert Heuss gerne daran, dass er in seiner Jugend bereits eine ganz andere »Moderne« erlebt hatte und »modern« ein Reklamebegriff von vorgestern ist. Vor allem jedoch ist seine Rede eine Auseinandersetzung mit dem im Jahr davor verstorbenen Willi Baumeister, dessen Buch »Das Unbekannte in der Kunst« Heuss gerade durchgeackert hat. Immer wieder kommt er auf ihn zurück, gewiss mit Respekt, aber doch mit unterschwelligem Ärger. Man wolle von ihm, Heuss, wissen, was er »von ›abstrakten‹ Bildern halte. Ich antworte ganz brutal: eine ›abstrakte‹ Malerei gibt es nicht.«[126] Abstrakt mögen Begriffe sein; Kunst ist stets konkret. Dann kommt er auf die Architektur zu sprechen; und da verschieben sich manche Akzente: Selbst in den Dombauhütten des Mittelalters »wurde nicht nur gebetet, sondern auch gerechnet«[127]; die Baukunst hängt eng mit Technik und Statik zusammen; insofern gibt es da einen Fortschritt, sogar einen Fortschritt zum Stahlbeton, über dessen Erfindung sich Heuss wohlinformiert zeigt[128], wogegen die bildende Kunst keinen Fortschritt kennt. Da steckt in Heuss noch immer ein Stück von dem alten Parteigänger der »Neuen Sachlichkeit«, für den die historisierenden Ornamente Klimbim sind und der am liebsten die Türmchen von der Villa Hammerschmidt heruntergeschossen hätte. Und nun trägt der Präsident, der im Mai auf Staatsbesuch in Griechenland war, das Seinige dazu bei, dass sich mit ihm immer mehr Anekdoten verknüpfen:

> Darf ich dazu eine ziemlich schockierende Anekdote erzählen? Als ich im Mai wieder einmal vor der strengen Anmut der Karyatiden stand, am Erechtheion der Akropolis, die den Architrav eines Nebentempels tragen, sagte ich zu unserem Athener Archäologen: »Das sind die verhängnisvollsten Frauenzimmer der Weltgeschichte.« Er lachte und verstand. Sie waren geradezu »humanisierte« Säulen, aber doch wohl Töchter eines verfluchten Geschlechtes, zur Wanderung durch die Jahrhunderte verdammt, wie der Ewige Jude, manchmal sich verbergend, dann wieder, in ihrem leichten Gewand frierend, an die Portale und Fensterstürze einer Mietskaserne in Berlin-Charlottenburg gebannt ... Der Funktionialismus hat sie erlöst und das ist unzweifelhaft ein lobenswertes Werk.

Aber dann ist auch »Funktionalismus« ein bloßes »Schlagwort«[129], ähnlich wie »Jugendstil«, »Materialechtheit«: Wieso gefällt sich Heuss darin, den vermeintlichen Orientierungswert von Signalbegriffen zu destruieren? Immerhin bekundet er Sympathie für den typischen »modernen« Kirchenbau der 1950er Jahre, wenn er ihn als Verwirklichung einer Vision Naumanns von 1899 erscheinen lässt, einem Blick auf die »Kirche der Zukunft«[130]: Doch überzeugt ihn der schmucklose Baustil »dieser Gegenwart« nicht insgesamt: »es bleibt etwas von unbefriedigender Langeweile in seiner Sparsamkeit, die meist Spärlichkeit ist.«[131] Und ihn schaudert bei dem Begriff »Wohnmaschine«[132], obwohl er sich über das damalige »Lieblingsgespräch der deutschen, zumal der deutschen Literaten« lustig machte, das bis in die Abitursthemen drang: »Fluch der Technik?« »Segen der Technik?«[133] Der Bosch-Biograph wusste, dass bei einem abstrakten Gerede über »die Technik« allzu leicht Schaumschlägerei herauskommt.[134]

Dagegen lobt Heuss den vor wenigen Wochen zum Sängerbundfest eingeweihten, in der Öffentlichkeit heftig umstrittenen Bau der Stuttgarter Liederhalle, eben weil er aus der Sicht der Puristen »nicht ›orthodox‹« sei: »Er bringt in den Innenräumen der Durchgangshallen zartfarbige Schmuckbänder, Mosaiken, die nur eben einen heiteren Ton mitschwingen lassen wollen ...«[135] Und dabei war gerade Stuttgart in der Zeit des Wiederaufbaus unter seinem Oberbürgermeister Arnulf Klett eine Hochburg rücksichtsloser »Modernisierung« mit dem Ziel der »autogerechten Stadt«.[136] Heute möchte man bedauern, dass es Heuss mit seinem unbefangenen Kennerblick nicht häufiger riskierte, sich in den Streit um die »Moderne« einzumischen! Wie er in seinen Erinnerungen schreibt, wurde er nach 1949 immer wieder von Städten um sein »Votum in dieser und jener Bausache gebeten«, und er habe sich, »zu mancherlei Verdruss, immer versagt«.[137]

MIT BLICK AUF DAS ATOMIUM: VERDROSSEN IN BRÜSSEL – HEUSS IN DER KONTROVERSE UM DEN DEUTSCHEN PAVILLON AUF DER WELTAUSSTELLUNG VON 1958. Auf ebenjenes Modethema der Zeit »Technik: Fluch oder Segen?«, über das Heuss sich gerne lustig machte, spielte das Thema der Brüsseler Weltausstellung von 1958 an: »Der Fortschritt und der Mensch«. Das Wahrzeichen der Ausstellung war das »Atomium«, das je nach Einstellung des Betrachters die Ambivalenz des technischen Fortschritts oder die euphorischen Hoffnungen auf das »friedliche Atom« verkörperte, die für jene Jahre typisch waren.[138] Für den deutschen Ausstellungsband schrieb Heuss ein »Wort zur Fragestellung«, das offenbar als so nichtssagend empfunden wurde, das es nicht einmal in dem nachfolgenden deutschen Berichtband über Kommentare zur Ausstellung einer Zitierung für würdig erachtet wurde[139] – welch ein Kontrast zu der immer wieder abgedruckten Rede »Zur Kunst dieser Gegenwart«! Dabei rühmte die Zeitschrift »Die Gegenwart« den deutschen Pavillon in Brüssel: es sei »der Geist des ›Deutschen Werkbundes‹, der sich hier verwirklicht hat«.[140]

Heuss hätte sich umso mehr herausgefordert fühlen können, als zur Frage der Gestaltung des deutschen Pavillons monatelang eine Pressekontroverse getobt hatte, die sich auch in langen Briefen an das Präsidialamt niederschlug. Während nämlich die Sowjetunion mit dem im Jahr davor in den Weltraum geschickten Sputnik auftrumpfte und den Besuchern des sowjetischen Pavillons das Piepen von Sputnik in den Ohren klang, gehörte die Bundesrepublik zu den wenigen Ländern, die sich korrekt an das Ausstellungsthema hielten und nicht mit Exponaten neuer Technik für sich Reklame machten, sondern Anstöße zum Nachdenken über den technischen Fortschritt gaben. Ein Wandbild zeigte Menschen, die absurd wirkende Maschinen bauen; daneben konnte man ein Wort von Carl Friedrich von Weizsäcker lesen: »Nicht alles darf der Mensch tun, was er kann.«

Aber damit waren die deutschen Ausstellungsmacher offenbar ihrer Zeit vorausgeeilt. Eine Welle von heimischer Pressekritik ergoss sich über den deutschen Pavillon; es hieß, die deutsche Selbstdarstellung sei »fade«, »schulmeisterlich« und »sterbenslangweilig«. Enttäuscht hätten russische Ausstellungsbesucher gefragt: »Wo sind deutsche Autos, Industrie, Technik?« Erst als die ausländische Presse über den deutschen Pavillon des Lobes voll war und sich die Klugheit dieser bundesdeutschen Dezenz gegenüber der Weltöffentlichkeit zeigte, schlug die Stimmung um, und es folgte eine Welle der Gegenkritik, in der die Kritiker als querulantische Banausen dastanden. Ein Kommentator lobte im Süddeutschen Rundfunk, die Bundesrepublik habe in Brüssel, »den Göttern sei Dank, nicht zu brüllen versucht mit der Stimme eines kastrierten Löwen«[141].

Umso merkwürdiger kann man gerade in diesem Fall Heuss' Schweigen finden. Hätte er, der Bosch-Biograph, der am 19. April 1951 die Internationale Automobilausstellung in Frankfurt mit einer »großen Rede«[142] eröffnet hatte und es zuließ, dass an Sieger in Autorennen sein Bild überreicht wurde, sich doch

Ferry Porsche (l.) im Gespräch mit Bundespräsident Theodor Heuss (M.) und Heinrich Nordhoff (r.), dem Generaldirektor des Volkswagenwerkes, auf der 34. Internationalen Automobilausstellung 1951 in Frankfurt

über etwas mehr qualitätsvolle deutsche Spitzentechnik gefreut? Dem Deutschen Arbeitsring für Lärmbekämpfung zeigte er 1954 die kalte Schulter: »Der Lärm auf der Straße hat mich nie sehr interessiert.«[143] Dabei verdienten die Klagen über wachsenden Lärm sogar aus der Sicht Erhards, wie dieser Heuss versicherte, »stärkste Beachtung«.[144] Aus der Bevölkerung wurde Heuss 1956 aufgefordert, er möge in seiner Silvesteransprache »eine Predigt über die Leben gefährdende negative Verkehrsdisziplin der Deutschen halten«[145]; es war eine Zeit, als die erschreckend gestiegene Zahl der Verkehrstoten die Öffentlichkeit schockierte – aber das war kein Thema für Heuss. Stattdessen übernahm er, der sich sonst über »Schirmherrschaften« lustig zu machen pflegte, die Schirmherrschaft über die Autorennen auf dem Nürburgring, wovor sein Nachfolger Lübke zurückscheute.[146] Ein nach neuartigen Profilierungsfeldern suchender Bundespräsident, der gerne den Erzieher seines Volkes spielte, hätte hier sein Terrain finden können: Aber für Heuss standen solche Initiativen vermutlich zu sehr in der alten Tradition der Nervenklagen, über die er sich am liebsten lustig machte, wogegen Adenauer im gleichen Jahr 1954 frotzelte: »Wenn ich nicht Vorsitzender der stärksten Partei innerhalb der Bundesrepublik wäre, würde ich eine Partei gründen gegen den Automobilismus, die noch stärker wäre.«[147]

Auf pauschale Technikkritik reagierte Heuss stets ironisch. Wenn man seine schwungvolle, von Wissen übersprudelnde Jubiläumsrede »Der Weg der Technik: Oskar von Miller« liest, die er am 7. Mai 1950 im Deutschen Museum auf dessen Gründervater hielt[148], erkennt man nur zu deutlich, dass ihm dieses bayerische Urviech von fröhlichem Technik-Optimisten, der kühne Projekte in Angriff nahm, ohne viel auf Warner zu hören, weitaus besser gefiel als alle die, die gegenüber dem technischen Fortschritt wachsende Skepsis bekundeten. Mit Vergnügen erinnert er an Millers ersten großen Coup: die Starkstromleitung vom Neckar-Wasserkraftwerk von Lauffen nach Frankfurt 1891, die Sensation der dortigen Internationalen Elektrotechnischen Ausstellung, die Siemens als Bastillensturm der Elektrotechnik feierte[149]. Damalige Besorgnisse der Reichspostverwaltung um die Umgebungssicherheit wurden fortan zur Anekdote, um die Angst und Beamtenintervention gegenüber hypothetischen Risiken neuer Technik lächerlich zu machen.[150] Auch die Heuss'sche Ironie folgt dieser Tradition.

Wie stets verband Heuss abstrakte Themen wie »die Technik« am liebsten mit lebendigen Menschen. Dabei war er mit zwei Technikphilosophen, denen zunehmend Bedenken kamen, seit langem gut bekannt: mit Friedrich Dessauer und mit Eugen Diesel; aber über deren Skepsis ging er hinweg.[151] In einer Rede von 1955 »Über die Bewertung der modernen Technik« zog er ironisch über das damalige Modethema »Dämonie der Technik« her, wobei er mit besonderem Genuss »gegen Heideggers Wortgespinste« stichelte.[152] Heidegger machte zu jener Zeit als Vordenker der Fortschrittskritik von sich reden; im gleichen Jahr 1955 hatte er, noch dazu unter dem Titel »Gelassenheit«, dem gesamten (vorheideggerschen) Denken der Neuzeit vorgeworfen, dass es die Natur »zu einer einzigen riesenhaften Tankstelle« denaturiere.[153] Heuss, der es Heidegger ähnlich wie Carl Schmitt nie vergaß, wie der sich 1933 unter Diffamierung von bis dahin befreundeten Kollegen den Nazis angebiedert hatte[154], hatte den Philosophen wohl nicht ohne Grund im Verdacht, dass er auf solche Art seinen Verrat an der humanistischen Tradition der Aufklärung zu legitimieren suchte.

EIN KUSS FÜR DEN KERNSPALTER: EINE MÄNNERLIEBE BESONDERER ART IN DER ÄRA DER ATOMEUPHORIE. Umso bemerkenswerter kann man es finden, dass Heuss sich nicht nur gegenüber der typischen Technikkritik der 1950er Jahre ironisch verhielt, sondern auch gänzlich unberührt blieb von dem typischen technokratischen Heilsmythos jener Zeit: der Phantasiegeschichte, wie das »friedliche Atom«, das zur Verständigung zwischen Ost und West und zum Wohlstand der gesamten Menschheit führt, die Welt vor dem drohenden Atomkrieg bewahrt.[155] Die »Kettenreaktion« begegnet in der Heuss-Korrespondenz nur als negative Metapher: Wenn Heuss bei einem Jubiläum zusagt, wird er gleich von zehn anderen Jubiläumseinladungen bedrängt.

Das verblüfft umso mehr, als Otto Hahn, der Entdecker der Kernspaltung, obenan unter jenen Prominenten stand, die Heuss auf seine Art »liebte«! Als er am 8. März 1959 zu Hahns 80. Geburtstag die Festrede hielt, erinnerte er sich, dass er 1950 Hahn »fast einen Kuss gegeben hätte«. Da habe ihm der Atomforscher, der offenbar wie Heuss Spaß an der Koketterie hatte, nämlich das Geständnis gemacht, dass er sich, wenn er in der Öffentlichkeit repräsentieren solle, immer »so unsicher« fühle. Heuss: »Wieso denn?« Darauf Hahn mit gespielter Kläglichkeit: »Ich bin ja nur Oberrealschüler!« Heuss 1959: Das sei der »schöne Augenblick« gewesen, »da Hahn einen Kuss von mir riskiert und meine Liebe gewonnen hatte«. Zurufe aus dem Publikum: Jetzt sei doch der Moment gekommen, Hahn endlich zu küssen; und wirklich: Heuss ging auf ihn zu, umarmte und küsste den Doyen der deutschen Atomforschung, und das Fernsehen filmte mit Begeisterung. Dann verlieh er ihm das Großkreuz: Noch nie hatte dieser Bundespräsident aus seinem Recht zur Ordensverleihung eine solche Show gemacht wie bei dieser Gelegenheit, ein halbes Jahr vor dem Ende seiner Amtszeit.

In der Folge kam Heuss in Briefen immer wieder auf diesen telegenen Kuss, wobei er sich gegen den Verdacht verwahrte, dass er mit dem Kuss des Oberrealschülers etwa das humanistische Gymnasium habe abwerten wollen.[156] Nur aus Scherz? Die Auflösung mancher humanistischer Gymnasien 1933 hatte er als einen »Mordanschlag auf die geistige Zukunft« angeprangert.[157] Von dem Alarm über den »Bildungsnotstand«, den Georg Picht 1964 ausrief, war Heuss weit entfernt; wie sich Hans Bott erinnert, hatte Heuss »immer vor einem akademischen Proletariat gewarnt und tief bedauert, dass der Nachwuchsmangel im Handwerk und im Kaufmannsstande stets größer wurde.«[158] Heute, wo das Bonmot umgeht, der wahre »Bildungsnotstand« sei durch jenen Run auf die Universitäten entstanden, der ebendurch den »Bildungsnotstand«-Alarm entfesselt worden sei, wirkt die Heuss'sche Warnung nicht mehr ganz so altmodisch wie vor einigen Jahrzehnten.

Der Heuss'sche Kuss des Atomforschers besaß 1959 anders als 1950, als Heuss sich (angeblich) nicht getraut hatte, einen pikanten politischen Beigeschmack; denn Hahn hatte zwei Jahre davor zu den Unterzeichnern des Göttinger Manifests der deutschen Atomphysiker gegen die atomare Bewaffnung der Bundeswehr gehört, das Adenauer ausgerechnet auf dem Höhepunkt seiner Popularität arg zu schaffen machte, gerade weil der ehrwürdige Otto Hahn ähnlich wie Albert Schweitzer damals wirkungsvoll zur Gegenautorität gegen den greisen Bonner Patriarchen aufgebaut wurde. Als Heuss den alten Atomforscher küsste,

Theodor Heuss »küsst« Otto Hahn

musste er mit einem Stirnrunzeln des »Alten von Rhöndorf« rechnen, was ihm jedoch zu der Zeit, als er sich ohnehin über Adenauer ärgerte, vermutlich Vergnügen bereitete. Aber auf keinen Fall wollte er der »Kampf-dem-Atomtod«-Kampagne Schützenhilfe leisten. Daher ging er vor dem Kuss zu Hahns politischem Engagement auf deutliche Distanz: Zu Unrecht fühle sich der Entdecker der Kernspaltung in »ethischer Bedrängnis«. Und geradezu belehrend: »Ich will Ihnen nur dies sagen, lieber Professor Hahn, von dieser Sorge muss Ihre Seele frei sein und frei bleiben.«

WISSENSCHAFTSPOLITIK ALS POLITIK DER SPARSAMKEIT. Für Heuss, der von der Politik und Publizistik in der NS-Zeit immer mehr in die Wissenschaft, sogar in die Natur- und Technikwissenschaft geraten war und sich zumindest in Randbereichen der Wissenschaft wohlfühlte, bot sich die Wissenschaftspolitik als zukunftsträchtiges präsidiales Aktionsfeld an, umso mehr, als hier ein Vakuum an Bundeskompetenz bestand, das in Teilen von Wissenschaft und Öffentlichkeit zunehmend als fatales Defizit empfunden wurde. Zu einer Zeit, als ein energiewirtschaftlicher Bedarf an der Atomkraft noch nicht bestand, vielmehr das Überangebot der Kohle zum größten Problem der Wirtschaftspolitik wurde, suchte der Bundesatomminister Balke die behaupteten Erfordernisse der Atomforschung dazu zu nutzen, eine Wissenschaftskompetenz des Bundes zu begründen: eine Strategie, die unter seinen Nachfolgern auch zum Erfolg führte.[159]

Von Heuss ging 1956 die Initiative zur Einrichtung eines Wissenschaftsrates aus, der am 5. September 1957 offiziell gegründet wurde. In einem Brief an Adenauer weist er auf sein Engagement für die Wissenschaft hin und übertreibt dabei ein wenig: »Seit meinem Amtsantritt habe ich Wert darauf gelegt, mit den freien und den amtlichen Gremien, die der Förderung der wissenschaftlichen Arbeit gewidmet sind, guten Kontakt zu halten, um des Staates willen, zu dem die gelehrten Kreise in den Vergangenheiten ein oft mehr passives Verhältnis besaßen, aber auch um der Sache willen, die ja schließlich in Teilen meiner eigenen beruflichen und auch wissenschaftlichen Arbeit in einem unmittelbaren Konnex steht.«[160] Das ist im Vergleich zu vielen anderen Zeitzeugnissen eine merkwürdig zeitlose Begründung, fern von der »Atomzeitalter«-Rhetorik, dass der Wissenschaft von nun an eine schicksalhafte Bedeutung zukomme wie noch nie.

Als Heuss am 9. April 1959 in seinem langen brieflichen Ausbruch gegenüber Adenauer, von dem er sich in seiner Amtsführung geringgeschätzt fand, wütend unterstrich, dass er sein Präsidentenamt »immer als ein eminent politisches Amt begriffen und zu führen gesucht« habe, erinnerte er an erster Stelle an »das, was ich in den Kreisen der Wissenschaft und der musischen Dinge zum ersten Mal in der deutschen Geschichte ... an Goodwill für den Staat geschaffen habe«.[161] Im Unterschied zu dem, was in der Folgezeit unter »Wissenschaftspolitik« verstanden wurde, zielte Heuss' vornehmliches Interesse bei der Schaffung des Wissenschaftsrats jedoch nicht darauf, bestimmten zukunftsträchtigen Wissenschaftssparten von Staats wegen einen kräftigen Anschub zu geben, sondern eher darauf, eine Doppelförderung und Vergeudung von Fördermitteln zu vermeiden: ein aus heutiger Sicht respektables Anliegen, denkt man an dann folgende milliardenschwere Förderung nutzloser Projekte der Atomforschung. Schon Heuss wusste, dass die forsch nach Förderung verlangenden Experten oft zugleich Lobbyisten sind.

Wie Heuss 1956 dem Kanzler kundig erläutert, zu einer Zeit, als es nur um Zehntausende von D-Mark ging: Zwar gebe es bereits bei diesem und jenem Ministerium eine Forschungsförderung. »Aber weiß man dort, was an anderer Stelle gearbeitet wird? Es kann dabei dies vorkommen: eine quasi-wissenschaftliche Unternehmung wendet sich hierhin mit der Bitte um Förderung, blitzt ab, doch in einem anderen Haus hat man ein anderes Urteil, gibt ein paar zehntausend Mark, die glatt verplempert sind – zufällig eine eigene Beobachtung. Sie wird öfters vorkommen. Das Geschick eines Bittstellers und die Sachkunde eines Referenten regulieren dann die Wissenschaftsförderung in der Bundesrepublik.« In erster Linie deshalb greift er die Anregung auf, einen »Zentralrat« zu schaffen.[162] Den Göttinger Staatsrechtler Werner Weber, der einen Draht zum Kanzleramt besaß und sich um Aufnahme in den Wissenschaftsrat bewarb, wusste Heuss abzuwimmeln: Es wäre »zu unausgeglichen, wenn neben drei Juristen nur ein Nationalökonom bzw. Soziologe steht.«[163] Aber er hätte gerne Adorno hineingehabt; der jedoch schob Horkheimer vor.[164] Alles in allem machte diese Institution dem Bundespräsidenten kein Vergnügen, da er dort in den leidigen Kompetenzenstreit zwischen Bund und Ländern hineingeriet.[165]

Als Heuss am 15. Juni 1955 auf einer Hauptversammlung der Max-Planck-Gesellschaft nach einführenden Worten Otto Hahns zur Atomenergie das Wort ergriff, verrieten seine Ausführungen eine gewisse Erleichterung über die mangelnde Wissenschaftskompetenz des Präsidialamtes: So machte er sich lustig über »Zuschriften im Übermaße«, die von dem Irrglauben zeugten, »dass das Bundespräsidialamt eine Spezialabteilung des Bundespatentamtes sei«. Und er, der an sich selbst erlebt, dass die geistige Kreativität nicht nur an einem Mangel, sondern auch an einem Übermaß an Kommunikation ersticken kann, empfiehlt Einsparungen an Wissenschaftlerkongressen, »denn die Kongresswut der Deutschen ist etwas Ungeheuerliches«. »Fast entsteht eine Psychose bei den Gelehrten, dass sie durch die kontinuierliche Teilnahme an Kongressen den Ausweis ihrer Gelehrtheit vor sich selber erbringen.«[166]

Vermutlich hat gerade Otto Hahn zu jenen gehört, die diesen Heuss'schen Seitenhieb mit beifälligem Gelächter quittierten. Denn er hatte für seine epochale Entdeckung diesen großen Aufwand gar nicht gebraucht; wie der Besucher des Deutschen Museums in München noch heute an dem Allerheiligsten des Museums: Hahns Arbeitstisch erkennt, hatte dieser weltweit gefeierte »Pionier des Atomzeitalters« die Kernspaltung 1938 im kleinen Kreis, zusammen mit Lise Meitner und Fritz Strassmann, unter geradezu kleinhandwerklichen Bedingungen entdeckt.[167] 1948 wurde er Präsident der Max-Planck-Gesellschaft; aber von gigantischen Projekten, zentraler Forschungssteuerung und spektakulären Kongressen hielt er nicht viel; wie wir sahen, war es diese gewisse Scheu, wegen derer Heuss ihn am liebsten geküsst hätte. Die hochfliegenden »Atomzeitalter«-Spekulationen entsprachen nicht seinem Realitätssinn und seinem schlichten Gemüt. Was für die damalige Zeit ganz besonders verblüfft: Er glaubte, mit der ökonomischen Nutzung der Atomkraft habe es keine Eile. Nicht schon bald, sondern erst »später« – meinte er – würden »Atommaschinen« Verwendung finden, und auch dann wohl vorwiegend in »Polarländern, Wüsten usw.«. Industriell ausgerichtete Projektforschung war ihm geradezu zuwider; stattdessen betonte er 1952 in einem Vortrag den Wert der Grundlagenforschung und versicherte, dass die Wissenschaft selbst für die Wirtschaft dann am meisten erbringe, wenn sie sich selbst überlassen bleibe und jeder ebendas erforsche, was ihm »Spaß mache«.[168]

Hahns Worte waren an die nordrhein-westfälische Arbeitsgemeinschaft für Forschung gerichtet, die damals die Kernforschungsanlage Jülich plante. Diese durchkreuzte die Zentralisierung der Kernforschung in Karlsruhe und wahrte die Autonomie der einzelnen Forschungsgruppen. Von Otto Hahn konnte Heuss nicht den Eindruck gewinnen, dass eine zentralisierte und politisch gesteuerte *Big Science* das Gebot der Zeit sei, und nicht auf die Idee kommen, er müsse als ein der Wissenschaft verpflichteter Bundespräsident durch Signale solcher Art seine Modernität beweisen.

ALS ARCHITEKT EINER NEUDEUTSCHEN WALHALLA: NEUERFINDUNG DER »GROSSEN DEUTSCHEN«. Unter den Wissenschaftsdisziplinen galt Heuss' Liebe am meisten der Geschichte; die Gründung des Münchener Instituts für Zeitgeschichte erlebte er jedoch wegen politischer Querelen als »ziemlich quälende Angelegenheit«[169]. Aber da öffneten sich reizvollere Wirkungsfelder. Wie Heuss 1959 an Kiesinger schrieb, behielt er 1949 nach seiner Wahl zum Bundespräsidenten als einzigen »ehrenamtlichen Nebenberuf« den Vorsitz des Verwaltungsrates im Nürnberger Germanischen Nationalmuseum bei, obwohl ihn dies »ziemlich viel Zeit« kostete, da er zu diesem Museum von jung auf ein »fast ehrfürchtiges Verhältnis« gehabt habe.[170] Bei der Hundertjahrfeier des wiederaufgebauten Museums am 10. August 1952 hielt er eine seiner »großen Reden«, bei denen er vor Anekdoten und Assoziationen sprühte[171]; dass der Name »Germanisches Nationalmuseum« 1952 etwas Anachronistisches besaß, animierte ihn erst recht.

Durchstöbert man die Massen der Präsidenten-Korrespondenzen und erinnert man sich an die Heuss'schen Liebhabereien, kann man kaum daran zweifeln, dass ihm im Bereich der Wissenschaft *ein* Großprojekt besonderes Vergnügen machte: die Mitherausgabe des fünfbändigen Sammelwerks »Die großen Deutschen«, das von 1956 bis 1959 im Propyläen-Verlag (später Ullstein) erschien und über Jahre ein Blickfang in vielen Buchhandlungen war. Genauer gesagt befand sich dieses Werk eher am Rande der Geschichtswissenschaft: auf der Grenze zwischen Wissenschaft und Publizistik. Aber ebendas passte zu Heuss, der sich ja auch auf dieser Grenze bewegt hatte. Die »Mitredaktion« an diesem Mammutwerk »hat mich auf höchst überraschende Weise in meine Vergangenheit zurückgeführt«, schrieb er an Margret Boveri.[172] Inmitten der Flut präsidialer Reden, Empfänge, Korrespondenzen fand Heuss für die »großen Deutschen« immer wieder Zeit und Ruhe. In seinem zitierten Zornesbrief an Adenauer vom 9. April 1959 stellte Heuss sich – dieses Mal ohne jegliches kokette Understatement – als Kulturpolitiker in eine mit Ludwig I. von Bayern beginnende Traditionslinie.[173] Der hatte in den 1830er Jahren auf der Höhe über der Donau die klassizistische Walhalla erbaut und mit ihrer Ruhmeshalle »dem Genius der großen Deutschen« gehuldigt.

Ähnliches tat nun Heuss mit seinen »Großen Deutschen« auf seine Art: mit Büchern statt mit Marmor. Da trieb er munter seine eigene Kunstpolitik, nahm den einen auf und warf den anderen hinaus. »Ich glaube, Klees ›Größe‹, die ja Zartheit des Träumens ist, wird sich nicht halten, während Max Beckmanns männliche Auseinandersetzung bleibt.«[174] Und da konnte er auch gegenüber Größen der Weimarer Republik intern eine Erinnerungspolitik betreiben, wie er sie sich in solchem Klartext im Parlamentarischen Rat hatte verkneifen müssen. »Hugo Preuß war nicht ›groß‹ – ich kannte ihn gut und gab seinen Nachlass heraus. Er war gescheit und naiv. Wir müssen Rathenau überdenken – seine Eitelkeit war schwer erträglich, aber seine geistige Potenz ganz außerordentlich.«[175] Er bekam denn auch nur einen Absatz in dem Beitrag von Michael Freund über Friedrich

Ebert, mit der Pointe, dass »ein so überfeinerter Geist wie Rathenau« dem biederen Ebert fremd bleiben musste.[176] Und natürlich sorgte Heuss unnachgiebig dafür, dass Stresemann aus dem Olymp der »Großen Deutschen« verbannt blieb, obwohl er damit Theodor Eschenburg und nicht nur ihn irritierte.[177]

Mitherausgeber waren der Historiker Hermann Heimpel und der Journalist Benno Reifenberg, Heuss von der »Frankfurter Zeitung« her längst bekannt, der 1959 zum Mitherausgeber der »Frankfurter Allgemeinen Zeitung« avancierte. Zu den Autoren gehörten Wissenschaftler, aber auch Schriftsteller und Publizisten; das Spektrum reichte von Theodor W. Adorno bis zu Ina Seidel[178]: Nirgends sonst konnte Heuss so allumfassend als höchster Mittler bei der Vernetzung einer geistigen Elite, der »Entkrampfung« bisheriger Einkapselungen und der Schaffung einer neuen Tradition deutscher Größe in Erscheinung treten. Da konnte die Deutschamerikanerin Toni Stolper den Deutschamerikaner Carl Schurz unter die »Großen Deutschen« einreihen und durfte Margret Boveri zu ihrem eigenen Erstaunen sogar auf sehr persönliche Art über den Entdecker der Röntgenstrahlen, Wilhelm Conrad Röntgen, schreiben, der ihr nach eigener Aussage zum Vaterersatz geworden war.[179] Eigentlich wäre der Heuss wohlbekannte Friedrich Dessauer, der aus der Röntgentechnik kam, dafür kompetenter gewesen. Der bekannte, dass fast alle seine damaligen Mitarbeiter »an Strahlenverbrennungen qualvoll zugrunde gegangen« seien.[180] Davon erfährt man bei Boveri nichts.

Schon einmal hatte es ein solches nationales Repräsentationswerk »Die großen Deutschen« gegeben, und zwar in der NS-Zeit, bezeichnenderweise. Aber in diesem Fall störte Heuss sich nicht an der anrüchigen historischen Präzedenz; denn der damalige Herausgeber war kein anderer als sein Studienfreund Willy Andreas gewesen, der für ihn auch trotz NS-Affinität »anständig« geblieben war. Dennoch: In dem neuen Groß-Opus konnte man ihn zumindest auf dem Titel nicht mehr vorzeigen. Und indem Heuss dafür sorgte, dass Hermann der Cherusker, allerdings auch die Königin Luise, die »preußische Madonna«, aus der Walhall der »großen Deutschen« gestürzt und dafür Wilhelm Busch aufgenommen wurde, konnte er unter dem gleichen Titel zugleich die Abkehr von dieser Vergangenheit markieren.

Dass die empörten Briefe von Ewiggestrigen nicht ausblieben, wird ihn vollends bestätigt haben. Ein Hans W. Hagen, vor 1945 Referent im Goebbels-Ministerium, publizierte 1958 ein Pamphlet »Heuss, Heimpel und Herostratos«, in dem er das Opus als Spätprodukt der alliierten Entnazifizierungsprozeduren und »krankhaften Angst vor allem Germanischen« attackiert; aber über die komische Alliteration dieses Titels konnte ein Heuss eigentlich nur lachen: er in einem Atemzug mit jenem Griechen, der den Artemistempel von Ephesos anzündete, um berühmt zu werden! Obendrein hatte der literarische Anti-Heuss-Attentäter das Pseudonym »Hagen« gewählt, so dass Heuss in die Rolle des Jung-Siegfried rückte!

Aber vielleicht nahm er sich gerade deshalb die Zeit für eine sechsseitige »Antikritik« zu dieser belanglosen, wenn auch nicht geistlosen[181] Streitschrift: Das war eine Gelegenheit, wo er seine Lust an der Polemik, die er sich als Präsident zu oft verkneifen musste, einmal wieder ausleben konnte. Dieser Hagen – so Heuss – habe mit dem »berühmten Spruch meines Landsmannes Götz« begonnen. »Der Einladung, die sich anschließt, werde ich nicht Folge leisten. Ich will sie aber auch nicht von meiner Seite wiederholen.« Dabei gehörte die Götz-Aufforderung durchaus zum informellen Sprachschatz des Schwaben Heuss, wenn sie auch mit Rücksicht auf norddeutsche Leser aus den Heuss-Anekdoten verbannt blieb.[182] Am Ende foppt Heuss den Kritikus, der habe vergessen, den Herausgebern auch noch die Streichung von Horst Wessel vorzuwerfen, dem Verfasser der NS-Parteihymne, der unter den »großen Deutschen« der NS-Zeit rangiert hatte.[183] Das saß!

6.2
Heuss und Adenauer: Yin und Yang – Ein Stil des Understatement als Gegengewicht zur »Politik der Stärke«

EIN KLASSISCHER KONTRAST, DOCH MIT QUERSCHIESSENDEN MOMENTEN. Ein Profil wie noch nie in seinem Leben erlangte Heuss als Bundespräsident durch das kontrastreiche Miteinander mit dem Kanzler; man erkennt, wie er sich fortan selber durch dieses Gegenüber definiert. Kein Wunder; denn seit 1949 kreist in seiner Lebensgeschichte sehr viel direkt und indirekt um Adenauer. Das gilt gerade auch für eine ganze Reihe spannungsvoller Beziehungen, bei denen man erst in den Archivalien entdeckt, in welchem Maße sie Heuss zu schaffen machten: ob zu Dehler oder zu Reinhold Maier, zu Ernst Jäckh oder zu Moritz Julius Bonn, zu dem Adenauer-Verehrer Edgar Alexander oder zu dem Adenauer-Gegner Martin Niemöller. Und gerade auch in den Korrepondenzen mit den beiden Freundinnen Margret Boveri und Toni Stolper geht es immer wieder um Adenauer.

Schon für die Zeitgenossen wurde es verführerisch, die beiden Staatsspitzen zu symbolhaften Kontrasten zu stilisieren, die einander zugleich komplementär ergänzten und ausbalancierten – oder auch mitunter blockierten. Beide im Januar geboren, Heuss jedoch am 31. Januar im Zeichen des Wassermanns und Adenauer am 5. Januar im Zeichen des Steinbocks, ganz dazu passend der eine die Verkörperung des weichen, der andere die des harten Prinzips, des Feuchten und des Trockenen, der in der chinesischen Weisheit zum Gedeihen zusammengehörigen Polarität von Yin und Yang[1], die dazu beitrug, dass das Staatsexperiment »Bundesrepublik« gelang. Gesine Schwan glaubt, dass der oft zu »Papa Heuss« verkitschte Bundespräsident neben Adenauer in Wahrheit eher eine bundesdeutsche Mutterrolle gespielt habe[2]: einer Mutter, der man mit Sorgen jeglicher Art kommen kann. An den Spitzen der Weimarer Republik sucht man nach einem ähnlichen Duo vergeblich: Man muss nur mit der Beziehung zwischen Ebert und Stresemann oder zwischen Hindenburg und Brüning vergleichen, um das historische Novum, den Wandel des Politikstils zu erkennen: einen Wandel, der zeittypisch war.

Mit Heinemann und Willy Brandt, der eine 15 und der andere fast 30 Jahre jünger als Heuss, sind wir wieder in einer neuen Generation, in der die Tradition der Selbstdarstellung durch Briefe abgerissen ist und dem Historiker viele Einblicke in das Innenleben verwehrt sind. Aus der Ferne wurden Brandt und Heinemann als ein Duo wahrgenommen; in Wahrheit ging Brandt jedoch einem Gespräch mit Heinemann »wann immer möglich aus dem Weg«.[3] Mit der Ära Adenauer-Heuss endet auch die große Zeit der Politiker-Anekdoten mit ihrer Art von Witz. Was in der ersten Nachkriegszeit, als alles verloren schien, eher Galgenhumor war, wandelte sich mit dem wachsenden Erfolg des Weststaates zu einem gelassen-überlegenen Humor. Da bekam die von Heuss erstrebte »Entkrampfung der Deutschen« einen kräftigen Anschub durch den Zug der Zeit und traf sich auch mit dem andersartigen Adenauerschen Witz.

Bei Adenauer wurde die staatsmännische Weisheit nur zu oft durch parteipolitisches Kalkül durchkreuzt. Die SPD-Führung war kaum weniger antikommunistisch als er selbst und hätte sich, wäre der Kanzler auf sie zugegangen, vermutlich frühzeitig in die westliche Bündnispolitik bis hin zur Wiederbewaffnung einbinden lassen und auf diese Weise den politischen Konsens verbreitert. Adenauer jedoch gönnte der SPD keinen Anteil an seinen außenpolitischen Erfolgen, um ihr in seinen Wahlreden vorwerfen zu können, sie habe »immer nur Nein gesagt« und sei ein »Unglück für Deutschland«. Heuss dagegen war seit eh und je dafür bekannt, dass er, auch wenn er einer Linkskoalition der Liberalen im allgemeinen widerstrebte, gegenüber Sozialdemokraten und Gewerkschaftlern, die ihm gefielen, keinerlei Berührungsscheu empfand. Wie er 1955 bekannte, gab es eine »Kategorie der alten SPD-Leute, unter denen ich im politischen Raum viel mehr persönliche Freunde habe als etwa in der heutigen FDP«[4]. Zu

Bundeskanzler Konrad Adenauer (l.) im Gespräch mit Bundespräsident Theodor Heuss in Bürgenstock, Schweiz, 21. Juli 1950

keinem anderen hatte er im Parlamentarischen Rat eine derartige Geistesverwandtschaft empfunden und auch nach außen zu erkennen gegeben wie zu Carlo Schmid. Dass die Gewerkschaften auch in einer »freien« Wirtschaft eine legitime Funktion besitzen, war ihm schon von Lujo Brentano her selbstverständlich, und die Verteufelung biederer Gewerkschaftsführer durch Dehler konnte er nur als Torheit empfinden.

Als Heuss 1949 zum Bundespräsidenten gewählt wurde, hatte ihm die SPD-Fraktion den Glückwunsch verweigert, der SPD-Vorsitzende Schumacher ihm jedoch zwei Tage darauf einen persönlichen Glückwunsch telegrafiert.[5] Im August 1951 glaubte Schumacher bei einem Treffen mit Heuss – damals wohl zu Unrecht – eine unausgesprochene Bereitschaft zu einer künftigen Koalition der FDP mit der SPD zu erkennen; Adenauer, dem das hinterbracht wurde, stellte Heuss darauf zur Rede, und der dementierte.[6] Und doch erweckte er auf der Linken Hoffnung. Bei seiner Wiederwahl zum Bundespräsidenten 1954 bekam Heuss auch die Stimmen der SPD. Auf den verstorbenen Schumacher, der körperlich seit langem durch Krieg und KZ gezeichnet gewesen war, hielt Heuss, der einen Monat zuvor seine Frau verloren hatte, eine seiner am feinsten empfundenen Trauerreden[7]; eine solche Geste war Adenauer fremd. Für Heuss war es schlechter Stil, dass der Kanzler »weder zu Schumachers noch zu Ernst Reuters Totenfeier erschien«.[8] Im Kontrast dazu besaß Heuss jene integrative Funktion, die der neue Staat brauchte und die sich Adenauer gegenüber der SPD versagte, nicht jedoch gegenüber dem DGB-Vorstand.

Wie wir sahen, verband sich mit Heuss von Anfang an die Vorstellung, dass er »keine Ellenbogen« besaß; da war der Kontrast zu Adenauer gleich mitgedacht, für den offenkundig das Gegenteil galt. Heuss strahlte Harmonie aus, zumindest in der Öffentlichkeit; Adenauer dagegen war bekanntermaßen kampfeslustig. Heuss spottete zuweilen, Adenauer brauche »Krach«; er selbst komme »ohne Krach« aus.[9] Heuss wurde zum Inbegriff von Gemütlichkeit, während allseits bekannt war, dass Adenauer sehr ungemütlich werden konnte. Zu Heuss gehörte die Zigarre, während der einst lungenleidende Adenauer ein eiserner Nichtraucher war, der sich auch bei Kabinettssitzungen – zu jener Zeit höchst ungewöhnlich – das Rauchen strikt verbat. Schon aus diesem Grund hätte die Teilnahme des Bundespräsidenten, dem man die Zigarre nicht hätte verbieten können, ein Problem aufgeworfen!

Heuss, stets sprachlich erfinderisch, prägte für den deutschen Umgang mit der NS-Hypothek die berühmte Formel: keine »Kollektivschuld«, aber »Kollektivscham«. Ein Bekenntnis zur Scham passte nicht zum Stil Adenauers; aber er, der in der NS-Zeit weniger als Heuss durch einen Freundeskreis geschützt gewesen war und schlimmere Erfahrungen mit Mitbürgern gemacht hatte, war sich intern nicht so sicher, ob es nicht doch so etwas wie eine deutsche Kollektivschuld gab.[10] Der joviale Bundespräsident galt als Menschenfreund, während dem Bundeskanzler Menschenverachtung nachgesagt wurde – mit Grund. Adenauer bekannte einer Ärztin in seiner frühen Kanzlerzeit, »das Leben« habe ihn »entsetzlich misstrauisch gemacht gegen die Menschen, hat mich zu einer Menschenverachtung und damit zu einer innerlichen Vereinsamung gebracht, die kaum zu ertragen ist«.[11] Kaum ein anderes Selbstzeugnis führt den Kontrast zwischen dem Kanzler und dem Präsidenten so krass vor Augen! Heuss war ein Virtuose der Geselligkeit; Adenauer galt dagegen als Mann der »einsamen Entschlüsse«. Heuss tat sich unter den Bonner Politikern stets durch seine feine und vielseitige Bildung hervor, die er in weit ausholenden Reden und komplizierten Satzkonstruktionen zur Schau stellte; Adenauer dagegen liebte die an Primitivität grenzende Vereinfachung aller Dinge, und ihm wurde ein arg reduziertes Vokabular nachgesagt.

All dies folgt unverkennbar einem klassischen Kontrastschema. Kein Wunder, wenn es bei genauem Hinschauen doch einiges gibt, was nicht hineinpasst: Gemeinsames wie auch Unterschiede, die zu diesen Gegensatzpaaren eher quer liegen. In Geldsachen bevorzugte Heuss eine harte Linie: Da bekannte er sich zur schwäbischen Sparsamkeit, auch im staatlichen Umgang mit öffentlichen Geldern; und daher hegte er gegen die dynamische Rente, die Adenauer gegen die eiserne Sparsamkeit seines Finanzministers Fritz Schäffer durchsetzte, »ärgste Bedenken«.[12] Die Einstellung des Kanzlers zur finanzpolitischen Solidität war im Vergleich dazu lässiger, zumal wenn eine größere Ausgabenfreudigkeit Wählerstimmen versprach. »Gar nicht so pingelig« war Adenauers sprichwörtliche Devise, wogegen Heuss die dickeren Briefe an Toni Stolper per Schiffspost schickte, die damals zwei bis drei Wochen dauerte, um das teure Luftpost-Porto zu sparen.

Am Weltspartag 1952 schwang der Bundespräsident in Stuttgart eine lange Rede, auf der er das Sparen als »menschliche Haltung« pries, ohne sich lange bei heiklen politisch-ökonomischen Fragen wie der zweimaligen Enteignung deutscher Sparer durch den Staat und der Ankurbelung der Wirtschaft durch eine ausgabefreudige Nachfrage aufzuhalten. Wie Heuss im Oktober 1955 Toni Stolper berichtete, hatte Adenauer fünf Jahre davor Elly Heuss-Knapp gebeten: »Gewöhnen Sie Ihrem Mann doch diese grässliche schwäbische Sparsamkeit ab!«[13] Aber auch der Kanzler wandte sich 1954 gegen Erhards »Kühlschrank- und Motorradpolitik«, konkret: gegen die Strategie, den Bedarf nach Langzeit-Gebrauchsgütern durch lockende Ratenzahlungsangebote anzukurbeln.[14] Heuss mahnte seine Landsleute 1955 zur Bescheidenheit, ökonomisch wie politisch; in diesem Zusammenhang schimpfte er intern auf das »verfluchte ›Wirtschaftswunder‹«, das im Ausland als Protzerei wirke und »manche deutschen ›Führer‹ politisch hybrid gemacht« habe.[15] Sein »Häusle« auf dem Stuttgarter Killesberg, ein architektonisches Understatement, sparte Heuss vorsorglich mit einem Bausparvertrag bei Wüstenrot an.[16]

Adenauers Primitivismus war zu einem Gutteil nur vorgespiegelt und auf Massenwirkung kalkuliert. Wie Hans Peter Mensing hervorhebt, hat sich Adenauer posthum »wider Erwarten als bedeutender Briefschreiber« entpuppt[17]: In dieser Hinsicht war er nicht so weit von Heuss entfernt, wie es einst schien. Selbst mit einem lateinischen Zitat wie *post nubila Phoebus*, »hinter den Wolken die Sonne«, vermochte er zu brillieren.[18] Und wenn es ihm politisch nützlich erschien, konnte Adenauer mindestens so gut wie Heuss einen entwaffnenden Charme entfalten. Heuss glaubte mit zweifelhaftem Recht, Adenauer habe »mehr Talent als ich, ›übel‹ zu nehmen«.[19] Stattdessen kann man den Eindruck gewinnen, dass sich der Kanzler, gerade weil Kampf für ihn normal war, selbst nach harten Kontroversen weniger nachtragend verhielt als Heuss, der in seine Vorurteile gegen gewisse Zeitgenossen förmlich verliebt war. Wie dem auch sei: Adenauer und Heuss schätzten und mochten einander, empfanden ihre Unterschiedlichkeit bis zu einem gewissen Grade sogar als Reiz[20], und ihre wechselseitige Sympathie scheint über die Jahre, vor allem nach der Bereinigung des »Hymnenstreits«, eher noch zugenommen zu haben. Heute wissen wir, dass ihr Verhältnis zueinander enger war, als die Öffentlichkeit zu ihren Lebzeiten wusste.[21]

»Meine Gespräche mit dem Bundespräsidenten waren ein Gewinn, vielleicht gerade weil verschieden angelegte Charaktere und verschiedene Grundpositionen bei ihrem Zusammentreffen fruchtbare Gesichtspunkte ergeben«, bemerkte Adenauer in der Festschrift zu Heuss' 70. Geburtstag[22]; und dieses Bekenntnis war vermutlich sogar ehrlicher, als viele »dem Alten« damals zutrauten. »Ich möchte Sie brennend gern von Zeit zu Zeit sprechen und meine politischen Sorgen, die jetzt besonders groß sind, vor Ihnen ausbreiten«, schrieb der Kanzler noch am 29. September 1960 dem Altpräsidenten, und: »Ich beneide Sie ehrlich um die Fülle und den Reichtum Ihres Geistes und die Kunst Ihrer Feder.«[23]

Das sei ein »überraschender Liebesbrief von Adenauer«, belustigte sich Heuss darauf gegenüber Toni Stolper[24]; damals hatte sich der Kanzler bei ihm seit über einem Jahr nicht mehr gemeldet: Heuss muss zeitweise den Eindruck gewonnen haben, dass er nach Ablauf seiner Amtszeit für Adenauer nicht mehr interessant sei. Aber so war es nicht: Am 13. Januar 1961 hatten die beiden zum ersten Mal seit 16 Monaten wieder ein langes Gespräch, laut Heuss ein sehr lebendiges« mit viel »Hin und Her«.[25] Für den Politikhistoriker sind die Korrespondenzen und Gesprächsprotokolle über längere Strecken enttäuschend: Kanzler und Präsident führten nur ganz selten politische Grundsatzdiskussionen, ja trafen sich nicht ausschließlich aus politischen Motiven, sondern scheinen das Zusammensein auch als menschlich wohltuend empfunden zu haben, und bis zu der Krise vom Frühjahr 1959 nahmen sie einander auch wenig übel. Zumindest taten sie so.

Und Gemeinsamkeiten gab es zwischen ihnen zur Genüge. Beide waren in ihrem Kern der bürgerlichen Welt verbunden; beide hielten, ohne selber sonderlich religiös zu sein, die Religion für eine der wenigen den Deutschen nach 1945 verbliebenen Kraftressourcen. Beide fuhren gerne zum Eifelkloster Maria Laach, in dem Adenauer während der NS-Zeit Zuflucht gesucht hatte. Beide waren, soweit sie über die deutschen Grenzen hinausdachten, stets nach Westen orientiert; den »langen Weg nach Westen«, auf den Heinrich August Winkler die neueste deutsche Geschichte stilisiert, brauchten Adenauer und Heuss nicht beschreiten, denn dort waren sie stets gewesen, Heuss sogar noch mehr als Adenauer, der gegenüber England misstrauisch blieb und über dessen »Anti-Briten-Komplex« sich Heuss mokierte.[26]

Als Heuss im Februar 1955 in einem Brief an den Adenauer-Biographen Paul Weymar auf den Begriff zu bringen suchte, was ihn mit dem Kanzler verband, erinnerte er daran, schon im Parlamentarischen Rat seien sie beide »sich in einer illusionslosen Realistik« begegnet, »in der sie die deutsche, die europäische Situation und die Weltlage beurteilten«; das bedeutete damals konkret: in der Überzeugung, dass für die besiegten Deutschen alles darauf ankam, das Vertrauen der Westmächte zu gewinnen, und dass es eine gefährliche Verkennung der deutschen Situation war, sich einzubilden, man könne erneut wie zur Zeit von Rapallo das Heil in einer Schaukelpolitik zwischen West und Ost suchen. »So unterschiedlich die landsmannschaftlichen und die politischen Herkünfte sein mochten – die verwandte Erkenntnis der Wirklichkeit besaß eine verbindende Kraft«: So bringt Heuss das Gemeinsame auf eine Formel, der auch Adenauer zustimmen konnte.[27] Und gemeinsam war ihnen wohl auch frühzeitig die Überzeugung, dass zur gleichberechtigten Integration in den Westen auch das Militärbündnis notwendig war. Denn beide waren zwar in ihrem gesamten Habitus Zivilisten, jedoch nie Pazifisten; dass zu einem vollgültigen Staat auch eine Militärmacht gehört, stand für den einen wie für den anderen auch nach 1945 zumindest im Prinzip außer Frage.

IRONIE, KRISENSTRATEGIE UND ÖKOLOGIE À LA ADENAUER UND HEUSS. Ein Adenauer-Spruch wird noch heute auf Grußkarten vertrieben: »*Ich bin wie ich bin. Die einen kennen mich, die anderen können mich …*« Adenauer wie Heuss waren beide stolz auf ihre Authentizität: dass sie (fast) stets unverkennbar sie selbst waren. Dabei nicht zu vergessen: Adenauer wie Heuss besaßen beide einen ausgeprägten Sinn für Ironie, den sie in der Öffentlichkeit im Ton des Humors präsentierten. Über beide gibt es ganze Anekdotensammlungen, während Heuss' unglücklicher Nachfolger zum Inbegriff unfreiwilliger Komik wurde und das Anekdotengenre seither aus der bundesdeutschen politischen Kultur fast verschwunden ist.

Heuss, der das Image vom gütigen Landesvater, das ihm schon bald anhing, nicht ausstehen konnte, stand intern in seiner sarkastischen Einstellung zu vielen Zeitgenossen hinter Adenauer nicht zurück. Und, *last but not least*, Eberhard Pikart verweist noch auf eine weitere gewichtige Gemeinsamkeit zwischen Kanzler und Präsident: »beide waren sie unkritisch gegen sich selbst.«[28] Von Hermann Hesse stammt das Wort: »Aller Humor fängt damit an, dass man die eigene Person nicht mehr ernst nimmt.« So gesehen hatte sowohl der Adenauer- wie der Heuss-«Humor« seine Grenze: Mit Vorliebe bestand er in der Ironie auf Kosten anderer – oder in einer Art von Selbstironie, die Koketterie war.[29] Betrachtet man dagegen mit Sigmund Freud den Humor als »Triumph des Narzißmus«, erklärt sich die humoristische Begabung des Kanzlers wie des Präsidenten ohne Mühe. Im übrigen begreift man den Humor wohl besser nicht so sehr als Seelenzustand wie vielmehr als eine trickreiche Technik, Ärger und Spannung auf lustvolle Art abzureagieren – und auch ein krampfhaftes Pathos. Heuss und Adenauer stimmten beide darin überein, dass sie durch dick aufgetragenes Pathos zum Spott gereizt wurden[30], obwohl ihnen ihre Position manches Pathos abverlangte.

Es gibt einige kombinierte Adenauer-Heuss-Anekdoten, so die folgende, die in der Urfassung wohl aus dem August 1949 stammt, wobei es sich bei dem später ungenannten Abgeordneten um Kurt Georg Kiesinger handelte, der sich in der Erinnerung an diesen Zwischenruf später am liebsten auf die Lippen gebissen hätte:

> »Herr Heuss ist ein liebenswürdiges Fossil aus der Weimarer Zeit«, rief einmal ein Abgeordneter in die Debatte.
> »Und was ist Adenauer?« wurde er prompt gefragt, aber ehe noch eine Antwort darauf erfolgen konnte, stand der »Alte« auf und meinte: »Es ist mir gänzlich neu, meine Herren, dass Sie mich für liebeswürdig halten.«[31]

Wenn ihm der Ruf vorausging, dass mit ihm nicht zu spaßen sei, war das »dem Alten« ganz recht; und wenn er mit seinen »Parteifreunden« grob umsprang, machte ihn das in der Bevölkerung nur populär. Eine Kombination von Adenauer- und Heuss-Humor enthält die folgende mehrfach überlieferte Anekdote (hier in der Fassung von Walter Henkels):

> Theodor Heuss haderte 1959 auf einem Empfang, kurz vor dem Ende seiner Amtszeit, mit den Pressefotografen, denen er androhte, er werde sie hinausfeuern, wenn sie sein Häusle in Stuttgart »schießen« sollten. »Ich will nicht«, sagte er zu Adenauer, der neben ihm stand, »dass das Häusle auf dem Killesberg ein Wallfahrtsort wird.« »Warum nicht«, sagte Adenauer scherzend, »Sie haben doch immer schon was von einem Heiligen gehabt.« »Sehen Sie«, konterte Heuss, wie das zwischen den beiden Herren zuweilen zuging, »in diesen Verdacht, Herr Adenauer, werden Sie nie kommen.«[32]

Horst Köhler kommentierte als Bundespräsident im Gespräch mit dem Verfasser seine eigene Popularität ironisch: Er werde von vielen Leuten wohl auch deshalb gefeiert, um auf diese Weise indirekt der Bundesregierung eins auszuwischen. Auch Heuss wurde wohl nicht zuletzt als Gegenpol zu Adenauer populär. Es war wesentlich das Rollenspiel zwischen ihm und dem Kanzler, durch das jenes Heuss-Image entstand, das ab 1949 zum Gemeingut wurde; und Heuss'sche Versuche, sich von diesem Klischee und der ihm durch den Kanzler zugespielten Rolle zu emanzipieren, wurden zu einem untergründigen Leitmotiv der Präsidentengeschichte. Denn das war ein Image, das Heuss zwar zunächst viel Wohlwollen einbrachte, aber auf die Dauer dahin führte, dass er als »historische Figur« verblasste. Dass er sich dieser Rollenverteilung mit solcher Eleganz fügte, erklärt sich womöglich daraus, dass er an ein ähnliches Rollenspiel seit langem gewöhnt war: durch seine Ehe mit Elly, die zu rigiden und konsequenten Positionen neigte und auch in ihrer politischen Religiosität Adenauer näherstand als Heuss selbst[33], und durch seine Freundschaft mit Gustav Stolper, der gegenüber Heuss die Adenauer-Rolle geradezu vorwegnahm.

Adenauer lebte auf seine Art im »Atomzeitalter« und dessen Ängsten; für ihn war die Gegenwart letztlich ohne historische Präzedenz. Bei Heuss dagegen findet man trotz dessen »Liebe« zu Otto Hahn kein nukleares Zeitbewusstsein; vielmehr war es seine Spezialität, immerfort Analogien in der Geschichte zu finden. Zwar galt der Standardspott des Bundespräsidenten der neudeutschen »Jubiläumssucht«; aber keiner profitierte davon so ausgiebig wie er selbst, der sich schon im Krieg als Mitarbeiter der »Frankfurter Zeitung« auf die Erfindung von Jubiläen spezialisiert hatte. Im Deutschland der Nachkriegszeit mit seinen Ruinen und all seiner Unkultur verkörperte dieser Bundespräsident eine Fülle von alter Kultur, doch ohne den damit oft verbundenen Kulturpessimismus.

Adenauer dagegen sprach noch 1958, nach nahezu einem Jahrzehnt »Wirtschaftswunder«, zu Heuss von der »grauenvollen Zeit, in der wir leben«.[34] Das klang, als rechne er bei dem Adressaten auf Einverständnis; vermutlich hat Heuss ihm bei solchen Seufzern nicht widersprochen, und doch deutet in der Masse Heuss'scher Selbstzeugnisse nichts darauf hin, dass er jene Zeit als »grauenvoll« erlebt hätte. In damaligen Kabaretts wurde der köllsche Kanzler mit dem Spruch »*Die Laje war noch nie so ernst*« verulkt; dem jedoch war es mit solchen düsteren Ausblicken ernst[35], mehr oder weniger zumindest. So gesehen stand er, so merkwürdig es klingt, der apokalyptischen Stimmung der gegen ihn gerichteten »Kampf-dem-Atomtod«-Kampagne näher als der gelassene Heuss. Der hatte schon den humorlosen Unheilspropheten Oswald Spengler und dessen »Untergang des Abendlandes« nie leiden können.[36] Adenauer »witterte überall Gefahren«. (Eberhard Pikart)[37] Heuss' allergrößtes historisches Verdienst besteht vermutlich darin, dass er Adenauers Aufgeregtheit, die bei einer Zuspitzung des Ost-West-Konflikts hätte gefährlich werden können[38], schon durch seine ganze Art dämpfte.

In diesem Zusammenhang lohnt sich ein Blick auf ein aufschlussreiches Intermezzo. Anfang 1956, nach der Erlangung der bundesdeutschen Souveränität, kam in der Bundesregierung erstmals die Ablösung der alliierten Interventionsvorbehalte für den Fall des Notstands durch ein bundesdeutsches Notstandsgesetz zur Sprache. Und zwar war es Heuss, der darauf drängte; und da berief er sich – man staune! – sogar auf seinen Erzfeind Carl Schmitt, ohne dessen Namen zu nennen: Es sei »gefährlich, von der Souveränität noch Teilrechte auszuschließen, denn souverän ist, wer den Ausnahmezustand verkündet«. Und das sollte nach Heuss' Auffassung niemand anderes als der Bundespräsident sein. Der könne bei einem derartigen Akt kein bloßer Zuschauer sein; das »würde die

Funktion dieses Amtes völlig herabwürdigen«[39]. Der einstige Horror des Parlamentarischen Rates vor einem beim Staatsoberhaupt konzentrierten Notverordnungsrecht[40] war für den Bundespräsidenten offenbar mittlerweile überholt: Musste man nach so viel Heuss-Jahren noch immer das Hindenburg-Trauma kultivieren? Da stieß er jedoch auf den entschiedenen Widerspruch des Kanzlers: »Der Bundespräsident, nicht dem Parlament verantwortlich, hätte alle Macht, wenn er den Antrag des Bundeskanzlers auf Verkündung des Notstandes ablehnte. Dann bliebe dem Bundeskanzler und der Regierung nichts anderes übrig, als zurückzutreten.«

Das Gleiche bekräftigte Adenauer im Kabinett; und eine ähnliche Szene wiederholte sich Ende 1958, als Bundesinnenminister Schröder einen neuen Vorstoß in Richtung einer Notstandsgesetzgebung unternahm.[41] Beide Male plädierte Adenauer mit Erfolg auf Vertagung des Themas; auf diese Weise konnte die Notstandsgesetzgebung zum Katalysator der Revolte von 1968 werden. Eine Ironie liegt darin, dass der Kanzler in diesem Punkt ähnlich dachte wie seine Kritiker auf der Linken: Wieso Notstandsgesetze, wenn man doch bislang ganz gut ohne sie auskam. Es ist bemerkenswert, dass Adenauer die Verkündung des Notstands lieber weiterhin den Alliierten überließ, als den Bundespräsidenten damit zu betrauen: Mit Grund rechnete er wohl damit, dass Heuss selbst in solchen Situationen, die Adenauer als beängstigend empfand, nicht zur Verhängung des Notstands zu bewegen sein würde – die Erfahrung mit dem Ermächtigungsgesetz von 1933 hatte ihm gereicht! Erst als Adenauer selber die Präsidentschaft anstrebte, fiel ihm ein, dass der Bundespräsident das Recht zur Verkündung des Notstands beanspruchen könnte.[42]

Wilhelm Hausenstein, bei dem Heuss einst eine schlimme »Neurasthenie« diagnostiziert hatte[43], reflektierte 1963 nach Adenauers Rücktritt in der »Süddeutschen Zeitung« über die Kanzlernerven: Zwar sei Adenauer »von all dem unabhängig, was man mit dem schwächeren, die passiven Naturen bezeichnenden Begriff der nervösen Reaktion bezeichnet«; und doch sei er von einer »bis zum äußersten reizbaren Empfindlichkeit«.[44] Also kein Nervöser im alten Sinne von Nervenschwäche, aber ein Neurastheniker der um 1900 modernen Art[45] mit Neigung zu nervlicher Überreizung: Hausenstein spricht aus Erfahrung. Seit seiner Absetzung durch die Nationalsozialisten am 13. März 1933 hatte Adenauer nicht mehr ohne Schlafmittel schlafen können.[46] Nur bei einem muskulösen »Nerven«-Begriff war der Kanzler seinem Präsidenten überlegen; an »Nerven« im Sinne unerschütterlicher Gelassenheit war Heuss ihm voraus – und er wusste das.

Und doch erweckt er nicht in jeder Hinsicht mehr Sympathie als Adenauer. In der Kommunikation zwischen den beiden ist es in der Regel der Kanzler, der die Dinge klarer auf den Punkt bringt als der Präsident und auf diese Weise auch diskutierbar macht. Studiert man die Dokumente von Adenauers engsten Mitarbeitern, ist man oftmals überrascht, wie offen dieser angeblich so selbstherrliche Mann der »einsamen Entschlüsse« im engen Kreis über anstehende Entscheidungen diskutierte und nicht ganz selten auch eigene anfängliche Optionen revidierte. Und da fällt einem zugleich auf, dass entsprechende Berichte über Heuss weitaus spärlicher sind, obwohl dieser unablässig korrespondierte und in seinen »Kreisen« bei Wein und Zigarren plauderte. Aber das scheint eher ein Gesprächstyp gewesen zu sein, der einen Grundkonsens voraussetzte; Berichte über harte Diskussionen finden sich selten.

Hätte sich Heuss häufiger darauf eingelassen, hätte er sich unmöglich im »Hymnenstreit« derart verrennen können. Vor allem nach 1945 verfiel er, obwohl »Studienrat« bei ihm gewöhnlich negativ akzentuiert ist, mit wachsendem Status und Selbstbewusstsein zunehmend in einen Pädagogenstil, der gerade in seiner Ironie und Kulanz für Kontrahenten schwer zu packen war, da er keine handfesten Angriffspunkte bot. Über Adenauer macht sein Biograph Hans-Peter Schwarz die höchst bemerkenswerte Beobachtung: »Immer, wenn er etwas abseits vom Betrieb Zeit zum Nachdenken findet, kommen ihm an allem und jedem die Zweifel.«[47] Da Heuss oftmals keine scharf umrissenen Positionen besaß, fand er auch weniger Gelegenheit, an sich selbst irre zu werden.

Wie wir sahen, hegte Heuss einen Horror vor dem »Apparat«; Adenauer dagegen war mit seiner langen Oberbürgermeister-Erfahrung von Anfang an darauf bedacht, sich einen perfekt funktionierenden Apparat von Mit- und Zuarbeitern aufzubauen. Auf intime Informationen war er geradezu versessen.[48] Um noch einmal den Heuss- wie Adenauer-Kenner Pikart zu zitieren: »Heuss war kein Mann der gesicherten Detailkenntnisse. Er liebte die großen Linien. Auch das gab ihm für Konflikte eine schlechte Ausrüstung. Adenauer als Jurist und Politiker liebte das Detail – und manchmal hat er es wohl auch erfunden, weil er um seinen Wert in Streitfällen wusste.«[49] Diese Heuss-Charakteristik könnte auf den ersten Blick überraschen, wenn man an seinen Hang zu historischen Anekdoten denkt, für die er ein exzellentes Gedächtnis besaß. Die Überfülle an historischen Analogien und Assoziationen kann jedoch die scharfe Beobachtung der Gegenwart hemmen. Heuss, obwohl über vier Jahrzehnte Journalist, war ein schlechter Zeitungsleser, wie er wiederholt bekannte; er besaß keinen unersättlichen Appetit auf Aktualitäten.

Heuss wusste allerdings historische Schlaglichter wirksam als Waffe in Kontroversen zu benutzen; aber das war etwas anderes als der Einsatz skandalöser aktueller Details zur Diskreditierung der Gegenposition. Da kannte Adenauer nur wenig Skrupel, am wenigsten im internen Kreis; und im Unterschied zu

Heuss, der eine gewisse Diskretion liebte und dem allenfalls das Götz-Zitat entfuhr, hatte Adenauer keine Scheu, nach Bedarf auch unter die Gürtellinie zu treten und dabei Geheimdienst-Informationen zu benutzen. Wenn man der Bonner Kolportage glauben kann, foppte er seinen freidemokratischen Vizekanzler Blücher, als dieser widerspenstig war, mit der ihm hinterbrachten Information, dass der sich in New York mit einer farbigen Prostituierten eingelassen hatte (»Musste es denn eine Negerin sein?«). Als der Vizekanzler während einer Kabinettssitzung wiederholt die Hand hob, um Bedenken gegen Äußerungen des Kanzlers anzumelden, ließ der ihn nie zu Wort kommen, sondern warf ihm nach mehrfacher Meldung zu: »Herr Blücher, wenn Se mal austreten wollen, brauchen Se doch nicht jedes Mal zu fragen.«[50] Die gleiche Anekdote kursierte über die Art und Weise, wie Adenauer mit Erhard umsprang.

Heuss dagegen vermied selbst bei seinen Essays über historische Gestalten intime, schon gar erotische Pikanterien. Wie Margret Boveri bemerkt, wobei man zwischen den Zeilen ein Bedauern spürt: »Eins fällt an allen Heuss'schen Biographien auf: das ist das behutsame Vorbeigehen am Persönlich-Privaten.«[51] Heuss bat sie, diesen Satz zu streichen: In seinen großen Biographien habe er doch Rücksicht nehmen müssen, da die Ehefrauen und andere intim Beteiligte noch gelebt hätten. Und es sei nun einmal so, »dass alle vier Männer, die das Schicksal oder der Zufall mir als biographischen Gegenstand an die Hand gegeben haben, gefährdete oder großenteils missglückte Ehen gehabt haben«. Margret Boveri jedoch bestand darauf, der Satz müsse stehenbleiben: Selbst manche Familienmitglieder hätten gerne mehr familiäre Interna in den Heuss-Biographien gehabt; im übrigen habe Heuss auch bei längst verstorbenen Personen diese Zurückhaltung gewahrt. Heuss erkennt ihre Meinung, dass er »von Tiefenpsychologie nichts verstehe, aber vielleicht gerade durch diese Zurückhaltung selber ein Objekt tiefenpsychologischer Beurteilung darstelle« – und in der Tat empfinde er vor »diesem ganzen Komplex der modernen psychologischen Dinge« eine Scheu.[52]

Wie Heuss – mittlerweile durch regelmäßige mitternächtliche Korrespondenz mit Toni Stolper gelockert – im April 1959 der Freundin schrieb, suchte Adenauer ihn offenbar mit seiner Anglophilie und seiner Diskretion *in sexualibus* zu foppen: Während Heuss dem Kanzler als Urlaubslektüre den »Doktor Schiwago« von Boris Pasternak empfahl, der im Vorjahr den Nobelpreis bekommen, von Chruschtschow jedoch übel beschimpft worden war, empfahl ihm Adenauer die »Tagebücher des Major Thompson« von Pierre Daninos, eine französische Parodie auf die Briten. »Und um es zu charakterisieren reproduzierte er eine sozusagen unpassende Stelle; eine britische Mutter will ihre Tochter auf die Brautnacht vorbereiten: ›Dann schließe die Augen und denke, *es* geschieht für

England!‹ Du siehst, wie ›aufgeräumt‹ er war.«[53] Als Helmut Thielicke, unter den protestantischen Theologen Adenauers Favorit (Heuss: »manchmal als Redner noch koketter als ich«[54]), dem Kanzler mit seinem Lieblingsthema »sexuelle Aufklärung« kam, versicherte dieser, da habe er nie Hemmungen gehabt, sondern einzig die Sorge, er »gehe zu weit«.

Über die von allem Anstößigen gereinigte Adenauer-Hagiographie von Paul Weymar mokierte Heuss sich Toni Stolper gegenüber immer wieder, das sei ein »Kitsch-Buch«[55], ein Buch »für katholische Frauenvereine«. »Das politische Grundelement in Adenauers Natur kommt gar nicht heraus.«[56] Er ahnte nicht, in welchem Maße Weymars Adenauer-Biographie vom Kanzler selbst inspiriert und umgeschrieben worden war.[57] Auch der ZEIT-Verleger Gerd Bucerius, einst ein Adenauer-Fan, nannte Weymar »einen, der Kitsch wie Löschpapier aufsog«. »›Adenauers Güte?‹ Es gibt jedenfalls kein Photo, das sie belegt. Wenn es die Gelegenheit verlangte, Freude und Herzlichkeit zu zeigen, verzog sich Adenauers Gesicht zu einer Maske. Nicht unsympathisch; aber man sieht den Zwang, die aufgesetzte Pose. Am besten sind die Bilder, auf denen er einen Gesprächspartner aufmerksam erforscht: wenn ihm etwas gesagt wird, was ihm wichtig erscheint, von jemandem, den er ernst nimmt.«[58] Da bietet Heuss eine Foto-Ausbeute anderer Art: An Bildern des Bundespräsidenten, die »Freude und Herzlichkeit« zeigen, ist kein Mangel, während man schon eher nach solchen Fotos suchen muss, die Heuss als aufmerksam forschenden Zuhörer zeigen.

Wie sieht Heuss selbst seine kontrastierende Nähe zum Kanzler? Gegenüber Adenauer gibt er eine besonders originelle Charakteristik in einem Brief vom 31. Juli 1955, als der Kanzler, im Mai noch im gewohnten Schlosshotel »Bühlerhöhe« im Schwarzwald, seinen Urlaub nunmehr in die Hochalpen, nach Mürren am Fuß der Jungfrau verlegt hat: So ein Ort wäre nichts für ihn selbst. »Ich bin doch eben ein ausgesprochener Mittelgebirgsmensch und will in der Landschaft, wenn es irgend geht, noch die Spuren des Menschen und seiner gestaltenden Einsicht und Phantasie sehen.«[59] Davon zeugen seine Zeichnungen – er ist kein Liebhaber der Wildnis, sondern freut sich, vom Waldesrand in ein freundliches Tal mit einer Barockkirche zu blicken. Aber seine Bemerkung hat auch eine symbolische Ebene mit einem versteckten kleinen Hieb: Er fühlt sich selbst als einen Menschen des vernünftigen Maßes, während er seinem Adressaten manche Maßlosigkeit zutraut. Adenauer hätte dagegenhalten können, dass er im Unterschied zu Heuss ein passionierter Gärtner war, in der Natur also sehr wohl die Spuren des Menschen, vor allem seine eigenen, zu schätzen wusste. Und Heuss bekannte sich später gerne zu seiner Verbundenheit mit dem unbegradigten Bächlein, an dem er als Kind gespielt hatte, obwohl sich sein Vater als Wasserbauer einen Namen gemacht hatte.

Im allgemeinen verhielt sich Heuss in Sachen Adenauer diskret, konnte er doch nie wissen, was dem »Alten« hinterbracht wurde oder an begierige Journalisten geriet. Ohnehin glaubte er bis wenige Monate vor seinem Tod, dass er Adenauer überleben werde[60]: Dann wäre Gelegenheit genug gewesen, all das, was sich bei ihm zu Adenauer angesammelt hatte, an die Öffentlichkeit zu bringen. Dass er dort seinen Adenauer-Assoziationen freien Lauf lassen konnte, war wohl nicht der geringste Reiz seiner nächtlichen Briefe an Toni Stolper, aber selbst da war er mitunter vorsichtig: Konnten Briefe nach New York nicht doch in die Hände von Nachrichtendiensten geraten? Adenauer galt als einer, der über sein Informantennetz (fast) alles mitbekam. Am 16. September 1957 schrieb Heuss der Vertrauten: »die Interviews mit A. wage ich nicht der Post zu geben, ›darf‹ es ja auch nicht.«[61]

Und doch sind die Briefe an Toni Stolper die weitaus ergiebigste Quelle für freimütige Heuss'sche Kommentare zum Kanzler. Vollends nach dem großen Krach vom Frühjahr 1959, der ohnehin rasch an die Öffentlichkeit durchsickerte, legte er sich da keinen Zwang mehr an: Auch in dieser Hinsicht muss die mitternächtliche Korrespondenz mit Toni für ihn etwas »Entkrampfendes« gewonnen haben, um seinen Lieblingsausdruck auf ihn selbst anzuwenden. Am 6. Juni 1959 beschrieb er ihr den Kontrast zwischen ihm und Adenauer auf eine für ihn selbst vorteilhafte, wenn auch für den Heuss-Kenner etwas überraschende Art: »Ad. hat Glück, dass ich nicht freier Publizist bin. Ich glaube, der Hauptunterschied zwischen ihm und mir ist doch der, dass er, der eine große Verwaltungslaufbahn hinter sich hat, im Elementaren personalistisch denkt und wirkt, während ich, der ich nie Beamter war, institutionell urteile.« Nun, hier ging es ganz konkret um die Institution des Bundespräsidenten, wo Adenauer zu Heuss' Empörung eine Zeitlang glaubte, ein starker Mann wie er könne aus diesem Amt etwas anderes herausholen als Heuss. Aber auch Heuss dachte, wie wir an zahlreichen Beispielen sahen, wie so viele politische Akteure mit Vorliebe von Personen, nicht von Institutionen aus, in späteren Jahren sogar eher noch in zunehmendem Maße. Das entsprach seiner neuen Sicht Max Webers: Institutionen nicht als Determinanten, sondern als Chancen zu begreifen, die von Akteuren ergriffen werden können – oder auch nicht.

DER FALL EDGAR ALEXANDER: ÄRGER MIT EINER ADENAUER-APOTHEOSE UND ZUGLEICH EIN REIZTHEMA IN DER BEZIEHUNG ZU TONI STOLPER. Über all die Jahre findet man in der Theo-Toni-Korrespondenz Anmerkungen zu Adenauer immerzu in *einem* Kontext: den Ambitionen des engagierten Katholiken Edgar Alexander, der große Biograph, wenn nicht gar Chefideologe Adenauers zu werden. Schon Eberhard Pikart, der Herausgeber der gereinigten »Tagebuchbriefe«, war 1968 bei der Durchsicht der Korrespondenz darüber verblüfft, dass das Thema

»Edgar Alexander« da »einen ähnlichen Raum«, wenn nicht gar einen größeren einnimmt »als alle Erörterungen über die Herausgabe der ›Großen Deutschen‹«, »beides zusammen nimmt viel mehr Raum ein als das eigentlich Politische«. Da hat Pikart allerdings einen engen Begriff des »Politischen«; denn er bemerkt zugleich, dass es bei Edgar Alexander »auch um die Bewertung Adenauers« geht«.[62]

Aber nicht nur wegen Adenauer kommt Heuss von dem Thema »Edgar Alexander« über Jahre nicht los, sondern auch deshalb, weil er sich über Alexander, dessen Adenauer-Kult und nicht zuletzt dessen Freundschaft mit der geliebten Toni immerzu ärgert. Alexander war einer der wenigen Emigranten, die weder der politischen Linken, den 1933 »verbrannten« Schriftstellern angehörten noch jüdischer Herkunft waren. Er war von George N. Shuster gefördert worden, dem Präsidenten des katholischen Hunter-College in New York, der im religiösen Glauben die stärkste Gegenkraft gegen den Totalitarismus erblickte[63] und Alexander das zur Einreise in die USA benötigte Affidavit besorgt hatte[64], und auch zu Toni Stolpers Schützling avanciert, da er Gustav Stolpers Publizistik und insbesondere dessen »German Realities« überschwänglich gelobt hatte.[65]

Von der Bekanntschaft mit Edgar Alexander berichtet die Freundin im März 1952 Heuss wie von einer Offenbarung: »Sein politisches Herz ist durchaus am rechten Fleck«; von ihm habe sie »viel über philosophische Hintergründe des Katholizismus zugelernt«; daher habe sie eine Übersetzung eines Textes von ihm, der offenbar kein druckreifes Englisch beherrschte, bis zu ihren »letzten Kräften« betrieben.[66] Heuss, dessen Bedarf an politisierender Religiosität schon durch seine Ehefrau mehr als befriedigt wurde, traf jetzt den gleichen Enthusiasmus auch bei Toni! Der mittellose Alexander wurde von der Frau dazu finanziell unterstützt und bemühte sich um weitere Unterstützung, worüber Heuss zusätzlich grollte.

Liest man nur die Heuss-Briefe, könnte man glauben, Edgar Alexander sei eine lächerliche Figur – ein bloßer Wichtigtuer und penetranter Schnorrer obendrein. Auch den Kanzler, dessen Apotheose Alexander geschrieben hatte und der von diesem Bewunderer umschmeichelt wurde, suchte Heuss darin zu bestärken, dass Alexander ein Schnorrer sei. Im Hinblick auf seine Exilvergangenheit jedoch war Alexander keineswegs lächerlich. 1937 hatte er in Zürich ein Pamphlet »Der Mythus Hitler« veröffentlicht, in dem er den Nationalsozialismus als »Religion des Hasses« charakterisiert hatte und das aus der Rückschau weitaus hellsichtiger wirkt als Heuss' »Hitlers Weg« von 1931/32.

Dabei bekam auch Heuss selbst von Alexanders Adenauer-Apotheose eine gehörige Portion ab.[67] Aber was war das für eine Glorifizierung! Da musste es einem Heuss übel werden, zumal bei seiner Allergie gegen alle Berufung auf das Naturrecht.[68] Edgar Alexanders anspruchsvoller, mit Geistesgeschichte überladener Zugang war das entgegengesetzte Extrem zu Paul Weymars auf Lieschen Müller berechnetem Adenauer-Kult; aber auch er war auf penetrante Art erbaulich – und ersetzte zugleich, hier sehr im Unterschied zu Weymar, Fakten durch Spekulation. Alexander führt einleitend aus, dass es auf der Basis des Naturrechts die Möglichkeit einer Verbindung »des echten Konservatismus und Liberalismus« gebe.

> Wenn jetzt in der ideenpolitischen Zusammenarbeit von Adenauer und Heuss diese Möglichkeit zum ersten Male in der neueren deutschen Geschichte voll wahrgenommen werden konnte, so ist damit auch der spät-scholastischen Lehre des naturrechtlichen Realismus samt ihrer Grundlegung der demokratischen Lehre von der Volkssouveranität eine erneute geschichtliche Rechtfertigung widerfahren. Diese Zusammenarbeit hat sowohl die echt liberalen Prinzipien dieser im Grunde konservativen Soziallehren des Katholizismus als auch die Traditionen des naturrechtlich gebundenen Liberalismus deutscher Prägung, wie sie Theodor Heuss vertritt, in den Dienst des deutschen Wiederaufbaus gestellt.[69]

Das Duo Adenauer-Heuss als Synthese von Spätscholastik und naturrechtlichem Liberalismus: das hatte Heuss gerade noch gefehlt und musste auf ihn unfreiwillig komisch wirken. Da war die absichtsvolle Komik der Adenauer-Heuss-Anekdoten mehr nach seinem Geschmack. Dabei war Alexanders geistesgeschichtliche Konstruktion nicht völlig absurd; aber jene naturrechtliche Basis, die Katholizismus und Liberalismus miteinander gemein hatten, entstand in der Abwehrhaltung gegen die Ansprüche des Staates. Die Zweisamkeit von Heuss und Adenauer dagegen bekam ihren Sinn auf genau umgekehrte Weise: im *Aufbau* eines neuen Staates!

»KEIN DRECK OHNE JÄCKH«: DER »WEICHENSTELLER« WIRD ZUM WOLKENSCHIEBER. Noch einen anderen Emigranten, der ihn ebenfalls mit Adenauer verband, suchte Heuss in jenen Jahren abzuschütteln: Ernst Jäckh. Die Verbindung mit diesem Mann ist in Heuss' gesamtem Werdegang, wie wir schon wiederholt sahen, die wichtigste und die am längsten dauernde Beziehung – und zugleich die undurchsichtigste. Seit Heuss 1912 Jäckhs Nachfolger als Chefredakteur der »Neckar-Zeitung« wurde, begegnet Jäckh gerade an Wendepunkten der Heuss'schen Lebensgeschichte immer wieder als Wegbereiter oder »Weichensteller«[70] – um Heuss' eigenen Ausdruck zu benutzen –, ob im Deutschen Werkbund, der Weltkriegs-Flugschriftenreihe »Der deutsche Krieg«, der Zeitschrift »Deutsche Politik« oder an der Hochschule für Politik. Später bezeichnete Jäckh den Bundespräsidenten Heuss sogar stolz als »*seine* Schöpfung«, wie Heuss sich 1960 mit Schauder erinnerte.[71]

1910 war Jäckh der Pate und Namengeber des jungen Heuss geworden. Als dieser sich jedoch 1938/39 in England an den dorthin emigrierten Jäckh wandte, war er über die nunmehrige kühle Distanz seines Patenonkels enttäuscht. Außerdem fand er es »doch etwas geschmacklos, das er (Jäckh) sich völlig in den Dienst des »Intelligent Service« gestellt hat, für den er als gutbezahlter Agent arbeitet.« Noch 1933 hatte er ja versucht, sich über die Gleichschaltung der Hochschule für Politik mit Hitler zu arrangieren. Aber Jäckh, der je nach Situation vom Imperialisten zum Weltbürger mutierte und bei alledem auch noch eloquent den Überzeugungstäter spielte, war und blieb ein politisches Chamäleon: Als es zur Gründung des deutschen Weststaates kam und sich am Horizont eine amerikanisch-deutsche Freundschaft abzeichnete, sah er wieder einmal seine Stunde gekommen. Sein erstes deutsches Nachkriegsbuch, 1951 erschienen, trug den Titel »Amerika und wir 1926–1951: Amerikanisch-deutsches Ideen-Bündnis« und endete mit seitenlangen Adenauer-Zitaten, wobei er bemerkte, dass er den neuen Bundeskanzler über den Werkbund schon seit 1913 gekannt habe; jetzt nannte er ihn sogar seinen »Freund«.

Tatsächlich reichte die Bekanntschaft zwischen Adenauer und Jäckh viel weiter zurück als die zwischen Adenauer und Heuss; und die Annahme hat einiges für sich, dass »durch Jäckh das Adenauerbild bei Heuss, das Heussbild bei Adenauer erste Konturen erhielt« (Hans Peter Mensing). Von daher lag zumindest aus Jäckhscher Sicht nichts näher, als dass bei dem Duo Adenauer-Heuss er selbst, der Weltmann, der Dritte im Bund gewesen wäre. Nur der Dritte? Heuss schrieb im Februar 1952 seinem Sohn, dass Jäckhs Frauengeschichten womöglich die Ursache seien, »dass nicht er Bundespräsident geworden ist!« Jäckh lebte damals mit der Philosophie-Professorin Ruth Nanda Anshen zusammen; und seine darob frustrierte Ehefrau Marta, die mit den Heussens befreundet war, sorgte dafür, dass diese Liaison ihres Gatten weitere Kreise zog. Durch seine ewigen Versuche, sich einzuschmeicheln und wichtig zu tun, fiel dieser Wiedergänger Heuss auf die Nerven. Auf den schon in Heuss' erstem Präsidentenjahr in Umlauf gekommenen Volksvers »In Kiel, in München und in Neuss / keine Feier ohne Heuss« reimte er intern die Variante: »Kein Scheiß ohne Heuss / Kein Dreck ohne Jäckh / Kein Komplott ohne Bott.« Besonders peinlich war die Situation dadurch, dass Heuss diesem Mann von früher her so viel verdankte, dass er es nicht über sich bringen konnte, ihm ins Gesicht zu sagen, er möge ihn gefälligst in Ruhe lassen. [72]

Der einst gewitzte Praktiker, dessen Charme so manche Hürde überwand, hatte sich aus Heuss' Perspektive in einen Hochstapler verwandelt, der es immerhin noch erreichte, dass er für seine einstige Stellung an der Hochschule für Politik, die gar nicht pensionsberechtigt war, per Wiedergutmachung und Beziehungen die Pension eines Ministerialrats bekam; er hatte die eines Staatssekretärs gefordert![73] Schon Anfang 1950 hatte Heuss es abgelehnt, ein Vorwort zu Jaeckhs Memoiren zu schreiben[74]; Jäckh gab ihm das Manuskript zu lesen, aber Heuss fand es teilweise »ganz grotesk«.[75] Daraufhin sorgte er dafür, dass in die Festschrift zu seinem 70. Geburtstag, zu der selbst viele entfernte Bekannte beitrugen, kein Beitrag von Jäckh aufgenommen wurde: für diesen ein schwerer Affront, über den er »sehr böse« war[76]. Dazu bemerkte Heuss gegenüber seinem Sohn, »im objektiven Sinn« habe Jäckh mit seiner Beschwerde »natürlich recht«, und in seiner Ausgrenzung liege »eine gewisse Schnödheit«[77]; aber dieser Mann hätte doch nur »egozentrisch geschrieben«, und überhaupt beabsichtige er nicht, die Korrespondenz mit ihm fortzusetzen.[78]

Blättert man in Jäckhs 1954 publizierten Memoiren »Der goldene Pflug – Lebensernte eines Weltbürgers«, erkennt man in der Tat eine hemmungslose Egozentrik; der Heuss'sche Horror wird verständlich. Je imaginärer sich Jäckhs reale Funktion gestaltete[79], desto mehr verlor er jeglichen Bodenkontakt und verfiel in eine Megalomanie, die am Ende pathologische Züge annahm und das genaue Gegenteil der von Heuss favorisierten Kunst des Understatement war. Immerzu spiegelt Jäckh vor, er habe sich fortwährend auf den Höhen der Weltgeschichte bewegt. Noch ärger wurde es in seinen zweiten, posthum veröffentlichten Memoiren »Weltsaat«; da finden sich Sätze wie dieser: »ich bin ein Jahr älter als Konrad Adenauer und ein halbes jünger als Winston Churchill – mit beiden hat mich zwischen den Weltkriegen nahe Zusammenarbeit verbunden.«[80] Heuss stöhnte bei der Lektüre: »dieses Maß von Introversion ist mir schier unheimlich.«[81] »Zu viel ›globale‹, ›universale‹, ›kosmische‹ Einsicht und Fernsicht«; und obendrein »literarisch ziemlich furchtbar durch die naive Egozentrik«.[82]

1957 schrieb Heuss dem Neuamerikaner Jäckh, der in dem anstehenden USA-Besuch des Bundespräsidenten eine große Chance zur Selbstdarstellung sah, mit gequälter Freundlichkeit einen langen Ablenkungs- und Abwimmelbrief.[83] Dem deutschen Botschafter in Washington ließ er übermitteln, bei deutschen Staatsbesuchen in den USA müsse Jäckh »absolut« auf Distanz gehalten werden, da seine Freundschaft zu ihm einen »Sprung« habe.[84] Er musste ja befürchten, dass bei solcher Gelegenheit Jäckh sich neben ihn oder Adenauer drängte und vor den Pressefotografen als Vertrauter der höchsten Herren posierte. Und mit welcher Begeisterung hätte dieser alte Orient-Stratege Heuss im Mai 1957 auf seinem Staatsbesuch in die Türkei begleitet, als der Bundespräsident an das 1918 in Istanbul unter seiner Beteiligung geplante »Haus der Freundschaft« erinnerte, bei den Älteren noch die Erinnerung an die siegreiche türkisch-deutsche »Waffenbruderschaft« von Gallipoli 1915 fortlebte und Heuss stürmisch gefeiert wurde wie bei keinem anderen Staatsbesuch![85]

Als Heuss nach Jäckhs Tod »im Auftrag von Frau Jäckh« dessen letztes Buch vom Verlag übersandt bekam, weckte diese Widmung »den Lausbuben in mir«, und er reagierte mit der Rückfrage: »Von welcher Frau Jäckh?« In seinen Erinnerungen macht Heuss dann alle Sticheleien gegen seinen alten Gönner wieder gut, nennt ihn sogar »ein Genie der Menschenbehandlung« und spricht von seinen »liebenswürdigen Überredungskünsten«. Jäckh dagegen grollte, Heuss sei »eigentlich ein Luder«: So jedenfalls zitierte ihn Marta Jäckh gegenüber Toni Stolper.[86]

EIN WELTLÄUFIGER LEHRMEISTER DER POLITISCHEN ERNÜCHTERUNG: MORITZ JULIUS BONN. Ein anderer Emigrant, Moritz Julius Bonn, den Heuss schon seit 1903 kannte, bildete den Gegenpol zu Jäckh: ein ewiger Kritiker, der das Experiment »Bundesrepublik« mit großer Skepsis verfolgte[87] und nur ausnahmsweise einmal *nicht* auf Adenauer schimpfte[88], obwohl auch er laut Heuss die SPD »hasste«[89] und bis in die späten 1950er Jahre ein vehementer Kalter Krieger war. Überhaupt warnte er gerne nach verschiedenen Seiten: sowohl davor, den deutschen Osten abzuschreiben, wie auch davor, an eine baldige Wiedervereinigung zu glauben.[90]

Im Unterschied zu Jäckh wurde Bonn nicht nur um einen Beitrag zu den »Begegnungen mit Heuss« gebeten, sondern sein Beitrag wurde noch dazu an die erste Stelle gestellt – und dies, obwohl Bonn bekannte, er habe Heuss zwar bereits im Seminar Brentanos kennengelernt, erinnere sich »aber nicht mehr recht an seine Tätigkeit«! Und er deutete an, dass Heuss eigentlich nicht Brentanos Typ war, er die Erziehung durch einen solchen Lehrer aber umso nötiger brauchte: »Seinem geistigen Wesen, dem geruhsame epische Betrachtung liegt, gab Brentanos rücksichtslos logische, beinahe dramatische Gestaltung des geschichtlichen Seins und Werdens die Härtung, die ihn gegen die Versuchung, in plätscherndem Historismus zu versinken, feite.«[91] Wobei er zu verstehen gab, dass der Geehrte einen Hang zum »plätschernden Historismus« hatte! Aber von diesem Mann ließ Heuss sich viel gefallen. Um die gleiche Zeit hatte Bonn ihm privat das zweideutige Kompliment gemacht: »Sie sind der geborene Epiker; es liegt über Ihren anspruchslosen Erzählungen ein Hauch von Hermann und Dorothea.«[92]

Obwohl sich die beiden schon seit einem halben Jahrhundert kannten, entwickelte sich ihre Beziehung nach allem, was wir wissen, erst nach Heuss' Wahl zum Bundespräsidenten zu einem kontinuierlichen Gedankenaustausch. Ein Emigrant wie Bonn war dem Bundespräsidenten von Nutzen, um ihn immer wieder dazu anzuleiten, bundesdeutsche Entwicklungen auch aus einer kritischen angloamerikanischen Distanz zu betrachten; denn dieser Ökonom gehörte nicht zu jenen Auslandsdeutschen, die dem Präsidenten am liebsten Schmeichelhaftes mitteilten; und anders als Jäckh war er ein wirklicher Gewährsmann für die britische und amerikanische Weltsicht; selbst Harold Laski, der Vordenker des britischen Sozialismus, der diesem Liberalen fernstand, urteilte über Bonn, seit Tocqueville habe keiner so klug über Amerika geschrieben.[93]

Moritz Julius Bonn war innerhalb der politischen Szene der damals noch neue Typus des wissenschaftlichen Experten. 1919 war er Mitglied der deutschen Delegation in Versailles und in den Jahren darauf Sachverständiger der Reichsregierung für Reparationsfragen gewesen, von 1929 bis 1933 Währungsexperte des Völkerbundes; gegenüber Toni Stolper fand Heuss es bemerkenswert, dass ihn »der liebe Gott bei der Schaffung der Welt nicht als Sachverständigen hinzugezogen hatte«[94]. Im Mai 1945 führte er ein öffentliches Streitgespräch mit Henry J. Morgenthau[95], der Deutschland in ein reines Agrarland zurückverwandeln wollte. Die Memoiren, die der 80-jährige Bonn 1953 veröffentlichte, trugen den selbstbewussten Titel »So macht man Geschichte«; aber anders als bei Jäckh war dieser (wohl vom deutschen Verlag erdachte[96]) Titel kein Ausdruck von Größenwahn, vielmehr sind seine Lebenserinnerungen mit »souveränem Understatement gewürzt«, auch wenn man in den Briefen des über 80-Jährigen an Heuss und andere Bonner Politiker das »Aufmerksamkeitsbedürfnis eines Hochbetagten« spürt, der sich von dem Vergessen-Werden bedroht sieht (Jens Hacke).[97]

VERLOCKENDE DRITTE-WELT-PERSPEKTIVEN. Die 1950er Jahre waren die große Zeit der Dekolonisierung; und damit öffneten sich den besiegten Deutschen unversehens weltpolitische Möglichkeiten ganz neuer Art. Denn während deutsche Reisende in den Nachbarstaaten noch immer Gefahr liefen, als »Nazis« beschimpft und gesellschaftlich geschnitten zu werden, hatten sich die Deutschen in den bisherigen Kolonialländern und auch in weiten Teilen Lateinamerikas durch ihren Krieg gegen die großen Kolonialmächte keineswegs unbeliebt gemacht; eher im Gegenteil. Ganz zu schweigen von der peinlichen Popularität, die Deutschland durch die Judenverfolgung in der arabischen Welt erlangt hatte!

Diese Situation bot verführerische Chancen, auf die Moritz Julius Bonn ein argwöhnisches Auge warf. Weiten Kreisen der westdeutschen Wirtschaft erschienen Lateinamerika und der Nahe und Mittlere Osten als Geschäftspartner damals verheißungsvoller als die Länder Westeuropas, die der EWG beitraten.[98] All diese Perspektiven waren nächst der Aussicht auf eine deutsche Wiedervereinigung der größte Trumpf derjenigen, die für eine blockfreie Bundesrepublik eintraten. Die »Dritte Welt« wurde damals zu einem magischen, Visionen heraufbeschwörenden Begriff wie zuvor das »Dritte Reich«; »Entwicklungsländer« war noch kein Euphemismus für »unterentwickelte Länder«: Gerade viele nach vorne blickende Angehörige der jüngeren Generationen glaubten, dort, nicht im alten Europa, liege die Zukunft. Der Neutralist Niemöller verkündete, in wenigen Jahrzehnten werde man nicht mehr auf Washington und Moskau, sondern auf Kairo und New Delhi schauen. Aber auch viele Industrielle blickten verlangend auf die Öllånder des Nahen Ostens und den potentiellen Riesenmarkt Indiens; und über die wirtschaftlichen Chancen in Ländern wie Brasilien und der Türkei kursierten weit übertriebene Vorstellungen. Da gab es einflussreiche Auslandsdeutsche und deutschfreundliche Traditionen; nicht zufällig führte einer der ersten Staatsbesuche des Bundespräsidenten in die Türkei. Der damals vielgelesene Journalist A. E. Johann schwärmte 1957: »Die Welt wird gerade wieder in einem ganz neuen Sinne ganz neu verteilt. Für Europa und gerade auch für uns Deutsche bietet das schäumend schnell sich entfaltende Afrika noch ganz unabsehbare Möglichkeiten.«[99]

Gegen deutsche Extratouren in der Dritten Welt stand die andere Logik: Gerade dort muss der Westen zusammenhalten; denn da verläuft die neue Front zwischen Ost und West; vor allem in diesen armen Ex-Kolonien erblickt der Sowjetkommunismus seine Chance. In dieser Weltsituation gab es für Heuss nur einen behutsamen Mittelweg. Von seiner Beziehung zu Bosch her war er stets exportorientiert und darauf bedacht, dass die bundesdeutsche Exportindustrie die sich in der Dritten Welt bietenden Chancen zu nutzen vermochte; das gab er auch Moritz Julius Bonn zu verstehen. Gerade in der Machtlosigkeit der Deutschen, verbunden mit deren Ruf hoher »Leistungsfähigkeit«, erkannte er eine Chance für Auslandsinvestitionen: Da brauchten Drittweltstaaten keine Abhängigkeit zu befürchten wie bei amerikanischen oder britischen Investoren; eine Gefahr bestand für Heuss nur darin, dass die damals noch kapitalarme Bundesrepublik durch Kapitalexport Investitionen im eigenen Land vernachlässigte.[100]

Aber das westliche Bündnis durfte nicht dadurch gefährdet werden, dass sich die Deutschen den Drittweltstaaten mit antikolonialen Parolen anbiederten; darin war sich Heuss mit Bonn einigermaßen einig. Wenn er von der Undankbarkeit der Völker sprach, meinte er damit nicht etwa die Deutschen, sondern die ehemaligen Kolonialländer, die nicht wahrhaben wollten, dass sie den Kolonialmächten so manche Errungenschaft verdankten.[101] Priorität besaß für Heuss wie für Adenauer das Ziel, zu den Westmächten eine Atmosphäre des Vertrauens aufzubauen. Die nüchterne Distanz der Bonner Regierenden zur Vision von der »Dritten Welt« war in den Augen visionär begabter Zeitgenossen heillos altmodisch, aus heutiger Sicht jedoch ganz realistisch: Was sich in der Folgezeit vollzog, war kein Aufstieg der Dritten Welt, sondern ein unerwarteter und phänomenaler Wiederaufstieg Europas. Nur hier konnten die Nachkriegsdeutschen verlässliche Verbündete gewinnen.

NASSER, HITLER UND DIE MAKKABÄER: HISTORISCHE ASSOZIATIONEN IN DER SUEZKRISE VON 1956. Als Washington und London im Juli 1956 ihr Angebot finanzieller Unterstützung zum Bau des Assuan-Staudamms zurückzogen und der ägyptische Staatschef Nasser darauf die Suez-Kanalgesellschaft enteignete mit der Begründung, deren Kapital zum Bau des Assuandamms zu benötigen, schäumte Moritz Julius Bonn vor Wut und stellte Nasser in eine Reihe mit Hitler[102]: Das war die historische Analogie, mit der Israel ebenso wie England und Frankreich ihren Angriff auf Ägypten Ende Oktober 1956 rechtfertigten. Auch Adenauer war ganz auf deren Linie, wie er am 7. November dem Kabinett erklärte: »Ich habe die Engländer und Franzosen restlos verstanden: ob sie es gestatten sollten, dass ein unerzogener Hitler ihnen ständig die Gurgel zuhielt …«[103]

Heuss dagegen, der gerade noch durch das »Tagebuch der Anne Frank« »sehr bewegt« worden war[104], kam spontan auf eine ganz andere historische Analogie, als er am Morgen des 30. Oktober von dem israelischen Angriff auf Ägypten erfuhr; da schrieb er bereits am Vormittag an Toni: »Aber arges Erschrecken in der Frühe: Israel schlägt das Buch der Makkabäer auf!«[105] Wie er, und zwar ohne Überraschung, registrierte, verglichen viele Deutsche die britischen und französischen Angreifer mit Hitler, mit dem Tenor: »Da sieht man's, die sind auch nicht besser!«[106] Und für die Dritte Welt stellte sich Nassers Vorgehen wiederum anders dar: als Liquidation von Relikten des Kolonialismus. In den USA begriff man die Gefahr; durch vereinten Druck aus Moskau und Washington wurden die Angreifer zum Rückzug gezwungen. Adenauer war über diese neue Zweisamkeit der Weltmächte entsetzt; das gab für ihn wie für die französische Regierung den Anstoß, nun unverzüglich Euratom und EWG in Kraft treten zu lassen, nachdem der Europa-Eifer schon abgeflaut gewesen war. Moritz Julius Bonn dagegen vollzog in der Folge eine ähnliche innere Wende wie vor ihm Präsident Eisenhower; und das brachte ihn Heuss wieder näher. Am 5. Dezember 1958, eine Woche nach jener ultimativen Berlin-Note der Sowjets an die Westmächte, die neue Alarmstimmung hervorrief, schrieb Bonn an Heuss:

> Das Abrüstungsbedürfnis der Russen scheint mir echt. Russland selbst und insbesondere die Satelliten haben keinen Produktionsüberschuss. Was sie rüsten und vergeben, geschieht auf Kosten der Bevölkerung. Der Kapitalismus muss rüsten und verschenken, weil trotz hoher Lebenshaltung sein Überschuss unverkäuflich ist. Russland muss rüsten, weil die Gefahr besteht, dass der Kapitalismus sein unabweisbares Schicksal erkennt und durch Waffengewalt den Versuch macht, die Gesetzmäßigkeit der Entwicklung abzubrechen.[107]

Der Kommunismus strukturell friedlich, der Kapitalismus auf Rüstung angewiesen – es bleibt in der Schwebe, ob er hier nur die sowjetische Sicht oder objektive ökonomische Gegebenheiten referiert und zu seiner einstigen Auffassung in den 1920er Jahren zurückkehrt, als er, und zwar ohne Marxist zu sein, darauf hingewiesen hatte, es sei »zweifelhaft, ob an irgendeinem Ort der Welt der Faschismus ohne die Großindustrie große Fortschritte gemacht hätte«[108]. So oder so läuft seine Argumentation darauf hinaus, das sowjetische Vorgehen in der Berlin-Frage in seinen Motiven nicht aggressiv, sondern defensiv zu interpretieren. Da bestärkte er Heuss in der Aversion gegen außenpolitischen Alarmismus und gegen ein herausforderndes Auftreten des Westens in Berlin; die Kassandrarolle spielte er nunmehr gegen eine Überreizung im Kalten Krieg.

Aus ähnlichen Sorgen heraus ging Heuss zu Israel in der Zeit nach dem Suezkrieg auf Distanz. Im Mai 1958 feierte der Staat sein zehnjähriges Bestehen; schon im März wurde an Heuss von mehrfacher Seite die Bitte herangetragen, zu diesem Jubiläum zu reden und zu schreiben. Doch er, der zu den Beziehungen zwischen Deutschen und Juden so viel zu sagen hatte[109], lehnte in allen Fällen ab mit der Begründung, dass er »Israels Leistung nicht kenne vom unmittelbaren Beurteilen«.[110] Er wusste ganz gut, dass dies von den jüdischstämmigen Emigranten in seinem Umfeld nicht missverstanden wurde; denn gerade viele derjenigen deutschen Juden, die in die USA emigriert waren, standen dem Zionismus skeptisch gegenüber.[111] Unter Heuss' jüdischen Bekannten hatte es schon vor 1933 über dem Zionismus ein »heftiges Hin und Her« gegeben; Heuss selbst hatte den Zionismus als »Romantik« empfunden: Das war für ihn in der Politik ein scharf negativ besetzter Begriff.

Im Februar 1958 kam auf einem Diplomatenessen, an dem Heuss teilnahm, die Situation Israels durch den (vorübergehenden) Zusammenschluss von Ägypten und Syrien zur Sprache. Wie würde Israel auf diese Einkreisung reagieren? Heuss berichtete an Toni Stolper: Felix E. Shinnar, der Leiter der israelischen Mission in Bonn, habe ihm versichert, die Israelis »seien doch nicht so dumm (wie in den Zeitungen stand), gerade von Deutschland Waffen kaufen zu wollen«. Das wurde von Heuss mit Grund bezweifelt. Er erwiderte: »Wenn die Juden im Wettbewerb stehen, seien sie sehr oft gescheiter als die anderen, unter sich gelassen seien sie *auch* dumm.« Ein Heuss konnte sich eine solche Anzüglichkeit mittlerweile leisten; es war noch vor der Ära der *political correctness*, und dass Heuss sich mit Wärme für die deutsch-jüdische Aussöhnung engagierte, war bekannt.[112] Shinnar, der 1905 in Stuttgart geborene schwäbische Jude, der Sinn für Humor besaß und Heuss als »den großen Freund Israels«[113] feierte, war von diesem Bonmot »begeistert«.[114] So jedenfalls schreibt Heuss an Toni Stolper. Was die Veröffentlichung der »Tagebuchbriefe« unterschlägt: Heuss konnte es sich nicht verkneifen, daran noch seinen Lieblings-Judenkalauer zu knüpfen, mit dem er zugleich der abstrakten Kunst eins auszuwischen pflegte: Zwei Juden besuchen eine Ausstellung für moderne Kunst. Ratlos stehen sie vor einem Gemälde. Der eine fragt den anderen: »Soll das ein Mensch sein oder eine Landschaft?« Der andere schaut auf die Unterschrift: »Ein Mensch! Da, lies doch: ›Mandelbaum an der Riviera‹!«[115]

AUSSENPOLITISCHE SCHWACHSTELLEN ALS CHANCE FÜR DEN BUNDESPRÄSIDENTEN: MIT REISEREI, DABEI NICHT OHNE RISIKO. Zu einer Zeit, als die Bundesrepublik kein Außenministerium besaß und noch nicht souverän war, was sich am empfindlichsten in ihren auswärtigen Beziehungen und in ihrer unsicheren internationalen Stellung bemerkbar machte, konnte ein Bundespräsident wie Heuss, der von Anfang an in weiten Teilen der westlichen Öffentlichkeit das »andere«, das »gute Deutschland« verkörperte, eine Hauptaufgabe darin erblicken, hier in die Bresche zu springen und auf seine Sympathie erweckende Art in der Welt für den neuen Weststaat zu werben. Heute kann man sich kaum mehr vorstellen, wie viel Kälte deutschen Auslandsreisenden noch lange nach 1945 selbst in offiziell befreundeten Ländern mitunter entgegenschlug; auch vor diesem Hintergrund ist Heuss' historische Bedeutung zu würdigen. Selbst Adenauers Pressechef Felix von Eckardt, dessen Memoiren von einer fast grenzenlosen Bewunderung für den Kanzler zeugen, der jedoch als Pressemann auch einen Sinn für *soft politics* besaß, erblickte in der Kombination von Adenauer und Heuss eine »einmalige Chance« für den neuen Staat: »Theodor Heuss hat in seiner Art und durch seine Persönlichkeit unendlich viel dazu getan, die Verachtung und das Misstrauen gegen alles Deutsche verhältnismäßig schnell abzumildern und schließlich in weitem Maße zu beseitigen.«[116]

Zwar war Heuss' Auslandserfahrung nach heutigen Maßstäben gering; aber er stand für das Deutschland der Dichter und Denker[117], das überall in der Welt geachtet war, und er verfügte über ungewöhnlich viele Beziehungen zu Emigranten in der angloamerikanischen Welt. Gerade von diesen, die einen ganz persönlichen Grund zur Erbitterung hatten, fürchtete man in Bonn anfangs deutschfeindliche Umtriebe: oft zu Unrecht, da in den Gefühlen vieler Emigranten gegenüber Deutschland das Heimweh überwog. Wie dem auch sei, Heuss' Freundschaft zu den Stolpers, den in die USA emigrierten einstigen Dozenten der Hochschule für Politik mitsamt den damit verknüpften Beziehungsnetzen war für den Bundespräsidenten nicht nur von emotionaler Bedeutung, sondern enthielt auch ein außenpolitisches Kapital. Das deutete sich bereits bei Gustav Stolpers Beratertätigkeit in der Hoover-Kommission an.

Zwei einflussreiche Gestalten der amerikanischen Öffentlichkeit, die schon seit den 1930er Jahren – in den Worten des Theaterregisseurs Fritz Kortner[118] – einen »politischen und intellektuellen Verkehrsknotenpunkt« der deutschen Emigration verkörperten, kündeten in den 50er Jahren von Heuss' überragender Bedeutung mit einer Emphase, die die meisten innerdeutschen Heuss-Apotheosen noch übertraf: die selbst von Churchill hochgeschätzte Publizistin Dorothy Thompson, die der zionistische Präsident Chaim Weizmann 1941 als »moderne Deborah« gefeiert hatte[119], und der Pädagoge Alvin Johnson, der Gründer

der New Yorker *University in Exile*. In einer Kolumne vom 6. Januar 1958, »A Statesman Should Be Heeded«, die von zahlreichen Zeitungen abgedruckt wurde, feierte sie, durch ein Telefonat mit Toni Stolper animiert, den deutschen Bundespräsidenten auf superlativische Art geradezu als Seele seines Staates: Zwar besitze er keine »politische Macht« –

> But Theodor Heuss has enormous influence in West Germany, within the government, among the deputies, and with the people. He knows every outstanding personality in all walks of life. His capacity for making friends actually saved his life during the Hitler regime. … He is a great conciliator. … He is loved and trusted. For the average German he represents an ideal and the unifying spirit. He has an enormous sense of humour … and beyond knowledge possesses wisdom.[120]

Und als Krönung des Heuss-Lobs schloss sie mit dem Wunsch, die gerade von Heuss gehaltene Neujahrsrede mit dem Plädoyer für Behutsamkeit im Kalten Krieg wäre von Präsident Eisenhower gehalten worden: Auch die USA brauchten einen Heuss! Und Alvin Johnson schloss am 19. April 1959 einen Brief an Heuss mit den Worten, er danke Gott dafür, dass der ihn lange genug habe leben lassen, um noch ihn, Heuss, kennenzulernen, »*destined by history to be greater than the great German Empire*«. Wie Gott dem sterbenden Moses vom Berg Nebo noch einen Blick ins Gelobte Land gewährte, so gewährte er dem alten amerikanischen Deutschenfreund in der Person von Heuss die Gewissheit, dass das gute Deutschland noch lebt: Heuss verkörpere das »wahre Deutschland«, das er, Johnson, immer geliebt habe. »*You are bringing back the German people to their true selves …*«[121] Das übertraf alle Huldigungen zu Heuss' 70. Geburtstag in den »Begegnungen mit Theodor Heuss«, und dazu stammte es von prominenten Amerikanern, die es gar nicht nötig hatten, dem deutschen Bundespräsidenten zu schmeicheln. Kein Zweifel, Heuss verkörperte einen bedeutenden bundesdeutschen Aktivposten gerade auch gegenüber den USA, der seine Wirkung ausübte, auch ohne dass Heuss dorthin reiste.

Schon die Tatsache, dass Heuss 1949 den Diplomaten Manfred Klaiber, der über Welterfahrung von Istanbul bis Kapstadt und Batavia verfügte, zum Chef seines Präsidialamtes machte, spricht für sich. Der von Anfang an mit Briefen überschüttete Bundespräsident machte es sich zur Gewohnheit, vorrangig Briefe aus dem Ausland zu beantworten. Als sich ausländische Vertretungen in Bonn etablierten und Heuss die Botschafter aus aller Welt empfing, studierte er stundenlang Diplomatenberichte, um sich auf die Gespräche vorzubereiten und nicht nur bloße Förmlichkeiten auszutauschen. Er entwickelte dabei einen beachtlichen Arbeitseifer, der auch auf seine Mitarbeiter ausstrahlte. Es gibt einen umfangreichen, bislang noch kaum ausgewerteten Bestand von Protokollnotizen über

Bundespräsident Theodor Heuss empfängt Haile Selassie I., Kaiser von Äthiopien, am Bonner Hauptbahnhof zum Staatsbesuch, 8. November 1954

Gespräche zwischen Heuss und Vertretern des Auslands.[122] Wieder: Man darf seine politische Bedeutung nicht allein an seinen »großen Reden« messen, die bei allen wohlgesetzten Worten oft etwas Unverbindliches behalten.

Heuss' Drang zu offiziellen Auslandsreisen, wo er nicht ungestört durch fremde Städte bummeln konnte, war allerdings eher gering. Förmliche Staatsbesuche des Bundespräsidenten im Ausland gab es ohnehin erst nach 1955, als die Bundesrepublik die Souveränität erlangt hatte; und auch danach ließen Einladungen von den Regierungen der Siegermächte bis 1958 auf sich warten: ein Indiz dafür, wie lange es nach 1945 dauerte, bis ein deutscher Staat wieder als vollwertiges Mitglied im »Konzert der Mächte« galt und man nicht mehr befürchten musste, dass ein deutscher Staatsbesuch im Ausland Proteste provozierte und auf diese Weise das Gegenteil des Beabsichtigten bewirkte. Heuss' Premiere war die politisch belanglose Griechenlandreise vom Mai 1956, wo Heuss nicht nur auf der Akropolis zu hellenischen Wunschbildern seiner Jugend zurückfinden konnte, sondern auch in der deutschstämmigen Königin Friederike eine Gesprächspartnerin fand, die ganz nach seinem Herzen war[123], während er über die voraufgegangene deutsche »Soraya-Hysterie« beim Deutschland-Besuch des persischen Kaiserpaares intern nur spotten konnte: Soraya sei »einfach dumm«.[124]

Nach Paris, das Heuss von Jugend auf liebte und wo er dann doch gerne als Präsident aufgetreten wäre, wurde er erst als Altbundespräsident eingeladen; aber die Vertrauensbildung in der Beziehung zu Frankreich war ohnehin die Domäne Adenauers. Gegenüber einem anderen westlichen Partner jedoch konnte Heuss sich in besonderem Maße dazu berufen fühlen, bei einer Erwärmung der Beziehungen den Pionier zu spielen: gegenüber *England*. Denn Adenauer, ganz nach Paris orientiert, hegte zu Heuss' Unmut gegenüber den Briten ein hartnäckiges Misstrauen, während Heuss seit jungen Jahren anglophil war, sich gerne an seine Englandreise mit Elly im Juli 1911 erinnerte und eines seiner Präsidentenziele darin erblickte, den Deutschen ein Stück britische *Fairness* beizubringen. Schon Ende 1955, kurz nach Wiedererlangung der Souveränität, beauftragte er den Bonner Botschafter in London, Hans von Herwarth, bei der britischen Regierung von Zeit zu Zeit zu sondieren, ob an einem Heuss-Besuch Interesse bestehe.[125]

Aber die Einladung ließ noch nahezu drei Jahre auf sich warten; so lange wirkte die antideutsche Stimmung der Kriegszeit nach. Als die Einladung dann doch kam, bemühte sich das *Foreign Office*, die Universität Oxford dazu zu bewegen, Heuss bei dieser Gelegenheit die Ehrendoktorwürde zu verleihen; diese lehnte jedoch ab – ein peinliches Vorspiel zu dem Staatsbesuch.[126] Aber Heuss, der einen echten Doktor hatte, war anders als Adenauer nicht darauf erpicht, auf Staatsbesuchen Ehrendoktorhüte »als Skalps am Gürtel mit nach Hause zu nehmen«.[127] Sein Staatsbesuch in England wurde von ihm selbst, nicht zuletzt dank der dort landeskundlich vermittelnden deutschen Emigranten, von Anfang bis Ende als ungetrübter Erfolg wahrgenommen[128], wozu sein von ihm selbst bemerkter[129] Hang zum Renommieren beigetragen haben mag.

Besonders gefreut hatte Heuss sich auf das Wiedersehen mit Oxford, der »von mir so geliebten Stadt« (»*Keine* deutsche Universität ist mit ihr von der Ferne vergleichbar«).[130] Aber dann ging ein Foto durch die deutsche Presse: Beim Besuch des Bundespräsidenten in Oxford stehen Studenten betont gleichgültig mit Händen in der Hosentasche an der Seite.[131] Im Vergleich mit den Berliner Anti-Schah-Demonstrationen neun Jahre darauf eigentlich eine Bagatelle; aber selbst DIE ZEIT publizierte einen Schimpfbrief, der sich über Heuss' »Spießrutenlaufen vor Oxford-Flegeln« empörte. Da platzte Heuss der Kragen, und er beschimpfte die journalistischen Krachmacher als »Rindviecher«.[132]

Heuss, zu jener Zeit an und für sich für die bundesdeutsche Repräsentation nach außen wie prädestiniert, konnte doch gerade dort dem Kanzler ins Gehege geraten; denn die auswärtigen Angelegenheiten waren derjenige Politikbereich, wo Adenauer mit besonderer Eifersucht seine exklusive Zuständigkeit behauptete: so sehr, dass er die Bestallung eines Außenministers so lange wie möglich vor sich herschob. Immer wieder beklagte Heuss sich darüber, dass er über außenpolitische Vorgänge nicht informiert werde.[133] Bis 1955 existierte das auswärtige Ressort lediglich als Abteilung des Kanzleramtes. In Bonn wurde die bittere Brentano-Anekdote kolportiert: Dieser habe sechs Jahre auf das Amt des Außenministers gewartet. Als er am 7. Juni 1955 endlich ernannt wurde, habe er gesagt: »Hat sich der Alte das auch lange genug überlegt?«[134]

DIE STREITFRAGE DER ALTEN SEILSCHAFTEN IM AUSWÄRTIGEN AMT. Beim Aufbau des Auswärtigen Dienstes entwickelte sich zwischen Heuss und Adenauer ein Rollenspiel, das auf den ersten Blick überrascht: Heuss drängte immer wieder auf einen rascheren Neuaufbau des diplomatischen und konsularischen Dienstes im Ausland und gewann den Eindruck, dass dies in einem allzu schleppenden Tempo, noch dazu mit teilweise nicht sehr geeigneten Leuten erfolgte.[135] Schon kurz nach seinem Amtsantritt richtete er in diesem Sinne einen förmlichen »Notschrei« an den Kanzler.[136] Vermutlich ließ er sich hier von Informationen beeinflussen, die er von Emigranten und anderen Auslandsdeutschen bekam. Adenauer dagegen hegte in der Anfangszeit größeren Argwohn als Heuss, dass sich im Auswärtigen Dienst alte Seilschaften etablierten, die seine Politik der Westorientierung nur halbherzig mitmachten. Das war überhaupt das heißeste und heikelste Thema in den ersten Jahren des Auswärtigen Amtes: der hohe Anteil früherer NSDAP-Mitglieder und Funktionsträger der NS-Zeit. Einer Berechnung zufolge war der Anteil ehemaliger »Pg.s« im Auswärtigen Dienst in den 1950er Jahren sogar noch höher als unter der NS-Herrschaft![137]

1950/51 gab es eine Pressekampagne gegen nationalsozialistische »Cliquen« im Auswärtigen Amt; und der Bundestag setzte im Oktober 1951 einen Untersuchungsausschuss ein, bei dem jedoch nicht viel herauskam.[138] Auch die SPD hatte kein besonderes Interesse an einem rigorosen Vorgehen; denn dieses hätte mitunter solche Diplomaten getroffen, die die einseitige Westorientierung für schädlich hielten und der Opposition Argumente lieferten.[139] Adenauers Sorge, seine Westpolitik könnte durch NS-Seilschaften im Auswärtigen Amt unterlaufen werden, erwies sich jedoch als unbegründet. Gerade NS-belastete Beamte, Adenauers Staatssekretär Globke an der Spitze, taten sich oft besonders durch *political correctness* hervor. Daher wurde Adenauer der Kampagne bald überdrüssig und ließ unwirsch verlauten, man solle »mit der Naziriecherei aufhören«.

Noch mehr geriet Heuss über diese Kampagne in helle Empörung, erkannte als deren Folge eine »allgemeine Lähmung des Auswärtigen Dienstes«[140] und witterte dahinter unlautere Motive[141]: nicht ganz ohne Grund, denn nicht selten stammten Enthüllungen über die NS-Vergangenheit neuer Aufsteiger von Insidern des NS-Regimes[142], die sich darüber ärgerten, dass sie weniger Glück gehabt hatten. Das kannte Heuss schon von der Entnazifizierung her. Zudem hegte er, wie wir schon sahen, von seinen persönlichen Erfahrungen her die Grundüberzeugung, dass zahlreiche Mitglieder des Auswärtigen Amtes, angefangen mit Ernst von Weizsäcker, auch in der NS-Zeit im Kern »anständig« geblieben seien. Auch sein Amtschef Manfred Klaiber, dem er vertraute, hatte ja seine diplomatische Karriere unter dem Nationalsozialismus fortgesetzt.

Im Falle des Freiherrn von Neurath, der ihm 1937 für seine Naumann-Recherchen Zugang zum Archiv des Auswärtigen Amtes gewährt hatte[143], empfand er eine humane Empörung über die »Form des Strafvollzuges«, insbesondere darüber, dass – wie ihm zugetragen worden war – der Schlaf des Häftlings nachts alle halbe Stunde durch Anblenden gestört worden sei: Das war der Grund, weshalb er in seinem Glückwunschtelegramm an den Entlassenen, das viel Irritation auslöste, von einem »Martyrium«, intern sogar von »Sadismus« sprach.[144] Neurath hatte von 1939 bis 1941 als Reichsprotektor von Böhmen und Mähren fungiert und trug als solcher die Verantwortung für viele Gewalttaten, auch wenn er sie nicht persönlich veranlasst hatte. Es lag ähnlich wie im Fall des Martin Sandberger: Neurath hatte für Heuss ein Gesicht; seine Opfer waren gesichtslos; und in solchen Fällen vergaß er die von ihm sonst gerühmte Verantwortungsethik Max Webers. Auf Proteste aus dem Ausland ließ er nur mitteilen, dass sich »ein internationaler Pharisäer-Klub zu bilden« scheine[145]; diese spitze Unterstellung gelangte an die Öffentlichkeit und erregte zusätzlichen Ärger. Und dann unterstellte er seinen Kritikern auch noch »Verkrampfung«![146]

Der umfangreichen Korrespondenz zum Fall Neurath nach zu urteilen, überkamen Heuss in keinem Augenblick Zweifel, ob er sich hier richtig verhalten und seinem Ansehen einen guten Dienst erwiesen hatte; es handelt sich um eine der peinlichsten Episoden seiner Präsidentenzeit, die umso schwerer verständlich ist, als es sich bei Neurath trotz dessen »schlauem Schwabentum« (Ludwig Curtius)[147] mitnichten um einen Menschentyp handelte, der Heuss sympathisch war. Für Heuss bestand das Hauptproblem des Auswärtigen Dienstes nicht in den ehemaligen Pg.s, sondern in den kulturellen Banausen[148], die Deutschland als Kulturmacht nicht zu repräsentieren vermochten – im Unterschied zu ihm selbst. Heuss weckte in der Tat jene kulturellen Erinnerungen, die der Name »Brentano« wachrief, weitaus besser als der Außenminister, der diesen klangvollen Namen trug!

Dass Heuss, wenn es drauf ankam, weder Angst vor Altnazis noch vor Weltkrieg-II-Veteranen besaß, bewies er im November 1957 bei seinem Staatsbesuch in Rom, als er auf Vorschlag seines bisherigen Amtschefs Klaiber, der gerade Botschafter in Rom geworden war, trotz mancher Warnungen dort einen Kranz an den Fosse Ardeatine, der Gedenkstätte für über 320 von der SS im März 1944 erschossene Geiseln, niederlegte. Dieser Akt war in mancher Hinsicht gewagter als Willy Brandts Kniefall 1970 vor der Warschauer Gedenkstätte; denn 1957 waren noch sehr viel mehr frühere Nationalsozialisten und Kriegsteilnehmer in Amt und Würden als 13 Jahre darauf; und während die Fluchwürdigkeit des Holocaust kein vernünftiger Mensch bestritt, waren Geiselerschießungen keine NS-deutsche Spezialität; und die Angst vor Partisanenattentaten steckte noch manchem Veteranen in den Knochen.[149] Heuss besuchte aber auch den Soldatenfriedhof, auf dem die 32 deutschen Polizisten lagen, die dem Bombenattentat zum Opfer gefallen waren, zu dessen Vergeltung die Geiselerschießungen erfolgten. Die italienische Regierung hatte an den Fosse Ardeatine kommunistische Demonstrationen gefürchtet; stattdessen bekam Heuss für diese »edle Geste«, wie er triumphierte, von der kommunistischen Presse sogar Anerkennung.[150]

DIE VEREINIGUNG MIT DER SAAR: »VON HEUSS VOLLZOGEN«, DOCH UNTER SPALTUNG DER FDP. Am 23. Oktober 1955 fand an der Saar über das Statut eine Volksabstimmung statt; Adenauer hatte zur Irritation vieler seiner Anhänger eindringlich für Annahme plädiert – aber die Bevölkerung der Region lehnte das Saarstatut mit großer Mehrheit ab. Mittlerweile war jedoch das Vertrauensverhältnis zwischen Bonn und Paris so weit gediehen, dass nach einem Bonner Entgegenkommen bei der von der lothringischen Schwerindustrie geforderten Moselkanalisierung[151] die Eingliederung der Saar in die Bundesrepublik am 1. Januar 1957 in beiderseitigem Einvernehmen erfolgte. Später wurde immer wieder gemunkelt, unter der Hand habe Adenauer vor der Abstimmung doch die Gegenkräfte unterstützt; diesem »alten Fuchs« war das Doppelspiel zuzutrauen. Die Paradoxie der Situation bestand ja darin, dass die Bundesrepublik die Saar nur dann im Einverständnis mit Frankreich bekam, wenn sie zuvor so tat, als wolle sie sie gar nicht![152] Und doch scheint es, dass dem Kanzler die europäische Einigung wichtiger war als die Saar, auch wenn er den 1. Januar 1957 schon morgens mit Wein und Kaviar beging und erklärte: »Das ist der schönste Tag meines Lebens.«[153]

Das heikelste Problem war bei alledem die FDP, noch immer Adenauers Koalitionspartner; und dadurch rückte Heuss in eine Schlüsselposition. Denn weite Teile der Freidemokraten mit Dehler an der Spitze suchten sich bei dieser Gelegenheit als »nationale« Kraft zu profilieren, was ein Teil dieser Partei ja von Anfang an gewollt hatte, und ihre Unabhängigkeit von Adenauer zu demonstrieren. Für die prodeutsche Partei an der Saar wurde Dehler zum Helden.[154] Aus Sicht des Kanzlers benahm er sich dagegen wie ein Elefant im Porzellanladen; denn eine massive *»Die-Saar-kehrt-heim«*-Propaganda evozierte unweigerlich die Erinnerung an die Rückgliederung des Saargebietes zwei Jahrzehnte davor, den ersten außenpolitischen Erfolg Hitlers. Obendrein war es bis kurz vor der Abstimmung gar nicht sicher, ob das Gros der Saarbevölkerung überhaupt zurück nach Deutschland wollte, sondern es nicht vorzog, die Last der deutschen Vergangenheit ein für alle Mal los zu sein.

In dieser Situation hielt Heuss zu Adenauer und suchte über seine Beziehungen, die FDP auf Kanzlerlinie zu bringen. Im Februar 1955 beschwor er in einem Brief an Dehler, der sich gern auf Max Weber berief, die Webersche Verantwortungsethik gegen »einen geglaubten populären Stimmungseffekt«. Für seine Person glaube er nicht, der liebe Gott habe ihn »herausgesucht, die Rolle von Alfred Hugenberg zu übernehmen«, im Klartext: den Steigbügelhalter für eine Allianz bürgerlicher Kräfte mit einem Sammelbecken von Altnazis zu spielen – Anspielung auf die in der FDP noch immer virulente Tendenz, durch die Attraktion auf ehemalige Nationalsozialisten zur großen Partei zu werden. »Und für die Saarlösung sich russische Hilfe zu versprechen …, ist doch nach dem Schicksal der Ostgebiete mehr als naiv.« [155]

Dehler würdigte den Brief keiner Antwort; direkt darauf beschloss die FDP-Bundestagsfraktion die Ablehnung des Saarstatuts[156]; zuvor hielt Dehler im Bundestag eine derart aggressiv-nationalistische Rede, dass sich Heuss, der sie über den Rundfunk hörte, darüber empörte, dass Dehler an manchen Stellen »in die Tonart und Lautstärke Adolf Hitlers verfallen sei«.[157] Zum ersten Mal »seit langer, langer Zeit« musste Heuss nachts Schlafmittel nehmen[158]. Er lud darauf die FDP-Minister und solche FDP-Abgeordnete, die für das Saarstatut eintraten, zu sich ein und verhinderte für den Moment mit Erfolg einen Bruch der Regierungskoalition.[159] Ein Jahr darauf erklärten diese Minister und Abgeordneten ihren Austritt aus der FDP, obwohl der Ausgang der Volksabstimmung und die darauf folgenden Verhandlungen über eine Eingliederung der Saar in die Bundesrepublik es möglich gemacht hätten, dass sich der Streit in Wohlgefallen auflöste. Heuss hat denn auch den Parteiaustritt gerade jener FDP-Politiker, die bis dahin seinen Rückhalt in der Partei dargestellt hatten, scharf missbilligt[160]: Das war nach den Überreaktionen Dehlers auch auf der Gegenseite eine Überreaktion und für Heuss überdies lästig, da sich die FDP-Dissidenten, die mangels Rückhalt bei der Wählerschaft bald auch für Adenauer uninteressant wurden, Hilfe suchend um den ratlosen Präsidenten scharten.[161]

Aber auch daran war indirekt Dehler schuld. In Heuss' »Tagebuchbriefen« an Toni Stolper gewinnt man streckenweise den Verdacht, dass Seitenhiebe auf Dehler zu einer Heuss'schen Lieblingsbeschäftigung werden, da er sich auf diese Weise als Anti-Dehler, als besonnener und verantwortungsbewusster Staatsmann profilierte. Aber Dehler ist nur die Personifizierung des Problems der gesamten Partei. Er »müsste« sich »noch viel intensiver um die Erziehung der FDP kümmern«, seufzt Heuss Ende 1955 in einem Brief an Toni Stolper, nachdem er die »grässliche Zerfahrenheit in der FDP-Fraktion wegen unerfüllter (und unerfüllbarer) Ehrgeize« beklagt hatte.[162] Schon 1953 hatte er Teile der FDP-Fraktion, die sich in eine perspektivlose Opposition begeben wollten, seinem Sohn gegenüber eine »Selbstmördergruppe« genannt.[163]

Kurz nach seinem Amtsantritt, in einer Rede am 12. Januar 1950 in Koblenz, hatte Heuss unter »langanhaltendem Beifall« ein »*Die-Saar-bleibt-deutsch*«-Signal gegeben.[164] In der Folge enttäuschte er jedoch die von ihm an der Saar geweckten Hoffnungen[165], vermied jeglichen Konflikt mit Adenauers Saarpolitik; und da er sich nicht für das Europa-Statut erklären wollte, schwieg er einfach. Noch sechs Wochen vor der Volksabstimmung war ihm die Saarfrage lästig und verdrießlich; als er Anfang September 1955 bei Gelegenheit mit Adenauer über die Ostpolitik sprechen wollte, fand er es »so ekelhaft, dass gerade wieder die Saar-Sache mit allerhand Wirrnis und undurchsichtigen Intrigen hoch gekommen ist«.[166] Als aber Neujahr 1957 und damit die Rückgliederung der Saar nahte, bot sich Heuss erneut die Gelegenheit, Stilgefühl und staatsmännisches Verantwortungsbewusstsein vorzuführen: Er warnte vor einem »Massenaufmarsch der bundesrepublikanischen politischen Prominenz«, der »durchaus Nazi-Stil« hätte und an 1935 erinnert haben würde.[167] Da wollte er es besser machen als Adenauer, dem der unerwartete Erfolg eine Zeitlang zu Kopf gestiegen war.

Heuss kam erst am 26. Januar nach Saarbrücken, hielt dort jedoch eine Rede, die bei aller Verhaltenheit und allen Komplimenten an die französische Adresse auch dem »nationalen« Flügel der FDP aus dem Herzen sprechen musste. Er erteilte dem alten französischen Drang nach Osten, den er auf Richelieu zurückführte, eine Abfuhr und rief unter Beifall: »die Publizisten sollen den Richelieu endlich in seinem Grabe liegen lassen; wir sind doch nicht nur die Erben von Geschichtslegenden.« Und am Schluss, wieder unter Beifall und mit einem für Heuss ganz ungewöhnlichen »Volks«-Pathos: »*Das Volk steht im Gesetze der Ewigkeit, der Staat im Gesetze wechselvoller Geschichte.* In diesem Vorgang des 23. Oktober 1955 ist das *Ewige über das Gegenwärtige Herr geworden.*«[168]

Glaubte er wirklich an die Ewigkeit des Volkes? Hatte er nicht vom Elsass her in schmerzlicher Erinnerung, dass die historische Verbindung mit dem französischen Staat über die ursprüngliche Volkszugehörigkeit siegte? Noch 1952 hatten die Wahlen an der Saar einen Sieg der Autonomie-Partei gebracht; war es wirklich nur ein »ewiges« Deutschtum, das 1955 zum Sieg der Gegenseite führte, oder nicht auch die wachsende Attraktivität des »Wirtschaftswunder«-Landes? Ein wenig mag diese Rede auch an die Adresse der FDP gerichtet gewesen sein, die sich über der Saarfrage zu spalten drohte: Da führte Heuss vor, wie man Nationalgefühl mit Anstand und Stil bekunden konnte. Wenn Adenauer bis zur Volksabstimmung offiziell für den europäischen Status der Saar geworben hatte, war das europapolitischer Krampf gewesen; jetzt konnte Heuss wieder einmal Entkrampfung praktizieren. Seine damit verbundene Fahrt durch die Saar im Präsidentenwagen wurde, wie er Toni gegenüber renommierte, zu einer »Triumph-Fahrt«, bei der er auch »Adenauer herausgepaukt« habe, der zü Neujahr mancherorts mit Pfui-Rufen empfangen worden sei. Erst jetzt, mit seiner Saarreise, so heiße es, sei »die Vereinigung vollzogen«[169], so berichtete Heuss der Freundin, wobei er sich selbst eine politische Manneskraft zusprach, die dem Kanzler an der Saar gefehlt habe.

HEUSS' GELASSENHEIT ALS TEMPERATURREGLER IM KALTEN KRIEG. Liest man in den vielbändigen Kabinettsprotokollen der Regierung Adenauer, könnte man den Bundespräsidenten, der dort nur selten vorkommt, für eine ganz marginale

Gestalt halten; da wirkt die Heuss-Welt geradezu wie ein Idyll abseits der Bonner Machtkämpfe. Aber historische Prozesse vollziehen sich längst nicht nur in Kabinettssitzungen. Sowohl die Westorientierung der bundesdeutschen Gründerjahre wie auch die »neue Ostpolitik« zwei Jahrzehnte darauf wurzelten nicht in »einsamen Entscheidungen« Adenauers und Willy Brandts, sondern im Wandel des politisch-geistigen Gesamtklimas, der Lockerung bisheriger Fronten und dem Aufbau von Vertrauen[170]; und auf dieser Ebene besitzt Heuss seine Bedeutung, auch wenn sich diese nicht exakt bestimmen lässt. Er, der historisch dachte und dem es widerstrebte, sich gar zu sehr in festen Positionen zu verschanzen, besaß ein besseres Gespür als Adenauer dafür, dass der Kalte Krieg für die Bundesrepublik nur bis zu einem gewissen Grade und nur eine Strecke weit von Vorteil war. Steigerte man sich zu sehr in ihn hinein, wurde er gefährlich. Und als die Bundesrepublik gefestigt war und in der Sowjetunion ein Chruschtschow herrschte, der sich zur »friedlichen Koexistenz« bekannte und dessen Leidenschaft zuoberst dem Mais- und Baumwollanbau in Innerasien galt, brauchte man den Kalten Krieg eigentlich nicht mehr.

Obwohl Heuss als Bundespräsident unablässig in der Öffentlichkeit redete und sich sein Ansehen wesentlich auf seine »großen Reden« gründete, spricht einiges dafür, dass er sich noch höhere und bislang zu wenig gewürdigte Verdienste um sein Land im Verborgenen oder Halb-Verborgenen erwarb: durch die Vernetzung einer neuen bundesdeutschen Elite, die von Adenauer bis Adorno, vom konservativ-nationalen Establishment bis zu einst emigrierten Linksintellektuellen reichte, durch sein unermüdliches und vielseitiges Kommunizieren und Briefeschreiben, durch seine Arbeit an den deutsch-jüdischen Beziehungen durch persönliche Kontakte und nicht zuletzt auch durch seine Entschärfung des Kalten Krieges auf unauffällige Art – durch seine Kunst der »Atmosphäre«. Es gibt zu denken, dass ihm das gerade dadurch gelang, dass er, wie es scheint, im Unterschied zu Adenauer[171] die Gefahr eines Atomkrieges als nicht sehr real empfand, sondern in der Grundstimmung lebte, dass eine gute Chance für einen dauerhaften Frieden bestand.

Manches spricht dafür, dass der Frieden durch ein solches Vertrauen besser gefestigt wird als durch jene panische Angst, von der nicht nur die »Kampf-dem Atomtod«-Bewegung, sondern auch die Strategie der atomaren Abschreckung getragen war. Der Aufbau eines solchen Abschreckungspotentials konnte ja von der Gegenseite als Bedrohung empfunden werden, der man durch einen Präventivschlag zuvorkommen musste: Solche quälenden Grübeleien, die sich immer wieder im Kreise drehen, durchziehen das strategische Denken in all den Jahren des Kalten Krieges. Wiederholt stellte Heuss die These auf – ob als eigene Erkenntnis oder als Erfahrung eines französischen Generals –, »die größte Angst vor einem Krieg« hätten heutzutage »die führenden Militärs«, und die »wahren Pazifisten« säßen »heute in den Generalstäben«, weil diese die Unberechenbarkeit der Psychologie der Abschreckung am stärksten empfänden.[172]

Das war nun allerdings eine in ihrer Paradoxie bestenfalls halbwahre Pointe von einer Art, über die sich Heuss bei anderen gerne mokierte. Er selbst hatte in Korrespondenz mit Toni Stolper Jahre davor mit Spannung die Dramatik des Koreakrieges verfolgt, als der Oberbefehlshaber General MacArthur, der in den USA als Held gefeiert wurde, es ohne Rücksicht auf die Instruktionen aus Washington auf eine Intervention Chinas ankommen ließ, von Präsident Truman jedoch am 11. April 1951 seines Amtes enthoben wurde, als er sogar mit dem Plan eines Atomschlags gegen China spielte.[173] Toni Stolper berichtete Heuss von der über dem Konflikt zwischen Präsident und General ausgebrochenen »Hysterie«.[174] Damals hatte Heuss den jungen Max Stolper, der gerade zu Besuch war, besorgt gefragt, ob man in den USA mit einem Militärputsch rechnen müsse; dieser hatte ihm versichert, etwas Derartiges sei in den USA undenkbar.[175] Heuss' spezifisches Interesse erklärt sich aus der Aussicht, dass der Bundespräsident zumindest formal den Oberbefehl über die künftige Bundeswehr erhalten würde[176] – aber dann sorgte Adenauer dafür, dass dieser im »Verteidigungsfall« dem Kanzler zukam.[177] Und Heuss scheint keinen Ehrgeiz entwickelt zu haben, potentieller Kriegsherr zu werden.

Auf den Friedenswillen der Generäle war kein Verlass; und auch aus Heuss' Sicht drohte nicht nur die Gefahr aus dem Osten, sondern auch das Bramarbasieren aus den eigenen Reihen. Als unerträglich empfand er die martialische Sprücheklopferei des ersten bundesdeutschen Verteidigungsministers Theodor Blank, der nie Offizier gewesen war, aber, wenn man der Presse glauben darf, herumtönte – so Heuss an Adenauer –, »die Soldaten müssten wieder ein Beispiel im ›Vorsterben‹ geben«. Da wurde Heuss heftig: »Solche Sprüche, die meinethalben sinnvoll waren in der Zeit, da die Einzelwaffe im Nahkampf, im Frontangriff, in der Verteidigung eines besonderen Punktes bedeutsam war, hängen einem, verzeihen Sie, wenn ich mich so derb ausdrücke, gegenüber der anonymen Tragik des modernen Krieges einfach zum Hals heraus.«[178] Die Zeit, wo Naumann noch mit Anstand hatte schreiben können, die Volksgemeinschaft sei niemals größer als dann, »wenn zusammen gestorben werden muss«[179], war auch für Heuss definitiv vorbei.

Dem Theologen Friedrich Delekat, der die Wiederbewaffnung kritisiert hatte, versicherte Heuss, er habe das Adenauer-Wort von der »*Politik der Stärke*« »von Anfang an (für) ungeschickt gewählt« gehalten und stattdessen »*Politik der Festigkeit*« bevorzugt.[180] In Sachen Bundeswehr wollte er damals lieber Taten als Worte und drängte 1956 sogar mehr als der neue Verteidigungsminister Strauß darauf, mit der Einziehung der Wehrpflichtigen unverzüglich zu beginnen.[181] Einer »Frau aus dem Volk« jedoch, die Heuss bat, ihren Sohn »von einem eventuell kommenden Kriege befreien zu wollen«, übermittelte Heuss über Bott die schroffe Antwort, der Bundespräsident bitte sie, »dem Gerede vom kommenden Krieg Ihre Ohren zu verschließen. Mit solchem Angstgerede, wozu zudem kein Anlass vorliegt, verdirbt man sich selber seinen Lebenssinn.«[182] Heuss-Philosophie! Man kann getrost rüsten, da man darauf vertraut, dass keine Kriegsgefahr besteht.

Wie wir schon wiederholt bemerkten, ist es bei einem so unablässig redenden und schreibenden Mann wie Heuss auch von Bedeutung, worüber er *schweigt*. Und da fällt auf, dass man anders als bei Adenauer bei ihm nur schwer Reflexionen darüber findet, wieweit eine reale Gefahr besteht, dass die Sowjets von sich aus angreifen, ohne vom Westen provoziert zu sein. Besorgte Grübeleien solcher Art findet man bei Heuss' und Dehlers gemeinsamem Freund Friedrich Dessauer, dem nach Kanada emigrierten Technik-Philosophen, der dort in eine Investment-Beratungsfirma eintrat. Durch ihn kamen selbst dem heftigen Antikommunisten Dehler gegenüber der bundesdeutschen Aufrüstung zeitweise tiefe Bedenken. In einem ungewöhnlichen Akt zitierte Dehler Anfang 1951 in einem Schreiben an Adenauer seitenlang wörtlich den Brief eines »in Kanada lebenden Jugendfreundes, von dessen Einsicht ich etwas halte«; es kann sich nur um Dessauer handeln. Er lohnt sich, auch hier zitiert zu werden:

> Du kennst mich lange genug, um zu wissen, dass ich nicht nervös bin. Ich bin es heute so wenig als 1938 oder 1949 oder 1914. Aber ich habe gelernt, die politische Entwicklung zu analysieren, ich tue es mit einer gewissen Leidenschaft, und ich habe Zeit genug, es mit Überlegung zu tun. Und schließlich habe ich 10 Jahre lang Geschäfte mit den Russen gemacht, große Geschäfte, Geschäfte mit gewichtigen Leuten, und ich glaube ein Gefühl dafür zu haben, wenn die Russen bluffen und wenn nicht. Sie erklären heute, dass sie eine deutsche Aufrüstung nicht dulden würden, und ich glaube, dass es ihnen damit tödlicher Ernst ist und tödlicher Ernst sein muss. … Die deutsche Aufrüstung wird zu einem Krieg führen, der ohne sie mindestens vermieden werden kann, und der mit ihr leicht verloren werden kann, ganz zu schweigen von dem, was dieser Krieg bedeuten würde. Von den Werten, die einen Krieg rechtfertigen würden, würde in diesem jetzt begonnenen Krieg wenig übrig bleiben.

Und er schloss mit den Worten: »*Dixi et salvavi animam meam.*« – »Ich habe gesprochen und meine Seele gerettet.«[183] Das sprichwörtliche Alibi für das Gewissen, das aus dem Buch Hesekiel stammt: Mit der Warnung rettet man die eigene Seele, wohl wissend, dass die Gottlosen auf die Warnung nicht hören. Und das musste Dessauer bei den Bonner Regierenden annehmen. Dehler ließ Heuss eine Kopie des Briefes zukommen.

Aus solchen Warnungen mag es sich erklären, dass Heuss, obwohl kein Pazifist, den Gedanken an eine westdeutsche Remilitarisierung anfangs von sich wies – aber dann wich er vor Adenauer zurück.[184] Und auch Dessauer veränderte in der Folge seine Position. Anfang 1952 schrieb er Dehler, der auch diese Lagebeurteilung an Heuss weitergab: »Das Risiko der deutschen Aufrüstung ist unendlich viel geringer als es vor 14 Monaten war. Es ist heute ein außenpolitisch tragbares Risiko.«[185] Andererseits, in der gleichen Logik: Am geringsten wäre das Risiko eines sowjetischen Angriffs, wenn die Bundesrepublik gar nicht aufrüstete. Wozu dann überhaupt die Wiederbewaffnung? Man erkennt: Heinemann und Niemöller standen mit ihren Warnungen nicht allein; hinter den Kulissen gab es ähnliche Stimmen selbst von solchen Persönlichkeiten, die diesen Adenauer-Gegnern sonst fernstanden.

Was bei alledem in Heuss vorging, ist von den uns vorliegenden Zeugnissen her nicht leicht zu durchschauen; man kann es nur zu rekonstruieren suchen. Ganz offensichtlich hatte er wenig Neigung, sich an dem gequälten Herumrätseln zu beteiligen, wie man eine Politik der Abschreckung betrieb, die von der Gegenseite nicht als Bedrohung und Herausforderung empfunden wurde. Und damit verbunden das Rätseln über Absichten und Hintergedanken der sowjetischen Führung! Das Hin und Her der Signale Dessauers gibt einen Eindruck von der Schwierigkeit, die Qualität vermeintlicher Insider-Informationen zu beurteilen; Ernst Lemmer, Heuss' einstiger DDP-Parteifreund, übermittelte Ende 1951 die zu Dessauer konträre Insider-Information aus Moskau, die Sowjetunion werde eine deutsche Wiederbewaffnung nicht dulden.[186]

Nicht umsonst wurde zu jener Zeit »Kreml-Astrologie« zum stehenden Begriff. Bei dieser spekulativen Nervenstrapaze selber mitzuspielen, verspürte Heuss offensichtlich wenig Lust. Intern spottete er 1957 über Adenauer, der sich von einem vermeintlichen Kreml-Insider hatte einreden lassen, Marschall Schukow werde Chruschtschow stürzen – stattdessen war der Marschall nun selber gestürzt.[187]

Wenn Heuss im Ost-West-Konflikt eher zum Abwiegeln neigte, entsprach das seinem Naturell und seiner Aversion gegen politische »Nervosität«. Und war es 1932 trügerisch gewesen, mit der Hoffnung zu spielen, Hitler würde mit zunehmender Verantwortung und Erfahrung auch an Vernunft wachsen, war diese Erwartung zwei Jahrzehnte darauf bei den Sowjetführern nicht in gleichem Maße illusionär. 1955 wunderte Heuss sich darüber, dass Hausensteins Tochter als US-Bürgerin zu einer eifrigen Kalten Kriegerin geworden war und sich darüber sorgte, »der Westen würde in der dauernden Konjunktur lässig gegenüber der kommunistischen Gefahr«. »Ein seltsamer Eifer in der hübschen, sehr gepflegten, etwa 35-jährigen Frau.«[188]

»ENTKRAMPFUNG« AUCH IN DEN BEZIEHUNGEN ZUM OSTBLOCK. In Gelassenheit übte Heuss sich auch gegenüber den regierenden Kommunisten der DDR. Hier ist nicht nur zu beachten, was er redet, sondern auch, wozu er schweigt. Nach dem Aufstand vom 17. Juni wurde die »schöne Idee« (Heuss mit Heuss'scher Ironie) an ihn herangetragen, Rundfunkansprachen speziell an die DDR-Bevölkerung zu richten; das lehnte er ab, da ihm solche Reden zu sehr »ans Zweckdemagogische« heranzugehen schienen und er an ihrer guten Wirkung zweifelte.[189] Er wollte die DDR-Machthaber nicht unnötig provozieren. Mit Külz hatte er auf ungewohnt schroffe Art gebrochen, als der einstige Freund sich von den sowjetischen Besatzern instrumentalisieren ließ; aber das war ein konservativer Liberaler gewesen: Bei ihm hatte die Liebedienerei gegenüber den Sowjetkommunisten etwas tief Unechtes. Wenn dagegen Kommunisten, die unter dem NS-Regime schlimme Verfolgungen erlitten hatten, die sowjetische Besatzungsmacht für ihre Zwecke nutzen, verhielten sie sich im Prinzip nicht anders als Heuss und Adenauer im Umgang mit den Amerikanern. Ein Misstrauen gegenüber dem deutschen Volk, dessen Massen noch Jahre davor Hitler und Goebbels zugejubelt hatten, kennzeichnete bürgerliche Politiker des Westens ebenso wie kommunistische des Ostens; auf unterschiedliche Weise stimmten sie darin überein, dass die künftigen politischen Optionen der Deutschen einzugrenzen seien. Nicht zu vergessen: In der bundesdeutschen Gründerzeit war zunächst noch keineswegs ausgemacht, ob die Liberalisierung der Wirtschaft – ein anfangs riskantes Experiment – aus der Nachkriegsnot besser heraushelfen würde als die zentrale Planung und ob die Politik der Bundesregierung von einer stabilen Mehrheit des Volkes getragen werden würde.

Immer wieder bekam Heuss Briefe von Bundesbürgern, die von sich behaupteten, im Namen des Volkes zu sprechen, und ihn beschworen, sich dafür einzusetzen, dass sich Deutsche aus Ost und West an einen Tisch setzten und miteinander die Wiedervereinigung verhandelten. Dabei mag es sich zum Teil um eine von der DDR organisierte Briefkampagne gehandelt haben, und doch konnte man in der ersten Zeit damit rechnen, dass solche Stimmen tatsächlich eine verbreitete Empfindung wiedergaben. War die Bonner Westorientierung wirklich Ausdruck einer freien Selbstbestimmung der Deutschen? Anfang 1952 behauptete Niemöller bei seinem Moskaubesuch dem stellvertretenden sowjetischen Außenminister Sorin gegenüber, »das ganze Gerede von der Freiheit im Westen sei für viele Menschen wirklich nur ein Gerede«; »selten sei eine Regierung volksferner gewesen als die gegenwärtige« bundesdeutsche.[190] Erst mit der Zeit, vor allem nach dem ostdeutschen Aufstand vom 17. Juni 1953 gewann das Pathos der »freien Welt« einen volltönenden Resonanzboden, wogegen die Regenten von Pankow zu Sklavenhaltern wurden.

Es fällt auf, dass sich abfällige Bemerkungen über DDR-Machthaber in den Heuss'schen Korrespondenzen, die sonst nicht wenig Maliziöses enthalten, nur sehr begrenzt finden und Heuss auf informeller Ebene gegenüber Kommunisten keine Berührungsangst zeigt: Das sahen wir bereits bei seinem freundlichen Umgang mit Johannes R. Becher. Was man in der Heuss-Literatur leicht übersieht[191]: Stellvertretender Ministerpräsident der DDR wurde Otto Nuschke, den Heuss seit seiner Studentenzeit aus dem Naumann-Kreis gekannt, ja zuerst sogar beneidet hatte[192] und der 1913 im Wahlkreis Waldeck-Pyrmont als »fortschrittlicher« Kandidat zurückgetreten war, um Naumann zurück in den Reichstag zu bringen[193]: Ein solcher Mann mochte für Heuss als liberales Aushängeschild der DDR zwar eine naive Marionette sein; aber ein infamer Verräter war er nicht, und Heuss empfand es als »subaltern«, dass 1956 auf dem Frankfurter Kirchentag, auf dem gegen Nuschke demonstriert wurde, ein Treffen zwischen ihm und Nuschke (»Wir stammen ja aus dem gleichen Stall«[194]) auf eine ihm undurchsichtige Art hintertrieben wurde.[195] 1958, im Frühjahr nach Nuschkes Tod, erinnerte Heuss ohne irgendeine abfällige Bemerkung seinen früheren Parteifreund Ernst Lemmer daran, wie sie beide 1943 mit Otto Nuschke dessen 60. Geburtstag gefeiert hatten.[196] Vor allem in kirchlichen Kreisen hatte Nuschke als derjenige an der DDR-Spitze gegolten, mit dem man reden konnte.[197]

Die DDR-Regenten waren für Heuss keine fratzenhaften Gestalten, und es lag ihm daran, bei ihnen als jemand zu gelten, mit dem man vertraulich ins Gespräch kommen konnte. Wer den Kommunismus wie Heuss aus der Geschichte heraus verstand, konnte in ihm kein kriminelles Phänomen sehen, auch wenn er ihn als fundamentalen Irrweg betrachtete. Dass selbst Heuss' Briefe an Toni Stolper kaum Ausfälle gegen Sowjet- und DDR-Größen enthalten, ist umso bemerkenswerter, als er es sonst sichtlich genoss, in diesen Briefen manchem Ärger Luft zu machen, und er überdies damit rechnen konnte, mit antikommunistischen Spitzen der Adressatin zu gefallen. Aber ein Geschimpfe auf die Kommunisten bereitete ihm offenbar kein besonderes Vergnügen: Antikommunismus war in der damaligen Bundesrepublik das Banalste von der Welt!

Heuss sprach nicht nur von der »sogenannten DDR«, sondern intern auch von der »sog. freien Welt« und dem »sogenannten gesamtdeutschen Ministerium«.[198] Gewiss stand er hinter Adenauers Politik der Nichtanerkennung der DDR; im übrigen jedoch bevorzugte er auch hier eine »Entkrampfung« der Situation. Die Hallstein-Doktrin, die die Nichtanerkennung auch auf all solche Staaten ausdehnte, die die DDR anerkannten, war für Heuss viel zu schematisch, zu sehr Ausdruck Hallsteinscher Juristen-Pedanterie und engte den Spielraum der Bonner Außenpolitik bedenklich ein. Heuss' Intimus Hans Bott offenbarte 1966 über dessen ostpolitisches Unbehagen:

> Heuss litt sehr darunter, dass jede geradlinige Politik unmöglich war, denn er war überzeugt, dass nur gute freundnachbarliche Beziehungen im politischen, kulturellen und wirtschaftlichen Leben zu den Völkern in Ost und Südost, die sich Europa zugehörig fühlten, den Weg für eine friedvolle, blühende Zukunft freimachen ... Deshalb war Heuss über die harte, wenn auch juristisch einwandfreie Konsequenz des Abbruches der diplomatischen Beziehungen zu Jugoslawien 1957, weil Belgrad die »DDR« anerkannte, in Erinnerung an viele Gespräche mit Karl Georg Pfleiderer betroffen ...[199]

Nun, Adenauer empfand genau diese Politik als »geradlinig«; Heuss dagegen hätte seine Kunst der »Entkrampfung« am liebsten auch gegenüber manchen osteuropäischen Ländern zur Geltung gebracht. Pfleiderer, bis 1957 Bonner Botschafter in Belgrad, war für Adenauer seit 1952 ein Reizthema, als dieser erfahrene Diplomat vor einer einseitigen Westorientierung in öffentlicher Rede gewarnt und eine Wiedervereinigung unter akzeptablen Bedingungen durch Verständigung mit der Sowjetunion, selbst in den Grenzen von 1937, für denkbar erklärt hatte.[200] Pfleiderer war für Adenauer gefährlich, weil er Reinhold Maier hinter sich hatte: Beides waren Schwaben aus dem Kreis Waiblingen, und Maier erblickte in Pfleiderer gerade eine »Lichtgestalt« inmitten des »damaligen Adenauer-Sogs«.[201] Aus Heuss-Briefen an Toni Stolper ist zu erkennen, dass auch Heuss, der bei Maier einen »Anti-Adenauer-Komplex« diagnostizierte[202], zu diesem Mitschwaben seit Jahren in freundschaftlicher Beziehung stand, auch wenn diese sonst durch Korrespondenzen kaum belegt ist. Pfleiderer hatte Elly »sehr verehrt« und sich zu Herzen genommen, als sie zu ihm einmal energisch geworden war: »Ein Mann muss auch etwas riskieren wollen!«

Das tat Pfleiderer nun gegenüber Adenauer, mit mehr Courage als Heuss, jedoch unter dessen Beifall.[203] Am 9. März 1956 berichtet Heuss von einem »interessanten« Gespräch mit Pfleiderer über deutsche Verpflichtungen gegenüber dem einst okkupierten Jugoslawien: »Die Hitler-Sünden an diesem Volk kosten uns Deutsche noch sehr viel Geld – aber es soll bezahlt werden.«[204] Bis dahin wurde Titos Jugoslawien noch als mutiger Dissident inmitten des Ostblocks geschätzt. Aber gerade 1957, als der Abbruch der bundesdeutschen Beziehungen zu Jugoslawien bevorstand, plädierte Pfleiderer in einer Denkschrift an Adenauer sogar für die Aufnahme diplomatischer Beziehungen zu den Ostblockstaaten. Als er kurz darauf plötzlich starb, glaubte Heuss, er sei »an der Angst vor dem Drohenden gestorben«[205] – was nebenbei auch ein Licht auf die Scheu dieses Bundespräsidenten wirft, sich mit dem Kanzler offen anzulegen! Soweit aus den Briefen und Gesprächsprotokollen zu erkennen, hat sich Heuss bei Adenauer nie für Pfleiderer eingesetzt.

Gegen die generelle Aufnahme diplomatischer Beziehungen zu den Ostblockstaaten ohne Rücksicht auf die Hallstein-Doktrin hegte Heuss Bedenken.[206]

Aber auch bei Nichtanerkennung der DDR fand Heuss nichts dabei, Briefe der dortigen Regierenden zu beantworten. Am 30. November 1950 richtete Otto Grotewohl, der aus der SPD hervorgegangene Ministerpräsident der DDR, einen Brief an Adenauer, in dem er ohne jede Polemik Verhandlungen zwischen beiden deutschen Regierungen über die Bildung eines Gesamtdeutschen Konstituierenden Rates zur Vorbereitung »freier gesamtdeutscher Wahlen« vorschlug. Dieser Vorstoß erregte in der bundesdeutschen Öffentlichkeit Aufsehen und weckte Hoffnungen; noch aus den »Erinnerungen« Adenauers, die an diesem Punkt auffallend ausführlich verweilen, ist zu erkennen, dass der Grotewohl-Brief dem Kanzler zu schaffen machte und von ihm für gefährlich gehalten wurde.[207]

Selbst der Berliner Bischof Dibelius, eine der solidesten Stützen Adenauers in den protestantischen Kirchen, gab zu bedenken, es vergehe kein Tag, an dem er nicht gedrängt werde, für die Anbahnung eines Gespräches zwischen Ost und West eine Initiative zu ergreifen, und eine »glatte Zurückweisung« kommunistischer Gesprächsangebote werde von der ostdeutschen Bevölkerung nicht verstanden.[208] Das berichtet Adenauer selbst in seinen Memoiren, um an seine damalige prekäre Situation zu erinnern.[209] Heuss war dafür, diesen Brief – wenn auch ablehnend – zu beantworten, und entwarf für Adenauer sogar ein Antwortschreiben; Adenauer jedoch ließ Grotewohls Vorschlag nach wochenlangen Bonner Auseinandersetzungen unbeantwortet und hatte hier sogar Kurt Schumacher auf seiner Seite, für den Grotewohl als Verräter, der die eigene Partei in der Sowjetzone den Kommunisten ausgeliefert hatte, gänzlich unglaubwürdig war.[210] Die von diesem abtrünnigen Ex-Parteifreund geforderten Gespräche waren für Schumacher nichts als ein Trick zur »Überlistung und Übertölpelung der Demokraten durch die Totalitären«[211]; er war mit dem Grotewohl-Brief sogar rascher fertig als Adenauer. Heuss hatte Grotewohl in seinem Antwort-Entwurf immerhin zugestanden, dass dessen Motiv durchaus berechtigt sei.

Am 2. November 1951 richtete der DDR-Präsident Wilhelm Pieck an Heuss einen Brief, in dem er ein Gespräch von Präsident zu Präsident zur Vorbereitung einer »friedlichen Einigung Deutschlands« über freie Wahlen vorschlug. Heuss beantwortete das Schreiben bemerkenswert prompt und ausführlich, nicht ohne sich allerdings, wie es scheint, bei Adenauer rückzuversichern[212], und redete Pieck sogar ungeachtet der Nichtanerkennung seines Staates mit »Herr Präsident« an, hatte es allerdings leichter als ein Jahr zuvor bei Grotewohl, Piecks Demarche zurückzuweisen, da dessen Brief im Stil der DDR-Propaganda gegen die Bundesregierung polemisierte.[213] Da jedoch die Bundesregierung nicht einmal den Versuch unternahm, die Ernsthaftigkeit solcher DDR-Vorschläge auf die Probe zu stellen, konnte auch bei vielen, die den Kommunismus ablehnten, ein unsicheres Gefühl bleiben, ob nicht Chancen verpasst worden seien.

Es scheint, dass auch Heuss von derartigen Zweifeln nicht ganz frei war. Da er selbst von seinem Naturell her konziliant war und Ähnliches gerne bei anderen voraussetzte, neigte er grundsätzlich dazu, im Zweifelsfall zu erproben, ob man nicht mit dem anderen reden könne. Wenn Heuss gegenüber Adenauers Staatssekretär Otto Lenz im Blick auf den Brief an Pieck »großen Wert darauf« legte, »dass er politisch nicht völlig mundtot gemacht werde« – so jedenfalls referiert ihn Lenz[214] –, spürt man einen Unterton von Trotz. Thomas Mann, der mit Heuss einst über dem »Schund-und-Schmutz«-Gesetz aneinandergeraten war, wusste es zu schätzen, dass Heuss, der mit ihm zusammen am 8. Mai 1955 auf der Stuttgarter Gedenkfeier zu Schillers 150. Geburtstag sprach, sehr damit einverstanden war, dass der auch im Osten geschätzte Schriftsteller auf einer gleichen Gedenkfeier in Weimar auftrat. Im Juli 1956 empfing Heuss eine Delegation protestantischer Bischöfe aus der DDR; im Anschluss daran schrieb er einem Jugendfreund: »Ich bin eigentlich jedem dankbar, der zu wissenschaftlich-kulturellen Zwecken in die sowjetische Zone fährt, wenn ich auch weiß, dass diese Auffassung nicht von allen Leuten geteilt wird; aber ich sehe darin eine Bestätigung und, wo es nötig ist, eine Bekräftigung der Tatsache der nationalen Einheit.«[215] Aber anders als bei Willy Brandt in den 1960er Jahren wurde bei Heuss aus solchen Ansätzen keine Strategie.

DER 17. JUNI 1953: »TAG DER DEUTSCHEN EINHEIT« ODER WILDER STREIK? Besondere Beachtung verdient die Art und Weise, in der Heuss mit dem Aufstand in der DDR vom 17. Juni 1953 umging. Mochte das Profil der beiden deutschen Staaten in der Anfangszeit noch undeutlich gewesen sein, so stand von jetzt ab die DDR-Regierung vor der Weltöffentlichkeit als ein der Bevölkerung aufgezwungenes Regime da, dem gegenüber die Bundesrepublik wie noch nie zuvor als Hort der Freiheit auftrumpfen konnte. Wenn man sich vergegenwärtigt, welche Chance diese Situation für einen aus liberaler Tradition kommenden Bundespräsidenten für flammende Aufrufe geboten hätte, wirkt Heuss' Reaktion eher verzögert und verhalten.

Wären die Deutschen nicht kriegsmüde gewesen, wären damals wohl wutentbrannte Massen von West- nach Ost-Berlin gestürmt; und ebendarauf hatten viele Aufständische wohl auch gehofft.[216] Aber das wäre nach Lage der Dinge hochgefährlich gewesen, und Heuss fiel es nicht ein, die Stimmung anzuheizen. Zudem war anfangs nicht klar, was dieser Aufstand bedeutete.[217] Der künftige »Tag der Deutschen Einheit« begann ja als Auflehnung von Bauarbeitern gegen eine Erhöhung der Normen; dann folgten auch Aufrufe zur deutschen Einheit, aber wieweit diese für den Widerstand repräsentativ waren, ließ sich schwer überblicken. Nicht sofort wurde der 17. Juni als »Tag der Deutschen Einheit« begriffen. Heute längst vergessen: Damals war von der Bundesregierung der

12. September, der Tag der Wahl des ersten Bundespräsidenten, zum nationalen Gedenktag ausersehen worden![218]

Am 20. Juni, als der Aufstand bereits von sowjetischen Panzern niedergeschlagen worden war, hielt Heuss vor dem Bundestag eine Ansprache im Gedenken an die Toten.[219] Die Rede war im Grundton Heuss'scher Ruhe gehalten. Er spricht aus der Erfahrung des Historikers, der die Distanz braucht: »Wahrscheinlich sind wir den Ereignissen noch zu nahe, um ihre Einzelzüge voll würdigen zu können.« Er wolle daher nicht versuchen, »den möglichen Beweggründen für die verschiedenen Aktionen der verwichenen Woche nachzugehen«. Klar ist für den Brentano-Schüler Heuss vor allem eines: der 17. Juni als Indiz für die »völlige Perversion, die das Gewerkschaftsprinzip und der Leistungsgedanke in der Sowjetzone erfuhren«. Die Gewerkschaften, von Organen der Arbeiter-Selbstbestimmung zu Zwangsinstrumenten des Staates umgedreht; auch »Leistung« nicht ein Begriff der Anreize, sondern als einer des Zwanges. Nur behutsam und wenig konkret schließt er mit der Botschaft, dass sich in diesem Aufstand auch ein Drang nach Wiedergewinn der deutschen Einheit äußere, »damit die Verkrampfungen sich lösen«.

Kein Wunder, dass im Präsidialamt nicht nur zustimmende, sondern auch unzufriedene Briefe aus der Bevölkerung eintrafen, die Heuss teilweise in grobem Ton abfertigte.[220] Eine gewisse Enttäuschung spürt man zwischen den Zeilen auch in dem Brief, den Otto A. Friedrich, Generaldirektor der Phönix-Gummiwerke und Vorstandsmitglied des BDI, am 22. Juni 1953 an Heuss richtete. Dieser einflussreiche Industrielle schlug einen ganz anderen Ton an als der Bundespräsident und beachtete am 17. Juni nicht den Arbeitskampf, sondern nur die schwarz-rot-goldenen Fahnen, mit denen Ost-Berliner Arbeiter durchs Brandenburger Tor zogen, und die deutsch-deutsche Gemeinsamkeit, die sich in dieser Erhebung Luft machte und alte Klassenkonflikte in Vergessenheit brachte.

> Ich glaube, dass für uns Deutsche dabei eines ... erregend, ja erschütternd gewesen ist: die Tatsache, dass sich hier deutsche Arbeiter in aggressiver, revolutionärer Form spontan und in dramatischer Weise zu unseren nationalen Symbolen bekannt haben. ... Zum ersten Mal hat die schwarz-rot-goldene Flagge, die uns zweimal nach einer Niederlage gegeben worden ist, in einer echten Kampfsituation ihre Weihe erhalten, eine Weihe, die alle Deutschen anerkennen werden.

Das sei der Augenblick, diese Flagge »und mit ihr das Deutschlandlied fest in den Herzen aller Deutschen zu verankern«. Er musste wissen, dass er mit seiner letzten Pointe bei Heuss einen wunden Punkt traf. Heuss antwortete kurz und zurückhaltend: »Es wird sich erst erweisen, was zu hoffen ist, dass eine symbolhafte Kraft von dem Tag aus weitergehen wird.« Einstweilen sei es noch nicht zu überblicken.[221] In seiner darauffolgenden Neujahrsansprache berührte er den 17. Juni nur kurz, ohne daraus einen konkreten politischen Auftrag abzuleiten: »Das seelische Einheitsgefühl ist im Elementaren *nie* zerrissen worden. Das ist der eigentliche geschichtliche Sinn des 17. Juni.« Dazu die Entlarvung der »Albernheiten«, die von der »anspruchslos dummen Propagandamaschine« der DDR »ausgeleiert« würden. Unter dem »Tröstlichen« des auslaufenden Jahres nennt er an erster Stelle, dass »die Spareinlagen wachsen und wachsen, das schönste Zeichen des nationalen wie des persönlichen Selbstvertrauens …«[222] Der 17. Juni wurde von Adenauer zur Bestätigung seiner Politik der Westorientierung benutzt; aber für andere war er ein Signal, zielstrebig auf die Wiedervereinigung hinzuarbeiten. Heuss schwieg dazu.

Am 21. März 1956 erwähnt Heuss nebenbei in einem Brief an Toni Stolper: »Wir haben hier ja einen von mir für überflüssig gehaltenen Prozess vor dem Bu-Verfassungsgericht, der zum Verbot der KPD führen soll.« Die Begründung des Verbotsantrags habe viel mit Material aus der Stalin-Zeit operiert; die Verteidiger der KPD hielten dagegen, dass dieses Material durch die Entstalinisierung seine Beweiskraft verloren habe.[223] Heuss selbst glaubte damals noch nicht, dass sich das Sowjetsystem durch die »Entthronung des Stalin« von Grund auf gewandelt habe; und doch habe diese Wende »als volkspsychologischer Vorgang etwas schier Aufregendes«[224].

Berichte des Bonner Botschafters in Moskau, Hans Kroll, überzeugten Heuss 1959 dann doch davon, dass Chruschtschow mit seinen »russischen Bauernsprüchen« gegenüber der »tückischen Verschlossenheit Stalins« eine neue Ära markiere, in der die innen-, speziell agrarpolitischen Ambitionen dominierten.[225] Also kein Grund mehr zu dem alten Alptraum[226] »*Die Russen kommen*«. Die KPD war in den Bundestagswahlen von 1953, keine drei Monate nach dem 17. Juni, zur bedeutungslosen Splitterpartei geschrumpft; auch pragmatische Konservative hielten das jahrelange Verfahren, das am 17. August 1956 zum Verbotsurteil mit nachfolgender Verhaftungswelle führte, ähnlich wie Heuss für unnötig und verfehlt.[227] Heuss scheint jedoch dieses Thema gegenüber Adenauer nie zur Sprache gebracht zu haben; er zeigte keine Neigung, hier noch einmal den Versuch zu wagen, »Hüter der Verfassung« zu spielen oder auch umgekehrt zu verhindern, dass eine politische Entscheidung zu einer juristischen gemacht wird.

VON DER »ENTKRAMPFUNG« ZUR »ENTSPANNUNG«? DIE KONTROVERSE UM KENNAN ZWISCHEN ADENAUER UND HEUSS. Seit dem Juli 1956 geriet Adenauer in Alarmstimmung durch Informationen darüber, dass die USA planten, zur Kosteneinsparung ihre konventionellen Streitkräfte in Europa zu reduzieren und sich einseitig auf die nukleare Rüstung zu konzentrieren, und dass sie überdies dabei seien, sich hinter dem Rücken ihrer Verbündeten mit den Sowjets zu verständigen. Indizien dafür waren der Radford-Plan, den die »New York Times« am 13. Juli 1956 publik machte, und die im gleichen Herbst folgende gemeinsame Intervention von Washington und Moskau gegen die drei Angreifer im Suezkrieg: England, Frankreich und Israel. Das Schreckensszenario geisterte herum, dass die USA einen sowjetischen Angriff bis zu den Pyrenäen vorstoßen lassen würden, um ihn dann atomar zurückzuschlagen – es war nicht auszudenken, was von den Deutschen dabei übrigbleiben würde.[228] Andererseits: Genau dieser Apokalypse wirkte eine Verständigung zwischen Ost und West entgegen.

Bei dem deutschen Bundeskanzler gerieten jedoch die Angst vor einem atomaren Inferno und die Sorge vor einer Ost-West-Entspannung, die die Bundesrepublik als Verbündeten für die USA uninteressant machte, merkwürdig durcheinander. Derweil bewahrte Heuss seine Gelassenheit. Er war wohl ganz zufrieden damit, dass die beiden Supermächte die Angreifer in Nahost bremsten; und den Radford-Plan erwähnte er in seiner Korrespondenz mit Toni Stolper nur einmal in einem Bericht über ein langes Gespräch mit Adenauer, und auch da nur ganz nebenbei in Klammern, mit dem Zusatz: »von dem die Leute des State Department sagen, dass es ihn nicht gebe«.[229] Gegenüber Adenauer scheint er auf dieses Thema gar nicht eingegangen zu sein.[230]

Kein Wunder, dass Heuss zu jener Zeit Sympathie für George F. Kennan gewann, der sich vom amerikanischen Diplomaten zum Politikwissenschaftler und von einem Vordenker des Kalten Krieges zu einem Vordenker der Entspannung gewandelt hatte und den Heuss auch persönlich als »ausgezeichneten« Menschen erlebte.[231] Kennan hatte im Februar 1946 als Diplomat in Moskau mit seinem warnenden »langen Telegramm« nach Washington den Startschuss zur amerikanischen Kehrtwende gegen die Sowjetunion gegeben, war jedoch schon um 1950, als die antikommunistische Hysterie in den USA ihren Gipfel erreichte, zu der Überzeugung gelangt, dass kein sowjetischer Angriff in Europa zu befürchten sei.[232] Nicht nur intern suchte er die amerikanische Außenpolitik zu beeinflussen; auch durch seine Rundfunkreden mit pragmatischen Vorschlägen zur Lockerung der Ost-West-Front wurde er seit Mitte der 1950er Jahre international berühmt. Er plädierte für ein Auseinanderrücken der Blöcke, um die Entstehung eines Krieges durch Missverständnisse und Kurzschlussreaktionen zu vermeiden, für eine neutrale Zwischenzone, zu der auch ein wiedervereintes Deutschland gehören sollte, und für eine Geheimdiplomatie, die vor demagogischer Hetze geschützt war. Als erfahrener Diplomat machte er jene »Gipfelkonferenzen« geradezu lächerlich, auf die zu jener Zeit so große Hoffnungen gesetzt wurden, wo sich jedoch keiner traute, offen zu reden, da »nebenan die Berichterstatter der Weltpresse darauf lauern, sofort jedes Wort zu erfahren«. »Wir müssen schleunigst diese Zwangsjacke der Verständigung lockern …, wir müssen wieder die private Note in die Beilegung der Gegensätze tragen.«[233]

Kurz und gut: Kennan war ganz ein politischer Weiser nach Heuss' Geschmack: ein Fürsprecher weltpolitischer Entkrampfung. Und dazu hatte Kennan eine Rede in Berlin auch noch mit Versen von Hermann Hesse geschlossen, wie Heuss an Hesses Gattin Ninon voller Entzücken schrieb![234] Am 15. Dezember 1957 schreibt er über einen Vortrag Kennans mit einem Unterton von Neid: »Er hat die großartige innere Freiheit eines Selbstgesprächs, das Skepsis und Bekenntnis nebeneinander ausspricht und dabei behutsam bleibt. Mir selber sind heute bestimmte Möglichkeiten solcher Reflexion einfach vom Amt her untersagt.«[235] Aber kurz darauf nahm er sich dann doch eine neue Freiheit heraus. In seiner Silvesteransprache vom 31. Dezember 1957 bekundete er Sympathie für den »behutsam geistvollen« Kennan und plädierte mit ihm für »eine kluge ›Geheimdiplomatie‹«, mit der man besser vorankomme als mit dem bisherigen Stil internationaler Verhandlungen »mit Scheinwerfer, Lautsprecher und Pressekonferenzen«.[236] Einem Geschichtsliebhaber wie Heuss stand ja lebendig vor Augen, wie die »Kabinettspolitik« eines Metternich und Talleyrand Europa zumindest halbwegs einen 100-jährigen Frieden beschert, die *open diplomacy* eines Wilson dagegen nach Versailles und zu einem neuen Weltkrieg geführt hatte.

Adenauer dagegen dachte in diesem Fall ganz anders: Dass sich Amerikaner und Sowjets insgeheim und hinter seinem Rücken verständigen würden, war zu jener Zeit seine große Sorge. Das von Heuss an Kennan gerichtete Kompliment verursachte die größte Missstimmung zwischen Kanzler und Präsident in den Jahren zwischen dem Dissens über der Nationalhymne und der »Präsidentenkrise« von 1959. Für Heuss kam die Kritik überraschend; denn Adenauers Pressechef Felix von Eckardt hatte Heuss zuvor in Sachen Kennan zugestimmt.[237] Es musste Heuss irritieren, dass der Einspruch des Kanzlers offensichtlich nicht so sehr von staatsmännischer Weisheit wie von parteipolitischem Kalkül bestimmt war; denn Adenauer belehrte ihn »in nur mühsam gedämpftem, grantigstem Kanzler-Stil« (Hans-Peter Schwarz)[238] prompt am 2. Januar 1958: »Herr Kennan ist zurzeit derjenige Mann, der infolge seiner unrealen Betrachtungsweise zu der Aufweichung in Deutschland in peinlichster Weise beiträgt. Bei der großen außenpolitischen Debatte, die wir demnächst haben werden, wird Herr Kennan Kronzeuge der SPD sein.«[239]

»Mag sein. Da hätte ich keine Angst«, erwiderte Heuss ebenso prompt am Tag darauf. Hier war er seiner Sache sicher und wich vor Adenauer nicht zurück. »Es tut mir leid, dass Sie mich zwingen, solchen Vorwurf mit ganz einfacher Bestimmtheit zurückzuweisen« – das war ein neuer Ton in seiner Korrespondenz mit dem Kanzler.[240] Da Adenauer speziell das »behutsam geistvoll« beanstandete, bemerkte Heuss – und dies mit Grund –, »behutsam geistvoll« sei »auch eine leichte Charakteristik meiner Redeform«[241]: Bekenntnis zur Geistesverwandtschaft mit Kennan! An Toni Stolper schrieb er, Adenauer schimpfe auf die durch Kennan animierten »Intellektuellen« – »Bleek meinte, fast wie Goebbels …«.[242] Das war hart! Man erkennt, wie im Präsidialamt der Respekt vor dem »Alten« bröckelt. Heuss konnte kaum daran zweifeln, dass das Geschimpfe des Kanzlers nicht zuletzt auf ihn selbst zielte. Er zeigt sich davon erstaunlich wenig erschüttert; in seinen damaligen Briefen an Toni Stolper ist Adenauers Ärger nur einer unter einer ganzen Anzahl von Punkten. Ein Jahr darauf kokettierte Heuss gegenüber dem Kanzler ironisch mit seiner »limitierten Bravheit«, indem er in seiner neuen Silvesteransprache, um ihn »nicht wieder zu ›beunruhigen‹«, Kennan nicht erwähnt habe.[243] Diese seine »Bravheit« hielt sich jedoch nicht lange in Grenzen.

»VERTRIEBENE« IN ANFÜHRUNGSZEICHEN; ÖKOLOGISCHE UMFUNKTIONIERUNG DER »HEIMAT«. In seiner Rezension der »Tagebuchbriefe« Anfang 1971, in der Aufbruchszeit der »neuen Ostpolitik«, nimmt ein Rezensent diese gereinigten Auszüge aus Heuss' langen nächtlichen Briefen an Toni Stolper vorwiegend als Beweis dessen, dass dieser Bundespräsident wenig politisches Profil besessen habe und oft überschätzt worden sei. Und doch, eines muss er ihm lassen: »Anders als Konrad Adenauer hat Theodor Heuss auch den Mut besessen, den Funktionären der deutschen Vertriebenenverbände die Stirn zu bieten, die Bevölkerung langsam aber zielstrebig zur Erkenntnis der Realität zu führen. … Er hat zur Nüchternheit gemahnt, als der kollektive Rausch noch Mode war.«[244] Ob sich die Deutschen der 1950er Jahre im Blick auf die Rückgewinnung der Ostgebiete tatsächlich in einem »kollektiven Rausch« befanden, ist zweifelhaft; aber für Politiker gehörte es zur *political correctness*, so zu tun, als glaubten sie daran. Heuss tat nicht so, sondern schwieg zu diesem Thema.

Man vergegenwärtige sich: Ein damaliger deutscher Bundespräsident, der gerne große Reden schwang und den Leuten aus der Seele sprach, noch dazu einer, der aus eigener schwäbischer Erfahrung wusste, wie schön es sein kann, eine Heimat zu haben und aus ihr Kraft zu beziehen, hätte in ergreifenden Reden vor den Ostvertriebenen eine besondere Chance zur Selbstdarstellung erblicken können. Bei Heuss jedoch nichts davon; unter seinen »großen Reden« fehlen Ansprachen an die Vertriebenen, auch wenn er hin und wieder vor ihnen gesprochen hat. Aber das war kein Thema, bei dem er sich rhetorisch entfalten konnte. »Mit dem Gesamtproblem der Vertreibung, auch des Verlustes der Ostgebiete, wurde Heuss nicht ganz fertig«: Diesen für die Präsidentensituation in der Nachkriegszeit bedeutsamen Hinweis versteckt Eberhard Pikart in einer Anmerkung.[245] Intern bezeichnete Heuss Sprecher der Vertriebenenverbände als

Bundespräsident Theodor Heuss (2.v.l.) im Gespräch mit Bewohnern des Flüchtlingslagers in Berlin-Lichterfelde; Willy Brandt (l.), Regierender Bürgermeister von Berlin, 3. November 1958

»Berufsdemagogen«.[246] So erklärt es sich, dass er mit dem Besuch von Flüchtlingslagern zögert[247] und Vertriebenenveranstaltungen nach Möglichkeit meidet. Wenn er dort sprach, wollte man von ihm Bekenntnisse zum deutschen Recht auf Rückgewinnung der Ostgebiete hören; und die wollte er nicht ablegen.

Stattdessen setzt er »Vertriebene« in seinen Briefen immer wieder in Anführungszeichen. Schon 1947 war ihm bei der »Infiltration von Hunderttausenden der sogenannten ›Ostflüchtlinge‹« mulmig geworden.[248] Erinnerte er sich daran, dass Max Weber seine öffentliche Wirksamkeit einst, 1892, mit einem Paukenschlag eröffnete, indem er die ostdeutschen Großagrarier dafür anklagte, dass diese zu erbärmlichen Bedingungen polnische Landarbeiter hereinholten und auf diese Weise die Deutschen als »Sachsengänger«, wie man damals sagte, in den Westen trieben?[249] Vor diesem Hintergrund bedeutete die Vertreibung in Teilen der deutschen Ostgebiete nur die Fortsetzung eines Trends, der bereits seit dem 19. Jahrhundert bestand und aus Heuss' Sicht sogar eine »volkserhaltende Wirkung«[250] besaß. Selbst wenn Deutschland die Ostgebiete je wiederbekam, war höchst zweifelhaft, ob Massen der Vertriebenen und ihrer Nachkommen dorthin zurückkehren würden. Für einen Heuss war es unvorstellbar, dass einer, der in Württemberg Fuß gefasst hatte, zurück nach Pommern ging. In der Logik seines Denkens verpuffte das Pathos vom Menschenrecht auf Heimat ins Leere; nach Lage der Dinge kam es darauf an, sich auch den neuen Ort, wo man leben konnte, innerlich zur Heimat zu machen, so wie es die Stolpers in New York vollbracht hatten.

Schon im Parlamentarischen Rat hatte Heuss sich dagegen gewandt, ein »Recht auf Heimat« in den Grundrechten zu verankern.[251] In der Folgezeit wurde ihm »Heimat« als politischer Begriff auch dadurch verleidet, dass er von den eingefleischten Badenern gegen den von Heuss schon seit 1919 befürworteten Zusammenschluss von Baden und Württemberg ins Feld geführt wurde.[252] Später stellte er, von Emigranten-Erfahrungen angeregt, die »kecke« Behauptung auf, »das umgrenzte ›Heimat‹-Gefühl sei in den USA durch das Herkunftsbewusstsein abgelöst (weshalb die hiesige These vom ›Recht auf Heimat‹ zu sentimental klinge, um politisch bewertet zu werden)«.[253] Dann konnte man ohne Revanchegedanken in Stuttgart Schlesier sein, ebenso wie Tausende von irischstämmigen New Yorkern mit großen Aufzügen den *St. Patrick's Day* begehen, ohne von der Eroberung Irlands zu träumen.

Vor diesem Hintergrund muss man diese und jene Heuss'sche Äußerung zum Thema »Heimat« sehen, so vor allem seine Ansprache »Was bedeutet uns die Heimat?« auf der Bonner Tagung der Arbeitsgemeinschaft Deutscher Heimat-, Wander- und Naturschutzbünde am 22. März 1954, die den Bundespräsidenten fortan als einen der Ihrigen betrachtete. Die von Heuss hier wiederbelebte Verbindung von Heimat- und Naturschutz, die bis in die Anfänge des Jahrhunderts zurückreicht, ist später als »braunes« Erbe diskreditiert worden.[254] Vor dem Hintergrund von 1954 stellt sich dagegen die Pointe ganz anders dar: Der Heimatbegriff wird aus einem politisch bedrohlichen Zusammenhang herausgenommen und in einem alt-neuen Kontext verankert, wo er den Frieden nicht gefährdet. Es gab ein spezifisches Natur-Heimatbewusstsein jener Zeit, als die großen Städte noch durch die Zerstörungen verunstaltet waren. »Die Jugend muss in der Natur, der Landschaft, in der Geschichte ungestörter Kleinstädte etwas von dem aufnehmen, was oft die engere Heimat nicht mehr geben kann«, erklärte Heuss 1950 bei der Verkündung des Bundesjugendplanes.[255]

Und Heuss hatte von seiner Jugend am Neckar her zu einer naturbetonten Heimatliebe viel zu sagen. Man gewinnt den Eindruck, dass er seine Jugenderinnerung im Blick darauf geradezu neu konstruiert. Jetzt erinnert er sich an ein früher als solches nie erwähntes Schlüsselerlebnis: Sein Vater, der eifrig in einem »Verschönerungsverein« mitarbeitete, wollte einen alten überwucherten Friedhof zu einem ordentlichen Park umgestalten – und wurde dann durch einen kritischen Artikel aufgewühlt, »der wehmütig von der Schönheit des alten Totengartens Abschied nahm und ihre Zerstörung betrauerte«. Er gestand sich: Der Kritiker hat ja recht![256] Über die Liebe zur vertrauten Heimat wird man sich der Liebe zur unregulierten Natur bewusst. Aber Heuss, wie stets ausgewogen, weist zugleich darauf hin, dass diese Naturliebe, wenn man sie übertreibt, mit der Menschenliebe kollidiert. Auch da schöpft er aus schwäbischen Reminiszenzen. Wohl sei die Idylle des Flusstals zunehmend durch Fabrikschornsteine gestört worden. »Wo war denn da der Heimatschutz geblieben? Ach, dieses Fabrikle, das später eine Fabrik wurde, hatte die *Menschen geschützt*, dass sie ihre *Heimat nicht verloren*, die bisher klassisches Auswandererland gewesen war …«[257]

Im Juli 1955 begründete Heuss gegenüber einem Sprecher der Landsmannschaften seine Weigerung, an einer Kundgebung der Vertriebenenverbände in Berlin am 11. September teilzunehmen, da diese zeitlich mit Adenauers Besuch in Moskau zusammenfiele und als Gegenveranstaltung verstanden werden könne; Adenauer hatte diese Großkundgebung Heuss gegenüber für »politisch bedenklich« erklärt.[258] Im gleichen Jahr lehnte es Heuss mit Hinweis auf andere Termine ab, an einer 700-Jahr-Feier der Stadt Königsberg in Duisburg teilzunehmen. Darauf schrieb ihm ein Sprecher der Vertriebenen einen scharfen Brief, in dem er ihm unterstellte, dass ihm die Rückgewinnung des deutschen Ostens gleichgültig sei. Heuss reagierte mit ungewöhnlicher Schärfe; obwohl er den Antwortbrief ohne Zweifel selbst entwarf, ließ er ihn von Bott unterzeichnen, um zu demonstrieren, dass es unter seiner Würde sei, auf einen solchen Vorwurf zu antworten. In dieser seiner Erwiderung bezeichnet er den Vorwurf als »unverschämte Flegelei«; der Schreiber möge sich nicht einbilden, dass der Bundespräsident daran denke, »sich von Menschen Ihres primitiven Schimpfbedürfnisses beeindrucken zu lassen«. »Er lässt Ihnen nur antworten, damit Sie sich nicht zu lange bei dem Lustgefühl aufhalten können, dass Sie es ihm einmal ›besorgt‹ hätten.«[259]

Bei alledem ist jedoch nicht zu vergessen: Es ist leicht, im Namen des Realismus zum »Recht auf Heimat« Distanz zu halten, wenn man selber nicht aus der Heimat vertrieben wurde. Auch von dem Rheinländer Adenauer ist anzunehmen, dass er in der Frage der Ostgebiete ähnlich dachte wie der Schwabe Heuss. Der Bundespräsident hatte es in dieser Frage jedoch leichter, »mit sich selbst im Reinen zu bleiben« – um Heuss' Lieblingsformel zu benutzen – und einfach zu schweigen, während Adenauer um die Wählerstimmen der Flüchtlinge buhlen musste und auf den Koalitionspartner BHE (Bund der Heimatvertriebenen und Entrechteten) Rücksicht zu nehmen hatte.

Kanzler und Präsident waren jedoch beide erleichtert, als der BHE nach den Septemberwahlen 1957, die der CDU/CSU die absolute Mehrheit bescherten, als politischer Faktor ausfiel.[260] Auf diese Weise erlangte die Bundesregierung mehr Freiheit zu Annäherungsversuchen an Polen, das seit 1956 unter Gomulka ein mutiges Autonomiestreben gegenüber der Sowjetunion zeigte und dadurch auch im Westen viel Sympathie erwarb, durch die Bonner Forderung nach den Ostgebieten jedoch immer wieder in die Arme der Sowjets getrieben wurde. Wie Kennan in einem seiner aufsehenerregenden Rundfunkvorträge mitteilte, hatte Gomulka versprochen: »an dem Tage, an dem die Amerikaner aus Deutschland abzögen, werde er bei der Sowjetregierung wegen des Abzugs der russischen Truppen aus Deutschland vorstellig werden.«[261] Auch Toni Stolper, sonst dezidierte Antikommunistin, befürwortete ab 1956 Bonner Verhandlungen mit Warschau und Prag.[262]

Auch jetzt hielt sich der ostpolitische Spielraum der Bundesregierung freilich in Grenzen, da sie sich selber durch die Hallstein-Doktrin die Möglichkeit verbaut hatte, in Warschau eine Botschaft zu errichten, und Adenauer nach wie vor wahltaktische Rücksichten auf die Vertriebenen nahm. Heuss, der die bundesdeutschen Beziehungen zu den Polen wohl gerne »entkrampft« hätte, schrieb Anfang 1958 an Toni Stolper: »Ad(enauers) Politik ist nun auch voll Unsicherheiten, zumal gegenüber den Polen: man will und man will nicht.«[263] Vom Naturell her war Adenauer der Konsequente, Heuss der abwägend Schwankende; hier hatten sich die Rollen vertauscht.

Ganz abgesehen von der außenpolitischen Rationalität erkennt man bei Heuss auch eine emotionale Aversion gegen jede Form von politischem Engagement, die in Heuss'scher Terminologie vom »Ressentiment« beherrscht war. Da wusste er sich mit Toni Stolper einig, die schon früher die organisierten Berufsemigranten nicht hatte leiden können. 1956 murrte er in einem Brief: »Neben den Verbänden der ›Nazi-Verfolgten‹ (nicht bloß jüdischer Komplex) gibt es jetzt Verbände der Besatzungsgeschädigten, mit ihren Syndici, Wochenschriften; Michael Kohlhaas als angestellte Massenerscheinung.«[264] Da hätten die Verbandsvertreter entgegnet, dass es ein Bundespräsident leichthabe, über den Dingen zu stehen, sie selbst dagegen als schmerzhaft Betroffene aus Gerechtigkeitssinn und berechtigter Empörung heraus aktiv seien.

KOKETTERIE MIT DEM »ANTI-ADENAUER-KOMPLEX«: HEUSS, MARGRET BOVERI UND DER FALL OTTO JOHN. Um die Mitte der 1950er Jahre wurde die bundesdeutsche Öffentlichkeit durch zwei zeitlich nebeneinanderherlaufende Skandale erregt, in denen Heuss' Name auftauchte: das mysteriöse Verschwinden von Otto John, bis dahin Leiter des Bundesamtes für Verfassungsschutz, nach Ost-Berlin ausgerechnet am Abend des 20. Juli 1954, nachdem Heuss eine große Rede »Vom

Recht zum Widerstand« zum zehnten Jahrestag des Attentats vom 20. Juli 1944 gehalten hatte, und der von großen Studentendemonstrationen begleitete Protest der Universität Göttingen vom Mai/Juni 1955 gegen den zur FDP gehörigen Kultusminister von Niedersachsen, Leonhard Schlüter, der rechtsradikaler Verbindungen beschuldigt wurde: ein Protest, der internationale Resonanz fand.

Durch diese Skandale geriet der Name Heuss zur gleichen Zeit in zwei politisch konträre Assoziationen; und das machte ihm offenbar zu schaffen, obwohl sein Ansehen von rechts bis links inzwischen so hoch war, dass ihn kaum jemand wegen solcher Beziehungen öffentlich verdächtigte. Denn Otto John verdankte seine erstaunliche Karriere vom Emigranten zum Leiter des Verfassungsschutzes zu einem Gutteil der Heuss'schen Fürsprache[265]; er hatte in engem Kontakt zu den Verschwörern des 20. Juli, insbesondere zu den Brüdern Dietrich und Klaus Bonhoeffer gestanden[266], die der nachfolgenden Rachejustiz zum Opfer fielen, und schien die beste Gewähr dafür zu bieten, dass sich im Verfassungsschutz nicht Seilschaften aus dem NS-Sicherheitsdienst etablierten.

Leonhard Schlüter, der 1944 bei dem Versuch einer Promotion in Göttingen durchgefallen war, behauptete dem SPIEGEL gegenüber, Heuss habe sich damals über seine Dissertation lobend geäußert.[267] Heuss hielt entgegen, er könne sich daran nicht mehr erinnern[268]; immerhin ist belegt, dass Schlüters Doktorvater Rudolf Smend sich in Sachen Schlüter tatsächlich an Heuss gewandt hatte.[269] Das Faktum als solches besaß nichts Anstößiges, im Gegenteil: Smend war ein hoch angesehener Staatsrechtler, der der Bekennenden Kirche angehörte. Ebenso wenig war zu bezweifeln, dass Heuss seinerzeit Otto John guten Glaubens und aus ehrenwerten Gründen empfohlen hatte. All das passte zu dem Image der Gutmütigkeit, das Heuss anhaftete, und auch zu dem der Überparteilichkeit; denn Schlüter galt als potentieller deutscher McCarthy[270] und John als Musterbeispiel für jene kommunistischen *fellow travellers*, auf die McCarthy Jagd machte.

Heute ist der Skandal um Otto John längst vergessen; aber als der bisherige Chef des Verfassungsschutzes aus Ost-Berlin über den Rundfunk die Bonner Politik anklagte, die deutsche Wiedervereinigung zu hintertreiben, musste Bundesinnenminister Schröder vor dem Bundestag eingestehen, dass dies »der bisher größte politische Skandal in der Bundesrepublik und zugleich ein Erfolg der Sowjets« sei. Der renommierte Publizist Paul Sethe, damals Mitherausgeber der F. A. Z, erklärte den »Fall John« für ein »nationales Unglück«.[271] Er, der mit Margret Boveri gut bekannt war und sich ähnlich wie sie darum sorgte, dass die einseitige Westorientierung jede Aussicht auf Wiedervereinigung verbaute[272], ging offenbar davon aus, dass John als Überzeugungstäter gehandelt hatte.

Andere brachten dagegen die Version auf, John sei unter Drogen gesetzt und nach Ost-Berlin entführt worden; seine Aussagen habe er unter massivem Druck gemacht. In den 1950er Jahren traute man im Westen der kommunistischen »Gehirnwäsche« Wunderdinge zu. Das Gleiche erklärte Otto John, als er 1955 mit westlicher Geheimdiensthilfe in die Bundesrepublik zurückkehrte. War das nur eine Ausrede, um sich der gerichtlichen Verfolgung zu entziehen? Sie nützte ihm nichts: 1956 wurde er wegen Landesverrats zu vier Jahren Zuchthaus verurteilt, wobei ihm das eine Jahr Untersuchungshaft angerechnet wurde; 1958 wurde er von Heuss begnadigt.[273]

Heuss glaubte in Johns Übertritt nach Ost-Berlin eine Parallele zu dem Englandflug des »Stellvertreters des Führers«, Rudolf Heß, am 10. Mai 1941 zu erkennen (wobei, *horribile dictu*, Adenauer in die Position Hitlers rückte – wenn nicht gar Heuss selbst!).[274] Er und Margret Boveri meinten von Anfang an, dass John freiwillig in den Osten gegangen sei. Für die Boveri, die sich zwischen West und Ost innerlich gespalten fühlte, wurde er ja ebendadurch interessant, obwohl sie gerade auf diese Weise Material für die Anklage lieferte – aber da John ihr als Mensch nicht sehr imponierte, kam es darauf nicht an.

1956 begann sie mit der Publikation ihrer vier Bände über »Der Verrat im XX. Jahrhundert«, die die Öffentlichkeit umso mehr erregten, als die Autorin selber in Gedanken einen Verrat an der Bundesrepublik beging. Der letzte und umfangreichste, 1960 erschienene Band trug den Titel »Verrat als Epidemie: Amerika«: Der Gipfel der Paradoxie bestand darin, dass die Verfasserin dem Kommunistenjäger McCarthy implizit zugestand, dass er einen realen Gegner und kein Phantom jagte. John war für sie ein Prototyp, ein Produkt der Zeit; wer miterlebt habe, wie die deutsche Teilung Menschen innerlich zerriss, »wusste schon längst vor dem Jahr 1954, dass es einmal den Fall John geben müsse«.[275] Ihr Kapitel über John trägt die Überschrift: »Der Repräsentant des gespaltenen Landes«[276]: John, nicht Heuss als der Repräsentant des geteilten Deutschlands!

Einem solchen Verdacht durfte ein Heuss natürlich keine Nahrung liefern; in der Öffentlichkeit hüllte er sich zum Fall John in Schweigen. Aber Otto John und seine Frau machten sich Hoffnung, dass der Bundespräsident von seinem Gnadenrecht Gebrauch machen würde, und suchten ihn über die Bonhoeffers und über seinen Sohn zum Einschreiten zu bewegen. In der Tat hat der Fall John, wie Ernst Ludwig Heuss schrieb, Heuss über Jahre »beschäftigt, ja gequält«.[277]

Schließlich entschied Heuss sich doch dafür, von seinem Begnadigungsrecht Gebrauch zu machen, obwohl er bei Adenauer auf »schroffste Ablehnung« stieß.[278] Zu alledem stand Heuss im Fall John gegenüber Adenauer schlecht da: Er hatte einst John empfohlen; und wenn er der Entführungsgeschichte von vornherein nicht glaubte, hätte er die Unzuverlässigkeit dieses Verfassungsschützers im voraus ahnen müssen. Aber für Margret Boveri wurde Heuss durch die Nähe zu John interessant; und das hat ihm vermutlich an der ganzen Geschichte am meisten gefallen. Er berichtet ihr, dass er sich die Zeit genommen habe, sowohl die Anklageschrift wie auch die Verteidigungsreden zu lesen; der Fall John sei ja für ihn über lange Zeit »eine etwas quälende Angelegenheit« gewesen, zumal er weder an die Entführungs- noch an die Verratsthese geglaubt habe.[279] Für die Boveri dagegen war John gerade als Prototyp des Verräters erregend: eines solchen, der seinen aktuellen Staat verriet, um nicht seine Nation zu verraten. Sie übermittelte Heuss eine Äußerung von aufreizender Brutalität, die sie sich im »Verrat im XX. Jahrhundert« aus Diskretion verkniff:

> Es hat mir einen rechten Eindruck gemacht, dass ein Bekannter Johns, Sohn eines Widerstandsgenerals, mir am Tage nach der Urteilsverkündung sagte: »Er hat mehr als vier Jahre Zuchthaus verdient.« Er meinte es allerdings umgekehrt wie das Karlsruher Gericht: Er war wütend, weil John nicht zu dem gestanden ist, was er mit seiner Fahrt in den Ostsektor und seinen dortigen Erklärungen unternommen hatte. Mein Gesprächspartner hatte ihn mehrmals in Ostberlin getroffen und war überzeugt, dass er mindestens weitgehend freiwillig gehandelt hatte.[280]

EIN ERSTES GÖTTINGER MANIFEST GEGEN EINEN »DEUTSCHEN MCCARTHY«: HEUSS, TONI STOLPER UND DAS ANTI-SCHLÜTER-NETZWERK. Der frühere Gestapochef Rudolf Diels, der 1944 selber von der Gestapo verhaftet worden war, brachte 1954 in Leonhard Schlüters »Göttinger Verlagsanstalt« ein Pamphlet heraus, in dem er den Fall John zu »unserer deutschen Dreyfus-Affäre« und zum Ausdruck allgemeiner Korrumpierung hochzuspielen suchte.[281] »Wenn man aber den verkappten Kommunisten beikommen will, so muss man sich vielleicht den Methoden McCarthys zuwenden.«[282] Da stand mit Schlüter jemand bereit, den man sich als deutschen McCarthy vorstellen konnte. Der brüstete sich in einer 1958 anonym publizierten Selbstverteidigung mit einer Attacke Otto Johns auf ihn, die er dem Buch als Motto voranstellte.[283] John habe in Ost-Berlin erklärt: »*Der Kampf gegen Schlüter ist der Kampf gegen die zweite Machtübernahme.*«

Dieser Kampf wurde jedoch mit weitem Widerhall und raschem Erfolg geführt. Wie prompt der Protest gegen den gerade erst ernannten niedersächsischen Kultusminister, der manchen als »der stärkste Mann der FDP in Niedersachsen«[284] galt, breite Resonanz fand und wie er fast augenblicklich zum Erfolg führte, ist verblüffend und übertrifft vom Tempo her selbst die Proteststürme von 1968: Noch am Tag der Berufung Schlüters zum Minister, am 26. Mai 1955, trat der Rektor der Universität Göttingen, der Agrarwissenschaftler Emil Woermann, aus Protest zurück; am Tag darauf rief der Göttinger AStA, und dies im Einklang mit dem Rektorat, zum Boykott der Lehrveranstaltungen auf, und über 3000 Studenten zogen mit Fackeln durch die Innenstadt und riefen in Sprechchören: »*Wir wollen Schlüter nicht als Kulturhüter!*«; am 4. Juni wurde dieser Kultusminister, der erst wenige Tage im Amt war, von Ministerpräsident

Hellwege beurlaubt, und fünf Tage darauf sah er sich unter massivem Druck von Partei, Regierung und Öffentlichkeit zum Rücktritt veranlasst[285], noch bevor er als Minister Gelegenheit gehabt hätte, irgendetwas zu tun, was Anstoß hätte erregen können. All das Schlag auf Schlag, und das in den tiefsten 1950er Jahren, denen später oft ein allzu laxer Umgang mit NS-Affinitäten nachgesagt wurde!

Natürlich erklären sich dieses Tempo und dieser durchschlagende Effekt nur daraus, dass der Widerstand vorbereitet war, seitdem Schlüters Ernennung in Aussicht stand. Und an dieser Vorbereitung war niemand anderes als Theodor Heuss intensiv beteiligt, auch wenn er selbst sich bei alldem in der Öffentlichkeit bedeckt hielt: Dafür belieferte er umso mehr Toni Stolper mit Göttinger Munition, die bei dem internationalen Protest gegen Schlüter die Speerspitze bildete. Gerade im Mai 1955 war beim gemeinsamen Urlaub zwischen beiden eine neue Liebe entstanden; im Kampf gegen Schlüter fand diese Gemeinsamkeit sogleich ein politisches Aktionsfeld; später erinnerte sich Heuss an die »Schlüter-Zeit«.[286] Besonders aufgebracht hatte ihn das schon vorher im Schlüters Verlag erschienene Pamphlet eines Herbert Grabert »Hochschullehrer klagen an«, das behauptete, die deutsche Wissenschaft sei durch die Entnazifizierung vernichtend getroffen worden, und dessen dritte Auflage 1954 mit einem Dank – ausgerechnet an den Bundespräsidenten – begann![287] Heuss empfand diesen Dank als »Hohn«, und ihn ärgerte erst recht, dass der arglose Leser das nicht bemerkt.[288]

Im August 1955, nach errungenem Sieg, brachte das *Committee on Science and Freedom* eine englischsprachige Broschüre »Göttingen versus Schlüter« heraus. Vorsitzender dieses Komitees war der mit Toni Stolper befreundete Physiker Michael Polanyi[289]; unter den Mitgliedern und Sponsoren fanden sich weltberühmte Namen, von Raymond Aron bis zu Romano Guardini, Salvador de Madariaga, Robert Oppenheimer, Otto Hahn und Karl Jaspers – eine geradezu überwältigende Phalanx des Geistes. Zu der Broschüre hatten Helmut Gollwitzer und Karl Friedrich Bonhoeffer, ein Bruder Dietrich Bonhoeffers, beigetragen; der Kernbeitrag »Göttingen University and German Politics« dagegen stammte von Toni Stolper. Hier stand sie im Mittelpunkt eines weltweiten Netzwerkes mit glänzenden Namen, das durch das Bekenntnis zur geistigen Freiheit geeint wurde. Vor allem ihr Beitrag zeugt von einer intensiveren Beschäftigung mit Schlüters Vorgeschichte. Bei anderen erkennt man vor allem eine Solidarisierung aus dem Bestreben heraus, ein sichtbares Signal gegen ein neues Aufleben von NS-Tendenzen in der Bundesrepublik zu setzen, gerade auch bei solchen, die sich sonst eher im Kampf gegen den Kommunismus profiliert hatten. Hatte die Broschüre von Schlüters Verlag den Fall John zur deutschen Dreyfus-Affäre zu stilisieren versucht, tat der Göttinger Soziologe Helmuth Plessner das Gleiche mit dem Fall Schlüter.[290] Aber dafür löste sich dieser Eklat viel zu rasch in Wohlgefallen auf.

Am 15. Juni 1955, dem Montag nach Schlüters Rücktritt, brachte DER SPIEGEL einen Titel über diesen Mann. Auf dem Titel ein »massiger, stiernackiger« Glatzkopf mit einem Lächeln, das man je nach Einstellung als jovial oder als tückisch und feist empfinden konnte. Und doch wird der Leser zwischendurch unsicher, ob er für oder gegen Schlüter Partei ergreifen soll. Denn das war ein besonderer Fall. Nach den Nürnberger Gesetzen war Schlüter »Halbjude« gewesen und war 1941, als das herauskam, aus der Wehrmacht entlassen worden; vergeblich hatte er sich um Reaktivierung bemüht. Laut SPIEGEL hatte Schlüter »diesen Schlag bis heute nicht verwunden«. Im Februar 1945 war gegen seine Mutter, im NS-Jargon »Volljüdin«, ein Deportationsbefehl ergangen, dessen Vollzug der Sohn mit Hilfe eines Gestapobeamten und eines SA-Standartenführers in letzter Minute hatte abwenden können.

Diese Erfahrung war für Schlüter laut eigener Aussage einer der Gründe, die ihn nach Kriegsende bewogen, »Nationalsozialisten zu helfen«.[291] Das Nachrichtenmagazin ließ erkennen, dass auch manche Ankläger Schlüters nicht über alle Zweifel erhaben waren; streckenweise wird Schlüter zur tragischen Gestalt. Als die ersten Proteste laut wurden, reagierte der Ministerpräsident Hellwege: »Was haben Sie denn gegen Herrn Schlüter? Dass er Dreck am Stecken hat? Das haben doch die meisten!«[292] »Wer hat einen sauberen Stecken?« lautete die Titel-Schlagzeile. In der Tat hatte der Göttinger Rektor Woermann sehr im Unterschied zu Schlüter – wie dieser ausführlich belegte – über geraume Zeit zu prominenten Nutznießern des NS-Regimes gehört, auch wenn er kurz vor Kriegsende verhaftet worden war, und schon gar der mit Heuss befreundete Historiker Heimpel, der zu den Göttinger Anti-Schlüter-Aktivisten gehörte, hatte nach 1933 begeisterte Bekenntnisse zum »neuen Deutschland« abgelegt.[293]

Was hatte man Schlüter konkret vorzuwerfen? DER SPIEGEL bemerkte, die protestierenden Professoren hätten »sich überhaupt nicht auf bestimmte Vorkommnisse bezogen«.[294] Immerhin hatte Schlüter 1948 in einer Rede in Wolfsburg angekündigt, ein neues 1933 werde wiederkommen; aber der genaue Wortlaut und Grundtenor waren umstritten.[295] Der handfeste Anklagepunkt war für Heuss und andere der, dass sich um den Plesse-Verlag, den er zusammen mit seiner Frau Erika gegründet hatte, solche Autoren sammelten, die die Entnazifizierung attackierten, davon Betroffene verteidigten und teilweise den Geruch des Neonazismus besaßen. Nun, das allein hätte für Heuss nicht ausgereicht, sich hier zu engagieren, noch dazu damals in der Kur in Bad Kissingen.

Aber in den Fall Schlüter spielte weiteres hinein; in der Vorgeschichte des damals erst 32-jährigen Ministers, der jedoch viel älter aussah, gab es zwielichtige Episoden. Von 1945 bis 1947 war er Chef der Göttinger Kriminalpolizei gewesen und hatte sich in dieser Funktion mindestens 14 Strafverfahren wegen Freiheitsberaubung, Unterschlagung und Überschreitung seiner Amtsbefugnisse zugezogen. Schlüter selbst verwies darauf, unter den damaligen Verhältnissen habe er hart durchgreifen und sich Feinde machen müssen: »Damals tobten dort 18 000 freigelassene Polen.«[296] Als Typ wirkte er rüde und vulgär, wie einer vom Schlage des Joe McCarthy, der dem kultivierten Antikommunismus peinlich war; Toni Stolper erinnerte am Schluss ihres Anti-Schlüter-Artikels an die Kehrtwende der amerikanischen Öffentlichkeit gegen McCarthy über der Erkenntnis: »*But this man has no manners!*«[297]

In Heuss' Augen verkörperte Schlüter mitsamt seiner Karriere überdies die andauernde Gefahr, dass die FDP vor allem in Norddeutschland zur Nazi-Partei wurde. Heuss schrieb an Dehler: Als er von der Ernennung Schlüters gehört habe, sei seine spontane Reaktion gewesen: Jetzt erkläre er seinen Austritt aus der FDP![298] Bei der Affäre Schlüter gerät man zugleich in das Spannungsfeld zwischen Heuss und Dehler, der Schlüter zunächst verteidigte, zumal dieser sich Meriten beim Zurückweisen konfessioneller Einflüsse auf das Schulwesen erworben hatte[299]. Dehler gab auf Heuss-Briefe in Sachen Schlüter keine Antwort. Es war dieselbe Zeit, als er Heuss durch seine Querschüsse gegen Adenauers Saarpolitik empörte. In mehrfacher Hinsicht war der Fall Schlüter für Heuss und Toni Stolper dazu geeignet, ein Exempel zu statuieren, wobei Heuss in der Öffentlichkeit allerdings dazu schwieg.

6.3
Die große Liebe, der doppelte Krach und die unvermeidliche Banalisierung

MAI 1955: »IM JUBEL DES BLÜTENREGENS«. Bei der Darstellung der Heuss'schen Präsidentenzeit sich streng an das chronologische Nacheinander zu halten würde ein heilloses Durcheinander produzieren; nur mit Leitmotiven bringt man eine Struktur in die diffuse Vielgeschäftigkeit des Präsidentenalltags. Nun aber wird es höchste Zeit, uns mit gebotenem Zartgefühl Heuss' großer Altersliebe zuzuwenden, nachdem wir seine intensive Korrespondenz mit Toni Stolper, diese am ergiebigsten und frischesten sprudelnde Quelle für die spätere Präsidentenzeit, schon so ausgiebig ausgebeutet haben.

Die unter dem Titel »Tagebuchbriefe« publizierten Brieffragmente beginnen mit einem Heuss-Brief vom 28. Mai 1955. Schon seit vielen Jahren hatte er Briefe an diese Frau geschrieben, die er im Juni 1918 in Wien zusammen mit ihrem späteren Ehemann Gustav Stolper kennengelernt hatte. Aber bei einer gemeinsamen Urlaubsreise ins Fränkische im Frühjahr 1955, noch unter dem Eindruck von Heuss' triumphaler Wiederwahl von 1954, begann im Verhältnis der beiden eine neue Ära: Die jahrzehntelange Freundschaft wird zur erotischen Liebe, über die platonische Seelengemeinschaft hinaus, und dies zu einer Zeit, da Heuss 71 und Stolper 65 Jahre alt sind: In der Geschichte der großen Liebesbeziehungen dürfte man nicht oft einen ähnlichen Lebensrhythmus finden. Und auch in ihren intellektuellen und politischen Ingredienzen ist diese Liebe alles andere als alltäglich. Was sich dort abspielte, passt überhaupt nicht zum Image des gütigen, mit dem Alter geschlechtslos gewordenen »Papa Heuss«; und der Gedanke daran muss dem Präsidenten, der diese seine Verkitschung »grässlich« fand, ein diebisches Vergnügen bereitet haben.

Heuss pflegte mit verbalen Liebeserklärungen gegenüber Männern großzügig umzugehen, so gegenüber dem spröden Verfassungsrichter Höpker Aschoff, ja selbst dem BASF-Chef Carl Wurster[1] oder dem 90-jährigen früheren Reichsarbeitsminister Rudolf Wissell[2], an dessen Dickköpfigkeit einst die letzte Regierungsbeteiligung der SPD in der Weimarer Republik gescheitert war. Aber das bei ihm bereits abgegriffene Wort »Liebe« erfährt in diesem Mai eine Verjüngung. »*Omnia vincit amor, et nos cedamus amori*« – »Die Liebe besiegt alles, und wir ergeben uns der Liebe«: diesen ins Studentenlied eingegangenen Virgil-Vers macht Toni zum Leitspruch des neuen Lebens; und der Freund, der sich nun ihren »Mann«, bei Gelegenheit auch »Liebhaber«[3] nennt, erinnert Anfang 1956 an den »ersten Maienmonat der Erfüllung«, an die »Selbstbefreiung« »im Jubel des Blütenregens«.[4] Der Brief lässt ahnen, dass die Sehnsucht danach schon weit zurückreicht. Die beiden freuten sich gemeinsam an dem Regenbogen über Burg Saaleck, dem Symbol des neuen Bundes, und waren enttäuscht, dass dieser nachher auf dem Farbfoto nicht zu erkennen war.[5] Heuss schrieb unter dem frischen Eindruck der gemeinsamen Reise: »Man hat sich in diesen Wochen so schön zusammengelebt – ich glaube, Du musst Dir eine Mappe oder Kassette anlegen mit der Überschrift ›Mai in Franken‹ 1955 und all die Geschichten hineinschreiben, die mit diesem Stück Europa-Besuch zusammenhängen.«[6] Und die Frau schrieb ihm am 18. Juli in schwärmerischem Ton, der selbst Ellys Brautbriefe übertraf, allerdings in der Schwebe ließ, ob mehr die direkte oder die briefliche Kommunikation die Quelle des neuen Glücks war:

> Wie kann ich, mein Freund, es Dir ausdrücken, sichtbar, fühlbar machen, was Deine Art mir zu schreiben mir antut. Nie, niemals habe ich einen Mann erlebt, der dem inneren Erleben des Nebenmenschen so aufgetan ist mit allen Geisteskräften wie Du – nicht nur aus Güte, wiewohl die Güte wahr und groß ist, sondern als Teil der normalen

> Lebensübung, des schönen Lebensspiels. So findest Du immer wieder die neuen bedeutenden Freunde – Burckhardt, Zuckmayer, Kokoschka, Reusch, wer weiß wie viele andere – so nahmst Du eine alte, neue Toni an Dein Herz; und schon in der Gegenwart, so schien es mir, widerhallte jedes einfachste Wort, jeder Blick des Auges, fiel ins richtige Plätzchen des Kraftfeldes, um dort sein Wesen zu treiben; und nun wiegt jedes Wort im Brief, wird aufgefasst, im Strome mitgetragen.[7]

Toni Stolper tippte für die Veröffentlichung der »Tagebuchbriefe« sonst nur Passagen aus Heuss-Briefen ab; dies ist das nahezu einzige Stück aus ihren eigenen Briefen, das sie der Öffentlichkeit zudachte, von dem Herausgeber Eberhard Pikart jedoch nicht aufgenommen wurde. Eine Vertrautheit zwischen Heuss und dieser Frau reichte schon bis in die 1920er Jahre zurück. Gustav Stolper war ein amouröser Draufgänger, und Heuss war oft genug Strohwitwer. Für ihn nahmen politische Prozesse stets in Menschen seiner Bekanntschaft Gestalt an; Hitlers Machtübernahme bedeutete für ihn, dass Toni Stolper in unerreichbare Ferne entschwand, und die nachkriegsdeutsche Westorientierung, die eine deutsche Wiedervereinigung für 40 Jahre verhinderte, verband sich für Heuss mit der Wiedervereinigung mit Toni.

In der ersten Nachkriegszeit verkörperten die Stolpers, die in New York im Wohlstand lebten, für verarmte Deutsche alle Herrlichkeit auf Erden; aber als Toni verwitwet war und Heuss in der Villa Hammerschmidt residierte, hatten sich die Rollen verkehrt. Aus New York schwärmte die Frau im Mai 1951 sehnsüchtig von der »harmonischen Heuss-Atmosphäre«, in die sie dort eingekehrt sei. »Oft denke ich an den hellen Morgen, an dem ich Dich vor dem Frühstück ruhig mit einem Buch vor der schönen Landschaft sitzend fand. Das kommt mir in den Sinn, wenn die Dinge hier um mich oft zu hastig, zersplittert und dissonant werden.«[8]

Anfang 1956 schrieb ihr Heuss in Erinnerung an einen Urlaub mit den Stolpers am Brenner 1924: »Diese freundschaftlichen Frühbegegnungen, die so hell vor Dir stehen, führen zu der Frage: ›Was stand damals zwischen uns?‹ Ich kann Dir das genau beantworten: nichts. Aber es war etwas anderes warnend und in schöner Selbstverständlichkeit: unsere gemeinsame Liebe zu Elly und deren Liebe zu Dir, zu mir.«[9] Gustav Stolper wäre kein Problem gewesen: Der lebte nach der Philosophie der »offenen Zweierbeziehung«. Aber Ellys Lebensmaximen waren sehr anders; und zwischen ihr und Toni bestand eine lebenslange enge und herzliche Beziehung. Nach Ellys Tod am 19. Juli 1952 dagegen hätte Ernst Ludwig Heuss am liebsten sogleich Toni Stolper als Ellys Nachfolgerin in der Villa Hammerschmidt gehabt.[10] Er setzte offenbar voraus (wobei sich Toni Stolper nicht so sicher war), damit auch dem innersten Wunsch seines Vaters zu entsprechen. Eine Emigrantin von 1933, österreichisch-jüdischer Herkunft, hochintellektuell und überhaupt nicht bieder als bundesdeutsche *First Lady*: Das Gedankenspiel ist nicht ohne Reiz!

Stattdessen spielte Heuss' Schwägerin Hedwig, die nach Ellys Tod seinen Haushalt führte, im übrigen jedoch in der Heuss-Welt merkwürdig unsichtbar bleibt, nach Bedarf diese Rolle. So begleitete sie ihn im November 1957 beim Staatsbesuch in Italien; aber – »Wie oft dachte ich: wäre doch Toni an Deiner Seite, um dies Stück Erlebnis mit ihr gemeinsam zu besitzen«, seufzte Heuss sehnsüchtig über den Atlantik.[11] Aber Toni Stolper empfand eine unüberwindliche Scheu vor einer repräsentativen Rolle im Scheinwerferlicht. Als Ernst Ludwig Heuss sie im März 1959 zu bewegen suchte, wenigstens dem Altbundespräsidenten zur Seite zu stehen, antwortete sie:

> Ich spreche ungern über mich und meine Eigenschaften, aber ich muss es heute tun. Wäre ich eine Frau von praktischer Gewandtheit und Energie, mit der nötigen dicken Haut, um mich gegen Widerstände durchzusetzen, so wäre die Rolle, die Du mir zutraust, vielleicht mein Fall … Ich bin aber ganz anders. Weil ich meist ruhig und gefasst erscheine, täuscht sich der Beschauer wohl leicht über mein wirkliches Temperament – welches dünnhäutig, cholerisch, ja jähzornig, nervös, dann leicht schlaflos und untauglich ist.[12]

Wie einst gegenüber Elly fand Heuss auch gegenüber der neuen Freundin Gelegenheit, als antinervöses Gegengewicht aufzutrumpfen; mit leichter Übertreibung versicherte er ihr: »Ich bin nie verhetzt; ich kann träumen, auch in den Arbeitspausen des Amtes vor mich hinträumen.«[13] Toni war ein Ausbund von Energie wie Elly in ihren besten Jahren und doch ein anderer Menschentyp als sie: Auf der einen Seite kühler und mehr vom Intellekt beherrscht, auf der anderen Seite vibrierender. Und doch entdeckte Heuss in ihr gerne Züge, die ihm von Elly her vertraut waren. »Wie schön, dass Du Dir vertraute Lyrik immer vergegenwärtigen kannst! Das hast Du mit Elly gemeinsam, der alles gegenwärtig blieb, das in Rhythmus gefasst war. Bei mir hat sich (das) frühe verloren, es blieb nur der Sinn für das Atmosphärische.«[14]

Dafür konnte Heuss aus dem Stegreif Verse reimen, und das hatte er Toni voraus, die bedauerte, sich für seine Verse nicht mit eigenen revanchieren zu können. Er tröstet sie und wischt zugleich ihrem Wagner-Kult eins aus: »Aber, Liebste, wir sind doch nicht auf der Wartburg und nicht zum Sängerwettstreit angetreten.« Er erwarte in ihrer Beziehung kein poetisches Pingpongspiel; es geht um etwas viel Tieferes, das in ihrer beider Lebensgeschichte schon weit zurückreicht. Ein Bekenntnis in einem Nach-Mitternachtsbrief, das auf Heuss' Lebensgefühl ein neues Licht wirft: »Es ist nicht bloß, nicht immer die himmelblaue scherzende Frühlingsseligkeit; auch die lebensbestimmende Spannung: Mann – Weib bleibt gegenwärtig. Wie oft habe ich in den alten Jahrzehnten, zumal vor der Heimkehr, ihr werbenden Ausdruck gegeben, freudige Erwartung weckend.« Das, was »zwischen uns beiden Liebenden« geschehe, sei »ein Elementares«, kein bloßes Spiel. »Bald ist es ein Uhr – ich will Dich, Liebste, zu mir rufen.«[15]

Wer hätte dem bald 72-jährigen, sonst so wohlmoderierten Bundespräsidenten früher solche Briefe zugetraut? Oder wieder einmal nach Mitternacht, drei Jahre darauf, nach Abfertigung des streitbaren[16] Juristen Karl Loewenstein und Abwimmlung einer Gedenkfeier zur Hermannschlacht, im Flüsterton eines Jungverliebten: »Aber ich sage Dir – es geht auf 1 Uhr, vertraulich still ins Ohr, dass ich Dich liebe, und diese Mitteilung führt Dich von Arminius und Löwenstein in eine andere, in unsere Welt.«[17] Und doch war die Theo-Toni-Welt keineswegs von der großen, der politischen Welt separiert. In Heuss' Leben gibt es ohnehin nichts von einer strikten Trennung zwischen privater und politischer Sphäre.

Über weite Strecken seiner langen Briefe plaudert Heuss von der platzenden Fülle seiner Tage und von all der Prominenz, mit der er unablässig umgeht. Dann allerdings würde dieser von früh bis spät verplante Präsident am liebsten in die Rolle eines Privatmanns schlüpfen, der ganz und gar spontanen Impulsen folgen kann. »Deine Sommerpläne? Ach, ich selber habe gar keine anderen, als Dich hier zu haben, manchmal denke ich, wir überlegen erst hier, ob wir gemeinsam irgendwohin gehen.« Nur dass ihn zu seinem Leidwesen die Sicherheitsbeamten überallhin verfolgen.[18] Als der Staatsbesuch in den USA ansteht, möchte er am liebsten per Schiff über den Atlantik heimfahren und Toni »gleich mitnehmen«, neben ihr »im Liegestuhl auf dem Deck ruhen«.[19] Aber sie bleibt in New York und bietet auf diese Weise Gelegenheit zur Fortführung dieser weitaus intensivsten unter den zahllosen Heuss'schen Korrespondenzen. Er, der als Präsident sonst permanent darüber klagt, wie er von allen Seiten mit Anforderungen überschüttet wird, scheint in seinen langen Briefen an Toni die Zeit zu vergessen. Aber nicht die Portokosten: Dicke Briefe mit Anlagen sendet er als »Sparbriefe« per Schiffspost, obwohl diese mehrere Wochen dauert; und Briefe rein sachlichen Inhalts, die er am Tage in die Maschine diktiert, gehen über die Dienstpost.

LIEBE, SELBSTVERLIEBTHEIT UND SELBSTBESPIEGELUNG. 1955 bemerkte Heuss rückblickend, wenn er früher auf Reisen gewesen sei, habe er Elly »mit einer gewissen Bravheit Berichtbriefe geschrieben«[20]; und später bemerkte er zu Toni, dass sie in dieser Hinsicht »Elly's Erbe« angetreten habe.[21] Aber darin steckt wieder einmal Heuss'sche Ironie; denn viele der nächtlichen Briefe nach New York waren überhaupt nicht »brav«. Im Vergleich zu den vielen nach der Brautzeit oft recht banalen Briefen, die Heuss an Elly schrieb, erleben wir in den »Tagebuchbriefen« einen sehr anderen Heuss; deren Quellenwert ist unvergleichlich viel höher, nicht nur als Zeugnisse der Heuss'schen Psyche, sondern auch seiner Stellung in der Zeitkultur.[22] Eine Heuss-Hagiographie von 1983 bemerkt, diese Briefe rechtfertigten die Annahme, dass Toni Stolper »seine zweite Lebensgefährtin war, die Nachfolge von Elly Heuss angetreten hatte – was Heuss auch oft betont hat.«[23] In Wahrheit war es sogar, den Briefen nach zu urteilen, eine noch weitaus intensivere Beziehung, als es die Heuss'sche Ehe über viele Jahre gewesen war.

Der Buchtitel »Tagebuchbriefe« ist von einer Heuss'schen Selbstbetrachtung in einem Brief inspiriert, den er Anfang 1957 an Toni schrieb:

> Nie in meinem Leben, von der Buben- und Studentenzeit abgesehen, habe ich ein Tagebuch geführt … Ich habe mich, so unbefangen mein Selbstgefühl war, offenbar nie für so wichtig genommen, und da das Leben mich dann doch »wichtig« gemacht, keine Zeit gefunden, Scheu vor Wichtigtuerei. Nun sehe ich fast, dass meine Briefe an Dich zu einem Ersatz-Tagebuch ausarten.[24]

Nahm er sich wirklich nicht wichtig; war das der Grund, weshalb er kein Tagebuch führte? Eberhard Pikart erkennt ein anderes Motiv, und da scheint ihm Toni Stolper, der er das mitteilte, nicht widersprochen zu haben: Heuss sei »sehr stark daran interessiert« gewesen, »was insbesondere seine Freunde über seine Schriften und Reden dachten«. Selbst als Bundespräsident, dem das Übermaß an Publizität manchmal zu viel wurde, sandte er immer wieder eigene neu erschienene Schriften an Bekannte herum. »Wie ein guter Schauspieler« – so Pikart – »bedurfte er der offen geäußerten Zustimmung seiner Freunde für seine literarische und politische Arbeit.«[25]

Der Verleger Hermann Leins monierte, für den Druck bedürfe das Manuskript »des Ausmerzens … von kleinen Eitelkeiten, wozu ich des Autors Freude an Zustimmungen von oft belangloser Art zähle«[26]; er hatte Heuss über viele Jahre nur zu gut gekannt. Zwar schrieb Heuss Anfang 1959 an Ludwig Erhard, er selbst besitze »einige angenehme Talente«, »darunter das für mich wichtigste, dass ich mich nie mit mir gelangweilt habe«[27]; aber genau besehen war das nur die halbe Wahrheit. Da muss man Zeit und Situation beachten: Akut war für Heuss damals nur noch die Gefahr, von Leuten, die ihm gleichgültig waren, in einem Maße überlaufen zu werden, dass er zu den Kontakten, die ihm wichtig waren, nicht mehr kam. Damit er sich selbst bedeutsam vorkam, brauchte er ein Gegenüber – ein solches, bei dem ihm die Gedanken strömten.

Heuss, dessen Popularität als Präsident wohl nicht zuletzt darauf beruhte, dass viele Landsleute in ihm etwas von sich selbst wiederzuerkennen glaubten, empfand offenbar auch selber ein Vergnügen daran, sich in anderen zu spiegeln[28], und sei es nur ein imaginäres Gegenüber: Davon zeugen viele seiner biographischen Essays. In Toni Stolper fand er ein sehr reales Gegenüber, das ihn zur Selbstdarstellung inspirierte wie noch niemand zuvor. Eine große Öffentlichkeit war dafür nicht von Bedeutung: Obwohl es von vornherein klar sein musste, dass diese »Tagebuchbriefe« für eine künftige Heuss-Publikation höchst attraktiv sein könnten, hat Heuss sie anders als so mancher frühere große Briefeschreiber offensichtlich nicht mit Blick auf eine spätere Veröffentlichung verfasst; denn sie enthalten so viele Intimitäten, dass die Originale noch ein halbes Jahrhundert danach gesperrt sind. Das verwundert umso mehr, wenn man an Heuss' bisherige Diskretion denkt, über die sich Margret Boveri mokierte. Nachdem er so oft die »Entkrampfung der Deutschen« als sein Ziel proklamiert hatte, muss sich jetzt auch bei ihm selbst eine Hemmung gelöst haben.

UND DIE MÄNNERLIEBE? Überblickt man die gesamte, von der Zahl her ins Gigantische anschwellende Korrespondenz des Bundespräsidenten, gewinnt man gleichwohl den Eindruck, dass die langen nächtlichen Briefe an Toni seine Mitteilungslust in einem Maße absorbieren, das die Substanz der restlichen Briefmassen im Vergleich zu früher ausdünnt. Und wenn für Heuss in einem Großteil seines Lebens Männerfreundschaften mehr bedeutet zu haben scheinen als Beziehungen zu Frauen, so tritt von nun an, den Briefen nach zu urteilen, das Männerbündische in der Heuss-Welt im Vergleich zu früher zurück. Und doch nicht ganz. Toni Stolper hatte in ihrem Brief vom 18. Juli 1955 genau jene vier Männerfreundschaften bezeichnet, die für Heuss zu jener Zeit von besonders vitaler Bedeutung waren: zu dem Maler Oskar Kokoschka und zu dem Schriftsteller Carl Zuckmayer; zu Paul Reusch (1868–1956), dem einst mächtigen Ruhrindustriellen, der 1932 die NSDAP unterstützt hatte, zum NS-Regime jedoch in grollende Distanz gegangen war[29], und – von den historisch-politischen Horizonten her wohl am animierendsten – zu Carl Jacob Burckhardt, dem einstigen Völkerbundskommissar in Danzig und späteren Polyhistor, darin Heuss innerlich verwandt.

Der »Männerfreundschaft« zu Reusch, den er auf seinem Schloss im Schwäbischen gerne besuchte, widmete Heuss noch im Jahre seines Todes einen Essay[30], als er nach Tonis Wunsch lieber Wichtigeres hätte schreiben, vor allem seine Erinnerungen über 1933 hinaus hätte fortsetzen sollen.[31] Die Freundschaften mit »O. K.« und mit »Zuck«, auch mit dessen Frau Alice[32] bereiteten Heuss ganz einfach Vergnügen; sie dokumentieren nebenbei, dass er in seinem Kunstgeschmack nicht pauschal einer vormodernen Generation zuzuschlagen ist, auch wenn er weder zu den »Abstrakten« noch zur »Gruppe 47« ein Verhältnis fand – mit Recht liebte er den Hinweis darauf, dass sich Kunst und Literatur nicht säuberlich in »Tradition« und »Moderne« sortieren lassen.[33] Mit seinem Einverständnis wurde in die Festschrift zu seinem 70. Geburtstag ein Glückwunsch Hermann Hesses zu Heuss' Hebel-Rede aufgenommen, der in seiner Polemik Heuss gewiss aus dem Herzen sprach: »Unsere deutsche Literatur von heute mit ihrer so geringen dichterischen und sprachlichen Potenz und ihrer so langweiligen Virtuosität im Abstrahieren und Gescheitschwätzen ist von Hebels Größe noch viel weiter entfernt und kennt sie vermutlich ebenso wenig wie der arme Rilke.«[34]

Burckhardt, der Heuss später den wohl schönsten aller Nachrufe widmete, indem er ihn als Phänomen eines absolut authentischen Staatsmanns schilderte, berichtete dort, für Heuss hätten die »schrillen Dissonanzen« einer sogenannten Moderne zu den »Höllenstrafen« gehört; einmal habe er zu ihm gesagt (einen solchen Spott hatte er sich in seiner »großen Rede« »Zur Kunst dieser Gegenwart« verkniffen!): »Diese künstlichen Höllen sind im Grunde nur von neoromantischen Spießern bewohnt.«[35]

Heuss' Freundschaft mit »Zuck« hatte 1951 damit begonnen, dass Zuckmayer ihm in einem peinlichen Moment beistand: Heuss hatte sich in Hamburg Zuckmayers »Hauptmann von Köpenick« angeschaut und sich anschließend im Gespräch mit dem Hauptdarsteller Werner Krauss ablichten lassen, der 1940 in dem antisemitischen Hetzfilm »Jud Süß« vier Judenrollen gespielt hatte. »Zuck« beruhigte ihn: »Die Leute, die so was übel nehmen, sollten sich ihrer engen Herzen und kleinen Geister schämen.« Krauss sei ein großer Schauspieler und habe in jenem Film »seine Juden in keiner Weise übertrieben, karikiert oder gar gehässig dargestellt«[36]. Und wie er zum 70. Geburtstag des Bundespräsidenten über Heuss' Gesicht schrieb, das in seiner Fülligkeit auf Mitschwaben damals schon als »Moschtgesicht« wirkte, hatte dem Präsidenten bis dahin kaum jemand gehuldigt: »Im Gesicht des Theodor Heuss findet sich Erbe und Alter seines Volkes ganz und zu gleichen Teilen vermischt mit frischer, lebendiger Gegenwärtigkeit. … Es bedarf zur Durchklärung dieses Angesichts keiner überragenden Stirn, der Geist lebt in all seinen Zügen … Den Mund möchte man gern mit Zigarre zeichnen, beim Einziehen des Rauchs aus einer großen, kräftig-leichten Brasil … und der gute Schluck Wein verleiht den Zügen Andacht und Freude.«[37]

Schmeichelworte solcher Art bekam Heuss nur von einem männlichen Freund zu hören, nicht von Toni Stolper, die ihn viel lieber ohne Zigarre und Weinglas gehabt hätte. Heuss revanchierte sich, indem er Zuckmayer zu dessen 60. Geburtstag als den »erfolgreichsten und damit wohl auch wirkungskräftigsten Dramatiker deutscher Sprache in dieser Gegenwart« feierte.[38] Dem Schweizer Carl J. Burckhardt hatte Heuss bereits 1954 bei der Verleihung des Friedenspreises des Deutschen Buchhandels in der Frankfurter Paulskirche eine »Liebeserklärung« gemacht und ihn zum »guten Europäer« erhoben[39]: Man erkennt eine maskuline *mutual admiration society*, wogegen viele frühere Freundschaften für das Heuss'sche Renommee belanglos gewesen waren.

Heuss' Eloge besaß freilich etwas Zweideutiges, wenn man sich an seinen Spott auf Coudenhove-Kalergi erinnert und daran, dass »Europa« für ihn ein luftiges Gebilde war und blieb.[40] Und dazu passt, dass er bei Burckhardt eine »urtümliche ›Lust zu fabulieren‹« erkannte, die ihn an Karl May erinnerte![41] Für einen neueren kritischen Burckhardt-Biographen eine ahnungsvolle Assoziation, da vieles darauf hindeutet, dass sich in Burckhardts Berichten über seine Korrespondenz mit Hofmannsthal wie auch über sein nächtliches Gespräch mit Hitler Reales mit Phantasieprodukten mischt.[42] Im Vergleich zu diesen männlichen Altersfreundschaften des Präsidenten war Toni Stolper eine Partnerin mit durchweg nüchternem und kritischem Sinn für die Realität. Jenes traditionelle Klischee, das die Männer mit der Rationalität und die Frauen mit Emotionen assoziiert, passt auf die Heuss'sche Erfahrungswelt ganz und gar nicht.

GESELLSCHAFTSGESCHICHTE DES PRÄSIDENTENKÖRPERS: EIN PENDELN ZWISCHEN WIRTSCHAFTSWUNDERBÜRGER UND »GRAZILEM INTELLEKTUELLEN«. Wie wir schon sahen, unterschied sich das Rollenspiel zwischen Heuss und Toni Stolper in *einer* Hinsicht besonders markant von dem früheren ehelichen Duett: Gegenüber der oft kränkelnden Elly pflegte Heuss in nicht selten untergründig verletzender Form den unerschütterlich Gesunden zu spielen (der er, kritisch betrachtet, in Wirklichkeit nicht war); in der Korrespondenz mit Toni dagegen, die ihn um 25 Jahre überleben sollte, nehmen körperliche Beschwerden einigen Raum ein. Ein Hauptgrund war gewiss, dass Heuss mit zunehmendem Alter eben für diese und jene Gebrechen anfälliger wurde; hinzu kam jedoch, dass sich Toni für Medizinisches brennend interessierte. Bei den Gesundheitssorgen wusste sie Heuss' kränkelnden Sohn auf ihrer Seite, der sich ebenfalls über die Lebensweise des Vaters sorgte.

Als er sich Weihnachten 1955 durch einen Treppensturz monatelange Schmerzen zuzieht, erinnert er sich, dass er schon 1951 auf einer Treppe ohne Geländer gestürzt war, diagnostiziert bei sich mit Anspielung auf Freud einen (in seinem Fall entsexualisierten) »Treppenkomplex« (der ihn mit Margret Boveri verband!), lässt sich von Toni beibringen, dass schon der Sturz von 1951 eine »psychische Schockwirkung« hinterlassen habe, und versichert der Freundin, »natürlich« habe er »längst nicht mehr das Bedürfnis nach heroischer Attitüde«.[43] Toni Stolper traute den von Heuss für seine wiederholten Stürze gegebenen Erklärungen nicht so recht; seine gesamte Junggesellen-Lebensweise, die seit 1952 jeglicher ehelicher Zügelung entbehrte, wurde ihr dubios. Seinem Sohn, der ihre Sorgen teilte, schrieb sie Anfang 1956: »Mir, schwer belastet durch Familien-Antialkoholismus, braucht die Bedauerlichkeit dieser immer länger ausgedehnten und ausgenützten Rotwein-Sitzungen des Abends nicht weiter erklärt zu werden. Und die Zigarren-Kette über die Tage auch nicht.« Zugleich staunt sie, wie der nun 72-Jährige seine geistige Frische und Leistungsfähigkeit bewahrt.[44] Aber schon diese wenigen Zeilen werfen ein Schlaglicht darauf, dass das Zusammenleben eines solchen Paares im Alltag nicht einfach gewesen wäre: einer Antialkoholikerin, die das Rauchen nicht leiden kann, mit einem Mann, für den das sich bis tief in die Nacht hinziehende Zusammensein bei Wein und Zigarren der Inbegriff von Behaglichkeit ist! Die Stärke der Liebe mag man daran ermessen, dass die gemeinsamen Urlaubswochen anscheinend dennoch ungetrübt verliefen. Und dabei bereitete die Heuss'sche Lebensweise der Freundin noch in anderer Hinsicht Verdruss.

Der 21-jährige Heuss hatte 1905 an den expressiv muskulösen Männergestalten des Jugendstilmalers Hodler, den er 1914 gegen die »Kriegsliteraten« in Schutz nahm, die »Fähigkeit« bewundert, »den Körper zum Ausdruck der Seele zu steigern«.[45] Auch bei Heuss hat es der Umgang mit dem Körper in sich, hier mit dem eigenen; und auch da bringt der Mai 1955 eine Wende. Das erkennt man bei einem Rückblick. Im September 1950 bekam Heuss von einem Arno Kießling ein Gedicht zugesandt: »Warnung. Unserem Herrn Bundespräsidenten in aufrichtiger Verehrung zugeeignet.« Das ging los: »Warum wird unser Theodor / in letzter Zeit so dick? / Er hat doch keinen Wettstreit vor / mit Ost-Kollegen Pieck?« Und weiter: »Dass er die jetz'ge Form bewahrt, / das hielten wir für gut./ Denn's ist doch nicht des Schwaben Art, / dass er sich dicke tut. Ach je! Es war so or'ginell: / Ein dünner Präsident! – / Doch wird er dicker, sagt man schnell: / Sieh, wie die Zeit verrennt! Kriegt einer mal vom Staat Gehalt, / sitzt nah dem Kabinett, / verliert er seine Linie bald / und wird allmählich fett.«

Ein solches Gedicht an den Bundespräsidenten: eigentlich eine Frechheit; und es wäre Heuss nicht zu verdenken gewesen, wenn er es umgehend an einen »Idiotenordner« verwiesen hätte. Aber das Gedicht hatte Geist; und überdies hatte dieser fürwitzige Verseschmied – es handelte sich um einen Heidelberger Schauspieler – aus einer mitschwäbischen Vertraulichkeit heraus gereimt; und das Schwabentum war bei Heuss ein weicher Punkt. Und dass der Körper des ersten Bundespräsidenten sich schon im ersten Jahr seiner Amtszeit geradezu schlagartig in der monierten Art verwandelt hatte, war zu jener Zeit keineswegs nur diesem Verseschmied aufgefallen. Wie dem auch sei, der mit Arbeit überhäufte Heuss revanchierte sich prompt mit einer eigenen Reimerei: »Was Arno sieht, seh'n andere auch: / – schon rundet sich ein Bürgerbauch, / was meistens leichten Beifall findet, / weil manche Sorg mit ihm entschwindet. / Der Vorgang selber ist ganz klar, / er stellt ein Durchschnittsschicksal dar, / bei dem der Bundespräsident / sich nicht von seinem Volke trennt.« Und am Schluss der kleine Hieb: »Doch nebenbei dem Warnungsraben: / Ich möchte Arnos Sorgen haben!«[46]

Damals lag die Zeit noch nicht weit zurück, da der vormals bis auf die Knochen abgemagerte Heuss triumphierend von jeder Gewichtszunahme berichtete, ähnlich wie die Erfolgskontrolle im Müttergenesungswerk darin bestand, dass das Gewicht der Mütter zu Anfang und Ende des dortigen Urlaubs gemessen wurde. Aber die Magerkeit hatte Heuss nicht schlecht gestanden. Ende 1957 blickt Heuss in einem Brief an Toni fast nostalgisch auf seine 52,2 Kilo Gewicht von 1945 zurück; »das Grässliche« seien die »endlosen Menüs« bei offiziellen Anlässen, die seine Verschlankung hintertrieben.[47] 1950 hatte er seine neue Leibesfülle noch mit Humor genommen; im Sinne seines Hodler-Essays von 1905 hätte er von sich sagen können, dass er nun die Synthese des alten geistigen Deutschlands mit dem neuen Wirtschaftswunderland leibhaftig verkörperte: jene Synthese, die vielen deutschen Zeitgenossen nicht gelang. Aber die Präsidentenfotos verraten, was Heuss'sche Texte nicht so deutlich zu erkennen geben: dass die zunehmende Leibesfülle und das ewige Lächeln den intellektuellen Habitus verderben und Heuss jenem aus allen Nähten platzenden Wirtschaftswunderbürger ähnelt, der damals zur Zielscheibe der Karikaturisten wird.

In der schlanken und medizinisch beschlagenen Toni fand Heuss nun eine Kritikerin, die er nicht mehr mit Hinweis auf seine angebliche Unverwüstlichkeit abwimmeln konnte. In den Monaten der frischen Verliebtheit legt er der Freundin Rechenschaft über seine Ernährung ab. Schon im Oktober 1955 berichtet er ihr triumphierend, in letzter Zeit habe er zehn Pfund abgenommen, »kehre also vom leicht angefetteten Bürger zum grazilen Intellektuellen zurück«[48] – was reichlich übertrieben und auch nicht von Dauer ist. Im November 1957 muss er ihr gestehen, dass er seit dem gemeinsamen Urlaub in Sils, wo sie wohl auf Diät geachtet hatte, über vier Pfund zugenommen habe, »die sich großen Teils im Gesicht ansiedelten und die Vergeistigung vertrieben, um der Verbürgerlichung Platz zu machen«[49].

Schon gar nach seinem Abschied vom Präsidentenamt sorgt sich Toni, dass er nun vollends die Figur verliert; sie schreibt seiner Haushälterin Hedwig: »Ich möchte dem Theodor so gerne eine Standwaage schenken, wie er sie in der Villa Hammerschmidt gewohnt war.« Jetzt im Ruhestand habe er »die Übung des regelmäßigen Wiegens aufgegeben«[50]. Ein Schlaglicht auf die von der Freundin durchgesetzte Selbstkontrolle! Und das bei einem Mann, der es gerade in seiner Präsidentenzeit, als er fortwährend im Licht der Öffentlichkeit stand, genoss wie noch nie, wenn er eine Zeitlang überhaupt keine Rücksichten zu nehmen brauchte. Man mag eine untergründige Spitze herausspüren, wenn er im September 1955 über ein paar Urlaubstage bei seinem Sohn schreibt: »Lörrach war gescheiter als jedes Sanatorium. Tage ohne Krawatte und ohne Rasieren, kein Kellner, kein Boy, der Türen aufreißt, kein Polizist, der leise spürt, dass ich ihn für fehl am Platze halte …«[51] (Wie hätte er erst auf das Polizeiaufgebot im Zuge der Terroristenphobie der 1970er Jahre reagiert?) Aber wie schon in der Ehe mit Elly erkennt man, dass Heuss noch als umschmeichelter Bundespräsident eine Partnerin sucht, die ihm nicht immerzu nach dem Munde redet, sondern mitunter auch Kontra gibt, so dass er sich an ihr reiben kann.

»IM BRIEFESCHREIBEN DER GENUSSSUCHT FRÖNENDER ROUTINIER«: IN DER »PRODUKTIVITÄT DES BEHAGENS«. Alles in allem war Heuss mit Toni Stolper über all die Jahre nicht sehr lange zusammen, und daher sind die zeitlichen Lücken in dem Briefwechsel, die der Biograph bedauert, nicht allzu groß – man geht schwerlich fehl in der Annahme, dass für Heuss ein Hauptreiz dieser Beziehung im Briefeschreiben bestand, dabei nicht zuletzt auch in der Freiheit, hier manchem Ärger Luft zu machen und seine Begabung zu Bosheiten auszuleben, die er sich als Bundespräsident in der Öffentlichkeit verkneifen musste. In einem Brief an Tonis Freundin Else Staudinger bemerkte er, er gelte wohl als ein »im Briefeschreiben der Genußsucht frönender Routinier« – er hat zu diesem seinem Ruf nichts Kritisches anzumerken.[52] Wie hätte er auch?

Und ein Bundespräsident hatte ja auch viel zu erzählen: lauter Geschichten, bei denen er selbst im Mittelpunkt stand. Wie es scheint, bereitet es ihm ein zunehmendes Vergnügen, das totale Durcheinander seines Präsidentenalltags zu schildern, sein unermüdliches Reden und Reisen und Kommunizieren und zugleich, wie er bei alledem die Gelassenheit bewahrt. Wer nach Grundsatzreflexionen und politischen Visionen sucht, wird über weite Strecken enttäuscht. Ob in Suez-, Ungarn- oder Berlin-Krise: nicht aus besorgtem Grübeln heraus wird Heuss nunmehr schreibfreudig; »*Produktivität des Behagens*« wird seine Lieblingsformel. »Du hast gespürt, wie ich mich in diese meine Worterfindung verliebt habe«, auch wenn zuweilen auch ein Unbehagen zur Produktivität zwingt.[53] Mittlerweile ist der Bundespräsident in einer Phase, wo sein tägliches Dasein einen Sinn in sich selbst trägt und keine höheren Ziele mehr braucht.

»Meine liebe Toni, ob es Dir manchmal nicht zu viel wird, was ich Dir schreibe oder sende?« fällt ihm zwischendurch ein.[54] Zu Weihnachten 1959 freut sich der Altbundespräsident, dass aus dem Briefwechsel »wieder ein ›Gespräch‹« geworden sei und er nicht »die Sorge zu haben« brauche, »dass mein zu Dir hinreden Dir etwas wie Altersgeschwätzigkeit erscheint.«[55] Wer in den »Tagebuchbriefen« stöbert, kann das temporäre Unbehagen der Freundin nachvollziehen. Aber Heuss, der Unverbesserliche, schon drei Wochen darauf: »So … Jetzt ist wieder berichtend und renommierend drauflosgeschwätzt.«[56]

Ein Wechselspiel zwischen den beiden schlug sich am schönsten in Heuss' erfolgreichstem Buch nieder, das zu Beginn seines letzten Präsidentenjahres erschien: der Sammlung von Essays über Wanderfreuden und Reiseeindrücke, die bis in die Zeit vor 1914 zurückreichen, mit eigenen Zeichnungen illustriert. Auf dem Titel das unattraktivste Heuss-Foto, das sich denken lässt: Rückenansicht eines alten Mannes in formlosem Mantel auf einem Stühlchen, vor sich mit einem Zeichenbrett, in einer kargen südlichen Landschaft. Und doch wurde das Buch gleich in den ersten Monaten zum Bestseller; schon im Monat nach dem Erscheinen triumphierte Heuss, in zehn Bremer Buchläden habe er damit »Dr. Schiwago« geschlagen; und zwei Jahre darauf, bei 66000 verkauften Exemplaren: Für den Verleger Hermann Leins sei es das erfolgreichste Buch seit Kriegsende.[57] In seiner Korrespondenz mit Toni ist es »unser« Buch: Es handelte auch von manchem Ort, mit dem die beiden gemeinsame Erinnerungen verbanden. Und der Titel »Von Ort zu Ort« war Tonis Idee gewesen, inspiriert durch das von Schubert vertonte Gedicht Goethes »Der Musensohn«, das beginnt: »Durch Feld und Wald zu schweifen, / Mein Liedchen wegzupfeifen, / So geht's von Ort zu Ort!«[58] Das gibt Heuss den Anstoß, unter dem gleichen Titel für Toni ein Gedicht zu verfassen, als »Goethes Neffe« und im Stil eines Jungverliebten der Goethe-Zeit, das beginnt:

Kein Musensohn, doch Goethes Neffe,
motorisiert von Ort zu Ort,
voll Lust, wen ich im nächsten treffe,
und komm' ich an, bist Du schon dort.
Im Zauberspiele der Gedanken
Schenkst Du mir stete Gegenwart,
darin sich Sein und Traum umranken,
Erinnerung mit Hoffnung paart.[59]

Als Heuss das Buch Margret Boveri übersandte, bemerkte er dazu, ihre ironische Reaktion vorwegnehmend: »Ich überlege mir manchmal, ob der Erfolg dieses Buches … nicht auch psychologisch einem Bedürfnis der Deutschen entspringt, aus der aktuellen Unruhe in eine quasi zeitlose Idylle zu fliehen.«[60] Bis zur Ära der Eisenbahn hatten Reiseberichte zur großen Literatur gehört; später wurden sie immer banaler, schon gar zu einer Zeit, als die Deutschen auf dem besten Wege waren, Weltmeister im Reisen zu werden. Aber Heuss bringt es in zunehmendem Maße fertig, mit seiner eigenen Banalisierung zu kokettieren. Das wurde immer nötiger, um die Gelassenheit zu bewahren.

DOKUMENTE DER BEDEUTUNG ODER DER BEDEUTUNGSLOSIGKEIT? ZWIESPÄLTIGE REAKTIONEN AUF DIE »TAGEBUCHBRIEFE«. Zehn Jahre nach dem Erscheinen jenes »Wanderbuches«, wie Heuss es gern nannte, korrespondiert Toni Stolper mit Eberhard Pikart über den Titel der geplanten Publikation der Briefauszüge. Sie schlägt vor: »Theodor Heuss: Erlebnis des Tages. Aus Berichten an eine Freundin«.[61] Also ein Buch, das seine Bedeutung nicht als Dokument der Politik, sondern der Freundschaft und des Erlebens erlangt. Sie scheint auch nichts dabei zu finden, dass das Buch gelegentlich eine sexuelle Beziehung andeutet.[62] Aber Pikart ist dabei, in Stuttgart ein erstes »*Theodor Heuss Archiv*« aufzubauen (das dann doch in den Anfängen steckenbleibt); er braucht eine seriöse, eine politische Dokumentation.

Aber was ist in diesem Fall »politisch«? Toni Stolper ist unsicher: »Steht wirklich etwas politisch-historisch ganz Wesentliches in den Briefen?«[63] Eine Unsicherheit darüber, was »wesentlich« ist, durchzieht ihre Korrespondenz mit Pikart, zumal beide, wie es scheint, das enge Politikverständnis ihrer Zeit haben und von der in jener Achtundsechziger-Zeit umgehenden Idee, dass auch die sogenannte Privatsphäre politisch ist, ganz unberührt sind. Bei Pikart spürt man bei der Lektüre der von der Frau abgetippten Briefauszüge – die Originale bekommt er nie zu sehen – wiederholt Enttäuschung: Der Briefwechsel enthalte »nur wenig Faktisches«; er besitze »doch in extenso den Charakter einer intimen Korrespondenz«.[64] Obendrein glaubt er, mit Rücksicht auf die FDP, die hinter dem Heuss-Archiv steht, jene Heuss'schen Ausfälle gegen FDP-Politiker, die zu den Pikanterien dieser Korrespondenz gehören, streichen zu müssen[65] (was er zum Zorn mancher Freidemokraten[66] dann doch teilweise unterlässt).

Für den Verleger Leins wird das Buch dadurch nicht gerade attraktiver; er wittert kein Geschäft mehr, fordert Kürzungen, die Beschaffung von 10 000 DM Druckkostenzuschuss, Verzicht auf Herausgeber-Honorare, für Pikart schlichtweg eine »Unverschämtheit«[67], aber auch Zeichen einer Zeit, in der die Erinnerung an Heuss verblasst. Zeitweise droht das ganze Buchprojekt zu platzen. Aber als die »Tagebuchbriefe« dann 1970 doch erscheinen, sind die ersten 4000 Exemplare nach fünf Wochen vergriffen, und das Opus findet eine breite, jedoch keineswegs unkritische Resonanz.[68] Es ist frappant, wie unterschiedlich man die »Tagebuchbriefe« lesen konnte: Die einen zeigten sich von der dort offenbarten maliziösen Seite des Präsidenten (»Heuss, wie ihn keiner kennt«) verblüfft, wenn nicht gar unangenehm berührt; die anderen glaubten dort den schlagenden Beweis für ihr Bild vom harmonistischen »Papa Heuss« zu finden, der sich aus politischen Konflikten heraushielt. Die Kritik zielt in drei Richtungen: Die Offenlegung Heuss'scher Attacken auf Zeitgenossen sei indiskret; die Briefe offenbarten, dass Heuss im Kern unpolitisch gewesen sei, und sie zeugten immerzu von präsidialer Selbstgefälligkeit.

Zwar rühmt Radio Zürich das »phänomenale Briefwerk«, empört sich jedoch zugleich darüber, dass »ein deutsches Blatt« »frech genug« gewesen sei, das Buch unter dem Titel »Narziß mit Goldmund« zu rezensieren. Es handelte sich um den SPIEGEL. Die Hesse-Verballhornung im Titel war jedoch ein bloßes Herumgealber; der Artikel selbst verrät deutlich, dass das Nachrichtenmagazin an dieser Dokumentation seinen Spaß hat, zeigt sie doch, dass Heuss an maliziöstreffenden Bemerkungen über Zeitgenossen mit den Hamburger Redakteuren vollauf mithalten kann, angefangen mit der Charakteristik des FDP-Vorsitzen-

Theodor Heuss mit Wolfgang Haußmann (l.), Erich Mende (2.v.l.) und Reinhold Maier (r.) in Stuttgart, 13. September 1961

den Erich Mende als »wasserpolakischen Apollo«[69]. Für den SPIEGEL handelt es sich um eine Enthüllung ersten Ranges, die das gängige Bild von »Papa Heuss«, dem »staatsmännisch abgewogenen, schwäbisch-gemütlichen Landesvater« drastisch korrigiere. Nur politisch belanglose Intimitäten, Sticheleien hinter vorgehaltener Hand? Aber auch der Ärger des Bundespräsidenten über gewisse Vertriebenenfunktionäre wird hier publik, mehr noch: »in seinen Briefen schrieb Heuss schon 1958 die DDR ohne Anführungszeichen.«[70] 1970 hieß das, Heuss zum Vorläufer der neuen Ostpolitik zu machen.

Der Artikel schließt mit Heuss'scher Selbstironie: »Ich glaube, es wird mein Schicksal sein, Fossil aus der Biedermeier-Zeit zu werden.« Dieses Zitat kehrt in den Rezensionen der »Tagebuchbriefe« immer wieder; der gesamte SPIEGEL-Artikel zielt jedoch darauf, dass dieses Heuss-Bild einer gründlichen Revision bedarf. Und natürlich wusste Heuss selbst am besten, dass die Menschen, die ihm wichtig waren, ihn ganz anders kannten. Andere Rezensenten von 1970/71 nehmen diese Ironie jedoch ernst und als Beweis dafür, dass Heuss in seiner politischen Bedeutung überschätzt worden sei.[71]

Am meisten Beachtung verdienen die ausführlichen Besprechungen zweier scharfsinniger und intimer Weggenossen des Bundespräsidenten: Werner Stephan und Margret Boveri. Stephan, mit Heuss aus alten DDP-Zeiten bekannt und trotz seiner Zugehörigkeit zum Goebbels-Ministerium von 1955 bis 1959 Bundesgeschäftsführer der FDP, hält sich gleichwohl nicht bei Heuss'schen Seitenhieben auf FDP-Politiker auf, sondern hebt den Briefband vor allem als Zeugnis der inneren Unabhängigkeit des Bundespräsidenten von Adenauer hervor. In den Briefen häuften sich die »Verbalinjurien« gegen diesen Kanzler: »Unaufrichtigkeit, Täuschung, Lüge.«[72] Da erscheint Heuss als prominentester unter denen, die das Ende der Ära Adenauer selbst im innersten Kreis des Regierungslagers atmosphärisch vorbereitet haben.

Mit noch größerer Spannung liest man die siebenseitige Besprechung von Margret Boveri im »Merkur« unter der Überschrift: »Von Kraft und Schwächen der Harmonie«. Bei dieser Rezensentin wird man erwarten, dass sie letztlich auf die Schwächen zielt; und das tut sie in der Tat – anders als in ihrer Einleitung zur Heuss-Bibliographie von 1954 braucht sie sich jetzt keinen Zwang mehr aufzuerlegen. »Doch gerade die Eigenheit, die während der Hitlerzeit bewundernswert war: Selbstsicherheit und innere Gelassenheit in den Krisen wie gegenüber gefährlichen Anfeindungen – sie verwandelt sich im Lauf der Präsidentenzeit in eine Selbstzufriedenheit von zunehmender Penetranz.« Es sei Heuss' Absicht gewesen, die Deutschen zu »entkrampfen«. »Künftige Historiker werden vielleicht feststellen können, dass ihm dies zu einem beträchtlichen Grade gelungen ist – allerdings um den Preis einer die Untiefen verschleiernden Selbstzufriedenheit, die noch immer die geistige Haltung unserer tonangebenden Schichten bestimmt.« Demnach sind die »Tagebuchbriefe« doch nicht nur von privatem Interesse, sondern weisen darauf hin, dass Heuss' Wirkung womöglich von erheblicher, wenn auch nicht immer erfreulicher Tragweite war.

Margret Boveri erkennt gleichwohl an, dass Heuss in Sachen West-Berlin ein »gutes Urteil« hatte und »alle spektakulären oder aggressiven westlichen Vorstöße« ablehnte.[73] Sie musste wissen, dass genau in dem Punkt zwischen Heuss und Toni Stolper eine Differenz bestand, die ein westliches Eingreifen gegen den Mauerbau vom 13. August 1961 gewünscht hatte.[74] Wie fast alle Rezensenten würdigt jedoch auch diese Frau jene Freundin, an die die Briefe gerichtet waren, kaum einer Erwähnung: nichts von der eigentlich naheliegenden Überlegung, wie die Adressatin den Briefeschreiber beeinflusst haben könnte.

Aus den »Tagebuchbriefen« erkannte man auch, dass Heuss' kritische Distanz zu Adenauer nicht nur situationsbedingt, sondern chronischer Art war – aber konnte nicht gerade dieser Ärger hinter vorgehaltener Hand ein Ausdruck selbstgewählter Ohnmacht sein? So sieht es Arnulf Baring; und den aufklärenden Wert dieser Briefsammlung erkennt er darin, dass sie das politische Versagen dieses Bundespräsidenten offenlegt. Man spürt eine geradezu patzige Ge-

genreaktion auf den vorherigen Heuss-Kult: Wie hatte man diesen Mann nur so wichtig nehmen können? Seine Bilanz ist vernichtend und bildet den schärfsten Kontrast zu der Heuss-Verehrung des damaligen Doyens der bundesdeutschen Politikwissenschaft Theodor Eschenburg (Jahrgang 1905):

> Die tieferen Ursachen dieses Versagens werden in diesem Buche bestürzend deutlich. Was Heuss unter politischem Stil verstand, war imgrunde nichtssagend. Seine Demokratie des Maßes war eine leere Formel. Heuss war auch insofern ein Mann des deutschen Biedermeier, als er – trotz oder wegen allem Wissen – ein unpolitischer Mensch war, ein Mann ohne wirkliches Verantwortungsgefühl, ohne Leidenschaft, – bereit, den Dingen ihren Lauf zu lassen, sie treiben zu lassen.[75]

HEUSS ALS TESTFALL FÜR GRENZFRAGEN DES POLITISCHEN. Johannes Gross widmet dem Bundespräsidenten in seinem 1967 erschienenen Buch »Die Deutschen« ein ganzes Kapitel. Seine Bilanz ist von respektvoller Geringschätzung: »In seinen letzten Amtsjahren waren die öffentlichen Anlässe eigentlich solche seiner Selbstdarstellung und schier unerschöpflichen Lust an der Autobiographie. Die würdige Repräsentation Deutschlands nach innen und außen wird sein unvergessliches Verdienst bleiben, eine politische Spur hinterlässt er kaum.«[76]

Im Vorfeld des Jahres 1968 ist dieser Eindruck nicht unverständlich. Das war noch vor dem Erscheinen der »Tagebuchbriefe«. Aber 1989 fand Gross gerade durch die damals veröffentlichte Korrespondenz zwischen Heuss und Adenauer, ähnlich wie Baring zwei Jahrzehnte davor durch die Theo-Toni-Briefe, sein Heuss-Bild mehr als bestätigt: Dieser Briefwechsel habe »endgültig den Rang des ersten Bundespräsidenten als eines politischen Nonvaleurs belegt«. »Ein Mann ohne alle politische Leidenschaft, vornehmlich am Feuilleton seiner Stellung interessiert, interventionsfreudig nur da, wo seine Eitelkeit berührt wird; sich selbst unablässig liebevoll kommentierend, mit vielen Anführungszeichen und meinen sollend, sagen dürfend, einen intellektuell-überlegenen nuancenreichen Ausdruck simulierend, der Unsicherheit zudeckt. Dagegen Adenauer kurz, liebenswürdig, korrekt (und ohne Scheu vor der Lüge, wo sie politisch ist).«

Merkwürdig: Und dabei gäbe gerade vieles, was Gross über »die Deutschen« schreibt, Stoff genug, um die Bedeutung dieses Bundespräsidenten genauer zu bestimmen. In seiner Darstellung, die zwischen den Zeilen eine gehörige Portion Snobismus durchblicken lässt, schildert er die Deutschen als ein Volk ohne einheitliche Elitenkultur, ja ohne einen spezifischen Eliten-Humor: Aber gerade vor diesem Hintergrund könnte man die Heuss'schen Vernetzungskünste und seine von Nord bis Süd beliebten Humorismen in ihrer Bedeutung würdigen, unabhängig davon, ob die Heuss-Anekdoten dem eigenen Geschmack entsprechen oder nicht. Heuss trug offensichtlich dazu bei, eine neue bundesdeutsche Elite zu bilden, auch wenn er zugleich lästerte: »Wer sich selber als Elite bezeichnet, teilt dabei mit, dass er nicht dazu gehört.«[77] Gross bespöttelt die Bundesrepublik als ein Land des Mittelmaßes, das die Stabilität über alles schätzt und allen Krisen vorzubeugen weiß; dieser Staat findet in der Tat in einem Heuss seinen Repräsentanten – aber diese stabile Mitte war eben in Wahrheit zu jener Zeit überhaupt keine Banalität, kein müheloser Effekt eines Trägheitsgesetzes oder eines ewigen deutschen Volkscharakters, sondern unter großen Mühen nach einem »Zeitalter der Extreme« errungen worden. 1959 konnte Heuss zum Repräsentanten des deutschen Bildungsbürgertums banalisiert werden; 1949 dagegen präsentierte sich die deutsche Gesellschaft formlos und ohne verbindliche Kultur. Gerade auch vor diesem Hintergrund lässt sich Heuss' Bedeutung bestimmen.

Über weite Strecken scheint Gross, der Verehrer des Heuss-Verächters Carl Schmitt[78], von der Prämisse auszugehen, die rechte Politik sei ein Abenteuer und dazu da, das Land mit Visionen und die Medien mit Sensationen zu beliefern, und nicht, um den Bürgern die Rahmenbedingungen für ihre eigene Lebensgestaltung zu sichern. Gross mokiert sich über das allenthalben erkennbare bundesdeutsche Understatement, die prunklosen Empfänge, ja selbst über die im Vergleich zu anderen Staatsoberhäuptern sehr niedrigen Bezüge des Bundespräsidenten[79]; aber genau dafür kann man sich vor dem Hintergrund der deutschen Vergangenheit geradezu begeistern – und auch aus der Perspektive der heutigen deutschen Gegenwart.

VON DER FREUNDIN AUS NEW YORK: INTERNATIONALES INSIDER-WISSEN IN DIE »DEUTSCHE KLAUSE« DES PRÄSIDENTEN. Zurück zu Toni Stolper: Schon im August 1949, als Heuss noch nicht einmal zum Bundespräsidenten gewählt war, aber die Aussicht auf seine Wahl bereits bis in die USA drang, träumte sich die welterfahrene Frau, die die Öffentlichkeit scheute, in eine vertrauliche außenpolitische Beraterrolle des kommenden Präsidenten hinein– sie sprach noch vom »Reichspräsidenten«! Jetzt »schweifen meine Gedanken um sonderbare Vorstellungen«, gestand sie dem Ehepaar Heuss.

> Im Reich der Wünsche habe ich mir was Hübsches ausgedacht. Ich möchte des Reichspräsidenten Informations-Stab für die westliche Presse sein, damit er weiß, wie die Welt Deutschland von außen ansieht. Das wäre, wie mir immer mehr scheint, eine gewichtige Aufgabe, und eine, die nur von jemandem geleistet werden kann, der mit außen und innen im richtigen Takt mitfühlt und ein gewogenes Urteil hat. Ich würde die amerikanische, englische (französische, italienische) Presse zu lesen und für den Präsidenten zu verdauen haben – damit er nie in seiner deutschen Klause gefangen sitzt.[80]

Toni hatte den Präsidenten Truman als Verkörperung der amerikanischen Tugenden geschätzt, hielt jedoch weit weniger von seinem Nachfolger Eisenhower[81];

von ihr bekam Heuss Informationen, die geeignet sein mochten, Adenauers Fixierung auf Eisenhower ein wenig zu dämpfen. Insider-Wissen aus den USA war in der Bundesrepublik der 1950er Jahre Trumpf, ob in der Wissenschaft oder der Politik.

Von seinem eigenen Bildungshintergrund her wusste Heuss zwar viel über die Geschichte der Westmächte, jedoch nur sehr wenig über deren aktuelle Geistesverfassung, schon gar nach den NS- und Nachkriegsjahren, als die Deutschen von der Außenwelt weithin abgeschnitten waren. Das folgenreiche Zusammensein vom Mai 1955 stand auch unter politischen Auspizien; Heuss kündigte Reinhold Maier vorher an, er selbst bekomme nun »durch sehr lebhafte Erzählungen ein Privatissimum über amerikanische, politische und wissenschaftliche Fragen, da Toni Stolper ja eine ungewöhnlich gescheite und informierte Frau ist«.[82] Obendrein war diese Frau, deren Vater aus der Slowakei stammte, schon seit jungen Jahren Russland-Expertin; das muss Heuss im Mai 1955 erneut beeindruckt haben. Kurz darauf empfahl er dem deutschen Botschafter in London, sich in Sachen Sowjetunion an sie zu halten: Sie habe im »Deutschen Volkswirt« »die russischen Fragen als Spezialität verfolgt«.[83] Wie wir jedoch sahen, war der Bundespräsident, wenn es drauf ankam, durchaus in der Lage, gegenüber dem antisowjetischen Furor der Frau – so nach dem Bau der Berliner Mauer – Gelassenheit zu bewahren. Wer den Flüchtlingsstrom aus der DDR von der Nähe verfolgt hatte, wusste ja nur zu gut, dass der Mauerbau für diesen glücklosen Staat eine Notmaßnahme zur Selbsterhaltung war[84], mochten viele auch aus der Ferne vor allem den aggressiven Zug, den Verstoß gegen den Berliner Viermächtestatus wahrnehmen.

Aber nicht unter dem Banner des Antikommunismus fanden sich Heuss und Toni Stolper zusammen; vielmehr begann ihre politische Kooperation gleich im Mai 1955 im Zeichen der Protestkampagne gegen Leonhard Schlüter. Heuss versorgte die Freundin mit Material aus Göttingen; sie sorgte ihrerseits dafür, dass mit dem raschen Erfolg dieser Kampagne gegenüber der Weltöffentlichkeit unter Beweis gestellt wurde, dass die Bundesrepublik auch ohne Besatzungsregime ein Wiederaufleben von NS-Traditionen zu verhindern wusste. Im gleichen Sommer 1955[85] entstand ein Plan, der den beiden bis nach dem Ende von Heuss' Amtszeit ständige Gelegenheit zum Austausch von Erinnerungen bot: Toni Stolpers Biographie ihres 1947 verstorbenen Gatten, zugleich ein eigenes Erinnerungswerk und eine der fesselndsten Darstellungen unter den weit über 100 Emigrantenmemoiren nach 1933, gerade weil es von dem wehmütigen Grundton vieler dieser Rückblicke frei ist.

Heuss, der damals in der Auseinandersetzung mit Vertriebenenfunktionären die Pointe liebte, dass man sich »Heimat« neu schaffen kann, hatte als Titel des Buches vorgeschlagen: »Dreimal Heimat«, gab dann jedoch zu, dass »Heimat«

»weinerliche Assoziationen weckt«.[86] Stattdessen bekam es den forscheren, wenn auch für Heuss' Geschmack etwas »vulgären« Titel: »Ein Leben in Brennpunkten unserer Zeit«. Mag es heute nur noch zur Gattung der Memoiren gerechnet werden, war es 1960, als es zuerst erschien, ein Politikum: Genau zu der Zeit, als die Hetze gegen den »Emigranten« Willy Brandt begann und wieder einmal – und dies keineswegs nur auf der politischen Rechten[87] – Emigration mit Deutschenhass gleichgesetzt wurde, schilderte dies Buch auf wissenschaftlich fundierte, sachlich-unsentimentale Art die Wirksamkeit eines Emigranten, der sich bereits in der Kriegszeit vehement der antideutschen Propaganda widersetzt und nach dem Krieg beim Entwurf des Marshallplans mitgewirkt hatte. Toni empfand beim Schreiben ein »wahres Glücksgefühl«. Die in dem Buch enthaltene ökonomische Kompetenz, die vermutlich zum Teil von Heuss stammte[88], fand sogar den Respekt des weltberühmten Ökonomen Joseph Schumpeter, eines alten Freundes der Stolpers.[89] Es war nicht Tonis Stil, sich immerfort im Nur-Persönlichen zu ergehen; das prägte auch ihre gesamte Korrespondenz mit Theodor Heuss.

Die Mitarbeit an den »Brennpunkten«, wie das Buch fortan in der Familie Stolper hieß, bot für Heuss nicht zuletzt auch die beste Gelegenheit zur Reaktivierung ökonomischer Erinnerungsschichten; und, was man von seinen »großen Reden« her nicht ahnen würde: in diesen Jahren hielt er sich selbst in Fragen der Ökonomie für hochkompetent, ja glaubte sogar, den ihm seit Jahrzehnten bekannten Ludwig Erhard belehren und von einem allzu staatsfremden Wirtschaftsliberalismus abhalten[90] zu können. Am 2. November 1957, im Jahr der »Kohlekrise«, schrieb er der Freundin nach New York:

> Das mit der »Kapitalbildung« habe ich ja vor einigen Jahren sehr intensiv, damals gegen Erhard gerichtet, gepredigt, der nur auf die Konsumbelebung gleich Produktionsanregung blickt – er hat inzwischen dazugelernt. Ich erzähle immer, primitiv wie ich in solchem Denken bin: ihr dürft den Umsatz nicht mit der Substanz verwechseln. Der Zinsfuß der »Festverzinslichen« ist der Maßstab für Reichtum oder Armut einer Gesamtheit.[91]

Solche Weisheiten galten in jener Zeit, als die »Tagebuchbriefe« herauskamen, als hoffnungslos verstaubt und blieben dem Leser vorenthalten; in der Gegenwart, wo der hoch verschuldete Staat den Zinsfuß der »Festverzinslichen« gegen null gedrückt hat, wirken sie nicht mehr so altmodisch. Auf Heuss wirkte Erhard geradezu keynesianisch, wenn er den Leuten das Sparen austreiben und sie zum Konsumieren erziehen wollte! Wenn Erhard dagegen in den 1960er Jahren unter allgemeinem Gelächter das »Maßhalten« predigte, geschah das ganz im Geist von Heuss. Heute wäre das Gelächter darüber nicht mehr so laut. Auch die anderen Heuss-Maximen – Selbstfinanzierung statt Abhängigkeit von den Banken,

Qualitäts- statt billiger Massenproduktion – haben längst eine neue Aktualität gewonnen.

Als Erhard im Frühjahr 1959 als Kandidat für die Heuss-Nachfolge ins Gespräch kam, war auch Heuss' Urteil über ihn gefragt. Bei einem von Bleek aufgezeichneten Gespräch zwischen Kanzler und Präsident am 4. Februar 1959 kam Adenauer darauf zu sprechen, dass aus Kreisen der CDU eine Kandidatur Erhards vorgeschlagen werde. Der Kanzler dagegen: »Das komme gar nicht in Frage. Für politische Fragen habe Erhard so viel Verstand ›wie dieser Zigarrenkasten hier‹.«[92] Aber selbst seine wirtschaftspolitische Kompetenz wurde von Adenauer bezweifelt, vor allem mit aktuellen Erfahrungen aus der Kohlekrise.[93] Bleek bemerkt zu diesem Punkt keinen Widerspruch des Präsidenten.

Dabei sprach sich damals bis in Pressekreise herum, dass Heuss am liebsten Erhard als seinen Nachfolger hätte; eine Karikatur der »Stuttgarter Zeitung« zeigt Kanzler und Präsident beim Kartenspiel, wobei Heuss gerade im Begriff ist, die Erhard-Karte als Trumpf auf den Tisch zu knallen, während Adenauer lauernd ein Blatt mit dem Bild des Finanzministers Etzel in der Hand hält. Der als »Vater des Wirtschaftswunders« gefeierte Erhard war der populärste unter den CDU-Politikern; am 23. Februar ließ sich selbst Adenauer von den Vorteilen eines solchen Präsidentschaftskandidaten überzeugen. Als Erhard am 27. Februar Heuss besuchte, redete der ihm zur Kandidatur zu, wenn auch verhalten[94], und als er am Tag darauf doch von der Kandidatur zurücktrat, reagierte Heuss verärgert. »Ich schonte ihn nicht. Er interpretierte sein Wort, es müsse für mich ›beglückend‹ sein, damit, dass es so schwer falle, einen geeigneten Nachfolger zu finden. Ich sagte ihm, dass das Blech sei und er ein Naivling.«[95] So zumindest berichtete er der Freundin. Heuss hasste den Begriff »Wirtschaftswunder«; und kaum etwas deutet darauf hin, dass er Erhard ein besonderes Verdienst an dem wirtschaftlichen Aufstieg der Bundesrepublik zuschrieb.

»Mut zur Liebe« ganz persönlich – doch auch Grauzonen der Lieblosigkeit. Eine politische Dimension gewinnt diese große Liebe des Bundespräsidenten vor dem Hintergrund jener Zeit in besonderem Maße als die sehr persönliche Triebkraft der von ihm angestrebten »Entkrampfung« zwischen Deutschen und Juden, insbesondere deutschjüdischen Emigranten; da liefen bei den Stolpers in New York viele Fäden zusammen. Im Mai 1955 nahm Heuss sich ganz persönlich jenen Mut, zu dem er am 7. Dezember 1949 in Wiesbaden aufgerufen hatte: den »Mut zur Liebe«. Und zwar in genau dem Sinne, in dem er ihn schon damals verstehen wollte: Liebe nicht zu »den« Juden, sondern zu menschlichen Individuen, wobei die jüdische Herkunft gleichgültig wurde. Denn von seinen deutschjüdischen Bekannten her war ihm bestens vertraut, dass ein Großteil der deutschen Juden sich nicht als Juden, sondern als Deutsche verstand, dem Zionismus skeptisch begegnete und sich erst durch die Nazis zu »Juden« abgestempelt fand.

Ende 1955 erregte Heuss einige Irritation, als er es nicht nur für seine Person ablehnte, eine Rede zum bevorstehenden 100. Todestag Heinrich Heines zu halten, sondern sich auch heftig dagegen wandte, statt seiner Max Brod aus Israel dazu einzuladen.[96] Da kam bei ihm zweierlei zusammen: Zum einen beharrte er eigensinnig auf seinem Mut zur *Nicht*liebe: seinem Recht, Heine *nicht* zu mögen[97], gerade weil es unter liberalen Intellektuellen zum guten Ton gehörte, diesen von den Nazis verfemten Dichter hochzuschätzen; zum anderen jedoch hielt er es für eine Torheit, das Nazi-Klischee des »jüdischen« Dichters dadurch zu bestätigen, dass man einen Festredner aus Israel kommen ließ, statt einen Deutschen zu nehmen. In einem Brief an Toni Stolper stöhnte Heuss über »meine lieben Juden«:

> Die Christen und Juden in Düsseldorf haben dann ihre Dummheit zusammengelegt und beschlossen, Max Brod um die Festrede zu bitten. Als ich davon erfuhr, teilte ich ihnen mit, dass sie verrückt seien. ... welch instinktlose Stümpelei, einen jüdischen Mann aus Tel Aviv kommen zu lassen! Das heißt: In Deutschland findet sich keiner, der das »heiße Eisen« anfassen will. Und dabei sind sicher Dutzende, wenn nicht Hunderte bereit, über Heine zu reden, zumal in der dann repräsentativen Feier.[98]

Toni hegte schon von ihrer Wiener Zeit her eine förmliche Aversion gegen vieles jüdische Verbandswesen und Betonung des Jüdischen. Heuss wusste, dass »Entkrampfung« hier keineswegs ein volltönendes Bekenntnis bedeutete, mit dem Staate Israel in allen Dingen durch dick und dünn zu gehen, sondern dass ebendies von vielen deutschen Juden nur als neuer Krampf empfunden würde.[99] Nicht wenige von »meinen lieben Juden«, wie Heuss sie gerne mit Heuss'scher Ironie nannte[100], entzückte er nicht nur mit dem »Mut zur Liebe«, sondern auch mit dem Mut zur »Chuzpe«[101], hebräisch-jiddisch für »Kaltschnäuzigkeit«. »Ich könnte Dir über den Begriff Chuzpe einiges erzählen«, versichert er Toni im Frühjahr 1960 einige Wochen vor der gemeinsamen Israelreise.[102] Er mochte diesen Begriff und kannte wohl seinen Bedeutungswandel vom ursprünglich rein Negativen bis hin zu einer charmanten Dreistigkeit, die sich durch die Not entschuldigt. Über manche Judaica wusste Heuss besser Bescheid als Toni Stolper; er muss wohl seine verborgenen Quellen gehabt und eine Verwandtschaft zwischen Heuss-Humor und jüdischem Witz gespürt haben.[103]

In seinem persönlichen Umfeld zeigte Heuss manchmal erschütternd wenig Sensibilität für die Nachwirkung traumatischer Erfahrungen; das offenbart sich besonders deutlich in seinem Umgang mit seiner ersten Schwiegertochter Hanne, die unter immer heftigeren Depressionen litt und sich am 8. April 1958 das Leben nahm. Schon im KZ hatte sie sich brennend nach dem Tod gesehnt.[104] Als der junge Heuss am 4. August 1945 mitten im zerstörten Berlin von Dibelius mit Hanne Elsas getraut wurde, schien sich ein Ausblick auf eine neue heile Welt zu öffnen; und doch wurde diese Ehe zu einer Tragödie. Soweit sich aus den bislang zugänglichen Quellen erkennen lässt, entstand in dem Umgang mit der verzweifelten Hanne zwischen Heuss und Toni eine Diskrepanz wie bei keinem anderen Geschehen, das beide berührte, und kaum ein anderes Thema ist in den veröffentlichten »Tagebuchbriefen« derart tabu wie dies.[105] Und kaum irgendwo anders erkennt man so krass wie hier den Preis des Präsidenten-Behagens, das dazu verführte, alles Störende nach Möglichkeit von sich fern zu halten, so lange es eben ging.

Toni stand mit Hanne seit langem in einem intensiven und vertraulichen Briefwechsel und nahm Anteil an ihrem Leiden[106]; Heuss dagegen tat es die längste Zeit wegwerfend als »Hysterie« ab. Sein Sohn meinte, er solle besser an Hanne gar nicht schreiben[107]; man versteht, warum. Dann, am 4. April 1958, meldet Heuss der Freundin einen »Alarm-Anruf« des Sohnes: »Hanne rebelliert gegen alle Möglichkeit, die nach Psychotherapie oder Psychoanalyse aussieht – dann werde man sie ins Irrenhaus stecken. Auch wieder Selbstmord-Drohung. … Mich quält diese Geschichte immerzu.«[108]

Diesmal war es keine bloße »Drohung«: Als Hanne nach Überlingen in eine geschlossene Anstalt gesperrt wird, klettert sie dort aus dem Fenster und stürzt sich im Schacht einer alten Schwefelgrube zu Tode, wo sich bereits eine Vorgängerin das Leben genommen hatte. Danach schiebt Heuss die Hauptschuld auf die Mutter, die er ohnehin als unausstehlich empfindet: In der NS-Zeit habe sie den Kindern die jüdische Herkunft des Vaters verheimlicht, so dass der Schock umso größer gewesen sei, als herauskam, dass sie selber von der Judenverfolgung betroffen waren. »Genug davon – es ist im Grunde eine tief schauerliche Geschichte.«[109]

Schon bald ist das Thema Hanne abgeschlossen; man findet nichts von einem Nachdenken darüber, ob Heuss und sein Sohn etwas versäumt hatten und es ein fataler Fehler gewesen war, Hanne in eine geschlossene Anstalt einzuweisen. Als Hannes Mutter Zweifel an dem behandelnden Arzt äußert, weist Heuss sie heftig zurecht. Bei alledem muss sich Toni ihre eigenen Gedanken gemacht haben. Hannes Briefe an sie erwecken überhaupt nicht das Bild einer Psychotikerin, die für ihre Mitmenschen unzugänglich ist.[110] Noch fünf Jahre davor hatte sie im Auftrag des Verlages mit Geschick und Gründlichkeit Heuss' Jugenderinnerungen (»Vorspiele des Lebens«) redigiert[111]; so wie sie sich in seine Jugendzeit hineinversetzt hatte, hätte Heuss allen Grund gehabt, an dem, was in der Folgezeit in ihr vorging, Anteil zu nehmen.

Schon ein Jahr nach Hannes Selbstmord, am 9. Mai 1959, heiratete Ernst Ludwig Heuss Ursula Wolff, die er ebenso wie Hanne schon aus der NS-Zeit kannte. 1945 war das Brautpaar von Dibelius getraut worden; 1959 übernahm Helmut Gollwitzer diese Rolle, obwohl er anders als Dibelius mittlerweile zu dem Vater Heuss in einem gespannten Verhältnis stand. Auch die zweite Ehefrau hatte traumatische Erfahrungen mit dem NS-Terror durchgemacht. Ihre Mutter, Annemarie Wolff, geborene Richter, war Psychotherapeutin aus der Schule Alfred Adlers gewesen, wegen ihrer Kontakte zu linken Regimegegnern 1936 von der Gestapo verhaftet worden, 1937 nach Jugoslawien geflüchtet und dort noch kurz vor Kriegsende in einem Ustascha-KZ zu Tode gekommen.[112] Ihre Tochter hatte gehört, man habe sie dort zu Tode geprügelt. Die Parallele zu den Erfahrungen Hannes ist frappant. Aber Ursula Heuss-Wolff besaß eine robustere Konstitution. Ihre Erfahrung mit ihrem prominenten Schwiegervater, durch den sie in ein ihr völlig fremdes Milieu geriet, unterschied sich gleichwohl nicht ganz von der Erfahrung Hannes: Heuss nahm das Schreckliche wohl wahr, ließ es jedoch an sich abgleiten.[113] Aber obwohl sie davon enttäuscht war und trotz ihrer von der Mutter her bestehenden Vertrautheit mit der Psychoanalyse erblickte sie darin keinen Ausdruck von Verdrängung, sondern eher den einer ausgeprägten psychischen Gesundheit.[114]

HEUSS ALS »GEFUNDENES FRESSEN« FÜR ADENAUER UND: »PAPA HEUSS« ALS POLITISCHER VATERMÖRDER. Für Eberhard Pikart liegt, gemessen am »historischen Wert«, »zweifellos der Höhepunkt« der »Tagebuchbriefe« an ihrem »Schluss, Auseinandersetzung mit der Kandidatur Adenauers, Nachfolgefrage«.[115] Vom herkömmlichen Verständnis historisch-politischer Relevanz her trifft das ohne Zweifel zu; und das hat um 1970 auch die Rezeption des Buches geprägt. Auch da gibt es Grund, nicht nur den offenen Konflikt mit dem Kanzler zu beachten, sondern zwischen den Zeilen auch eine Spannung zwischen Heuss und der Freundin zu spüren. Wenn man sich daran erinnert, wie Toni über Jahre den Adenauer-Schwärmer Edgar Alexander unter ihre Fittiche nahm und damit immer wieder Heuss' Ärger erregte, kann man kaum daran zweifeln, dass sein Lustgewinn bei dem großen Krach mit dem Kanzler nicht nur darin bestand, gegenüber Toni seinem aufgestauten Ärger gegen Adenauer Luft zu machen, sondern zugleich auch die Freundin herauszufordern und zu foppen.[116] Aber auch sie muss in jener Zeit an ihrer Verehrung Adenauers irre geworden sein.

Im März 1958, als der 82-jährige Adenauer zum Ordensritter geschlagen worden war, verulkte Heuss diese Zeremonie frei nach Friedrich Schiller (und Carlo Schmid) in einem Gedicht, das mangels Seriosität nicht einmal in die veröffentlichten »Tagebuchbriefe« aufgenommen wurde:

Wie schön, oh Mensch, im wallenden Gewande
Stehst du an unseres Schicksals Strande
In sorgender Entschlossenheit.
Das schwarze Kreuz vom fernen Ordenslande,
an dem sich einst des Glaubens Glut entbrannte,
steht frisch gerammt im Sturm der Zeit.[117]

Noch im März 1963, im Jahr seines Todes, berichtete er der Freundin, »die Züricher Fernsehleute« hätten ihn gefragt, »wen ich für den größten Staatsmann dieser Zeit halte«. »Churchill? Clemenceau? Was ist Größe?« Da mochte sich Heuss nicht entscheiden – aber von dem Namen Adenauer war nicht die Rede.[118] Der stand für ihn nach dem von ihm verschuldeten blamablen Hin und Her um die Präsidentennachfolge außer Diskussion. Schon während der Präsidentschaftskrise von 1959 hatte er über den Kanzler gelästert: »Adenauer, der an sich weiß, dass die Deutschen den von ihnen provozierten Krieg verloren haben, ist in der Gefahr der Hybris, seit Churchill ihn für den größten deutschen Staatsmann seit Bismarck erklärt hat.«[119] (Aber wer wäre 1959 für diesen Rang sonst übriggeblieben, wenn Stresemann indiskutabel war – außer Heuss selbst?)

Mit der Präsidentschaftskrise von 1959 kehren wir nun nach langen Eskapaden in Grenzbereiche des Politischen wieder in die konventionelle bundesdeutsche Politikgeschichte zurück. Vieles davon wurde längst zur Genüge dargestellt und braucht hier nicht in allen Einzelheiten wiederholt zu werden. Was jedoch wenig bekannt ist: dass Heuss den Gedanken an eine dritte Amtszeit keineswegs von vornherein von sich wies. Dass er nur noch vier Jahre zu leben hatte und davon nur noch zwei in leidlicher Gesundheit, ahnte er 1959 nicht. Auch wenn er seit dem Februar 1957 den Glauben an seine eigene Unverwüstlichkeit verloren (aber dafür umso mehr in Toni eine medizinische Ratgeberin gewonnen) hatte, fühlte er sich doch noch im letzten Jahr seiner Amtszeit im Vollbesitz seiner Kraft und ging davon aus, dass er den acht Jahre älteren Adenauer überleben würde.

Fast überall, wo dieser Bundespräsident auftrat, erlebte er seine Popularität, mochte sie mit der Zeit auch etwas banal geworden sein; und allenthalben schlug ihm die Stimmung entgegen, dass das Gros der Deutschen ihn als Präsidenten am liebsten behalten würde, ja sich einen anderen Präsidenten eigentlich gar nicht vorstellen könne. Wenn Johannes Gross 1967 behauptet, in Kreisen der Presse sei sein Abtreten »aufatmend begrüßt« worden, »denn der Heuss'schen Manierismen war man nach zehn Jahren überdrüssig geworden«[120], mochte das für die nach Neuem süchtigen Medienleute gelten; aber kaum etwas weist darauf hin, dass die Masse der Bevölkerung so dachte. Der Bundestagspräsident Gerstenmaier, den Heuss gerne als seinen Nachfolger gehabt hätte, bedrängte ihn schon im

März 1958, er möge bleiben, da er »die einzige nicht umstrittene Persönlichkeit sei«[121]. Und erst recht der umstrittene Adenauer. An Toni berichtete Heuss von einem anderthalbstündigen Gespräch mit Adenauer am 28. Oktober 1958. Der habe ihn beschworen, einer dritten Amtszeit zuzustimmen, auch wenn dafür das Grundgesetz verändert werden müsse: »Es sei einfach kein Mensch, der mich ersetzen könne.« Das Thema scheint zwischen den beiden nicht ganz neu gewesen zu sein. Die Reaktion des Bundespräsidenten darauf – ganz besonders seine Selbstbanalisierung – hat etwas von Heuss'scher Koketterie:

> Ich trug ihm dann die bekannten Dinge vor, dass es bedenklich sei, eine Verfassung zu ändern, weil gerade ein netter Mensch am Markte sei. Er sang dann eine Arie auf meine »Geistigkeit«, meine »Erfahrung«, mein Ansehen im Ausland, meine »Würde« und die Leichtigkeit, unangenehme Situationen zu lockern. Ich solle ihm den derben Ausdruck nicht verübeln: ich sei für die Deutschen ein »gefundenes Fressen«. Ich replizierte, dass ich wohl in gewissem Sinn ein »Glücksfall« sei, aber eine 3. Wahlperiode mit vorangegangenen Rechts-Manipulationen offenbare sich als eine Verlegenheit; eine lex Heuss sei der Staatskontinuität nicht bekömmlich. ... Ich sagte ihm auch (Bleek war dabei), Bl. und Bott hätten mich gebeten, ihm jetzt noch kein »schroffes Nein« zu sagen; beide sind nämlich, obwohl durchaus loyal, im Unterbewusstsein an irgend einem Ja interessiert. Ad. erzählte selber als Witz, man erzähle in seinem Freundeskreis, er wolle mein Nachfolger werden ...[122]

Heuss als »gefundenes Fressen« für die Deutschen: ein Kompliment von ungewöhnlicher Würze! Das war nicht Heuss'scher Stil; aber er dachte nicht daran, zu widersprechen. Er knüpfte im *Face-to-face*-Dialog mit Adenauer eine eventuelle Zustimmung nicht einmal an die Bedingung, dass im voraus gewährleistet werden müsse, dass wie schon 1954 auch diesmal die SPD hinter seiner Wiederwahl stehe: Das wurde in der Zeit darauf seine Kompromissposition, aber diese ließ er, wie er Toni ankündigte, dem Kanzler über die beiderseitigen Staatssekretäre Bleek und Globke beibringen.

Das sowjetische Berlin-Ultimatum vom 27. November 1958, das in Bonn eine anhaltende Krisenstimmung auslöste, diente in der Zeit darauf als Argument für die Stabilität an der Staatsspitze. Toni Stolper war jedoch von Anfang an *gegen* eine neue Amtszeit: gewiss aus persönlichen, aber auch aus politischen Gründen. Zwischen ihr, Heuss und seinem Sohn entwickelt sich über dieser Frage eine mit Hochspannung erfüllte Dreieckskommunikation. Am 19. Februar 1959 schrieb Heuss an die Freundin, er schreibe ihr viel über die Fragen der Nachfolge, »weil ich weiß, dass sie auch Dir, sachlich *und* menschlich, (oder umgekehrt) sehr nahe liegen«.[123] Doch an erster Stelle menschlich, weil die beiden, wenn er der Amtsbürde ledig ist, mehr Zeit für gemeinsame Reisen haben? Am 3. Januar 1959 hatte Toni an den Sohn geschrieben:

Der Vater hatte erwähnt, Du seist wegen der Berliner Krise nun auch halb auf die Verlängerung eingeschwenkt, und da hatten schon Nachtgedanken sich erhoben, um Gegengründe mit Dir zu diskutieren. … Meine tastende Meinung ist, dass es gerade das nicht ist, was Ihr erhofft, nämlich eine moralische Stärkung Deutschlands vor der Welt, wenn die Präsidentschaft über den September weg in den hoch bewährten Händen bleibt. Immer und immer wieder wird man im Ausland gefragt: was kommt nach Adenauer und Heuss? Diese Meinung, es gehe nur mit diesen zweien, und nachher gehe es vielleicht gar nicht mehr, oder schief – ist eine weltweite Schwächung des neuen Deutschland. Zehn, zwölf, dreizehn Jahre nach 1945, gut; aber vierzehn usw. usw.? Und nun muss gar die Verfassung geändert werden, weil die armen Deutschen halt gar niemand haben, der sie mit Anstand repräsentieren könnte als den Einen! Das ist keine moralische Stärkung, die Schwäche des Notstands wird allzu deutlich vor der Welt enthüllt. Berlin steht stark da, weil nach Reuter und Suhr der junge Willy Brandt da war und eine lange Kontinuität sichtbar macht.[124]

»BEMERKUNGEN ZUR BUNDESPRÄSIDENTEN-FRAGE«: HEUSS ALS MENTOR DER STAATSRÄSON. Willy Brandt als neuer Garant der deutschen Zukunft: vor allem in dieser Gestalt und als mutigen (dazu anglophonen) Sprecher der Frontstadt West-Berlin, nicht so sehr als Sozialdemokraten nimmt ihn Toni Stolper wahr; und er war einst ein Mitemigrant, der wegen der Emigration Verleumdungen ausgesetzt ist. Das war genau die Essenz der Argumentation, die Heuss eine Woche darauf in seinen »Bemerkungen zur Bundespräsidenten-Frage« dem Bundeskanzler übersandte. Das jahrelang geheimgehaltene Dokument wurde zuerst von Adenauer in seinen Memoiren publik gemacht, aber schon kurz nach Erhalt herumerzählt, wie Heuss zu Ohren kam und ihn zu der Bemerkung veranlasste, man sei in das »Zeitalter der Indiskretion« getreten.[125]

Als Heuss sich entschlossen hatte, eine dritte Amtszeit abzulehnen, fand er eine einmalige Gelegenheit, sich als Staatsdenker und Anwalt höherer Staatsräson zu präsentieren, der nicht von der Person, sondern von der Institution her und nicht von der aktuellen Situation, sondern von der Verantwortung für die Zukunft des Gemeinwesens her denkt. Oft genug war er ins Mäandrieren verfallen, wenn er jenen politischen Stil, den er prägen wollte, auf den Begriff zu bringen suchte; hier war es ihm einmal gelungen – auch wenn er gerade dann, wenn er eine Sonderbehandlung für sich selbst abweist, zugleich eben doch auf seine Besonderheit anspielt. In den folgenden Monaten hat er das Grundmuster dieser Argumentation immer neu wiederholt, wenn er bedrängt wurde, sich doch auf eine dritte Amtszeit einzulassen; und dieses Grundmuster entsprach den Vorstellungen Tonis in ihrem Brief vom 3. Januar. Im Nachtrag zu den »Bemerkungen« kann er sich dann doch eine Heuss'sche Koketterie nicht verkneifen: Er möchte nicht »in die Rolle einer sich sträubenden Jungfer gedrängt werden, deren Ja oder Nein Stoff für politische Feuilletonisten bildet«[126]. Wirklich nicht?

Denn im Punkt 16 der »Bemerkungen« heißt es: »Für die vielleicht geplante Verfassungsänderung, ohne Bezüglichkeit auf mich, hat mein Sohn mir eine wohl diskutierbare Anregung vorgelegt …: ›Das Amt des Bundespräsidenten dauert fünf (oder sieben) Jahre. Anschließende Wiederwahl ist nur einmal zulässig, es sei denn, sie erfolgt mit einer Zweidrittelmehrheit.‹«[127] Wie der Adenauer-Biograph Hans-Peter Schwarz kommentiert: »Raffinierter kann man es nicht zum Ausdruck bringen, dass man von allen Seiten nachhaltigst gebeten werden möchte – auch wenn Heuss diesen Verdacht weit von sich weist.«[128] Zumindest gegenüber Toni, deren Position er kennt und verbal bekräftigt: »Vielleicht erreicht meine Niederschrift, dass man begreift, die Demokratie müsse mit einer Variabilität der Typen und der Individuen rechnen.«[129] Aber der schlaue Kanzler muss genau gespürt haben, dass Heuss insgeheim doch mit dem Gedanken liebäugelte, die Präsidentenherrlichkeit noch weitere vier Jahre auszukosten: Noch im Juni suchte er Heuss dazu zu bewegen, sich doch für eine erneute Kandidatur zur Verfügung zu stellen. Und zur gleichen Zeit erlebte Heuss auf Massenversammlungen in Köln und Berlin, wenn der Ruf aufkam, er möchte doch bleiben, »entsetzliche Begeisterung«![130]

Aber am 12. Februar 1959 nominierte die SPD Carlo Schmid als ihren Präsidentenkandidaten, womit auch zugleich klar wurde, dass sie für eine »*Lex Heuss*«, eine Grundgesetzänderung, nicht mehr zu haben war: Damit hatte sie die Frage, die für Heuss so schwer definitiv zu entscheiden gewesen war, eindeutig geklärt. Wie sein Sohn am Tag darauf an Toni Stolper schrieb: »Nun, da die SPD Carlo Schmid nominiert hat, steht es fest, dass der nächste Bundespräsident nicht Theodor Heuss heißen wird. Und das ist gut so.«[131] Carlo Schmid allerdings, der die Heuss'sche Hintertür in der Präsidentenfrage wohl nicht wahrgenommen hatte, sah die Kausalität umgekehrt: Erst nachdem Heuss eine neue Kandidatur abgelehnt habe, sei er selbst als Kandidat aufgestellt worden.[132] Auch für den SPIEGEL-Herausgeber Rudolf Augstein stand Heuss damals untadelig da als einziges dauerhaftes moralisches Kapital des Staates und lag die Schuld an der Unschlüssigkeit der CDU in der Präsidentenfrage allein bei Adenauer:

> Da ist dieser Bundespräsident selbst, eine moralische Figur, der dem provisorischen Staat den Raffke-Glanz mit beharrlichen Kräften abgedeckt und der die Schuhnummer für künftige Präsidenten in zehn Amtsjahren modelliert hat. Wenn der Staat nicht mehr Adenauer heißt, was wird dann die Bundesrepublik an moralischen Werten überbehalten, wenn nicht den Anspruch, dem der erste Bundespräsident genügt hat?[133]

Heuss' interne Kommentare sind in dieser Zeit von den Sarkasmen Augsteins nicht weit entfernt. Am 8. März 1959 schrieb er an die Freundin: »Dass sich die CDU durch innere Intrigen z. Zt. schwächt, ist sehr spürbar. Das Wunderbare an

Ad(enauer) ist die fast sieghafte Naivität, dass er nicht einen Augenblick auf die Idee kommt, dass auch *er* an dieser Entwicklung schuldig oder doch mitschuldig sein könne, da er sie hinschleifen ließ.«[134]

SCHWANKENDE KURSE AN DER »BUNDESPRÄSIDENTEN-BÖRSE«. Und dabei war das erst der Anfang; das eigentliche große Drama kommt noch: das Drama zwischen Kanzler und Präsident! Es zerfällt in drei Akte: Als erstes die Ankündigung Adenauers, selber die Nachfolge antreten zu wollen, verbunden mit der Bemerkung, dass sich aus diesem Amt mehr machen ließe – einer Unterstellung, die bei Heuss eine Empörung auslöst wie noch nie; als zweites Adenauers Anfang Juni in den USA verkündeter Rückzieher von der Kandidatur, von der Heuss erst über die Medien erfährt und sich hintergangen fühlt, da der Kanzler bei einem Gespräch mit ihm kurz davor »kein Wort piepste«[135] (Kommentar von Heuss dazu: »Ad(enauer) hat Glück, dass ich kein freier Publizist bin«[136]); als drittes das dann erneute Auf und Ab diverser Namen auf der »BuPrä-Börse« (Heuss)[137], die das Präsidentenamt vollends zum taktischen Spielball macht.

Und am Ende pendelt sich diese Börse bei Heinrich Lübke ein: einem Kandidaten, der von seinem Profil her geradezu der Antityp zu Heuss ist und dem es zum Verhängnis werden sollte, dass ein Mann wie Heuss das Profil des Präsidentenamtes prägte. Der offenbarte ihm bei einem ersten Gespräch »das Geheimnis des Heuss'schen ›Stiles‹«: »mit sich selber im Reinen zu bleiben«.[138] Aber ebendarum musste Lübke die Präsidentenrolle auf ganz andere Art spielen als sein Vorgänger. Dass er damit jedoch kläglich scheiterte, lag nicht nur an dem Vorbild Heuss. Der hat von seinem Nachfolger, der in seiner ersten Präsidentenzeit keine schlechte Presse hat, schon nach drei Monaten jenes Bild, das erst nach einer Reihe von Jahren zum Gemeingut aller Witzbolde der Republik wurde: »Lübkes Anständigkeit außer Zweifel, aber in den Diplomatengesprächen ein Fauxpas nach dem anderen. Macht aus Versehen dem – Japaner Vorwürfe, die er, was auch nicht angebracht gewesen, wegen einer Uno-Abstimmung dem Irländer machen wollte – I. und Japaner halt nebeneinander. Und dergl. mehr.« Und Wilhelmine Lübke ließ Heuss vollends schaudern.[139] Im Frühjahr 1961 erkannte er einen allgemeinen Zerfall des Präsidialamtes. Sein Nachfolger verdarb das Betriebsklima. »BuPrä Lübke zwingt mich leider, mit ihm ›böse‹ zu werden.«[140]

Waren all die Beteuerungen von CDU-Seite, dass Heuss für das Präsidentenamt Maßstäbe gesetzt habe, nichts als heiße Luft gewesen? Jetzt war es die SPD, die mit Carlo Schmid einen Kandidaten aufstellte, der wie kein anderer das Heuss-Format besaß! Adenauer selbst hat in seinen Erinnerungen in eindrucksvoller Ausführlichkeit und ungewöhnlicher Fairness geschildert, wie dieser Sozialdemokrat mit seiner Verbindung von Besonnenheit und Charme am 12. September 1955 in Moskau die Situation rettete und die Freilassung der deutschen Kriegsgefangenen erreichte, die Adenauers Heimkehr zu einem Triumphzug werden ließ.[141] Das war eine politische Sternstunde der Ära Adenauer und zeigte in bühnenreifer Form, wie ein Yin-Yang-Zusammenspiel auch zwischen Adenauer und Carlo Schmid zum Erfolg führte.[142] Dass Adenauer sich dennoch 1959 nicht dazu überwinden konnte, seine Partei auf diesen Bundespräsidenten einzuschwören, ist ein besonders peinliches Beispiel dafür, wie der Parteistratege den Staatsmann verdrängte.

ZWEI KONTRÄRE KRÄCHE. Bei alledem kann man wiederum dreierlei bemerkenswert finden: zum einen, dass Heuss nunmehr gegenüber dem Kanzler keinerlei Konfliktscheu mehr zeigt, ja dieser große Krach ihm geradezu Vergnügen bereitet; zum anderen, dass er dem Kanzler implizit doch zugibt, dass sich aus dem Präsidentenamt eine stärkere Machtstellung hätte ausbauen lassen, als er selbst dazu in der Lage war; und zum dritten, dass er genau zur gleichen Zeit auch einen großen Krach mit einem der schärfsten Adenauer-Gegner jener Zeit vom Zaun bricht: mit dem einst von Elly verehrten Martin Niemöller. Zur selben Zeit ein Kampf mit dem großen Sünder und – aus Heuss' Sicht – dem großen Pharisäer: dem notorischen Lügner Adenauer und dem Kirchenpräsidenten, der einst, unter dem Kaiser, als U-Boot-Kommandant triumphierend Schiffe versenkte und jetzt, unter Adenauer und Heuss, die Bundeswehr als »Hohe Schule für Berufsverbrecher«[143] anprangert!

»Wie Du siehst, bin ich sehr kampf-froh«, berichtet Heuss am 10. April mit spürbarem Stolz der Freundin; und von seinen »Krächen« und »Händelbriefen« mit Adenauer und mit Niemöller handelt er wiederholt in einem Atemzug: Es ist alles zusammen ein »Kampffeld«.[144] Zwei Tage darauf schreibt er an Bleek, er »genieße« seinen Zorn auf Adenauer.[145] Bis dahin war es Adenauer gewesen, der nicht nur aus Heuss' Sicht »Krach« brauchte; jetzt scheint Heuss selber ein robustes Adenauer-Format zu bekommen, derweil die ganze Republik über das unstete Hin und Her des Kanzlers spottet, der bis dahin für seine unerschütterliche Stetigkeit berühmt war.

Die Präsidentenkrise gilt gemeinhin als die große Wende in der Ära Adenauer, von da ab – nur anderthalb Jahre nach Adenauers größtem Wahlsieg – es unaufhaltsam abwärts geht, über den Berliner Mauerbau, die SPIEGEL-Affäre und den Skandal um Strauß. Gerade der Mauerbau, zu dem Adenauer erst einmal schwieg, enthüllte in den Augen vieler seine »Politik der Stärke« als bloßes Bramarbasieren; wenn es brenzlig wurde, bevorzugte auch er ganz wie Heuss eine Politik der Zurückhaltung, die den Dingen ihren Lauf ließ. Für Heuss dagegen war es in seltsamer Mischung ein zugleich bitteres, aber auch triumphales Ende seiner Präsidentenzeit. Jetzt im Schlussakt kann er sich Adenauer überlegen fühlen wie noch nie. »Die Post ist wegen der Adenauergeschichten entsetzlich gewachsen«, schreibt er nach New York; »ich solle ihn doch wegschicken u. s. f. u. s. f.; ich aber solle bleiben!«[146] Jetzt ist die Krise da, wo der Bundespräsident – hypothetisch zumindest – die Regie an sich ziehen könnte. Je mehr Adenauers Popularität selbst in seiner eigenen Partei bröckelt, desto konkurrenzloser steht Heuss in der Öffentlichkeit da.

Hatte Adenauer vor zehn Jahren das geflügelte Wort in Umlauf gebracht, Macht und Ohnmacht des Bundespräsidenten hingen an den Nerven des Bundeskanzlers, konnte dessen praktische Pointe jetzt zu 1949 konträr sein; denn in der allgemeinen Wahrnehmung war Adenauer nicht mehr ein Muster von Nervenstärke. Und auch nicht aus der Insider-Perspektive: Wenn man liest, dass Adenauers Intimus Globke am 21. Mai seinem Chef gegenüber und offenbar mit dessen Einverständnis seine »Überzeugung« bekräftigte, dass bei einem Kanzler Erhard »nur die Gnade Gottes das deutsche Volk noch retten« könne[147], kann man den Eindruck gewinnen, dass das Kanzleramt eher ein Ort der Hysterie als der Nervenkraft war. Heuss berichtet der Freundin mit spürbarem Triumph, wie er seinem Ärger mit einem spontanen Brief an Adenauer Luft macht, während der ihm dann gesteht, dass er ihm zuerst einen Gegenbrief geschrieben, ihn dann aber doch nicht abgeschickt habe.[148] Dem Mitherausgeber der »Frankfurter Allgemeinen Zeitung«, Erich Welter, gegenüber brüstet sich Heuss am 19. Juli 1959, der Briefwechsel sei »vernichtend für Adenauer« gewesen; er, Heuss, habe den Kanzler mit seinen Briefen »vollkommen zerstört«.[149] Über längere Zeit glaubt er, Adenauer habe Angst vor ihm und traue sich nicht mehr an ihn heran.[150] Wenn er beim Kanzler eine »Gefahr der Hybris« diagnostizierte, gibt er 1959 Anlass zum gleichen Verdacht gegen ihn selbst!

Der Kanzler selbst scheint bei der Aussicht auf die Präsidentschaft zunächst guter Laune gewesen zu sein und kokettierte vor Parteifreunden mit seiner allbekannten Kampfeslust: Als Bundespräsident werde er sich »in mancher Beziehung ändern müssen«. (Heiterkeit) »Das gebe ich ohne weiteres zu. Aber das wird mir schwer fallen, dass ich nicht mehr kämpfen soll. Das ist schrecklich! … Aber natürlich, es gibt auch noch höhere Dinge als Kampf. Ich werde jetzt auch versuchen, meiner wahren Natur der Gerechtigkeit gegenüber der SPD Ausdruck zu geben.« Darauf »große Heiterkeit«.[151]

MISSVERSTÄNDNIS UND BEKENNTNIS ZUR »METAPOLITIK«. Am 7. April 1959 wird Heuss mitgeteilt, Adenauer wolle ihn noch am gleichen Tag sprechen. Der Kanzler kommt, um ihm mitzuteilen, auf Beschluss der CDU-Spitze (als ob er sich in solchen Fragen von seiner Partei hätte Weisungen erteilen lassen!) habe man ihn zum Präsidentschaftskandidaten nominiert. Das Gespräch scheint ganz locker verlaufen zu sein; bei dieser Gelegenheit empfiehlt der Kanzler dem Präsidenten die Lektüre des »Major Thompson« von Daninos mit Hinweis auf den

Rat der prüden viktorianischen Mutter an die Tochter vor dem Grauen der Brautnacht (»*Shut your eyes and think of England*«). Wie Heuss berichtet, hatte Adenauer ihm schon vorher von der Macht des Präsidenten-Generals de Gaulle »gegenüber Regierung und Parlament« vorgeschwärmt; da »sagte ich ahnungsloser, ahnungsvoller Engel: das könnte Ihnen so passen!«[152]

Hatte Adenauer sich eingebildet, als Bundespräsident würde er ein deutscher de Gaulle werden, wie Heuss jetzt argwöhnte? Direkt davor hatte er sich im Kanzleramt eine Ausarbeitung über die Befugnisse des Bundespräsidenten erstellen lassen; selbst der Bundeskanzler, von der Ausbildung her Jurist, hatte das Grundgesetz nicht im Kopf. Die umgehend angefertigte Aufstellung ließ keinen Zweifel daran, dass die Kompetenzen des Bundespräsidenten von der Machtstellung eines französischen Staatspräsidenten weit entfernt waren; Globke allerdings, der seinen Chef damals zur Kandidatur ermutigen wollte, muss dafür Sorge getragen haben, dass Adenauer bei der Lektüre nicht die Lust verging.[153] Schon am 8. April kündigte er seine Kandidatur im Fernsehen an, mit einer Begründung, die Heuss in hellen Zorn versetzte.

Hans-Peter Schwarz behandelt diese ganze Geschichte in seiner großen Adenauer-Biographie unter der Überschrift: »Die Präsidentschaftsposse«.[154] Schon gar für einen Heuss-Biographen scheint es Ehrensache zu sein, dass er in diesem konfus erscheinenden Hin und Her Partei für Heuss ergreift. Und doch kann man gerade nach der Lektüre von Massen Heuss'scher Selbstzeugnisse zwischendurch auch immer wieder den speziellen Reiz von Adenauer-Texten entdecken und in der eigenen Parteinahme schwankend werden. Mit Heuss-Zitaten aus jener Zeit ist es allzu leicht, den Kanzler lächerlich zu machen. Wenn man sich jedoch von dem konventionellen Bild der Präsidentschaftskrise frei macht, wird diese Geschichte doppeldeutig und bekommt auch eine Lesart, die ein Licht auf Heuss'sche Schwächen und Selbstzweifel wirft.

Was hatte Adenauer in seiner Fernsehansprache vom 8. April 1959 zur Begründung seiner eigenen Kandidatur »mit allem Nachdruck« gesagt, worüber Heuss so »zornig« war? Seinen Anstoß erregten die beiden folgenden Sätze: »Die Stellung, die Aufgabe und die Arbeit des Bundespräsidenten werden in der deutschen Öffentlichkeit und damit auch in der internationalen Öffentlichkeit zu gering eingeschätzt. Sie ist viel größer, als man schlechthin glaubt.«[155] Da konnte man, wenn man wollte, auch ein dickes Kompliment für Heuss heraushören: Die Öffentlichkeit kannte nur seine Reden, seine zahllosen Fest-, Gedenk- und Jubiläumsansprachen, die zwar geistvoll und wohlgesetzt, jedoch als solche politisch belanglos waren; sie kannte nicht sein Wirken im Verborgenen, sein unermüdliches Korrespondieren und Kommunizieren mit In- und Ausländern, sein Stilgefühl, sein Geschick zur Schaffung von »Atmosphäre« im kleinen Kreis, die personalpolitischen Ratschläge dieses Menschenkenners. Nur deshalb konnte unter Außenstehenden das Klischee des schläfrigen Präsidenten Musäus in Koeppens »Treibhaus« als authentisches Bild dieses Bundespräsidenten kursieren; Adenauer dagegen kannte nicht nur den öffentlichen Festredner Heuss, und man konnte annehmen, dass er ebendies zu verstehen gab.

Am 14. April gab Heuss gegenüber Toni Stolper zu, Adenauer habe ihn gar nicht herabsetzen wollen, sondern habe einen derartigen Eindruck »aus Mangel an Formulierkraft« erweckt[156] – eine Fähigkeit, bei der Heuss sich dem Kanzler haushoch überlegen fühlte. »Oh hätten Sie mich doch zu Rate gezogen; ich hätte Ihnen das alles eleganter formuliert«, versicherte er ihm eine Woche darauf.[157] Das hätte er gewiss! Aber im ersten Moment wollte er aus Adenauers bewussten beiden Sätzen etwas ganz anderes heraushören; und schon am Tag darauf schrieb er dem Kanzler einen Brief, wie er ihn an einen derart Prominenten noch nie geschrieben hatte und der an Drastik alle seine Abhandlungen zur Politik und auch all seine bisherigen Selbstdarstellungen übertrifft:

> Es geht … um Ihre Darstellung, dass des Bundespräsidenten Arbeit im Inland und Ausland »zu gering eingeschätzt« wird, sie ist »viel größer als man schlechthin glaubt«. Das heißt auf Deutsch: »Kinder, aus der Sache lässt sich noch was machen!«, irgendwo wurde das so begriffen, dass Sie das Amt, das übrigens trotz schwacher Besetzung, eine der fleißigsten, raschesten und farbigsten Behörden (ist), »aus dem Dornröschenschlaf« wecken werden … Das ist der Eindruck, dass mit Ihrer Kandidatur, wie ich spüre und höre, dem Bundespräsidenten eigentlich erst der politische Rang gegeben wird, auf den der Heuss, der über Kunst redete, Museen einweihte, Bücher schrieb und mit Studenten diskutierte, offenbar keinen Wert legte.
>
> Ich selber habe mein Amt, wie Sie selber spüren müssen, immer als ein eminent politisches Amt begriffen und zu führen gesucht, wenn es auch oft genug sich wesentlich in den Sphären des Metapolitischen auswirkte – wollen Sie, bitte, das, was ich zum ersten Mal in der deutschen Geschichte, neben Ludwig I. von Bayern und wohl auch Friedrich Wilhelm IV. an Goodwill für den Staat geschaffen habe, nie vernachlässigen! … Dabei bin ich – verzeihen Sie die Überheblichkeit – davon tief durchdrungen, dass, bei aller Übereinstimmung in der grundsätzlichen Linie der Regierungspolitik, mein Rat viel Dummheiten in personalpolitischen Entscheidungen verhindert hätte … Ich konnte Ihnen das sinnlose Wort »Politik der Stärke«, aus dem Stand der Ohnmacht gesprochen, so wenig »verbieten« wie Carlo Schmid seine Redereien vom »Provisorium« – ich empfahl, vergebens, »Festigkeit« und »Transitorium«.

Und er schloss sein Schreiben an den gerade auf dem Sprung in den Urlaub nach Cadenabbia befindlichen Kanzler mit dem Satz: »Gute Erholung, auch von diesem zornigen Brief.«[158] Nun, Adenauer konnte einiges vertragen; Konflikte brachten ihn in Fahrt, auch wenn er Heuss antwortete, er fühle sich durch seinen Brief »verletzt«. Sonst pflegte er auf lange Präsidentenbriefe viel kürzer zu antworten; diesmal war die Antwort, die er umgehend aus Cadenabbia schrieb, noch länger als der umfangreiche Heuss-Brief. Das Merkwürdige ist dabei, dass er auf den Kern der Heuss'schen Gekränktheit gar nicht einging, sondern – die eigene Politikermentalität auf sein Gegenüber projizierend – voraussetzte, Heuss sei aus dem Grund aufgebracht, weil Adenauer ihn mit der Ankündigung seiner eigenen Kandidatur überrumpelt und ihn nicht in die Vorüberlegungen einbezogen habe. Seitenlang legt er ihm dar, dass und wieso ihm dieser Entschluss so kurzfristig gekommen sei. Und am Schluss: »Für alles, was in der Folge in der Presse gestanden hat, übernehme ich in keiner Weise die Verantwortung. Ich habe es niemals so dargestellt, dass nunmehr, wie Sie schreiben, der ›Dornröschenschlaf‹ sein Ende finden werde.«[159]

Das hatte er in der Tat nicht; das war eine Journalistenpointe. Der Witz ist jedoch der, dass Heuss selbst an dieser öffentlichen Wahrnehmung der Fernsehrede des Kanzlers nicht unschuldig war; denn ganz am Anfang waren es nur »einige« Pressestimmen, die in den Adenauer-Sätzen einen Affront gegen den Bundespräsidenten bemerkten.[160] So evident war das nicht. Aber Heuss selbst hatte gleich ohne seine sonst übliche Diskretion seinen Ärger darüber in Umlauf gebracht, obwohl er zur gleichen Zeit Adenauer gegenüber die »grässliche Nachgiebigkeit zur publicity« als »Weltkrankheit« beklagte[161], und sorgte auch in der Folgezeit dafür, dass der briefliche Schlagabtausch bis in die Medien drang, für die der »Krach« zwischen den beiden Staatsvätern natürlich ein gefundenes Fressen war, auch wenn der Wortlaut seines Zornesbriefes an Adenauer selbstverständlich vorerst geheim blieb.[162] Heuss konnte sicher sein, dass bei einem Konflikt zwischen ihm und Adenauer die Sympathie der Öffentlichkeit ganz auf seiner Seite stand.

WER IST SCHON FÜR DEN ATOMTOD? HEUSS GEGEN DIE »PHARISÄER«. Auch in seinen »Krächen« hielt Heuss Balance: Als er sich am 9. April 1959 offen mit Adenauer anlegte, befand er sich bereits seit einem Monat mit Lust und Leidenschaft in einer scharfen Auseinandersetzung mit einem großen Adenauer-Gegner: mit Martin Niemöller. Die Wurzeln der Heuss'schen Aversion gegen diesen Kirchenmann reichen bis in das Jahr 1948 zurück, als es ihn irritierte, wie sich Niemöller in eine pauschale Verdammung der Entnazifizierung verrannte – gerade wegen seiner KZ-Vergangenheit konnte er sich das leisten, ohne bei NS-Gegnern zur Unperson zu werden. Seit seiner Inhaftierung 1937 wurde er gerade in protestantischen Kreisen der USA als *der* Anti-Hitler-Held verehrt.[163] In den NS-Jahren hatten die Heussens, besonders die Frau ihn wegen seiner mutigen Predigten in Dahlem geschätzt; noch 1946 liest man in einem Brief Ellys: »Nächste Woche bin ich mit Niemöllers zusammen, darauf freue ich mich«[164], und als Niemöller im Frühjahr 1947 in den USA war, taufte er die Söhne von Wolfgang Stolper, dem

Sohn aus Gustav Stolpers erster Ehe. Auch bei Toni Stolper hinterließ er einen »ganz tiefen Eindruck«; die Gespräche mit ihm waren »für uns alle so aufregend, dass wir dazwischen nicht viel zu Schlaf kamen« – und doch waren die Eindrücke der Stolpers »nicht ganz ungemischt«. »Immer noch scheint es, dass konkretes politisches Denken die schwächste Seite mancher guter Gesinnungsfreunde ist.«[165]

Das letztere sollte Heuss in der Folgezeit mehr als bestätigt finden. Wenn Niemöller Ende 1949 einer Journalistin der »New York Herald Tribune« erklärte, der neue Weststaat sei *»in Rom gezeugt und in Washington geboren«* worden[166] – und wie begeistert stürzten sich die Medien auf derartige »Sottisen« (Heuss)[167] eines berühmten Mannes![168] –, war dieser Ausspruch nicht nur für Heuss, der die Genese der Bundesrepublik besser kannte, einfach barer Unsinn, mehr noch: das politisch Dümmste, was ein Deutscher damals tun konnte – eine Verbindung alter Kulturkampftöne mit neuem Antiamerikanismus! Erstmals publik wurde das Gegeneinander von Niemöller und Heuss im Mai 1951. Damals hatte Niemöller die DDR-Initiative für eine Volksbefragung »gegen Remilitarisierung und für den Abschluss eines Friedensvertrages« unterstützt und in einem Brief an den Bundespräsidenten dessen von der Presse verbreitete Auffassung bezweifelt, dass die Mehrheit der Bevölkerung eine solche Volksbefragung gar nicht wolle. Ein Referendum wäre damals ohne Zweifel *gegen* die Wiederbewaffnung ausgefallen; die Initiative war gefährlich. Adenauer hatte Niemöller bereits 1950 in einer Kabinettssitzung für »geisteskrank« erklärt und sich erregt, dieser Mann habe »nackten Landesverrat geübt« und gehöre »eigentlich hinter Schloss und Riegel«[169] (woran natürlich in Wahrheit kein Gedanke war); bei dem konzilianteren Heuss, der mit ihm von Dahlemer Jahren her verbunden war, hoffte Niemöller offenbar, eine weiche Stelle der Bundesregierung zu finden.

Aber schon 1950 empörte Heuss sich gegenüber dem Hannoveraner Landesbischof Lilje, Niemöllers Art zu schreiben sei »irritierend und hämisch wie mittlerer polemischer Journalismus«[170]; er hatte vor diesem Mann den Respekt verloren. Jetzt antwortete er ihm ebenso prompt wie wortreich und in einer Schärfe, zu der Niemöllers Brief zumindest formal keinen Anlass gegeben hätte. In aller Ausführlichkeit wiederholte er seine prinzipiellen Argumente aus dem Parlamentarischen Rat gegen das Plebiszit; Niemöller musste das als ein Ausweichen vor der aktuellen Problematik empfinden. Erst gegen Schluss kommt er zur Sache und wehrt sich gegen die Übernahme des DDR-Duktus, der »für die Wiederbewaffnung« gleichsetzt mit »für den Krieg«. »Aber, verehrter D. Niemöller, spüren Sie nicht die Fatalität dieser ganzen Fragestellung, die darauf hinausläuft, so zu tun, als ob diejenigen, die ablehnen, einer parteipolitisch aufgezogenen Aktion ›für den Frieden‹ zu stimmen, damit ›für den Krieg‹ votierten? Das ist doch heller Wahnsinn.« Und er sprach von der »Plumpheit« dieses politischen Stils. Ähnlich warf er der 1957 eröffneten *»Anti-Atomtod«*-Kampagne gegen die atomare Bewaffnung der Bundeswehr vor, die Gegner als Verrückte hinzustellen, als ob irgendein Mensch *für* den Atomtod sei.[171]

Niemöller unterstrich »Plumpheit« und notierte am Rand: »der Bundesregierung«.[172] Er veröffentlichte den Briefwechsel, worin Heuss einen Vertrauensbruch erblickte. »Es muss noch die Möglichkeit geben, dass Briefe von Mann zu Mann geschrieben werden und nicht mit dieser ewigen Schielerei nach Publicity.«[173] In diesem brieflichen Schlagabtausch wirkte er selbst als der Herausforderer, ohne jedoch die Remilitarisierung sachlich zu begründen. Seither blieb eine Reizbarkeit gegenüber dem nunmehrigen Kirchenpräsidenten von Hessen-Nassau bestehen. Etwas Bemerkenswertes besteht darin, dass dieses Gegeneinander Heuss später Vergnügen macht: Da hat er einen Gegner, dem gegenüber er seine Eloquenz entfalten kann! Und mehr noch gegenüber gläubigen Niemöller-Jüngern, die den Bundespräsidenten fortan mit vorwurfsvoll belehrenden Briefen bombardieren!

»CHRISTLICH EINGEKLEIDETE DEMAGOGIE« KONTRA »HOHE SCHULE FÜR BERUFSVERBRECHER«. In der Erinnerung seiner Verehrer lebt Niemöller als mutiger NS-Gegner und Friedenskämpfer fort; aber Heuss erlebte ihn zwischendurch auch als orthodoxen und querulantischen Konfessionspolitiker[174]; und das wird dazu beigetragen haben, dass die Niemöller-Attacken bei ihm zusehends unter die Rubrik »Pfaffengezänk« und Theologen-Anmaßung gerieten. Die Frontstellung von 1951 wiederholte sich in verschärfter Form ab 1957 bei der Auseinandersetzung um die atomare Bewaffnung der Bundeswehr, bei der Niemöller mit anderen Kirchenleuten zusammen eine Phalanx bildete. Wieder ertönte der Ruf nach einer Volksabstimmung; erneut wiederholte Heuss seine griffige Formel aus dem Parlamentarischen Rat, Plebiszite seien eine »Prämie für Demagogen«, und dazu bezeichnete er die Schweigemärsche und andere Demonstrationen »gegen den Atomtod« ganz im Heuss-Jargon als Ausdruck von »Verkrampfung«[175]: als krampfhafte Konstruktion einer imaginären Front, als ob die Bundesregierung für den Atomtod sei!

Erst jetzt kommt er gegen protestierende protestantische Theologen so recht in Fahrt, nicht mehr durch Elly gebremst, die kompromisslose Kirchenleute hochschätzte, dafür von Toni bestärkt, die von seiner »Soldatenrede«, in der er Niemöller ohne Namensnennung als »Demagogen« angriff, »begeistert« war[176] – von einer gleichen Begeisterung der Freundin über Heuss' Streitbarkeit gegenüber dem Kanzler ist nie die Rede! Was war inzwischen passiert? Am 25. Januar 1959 hatte der Kirchenpräsident seine berühmt-berüchtigte »Kasseler Rede« gehalten. Und da lautete die entscheidende Passage: Im modernen totalen

Bundespräsident Theodor Heuss (r.), Hamburgs Bürgermeister Max Brauer (Mi.), und Bundesverteidigungsminister Franz Josef Strauß (l.) am 12. März 1959 im Vortragssaal der Führungsakademie der Bundeswehr in Hamburg-Hochkamp

Krieg mit atomaren Waffe gebe es kein Kriegsrecht mehr. »Jedes Mittel, womit man seinen Gegner kleinkriegen kann, kann angewendet werden. Und darum ist heute die Ausbildung zum Soldaten … die Hohe Schule für Berufsverbrecher. Mütter und Väter sollen wissen, was sie tun, wenn sie ihren Sohn Soldat werden lassen. Sie lassen ihn zum Verbrecher ausbilden.«[177] Im Kontext besitzt die Passage ihre Logik; gewiss enthielt sie keine spezielle Kriminalisierung der Bundeswehr, als die sie von Gegnern oftmals zitiert wurde. Aber in der aktuellen Entscheidungssituation zielte sie eben zuallererst auf die Bundeswehr.

Und so wurde sie auch von Heuss aufgegriffen. Seine »Soldatenrede« (»Soldatentum in unserer Zeit«), die er am 12. März 1959 im Beisein des Verteidigungsministers Franz Josef Strauß, des Hamburger SPD-Bürgermeisters Max Brauer und des Theologen Helmut Thielicke vor etwa 800 angehenden Offizieren in der Führungsakademie der Bundeswehr in Hamburg-Blankenese hielt, zielte unverkennbar auf Niemöllers Kasseler Rede. Für Heuss war sie fortan die wichtigste Rede neben seiner Ansprache vom 29. November 1952 zur Weihe der

KZ-Gedenkstätte von Bergen-Belsen und seiner Gedenkansprache zur zehnjährigen Wiederkehr des 20. Juli 1944; sie wurde in einer »Massenauflage« im Offizierskorps verbreitet. Gegenüber Toni triumphierte Heuss nachher: »Ich hatte, rednerisch, die Leute gut in der Hand, da es nie langweilig wurde …, der miles gloriosus bekam ebenso seine Hiebe wie Niemöller oder die Verbandsorganisation der ›Kriegsdienstverweigerer‹.«[178] Auch hier geht Heuss nicht zielstrebig auf den Gegner los: Er holt zu diesem und jenem Thema aus und lässt es auch an Heuss'schem Humor nicht fehlen. Aber dann die Mahnung, rein dem Wortlaut nach eine Beschwichtigung der Wut der Militärs auf Niemöller und eine Werbung für Heuss'sche Lebensweisheit:

> Ihre Seele soll und muss frei sein, um mit gelassener Souveränität demagogischen Anwürfen – es hat eh und je in der Geschichte auch eine christlich eingekleidete Demagogie gegeben – zu begegnen, dass Ihr Tun, wenn es auch nicht unmittelbar als verbrecherisch angesprochen sein mag …, so doch Ihr Arbeiten als Wegweisung zum Verbrechertum deklariert wird. Ich will darüber nicht breiter sprechen, denn Geschmack und Gewissen würden mich zwingen, über diesen Vorgang der letzten Wochen sehr, sehr scharfe Worte zu gebrauchen.[179]

So populär wie damals, im letzten Jahr seiner Amtszeit, war Heuss, dieser Zivilist, im Militär wohl noch nie zuvor gewesen. Natürlich blieb ihm Niemöller die Entgegnung nicht schuldig. Dem Bundespräsidenten kam zu Ohren, der Kirchenpräsident habe verkündet, Heuss habe »vor den Fähnrichen kapituliert«, und dies, noch bevor er den Wortlaut der »Soldatenrede« überhaupt bekommen habe. Als Niemöller ihn um den Text bat, legte Heuss einen langen wortreichen Brief dazu, in dem er für sich selber die Rolle des Seelsorgers in Anspruch nimmt und obendrein dessen, der die Ehre gefallener Hitler-Gegner verteidigt:

> Ich habe in meiner Hamburger Ansprache einige Sätze Ihrer Kasseler Rede zurückgewiesen …, weil ich die jungen Menschen, die da vor mir saßen, durch meine unzweifelhaft schroffen Worte seelisch entlasten wollte. … Meiner Unfähigkeit, auf Ihre Art der Formgebung einer polemischen Äußerung irgend einen Einfluss auszuüben, bin ich mir völlig bewusst – derlei habe ich mir nie eingebildet. Aber vor diesen jungen Menschen war es einfach ein Gebot der Ritterlichkeit, ihnen in der Würdigung ihres Berufes, der ja auch einmal Ihr Beruf gewesen war, zu einer inneren Freiheit zu helfen. … Und dann das Wort über die Eltern! Wer wie ich, zwei geliebte Neffen, einer davon Berufsoffizier, beide aus Familienherkunft immer – ich wiederhole das immer – Hitlergegner, im Kriege verloren hat, fühlt noch nachträglich ihre Ehre verletzt.[180]

Einer dieser Neffen war auch Niemöllers Neffe; es war der Gatte jener Hanna Frielinghaus, die später die Heuss-Anekdoten herausbrachte. Und auch das wiederholte »immer« war bedeutungsvoll: Wer Niemöllers Werdegang kannte, wusste, dass er in der Weimarer Zeit dem Rechtsradikalismus nahegestanden hatte und noch bis in die NS-Zeit trotz theologischer Vorbehalte Anhänger Hitlers gewesen war. Heuss stellte den Kirchenpräsidenten in Sachen »christlich eingekleideter Demagogie« in eine Traditionslinie von Savonarola bis Stoecker. Über Niemöllers Unterstellung, der Bundespräsident habe »vor den Fähnrichen kapituliert«, behauptete Heuss, nur »heiter gelacht« zu haben, da der Kirchenmann in den Stil des Journalisten verfallen sei; aber dann kam noch ein Brief Niemöllers, der mit historischen Waffen zurückschlug und Heuss in die konstantinische Tradition des Staatskirchentums stellte – da erwachte auch in dem Bundespräsidenten der Historiker und Journalist, und er konnte es nicht lassen, wieder unverzüglich kontra zu geben.

Und wieder legte er los, spielte seine eigene religionshistorische Kenntnis aus und packte Niemöller an seinem theologisch wundesten Punkt: dass er ein schlechter Protestant sei, wenn er als Kirchenführer auch in weltlichen Dingen eine priesterliche Autorität beanspruche. Wenn er selbst diese jungen Offiziere gegenüber Niemöllers »Verbrecher«-Vorwurf in Schutz genommen habe, so habe er »von keiner theologisch-religiösen Position aus gesprochen; es ging und geht mir nicht um ein Divinum, sondern um ein ganz simples Humanum.« Er war zuversichtlich, dass Niemöller, in seinem Denken und Reden karg und schmucklos, auf dieser Ebene nicht zurückschlagen konnte. Der 75-jährige Heuss steigerte sich zu einem Gipfel gekonnter Polemik, wie er ihn seit seiner Reichstagsrede gegen die NSDAP vom 11. Mai 1932 selten erreicht hatte:

> Wollte ich mich in eine theologische Diskussion mit Ihnen einlassen …, so müsste ich freilich in Frage stellen, ob mit der pfarramtlichen »Ordination« ein »Monopol« der christlichen Aussage begründet ist – Sie wissen ja selber, in wie viel Schattierungen dieses Monopol verwaltet wird. Dass Sie nachträglich mich als Besucher Ihrer so eindrucksvollen Gottesdienste in Dahlem fehl am Platze finden, werde ich, ohne meine persönliche Dankbarkeit zu mindern, zu tragen wissen.
> Es fällt mir aber nun schwer, anzunehmen, dass Sie, weil ich von der Kirche als einem Organ der Volksgeschichte und der Volkssubstanz gesprochen habe, noch guten Glaubens oder deutlicher: nicht wider besseres Wissen eine Linie von Konstantin (!) über Wilhelm II. und Adolf Hitler zu Heuss gezogen haben – das ist doch, verzeihen Sie, reiner Krampf. … Dass Sie mich zum Militaristen erklären, glaubt Ihnen kein Mensch. … Hätte ich die scharfen Worte gegen Sie gesprochen, von denen ich sagte, dass ich sie nicht gebrauchen wolle, so hätte ich mir auch ein Wort aus der Bibel überlegt, freilich aus dem Alten Testament. Das hätte dann freilich sehr herb gewirkt.[181]

Ob der Adressat erriet, welches Bibelwort gemeint war? Der Freundin teilte Heuss mit: »Er bewirft mich mit Zitaten aus der Bibel; ich hätte Lust, aber das wäre zu literatenkokett, ihm einfach auf einem Briefbogen zu schreiben: 2. Mose, Kap 20,16: ›Du sollst kein falsches Zeugnis reden wider Deinen Nächsten‹.«[182]

Von dem von ihm hochgeschätzten Militärbischof Hermann Kunst[183] wurde Heuss – kein Wunder – in seiner Polemik gegen Niemöller bestärkt, ebenso wie von Toni Stolper[184], wie man in seinem Brief an sie erkennt:

> Kunst meint, wie Du, N. sei ein reiner Fanatiker geworden, der nur Gefolgsleute und Feinde kenne; er habe sich überdies, was ich gar nicht wusste, 1939 aus dem K.Z. freiwillig zum Kriegsdienst wieder gemeldet – er meinte, N. sei meiner gelassenen, nicht schimpfenden, sachlich scharfen, aber »souveränen« Art, da sie ihm ganz fremd, nicht gewachsen.[185]

Also nicht nur Fanatiker, sondern Heuchler obendrein – aber auch ob Heuss bei dieser Kontroverse innerlich »gelassen« war, lässt sich bezweifeln. Politisierende Theologen, die sich zugleich der politischen Diskussion entzogen, indem sie sich auf den »Herrn Jesus« beriefen, brachten ihn auf die Palme. Nie ist Heuss als Bundespräsident so heftig und ausdauernd gegen eine Gestalt des öffentlichen Lebens zu Felde gezogen wie im Falle Niemöller.

HINTER NIEMÖLLER DIE »RABIATEN BARTHIANER«. Seit 1950 hatte Karl Barth seine Autorität hinter die Kampagnen gegen die bundesdeutsche Remilitarisierung und später auch gegen die atomare Bewaffnung der Bundeswehr gestellt. Eine erste ausführliche Heuss'sche Äußerung zu Karl Barth findet sich in einem Brief an Helmut Gollwitzer zu Silvester 1957, als der ihm eine von ihm selbst besorgte Auswahl aus der Dogmatik Barths zugesandt hatte, zu einer Zeit, da der Bundespräsident das Gefühl hatte, dass ihm »die Theologen auf den Fersen sind«. Es handelt sich um eine der seltsamsten Charakteristiken in der an Personenskizzen so überreichen Heuss-Korrespondenz. Natürlich ist Heuss bewusst, dass Gollwitzer Barth verehrt. Darauf nimmt er Rücksicht und tut zuerst so, als ob er schwankt – aber dann wird er eindeutiger und nimmt seinen Ausgang von Naumann:

> Ich habe Barth gegenüber ein unsicheres Gefühl. Es ist so, dass ich ihn einige Male reden hörte und dann auch in kleinerem Kreis … mit ihm zusammen war. Aufs stärkste war ich von seinem Gesicht beeindruckt, das als wechselreichste Landschaft, die in einem menschlichen Antlitz sich darstellen kann, erschien und in der Erinnerung noch erscheint. Ich spürte die Faszination, die von ihm ausgeht. Aber als ich im Zusammenhang mit meinen Naumann-Arbeiten den Vortrag über die Innere Mission las, war ich total enttäuscht, wegen der abstrahierenden Begrifflichkeit, mit der er dieses doch immerhin seelisch große Thema behandelt. … Völlig erstaunt freilich war ich, als … ich sah, dass Sie Barth in die Kategorie der Demütigen eingliedern. Das muss ich erst noch lernen. Bei mir figuriert er im Bewusstsein eigentlich unter den Hochmütigen … Barth hat im Jahre 1919 … einen Nachruf (auf Naumann) geschrieben, der in meinem Gefühl peinlich bleibt, weil er fast etwas wie herablassende Ironie gegenüber Naumann produziert. … Und ganz sicher ist mir dies: Barths wiederholte politische Äußerungen zu

dem Problem der deutschen Wehrverpflichtung sind volkspolitisch doch das, was man banal Pharisäismus nennt.[186]

Da war der Vorwurf, der seit langem zum Heuss'schen Negativvokabular gehörte und nun gegen Barth immer wiederkehrt: »Pharisäer«! Der Schweiz und anderen Mächten billigt Barth eine Wehrmacht zu, nur nicht den Deutschen, da sie für ihn Sünder seien! Im gleichen Sinne schloss er seinen Brief vom 31. März 1959 an Niemöller: Weder ein Bundespräsident … noch ein Kirchenpräsident sind tabu. Und dies, Römer 3,23: ›sie sind allzumal Sünder‹ – Karl Barth natürlich ausgenommen.« Da bestand eine spezielle Spitze darin, dass Barth einst, 1919, durch seinen »Römerbrief« berühmt geworden war! War dieser Vorwurf begründet? Selbst Barths bewundernder Biograph Karl Kupisch stellt über ihn fest: »Wer mit ihm politisch diskutieren wollte, musste auf den Boden der Theologie treten.«[187] Und da war Barth natürlich jedem Politiker turmhoch überlegen. Nicht nur aus Heuss'scher Sicht war ein solcher Rekurs auf die Theologie ein unfairer Trick. Aber hätte Heuss diesen Theologen in jenen Jahren aus der Nähe gekannt, hätte sich das Bild von ihm womöglich modifiziert; denn der alte Barth hatte Humor, und selbst Carl Zuckmayer, der ihn erst in jener Zeit kennenlernte, war von ihm förmlich bezaubert.[188]

Zu Heuss' Ehren sei freilich hinzugefügt, dass für manche »rabiaten Barthianer« (Heuss)[189], die ihm empörte Briefe schrieben, nicht unbedingt das Gleiche galt. Nicht zu Unrecht galt Barth in liberalen Theologenkreisen als Begründer einer neuen Orthodoxie; und es gab den Typus des Barth-Jüngers, der zu Heuss' berechtigter Empörung[190] den ehrwürdigen Rudolf Bultmann, das Oberhaupt der historisch-kritischen Theologie, als »Irrlehrer« verketzerte und über Barth in ähnlicher Art redete wie der fromme Christ über Jesus: Auch wenn wir ihn mit unserem schwachen Verstand nicht verstehen, müssen wir doch lernen, dass er recht hat.[191] Mit erstaunlicher Schärfe staucht Heuss sogar den 74-jährigen Theologieprofessor Friedrich Siegmund-Schultze zusammen, den Präsidenten der *Zentralstelle für Recht und Schutz der Kriegsdienstverweigerer aus Gewissensgründen*, der in die Schweiz emigriert war und den Heuss von früher her als »höchst ehrenwerten Mann« kannte.[192] Vermutlich war er umso mehr aufgebracht, als auch der in dem anklagenden Pathos der damaligen Protestbewegung einen »offenen Brief« an ihn geschrieben und unter Bezug auf die »Soldatenrede« sogar Parallelen zum Kirchenkampf der NS-Zeit gezogen hatte. Da platzte Heuss heraus und machte seinem Ärger über fünf Seiten Luft:

Leider haben Sie es mir unmöglich gemacht, diese Antwort so gelassen zu formulieren, wie es der Sache wohl angemessen wäre. … Da ich, soweit ich mich selber kenne, ein wohlwollender Mensch bin, hasse ich die ablesende Lehrhaftigkeit, das unverbindliche Pathos, den selbstgerechten Fanatismus, der im Bekennerstil das Moralische auf sich monopolisiert. … Wo sind die Äußerungen, die eine Erinnerung »an die Zeit des Führerkonflikts mit Kirchenführern« heraufbeschworen? Ich wäre Ihnen für eine präzise Antwort dankbar. Mir ist derartig Albernes nie vorgelegt worden. … Ihr Theologen scheint nicht begreifen zu wollen, dass ich vor diesen jungen Menschen ein Wort der Abwehr für eine menschliche Anstandspflicht hielt und halte.[193]

Dass sich Heuss schon mit der geringsten Kritik an Karl Barth, die nach außen drang, auf ein vermintes Gelände begab, bekam er zu spüren. Als er im Frühjahr 1958 von einem Verleger erfuhr, dass Karl Barth für den Friedenspreis des Deutschen Buchhandels in Aussicht stehe, bemerkte er: »Ich selber werde dann nicht kommen können.« In der Folge fiel dann die Entscheidung für Karl Jaspers, der sich von Barth schon lange vor der Kontroverse um die Atombewaffnung »durch einen Abgrund getrennt«[194] wusste; und als Heuss' Bemerkung in die Öffentlichkeit kolportiert wurde, kam der Verdacht auf, er stehe hinter dieser Umentscheidung, die nichts weniger als eine Umdefinition der Friedenssicherung und einen radikalen Frontwechsel im damaligen Konflikt um die Konsequenzen der Atombombe bedeutete.

Ausgerechnet Johannes Rau, der unter allen folgenden Bundespräsidenten im anekdotenreifen Humor die meiste Ähnlichkeit mit Heuss aufwies, machte dieses Gerücht in einem argwöhnischen Artikel »Barth oder Jaspers« in der von ihm mitherausgegebenen Zeitschrift »Politische Verantwortung – Evangelische Stimmen« Ende 1958 zu einem öffentlichen Faktum. Zuerst tut er so, als könne man einem Heuss nicht zutrauen, die Ehrung eines Karl Barth zu hintertreiben – »Oder?«. Im Präsidialamt bekam der Artikel den Vermerk: »Eine durchsichtig verpackte Infamie!«[195] Heuss reagierte mit einem verärgerten Brief an Rau: Er würde sich selbst untreu werden, wenn er zu einer Verleihung des Friedenspreises an Karl Barth erscheinen würde, und er habe die Freiheit, zu entscheiden, wohin er gehe und wohin nicht. Die Entscheidung für Jaspers sei »ganz ohne mein Zutun erfolgt«[196].

Das ist glaubwürdig; denn obwohl sich Heuss mit Jaspers nicht in der Öffentlichkeit anlegte, stand dieser finstere Geist ihm als Typus fast noch ferner als Barth. Wenn Heuss in seiner Wiesbadener Rede vom 7. Dezember 1949 den Begriff »Kollektivschuld« zurückgewiesen und durch »Kollektivscham« ersetzt hatte, konnte das als Kritik an Jaspers verstanden werden, der damals mit seiner Schrift »Zur Schuldfrage« (1946) vielfach als Verfechter der Kollektivschuld-These wahrgenommen wurde.[197] Dieser Philosoph, der sich im Austausch mit der befreundeten Hannah Arendt in ein Horrorbild von Totalitarismus hineinsteigerte, war jetzt in der Lage, mit erbarmungsloser fundamentalethischer

Konsequenz zu räsonnieren, in der Abwehr dieser totalitären Gefahr dürfe man nicht mehr von der Prämisse ausgehen, »um jeden Preis müsse die Menschheit am Leben bleiben«.[198] Ein Heuss konnte sich bei einem derartig gequälten ethischen Rigorismus nur schütteln.

Ein idealeres Objekt für »Entkrampfung« à la Heuss als Jaspers ließe sich kaum vorstellen! Aber so weit hielt Heuss sich dann doch an die Adenauersche Staatsräson, dass er sich nicht das Vergnügen machte, mit diesem Philosophen öffentlich die Klingen zu kreuzen. Dafür äußerte er sich Anfang 1959 gegenüber Toni verächtlich über Barths »Brief an einen Pfarrer in der Deutschen Demokratischen Republik«, der damals in Kirchenkreisen die Gemüter erregte. Heuss wieder einmal: Der Brief sei »voll Pharisäertum«.[199] Dabei war Barth die prekäre Situation der Pfarrer in der DDR wohlbewusst. Ihm ging es darum, diesen Amtsbrüdern in ihrer Not Mut zu machen und ihnen vor Augen zu führen, dass die Pfarrer im Westen auf andere Art ebenfalls ihre Nöte hätten. Dem östlichen Totalitarismus, der Allmacht von Partei, Propaganda und Polizei, stehe ein schleichender Totalitarismus im Westen gegenüber, verkörpert durch die Suggestivkraft der Medien, der Wirtschaft, des protzerischen Konsums.[200] Und dieser westliche Totalitarismus sei verführerischer als der östliche.

In der Tat konservierte sich in der DDR in inselartiger, eingekapselter Existenz besser als im Westen ein traditionelles Christentum, das kongeniale Betrachter in seiner Armut an das Urchristentum erinnern mochte. Aber Karl Barth führte wohlgemut ein freies Leben als weltberühmter Professor in der Schweiz; in seiner Existenz war er von den schikanierten Pfarrern der DDR himmelweit entfernt. Heuss' stereotyper »Pharisäismus«-Vorwurf war nicht ganz ohne Grund.

Niemöller war ein anderer Fall: Der hatte viel gelitten und war leidensbereit, zugleich ein fast so leidenschaftlicher Zigarrenraucher wie Heuss und einer, der sich über Antialkoholiker lustig machte. Er hatte nicht jenen salbungsvoll-pastoralen Ton, der Unfromme abstößt. »Pharisäer« passte bei ihm nicht; nach seiner Befreiung aus dem KZ hatte er oft genug den Sünder gespielt, allerdings auf nicht gerade zerknirschte Art. So erzählte er von einem Traum aus dem Jahre 1945, als er aus den Wolken die Stimme Adolf Hitlers vernahm, der von Gott zur Rechenschaft gezogen wurde und sich verteidigte: »mir hat niemals jemand das Evangelium gesagt.« Und da habe er, Niemöller, voll Schrecken seine eigene Sünde empfunden: »Warum hast du ihm das Evangelium nicht gesagt? Du bist ihm doch begegnet!?«

In der Tat bekundete Hitler für diesen »persönlichen Gefangenen des Führers«, auch wenn er bei dem Namen »Niemöller« Wutanfälle bekommen haben soll[201], einen seltsamen Respekt. Wenn Niemöller jedoch glaubte, er habe die Fähigkeit besessen, den »Führer« auf den rechten Weg zu führen, verband sich seine Sünderreue mit einer nicht geringen Portion Selbstbewusstsein.

Niemöller war einst, um mit Heuss zu reden, ein *miles gloriosus* gewesen, der sich seiner Kriegstaten rühmte; noch 1934 hatte er seine Erinnerungen »Vom U-Boot zur Kanzel« herausgebracht, die weit mehr vom U-Boot als von der Kanzel handelten. Besonders schockierend sind jene Passagen, wo er schildert, wie er und seine Leute am 25. Januar 1917 nach Versenkung eines französischen Zerstörers auch noch einen anderen Zerstörer daran hindern, Ertrinkende aufzunehmen! Das geht an die Soldatenehre, sofern es eine gibt, und führt unter den Offizieren vorübergehend zu einem Nachdenken. War das richtig gehandelt? Wie es jedoch scheint, ist schon bald das gute Gewissen wieder da: Wenn die französischen Marineleute gerettet worden wären, hätten sie ja künftig Deutsche töten können. Niemöllers Pointe: »Mir aber ist dieser 25. Januar für mein Leben bedeutsam geworden, weil er mir die Augen öffnete für die Unmöglichkeit eines moralischen Weltbildes.«[202] Konnte es eine bessere Rechtfertigung der NS-Verbrechen geben gerade für solche Menschen, die Wert darauf legten, sich »anständig« zu fühlen?

Heuss spielte auf diese Vergangenheit Niemöllers an, wenn er über dessen Kasseler Rede herzog. Musste nicht, wer Niemöllers Vergangenheit kannte, diese Rede als heuchlerisch und unverschämt empfinden? Da tat er so, als hätten erst Ludendorff, Hitler und dann die Nuklearstrategen der Gegenwart jenen totalen Krieg erfunden, dem jedes Mittel recht ist – hätte ein Mann wie er nicht zuallererst reuig an die eigene Brust schlagen müssen, anstatt andere zu attackieren? Aber noch eine andere Lesart ist möglich, die für eine Art von Ehrlichkeit spricht: Niemöller kannte im Unterschied zu Heuss die Wirklichkeit des Krieges aus eigener Erfahrung, und er wusste, dass die militärische Ausbildung letztlich auf eine Dressur zum Töten, eine Züchtung von Killerinstinkten hinausläuft und von soldatischer Ritterlichkeit gegenüber dem Feind, wenn es hart auf hart geht, nicht mehr viel übrig bleibt. Daran lassen auch *die* »Stahlgewitter« Ernst Jüngers keinen Zweifel. Aber Jünger hatte sich längst in die Insektenkunde begeben; zu ihm gewann Heuss in jenen Jahren ein merkwürdig vertrautes Verhältnis.

DAS DILEMMA DER KONTROVERSE UM DIE ATOMWAFFEN. Das Thema »Atombombe« inspirierte ähnlich wie zwei Jahrzehnte darauf dann auch das angeblich »friedliche Atom«, die zivile Kerntechnik, ein fundamentalistisches Pathos ohne Wenn-dann-Überlegungen, und zwar auf beiden Seiten. Auf das apokalyptische Grauen eines Atomkrieges gründete sich sowohl das kompromisslose Nein zu den Atomwaffen wie auch das entschiedene Ja zur atomaren Abschreckung; denn die sowjetische Atommacht blieb ja bestehen, auch wenn die Deutschen auf diese Waffen verzichteten. Aber die Kontroverse der 1970er Jahre über die zivile

Kerntechnik war doch bei allem Fundamentalismus ungeheuer produktiv und brachte einen nicht endenden Literaturstrom hervor; noch nie hatten sich viele Humanwissenschaftler so detailliert in die Tücken der Technik eingearbeitet. Im Vergleich dazu wirkt der heftige Konflikt der 1950er Jahre um die Atomwaffen eigentümlich steril: Nahezu vergeblich sucht man nach differenzierten öffentlichen Debatten darüber, an welchem Punkt die Abschreckung potentiell zur Provokation wird, wieweit die Sorge vor einem sowjetischen Angriff begründet ist oder man eher Grund hat, sich wegen einer Offensivpolitik des amerikanischen Verbündeten zu sorgen. Die schrille Rhetorik ließ eine Atmosphäre abwägenden Nachdenkens nicht aufkommen. Heuss' Ärger darüber, dass die religiöse Emphase der Barth-Niemöller-Anhänger jeden rationalen Zugang versperrte, war begründet; auch er selbst trug allerdings kaum dazu bei, eine Diskussion zu fördern.

Bei alledem ist zu bedenken, dass eine derartige Diskussion damals sehr schwierig war; denn was man den Supermächten zutrauen konnte und was nicht, war für die Öffentlichkeit undurchsichtig. Chruschtschows erschreckende Wutausbrüche und sein drohendes Auftrumpfen nach dem gelungenen Sputnik-Coup »*Wir können eine Fliege im Weltraum treffen!*« waren in der damaligen Wahrnehmung Alarmzeichen für die Notwendigkeit eines nuklearen Abschreckungspotentials; aber wie ernst war das Bramarbasieren dieses impulsiven Sowjetführers zu nehmen? Heute wissen wir, was die US-Militärführung schon damals wusste, dass die Sowjetunion aus militärischer Unterlegenheit einen Angriff auf den Westen gar nicht wagen konnte und dass der »militärisch-industrielle Komplex« der USA den »Sputnik-Schock« dazu benutzte, um ein Wettrüsten im Weltraum anzukurbeln; aber wieweit vermochte die Öffentlichkeit das schon damals zu durchschauen?[203] Heuss nahm den Sputnik nicht sehr ernst; aber er widersetzte sich nicht der Angstmache vor der angeblich erhöhten sowjetischen Gefahr. Niemöller konnte demgegenüber darauf hinweisen, dass bis dahin nur die Amerikaner Atomwaffen eingesetzt hatten, noch dazu in weiter Ferne auf ein bereits am Boden liegendes Land. Heuss stellte in einem Brief an Albert Schweitzer die Gegenfrage, ob die Amerikaner auch dann den Abwurf der Atombomben auf Hiroshima und Nagasaki gewagt hätten, wenn die Japaner ebenfalls diese Bombe besessen hätten.[204] Hiroshima fungierte auf beiden Seiten als Totschlagargument.

DIE ZWEIDEUTIGKEIT DES »NUN SIEGT MAL SCHÖN«; HEUSS ALS NETZWERKER ZWISCHEN DEN FRONTEN. Anekdotenreif war für Heuss dagegen sein saloppes »*Nun siegt mal schön!*« im rheinischen Herbstmanöver 1958, mitten im Schlagabtausch der atomaren Horrorszenarien! Ein Ausdruck seniler Heiterkeit? Der Ausruf ging sogleich wie ein Lauffeuer durch die Medien; heute ist er vielfach als einziges Heuss-Wort in Erinnerung geblieben. In manchen Militärkreisen fand man sich veralbert; da wusste man nur zu gut, dass es selbst mit der Abwehrkraft der neuen Wehrmacht nicht weit her war, von der Fähigkeit zum Siegen ganz zu schweigen. Jener SPIEGEL-Artikel vom 10. Oktober 1962 »Bundeswehr: Bedingt abwehrbereit«, der zur Polizeiaktion gegen das Nachrichtenmagazin führte, brachte an den Tag, dass das wirkliche Geheimnis der Bundeswehr nicht die Kriegsbereitschaft, sondern die *fehlende* Kriegsbereitschaft war (ein Aspekt, der bei der SPIEGEL-Affäre merkwürdig unbeachtet blieb). Das musste Heuss schon vorher bekannt sein, der mit General Speidel befreundet war und von diesem hohen NATO-Befehlshaber regelmäßig Schriften von Ernst Jünger geschenkt bekam.[205]

Offensichtlich war dem Bundespräsidenten dieser Ausruf nur so herausgerutscht; noch bei seiner Bremer »Soldatenrede« überlegte er öffentlich, was er »als berufsmäßiger, wenn freilich unbewusster Großlieferant von goldenen Worten« damit sagen wollte. »Bist Du mit diesem Wort nun, das zum Siegen ermuntert, ein Militarist geworden oder bist Du ein scherzender Ironiker geblieben, der die ganze Sache nicht so recht ernst nimmt?«[206] Natürlich möchte er weder das eine noch das andere sein. Im Klartext bedeuten die Worte, die dann folgen: Ein richtiger Soldat muss sich einbilden, siegen zu können, auch wenn er – nüchtern betrachtet – gar nicht siegen kann. Und unausgesprochen mag man dahinter das Heuss'sche Grundgefühl erkennen: Der Kampf pro und kontra Atomrüstung ist im Grunde viel Lärm um nichts; denn der Ernstfall droht ohnehin nicht, weder der Osten noch der Westen will angreifen; gerade die führenden Militärs kennen den Horror eines Atomkriegs am besten.[207] Das war »Entkrampfung«; aber das konnte ein Bundespräsident nicht offen sagen!

Heuss dachte in menschlichen Beziehungen; und auch da fand er sich bei dem Konflikt um die atomare Bewaffnung merkwürdig zwischen den Fronten. Denn er »liebte« Otto Hahn, den Ehrwürdigsten unter den Atomphysikern, die 1957 das Göttinger Manifest unterzeichneten und den die Heussens von den Dahlemer Gottesdiensten Niemöllers her kannten; er duzte sich mittlerweile mit Albert Schweitzer, der ihn 1908 mit Elly getraut hatte und der das Göttinger Manifest öffentlichkeitswirksam unterstützte; und er stand auch seit Dahlemer Zeiten in Kontakt mit Helmut Gollwitzer, dem Freund Karl Barths und Mitstreiter der Initiative *»Kampf dem Atomtod!«*: eine höchst delikate Konstellation! Aber auch für Gollwitzer, der sich 1959 zunächst sorgte, ob es Heuss auch recht sei, dass er die Trauung seines Sohnes übernahm – eine Unterstellung von Engherzigkeit, die Heuss nun wiederum ärgerte.[208]

Bei alledem vermochte er noch einmal seine Kunst der Entkrampfung zu üben. Hahn, der 1954 Niemöller von der beispiellosen Gefährlichkeit der Atomwaffen überzeugt hatte[209], hielt sich ebenso wie Carl Friedrich von Weizsäcker[210] nach einem Gespräch mit Adenauer aus weiteren Auseinandersetzungen heraus;

so wurde 1958 zwischen Heuss und ihm die berühmte Kuss-Szene möglich. Als Toni Stolper dessen Namen allerdings als möglichen Heuss-Nachfolger ansprach, wurde sie belehrt, ein Otto Hahn als Bundespräsident sei »glatter Unsinn«. Er sei einer der »liebenswertesten Menschen«, jedoch für ein solches Amt viel zu naiv, »ein Kind ohne Arg, mit immer erstaunten Augen«; so einer werde »von seiner Umgebung immer missbraucht werden können«[211]: Heuss dachte gewiss an die Anti-Atomtod-Kampagne. Durchaus präsidiabel dagegen war für ihn der andere Atomphysiker, Carl Friedrich von Weizsäcker, den er schon 1952 in einem Vortrag vor der Max-Planck-Gesellschaft als »vermutlich genial« erlebt hatte. In der Zeit der Kontroverse um die Atomwaffen erinnerte er sich vor allem an Weizsäckers damalige Bemerkung, »dass das Radio eine viel bedenklichere Erfindung sei als die Atombombe (wegen der Chance der Lüge)«.[212] Das war ein geradezu Heuss'scher Trick, um vom Konflikt über die Bombe abzulenken!

Im März 1959 brachte Heuss diesen Wissenschaftler, der sich vom Atomphysiker zum Philosophen entwickelt hatte, gegenüber Adenauer als möglichen Präsidentennachfolger ins Gespräch; der hätte in der Tat sehr viel mehr Heuss-Format besessen als Lübke. Vergeblich: »Weizsäcker ist ihm ›zu eitel‹, was nicht recht zutrifft. Ich glaube, ein sehr zur Schau getragenes geistiges Selbstbewusstsein hat eine gewisse jugendliche Schüchternheit niederzuzwingen.«[213] Heuss spricht aus Erfahrung. Weizsäckers Problem war sein Lebensalter: Mit seinen 47 Jahren war er damals nach Adenauer/Heuss-Maßstäben noch jung. Dem GG-Artikel 54 zufolge musste ein Bundespräsident mindestens 40 Jahre alt sein; aber all die vielen Namen, die damals ins Gespräch kamen, zeugen davon, dass man sich unter einem Präsidenten allgemein einen erheblich älteren Mann vorstellte (und anscheinend niemand auf die Idee kam, auch eine Frau komme für diesen Posten in Frage!).

Albert Schweitzer war ein Jahr älter als Adenauer; schon das machte ihn zur Gegenautorität gegen den »Alten« geeignet. Er und Gollwitzer[214] besaßen nicht die schroffe Art von Barth und Niemöller; sie besaßen Humor[215], zeigten Verständnis für die Situation des Bundespräsidenten[216] und hielten nichts davon, die Konfrontation unnötig zu verschärfen. Hatte die Beschwörung der »christlichen Liebe« bei theologischen Kampfhähnen etwas von falscher Freundlichkeit, war sie bei diesen beiden echt. In die Aversion gegen die Neo-Orthodoxie der Barthianer wusste Heuss sich mit dem liberalen Schweitzer einig, und auch in der Abscheu gegen die neue Kierkegaard-Konjunktur mit ihrer Theologie der Furcht. Für Schweitzer, der die »Ehrfurcht vor dem Leben« predigte, war Kierkegaard ein lebensfeindlicher »Psychopath«[217], und auch Heuss war dieser dänische Theologe, wie er einer befreundeten Kierkegaard-Verehrerin ins Gesicht

Theodor Heuss mit Albert Schweitzer, im Hintergrund Hans Bott, in Bonn, 11.11.1955

sagte, »menschlich grässlich unsympathisch«.[218]

Allerdings war für Heuss auch Schweitzers »Ehrfurcht vor dem Leben« »zu banal«[219]; da hätte ihm Barth gewiss zugestimmt. Auf der anderen Seite wird ein Verehrer Albert Schweitzers manches, was Heuss über den Mann von Lambarene schrieb, banal finden, so wenn Heuss ihm unterstellt, er lasse sich bei seiner Stellungnahme gegen die atomare Bewaffnung der Bundeswehr von sowjetfreundlicher Seite benutzen. »Er lässt sich missbrauchen, weiß das und lacht darüber.«[220] Selbst Heuss war von der Schnüffelei nach kommunistischen *fellow travellers* nicht frei; diese erscheint besonders gegenüber einem Albert Schweitzer als Kalter-Kriegs-Borniertheit. Der Gedanke, dass im Zeitalter der Atomwaffen die Ächtung des Krieges das Gebot der Stunde sei und gerade die Deutschen nach zwei Weltkriegen dabei vorangehen könnten, lag ihm fern. Die Heuss'sche Art von Geschichtsbewusstsein kannte keinen Bruch mit Jahrtausenden der Geschichte.

Und doch findet man gerade in manchem Heuss-Brief an Schweitzer einen Ansatz von abwägendem Nachdenken ohne polemische Spitzen.[221] Der Urwaldarzt erläutert dem Präsidenten die Präzedenzlosigkeit der nuklearen Gefahr mit medizinischer Kompetenz, nicht theologischer Autorität; selbst ohne Atomkrieg, schon durch atomare Waffentests ist die menschliche Gesundheit gefährdet. Ist es nicht doch möglich, dass neuartige Waffen tabu werden, wenn sie an Schrecklichkeit alles Vorstellbare übertreffen? Aber ist ein solches Tabu nicht am ehesten dann zu erwarten, wenn ein »Gleichgewicht des Schreckens« besteht? Heuss gibt Schweitzer zu bedenken, und doch ist er sich dessen nicht sicher:

> Beim Beginn des zweiten Weltkrieges waren alle Nationen mit Giftgas ausgerüstet. Keine hat sie verwendet. Sogar Hitler, dem niemand den Vorwurf einer menschlichen Gesinnung machen kann, hat darauf verzichtet, über London Giftgasbomben abwerfen zu lassen. Ich weiß, alle Analogien haben etwas Fragwürdiges, in diesem Fall des Vergleichens sogar etwas Spekulatives.[222]

Schildert man die Heuss-Vita, von der Ära des Internet inspiriert, als eine Geschichte von Netzwerken, von Vernetzung und von Mobbing, von Inklusion und Exklusion, gewinnt diese seine enge Beziehung zu drei berühmten und dabei konzilianten Sprechern der Kampagne gegen die Atombewaffnung eine besondere Bedeutung. Wie schon wiederholt angesprochen, könnte man die Heuss'sche Politik der »Entkrampfung« im heutigen Jargon als eine Politik der Kommunikation, der Vernetzung, der Überbrückung bestehender kommunikativer Barrieren definieren. Wer in der Masse der Korrespondenzen dieses Präsidenten stöbert, ist davon frappiert, wie viel Fäden bei ihm zusammenliefen: Kontakte in unterschiedlichster Richtung und nicht selten in einem persönlichen, vertrauten Ton. Schaut man sich demgegenüber die Prominentenlisten der Flugschriften »Kampf dem Atomtod« an, die von Niemöller bis Dehler, von Carlo Schmid bis zu Heinrich Böll, von Erich Ollenhauer bis zu Erich Kästner (und, *horribile dictu,* bis zu der von Heuss meistgehassten Marie-Elisabeth Lüders) reichen[223], wird einem bewusst, dass Heuss hier ausgegrenzt zu werden drohte: ausgegrenzt aus einem neuen, von den Namen her höchst eindrucksvollen Netzwerk, das nach Heuss'scher Art Politiker, Wissenschaftler und Schriftsteller miteinander verband.

Dem Bundeskanzler konnte eine derartige Phalanx nichts anhaben, wie sein überwältigender Wahlsieg vom Herbst 1957 bewies; aber sehr im Unterschied zu der Macht Adenauers beruhte der Heuss'sche Nimbus auf seinem intellektuellen und moralischen Kapital. Da hatte Heuss einen speziellen Grund, einen Otto Hahn zu umarmen und mit Albert Schweitzer zum Du überzugehen: Solche Beziehungen boten ihm eine Garantie, bei einer Neuformierung der bundesdeutschen geistigen Elite nicht ausgeschlossen zu werden. Der Weihnachts-SPIEGEL von 1960, der einen Schweitzer-Titel brachte, bemerkte dazu im Geist jener Zeit, der Mann von Lambarene sehe aus *»wie ein naher Verwandter des lieben Gottes«*. Aus historischer Distanz betrachtet, spricht einiges dafür, dass Theodor Heuss und Albert Schweitzer, jeder auf seine Art, zur Erhaltung des Friedens beigetragen haben – und auch Martin Niemöller. Bei Heuss überschnitten sich die Netzwerke; schon durch seine bloße Existenz wirkte er einer destruktiven Polarisierung entgegen.

IN DER SPASSGESELLSCHAFT: DIE ENTKRAMPFUNG WIRD BANAL. Aber verfallen wir nicht in den Stil der Heuss-Hagiographie oder – um im Heuss-Jargon zu reden – jener »Pharisäer«, die er auf der Gegenseite erkannte, und fixieren wir uns nicht in allen seinen Kontroversen auf die Pointe: »Am Ende müssen wir lernen, dass Heuss auch diesmal recht hatte.« Alles in allem ist sein Umgang mit dem atomaren Risiko kein Ruhmesblatt in seiner politischen Lebensgeschichte. Heute haben wir uns längst daran gewöhnt, dass trotz gewaltiger atomarer

Waffenarsenale kein Atomkrieg ausbricht – vor 50, 60 Jahren hatten sich viele daran noch nicht gewöhnt. Seien wir vorsichtig mit Richtig/falsch-Urteilen! Auch wenn der Atomalarmismus als solcher politisch verpuffte, erforderten die Probleme des damals vielzitierten »Atomzeitalters« doch geistige Anspannung, nicht Entkrampfung; da drohte die von Heuss so geliebte Gelassenheit läppisch und banal zu werden.

Zumindest viele politisch Bewusste unter den Jüngeren hatten nach Jahren des Wirtschaftsbooms, als viele Wohlstandsbürger aus allen Nähten platzten, von der Gemütlichkeit genug und strebten nach neuer geistiger Hochspannung und gedanklicher Schärfe. Die von Heuss betriebene Verwischung scharfer ideologischer Grenzen, einst Produkt einer breiten historischen Bildung und politischen Besonnenheit, bekam für eine neue Intellektuellengeneration etwas Geistloses. Heuss war von seinem Erinnerungshorizont vor allem anderen darauf bedacht, eine neue ideologische Spaltung der Deutschen wie die nach 1918 zu verhindern, wo militante Rechte die Linken als Landesverräter und militante Linke die Rechten als Klassenfeinde gehasst hatten. Auch nach 1945 war Deutschland voller Hass und Verzweiflung; vor dem Hintergrund der Vergangenheit gab es Grund, das Schlimmste zu befürchten: Das war der Hintergrund der von Heuss angestrebten »Entkrampfung«.

Aber das war nicht mehr das Problem jener neudeutschen »Spaßgesellschaft«, die dem »Wirtschaftswunder« entsprang. Da erfuhr eine Ausgelassenheit, die sich in den legendären *Roaring Twenties* auf bestimmte Szenen beschränkt hatte, eine Demokratisierung. Ein Nervenarzt, der bei Jaspers studiert und 1955 ein Buch »Der Weg zur Askese als Überwindung der technischen Welt« veröffentlicht hatte, beobachtete mit Schaudern, wie »Betriebsfeiern sich in Saturnalien verwandeln«.[224] Als es zur Alltagsmaxime wurde, dass man prekäre Dinge *»nicht so verkniffen sehen«* solle, wurde es für nachdenkliche Angehörige der jungen Generation zur neuen Entdeckung, dass es eben doch sehr ernsthafte Fragen gibt, die man nicht locker nehmen darf und wo man auch einmal Farbe bekennen und eine Stellung halten muss. In der Situation von 1949 konnte der Heuss'sche Humor in der Politik eine geistige Leistung sein, die etwas Befreiendes besaß; ein Jahrzehnt darauf konnte der gleiche Humor gedankenlos und ablenkend wirken. In der Zeit des »Godesberger Programms« der SPD, als der alte Marxismus verabschiedet wurde, war die traditionelle Kluft zwischen »rechts« und »links« im Verschwimmen; damals verkündete Niemöller, zur Wahl zu gehen lohne sich nicht mehr, da man nur noch »zwischen zwei Misthaufen« zu wählen habe.[225] Da war erst wieder neu zu entdecken, dass es nach wie vor krasse soziale Ungleichheit und Grund zum Protest gab.

Wenn sich Heuss in seiner ersten Präsidentenzeit in der Öffentlichkeit zeigte, kam es noch vor, dass ihm »Heil«-Rufe entgegentönten. Heuss pflegte in solchen Fällen den Rufer nur anzulachen: »Das ist vorbei.«[226] Das war Heuss'sche »Entkrampfung« peinlicher Situationen, wo noch NS-Gewohnheiten durchkamen. Später jedoch rief keiner mehr »Heil Heuss!«, und ein lässiger Umgang mit der NS-Hypothek wurde allgemein. In den 1950er Jahren gehörte es zwar zur bundesdeutschen *political correctness*, den Nationalsozialismus zu verdammen; aber auch viele, die keinerlei Sympathie für den Nazismus hegten, empfanden es doch als unfein, die Suche nach individuellen Schuldigen unter den Zeitgenossen fortzusetzen. Auch da war Heuss ein Repräsentant seiner Zeit.

Eindrucksvoller als die allermeisten anderen Bonner Politiker wusste Heuss eine deutsche »Kollektivscham« gegenüber den NS-Verbrechen in Worte zu fassen; aber ähnlich wie das Gros seiner Landsleute war er die Entnazifizierung leid. Ihm kam es darauf an, wie sich jemand in der Gegenwart bewährte; die Erfahrung zeigte, dass dafür die NS-Vergangenheit dieser und jener Menschen ziemlich gleichgültig war. In den Wahlergebnissen sah Heuss den Neonazismus zum politischen Nichts schrumpfen.[227] Ganz im Geist des verstorbenen Heuss geriet Toni Stolper 1966 darüber in Wut, wie damals – noch vor der Ohrfeige der Beate Klarsfeld! – die NS-Vergangenheit des neuen Bundeskanzlers Kiesinger, des von Heuss geschätzten Mitschwaben[228], ausgegraben und gegen ihn ausgespielt wurde. Das war für sie nur ein Ausdruck von Denkfaulheit (Heuss selbst hätte von »Pharisäismus« gesprochen):

> Geärgert habe ich mich ja nur über die oberflächlichen Reporter, die statt zu arbeiten und erst sich, dann die Leser zu informieren, sich mit dem Ruf: Nazi, Nazi! begnügen und eine Lebensleistung von 3 Jahrzehnten, was immer sie sei, gar nicht erwähnen. So bequem haben es die dummen Hitlermenschen leider der Nachwelt gemacht.[229]

In der Tat fehlt es in jener Zeit nicht an Beispielen für einen »antifaschistischen« Rassismus: als ob jemand, der 1933 in der NSDAP gewesen war, zwangsläufig 1968 noch immer Nazi sei. Und doch ist heute evident, dass zahlreiche Fragen zu den Ursachen des Nationalsozialismus in den 1950er Jahren unerledigt liegengelassen worden waren. Heuss bemerkte mit erkennbarer Distanz, dass in den späten 1950er Jahren die Formel von der »unbewältigten Vergangenheit« zum Gemeingut der Intellektuellen wurde. Er hatte ja für seine Person eine Menge für die Bewältigung getan und konnte es sich mit gutem Gewissen leisten, sich nunmehr anderen Themen zuzuwenden. Aber für viele andere galt das nicht. Heuss hatte den Deutschen vorgelebt, wie man zwar das Grauen der NS-Zeit unverhüllt wahrnimmt, aber dann in eine Ecke schiebt, um sich innerlich unbeschwert dem Neuen zuzuwenden. Diese Fähigkeit war für die Kriegsgeneration von vitaler Bedeutung; für die Jüngeren dagegen stellte sich die Situation anders dar, und für viele von ihnen wurde es aufklärend, das Thema »NS-Verbrechen« aus der Ecke wieder hervorzuholen.

Gewiss wäre es viel zu einseitig, das gesamte Wirken des Bundespräsidenten unter die Devise »Entkrampfung« zu stellen. Es gab auch eine sehr andere Definition der deutschen Nachkriegssituation, die zu anderen Imperativen führte: In gewissem Sinne hatte gerade der Nationalsozialismus alte deutsche Differenzen verwischt und die Deutschen enthemmt – davon zeugen die vielen lachenden Gesichter in Dokumentationen zur NS-Festkultur! Das gesamte bundesdeutsche Erziehungswesen der 1950er Jahre durchzieht der Grundtenor: Wir haben eine Zeit des Chaos, der Gewissenlosigkeit, der Entfesselung des Bösen hinter uns; wir brauchen wieder eine neue Ordnung, neue Werte, verbindliche Normen. Das war der Grund, warum das Webersche Postulat der Wertfreiheit in jener Zeit umstritten war. Adorno gefällt an Heuss' Weber-Essay, dass dieser *nicht* auf der so viel strapazierten Wertfreiheit herumreitet.[230] Gerade Heuss trat damals oft auf beeindruckende Art als *praeceptor Germaniae* in Erscheinung – »Erzieher zur Demokratie« lautet der Titel des Heuss-Briefbandes 1945–1949 –, und gerade für manche Jüngeren besaß seine Art zu reden einen penetrant erzieherischen Zug. Bei ihm selbst kann man ein Schwanken zwischen der Entkrampfer- und Erzieherrolle verfolgen. Wir haben gesehen, dass er als württembergischer »Kultminister« darum besorgt war, auf den Schulen möchte man bei dem Bemühen um neue Ordnung zu viel des Guten tun und das von ihm so geliebte »Allotria« vergessen.

Beim Thema »Tradition« war es ein Heuss'scher Lieblingsgedanke zumal in Militärfragen, dass man nicht so sehr über die *Erhaltung* wie über die *Schaffung* von Traditionen nachdenken solle: Gerade als Geschichtskenner wusste er am besten, wie leicht Restauration zum Krampf wird. Den Verteidigungsminister Strauß warnte er 1958 davor, sich »dem Fetisch des Traditionsgedankens zu unterwerfen«; »eine Tradition zu begründen, zumal im Bruch der Zeiten, ist ein viel großartigeres Unterfangen, als Traditionen um ihrer selbst willen zu betreuen.«[231] Wenn er selbst mit seiner Fülle alter Bildung später vielfach wie ein Repräsentant der Restauration wahrgenommen wurde, geriet in Vergessenheit, dass der Typus Heuss in der deutschen Politik 1949 durchaus ein Novum gewesen war.

Schon seit jungen Jahren liebte es Heuss, modische Neuwörter und neue Redewendungen in ironische Anführungszeichen zu setzen – für eine deutsche Sprachgeschichte des 20. Jahrhunderts wären seine Briefe eine Fundgrube. Aber ihm machte es dennoch immer Vergnügen, Neuworte aufzuschnappen und seinem eigenen Wortschatz einzuverleiben, zumal wenn er von sich berichtete, eine Rede sei beim Publikum (in Anführungszeichen) »gut angekommen«, oder 1953 die Gewissheit gewonnen hatte, dass er »bei dem Staat gegenüber sonst ziemlich fremden Gruppen von Wissenschaftlern und Künstlern eine Wirkung erzielt habe (man nennt das heute Integration)«.[232] Und auch gegen Fremdwörter und Anglizismen hatte er nichts, wollte er doch den Deutschen *Fairness* beibringen. Tradition und Innovation gehören bei ihm zusammen, in der Technik wie in der Sprache. Nur Elly hätte ihm am liebsten die Fremdwörter aus dem Manuskript gestrichen.

Entschiedener als er bekräftigte damals Elly den Wert einer Wiederherstellung traditioneller Ordnungen und verbindlicher Normen. Antonie Nopitsch, die Initiatorin des unter Ellys Namen firmierenden Müttergenesungswerkes[233], erinnerte in ihrer Trauerrede auf die *First Lady* an deren Begründung dieser Stiftung im Januar 1950: »Wissen wir noch, was das ist: eine Familie? Eine richtige Familie, mit Vater, Mutter und Kindern um einen Tisch. Wissen wir noch, was das ist: Der Frieden eines Hauses, die Geborgenheit in den eigenen vier Wänden, die Sicherheit einer Existenz? Wir erinnern uns, dass es das alles einmal gab. Es war gestern so, und es könnte morgen wieder so sein.«[234] In der Tat, »morgen« gab es das wieder, von Jahr zu Jahr für immer mehr Deutsche. Aber genau das wirft ein Licht auf den Wandel der Zeiten: Anfang 1950 mochten manchen Zuhörern bei solchen Worten die Tränen kommen; zehn Jahre darauf hätten sie zumindest bei vielen Jüngeren ein Gähnen ausgelöst. Für die »Trümmerkinder« und die, die Krieg und Gefangenschaft durchgemacht hatten, war es der Traum des Lebens, im festen Haus und im Kreis der Familie um den gedeckten Tisch zu sitzen; zehn Jahre darauf hatten viele Jugendliche zu viel von dieser Geborgenheit.

Als Margret Boveri 1953 bezweifelte, dass Heuss mit seiner Art die Jugend erreiche, widersprach er energisch und verwies auf seine vielen Ansprachen vor Jugendgruppen: »ich habe das Talent nicht verloren, junge Menschen rasch zu lockern, dass sie frei und unbefangen vor mir sprechen.«[235] In der Tat hatte seine »Entkrampfung« etwas Jugendgemäßes, und er wurde denn auch mit Briefen von jungen Leuten überschüttet, auch noch im Ruhestand. Aber mit Reaktionen darauf wurde er zurückhaltender[236]; ihm war nicht entgangen, dass sich diese seine Volkstümlichkeit mehr und mehr mit einer Banalisierung verband. Noch 1956 begann Hans Bott sein Vorwort zu einer Sammlung von Heuss-Reden an die Jugend, gewiss im Einverständnis mit Heuss: »Die Jugend von heute ist aufgewachsen in Luftkrieg und Wohnungsnot. Sie erlebte Hunger, Flucht und Heimatlosigkeit. Es war eine freudlose, angstvolle Kindheit, aus der sie ernst, illusionslos und früh selbständig ins Leben ging, mit einem ausgeprägten Gefühl für das Rechte, das Saubere und Menschliche …«[237] An diesen Hintergrund muss man denken, wenn man sich die damalige Rezeption der Heuss'schen Jugenderinnerungen vorstellt: Das war damals die bezaubernde Erinnerung an eine Jugend in der *Belle Epoque*; ganz so wurden die »Vorspiele« sogar von der nur sechs Jahre jüngeren Toni empfunden, die ihre Wiener Jugend schon stärker von kommenden Düsternissen überschattet fand. Was Bott jedoch 1956 als »Jugend von heute« schilderte, traf schon damals die Realität nicht mehr ganz: Kurz darauf bekamen frühere Kriegs- und Trümmerkinder zu viel, wenn sie hörten, dass »Halbstarke« bei Rock-Konzerten randalierten und Stühle zerschlugen.

Nun, diese damals maßlos aufgebauschten Vorkommnisse erwiesen sich als politisch belanglos; Heuss reagierte jedoch irritiert, als im Zuge der Anti-Atomtod-Kampagne auch Studentengruppen rebellisch wurden. Als illegitim empfand er dabei insbesondere, wenn kleine Gruppen als Sprecher »der« Studentenschaft auftraten.[238] Repräsentativ waren solche Gruppen damals in der Tat nicht; auch die Brandreden eines William S. Schlamm, eines Emigranten mit altem Trotzkisten-Hass auf den Sowjetkommunismus[239], der den Westen dazu aufrief, die hoffnungslos unterlegene Sowjetunion mit der Drohung eines großen Krieges zur Herausgabe der deutschen Ostgebiete zu zwingen und der jene Theologen, die sich gegen die atomare Rüstung engagierten, unter der Überschrift »Das frömmliche Unheil« abhandelte[240], fanden gerade unter Studenten einen Massenzulauf. Erst als sich die SPD vom Marxismus abwandte, kam dieser unter den Studenten in Mode.

»ICH HABE JA VON SO VIELEN DINGEN RENOMMIERT«: KOKETTERIE MIT DER KOKETTERIE. Alles in allem war Heuss in seiner zweiten Amtszeit – um in seinem eigenen Jargon zu reden – mehr »mit sich im Reinen« als in seiner ersten, aus politischen wie aus erotischen Gründen; da nahm er die »Kräche« sowohl mit dem Kanzler wie mit den »rabiaten Barthianern« auf lässige Art, und auch in seinen intimsten Briefen spürt man bemerkenswert wenig von irgendeiner tieferen Erschütterung. Das höchst peinliche Hin und Her seiner ersten Amtszeit mit Nationalhymne und Karlsruhe-Antrag war vergessen; seit Adenauer 1953 auf Heuss' Einspruch hin Dehler nicht mehr neu zum Bundesjustizminister ernannt hatte, war auch das Ärgernis Dehler zu einer bloßen inneren Angelegenheit der FDP geworden; 1954 war Heuss sogar mit den Stimmen der SPD zum Präsidenten wiedergewählt worden: Er war der populärste Politiker an der Spitze des neuen Weststaates, und dieser hatte sich mittlerweile als über alle Erwartungen erfolgreich erwiesen.

Hatte Heuss 1949, als er Plebiszite radikal ablehnte, noch nicht so recht wissen können, woran er mit »dem Volk« eigentlich war und ob »das deutsche Volk« als ein politisch konsensfähiges Gebilde überhaupt noch existierte, war 1954 zumindest eines klar: »Das Volk« liebte seinen Heuss, und überall, wo er auftrat, schlug ihm diese seine Popularität entgegen – dafür brauchte er gar nichts Besonderes zu vollbringen, er musste einfach nur er selbst sein und konnte darauf vertrauen, dass ihm die Deutschen fast alles verziehen. Gegen Ende seines Lebens schloss er seine Einleitung zu einem »Hausbuch Deutschland« des Bertelsmann-Verlages mit den Worten: »Der Sinn dieses Hausbuches ist, denke ich, auch der: Dem, der es in die Hand nimmt und mit seiner Vielfältigkeit vertraut werden will, deutlich zu machen, dass er nicht ›Teil einer Masse‹ ist, die man Deutsche nennt, sondern ›Glied eines Volkes‹, das deutsch heißt.«[241]

Kaum jemand interessierte sich noch für sein Ja zum Ermächtigungsgesetz; gerade auch viele deutschjüdische Emigranten umwarben ihn; amerikanische Meinungsmacher feierten ihn als Verkörperung des anderen, des guten, des geistigen Deutschland. Heuss konnte sich manches leisten, was seine Nachfolger in die Bredouille gebracht hätte. So sagte er 1955 dem aufsteigenden Pressezaren Axel Springer ins Gesicht: »Sie sind der Verderber der Presse.«[242] Das bezog sich auf die BILD-Zeitung, die Heuss »fürchterlich« fand[243] – was waren im Vergleich dazu jene Groschenhefte der 1920er Jahre, gegen die Heuss mit solchem Aufwand angegangen war? Der Pressegewaltige dachte jedoch nicht daran, mit einer Kampagne gegen den Bundespräsidenten zu reagieren, sondern besuchte ihn kurz darauf, und man scheint sich verständigt zu haben: »Er ließ sich auch einiges sagen.« (Heuss)[244]

Aber auch dem SPIEGEL-Herausgeber Rudolf Augstein las Heuss bei Bedarf die Leviten: Es sei »glatter Schwindel«, wenn sein Magazin behauptet habe, bei ihm, Heuss, blieben die Akten unerledigt liegen[245], setzte er doch geradezu seinen Stolz darein, nichts aufzuschieben, was sofort erledigt werden konnte. Da führte sein Image der »Gemütlichkeit« leicht zu falschen Vorstellungen. »Gemütlich« verhielt er sich in anderer Hinsicht. Als es Anfang 1958 einmal vorkam, dass der Bundesrat gegen ihn in Karlsruhe eine »Organklage« erhob, da er in einem Fall gegen die Kulturhoheit der Länder verstoßen habe – noch zehn Jahre davor war der Föderalismus das heißeste Eisen im Parlamentarischen Rat gewesen –, erwähnt er diese in einem Brief an Toni nur beiläufig neben einem »lustigen Zufall«[246]; diese wurde ohne viel Aufsehen am 14. Juli 1959 vom Bundesverfassungsgericht abgewiesen.[247]

VON DER INKLUSION ZUR EXKLUSION: DAS DILEMMA DER SUCHE NACH DER MENSCH-ZU-MENSCH-KOMMUNIKATION. In vielen Briefen an Heuss entwickelt sich eine höfische Kultur der Schmeichelei; wo sie zu dick aufgetragen ist, erregt sie den Spott des Bundespräsidenten; aber eine dezente und vor allem stilvolle Umschmeichelung lässt er sich gefallen. Gewiss hat sich der geschichtskundige Präsident nicht selten an seine Amtsvorgänger Ebert und Hindenburg erinnert, die mit viel größeren Kompetenzen ausgestattet waren als Heuss – und gerade deshalb musste er sich umso mehr in dem Bewusstsein gefallen, dass er diese an öffentlicher Wirkung schon nach kurzer Zeit turmhoch übertroffen hatte, und schon gar mit seinem Geist und seinem Charme. Er hatte erlebt, wie Ebert durch infame Diffamierungen körperlich-seelisch zugrunde gerichtet worden war, und seine eigenen Antwortschreiben auf Briefe, aus denen auch nur ein Hauch von Infamie herauszulesen war, lassen seine Entschlossenheit erkennen, sich in dieser Hinsicht nichts, aber auch gar nichts gefallen zu lassen. Sein öffentliches Image des gütig-humorvollen Landesvaters gab ihm die Freiheit, in derartigen Schimpfbriefen nach Lust und Laune seinem Ärger Luft zu machen.

Im September 1957 befasste sich der Militärpsychologe Max Simoneit auf einem Bonner Kongress der Deutschen Gesellschaft für Psychologie mit der Stimme des Bundespräsidenten und kam dabei zu der Beobachtung, »dass sich bei seiner väterlichen Stimme im Gegensatz zu anderen Politikern die weitaus stärkste Beziehung zum Hörer konstatieren lasse. Wenn Theodor Heuss die Stimme erhebe, so wende er sich persönlich an den Zuhörer; wenn er sie senke, halte er Einkehr in sich selber. So schwinge seine Stimme im Gespräch zwischen seinen Gedanken und dem Zuhörer hin und her.«[248] So jedenfalls nach einem Bericht der »Frankfurter Allgemeinen Zeitung«, den Heuss mit der Anmerkung *»Spaß muß sein!«* der Freundin zusandte. Er lässt implizit sein eigenes Rede-Ideal erkennen, wenn er Ende 1960 an der Indologin Gisela Bonn kritisiert, sie spreche »zu routiniert«: »nie ein Absatz des Besinnens, nie ein Zaudern oder Versprechen. Merkwürdig, dass auch das Perfekte etwas stören kann.«[249]

Man sieht, Heuss wusste sich bei seinem öffentlichen Auftreten wirkungsvoll zu inszenieren – was ihm umso überzeugender gelang, als es bei ihm selbst keine bloße Show war, sondern er bloß ein Stück von sich selber zu spielen brauchte. Wenn er sich selbst im Radio hörte, war er »immer wieder erstaunt, wie langsam ich spreche«.[250] Eine Mischung von Spontaneität und Inszenierung! In der Tat gab das seinen Reden den spezifischen Heuss'schen Flair, dass er nicht zur Masse redete, sondern wie ein Seelsorger den Eindruck erweckte, zu jedem persönlich zu sprechen, bedächtig und zugleich spontan, ohne einen vorgefertigten Text abzuspulen. Selbst Theodor W. Adorno, dessen Stil für Heuss kaum verständlich war, wurde von dessen Art zu reden entzückt: »Es bestand zwischen ihm und den angeblich entfremdeten Massen etwas kaum noch Vorstellbares: Kontakt ohne Demagogie.«[251]

In der Regel machte sich Heuss, der den Blickkontakt mit den Zuhörern suchte, für seine Reden nur ausführliche Stichwortzettel, die er während des Sprechens unauffällig einen nach dem anderen in der Tasche seines Jacketts verschwinden ließ; diese Technik empfahl er auch seinem Nachfolger Lübke, dessen Reden regelmäßig zu Katastrophen wurden, sobald er vom Manuskript abwich und etwas Eigenes mitzuteilen versuchte.[252] Aber natürlich konnte auch Heuss als Bundespräsident zu den allermeisten, die ihm zuhörten oder schrieben, keinen wirklichen Kontakt herstellen. Seine quantitativ gewaltige Korrespondenz dokumentiert ungewollt, wie sich bei dem Repräsentanten eines Staates von vielen Millionen Bürgern das Streben nach Rückgewinn der alten Mensch-zu-Mensch-Kommunikation irgendwo totläuft. Unter den Bedingungen der modernen Massengesellschaft ist jegliche unmittelbare Kommunikation unweigerlich mit Ausgrenzungen verbunden.

ABWIMMELN UND KAMPF GEGEN VERKITSCHUNG ALS PRÄSIDENTEN-ALLTAG. Gewiss besitzt Heuss' Beziehungsnetz über lange Zeit gerade durch seine Vielseitigkeit und vergleichsweise Offenheit etwas Ungewöhnliches. Aber der Bundespräsident konnte eine solche Offenheit beim besten Willen nicht durchhalten. Er sei kein »Fabrikant von Gefälligkeitsattesten«, »weder gegenüber Nazis noch gegenüber deren Opfern«.[253] »Es ist eine Dauerbeschäftigung von mir, Einladungen von Städten abzulehnen, weil ich sonst einfach ein rotierender Kreisel sein würde.«[254] Er habe keine Zeit für »irgendeinen Verband von soundsovielen jugenddorfbegeisterten Menschen«, so selbst an eine »Königliche Hoheit«.[255] »Es ist ja meine Lebensform geworden, Menschen enttäuschen zu müssen«, erwidert er 1955 dem Vorsitzenden des Deutschen Sportbundes, Willi Daume, der den Sport vom Bundespräsidenten vernachlässigt findet.[256] Und je dichter sich um ihn herum eine behagliche Welt von Geistesverwandten sammelte, umso größer zwangsläufig auch die Zahl der Ausgeschlossenen.

Und aus der Ferne erschien er eben vielen als »Papa Heuss«, stets jovial und von gebildeten Assoziationen sprühend, jedoch ohne markante Konturen. Als Heuss bei seinem Staatsbesuch in den USA im Juni 1958 in New York auch die *New School for Social Research* besuchte, wo sich seit 1933 die deutsche akademische Emigration gesammelt hatte, hielt deren damaliger Leiter Hans Simons, Heuss' früherer Kollege an der Hochschule für Politik, die Rede auf ihn und nannte ihn »Papa Heuss«. Dieser Kitschtitel selbst von einem alten Bekannten, da platzte Heuss der Kragen, und »zum allgemeinen Schrecken« eröffnete er seine Antwort damit, dass er »nicht über das Meer geflogen sei, der heimatlichen Verkitschung entfliehend, um hier ihr Opfer zu werden«.[257] Und bald darauf musste er die gleiche Titulierung in Bonn auch noch von dem Innenminister Gerhard Schröder erleben, der ihn hätte besser kennen sollen! Obwohl sein Verhältnis zu diesem Minister, den Briefen nach zu urteilen, sonst freundlich war, leistete er sich hier eine kleine Explosion, die von einem chronischen Leiden zeugt:

> Ich hätte Ihnen gern von Mann zu Mann gesagt, wie leid es mir tut, dass, nachdem der Herr Bundeskanzler mit der öffentlichen Abwertung meiner zehnjährigen Arbeit hier

> begonnen hat, Sie sich mit der Papa-These an der Verkitschung meiner Person beteiligt haben. Ich kämpfe seit Jahren gegen dieses Papa-Gerede, das mir unausstehlich ist und das ich mir, als ich in Amerika bei einer deutsch-amerikanischen Kundgebung in diesem Stil wohlwollend behandelt wurde, mit ironischer Schärfe verboten habe. Das ist vielleicht eine Geschmacksfrage, da ich das Papa, Opa, Omi usf. usf., was jetzt durch das deutsche Bürgertum spaziert, aus sprachlich-geschmacklichen Gründen nie ertragen habe. Aber die sanften Filzpantoffeln, die man jetzt meinem geschichtlichen Bild unterschieben will, lehne ich ab; dazu habe ich ein zu tätiges und, wie ich ruhig sage, zugleich produktives Leben geführt.[258]

Im Jahr davor hatte er schon den von ihm geschätzten Bundestagspräsidenten Eugen Gerstenmaier korrigiert, als dieser in seinem Geburtstagsbrief von Heuss' »großer Bescheidenheit« gesprochen hatte. Heuss konnte ein Lob solcher Art einfach nicht mehr ausstehen und platzte heraus, er pflege Journalisten, die ihm mit dieser Lobeformel kämen, beizubringen, »sie sollten doch endlich denken, dass ich ein Snob sei.«[259] Aber viele Journalisten scheinen auch das noch für einen Ausdruck von Bescheidenheit gehalten zu haben; nur Dehler nannte Heuss, als er sich mit ihm verkracht hatte, dem gemeinsamen Freund Dessauer gegenüber den »größten Snob des Jahrhunderts«![260]

Umso mehr sorgt sich Heuss, und dies bereits 1955, dass er gerade durch seine Popularität zur »Kitschfigur« werde. Das Übermaß an Auftritten bei festlicher Gelegenheit lasse die Leute schließlich glauben, »Gaudi sei ein wesentliches, schließlich *das* wesentliche Stück meiner Funktion«. Die Öffentlichkeit hatte ja keine Idee von der vielfältigen und unermüdlichen internen Kommunikation ihres Präsidenten. Wie sein Biograph Hermann Rudolph schreibt: »Fast unaufhaltsam verbiegt sich sein Bild unter dem Druck der Zustimmung und Zuneigung, die er gewonnen hat, ins Harmlose.«[261] Heuss' nächtliche »Tagebuchbriefe« an die Freundin sind durchweg im Ton von Erfolgsberichten geschrieben; und doch war Heuss bei aller Selbstgefälligkeit nicht so blind, nicht zu erkennen, dass auf die Dauer gerade diese fortwährende nahezu ungetrübte Popularität unweigerlich eine Banalisierung nach sich zog – nicht zuletzt deshalb genoss er wohl gegen Ende seiner Amtszeit die »Kräche« mit dem Kanzler und den »Pharisäern«. Das Berliner Kabarett »Die Insulaner«, dessen Name auf die Insellage West-Berlins anspielte und dessen im RIAS ertönender Signalsong »Der Insulaner verliert die Ruhe nich«[262] auch von Heuss hätte stammen können, widmete dem scheidenden Präsidenten ein Abschiedslied mit dem wehmütigen Refrain: »Wir haben uns so an Dich gewöhnt!« Das Heuss'sche Charisma von 1949 hatte sich 1959 in die Gemütlichkeit des Gewohnten verwandelt.

»EMIGRANTENREDE« UND NEUE HORIZONTE – VON WILLY BRANDT BIS TAGORE. Aber ebendeshalb, weil er nicht rundherum »aus einem Guss« war, bewahrte

Heuss auch in seinen letzten Jahren eine Offenheit für Neues, die sich nach dem Ende seiner offiziellen Präsidentenherrlichkeit sogar noch ein wenig weitete. Seit der Präsidentschaftskrise im Frühjahr 1959 war es für ihn offenkundig, dass es mit der Ära Adenauer rapide bergab ging und diese besser früher als später ihr Ende finden sollte. Adenauer hatte offenkundig seine Führerqualitäten und seinen staatsmännischen Instinkt verloren. Heuss glaubte dem Kanzler mittlerweile, dass der ihn mit den beiden Sätzen seiner Fernsehankündigung gar nicht habe verletzen wollen; das sei nichts als »ganz primitive Fahrlässigkeit eines Mannes« gewesen, der »hier ganz schlicht und einfach dumm daher schwätzte, als ob er ein internes Parteigremium vor sich habe« und nicht das Fernsehen.[263]

Es war offenkundig, dass das Wohl des Staates an der Spitze neue politische Kräfte erforderte und auch die gewandelte SPD an der Macht beteiligt werden musste. Carlo Schmid war 1959 kein Mann der Zukunft mehr; für Heuss war wie für eine wachsende Zahl von Deutschen eindeutig Willy Brandt der neue Mann. Der hatte ihm schon bei der ersten Begegnung spontan gefallen; das war ein Sozialdemokrat neuen Typs, der in »entkrampfender« Wirkung mit Heuss mithalten konnte. Mit Neugier informierte Heuss sich über Brandts Werdegang: »sehr viel Neues, wie sehr Interessantes, und im Aufstieg großartig farbiges Leben – er ist das uneheliche Kind einer 20-jährigen Verkäuferin in Lübeck … er ist innerlich frei, aber für freundschaftlichen Zuspruch zugänglich.«[264]

Da erkennt man eine Heuss'sche Lust zu einem biographischen Essay über diesen neuen Mann, bei dem er Kongeniales spürt, nicht zuletzt in dessen »ruhiger Gelassenheit« beim öffentlichen Reden! Der könne die Deutschen in den USA bestens vertreten, besser als der »nervöse Brentano«, zumal er mit beneidenswerter Perfektion Englisch spräche.[265] Zu alledem war Brandt ein fröhlicher Zecher und auch darin dem Bundespräsidenten sympathisch[266], mochten andere über dessen Alkoholkonsum die Nase rümpfen. Zwischen Heuss und Brandt entwickelte sich in jenen Jahren eine liebenswürdige, wenn auch nicht wortreiche Korrespondenz. Als Heuss am 17. Juni 1959 auf einer Großkundgebung in Berlin vor angeblich 70 000 Menschen sprach und brausenden Beifall hervorrief, meinte Brandt, »ich würde, wenn ich wollte, von allen hier gewählt werden«.[267] (Das konnte Brandt ohne Risiko für seine eigene Partei versichern, da ohnehin längst klar war, dass Heuss nicht gegen Carlo Schmid kandidieren würde!)

»Ekelhaft, die innere Verwirrung wegen der SPIEGEL-Affäre«, schreibt Heuss am 15. November 1962; als unwürdig empfand er das Verhalten von Adenauer wie von Strauß, witterte hinter der Enthüllung, dass es mit der Wehrkraft der Bundeswehr nicht weit her sei, sogar eine Intrige des Adenauerschen Geheimdienstes gegen den Verteidigungsminister![268] Damals wurde Heuss mit Bitten bestürmt, in der Öffentlichkeit ein deutliches Wort zu reden, aber da hielt er

Bundespräsident Theodor Heuss im Gespräch mit Willy Brandt, Regierender Bürgermeister von Berlin, im Bundespräsidialamt, 11. Oktober 1957, Villa Hammerschmidt, Bonn

sich zurück: Ihm war diese ganze Affäre undurchsichtig, und zudem war er damals, ein Jahr vor seinem Tod, bereits leidend und brauchte seine letzten Kräfte für seine »Erinnerungen«. Offene Empörung zeigte er jedoch gegenüber der Verleumdungskampagne gegen Willy Brandt im Wahlkampf von 1961, die dem Kanzlerkandidaten der SPD wegen seiner Emigration eine deutschenfeindliche Vergangenheit unterstellte. Anfang 1961 schlug Heuss bei der Jungen Union im Saarland »Krach« und teilte dies auch Adenauer mit, als sich ein dortiges JU-Flugblatt auf Heuss' Begriff der »Kollektivscham« berief mit der Behauptung, man müsse sich schämen, wenn ein früherer Deutschenfeind wie Brandt an die Spitze des Landes gelange[269]: Die Suggestion, hinter dieser Verleumdung Brandts stünde Heuss, konnte der nur als Gipfel der Frechheit empfinden!

Zu diesem Thema hielt er seine letzte weitbeachtete Rede, streitbarer als die meisten früheren »großen Reden«, im April 1961, aus Anlass der Eröffnung des Stuttgarter Amerikahauses.[270] Bei diesem Thema gab es für Heuss kein Einerseits-andererseits, sondern nur einen »notwendigen Protest gegen einen verhängnisvollen politischen Stil«. Auch wenn er Brandt an dieser Stelle nicht namentlich nannte, war damals jedem klar, wen er meinte: »Darf ich ganz deutlich werden? Es ist einfach ein Unfug, einen Tarif für Patriotismus aufzustellen, wenn jemand nach 1933 Deutschland verließ, verlassen musste, weil er hier seine bürgerliche Existenz, gar sein Leben gefährdet sah, dem oder jenem mildernde Umstände in seiner ›Rasse‹, in seiner Jugend zuzugestehen.« Genau besehen ein merkwürdiger Satz: ein Seitenhieb auch auf national gesinnte deutschjüdische Emigranten, die die Emigration nur bei »rassisch« Gefährdeten als legitim betrachteten. Heuss' »Emigrantenrede« fand in der Presse weiten Widerhall.[271] Einem Stuttgarter »CDU-Publizisten«, der sich bei Heuss beschwerte, erteilte er eine »vernichtende« Antwort.[272] An Toni, die für die »Großen Deutschen« den Beitrag über Carl Schurz verfasst hatte, schrieb Heuss nachher: »Wie dumm«, dass ihm die Analogie zu den Emigranten von 1848 nicht eingefallen sei.[273] Dieses eine Mal hatte er sein sonst so beliebtes Ausholen zu historischen Präzedenzen vergessen! 1962 gewann er durch eine Aufführung von Brechts »Emigrantengesprächen« zum ersten Mal ein Verhältnis zu Bertolt Brecht[274], den er noch fünf Jahre davor aus den »Großen Deutschen« am liebsten ausgeschlossen hätte[275] und der erst ganz am Schluss des Ergänzungsbandes doch noch aufgenommen worden war.

Auch den Altbundespräsidenten überkamen zuweilen Zweifel, ob die NS-Vergangenheit wirklich bewältigt sei, so bei den Hakenkreuz-Schmierereien auf jüdischen Friedhöfen, die in Köln ausgerechnet in der Weihnachtsnacht 1959 einsetzten, andernorts nachgeahmt wurden und auf Teile der deutschen Öffentlichkeit als Schock wirkten; dieser Skandal machte in der politischen Bildung der Bundesrepublik Epoche. Heuss, der in der sich ständig über ihn ergießenden Briefflut schon lange kaum mehr etwas von fortlebenden NS-Allüren merkte, war unschlüssig, inwieweit diese Geschehnisse ein Signal waren. Er schrieb am 13. Januar 1960 an die Freundin in New York:

> Die Hakenkreuz-Schmierereien sind freilich eine wüste Ouvertüre. Sie sind psychologisch ein schwer deutbares Phänomen. Vor ein paar Jahren hatten wir in Deutschland jeden zweiten Tag kravallierende Tumulte der sog. »Halbstarken« – die Zeitungen waren wochenlang davon voll. Aber die Deutschen dürfen am allerwenigsten den Vorgang bagatellisieren. Du erinnerst Dich vielleicht, als wir vor anderthalb Jahren in N(ew) Y(ork) zu dem so mäßigen Gottesdienst fuhren, ich Dich darauf aufmerksam machte, dass die »Brandmauer« eines Hauses auch mit großen Hakenkreuzen »geschmückt« war.[276]

Im Nachsatz relativiert er das Vorkommnis also doch – wenn es nicht in Deutschland geschehen wäre und das deutsche Ansehen in der Welt geschädigt hätte.

Theodor Heuss in Israel mit Martin Buber im Mai 1960

Heuss' ehemaliger Amtschef Klaiber, damals Botschafter in Rom, klagte Heuss, diese Schmierereien hätten die Bundesrepublik im Ausland »um Jahre« zurückgeworfen. Und im Mai darauf fuhr Heuss zusammen mit Toni Stolper nach Israel! Umso dankbarer war er dem israelischen Ministerpräsidenten Ben-Gurion, dass dieser »die bösen Dinge nicht dramatisiert« hatte[277]; davon zeugt ein geradezu zärtliches Foto, wo sich die zwei mit beiden Händen begrüßen. In der Masse der Heuss-Fotos steht dieses Bild ziemlich einzig dar.

Heuss, um historische Analogien nie verlegen, fühlte sich bei der Fahrt nach Israel vor dem Hintergrund jener Friedhofsschändungen zuerst halb ironisch als »Sühneprinz«: eine Anspielung auf jenen chinesischen Prinzen, der nach dem Boxeraufstand von 1900, bei dem der deutsche Gesandte in Peking ermordet worden war, als Geste der Entschuldigung nach Berlin gesandt worden war (man musste ein Zeitgenosse wie Heuss sein, um diese Episode noch zu kennen). Und dann wurde auch noch ausgerechnet in jenen Maitagen, als Heuss in Israel weilte, vom israelischen Geheimdienst Eichmann aus Argentinien entführt, und die israelischen Medien waren voll von Holocaust-Berichten wie noch nie! »Es war eine Erregung, eine explosive!« berichtete Heuss nach der Rückkehr in einem Fernsehinterview. »Alle Leute haben einen darauf angesprochen.«[280] Aber er war unter den emigrierten Juden viel zu beliebt, als dass man in Israel von ihm erwartet hätte, in der gebeugten Haltung eines Büßers aufzutreten.

Für ihn selbst war sein dortiger Auftritt nicht ohne Delikatesse; denn der israelische Angriff im Suezkrieg 1956 hatte ihn erschreckt, und »Wiedergutmachung« an den Juden war für ihn keineswegs gleichbedeutend mit Waffenhilfe an Israel. Aber er zog sich mit Geschick aus der Affäre, indem er in Jerusalem in einem Vortrag an der Hebräischen Universität der starken Stellung des Militärs einen innenpolitischen Sinn gab. Im habsburgischen Vielvölkerstaat sei die deutsche Kommandosprache in der Armee am Ende »*das* Element gewesen, um vielleicht in kriegerischen Wirrnissen den *Staat* zu retten«. Vielleicht! Viel-

Heuss in Rourkela, Indien, 1. November 1960

sprachig waren auch die Juden, die nach Palästina auswanderten. »In Israel ist die hebräische Kommandosprache zu einem wesentlichen Mittel geworden, in dem friedsamen Zwang zur Wehrpflicht, die zu den Grundkräften *aller* Demokratie gehört, ungeachtet der Gefahr nationaler, nationalistischer Hybris, die ihm beigemengt ist, *ein Volk zu formen.*«[279] Diese zivile Sinngebung der Wehrmacht war seit langem eine Heuss'sche Lieblingsthese.[280] Für den, der die Geschichte kannte, war die Analogie zwischen Israel und dem Habsburgerreich wenn auch gut gemeint, so doch nicht unbedingt ermutigend.

Und dann noch im November 1960 die Reise nach *Indien*! Es war seine letzte große Reise und zugleich die erste und einzige in ein außerwestliches Land, sofern man die Türkei und Israel noch im weiteren Sinne zum Westen rechnet. Und es war auch diejenige Reise, die ihn am deutlichsten an seine Grenzen brachte. Die geistigen Beziehungen zwischen Deutschland und Indien besaßen eine bedeutende und bis tief in das 19. Jahrhundert zurückreichende Tradition, und sie waren vom Kolonialismus unbelastet.[281] Aus der Sicht Adenauers war das Indien Nehrus eine der unbequemsten Großmächte, weil es die Hochburg des Neutralismus war, wo Niemöller gefeiert wurde, und als anfällig für Verführungen aus dem Ostblock galt; wenn jedoch der Altpräsident Heuss als Botschafter des geistigen Deutschland nach Indien kam, war alles entspannt. Aber wie sollte er einen Zugang zur indischen Geisteswelt gewinnen? Das gab ihm im voraus am meisten zu grübeln. Als er im August 1960 an den Kanzler schrieb, in den kommenden Monaten werde er sich »ganz in die indische Problematik stürzen«, verband er das mit dem Seufzer, die »indische Geistigkeit« sei ihm »noch nicht allzu sehr vertraut«, während Adenauer, dem es 1956 bei einem langen Gespräch mit Nehru mulmig geworden war[282], in seinem Antwortbrief die indische Problematik ganz anders verstand: »Das indische Problem, oder besser gesagt, die indischen Probleme zu lösen, ist eine sehr schwere Aufgabe. Dabei ist die Entwicklung Indiens ja entscheidend für das weitere Vordringen des Kommunismus in Asien.«[283] Ein bezeichnendes Aneinander-Vorbeireden von Kanzler und Altpräsident!

Auch in den Monaten darauf kam Heuss Indien innerlich nicht viel näher. Im Monat vor der Reise schrieb er an Gerstenmaier, »die sogenannte Geistigkeit des Religiös-Metaphysischen im indischen Wesen« sei ihm »leider schwer zugänglich«[284]; zwischen den Zeilen spürt man eine innere Abwehrhaltung. Schon als ihn zwei Jahre davor der indische Vizepräsident und Philosoph Radhakrishnan besucht hatte, der schon 1952 bei ihm gewesen war, hatte er spüren müssen, »dass ich mich brav bemühte, aber für Mystik nicht zuständig bin«[285]; das hatte sich auch 1960 nicht verändert. Der Theaterregisseur Gustav Gründgens sprach ihm aus der Seele, wenn er 1958 ihm gegenüber den »entsetzlichen deutschen Hang zum falschen Mystizismus« beklagte.[286] Man könnte meinen, für Heuss hätte nichts nähergelegen, als einen geistigen Zugang über den Indienreisenden Hermann Hesse zu finden, den Verfasser des »Siddharta«; aber er schätzte mehr dessen schwäbische als dessen indophile Seite und spürte wohl ganz richtig, dass Hesses Indien im Kern ein Phantasieprodukt war. Dafür besuchte ihn Helmuth von Glasenapp, der berühmteste deutsche Indologe seiner Zeit, von dem gesagt wurde, dass selbst gebildete Inder ihre eigene Tradition durch die Brille Glasenapps sähen[287]; aber dessen »Rede-Anregungen« gefielen ihm fast alle nicht, so dass er hinterher glaubte, ihn trösten zu müssen.[288]

Da konnte er mit gegenwartsorientierten Globetrottern wie Klaus Mehnert oder Rolf Italiaander, die den Bundesdeutschen damals Weltläufigkeit beibrachten, schon eher etwas anfangen. Aus Puri, als Heuss »die Hälfte des Abenteuers« glücklich hinter sich hatte, berichtete er in einem handgeschriebenen Brief an Adenauer von einem sehr Heuss'schen »kecken Einfall«, der ihm für eine Vorlesung an der Technischen Hochschule in Madras gekommen war: Südindien mit dessen Mangel an Kohle und Eisen als »unterentwickeltes Land« mit – Württem-

Theodor Heuss mit Hermann Hesse in Sils Maria (Schweiz), 1957: angeblich das einzige Foto, auf dem Heuss lächelt!

berg zu vergleichen[289], natürlich mit der Pointe, dass gerade dieser Mangel an natürlichen Ressourcen zu technischer Höchstleistung herausfordern könne. Das Schwabenland als Vorbild einer »Entwicklung« aus eigener Kraft!

Heuss' Grundimpetus im Zugang zu Indien war entmystifizierend; so liebte er die Pointe, der drohenden Hungersnot in Indien könne nur dadurch vorgebeugt werden, dass »die Heiligkeit der Kühe und die der Affen – Obst- und Plantagenplünderer – abgeschafft« werde: Das seien die »Feinde des Landes«. Radhakrishnan habe »vor einiger Zeit Geburtenbeschränkung propagiert. Aber wie soll solcher technische Rationalismus einem vom Mystizismus durchsetzten Volk beigebracht werden?«[290] Aber natürlich konnte er solche Weisheiten unmöglich in der indischen Öffentlichkeit verkünden. Am ehesten öffnete sich ihm noch ein Zugang über Rabindranath Tagore (1861–1941), den als Guru verehrten Dichter, dessen Lieder schon 1913 Marie-Luise Gothein, die Gattin von Max Webers Heidelberger Lehrstuhl-Nachfolger, ins Deutsche übertragen hatte[291] und den Albert Schweitzer den »Goethe Indiens« nannte. Wie sich Hermann Hesse 1957 erinnerte, war Tagore, der in Indien als Nationalheld galt, nach dem Ersten Weltkrieg auch in Europa »große Mode« geworden.[292] Auch da wollte Heuss jedoch anfangs nicht so recht anbeißen: »was ich von ihm las, nur Lyrik, erschien mir etwas langweilig.«[293] Aber schließlich bringt er es dann doch fertig, sich selbst in Tagore zu spiegeln:

> Als Rabindranath Tagore 1913 den Nobelpreis für Dichtung empfing, mochten wir wohl, selber noch jung, von der in dem Namen mitschwingenden Musikalität angerührt sein. Aber jene Zeit, kurz vor dem Ersten Weltkrieg, war wenig dazu angetan, die Sinne für die Melodie einer fernen Welt offenzuhalten.
> Als eben der Lärm der Schlachten schwieg, wurde eine ruhig gelassene Stimme vernehmbar, die die Menschen ergriff, die nach dem ungeheuerlichen Geschehen den Frieden der eigenen Seele suchten.[294]

Nach dem Schlachtenlärm die »ruhige gelassene Stimme«: Wieweit das die Wirkung Tagores trifft, sei dahingestellt; aber genau so muss sich der alte Heuss, wenn er stolz auf sein Leben zurückblickte, seine Wirkung nach 1945 vorgestellt haben. In seinem Vortrag an der Universität von New Delhi wies Heuss darauf hin, dass Deutschland »auch jetzt noch mehr Lehrstühle für Indologie« habe »als alle anderen westeuropäischen Staaten«[295]: Glasenapps Besuch hatte doch etwas gebracht. Was an den Lobeshymnen über seine Auftritte in Indien Schmeichelei und was authentisches Zeugnis war, lässt sich von hier aus schwer überprüfen; sein Intimus Hans Bott jedenfalls, der ihn nach Indien begleitete, schrieb aus Bhubaneshwar, der Tempelstadt in Orissa, eine vergnügte Ansichtskarte an Margret Boveri: »Theodor Heuss vermag die Inder aufzutauen, sein Wesen ist wie geschaffen für sie.« Auch Heuss setzte noch ein paar Worte hinzu; er widersprach nicht.[296]

DER LETZTE TRIUMPH ÜBER ADENAUER: GELASSENHEIT IM LOSLASSEN. Was die publizierten »Heuss-Anekdoten« verschweigen, Heuss selbst jedoch bei entsprechender Gelegenheit gern erzählte: Als er einen Medizinerkongress eröffnete, hatte er gefrotzelt, für ihn zerfielen die Ärzte in zwei Kategorien: die einen, die ihn vom Rauchen abbringen wollten, und die anderen, die ihn mit seinem Laster in Ruhe ließen. Jeder wusste, welcher der beiden Gruppen seine Sympathie gehörte. Die »Heuss-Anekdoten« enthalten ein ganzes Kapitel »Um die Zigarre«; es beginnt mit der Geschichte, wie Adenauer den Dauerraucher vertraulich fragte: »Sajen Se mal, Herr Bundespräsident, wie viel Zijarren rauchen Se nu wirklich am Tach?« Worauf der Angesprochene zurückpflaumte: »Von Ihnen, Herr Bundeskanzler, hätte ich eine intelligentere Frage erwartet!« Weder der Kanzler noch Toni Stolper vermochten Heuss das Rauchen abzugewöhnen. Dabei erkennt man an Tondokumenten von Heuss-Reden, dass sein Atem im Laufe der 1950er Jahre schwerer wurde.

Was ihm im Frühjahr 1957 nur vorübergehend zu Bewusstsein kam, prägte spätestens seit dem April 1962 sein Lebensgefühl permanent: Er gehörte am Ende doch nicht zu einer besonderen Spezies, die es sich leisten konnte, sich über alle Regeln der gesunden Lebensweise lustig zu machen. »Herzinsuffizienz«, »Raucherbein« und eine Kette weiterer Molesten machten ihm zu schaffen; am 27. August 1963 wurde ihm das linke Bein amputiert, ohne dass er in der Folgezeit eine Linderung der durch Durchblutungsstörungen hervorgerufenen Beschwerden spürte – keine Aussicht mehr, Adenauer zu überleben. Am 1. Februar 1963 schrieb er, gerade 79 geworden, dem 87-jährigen Kanzler: »Wenn die Leute mich auf Ihre Leistungsfähigkeit hinweisen, sage ich ganz einfach: Adenauer ist kein Modell, sondern ein Phänomen!« Zugleich seufzte er, die Ärzte machten »jetzt einen Großangriff auf mein vieles Rauchen«[297]; er spürte wohl selbst, dass sie nun allen Grund dazu hatten.

Lübke sprach gewöhnlich weder auf Ärzte- noch auf anderen Kongressen; dafür hatte Heuss Verständnis. »Die Leute müssen sich halt daran gewöhnen, dass es auch ohne BuPrä … geht. Ich habe, nach 1949, die Menschen reichlich verwöhnt, was damals wohl notwendig war. Doch sollte daraus kein *zu* beschwerliches Erbe werden.«[298] Gerade weil das Grundgesetz von den Kompetenzen des Bundespräsidenten nur ein so undeutliches und diffuses Bild vermittelte[299], lag die Folgerung nahe, dass neue Zeiten einen neuen Typus von Staatsoberhaupt brauchten. Und Lübke hat denn auch in seinen ersten Jahren auf seine Art redlich versucht, seinen Landsleuten vorzuführen, wie sich aus diesem seinem Amt etwas Neues, sogar Handfesteres machen ließ: durch die Besetzung eines neuen Politikfeldes, der Entwicklungshilfe, der damals von vielen zukunftsorientierten Menschen eine epochale Bedeutung zugewiesen wurde, sowohl für die Stärkung des Westens im Ost-West-Konflikt wie überhaupt für das Wohl der Menschheit.

Der junge Heuss hatte der ungeduldigen Elly geschrieben, er kenne »keine Brüche, sondern nur Entwicklungen«. Insofern war er also ganz ein Mann der »Entwicklung«, aber eben der Entwicklung im Sinne einer natürlich-gemächlichen *Evolution*, bei der sich das im Kern bereits Angelegte »auswickelt«, ganz und gar nicht im Sinne eines forcierten *development*. In seine erste, bereits 1947 edierte Sammlung biographischer Essays »Schattenbeschwörung – Randfiguren der Geschichte« hatte Heuss, damals noch selber eine solche »Randfigur«, einen eigenen Ausflug in Exotisches unter dem Titel »Der Kaiser von Madagaskar« aufgenommen. Der handelte von dem gräflichen Abenteurer Moritz August von Benyowsky, der selbst den allermeisten Historikern unbekannt sein dürfte. Der hatte es nach mancherlei Auf und Ab (»in Formosa hat er ein bisschen Krieg geführt«) eine Zeitlang zum französischen Gouverneur von Madagaskar gebracht und von dort »wunderbare Beschreibungen« nach Paris gesandt, wie er auf dieser Tropeninsel zivilisatorische Fortschritte jeglicher Art bewirkt habe. Als 1776 eine Kommission Madagaskar bereiste, entpuppte sich alles als Bluff.[300]

Kaum vorstellbar, dass Heuss nicht den »Kaiser von Madagaskar« assozi-

Hans Jürgen Kallmann vor seinem Heuss-Porträt, 1956. 1937 unter die »Entarteten« eingereiht, porträtierte er nicht nur Heuss, sondern auch Adenauer, Bert Brecht – und Mao Tse-tung.

ierte, wenn er von Lübkes Afrikareisen hörte. Für ihn muss es ein unwürdiges Schauspiel gewesen sein, wie sein Nachfolger, der Iren mit Japanern verwechselte, den Weltpolitiker zu spielen suchte und in der Ferne herumflog, derweil daheim im Präsidialamt die Beamten lustlos herumhingen. Im Hause Heuss wurde kolportiert, diese Betriebsamkeit erkläre sich vorwiegend daraus, dass Lübke unter der Fuchtel seiner Gattin stünde, die so gerne auf Staatskosten in der weiten Welt herumreise.[301] Heuss' wichtigster Gewährsmann für Afrikanisches war Albert Schweitzer, der nicht viel davon hielt, den Afrikanern westliche Modernisierungskonzepte überzustülpen.[302] Wenn Heuss an Toni über seinen Nachfolger schreibt: »Es beschäftigt ihn ja immer das Problem der ›entwicklungsfähigen‹ Länder«, ist es bezeichnend, dass er »entwicklungsfähig« in Anführungszeichen setzt.[303]

Wider Willen tat Lübke alles dafür, dass sich bei vielen Älteren das Heimweh zu Heuss verstärkte, derweil ihn die Jüngeren mehr und mehr vergaßen. In der damaligen Heuss-Literatur gewann Heuss kein Profil, das in der Erinnerung haftete und bei neuen Generationen »ankam« (Heuss'sche Anführungszeichen!). Nach dem, was wir wissen, hat Heuss das mit Gelassenheit hingenommen, auch wenn er im April 1963 in Rage geriet, als – noch wenige Jahre davor undenkbar! – der Gütersloher Verleger Mohn seinen Beitrag über Friedrich Naumann zu einer »Kulturgeschichte des Christentums« ablehnte, weil der Autor sich zu wenig an den Obertitel des Bandes gehalten habe.[304] Sich nach der »Emigrantenrede« noch weiterhin in die Politik einzumischen lag Heuss fern. Dabei hätte er mittlerweile eigentlich Grund gehabt, auch außerparlamentarische Bürgerbewegungen zu schätzen; denn die Lektüre von Bundestagsprotokollen, zu der er von Toni angehalten wurde, empfand er als »Exzeß in Masochismus«.[305] Aber weder zur SPIEGEL-Affäre noch zur gleichzeitigen Kubakrise im Herbst 1962, als in einer historischen Schrecksekunde die Welt am Rande eines neuen Weltkriegs zu stehen schien, bezog er öffentlich Stellung. Kurz davor entfuhr Heuss der Seufzer: »Aber was soll man heute politisch alles verfolgen. Südamerika ist für uns gemeinhin fast undurchsichtig und jetzt geht im Himalaja die Sauerei los.«[306] Damals drangen chinesische Truppen auf indisches Territorium vor: Unmittelbar vor Ausbruch der Kubakrise schien ein dritter Weltkrieg in Asien zu drohen![307]

Derweil konzentrierte sich Heuss mit schwindender Kraft auf die Fertigstellung seiner »Erinnerungen«; das Vorwort datiert vom April 1963. Er schließt mit dem Machtantritt Hitlers; von da an hätte er sein Leben nicht mehr in der Form mehr oder weniger humoriger Geschichten erzählen können. Geht man an das Buch mit der Frage heran, ob Heuss jetzt zu einer klaren »Geschichtspolitik« beim Umgang mit der Weimarer Republik gelangte, ist das Ergebnis eher negativ: Zwischen den Alternativen *»Weimar als deutsches Verhängnis«* oder *»Weimar als deutsche Möglichkeit«* kann er sich nicht entscheiden.[308] Von seiner frühen Zeit – der großen Zeit Naumanns und der Gründerjahre des Werkbunds – bietet er ein bezauberndes Bild: »Das Wunderbare dieser Frühzeit war dies, dass von einer Künstlerrebellion gegen den Kanon des Geschichtlichen eine befeuernde Kraft ausging …«[309] Aber die Weimarer Republik gewinnt bei ihm keine bildhaften Konturen. Kein Wunder; denn von einer historischen Rehabilitation von Erzberger, Rathenau, Stresemann wollte er nichts wissen – was blieb da übrig? 1960 regte er an, den 100. Geburtstag von Hugo Preuß, dem »Vater der Weimarer Verfassung«, mit einem Staatsakt zu begehen; aber da legte sich Adenauer quer: *»Bonn ist nicht Weimar«* war die Linie.[310] Es gab dann doch in Berlin eine Hugo-Preuß-Feier, auf der Heuss sprach; aber nachher gefiel ihm sein Vortrag selber nicht so recht.[311] 1927 hatte er über Preuß eine lange Abhandlung in seiner Essaysammlung »Führer aus deutscher Not« publiziert; aber als ein »Führer aus deutscher Not« hatte sich dieser Verfassunggeber nicht erwiesen. *»Aus der Geschichte lernen«* war für Heuss keine plakative Angelegenheit: Dazu wusste er zu viel von der Geschichte.

Nach der Bundestagswahl vom September 1961, bei der Adenauer die absolute Mehrheit von 1957 verlor und erneut zur Koalition mit der FDP gezwungen wurde, schrieb Heuss der Freundin: »Wenn Adenauer Heuss wäre, würde er wohl die einfache Geste der Resignation machen, wie dieser 1946 und 1959. Aber ob der Kitzel der Macht und seine sehr negative Beurteilung von Erhards Talenten ihm das gestatten wird.« Da fühlt sich Heuss dem Kanzler überlegen. Die neue Schlüsselposition der FDP hätte für ihn an und für sich eine Chance zur politischen Reaktivierung bedeutet; er bekam schon »von fremden Menschen Glückwunschdepeschen«, aber er dachte nicht daran.[312] Soweit wir erkennen können, bewahrte er seine Gelassenheit noch im Leiden; sie war keine bloße Maske gewesen, kein Produkt von Wein und Zigarren.

Jakob Fehrle fertigt eine Gipsbüste von Theodor Heuss an, 1963. In den 1920er Jahren Mitglied der »Stuttgarter Sezession«, war er mit Heuss befreundet und erhielt von ihm 1954 das Bundesverdienstkreuz.

Als er zum Sterben kam, wurde Toni, die noch im Herbst bei ihm gewesen war, erst spät benachrichtigt. Wie seine Nichte 2006 dem Verfasser mit glänzenden Augen erzählte, wollte er erst sterben, wenn Toni kam; als sie endlich bei ihm war, schlief er ruhig ein. Das jugendliche Lächeln auf der Totenmaske, die viel reizvoller ist als sämtliche Heuss-Skulpturen, mag diese letzte Begegnung mit der Geliebten spiegeln. Auch wenn Heuss so gerne mit seiner Aversion gegen Wagner kokettierte, steht es dem Leser doch frei, bei dieser Szene in der Ferne ein Tristan-Motiv anklingen zu hören.

Ende 1960 hatte Heuss »Anweisungen und Wünsche zur Formgebung meiner Beerdigung« zu Papier gebracht. »Ich verbiete, dass dem Sarge, wie ich das manchmal mitgemacht habe, auf dunklem Kissen Orden vorangetragen werden. … Eine Einheit der Bundeswehr soll weder vor dem Friedhof noch auf dem Friedhof bemüht werden. … Erwünscht ist mir, zumal im Interesse der Teilnehmer, ein Minimum an Ansprachen.« Bis zu seinem Ende bleibt Heuss der Zivilist und der Mann des Understatement. Aber auch einen letzten Hieb auf die Barthianer kann er nicht lassen, wenn er daran erinnert, dass er »zu der Generation gehöre, für die Naumann, Harnack, Troeltsch, Deißmann mehr waren als die Begriffstechniker eines dialektischen Dogmatismus«[313].

Heuss sei ein »Glücksfall für unser Land« gewesen, ist der traditionelle Topos der Heuss-Hagiographie.[314] Das Glück ist in Reinform jedoch vergänglich und an den glücklichen Augenblick gebunden. Aber wenn das Heuss'sche Charisma einer bestimmten historischen Situation entsprang, die auch ohne sein Zutun verging, gibt es doch Grund zum Nachdenken, ob nicht neue historische Augenblicke manche Heuss'schen Qualitäten, die banal wurden, wieder frisch und neu machen.

Egeria, Sarastro und der Sputnik: Die weibliche Seite der Toni-Theodor-Tagebuchbriefe

Da die spezielle Würze vieler Heuss-Texte nicht zuletzt von daher rührt, dass Heuss Persönliches einfließen lässt, sei dies am Schluss auch mir gestattet. Denn das Finale meiner Arbeit am »Heuss« wurde dramatisch. Schon ganz am Anfang hatte mich Hildegard Hamm-Brücher auf die Originale des Briefwechsels zwischen Heuss und Toni Stolper gespitzt, die nicht einmal die Editoren der »Tagebuchbriefe« (1970), dieser ausgewählten Brieffragmente, zu Gesicht bekommen hatten und über die wilde Gerüchte kursierten. Aber erst nach langem Hin und Her erlangte ich Zugang: genau an dem Tag, an dem das bisherige Manuskript in die Produktion ging. Kein Wunder, dass ich mich mit einer Mischung von feierlicher und fieberhafter Verfassung in die Originale vertiefte. Allein schon der quantitative Umfang! Und während das Gros der offiziellen Präsidentenbriefe von Wiederholungen wimmelt, kann sich Heuss gegenüber dieser Adressatin eine solche Routine nur begrenzt leisten – er darf sie nicht langweilen. Ein langsamer Schreiber möchte sich fragen, wie dieser Mann bei einer solchen Korrespondenz überhaupt noch die Zeit gefunden hat, zwischendurch Präsident zu spielen – und dabei enthält dieser Nachlass nur die »Berichts-« und die »Plauder-« bzw. »Schwätzbriefe«, nicht die dicken »Schiffsbriefe«, mit denen sich die beiden andere Korrespondenzen und Materialien zusandten!

Das Überraschende waren für mich jetzt nicht so sehr die Heuss-Briefe; denn schon vor Jahren hatte ich entdeckt, dass von diesen – bis dahin anscheinend kaum beachtet – partielle Abschriften der Adressatin existierten, die weit ausführlicher waren als die veröffentlichten »Tagebuchbriefe«. Ich war verblüfft, wie wenig Rücksicht diese Auszüge auf damals noch Lebende nahmen; jetzt entdeckte ich, dass es sich um eine Auswahl handelte, die Toni Stolper ab Ende 1955 zunächst für sich selbst getroffen hatte[1], nicht für Eberhard Pikart und seine Edition. Daher wusste ich über die Heuss-Seite schon weitgehend Bescheid und hatte das beruhigende Gefühl, bei Offenlegung dieser Korrespondenz nicht mein Buch umschreiben zu müssen. Aber die andere Seite, Toni Stolper! Welche Stichworte mochten von ihr stammen; welche Heuss-Passagen waren als Reaktion auf einen Brief von ihr zu verstehen; welche Informationen bekam er von ihr, der New Yorkerin – über die USA, über die Welt? Im Vergleich zu ihr führte Heuss ein provinzielles Dasein; für die Frau waren Fernflüge Routine: Mal ist sie in Kanada, mal in Neuseeland, mal auf Hawaii. Ihre Briefe besitzen einen ähnlichen Umfang wie die ihres Geliebten; sie bestehen keineswegs nur aus bewundernden Reaktionen auf die Präsidentenbriefe. Diese Frau ist keine Nymphe Echo, sondern besitzt einen sehr eigenen Kopf und ist in mancher Hinsicht geradezu der Antityp zu Heuss: sie mit ihren dezidierten, oft heftigen und rigiden Positionen, darin ihrem 1947 verstorbenen Gatten »Gustl«, Gustav Stolper, verwandt; Heuss mit seiner Neigung zum ruhigen Abwägen und seiner Abwehr gegen aufgeregtes Insistieren.

Im Alltag wären die beiden einander vermutlich rasch auf die Nerven gefallen; aber durch die Distanz zwischen Bonn und New York, die nur selten von gemeinsamen Urlauben unterbrochen wurde, blieb diese Beziehung vor Veralltäglichung und wohl auch vor so manchem Konflikt bewahrt. Das ist der Unterschied zu der Beziehung zu Elly, wo die Briefe nach der Hochzeit fast schlagartig trivial werden. Dagegen der achtjährige Theodor-Toni-Briefwechsel böte Stoff für ein dickes Buch, schon gar für einen Roman; denn er verlockt dazu, zwischen den Zeilen zu lesen und sich über all das Menschlich-Allzumenschliche, das da hineinspielt, in Spekulationen zu ergehen, die sich der Wissenschaftler verkneifen muss. Eines jedoch ist klar: Wenn das Heuss'sche Denken wesentlich aus dem Dialog, der Dialektik heraus zu verstehen ist, nicht so sehr aus der Deduktion von vorgefassten Konzepten, gilt das ganz besonders für seinen Briefwechsel mit dieser Frau, der in dem Ozean der Heuss-Korrespondenzen der mit weitem Abstand gewichtigste Bestand ist.

Toni Stolper (1890–1988), die von der »tüchtigen Erbschaft« ihres Mannes gut leben kann (19.10.1955), arbeitet tagsüber im Büro des *American Council for Emigrés in the Professions*; sie betreibt diese Tätigkeit mit großem Ernst als tagesfüllenden Job, nicht als Ehrenamt, das man je nach Stimmung nebenbei erledigt. Bei ihr laufen noch in den 1950er Jahren viele Fäden der akademischen Emigration der 30er Jahre zusammen; auch in ihren Briefen an Heuss berichtet sie unablässig von diesen Begegnungen so wie er von seinem übervollen Präsidentenalltag. Wieweit handelt es sich bei dieser vom Umfang her so kolossalen Korrespondenz jedoch um einen echten Dialog oder doch im Kern nur um einen Austausch von Monologen? Beide leben ja in ganz unterschiedlichen Welten; zu sehr vielen Begegnungen, von denen der eine berichtet, hat der andere nichts zu sagen. Aber das ist bei vielen Briefwechseln so; bei diesen »Tagebuchbriefen« bleibt doch noch immer eine Menge an gemeinsamen Themen übrig. Wieweit ist es jedoch ein politischer Briefwechsel? Kommunizieren die beiden »auf Augenhöhe« miteinander (Heuss würde diese neudeutsche Modewendung in Anführungszeichen setzen), oder schaut Toni bewundernd zu ihrem Bundespräsidenten auf und wagt nur sporadisch zaghafte Kritik? Da gibt es vermutlich unterschiedliche Lesarten, unterschieden nach Erwartungen und Vorwissen, aber wohl auch nach Geschlecht und Generation – und dem Begriff des »Politischen«.

Vor allem in ihrer ersten Verliebtheit verhimmelt sie den Freund auf eine Art, die viele heutige Leser unerträglich finden dürften. Da gehen ihr über Wochen Vers-Fetzen von dem einst berühmten Gedicht »Ein alter Tibetteppich« von Else Lasker-Schüler (1910) durch den Sinn, vor allem der Anfang: »Meine Seele, die die Deine liebet« (im Original: »Deine Seele, die die meine liebet«) – »ein Satz, den ich allein schon endlos umträumen kann«. (10. 9. 1955) Und dann: »Süßer Lamasohn auf Moschuspflanzenthron«, das dichtet Toni um: »Süßer Lamasohn auf Bonner Bundesthron …« Aber wenn Heuss 1961 Margret Boveri belehrt, dass »Ironie und vor allem Selbstironie zum Heuss'schen Familienjargon gehört«, muss man Ähnliches auch beim quellenkritischen Umgang mit der Theo-Toni-Korrespondenz bedenken, und zwar nicht nur bei den Heuss-Briefen. Mit einer einfältig-naiven Frau hätte Heuss nicht so intensiv über so viele Jahre korrespondiert. Er ist für diese Frau nicht wirklich ein Dalai Lama; solche poetischen Assoziationen sind ein Spiel. Kein Zweifel, Toni bewundert ihn, aber doch auf eine Art, die zwischen den Zeilen zugleich gewisse Grenzen seiner Lebenserfahrung durchscheinen lässt. Man lese ihr in wohlgesetzten Worten formuliertes Heuss-Lob in ihrem Brief vom 9. Juni 1956:

> Du, fest verwurzelt in Generationen, Landschaften, Gespielen, Historien, Mannesgenüssen aller hilfreichen Sinne, Du frühreif die Lehrmeister weiteren Reifens findend, die nicht endende Arbeit, die selten zur Routine, fast stets zum Genuss Deiner selbst wurde – Du Glückskind des langen Lebens ohne »Krampf« … Ganz anderer Ton und Farbe und Klangstimmung in diesen zwei Leben, in den unseren.

Aber man würde die Frau verkennen, wenn man nicht wüsste, dass sie auch auf ihren eigenen Lebensweg stolz ist. Dem »produktiven Behagen« des Freundes stellt sie ihr eigenes »produktives Unbehagen« entgegen, wenn sie ihm dies auch am liebsten verschweigt (4. 10. 1958). Kein Zweifel: Innere Spannungen und Unsicherheiten besitzen ihre eigene Art von Produktivität; Toni scheint manchmal das Gefühl zu haben, dass einer wie Heuss, der immerzu mit sich selbst und der Welt im Reinen ist, zu wenig Gespür für die prekäre Situation der Bundesrepublik und der Welt besitzt. Da braucht er sie als Gegenpol. Auch Dehler hätte aus ihrer Sicht jemanden gebraucht, der ihn über die noch höchst ungesicherte Stellung der Deutschen in der Welt auf dem Laufenden hält. Das gibt sie am 25. Mai 1955 in einem Bericht an Heuss über ein Gespräch mit dem FDP-Vorsitzenden zu erkennen, zugleich mit einem weltpolitischen Credo:

> Hier, so meine ich, liegt Dehlers gründliches Missverstehen und Adenauers entscheidende Erkenntnis. Dehler meint, er könne sich schon diese heftigen Geplänkel leisten, aber er verkennt ganz, dass Deutschland noch immer nicht in seinem Sinne »Innen-Außenpolitik« betreiben kann, verkennt die Labilität, Empfindlichkeit des Spiels auf dem »großen Welttheater« …

Je heftiger sich Dehler mit Adenauer anlegt und in dessen Außenpolitik querschießt, desto mehr schäumt Toni vor Wut über den »fürchterlichen Dehler« (1.2.1958) und dessen »Hinterhältigkeit« (28.3.1956). Ende 1956 geht sie davon aus, dass die FDP »ihr Leben verwirkt hat« (10.12.1956); da wittert sie, »Adenauer arbeite auf ein Zweiparteiensystem los« und wolle die FDP durch Einführung des reinen Mehrheitswahlrechtes vernichten. (8.3.1956) Diese Partei hat aus ihrer Sicht mittlerweile nichts Besseres verdient; so »schmerzen mich Deine nie ganz ausgesprochenen, aber doch tiefgehenden Kränkungen über ›Deine‹ Partei« (dabei schimpft Heuss schon genug auf Dehler!); schon 1946 hätte Gustav Stolper Heuss am liebsten in der CDU gehabt, als »linken Flügelmann«. (28.2.1956)

Heuss in seiner Besonnenheit ist zu Dehler der größte Kontrast. Aber manchmal vermisst sie bei ihm die politische Leidenschaft, so in seinem Beitrag über Naumann zu den »Großen Deutschen«[2]: »Ich möchte Dich nun bitten, ob Du den Leser mit Naumanns Größe ein wenig aufregen willst, wie er es immer noch verdient …« Und ähnlich zu seinem Beitrag über Poelzig[3]: »Ich meine, ob Du gegen diese beiden Männer, die Du liebst, nicht dem Leser gegenüber ein wenig zu keusch, zu puritanisch, zu ›gerecht‹ in der Aussage wurdest.« (3.4.1956) Sie kokettiert, zu dieser Kritik an seinen Essays habe sie sich Mut machen müssen. Ist sie zu jener Zeit auch enttäuscht, dass Heuss ihr gegenüber »ein wenig zu keusch« ist? Damals hätte sie ihn gern auf dem Staatsbesuch nach Griechenland begleitet, »mit Deiner Hand auf meiner Schulter oder meinem Hirn, denn dort muss jeden Augenblick jemand auf Deine Schritte aufpassen. … Griechenland gibt viel Gelegenheit zum Fehltritt.« (4.2.1956) Heuss leidet noch unter seinem Sturz; und auf der Akropolis gibt es viele Stufen zum Stolpern. Die beiden spielen gerne mit dem Doppelsinn von »Stolper«.

Gewiss enthalten diese Briefe auf beiden Seiten viel kunstvolle Selbststilisierung; das darf der an die heutige formlose digitale Korrespondenz gewöhnte Leser nicht vergessen. Toni ist auf exquisiten Stil bedacht; der fließt ihr nicht von selbst aus der Feder, sehr im Unterschied zu Heuss fällt ihr das Schreiben schwer. Einen Essay über Carl Schurz für die »Großen Deutschen« hätte Heuss bei ein paar Flaschen Wein an einem Wochenende herunter geschrieben; sie müht sich Woche um Woche damit ab – aber auf solche Weise gibt es immer ein gemeinsames Thema. Über eine Jugendliebe ihres Ehegatten schreibt sie verächtlich: »nie hat sie noch ein nicht-abgegriffenes Wort gesagt oder gedacht.« (6.2.1956) Da hegt sie selbst einen höheren Ehrgeiz. Als sie sich mit der Abfassung der »Brennpunkte« quält und Karl Polanyi zu Rate zieht, senkt dieser »dramatisch die Stimme, er müsse mir ein tiefes Geheimnis anvertrauen: Nie, nie, nie dürfe man in der deutschen Sprache vier Worte gebrauchen: gross, schön, echt, fein …« (2.3.1959)

Kann sie dann uneingeschränkt den Heuss-Stil genießen, wo sie schon vor 1933 für das »Entheussen« von Heuss-Beiträgen zum »Deutschen Volkswirt« zuständig war, dabei aber angeblich »streichelnd« verfahren ist? (8.11.1955) In ihrer ersten Verliebtheit zeigt sie sich von einem elfseitigen Heuss-Brief hingerissen: »kein Wort gleichgültig, kein Strichlein unwillkommen, im Ganzen wie im Einzelnen zauberhaft.« (23.9.1955) Die Editoren der Heuss-Briefe, die Tausende von ihnen durchlesen mussten, werden diesem Lob mitnichten zustimmen; aber bei Toni gibt Heuss sich mehr Mühe als bei vielen anderen, zumindest in den ersten Jahren. An einem Heuss-Text genießt Toni den Wortbrocken: »Massenmachtgefühl der missbrauchten Ohnmacht«: »Die Leserin freut sich außer mit dem Inhalt auch mit der Genußsucht des Autors, dem solches Feinschmeckende einfällt.« (7.4.1958) Nicht jeder Leser wird den Sinn für eine sprachliche Delikatesse solcher Art haben, stattdessen grübeln, was Heuss da eigentlich meint.

In den veröffentlichten »Tagebuchbriefen« liest man unter dem 17. Oktober 1955, dass Heuss' Intimus Hans Bott droht, bei einem künftigen Besuch der »Zauberflöte« zu streiken. »Er verkündet, wir hätten sie bei der BuPrä-Zeit schon achtmal ansehen müssen …«[4] In den Originalbriefen findet man eine konträr gestimmte Fortsetzung: Am 23. Oktober 1955 möchte die verliebte Toni unter dem frischen Eindruck der »Zauberflöte« mit ihrem Theo, von dem sie immer wieder getrennt wird, am liebsten Pamina und Tamino spielen: »die zauberhafte Stelle im letzten Akt, wo die zwei verzweifelt umherirren und auf einmal aufhorchen und dann so, dass einem der Atem vergeht und die Tränen kommen: ›Pamina mein, oh welches Glück!‹ ›Tamino mein, oh welches Glück!‹ Um solcher Musik willen kann ich mir viele bärtige Sarastros gefallen lassen.« Dieser oberkluge, über alle Leidenschaft erhabene Priesterfürst, der den Liebenden immer neue Prüfungen auferlegt! Aber Heuss schlüpft nicht in die Rolle des Tamino, sondern foppt sie: Eine Musikschriftstellerin habe ihm bekannt, »immer, wenn sie Sarastro gehört habe, in diesen Jahren, sei sie an mich erinnert worden – sicher um des Basses willen«. Heuss ist ebenso wie Sarastro für seinen tiefen Bass berühmt – aber ist es nur dieser Bass, der die Frau an Sarastro erinnert? In der Beziehung zu Toni spielt er oft genug mehr die Sarastro- als die Tamino-Rolle; es liegt vor allem an ihm, wenn die Liebenden nur selten zusammen sind.

Kurz darauf spielt Toni statt der Pamina die Egeria; als des Präsidenten Egeria wird sie unter gebildeten Bonner Insidern zum Begriff: als jene Nymphe, die den sagenhaften römischen König Numa Pompilius zu weiser Herrschaft anleitete und über dessen Tod so weinte, dass sie zur Quelle zerfloss. Es geht um das Geburtstagsgeschenk für Adenauer (9.12.1955). »Egeria spricht: auf alle Fälle Maria Laach für A. am 5. Januar – es kann kein persönlicheres Geschenk geben, persönlich von Bedeutung umspielt, für den Gebenden wie für den Empfangenden.« Gemeint ist eine Heuss-Zeichnung dieser Eifel-Abtei, in der Adenauer vor der NS-Verfolgung Zuflucht suchte. Toni weiß, das ist auch für Heuss ein besonderer Ort; da hat sie ihn begleitet und beobachtet. Und der Harmonie zwischen ihm und Adenauer gilt ihre besondere Sorge; da sind für sie Politisches und Menschliches nicht zu trennen. Am 30. Januar 1956, zu Heuss' 72. Geburtstag, schreibt sie ihm, als ob die vertraulichen Gespräche zwischen Kanzler und Präsident etwas Neues seien:

> Dass Du und Adenauer Euch mehr und mehr im Gespräch stützt und orientiert, nutze ich mir zu einem Trost. Du wirst jetzt gewiss, ohne dass es nach außen dringt, stark in die Gedanken- und Willensbildung eingreifen wollen, eingreifen müssen, weil Du mehr siehst, mehr Richtungsgefühl hast als die anderen.

Das verbindet sie mit der Mahnung, sich nicht zu sehr auf eine Vielzahl von Kontakten zu zersplittern, sondern sich auf das Wichtige, allem voran den Kontakt zum Kanzler zu konzentrieren. 1956 erhält Heuss von Adenauer einen kurzen Ostergruß; der nicht durchweg für seine Wahrheitsliebe berühmte[5] Kanzler weilt kurioserweise gerade auf dem Monte Verità bei Ascona, auf dem sich um die Jahrhundertwende die Aussteiger tummelten[6], spottet jedoch, auch dort sei »nicht die Wahrheit zu Hause«.[7] Für Toni kein belangloses Briefchen (21.4.1956): »einfach im Ausdruck, aber kein falsches Wort, und die Geste zu Dir atmet neben dem Ernst echte Wärme. Die Schriftzüge sind so, dass das Gemunkel, er sei nun wirklich alt und abgebraucht, mir falsch erscheint.« Sogar als Heuss sich einmal wieder über Adenauers »Anti-Briten-Komplex« mokiert[8], nimmt Toni, die Weltfrau, den Kanzler in Schutz, der aus ihrer Sicht nicht nur in puncto England manches schärfer sieht, eben weil er nicht das Sonnengemüt eines Heuss hat (17.3.1958):

> Des Kanzlers Misstrauen gegen England kommt wohl aus einem realistischen Instinkt. Ich glaube, außer ihm täuschen sich bei Euch manche darüber, wie unsicher dort die Gefühle Deutschland gegenüber noch sind, mit starker Neigung zur Antipathie. Was hat dieses Volk auch alles für immer durch den Hitler-Krieg verloren! Diese unsicheren englischen Gefühle kann nur Adenauers klare westliche Linie bisher ganz in Schach halten.

Kein Wunder, dass die Frau sehr im Unterschied zu Heuss Adenauers Misstrauen gegen die Briten nur zu gut versteht, wenn man liest, wie es ihr schon im voraus im Gedanken daran graut, dass der Labour-Führer Aneurin Bevan britischer Außenminister werden könnte; der könne »Euch ganz gefährlich werden«:

> Ohne mit der Wimper zu zucken … unterschreibt er die russische These: es sei ganz selbstverständlich, dass man dem Volk in der Mitte Europas, das mit seinen Grenzen unzufrieden sei und sie ändern wolle, die Waffen aus der Hand nehmen müsse, dem »Frieden« zuliebe. Heraus aus der Nato, waffenlos, neutralisiert – entmannt, entweibt und entkindert würde weniger gut klingen. (4.11.1957)

Besonders verblüffend: In Sachen Kennan, der ersten Krise in der Beziehung zwischen Heuss und Adenauer, ergreift sie Partei für den Kanzler. Und dabei hat sie Heuss gerade noch für Kennan animiert: »für diesen Geist in seiner Anmut, seinem Ernst, seiner sachgetreuen Subtilität« – kein Zweifel, ein Geistesverwandter ihres Geliebten! Und doch schon da mit Bangen: Sie fürchte sich vor der »Vergröberung« der Botschaft Kennans, »welche die mächtig anwachsende Völkerstimmung für ›Verständigung‹ mit den Moskauern seinen Ideen antun könnte.« Und dann dieses Bekenntnis der politisch angstvollen Frau, die von historischen Analogien verfolgt wird (19.12.1957):

> Ich spüre, dass dieser Stimmung kaum zu entrinnen sein wird – auch Adenauer spürt das und versucht's mit der Anpassungsfähigkeit, die man ihm wohl fälschlich nicht zutraut – aber auch 1939 gab es eine solche unentrinnbare Stimmung und wir Sehenden hatten mit aller Welt das entsetzliche Nachsehen. Gruseln macht mir, dass die Kenntnis der Moskauer Methoden und Kraftlinien noch immer selbst bei den intimsten Kennern Lücken aufweist – es handelt sich um einen blinden Punkt der totalitären Staatstechnik … Es kann gut sein, dass dieser Eindruck, nur ich und wenige andere wüssten, was es dort geschlagen hat, ganz vermessen und darum blöde ist.

Der Schluss ist typisch: Zuerst spielt sie, die einstige Russland-Expertin des »Deutschen Volkswirt«, sich als die Wissende auf, die dem Gros der überklugen Kreml-Astrologen überlegen ist; aber dann sagt ihr der Intellekt, dass dieses ihr Selbstbewusstsein womöglich doch auf Einbildung beruht und Andersdenkende recht haben könnten. Und kurz darauf Heuss' Neujahrsrede mit dem Kompliment an Kennan! Und unter diesem Eindruck dann die enthusiastische Kolumne der Dorothy Thompson, die Heuss als größten deutschen Staatsmann, als Verkörperung des guten Deutschlands feiert! Diese Starjournalistin, mit den Stolpers seit langem gut bekannt, wohnt jetzt in Manhattan bei Toni um die Ecke; kein Zweifel, wo die Quelle ihrer Heuss-Apotheose zu suchen ist. Wenn sie doch nicht für Nasser schwärmen würde, trotz oder gar wegen der Suezkrise! Das ist Tonis »Freier-Welt«-Orthodoxie ein Dorn im Auge (26.10.1957).

Eigentlich müsste sie Dorothy umarmen, wie diese Journalistin Heuss berühmt gemacht hat, der bis dahin in der amerikanischen Wahrnehmung ganz im Schatten Adenauers stand (26.3.1958): Aber als Gegengewicht gegen die Adenauersche Starrheit hat sie ihn zu amerikanischer Publicity gebracht! Da versteht Toni das »Befremden« des Kanzlers. Oder hat sich Heuss doch mit Recht seine Redefreiheit herausgenommen, zumal er Adenauer dabei gar nicht kritisiert hat? »Warum solltest Du Kennan nicht erwähnen, mit ein paar courtoisen Beiworten? Nun, Du solltest in dieser höchst sonderbaren dicken Luft und gebrochenen Akustik der weltpolitischen Gegenwart vielleicht wirklich nicht.« Und dann bricht es aus ihr heraus, Heuss'schen Spott vorwegnehmend:

> Nun magst Du freilich sagen: Ihr seid ja alle hysterisch! Darauf kann man leider nur antworten: Ja, wir sind es. Grund genug dazu haben wir auch, mit dem trommelfeuernden Friedensgeheul der entschlossenen Feinde, auf einem Höhepunkt ihres Machtgefühls und, wie ich leider meine, mit vervielfachter Arglist der Ausnützung jeder Schwäche auf unserer Seite, nicht zum Überfall durch Krieg, sondern durch Umgehungsmanöver und Infiltration im Kalten.

Nicht durchweg spielt Toni die Egeria, die weise Beraterin des Herrschers. Aus heutiger Rückschau mag man den Kopf schütteln, dass diese Frau nicht erkennt, dass der Westen dem sowjetischen Machtblock ökonomisch wie militärisch und erst recht in seiner kulturellen Ausstrahlung weit überlegen ist; damals jedoch glauben westliche Beobachter ein alarmierendes Vordringen des Kommunismus in den armen Ländern der Dritten Welt zu erkennen. Toni ärgert sich: Die kommunistische Propaganda sei in bisherigen Kolonialländern »vor allem darum so potent, weil der Westen glaubt, ein schlechtes Gewissen haben zu müssen«; dabei hätten diese Länder ihre Ideale von Freiheit allein aus dem Westen. (19.1.1956) Dieses »schlechte Gewissen« erlebt sie um sich herum in ihrer New Yorker Szene, wo sie von lauter liberalen Intellektuellen umgeben ist; da fühlt sie sich mit ihrem Glauben an die »Freie Welt« des Westens zuweilen »völlig isoliert« und wird von »traurigen Visionen« drohender Vereinsamung überkommen (6.5.1958).

Zu ihrem engsten Bekanntenkreis gehört Karl Polanyi, der in seiner bis heute berühmten »Great Transformation« (1944) darstellt, dass die Herrschaft des freien Marktes ein historisch neues und prekäres Phänomen ist: Toni berichtet ohne Bewertung von diesem bahnbrechenden Werk (4.2.1956).[9] Auch er ist ein Anhänger Kennans. Wie Toni berichtet (4.2.1956), glaubt er zu wissen, »dass Beria getötet und Kennan entfernt werden musste, weil die beiden unauthorisiert sich zum neuen Frieden der Welt verschworen hatten.« Hat er vielleicht recht? Am 15. November 1955 hat auch sie selbst an Heuss geschrieben: »Es schien mir immer eines der großen Schwächezeichen der Eisenhower-Ära, dass Leute von Kennans Art und Bedeutung in die Kulissen geschoben wurden.«

Immer wieder: Eine Strecke weit verschanzt sie sich in einer festen Position, aber dann gibt es bei ihren heftigen Stimmungsschwankungen wieder Phasen, wo ihr Zweifel kommen – andernfalls wäre sie Heuss als Gesprächspartnerin wohl auf den Geist gegangen. Von dem Präsidenten Eisenhower, »Ike«, hält sie trotz ideologischer Übereinstimmung nicht viel; er hat nichts von Adenauer-Format: »Ike kann ich nicht anhören, die Aufmerksamkeit versagt vor Stimme und Gemeinplätzen.« (28.9.1956) »Es ist bei Ike *nicht* nur Alter und Gesundheit, die ihn unterlegen machen, sondern eben allgemeine Unterlegenheit. ... Warum? Vielleicht mit vier Buchstaben auszudrücken: zu faul ...« (26.1.1959) Adenauer ist aus ihrer Sicht einem Mikojan gewachsen, vor dessen durchtriebener Schläue sie schon vor 30 Jahren Respekt hatte; ein Eisenhower nicht. (8.5.1958) Sehr viel schmeichelhafter denkt auch Adenauer nicht über seinen mächtigsten Verbündeten. Als er 1958 von dem Krankenbett Eisenhowers, der einen Schlaganfall erlitten hat, nach Bonn zurückkehrt, beschwichtigt er: Dem Präsidenten sei gar nicht viel passiert, er könne schon wieder sprechen. »Schwierige Wörter kann er allerdings noch nicht aussprechen; aber dat hat er ja auch vorher nicht gekonnt.«[10]

Grundsätzlich hält Toni zur Demokratischen Partei; aber auch von der 1960 ausbrechenden Kennedy-Euphorie bleibt sie unberührt, ja fürchtet sogar, dieser Hoffnungsträger der Jungen möchte »außenpolitisch noch täppischer sein« als sein republikanischer Rivale Nixon (29.9.1960). Auf Dulles dagegen, den ostpolitischen Hardliner, lässt sie nichts kommen; das ist für sie der Lichtblick in der sonst oft tollpatschigen US-Außenpolitik (31.12.1957): Auch da ist sie ganz auf Adenauer-Linie. Dagegen von dem, was sie über Willy Brandt hört, den seine Anhänger in der Folgezeit gerne zum deutschen Kennedy stilisieren, ist sie frühzeitig »fasziniert« (26.10.1957), anscheinend schon, bevor ihn Heuss als Staatsmann von Format wahrnimmt. Paul Hertz, alter Freund und Mitemigrant der Stolpers, nun Berliner Wirtschaftssenator, erwärmt sie für diesen Zukunftsmann der SPD, nach dem Tenor: »Ein Kerl wie Samt und Seide / Nur schade, dass er suff.« (Vgl. ihren Brief von 11.12.1957) Aber das verbindet Brandt mit Heuss.

Da ist man besonders gespannt, wie sich Heuss' Egeria 1959 in dem heillosen Hin und Her um die Präsidentennachfolge verhält. Da bestätigt sich, was auch aus der bisher zugänglichen Korrespondenz zu kombinieren war: Klarer als Heuss selbst ist sie von Anfang an *gegen* eine dritte Amtszeit, aus staatspolitischen wie aus privaten Gründen. Und wenn sie Adenauer etwas übelnimmt, dann am ehesten dies, dass der über längere Zeit eine Hinhaltepolitik betreibt, die darauf hinauslaufen könnte, dass das Präsidentenamt am Ende doch an Heuss hängenbleibt, zumal angesichts der Berlin-Krise, wo »der wilde Mann vor den Mauern Berlins tobt« (28.11.1958) – sie erkennt nicht die defensive Seite der östlichen Berlin-Politik. Da seufzt sie auch über Adenauer, ohne ihn beim Namen zu nennen:

> Ach, geliebter Mann, die Situation, in der man Dich am Ende wieder in die harte Pflicht einfangen will, macht mir oft sehr bange. Manchmal denke ich hart und unwirsch: es sei doch eigentlich ein rechter Skandal, wie Dein Nachbar diese Sache behandelt – Improvisation, Warten auf die Stimme des »Instinktes«, Stimmungen, Herumtasten … (19.11.1958)

Auf die überraschende Nachricht, dass Adenauer selbst das Amt des Bundespräsidenten anstrebt, reagiert sie spontan positiv (8.4.1959): Das sei gut für das Ansehen des Amtes. Erst drei Tage darauf wird ihr bewusst, dass die Begründung des Kanzlers auch als Herabwertung von Heuss verstanden werden kann:

> Ob Adenauer halbwegs taktvoll vorging? Hier entstand bei der Wiedergabe seiner Rundfunkrede etwas zu sehr der Eindruck: … Aber jetzt komm i! … Er wird erst erfahren müssen, ob es ihm gegeben ist, den staatlich und geistig wichtigsten Einfluss, symbolische Darstellung des ganzen Volkes mit seiner innerlichen Billigung, zu wahren, so wie Du es ihm vorlebtest.

Nebenbei auch eine Definition der Heuss'schen Meriten um sein Präsidentenamt. Aber auf seine dann folgende Kontroverse mit Adenauer, die die deutsche Öffentlichkeit erregt, geht sie in ihren Briefen überraschend wenig ein. Nur ganz am Anfang unter dem Eindruck von Heuss' erstem »Zornesbrief« an den Kanzler kommt von ihr kräftiger Applaus. »Mein lieber Streitbarer«, redet sie ihn in ihrem Brief an (13.4.1959), »lieber« umso mehr, als Heuss sich zugleich mit Niemöller streitet.

> Nun bin ich umso froher, dass auch dem Theodor die künstliche Geduld riss. Die Wendungen Deines Briefes (wie des an Niemöller) möchte ich memorieren, so gern riefe ich mir nach Belieben die Überraschungen Deiner Streitkunst zurück. … Ich hoffe fast, er ärgert sich auch an seinem blauen See tüchtig, dass und wie Du ihm auf die Finger geklopft hast. Aber wie der »alte Fuchs« reagieren wird, sollte uns auch wieder Spaß machen.

Aber nur ganz vorübergehend findet Heuss' Courage gegenüber dem Kanzler ihren Beifall; dann schweigt sie zu dem Thema und reagiert auch nicht, als Heuss' Bemerkungen über Adenauer immer abfälliger werden. Schon oben sahen wir, dass sich die Auseinandersetzung um Adenauer in den »Tagebuchbriefen« am meisten auf einem Nebenschauplatz abspielt, der ungleich größeren Raum einnimmt als die Bonner Politik: der »Alexanderschlacht« (Heuss), dem dauernden Hickhack zwischen den beiden über Edgar Alexander, den Adenauer-Schwärmer, mit dem jedoch auch Adenauer nicht recht etwas anzufangen weiß. Das Thema nimmt in der Originalkorrespondenz sogar einen noch größeren Raum ein als in den veröffentlichten »Tagebuchbriefen«, und das, obwohl Toni bald merkt, dass sie ihren Adressaten damit nervt. Am 27. Januar 1956 gelobt sie Besserung: »Dein langer Absatz über Alexander bringt mir starke Gewissensbisse. ›Verschwenden wir nicht alle etwas zuviel Kraft an einen Mann, der ...‹ schreibst Du. Ja, viel, viel zu viel. Wie bereue ich, Dir das angetan zu haben. Ich verspreche, den Gegenstand jetzt ganz fallen zu lassen.« Nichts davon; schon kurz darauf ist das Thema wieder da, und immer und immer wieder.

Dieser Mann, immerhin Jahrgang 1902, wirkt in vielen ihrer Briefe wie ein großes Kind, ja wie ein Hund, der auch dann, wenn er noch so oft weggescheucht wird, bald wieder schweifwedelnd und bettelnd angedackelt kommt. Immer wieder bezahlt sie ihm die Miete. All das wird nur unter der Voraussetzung verständlich, dass zwischen den beiden ein Vertrauensverhältnis besteht und sie an diesem Mann hängt. Und zwischendurch hat er eben doch wieder etwas, was Toni »völlig fasziniert« (17.9.1955). Noch 1960 hat sie den Eindruck, »dass Alexander wirklich einer der verlässlichsten Freunde ist, die Bonn-Deutschland hier hat ...« (13.2.1960) »Er ist denen auf der Spur, die aus Deutschlandhass wild werden und Unfug reden oder schreiben. Unter den Juden stützt er die Braven, redet gegen die Schlimmen.« (25.2.1960) Als ob die Menschen in Gute und Böse zerfielen!

Schon Anfang 1958 wirft sie Heuss ziemlich unverblümt vor, dass er sich nicht für Alexander verwendet (1.2.1958) – vermutlich wäre es für den Präsidenten nicht schwer gewesen, bei Adenauer zu bewirken, dass der diesen amerikanischen Herold aus einem Propagandafonds finanzieren lässt. Dass Alexander jedoch mittlerweile über sein kämpferisches Katholikentum mit Friedrich Wilhelm Foerster zusammenhängt (7.5.1956), den Heuss seit 1919 aus ganzem Herzen hasst, wird auch den letzten Rest von Sympathie beseitigt haben; dass Alexander diesen militanten Pazifisten zum Adenauer-Verehrer bekehrt hat, macht ihn noch lästiger. Und zu alledem Tonis Mitteilung (28.3.1956), »Alexanders Hass-Verachtung gegen Brüning« beruhe darauf, dass dieser »um des Konkordates willen« das Zentrum dazu veranlasst habe, dem Ermächtigungsgesetz zuzustimmen. Das trifft Heuss' wundesten Punkt; da muss Alexander in seinem Innern auch ihn selbst verachten!

Toni gibt sich immer wieder als Kalte Kriegerin, vielleicht umso gereizter, je mehr sie spürt, dass Heuss, dessen Interesse an Margret Boveri[11] und »Betty« Wiskemann[12] sie immer wieder verdrießt, im Grunde seines Herzens in der Entspannung zwischen West und Ost das weltpolitische Pendant zur »Entkrampfung« erblickt. Eine Zeitlang sucht Erika Mann Kontakt zu Heuss[13]; Toni glaubt diese Tochter Thomas Manns als »gewissenlose Lügnerin« (14.6.1955) in Erinnerung zu haben, »pervers«, politisch wie sexuell. Um 1938/39 hat sie sie zusammen mit Klaus Mann in den USA als militante »Antifaschistin« erlebt[14], und »Antifaschist« war für die Stolpers (nicht ganz ohne Grund) ein Deckwort für »Stalinist«. Am 20. Mai 1958 erklärt sie ihm: »die Russenpolitik kann man nur verstehen, wenn man – bis dahin ahnungslos – seit 1946, 1947 die kommunistische Infiltration *hier in Amerika* gespürt hat, in Presse, Verlagen, Regierungsämtern, Radio, Gewerkschaften …«

Man erkennt: In der Situationsanalyse stimmt sie mit einem Joe McCarthy weitgehend überein; was sie ihm verübelt, ist nur dies, dass er durch seine rüde Art eine an sich gute Sache in den Augen der Elite mit Dreck besudelt hat. Und aus ebendiesem Grund verbindet sie ihre neue Liebe zu Heuss mit dem gemeinsamen politischen Engagement gegen Schlüter. Dass »*Frieden*« zum verführerischen Leitmotiv der sowjetischen Propaganda wird, macht die Offensive des Ostens noch verführerischer. »Russland drängt mit hohem Übermut und Friedensgeheul voran.« (19.10.1957) Und immer wieder die Angstträume. Im März 1960, als Heuss gerade wohlgemut von seinem Auftritt in Paris berichtet hat, gesteht sie: Am Ende eines vollen Tages todmüde ins Bett gesunken, »o Schande, träumte ich nicht von Paris und Dir, sondern von den Schrecken der aufzischenden Rassenleidenschaften in Alabama. Während wir alle Friede, Friede säuseln und gesundbeten, flackern überall die Flammen auf, Funken springen von Guinea und Ghana nach Cuba und Arkansas …« (9.3.1960)

Bei Lektüre dieser Korrespondenz wächst der Respekt vor Heuss' unerschütterlicher politischer Gelassenheit: Er musste diese nicht nur fortwährend gegen Adenauer behaupten, sondern mit mindestens so viel seelischer Energie gegen die Freundin in New York! Sich frontal mit der geliebten Kalten Kriegerin anzulegen, traut er sich nicht (der Leser der Toni-Briefe kann es nachvollziehen); aber zur Beschwichtigung schickt er lange Briefe Albert Schweitzers über die Schiffspost an sie weiter.[15] Und wie könnte sie diesem liebevollen Halbgott widerstehen? »Merkwürdig, wie das Jahrhundert gerade auf diese Gestalt gewartet zu haben scheint, bunt und strahlend und männlich genug, und einfach genug …« (9.12.1955) Eine ähnliche Labsal für die Seele sind die hoch über den

Wirrnissen der Gegenwart schwebenden Betrachtungen eines Carl J. Burckhardt, die Heuss an die Freundin weitersendet: Die wirken auf Toni immer »wie ein Tonicum«, »weil es ihm wirklich gegeben ist, in jeder Äußerung die eigene ›Welt‹ zu zeigen«: Heuss-Qualität!

Auch als Kalte Kriegerin ist Toni innerlich hin- und hergerissen; gerade in ihren Ängsten braucht sie die Heuss-Therapie. Von keinem anderen Buch schwärmt dieser Freund ihr so überschwänglich vor wie von dem »Glücklichen Löwen« von Louise Fatio und Roger Duvoisin, das gerade, 1956, als erstes Bilderbuch mit dem Deutschen Jugendliteraturpreis ausgezeichnet worden ist; Heuss hat die Preisrede gehalten. Es handelt von einem Löwen, der, als versehentlich die Tür seines Löwenhauses offengeblieben ist, arglos einen Spaziergang unternimmt, ohne auf die Idee zu kommen, andere könnten vor ihm Angst haben und er selbst durch diese Angst in Gefahr geraten. Diese Einsicht bleibt ihm erspart; die Geschichte nimmt ein glückliches Ende. Der Löwe lässt sich friedlich in sein geräumiges Gehege im Zoo zurückgeleiten, wo er die Zuschauer auf freundliche Distanz hat, ähnlich wie Heuss in der Villa Hammerschmidt. Die Botschaft an Toni ist klar: Man muss nicht immerzu Angst haben; wenn man sich nicht bedrohlich verhält, passiert einem nichts![16]

Eine solche Botschaft kann die Freundin brauchen. Aufschlussreich sind ihre Reaktionen auf die Suezkrise von 1956, die Aufregung über den Sputnik 1957 und die durch das sowjetische Ultimatum vom 27. November 1958 herbeigeführte Berlin-Krise. Nach Nassers Enteignung der Suez-Kanalgesellschaft berichtet sie Heuss zuerst begeistert von einem Abendessen mit dem britischen Hardliner, Sir Ivone Kirkpatrick, dem früheren Hochkommissar auf dem Petersberg, der als Deutschlandkenner und Deutschenfreund für die Bundesdeutschen ein »Glücksfall« im Londoner *Foreign Office* sei. Der argumentiert ganz auf der Linie der Analogie zwischen Nasser und Hitler und zwischen dem gegenwärtigen Ruf nach Entspannung und dem Appeasement der 1930er Jahre:

> K(irkpatrick) ist uneingeschränkt für eine feste Haltung seiner Regierung – man habe ihnen so lange Schlappheit bei der Rheinlandbesetzung u.a. Rechtlosigkeiten vorgehalten, nun würden sie es einem anderen Rechtsbrecher nicht so bequem machen. Nasser schätzt er als Person sehr niedrig ein, hält ihn für dumm und obstinat … (11.8.1956)

Aber von Dorothy Thompson muss Toni wissen, dass man eine solche Bagatellisierung des ägyptischen Präsidenten besser mit Vorsicht nimmt. Sobald die Kriegsgefahr konkret wird und dazu die Gefahr einer unabsehbaren militärischen Kettenreaktion, bekommt sie es mit der Angst. Zwei Wochen vor Beginn des englisch-französischen Luftangriffs auf Ägypten bekennt sie: »Mir graut nur vor Gewaltpolitik der Schwachen, und England und Frankreich glauben doch selbst nicht mehr, dass sie stark sind. (1914 war Serbien ganz bald ›gedemütigt‹ und dann …)« (16.10.1956) Da ist es nun für den Historiker erregend, dass sie zu ebenjener Zeit jene später so umstrittenen Passagen in dem Tagebuch Kurt Riezlers über die Wochen unmittelbar vor dem Kriegsausbruch 1914 liest. Diese Lektüre habe sie »aufgeregt« – man erkennt, dass sie da etwas Erschreckendes entdeckt, von dem die Öffentlichkeit nichts erfahren darf: »Mir selbst ›streng vertraulich‹ darüber schreibend, hab ich mir ein paar Zeilen abnotiert, über die ›Kriegsschuld‹ … ›verwenden‹ tue ich es ja natürlich in keiner Weise …« (14.12.1956) Sie muss erkannt haben: Bethmann Hollweg hat eben doch nicht nur aus einem Zwang der Situation heraus gehandelt; er hätte den Weltkrieg verhindern können, *wenn er gewollt hätte*. Wenn Heuss auf die Suezkrise anders reagiert als Adenauer, der ganz auf der Seite der Angreifer steht, mag Toni ihm hier eine weise Egeria gewesen sein. Diese zeigt sich jedoch kurz darauf in einem Zustand der Zerrissenheit, vor allem angesichts der Niederschlagung des ungarischen Aufstands durch sowjetische Panzer (2.12.1956):

> Optimistische und kassandrische Augenblicke wechseln, wie es meine Art ist, da ich ja einen so unbedingten Unglauben an die Weisheit der Vorsehung (jedenfalls auf menschlich-kurze Sicht) habe und ein so starkes Gefühl dafür, dass die Menschen leben und frei sein wollen. So viele lebenstüchtige Menschen wieder tot und weggesperrt, so viele lebensuntüchtige wieder am Zünder der Kanonen! Wir hier mit unserer zivilistischen Selbstsucht und die dort mit ihrer militärischen! Aber schließlich sind doch wir auf der Seite des Lebens und der Freiheit …

Das enthält eine unausgesprochene Kritik an Heuss, der den ungarischen Aufstand in einem voraufgegangenen Brief in Klammern als »zufällige Explosion« erwähnt hatte.[17] Ganz klar: Er vermeidet geflissentlich eine Sichtweise östlicher Vorgänge, mit der sich eine offensive Politik des Westens hätte begründen lassen. Das fordert Toni heraus. Aber was will sie konkret; hätten die Amerikaner wegen Ungarn wirklich die Sowjetunion angreifen sollen? Darüber schweigt sie. Offenkundig ist es dagegen für sie, dass es für den Westen verhängnisvoll wäre, sich wegen Israel die arabische Welt zum Feind zu machen, obwohl ihr viele Israelis durch ihren Mut und ihre Energie imponieren. Am 18. Dezember 1956 berichtet sie von einem Besuch des Nationalismus-Historikers Hans Kohn, der zuerst nach Palästina, dann jedoch in die USA emigrierte: »Kohn als antizionistischer Jude … hat es gegen die Israelis scharf, Amerika habe ganz recht getan, sich nicht in die Araberfeindschaft der ›drei Angreifernationen‹ (Ike's Ausdruck) hineinhetzen zu lassen.« Als Heuss im Frühjahr 1958 diverse Aufforderungen bekommt, zu den anstehenden Feiern zum zehnjährigen Bestehen Israels zu reden und zu schreiben, warnt sie ihn (19.3.1958):

lasse Dich ja nicht für den Zionismus als solchen einfangen (Du tust es ja ohnehin nicht). Er ist ja noch immer so historisch verfehlt, wie wir Anti-Zionisten es immer klar sahen, wenn Israel auch trotzdem besteht und durchgefochten werden muss – zu des Westens fast unreparierbarem Schaden, so scheint es manchmal. Ich muss das sagen, obwohl meine Leute dort restlos glücklich sind – was für eine schöne Blüte auf wie schmalem und schillerndem Untergrund.

Über die Dominanz der Juden in New York ist sie manchmal verärgert: »wiewohl ich jetzt seit 27 Jahren New Yorkerin bin, habe ich es noch immer nicht begriffen, dass man hier an jüdischen Feiertagen *nichts* besorgen kann …« (24. 9. 1960) Bei der Planung der Heuss'schen USA-Reise rät sie ihm, die *Jewish Claims Conference* zu meiden, deren Sprecher Kurt Grossmann »zu lange antideutsch« gewesen sei (24. 4. 1958); Heuss hat dieser Organisation, die ihn zu sich kommen lassen möchte, bereits die Antwort gegeben, er habe deren Präsidenten Nahum Goldmann bereits *zu sich* eingeladen, »und da könne er mehr Herren gerne mitbringen«.[18] Als Heuss annimmt, der Antisemitismus gehöre in den USA als Folge des Holocaust der Vergangenheit an[19], klärt sie ihn auf, das gelte nur für den politischen und publizistischen, nicht jedoch für den »gesellschaftlichen Antisemitismus«. Dem entspreche jedoch »ein mindestens so kräftiger Anti-Gentilismus (›gentiles‹ heißen hier alle Nicht-Juden) der fest geschlossenen jüdischen Gruppen …« (12. 11. 1955)

Toni, die sich selbst nie als Jüdin gefühlt hat, kann das Gerede von »den« Juden nicht leiden. »Die sechs Millionen Juden sind ja eine stehende Phrase«; sie sage statt »Juden« lieber »Mitbürger«. (13. 12. 1955) Zugleich beglückwünscht sie Heuss »zu der hart erarbeiteten Heine-Lösung« (9. 12. 1955): dass er energisch darauf bestanden hat, die Heine-Rede gerade *nicht* von einem Juden halten zu lassen und nicht auf diese Art an Heine das Jüdische zu betonen. Immerhin, Heuss' Israelreise im Mai 1960 ist der einzige Staatsbesuch des nunmehrigen Altbundespräsidenten, bei dem Toni öffentlich in Erscheinung tritt; sie ist schon zwei Wochen vorher dorthin gereist, um dort alte Bekannte zu treffen. Und da überkommt sie doch ein Unbehagen, als Heuss ihr den geplanten Text seiner Vorlesung in der Hebrew University im voraus zu lesen gibt (28. 4. 1960):

Nun komme ich zu meinem Hauptproblem …: Ist es möglich, vor dem hiesigen Publikum die Hitlerei sooo akademisch zu erledigen, das Wort vom biologischen Naturalismus, die falsche Wählerei, sonst fast nicht? Nicht auch … ein klares Wort über das Verbrechen an den Juden, den Deutschen, der Welt …? Du sprichst vor Leuten, von denen viele aufs äußerste physische, alle seelische Gewalt gelitten haben. Viele von denen haben dann ihrerseits Gewalt geübt. … Aber wenn es Dir … gelänge zu formulieren, dass das Verbrechen an den Juden auch an dem deutschen Volk gleichzeitig begangen wurde, wäre es eine moralische Tat.

Eine andere Rede, mit der Toni sich auffallend ausführlich auseinandersetzt, ist Heuss' sonst wenig beachtete Ansprache vom 6. Februar 1958 zur Konstituierung des Deutschen Wissenschaftsrates.[20] Der Leser wundert sich, was die Freundin daran reizt:

> das ist wieder eine groß-heussische in der allerersten Klasse, die mich stolz und wundern macht. Ein Denk-, Lebens- und Sagestil ganz eigener Art … Manchmal schlägt dieser Heuss die allzuviele Weisheit in den Wind und lieber mit einem geballten Wort auf den Tisch – das alberne Wort von der »Technokratie« (das aber wohl erfunden und gehandhabt werden musste, um die Sache besser zu bekämpfen) oder letzthin … die Lächerlichkeit des klassenbewussten, marxistischen oder antimarxistischen Sputnik (die aber auch eine der verlogenen Wahrheiten dieser wirren Welt ist). (12.2.1958)

Das ist ein Satz! Was will sie damit sagen? Und was hat Heuss mit seiner Attacke auf den »Technokratie«-Begriff sagen wollen? Beides ist für heutige Leser nicht ganz leicht herauszubekommen. Hören wir ihn selbst:

> Die Deutschen sind von der ungeheuren Leistung beeindruckt, die die Vereinigten Staaten von Amerika im letzten Halbjahrhundert vollbracht haben. Die einen buchstabieren bewundernd Münsterbergs Wort von dem »Land der unbegrenzten Möglichkeiten«, die anderen reden in verstimmter Verlegenheit von einem technisch-ökonomischen »Materialismus« – Amerika hat ja der Welt das alberne Wort von der »Technokratie« geliefert. Wer einigermaßen gute Ohren hat, durfte nicht überhören, dass in der Botschaft des Präsidenten Eisenhower Anfang Januar, als er Mittel zur Entwicklung der tagesbestimmten Programmatik forderte, die Pflege der Geisteswissenschaften einen besonderen Abschnitt erhielt. Eine gespürte Lücke drüben sollte kein Spalt werden![21]

Jetzt doch ein Lob für Eisenhower, den Ex-General, der am Ende seiner Präsidentenzeit vor dem »militärisch-industriellen Komplex« warnt, der unersättlich unter Vorspiegelung von Sachzwängen und mit Alarm vor einer drohenden sowjetischen Eroberung des Weltraums einen Rüstungswettlauf ohne Ende vorantreibt! »Technokratie« ist ein schillernder Begriff, der behauptet, dass die moderne fortschreitend technisierte Welt in zunehmendem Maße von der Eigengesetzlichkeit der Technik beherrscht wird. Das kann man als einen Fortschritt zur Rationalität feiern, wie es in der Zwischenkriegszeit die Propheten des Fordismus taten; seit den 1950er Jahren[22], vollends 1968[23] wird »Technokratie« jedoch zum Negativbegriff umgedreht, der eine Entmündigung der Menschen, eine Ersetzung der Demokratie durch einen undurchsichtigen Expertenfilz und die Reduzierung der menschlichen Dinge auf Technik markiert. Zugleich aber grassieren technokratische Hoffnungen in den Eliten des Ostblocks: dass die zentrale Planwirtschaft durch die Sachzwänge moderner großtechnischer Systeme doch noch über den Privatkapitalismus siegen wird.

Da fühlt sich Heuss, der Bosch-Experte, auf sicherem Boden: Es gibt keine

Eigengesetzlichkeit der Technik, die den schöpferischen menschlichen Geist ersetzen kann. Und sein vier Monate nach dem Sputnik-Schock gehaltener Vortrag soll Bestrebungen abwehren, mit »Atom und Automation« und dazu dem Sputnik als Totschlagargumenten gegen jeden Einwand die Fördermittel ganz auf Großprojekte der Technik zu konzentrieren. Wie ihm Toni mitgeteilt hat, lobte ihn Dorothy Thompson nicht zuletzt deshalb, weil er der »Sputnik-Hysterie« eine Abfuhr erteilte; das bekräftigt er noch einmal gegenüber der Freundin.[24] Aber ist diese für weltpolitische Ängste so anfällige Frau von dieser »Hysterie« ganz frei? Man lese ihre erste gespaltene Reaktion auf diesen Erdsatelliten und den dadurch ausgelösten Medienrummel (9.10.1957):

> Hier hat – etwas dümmlicher Weise, so kommt mir vor – der russische Mond als eine Bombe gewirkt. Die Journaille legt sich unter Vervielfachung ihres Eigengewichts hinein ... An sich ist die Sache ja phantastisch, wer immer den Mond aussendet. Aber es ist denkbar, dass wieder einmal die Russen ihre Gegner in gemeinsame Front zwingen ...

Sie empfindet den Klamauk um den »russischen Mond« also als potentiell heilsamen Schock im Blick auf gewisse Verbündete, die aus der Front des Westens auszuscheren drohen. Und als heilsamen Schock obendrein für die Bildungspolitik: Denn sie glaubt zu erkennen, dass die popularisierten Lehren eines John Dewey im Schulwesen eine derartige Beliebigkeit und Lässigkeit verbreitet haben, dass die »High schools« Analphabeten an die Universitäten entsenden. »Das alles muss jetzt der Sputnik austreiben.« (7.12.1957) Und doch wird das bei ihr nicht zur fixen Idee: So ist es ihr möglich, der Heuss-Rede begeistert zu applaudieren, obwohl sie zugleich zu erkennen gibt, dass der »Technokratie«-Begriff eine Herausforderung bedeutet. Aber auch die Gefahr einer Vernebelung der Wirklichkeit: Sie berichtet (28.4.1958), ein mit ihr verwandter USA-Neuling erwarte, »hier lauter Technik zu finden, während er lauter Menschen finden wird – wenn man Euch nur gestattet, den Blick über Potemkin-Amerika hinaus ins Freie zu richten«. Die wirklichen USA sind nicht Fritz Langs »Metropolis«; kein Grund zu Horrorvisionen.

Gespalten reagiert sie auf die Alarmmache gegenüber dem sowjetischen Berlin-Ultimatum. Am 20. Februar 1959 schreibt sie im Telegrammstil: »Shep(ard Stone) eben aus Deutschland und Polen zurück, *sehr* pessimistisch über die Berlin-Dinge. Das braucht nichts zu bedeuten, aber wenn man selbst Angstvorstellungen hat.« Zwischendurch erkennt sie immer wieder, dass ihre eigene Emotionalität ihr Urteil trüben kann. Sie selbst betreibt in Sachen Berlin damals keine Panikmache – vermutlich schon deshalb nicht, weil die Berlin-Krise damals als Argument derjenigen fungiert, die Heuss zu einer dritten Amtszeit drängen.

Ihre ganze Wut gilt zu jener Zeit jedoch Leuten wie Martin Niemöller: Die vereinte Front gegen diesen Kirchenmann, der die Kraft des Glaubens gegen die Adenauer-Politik mobilisiert, schafft zwischen ihr und Heuss gerade zu der Zeit eine Gemeinsamkeit, als ihr dessen »Krach« mit dem Kanzler nicht behagt. Hatte sie sich 1947 über die erste Begegnung mit Niemöller, als dieser die Enkel taufte, noch beeindruckt gezeigt, wenn auch auf doppeldeutige Art, behauptet sie am 27. März 1959, schon bei jener Taufe »sahen Gustl und ich erschreckt diesen blind-dunklen Ungeistesblick des Kampfstieres das Gespräch verleiden«. Da bekommt Heuss offenbar Sorge, sie durch weitere Anti-Niemöller-Munition gar zu sehr in Rage zu bringen; aber die Frau insistiert (3.4.1959): »Lieber Streitschriftler, heißt das, dass Du mir den Niemöller-Schriftenwechsel gar nicht mehr hierher schickst? Der interessiert mich doch recht brennend! ... Ich bin froh, dass der hassende Christ Dich auf den Plan gerufen hat.«

Zwischen den Zeilen erkennt man: Heuss war ihr gegenüber denen, die nach »Verständigung« mit dem Osten riefen, zu verständnisvoll geworden. Die »große Soldatenrede« hat Toni aus einer trüben Stimmung gerissen; in der ersten Begeisterung hätte sie Heuss fast ein Telegramm geschickt, aber dazu sind die beiden dann doch zu sehr auf Portosparen bedacht. Ihre Wut auf Karl Barth übertrifft noch die Heuss'sche Antipathie gegen die »Pharisäer« (15.1.1959): »Ich hatte in der NZZ mit rechtem Abscheu die präpotenten Sophismen von Karl Barths ›Brief an einen Pfarrer‹ gelesen ... Wo die Gottessuche in solchen Wahn des Findens ausartet, dass man andere Suchende anzuherrschen wagt, da sei Gott vor!« Schon am 14. November 1957 spricht sie von dem Göttinger Manifest gegen die atomare Bewaffnung der Bundeswehr als von einer »Verschwörung«:

> Die »Verschwörung der Achtzehn« macht mir noch immer Kopfzerbrechen, zumal auch hier unter den Scientists allerlei rumort – ich muss Dir einmal erzählen, was »Pugwash« ist ..., Versuch einer Verbrüderung von U.S. und USSR Wissenschaftlern, mit wie ich fürchte einem gefährlichen Übergewicht von Naivität auf der einen Seite.

Merkwürdig: Dabei war niemand anderes als der den Stolpers wohlbekannte Leo Szilard unter den führenden Atomforschern der erste, den das Grauen vor der neuen Superwaffe überkam und der 1945 im letzten Augenblick versucht hatte, den Weg nach Hiroshima zu stoppen. Schon damals hatte er zusammen mit Einstein eindringlich zum Ausdruck gebracht, dass angesichts dieser apokalyptischen Waffentechnik eine Verständigung zwischen den Weltmächten das Gebot der Zeit sei.[25] Toni Stolper berichtet in den »Brennpunkten«, wie die Stolpers einst diesem Atomphysiker, der als Emigrant in die USA kam, jene Verbindungen verschafften, die am Ende zum Bau der Atombombe führten; aber sie verschweigt seine spätere Kehrtwende. Schon im Mai 1955 beim Morgenspaziergang in Bad Kissingen erzählt sie Heuss die Geschichte, aufgrund deren sich ihr Gatte als »Großvater des Atoms« fühlte; am 30. Oktober 1957 erinnert sie ihn wieder daran: Als er damals Szilard persönlich kennenlernte, hat er diese höchst bedeutungsgeladene Geschichte wieder vergessen[26] – er, der so sehr die Geschichten in der Geschichte liebt! Aber hier hätte er nach Lage der Dinge mit der Pointe nichts anfangen können.

Wie nicht zu verwundern, hat Toni in der Rolle der Egeria ihren größten Auftritt bei der Vorbereitung des Staatsbesuches in den USA, der schon für das Frühjahr 1957 geplant war und dann wegen Heuss' Erkrankung auf den Juni 1958 verschoben wird. Im März 1958 hat sie einen »kafka-artigen« Angsttraum: Sie will den Geliebten im New Yorker »Waldorf-Astoria«-Hotel aufsuchen, aber statt zu seinem Zimmer bringt der Lift sie »in die weiten unterirdischen Bahnhofsanlagen« (19.3.1958). Zuerst gelobt sie, sich in das Programm nicht einzumischen, tut das aber dann doch mit Begeisterung, zumal sie ebenso wie Heuss von dem Bonner Botschafter in Washington nicht viel hält. Sie bestärkt Heuss darin, Jeffersons Landhaus in Monticello zu besuchen[27], hat sie ihm doch Jefferson, ohne den das heutige Amerikanertum »undenkbar« wäre, als amerikanischen Geistesverwandten nahegebracht (15.3.1956). Er war noch nie in den USA; wird er dieses Land ähnlich erleben wie Max Weber 1904, so wie es Marianne Weber im »Lebensbild« von 1926 beschrieb? »Die Amerikaner« sind ein Dauerthema der Korrespondenz; Heuss liest aktuelle Bestseller zu diesem Thema wie die Bücher von Geoffrey Gorer und Helmut Thielicke, aber die erfahrene Toni warnt ihn vor Pauschalbildern. »Amerika« ist nicht nur New York, sondern besitzt auch ganz andere Welten; die Amerikaner haben sogar ihre eigene Beziehung zur Natur, genauer gesagt eine gespaltene (1.5.1958):

> Die Leute, die unsere deutschen Wälder ablehnen, sie seien viel zu »manikürt«, und sich für ihre Wochenenden in ungepflegte »echte« Wildnis begeben, die in ihre fabelhafte Wüste verliebt sind (die Du entdecken wirst) … Soo viel Natur, für viele zu viel, daher Flucht in die Geselligkeit … Freilich, es gibt da zwei Völkerschaften mit ganz anderen Charakteristiken – wie in Schottland die mageren geschorenen und die großartigen wolligen Schafe – die geborenen Großstädter und die anderen.

Toni, die gebürtige Wienerin und Wahl-New-Yorkerin, gehört eigentlich zu den geschorenen Schafen; aber man spürt, wie gerne sie auch etwas von den wilden wolligen hätte. Das ist in Manhattan nicht einfach. Stets behält sie etwas von der angestrengten Amerika-Begeisterung der Neuamerikaner, vor allem derer, die der Neuen Welt ihre Rettung verdanken; davon zeugt das Kapitel »Willkommen, Amerika!« in den »Brennpunkten«.[28] Aber dann spottet sie, dass sich im »Land der Freiheit« die Eisenbahnen die Freiheit gegenüber ihren Fahrplänen herausnähmen. (10.3.1956)

Toni korrigiert Heuss, der zu einseitig den traditionslosen amerikanischen Farmer in Kontrast zum traditionsverhafteten Bauern der Alten Welt gesetzt habe: Es »müsste einmal jemand über die riesige Kraft des Traditionalen in Amerika schreiben. Es liegt nur auf einem ganz anderen Gebiet als in Europa ... Wer in Berlin und Wien aufgewachsen ist, staunt oft über die traditionale Bindung im Moralischen, Rechtsgefühl, im Ästhetischen, in der Lebensführung ...« (28.10.1955) Aber auch dies ist eben nur eine Seite der USA. Was Heuss zu seinem ungläubigen Spott von Adenauer erfährt, berichtet ihm auch die Freundin aus New York (8.1.1957): »Wirklich ist hier die Plage der Geisteskrankheiten ungemein groß; ich las die Ziffern: von hundert Personen hatten zehn irgend eine ärztlich behandelte Gemütsstörung, und vier seien geisteskrank, in Spitalpflege.« Und doch spricht sie in ihrem Brief vom Folgetag von der »charakteristischen Liebesfülle sorgloser Amerikaner«. Aber natürlich sind längst nicht alle Amerikaner sorgenfrei.

Eine Lichtgestalt ist für Toni in der trüben New Yorker Kommunalpolitik Robert Moses, von den 1930er bis in die 60er Jahre der allmächtige Stadtplaner, der am Ende, als er das legendäre Literatenviertel Greenwich Village als Slum wegsanieren will, zum Feindbild der neuen ökologischen Moderne wird, die auch das urbane Habitat entdeckt.[29] Moses verkörpert das Ideal der »gesunden Stadt«, mit dem die Wiener Arzttochter aufgewachsen ist: der sauberen Stadt ohne dunkle Winkel und verstaubten historistischen Schnickschnack, von Licht und Luft erfüllt, wo man über Schnellstraßen im Nu ins Grüne gelangt. Die Stolpers sind mit ihm seit langem persönlich befreundet,

> der Greater New York in der Zeit unseres Daseins völlig umgewandelt hat – Straßen, Spielplätze, Slumbeseitigung, Wohnbau, Massenbäder und vieles mehr ... stets in lautem Kampf mit »Interessen«! Geachtet von beiden Parteien – und von beiden gefürchtet – und persönlich geliebt, weil er vom ersten Augenblick als großer Kerl einleuchtet. Gustl und er erkannten einander sofort als Persönlichkeiten, er kam öfters zu unseren Parties ...

Toni legt ihrem Brief (29.2.1956) ein Selbstbekenntnis ihres Helden »*Why I am a Conservative*« aus der »Saturday Evening Post« vom 11.2.1956 bei. Und doch lässt sich Heuss in seinen verhaltenen Aussagen zur »Stadt der Zukunft« nur sehr begrenzt von diesem Moses-Evangelium begeistern. Gerade durch die Zerstörungen des Luftkrieges ist ja das, was von den alten Städten übriggeblieben ist, liebenswerter geworden als je zuvor. Und Toni weiß zwar die klassische Moderne der Nobelviertel von Manhattan zu schätzen, nicht jedoch die Monotonie des neudeutschen Wiederaufbaus (25.5.1955). Und als sie zum ersten Mal nach langer Zeit Wien wiedersieht, ist sie selig und wird zur Quellnymphe

(20.2.1959): »inneres Aufleuchten und quellenhaftes Brodeln und Glucksen über Wien. … All diese künstliche Gleichgültigkeit, Abneigung, Ressentiment gegen die Kinder- und frühe Jugendheimat war weggewischt im blühenden Aufleben des vor-politischen Paradieses.«

Zu dem Wien ihrer Jugend gehört auch Sigmund Freud, zu dem Heuss bis dahin ironische Distanz hält. Als er zu Freuds 100. Geburtstag am 6. Mai 1956 in der Universität Frankfurt auftreten soll und von dieser derart umschmeichelt wird, dass er die Einladung nicht abwimmeln mag, ist er ratlos: »Schön und gut, aber was mache ich da? Zu sagen, dass Freud, weil jüdischer Herkunft, in Deutschland zum Tabu erklärt war und das jetzt vorbei ist, ist mir zu trivial. … Kannst Du mir einen Rat geben oder Pointen schenken?«[30] Oh, zu diesem Thema hätte Toni viel zu sagen (14.2.1956). Als junges Mädchen hat sie Freud persönlich kennengelernt und als »sehr gehemmt« erlebt. Einst hatte ihr Vater dem jungen Freud sogar eine Stellung verschafft. Toni empfindet die beiden als Geistesverwandte: Wie ihr Vater, wenn er ein Krankenzimmer betrat, erst einmal die Fenster geöffnet habe, so habe auch Freud in das »Viktorianische Zeitalter« frische Luft hineingelassen. »Wenn ich diese meine Jugendzeit überdenke, so scheint mir im ganzen Bereich des Sittlichen diese Zeitwende ringsum durchzubrechen.« Durch die Begegnung mit Freud erlange man ein neues Lebensgefühl: »Man spürt sich auf einmal tief im Innern der Persönlichkeit weiten, da wo die Geheimnisse weben und die Fäden sich verwirren – was für eine Faszination für begabte, aber verwirrte Menschen.« Wieder am Ende die Ambivalenz. Heuss nimmt an der Frankfurter Freud-Feier teil – aber schweigt. Max Horkheimer, von dem die Einladung ausgeht, hat für Heuss, um ihm aus der Verlegenheit zu helfen, eine »kleine Ansprache« aufgesetzt; der denkt natürlich nicht daran, diesen fremden Text abzulesen[31] Auch ohne Freudsche Theorie kann man erklären, dass Heuss von jetzt ab auf Freud neugieriger wird.

Ob mit oder ohne Freud, bei Gelegenheit betätigt sich Toni bei dem Freund als Traumdeuterin. Der schreibt ihr einmal – für ihn sehr ungewöhnlich – von einem Angsttraum: »Elly, Du und ich waren in London, nach meiner Amtszeit.« Alle drei gehen getrennte Wege, um noch etwas zu erledigen. Da sammeln sich an einer Bushaltestelle um Heuss Emigranten, auch Engländer kommen dazu, »großes Hallo«, »einer schmeißt eine Lage, und dann noch eine, ich muss wohlgelaunt mitmachen, und dann heißt es: Theo, jetzt kommst Du dran! Und – ich habe kein Geld, weder englisches noch deutsches!« Eine peinliche Situation, und dann weiß er nicht einmal mehr, welchen Bus er nehmen soll, und er hat ja auch kein Geld – zum Glück wacht er auf. »Dunkles Grundgefühl, dass noch anderes an Haltestellen des Bus passiert war.«[32] Für die in Angstträumen erfahrene Toni ist die Bedeutung dieses Traums sonnenklar; dazu braucht man keinen Freud:

Heuss hat Angst vor dem Ruhestand, wo er keine Vertraute und keinen »Apparat« mehr hat, der organisiert und abschirmt, und obendrein seine Bezüge (nach damaliger Regelung) auf die Hälfte gekürzt sind. Da braucht er eine Gefährtin wie sie:

> Der Londoner Traum hat mir wieder eine innere Situation Deiner Zukunftsahnungen geklärt – so klar, dass Freud ganz und gar unnötig ist – die ich schon recht gut begriffen habe. Aber solches schlafweise Durcharbeiten im Vorhinein hilft mir immer ungemein, die Situation, wenn sie dann wirklich gegenwärtig wird, mit verhältnismäßiger Grazie zu lösen. So wird es auch dem Altbundespräsidenten gehen. (19.9.1957)

Bei diesem Zitat muss man zwischen den Zeilen lesen. Äußerungen Tonis gegenüber Dritten verraten deutlich, dass sie keineswegs mit ungetrübter Bewunderung auf die Villa Hammerschmidt schaut, sie im Gegenteil Heuss dort bei Bott und dessen Anhang nicht in guten Händen glaubt.[33] Aus ihrer Sicht ist das ein Umfeld, das Heuss in seiner ungesunden Lebensweise und seiner Zersplitterung auf vielerlei Art bestärkt, von Wichtigerem ablenkt und die »Entheussung« seiner Texte auf unsensible, banalisierende Art betreibt. Im Hintergrund erkennt man einen politischen Gegensatz: Bott ist ein Mann der Entspannung, der gegen Adenauer stichelt, Heuss jedoch gegen Niemöller zu bremsen sucht. Ein verbindendes Thema zwischen den beiden ist über die Jahre Tonis Arbeit an den »Brennpunkten«, wo ständig gemeinsame Erinnerungen aufsteigen. Gerade weil sie das Schreiben immer wieder zur Verzweiflung bringt und sie durch die Stolper-Vita »stolpert« (26.3.1958) – sie mag das Wortspiel! –, braucht sie umso nötiger die Hilfe des schreibgewandten Heuss, der zu dieser Materie, die ihr zu nah ist, Distanz besitzt. So wie sie es darstellt, wäre sie ohne den Rückhalt bei ihm nicht in der Lage, die »Wogen« des Gefühls bei der Durchsicht alter Korrespondenzen zu ertragen und bei aller Erinnerung an die »Bitterkeit und Süße dieser Liebe« sachlich zu bleiben. (28.3.1956) Eine Strecke weit nimmt sie Marianne Webers »Lebensbild« Max Webers als Vorbild, zumal Weber ihrem Mann »unendlich viel« bedeutete; aber so will sie nicht schreiben. (28.3.1956) Auch Heuss bestärkt sie darin: Das »Lebensbild« sei »kein Modell«.[34] Woran mag er dabei gedacht haben? Toni mokiert sich darüber, dass Marianne Weber den Geschlechtsverkehr mit dem Hüllwort »Gattungsdienst« umschreibt[35] und als Bürde andeutet; das habe sie »zu Tränen amüsiert« (1.5.1958). Da ist ihre eheliche Erfahrung bei allen heftigen Krisen durchaus anders. Am 4. Oktober 1958 äußert sie den »kleinen Wunsch«,

> dass Du mein Nicht-Trinken und Nicht-Rauchen nicht fälschlich als puritanisch abstempelst (wer sollte die Falschheit besser wissen als Du?), sondern als positiven Hochgenuß meiner nicht an bloßem Rauchzeug saugenden Lippen und an bloßem Wein ent-

> zündlichen Lebensgefühle. Die große Sympathie, die ich für meinen Körper habe …, hat eben andere Instinkte stark gemacht.

Im Klartext: Heuss mit seinem ewigen Rauchen und Rotweintrinken treibt orale Ersatzbefriedigung. Und kaum irgendwo anders in dieser Riesenkorrespondenz foppt sie den Freund so kräftig wie bei dem komischsten Intermezzo in der Dauerkommunikation über die »Brennpunkte«, wo es um Lilo Linke geht, die einstige Sekretärin und ab 1929 Geliebte Gustav Stolpers. Das war kein bloßes Chef-Sekretärin-Techtelmechtel, sondern eine große Liebe, die unter Lilo-Fans zur Legende geworden ist. Lilo Linke ist mittlerweile Schriftstellerin geworden, vielseitig engagiert, und hat es in ihrer Wahlheimat Ecuador zu einiger Berühmtheit gebracht.[36] Für Toni verkörpert sie die große Krise ihrer Liebe; als ihr Gatte Lilo einen Ring gab, warf sie ihren Ehering für immer fort; und doch versteht sie ihren Mann nur zu gut und ist durch diese Frau fasziniert, die »mit kecken, expressiven Formen, den blauesten Augen und einer üppigen Mähne von goldblondem Haar« für »Gustl« jenes Berlin verkörperte, das er liebte. Heuss ist jedoch pikiert (1.3.1958):

> Aber ein bisschen erschrak ich über das Wort, dass Du Dich an der Lilo-Geschichte versucht hast. Das werde ich, mit Deiner Erlaubnis, höchst kritisch durchsehen. … Hat sie so viel sachlich-menschliches Gewicht? Du hast sie ja … in unseren Gesprächen nun höher bewertet als ich es in meiner Erinnerung tun konnte und kann. Ihre lasziven Augen und ihr Körperspiel schienen mir immer Einladung und Versprechen zu Bett-Besuchen … Vorsicht, liebe Frau!

Um einen Goethe zu verstehen, brauche man nicht die »Aborte« seiner Geliebten zu enthüllen. Aber während Toni sonst gewöhnlich ein Thema rasch fallenlässt, wenn sie merkt, dass es Heuss nicht gefällt, muckt sie hier auf und lacht ihn aus wie bei sonst keinem anderen Thema von Adenauer bis Boveri; und da spottet sie auch über Marianne Webers »Gattungsdienst«: Dagegen war ihre eigene Beziehung zu ihrem Gatten bis zu dessen Tod voller Leidenschaft, trotz Lilo Linke. Sie wirft Heuss vor (1.5.1958), er wolle »alle Männlichkeiten von Gustl wegoperieren«. Und dann legt sie los: Sie fühle sich »zum Widerspruch gereizt,

> als Du eine ernste Liebesgeschichte, die durch 18 Jahre aushielt und sich entwickelte (letzter Brief drei Tage vor seinem Tode), mit den Aborten der Christiane Vulpius gleichsetzest … Wenn ich es weglasse – was ich wohl muss – so lüge ich … Dein Eindruck von der Lilo war ja überdies ein ganz oberflächlicher. Wären die lüsternen Äuglein das Um und Auf ihres Wesens, wäre alles einfacher gewesen – und sie jetzt im Augenblick nicht Delegierte ihres Landes Ecuador nach USA über die sozialen Verhältnisse auf dem flachen Lande …

Und noch einmal foppt sie den Freund mit Lilo Linke (5.12.1958): »Und mit wem habe ich gestern … ein Plauderstündchen bei mir abgehalten? Mit Lilo Linke, etwa nach 13 Jahren wiedergesehen. … Sie versichert mir, sie sei der glücklichste Mensch weit und breit … viel interessanter als die meisten Leute.« Sie schildert sie als die ideale Frau, die sich frank und frei auslebt – politisch, intellektuell, erotisch. Es ist phänomenal, wie Toni, bei der in Fragen der Weltpolitik so heftig persönliche Emotionen durchschlagen, ausgerechnet in ihrem intimsten Bereich zu einer Distanz zu sich selbst fähig ist wie nur wenige andere Menschen!

Mit welcher Leichtigkeit würde sie, hätte sie das gewollt, über Elly lästern können! Aber nie ein Wort dieser Art; stattdessen spricht sie stets mit Liebe und Hochachtung von der verstorbenen Gattin des Freundes. Sie hätte die eigene Überlegenheit herausstellen können; aber stattdessen schreibt sie Heuss zu seinem 72. Geburtstag (31.1.1956): »Obgleich Du ein Leben lang von einer tief heiteren Frau sicheres Geleit empfingst, lässt Du Dir auch jetzt die labilere gefallen, weil es eben Deine Toni ist.« Dabei ist sie, die 1988 mit 98 Jahren stirbt, an physischer Konstitution Elly weit überlegen. Am liebsten würde sie statt Margarethe Vater, über deren Unfähigkeit sie sich mit Heuss einig ist[37], jene Elly-Selbstzeugnisse herausgeben, die nach vielen Verzögerungen 1961 unter dem Titel »Bürgerin zweier Welten« erscheinen.

Am 9. Januar 1957 berichtet sie von einem Gespräch mit Ellen McCloy, der Gattin des früheren US-Hochkommissars, die gerade eine Ansprache gehalten hat: »sie hätte eigentlich Elly erwähnen wollen, aber sie hätte sich nicht darauf verlassen können, dass die Rührung sie nicht übermanne.« Man erkennt, auch Elly trug zur »Entkrampfung« der Beziehung zu den Besatzern bei. Und man erkennt auch, dass sich Toni nach einer Einheit von Politik und Liebe sehnt – aber auch zu einer Einheit von Politik und Hass tendiert. Wenn Heuss gleichwohl zum »Glück für unser Land« wird, mag dies auch dadurch gefördert worden sein, dass sich dieser »glückliche Löwe« nach neugierigen Eskapaden in die Außenwelt immer wieder behaglich in sein Gehege in der Villa Hammerschmidt trollt, wo er mit Bott (bei dessen Namen Toni zunehmend gereizt wird) ungestört rauchen und Rotwein trinken kann.[38]

Kein Zweifel: Es ist nicht so, dass in seinem Leben durch die Liebe zu Toni alles anders wird. Und doch geht aus dem Briefwechsel hervor, dass mit dem 9. Mai 1955 in Bad Kissingen für beide eine neue Ära beginnt: zehn Jahre und einen Tag nach dem 8. Mai 1945. Und dabei hat zwischen den beiden, darf man ihren Briefen glauben, schon seit dem Sommer 1918, als sie sich zuerst begegneten, eine Zuneigung auf den ersten Blick bestanden. Psychologen mögen bezweifeln, ob es das gibt, dass eine latente Liebe nach 37 Jahren zu einer erotischen Beziehung wird – aber diese Lebensgeschichte spottet so mancher Theorie. Toni schloss ihren Beitrag zur Heuss-Festschrift von 1954 mit dem Satz: »Du darfst und du musst weiter Freundschaft geben und empfangen.«[39] Am 22. Juli 1955 erscheint ihr »dieses kleine (noch unbewusste) Liebeszeichen« als »Anflug von Prophetie«.

Beide fühlen sich schlagartig verjüngt; die medizinisch versierte Freundin eröffnet Heuss nach den Befunden einer ärztlichen Untersuchung: »Aber der Zucker ist fort, und der Blutdruck der eines Jünglings. Die Daumenregel ist, 100 plus Altersjahre, Du bist also 45 und ich 34 Jahre alt – wir gehören beide zu den langlebigen Tiefdruckleuten.« (23.9.1955) Auch der Geliebte bekennt (17.6.1955), es sei ihm, »als ob ich fast fünfzig Jahre jünger wäre; er spüre in sich ein »Glücksgefühl«, »das ich so *vor* diesem unseren fränkischen Mai nicht kannte – einfach weil ich weiß, dass Du mich liebst.« (9.7.1955) Und doch scheut er davor zurück, sich mit ihr offen zusammen zu tun (22.7.1955): »Ich habe mir das schon in Kissingen gesagt: Das wäre doch das ›Natürliche‹, Toni bleibt hier und wird vor Gott und der Welt dein Weib. Aber dieses ›Natürliche‹ findet dann seine tödliche Gefährdung in dem Klatsch und Geschwätz, der unser vertrautes Sein überschwemmen würde.« Eine seltsame Begründung; denn nicht einmal Puritaner könnten daran Anstoß nehmen, wenn sich zwei Menschen heiraten, die seit Jahren verwitwet sind. Es muss noch andere Motive gegeben haben, wenn Heuss vor einem Zusammenleben im Alltag zurückscheut.

Der 9. Mai wird für Toni fortan zum »Heuss-Tag«; aber auch mit dem 8. April 1958, dem Selbstmord Hannes, beginnt für sie eine »neue Zeitrechnung« (13.4.1958); und wie sich durch diesen Schock auch ihr Verhältnis zu Heuss verändert haben mag, darüber kann man nur spekulieren. Denn ihr, die zu Hanne in einem so vertrauten Verhältnis stand und die so viel Erfahrung damit hat, wie man sich aus Depressionen herausarbeitet, wird bis kurz vor dem Ende die fatale Entwicklung des Zustandes von Heuss' Schwiegertochter verheimlicht. Diese hat ihr, wie Toni berichtet (26.10.1957), über die »völlige Stille aus Bonn« geklagt. Am 23. Dezember 1957 wird Toni unruhig: »Über Hannes Erkrankung lasset Ihr mich weiter völlig im Dunkeln, nicht ein Wort darüber.« Zu Silvester bekommt sie von Heuss die lakonische Mitteilung: »Enzephalitis«, Hirnhautentzündung, eine Infektion. Dann, am 3. Januar 1958, die ehrlichere Auskunft, dass Hanne womöglich über die KZ-Erfahrung »vor 14 Jahren« nicht hinweggekommen sei. Aber dann wiegelt Heuss wieder ab; am 17. März 1958 empfiehlt Toni der unglücklichen Hanne arglos »eine gewisse wohltuende Wurstigkeit« durch eine elektrifizierte Küche amerikanischer Art. Noch einen Tag vor dem 8. April lebt sie in dem Glauben, es handele sich bei Hanne lediglich um eine »Kopfgrippe«. Dass diese Frau »eine Märtyrerin des 20. Juli« sei, in dessen Gefolge ihre Familie verhaftet wurde, wird dann zwischen Toni und der Familie Heuss Konsens

(13.4.1958); aber noch im Sommer davor war sie mit Hanne in den Alpen gewandert – war dieser Tod unabwendbares Schicksal? Oder enthält hier die Trauma-Diagnose ein Stück Verdrängung? Das Thema ist zu heikel, um in der Korrespondenz weiter verfolgt zu werden.

Aber ungeachtet mancher Zonen des Schweigens zeugte es von Blindheit, zu verkennen, dass sich in dieser Korrespondenz eine Begegnung ganz ungewöhnlicher Art mit einer außergewöhnlichen Frau spiegelt, ungewöhnlich in ihrer Intensität, Intellektualität und Intimität und in der kontrastreichen Nähe der Partner. Dieses sehr Besondere weiß am besten der zu würdigen, der andere Politikerkorrespondenzen kennt, aber auch derjenige, der mit der Fremdheit zwischen Emigranten und »Dringebliebenen« seine Erfahrung hat, die oft selbst dann bestehen blieb, wenn die in Deutschland Verbliebenen NS-Gegner gewesen waren. In ihrer Mischung von Leidenschaft und kühler Distanz, von Romantik und Nüchternheit, von Rigidität und Reflexion verkörpert diese Frau für Heuss einen permanenten Reiz.

Dieser Briefwechsel wirft auf das Heuss'sche Präsidentendasein in der zweiten Amtszeit ein neues Licht, gerade auch durch Offenlegung des weiblichen Parts, durch das Element des Dialogs, der Spannung und der Herausforderung. Trotz ihrer Verschanzung in Schützengräben des Kalten Krieges ist diese Frau mit ihren Denkprozessen nicht fertig; am 28. Januar 1960 nach der Welle der Hakenkreuz-Schmierereien überkommen sie »Nachtgedanken«, »was der antisemitische Ausbruch über verdeckte Realitäten der Nachkriegswelt aussagt. … Ist die Heuss-Adenauer-Zeit des ›guten Willens auf Vorschuss‹ fortsetzbar?« Und zwei Wochen darauf: »Ob man nicht in die Stickluft, die sich an manchen Universitäten niederzuschlagen scheint, durch unkonventionelle, einbildungskräftige Aktionen ein wenig frischen Zug hineinbringen könnte?« (10.2.1960) Im Blick auf Heuss' bevorstehende Indienreise, bei der mitzufahren sie keine Lust hat, warnt sie davor, in Indien nur hoffnungsloses Elend und »Unterentwicklung« wahrzunehmen (22.8.1960).[40]

> Es geht also anscheinend trotz allem Wirrwarr und Sinnwidrigkeiten aufwärts. Ich habe mir neuerdings eine Theorie zurechtgelegt, wonach der ganze katastrophale und menschenmörderliche Geschichtsverlauf auf einmal aufgehalten wird, wenn durch ein skurriles Wunder auf einmal ein paar vernünftige, geradedenkende und fühlende und fleißige, mit Freude rational handelnde Menschen zusammenkommen.

Ist es zu kühn spekuliert, hier zwischen den Zeilen herauszulesen, dass sie, die sich über die Idee einer göttlichen Vorsehung in der Geschichte geradezu empört, hier einen höheren Sinn der Liebe zwischen ihr und Heuss zu spüren glaubt?

Dieser Briefwechsel böte Stoff zu so mancher Phantasie. Wenn die veröffentlichten »Tagebuchbriefe« das Heuss-Zitat bringen: »Du nennst mich einen ›Nachspürer nach hingeworfenen Worten‹ … aber es stimmt nicht ganz: ich bin nur eine fein abgestimmte Antenne«[41] – was mag sich dahinter verbergen, wenn man den Kontext der Originalbriefe einbezieht? Die Heuss-Welt enthält viele Spiegelungen; sie gibt noch künftigen Historikern zu tun.

Da Heuss die Anekdoten liebte, sei auch dem Biographen zum Schluss eine Anekdote gestattet. Wie wir sahen, kokettierte Heuss mit seinem »Treppenkomplex« – Psychoanalyse womöglich zur Verdrängung des Verdachts auf zu hohen Weinkonsum. Für mich sind die Heuss-Recherchen mit Treppen verbunden: mit den 190 Treppenstufen hinauf zur Stuttgarter Heuss-Stiftung »Am Himmelsberg« und den 360 verwitterten Treppenstufen des »Hasenpfades« hinauf zum Koblenzer Bundesarchiv auf der »Karthause«. Natürlich hätte ich banal einen Bus nehmen können; aber das Treppensteigen war voller Symbolik – da wenigstens konnte ich mich Heuss hochüberlegen fühlen. Als ich jetzt an die Originalbriefe ging, sah ich am Fuß des Hasenpfades ein Schild »Vorsicht Stolpergefahr«: Da musste ich lachen im Gedanken an die beliebten »Stolper«-Wortspiele zwischen Theodor und Toni. Aber als ich nach den letzten Recherchen herabstieg und mich erschöpft ins Hotelbett rollte, träumte mir, jetzt sei der Hasenpfad »wegen Baufälligkeit gesperrt«. Da vernahm ich den mir wohlbekannten Raucherbass mit dem Heuss-Wort: »Jetzt weiß ich, dass Sigmund Freud nicht umsonst gelebt hat.« Der Traum war nicht schwer zu deuten: Abschied von Heuss!

Dank

Dieses Buch ist auf heussgemäße Art entstanden: durch immer neue Gespräche und Korrespondenzen, die allein schon ein dickes Buch ergäben, all dies verbunden mit archivalischen Recherchen und einer ausschweifenden Spurensuche in einem kunterbunten Spektrum an Literatur. Es war ein großes Puzzle-, Gesellschafts- und Gedankenspiel, das sich – teils als Hauptsache, teils als Hobby – über acht Jahre zog. Manches davon ist schon in der Einleitung angesprochen. Besonders danke ich vier Gesprächs- und Korrespondenzpartnern, die einen Großteil des Manuskripts gründlich gegengelesen haben: Ernst Wolfgang Becker, Knut Borchardt, Thomas Gorsboth und Max Stolper.

Das war Kritik von ganz unterschiedlicher Seite. Ernst Wolfgang Becker, selbst Autor einer Heuss-Biographie und Mitarbeiter der Heuss-Stiftung auf dem Stuttgarter »Himmelsberg«, hat mir ungeachtet der Biographen-Konkurrenz großzügig geholfen und mich zugleich von der Identifikation abgehalten, zu der dieser Mann die, die über ihn schrieben, allzu oft verführte. Knut Borchardt, der *grand old man* der Wirtschaftshistorie, der vor 50 Jahren Gustav Stolpers deutsche Wirtschaftsgeschichte fortsetzte und 1963 noch den beinamputierten Heuss zusammen mit Toni Stolper erlebte, hat fast den gesamten Text in seiner akribischen Art gegengelesen; zu oft sind ökonomische Seiten der Heuss-Vita vernachlässigt worden.

Mein alter Freund Thomas Gorsboth – Heuss würde hier »Weggefährte« sagen –, Dozent an einer Gewerkschaftsakademie, dem das Thema Heuss zunächst fremd war, hat dann meine Arbeit mit einem wahren Feuerwerk von Ideen begleitet und dabei insbesondere die Lujo-Brentano-Tradition beachtet, die bei Heuss' Vereinnahmung durch eine liberale Erinnerungspolitik leicht an den Rand rückte. Max Stolper, der Sohn Toni Stolpers, der 1945 als amerikanischer Soldat Heuss in seinem Heidelberger Vorort aufstöberte und die Verbindung zwischen den Heussens und den Stolpers wiederherstellte, hat meine Arbeit ebenfalls von Anfang an kommentiert. Ein Zufall fügte es, dass eine alte Freundin von mir nach Alexandria bei Washington, seinem Wohnort, verschlagen wurde; da sind wir uns wiederholt persönlich begegnet; und über die Erbfeindschaft zwischen Zeithistorikern und Zeitzeugen hinweg, von denen jeder alles besser weiß, haben wir uns zusammengerauft. Er bemerkte, von einem Heuss'schen Charisma habe er nie etwas gespürt: für mich ein Anstoß zu Gedanken über die Situationsgebundenheit des Charismas.

Die Zeitzeugen! Da gedenke ich vor allem zweier Frauen, die mittlerweile verstorben sind: der Heuss-Schwiegertochter Ursula Heuss-Wolff und der Heuss-Nichte Hanna Frielinghaus-Heuss, in den Heuss-Korrespondenzen »Wuggel«. Das Basler Haus der Schwiegertochter ist eine Schatzkammer familiärer Heuss-Korrespondenzen von keineswegs »nur-privater« Bedeutung (wo ist bei Heuss die Grenze zwischen »privat« und »politisch«?), und Ursula Heuss-Wolff überraschte mich bei all ihrer Verbundenheit mit Heuss durch ihren scharfen analytischen Blick auf ihren Schwiegervater. Dafür sprudelte die damals 90-jährige »Wuggel«, die ich in Ludwigsburg besuchte, nur so über von Anekdoten, die Heuss als humorvollen Gemütsmenschen in Szene setzten. Auf meine Frage, ob es auch *nicht*-druckreife Heuss-Anekdoten gebe, strahlte sie: »Aber ja!« und legte los. Als ich mich in Zürich mit Ludwig Theodor Heuss, dem Enkel, traf, vernahm ich wieder die mir inzwischen vertraute Heuss'sche Bassstimme und auch Heuss'schen Humor. Und als ich darauf die Indologin Joanna Pfaff-Czarnecka traf und ihr von Heuss' oftmaligem Schwanken berichtete, klärte sie mich auf, das sei die edle Unentschiedenheit des Arjuna in der Bhagavadgita.

Eine erste Heuss-Initiation verdanke ich Hermann Rudolph, der vor 30 Jahren unter Mitwirkung von Hildegard Hamm-Brücher die Heuss-Bildbiographie herausbrachte und auch die (gereinigten) Liebesbriefe zwischen dem jungen Heuss und Elly Knapp edierte. Er versicherte mir, es brauche einen ganz neuen Anlauf, um Heuss im öffentlichen Bewusstsein wiederzubeleben. Eberhard Pikart, der Herausgeber der »Tagebuchbriefe«, stieß mich darauf, dass Heuss gegenüber Toni anders als gegenüber Elly nicht mehr den Unverwüstlichen spielt: auch Krankengeschichten schaffen Intimität! Sein damaliger Mitarbeiter Dirk Mende ermutigte mich zu einem kecken Umgang mit dieser Beziehungsgeschichte und bestärkte mich darin, den Zugang zu den Originalbriefen zu suchen.

Die historisch bedeutsamste unter all den teils charmanten, teils spannungsvollen Heuss'schen Beziehungsgeschichten ist natürlich die zwischen ihm und Adenauer, die bei solchen Biographen, die in diesem Stadium bereits die Heuss-Müdigkeit überkommt, leicht zu kurz gerät. Hier bin ich Hans Peter Mensing, dem jahrzehntelangen Leiter des Rhöndorfer Adenauer-Archivs und Herausgeber der Adenauer-Gesamtausgabe, und dem Adenauer-Biographen Hans-Peter Schwarz zu großem Dank verpflichtet. Sie beide sind Entdeckertypen, die ein Gespür für das Hintergründige der Geschichte besitzen; und ihnen verdanke ich Hinweise darauf, wie man Heuss aus dem Schatten des Kanzlers herausholt, und nicht zuletzt auch kräftige Impulse zur Demontage des Kitschbildes von »Papa Heuss«, das Heuss selbst am wenigsten ausstehen konnte. Wie mir Schwarz am 6. Mai 2013 schrieb: »Ich selbst habe nie an den ›Papa Heuss‹ geglaubt, hielt ihn eher für einen selbstgefälligen, eigensinnigen, für diejenigen, die er nicht mochte, auch gefährlichen Burschen.«

Eine Schwachstelle ist bei mir wie bei so manchem Historiker die Scheu vor der Juristerei: Eigentlich müsste man zur Analyse der Politik von der Jurisprudenz viel mehr verstehen. Daher danke ich der Hilfe von Gertrude Lübbe-Wolff, Christoph Gusy, Hans Prüfer und Michael Wettengel. Wer Heuss als Hobby betreibt, verweilt am liebsten bei seiner Beziehung zu Hermann Hesse oder Johann Peter Hebel; aber, kein Zweifel: Heuss' höchst dramatische Beziehungen zu einem Dehler und Höpker Aschoff sind unendlich viel wichtiger. Und das entscheidende Sprungbrett in die große Politik war für ihn der Parlamentarische Rat. In diesem Punkt fand ich in Michael Wettengel den besten Berater, den ich mir hätte denken können, und dazu Christoph Gusy als Experten für die Weimarer Verfassung und deren Fortleben als zentralem Konfliktpunkt bei der Ausarbeitung des

Grundgesetzes. Hans Prüfer mit seiner jahrzehntelangen Erfahrung als Richter in politischen Prozessen, der bereits 1952 das Hin und Her zwischen Bonn und Karlsruhe als Jurist verfolgte, hat große Teile meines Manuskripts einfühlsam gegengelesen. Und mit Gertrude Lübbe-Wolff unternahm ich lange Waldwanderungen, bei denen der wanderfreudige Heuss unsichtbar mitmarschierte. Sie bestärkte mich nicht zuletzt auch darin, dass es bei einem Heuss der reine Krampf wäre, eine in einem engen Sinne nur-politische Biographie schreiben zu wollen.

Je mehr ich zurückdenke, desto länger wird die Reihe derer, die mir zu bestimmten Punkten Anregungen lieferten: zu Friedrich Naumann Ursula Krey, zu Gertrud Bäumer Angelika Schaser, zur Kontroverse um die Tagebücher Kurt Riezlers und der Kriegsschuldfrage von 1914 Peter-Christian Witt und Gerd Krumeich, zu Robert Bosch Hans-Erhard Lessing, zur Weimarer politischen Kultur Thomas Mergel, zum Deutschen Werkbund die kürzlich verstorbene Joan Campbell, zu Moritz Julius Bonn Jens Hacke, ebenfalls zu ihm und zu George F. Kennan Guenther Roth; zu Martin Niemöller Jens Murken. Gisela Diewald-Kerkmann und Elisabeth von Thadden bestärkten mich in der Realitätsnähe der »Schmalen Wege« von Elly Heuss-Knapp. Benjamin Z. Kedar kommentierte meine Ausführungen über das Verhältnis deutschjüdischer Emigranten zum Zionismus. Da ist vieles in den Anmerkungen versteckt.

Heuss brauchte für seine Texte im Idealfall immer jemanden, der sie »entheusste«, sie von überladenen Sätzen und Abschweifungen entschlackte. Da spüre ich in meinen Schwächen zu Heuss eine fatale Nähe. Das Entradkauen hat in diesem Falle dankenswerterweise Anette Kanngießer mit ihrer langjährigen Erfahrung als Geschichtslehrerin übernommen. Zuerst war sie etwas besorgt: Sie habe bei einer Doktorandin in ihrer gnadenlosen Art Korrektur gelesen; die sei jedoch darob in Tränen ausgebrochen. Ich beruhigte sie: Da brauche sie sich bei mir keine Sorgen zu machen.

Ursprünglich wollte ich dem Buch den Titel geben: »Entkrampfung der Deutschen«, die Lieblingsformel des Bundespräsidenten, wenn er sein Ziel definieren wollte. Über der Titelfrage spalteten sich jedoch meine Bekannten. Einen streitbaren Mailwechsel führte ich darüber mit dem mir aus Zeiten des Atomkonflikts befreundeten Reinhard Ueberhorst; er opponierte bei jeder Gelegenheit gegen »Entkrampfung«. Als sich in diesem Punkt auch meine Frau und mein Lektor auf seine Seite stellten, musste ich nachgeben.

Last but not least danke ich meinem Lektor Tobias Heyl und seiner Mitarbeiterin Martha Bunk für den geduldig-verständnisvollen Beistand bei diesem Projekt, das mit so viel diffusen Ideen begann und sich über so viele Jahre hinzog. Und besonders danke ich Orlinde, meiner Frau, dass sie meine Heusserei über so lange Zeit ertragen hat. Immer wieder, wenn wir abends bei einem Schoppen Wein zusammensaßen, gesellte sich auch Heuss als unsichtbarer Dritter dazu. Orlinde räumte ein, das sei immerhin ein angenehmerer Tischgenosse als zehn Jahre davor Max Weber. Aber, möge mir Heuss auch Wolken von Zigarrenrauch ins Gesicht pusten, ich solle bei »Entkrampfung der Deutschen« nicht vergessen, dass man besonders gereizt gegen etwas kämpft, was man auch in sich selbst spürt. Und gerade deshalb, weil die Urteile über diesen Mann so extrem schwankten zwischen »Glück für unser Land« und politischem *Nonvaleur,* biete er die Chance für eine Erleuchtung im buddhistischen Sinne: für die Einsicht in die Relativität aller Bedeutung. Ja, vielleicht ist das der Punkt.

Bielefeld, im Juni 2013 Joachim Radkau

Anmerkungen

Archivalien, deren Signaturen mit B und N beginnen, finden sich im Bundesarchiv Koblenz, zum größten Teil ebenfalls im Archiv der Stiftung Bundespräsident-Theodor-Heuss-Haus in Stuttgart.

FA = Familienarchiv Heuss, Basel.

Die Abkürzungen von I bis VI beziehen sich auf die bisher vorliegenden Bände der Stuttgarter Ausgabe der Heuss-Briefe. I: 1892–1917; II: 1918–1933; III: 1933–1945; IV: 1945–1949; V: 1949–1954; VI: 1949–1959 (Briefwechsel mit der Bevölkerung); VII: 1954–1959.

Die Hintergründigkeit der Heuss-Welt: Erlebnisse bei einer Wiederbelebung

1 Margret Boveri/Walter Prinzing: Theodor Heuss, Stuttgart 1954, S. 236, Nr. 1778 (21.2.1953).
2 Theodor Heuss: Tagebuchbriefe 1955/1963. Eine Auswahl aus Briefen an Toni Stolper, hrsg. und eingeleitet von Eberhard Pikart, Stuttgart 1970, S. 190 (23.9.1956); wieder an Toni Stolper am 28.8.1960 (N 1186/125).
3 Heuss an Toni Stolper, 18.7.1955 (N 1186/121).
4 Ulrich Zeller (Hrsg.): Schlaglichter. Reichstagsbriefe und Aufzeichnungen von Conrad Haußmann, Frankfurt a.M. 1924.
5 Lujo Brentano: Mein Leben im Kampf um die soziale Entwicklung Deutschlands, Jena 1931.
6 Gertrud Bäumer: Mein Lebensweg, Tübingen 1933.
7 Heuss an Elly Heuss-Knapp, 18.9.1950 (Familienarchiv Heuss, Basel, im folgenden FA).
8 Tagebuchbriefe, S. 154 (6.3.1956).
9 Ingelore M. Winter: Theodor Heuss. Ein Porträt, Tübingen 1983, S. 14.
10 Theodor Heuss: »Max Weber in seiner Gegenwart«, in: Max Weber, Gesammelte politische Schriften, hrsg. von Johannes Winckelmann, Tübingen 1958, S. XI.
11 III, S. 517.

1 Allotria im Bannkreis Friedrich Naumanns

1 Elly Heuss-Knapp. Bürgerin zweier Welten. Ein Leben in Briefen und Aufzeichnungen, hrsg. von Margarete Vater, Tübingen 1961, S. 64 (im folgenden: »Bürgerin zweier Welten«).

2 VI, S. 341 f., Heuss an Theodor Bäuerle, 18.5.1952.

3 Heuss an Alfred Weber, 1.6.1947 (N 1221/103).

4 Heuss-Anekdoten, gesammelt und erzählt von Hanna Frielinghaus-Heuss, erweiterte Ausgabe, Gütersloh 1965, S. 15.

5 Hans Bott/Hermann Leins (Hrsg.): Begegnungen mit Theodor Heuss, Tübingen 1954, S. 135.

6 So sandte er am 3.2.1957 (1186/123) Toni Stolper ein eigenes humorvolles Gegengedicht auf ein Gedicht von Schülerinnen des Duisburger Elly-Heuss-Gymnasiums zu (die ihm vorwarfen, dass er sich bei ihnen trotz des Namens ihrer Schule nicht sehen lasse), »weil Dir meine Form von Allotria Spaß macht«. Das vierstrophige witzige Gedicht, bei dem Heuss sich einige Mühe gegeben haben muss, steht in den Heuss-Anekdoten auf S. 108. Am 5.8.1952 schrieb er an Lotte Adenauer, die Tochter des Bundeskanzlers, das »Allotria« als Charakterzug seines eigenen Wesens ausweisend (VI S. 365 f.): »Ich bin nicht ganz sicher, ob der Vater nicht etwas den Kopf schüttelt über das ›Allotria‹, das der Bundespräsident nebenher treibt. Aber dessen Vergangenheit, die ja viel mit literarischen und künstlerischen Dingen zu tun hatte, will von Zeit zu Zeit auch wieder zum Blühen kommen, und der Gärtner Adenauer wird für den Trieb auch alter Knollen Verständnis haben.«

7 1186/121 (26.8.1955).

8 Thomas Hertfelder: »Theodor Heuss (1884–1963)«, in: Reinhold Weber/Ines Mayer (Hrsg.): Politische Köpfe aus Südwestdeutschland, Stuttgart 2005, S. 233.

9 III, S. 415 (an Oskar Stark, 7.4.1941).

10 Margret Boveri: »Die literarische Gestalt«, in: Dies./Walter Prinzing: Theodor Heuss, Stuttgart 1954, S. 25.

11 I, S. 321 (an Georg Friedrich Knapp, 5.1.1911).

12 FA, Heuss an Knapp, 15.2.1911.

13 Begegnungen, S. 51.

14 Theodor Heuss: Erinnerungen 1905–1933, Tübingen 1963, S. 169.

15 Theodor Heuss/Elly Knapp: So bist Du mir Heimat geworden. Eine Liebesgeschichte in Briefen aus dem Anfang des Jahrhunderts, hrsg. von Hermann Rudolph, Stuttgart 1986, S. 286.

16 Genauer in Elly Heuss-Knapp: Ausblick vom Münsterturm, Neuausgabe Tübingen 1952, S. 132: »die Generation meiner Mutter rechnete sich mehr zu Russland als zu ihrer georgischen Heimat. Sie gehörte ursprünglich der armenischen Kirche an«, wusste jedoch sonst nicht viel über ihre Herkunft. 1933/34, als der »Ariernachweis« ihres Sohnes in seiner bisherigen Form zurückgewiesen worden war, bemühte sich Elly beim Deutschen Generalkonsulat in Tiflis um eine amtliche Information. Dort erfuhr sie, dass ihre kaukasischen Vorfahren, die Karganows, »zu dem anerkannten armenischen Adel des Landes gehörten«. (FA, 14.11.1934) Wikipedia macht aus ihnen allerdings Georgier (2012).

17 FA, Heuss an Elly Knapp, 2.8.1907.

18 FA, Elly an Heuss, 8.10.1907.
19 FA, Elly an Heuss, 12.12.1907.
20 Theodor Heuss: Vorspiele des Lebens. Jugenderinnerungen, Tübingen 1953, S. 107.
21 Roland Rösch: »Hier stinkts!« Heilbronner Latrinengeschichte von 1800 bis 1950, Heilbronn 2011, S. 44–50; Siegfried Schilling: »Baumeister Louis Heuss und sein Sohn Theodor«, in: »Neckar-Express«, 29.1.2003. Ich danke dem Stadtarchiv Heilbronn für Hinweise. Noch heute wird in Heilbronn erzählt, dass dort, nachdem die Stadt 1944 zu 90 Prozent zerstört wurde, allen Ernstes erwogen worden sei, sie an einem anderen Ort wieder aufzubauen. Es sei Heuss gewesen, der daran erinnert habe, dass die Kanalisation noch kaum zerstört, also die Infrastruktur noch einigermaßen intakt sei. Die vom Vater erstrebte Mischkanalisation bekam die Stadt jedoch erst im Zuge des Wiederaufbaus.
22 Theodor Heuss – Lulu von Strauß und Torney. Ein Briefwechsel, Düsseldorf 1965, S. 19 (17.8.1903).
23 Später bemerkt Heuss (Vorspiele, S. 192) ironisch über die liberale Heilbronner Parteiführung: »ihr war die Erlaubnis zur Feuerbestattung neben dem Bekenntnis zu einer pazifistischen Rechtsordnung der Welt die aktuellste Angelegenheit, und das erschien mir auf die Dauer zu schal zu sein, ein Vorrat billiger und biederer Redensarten.« Wobei man nach zwei Weltkriegen allerdings hinzubemerken muss, dass Heuss hier die wichtigste Aufgabe der damaligen Welt mit einer Nebensache in einen Topf geworfen hat!
24 Peter Merseburger: Theodor Heuss. Der Bürger als Präsident, München 2012, S. 32 f.
25 Heuss: Vorspiele, S. 110 f.
26 I, S. 167 (23./24.9.1906).
27 Heuss: Vorspiele, S. 51.
28 I, S. 289 (an Georg Friedrich Knapp, 5.3.1910). Wenn er im gleichen Zusammenhang allerdings bemerkt, dass »der alte Naumannkreis sich immer für einen Ausschuss besserer Menschen gehalten hat« – heute würde er von »Gutmenschen« sprechen –, spürt man auch da die Ironie!
29 Ebd., S. 284.
30 Linksliberalismus in der Weimarer Republik. Die Führungsgremien der Deutschen Demokratischen Partei und der Deutschen Staatspartei 1918–1933, Düsseldorf 1980, S. 706 (28.4.1932).
31 Heuss: Naumann, S. 180 f.
32 Vorspiele, S. 282, 284 f.
33 B 122/863: Heuss an Ludwig Reiners, 22.12.1956.
34 B 122/866, Heuss an Robert Monje, 23.7.1957.
35 Merseburger: Theodor Heuss, S. 28.
36 Heuss: Naumann, S. 49 f.
37 IV, S. 174 (Heuss an Wilhelm Stapel, 27.5.1946).
38 1221/290, Heuss an Immanuel, 15.12.1949.
39 Heuss: Naumann, S. 257.
40 Lujo Brentano: Mein Leben im Kampf um die soziale Entwicklung Deutschlands, Jena 1931, S. 230, 276.
41 George W. F. Hallgarten: Imperialismus vor 1914. Die soziologischen Grundlagen

der Außenpolitik europäischer Großmächte vor dem Ersten Weltkrieg, 2. Bd., 2. Aufl. München 1963, S. 40 f.

42 Oder doch nur Naumann? So Thomas Hertfelder: »Friedrich Naumann, Theodor Heuss und der Gründungskonsens der Bundesrepublik«, in: Jahrbuch zur Liberalismus-Forschung 23 (2011), S. 116: »Er sah in Naumann eine Art Ersatzvater, der bei allen lebenswichtigen Weichenstellungen im Spiel war: von der Wahl des Studienorts über die Berufswahl bis hin zur Wahl der Ehepartnerin.«

43 N 1221/328, Heuss an Dieter Ahrens, 13.7.1955.

44 III, S. 465 (Heuss an Johannes Haller, 20.12.1942); ähnlich N 1221/75, Heuss an Bröse, 28.7.1938, über Naumann: »wenn etwas in seinem politischen Wirken als konstitutionelle Schwäche anzusprechen ist, dann seine Unfähigkeit zu persönlichem Hass oder zur Übelnehmerei.« Brentano dagegen sei in seinem Temperament »ein ziemlich wilder Kampfhahn« gewesen.

45 Ludwig Curtius: Deutsche und antike Welt. Lebenserinnerungen, 2. Aufl. Stuttgart 1958, S. 106. Und doch (S. 110): »Den wunderbaren Mann selbst hörte ich nie auf zu lieben. Alle die politischen Parteipersönlichkeiten, die ich im Laufe der Jahre in seiner Nachbarschaft kennenlernte, schrumpften neben ihm beinahe in ein reines Nichts zusammen.« Das müsste sich auch auf Heuss beziehen!

46 Heuss: Vorspiele, S. 223.

47 Ein bedeutsamer Nebenaspekt: Naumann hatte bei den »Christlich-Sozialen« des Hofpredigers Adolf Stoecker begonnen, der das massenwirksame Ferment im Antisemitismus suchte; der Freisinn dagegen galt als die »Judenpartei« par excellence!

48 »Die Hilfe«, 9. Jg., Nr. 34, 23.8.1903 (Ebner). Im gleichen Heft zitiert »Die Hilfe« einen ähnlichen sarkastischen Kommentar der »Leipziger Zeitung«.

49 Ebd., Nr. 36, 6.9.1903, S. 9.

50 Heuss: Vorspiele, S. 227.

51 Theodor Heuss: Bilder und Gestalten, hrsg. von Friedrich Kaufmann, Tübingen 1963, S. 452 (über Rudolf Alexander Schröder, 1953).

52 Ein Heuss-Brief an Elly vom 30.12.1911 (FA) deutet darauf hin, dass für ihn die Anbiederung mancher Naumannianer an die Arbeiter bloßer Krampf war: »die Leut waren im besten Begriff, eine Gesellschaft renegater Sozialisten zu subventionieren, um damit eine Arbeitertruppe für Naumann zu haben. Glücklicher Weise gelang es mir, diesen Plan schließlich abzuschütteln – es wäre eine arge Anstandsbelastung für uns geworden.« Es spricht für seinen politischen Realismus, dass er begriff, dass der Naumannsche Liberalismus in der Essenz bürgerlich war und es keinen Sinn hatte, Teile der sozialistischen Arbeiterschaft von der Sozialdemokratie zu Naumann herüberziehen zu wollen.

53 Heuss: Naumann, S. 173.

54 Heuss: Vorspiele, S. 236 f. An dieser Stelle hatte der sonst oft gereizte Ökonom Moritz Julius Bonn ein spezielles Vergnügen: An Leuten wie Quidde sei der deutsche Liberalismus zugrunde gegangen. (Bonn an Heuss, 22.9.1953, N 1221/115)

55 Ernst Wolfgang Becker: Theodor Heuss. Bürger im Zeitalter der Extreme, Stuttgart 2011, S. 31.

56 VI, S. 489 (Heuss an Margret Boveri, 9.11.1953).

57 Wilhelm Heinrich Riehl: Naturgeschichte des deutschen Volkes, zusammengefasst und hrsg. von Gunther Ipsen, Stuttgart 1935, S. 244, 246.

58 Heuss: Vorspiele, S. 255.

59 Theodor Heuss: Weinbau und Weingärtnerstand in Heilbronn am Neckar (urspr. 1906), Neudruck Brackenheim 2005, S. 88.

60 Ebd., S. 89.

61 Ebd., S. 91 f.

62 Vgl. Naumann: Neudeutsche Wirtschaftspolitik, Berlin 1905, S. 203 über die deutschen Weinbauern so zurückhaltend wie nur möglich: »Ihr Erwerb ist volkswirtschaftlich nicht viel nütze, aber sie gehören zur Landschaft, zum Volkscharakter. Es ist denkbar, für sie eine Ausnahme aus Gefühlsgründen zu konstruieren …«

63 Die Hilfe, 14. Jg., S. 768 f. (29. 11. 1908).

64 Dagegen Gustav Schmoller, Brentanos und Naumanns großer Gegner in der Nationalökonomie, »fürchtete das Entstehen ›terroristischer‹ Gewerkschaften auf der einen und kapitalistischer ›Riesenmonopole‹ auf der anderen Seite, bei völliger Erdrückung der Klein- und Mittelindustrie«. Dieter Krüger: Max Weber und die »Jüngeren« im Verein für Sozialpolitik, in: Wolfgang J. Mommsen/Wolfgang Schwentker (Hrsg.): Max Weber und seine Zeitgenossen, Göttingen 1988, S. 100.

65 Naumann: Neudeutsche Wirtschaftspolitik, S. 106, 117.

66 In einem Stichwortzettel für einen Vortrag »Handwerk und Kunst«, anscheinend von 1909 (N 1221/26), notiert Heuss sogar, ganz im Geiste Naumanns: »Nur Großkapitalismus ist möglich. … Werkstätten für Handwerkskunst sind großkapitalistisch.«

67 Erich Preiser: Die württembergische Wirtschaft als Vorbild. Die Untersuchungen der Arbeitsgruppe Ostpreußen-Württemberg, Stuttgart 1937.

68 Reiner Burger: Theodor Heuss als Journalist, Münster 1999, S. 91: Während seiner gesamten Zeit bei der »Hilfe« habe Heuss die Flottenpolitik »gänzlich unbeachtet« gelassen.

69 Vgl. seinen Brief vom 12. 12. 1906 aus Berlin an Elly: »Den Abend muss ich wieder brav sein … und mehrfach einflechten, dass auch ich für Heer und Flotte bin. Dafür bekomme ich ein warmes Nachtessen und gute Zigarren.« Heuss-Knapp: So bist Du mir Heimat geworden, S. 124.

70 Merseburger: Theodor Heuss, S. 40.

71 I, S. 270 (5. 6. 1908).

72 Walther Hubatsch: »Realität und Illusion in Tirpitz' Flottenbau«, in: Ders. (Hrsg.): Schicksalswege deutscher Vergangenheit, S. 418.

73 Heuss: Naumann, S. 121.

74 Ebd., S. 149.

75 Ebd., S. 343.

76 Hallgarten: Imperialismus vor 1914, Bd. 1, S. 491 Fn.

77 Heuss: Naumann, S. 235.

78 Hartmut Eggert: »›Das persönliche Regiment‹. Zur Quellen- und Entstehungsgeschichte von Heinrich Manns Untertan«, in: Neophilologus 55 (1971), S. 298–316.

79 Heuss: Naumann, S. 123 f.

80 Eyck: Das persönliche Regiment Wilhelms II., S. 274.

81 Aber ihrem Vater gegenüber (Brief vom 11. 9. 1906, FA) rühmte sie Naumann als »genialen Rationalisten«. »Nichts ist alberner als das dumme Geschwätz von

Schwärmer, das über ihn herrscht.« Von daher kann man sich ausdenken, wie sie Naumanns Haltung zu den Armenier-Massakern sich selbst gegenüber zu rechtfertigen suchte! Zugleich erkennt man, dass viele andere Naumann den nüchternen Realismus nicht abnahmen.

82 Friedrich Naumann: »Asia«. Eine Orientreise über Athen, Konstantinopel, Baalbek, Nazareth, Jerusalem, Kairo, Neapel, 7. Aufl. Berlin 1913, S. 31 f., 135 f.

83 Auf dem Evangelisch-Sozialen Kongress von 1900 wurde Naumann heftig von Johannes Lepsius angegriffen, einem anderen Ex-Pfarrer, der zur treibenden Kraft des Armenier-Hilfswerks und später zu einem Zeugen des Genozids wurde. Dazu sein Großneffe M. Rainer Lepsius: Johannes Lepsius – Biographische Skizze, in: Johannes Lepsius: Deutschland und Armenien 1914–1918, Berlin 1986 (urspr. 1919), S. 543 ff.

84 Mein Großvater Hans Radkau, der 1899 als angehender Pfarrer das »Heilige Land« bereiste, hielt sich in Jerusalem einem Empfang durch den dortigen türkischen Pascha fern: Er wollte »keine Hand schütteln, an der Christenblut klebt«.

85 Albert Schweitzer an Heuss, 9.8.1938, zit. n. Heuss: Politik durch Kultur 1949–1959 (Ausstellungskatalog), Stuttgart 1984, S. 43; III, S. 329 Fn.

86 Paul Rohrbach: Weltpolitisches Wanderbuch, Leipzig 1916 (Sammlung früherer Aufsätze), S. 91.

87 Vgl. Ernst Jäckh: »Aus der türkischen Revolution«, in: Die Hilfe, 14. Jg., S. 560 (30.8.1908), nach einer Reise nach Istanbul: »›Ich liebe die Türken‹ – dies Urteil ist mir auf Schritt und Tritt bei Deutschen begegnet, die in jahrelangem Verkehr den Türken kennengelernt haben: als ehrlichen, aufrichtigen, gutmütigen, gastfreundschaftlichen, intelligenten Menschen. Das ist und bleibt der Türke, solange er nicht Beamter wird und als solcher in die ganze Ausbeutungsmaschine hineinkommt. Die Statistik des deutschen Konsulats in Konstantinopel beweist, dass unter hundert Vergehen und Verbrechen 1 Prozent den Türken, 80 Prozent den Griechen und 19 Prozent den Armenier treffen.«

88 Werner Conze: »Friedrich Naumann. Grundlagen und Ansatz seiner Politik in der nationalsozialen Zeit (1895 bis 1903)«, in: Walther Hubatsch (Hrsg.): Schicksalswege deutscher Vergangenheit, Düsseldorf 1950, S. 379.

89 Vgl. Heuss: Naumann S. 136 f. über Naumanns »Asia«-Reisebericht, der »den schriftstellerischen Ruhm des Verfassers außerhalb der religiösen und politischen Kreise erst eigentlich begründet« habe. Zwischen den Zeilen: »*Innerhalb* der religiösen Kreise umso weniger!«

90 I, S. 224, Heuss an Naumann, 20.7.1907.

91 Wilfried Westphal: Geschichte der deutschen Kolonien, München 1984, S. 244 ff.

92 Brentano: Mein Leben, S. 277.

93 Conze: Friedrich Naumann, S. 386.

94 Heuss: Naumann, S. 256. Die Apologeten des »Gründers von Deutsch-Ostafrika« pflegen außerdem bis heute hervorzuheben, dass Peters die weit übleren arabischen Sklavenhändler aus Ostafrika vertrieben habe. Auf das Argument verzichtet Heuss ehrlicherweise, da er ja wusste, dass Peters die Kolonisierung Ostafrikas nicht deshalb betrieb, um es von den Sklavenhändlern zu befreien!

95 Selbst in den einschlägigen großen Werken von Wehler, Ritter/Tenfelde und Nipperdey wird dieses Thema kaum angesprochen!

96 Wachenheim: Die deutsche Arbeiterbewegung, S. 452.

97 Leopold von Wiese: Posadowsky als Sozialpolitiker, Köln 1909, S. 168 ff.; auf S. 155 nennt v. Wiese, der zu den Begründern der Soziologie in Deutschland gehört, Posadowsky den »getreuen Eckart der Nation«.

98 Heuss: Naumann, S. 256 f.

99 I, S. 266 (Heuss an Eberhard Goes, 26.3.1908).

100 Brentano: Mein Leben, S. 277–281.

101 Eyck: Das persönliche Regiment Wilhelms II., S. 461.

102 Die Hilfe, 14. Jg., S. 274 (26.4.1908), in einem detaillierten Vergleich des alten und neuen Vereinsrechts von Anton Erkelenz.

103 Das spürt man in seinem Artikel »Zur Frauenfrage«, Die Hilfe, 15. Jg., S. 36 f. (23.1.1910)!

104 I, S. 258 (Heuss an Elly, 23.1.1908).

105 Ralf Dahrendorf/Martin Vogt (Hrsg.): Theodor Heuss. Politiker und Publizist, Tübingen 1984, S. 45 (= Stuttgarter Tagblatt, 14.1.1908).

106 Ebd., S. 174.

107 Curtius: Deutsche und antike Welt, S. 109 f.

108 Hier zit. n. Ursula Krey: »Demokratie durch Opposition: Der Naumann-Kreis und die Intellektuellen«, in: Gangolf Hübinger/Thomas Hertfelder (Hrsg.): Kritik und Mandat. Intellektuelle in der deutschen Politik, Stuttgart 2000, S. 84.

109 Elly Heuss-Knapp: Ausblick vom Münsterturm. Erinnerungen (urspr. 1933), Neuausgabe Tübingen 1952, S. 71.

110 Ebd., S. 79.

111 I, S. 181 (an Elly, 18.12.1906).

112 I, S. 192 (an Elly, 7.2.1907).

113 I, S. 331 (Heuss an Andreas, 15.6.1911).

114 Es handelt sich nicht, wie manchmal geargwöhnt, um einen patriarchalisch-maskulinen Ärger; vielmehr ging Heuss davon aus, dass Elly auf Naumanns Frau noch mehr geladen sei. Vgl. seinen Brief an Elly vom 2.8.1907 (FA): »Hoffentlich hast Du die Frau Naumann nicht zu schlecht behandelt, sonst läuft sie zu ihrem Mann und sagt, wir wären zwei ›moderne‹ Menschen, die sich blos so und aus ›Vernunft‹ heiraten, Du unvernünftiges Mädle, Du.«

115 Vgl. die Klage Marianne Webers in einem Brief an Max Weber (10.5.1916) über Naumanns »schrecklich(e)« »Ehesklaverei« (wobei, wohlgemerkt, Naumann selbst der Sklave war!). Bärbel Meurer: Marianne Weber. Leben und Werk, Tübingen 2010, S. 381.

116 Heuss an Elly, 29.9.1915 (FA): Er bezieht sich auf einen nicht erhaltenen Brief, in dem Elly Verdrießliches über Naumanns Frau berichtet hatte. »Seine erste Wirkung war, dass ich mich ausführlich ärgerte und zwar über die blödsinnige Frau Naumann. Wenn ich an den dort sicher vorhandenen Saustall denke, wird es mir ganz übel, und es tut mir sehr leid, dass er mit dieser Gans für alle Ewigkeit seines Daseins behaftet bleibt.« Ein derartiges Geschimpfe ist für Heuss ungewöhnlich!

117 Heuss an Elly, Januar 1912 (FA).

118 III, S. 447 (Heuss an Haller, 28.12.1942).

119 Der Pädagoge Adolf Rein suchte in einem Brief vom 22.8.1898 Naumann davon zu überzeugen, dass es für einen Mann wie ihn sinnlos sei, die breite Masse er-

reichen zu wollen: »Das ist ein tragisches Moment in Ihrem Leben, das mich tief ergreift ...: Sie wollen in der sich emporringenden Masse Ihre Stellung nehmen und sind in Ihrem ganzen Wesen, Ihrem Denken, Sprechen und Schreiben nach an die Gebildeten gewiesen.« Zit. n. Dieter Düding: Der nationalsoziale Verein 1896–1903. Der gescheiterte Versuch einer parteipolitischen Synthese von Nationalismus, Sozialismus und Liberalismus, München 1972, S. 100 f. Fn.

120 Hans Heinrich Muchow: Jugend und Zeitgeist. Morphologie der Kulturpubertät, Reinbek bei Hamburg 1962, S. 148–160.

121 Heuss: Vorspiele, S. 143.

122 N 1221/333, Heuss an Hellmut Becker, 16.3.1956.

123 Vgl. Heuss: Anton Dohrn, S. 276.

124 Kirsten Jüngling/Brigitte Roßbeck: Elly Heuss-Knapp. Die erste First Lady, Heilbronn 1994, S. 178 f.

125 Heuss: Vorspiele, S. 94.

126 I, S. 95 (an Ludwig Klein, 12.6.1902).

127 Heuss: Vorspiele, S. 226.

128 »Die Erneuerung des deutschen Studententums«, in: Die Hilfe, 14. Jg., S. 101 f. (16.2.1908).

129 Vgl. N 1221/291, Heuss an Weirauch (FDP), 16.1.1950.

130 N 1221/353, Heuss an Wolfgang Tiffert, 17.3.1959; N 1221/290, an Karlheinz Bründer, 22.12.1949: »Ich habe in der Frage der studentischen Korporationen schon unsagbar viel Briefe geschrieben.«

131 N 1186/125, an Toni Stolper, 7.2.1959.

132 Heuss-Anekdoten, S. 116 f.

133 Heuss: Vorspiele, S. 226.

134 Heuss: Naumann, S. 276 ff.

135 Joachim Radkau: Max Weber, München 2005, S. 744. Maurenbrecher war von dem Verleger Eugen Diederichs zum Hauptdarsteller jenes Treffens auf Burg Lauenstein 1917 ausersehen worden, wo dann Max Weber einen seiner großen Auftritte hatte und auch Heuss zugegen war.

136 Heuss: Naumann, S. 152.

137 Heuss: Vorspiele, S. 112.

138 Heuss an Elly, 6.7.1906 (FA).

139 Wobei allerdings »anöden« im Heuss-Vokabular auch etwas Behagliches, Entspannendes besitzt; vgl. in seinem Brief an Elly vom 21.5.1907 (FA) über eine Frau Haas: »Wir haben uns viel angeödet und vertrugen uns gut.«

140 I, S. 230 (Heuss an Elly, 24.7.1907).

141 Heuss an Hugo Borst, 8.5.1950 (N 1221/115).

142 Sofern sie ihm nicht auf die Nerven fielen wie später in seiner Bundespräsidentenzeit sein ältester Bruder Hermann (1882–1959), der für den jungen Heuss der Musterknabe gewesen war, für den er sich jedoch in der Folgezeit nicht interessiert zu haben scheint, obwohl dieser Architekt und Architekturdozent in Chemnitz wurde, also auf einem Gebiet arbeitete, das Heuss zeitlebens intensiv beschäftigte!

143 I, S. 231 (Heuss an Elly, 24.8.1907).

144 Später behauptete Heuss (Vorspiele, S. 123 f.), er habe seiner Mutter – leider vergeblich – geraten, das Vermögen in Aktien, nicht in Staatsverschreibungen anzule-

gen. Aber das schrieb er lange nach der großen Inflation. Hat er wirklich nie an die »Staatliche Theorie des Geldes« seines Schwiegervaters Knapp geglaubt?

145 I, S. 208, Heuss an Lulu von Strauß und Torney, 20.6.1907.

146 Rundfunkansprache »Der Lebensabend«, 5.1.1957 (B 122/247).

147 Heuss/v. Strauß und Torney: Briefwechsel, S. 42 (18.6.1904).

148 Ebd., S. 53 (28.10.1904). Anschließend foppt er sie noch mit ihrem Geschlecht und tut so, als ob nicht auch Frauen fröhlich zechen könnten (wenn auch nicht unbedingt in Bückeburg): »Das sind Genüsse, ach Genüsse, und man faltet wieder einmal dankbar die Hand ums Glas und dankt, dass man ›masculini generis‹ ist. Oh, Sie Armen!«

149 Heuss an Elly, 20.7.1907 (FA).

150 I, S. 174, Heuss an Lu Märten, 19.10.1906.

151 I, S. 199, Heuss an Elly, 6.5.1907. Der früher veröffentlichte Briefwechsel zwischen Heuss und Elly Knapp (So bist Du mir Heimat geworden, S. 189) enthält nur Ellys Antwortbrief, wo sie das, was er »von der Lu« schreibt, »so sonderbar« findet. »Ich glaube nicht an das rein Intellektuelle, besonders beim Stotzle nicht.« Und dann fragt sie ihn direkt, ob er mit Lu »jetzt ein bisschen zärtlich sein« könne. Man spürt, wie sie dem platonischen Charakter dieser Beziehung nicht ganz traut, auf der anderen Seite gern großzügig sein möchte, auf jeden Fall aber Klarheit haben will!

152 Heuss/Knapp: So bist Du mir Heimat geworden, S. 56 (23.8.1906).

153 I, S. 145 f. (31.3.1906).

154 Heuss an Elly, 6.7.1906 (FA).

155 Heuss/Knapp: So bist Du mir Heimat geworden, S. 33 (Elly an Heuss, 10.4.1906).

156 Vgl. Radkau: Max Weber, S. 82 ff.

157 I, S. 159 f.

158 Heuss/Knapp: So bist Du mir Heimat geworden, S. 65 ff. (10.9.1906).

159 Ebd., S. 83.

160 Ebd., S. 87 f.

161 I, S. 171 (8./9.10.1906).

162 Radkau: Max Weber, S. 484.

163 Ursula Heuss-Wolff, obwohl gegenüber Elly sonst eher kritisch, bekräftigte mir gegenüber (28.5.2006): »Heuss war nichts ohne Elly und Elly nichts ohne Heuss«, während Hildegard Hamm-Brücher den Akzent auf das Spannungsvolle dieser Beziehung legte.

164 Heuss an Elly, 10.8.1907 (FA).

165 Radkau: Max Weber, S. 275.

166 Radkau: Das Zeitalter der Nervosität, S. 144–169.

167 Ebd., S. 163.

168 Elly an Heuss, 23.2.1908 (FA).

169 I, S. 261 (Heuss an Elly, 25.2.1908).

170 I, S. 257 (Heuss an Elly, 16./17.1.1908).

171 Im Jahr seines Todes erwähnt Heuss in einem Brief an Toni Stolper (20.1.1963, N 1186/127) gewisse Episoden seiner jungen Jahre, die sein Verleger Leins gerne in seine »Erinnerungen« aufgenommen hätte, er selbst jedoch der Vergessenheit überlassen wollte: »die Abenteuer bei der Hauswirtin … sind z.T. zu derb, oft betrunkene Schwester und eine blonde Mieterin, die nach Photographien nackte

Mädchen malte, sich aus Sentimentalität schwängern ließ, abtrieb und dann von mir getröstet werden wollte. Stoff für Spätnaturalismus – aber das interessiert mich nicht mehr.«

172 Heuss: Erinnerungen, S. 105.

173 Heuss an Elly, 6.11.1906 (FA).

174 Elly Heuss-Knapp: Ausblick vom Münsterturm, S. 105.

175 Georg Friedrich Knapp an Heuss, 30.1.1912 (FA).

176 Elly Heuss-Knapp: Ausblick vom Münsterturm, S. 63 f.

177 Nils Ole Oermann (Albert Schweitzer 1875–1965. Eine Biographie, München 2009, S. 83 f.) gewinnt aus damaligen Briefen Schweitzers den Eindruck, dessen Weg vom Bach-Biographen zum Urwaldarzt sei »wohl weniger geradlinig gelaufen«, als Schweitzer es später dargestellt habe.

178 Heuss an Elly, 30.12.1911 (FA).

179 Heuss an Elly, April 1913? (FA)

180 Die psychologisch geschulte Ursula Heuss-Wolff antwortete mir auf meine Frage, worin das Geheimnis der Heuss'schen Ruhe bestanden habe, wie aus der Pistole geschossen: »im Wein!«

181 Hans Bott: Theodor Heuss in seiner Zeit, Göttingen 1966, S. 96.

182 Heuss an Toni Stolper, 4.11.1958 (N 1186/124).

183 Radkau: Das Zeitalter der Nervosität, S. 68.

184 Ebd., S. 275–286.

185 Bürgerin zweier Welten, S. 62 (14.3.1906).

186 Boveri/Prinzing: Theodor Heuss, S. 79 f.

187 Radkau: Das Zeitalter der Nervosität, S. 315–320.

188 Heuss: Vorspiele, S. 102.

189 Ebd., S. 67.

190 Elly an Heuss, 23.7.1922 (FA).

191 Wilhelm Hausenstein: Ausgewählte Briefe 1904–1957, hrsg. von Hellmut H. Rennert, Oldenburg 1999, S. 25 (Hausenstein an Heuss, 21.3.1906).

192 I, S. 154 (an Hermann Erhard, 18.7.1906) und 463 (an Elly, 30.9.1915). Am 8.8.1907 schreibt Heuss an Elly über Hausenstein (FA), bei aller »aufregenden Nervosität« gehöre er zu den »sehr amüsanten Unterhaltern, hat etwas von französischem Esprit, ist sehr hübsch und auch elegant, und versteht auch die Sprache der Ironie sehr gut. Außerdem ist er ein vollkommen ehrlicher Mensch.« Alles in allem rundherum ein Mann nach Heuss' Geschmack wie nur wenige andere!

193 Hans Paasche: Die Forschungsreise des Afrikaners Lukanga Mukara ins innerste Deutschland (urspr. 1912/13), Neudruck Bremen 1993. Dazu Joachim Radkau: »Die Verheißungen der Morgenfrühe. Die Lebensform in der neuen Moderne«, in: Kai Buchholz u.a. (Hrsg.): Die Lebensreform, Bd. 1, Darmstadt 2001, S. 55 ff.

194 I, S. 246 (18.10.1907).

195 Heuss/Knapp: So bist Du mir Heimat geworden, S. 413 (24.1.1908).

196 I, S. 478 (an Georg Friedrich Knapp, 5.3.1916).

197 Joan Campbell, die Historikerin des Werkbundes und Tochter von Heuss' Altersliebe Toni Stolper, gibt »zu bedenken, dass von den drei Männern, die man mit bestem Recht als die Gründer des Werkbunds bezeichnen kann – Hermann Muthesius, Friedrich Naumann, Henry van de Velde –, nur einer, Naumann, persönlich an

der Münchener (Gründungs-)Tagung teilnahm«, wenn auch Muthesius »am häufigsten als der Vater des Werkbunds genannt wird«. Joan Campbell: Der Deutsche Werkbund 1907–1934, München 1989, S. 17.

198 Dahrendorf/Vogt (Hrsg.): Theodor Heuss, S. 53 (= Magdeburgische Zeitung, 21.6.1911).

199 Theodor Heuss: Was ist Qualität? Zur Geschichte und zur Aufgabe des Deutschen Werkbundes, Tübingen 1951, S. 13 f.

200 Theodor Heuss: Würdigungen. Reden, Aufsätze und Briefe aus den Jahren 1949–1955, hrsg. von Hans Bott, Tübingen 1955, S. 183. Und wieder in seinem Präludium zu: Als das Jahrhundert jung war, Zürich 1961, S. 17: »Das unseligste Zeugnis des alten Jahrhunderts waren doch die aus der Ehe von Romantik und Rationalismus stammenden Kinder.«

201 Heike Hambrock: Hans und Marlene Poelzig. Bauen im Geist des Barock, Bremen 2005. Vgl. Heuss in seinem Nachruf auf Alfred Messel, den Erbauer des Kaufhauses Wertheim in Berlin, über die in dieser Architektur versteckten »Erinnerungen aus der Kunstgeschichte«: Die Hilfe, 15. Jg., S. 217 (4.4.1909).

202 Theodor Heuss, »Präludium« zu Josef Halperin (Hrsg.): Als das Jahrhundert jung war, S. 18.

203 Heuss: Naumann, S. 225.

204 Ebd., S. 231 f.; Hartmut Zelinsky: Richard Wagner. Ein deutsches Drama, Frankfurt 1976, S. 93 f.

205 I, S. 107 (an Lulu von Strauß und Torney, 12.5.1903).

206 Heuss an Ernst Ludwig Heuss, 24.1.1930 (FA).

207 Heuss: Tagebuchbriefe, S. 388 (18.1.1959).

208 Heuss: Vorspiele, S. 135.

209 Ulrich Raulff: Kreis ohne Meister. Stefan Georges Nachleben, München 2009.

210 I, S. 380 f. (Heuss an Elly, 29.3.1913).

211 N 1186/123 (an Toni Stolper, 2.11.1957).

212 Joachim Radkau: Technik in Deutschland. Vom 18. Jahrhundert bis heute, Neuausgabe Frankfurt 2008, S. 262.

213 Hans-Heinrich Welchert (Hrsg.): Theodor-Heuss-Lesebuch, Tübingen 1975, S. 56 f.

214 Rudolf Vierhaus (Hrsg.): Am Hof der Hohenzollern, München 1965, S. 259 (17.4.1912).

215 Friedrich Münzinger: Atomkraft, 3. Aufl. Berlin 1960, S. 261.

216 Heuss/v. Strauß und Torney: Ein Briefwechsel, S. 204–206.

217 Vgl. Heuss: Bilder und Gestalten, S. 239 (über Max Liebermann, 1914).

218 Heuss/Knapp: So bist Du mir Heimat geworden, S. 86 (5.10.1906).

219 Ebd., S. 35 (Ostersonntag 1906).

220 Die Hilfe, 14. Jg., S. 608 (20.9.1908).

221 Eduard Baumgarten: Max Weber. Werk und Person, Tübingen 1964, S. 520.

222 Alexander Tille: Lujo Brentano und der akademische Klassenmoralismus, Berlin 1912.

223 Brentano: Mein Leben, S. 297.

224 Dazu Hedwig Wachenheim: Die deutsche Arbeiterbewegung, 1844–1914, Köln 1967, S. 434 Fn.

225 Die Hilfe, 11. Jg., Nr. 43 (12.11.1905), S. 4.

226 Reiner Burger: Theodor Heuss als Journalist. Beobachter und Interpret von vier Epochen deutscher Geschichte, Münster 1999, S. 94 ff.
227 Vgl. z. B. seinen Artikel »Sozialdemokratie und Budget« in: Die Hilfe, 14. Jg., S. 542 f. (23.8.1908).
228 Martin: Deutsche Machthaber, S. 401.
229 Die Hilfe, 14. Jg., S. 624 (27.9.1908) in einem Bericht über den Nürnberger Parteitag der SPD.
230 Heuss: Erinnerungen, S. 35 ff.
231 Vgl. seinen Artikel über »Herrn von Heydebrand« in: Die Hilfe, 15. Jg., S. 451 (18.7.1909)!
232 Das ist ein zentrales Thema von Margaret Lavinia Anderson: Lehrjahre der Demokratie. Wahlen und politische Kultur im Deutschen Kaiserreich, Stuttgart 2009; vgl. besonders die beiden Hauptteile über »Schwarze Magie«, S. 103–198!
233 Die Hilfe, 14. Jg., S. 35 (19.1.1908).
234 Heuss: Vorspiele, S. 145.
235 Die Hilfe, 15. Jg., S. 514 f. (15.8.1909).
236 Welchert: Theodor-Heuss-Lesebuch, S. 37 (Die Hilfe, 20.4.1902).
237 Heuss: Vorspiele, S. 245. Vgl. auch Heuss in »Die Hilfe« (15. Jg., S. 514) vom 15.8.1909 (»Zentrumssorgen«), wenn auch mit Ironie: »Man darf mit einer gewissen ästhetischen Neugierde dem nächsten Katholikentag … entgegensehen.«
238 Tagebuchbriefe, S. 148 (19.2.1956).
239 Heuss: Erinnerungen, S. 34 f. Das wird durch seinen zeitgenössischen Bericht über eine Kundgebung des Bundes der Landwirte im Zirkus Busch vollauf bestätigt: Die Hilfe, 15. Jg., S. 132 (28.2.1909).
240 Friedrich Lenger: Werner Sombart 1863–1941. Eine Biographie, München 1994, S. 155 f.
241 Neckar-Zeitung, 19.10.1907, zit. n. Welchert (Hrsg.): Heuss-Lesebuch, S. 39–44.
242 I, S. 278 (14.1.1909). Dazu Max Stolper (4.7.2012 an Verf.): »The quotation … is priceless – it should be the theme of the entire book.«
243 Ebd., S. 111 (17.8.1903).
244 Becker: Theodor Heuss, S. 32 f.
245 IV, S. 41.
246 Heuss/Knapp: So bist Du mir Heimat geworden, S. 115 (21.11.1906).
247 Darauf verweist Anderson: Lehrjahre der Demokratie, S. 519.
248 Heuss: Erinnerungen, S. 65. In »Die Hilfe« vom 18.7.1909 (15. Jg., S. 451) klagt Heuss allerdings noch über den »elenden und schädlichen heimlichen Parlamentarismus …, an dem wir heute leiden«. Aber wieso leiden? Ebd. S. 482 (»Der Sturz Clemenceaus«, 1.8.1909) bemerkt er, wenn auch ironisch, dass selbst die deutschen Rechtsparteiler »ernsthaftere Praktiker des Parlamentarismus« seien als die französischen Parlamentarier!
249 »Jagows Bekehrung«, in: Die Hilfe, 16. Jg., S. 232, 17.4.1910.
250 Die Hilfe, 15. Jg., S. 58 (24.1.1909).
251 Bülow: Denkwürdigkeiten, Bd. 3, S. 11.
252 Vgl. Heuss' Artikel über »Walden« in: Die Hilfe, Nr. 51 (24.12.1905), S. 12, wobei er allerdings Thoreaus Wildnis als Idylle wahrnimmt – was diese in nächster Nähe von Boston auch mehr oder weniger war.

253 Heuss: Vor der Bücherwand, S. 255 (1914).
254 Ebd., S. 159 f.
255 Die Hilfe, Jg. 16/1910, S. 277 (1.5.1910).
256 Heuss an Toni Stolper, 23.11.1959 (N 1186/125): »Ja, das mit dem Zeichnen schafft eine eigentümliche Situation des konzentrierten in sich Versenkens.«
257 Vgl. Doris Sieckmeyer/Klaus Füßmann: Theodor Heuss – Der Zeichner (Ausstellungskatalog der Friedrich-Naumann-Stiftung), Köln o. J. (1994).
258 So Heuss über das »großartige Paradox« dieses Künstlers zu Beginn seines Beitrages über Wilhelm Busch in Band 5 der »Großen Deutschen«, der auch einer Busch-Neuausgabe des Bertelsmann-Leserings vorangestellt wurde. Und gegen Schluss: »Kein ›Menschenfeind‹ – sein Leben hat zuviel Züge der sorgenden Wärme –, aber ein Freund der Distanz, die er gerne selber bestimmte.« Auch da schildert Heuss ein Stück von sich selbst!
259 Welchert (Hrsg.): Theodor-Heuss-Lesebuch, S. 37 (Die Hilfe, 20.4.1902).

2 Kühl und korrekt durch den Krieg: Der Zivilist vor der Urkatastrophe des 20. Jahrhunderts

1 Joachim Radkau: Das Zeitalter der Nervosität, München 1998, S. 416 ff.; mein einstiger Doktorvater Fritz Fischer gestattete mir dennoch, ihm das Buch zum 90. Geburtstag zu widmen. Auf dem Höhepunkt der Kontroverse, um 1968, berichtete sein damaliger Assistent Peter Borowsky im kleinen Kreis mit Augurenlächeln, wenn die Hilfskräfte Fischers und seines Kontrahenten Zechlin privat zusammensäßen, seien sie sich darüber einig, dass jeder, wenn er wollte, selbstverständlich auch jede Menge Material für die Gegenseite liefern könne!
2 Vieles dazu in den ersten Kapiteln der provokativ revisionistischen Darstellung von Niall Ferguson: Der falsche Krieg. Der Erste Weltkrieg und das 20. Jahrhundert, Stuttgart 1999. Ferguson beachtet jedoch nicht, dass gerade diese Arglosigkeit den Krieg ermöglichte.
3 Toni Stolper an die Familie Heuss, 3.10.1953.
4 Welchert (Hrsg.): Theodor-Heuss-Lesebuch, S. 73.
5 Karl Alexander von Müller: Aus Gärten der Vergangenheit. Erinnerungen 1882–1914, Stuttgart 1951, S. 229.
6 Gertrud Bäumer: Lebensweg durch eine Zeitenwende, Tübingen 1933, S. 263.
7 Radkau: Max Weber, S. 700 f.
8 Jean-Jacques Becker/Gerd Krumeich: Der Große Krieg. Deutschland und Frankreich im Ersten Weltkrieg 1914–1918 (aus dem Französ.), Essen 2010, S. 65.
9 Hanns-Erich Kaminski: »Bülows Erinnerungen«, in: Die Weltbühne, Jg. 1930/II, S. 540 (7.10.1930).
10 Die Friedenswarte, Jg. 1913, S. 201 f., zit. n. Joachim Radkau: Krieg und Frieden, Stuttgart 1915 (= Politische Weltkunde II), S. 109.
11 Vgl. die packende Schlussszene in Hallgartens großem Imperialismus-Werk, als August Bebel 1911 vor dem »Massenelend« als Folge eines künftigen Krieges warnt, dagegen ein »Zuruf von rechts« ertönt: »Nach jedem Krieg wird es besser!« George W. F. Hallgarten: Imperialismus vor 1914, Bd. 2, 2. Aufl. München 1963, S. 495. Zugleich jedoch die Erwartung, der Krieg werde am Ende den »großen

Kladderadatsch«, die Revolution bringen! Im Blick darauf glaubte der sozialdemokratische Chefideologie Karl Kautsky, so wie Heuss seine Schrift »Der Weg zur Macht« (1909) in der »Hilfe« (15. Jg./1909, S. 563) referiert, das Proletariat dürfe dem Krieg mit »Ruhe« und »am zuversichtlichsten von allen Klassen« entgegensehen.

12 Das dokumentiert der damals vielbeachtete, scharf regierungskritische und von dem verabschiedeten Regierungsrat Rudolf Martin verfasste Bestseller: Deutsche Machthaber, Berlin 1910, S. 482 f. Er schildert Bethmann Hollweg als schlechten Patrioten, weil er die Kriegsrüstung vernachlässige, wobei er immerhin anerkennt, unter ihm hätten sich die Beziehungen zum Ausland »ohne Zweifel verbessert«. Naumann bekennt, er werde durch die »gewisse Leidenschaft« dieses nicht immer soliden Vielschreibers »gefesselt« (Die Hilfe, Jg. 14/1908, S. 398, = 21.6.1908).

13 Hellmut von Gerlach: Von Rechts nach Links (urspr. 1937), Frankfurt 1987, S. 245.

14 Ferguson: Der falsche Krieg, S. 220.

15 Das erkannte später selbst Fritz Fischer an. In einem Gespräch mit mir am 25.4.1992 bemerkte er, Bethmann Hollweg sei an dem psychischen Druck der Erinnerung an 1914 gestorben.

16 Gerd Krumeich zur Erklärung, weshalb selbst ein Max Weber bei Kriegsende die These von der deutschen Kriegsschuld scharf zurückwies, am 22.7.2012 an Verf.: Man solle nicht vergessen, »dass die Sowjets damals gerade die russischen Archive publiziert hatten und deshalb die Überzeugung (zu) groß war, dass Poincaré und Iswolsky zumindest ein gerüttelt Maß an Mitschuld hatten.«

17 Robert F. Kennedy: Dreizehn Tage. Die Verhinderung des Dritten Weltkrieges durch die Brüder Kennedy, Bern 1969, S. 52 f., 135.

18 Heuss: Naumann, S. 101.

19 Ebd., S. 160.

20 Friedrich Naumann: Das Blaue Buch von Vaterland und Freiheit, Königstein 1913, S. 103.

21 I, S. 355 f. (Heuss an Naumann, 3.5.1912).

22 Heuss: »Die deutsche Kriegsbereitschaft«, in: Neckar-Zeitung, 18.4.1912, zit. n. Jürgen C. Heß: Theodor Heuss vor 1933, S. 21 f.

23 Joan Campbell: Der Deutsche Werkbund 1907–1934, München 1989, S. 123.

24 Hallgarten: Imperialismus vor 1914, Bd. 2, S. 177.

25 Eine Fülle von Informationen darüber in Ralf Forsbach: Alfred von Kiderlen-Wächter, 2 Bde., Göttingen 1997, so ebd., Bd. 2, S. 548 f.: Jäckh wurde eine Art PR-Mann für Kiderlen, dessen schwäbischer Dickköpfigkeit die öffentliche Meinung gleichgültig gewesen sei. Vermutlich dank Jäckhs Vermittlung gelangte auch Paul Rohrbach in Kiderlens Beraterstab.

26 So Heuss 1924 in seinem Essay über Jäckhs zweibändiges Kiderlen-Opus, neu veröffentlicht in Heuss: Profile – Nachzeichnungen aus der Geschichte, Tübingen 1964, S. 233. Selbst kurz vor seinem Tod ließ Heuss diese Verteidigung Kiderlens in seinem 40 Jahre davor verfassten Text stehen! In einem Vorlesungsskript vom Wintersemester 1930/31 »Vorgeschichte und Verlauf des Weltkrieges« notiert Heuss bei der zweiten Marokkokrise: »Kiderlens kluges Durchlavieren« (N 1221/391).

27 Becker/Krumeich: Der Große Krieg, S. 53, 57.

28 Ernst Jäckh: Der goldene Pflug. Lebensernte eines Weltbürgers, Stuttgart 1954, S. 234 ff.

29 Reiner Burger: Theodor Heuss als Journalist, Münster 1999, S. 113.

30 Dieter Krüger: Nationalökonomen im wilhelminischen Deutschland, Göttingen 1983, S. 215. Noch 1924 versicherte Jäckh: »Die Friedensliebe der Bethmannschen Politik ist über alle Zweifel erhaben, ebenso wie andererseits der Kriegswille der russischen Militärpartei und ihrer Mobilmachung.« Ernst Jäckh (Hrsg.): Kiderlen-Wächter, der Staatsmann und Mensch, 2. Bd., Berlin 1924, S. 211.

31 I, S. 419 (Heuss an seinen Bruder Ludwig Heuss, 2.11.1914).

32 Davon zeugt schon die Fülle der Belege für Jäckh bei Burger: Theodor Heuss als Journalist.

33 Burger: Theodor Heuss als Journalist, S. 206. Noch am 10.1.1953 nennt Heuss in einem Brief an Gottfried Traub Rohrbach, den er demnächst zu treffen hofft, einen »aus dem alten Team« (N 1221/210).

34 Heuss: Erinnerungen, S. 28 f.

35 Sogar noch ausführlicher in Fischers zweitem Buch: Krieg der Illusionen. Die deutsche Politik von 1911 bis 1914, Düsseldorf 1969, S. 374 f. u. a.

36 Fritz Fischer: Griff nach der Weltmacht, 3. Aufl., Düsseldorf 1964, S. 190.

37 Die Hilfe, Jg. 15/1909, S. 74 (31.1.1909).

38 FA, an Elly, 6.7.1906.

39 FA, aus Den Haag an Elly, 20.7.1907.

40 Heuss: Vorspiele, S. 196.

41 Eyck: Das persönliche Regiment Wilhelms II., S. 662; es ist bemerkenswert und weckt für das Heuss'sche Verhalten 1913 Verständnis, wie selbst Eyck noch nach dem Zweiten Weltkrieg diese Wehrvorlage, für die damals auch die Linksliberalen stimmten, verteidigt!

42 Neckar-Zeitung vom 31.3.1913, S. 1, zit. n. Burger: Theodor Heuss als Journalist, S. 160.

43 I, S. 397 f. (an Conrad Haußmann, 28.7.1914).

44 Burger: Theodor Heuss als Journalist, S. 163.

45 Der März, Jg. 1914, VIII, zit. n. Dahrendorf/Vogt: Theodor Heuss, S. 67 f.

46 Imanuel Geiss: Studien über Geschichte und Geschichtswissenschaft, Frankfurt/M. 1972, S. 187 f.

47 Vgl. die konträren Stellungnahmen von Bernd Sösemann und Erdmann in der »Historischen Zeitschrift«, Bd. 236/1983, H. 2, wobei die Kontroverse bis in die Papieranalyse hineingeht.

48 Vgl. Heuss' Schreiben nach Kurt Riezlers Tod an dessen Bruder Walter Riezler, 13.1.1956 (N 1221/331): »Man wird respektieren müssen, dass Kurt ihre Vernichtung testamentarisch angeordnet hat, aber diese Respektierung kann doch nur so weit gehen, dass man die Dinge nicht in irgendwelche fremden Hände gehen lässt …« Im Klartext: zuerst respektieren, dann nicht respektieren! Walter Riezler an den ebenfalls Heuss bestens bekannten Historiker Walter Goetz (18.10.1957): »Leider muss ich sagen, dass ich mit der Tatsache, dass unser Freund Heuss die ihm zu treuen Händen übergebenen Tagebücher meines Bruders ohne mich zu benachrichtigen an die Historische Kommission weitergegeben hat, noch nicht fertig geworden bin.« Zit. bei Bernd F. Schulte: Weltmacht durch die Hintertür, Hamburg

2003, S. 24. Anscheinend wusste er nicht, dass Goetz selber Heuss gemahnt hatte: »Riezlers Wunsch seine Aufzeichnungen zu vernichten muss umgangen werden.« (Ebd., S. 21) Er verlangte nach dieser Heuss'schen Eigenmächtigkeit alle Abschriften von der Historischen Kommission wieder zurück.

49 Fritz Fischer: Juli 1914: Wir sind nicht hineingeschlittert. Das Staatsgeheimnis um die Riezler-Tagebücher – Eine Streitschrift, Reinbek bei Hamburg 1983, S. 51.

50 Die frühere Erdmann-Mitarbeiterin Agnes Blänsdorf hält diese Mitteilung mit Hinweis auf andere Korrespondenzen für unglaubwürdig. Dies.: Der Weg der Riezler-Tagebücher. Zur Kontroverse über die Echtheit der Tagebücher Kurt Riezlers, in: Geschichte in Wissenschaft und Unterricht 10/1984, S. 680, Fn. 61. Unverständlich ist jedoch ihre Behauptung (S. 665), Heuss habe »den Inhalt der Aufzeichnungen nicht gekannt«.

51 Heuss: Zu den Tagebuchnotizen von Kurt Riezler, 29.10.1957, N 1221/190.

52 Peter Rassow: Gutachten über die Tagebuchaufzeichnungen von Kurt Riezler, o. D.; Heuss' Dankesschreiben datiert vom 11.11.1957 (B 122/2068).

53 »Wieviel verdanke ich diesem Mann«, schreibt sie aus Anlass von Riezlers Tod 1955 an Heuss; und dabei nennt sie auch das »Ruedorffer-Buch«: die von Riezler unter dem Pseudonym J. J. Ruedorffer veröffentlichten »Grundzüge der Weltpolitik der Gegenwart« (1913), die zum Corpus delicti Fritz Fischers im »Krieg der Illusionen« wurden! Bernd F. Schulte: Weltmacht durch die Hintertür, S. 15. Schulte hatte Einblick in die auf Riezler bezogenen Korrespondenzen zwischen Heuss und Toni Stolper bekommen.

54 Toni Stolper an Eberhard Pikart, 21.1.1968 (N 1186/132). Erdmann zufolge erteilte Riezlers in den USA lebende Tochter Mary White erst am 8.2.1968 die Genehmigung zur Veröffentlichung (im Vorwort zu Riezler: Tagebücher, S. 12).

55 Vgl. Toni Stolper: Gustav Stolper – Ein Leben in Brennpunkten unserer Zeit, Tübingen 1960, S. 74 ff.

56 Heuss an Toni Stolper, 11.3.1962 (N 1186/132).

57 Vgl. Geiss: Der lange Weg in die Katastrophe, S. 329: »Gegen die sensationelle ›Verfälschungs‹-These spricht schon die einfache Überlegung, dass der von Erdmann abgedruckte Text für deutsche Reichspatrioten, die der Kriegsunschuldthese Deutschlands anhingen …, schon so ungeheuerlich sein musste, dass ein härterer ›Ur-Riezler‹ … gar nicht nötig war, um das von verschiedenen Seiten überlieferte Entsetzen in der amerikanischen Emigration während des Zweiten Weltkrieges zu erklären.« »Entsetzen« ist freilich übertrieben!

58 Vgl. den von seinem Referenten Hans Bott in seinem Auftrag verfassten Brief an einen Ludwig Sentker vom 9.3.1956 (N 1221/333): Er halte es »für reinen Illusionismus, nun die Auseinandersetzung auf die ›Kriegsschuldfrage‹ von 1914 zurückzulenken«, die »ganz gewiss völlig uninteressant« geworden sei.

59 Ebd., S. 131; eine englische Übersetzung sandte er an Alvin Johnson (mit Brief vom 3.11.1955, N 1221/156), den Leiter der New Yorker New School for Social Research, die den emigrierten Riezler wie eine größere Zahl anderer deutscher emigrierter Wissenschaftler aufgenommen hatte.

60 So Erdmann in seiner Einleitung zu Riezler: Tagebücher, S. 31, in Anspielung auf Heuss' Nachruf, der sich Riezler gut am Hofe des Lorenzo di Medici vorstellen konnte.

61 Vgl. Kurt Riezlers Beitrag zu Hans Bott/Hermann Leins (Hrsg.): Begegnungen mit Theodor Heuss, Tübingen 1954, S. 61 ff. In den Riezler-Tagebüchern aus dem Weltkrieg kommt Heuss nicht vor.

62 Heuss an Toni Stolper, 9.8.1955 (1186/121).

63 Theodor Heuss – Politik durch Kultur 1949–1959, Ausstellungskatalog von Michael Kienzle und Dirk Mende, Stuttgart 1984, S. 50.

64 Fischer: Krieg der Illusionen, S. 664.

65 Gerade von dem mit Heuss gut bekannten Bernhard Wilhelm von Bülow. Ders.: Die Krisis, Berlin 1922, S. 176 Fn., auch wenn er auf der darauffolgenden Seite hervorhebt, der Krieg sei »letzten Endes nicht aus einer Reihe von kleinen Einzelhandlungen und Zufälligkeiten entstanden, sondern aus dem *Willen zum Kriege*«, und es für evident hält, dass ebendieser Wille bei den Deutschen nicht vorhanden gewesen sei (S. 13).

66 Als sich um 1968 an meinem früheren Gymnasium herumgesprochen hatte, dass ich bei Fritz Fischer promovierte, wurde ich von meinem früheren Klassenlehrer, dessen Favorit ich als Schüler gewesen war, auf offener Straße angefahren, wie ich dazu käme, zu diesem »Lump« zu gehen, wo doch selbst Lloyd George anerkannt habe, dass niemand die Schuld am Ersten Weltkrieg habe, sondern alle Beteiligten »hineingeschlittert« seien!

67 Heuss: Erinnerungen, S. 186.

68 Heuss: »Bethmanns Verteidigung«, in: Die Hilfe, Jg. 16/1910, S. 117 f. (27.1.1910).

69 Heuss: Tagebuchbriefe, S. 212 (6.11.1956).

70 Erdmann in der Einleitung zu Riezler: Tagebücher, S. 55: »Das Bild, das sich Riezler von Bethmann Hollweg machte, hatte in der Julikrise einen Zug ins Monumentale gewonnen. … Der Zauderer schien unter dem Zwang des Fatums, das er über Deutschland und Europa verhängt glaubte, über sich hinauszuwachsen …«.

71 Vgl. Heuss: Naumann, S. 385 f.; Ders.: Erinnerungen, S. 245, 247.

72 Riezler: Tagebücher, S. 180 (30.7.1911).

73 Erdmann in seiner Einleitung zu Riezler: Tagebücher, S. 27: »Für die Frage Krieg oder Frieden misst er dem Faktor der bewussten menschlichen Entscheidung nur eine geringe Bedeutung bei.«

74 Bülows Rede- und Schreibweise war allerdings noch weit mehr als die Heuss'sche mit gebildeten Zitaten überladen. Im Vergleich dazu erkennt man bei Heuss einen Fortschritt zu einem demokratischeren Witz!

75 Im Mai 1914 hatte das Ehepaar Heuss Bülow noch in Rom in der Villa Malta besucht; Heuss: Erinnerungen, S. 146.

76 Heuss: Naumann, S. 326.

77 Friedrich Thimme (Hrsg. der Großen Politik der europäischen Kabinette!): »Bülow und Bethmann Hollweg«, in: Ders. (Hrsg.): Front wider Bülow, München 1931, S. 194: »Wenn man von Kaiser Wilhelm II. absieht, so hat Fürst Bülow in seinen nachgelassenen Denkwürdigkeiten keine Persönlichkeit so sehr in Grund und Boden kritisiert, so herabgewürdigt, so lächerlich zu machen gesucht wie seinen Nachfolger Bethmann Hollweg.« Im gleichen Sinne Friedrich Freiherr Hiller von Gaertringen: Fürst Bülows Denkwürdigkeiten. Untersuchungen zu ihrer Entstehungsgeschichte und ihrer Kritik, Tübingen 1956, S. 65 ff.

78 Heuss: Profile, S. 286.
79 II, S. 388 (28.9.1930).
80 Eckart Conze u.a.: Das Amt und die Vergangenheit. Deutsche Diplomaten im Dritten Reich und in der Bundesrepublik, München 2010, vor allem S. 25 (Bülow 1933 als Einstieg!) und S. 38–46; neuerdings auch Hermann Graml: Bernhard von Bülow und die deutsche Außenpolitik. Hybris und Augenmaß im Auswärtigen Amt, München 2012.
81 Ulrich Heinemann: Die verdrängte Niederlage. Politische Öffentlichkeit und Kriegsschuldfrage in der Weimarer Republik, Göttingen 1983, S. 56f.; über seinen wachsenden politischen Einfluss ebd. S. 219, 222.
82 Heuss: Profile, S. 282.
83 Bernhard Wilhelm von Bülow: Die Krises. Die Grundlinien der diplomatischen Verhandlungen bei Kriegsausbruch, 3. Aufl. Berlin 1922, S. 181.
84 Jürgen C. Heß: Theodor Heuss vor 1933, S. 154 Fn.
85 Heuss: Staat und Volk. Betrachtungen über Wirtschaft, Politik und Kultur, Berlin 1926, S. 284.
86 II, S. 265 Fn.
87 I, S. 456 (an Lulu von Strauß und Torney, 20.7.1915).
88 Dieter Krüger: Nationalökonomen im wilhelminischen Deutschland, Göttingen 1983, S. 129–140 (»Die Kontroverse über den Kriegssozialismus«).
89 Dieter Langewiesche: Liberalismus und Demokratie im Staatsdenken von Theodor Heuss, Stuttgart 2005, S. 12. Da wird diese Broschüre jedoch als Heuss'sches Positionspapier zu ernst genommen.
90 Heuss: Kriegssozialismus, Stuttgart/Berlin 1915, S. 7f. Dieses Zitat bringt Gertrud Theodor: Friedrich Naumann oder der Prophet des Profits, Berlin 1957, S. 156f.: für die orthodoxe DDR-Autorin ein gefundenes Fressen!
91 Heuss: Zwischen Gestern und Morgen, Stuttgart 1919, S. 28, auch S. 46.
92 Heuss: Kriegssozialismus, S. 38.
93 Heuss: Schwaben und der deutsche Geist, 2. Aufl. Konstanz 1916, S. 12ff., 84.
94 Heuss: Erinnerungen, S. 187.
95 Theodor Heuss – Lulu von Strauß und Torney: Ein Briefwechsel, Düsseldorf 1965, S. 194 (16.8.1915).
96 Burger: Theodor Heuss als Journalist, S. 134ff.
97 Ebd., S. 145.
98 Heuss: »Hermann Hesse, der ›vaterlandslose Gesell‹«, in: Neckar-Zeitung, 1.11.1915, zit. n. Dahrendorf/Vogt: Theodor Heuss, S. 73.
99 Daran erinnert Heuss in seiner Ansprache zu Hesses 75. Geburtstag am 2.7.1952; Heuss: Die großen Reden. Der Humanist, S. 97.
100 I, S. 429 (23.1.1915).
101 Heuss: Würdigungen, S. 84.
102 Heuss: Lust der Augen. Stilles Gespräch mit beredtem Bildwerk, Tübingen 1960, S. 200.
103 Stéphanie Guerzoni: »Nein, ich spreche nicht deutsch, nur berndeutsch oder französisch«, in: Beat Sterchi/Cornelia Luchsinger (Hrsg.): Ferdinand Hodler – Biographische Erinnerungen, Zürich 2004, S. 119f.
104 In der Tat pries der »Völkische Beobachter« 1938 Hodler als »Künder des Monu-

mentalen«! Manfred Hettling: »Die Nationalisierung von Kunst. Der ›Fall Hodler‹ 1914«, in: Ders. u.a. (Hrsg.): Was ist Gesellschaftsgeschichte? (Festschrift zum 60. Geburtstag von Hans-Ulrich Wehler), München 1991, S. 223.

105 Rudolf Koella: »›Die Idee der Einheit‹. Ferdinand Hodler und die deutsche Lebensreformbewegung«, in: Kai Buchholz u.a. (Hrsg.): Die Lebensreform, Bd. 1, Darmstadt 2001, S. 234.

106 Hermann Kellermann: Der Krieg der Geister 1914, Dresden 1915, S. 236–297. Der Berliner Bildhauer Fritz Klimsch, ein Begründer der Berliner Sezession und einstiger Förderer Hodlers, hielt ihm entgegen, die Kathedrale von Reims sei in Wahrheit nur geringfügig beschädigt. »Schuld an der Beschießung tragen nur die Franzosen. Sie haben ihre Artillerie in die Nähe des Domes gruppiert und haben Beobachtungsposten auf die Türme gestellt.« (Ebd., S. 239 = Berliner Tageblatt vom 6.10.1914) Gerd Krumeich zufolge (an Verf., 31.7.2012) ist diese These durch neuere französische Recherchen im wesentlichen bestätigt worden; insofern war die deutsche Gegenkampagne nicht so grundlos, wie von kritischen Geistern oft angenommen wurde.

107 Heuss: »Hodlers Jenenser Studentenbild«, in: Die Hilfe, Jg. 15/1909, S. 317 (16.5.1909).

108 Heuss: »Was zuviel ist …«, in: März, 8. Jg., Nr. 44, 31.10.1914; Burger: Theodor Heuss als Journalist, S. 179; Koella: »Die Idee der Einheit«, S. 239.

109 Ernst Wolfgang Becker: Theodor Heuss, Stuttgart 2011, S. 37. Für die Fakten der Lusitania-Torpedierung Becker/Krumeich: Der Große Krieg, S. 263 f.

110 Riezler: Tagebücher, S. 219 (22.10.1914) u.a.

111 Dahrendorf/Vogt: Theodor Heuss, S. 84 ff. Man vergleiche bei Dahrendorf/Vogt den darauffolgenden, viel originelleren Heuss-Essay über Lovis Corinth!

112 I, S. 276, an Hermann Erhard, 31.12.1908.

113 I, S. 506 (4.4.1917).

114 An Elly, 9.4.1917 (FA).

115 An Elly, 17.7.1916 (FA).

116 Elly Heuss-Knapp: Ausblick vom Münsterturm, Neuausgabe Tübingen 1952, S. 111 f.

117 Vgl. I, S. 457, Heuss an Lulu von Strauß und Torney, 20.7.1915.

118 Margarethe Vater (Hrsg.): Bürgerin zweier Welten. Elly Heuss-Knapp – Ein Leben in Briefen und Aufzeichnungen, Tübingen 1961, S. 143.

119 Theodor Heuss/Elly Knapp: So bist Du mir Heimat geworden, S. 367 (6.11.1907).

120 Vater: Bürgerin zweier Welten, S. 161, an Willy Dürr, 10.8.1916: »Wir haben sogar kaufmännisch sehr gut gewirtschaftet trotz des Dilettantismus – und haben über vierzigtausend Mark Reingewinn gemacht.«

121 N 1221/26. In Stichworten für einen am 24.2.1917 gehaltenen Vortrag »Aufgaben der Friedenswirtschaft« notiert er ganz im Sinne Ellys: »Schutz der Heimarbeit muss es jetzt heißen.«

122 Vgl. ebd., S. 154 ff., ihren Nachruf auf Leoni in der »Straßburger Post« vom 24.11.1914.

123 Ebd., S. 158.

124 Margarethe Vater (Hrsg.): Elly Heuss-Knapp – Bürgerin zweier Welten, S. 162 (30.8.1916).

125 Im Familienarchiv Heuss, Basel.
126 Bernd Sösemann (Hrsg.): Theodor Wolff – Der Chronist. Krieg, Revolution und Frieden im Tagebuch 1914–1919, Düsseldorf 1997, S. 107 (12.6.1915).
127 Heuss/von Strauß und Torney: Briefwechsel, S. 185 (18.7.1915).
128 I, S. 455 (20.7.1915).
129 Heuss an Elly Heuss-Knapp, 15.1.1934 (FA).
130 I, S. 405, Heuss an Fritz Klein (28.8.1914), dessen mit Heuss befreundeter Sohn kurz darauf fiel. Vgl. auch Heuss: Kriegssozialismus, S. 7, über die »Tage der Mobilmachung«: »Der Abgang an Kranken, an Untauglichgewordenen war weit geringer, als angenommen worden war …« Wie die Kriegsstimmung von 1914 Kranke wieder gesund machte, war ein beliebtes Motiv jener Zeit; so erging es auch Hans Castorp am Ende von Thomas Manns »Zauberberg«. Heuss jedoch, sonst so stolz auf seine unerschütterliche Gesundheit, ließ sich nicht mitreißen!
131 Klaus-Jürgen Matz: Reinhold Maier (1889–1971), Bonn 1989, S. 42.
132 I, S. 455.
133 Sösemann: Theodor Wolff, S. 79 (9.2.1915).
134 Kurt Hiller: Ratioaktiv. Reden 1914–1964. Ein Buch der Rechenschaft, Wiesbaden 1966, S. 169 f.
135 Mit einer Eloge auf Hedwig Dohm beginnt das große Werk von Marielouise Janssen-Jureit: Sexismus – Über die Abtreibung der Frauenfrage, München 1976, S. 11–27.
136 Hedwig Dohm: »Der Friede und die Frauen«, in: Kurt Hiller (Hrsg.): Das Ziel – Aufrufe zu tätigem Geist, München 1916, S. 168.
137 Hiller: Das Ziel, S. 203.
138 Knut Borchardt macht mich auf eine ähnliche Passage in Max Webers Freiburger Antrittsrede von 1895 aufmerksam, wo dieser gegen die »Journalistenclique« eifert, »welche ihre Führung monopolisieren möchte«.
139 Heuss: »Die Politisierung der Literatur«, in: Das literarische Echo, 1.3.1916, zit. n. Dahrendorf/Vogt: Theodor Heuss, S. 76–83.
140 Heuss: »Mann gegen Mann«, in: Die Hilfe, Jg. 15/1919, zit. n. Dahrendorf/Vogt: Theodor Heuss, S. 104, 106.
141 Heuss: Naumann, S. 336.
142 Welchert (Hrsg.): Heuss-Lesebuch, S. 87.
143 Naumann: Mitteleuropa, S. 32.
144 Wenn Naumann (Mitteleuropa, S. 10) das Gerede vom »Entscheidungskampf zwischen Germanen und Slawen« als »Missgriff« kritisierte, war das implizit eine Kritik an der Reichsleitung, die noch 1912/13 diese Parole ausgegeben hatte; dazu Fischer: Krieg der Illusionen, S. 270 ff.
145 Elly Heuss-Knapp: Alle Liebe ist Kraft, hrsg. von Anna Paulsen »im Einvernehmen mit Theodor Heuss«, Stuttgart 1959, S. 84.
146 Fischer: Griff nach der Weltmacht, S. 113 ff.
147 Lujo Brentano: Mein Leben, S. 325.
148 Fischer: Griff nach der Weltmacht, S. 191.
149 Ulrich Zeller (Hrsg.): Schlaglichter. Reichstagsbriefe und Aufzeichnungen von Conrad Haußmann, Frankfurt 1924, S. 40.
150 Vortrag in Gerabronn am 23.2.1916 (N 1221/26).

151 Joan Campbell: Der Deutsche Werkbund 1907–1934, München 1989, S. 121 Fn. Vgl. Jäckhs eigene Darstellung, wie stets voller Selbstdramatisierung und Stilisierung seiner selbst zum Weltpolitiker, in: Der Goldene Pflug, Stuttgart 1954, S. 327–334.
152 Heuss: »Notizen und Exkurse zur Geschichte des Deutschen Werkbundes«, in: 50 Jahre Deutscher Werkbund, Berlin 1958, S. 24.
153 Heuss: Hans Poelzig. Lebensbild eines Baumeisters (1939), Neuausgabe Tübingen 1955, S. 66 f.
154 Heuss: Erinnerungen, S. 201.
155 Naumann: Mitteleuropa, S. 6 ff.
156 Hellmut von Gerlach: »Erinnerungen eines ›Junkers‹«, in: Die Weltbühne, Jg. 20, Nr. 27 (3.7.1924), S. 17.
157 I, S. 465 f. (Heuss an Naumann, 15.10.1915).
158 Heuss: Naumann, S. 334.
159 Ebd., S. 336 f.
160 Krüger: Nationalökonomen im wilhelminischen Deutschland, S. 178.
161 So Fritz Fischer: Griff nach der Weltmacht, S. 527.
162 I, S. 516 ff. (Heuss an Naumann, 28.7.1917).
163 Ebd., S. 158 Fn. (Naumann an Heuss, 1.8.1917).
164 Noch nach 1945 bemängelt Heuss an dem im amerikanischen Exil entstandenen Opus Gustav Stolpers »Deutsche Wirtschaft 1870 bis 1940«, dass dort Erzberger »zu gut weg«komme. »Die Ermordung hat ihm geschichtliche ›Würde‹ verliehen, die er persönlich nicht besaß.« Im Kern sei er »gesinnungslos« gewesen, ein opportunistischer Emporkömmling, »Teilhaber am deutschen Verhängnis«. (N 1186/136, o.D.) Dabei gesteht er ihm in seinen Erinnerungen (S. 243) zu, dass die Herkulesarbeit der Steuerreform nach dem verlorenen Krieg sein Werk und ein bedeutender Fortschritt gewesen sei!
165 Heuss: Naumann, S. 215.
166 Radkau: Max Weber, S. 741–746.
167 Joan Campbell: Der Deutsche Werkbund, S. 29.
168 I, S. 510 f. (Heuss an Georg Friedrich Knapp, 4.6.1917).
169 Radkau: Max Weber, S. 549.
170 Heuss: »Max Weber in seiner Gegenwart«, in: Max Weber: Gesammelte politische Schriften, hrsg. von Johannes Winckelmann, Tübingen 1958, S. IX.
171 Radkau: Max Weber, S. 225 f.
172 Vgl. Modris Eksteins: Theodor Heuss und die Weimarer Republik, S. 122: »Die Worte ›Marx ist tot‹ durchziehen wie ein Leitmotiv seine Kommentare über die SPD …«
173 Heuss: Führer aus deutscher Not – Fünf politische Porträts (mit eigener Paginierung zusammengebunden in: Volk und Staat – Eine Sammlung staatspolitischer Schriften, Berlin: Weltgeist-Bücher 1927), S. 51 f.
174 Radkau: Max Weber, S. 162–164. Knut Borchardt meinte demgegenüber zu mir, dass »das Zitat eines der zahlreichen Witze von Schumpeter ist, der sich doch mit Provokationen gefiel«.
175 Heuss: Zu Max Webers Gedächtnis, S. 62.
176 Ebd., S. 64.
177 Heuss: Max Weber in seiner Gegenwart, S. XXXI.

178 Das geht deutlich aus den letzten Kapiteln des bahnbrechenden Werkes von Wolfgang Mommsen hervor: Max Weber und die deutsche Politik 1890–1920, Tübingen 1974 (urspr. 1959); vgl. dort besonders S. 330. In der Zeit des Umbruchs um 1918/19, als er beste Chancen gehabt hätte, in eine entscheidende politische Position zu gelangen, legte er sich in seinen Rundumschlägen mit allen an, beschimpfte die Regierung als »Irrenhaus«, aber auch die Revolutionäre als »Verrückte«. Der jetzt veröffentlichte 1200-Seiten-Doppelband mit seinen Briefen 1918–1920 (MWG II/10) zeigt deutlich, dass er damals innerlich um das Liebesdrama mit Else Jaffé kreiste, der großen Liebe seines Lebens; selbst bei der Ausarbeitung seines Vortrags »Politik als Beruf«, der zu einem heiligen Text des Weber-Kults wurde, war er in Gedanken bei ihr (ebd., S. 403, 411). Aber das konnte Heuss damals nicht ahnen!

179 II, S. 152 (20.3.1921).

180 Andreas Anter: »Max Weber und die parlamentarische Demokratie der Bundesrepublik Deutschland«, in: Karl-Ludwig Ay/Knut Borchardt (Hrsg.): Das Faszinosum Max Weber. Die Geschichte seiner Geltung, Konstanz 2006, S. 363 f.

181 In einem Brief an Eduard Baumgarten; ders.: Max Weber – Werk und Person, Tübingen 1964, S. 613 Fn.

182 Heuss: Führer aus deutscher Not, S. 51.

183 Heuss: Deutsche Gestalten, Tübingen 1951, S. 475.

184 N 1186/122 (18.1.1956).

185 Radkau: Max Weber, S. 231.

186 MWG II/10, S. 946 f. (9.3.1920).

187 Heuss: »Die Fortschrittliche Volkspartei«, in: Rigaer Neueste Nachrichten, 10.3.1910, zit. n. Dahrendorf/Vogt: Theodor Heuss, S. 51 f.

188 Da ist mein Gesamteindruck konträr zu dem Peter Merseburgers, der meint, auf Heuss treffe zu, was Margret Boveri noch 1945 schrieb: »Wer das Kriegsende zweimal erlebt hat, wird mir zustimmen, dass das erste Mal das schrecklichere war. Es traf uns unvorbereitet.« (Merseburger: Theodor Heuss, S. 197) Auch Heuss traf es nahezu unvorbereitet, und doch erscheint es bei einer Synopse seiner damaligen Aktivitäten und Korrespondenzen im Vergleich zu zahllosen anderen Deutschen eher phänomenal, wie wenig ihn dieses Ende erschütterte. Mit seiner eigenen Lebensfülle ging es damals aufwärts!

189 Burger: Theodor Heuss als Journalist, S. 148 f., 184.

190 Vater: Bürgerin zweier Welten, S. 166 f. (7.1.1918).

191 Ebd., S. 163 (an Georg Friedrich Knapp, 11.2.1917).

192 In dem ungedruckten Artikel »Die Demokratisierung Deutschlands«; Dahrendorf/Vogt: Theodor Heuss, S. 84.

193 I, S. 521 (aus Salem am Bodensee, 22.8.1917).

194 Vater: Bürgerin zweier Welten, S. 160 (27.1.1916).

195 I, S. 478 (an Georg Friedrich Knapp, 5.3.1916).

196 Ebd.

197 Heuss: Naumann, S. 411; Burger: Theodor Heuss als Journalist, S. 195 ff.

198 N 1221/26 (»Der Deutsche Werkbund«).

199 Heike Hambrok: Hans und Marlene Poelzig – Bauen im Geist des Barock, Delmenhorst 2005, S. 12.

200 Heuss: Poelzig, S. 87.
201 FA (8.1.1918).
202 FA (29.1.1918).
203 FA (4.3.1918).
204 Hellmut von Gerlach: »Erinnerungen eines ›Junkers‹. Friedrich Naumann«, in: Die Weltbühne, 20. Jg., Nr. 27 (3.7.1924), S. 16.
205 Heuss: Naumann, S. 333.
206 Gertrud Bäumer: Lebensweg durch eine Zeitenwende, Tübingen 1933, S. 320.
207 Ernst Wolfgang Becker, einer der Editoren der großen Stuttgarter Ausgabe der Heuss-Briefe, zieht sogar kurz und hart die Bilanz der letzten Kriegsjahre: »Auch der weitere Kriegsverlauf änderte nichts an der Haltung von Heuss, während sich sein politischer Ziehvater und Freund lernfähig zeigte.« Becker: Theodor Heuss, S. 38.
208 II, S. 156 ff.
209 Radkau: Max Weber, S. 797 ff.
210 Dazu Radkau: »Die Wildkatze und das Schaf. ›Bä! Bä!‹ Die späten Briefe Max Webers enthüllen das größte Geheimnis des berühmten Soziologen«, in: DIE ZEIT, 9.8.2012, S. 46 (Rezension von MWG II/10).
211 Jean-Jacques Becker/Gerd Krumeich: Der Große Krieg, Essen 2010, S. 294, gehen sogar bis zu der Feststellung: »Unter den sieben Millionen Soldaten, die in ihre deutsche Heimat zurückkehrten, gab es praktisch niemanden, der das Gefühl hatte, ›die Niederlage erlebt zu haben‹. Dieses Gefühl war unter der deutschen Zivilbevölkerung noch stärker ausgeprägt, da die Propaganda nie aufgehört hatte, den Siegfrieden anzukündigen, und zwar noch im August 1918.« Auch die französische Öffentlichkeit sei vom deutschen Gesuch um Waffenstillstand »vollkommen überrascht« worden. Insofern war die Naumann/Heuss'sche Einsicht damals überhaupt kein Gemeingut!
212 Burger: Theodor Heuss als Journalist, S. 252.
213 Heuss: Zwischen Gestern und Morgen, S. 13 f.
214 Radkau: Max Weber, S. 773.
215 Ebd., S. 980, Anm. 595.
216 Heuss: Zwischen Gestern und Morgen, S. 14.
217 Heuss: Vor der Bücherwand, S. 212.

3 Auf Schlingerkurs, gelassenes Scheitern und geschärftes Profil: Heuss in der Weimarer Republik

1 Heuss an den Hannoveraner Stadtbaurat Rudolf Hillebrecht, 13.9.1957 (B 122/866).
2 N 1221/660.
3 Vgl. Heuss: »Das neue Bauen«, in: Die Hilfe, Jg. 37, H. 23 (6.6.1931), S. 551.
4 Das ist die revisionistische These von Margaret Lavinia Anderson: Lehrjahre der Demokratie. Wahlen und politische Kultur im Deutschen Kaiserreich (aus dem Amerikan.), Stuttgart 2009.
5 Becker: Theodor Heuss, S. 45 (= Deutsche Politik, Bd. 3, H. 51, 20.12.1918, S. 1612 ff.).

6 III, S. 359 f. (an Wilhelm Stapel, 25.10.1939).
7 Heuss an Heinrich Schäff-Zerweck, 10.9.1932 (II, S. 494).
8 Heuss: Hitlers Weg, S. 61 f.
9 Jürgen C. Heß: Theodor Heuss vor 1933, S. 47 f.
10 Heuss: »Demokratie und Parlamentarismus, ihre Geschichte, ihre Gegner und ihre Zukunft«, in: Anton Erkelenz (Hrsg.): Zehn Jahre deutsche Republik. Ein Handbuch für republikanische Politik, Berlin 1928, S. 98 ff.
11 Jürgen C. Heß: Theodor Heuss vor 1933, S. 48.
12 N 1221/660.
13 Leipziger Tageblatt, 12.4.1925 (»Geschichte und Gegenwart«), zit. n. Heß: Theodor Heuss vor 1933, S. 48.
14 Burger: Theodor Heuss als Journalist, S. 236.
15 Aus meiner Sicht ist es daher nicht treffend, wenn Modris Eksteins (Theodor Heuss und die Weimarer Republik, S. 119) von Heuss schreibt, er sei »immer zuerst und hauptsächlich Ideenpolitiker« gewesen.
16 Heuss: Erinnerungen, S. 236.
17 Heuss an Toni Stolper, 6.1.1957 (N 1186/123).
18 Darauf verweist Modris Eksteins: Theodor Heuss und die Weimarer Republik, S. 93.
19 Heuss: Erinnerungen, S. 219.
20 Eksteins: Theodor Heuss, S. 34 f.; Wolfgang J. Mommsen: Max Weber und die deutsche Politik 1890–1920, 2. Aufl. Tübingen 1974, S. 358 ff.
21 Dieter Langewiesche: Liberalismus und Demokratie im Staatsdenken von Theodor Heuss, Stuttgart 2005, S. 16; Becker: Theodor Heuss, S. 50.
22 Jürgen C. Heß: Theodor Heuss vor 1933, S. 33 Fn.
23 Heuss: Erinnerungen, S. 223.
24 Heuss: Staat und Volk, S. 92.
25 II, S. 272 (17.6.1926).
26 Linksliberalismus in der Weimarer Republik. Die Führungsgremien der Deutschen Demokratischen Partei und der Deutschen Staatspartei 1918–1933, eingel. von Lothar Albertin, Düsseldorf 1980 (= Quellen zur Geschichte des Parlamentarismus und der politischen Parteien, 3. Reihe, Bd. 3), S. 398 f. (20.5.1926).
27 II, S. 327 und 329 Fn. (Heuss an Cohnstaedt, 18.7.1929).
28 II, S. 445 (an Walter Goetz, 17.12.1931), im Kontext der Pressekritik an Gessler.
29 Wolfgang J. Mommsen: Max Weber und die deutsche Politik 1890–1920, 2. Aufl. Tübingen 1974, S. 399 f.
30 Jürgen C. Heß: Theodor Heuss vor 1933, S. 120.
31 Heuss: »Hindenburg oder Marx?«, in: Stuttgarter Neues Tagblatt, 25.4.1925, zit. n. Modris Eksteins: Theodor Heuss und die Weimarer Republik, S. 148.
32 Wolfgang Wiedner: Theodor Heuss. Das Demokratie- und Staatsverständnis im Zeitablauf. Betrachtung der Jahre 1902 bis 1963, Diss. Mannheim 1974, S. 83 Fn.
33 Heuss: Die neue Demokratie, S. 81, zit. n. Jürgen C. Heß: Theodor Heuss vor 1933, S. 88.
34 Jürgen C. Heß: Theodor Heuss vor 1933, S. 105 ff.
35 Heuss: Staat und Volk, S. 157 f.
36 Toni Stolper: Gustav Stolper – Ein Leben in Brennpunkten unserer Zeit, Tübingen 1960, S. 241 f.

37 II, S. 111 f.
38 II, S. 115 (Heuss an Haußmann, 13.12.1918).
39 Heuss an Gustav und Toni Stolper, 21.7.1946 (IV, S. 191).
40 II, S. 117.
41 Ebd., S. 118 f. (an Haußmann, 15.12.1918).
42 »Die Hilfe« XXVI/1920, zit. n. Dahrendorf/Vogt: Theodor Heuss, S. 119 ff.
43 Heuss an Elly Heuss-Knapp, 26.4.1929 (FA).
44 Hanna Frielinghaus-Heuss: Erinnerndes – Anekdotisches, Mskr., 2006 dem Verf. übergeben.
45 Vgl. dazu Jürgen Oelkers: »Bildung und Demokratie als Lebensform«, in: Hessische Blätter 1/2011, S. 15.
46 Heuss: Die neue Demokratie, Berlin 1919, S. 155–159.
47 Heuss: Führer aus deutscher Not, S. 60 f., 65.
48 Heuss: Erinnerungen, S. 217.
49 Begegnungen mit Theodor Heuss, S. 69.
50 II, S. 139 (an Gustav Stolper, 18.6.1920).
51 Heuss an Albert Hopf, II, S. 212 (10.3.1924).
52 II, S. 498 (22.9.1932).
53 Linksliberalismus in der Weimarer Republik, S. 526 (8.2.1930).
54 Modris Eksteins: Theodor Heuss und die Weimarer Republik, S. 106.
55 II, S. 482 (an Willy Dürr, 24.6.1932).
56 Heuss an Peter Bruckmann, 18.10.1932 (II, S. 512); vgl. auch an Friedrich Mück, 3.10.1932 (II, S. 505): »Es ist für mich auch schwer erträglich, dass Sitzungen, Vertretertage und ähnliches angesetzt werden, ohne dass man mich vorher fragt, ob ich an dem Termin frei bin.«
57 Heuss: Erinnerungen, S. 290, 304; Burger: Theodor Heuss als Journalist, S. 239.
58 II, S. 219 (an Fritz Elsas, 28.5.1924).
59 II, S. 405 (an Heinz Goldammer, 31.1.1931).
60 Thomas Hertfelder: »›Meteor aus einer anderen Welt‹. Die Weimarer Republik in der Diskussion des Hilfe-Kreises«, in: Andreas Wirsching/Jürgen Eder (Hrsg.): Vernunftrepublikanismus in der Weimarer Republik, Stuttgart 2008, S. 36.
61 II, S. 212 (an Albert Hopf, 10.3.1924).
62 Heuss: Kapp-Lüttwitz. Das Verbrechen gegen die Nation, Berlin 1920, S. 8.
63 Linksliberalismus in der Weimarer Republik, S. 526 (21.2.1930), auch 524 (Peter Bruckmann).
64 Vgl. Ernst Wolfgang Becker: Theodor Heuss, S. 58.
65 All das anschaulich in Götz E. Hübner (Hrsg.): »Remstal-Politik«. Schorndorfer Symposion und Seminar. Reinhold Maier zum 100. Geburtstag, Schorndorf 1991.
66 II, S. 524 (an Heinrich Landahl, 9.12.1932).
67 Ebd.
68 II, S. 360 ff. (an Ernst Jäckh, 14.5.1930).
69 Heuss: Kapp-Lüttwitz. Das Verbrechen gegen die Nation, Berlin 1920, S. 3.
70 Burger: Theodor Heuss als Journalist, S. 195–238.
71 Heuss an Gustav Stolper, 16.11.1923 (N 1221/487).
72 In Heuss' späterer Darstellung war faktisch er selbst der Vorsitzende. »Den 1. Vor-

sitz führte, freilich sehr oft dekorativ, ein ›Dichter‹.« (an Margret Boveri, August 1953, Nachlass Boveri in der Staatsbibliothek Berlin, 26/6).

73 Thomas Hertfelder: »Meteor aus einer anderen Welt«, S. 37.

74 Campbell: Der Deutsche Werkbund, S. 176 und Fn. Heuss: »Notizen und Exkurse zur Geschichte des Deutschen Werkbundes«, in: 50 Jahre Deutscher Werkbund, Frankfurt 1958, S. 23.

75 Heuss: Erinnerungen, S. 263.

76 Modris Eksteins: Theodor Heuss und die Weimarer Republik, S. 44.

77 Ebd., S. 81.

78 II, S. 323 (an Georg Bernhardt, 5.6.1929).

79 Vgl. Modris Eksteins: Heuss und die Weimarer Republik, S. 38.

80 Erich Schairer, früher Privatsekretär Naumanns und dann von Ernst Jäckh und 1912–14 Redakteur der »Hilfe«, kritisierte Heuss' Kapp-Broschüre als »nett zu lesendes Feuilleton«, jedoch ohne politischen Informationswert. Zwischen ihm und Heuss entstand eine dauernde Gegnerschaft; noch 1946 lehnte Heuss bei der Wiederbegründung der liberalen Presse eine Zusammenarbeit mit ihm strikt ab. Burger: Theodor Heuss als Journalist, S. 123 Fn.

81 Heuss: Kapp-Lüttwitz, S. 9.

82 Ebd., S. 27f.

83 Ebd., S. 31f.

84 Ebd., S. 19f.

85 Toni Stolper: Ein Leben in Brennpunkten unserer Zeit, S. 173.

86 Becker: Theodor Heuss, S. 53 (= Heuss: »Die Reichseinheit in Gefahr?«, in: Deutsche Politik, Bd. 4, H. 26, 27.6.1919, S. 808).

87 II, S. 127 (16.8.1919).

88 Heuss: Tagebuchbriefe, S. 200 (17.10.1956).

89 II, S. 332 (15.8.1929).

90 Jürgen C. Heß: Theodor Heuss vor 1933, S. 158.

91 Ebd., S. 163.

92 Heuss: Erinnerungen, S. 307.

93 Heuss an Heinrich Schnee, 7.5.1926 (II, S. 266).

94 Burger: Theodor Heuss als Journalist, S. 252. In seinen Erinnerungen (S. 331f.) wiederholt Heuss seine Kritik an Luther, nimmt jedoch diesen Vorfall vor allem als Gelegenheit zu einem Seitenhieb auf den damaligen Außenminister Stresemann, zu dessen Ressort diese Frage eigentlich gehört und der sich dabei dennoch ganz zurückgehalten habe, wohl weil es ihm »hintergründig willkommen« gewesen sei, auf diese Art seinen Rivalen Luther loszuwerden!

95 Heuss an Radbruch, 20.3.1929 (N 1221/395); vgl. auch den auf Radbruchs Entgegnung folgenden Brief vom 30.4.1929 in II, S. 319ff.

96 Christian Welzbacher: Edwin Redslob. Biografie eines unverbesserlichen Idealisten, Berlin 2009, S. 159.

97 Heuss: Erinnerungen, S. 255.

98 II, S. 262 Fn.

99 II, S. 332f. (an Rohrbach, 15.8.1929).

100 Werner Stephan (Aufstieg und Verfall des Linksliberalismus 1918–1933, S. 501) hebt hervor, dass die DDP, die seit dem Tod Rathenaus »keine richtungweisenden

Gedanken mehr zu produzieren vermochte«, nur auf einem außenpolitischen »Nebengleis« noch die Führung behauptet habe: »in der Forderung nach dem Schutz der nationalen Minderheiten«.

101 Dahrendorf/Vogt, S. 218 f.

102 Heuss: Hitlers Weg, S. 45.

103 Vgl. seinen Artikel »Die Führung des Auslandsdeutschtums«, in: Auslandswarte, 11. Jg., Nr. 2, 26. 1. 1931.

104 Vgl. die Briefe von Heuss an Hans Bayer (Rio de Janeiro) vom 14. und 31. 12. 1949 (N 1221/290); Heuss: Erinnerungen, S. 309.

105 II, S. 318 (an Elly Heuss-Knapp, 26. 4. 1929).

106 Heuss: Erinnerungen, S. 306.

107 II, S. 199 (3. 12. 1923).

108 Vgl. Otto Gessler: Reichswehrpolitik in der Weimarer Zeit, Stuttgart 1958, S. 172, 243.

109 So in diametralem Gegensatz zu Heuss Heiner Möllers: Reichswehrminister Otto Gessler. Eine Studie zu »unpolitischer« Militärpolitik in der Weimarer Republik, Frankfurt 1998. Am Schluss resümiert er (S. 389), »mit seiner Aufgabe überfordert«, sei Gessler »der falsche Mann am falschen Ort« gewesen, der durch seine Unfähigkeit, die Reichswehr zu reformieren, zu einem »Wegbereiter Hitlers« geworden sei.

110 Heuss: Erinnerungen, S. 335.

111 II, S. 225 ff. (Heuss an Gessler, 29. 10. 1924).

112 Linksliberalismus in der Weimarer Republik, S. 371 (Sitzung des Parteiausschusses vom 24. 1. 1926).

113 Ebd., S. 373.

114 II, S. 223 (an Gustav Stolper, 3. 6. 1924).

115 Eyck: Geschichte der Weimarer Republik, Bd. 1, S. 217.

116 Vgl. die lange Anm. in den unter ständiger Korrespondenz mit Heuss entstandenen Erinnerungen von Toni Stolper: Ein Leben in Brennpunkten unserer Zeit, S. 312. Gustav Stolper gehörte ab 1930 als Mitglied des Haushaltsausschusses des Reichstags zu den Eingeweihten. In dem Zusammenhang spricht Toni Stolper noch 1960 von dem »hysterischen Pazifismus eines C. von Ossietzky«: ein Nachhall des alten Grolls auf die Gegner der damaligen Rüstung.

117 Otto Gessler: Reichswehrpolitik in der Weimarer Zeit, Stuttgart 1958, S. 334 ff.; ebd., S. 9 (Heuss' Vorbemerkung); Heuss: Erinnerungen, S. 298.

118 Hanna Frielinghaus-Heuss: Heuss-Anekdoten, Gütersloh 1965, S. 145.

119 Gessler: Reichswehrpolitik, S. 313. Wenn der Brief Stresemanns, in dem er Bedenken gegen Gesslers Präsidentenkandidatur äußert, in der Seitenüberschrift (S. 337) als »Uriasbrief« bezeichnet wird – jener infame Brief, mit dem König David den lästigen Ehemann der von ihm geliebten Frau in den Tod schickte –, klingt das eher nach Heuss als nach Gessler!

120 Ebd., S. 336.

121 Ebd., S. 7 f. (Heuss' Vorbemerkung).

122 Gessler an Heuss, 15. 4. 1954 (N 1221/66).

123 Heuss: Tagebuchbriefe, S. 266, 267 f.

124 Gessler: Reichswehrpolitik, S. 7.

125 Ebd., S. 55.
126 Vgl. Heuss an Toni Stolper, 24.10.1958 (N 1186/124): Man spürt, wie den sonst so gelassenen Bundespräsidenten gerade diese Episode noch 40 Jahre danach ärgert!
127 Heuss: Erinnerungen, S. 212.
128 Gessler: Reichswehrpolitik, S. 172.
129 Friedrich Wilhelm Foerster: Erlebte Weltgeschichte 1869–1953, Nürnberg 1953, S. 465.
130 Heuss: Zwischen Gestern und Morgen, S. 14 f., 17.
131 MWG II/10, S. 804 (Max Weber an Hans Delbrück, 8.10.1919).
132 Bott an Kurt R. Grossmann, 19.1.1959. Ähnlich Heuss an Toni Stolper, 2.10.1955 (N 1186/121).
133 Joachim Radkau: Die deutsche Emigration in den USA, Düsseldorf 1971, S. 35–39.
134 Alvin Johnson an Heuss, 23.9.1955 (N 1186/121).
135 Heuss an Alvin Johnson, 5.10.1955 (N 1221/156).
136 Vgl. Toni Stolper: Ein Leben in Brennpunkten unserer Zeit, S. 424.
137 Heuss an Toni Stolper, 2.10.1955 (N 1186/212).
138 Heuss an Toni Stolper, 19.1.1959 (N 1186/125).
139 Willy Hellpach: Politische Prognose für Deutschland, Berlin 1928, S. 475.
140 Ernst Jäckh: Weltsaat. Erlebtes und Erstrebtes, Stuttgart 1960, S. 31 f.
141 Anton Erkelenz: Junge Demokratie. Reden und Schriften politischen Inhalts, Berlin 1925, S. 11 ff.
142 Heuss: Zwischen Gestern und Morgen, S. 36.
143 Ernst Wolfgang Becker: Theodor Heuss, S. 82.
144 II, S. 231 (6.11.1924).
145 Eyck: Geschichte der Weimarer Republik, Bd. 2, S. 44 ff.
146 Heuss: Zwischen Gestern und Morgen, S. 35, 37, 43.
147 Carl v. Ossietzky: »Coudenhove und Briand«, in: Die Weltbühne, Jg. 26/I, Nr. 22 (27.5.1930), S. 783; Kurt Hiller: Offener Brief an Coudenhove, ebd., Jg. 25/II, Nr. 29 (16.7.1929), S. 89.
148 Richard N. Coudenhove-Kalergi: Stalin & Co., Leipzig 1931, verbunden mit Werbung für die Paneuropa-Union. Zu der unter westlichen Intellektuellen zu jener Zeit verbreitete Blindheit gegenüber dem Ausmaß des stalinistischen Terrors vgl. Walter Laqueur: Mythos der Revolution. Deutungen und Fehldeutungen der Sowjetgeschichte, Frankfurt 1967, S. 176 ff.
149 Toni Stolper: Ein Leben in Brennpunkten unserer Zeit, S. 183 f.
150 Burger: Theodor Heuss als Journalist, S. 258.
151 Eksteins: Theodor Heuss und die Weimarer Republik, S. 93.
152 Heuss: Erinnerungen, S. 245.
153 Vgl. dazu Heuss: Erinnerungen, S. 338!
154 So der Wirtschaftswissenschaftler Heinrich Herkner in seinem Nachruf auf den am 20.2.1926 verstorbenen Knapp im »Berliner Tageblatt« vom 22.2.1926, der als ein letzter Repräsentant der historischen Schule der Nationalökonomie darin ein Missverständnis sehen möchte: »Manche haben nur die überaus schroffe Ablehnung metallistischer Gedankengänge begriffen und deshalb aus Knapp eine Schutzgottheit für Inflationswirtschaft gemacht.« Ähnlich der Nachruf in der

»Vossischen Zeitung« am 21.2.1926. Dazu Knut Borchardt an Verf. (Okt. 2012): »Es gibt in der deutschen Wirtschaftsgeschichte ein dummes Gerede, als habe die Inflation mit dem durch Knapp verursachten Rückstand der Theorie zu tun. Aber es genügt, auf Österreich-Ungarn zu verweisen, um das Unsinnige dieser Behauptung zu erkennen. Dort hat Ludwig von Mises gelebt, der schärfste Opponent von Knapp. Und dort gab es ebenfalls eine Hyperinflation (Stabilisierung bei 1:10000).«

155 Am 3.10.1906 schrieb Knapp an den befreundeten Bankier Friedrich Bendixen: »Ich gebe insbesondere zu, dass bei mir zu wenig auf ›Inflation‹ eingegangen worden ist.« »Inflation« in Anführungszeichen! Georg Friedrich Knapp/Friedrich Bendixen: Zur Staatlichen Theorie des Geldes. Ein Briefwechsel 1905–1920, hrsg. von Kurt Singer, Basel 1958, S. 40. Dazu Knut Borchardt: »Die Erfahrung mit Inflationen in Deutschland«, in: Johannes Schlemmer (Hrsg.): Enteignung durch Inflation?, München 1972, S. 11: »Merkwürdigerweise ist das aus Amerika kommende Wort ›Inflation‹ … vor dem Ersten Weltkrieg in Deutschland kaum jemandem bekannt gewesen. Selbst in der Wissenschaft kam es nicht vor.«

156 Max Weber: Wirtschaft und Gesellschaft, hrsg. von Johannes Winckelmann, Köln 1964, S. 139, 143.

157 Knapp/Bendixen: Zur Staatlichen Theorie des Geldes, S. 204 (4.11.1919).

158 Ebd., S. 206 (9.11.1919).

159 In einem Brief vom 5.4.1923 an den noch in Wien befindlichen Gustav Stolper bittet Heuss ihn um Überweisung eines Honorars, das er zur Begleichung der Heizkosten benötige, und spricht darauf von Verhandlungen über eine englische Ausgabe der »Staatlichen Theorie des Geldes« (N 1221/487).

160 Erkelenz: Junge Demokratie, S. 20.

161 II, S. 241, Heuss an Willy Hellpach, 17.3.1925.

162 Elly Heuss-Knapp: Ausblick vom Münsterturm, Neuausgabe Tübingen 1952, S. 146.

163 II, S. 515 f. (Heuss an Friedrich Mück, 8.11.1932).

164 Vgl. II, S. 360 f. (an Ernst Jäckh, 14.5.1930).

165 II, S. 435 (Heuss an Robert Gaupp, 30.10.1931).

166 Heuss an Georg Friedrich Knapp, 9.7.1920 (FA); dass., 1.2.1923 (II, S. 184 f.).

167 Heuss an Elly Heuss-Knapp, 26.4.1930 (FA).

168 II, S. 515 (8.11.1932).

169 Elly Heuss-Knapp an Heuss, 6.8.1920 (FA).

170 Roman Köster: Die Wissenschaft der Außenseiter. Die Krise der Nationalökonomie in der Weimarer Republik, Göttingen 2011, S. 88.

171 So kannte ihn damals auch Heuss; vgl. II, S. 184 (an G.F. Knapp, 1.2.1923).

172 Anton Erkelenz an Gertrud Bäumer, 3.2.1945 (N 1221/77).

173 III, S. 220 f. (an Anton Erkelenz, 24.2.1934).

174 Die Frage, ob es zu Brünings Sparpolitik eine Alternative gab, wurde ab 1978 zum Gegenstand der »Borchardt-Kontroverse«. Auch heute bestreitet Knut Borchardt mir gegenüber entschieden, dass es eine solche Alternative gegeben habe; von daher habe Heuss sich wohlüberlegt verhalten, wenn er in diesem Punkt weder damals noch später eine Anti-Brüning-Position bezogen habe. Aber auch er stellt fest: »Kein Zweifel, dass die Sparpolitik die Depression verschlimmerte.«

175 Mück an Heuss, 17.6.1932 (FA): »Dass man alles, was wir durch Dietrich und Brüning getan haben, als Muster für die zukünftigen Regierungen hinstellen kann, wird wohl niemand behaupten können.« Und er kritisiert die damalige Polemik Stolpers gegen die Arbeitsbeschaffungsmaßnahmen der nachfolgenden Regierung Papen: Das sei immer noch besser als eine NS-Regierung.
176 Heuss an Robert Gaupp, 30.10.1931 (II, S. 434).
177 Heuss an Hans E. Günther, 22.10.1962, in Heuss: Politik durch Kultur, S. 42.
178 Heuss: Hitlers Weg, S. 91.
179 Zit. n. Dahrendorf/Vogt: Theodor Heuss, S. 227.
180 Ich danke dem Schacht-Biographen Christopher Kopper für aufschlussreiche Hinweise.
181 Toni Stolper: Ein Leben in Brennpunkten unserer Zeit, S. 224–234.
182 Vgl. Otto Gessler, der dagegen »ethische Bedenken« erhob, an Heuss, 8.8.1929, in Gessler: Reichswehrpolitik in der Weimarer Zeit, Stuttgart 1958, S. 521.
183 Welchert: Theodor-Heuss-Lesebuch, S. 127: »Die Luxussteuer ist krank, die Luxussteuer ist dazu noch ungeraten.« (Heuss im Reichstag, 1.8.1925)
184 Heuss: Erinnerungen, S. 316.
185 Max Stolper an Verf., 4.8.2012: »As to why Gustav Stolper and Theodor Heuss liked each other: They just did, even if their minds often ran in different channels.«
186 Toni Stolper: Ein Leben in Brennpunkten unserer Zeit, S. 363.
187 Für Heuss war die Fixierung auf Programme eine typisch deutsche Ersatzhandlung für echte Politik; vgl. seinen Beitrag zu dem von Anton Erkelenz herausgegebenen Handbuch »Zehn Jahre deutsche Republik«, S. 109.
188 Diese Frage stellte sich zwischen den Zeilen bereits Heuss' erster Biograph Hans-Heinrich Welchert, dessen Opus sonst weithin Züge einer Hagiographie besitzt (S. 87): Im Blick auf all die Heuss'schen Verbindungen wäre es »kein großer Schritt gewesen bis zu einer klaren Stellungnahme zur Frauenbewegung, doch an der ›Emanzipation der Frau‹, wie sie in den 1920er Jahren machtvoll in Erscheinung trat, hat Heuss nur ein geringes Interesse genommen.«
189 Thomas Hertfelder: »Meteor aus einer anderen Welt«, S. 46.
190 II, S. 112 (17.11.1918).
191 II, S. 210 (Heuss an Fritz Elsas, 8.3.1924).
192 Vgl. Radkau: Max Weber, S. 478–485.
193 Elly Heuss-Knapp: Ausblick vom Münsterturm, S. 73.
194 Heuss an Dorothee von Verlsen, 20.4.1956 (N 1221/333).
195 Ebd., S. 138.
196 Ebd., S. 149f.; Robert Stupperich: Otto Dibelius. Ein evangelischer Bischof im Umbruch der Zeiten, Göttingen 1989, S. 70ff., 104ff.
197 Eyck: Geschichte der Weimarer Republik, Bd. 2, S. 197.
198 N 1186/126.
199 Elly Heuss-Knapp: Ausblick vom Münsterturm, S. 142.
200 Margarethe Vater (Hrsg.): Bürgerin zweier Welten, S. 86.
201 Elly Heuss-Knapp an Theodor Heuss, 13.4.1932 (FA).
202 Heuss an Margret Boveri, 26.10.1961 (N 1186/126).
203 Als Elly in der Nachkriegszeit von Toni Stolper eine Sendung mit Unterwäsche bekam, schrieb sie zurück, »nun könne sie sich doch endlich von einem Auto über-

fahren lassen, ohne sich zu sehr schämen zu müssen«. Toni Stolper an Eberhard Pikart, 14.9.1968 (N 1186/132).

204 Zu Heuss' Abscheu vor der Handleserei vgl. seinen Brief an den Historiker Fritz Ernst, 8.4.1958 (B 122/2058)!

205 Elly Heuss-Knapp an ihren Vater, 31.10.1923, zit. n. Margarethe Vater (Hrsg.): Bürgerin zweier Welten, S. 191.

206 Ebd., S. 209f. (23.1.1932).

207 Heuss: Tagebuchbriefe, S. 142 (6.2.1956).

208 Elly Heuss-Knapp an Theodor Heuss aus Göttingen, 13.5.1926 (FA).

209 Dass., 9.10.1932 (FA).

210 Dass., 21.5.1926 aus Göttingen (FA). Auch bei späterer Durchsicht von Ellys Briefen entdeckte Heuss »viel Klage über mein Herumreden« (Heuss an Toni Stolper, 21.12.1960, N 1186/126).

211 Elly Heuss-Knapp an Heuss, 22.9.1928 (FA).

212 Vgl. Heuss an Ernst Ludwig Heuss, 4.9.1929 (FA).

213 Heuss an Toni Stolper, 26.12.1956 (N 1186/122).

214 Zur Relativierung dessen verweist mich Knut Borchardt auf eine »Lesefrucht« aus der »Süddeutschen Zeitung« vom 17.11.2012. Da wurde an Beatrice von Weizsäcker, die Tochter des Altbundespräsidenten, die Frage gestellt: »Die Gretchenfrage – wie hältst du's mit der Religion – wird also nicht gestellt in Ihrer Familie?« Ihre Antwort: »Nein, das ist auch nicht nötig. Unser Diskussionsbedürfnis ist groß, aber keiner würde den anderen so aufdringlich fragen.«

215 Werner Stephan: Aufstieg und Fall des Linksliberalismus, S. 392, 391.

216 Ebd., S. 360.

217 Hellpach: Wirken in Wirren, Hamburg 1949, Bd. 2, S. 266.

218 Ernst Ludwig Heuss an Theodor Heuss, 22.7.1929: »Morgen beziehen wir unser Lager auf unseren Wiesen im Hasselbachtal. Eine sehr streng militaristische Aufmischung mit Ohmscher Romantik. … Ohm schwelgt in diktatorischen Gefühlen, während eine ganze Reihe von Lehrern schwer stöhnt, P.M. schimpft auf den ›deutschen Militarismus‹ …« (FA) »Ohm« war der Spitzname des Schulleiters Theophil Lehmann; wie man erkennt, bot dieses »Landschulheim am Solling« das nicht untypische Beispiel einer aus der Reformpädagogik hervorgegangenen Anstalt, bei der trotz liberaler Grundidee faktisch alles um eine pädagogische Führergestalt kreiste. In den Briefen des jungen Heuss finden sich viele Klagen über das Internat, so auch am 24.6.1929 ein Bericht über eine von der Schulleitung »auseinandergetriebene« Demonstration, die »im Sprechchor eine längere Schlafenszeit verlangte«, nämlich länger als morgens um 6 Uhr!

219 Mündl. Mitteilung von Ursula Heuss-Wolff. Elly Heuss-Knapp schrieb selber am 3.5.1926 aus Göttingen an Theodor Heuss (FA): »Der arme Bub fühlt sich völlig minderwertig, hält die große Freundlichkeit (zweier Lehrer den Eltern Heuss gegenüber; J.R.) nur für Marmelade uns um den B… geschmiert. Mir ist das Herz sehr schwer.« Ursula Heuss-Wolff behauptete mir gegenüber, Elly habe 13 Fehlgeburten gehabt – es fällt mir schwer, das zu glauben und mit dem sich sonst aus den Quellen ergebenden Bild dieser Frau zu vereinbaren.

220 Alexander Göller: Elly Heuss-Knapp – Gründerin des Müttergenesungswerkes. Eine Biographie, Böhlau 2012, S. 175ff. Der Titel geht von der Annahme aus, dass

der Name dieser Frau nur in Verbindung mit dieser Institution heute noch ein Begriff ist, obwohl das Buch zum größten Teil von anderem handelt.

221 Heuss: »Präludien zur Bundeswahl« (Rhein-Neckar-Zeitung vom 20.6.1949), in: Hertfelder/Heß (Hrsg.): Streiten um das Staatsfragment, S. 225.

222 Ursula Heuss-Wolff betonte in Gesprächen mit mir Heuss' männerbündische Neigungen; diese dürfe man über seiner faszinierenden Alterskorrespondenz mit Toni Stolper nicht vergessen. Schon vor 40 Jahren machte mich Alfred Vagts auf die »politics of the Männerbund« gerade in der Weimarer Zeit aufmerksam.

223 Angelika Schaser: Helene Lange und Gertrud Bäumer, S. 247; vgl. Heuss: »Friedrich Naumann und sein Kreis«, in: Vom Gestern zum Morgen, Berlin 1933, S. 102–113.

224 Vgl. Angelika Schaser: »›Corpus mysticum‹. Die Nation bei Gertrud Bäumer«, in: Frauen und Nation, hrsg. von Frauen & Geschichte Baden-Württemberg, Tübingen 1996, S. 118–132.

225 Begegnungen mit Theodor Heuss, S. 77.

226 Angelika Schaser: Helene Lange und Gertrud Bäumer, S. 242.

227 Joan Campbell: Der Deutsche Werkbund, S. 338 Fn.

228 Heuss: Was ist Qualität? Zur Geschichte und zur Aufgabe des Deutschen Werkbundes, Tübingen 1951, S. 80.

229 Ministerialrat Dr. Richter: Der Kampf gegen Schund- und Schmutzschriften in Preußen auf Grund des Gesetzes zur Bewahrung der Jugend vor Schund- und Schmutzschriften vom 18. Dezember 1926, Berlin 1929, S. 22 ff. Vgl. dazu Kurt Tucholskys Glosse in: Die Weltbühne, Jg. 25/II, Nr. 37 (10.9.1929), S. 381–386 (Ignaz Wrobel: »Nr. 1«).

230 Heuss: Erinnerungen, S. 278.

231 Ignaz Wrobel (= Kurt Tucholsky): »Old Bäumerhand, der Schrecken der Demokratie«, in: Die Weltbühne, Jg. 22/II, Nr. 50 (14.12.1926), S. 916 ff.

232 Erich Eyck: Das persönliche Regiment Wilhelms II., S. 183.

233 Akademie der Künste (Hrsg.): »Das war ein Vorspiel nur …«. Bücherverbrennung Deutschland 1933: Voraussetzungen und Folgen, Berlin 1983, S. 161.

234 Detlev Peukert: »Der Schund- und Schmutzkampf als ›Sozialpolitik der Seele‹. Eine Vorgeschichte der Bücherverbrennung?«, in: Ebd., S. 56.

235 Kurt Tucholsky: »Keinen Mann und keinen Groschen«, in: Die Weltbühne, Jg. 23/I, Nr. 14 (5.4.1927), S. 527.

236 Ignaz Wrobel: Old Bäumerhand, S. 917 f. Ursula Heuss-Wolff erinnerte sich im Gespräch mit mir, dass noch Ende der 1950er Jahre, als sie Heuss' Sohn heiratete, der einst von ihrer kommunistischen Mutter hochgeschätzte Tucholsky im Hause Heuss tabu gewesen sei.

237 Heuss: »Literatur und Justiz«, in: Frankfurter Zeitung, 25.8.1925, in Dahrendorf/Vogt: Theodor Heuss, S. 159 f.

238 Carl von Ossietzky: »Die große republikanische Partei«, in: Die Weltbühne, Jg. 24/I, Nr. 25 (19.6.1928), S. 928.

239 Heuss: Politik durch Kultur 1949–1959, Stuttgart 1984, S. 37 f. (Thomas Mann an Theodor Heuss, 17.12.1926); dazu II, S. 277 Fn.

240 Heuss: Politik durch Kultur, S. 37.

241 Detlev Peukert: Der Schund- und Schmutzkampf, S. 59.

242 II, S. 436f. (an Monty Jacobs, 28.11.1931).
243 Ignaz Wrobel: »Fort mit dem Schundgesetz!«, in: Die Weltbühne, Jg. 22/II, Nr. 44 (2.11.1926), S. 704.
244 Burger: Theodor Heuss als Journalist, S. 262.
245 Vgl. II, S. 117, Heuss an Conrad Haußmann, 15.12.1918.
246 Bernd Sösemann (Hrsg.): Theodor Wolff. Der Chronist. Krieg, Revolution und Frieden im Tagebuch 1914 bis 1919, Düsseldorf 1997, S. 342 (8.2.1919).
247 Heuss: »Für und wider das Schundgesetz«, in: Stuttgarter Neues Tagblatt, 23.6.1926, zit. N. Burger: Theodor Heuss als Journalist, S. 260.
248 Knut Borchardt betont jedoch mir gegenüber, auch mit moralischen Kriterien habe sich eine Inflation nach diesem Krieg nicht verhindern lassen: Die Alternative dazu wäre der Staatsbankrott gewesen; und auch dadurch wären die Besitzer von Staatsanleihen enteignet worden.
249 Heinrich Brüning: Memoiren 1918–1934, Bd. 1, München 1972, S. 327. Dazu schreibt mir (29.8.2012) der Schacht-Biograph Christopher Kopper: »Schachts Äußerung über die Banker ist für ihn ganz typisch. Schacht neigte zum Sarkasmus und hielt von der Ehrlichkeit seiner früheren Berufskollegen nicht viel. Die weitere Entwicklung sollte ihm recht geben, da die Großbanken in ihren Bilanzen hohe Risiken verschleiert, aber nach außen den Anschein der Normalität und Solidität erweckt hatten.«
250 Vgl. besonders Brüning: Memoiren, Bd. 2, S. 473 ff.
251 Toni Stolper: Ein Leben in Brennpunkten unserer Zeit, S. 206f., 215.
252 Clio (= Heuss): Hjalmar Schacht, in: »Der Staat seid Ihr«, 8.6.1931.
253 Vgl. Heuss an Toni Stolper am 12.9.1955 (N 1186/121) über den verstorbenen Julius Bab: »Bab, ein bisschen, doch nur ein bisschen ›preußischer Jude‹ war doch ein höchst honoriger Mann und ein treuer Gefolgsmann von mir, als ich, es sind bald 30 Jahre, mit den Berliner Literaturradikalen im Schutzverband deutscher Schriftsteller meine Kräche hatte.« Im Gedanken daran möchte er dafür sorgen, dass seine Witwe Unterstützung bekommt, während er sonst derartige Protektionswünsche in der Regel abwimmelte. Noch im Jahr davor hatte Bab in der Festschrift zu Heuss' 70. Geburtstag an diese alte Kampfgemeinschaft erinnert und bekräftigt, dass dieser Kampf gut gewesen sei: Er habe »nie eingesehen, wieso ein Mensch, dessen Geist auch nur mit einem Tropfen sozialen Öls gesalbt ist, den Handel mit verfaulten Heringen unter Strafe stellen kann, aber den Handel mit ganz offenbar verfaulter und nicht weniger gefährlicher Literatur freilassen muss.« Begegnungen mit Theodor Heuss, S. 219.
254 Stephan: Aufstieg und Verfall des Linksliberalismus, S. 441.
255 Marie-Elisabeth Lüders: Fürchte dich nicht. Persönliches und Politisches aus mehr als 80 Jahren 1878–1962, Köln 1963, S. 112f. Sie schrieb in dem DDP-Handbuch von 1928 »Zehn Jahre deutsche Republik« den einschlägigen Beitrag (S. 400ff.), aus dem hervorgeht, dass sich das Gesetz aus ihrer Sicht doch an erster Stelle gegen pornographische Literatur richtete.
256 Heuss: Erinnerungen, S. 287.
257 Heuss: Tagebuchbriefe, S. 105 (2.12.1955); Heuss drückte sich selbst um die Gratulation der Alterspräsidentin des Bundestages zu deren 80. Geburtstag! (Stephan: Acht Jahrzehnte erlebtes Deutschland, S. 319f.)

258 Heuss an die Internationale Schriftstellervereinigung (München), 13.1.1950 (N 1221/291).
259 Heuss-Knapp: Ausblick vom Münsterturm, S. 145.
260 Margarethe Vater (Hrsg.): Bürgerin zweier Welten, S. 211 (an Heuss, 6.4.1932).
261 Elly Heuss-Knapp an Heuss, 13.4.1932 (FA).
262 Wrobel: Old Bäumerhand, S. 919.
263 Ossietzky: »Brüning darf nicht bleiben«, in: Die Weltbühne, Jg. 26/II, Nr. 39 (23.9.1930), S. 465 f.
264 Vgl. Heuss: Erinnerungen, S. 354; das ist gewiss nicht geschönt, denn Brüning hatte in den 1950er Jahren als Kritiker von Adenauers Westorientierung in Bonn unliebsames Aufsehen erregt.
265 Ebd., S. 325.
266 N 1221/660.
267 Linksliberalismus in der Weimarer Republik, S. 525 (Vorstandssitzung vom 8.2.1930).
268 Vgl. II, S. 521, an Friedrich Mück, 3.12.1932, über Ausfälle der einst von ihm redigierten »Neckar-Zeitung« gegen die SPD-Minister Severing und Grimme: »es ist doch ekelhaft, dieses heuchlerische Getue, dass ein Sozialdemokrat unehrlich sein müsse, wenn er von der ›Seele‹ spreche. Diese kleinen Dinge ertrage ich so schwer, denn sie sind geistloses Pharisäertum.«
269 Vgl. II, S. 219 f. (an Fritz Elsas, 28.5.1924); Jürgen C. Heß: Theodor Heuss vor 1933, S. 97.
270 Heuss an Elly Heuss-Knapp, 26.4.1929 (FA).
271 Das ist eine These der Habilitationsschrift von Thomas Mergel: Parlamentarische Kultur in der Weimarer Republik. Politische Kommunikation, symbolische Politik und Öffentlichkeit im Reichstag, 3. Aufl. Düsseldorf 2012.
272 Heuss: Erinnerungen, S. 315.
273 Heuss an Gottfried Treviranus, 9.1.1946 (IV, S. 142 ff.).
274 Vgl. Tagebuchbriefe, S. 118 f. (22.12.1955).
275 Wolfgang Wiedner: Theodor Heuss, Diss. Mannheim 1974, S. 93 (mündl. Mitteilung von Werner Stephan).
276 Modris Eksteins: Theodor Heuss und die Weimarer Republik, S. 63 f.
277 Ebd., S. 86.
278 Robert Bosch AG an Heuss, 2.10.1924, von Hans-Erhard Lessing in Kopie dem Verf. zugesandt.
279 Heuss an Robert Bosch, 2.5.1925 (II, S. 248 f.).
280 Heuss: Erinnerungen, S. 355. Werner Stephan (Acht Jahrzehnte, S. 319) suchte Heuss vergeblich die dann auf S. 356 folgende Behauptung auszureden, die aus dem »Jungdo« kommenden Abgeordneten seien »für die gesetzliche Arbeit schlechthin unbrauchbar« gewesen.
281 Burger: Theodor Heuss als Journalist, S. 242.
282 Brüning: Memoiren, Bd. 1, S. 193.
283 II, S. 461 (an Reinhold Maier, 29.4.1932); vgl. auch die dazugehörige Fn.!
284 Heuss: »Demokratie und Parlamentarismus«, in: Erkelenz (Hrsg.): Zehn Jahre deutsche Republik, S. 102.
285 II, S. 245 (28.4.1925).

286 Ebd., S. 249 (2.5.1925).
287 Linksliberalismus in der Weimarer Republik, S. 524 Fn. (= Heuss an Peter Bruckmann, 3.2.1930).
288 Heuss: »Hindenburg oder Marx?«, in: Stuttgarter Neues Tagblatt, 25.4.1925, zit. n. Modris Eksteins: Theodor Heuss und die Weimarer Republik, S. 148–150.
289 Vgl. II, S. 245 f. (Heuss an Elly Heuss-Knapp, 28.4.1925).
290 Heuss: »Der Kampf um Hindenburg«, in: Stuttgarter Neues Tagblatt, 8.3.1932 (N 1221/45).
291 II, S. 536 (29.12.1932).
292 Toni Stolper: Gustav Stolper. Ein Leben in Brennpunkten unserer Zeit, Tübingen 1960, S. 307.
293 Heuss: Erinnerungen, S. 299.
294 Radkau: Das Zeitalter der Nervosität, S. 14 f. und passim.
295 Radkau: Max Weber, S. 304–310 u.a.
296 Hellpach: Zwischen Wittenberg und Rom, Berlin 1931.
297 Hellpach: Geopsyche. Die Menschenseele unter dem Einfluss von Wetter und Klima, Boden und Landschaft, 6. Aufl. Stuttgart 1950.
298 Das berichtete mir Reinhart Koselleck, der ihn noch als Student in Heidelberg erlebt und ihn gezeichnet hatte. Als ich bemerkte, bei der Lektüre der Schriften Hellpachs hätte ich geschwankt, ob er ein Genie oder ein Quatschkopf gewesen sei, erwiderte Koselleck, das sei es ja gerade: Er sei *beides* gewesen!
299 Willy Hellpach: Wirken in Wirren. Lebenserinnerungen. Eine Rechenschaft über Wert und Glück, Schuld und Sturz meiner Generation, Bd. 2, Hamburg 1949, S. 243.
300 II, S. 240 ff. (Heuss an Hellpach, 17.3.1925); Heuss: Erinnerungen, S. 299.
301 Hellpach: Wirken in Wirren, Bd. 2, S. 271.
302 Werner Stephan: Acht Jahrzehnte erlebtes Deutschland, Düsseldorf 1983, S. 128 f.; Ders.: Aufstieg und Verfall des Linksliberalismus 1918–1933, Göttingen 1973, S. 302; Hellpach: Wirken in Wirren, Bd. 2, S. 260 ff. schildert hochdramatisch, wie er selbst von den Begeisterungsstürmen im Sportpalast um ein Haar erdrückt worden wäre, während die DDP-Spitze derweil schon mit dem Zentrum ausgekungelt habe, im zweiten Wahlgang den Zentrumsvorsitzenden Marx zu unterstützen.
303 Stephan: Aufstieg und Verfall, S. 303.
304 Heuss an Fritz Hermann, 4.2.1956 (N 1221/332); ebd. auch weitere Reminiszenzen an Hellpach.
305 Vgl. das Manuskript und die einschlägigen Korrespondenzen im Nachlass Hellpach (339 und 339a) im Generallandesarchiv Karlsruhe. Da die Hellpach-Memoiren jedoch auf immer schrulligere Art egozentrisch werden, erklärt sich die Weigerung des Verlages nicht allein aus der Heuss'schen Kritik.
306 Brigitte Hamann: Hitlers Wien. Lehrjahre eines Diktators, München 1996, S. 410 ff. In einem Seminar Fritz Fischers zur Geschichte des Antisemitismus 1966 hatte ich unter diesem Aspekt die Reden und Presseartikel Goebbels' in den letzten Jahren vor 1933 zu untersuchen; da war ich über die Seltenheit und den oft verhaltenen Ton der antijüdischen Ausfälle überrascht. Manche DNVP-Redner hetzten zu jener Zeit in heftigerem Ton.
307 Das hat selbst Hans-Ulrich Wehler, unter den Historikern der prominenteste Kritiker des Kaiserreiches, mir gegenüber uneingeschränkt bekräftigt!

308 Radkau: Max Weber, S. 502 ff., 611 ff.
309 Heuss: »Hitler und die Siedlungsfrage«, in: Frankfurter Zeitung, 25.7.1932, abgedruckt bei Dahrendorf/Vogt: Theodor Heuss, S. 235.
310 Heuss: Hitlers Weg, Tübingen 1968, S. 100.
311 Heuss an Richard Wirth, 4.5.1933 (III, S. 141).
312 II, S. 491 (4.8.1932).
313 Eberhard Jäckel in der Einleitung zur Neuausgabe von Heuss: Hitlers Weg, S. XII.
314 Heuss an Elly Heuss-Knapp, 7.4.1932 (FA).
315 Zit. n. Dahrendorf/Vogt: Theodor Heuss, S. 175.
316 Heuss an Hans E. Günther, 22.10.1962, in: Heuss: Politik durch Kultur, S. 42.
317 Vgl. die Vorbemerkung zur 6. Auflage, zit. n. der Neuausgabe von 1968, S. LV.
318 Eberhard Jäckel in der Einleitung zur Neuausgabe von Heuss: Hitlers Weg, S. XVIIIf.
319 Heuss an die Union Deutsche Verlagsgesellschaft, 20.1.1934 (III, S. 211) mit Verweis auf das Buch von Engelbert Huber: Das ist Nationalsozialismus.
320 Heuss: Hitlers Weg, S. 38.
321 Ebd., S. 41 f.
322 Ebd., S. 168.
323 Dahrendorf/Vogt: Theodor Heuss, S. 225.
324 Ebd., S. 231.
325 Heuss: Hitlers Weg, S. 138.
326 Ebd., S. 148 f.
327 Ebd., S. 103.
328 II, S. 450 f. (21.12.1931). Ähnlich am 18.10.1932 an Hermann Dietrich (II, S. 514): »Die Nazis haben das Buch ziemlich übergangen – ich glaube, dass ihnen das Organ für die Kombination von Ironie u. Sachlichkeit fehlt.«
329 Ernst Ludwig Heuss an die Eltern, 21.6.1931 (FA).
330 Dass., 3.2.1932 (FA).
331 Heuss an Ernst Ludwig Heuss, 4.2.1932 (FA).
332 Zit. n. der Einleitung von Eberhard Jäckel zu Heuss: Hitlers Weg, S. XXVI und XXXI.
333 Goebbels: Tagebücher, Teil I: Aufzeichnungen 1923–1941, Bd. 2/II: Juni 1931 – September 1932, hrsg. von Elke Fröhlich, München 2004, S. 203. Ich danke Ernst Wolfgang Becker für den Hinweis.
334 Heuss: Hitlers Weg, S. 71.
335 Joachim Radkau: »Die ›Weltbühne‹ als falscher Prophet? Prognostische Versuche gegenüber dem Nationalsozialismus«, in: Thomas Koebner (Hrsg.): Weimars Ende, Frankfurt 1982, S. 57–79.
336 Carl von Ossietzky: »Brutus schläft«, in: Die Weltbühne, Jg. 27/I, Nr. 5 (3.2.1931), S. 157.
337 Heuss an Elly Heuss-Knapp, 1.3.1933 (III, S. 117).
338 III, S. 123 (Heuss an Otto Dibelius, 15.3.1933).
339 III, S. 126 (22.3.1933).
340 Vgl. Radkau: Die deutsche Emigration in den USA, S. 151 ff.
341 Pyta: Hindenburg, S. 825 f.
342 Vor dem 1947 vom Württembergisch-Badischen Landtag eingesetzten Unter-

suchungsausschuss zur Überprüfung damaliger Vorwürfe gegen diejenigen Landespolitiker, die dem Ermächtigungsgesetz zugestimmt hatten, erklärte Heuss, er selbst habe zunächst einen Entwurf für Ablehnung vorgelegt. Im Heuss-Nachlass fand man jedoch lediglich einen Entwurf für Stimmenthaltung. Ernst Wolfgang Becker/Thomas Rösslein (Hrsg.): Politischer Irrtum im Zeugenstand. Der Untersuchungsausschuss des Württembergisch-Badischen Landtags zum »Ermächtigungsgesetz« vom 23. März 1933, Stuttgart 2003, S. 138 f., 384, 389.

343 Welchert: Theodor Heuss, S. 91 f.; Klaus-Jürgen Matz: Reinhold Maier (1889–1971). Eine politische Biographie, Düsseldorf 1989, S. 152.

344 Vgl. Becker/Rösslein (Hrsg.): Politischer Irrtum im Zeugenstand, S. 137–142.

345 Heuss an Toni Stolper, 5.5.1963 (N 1186/127).

346 Heuss: Die Machtergreifung und das Ermächtigungsgesetz. Zwei nachgelassene Kapitel der »Erinnerungen 1905–1933«, hrsg. von Eberhard Pikart, Tübingen 1967, S. 23 f.

347 Ebd., S. 26.

348 Vgl. Toni Stolper: Ein Leben in Brennpunkten unserer Zeit, S. 312.

349 Peter Merseburger: Kurt Schumacher, Stuttgart 1995, S. 448 (nach einem Bericht von Annemarie Renger, Schumachers engster Mitarbeiterin).

350 Mergel: Parlamentarische Kultur in der Weimarer Republik, S. 469.

351 Das ist die These von Ernst Wolfgang Becker: Ermächtigung zum politischen Irrtum. Die Zustimmung zum Ermächtigungsgesetz von 1933 und die Erinnerungspolitik im ersten württembergisch-badischen Untersuchungsausschuss der Nachkriegszeit, Stuttgart (Stiftung Bundespräsident-Theodor-Heuss-Haus) 2001.

352 Ernst Wolfgang Becker: Theodor Heuss, S. 73.

353 Joan Campbell: Der Deutsche Werkbund, S. 334.

354 Ebd., S. 306 f.

355 II, S. 510, Heuss an Friedrich Mück, 13.10.1932; Campbell: Werkbund, S. 302 ff.

356 Campbell: Werkbund, S. 227 Fn.

357 Heuss: Erinnerungen, S. 360.

358 Ebenso schon 1933 in einem nicht publizierten Presseartikel; Ernst Wolfgang Becker: Theodor Heuss, S. 76.

359 Heinrich von Treitschke: Deutsche Geschichte im 19. Jahrhundert, Bd. 2, 4. Aufl. Leipzig 1893, S. 426.

360 III, S. 149, Heuss an Ernst Ludwig Heuss, 7.5.1933.

361 III, S. 151, Heuss an Friedrich Mück, 7.5.1933.

362 Der 470-Seiten-Ausstellungsband der Berliner Akademie der Künste von 1983 über die Bücherverbrennung (»Das war ein Vorspiel nur …«) erwähnt merkwürdigerweise an keiner Stelle Heuss unter den »verbrannten« Autoren, womöglich in der falschen Annahme, dass es sich dabei um eine Heuss-Legende handele, die sich lediglich auf dessen eigene Behauptung stütze. Dafür wird Heuss ein halbes Dutzend Mal als Fürsprecher des »Schund-und-Schmutz«-Gesetzes zitiert und auf dürftiger Basis suggeriert, dies Gesetz sei ein Vorspiel der Bücherverbrennung. Der Beitrag von Detlev Peukert »Der Schund- und Schmutzkampf als ›Sozialpolitik der Seele‹« greift schon im Titel ein Heuss-Zitat auf. Auch Peukert gibt jedoch zu, dass die Attacken gegen »Schund und Schmutz« »nicht auf gerader Bahn zu den Bücherverbrennungen« führten. »Aber sie schmiegten sich ein in ein soziales

und habituelles Bedingungsgefüge, das ›1933‹ ermöglichte.« (Ebd., S. 61) Ein solcher Satz ist jedoch eher ein Musterbeispiel für jenen nebulösen Jargon mit vager Bourdieu-Anspielung, der eine typische Seminarkrankheit der letzten Jahrzehnte geworden ist! Auf solche Weise kann man in der deutschen Geschichte mehr oder weniger willkürlich »Wurzeln des Nationalsozialismus« entdecken.

363 Heuss an Kasimir Edschmid, 13.2.1958 (B 122/334).

364 Treitschke: Deutsche Geschichte, Bd. 2, S. 427.

365 Vgl. das Foto in II, S. 465!

366 Heuss: »Der klassische Tag des Vormärz. Eine Erinnerung an das Hambacher Fest«, in: Neue Freie Presse, 31.5.1932.

4 Unter der NS-Diktatur: Kreativer Rückzug auf sich selbst

1 Zu diesem Aspekt Thomas Hertfelder: »Das symbolische Kapital der Bildung: Theodor Heuss«, in: Ders./Gangolf Hübinger (Hrsg.): Kritik und Mandat. Intellektuelle in der deutschen Politik, Stuttgart 2000, S. 93–113.

2 Heuss an Walter Goetz, 28.9.1933 (III, S. 182).

3 III, S. 178 (3.8.1933).

4 III, S. 162 (an Ernst Ludwig Heuss, 25.6.1933).

5 III, S. 181 (an Walter Goetz, 28.9.1933).

6 III, S. 166 f. (an Friedrich Mück, 3.7.1933).

7 III, S. 132 (1.4.1933).

8 III, S. 223 (an Ulrich Zeller, 26.2.1934).

9 III, S. 357 (23.10.1939).

10 Ausführliche Diskussion der spärlichen Belege bei Jürgen C. Heß: »Die Nazis haben gewusst, dass wir ihre Feinde gewesen und geblieben sind.« Theodor Heuss und der Widerstand gegen den Nationalsozialismus, in: Jb. zur Liberalismus-Forschung 14 (2002), S. 155–170.

11 Ebd., S. 190 ff. Dieser Umstand macht Jürgen C. Heß zu schaffen, der alle erdenklichen Indizien heranzieht, um Heuss doch dem Widerstand in einem weiteren Sinne zuzurechnen.

12 Heuss: Der »Dahlemer Samstag« (November 1956), B 122/2069; Heuss an Gottfried Traub, 10.10.1950, B 122/317. Eduard Spranger würdigt diesen Kreis in seinem Beitrag zu den Begegnungen mit Theodor Heuss keiner Erwähnung.

13 In der Literatur findet man Höpker Aschoff vielfach mit Bindestrich geschrieben; diese Schreibweise ist jedoch inkorrekt (s. u., Aders: Die Utopie vom Staat über den Parteien, S. 33).

14 Vgl. Heuss an Ernst Ludwig Heuss, 11.11.1933 (FA): »Am Abend waren wir behaglich bei Höpker Aschoff.«

15 III, S. 252 und Fn. (Heuss an das Reichsministerium für Volksaufklärung und Propaganda, 19.12.1934).

16 N 1221/396, Bott an Gertrud Bäumer und Theodor Heuss, 2.10.1936.

17 Burger: Theodor Heuss als Journalist, S. 384.

18 N 1221/488 (8.3.1934).

19 III, S. 260 (Heuss an Alfred Otto Stolze, 27.2.1935).

20 III, S. 182 f. mit Fn.

21 Rudolf Diels: Lucifer ante portas … Es spricht der erste Chef der Gestapo, Stuttgart 1950; Hans-Peter Schwarz: Adenauer, Bd. 1: Der Aufstieg 1876–1952, München 1994, S. 391.
22 Welchert: Theodor Heuss, S. 94.
23 N 1221/396 (4.2.1936).
24 Ludwig Herz: »Ostjuden«, in: Die Hilfe, 40. Jg., Nr. 3, 3.2.1934, S. 66 f., zit. n. Burger: Theodor Heuss als Journalist, S. 307.
25 Radkau: Max Weber, S. 680.
26 Toni Stolper 1890–1988: Recorded Memories – Vienna, Berlin, New York, Privatdruck 1989, S. 4 (dem Verfasser freundlicherweise von Max Stolper zur Verfügung gestellt).
27 III, S. 257 (Heuss an Walter Goetz, 20.2.1935).
28 Ebd., S. 258.
29 III, S. 348 (20.7.1939).
30 Vgl. den Briefwechsel zwischen Heuss und K. A. v. Müller, B 122/867.
31 Dazu Helmut Heiber: Walter Frank und sein Reichsinstitut für Geschichte des neuen Deutschlands, Stuttgart 1966, S. 42. Heiber hält dieses Lob für berechtigt (ebd., S. 45). Vgl. den damaligen Briefwechsel zwischen Heuss und Frank, der ihn umwarb, allerdings vergeblich gegen die liberale Presse aufzuhetzen suchte! (N 1221/78)
32 N 1221/78.
33 III, S. 263 (5.4.1935).
34 III, S. 281 (9.10.1936).
35 Heiber: Walter Frank und sein Reichsinstitut für Geschichte des neuen Deutschlands, S. 947 ff.; Heinrich Keßler: Wilhelm Stapel als politischer Publizist. Ein Beitrag zur Geschichte des konservativen Nationalismus zwischen den beiden Weltkriegen, Nürnberg 1967, S. 152 mit Fn.; S. 280–290 eigene Ausführungen Stapels nach 1945 über seine Stellung zu den Juden.
36 Keßler, S. 214 mit Fn.
37 Ebd., S. 197.
38 Ebd., S. 213.
39 Heuss an Wilhelm Stapel, 13.7.1951, N 1221/98.
40 III, S. 371 f. (3.1.1940).
41 8.6.1938; N 1221/98.
42 Heuss an Elly Heuss-Knapp, 25.3.1933 (FA).
43 III, S. 355 Fn.
44 II, S. 345 f., Heuss an Carl Schmitt, 20.1.1930.
45 Ich verdanke diesen Hinweis dem Schmitt-Biographen Reinhard Mehring (23.3.2013).
46 Reinhard Mehring: Carl Schmitt. Aufstieg und Fall, München 2009, S. 324, 325 ff., 352.
47 Ernst Ludwig an Theodor Heuss, 18.2.1934, und dessen Antwortschreiben (FA).
48 Heuss an Richard Tüngel, 6.10.1954 (B 122/602).
49 Mehring: Carl Schmitt, S. 543.
50 Heuss an Peter Schneider, 22.3.1957, B 122/864.
51 Heuss: Erinnerungen, S. 274 f.

52 So Ernst Wolfgang Becker an Verf., 7.2.2013: »Heuss hat sich in seinen Anschauungen kaum gewandelt – das ist ja gerade das Faszinierende und Erschreckende. Immer wieder greift er auf Versatzstücke seiner Vergangenheit zurück.«
53 III, S. 284 (an Ulrich Zeller, 16.10.1936).
54 Heuss: »Idealismus?«, in: Rhein-Neckar-Zeitung, 1. Jg., Nr. 1, 5.9.1945.
55 Angelika Schaser weist darauf hin, dass Gertrud Bäumer als Herausgeberin von »Die Frau« NS-Positionen vertrat, »ohne dass sie dies selbst je als Anpassungsleistung empfand«. Dies.: »›Innere Emigration‹ als konformer Widerstand. Gertrud Bäumer 1933 bis 1945«, in: Ariadne, H. 32, Nov. 1997, S. 22. Der Begriff »innere Emigration« für Gertrud Bäumers Verhalten während der NS-Zeit trifft jedoch m.A. nicht ihr Selbstverständnis.
56 Gertrud Bäumer: »Eine notwendige Antwort«, in: Die Hilfe 40, Nr. 4, 17.2.1934, S. 73 ff., zit. n. III, S. 216 Fn. Heuss dazu an seinen Sohn (ebd., S. 231, 19.3.1934): Dieser Aufsatz habe »mächtig gewirkt; auch der Staatssekretär der Reichskanzlei hat ihren Empfang bestätigen lassen.« Es handelte sich um Hans Heinrich Lammers, den Heuss von der Deutschen Hochschule für Politik her kannte.
57 Heuss an Julius Bab, 25.3.1946 (IV, S. 156).
58 Heuss an Wilhelm Heile, 22.5.1947 (IV, S. 278).
59 Heuss: Die Machtergreifung und das Ermächtigungsgesetz. Zwei nachgelassene Kapitel der Erinnerungen, Tübingen 1967, S. 32.
60 Elly Heuss-Knapp an Ernst Ludwig Heuss, 14.11.1934 (FA).
61 Elly Heuss-Knapp bezieht sich hier auf Gertrud Bäumers Besprechung ihres Buches »Ausblick vom Münsterturm«, in: Die Hilfe, Nr. 23/1934, S. 548 ff. Da berichtet sie von einer Bemerkung Naumanns zu Elly: »Bisher ist das Leben mild mit Ihnen umgegangen.« Im Anschluss daran behauptet sie, durch das Fehlen harter Erfahrungen sei »der Funke der Leidenschaft« nicht aus Elly herausgeschlagen worden. Dieser Mangel an Leidenschaft war bei Elly jedoch nur sehr relativ, im Vergleich zu Gertrud Bäumer!
62 Toni Stolper: Recorded Memories, S. 102.
63 III, S. 121 (14.3.1933).
64 N 1186/124 (27.2.1958).
65 Vater, Bürgerin zweier Welten, S. 257.
66 Vater, Bürgerin zweier Welten, S. 241.
67 Ebd., S. 257 (Rundbrief an Freunde, 16.11.1935).
68 10.12, 1907 (FA).
69 Sieckmeyer/ Füßmann, Heuss – Der Zeichner, S. 76.
70 21.11.1934 (FA).
71 An Theodor und Ernst Ludwig Heuss, 26.1.1935 (FA).
72 M. Gerstle (Otto E. Weber GmbH) an Elly Heuss-Knapp, 12.10.1934.
73 Elly Heuss-Knapp: »Ein neuer Versuch in der Rundfunkwerbung«, in: Der Kaufmann überm Durchschnitt, 9. Jg., II. H., Nov. 1933, S. 1–4.
74 III, S. 223 (an Ulrich Zeller, 26.2.1934).
75 21.11.1934 (FA).
76 III, S. 520 f. (13.1.1945).
77 III, S. 205 (14.12.1933).
78 Heuss an Elly Heuss-Knapp, 15.1.1934 (FA): »Es muss noch überlegt werden, ob

die Stelle stehen bleiben kann, dass ich von Stuttgart aus eine deutsche Figur werden würde.«

79 Elly Heuss-Knapp: Ausblick vom Münsterturm, S. 99.

80 15.1.1934 (FA).

81 20.2.1934 (FA).

82 18.2.1934 (FA).

83 Ebd., S. 115 f.

84 III, S. 205 Fn

85 III, S. 238 Fn.

86 Die Hilfe 41, Nr. 24, S. 573 f. (14.12.1935); dazu III, S. 270 (Heuss an Martin Spahn, 30.12.1935).

87 Ebd.

88 Diese Passage aus der Originalfassung des »Ausblicks vom Münsterturm« (Berlin 1934, S. 115) wurde in der Ausgabe von 1952 gestrichen.

89 Heuss: Naumann, S. 453 f.; Heuss: Erinnerungen, S. 229 f.

90 Hallgarten/Radkau: Deutsche Industrie und Politik, S. 147 ff.; Joachim Radkau: »Renovation des Imperialismus im Zeichen der ›Rationalisierung‹. Wirtschaftsimperialistische Strategien in Deutschland von den Stinnes-Projekten bis zum Versuch der deutsch-österreichischen Zollunion, 1922–1931«, in: Ders./Imanuel Geiss: Imperialismus im 20. Jahrhundert. Gedenkschrift für George W. F. Hallgarten, München 1976, S. 200 ff.

91 Hallgarten/Radkau: Deutsche Industrie und Politik, S. 229 Fn.

92 Heuss-Knapp: Ausblick vom Münsterturm, S. 83.

93 Heuss: Die Machtergreifung und das Ermächtigungsgesetz, S. 34.

94 Bürgerin zweier Welten, S. 268 f.

95 Heuss an Friedrich Mück, 3.7.1933 (III, S. 165 f.).

96 Heuss an Friedrich Mück, 1.4.1933 (III, S. 129 f.).

97 Toni Stolper 1890–1988. Recorded Memories, Vienna, Berlin, New York, S. 101.

98 Toni Stolper: Gustav Stolper – Ein Leben in Brennpunkten unserer Zeit, S. 311 ff.

99 Vgl. ebd., S. 206 f.

100 Ebd., S. 320.

101 Toni Stolper an Elly und Theodor Heuss, 9.12.1936 (N 1221/488).

102 Margret Boveri: Wir lügen alle, S. 133.

103 III, S. 177 Fn.

104 III, S. 260 Fn.

105 N 1221/488.

106 Joachim Radkau: Die deutsche Emigration in den USA, S. 73–84.

107 Vgl. Toni Stolper: Gustav Stolper S. 356 ff.

108 Vgl. ebd. S. 410 ff.; Gustav Stolper: This Age of Fable. The Political and Economic World We Live in, New York 1942.

109 Heuss: Führer aus deutscher Not, S. 21.

110 Ebd., S. 36 ff.

111 Heuss: »Friedrich Naumann und sein Kreis«, in: Vom Gestern zum Morgen. Eine Gabe für Gertrud Bäumer, Berlin 1933, S. 106.

112 Ebd., S. 251.

113 III, S. 166, Heuss an Friedrich Mück, 3.7.1933, und Fn.; Ernst Wolfgang Becker:

Theodor Heuss, S. 78; Heuss: »Fragmente von Erinnerungen aus der NS-Zeit«, in: Vierteljahrshefte für Zeitgeschichte, Jg. 1967, H. 1, S. 8.

114 Ebd., S. 289 f.

115 Heuss: Poelzig, S. 93 erwähnt jene »Verschulung des ganzen Volkes, in der die Anschauung durch den Begriff ersetzt wurde«, als ein »Elend«.

116 III, S. 232 (25.5.1934).

117 III, S. 289 (23.1.1937).

118 Vgl. seinen Brief an Albert Schweitzer vom 26.9.1938, III, S. 329 f.

119 Mit der Kritik daran beginnt die Einleitung zu Heuss: Naumann.

120 III, S. 335 (4.1.1939).

121 Gessler an Heuss, 23.12.1937, zit. n. Otto Gessler: Reichswehrpolitik in der Weimarer Zeit, S. 522.

122 III, S. 467 (20.9.1943).

123 Heuss an Gustav Kilpper (Generaldirektor der DVA), 6.8.1937 (III, S. 297).

124 Karl Ferdinand Werner: Das NS-Geschichtsbild und die deutsche Geschichtswissenschaft, Stuttgart 1967, S. 45 ff.

125 Heuss an Gerhard Storz (Kultusminister von Baden-Württemberg), 10.3.1959 (N 1221/353).

126 III, S. 304 Fn.

127 Heuss an Kilpper, 20.11.1937 (III, S. 307 ff.).

128 Werner Stephan: Acht Jahrzehnte erlebtes Deutschland, S. 240.

129 Eine andere Version berichtet Margret Boveri: Wir lügen alle, S. 231: Ihr zufolge war es Max Winkler, ein enger, aber nicht engherziger Vertrauter von Goebbels, der manchen als »graue Eminenz« des NS-Pressewesens galt (ebd., S. 225), der die Erlaubnis für Heuss erwirkt habe. Dazu Heuss an Winkler, 12.10.1937, III, S. 303 ff. und ebd., S. 304 Fn.

130 Heuss: Naumann: S. 508.

131 Diese Formulierung findet sich in Heuss' »Naumann«-Artikel von 1952 für das »Handwörterbuch der Sozialwissenschaften« (N 1221/304); ähnlich in Heuss: Naumann, S. 166.

132 Heuss: Naumann, S. 507.

133 Ebd., S. 506.

134 Dahrendorf/Vogt: Theodor Heuss, S. 422 (Ansprache zur Überreichung der Heuss-Bibliographie).

135 Die Hilfe XXXIX/1933, H. 3, zit. n. Dahrendorf/Vogt: Theodor Heuss, S. 245 ff.

136 Campbell: Der Deutsche Werkbund, S. 301 ff.

137 Heuss an Walter Riezler, 17.10.1933 (III, S. 184).

138 4.1.1939, zit. n. Gessler: Reichswehrpolitik in der Weimarer Zeit, S. 524.

139 Heuss: Erinnerungen, S. 196.

140 Heuss: Würdigungen, S. 109.

141 Ebd., S. 138.

142 Das schilderte mir drastisch die Heuss-Nichte Hanna Frielinghaus-Heuss (29.4.2006), die Herausgeberin des in immer neuen Auflagen erscheinenden Bestsellers »Heuss-Anekdoten«.

143 Heuss: Poelzig, S. 82 f.

144 Claudia Dillmann: Wirklichkeit im Spiel – Film und Filmarchitektur, in: Wolf-

gang Pehnt/Matthias Schirren (Hrsg.): Hans Poelzig 1869 bis 1936, Bonn 2007, S. 152 ff.

145 Scheffler: Die fetten und die mageren Jahre, S. 52.

146 Heike Hambrock: Hans und Marlene Poelzig – Bauen im Geist des Barock, Delmenhorst 2005.

147 Heuss: Poelzig, S. 49.

148 Ebd., S. 133.

149 Ebd., S. 36.

150 Heuss: Was ist Qualität?, Tübingen 1951, S. 27.

151 III, S. 335 Fn.

152 Heuss: Erinnerungen, S. 321.

153 Heuss an die Parteiamtliche Prüfungskommission, 14. 2. 1941 (III, S. 397 f.).

154 III, S. 50.

155 Oskar Stark an Eberhard Pikart, 23. 12. 1965 (N 1221/649).

156 Heuss im Vorwort zu der Poelzig-Ausgabe von 1955, S. 9.

157 Campbell: Der Deutsche Werkbund, S. 347 f.

158 Heuss: Poelzig, S. 125 f.

159 Joachim Fest: Speer. Eine Biographie, Frankfurt 2001, S. 39. Merkwürdigerweise berichtet Fest nichts von dem später durch Speer unabsichtlich ausgelösten Verbot der Poelzig-Biographie. Hält er diese Geschichte nicht für glaubwürdig?

160 19. 12. 1948 (IV, S. 446).

161 Heuss: Anton Dohrn, S. 340.

162 Karl Josef Partsch: Die Zoologische Station in Neapel. Modell internationaler Wissenschaftszusammenarbeit, Göttingen 1980, S. 105.

163 Heuss: Anton Dohrn, S. 6.

164 25. 10. 1939 (III, S. 360).

165 30. 6. 1939 (III, S. 344).

166 Vgl. dazu Partsch: Die Zoologische Station in Neapel, der kritisiert (S. 31), Heuss habe sich zu sehr auf die Personengeschichte konzentriert – die Lebensgeschichte von Anton Dohrn – und darüber die Institutionengeschichte vernachlässigt. Auch er bemerkt jedoch (S. 103), der phänomenale Aufstieg dieser Station sei nur aus der Energie und Dynamik ihres Gründers zu erklären.

167 Partsch: Die Zoologische Station in Neapel, S. 154.

168 Ebd., S. 331.

169 Julian Huxley: Ein Leben für die Zukunft. Erinnerungen, München 1981 (urspr. 1970/73), S. 68 ff.; Joachim Radkau: Die Ära der Ökologie, München 2011, S. 108–116.

170 Heuss: Anton Dohrn, S. 136 ff.

171 Gudrun von Uexküll: Jakob von Uexküll, seine Welt und seine Umwelt, Hamburg 1964, S. 41, 49.

172 Heuss: Anton Dohrn, S. 219 f.

173 Ebd., S. 261.

174 Vgl. dazu die Hinweise des mit Dohrn und Haeckel gut bekannten »Vitalisten« Hans Driesch: Lebenserinnerungen. Aufzeichnungen eines Forschers und Denkers in entscheidender Zeit, München 1951, S. 89: Dohrn habe »phylogenetische Probleme, namentlich die Frage nach der Abstammung der Wirbeltiere«, »wesentlich

exakter« angepackt als Haeckel. »Die Umwelt habe, so dachte er, die Stammesgeschichte wesentlich beeinflußt; sie habe zu einem ›Funktionswechsel‹ … der Organe und eben damit zu stammesgeschichtlichen Umformungen geführt.« Ähnlich in dem neueren Opus magnum von Ernst Mayr: Die Entwicklung der biologischen Gedankenwelt. Vielfalt, Evolution und Vererbung, Berlin 1984, S. 491. So gesehen begründete Dohrn eine Verbindung von Evolutionslehre und Ökologie, während Haeckel zwar den Begriff »Ökologie« erfand, aber nichts damit machte!

175 Joachim Radkau: Max Weber, S. 157 ff.

176 21.10.1939 (III, S. 355).

177 Heuss: Hitlers Weg, S. 32.

178 Adolf Hitler: Mein Kampf, 263.–264. Aufl. München 1937, S. 144.

179 Joachim Radkau: »Naturschutz und Nationalsozialismus – wo ist das Problem?«, in: Ders./Frank Uekötter (Hrsg.): Naturschutz und Nationalsozialismus, Frankfurt 2003, S. 47.

180 Heuss an Werner Stephan, 31.3.1942 (III, S. 435 mit Fn.).

181 Vgl. Heuss: Anton Dohrn, S. 296.

182 Margret Boveri: Verzweigungen. Eine Autobiographie, München 1977, S. 191.

183 Ebd., S. 217; vgl. auch Heuss an Margret Boveri, 31.10.1933 (III, S. 188 ff.).

184 In: Heuss: Anton Dohrn, S. 405.

185 Heuss-Anekdoten, S. 15.

186 Ebd., S. 225–228 und passim.

187 Joachim Radkau: Holz – Wie ein Naturstoff Geschichte schreibt, Neuausgabe München 2012, S. 232.

188 III, S. 394 Fn.

189 B 122/2283.

190 Heuss an Toni Stolper, 26.1.1956 (N 1186/122).

191 Heuss: Tagebuchbriefe, S. 572.

192 Heuss an Toni Stolper, 26.1.1956 (N 1186/122).

193 Heuss: Bei Gelegenheit … »Außeramtliche, gelöste, nebenstündliche Produkte«, Tübingen 1961, S. 22, 23 f., 30 f.

194 Dahrendorf/Vogt: Theodor Heuss, S. 270 f. (Heuss 1938 zu Riemerschmids 70. Geburtstag).

195 Naumann: Neudeutsche Wirtschaftspolitik, S. 97–100.

196 Heuss: Naumann, S. 192.

197 Ebd., S. 48.

198 Ebd., S. 205.

199 Heuss: Justus von Liebig. Vom Genius der Forschung, Hamburg 1942, S. 45.

200 Ebd., S. 41.

201 Ministerialrat Werner Tornow: Die Entwicklungslinien der landwirtschaftlichen Forschung in Deutschland unter besonderer Berücksichtigung ihrer institutionellen Formen, Hiltrup (1955), S. 12.

202 Heuss: Liebig, S. 20.

203 Heuss an Albert Erich Brinckmann (den Herausgeber der Buchreihe »Geistiges Europa«, in der die Liebig-Biographie erschien), 5.5.1941 (III, S. 421 f.).

204 Franz Schnabel: Deutsche Geschichte im 19. Jahrhundert: Die Erfahrungswissenschaften, Freiburg 1965 (urspr. 1937), S. 257.

205 Heuss: Liebig, S. 59.
206 Ebd., S. 38.
207 Ebd., S. 43.
208 Vgl. ebd., S. 40.
209 Ebd., S. 62.
210 Joachim Radkau: Natur und Macht – Eine Weltgeschichte der Umwelt, 2. Aufl. München 2002, S. 22–27.
211 Heuss: Liebig, S. 61.
212 Rede anlässlich der Tagung der Arbeitsgemeinschaft der Chemischen Industrie 1950, in Dahrendorf/Vogt: Theodor Heuss, S. 389.
213 Heuss an Robert Bosch, 6.3.1942 (III, S. 432 und Fn.).
214 Heuss: Robert Bosch, Stuttgart 1946, S. 13.
215 III, S. 404 (11.3.1941).
216 Heuss: Robert Bosch, S. 703.
217 Boveri/Prinzing: Theodor Heuss, S. 24.
218 Campbell: Werkbund, S. 170 Fn.
219 Heuss: Bosch, S. 165.
220 Ebd., S. 218.
221 Heuss: Robert Bosch, S. 259.
222 Heuss: Naumann, S. 412.
223 Ebd., S. 33.
224 Gerhard Ritter: Carl Goerdeler und die deutsche Widerstandsbewegung, München 1964, S. 158 ff.
225 In: Deutsche Rundschau 68 (1941), zit. n. Hans-Erhard Lessing: Robert Bosch, Reinbek bei Hamburg 2007, S. 150.
226 Heuss an Gottfried Treviranus, 9.1.1946 (IV, S. 143); dazu ebd., S. 107 Fn.; Heuss: Aufzeichnungen 1945–1947, Tübingen 1966, S. 105 und 221 Fn. 23; Joachim Scholtyseck: Robert Bosch und der liberale Widerstand gegen Hitler 1933–1945, München 1999, S. 354 und 659 f.
227 Jürgen C. Heß: »›Die Nazis haben gewusst, dass wir ihre Feinde gewesen und geblieben sind.‹ Theodor Heuss und der Widerstand gegen den Nationalsozialismus«, in: Jb. zur Liberalismus-Forschung 14 (2002), S. 186.
228 Gerhard Ritter: Carl Goerdeler, S. 437 f., 442 f.
229 Merseburger: Theodor Heuss, S. 362 f.
230 Radkau: Technik in Deutschland, S. 170.
231 Ebd., S. 60, 203, 291, 301.
232 Heuss: Robert Bosch, S. 248, 249.
233 Heuss: Tagebuchbriefe, S. 478 f. (22.8.1960).
234 Ebd., S. 128 ff.
235 Ebd., S. 254 f.
236 Ebd., S. 695.
237 Vgl. dazu Heidrun Homburg: »Anfänge des Taylorsystems in Deutschland vor dem Ersten Weltkrieg. Eine Problemskizze unter besonderer Berücksichtigung der Arbeitskämpfe bei Bosch«, in: Geschichte und Gesellschaft 4 (1978), S. 170–194. Ihre Darstellung ist insofern widersprüchlich, als sie den Streik von 1913 mit der »Taylorisierung« in Verbindung bringt, zugleich jedoch bemerkt, dass »die Einführung

Taylorscher Methoden bei Bosch keinen scharfen Einschnitt« bildete (S. 183), ähnlich wie es Heuss darstellt.

238 Heuss: Robert Bosch, S. 251, wieder S. 455.

239 Welchert: Theodor Heuss, S. 120.

240 Vgl. Heuss: Robert Bosch, S. 591.

241 Robert Bosch an Heuss, 9.2.1940; ich verdanke eine Kopie dieses Briefes Hans-Erhard Lessing.

242 Heuss' damaliger Kommentar zu Hahnemann: »Mann mit Weltwirkung, abstruse Genialität ... ziemlich verquertes, novellistisches Leben.« (N 1221/328)

243 Heuss: Robert Bosch, S. 15.

244 Welchert: Theodor Heuss, S. 115 f.

245 Heuss an Ernst Ludwig Heuss, 30.8.1944 (FA).

246 Eugen Diesel bringt diese Aversion allerdings 1931 noch schärfer heraus, als Heuss das mitten im Krieg wagte: »Man weiß von Bosch, dass er kein Freund des Militärs ist, dass er allem, was Militarismus ist, tiefes Misstrauen entgegenbringt.« In: Conrad Matschoss (Hrsg.): Robert Bosch und sein Werk, Berlin 1931, S. 15.

247 Heuss: Robert Bosch, S. 487.

248 Vgl. das 750-Seiten-Opus von Joachim Scholtyseck: Robert Bosch und der liberale Widerstand gegen Hitler 1933–1945, München 1999.

249 Ebd., S. 156 ff.

250 Ebd., S. 73; Heuss selbst berichtet in seinen Memoiren allerdings nichts darüber.

251 Scholtyseck: Robert Bosch, S. 122.

252 Heuss: Robert Bosch, S. 515.

253 Ebd., S. 253.

254 Heuss an Otto Debatin, 6.5.1933 (III, S. 149).

255 Heuss an Otto Debatin, 16.2.1948 (IV, S. 355 f.).

256 Heuss an Otto Debatin, 7.9.1939 (III, S. 349 ff.).

257 Wie Heuss selbst bekannte, arbeitete er dort »gerne« mit, offenbar nicht nur wegen der hohen Honorare. Vgl. Burger: Theodor Heuss als Journalist, S. 333.

258 Heuss an die Schriftleitung der »Frankfurter Zeitung«, 25.2.1941 (III, S. 399 f.).

259 Heuss: »Das größere Vaterland. Zum 50. Todestag Gottfried Kellers«, in: Das Reich, 14.7.1940.

260 Burger: Theodor Heuss als Journalist, S. 333.

261 Heuss an Conrad Heuss, 14.2.1933 (III, S. 112 f.).

262 III, S. 353.

263 Heß: »Die Nazis haben gewusst«, S. 154 und Fn.

264 Vgl. die Fülle von Belegen dazu in Lothar Gall (Hrsg.): Das Bismarck-Problem in der Geschichtsschreibung nach 1945, Köln 1971!

265 Heuss an Oskar Stark, 27.3.1941 (III, S. 411 f.).

266 Heuss: Profile. Nachzeichnungen aus der Geschichte, Tübingen 1964, S. 164.

267 Burger: Theodor Heuss als Journalist, S. 380 f.

268 Heuss an Hans Rustige, 30.6.1941 (III, S. 424).

269 Heuss an Eberhard Wildermuth, 8.7.1944 (III, S. 426).

270 Heuss an Ulrich Zeller, 11.3.1943 (III, S. 452).

271 Heuss an Ulrich Zeller, 7.1.1943 (III, S. 450).

272 Theodor Heuss – Eine Ausstellung, Stuttgart 1967, S. 212.

273 Heuss an Oskar Stark, 27.11.1942, zit n. Burger: Theodor Heuss als Journalist, S. 284.
274 Heuss an Otto Debatin, 9.4.1943 (III, S. 456).
275 Heuss: Schattenbeschwörung, S. 13.
276 Heuss an Wilhelm und Liese Loew, 5.4.1934 (III, S. 264).
277 Heuss: Schattenbeschwörung, S. 11 f.
278 Heuss: Deutsche Gestalten, S. 46; zuerst in der »Frankfurter Zeitung« vom 10.5.1942.
279 III, S. 468 Fn.
280 Heuss an Margret Boveri, 5.12.1944 (III, S. 514).
281 Heuss an Walter Goetz, 9.2.1944 (III, S. 486 mit Fn.).
282 Heuss an Christel Matthias Schröder, 13.6.1944 (III, S. 489).
283 Ähnlich auch Ernst Wolfgang Becker in der Einleitung zu IV, S. 21 f.
284 Merseburger: Theodor Heuss, S. 379. Er beruft sich dabei auf Max Stolper, der Heuss 1945 in Heidelberg als amerikanischer G.I. kurz nach dem alliierten Einmarsch aufsuchte. Dazu schreibt mir Max Stolper (17.11.2012): »Onkel Theodor at that point was definitely underfed, but I agree with you that ›gespenstische, schlacksige Hungergestalt‹ is an exaggeration. (Tante Elly was plump by comparison, though also not overweight.)« In der Tat zeigt ein Blick auf Elly auf damaligen Fotos, dass die Heussens nicht hungern mussten, was in dem Gartenvorort des unzerstörten Heidelberg, wo sie lebten, und mit dem Bosch-Gehalt und Boschhof im Hintergrund auch höchst unwahrscheinlich gewesen wäre. In Heidelberg wie anderswo begann die Hungerzeit erst *nach* Kriegsende. Die Heuss-Nichte Hanna Frielinghaus schwärmte mir (29.4.2006) sogar davon vor, wie gut man noch mitten im Krieg bei den Heussens gegessen habe! Bei der Lektüre mancher Heuss-Korrespondenzen gewinnt man den Eindruck, dass Heuss wie so viele passionierte Raucher dann, wenn das Essen reizlos war, sich lieber eine Zigarre anzündete.
285 Heuss: Vorspiele des Lebens, S. 15.
286 Elly Heuss-Knapp an Ernst Ludwig Heuss, 10.3.1934 (FA).
287 Theodor an Ernst Ludwig Heuss, 11.11.1933 (FA).
288 Ernst Ludwig Heuss an seine Eltern, 16.6.1934 (FA).
289 Vgl. Radkau: Max Weber, S. 274.
290 Ernst Ludwig Heuss an seine Eltern, 27.7.1934 (FA).
291 Ernst Wolfgang Becker an Verf., 26.11.2012.
292 Zit. n. Jürgen C. Heß: »Die Nazis haben gewusst«, S. 156 f.
293 Ernst Ludwig Heuss an seine Eltern, 20.10.1943 (FA).
294 Heß: »Die Nazis haben gewusst«, S. 176 ff.
295 Dass., 24.11.1943 (FA).
296 Dass., 21.1.1945 (FA).
297 Ernst Ludwig Heuss an seine Eltern, 27.7.1945 (FA); an Toni Stolper, 24.8.1955 (N 1186/212).
298 Heuss: Aufzeichnungen 1945–1947, S. 50; ähnlich zitiert ihn Welchert (ders.: Theodor Heuss, S. 129): Eine Niederlage »wäre ein furchtbares Schicksal, das möchte ich dem deutschen Volk nicht wünschen.«
299 Ernst Ludwig Heuss an seine Eltern, 22.2.1945 (FA).

300 Dass., 14.8.1945 (FA).
301 Heuss an Gustav Stolper, 25.3.1946 (IV, S. 161).
302 Heuss erklärt den Titel in einem Brief an Wilhelm Stapel (27.5.1946, IV, S. 175) mehr banausisch als erbaulich: »Das Büchlein soll ›Schmale Wege‹ heißen, das sind nämlich solche, auf denen man stolpern kann, manche aber führen auch ins Himmelreich.«
303 Elly Heuss-Knapp an Toni Stolper, 6.5.1946 (Vater, Bürgerin zweier Welten, S. 307).
304 Almut Agnes Meyer: »Eine deutsche Kontrastgeschichte – Der Denunziant Reckzeh«, in: Matthias Riemenschneider/Jörg Thierfelder (Hrsg.): Elisabeth von Thadden. Gestalten – Widerstehen – Erleiden, Karlsruhe 2002, S. 230–241. Ich danke der nach ihr benannten Großnichte, der ZEIT-Redakteurin Elisabeth von Thadden, für wichtige Hinweise. Auf sie wirkt die Schilderung der »Teegesellschaft« lebensecht, »nicht arg ausgeschmückt«. Ihre Großtante müsse durch ihren Leidensweg für Elly »eine Art Alter Ego« geworden sein.
305 Vater, Bürgerin zweier Welten, S. 231 (an ihre Schwester Marianne Lesser-Knapp, 24.8.1933).
306 Vater, Bürgerin zweier Welten, S. 269f., 271.
307 Heuss-Knapp: Schmale Wege, S. 59.
308 Michael Wildt: Generation des Unbedingten. Das Führungskorps des Reichssicherheitshauptamtes, Hamburg 2003, S. 578–591.
309 Ebd., S. 787f.
310 Ebd., S. 785ff.; Petra Weber: Carlo Schmid, München 1996, S. 104, 106, 476f.
311 DER SPIEGEL 11/2008, S. 48ff.
312 Nobert Frei: Vergangenheitspolitik. Die Anfänge der Bundesrepublik und die NS-Vergangenheit, München 1996, S. 298.
313 Heuss-Knapp: Schmale Wege, S. 20f.

5 Heuss' historische Stunde: Schwächen verwandeln sich in Stärke

1 Henric L. Wuermeling: Die weiße Liste. Umbruch der politischen Kultur in Deutschland 1945, Frankfurt 1981, S. 284f. Dazu die Erläuterung: »Had close connections with source from 1928–1936.« Das könnte darauf deuten, dass Gustav Stolper die »Quelle« ist, da er und Heuss sich 1936 das letzte Mal getroffen hatten.
2 Hans-Peter Schwarz: Adenauer, Bd. 1: Der Aufstieg, 1876–1952, München 1994, S. 429.
3 Burger: Theodor Heuss als Journalist, S. 427: »Allen« Heuss-Artikeln in der »Rhein-Neckar-Zeitung« sei »der räsonnierende Charakter eigen«.
4 Theodor Heuss – Eine Ausstellung, Stuttgart 1967, S. 240 (13.9.1945).
5 Heuss an Gustav Stolper, 25.3.1946 (IV, S. 160f.).
6 21.7.1946 (N 1221/489).
7 Schwarz: Adenauer, Bd. 1, S. 429.
8 Heuss an Julius Bab, 25.3.1946 (IV, S. 155).
9 GLA Karlsruhe, Nachlass Hellpach 339, S. 211. Wobei allerdings seine Diagnose, dass in weiten Teilen der Dritten Welt die Tendenz auf eine Verbindung von Natio-

nalismus und Sozialismus gehe, ganz treffend war: Wie so oft gehen bei Hellpach Sinn und Unsinn durcheinander!

10 Hildegard Hamm-Brücher zum Verf., 26.1.2013: Heuss habe selber gelegentlich zu ihr gemeint, es sei gar nicht so sehr sein eigenes Verdienst, wenn er ab 1945 in den Mittelpunkt gerückt sei, sondern habe wesentlich daran gelegen, dass die meisten anderen in Frage kommenden Politiker ausgefallen seien.

11 Schwarz: Adenauer, Bd. 1, S. 429.

12 Wuermeling: Die weiße Liste, S. 23.

13 Bei meinen Recherchen für meine Dissertation zur deutschen USA-Emigration in den Jahren von 1967 bis 1970 wurde mir von ehemaligen Emigranten versichert, Adenauer sei den Amerikanern in ihren Kreisen vielfach empfohlen worden; ich konnte jedoch nicht ausmachen, dass eine bestimmte Empfehlung entscheidend gewesen wäre. Ähnliches gilt im Falle von Heuss. Dazu Christof Mauch: Schattenkrieg gegen Hitler. Das Dritte Reich im Visier der amerikanischen Geheimdienste 1941 bis 1945, Stuttgart 1999, S. 285.

14 Radkau: Die deutsche Emigration in den USA, S. 214–300.

15 Vgl. Karl Loewenstein: Max Webers staatspolitische Auffassungen in der Sicht unserer Zeit, Frankfurt 1965; ders.: »Persönliche Erinnerungen an Max Weber«, in: Karl Engisch u.a. (Hrsg.): Max Weber. Gedächtnisschrift der Ludwig-Maximilians-Universität München, Berlin 1966, S. 27–38.

16 Matz: Reinhold Maier, S. 305.

17 Ebd., S. 306.

18 Toni Stolper: Gustav Stolper, S. 334: »Man erlebt in Paris, in London die ersten Äußerungen der Emigrationspsychose, wo ›antifaschistische‹ Politiker und Journalisten zusammengerottet in endlosem Wortwechsel sitzen und die Führer unter ihnen den Ehrentitel eines ›Hitler-Emigranten‹ diesem rechtgläubigen Schicksalsgenossen zusprechen, jenem, der sich sein eigenes Urteil wahrt, verweigern.« Die besondere Wut der Stolpers galt Leopold Schwarzschild, der mit seinem »Neuen Tagebuch« 1933–40 in Paris zu einem geistigen Zentrum des Exils wurde, noch 1930 dagegen seinen journalistischen Rivalen Gustav Stolper in antisemitischer Manier als »Gerschon Granichbauch« diffamiert hatte. (Ebd., S. 259f.)

19 Radkau: Die deutsche Emigration in den USA, S. 35ff.

20 Burger: Theodor Heuss als Journalist, S. 403.

21 Reifenberg in: Begegnungen mit Theodor Heuss, S. 209.

22 Burger: Theodor Heuss als Journalist, S. 398.

23 Darauf verweist Burger, ebd., S. 400 Fn.

24 Auch im Keller des Pfarrhauses, in dem ich aufwuchs, hatte eine Flasche Sekt zur Feier des Sieges gelegen, obwohl sich meine Familie zur Bekennenden Kirche bekannte und mein Großvater Gustav Koch als Pfarrer von der Gestapo observiert wurde. Als man jedoch nach Kriegsende – Sieg hin, Sieg her – die Flasche trinken wollte, stellte sich sinnigerweise heraus, dass sie ausgelaufen war.

25 Burger, ebd., S. 399 Fn.

26 Ebd., S. 401f.

27 Volker R. Berghahn: America and the Intellectual Cold Wars in Europe. Shepard Stone Between Philanthropy, Academy, and Diplomacy, Princeton 2001.

28 Einen Einblick in die intensive Kommunikation zwischen Heuss und Stone ge-

währt Heuss' Brief an ihn vom 5.2.1946 (IV, S. 149ff.), als Stone wieder Chefredakteur der Sonntagsausgabe der »New York Times« geworden war, wie er das bereits bis 1942 gewesen war. Auch Gustav Stolper mag Stone darin bestärkt haben, dass Heuss noch immer der gute Demokrat der Weimarer Zeit war: »Stolper knew Stone and may have been consulted on the construction of the ›white list‹.« (Max Stolper an Verf., 4.6.2012)

29 Berghahn: America and the Intellectual Cold Wars, S. 33 f.

30 Burger: Theodor Heuss als Journalist, S. 409–411.

31 Heuss: Aufzeichnungen 1945–1947, S. 20.

32 Heuss an Thomas Dehler, 8.2.1947, in: Friedrich Henning (Hrsg.): Theodor Heuss: Lieber Dehler! Briefwechsel mit Thomas Dehler, München 1983, S. 25 f.

33 Vgl. Heuss noch am 27.10.1955 an Toni Stolper (Tagebuchbriefe, S. 83) über den aus den USA zurückgekehrten Werner Richter, der sich im Exil ähnlich wie Heuss in Deutschland mit Biographien durchgeschlagen hatte: »in der Haltung sehr anständig, ganz entfernt von reeducation«. *Reeducation* als Verstoß gegen den Anstand: ein schlimmeres Verdikt konnte es von Heuss nicht geben! Noch im Sommer 1948 wurde Heuss sogar selber zum Objekt der *reeducation*, als er von der *Education Branch* eine – man staune! – stilistische Kritik seines Buches über die Revolution von 1848 erhielt! Natürlich war das für seinen Spott auf die *reeducation* ein gefundenes Fressen; er schrieb, der Rezensent habe sich die Mühe sparen können, »da ich mit meinen 64 Jahren für alle Besserungs- und Erziehungsversuche ein völlig untaugliches Objekt bin«. Heuss an Hans Bott, 3.7.1948 (IV, S. 386).

34 Vgl. Heuss an Willy Dürr, 22.6.1945 (IV, S. 98): »Sehr viele amerik(anische) Besuche, manchmal zu viel, kluge und überflüssige. Ich bemühe mich, ihnen das und das beizubringen …«

35 Heike B. Görtemaker: Ein deutsches Leben. Die Geschichte der Margret Boveri 1900–1975, München 2005, S. 227ff.

36 Margret Boveri: Amerikafibel für erwachsene Deutsche, Berlin 1946, S. 85.

37 Darauf verweist Michael Wettengel (an Verf., 4.3.2013) unter Bezug auf ein Gespräch mit Bob Wolfe (Washington, National Archives), der 1945 als Besatzungsoffizier nach Deutschland kam.

38 Elly Heuss-Knapp an Toni Stolper, 15.12.1948 (FA).

39 Udo Wengst: Thomas Dehler 1897–1967. Eine politische Biographie, München 1997, S. 77ff.

40 Die jahrelange heftige Gegnerschaft abmildernd Friedrich Henning (Hrsg.): Theodor Heuss: Lieber Dehler! Briefwechsel mit Thomas Dehler, München 1983. Dazu Michael Wettengel zum Verf., 4.3.2013: Letztlich war es ein Gegensatz der Charaktere, wie er krasser nicht hätte sein können. Für Dehlers Gegner sei es geradezu eine »Taktik« gewesen, diesen »Choleriker« »so zu provozieren, dass er aus der Haut fuhr«. Dazu der Gegensatz der Demokratie-Modelle: bei Heuss das parlamentarische, bei Dehler das Präsidialsystem.

41 Helmut Gollwitzer: … und führen wohin du nicht willst. Bericht einer Gefangenschaft, Gütersloh 1994 (zuerst 1951), S. 30, 42.

42 Burger: Theodor Heuss als Journalist, S. 428.

43 Ebd., S. 448.

44 Ebd.

45 Ebd., S. 441.
46 Schwarz: Adenauer, Bd. 1, S. 574.
47 Ebd., S. 579 f.; dazu Schwarz (S. 580): »Das ist politische Kannegießerei.«
48 Burger, S. 432.
49 Ebd., S. 431 (= Rhein-Neckar-Zeitung, 12.9.1945).
50 So auch bei Ritter: Carl Goerdeler, S. 432.
51 Heuss: Die großen Reden – Der Staatsmann, S. 63–71.
52 Toni Stolper an Heuss, 10.2.1946 (N 1221/489).
53 Besonders ausführlich und heftig in seinem Brief vom 3.6.1948 an Otto Debatin (IV, S. 373 ff.), bei dem er in Erinnerung hatte, wie prompt dieser den von ihm redigierten »Bosch-Zünder« 1933 auf NS-Kurs gebracht hatte!
54 Burger: Theodor Heuss als Journalist, S. 459.
55 Becker: Theodor Heuss, S. 110.
56 Eric Hobsbawm: Gefährliche Zeiten. Ein Leben im 20. Jahrhundert, München 2003, S. 210.
57 Heuss an Max Roser, 2.3.1950 (V, S. 134).
58 Heuss-Anekdoten, S. 131 f.
59 IV, S. 359 (24.3.1948).
60 Heuss: Vorspiele des Lebens, S. 512 f.
61 Vgl. Heuss an Elly Heuss-Knapp, 19.6.1947, IV, S. 291 (»Schnabel hatte da leider im Ausschuss eine animose Stimmung verbreitet«, so dass er, Heuss, kräftig Kontra gegeben habe).
62 Heuss an Willy Andreas, 22.10.1947 (IV, S. 317 f. mit Fn.).
63 Vgl. Thomas Hertfelder: Franz Schnabel und die deutsche Geschichtswissenschaft. Geschichtsschreibung zwischen Historismus und Kulturkritik, Göttingen 1998; ders.: »Franz Schnabel (1887–1966)«, in: Katharina Weigand (Hrsg.): Münchner Historiker zwischen Politik und Wissenschaft. 150 Jahre Historisches Seminar der Ludwig-Maximilians-Universität, München 2010, S. 233–258.
64 Parlamentarischer Rat: Verhandlungen des Hauptausschusses, Bonn 1948/49, S. 770 (9.5.1949).
65 Michael Wettengel an Verf., 4.3.2013.
66 Wuermeling: Die weiße Liste, S. 176; Matthias Schreiber: Martin Niemöller, Reinbek bei Hamburg 1997, S. 101 f.
67 Burger: Theodor Heuss als Journalist, S. 434 (Heuss: »Entnazifizierung – Methode oder Aufgabe?«, in: Rhein-Neckar-Zeitung, 21.2.1948).
68 IV, S. 359 (24.3.1948).
69 Heuss an Siegmund Gottlieb, 14.3.1950 (N 1221/291).
70 Niethammer: Die Mitläuferfabrik, S. 288.
71 Heuss: »Anklageschrift Nürnberg«, in: Rhein-Neckar-Zeitung, 24.10.1945, zit. n. Burger: Theodor Heuss als Journalist, S. 435.
72 1975 logierte ich beim Urlaub an der französischen Riviera per Zufall in der Wohnung eines Marinemannes, dessen Vater ein deutscher Besatzungssoldat gewesen war und dessen Mutter nach der Befreiung Übles hatte erdulden müssen. Der hatte einen ganzen Bücherschrank voll Literatur über willkürliche Racheakte der französischen und italienischen Widerstandsbewegungen nach dem Abzug der Deutschen gesammelt. Auch wenn es sich wohl größtenteils um rechtsgerichtete Tendenzlite-

ratur handelte, blieb doch noch genug an einer Tatsachen-Dokumentation übrig, die erschauern ließ!

73 Heuss: Aufzeichnungen 1945–1947, S. 202.

74 Ernst Wolfgang Becker/Thomas Rösslein (Hrsg.): Politischer Irrtum im Zeugenstand. Der Untersuchungsausschuss des Württembergisch-Badischen Landtags zum »Ermächtigungsgesetz« vom 23. März 1933, Stuttgart 2003, S. 138 f.

75 Becker/Rösslein: Politischer Irrtum im Zeugenstand, S. 19.

76 Ebd., S. 141.

77 Heuss-Anekdoten, gesammelt und erzählt von Hanna Frielinghaus-Heuss, Buchgemeinschafts-Ausgabe Gütersloh 1965, S. 135.

78 Heuss an Franz Karl Maier, 22.12.1949 (IV, S. 126 f.).

79 Kurt Hiller: Ratioaktiv. Reden 1914–1964. Ein Buch der Rechenschaft, Wiesbaden 1966, S. 169 f.

80 Ebd., S. 184 f. Heuss an Kurt Hiller, 5.12.1947 (IV, S. 326 ff.). Christopher Kopper: Hjalmar Schacht. Aufstieg und Fall von Hitlers mächtigstem Bankier, München 2006, S. 372 f.; Hjalmar Schacht: 76 Jahre meines Lebens, Bad Wörishofen 1953, S. 639.

81 Vgl. Heuss an Wilhelm Stapel, 9.10.1948 (IV, S. 416 f.).

82 Riccardo Bavaj: Von links gegen Weimar. Linkes antiparlamentarisches Denken in der Weimarer Republik, Bonn 2005, S. 448–460; dabei bereitete ihm zeitweise der italienische Faschismus Lustgefühle. »Der Fascismus hat immerhin Wein im Blut, der deutsche Republikanismus Bier. … wenn der Fascismus eine große Kokotte ist, dann ist der deutsche Republikanismus ein plumpes Biederweib.« In: Die Weltbühne, Jg. 23, Nr. 28 (12.7.1927), S. 46. Immerhin prophezeit er im gleichen Zusammenhang hellsichtig (S. 47): »Ein deutscher Fascismus in unumschränkter Macht wäre um soviel katastrophaler als der italienische, wie die Häuptlinge der deutschen Reaktion intellektuell hinter Mussolini zurückbleiben.«

83 Gustav Stolper: Die deutsche Wirklichkeit. Ein Beitrag zum künftigen Frieden Europas (urspr. New York 1948), Hamburg 1949, S. 36. Das beste Beispiel dafür bot sein Ex-Freund Hjalmar Schacht, der das Ende des NS-Regimes im Konzentrationslager erlebt hatte, danach jedoch, wegen seiner früheren NS-Prominenz erneut in Haft, solidarische Empfindungen gegenüber NS-Mithäftlingen entwickelte, so gegenüber SS-Männern, die zu Weihnachten »Stille Nacht, heilige Nacht« sangen. (Schacht: 76 Jahre meines Lebens, S. 640 f.)

84 Lutz Niethammer: Die Mitläuferfabrik. Die Entnazifizierung am Beispiel Bayerns, Neuausgabe Berlin 1982, S. 488 f.

85 Vgl. Louis P. Lochner: Herbert Hoover und Deutschland, Boppard 1961.

86 Dazu George W. F. Hallgarten in der Einleitung zu Hallgarten/Radkau: Deutsche Industrie und Politik von Bismarck bis heute, Frankfurt 1974, S. 10. Von Hallgartens Seite aus war dieses Buch eine Erwiderung auf Lochner und die in dessen Tradition stehende Apologetik (aktuell damals Henry A. Turner).

87 Vgl. Jürgen C. Heß: »›Machtlos inmitten des Mächtespiels der anderen …‹. Theodor Heuss und die deutsche Frage«, in: Vierteljahrshefte für Zeitgeschichte 33 (1985), S. 95.

88 Heuss an Dolf Sternberger, 31.8.1945 (IV, S. 110 f. mit Fn.).

89 Vgl. Heuss an Ernst Ludwig Heuss, 18.6.1948 (IV, S. 377).

90 Nach seiner Übersiedlung nach Stuttgart begrüßte Heuss es sogar, dass auch Agricola bald darauf als Landtagsabgeordneter nach Stuttgart kam, weil das die Redaktionsgespräche erleichterte. Heuss an Shepard Stone, 5.2.1946 (IV, S. 151).

91 Heuss an Ernst Ludwig und Hanne Heuss, 4.9.1945 (IV, S. 401 f. mit Fn.).

92 Burger: Theodor Heuss als Journalist, S. 467.

93 Heuss an Hermann Knorr, 8.2.1950 (N 1221/291).

94 Burger, S. 469.

95 Ebd., S. 367.

96 Ebd., S. 406.

97 IV, S. 24 (Ernst Wolfgang Becker).

98 Die Art, wie Ingelore M. Winter (Theodor Heuss, Tübingen 1983, S. 178 ff.) Heuss' Dasein auf dem »schönen Posten« als Kultminister schildert, entspricht nicht gerade dem Geist von Heuss und den höchst beschränkten Möglichkeiten der frühen Nachkriegszeit: In dieser Position »eröffneten sich für ihn Möglichkeiten, von denen er früher nur geträumt haben mag. Die Universitäten, die Hochschulen, die Bibliotheken, die Theater, soweit nicht zerstört, müssen politisch und geistig ›umfunktioniert‹ werden.« Eine derartige »Umfunktionierung« von oben war ganz und gar nicht Heuss' Sache! Selbst Willy Hellpach, der Heuss für diesen Posten vorgeschlagen hatte, äußerte zugleich die Sorge, dass Heuss von vornherein ablehnen würde. Hellpach an Heuss, 8.7.1945 (N 1221/81).

99 Reinhold Maier: Ende und Wende. Das schwäbische Schicksal 1944–1946. Briefe und Tagebuchaufzeichnungen, Stuttgart 1948, S. 342 f. (14.8.1945).

100 Heuss an Robert Ellrich, 21.12.1946, zit. n. Ingelore M. Winter: Theodor Heuss, S. 180.

101 Vgl. Heuss an Toni Stolper, 4.3.1956 (Tagebuchbriefe, S. 153). Ein unveröffentlichter Brief an Toni Stolper (8.10.1955) lässt jedoch erkennen, dass er Reinhold Maier im Grunde nicht mochte, vor allem als dieser auf eine aus Heuss' Sicht törichte Art Adenauers Westpolitik attackierte. Da blieb bei Heuss »ein böser Geschmack über die Art zurück, wie er (Maier), Adenauer aus Torheit und protestantisch-schwäbischer Enge hassend, sich in die Rolle des Cato steigert«, wobei er sich »in eine schier kleinbürgerliche Grießgrämigkeit hineingenießt«. (N 1186/121).

102 Heuss: Aufzeichnungen 1945–1947, S. 183.

103 Ebd., S. 25.

104 Klaus-Jürgen Matz: Reinhold Maier (1889–1971). Eine politische Biographie, Düsseldorf 1989, S. 224.

105 IV, S. 228 f. (15.12.1946).

106 IV, S. 235 (27.12.1946).

107 Heuss an Wilhelm Stapel, 7.1.1947 (IV, S. 239).

108 Heuss an Gustav und Toni Stolper, 15.12.1946 (IV, S. 228 f.).

109 IV, S. 235 (27.12.1946).

110 IV, S. 175 (27.5.1946).

111 N 1221/81.

112 Heuss-Anekdoten, S. 13.

113 Vater: Bürgerin zweier Welten, S. 303 (Rundbrief vom 21.11.1945).

114 Welchert: Theodor Heuss, S. 137.

115 Heuss: Aufzeichnungen 1945–1947, S. 152–162.

116 Ulrich Borsdorf/Lutz Niethammer (Hrsg.): Zwischen Befreiung und Besatzung. Analysen des US-Geheimdienstes über Positionen und Strukturen deutscher Politik 1945, Wuppertal 1976, S. 271.
117 IV, S. 130.
118 Matz: Reinhold Maier, S. 229.
119 Heuss an Gustav Heinemann, 26.7.1949 (IV, S. 518 f.); durch Heinemanns Antwort sah sich Heuss in seinem Vorwurf bestätigt. In der Heinemann-Biographie von Jörg Treffke (Gustav Heinemann. Wanderer zwischen den Parteien, Paderborn 2009) kommt diese dem späteren Heinemann-Image krass zuwiderlaufende Episode nicht vor.
120 Heuss: Aufzeichnungen 1945–1947, S. 171.
121 Gustav Stolper an Theodor und Elly Heuss, 28.10.1946 (N 1221/489).
122 Heuss: Aufzeichnungen 1945–1947, S. 80, 105 f.
123 Heuss an Karl Theodor Bleek, 14.12.1948 (IV, S. 442 mit Fn.).
124 Heuss an Hermann Föge, 19.7.1949 (IV, S. 517).
125 Dibelius an Heuss, 28.9.1946 (N 1221/76).
126 Dahrendorf/Vogt: Theodor Heuss, S. 159 f.
127 Zit. n. Heuss: Politik durch Kultur, S. 50 (13.11.1945).
128 IV, S. 157 f. (25.3.1946).
129 Heuss an W.E. Schäfer, 20.6.1955 (N 1221/327).
130 IV, S. 157 Fn.
131 Heuss: Aufzeichnungen 1945–1947, S. 203.
132 Ebd., S. 204.
133 17.12.1945 (FA).
134 Heuss: Aufzeichnungen 1945–1947, S. 85.
135 Louis J. Halle: Der Kalte Krieg, Frankfurt 1969, S. 112.
136 Heuss: Aufzeichnungen 1945–1947, S. 93.
137 Burger: Theodor Heuss als Journalist, S. 438.
138 Boveri/Prinzing: Theodor Heuss, S. 85.
139 Heuss: Erinnerungen, S. 34, 60, 328.
140 Vgl. dazu Jürgen C. Heß: »›Machtlos inmitten des Mächtespiels der anderen …‹. Theodor Heuss und die deutsche Frage 1945–1949«, in: Vierteljahrshefte für Zeitgeschichte 33 (1985), S. 88–135. Heß sucht unermüdlich nach einem Heuss'schen Konzept zur Erhaltung der deutschen Einheit; aber es ist bezeichnend, dass er bei diesem sonst so eloquenten Mann zu diesem Thema nur so dürftige Aussagen findet!
141 Schwarz: Adenauer, Bd. 1, S. 574.
142 Burger: Theodor Heuss als Journalist, S. 241.
143 Petra Weber: Carlo Schmid, S. 335 f.
144 Heinz Pol: »Vier Jahre Schund und Schmutz«, in: Die Weltbühne, Jg. 1930/II, S. 952.
145 Heuss an Wilhelm Külz, 27.8.1928 (II, S. 305 f.).
146 Dass., 20.11.1941 (N 1221/58).
147 Dass., 2.2.1945 (III, S. 523).
148 Wilhelm Külz an Heuss, 15.2.1945 (N 1221/58).
149 Hergard Robel (Hrsg.): Wilhelm Külz – Ein Liberaler zwischen Ost und West. Aufzeichnungen 1947–1948, München 1989, S. 16 f.

150 Vgl. Ekkehart Krippendorff: Die Liberal-Demokratische Partei Deutschlands in der Sowjetischen Besatzungszone 1945/48. Entstehung, Struktur, Politik, Düsseldorf 1961, S. 96 ff.: In den Gemeinde- und Landtagswahlen vom Herbst 1946, wo es anders als in der späteren »Blockpolitik« noch eine freie Wahl zwischen den Parteien gab, lag die LDP vor der CDU, und beide zusammen waren stärker als die SED, obwohl diese für die Wahlpropaganda in der papierarmen Zeit über achtmal so viel Papier hatte zugeteilt bekommen wie die beiden bürgerlichen Parteien zusammen!
151 Robel: Wilhelm Külz, S. 43 f.
152 Ebd., S. 174, 175.
153 Matz: Reinhold Maier, S. 254 zitiert ihn aus jener Zeit, das »Unerträglichste« bei diesem Währungsschnitt sei für ihn »die absolute Ausschaltung auch nur eines Stückchens sozialen Gedankens«.
154 Toni Stolper an Theodor und Elly Heuss, 26.7.1948 (N 1221/489).
155 Schwarz: Adenauer, Bd. 1, S. 602.
156 Vgl. Heuss an Ernst Ludwig Heuss, 18.6.1948 (FA): »Wegen der Währungsgeschichte« seien die Leute »ziemlich nervös«; »ich bin froh, durch die Geldsache ein paar ruhige Sonntage zu gewinnen«.
157 Zit. n. Krippendorff: Die Liberal-Demokratische Partei Deutschlands, S. 52.
158 Heuss an Wilhelm Külz, 16.7.1947 (IV, S. 298 ff. mit Fn.).
159 Wilhelm Külz an Heuss, 31.12.1947 (N 1221/58).
160 Robel: Wilhelm Külz, S. 41 f.
161 Heuss an Elly Heuss-Knapp, 26.4.1948 (IV, S. 368 f.).
162 In: Das neue Vaterland, Halbmonatsschrift der DVP, Stuttgart, 8/1948, zit. n. Krippendorff, S. 47.
163 Isaac Deutscher: Stalin. Eine politische Biographie, Stuttgart 1962, S. 564.
164 Ebd., S. 587.
165 Vgl. Heuss: »Mitleid mit einem gequälten Wort«, in: Die Hilfe, 39. Jg., Nr. 24 (16.12.1933), S. 622 f. (III, S. 203 Fn.); Heuss an Martin Wagner, 1.3.1934 (III, S. 225): Ablehnung eines Beitrages für »Die Hilfe« wegen historisch unangemessener Polemik gegen den Liberalismus.
166 Heuss: Aufzeichnungen 1945–1947, S. 176, 178 f.
167 Darin wurde er von Elly bestärkt, die am 3.12.1948 (FA) an den Sohn schrieb: »Am 11. und 12. haben wir schrecklicherweise Reichsparteitag in Heppenheim: bisher habe ich feierlich erklärt, dass ich austrete, wenn die Partei sich ›liberale Partei‹ nennen sollte. Ich finde das klingt nach von vor hundert Jahren. ... Der Theodor ist auch nicht dafür und kann aber auch nicht viel dagegen tun.« Da unterschätzte sie ihn.
168 Heuss an Karl Theodor Bleek (der 1957 Chef des Bundespräsidialamtes wurde), 14.12.1948 (IV, S. 441).
169 Heuss an Friedrich Middelhauve, 9.11.1948 (IV, S. 425).
170 Heuss an Hans-Heinrich Welchert, 22.12.1948 (IV, S. 450). Ähnlich am 22.1.1949 an Ernst Jäckh (IV, S. 462) und am 19.2.1949 an Julius Bab (IV, S. 470).
171 Walter Henkels: »... gar nicht so pingelig, m.D.u.H.«, Neue Adenauer-Anekdoten, Düsseldorf 1965, S. 68.
172 Heuss: Aufzeichnungen 1945–1947, S. 197.
173 N 1221/489.
174 Gustav Stolper an Theodor und Elly Heuss, 8.6.1946 (N 1221/489).

175 IV, S. 285 Fn.; Reinhold Maier: Ein Grundstein wird gelegt. Die Jahre 1945–1947, Tübingen 1964, S. 361 ff.; Matz: Reinhold Maier, S. 249.
176 Gustav Stolper: Die deutsche Wirklichkeit. Ein Beitrag zum künftigen Frieden Europas, Hamburg 1949, S. 241.
177 Toni Stolper: Gustav Stolper, S. 460.
178 Heuss: Aufzeichnungen 1945–1947, S. 25.
179 Ebd., S. 111–140.
180 Stolper: Die deutsche Wirklichkeit, S. 242.
181 Gustav Stolper an Theodor und Elly Heuss, 5.11.1945 (N 1221/489).
182 Stolper: Die deutsche Wirklichkeit, S. 211.
183 N 1186/135 (11.10.1948).
184 Vgl. Im Zentrum der Macht. Das Tagebuch von Staatssekretär Otto Lenz, S. 703.
185 Frielinghaus-Heuss: Heuss-Anekdoten, S. 145.
186 Heuss an Adenauer, 4.9.1956 (VII, S. 289). Brüning: Memoiren, Bd. 2, S. 474.
187 Stolper: Die deutsche Wirklichkeit, S. 233.
188 Vgl. sein Exposé vom Juli 1947 für Gustav Stolper: »Die Verfassungsschöpfer fühlten sich alle mehr oder weniger in einen stolzen Geschichtsauftrag gestellt und berufen, ein Modell der eigenen oder der deutschen Zukunft zu entwerfen. Die Differenzierung war ihnen dabei zum Teil wichtiger als die Übereinstimmung. Hessen wollte ein Maximum an sozialistischer Zukunft, Bayern ein Maximum an eigenstaatlicher Sondervergangenheit einpacken.«
189 Vgl. Toni Stolper: Gustav Stolper, S. 464.
190 Vgl. ebd., S. 463 f., 470 f. Auch Max Stolper erinnerte sich am 19.3.2007 im Gespräch mit dem Verf., das Buch sei ein »absolute failure« gewesen!
191 Vgl. Heuss an Toni Stolper, 13.7.1955 (Tagebuchbriefe, S. 45): Er habe mit dem aus Deutschland emigrierten Historiker Hajo Holborn, den er vor 1933 von der Hochschule für Politik her gekannt hatte, über die »German Realities« gesprochen. »Er meinte, das Buch würde, ein Jahr früher erschienen, ein starkes Echo gefunden haben. Aber da die innere Wandlung der amerikanischen Haltung sich nun schon ein Jahr offenbart habe, ehe das Buch kam, seien die Schärfen der Kritik, die das Buch enthalte, nicht mehr aufgenommen worden, da sie als nicht mehr ganz gerecht empfunden wurden.« Daran knüpft Heuss die Bemerkung, dass Stolpers Teilnahme an der Hoover-Mission im Februar 1947 »eine Vorwegbeengung der späteren Publizistik« zur Folge gehabt habe. Zwischen den Zeilen ein Bedauern, dass Stolper mit seiner rigiden Art im Sommer 1947 für Heuss'sche Anregungen nicht mehr offen genug gewesen sei!
192 IV, S. 361 (24.3.1948).
193 Heuss an Ernst Ludwig Heuss, 2.6.1948 (FA).
194 Dahrendorf/Vogt: Theodor Heuss, S. 306.
195 Heuss: »Das Bismarck-Bild. Zum 50. Todestag am 30. Juli«, in: Rhein-Neckar-Zeitung, 29.7.1948, zit. n. Burger: Theodor Heuss als Journalist, S. 440 f.
196 Vgl. Heuss: 1848, S. 209 ff.
197 Ebd., S. 149 ff.
198 Frielinghaus-Heuss: Heuss-Anekdoten S. 18 f.
199 Paul Lafargue: Das Recht auf Faulheit, Neudruck hrsg. von Michael Wilk, Frankfurt 2010.

200 Heuss: Das Bismarck-Bild im Wandel. Ein Versuch. Einführung zu Otto von Bismarck: Gedanken und Erinnerungen. Reden und Briefe, Berlin 1951, hier zit. n. Lothar Gall (Hrsg.): Das Bismarck-Problem in der Geschichtsschreibung nach 1945, Köln 1971, S. 274.
201 Heuss an Margret Boveri, August 1953 (Staatsbibl. Berlin, Nachlass Boveri, 26/6).
202 N 1221/489.
203 Gustav Stolper: Die deutsche Wirklichkeit, S. 249–257.
204 Heuss: Das Bismarck-Bild im Wandel, S. 261.
205 Boveri/Prinzing: Theodor Heuss, S. 66.
206 Heuss: Das Bismarck-Bild im Wandel, S. 269.
207 Ebd., S. 275. – Eyck revanchierte sich dafür auf subtile Art, indem er für die Heuss-Festschrift von 1954, wo sein Beitrag an zweiter Stelle steht, Erinnerungen an den Naumann-Kreis lieferte, in denen Heuss kaum vorkommt. – Vgl. die Fülle der Auseinandersetzungen mit Eyck in Gall (Hrsg.): Das Bismarck-Problem, vor deren Hintergrund Heuss' Wortkargheit im Falle Eyck besonders auffällt! – Vgl. Erich Eyck: Bismarck, Bd. 2, S. 24 ff.
208 So auch bei Jürgen C. Heß: Verfassungsarbeit. Theodor Heuss und der Parlamentarische Rat, Berlin 2008, beginnt auf S. 8: »Verfassungsfragen waren für Theodor Heuss ein vertrautes Feld.«
209 Heuss an den Rektor der TH Stuttgart, 17.12.1948 (IV, S. 444 mit Fn.).
210 IV, S. 379 Fn. (11.8.1948).
211 In der Folge ging er jedoch zur Anrede »Meine Damen und Herren« über (Michael Wettengel an Verf., 4.3.2013).
212 Zit. n. Dahrendorf/Vogt: Theodor Heuss, S. 362.
213 Petra Weber: Carlo Schmid, München 1996, S. 343.
214 IV, S. 409 mit Fn. (23.9.1948).
215 Dahrendorf/Vogt: Theodor Heuss, S. 361.
216 Parlamentarische Poesie: Theodor Heuss: Das ABC des Parlamentarischen Rates. Carlo Schmid: Parlamentarische Elegie im Januar, eingeleitet von Gudrun Kruip, Stuttgart 1999, S. 20.
217 Heuss: Die großen Reden. Der Staatsmann, S. 78.
218 IV, S. 34.
219 Vgl. Heuss an Helmut Külz, 2.10.1948 (IV, S. 413).
220 Zit. n. Dahrendorf/Vogt: Theodor Heuss, S. 352.
221 Petra Weber: Carlo Schmid, S. 342.
222 Heuss: Aufzeichnungen 1945–1947, S. 135 f.
223 Hertfelder/Heß (Hrsg.): Streiten um das Staatsfragment, S. 250 f.
224 Erhard H. M. Lange: »Theodor Heuss und die Entstehung des Grundgesetzes«, in: Liberal 35 (1993), H. 4, S. 61–69.
225 Dahrendorf/Vogt: Theodor Heuss, S. 353 f.
226 Heuss: Die großen Reden. Der Staatsmann, S. 75.
227 Dahrendorf/Vogt: Theodor Heuss, S. 353.
228 IV, S. 413 f. (2.10.1948).
229 Parlamentarische Poesie, S. 9.
230 Dahrendorf/Vogt: Theodor Heuss, S. 359.
231 Heuss an Paul Waeldin, 3.7.1948 (IV, S. 388).

232 Heuss: Die großen Reden. Der Staatsmann, S. 85; vgl. auch Heuss: »Die Finanzgewalt im Bundesstaat«, in: Rhein-Neckar-Zeitung vom 22.10.1948, abgedruckt in Hertfelder/Heß (Hrsg.): Streiten um das Staatsfragment, S. 75–78.

233 Thomas Aders: Die Utopie vom Staat über den Parteien. Biographische Annäherungen an Hermann Höpker Aschoff (1883–1954), Frankfurt 1994, S. 236 ff.

234 Heuss: Die großen Reden. Der Staatsmann, S. 74. Vgl. auch Heuss an Toni Stolper, 25.4.1959 (Tagebuchbriefe, S. 428): Im Parlamentarischen Rat habe er »in der entscheidenden Frage die entscheidende Niederlage erlitten«, nämlich darin, dass der Bundesrat von den Landesparlamenten gewählt und nicht von den Landesregierungen bestimmt und an deren Weisungen gebunden sein sollte. Es ist erstaunlich, welches Gewicht Heuss diesem Punkt noch 1959 gibt!

235 Vgl. Hertfelder/Heß (Hrsg.): Streiten um das Staatsfragment, S. 30 f.

236 Vgl. Schwarz: Adenauer, Bd. 1, S. 593.

237 Parlamentarischer Rat: Verhandlungen des Hauptausschusses, S. 564 ff.

238 Heß: Bonner Kontroversen. Theodor Heuss und der Parlamentarische Rat II, S. 4.

239 So in seiner Abschlussrede im Parlamentarischen Rat am 8.5.1949; Heuss: Die großen Reden. Der Staatsmann, S. 81.

240 Parlamentarischer Rat: Verhandlungen des Hauptausschusses, S. 566.

241 IV, S. 479.

242 Heuss an Hermann Wandersleb, 11.7.1949 (IV, S. 512).

243 IV, S. 511.

244 Paul Wilhelm Wenger an Heuss, 21.5.1949 (N 1221/215).

245 Heuss: Aufzeichnungen 1945–1947, S. 139.

246 Heuss an Max Rademacher, 1.11.1948 (IV, S. 419 f.).

247 Parlamentarischer Rat: Verhandlungen des Hauptausschusses, S. 696 (22.2.1949).

248 Heuss: Lieber Dehler!, S. 117.

249 Dahrendorf/Vogt: Theodor Heuss, S. 351.

250 Heuss an den FDP-Kreisverband Düsseldorf, 5.5.1949 (IV, S. 496).

251 Heuss an Theodor Eschenburg, 14.4.1958 (B 122/2058).

252 Tagebuchbriefe, S. 502 (22.1.1962).

253 Dahrendorf/Vogt: Theodor Heuss, S. 358.

254 Vgl. Heuss: Aufzeichnungen 1945–1947, S. 135.

255 Heuss an Paul Waeldin, 3.7.1948 (IV, S. 387).

256 Heuss: »Wer legitimiert?«, in: Rhein-Neckar-Zeitung vom 12.2.1949, abgedruckt in Hertfelder/Heß (Hrsg.): Streiten um das Staatsfragment, S. 120 ff.

257 Heuss: Nach der ersten Lesung (gemeint: des Grundgesetz-Entwurfes im Hauptausschuss des Parlamentarischen Rates; J. R.), in: Rhein-Neckar-Zeitung, 11.12.1948, zit. n. Hertfelder/Heß (Hrsg.): Streiten um das Staatsfragment, S. 92, 94.

258 Dolf Sternberger: »Demokratie der Furcht oder Demokratie der Courage?«, in: Die Wandlung 4 (1949), H. 1, S. 10.

259 Michael Wettengel (an Verf., 4.3.2013) hebt jedoch hervor, dass man dies nicht für den gesamten Parlamentarischen Rat verallgemeinern dürfe: Dessen Mitglieder »waren sicherlich besser vertraut mit den Nöten ›des Volkes‹ als mancher heutige Volksvertreter«.

260 Heuss: »Ein Intermezzo«, in: Die Wandlung 4 (1949), H. 3, S. 244 f.

261 Ebd., S. 246.

262 Heuss an Paul Weymar, 18.2.1955 (B 122/2072).
263 Parlamentarische Poesie, Stuttgart 1999, S. 40.
264 Petra Weber: Carlo Schmid, München 1996, S. 355.
265 Rainer Pommerin: »Die Mitglieder des Parlamentarischen Rates. Porträtskizzen des britischen Verbindungsoffiziers Chaput de Saintonge«, in: Vierteljahrshefte für Zeitgeschichte 36 (1988), S. 570.
266 Parlamentarischer Rat: Verhandlungen des Hauptausschusses, S. 411 (8.1.1949).
267 Heuss: Die großen Reden. Der Staatsmann, S. 86.
268 An Franz Blücher (13.5.1949) und an Ernst Ludwig Heuss (14.5.1949), IV, S. 502 f.
269 Heuss an Paul Weymar, 18.2.1955 (B 122/2072).
270 Terence Prittie: Konrad Adenauer, Stuttgart 1971, S. 180: Der Rheinländer Renner habe »große Mühe« gehabt, »Adenauers liebenswürdigen Appellen an ihn als ›Rheinländer und Gentleman‹ zu widerstehen«.
271 Heuss: Die großen Reden. Der Staatsmann, S. 80.
272 DER SPIEGEL 37/1949, S. 8.
273 Heuss an Hermann Wandersleb, 11.7.1949 (IV, S. 512).
274 DER SPIEGEL 37/1949, S. 8.
275 Merseburger: Theodor Heuss, S. 416.
276 Heß: Bonner Kontroversen, S. 12 f.
277 Parlamentarischer Rat: Verhandlungen des Hauptausschusses, Bonn 1948/49, S. 73.
278 Ebd., S. 545.
279 Ebd., S. 546.
280 Ebd., S. 545.
281 IV, S. 245 (25.1.1947).
282 Dahrendorf/Vogt: Theodor Heuss, S. 349.
283 Ebd., S. 346 ff. (Rhein-Neckar-Zeitung, 4.3.1948).
284 IV, S. 381 (2.7.1948).
285 Heuss: Aufzeichnungen 1945–1947, S. 73 (Aufzeichnungen vom Mai 1945).
286 Ebd., S. 75.
287 IV, S. 418 mit Fn.
288 Ebd., S. 419.
289 Dahrendorf/Vogt: Theodor Heuss, S. 356.
290 Vgl. den späteren Bundesverfassungsrichter Rudolf Katz in: Parlamentarischer Rat: Verhandlungen des Hauptausschusses, S. 121.
291 V, S. 29.
292 So in einem Brief an Margret Boveri (15.5.1953; V, S. 442), von der er wusste, dass sie diese seine Karriere scharf missbilligte!
293 Horst Möller: Theodor Heuss – Staatsmann und Schriftsteller, Bonn 1990, S. 26.
294 Udo Wengst: Staatsaufbau und Regierungspraxis 1948–1953. Zur Geschichte der Verfassungsorgane der Bundesrepublik Deutschland, Düsseldorf 1984, S. 71 f.
295 Parlamentarischer Rat: Verhandlungen des Hauptausschusses, S. 114, 117.
296 Noelle, Elisabeth/Neumann, Erich Peter (Hrsg.): Jahrbuch der öffentlichen Meinung 1947–1955, 3. Aufl. Allensbach 1956, S. 157.
297 Thomas Dehler: »FDP fordert Präsidialregierung«, in: Informationsdienst der FDP Bayern, 15.1.1949, abgedruckt in: Hertfelder/Heß (Hrsg.): Streiten um das Staatsfragment, S. 103.

298 IV, S. 422 (9.11.1948).
299 Pikart: Theodor Heuss und Konrad Adenauer, S. 38.
300 Parlamentarischer Rat: Verhandlungen des Hauptausschusses, S. 117.
301 Ebd., S. 406.
302 Ebd., S. 414.
303 Heuss an Moritz Julius Bonn, 18.1.1955 (N 1221/115).
304 Rudolf Morsey: »Die Rolle Adenauers im Parlamentarischen Rat«, in: Vierteljahrshefte für Zeitgeschichte 21 (1971), S. 91.
305 Schwarz: Adenauer, Bd. 1, S. 627f.
306 Pikart: Theodor Heuss und Konrad Adenauer, S. 27, mit Berufung auf Adenauers Memoiren; rheinische Fassung nach Hanna Frielinghaus-Heuss.
307 Vgl. Reinhold Maier: Erinnerungen 1948–1953, Tübingen 1966, S. 408.
308 Hans Peter Mensing im Gespräch mit Verf., 25.7.2006.
309 Heuss an Paul Weymar, 18.2.1955 (B 122/2072).
310 Campbell: Der Deutsche Werkbund, S. 193, 269.
311 Vgl. Heuss an Friedrich Mück, 1.4.1933 (III, S. 131).
312 Vgl. das Register von Ernst Jäckh: Weltsaat, Stuttgart 1960.
313 Besondere Empörung rief Adenauer durch sein Gespräch vom 16.12.1948 mit den alliierten Militärgouverneuren in Frankfurt hervor (vgl. Feldkamp: Der Parlamentarische Rat, S. 122f.); dazu Heuss an Ernst Ludwig Heuss, 17.12.1948 (FA): »Wir sind alle etwas bestürzt, wie Adenauer dort das Gespräch geführt hat.«
314 Tagebuchbriefe, S. 428f.
315 So bei Petra Weber: Carlo Schmid, München 1996, S. 330ff.
316 Heuss an Paul Weymar, 18.2.1955 (B 122/2072).
317 Theodor Eschenburg: Letzten Endes meine ich doch – Erinnerungen 1933–1999, Berlin 2000, S. 155.
318 Schwarz: Adenauer, Bd. 1, S. 627.
319 Becker: Theodor Heuss, S. 123.
320 Petra Weber: Carlo Schmid, S. 406.
321 Merseburger: Der schwierige Deutsche, S. 450. Er schweigt über Schumachers mögliche Motivation.
322 Heuss an Wilhelm Stapel, 4.7.1949 (IV, S. 510): »Ich bin recht unglücklich, dass Schumacher so arg in die demagogische Pointenwelt von gestern und vorgestern geraten ist u. seine Leute in diese Tonlage zwingt.« Den »Pointen«-Vorwurf pflegte Heuss sonst für die politisierenden »Literaten« zu reservieren!
323 Petra Weber: Carlo Schmid, S. 400.
324 Ebd., S. 390.
325 Heuss an Walter Bauer, 24.8.1949 (IV, S. 529). – DER SPIEGEL, 37/1949, S. 8–10. – An Toni Stolper, 29.1.1960 (Tagebuchbriefe, S. 469).
326 Margret Boveri: Wir lügen alle, S. 666.
327 Heuss: Die großen Reden. Der Staatsmann, S. 92.
328 Heuss: Aufzeichnungen 1945–1947, S. 178.
329 Damit beginnt Hans-Ulrich Wehler: Die neue Umverteilung. Soziale Ungleichheit in Deutschland, München 2013.
330 In der Einleitung zu Heuss: Aufzeichnungen 1945–1947, S. 11.
331 Heuss: Die großen Reden. Der Staatsmann, S. 89f.

332 In: Bott/Leins (Hrsg.): Begegnungen mit Theodor Heuss, S. 243.
333 Heuss: Aufzeichnungen 1945–1947, S. 21.
334 Heuss: Die großen Reden. Der Staatsmann, S. 97.
335 Ingelore M. Winter: Theodor Heuss, S. 206.
336 Heuss: Die großen Reden. Der Staatsmann, S. 101.
337 Ebd., S. 103.

6.1 Hymnenschöpfer oder »Hüter der Verfassung«? Ein fehlerfreundlicher Bundespräsident auf der Suche nach dem Präsidentenprofil

1 Heuss: Die großen Reden. Der Staatsmann, S. 89f.
2 Rhein-Neckar-Zeitung, 15.6.1948, zit. n. Eberhard Pikart: Theodor Heuss und Konrad Adenauer. Die Rolle des Bundespräsidenten in der Kanzlerdemokratie, Stuttgart 1976, S. 39.
3 Heuss an Felix von Eckardt, 2.3.1959 über den »Lausbuben, der in mir steckt« (N 1221/353). Natürlich wusste er, dass das dem Adressaten gefiel, dessen Memoiren den Titel »Ein unordentliches Leben« tragen!
4 Der jahrzehntelange Bonner Klatschkolumnist Walter Henkels (Der rote Teppich. Große Gala in Bonn, Düsseldorf 1987, S. 14) schildert das »Frackanziehen« der frackungewohnten Bundespräsidenten als »Abenteuer« eigener Art. »Heuss ließ gelegentlich das fahren, was Luther einen Furz nannte …« Günther Scholz übernahm diese Indiskretion in die erste Fassung seines Buches »Die Bundespräsidenten«, ließ sie jedoch in späteren Ausgaben fort. Geht man von der traditionellen Regel aus, dass der deutsche Humor, wo er unter die Gürtellinie greift, in den fäkalischen, der westliche dagegen in den sexuellen Bereich zielt und den jeweils anderen meidet, bestätigt sich auch hier das Bild, dass die Deutschen »westlicher« geworden sind.
5 V, S. 23.
6 Joachim Radkau: Das Zeitalter der Nervosität. Deutschland zwischen Bismarck und Hitler, München 1998, S. 453 und 518.
7 Heuss: Die großen Reden. Der Staatsmann, S. 89.
8 Andreas Hamann: Das Grundgesetz. Ein Kommentar für Wissenschaft und Praxis, 2. Aufl. Neuwied 1961 (urspr. 1956), S. 305.
9 Eine Spitzfindigkeit war diese Unterscheidung jedoch auch für den Juristen Dehler: Für ihn besaß der Bundespräsident die volle Freiheit zu entscheiden, ob er ein Gesetz unterzeichnen wolle oder nicht – jedenfalls in der Situation, wo es darum ging, Karlsruher Ambitionen zurückzuweisen! Vgl. Im Zentrum der Macht. Das Tagebuch von Staatssekretär Lenz, S. 599f. (27.3.1953).
10 Tagebuchbriefe, S. 461 (7.8.1959).
11 Heuss: Die großen Reden. Der Humanist, S. 31 (in seiner Münchener Rede vom 7.5.1950: »Der Weg der Technik: Oskar von Miller«).
12 Zit. n. Pikart: Theodor Heuss und Konrad Adenauer, S. 86f. (19.8.1951).
13 Vgl. Die Bundesministerien 1949–1989, bearbeitet von Heinz Hoffmann, Koblenz 2003 (= Materialien aus dem Bundesarchiv, H. 8), S. 520ff.; 300 Personen: Knut Borchardt an Verf., März 2013.

14 Heuss an Wilhelm Heile, 6.3.1959 (N 1221/383).
15 Heuss an Emil Preetorius, 9.4.1958 (B 122/329).
16 B 122/233.
17 Als Margret Boveri ein Heuss'sches Engagement in der Kunstpolitik vermisste, hielt Heuss ihr entgegen (5.9.1953, Staatsbibliothek Berlin, Nachlass Boveri 26/6): »vielleicht ein Sechstel bis ein Fünftel meiner Arbeitszeit wird von der Beschäftigung mit diesen Dingen der Formentwicklung und der gewerblichen und künstlerischen Gestaltungsvoraussetzungen, wie auch von dem Schicksal einzelner Künstler in Anspruch genommen.«
18 Heuss an Toni Stolper, 11.1.1957 (N 1186/123).
19 Heuss an Margarita Fürstin zu Hohenlohe-Langenburg, 11.1.1957 (B 122/863).
20 Tagebuchbriefe, S. 290 (10.12.1957).
21 Heuss/Adenauer: Unserem Vaterlande zugute, S. 348 (28.4.1960).
22 Heuss zu »entheussen« (an Toni Stolper, 29.8.1955, N 1186/121): »wie der technische Ausdruck lautet.«
23 Vgl. seinen Beitrag in Bott (Hrsg.): Begegnungen mit Theodor Heuss, S. 171.
24 Mündl. Mitteilung von Ursula Heuss-Wolff an Verf.
25 N 1186/122 (4.3.1958); N 1186/121 (27.12.1955).
26 Eberhard Pikart zum Verf. auf dessen Bemerkung, Toni Stolper habe Bott wohl nicht gemocht: »Wer mochte den schon?«
27 N 1186/122 (14.12.1956).
28 N 1186/122 (22.4.1956).
29 N 1221/384 (8.7.1953).
30 N 1186/123 (27.9.1957).
31 Tagebuchbriefe S. 171 f. (1.5.1956).
32 1970, als die »Tagebuchbriefe« erschienen, war Bott noch am Leben. Toni Stolper und Eberhard Pikart, der als Herausgeber zeichnete, achteten sonst im allgemeinen auf Diskretion zumindest gegenüber solchen noch Lebenden, mit denen man freundschaftlich verbunden war. Umso mehr fällt auf, dass die Edition in puncto Bott nicht sehr diskret ist: Das deutet auf eine gewisse Eifersucht innerhalb der engsten Heuss-Umgebung, die man auch aus Korrespondenzen erkennt. Aus der Stolper-Pikart-Korrespondenz geht hervor, dass man Bott bewusst aus dem Beirat des damaligen Heuss-Archivs heraushielt.
33 Hans Bott an Rudolf Pechel, 19.6.1957 (B 122/863).
34 Heuss: Erinnerungen, S. 117 f.
35 Heuss an Elly Heuss-Knapp, 30.9.1915 (I, S. 463 f.).
36 »Er hatte nicht die Stütze einer Berufsschicht, er hatte keine Hausmacht innerhalb der Partei«, erinnerte Dehler in seiner Gedenkrede auf den verstorbenen Heuss – zu einer Zeit, als auch er selbst keine Hausmacht mehr besaß. Heuss: Lieber Dehler!, S. 183.
37 Heuss an Chester B. Lewis, 29.12.1949 (N 1221/290).
38 Nur Manfred Klaiber, der Chef des Präsidialamtes, der an diesem Punkt hartnäckig war, wurde – wie Adenauer dem Kabinett am 28.9.1949 mitteilte – zu den Kabinettssitzungen eingeladen (Adenauer – Heuss: Unter vier Augen, S. 19). Auch er scheint dort jedoch keine eigene Initiative entwickelt, sondern sich nur dann zu Wort gemeldet zu haben, wenn Angelegenheiten des Präsidialamtes angesprochen

wurden; und das kam nur selten vor. Pikart: Theodor Heuss und Konrad Adenauer, S. 78 f.

39 Staatsbibliothek Berlin, Nachlass Boveri 26/6, Heuss'scher Kommentar vom August 1953 zu Margret Boveris Erstfassung und Boveris Antwort vom 3.9.1953.

40 Im Zentrum der Macht. Das Tagebuch von Staatssekretär Lenz, S. 202 (20. und 21.12.1951). Lenz wollte für seine Person nichts davon wissen, als Trostpreis für sein Ausscheiden aus dem Kanzleramt diesen oder jenen hohen Orden zu bekommen: »Ich sagte zu Globke, dass ich für das Leichenbegängnis I. Kl. danke und das Große Verdienstkreuz schon gar nicht haben wolle.«

41 Pikart: Theodor Heuss und Konrad Adenauer, S. 84 f.; V, S. 15 f. (Ernst Wolfgang Becker/Martin Vogt).

42 N 1221/47.

43 Hitler: Mein Kampf, S. 180 f.

44 Dazu und zu der folgenden Kontroverse Klaus Goebel: »›Neugierig, was ich zum Schluss gedichtet haben werde‹ – Der Streit um die deutsche Nationalhymne 1950–1952«, in: Erich Gieseking u.a. (Hrsg.): Zum Ideologieproblem in der deutschen Geschichte, Lauf an der Pegnitz 2006, S. 119–137.

45 Deutsche Jungdemokraten (DJD), Landesverband Nordrhein-Westfalen, an Heuss, 29.12.1950 (B 122/2239).

46 B 122/2239 (19.3. und 25.3.1952).

47 Clemens Escher: »Deutschland, Deutschland, du mein alles!«, in: Damals 9/2011, S. 45 f.

48 Heuss an Rolf Fechter, 8.1.1951 (ebd.). Ähnlich in einem langen Brief an Friedrich Sieburg vom 20.2.1951 (V, S. 216–219): Wie viel Zeit und Energie hat Heuss auf den Hymnenstreit verwendet!

49 Vater: Bürgerin zweier Welten, S. 355 f.

50 Heuss an Frau Paul Ferdinand Schmidt, 22.12.1949 (N 1221/290).

51 Heuss an Lotti Kämpffer, 11.2.1950 (N 1221/291).

52 Heuss: Die großen Reden. Der Humanist, S. 100.

53 Heuss: Würdigungen, S. 49, 53.

54 V, S. 580 f. (7.8.1954).

55 In seinem Antwortschreiben an Severing machte er es sich noch nicht zu eigen; vgl. V, S. 138 f.

56 Darauf verweist Heuss in seinem Brief an Heinrich Landahl, 6.11.1951 (V, S. 285).

57 In seiner Ansprache in der Evangelischen Akademie Loccum am 22.6.1955 »Stilfragen der Demokratie« erklärte er, durch »diese drastische Gesprächsformulierung« Schumachers, die dieser dann noch auf einer Pressekonferenz wiederholte, sei »mein Versuch getötet« worden. Heuss: Lieber Dehler!, S. 126 f.

58 V, S. 309 (24.1.1952).

59 Heuss an Dolf Sternberger, 9.3.1956 (N 1221/333).

60 Schwarz: Adenauer, Bd. 1, S. 776 ff.

61 Adenauer – Heuss: Unter vier Augen, S. 41 (8.5.1950).

62 Heuss an Adenauer, 19.6.1951, abgedruckt in: Theodor Heuss/Konrad Adenauer: Unserem Vaterland zugute. Der Briefwechsel 1948–1963, bearbeitet von Hans Peter Mensing, Berlin 1989, S. 89 f.

63 Heuss an Dolf Sternberger, 9.3.1956 (N 1221/333).

64 Das verstand sich keineswegs von selbst: In Kabinettsprotokollen der Bundesregierung (z.B. am 21.8.1951) wurde das Thema angesprochen, ohne eine Kompetenz des Bundespräsidenten zu erwähnen!
65 V, S. 219 (20.2.1951).
66 Heuss an Adolf Ehrnsperger, 24.7.1954 (V, S. 562, mit Fn.).
67 VI, S. 350f.
68 V, S. 566 (29.7.1954).
69 Bott an Elly Heuss-Knapp, 2.3.1950 (FA).
70 Wolfgang Koeppen: Das Treibhaus (urspr. 1953), Frankfurt 1972, S. 114f.
71 Theodor Heuss: Politik durch Kultur 1949–1959, Stuttgart 1984, S. 18f.
72 Boveri/Prinzing: Theodor Heuss, S. 83.
73 So Heuss in seiner Loccumer Rede vom 22.6.1955, abgedruckt in Heuss: Lieber Dehler!, S. 126.
74 Vgl. Heuss an Oscar Meyer, 18.2.1952 (V, S. 320ff.) und seinen Briefwechsel mit Walter Ballas (Vorsitzender des Altherren-Verbandes Kösener Korpsstudenten), 9. und 16.11.1949 (VI, S. 87ff.).
75 N 1221/333 (9.3.1956).
76 Goebel: »Neugierig«, S. 133 (Frankfurter Allgemeine Zeitung vom 14.12.1963).
77 Vgl. Adenauer – Heuss: Unter vier Augen, S. 106 (19.12.1952).
78 Wesel: Der Gang nach Karlsruhe, S. 64.
79 Im Zentrum der Macht. Das Tagebuch von Staatssekretär Lenz, S. 494.
80 Alfred Grosser: Die Bonner Demokratie. Deutschland von draußen gesehen, Düsseldorf 1960, S. 115, 81.
81 In Dolf Sternberger (Hrsg.): Reden der deutschen Bundespräsidenten, S. 33.
82 So noch am 18.1.1961 in einem Brief an den in diesem Punkte gleichgesinnten Dehler; in Heuss: Lieber Dehler!, S. 160.
83 Dahrendorf/Vogt: Theodor Heuss, S. 412f.
84 Baring: Außenpolitik in Adenauers Kanzlerdemokratie, Bd. 2, S. 125ff.
85 Franz Spieker: Hermann Höpker Aschoff. Vater der Finanzverfassung, Berlin 2004, S. 207.
86 Theo Ritterspach in: Jahrbuch des öffentlichen Rechts, N.F., Bd. 32 (1983), S. 61.
87 Vgl. Dehler an Heuss, 3.1.1963, in: Heuss: Lieber Dehler!, S. 168.
88 Vgl. Der Kampf um den Wehrbeitrag, Bd. 2, S. 822–828. Geiger, ähnlich streitbar wie Dehler, trat fortan in Karlsruhe immer wieder mit Sondervoten hervor ohne Rücksicht darauf, dass er sich dadurch bei seinen Kollegen unbeliebt machte und ohnehin wegen seiner NS-Vergangenheit angreifbar war; dazu Ingo Müller: Furchtbare Juristen. Die unbewältigte Vergangenheit unserer Justiz, München 1987, S. 220f.
89 Baring: Außenpolitik in Adenauers Kanzlerdemokratie, Bd. 2, S. 156 und 153f. Wenn Dehler öffentlich verkündete, »man könne eines solchen Gremiums wegen Deutschland nicht vor die Hunde gehen lassen«, forderte er, der Bundesjustizminister, im Grunde die Abschaffung des Bundesverfassungsgerichtes!
90 Ebd., S. 145.
91 Im Zentrum der Macht. Das Tagebuch von Staatssekretär Lenz, S. 529 (19.1.1953).
92 Vgl. Dehlers Rede vom 21.11.1952 auf dem Bundesparteitag der FDP, wo er sogar gegen seinen Vorredner Franz Blücher polemisiert, der anerkannt hatte, die Gewerk-

schaften hätten »große soziale Leistungen vollbracht«: Diese »Anerkenntnis« sei »durch nichts gerechtfertigt«. »Das sind die Märchen, mit denen die Gewerkschaften und die Sozialdemokratie durch unser Volk ziehen.« Und er rief auf zu einem »unerbittlichen Kampf gegen die Sozialdemokratie«. In: Heuss: Lieber Dehler!, S. 92 f.

93 Ebd., S. 85 (25.11.1952).

94 Im Zentrum der Macht. Das Tagebuch von Staatssekretär Lenz, S. 696.

95 Am 23.5.1955 schreibt Heuss an Adenauer, dass »Hallstein mit seinem Talent zur rationalen Argumentation das Entscheidende schuldig blieb, die Atmosphäre.« (Heuss/Adenauer: Unserem Vaterlande zugute, S. 224) Womit er nebenbei zu erkennen gibt, dass er, der Künstler der »Atmosphäre«, »das Entscheidende« beherrschte!

96 Werner Stephan: Acht Jahrzehnte erlebtes Deutschland, Düsseldorf 1983, S. 308 f.

97 N 1186/124 (18.4.1958). Merkwürdigerweise will Toni Stolper später dennoch nicht wahrhaben, dass Heuss Dehler »einfach nicht mochte«: »Er mochte ihn, das habe ich beim gemeinsamen Aufenthalt in Vulpera 1961 oder 1962 deutlich gemerkt. Sie teilten einen netten Humor miteinander, unterhielten sich gern. … Was Heuss nicht mochte, war Dehlers politischer Stil. Heuss lebte eine von Grund auf andere Art von Liberalismus als Dehler. Es wäre für den Historiker Deutschlands eine verlockende Aufgabe, das herauszuarbeiten.« (N 1186/132, an Eberhard Pikart, 24.10.1968).

98 Heuss: Tagebuchbriefe, S. 164 f. (30.3.1956).

99 N 1186/122 (28.11.1956).

100 Wengst: Thomas Dehler, S. 233.

101 Heuss: Lieber Dehler!, S. 177.

102 Pikart: Theodor Heuss und Konrad Adenauer, S. 111; Pikart an Toni Stolper, 23.9.1969 (N 1186/133): »Heuss ist auch später oft in Gesprächen mit Reinhold Maier auf diese EVG-Sache zurückgekommen, und es scheint, dass er sie für die einzige große politische Kontroverse seiner Amtszeit hielt, in der er sich in seinem Urteil bis zum Lebensende nicht ganz schlüssig werden konnte.«

103 Vgl. Ernst Ludwig Heuss an Heuss, 8.2.1952 (FA): Er hoffe, »dass das Bundesverfassungsgericht die Notwendigkeit der Verfassungsänderung anerkennt, obwohl auch mir das juristisch sehr zweifelhaft ist. Aber nur so könnte die Regierung gezwungen werden, einen Generalnenner zu suchen, auf den sie sich mit der SPD einigen kann. Die Verabschiedung eines Wehrgesetzes mit einer kleinen Mehrheit beschwört Gefahren herauf, die unabsehbar sind.« In einem Brief vom 9.11.1952 beschwört er den Vater, nicht nachzugeben, wenn er bedrängt würde, sein Gutachtengesuch zurückzuziehen.

104 Baring: Außenpolitik in Adenauers Kanzlerdemokratie, Bd. 2, S. 196, 205 f.

105 Grosser: Die Bonner Demokratie, S. 81, 83.

106 Vgl. Ekkehard Felder: Kognitive Muster der politischen Sprache. Eine linguistische Untersuchung zur Korrelation zwischen sprachlich gefasster Wirklichkeit und Denkmustern am Beispiel der Reden von Theodor Heuss und Konrad Adenauer, Frankfurt 1995, S. 306.

107 Heuss an Toni Stolper, 14.7.1955 (N 1186/121).

108 Heuss: Lieber Dehler!, S. 123.

109 Ebd., S. 124 f.

110 Ebd., S. 130.
111 Wolfgang Kraushaar: Die Protestchronik 1953 bis 1956, Hamburg 1996, S. 1204 f.
112 Heuss an Elly Heuss-Knapp, 15.1.1934 (FA).
113 Heuss: Was ist Qualität?, Tübingen 1951, S. 32.
114 Heuss: Was ist Qualität?, S. 51, 76.
115 Ebd., S. 45.
116 Ebd., S. 33.
117 Das wird in wütender Polemik in dem 480-Seiten-Opus des gegenständlichen Bildhauers Jürgen Weber geschildert: Das Narrenschiff. Kunst ohne Kompass, München 1994.
118 Abgedruckt in: Heuss: Lust der Augen, S. 295–298.
119 Oskar Kokoschka: Mein Leben, München 1971, S. 292.
120 DER SPIEGEL 13/1951 (27.3.1951), S. 29 f.
121 Heuss: Erinnerungen, S. 319.
122 Heuss an Kokoschka, 21.7.1959 (N 1221/242).
123 Heuss: Zur Kunst dieser Gegenwart, Tübingen 1956, S. 27.
124 Ebd., S. 13.
125 Tagebuchbriefe, S. 187, 188.
126 Heuss: Zur Kunst dieser Gegenwart, S. 20.
127 Ebd., S. 54.
128 Ebd., S. 52 f.
129 Ebd., S. 50.
130 Ebd., S. 58.
131 Ebd., S. 60.
132 Ebd., S. 71.
133 Ebd., S. 43.
134 Obwohl Heuss den Technikphilosophen Friedrich Dessauer kannte und schätzte, hat er dessen »Philosophie der Technik« nie gelesen! (Heuss an Toni Stolper, 23.2.1962, N 1186/127)
135 Heuss: Zur Kunst dieser Gegenwart, S. 65.
136 Vgl. Skrentny (Hrsg.): Stuttgart zu Fuß, S. 31, 33 f.
137 Heuss: Erinnerungen, S. 346.
138 Joachim Radkau/Lothar Hahn: Aufstieg und Fall der deutschen Atomwirtschaft, München 2013, S. 56 ff.
139 Vgl. Deutschlands Beitrag zur Weltausstellung Brüssel 1958. Ein Bericht, hrsg. vom Generalkommissar der Bundesrepublik Deutschland bei der Weltausstellung, Brüssel 1958. Einzig auf S. 142 wird kurz erwähnt, in dem deutschen Pavillon »finde der Besucher viel Geglücktes« – also offenbar nicht nur Geglücktes!
140 Ebd., S. 140.
141 Joachim Radkau: »›Wirtschaftswunder‹ ohne technologische Innovation? Technische Modernität in den 1950er Jahren«, in: Axel Schildt/Arnold Sywottek (Hrsg.): Modernisierung im Wiederaufbau. Die westdeutsche Gesellschaft der 50er Jahre, Bonn 1993, S. 148 f.
142 Im Zentrum der Macht. Das Tagebuch von Staatssekretär Lenz, S. 72.
143 Heuss an Gunther Lehmann, 15.11.1954 (B 122/317).
144 Ludwig Erhard an Heuss, 26.12.1954 (ebd).

145 B 122/247.
146 Tagebuchbriefe, S. 477 (12.7.1960).
147 Dietmar Klenke: Bundesdeutsche Verkehrspolitik und Motorisierung. Konfliktträchtige Weichenstellungen in den Jahren des Wiederaufstiegs, Stuttgart 1993, S. 164.
148 Heuss: Die großen Reden. Der Humanist, S. 17–32.
149 Joachim Radkau: Technik in Deutschland, 2. Aufl. Frankfurt 2008, S. 55.
150 Ebd., S. 231.
151 Vgl. ebd., S. 27, 31. Er begann seine Rede sogar mit der Bemerkung, er wisse gar nicht, ob es eine »Philosophie der Technik« gebe (ebd., S. 17): Dabei hatte Dessauer eben eine solche geschrieben!
152 Zur Positionierung von Heuss im damaligen Technikdiskurs vgl. mit enormer Materialfülle Johan Hendrik Jacob van der Pot: Die Bewertung des technischen Fortschritts. Eine systematische Übersicht der Theorien, Assen/Maastricht 1985, Bd. 1, S. 146 und 518 ff.
153 Ebd., Bd. 2, S. 116 f. Das große Werk van der Pots enthält eine Fülle von Belegen für die Technikkritik Heideggers.
154 Tagebuchbriefe, S. 125 (2.1.1956); vgl. Heideggers Diffamierung von Eduard Baumgarten, dem Neffen und Nachlassverwalter Max Webers; dazu Radkau: Max Weber, S. 845 f.
155 Vgl. Heuss an Toni Stolper, 2.3.1956 (N 1186/122): »seltsame Diner-Einladung bei mir: unsere Atomkommission mit dem handfesten CDU-Minister F.-J. Strauß … Ich hatte den Uran-Spalter Otto Hahn neben mir beim Essen …« Aber dann geht er gleich zu einem anderen Thema über, obwohl die Atomtechnik so viel Gesprächsstoff mit Otto Hahn geboten hätte! Ein Zeichen dafür, dass er dieses Thema bewusst vermied. Dabei war Lise Meitner, die mit Hahn zusammen die Kernspaltung entdeckte, eine Klassenkameradin von Toni Stolper gewesen, und in der Familie Stolper wurde erzählt, dass Gustav Stolper die Verbindung zwischen dem Atomphysiker Leo Szilard und Einstein hergestellt habe, aus der dessen berühmter Brief an Roosevelt hervorging, der zum Bau der Atombombe führte! (Max Stolper an Verf., 12.4.2013)
156 Joachim Radkau: »Der Kuss des Atoms. Über die zwei Körper des Theodor Heuss«, in: Zeitschrift für Ideengeschichte 4/2011, S. 68 f.
157 Heuss: Vorspiele des Lebens, S. 72.
158 Bott: Theodor Heuss, S. 88.
159 Joachim Radkau: »Der atomare Ursprung der Forschungspolitik des Bundes«, in: Peter Weingart/Niels C. Taubert (Hrsg.): Das Wissensministerium. Ein halbes Jahrhundert Forschungs- und Bildungspolitik in Deutschland, Weilerswist 2006, S. 33–63.
160 Heuss/Adenauer: Unserem Vaterlande zugute, S. 262.
161 Ebd., S. 315; als Vorläufer lässt er in dieser Hinsicht allenfalls Ludwig I. von Bayern und Friedrich Wilhelm IV. von Preußen gelten, der im deutschen Geschichtsbild gewöhnlich eine höchst unrühmliche Figur ist, egal ob aus der Sicht der 1848er-Liberalen oder der Bismarckianer!
162 Ebd., S. 263.
163 Heuss an Werner Weber, 20.1.1958 (N 1221/344).

164 Theodor W. Adorno an Heuss, 8.10.1957 (B 122/306).
165 Vgl. Tagebuchbriefe, S. 311 (18.2.1958).
166 B 122/317.
167 Vgl. Jochim Varchmin/Joachim Radkau: Kraft, Energie und Arbeit. Energie und Gesellschaft, Reinbek bei Hamburg 1981 (= Deutsches Museum: Kulturgeschichte der Naturwissenschaften und der Technik), S. 171, 174 ff.
168 Radkau/Hahn: Aufstieg und Fall der deutschen Atomwirtschaft, S. 27 f.; Otto Hahn: Die Bedeutung der Grundlagenforschung für die Wirtschaft, Köln/Opladen 1952, S. 21–31; Otto Hahn: Erlebnisse und Erkenntnisse, Düsseldorf 1975, S. 170 f.; vgl. auch Hahns Brief an Fritz Baade vom 24.7.1957, der dem Buch von Baade: Welt-Energiewirtschaft, Hamburg 1958, vorangestellt ist.
169 Heuss an Walter Goetz, 16.8.1950 (V, S. 167).
170 N 1221/353 (12.3.1959).
171 Heuss: Die großen Reden. Der Humanist, S. 118–133.
172 Heuss an Margret Boveri, 19.3.1956 (N 1221/333).
173 Heuss/Adenauer: Unserem Vaterlande zugute, S. 315.
174 »Unsystematische Notizen zur Fortsetzung der ›Großen Deutschen‹«, in Anlage zu dem Brief an Toni Stolper, 3.8.1955 (N 1221/328).
175 Ebd.
176 Die großen Deutschen, Bd. 4, S. 450.
177 Theodor Eschenburg an Heuss, 10.9.1956 (N 1221/428): »Diese Lücke ist aber so offenkundig, dass sie nicht nur mir und einigen wenigen auffallen dürfte.« Heuss schrieb prompt zurück (16.9.1956, ebd.): »Ich habe jedermann die Freiheit gegeben, zu sagen, dass ich daran schuld sei.«
178 Dagmar Bussiek: Benno Reifenberg 1892–1970, Göttingen 2011, S. 407 f.
179 Die großen Deutschen, Bd. 4, S. 159; Heuss an Margret Boveri, 21.3.1956 (Staatsbibliothek Berlin, Nachlass Boveri 782).
180 Radkau: Technik in Deutschland, S. 218.
181 An einer Stelle traf der Kritiker in der Tat einen wunden Punkt: wenn er – mit der Pointe: »Byzantinismus in Bonn« – den Finger darauf legte, dass Heuss' Schwiegervater Georg Friedrich Knapp unter die »großen Deutschen« aufgenommen worden war (s. den Essay von Ludwig Dehio in dem Ergänzungsband 5, S. 399–406). An diesem Punkt hält sich Heuss denn auch am längsten auf – und da zeigt er den wenigsten Geist!
182 Mündl. Mitteilung der Herausgeberin der »Heuss-Anekdoten«, Hanna Frielinghaus-Heuss, zum Verf., 29.4.2006.
183 B 122/191a.

6.2 Heuss und Adenauer: Yin und Yang – Ein Stil des Understatement als Gegengewicht zur »Politik der Stärke«

1 Gudula Linck: Yin und Yang. Die Suche nach Ganzheit im chinesischen Denken, München 2000. Auf die Assoziation »Yin und Yang« bei dem Duo Heuss-Adenauer brachte mich der Sinologe Helwig Schmidt-Glintzer nach einem Vortrag über Heuss' Humor, den ich im Deutschen Literaturarchiv Marbach am 21.1.2011 gehalten hatte.

2 In: Thomas Hertfelder (Hrsg.): Heuss im Profil, Stuttgart 1997, S. 82.
3 Jörg Treffke: Gustav Heinemann. Wanderer zwischen den Parteien – Eine politische Biographie, Paderborn 2009, S. 206 f.
4 Tagebuchbriefe, S. 66 (20.9.1955).
5 V, S. 110 Fn.
6 Erik Lommatsch: Hans Globke (1898–1973). Beamter im Dritten Reich und Staatssekretär Adenauers, Frankfurt 2009, S. 179 f. Peter Merseburger, der Schumacher- und Heuss-Biograph, hält es für möglich (ders.: Theodor Heuss, S. 449), dass bei Heuss' Wahl zum Bundespräsidenten, die erst durch Schumachers kurzfristige Gegenkandidatur gesichert war, ein »politisches Kalkül« Schumachers im Spiel war: ein Indiz für eine verborgene Sympathie zwischen diesen sonst so konträren Politikern – oder auch dafür, dass Schumacher ein Übergewicht seines Rivalen Carlo Schmid verhindern wollte!
7 Heuss: Würdigungen, S. 227–229.
8 Tagebuchbriefe, S. 164 (30.3.1956).
9 Pikart: Theodor Heuss und Konrad Adenauer, S. 15.
10 Vgl. Adenauer: Briefe, Bd. 1, Nr. 169 (23.2.1946): »Nach meiner Meinung trägt das deutsche Volk … eine große Schuld an den Vorgängen in den Konzentrationslagern.«
11 Schwarz: Adenauer, Bd. 2, S. 95.
12 Tagebuchbriefe, S. 199 (15.10.1956).
13 Ebd., S. 73 (11.10.1955).
14 Kabinettsprotokolle der Bundesregierung, Jg. 1954, S. 177 (28.4.1954).
15 Tagebuchbriefe, S. 150 (22.2.1956), wieder S. 152 (2.3.1956).
16 Bott: Theodor Heuss, S. 95.
17 Hans Peter Mensing: »Die Adenauer-Memoiren. Entstehung, Zielsetzung, Quellenwert«, in: Historisches Jahrbuch, Jg. 114 (1994), S. 396–411.
18 Adenauer an Heuss, 25.8.1955, in: Heuss/Adenauer: Unserem Vaterlande zugute, S. 192.
19 Tagebuchbriefe, S. 304 (26.1.1958).
20 Merkwürdigerweise findet Jürgen C. Heß Hermann Rudolphs Rundfunk-Rezension der Heuss-Adenauer-Korrespondenz die »verständnisvollste Besprechung«. Rudolph habe darauf aufmerksam gemacht, »dass das Verhältnis zwischen Heuss und Adenauer nicht zuletzt davon gelebt habe, dass es ›zu einem guten Teil ein Unverhältnis gewesen‹ sei«: ein rein logisch paradoxes Faktum, das sich eher psychologisch erklärt! Heß: »Im Schatten Adenauers«? Überlegungen aus Anlass der Veröffentlichung des Briefwechsels zwischen Heuss und Adenauer, in: liberal 32 (1990), S. 112.
21 Hertfelder (Hrsg.): Heuss im Profil, S. 82.
22 Bott: Begegnungen mit Theodor Heuss, S. 160.
23 Heuss/Adenauer: Unserem Vaterlande zugute, S. 357.
24 Heuss an Toni Stolper, 2.10.1960 (N 1186/125).
25 Tagebuchbriefe, S. 492.
26 Ebd., S. 317 (12.3.1958).
27 Heuss/Adenauer: Unserem Vaterlande zugute, S. 202 (18.2.1955).
28 Pikart: Theodor Heuss und Konrad Adenauer, S. 19.

29 Ursula Heuss-Wolff zum Verf.: Heuss sei ohne Ironie nicht zu verstehen, im Gegensatz zu Elly Heuss-Knapp, der Ironie fremd gewesen sei.

30 Vgl. die Memoiren von Adenauers Pressechef Felix von Eckardt: Ein unordentliches Leben, Düsseldorf 1967, S. 96: Adenauer, der vor der Einstellung Eckardts dafür berüchtigt war, dass er seine Pressechefs fortwährend wechselte, habe es mit ihm wohl deswegen zehn Jahre ausgehalten, »weil ich die gleiche Abneigung gegen ›tierischen Ernst‹ habe wie er. Das hat mit Leichtfertigkeit nicht das geringste zu tun. Es ist eine Stilfrage. Außerdem fehlt es pathetischen Menschen fast immer an Humor, und das war Konrad Adenauer völlig zuwider.« Kaum irgendwo anders wird eine Geistesverwandtschaft zwischen Adenauer und Heuss so deutlich wie hier!

31 Daniela Krein (Hrsg.): Anekdoten um Adenauer, 17. Aufl. Heidelberg 1967 (urspr. 1959), S. 80.

32 Walter Henkels: »... gar nicht so pingelig, m.D.u.H.« Neue Adenauer-Anekdoten, Düsseldorf 1965, S. 14 f.

33 Vgl. Reinhold Maier: Erinnerungen 1948–1953, Tübingen 1966, S. 408.

34 Heuss/Adenauer: Unserem Vaterlande zugute, S. 294 (20.2.1958).

35 Vgl. Adenauer – Heuss: Unter vier Augen, S. 290 (4.2.1959).

36 Vgl. Heuss an Friedrich Reck-Malleczewen, 16.5.1936 (III, S. 274 f.); Heuss: Erinnerungen, S. 322 ff.

37 Pikart: Theodor Heuss und Konrad Adenauer, S. 67.

38 Dazu der Adenauer-Biograph Hans-Peter Schwarz an Verf. (1.6.2013): »Noch heute kann man es ja kaum glauben, weshalb es der Menschheit gelungen ist, das nukleare Wildwestzeitalter der fünfziger und frühen sechziger Jahre unverstrahlt zu überstehen. Vielleicht ist das doch der Gottesbeweis, nach dem ernsthafte Theologen früher unablässig gefahndet haben.«

39 Adenauer – Heuss: Unter vier Augen, S. 190 (23.1.1956).

40 Vgl. Friedrich Karl Fromme: Von der Weimarer Verfassung zum Bonner Grundgesetz. Die verfassungspolitischen Folgerungen des Parlamentarischen Rates aus Weimarer Republik und nationalsozialistischer Diktatur, Tübingen 1960, S. 123 ff.

41 Kabinettsprotokolle 1956, S. 111; 1958, S. 416 f. (8.12.1958); Michael Schneider: Demokratie in Gefahr? Der Konflikt um die Notstandsgesetze, Bonn 1986, S. 45 ff.

42 Adenauer: Erinnerungen 1955–1959, S. 506.

43 Heuss an Elly Heuss-Knapp, 30.9.1915 (I, S. 463).

44 Süddeutsche Zeitung, 15.10.1963 (Beilage »Vierzehn Jahre mit Adenauer«).

45 Vgl. Radkau: Das Zeitalter der Nervosität, S. 63 ff.

46 Schwarz: Adenauer, Bd. 1, S. 382.

47 Ders.: Adenauer, Bd. 2, S. 742.

48 Hans Peter Mensing: »Ein ›Gehirntrust‹ für Adenauer? Beraterstäbe, Meinungsbildung und Politikstil beim ersten Bundeskanzler«, in: Stefan Fisch/Wilfried Rudloff (Hrsg.): Experten und Politik: Wissenschaftliche Politikberatung in geschichtlicher Perspektive, Berlin 2004, S. 265 f.

49 Pikart: Theodor Heuss und Konrad Adenauer, S. 66.

50 Daniela Krein (Hrsg.): Anekdoten um Adenauer, S. 87.

51 Boveri/Prinzing: Theodor Heuss, Stuttgart 1954, S. 50.

52 Heuss: Anmerkungen zu Margret Boveris erster Manuskriptfassung, August 1953; Boveri an Heuss, 3.9.1953, Staatsbibliothek Berlin, Nachlass Boveri 26/6.

53 Tagebuchbriefe, S. 420 (7.4.1959).
54 Ebd., S. 353 (17.10.1958).
55 Heuss an Toni Stolper, 12.10.1957 mit Bezug auf Weymar (N 1186/123): »Dass die Amerikaner das Kitsch-Buch über Ad. nicht mögen werden, ist befriedigend.«
56 Heuss an Toni Stolper, 18.8.1955 (N 1186/121).
57 Mensing: Die Adenauer-Memoiren, Anm. 62.
58 Gerd Bucerius: »Der Adenauer«, in: ZEITmagazin, 26.12.1975.
59 Heuss/Adenauer: Unserem Vaterlande zugute, S. 227.
60 Hans Peter Mensing in der Einleitung zu Heuss/Adenauer: Unserem Vaterlande zugute, S. 9.
61 N 1186/123.
62 Eberhard Pikart an Toni Stolper, 7.5.1968 (N 1186/132).
63 Radkau: Die deutsche Emigration in den USA, S. 36, 184 f.
64 Vgl. Heuss an Toni Stolper, 25.2.1956 (N 1186/122); Heuss weist in diesem Zusammenhang darauf hin, dass Shuster jedoch von Alexanders Polemik gegen Brüning, den Shuster gut kannte und schätzte, peinlich berührt worden sei.
65 Vgl. Edgar Alexanders 18-seitiges Memorandum »Die historisch-politische Bedeutung der Publizistik von Gustav Stolper« (anscheinend 1952), N 1186/136, mit Seitenhieben – die Toni Stolper aus der Seele gesprochen sein mussten – auf Veröffentlichungen linksgerichteter Emigranten zur Weimarer Republik; wieder in Alexander: Adenauer und das neue Deutschland, S. 135 f.
66 Toni Stolper an Heuss, 13.3.1952 (FA).
67 Selbst Hans Peter Mensing, der langjährige Leiter des Rhöndorfer Adenauer-Archivs, zitiert Alexander als Kronzeugen dafür, dass Heuss in seiner historischen Bedeutung für die Bundesrepublik ebenbürtig neben Adenauer stehe; vgl. Mensing: »Theodor Heuss und Konrad Adenauer im Gespräch. Neue Erkenntnisse zu ihren amtlichen und persönlichen Kontakten«, in: Heuss im Profil, Stuttgart 1997, S. 61 f.
68 Vgl. Tagebuchbriefe, S. 293 (5.12.1957).
69 Edgar Alexander: Adenauer und das neue Deutschland, Recklinghausen 1956, S. 57.
70 Heuss: Erinnerungen, S. 195.
71 Heuss an Toni Stolper, 5.1.1960 (N 1186/126).
72 Ernst Ludwig Heuss aus London an Heuss, 3.7.1939 (FA). – Mensing, Theodor Heuss und Konrad Adenauer im Gespräch, in: Heuss im Profil, S. 74. Jäckhs eigene spätere Angaben sind freilich mit Vorsicht zu genießen. – Heuss an Ernst Ludwig Heuss, 26.2.1952 (FA). – Heuss an Robert Lehr, 12.12.1950 (B 122/2283); einer Aufzeichnung von Hanna Frielinghaus-Heuss zufolge hatte Heuss diesen Vers selbst erfunden. – Von Heuss unterzeichneter Notizzettel vom 30.1.1953 (FA).
73 Heuss an Toni Stolper, 5.10.1957 (N 1186/123).
74 Heuss an Ernst Jäckh, 17.1.1950 (V, S. 131 ff.).
75 Heuss an Ernst Ludwig Heuss, 8.5.1951 (FA).
76 Heuss an Toni Stolper, 3.7.1955 (N 1186/121).
77 Heuss an Toni Stolper, 16.9.1955 (N 1186/121).
78 Heuss an Ernst Ludwig Heuss, 11.3.1954 (FA).
79 Vgl. Tagebuchbriefe, S. 64 (17.9.1955), Heuss' Bericht über ein Gespräch mit Sigmund Neumann, einem früheren Kollegen von der Hochschule für Politik, der nach 1933 in die USA emigriert war: »Ernst (Jäckh) ist für Neumann eine ›tra-

gische Figur‹, weil er nach einem so erfolgreichen politischen Managertum in Deutschland geglaubt habe, das gehe drüben so weiter.«

80 Ernst Jäckh: Weltsaat. Erlebtes und Erstrebtes, Stuttgart 1960, S. 47.

81 Heuss an Toni Stolper, 18.3.1960 (N 1186/125).

82 Heuss an Toni Stolper, 11.8.1960 (N 1186/125).

83 Heuss an Ernst Jäckh, 25.1.1957 (N 1221/338).

84 Heuss an Toni Stolper, 24.1.1957 (N 1186/123).

85 Günther: Heuss auf Reisen, S. 120 f.

86 Heuss an Toni Stolper, 28.8.1960 (N 1186/125). – Heuss: Erinnerungen, S. 103, 55. – Marta Jäckh an Toni Stolper, 3.3.1959 (N 1221/155).

87 Vgl. das Schlusskapitel der Erinnerungen von Moritz Julius Bonn: So macht man Geschichte? Bilanz eines Lebens, München 1953, S. 402 ff.; ähnlich am 1.6.1954 an Heuss (N 1221/115) über eine Deutschlandreise: »Meine politischen Eindrücke waren deprimierend.«

88 Tagebuchbriefe, S. 332 (25.5.1958); vgl. auch ebd., S. 295 (25.12.1957): Er, Heuss, wolle sich mit Bonn lieber »nicht zu tief in eine Adenauer-Diskussion einlassen«.

89 Tagebuchbriefe, S. 255 (8.9.1957).

90 Vgl. etwa seinen langen Brief an Heuss vom 12.12.1954 (N 1221/115)!

91 Bott: Begegnungen mit Theodor Heuss, S. 26 f.

92 Moritz Julius Bonn an Heuss, 22.9.1953 (N 1221/115).

93 Hacke: Ein vergessenes Erbe, S. 1079.

94 Tagebuchbriefe, S. 207 f. (31.10.1956).

95 Guenther Roth an Verf., 28.4.2013.

96 Der englische Originaltitel lautet »Wandering Scholar«. Knut Borchardt weist mich darauf hin (17.5.2013), dass Moritz Julius Bonn über seinem Vorwort den Titel mit Fragezeichen wiederholt (»So macht man Geschichte?«): »ein ausdrückliches Eingeständnis, dass der Titel etwas fragwürdig ist.«

97 Hacke: Ein vergessenes Erbe, S. 1078; Hacke an Verf., 2.4.2013.

98 George W. F. Hallgarten/Joachim Radkau: Deutsche Industrie und Politik von Bismarck bis heute, Frankfurt 1974, S. 472 ff.

99 A. E. Johann: Groß ist Afrika. Europas dunkle Schwester, Gütersloh 1957, S. 388.

100 Heuss an Moritz Julius Bonn, 11.1.1956 (N 1221/115).

101 Vgl. Heuss an Moritz Julius Bonn, 11.1.1956 (N 1221/115).

102 Moritz Julius Bonn an Heuss, 26.8.1956 (N 1221/115).

103 Schwarz: Adenauer, Bd. 2, S. 302.

104 Tagebuchbriefe, S. 206 (28.10.1956).

105 Ebd., S. 207; vgl. schon ebd., S. 168 (11.4.1956): »Hoffentlich bleiben die Israelis, bei denen es ja Präventivisten gibt, gebremst.« Am 9.3.1956 zeigt er nach einem Gespräch mit dem »intelligent aussehenden ägyptischen Produktionsminister« Verständnis für die Position Ägyptens, das bei dem Bau des Assuandamms auf ausländische Geldgeber angewiesen war. Mit dem Rückzieher des Westens bei der Finanzierung begründete Nasser in der Folge die Enteignung der Suez-Kanalgesellschaft. Ebd., S. 187 (13.8.1956), über das Irreführende der Nasser-Hitler-Analogie.

106 Ebd., S. 210 (4.11.1956).

107 N 1221/115.

108 Im Schlusswort zu einem Sammelband »Internationaler Faschismus«, Karlsruhe 1928, zit. n. Ernst Nolte (Hrsg.): Theorien über den Faschismus, Köln 1967, S. 240.

109 Vgl. Heuss: An und über Juden, hrsg. von Hans Lamm, Düsseldorf 1964.

110 Heuss an Toni Stolper, 15.3.1958 (N 1186/124).

111 Das galt schon gar für die Stolpers. Max Stolper an Verf., 1.4.2013: »My father did not like clerics of any kind, but he disliked rabbis the most …«

112 Viele Hinweise dazu in Niels Hansen: Aus dem Schatten der Katastrophe. Die deutsch-israelischen Beziehungen in der Ära Konrad Adenauer und David Ben-Gurion, Düsseldorf 2002, S. 354 f., 510 u.a.

113 Felix E. Shinnar: Bericht eines Beauftragten. Die deutsch-israelischen Beziehungen 1951–1966, Tübingen 1967, S. 173.

114 Tagebuchbriefe, S. 309 (7.2.1958).

115 Heuss an Toni Stolper, 7.2.1958 (N 1186/124).

116 Eckardt: Ein unordentliches Leben, S. 153.

117 Heuss selbst (an Moritz Julius Bonn, 28.10.1954, N 1221/115) mit seiner üblichen Ironie gegenüber der »Geist«-Emphase: »ich als der Repräsentant des sogenannten geistigen Deutschlands« (hier gegenüber England). Selbst André François-Poncet, der als Hoher Kommissar und dann französischer Botschafter in Bonn über geraume Zeit als unangenehmster westlicher Gegenspieler und verkappter Deutschenfeind gefürchtet wurde (vgl. z.B. Schwarz: Adenauer, Bd. 1, S. 697 f.) und auch bei Heuss anfangs Misstrauen weckte, anerkannte am 19.6.1961 rückblickend, Heuss sei »Wissenschaftler, Künstler, Denker und Redner« – so sehr hatte ihn Heuss im Laufe der Zeit gewonnen! Ders.: Auf dem Wege nach Europa. Politisches Tagebuch 1942–1962, Berlin 1964, S. 225. Als François-Poncet noch Hoher Kommissar war, hatte Heuss es abgelehnt, sich mit ihm zusammen, mit Sektgläsern anstoßend, von Presseleuten fotografieren zu lassen (Heuss-Anekdoten, S. 22). Heuss an Toni Stolper am 26.9.1955 (Tagebuchbriefe, S. 67) über einen Abend mit dem französischen Botschafter: »François-Poncet und ich beschenkten uns mit koketten Tischreden, ich unterdrückte ziemlich reizvolle Bosheiten …«

118 Fritz Kortner: Aller Tage Abend, München 1959, S. 452.

119 Joachim Radkau: Die deutsche Emigration in den USA, S. 69 ff.

120 N 1186/124.

121 N 1186/125.

122 Vgl. Toni Stolper, die sonst bei aller Liebe nicht zur Heuss-Apotheose neigte, vielmehr die Heuss'schen Schwächen am besten kannte, an Eberhard Pikart, 21.9.1968 (N 1186/132), im Zusammenhang mit Heuss' Lektüre von Diplomatenberichten: »Dass das Bundespräsidialamt unter diesem Chef eine vielköpfige Musterleistung in bester Laune ›expeditiv‹ zu Stande brachte, lag sehr stark an dem Beispiel von oben. Heuss rühmte sich oft, dass er keine Aktenerledigung, keine Unterschrift auf den nächsten Morgen verschob … und das wirkte ansteckend. Und jetzt?« Man befand sich am Ende der Ära Lübke! – Hinweis von Hans-Peter Mensing, der diesen Bestand gegenwärtig erschließt.

123 Frieder Günther: Heuss auf Reisen. Die auswärtige Repräsentation der Bundesrepublik durch den ersten Bundespräsidenten, S. 84 ff.

124 Ebd., S. 80; Tagebuchbriefe, S. 146 (14.2.1956).

125 Vgl. dazu und zu dem Folgenden die ausführliche Darstellung von Frieder Günther: Heuss auf Reisen, S. 147–160.
126 Ebd., S. 150 f.
127 Tagebuchbriefe, S. 234 (12.1.1957), noch einmal S. 309 (7.2.1958).
128 Vgl. Tagebuchbriefe, S. 354 ff.
129 Vgl. ebd., S. 357 (24.10.1958).
130 Heuss an Toni Stolper, 2.7.1955 (N 1186/121).
131 Günther: Heuss auf Reisen, S. 155 ff.
132 Ebd., S. 159.
133 Vgl. Heuss in einem seitenlangen aufgebrachten Brief an Blankenhorn, den Leiter der Politischen Abteilung des AA, 29.10.1954 (B 122/2157): »Die Erfahrung von drei bis vier Jahren sagt mir dies: Man ist im Auswärtigen Amt so nett, grundsätzlich meine Bitte, dass mir wichtige Berichte der Missionen vorgelegt werden, anzuerkennen, man kann sich aber offenbar nicht so recht entschliessen, diese meine Bitte ernst zu nehmen oder doch ernst zu behandeln.« Jedes Mal, wenn er energisch würde, träte »vorübergehend ein Erfolg« ein – »aber vorhalten tut das nicht«. Dahinter muss Adenauer gestanden haben; denn Blankenhorn galt als serviler Gefolgsmann des Kanzlers: Vgl. Im Zentrum der Macht. Das Tagebuch von Staatssekretär Lenz, S. 414 (19.8.1952) und passim.
134 Henkels: »… gar nicht so pingelig«, S. 68.
135 Adenauer – Heuss: Unter vier Augen, S. 53 (2.2.1951), 56 f. (2.3.1951); Heuss/Adenauer: Unserem Vaterlande zugute, S. 76 f. (Heuss an Adenauer, 15.3.1951).
136 Heuss an Adenauer, 26.10.1949 (Adenauer – Heuss: Unter vier Augen, S. 323).
137 Bei Eckart Conze u.a.: Das Amt und die Vergangenheit. Deutsche Diplomaten im Dritten Reich und in der Bundesrepublik, München 2010, S. 494, als »Bonmot« erwähnt, das »nicht ganz abwegig« gewesen sei.
138 Conze u.a.: Das Amt und die Vergangenheit, S. 475 ff.
139 Vgl. ebd., S. 476 f.
140 Adenauer – Heuss: Unter vier Augen, S. 86 (Gespräch vom 24.3.1952).
141 Vgl. Heuss an Adenauer, 12.7.1952, in: Heuss/Adenauer: Unserem Vaterlande zugute, S. 138 f.
142 So in diesem Fall von früheren SD-Angehörigen in der SPIEGEL-Redaktion; vgl. Conze: Das Amt, S. 474 f.
143 Vgl. Heuss an Konstantin Freiherr von Neurath, 1.3.1937 (III, S. 291 f.).
144 Heuss an Moritz Julius Bonn, 16.12.1954 (N 1221/115).
145 Hans Bott an Ernest F. Manfred (New York), 20.11.1954, B 122/649 (umfangreicher Bestand zum Fall Neurath!).
146 Ebd., Heuss an Oberstudiendirektor Hermann Venedey, 24.11.1954.
147 Curtius: Deutsche und antike Welt, S. 348; vgl. dort auch die kritische Charakteristik Neuraths durch den mit Heuss befreundeten Archäologen, der Neurath als Botschafter in Rom erlebt hatte!
148 Vgl. Heuss an Toni Stolper, 11.10.1955 (N 1186/121): »Würde das AA in seiner Kulturabteilung einen Mann von Phantasie besitzen …«
149 Vgl. die von Bott unterzeichnete Entgegnung auf die Kritik eines Erich Windelband, Heuss habe durch seinen Besuch der Fosse Ardeatine die Legalität des völkerrechtswidrigen Partisanenkrieges anerkannt (25.11. und 3.12.1957, B 122/551).

150 Günther: Heuss auf Reisen, S. 106 f.; Tagebuchprotokolle, S. 283 (19.11.1957).
151 Kabinettsprotokolle 1956, S. 226 f. (2.3.1956).
152 Das mit Leidenschaft geschriebene Erinnerungswerk des damaligen Vorsitzenden der prodeutschen Saarpartei Heinrich Schneider (Das Wunder an der Saar. Ein Erfolg politischer Gemeinsamkeit, Stuttgart-Degerloch 1974) zeigt sich bei dem »Rätsel Konrad Adenauer« (S. 433 ff.) in dramatischer Weise hin- und hergerissen: In einer Weise ist es von tiefem Groll gegen den Kanzler durchzogen, der bis zur Volksabstimmung mit Nachdruck das Europa-Statut unterstützte; aber dann ist Schneider doch so fair, zuzugeben, dass ohne das »grenzenlose Vertrauen Frankreichs zu der Person des deutschen Bundeskanzlers« die »Wiedervereinigung der Saar kaum denkbar gewesen« wäre (S. 474).
153 Schwarz: Adenauer, Bd. 2, S. 234.
154 Vgl. Schneider: Das Wunder an der Saar, S. 352, 425.
155 Heuss: Lieber Dehler!, S. 108 f.
156 Heuss: Lieber Dehler!, S. 108 ff. (24.2.1955).
157 Weipert: »Verantwortung für das Allgemeine«?, S. 31.
158 Heuss an Hans Albert Kluthe, 2.3.1955 (B 122/2063).
159 Ebd., S. 32.
160 Ebd., S. 34.
161 Heuss an Toni Stolper, 14.12.1957 (N 1186/123).
162 Tagebuchbriefe, S. 102 (28.11.1955), 101 (26.11.1955).
163 Heuss an Ernst Ludwig Heuss, 20.10.1953 (FA).
164 Schneider: Das Wunder an der Saar, S. 195.
165 Ebd., S. 426 ff.
166 Tagebuchbriefe, S. 59 (8.9.1955).
167 Aufzeichnung vom 3.12.1956, in: Heuss/Adenauer: Unserem Vaterlande zugute, S. 267; ähnlich Tagebuchbriefe, S. 238 (20.1.1957).
168 Dahrendorf/Vogt: Theodor Heuss, S. 469–473.
169 Tagebuchbriefe, S. 239 (27.1.1957).
170 Vgl. die klassische Erwiderung des 91-jährigen Egon Bahr, einst Architekt der »neuen Ostpolitik«, auf die Frage: »*Hat gute Politik etwas mit Kunst zu tun?*« »Selbstverständlich. Es genügt doch nicht, ein Problem theoretisch zu analysieren, sondern es gehört die Kunst dazu, es umzusetzen, und das heißt: Einfühlsamkeit, Berücksichtigung der Sorgen und Hoffnungen des Partners.« In: ZEITmagazin, Nr. 22/2013, S. 25.
171 Vgl. Schwarz: Adenauer, Bd. 2, S. 294 f.
172 Tagebuchbriefe, S. 40 f. und 303 (29.6.1955 und 18.1.1958).
173 Vgl. die hochdramatische Schilderung des späteren Präsidentenberaters Louis J. Halle (Der Kalte Krieg, Frankfurt 1969, besonders S. 217–227), die einen Eindruck von der damaligen öffentlichen Erregung gibt, die aus der Sicht von Heuss und Toni Stolper an »Hysterie« grenzte!
174 Toni Stolper an Heuss, 5.5.1951 (FA).
175 Max Stolper an Verf., 17.3.2013 (»I assured him that it was zero«). Mit ihm, Guenther Roth (New York) und Knut Borchardt, durch dessen Hilfe ich die in Toni Stolpers Brief enthaltenen Anspielungen erst verstand, führte ich darüber eine Viereckskorrespondenz. Guenther Roth verweist darauf (an Verf., 30.4.2013),

dass die Absetzung des Generals zu einer »gewaltigen öffentlichen Reaktion gegen Truman« führte. »MacArthurs Farewell-Rede vor dem Kongress erhielt fünfzig Ovationen.« Für Heuss ein Grund, sich nicht nur vor den Sowjets, sondern auch vor dem amerikanischen Verbündeten zu sorgen!

176 Die FDP brachte am 12.1.1954 einen förmlichen Antrag ein, den Oberbefehl über die Bundeswehr dem Bundespräsidenten zu übertragen. Adenauer reagierte darauf unwillig und ausweichend. (Kabinettsprotokolle 1954, S. 26)

177 Helmut Lindemann: Das antiquierte Grundgesetz, Hamburg 1966, S. 160 f.

178 Heuss an Adenauer, 11.8.1956, in Heuss/Adenauer: Unserem Vaterlande zugute, S. 252.

179 Friedrich Naumann: Das Blaue Buch von Vaterland und Freiheit, Königstein 1913, S. 103.

180 Heuss an Friedrich Delekat, 23.10.1956 (N 1221/336).

181 Tagebuchbriefe, S. 205 (24.10.1956).

182 Hans Bott an Mary Hall, 5.10.1953 (VI, S. 285).

183 Dehler an Adenauer, 4.1.1951 (B 122/628).

184 Heuss/Adenauer: Unserem Vaterlande zugute, S. 46 ff.

185 Friedrich Dessauer an Dehler, 29.1.1952, in Heuss: Lieber Dehler!, S. 79.

186 Schwarz: Adenauer, Bd. 1, S. 882.

187 Tagebuchbriefe, S. 277 (4.11.1957).

188 Heuss an Toni Stolper, 18.9.1955 (N 1186/121).

189 Heuss an Emmi Bonhoeffer, 20.8.1956 (B 122/2089).

190 Edgar Büttner: »›Ich bin ganz harmlos hingefahren und bin ganz harmlos zurückgekommen‹. Zur Moskaureise Martin Niemöllers im Jahr 1952«, in: Klaus Oldenhage u.a. (Hrsg.): Archiv und Geschichte. Festschrift für Friedrich P. Kahlenberg, Düsseldorf 2000, S. 853.

191 Woran auch Heuss selbst schuld ist: Über Bott veranlasste er Margret Boveri dazu, in ihrer biographischen Einleitung zur Heuss-Bibliographie eine Passage über Nuschke zu streichen, den die Autorin »zu Unrecht in eine Reihe mit Ulbricht und Grotewohl gestellt« fand und wohl gerne als einen Liberalen in Erinnerung behalten hätte, der sich auf seine Art um Milderung der deutschen Spaltung bemüht hatte. Vgl. Staatsbibliothek Berlin, Nachlass Boveri 26/3 und 26/7.

192 Heuss: Vorspiele des Lebens, S. 163 f.

193 Heuss: Erinnerungen, S. 163 f.

194 Heuss an Prälat Kunst, 10.8.1956, in: Heuss/Adenauer: Unserem Vaterlande zugute, S. 412.

195 Tagebuchbriefe, S. 188 (17.8.1956), 564. Es hätte durchaus zu Adenauer gepasst, dass der das veranlasst hätte; vgl. in einem ähnlichen Fall Kabinettsprotokolle 1954, S. 312 Fn. Heuss schrieb am 23.10.1956 (N 1221/336) an den Theologen Delekat: »Ich war schließlich ganz froh, dass, nachdem ich in westdeutschen Zeitungen nachher angegriffen wurde, dass ich Nuschke ausgewichen sei, in einer ostdeutschen durch irgendwen mitgeteilt wurde, dass das gar nicht an mir gelegen hätte. (Dies alles natürlich nur ganz privat.)«

196 Heuss an Ernst Lemmer, 4.5.1958 (B 122/2065).

197 Gerhard Fischer: Otto Nuschke – Ein Lebensbild, Berlin (Ost) 1983, der sonst noch ganz in DDR-Manier alle bundesdeutschen Prominenten als Feinde behandelt,

hebt nur Nuschkes enge Beziehung zu Propst Heinrich Grüber mit Wärme hervor.

198 Tagebuchbriefe, S. 182 (28.5.1956), 345 (28.9.1958).

199 Hans Bott: Theodor Heuss, Göttingen 1966, S. 85 f.

200 Schwarz: Adenauer, Bd. 2, S. 11 f.

201 Reinhold Maier: Erinnerungen 1948–1953, Tübingen 1966, S. 455 ff.

202 Heuss an Toni Stolper, 27.10.1955 (N 1186/121).

203 Tagebuchbriefe, S. 267 (10.10.1957).

204 Ebd., S. 155.

205 Ebd., S. 272 (22.10.1957).

206 Ebd., S. 271 (19.10.1957).

207 Vgl. Adenauer: Erinnerungen 1953–1955, S. 32–46.

208 Ebd., S. 43.

209 In einer Unterredung am 5.11.1951 schilderte Dibelius dem Kanzler die »Verzweiflung« vieler Ostdeutscher, die »sich verlassen fühlen«. Im Zentrum der Macht. Das Tagebuch von Staatssekretär Lenz, S. 164.

210 Adenauer: Erinnerungen 1953–1955, S. 39.

211 Peter Merseburger: Der schwierige Deutsche. Kurt Schumacher, Stuttgart 1995, S. 517.

212 Erst nachträglich teilte Adenauers Staatssekretär Otto Lenz dem Bundespräsidenten mit, dass Adenauer, nachdem er, Lenz, für die Beantwortung von Piecks Brief plädiert habe, sich dieser Auffassung ebenfalls angeschlossen habe. Im Zentrum der Macht: Das Tagebuch von Staatssekretär Lenz, S. 170 (8.11.1951); vgl. dagegen Kabinettsprotokolle 1951, S. 736 f. (6.11.1951): Da setzt sich nach längerer kontroverser Diskussion die Auffassung durch, es sei »richtig und zweckmäßig«, wenn der Bundespräsident Pieck kurz antworte.

213 Heuss an Wilhelm Pieck, 7.11.1951 (V, S. 286 ff.).

214 Im Zentrum der Macht, S. 170.

215 Mensing: »Theodor Heuss und Konrad Adenauer im Gespräch«, in: Heuss im Profil, S. 68.

216 Bernd Stöver: Der Kalte Krieg. Geschichte eines radikalen Zeitalters 1947–1991, München 2007, S. 123.

217 DER SPIEGEL 17/2013, S. 41: Von der Organisation Gehlen, dem späteren BND, wurde Adenauer anfangs informiert, es bestehe »kein Zweifel«, dass die Demonstrationen ursprünglich von den Sowjets »inszeniert« worden seien, um die SED-Führung unter Druck zu setzen!

218 Kabinettsprotokolle 1951, S. 560 (20.7.1951).

219 Dahrendorf/Vogt: Theodor Heuss, S. 414–420.

220 Vgl. B 122/2224; VI, S. 265 ff. (Werner Hübner an Heuss, 20.6.1953).

221 Otto A. Friedrich an Heuss, 22.6.1953, und Heuss' Antwortschreiben, 26.6.1953, B 122/2224.

222 B 122/2224.

223 Tagebuchbriefe, S. 160.

224 Ebd., S. 167 (11.4.1956).

225 Tagebuchbriefe, S. 408 (15.3.1959).

226 Mein früherer Geschichtslehrer Friedrich Korte, der nach der Schule an die Ost-

front gemusst hatte und über Jahre in russischer Gefangenschaft war, berichtete, bis in die frühen 1970er Jahre habe ihn Nacht für Nacht der Angsttraum verfolgt: »Die Russen kommen!«

227 Rolf Lamprecht: Ich gehe bis nach Karlsruhe. Eine Geschichte des Bundesverfassungsgerichts, Stuttgart o. J., S. 46 f.

228 Werner Abelshauser/Walter Schwengler: Anfänge westdeutscher Sicherheitspolitik 1945–1956, München 1997, S. 36 ff.; Abelshauser: Deutsche Wirtschaftsgeschichte seit 1945, München 2004, S. 250 ff.; mündl. Mitteilung von Werner Abelshauser; Schwarz: Adenauer, Bd. 2, S. 291 f.

229 Tagebuchbriefe, S. 197 (11.10.1956).

230 Vgl. Adenauer – Heuss: Unter vier Augen, S. 209 f.

231 Heuss an Ninon Hesse, 9.1.1956 (N 1221/331).

232 George F. Kennan: Memoiren eines Diplomaten, München 1971, Bd. 2, vor allem S. 552 ff. und 462.

233 George F. Kennan: Russland, der Westen und die Atomwaffe, Frankfurt 1958, S. 38.

234 Heuss an Ninon Hesse, 9.1.1956 (N 1221/331): »Das war für mich zugleich überraschend wie rührend wie auch beschämend. Wieviele Deutsche würden das tun!«

235 Tagebuchbriefe, S. 293 (15.12.1957). Heuss' Sympathie für Kennan ist umso bemerkenswerter, als er manche von dessen Ideen für absurd hält: »das, was K. den Deutschen empfiehlt, wenn die Russen kommen: Gehorsamsverweigerung, Sabotage, eine Art von improvisiertem Volkssturm, ist einfach Romantik, als ob es sich um das legendarisierte 1813 handele.« (Ebd., S. 294, 21.12.1957) Das erweckt nun wiederum Verständnis für Adenauer, der Kennans Konzept als »unrealistisch« kritisierte und in alldem nur einen amerikanischen Vorwand argwöhnte, im Kriegsfall die Europäer ihrem Schicksal zu überlassen! Gegenüber Moritz Julius Bonn (14.1.1958, B 122/2055) spricht Heuss mit eher sarkastischem Unterton darüber, dass Kennan »bei einem eventuellen Einbruch der Russen von jedem Deutschen eine Art von Werwolf-Haltung erwartet, wie sie in Himmlers mörderischem Konzept vorhanden war«.

236 Ebd., S. 582.

237 Dass., 18.1.1958 (N 1186/124).

238 Schwarz: Adenauer, Bd. 2, S. 385.

239 Adenauer an Heuss, 2.1.1958, in: Heuss/Adenauer: Unserem Vaterlande zugute, S. 286.

240 Ebd., S. 286 ff.

241 Tagebuchbriefe, S. 298 (9.1.1958).

242 Ebd.

243 Heuss an Adenauer, 2.1.1959, in: Heuss/Adenauer: Unserem Vaterlande zugute, S. 303.

244 Winfried Scharlau, in: Deutsches Allgemeines Sonntagsblatt, 3.1.1971.

245 Pikart: Theodor Heuss und Konrad Adenauer, S. 166.

246 Tagebuchbriefe, S. 256 (12.9.1957), auch 478 (7.8.1960).

247 Pikart, Theodor Heuss und Konrad Adenauer, S. 166.

248 Heuss: Aufzeichnungen 1945–1947, S. 135.

249 Joachim Radkau: Max Weber, S. 134 ff.

250 Heuss: »Wanderung durch deutsches Schicksal«, in: Deutschland – Ein Hausbuch, Gütersloh 1964, S. 16.
251 Parlamentarischer Rat: Verhandlungen des Hauptausschusses, S. 532 (18.1.1949).
252 Maike Doll: Kampf um den Südweststaat. Die Gründung eines Bindestrichstaates, Studienarbeit, Karlsruhe 2008, S. 15 f.
253 Heuss an Toni Stolper, 15.1.1961 (N 1186/126).
254 Vgl. dazu die kontroversen Diskussionen in Reinhard Piechocki/Norbert Wiersbinski (bearb.): Heimat und Naturschutz. Die Vilmer Thesen und ihre Kritiker, Bonn-Bad Godesberg 2007. Im gleichen Jahr Bernd Hüppauf: »Heimat – die Wiederkehr eines verpönten Wortes«, in: Gunther Gebhard u.a. (Hrsg.): Heimat. Konturen und Konjunkturen eines umstrittenen Konzepts, Bielefeld 2007, S. 109–140.
255 Heuss: Reden an die Jugend, hrsg. von Hans Bott, Tübingen 1956, S. 76.
256 Heuss: Vorspiele des Lebens, S. 59 f.; darauf spielt Heuss in seiner Rede »Was bedeutet uns die Heimat?« an; vgl. die Tagungsbroschüre: Die Arbeit für die deutsche Heimat, hrsg. von der Arbeitsgemeinschaft Deutscher Heimat-, Wander- und Naturschutzbünde, Stuttgart 1954, S. 18.
257 Heuss: Was bedeutet uns die Heimat?, S. 19.
258 Heuss an Georg Baron Manteuffel-Szoege, 18.7.1955 (B 122/2092); Adenauer – Heuss: Unter vier Augen, S. 169 ff. (14. und 16.7.1955).
259 Hans Bott an Alfred Engler, 20.6.1955 (N 1221/327).
260 Adenauer – Heuss: Unter vier Augen, S. 230 (16.9.1957).
261 George F. Kennan: Russland, der Westen und die Atomwaffe, Frankfurt 1958, S. 57.
262 Vgl. Tagebuchbriefe, S. 197 (11.10.1956).
263 Ebd., S. 303 (18.1.1958); ähnlich schon ebd., S. 269 (16.10.1957), über Brentanos Dilemma, dass er einerseits die Beziehungen zu Jugoslawien abbrechen, andererseits »mit Gomulka anbandeln« soll. Vgl. dazu die Kabinettsprotokolle 1957, S. 418 f. (21.11.1957): Selbst der Vertriebenenminister schließt sich dem Konsens über »Wirtschaftshilfe für Polen« an, plädiert jedoch dafür, die Presse davon nicht zu unterrichten!
264 Ebd., S. 161 (22.3.1956).
265 Vgl. die Korrespondenzen in B 122/2186.
266 Eberhard Bethge: Dietrich Bonhoeffer, München 1967, S. 637, 907.
267 DER SPIEGEL, Jg. 9, Nr. 25 (15.6.1955), S. 14.
268 Heuss: Lieber Dehler!, S. 113 (»Notiz zur Angelegenheit Schlüter«).
269 Vgl. III, S. 474 ff. (Heuss an Rudolf Smend, 29.11.1943).
270 Vgl. das Zitat aus dem sozialdemokratischen »Vorwärts«, das Schlüter seinem anonym herausgebrachten Rechtfertigungsbuch »Die große Hetze« (Göttingen 1958) als ein Motto voranstellte: »Schlüter scheute sich nicht, die Forderung nach einem deutschen McCarthy zu erheben.«
271 Karl-Heinz Janssen: »Der Fall Otto John«, in: DIE ZEIT, 6.9.1985, S. 29 ff.
272 Vgl. Heike B. Görtemaker: Ein deutsches Leben. Die Geschichte der Margret Boveri 1900–1975, München 2005, S. 246 ff., 272 u.a.
273 Heuss an Bundesjustizminister Fritz Schäffer, 7.7.1958 (N 1221/348), ohne inhaltliche Begründung der Begnadigung: Auch Generalbundesanwalt Güde stehe wohl auf dem Standpunkt, dass »der Gnadenakt sozusagen fällig« sei. Zugleich bekräftigt Heuss das dem Bundespräsidenten zustehende »Gnadenrecht« (Art. 60, Abs. 2 GG).

274 Tagebuchbriefe, S. 115 (14.12.1955).
275 Margret Boveri: Der Verrat im XX. Jahrhundert, Bd. I, Hamburg 1956, S. 34.
276 Ebd., Bd. 2, S. 123.
277 Entwurf eines Schreibens von Ernst Ludwig Heuss an Prof. Dr. Cohn (London), 31.10.1957 (N 1221/156).
278 Tagebuchbriefe, S. 277 (6.11.1957). Hans-Peter Schwarz weist mich darauf hin, dass sich sogar Bundesinnenminister Gerhard Schröder für Johns Begnadigung einsetzte.
279 Heuss an Margret Boveri, 25.3.1958 (Staatsbibliothek Berlin, Nachlass Boveri 782).
280 Margret Boveri an Heuss, 21.3.1958 (Nachlass Boveri 2250).
281 Rudolf Diels: Der Fall Otto John. Hintergründe und Lehren, Göttingen 1954, S. 11.
282 Ebd., S. 43.
283 Die große Hetze. Der niedersächsische Ministersturz. Ein Tatsachenbericht zum Fall Schlüter, Göttingen 1958; im Text mit Quellenangabe S. 271.
284 Werner Wilkening: »Schlüters Stammrolle«, in: Diskus – Frankfurter Studentenzeitung, 5. Jg., H. 5, Juni 1955, S. 2, zit. n. Wolfgang Kraushaar: Die Protest-Chronik 1953–1956, Hamburg 1996, S. 1195.
285 Kraushaar: Protest-Chronik, S. 1191–1195.
286 Tagebuchbriefe, S. 110 (6.12.1955).
287 Herbert Grabert: Hochschullehrer klagen an. Von der Demontage deutscher Wissenschaft, Göttingen 1952, 3. erw. Auflage 1954.
288 An Grabert schrieb er deswegen einen bemerkenswert langen Brief (25.11.1954; B 122/352).
289 Über ihn und seine Stellung in der Geschichte des ökonomischen Denkens vgl. Guenther Roth: »The Near-Death of Liberal Capitalism: Perceptions from the Weber to the Polanyi Brothers«, in: Politics and Society 31 (2003), S. 263–282.
290 Heinz-Georg Marten: Der niedersächsische Ministersturz. Protest und Widerstand der Georg-August-Universität Göttingen gegen den Kultusminister Schlüter im Jahre 1955, Göttingen 1987, S. 82.
291 Ebd., S. 13.
292 Ebd., S. 21.
293 Die große Hetze, S. 174 ff., 186 ff.
294 DER SPIEGEL, Jg. 9/1955, S. 13. Selbst Toni Stolper anerkennt in der Broschüre »Göttingen versus Schlüter«, u.a. um Dehlers anfängliche Verteidigung Schlüters zu entschuldigen: »No court had convicted him, no conclusive material evidence had been publicly producted against him.« Auch sie hat wenig Konkretes vorzubringen.
295 Vgl. Marten: Der niedersächsische Ministersturz, S. 101; Die große Hetze, S. 55.
296 DER SPIEGEL, Jg. 9/1955, Nr. 25, S. 15.
297 Göttingen versus Schlüter, S. 17.
298 Heuss: Lieber Dehler!, S. 110 f. (2.6.1955).
299 Das erkennt auch Toni Stolper in der Broschüre »Göttingen versus Schlüter« (S. 10) an.

6.3 Die große Liebe, der doppelte Krach und die unvermeidliche Banalisierung

1 Heuss an Toni Stolper, 2.12.1960 (N 1186/126).
2 Heuss an Rudolf Wissell, 5.3.1959 (N 1221/353).
3 Heuss an Toni Stolper, 15.10.1958 (N 1186/124).
4 Dass., 18.1.1956 (N 1186/122).
5 Dass., 3.7.1955 (N 1221/328). Max Stolper an Verf., 23.2.2008 und 5.4.2013: Elly Heuss-Knapp habe seine Mutter als »Puritanerin« geneckt, da diese selbst bei den Sternen nichts als nüchterne astronomische Fakten assoziiere!
6 Dass., 25.5.1955 (N 1186/121).
7 Toni Stolper an Heuss, 18.7.1955 (N 1186/122).
8 Toni Stolper an Heuss, 5.5.1951 (FA).
9 Heuss an Toni Stolper, 9.1.1956 (N 1186/122).
10 Vgl. Toni Stolper an Ernst Ludwig Heuss, 17.3.1959 (FA).
11 Heuss an Toni Stolper, 29.11.1957 (N 1186/123).
12 Toni Stolper an Ernst Ludwig Heuss, 17.3.1959 (FA).
13 Becker: Theodor Heuss, S. 159.
14 Heuss an Toni Stolper, 25.12.1955 (N 1186/121).
15 Dass., 5.1.1956 (N 1186/122).
16 Vgl. Heuss an Karl Loewenstein, 9.12.1952 (V, S. 391 f.).
17 Heuss an Toni Stolper, 7.1.1959 (N 1186/125). Dass Toni Stolper diese Passage für die Veröffentlichung abtippte, zeigt, dass sie auch dieses Liebesgeflüster nicht als zu vertraulich für eine Veröffentlichung empfand! Erstaunlicherweise schreibt sie für Pikart sogar einen Heuss'schen Ausbruch gegen Marie-Elisabeth Lüders ab, die von ihm meistgehasste Frau, die damals immerhin Alterspräsidentin des Deutschen Bundestages war: Sie sei eine »Gewohnheitslügnerin«. »Natürlich steckt da auch Krankhaftes drin, ein unerfüllter Sexualkomplex. … Sie war immer liebebedürftig, bis zum Hysterischen, aber vermutlich nicht attraktiv genug.« (N 1186/124) Ein unerwarteter Nebeneffekt der Beziehung zu Toni Stolper scheint darin zu bestehen, dass Heuss, der bis dahin stets seine ironische Distanz zu Freud hervorkehrte, jetzt mitunter in einen geradezu vulgären Freudianismus verfällt, so auch in Seitenhieben auf Margret Boveri! Pikart lässt in den veröffentlichten »Tagebuchbriefen« mehrere rüde Ausfälle gegen Lüders stehen, die 1966 als große alte Dame des Liberalismus verstorben war, so auf S. 105 (2.12.1955): »sie lügt hysterisch«, was DER SPIEGEL mit Wonne aufschnappte (»Narziß mit Goldmund«, 40/1970, S. 55). In den Memoiren ihres Parteifreundes Werner Stephan verblüfft sie eher durch ihre Offenheit; so gab sie, die Ehrenvorsitzende der FDP, dem angehenden Bundesgeschäftsführer der Partei den »originellen« Rat: »Ehe Sie mit dem Aufbau anfangen, legen Sie am besten Dynamit unter das Bonner Parteihaus und sprengen es mit der ganzen Besatzung in die Luft.« Stephan: Acht Jahrzehnte erlebtes Deutschland, S. 301. Hans-Peter Schwarz bemerkt vermutlich zu Recht, dass es Heuss bei seiner Wiederwahl 1954 »wohl am meisten Freude gemacht hat«, dass seine Gegenkandidatin Lüders »nur eine einzige Stimme erhielt«. Ders.: »Von Heuss bis Köhler. Die Entwicklung des Amtes im Vergleich der Amtsinhaber«, in: Robert Chr. van Oyen/Martin H.W. Möllers (Hrsg.): Der Bundespräsident im politischen System, Frankfurt 2012, S. 291.

18 Dass., 4.2.1957 (N 1186/123).
19 Dass., 7.1.1957 (N 1186/123); Tagebuchbriefe, S. 273 (22.10.1957).
20 Tagebuchbriefe, S. 38 (22.6.1955).
21 Ebd., S. 10 (9.1.1958).
22 Dirk Mende, Pikarts Mitarbeiter bei der Edition der »Tagebuchbriefe« (1970), an Verf. (5.5.2013): »die über Jahre gewachsene Vertrautheit ließ Toni zu seiner Beichtmutter werden: die tägliche Beichte, mitternächtlich als Ritual zelebriert, der Zigarrenrauch substituierte den Weihrauch und der Württemberger im Glas den sakralen Trunk aus dem Kelch, alles zusammen sicher das Höchstmaß an präsidialer Lust.« Und doch eine keineswegs nur papierene Beziehung!
23 Ingelore M. Winter: Theodor Heuss. Ein Porträt, Tübingen 1983, S. 289.
24 Tagebuchbriefe, S. 233 (9.1.1957).
25 Eberhard Pikart an Toni Stolper, 7.5.1968 (N 1186/132).
26 Hermann Leins an Toni Stolper, 12.5.1968 (ebd.).
27 Heuss an Ludwig Erhard, 3.1.1959 (N 1221/65); so auch schon 1957 in seiner Rundfunkrede über das Alter: offenbar ein beliebtes »Renommieren« des Bundespräsidenten!
28 »Heuss brauchte stets einen Spiegel« ist für Susanne Blach, Leiterin des Theodor-Heuss-Museums in seinem Geburtsort Brackenheim, die zu seinem Verständnis notwendige Grundeinsicht (mündlich zum Verf. bei einer Ausstellungseröffnung am 31.1.2013 zu Heuss' 129. Geburtstag).
29 Hallgarten/Radkau: Deutsche Industrie und Politik, S. 251, auch 11 f.
30 Heuss: Profile, S. 321 f.
31 Toni Stolper an Eberhard Pikart, 27.2.1968 (N 1186/132): »Besonders tragisch wirkte sich die Arbeit an dem Band ›Profile‹ aus, die seine schwindenden Kräfte für etwas in Anspruch nahmen, was sich sogar für den Verlag, der die Sache betrieb, nicht auszahlen sollte.«
32 Vgl. Gunther Nickel/Erwin Rotermund (Hrsg.): Carl Zuckmayer – Theodor Heuss. Briefwechsel und andere Beiträge zur Zuckmayer-Forschung, Göttingen 2012 (= Zuckmayer-Jahrbuch Bd. 11).
33 Man lese den geradezu schockierenden Bericht, wie brutal ein Paul Celan 1952 von der »Gruppe 47« bei seiner Lesung der »Todesfuge« ausgelacht wurde: »Das kann doch kaum jemand hören!« »Der liest ja wie Goebbels!« Joel Golb: »Dichtung und Politik in Nachkriegsdeutschland: Die Kontroverse um einen Brief von Paul Celan an Ernst Jünger«, in: Monika Boll/Raphael Gross (Hrsg.): »Ich staune, dass Sie in dieser Luft atmen können.« Jüdische Intellektuelle in Deutschland nach 1945, Frankfurt 2013, S. 107 f. Nebenbei lassen mehrere Beiträge dieses Bandes implizit erkennen, dass Heuss' Vermittlung zwischen innerdeutscher und emigrierter deutschjüdischer Intelligenz damals alles andere als »banal« war!
34 Begegnungen mit Theodor Heuss, S. 256.
35 Carl J. Burckhardt: Betrachtungen und Berichte, Zürich 1964, S. 257.
36 Gunther Nickel/Erwin Rothermund (Hrsg.): Carl Zuckmayer – Theodor Heuss: Briefwechsel und andere Beiträge zur Zuckmayer-Forschung, Göttingen 2012, S. 16, 18 (30.6. und 16.8.1951). Vgl. dazu Raphael Gross: Anständig geblieben. Nationalsozialistische Moral, Frankfurt 2010, S. 36.
37 Begegnungen mit Theodor Heuss, S. 317 f.

38 Heuss: Vor der Bücherwand, S. 295.
39 Heuss: Die großen Reden. Der Humanist, S. 180, 186.
40 Auch Ralf Dahrendorf, der mich bei einem Treffen am 30.3.2006 zu der Heuss-Biographie ermutigte, meinte bei der Gelegenheit, es sei falsch, von Heuss als einem »großen Europäer« zu reden.
41 Heuss: Die großen Reden. Der Humanist, S. 183.
42 Paul Stauffer: Zwischen Hofmannsthal und Hitler. Carl J. Burckhardt: Facetten einer außergewöhnlichen Existenz, Zürich 1991, S. 22f., 178ff., 202ff. Ursula Heuss-Wolff machte mich auf diese Enthüllungen über Burckhardt aufmerksam.
43 Heuss an Toni Stolper, 30.12.1955 (N 1186/121).
44 Toni Stolper an Ernst Ludwig Heuss, 30.1.1956 (FA).
45 Die Hilfe, Jg. XI, Nr. 28 (16.7.1905), S. 11.
46 B 122/2154, abgedruckt in den Heuss-Anekdoten, S. 39f.
47 Tagebuchbriefe, S. 288 (1.12.1957).
48 Heuss an Toni Stolper, 11.10.1955 (N 1186/121).
49 Dass., 16.11.1957 (N 1186/123).
50 Toni Stolper an Hedwig Heuss, 2.12.1959 (N 1186/127).
51 Heuss an Toni Stolper, 13.9.1955 (N 1186/121).
52 N 1186/122 (6.3.1956).
53 Tagebuchbriefe, S. 347 (5.10.1958).
54 Heuss an Toni Stolper, 13.3.1958 (N 1186/124).
55 Dass., 24.12.1959 (N 1186/125).
56 Dass., 13.2.1960 (ebd.).
57 Heuss an Toni Stolper, 17.2.1959 (N 1186/125); auch ebd., 19.5.1959: Leins sei »immer noch von dem Wanderbuch besessen, das jetzt 16 323 Absatz erreicht hat«. Zwei Jahre darauf: N 1186/126 (12.2.1961).
58 Heuss an Helene Ecarius, 8.9.1958 (N 1221/127).
59 Heuss an Toni Stolper, in der Nacht vom 19. zum 20.9.1958 (N 1186/124).
60 Heuss an Margret Boveri, 27.2.1959 (N 1221/352).
61 Toni Stolper an Eberhard Pikart, 10.1.1969 (N 1186/133).
62 Vgl. ihre Abschrift des Heuss-Briefes vom 18.1.1956 (N 1186/122).
63 Dass., 7.6.1968 (N 1186/132).
64 Eberhard Pikart an Toni Stolper, 7.5.1968 (N 1186/132).
65 Dass., 26.4.1968 (ebd.).
66 Friedrich Henning (Leiter des Politischen Archivs der Friedrich-Naumann-Stiftung!): »Heuss, wie ihn keiner kannte. Seine ›Tagebuchbriefe‹ wären besser ungedruckt geblieben«, in: Berliner liberale Zeitung, Nr. 3/1971, S. 5.
67 Eberhard Pikart an Toni Stolper, 28.9.1968 (ebd.).
68 Rezensionen in N 1186/138.
69 Tagebuchbriefe, S. 385 (9.1.1959). Als ein FDP-Plakat mit dem Kopf Mendes im Hintergrund den Kopf von Heuss zeigte mit dem Slogan »*In seinem Geist mit neuer Kraft*«, forderte Heuss von seiner Partei, mit der er sich nach Dehlers Abgang sonst halbwegs versöhnt hatte, die sofortige Zurücknahme dieser Werbeaktion (Becker: Theodor Heuss, S. 170).
70 DER SPIEGEL, 40/1970, S. 56.
71 So Winfried Scharlau im »Deutschen Allgemeinen Sonntagsblatt«, 3.1.1971: »Von

der herzlichen Freude an der eigenen Persönlichkeit – ›Ich bin ein Fossil aus der Biedermeierzeit‹«.

72 Werner Stephan: »Theodor Heuss über Konrad Adenauer«, in: liberal, Jg. 12/1970, H. 12, S. 906.

73 Merkur, Jg. 25/1971, S. 384, 386.

74 Vgl. Toni Stolper an Eberhard Pikart, 20.7.1967 (N 1186/131).

75 Arnulf Baring: »War das Heuss?«, in: Frankfurter Hefte, 12/1971, S. 951 f.

76 Johannes Gross: Die Deutschen, Frankfurt 1967, S. 84, 90.

77 Tagebuchbriefe, S. 358 (25.10.1958).

78 Mehrere Hinweise darauf bei Reinhard Mehring: Carl Schmitt. Aufstieg und Fall. Eine Biographie, München 2009. Auf dem Foto dort auf S. 575 von dem kleinen Kreis der Getreuen, der sich um Schmitt noch zu dessen 95. Geburtstag 1983 sammelt, steht Gross neben Schmitt.

79 Gross: Die Deutschen, S. 89.

80 Toni Stolper an die Familie Heuss, 22.8.1949 (FA).

81 Max Stolper an Verf., 6.5.2013.

82 Heuss an Reinhold Maier, 16.5.1955 (B 122/2065).

83 Heuss an Hans Herwarth, 8.6.1955 (N 1186/121).

84 Selbst mein Onkel Rennig Radkau, damals Propst in Blankenburg (DDR) und erbitterter Gegner der SED-Diktatur, versicherte mir, als ich ihn zu jener Zeit besuchte, die Grenzabriegelung sei unvermeidlich gewesen. Kurz davor hatte er sich darüber empört, dass ein Arzt aus seiner Gemeinde in den Westen gegangen war und seine Patienten im Stich gelassen hatte.

85 Vgl. das Vorwort zu Toni Stolper: Ein Leben in Brennpunkten unserer Zeit – Wien, Berlin, New York. Gustav Stolper 1888–1947, Tübingen 1960.

86 Heuss an Toni Stolper, 23.11.1959 (N 1186/125).

87 Sogar DER SPIEGEL schrieb in seiner Ausgabe vom 11.2.1959 (S. 46) über die USA: »In keiner Weise … ist die seit zwanzig Jahren bestehende jüdische Vorherrschaft in der öffentlichen Meinungsmache bedroht. Auf verwandten Sektoren teilen Emigranten verschiedenster Art … die Skepsis gegenüber den Deutschen und lassen ihr Ressentiment in ihre Vorstellungen einfließen: sei es eine historische Universitäts-Vorlesung oder eine Nachtclub-Show …« Meine eigenen Erfahrungen zehn Jahre darauf mit USA-Emigranten bestätigten eine derartige Pauschalaussage in keiner Weise.

88 Max Stolper an Verf. (26.5.2013) über seine Mutter: »Our family was one in which economics was discussed over the dinner table, but she never had anything to contribute to these discussions.«

89 Heuss an Toni Stolper, 16.1. und 3.2.1959 (ebd.). Vgl. Wolfgang F. Stolper (Gustav Stolpers Sohn aus erster Ehe): Joseph A. Schumpeter. The Public Life of a Private Man, Princeton 1994.

90 Vgl. einen langen undatierten Heuss-Brief an Erhard (B 122/2058): »Wir sind uns, denke ich, darüber einig, dass die von öffentlicher Ordnung oder Anordnung … ›freie‹ Wirtschaft ausschließlich in älteren, in veralteten Lehrbüchern der Nationalökonomie vorhanden ist.« Der dort unterstellte abstrakte »homo oeconomicus« gehöre, sobald er mit den realen Menschen verwechselt werde, zu den »Fehlerquellen« der Ökonomie. Ob Erhard sich mit Heuss darin tatsächlich »einig« war, ist fraglich.

Werner Abelshauser vertritt die Auffassung, Erhard habe die Ursachen des »Wirtschaftswunders« selber nicht verstanden, das eben nicht dem puren *Laissez-faire*, sondern auch den korporativen Elementen der »Deutschland-AG« zu verdanken sei.

91 Dass., 2.11.1957 (N 1186/123).

92 Wenn man die fast 1000 Seiten starke Erhard-Biographie von Volker Hentschel (1996) liest, die in bemerkenswertem Maße jegliche Hagiographie vermeidet, ist man sogar geneigt, Adenauer in diesem Punkt recht zu geben!

93 Adenauer – Heuss: Unter vier Augen, S. 292.

94 Tagebuchbriefe, S. 401 f. (28.2.1959).

95 Ebd., S. 410 (21.3.1959).

96 Jutta Rosenkranz: Mascha Kaleko, München 2007, S. 129: »Zwar betonte Heuss, dies sei nicht antisemitisch gemeint, doch die Empörung war groß, auch bei denen, die Max Brod nicht mochten.«

97 Heuss an Rudolf Alexander Schröder, 21.2.1956 (N 1221/332): Er könne Heines »Buch der Lieder« »kaum ertragen«. Dabei war diejenige jugendliche »Krachmacherei«, auf die noch der alte Heuss besonders stolz war, seine Attacke auf das diffamierende Heine-Buch des völkischen Schriftstellers Adolf Bartels! (Heuss: Erinnerungen, S. 18; = Die Hilfe, 12. Jg., Nr. 36 vom 9.9.1906, S. 1 f. »Auch ein Heinebiograph«) Hat er Heine vor allem dessen »Schwabenspiegel« verübelt? Am 22.2.1956 schrieb er an Toni Stolper (N 1186/122), es sei »doch gut, dass es Heinrich Heine und seinen Schüler Wilhelm Busch gegeben hat«. Jetzt auf einmal Wilhelm Busch als Schüler Heines!

98 Tagebuchbriefe, S. 108 (4.12.1955).

99 Wie ich selber bei meinen Recherchen 1967–70 für meine Dissertation über die deutsche Emigration in die USA 1933–45 und meine nachfolgende Zusammenarbeit mit dem 1933 emigrierten George W.F. Hallgarten erlebte, war unter deutschjüdischen Emigranten in den USA die Meinung verbreitet, dass die Zionisten in Palästina Chancen einer Verständigung mit der dort ansässigen Bevölkerung verscherzt hätten. Dieser Auffassung waren selbst solche deutschen Juden, die nach Palästina emigriert waren. In Haifa gründete Arnold Zweig mit anderen deutschen Emigranten 1942 die Wochenschrift »Orient«, die sich für eine Politik der Verständigung gegenüber den Palästinensern einsetzte. Aber schon nach einem Jahr sah sie sich gezwungen, ihr Erscheinen einzustellen; wie der Mitherausgeber Wolfgang Yourgrau 1947 klagte: »Man boykottierte uns, schrieb gegen uns und entfaltete sehr rasch eine wüste Hetze.« (Exil-Literatur 1933–1945, Ausstellungskatalog der Deutschen Bibliothek, 3. Aufl. Frankfurt 1967, S. 303).

100 »Ach, meine lieben Juden!«, seufzte Heuss gegenüber Toni Stolper am 22.7.1959 mit Blick auf seinen bevorstehenden Abschied vom Amt. Vor allem durch sie drohe sein Stuttgarter »Häusle« zum »Wallfahrtsort« zu werden. (N 1186/125)

101 Im April 1959 gebrauchte Heuss den Begriff »Chuzpe« in einem Fernsehinterview. »Erste Folge, begeisterter (sogar telegrafischer) Dank von Juden für dies Wort ...« (Tagebuchbriefe, S. 418, 6.4.1959).

102 Heuss an Toni Stolper, 29.3.1960 (N 1186/125).

103 Das Thema verdiente eine eigene Studie. Manche Gedankenanstöße dazu gibt das bekannte Buch von Salcia Landmann: Jüdische Witze, ursprünglich Freiburg 1962: Der typische jüdische Witz als Produkt einer geistigen Überlegenheit bei fehlen-

der Macht – Heuss' Situation gegenüber Adenauer. Zudem Produkt eines Daseins, das ständig Vorschriften unterworfen ist und dadurch dem Präsidentendasein ähnelte. »Unsere Satirekultur wäre ohne den jüdischen Humor kaum denkbar. Wer über 600 religiöse Vorschriften befolgen will, braucht den Humor zum Überleben.« Jürgen Becker: »Was darf Satire nicht?«, in: Spaß beiseite. Humor und Politik in Deutschland (Begleitbuch zur Ausstellung), Leipzig 2010, S. 137.

104 Davon zeugt ein langer Brief von ihr aus dem Jahr 1946, der in einer Zeitung abgedruckt wurde; ich fand den Text ohne weitere Angaben im Basler Familienarchiv.

105 In der Anmerkung 322.3 auf S. 587 der Tagebuchbriefe wird Hanne lediglich als »gestorben« bezeichnet. In einem Brief an Pikart vom 18.5.1967 (N 1186/131) zeigt sich Toni Stolper gespalten: Eigentlich gehörte die »Tragödie von Hanne Heuss« hinein, um »die ganze Lebensstimmung des Schreibers in dieser Zeit verständlich« zu machen; andererseits berühre sie Dinge »intimster Art, so dass man »gründlich überlegen« müsse, wieweit man sie an die Öffentlichkeit bringen dürfe. Da ließ Pikart die Vorgänge um Hanne lieber ganz heraus.

106 Der Briefwechsel zwischen Hanne Heuss und Toni Stolper ist im Basler Familienarchiv aufbewahrt.

107 Heuss an Toni Stolper, 23.1.1958 (N 1186/124).

108 Dass., 4.4.1958 (ebd.).

109 Dass., 18.4.1958 (ebd.).

110 In einem Brief vom 14.10.1957 an Toni Stolper gesteht Hanne Heuss, am liebsten würde sie »für immer« aus dieser Welt gehen. Als Grund nennt sie die Entfremdung zwischen ihr und ihrem Ehemann; aber sie sucht den Ursprung ihrer Verzweiflung auch in sich selbst: »Helfen kann mir niemand. Der einzige, der mir beistehen könnte und würde, wäre mein Vater.« Mit dem »Vater« ist in anderen ihrer Briefe der Schwiegervater Heuss gemeint; hier jedoch denkt sie an ihren eigenen Vater, der unter dem NS-Regime hingerichtet wurde. Am 29.8.1953 hatte sie noch an Toni geschrieben: »Ich wünsche mir so oft, so sehnsüchtig dies eine: Toni, komme wieder! Es wäre dann alles wieder gut …« Man ahnt, dass Ernst Ludwig Heuss nicht zuletzt auch zur Rettung seiner Ehe ersehnt hätte, wenn Toni Stolper gleich nach Ellys Tod an deren Stelle getreten wäre! Die Schilderung des sich hier abzeichnenden menschlichen Dramas sprengt jedoch den Rahmen einer Heuss-Biographie.

111 Hanne Heuss an Toni Stolper, 29.8.1953 (FA): »Wenn auch der Vater im Vorwort schreibt, dass keine ›Überarbeitung‹ erfolgte, so darf ich doch sagen, dass das Endergebnis vom Urmanuskript recht verschieden ist und manche Abänderung dem eigenwilligen Autoren abgerungen werden konnte.« Toni machte ihr dafür ein dickes Kompliment (3.10.1953, FA): Sie habe die »Vorspiele« »gleich durchgenossen«. »Habe dabei auch eifrig an Dich gedacht, liebe Redakteurin Hanne. Es ist ein prächtiges, kerniges Buch, der Reichtum der Zeit und der Persönlichkeit durchdringen sich mit Anmut.« Bei der Lektüre sei ihr zu Bewusstsein gekommen, dass es für sie selbst »eine so friedenssichere Periode der überreichen Möglichkeiten«, wie sich jene *Belle Epoque* vor 1914 für Heuss darstellte, »nicht mehr gegeben« habe. Das Durchleben dieser »Vorspiele« wurde für Toni Stolper das Vorspiel ihrer eigenen Liebesbeziehung zu Heuss!

112 Christiane Ludwig-Körner: Wiederentdeckt – Psychoanalytikerinnen in Berlin, Gießen 1999, S. 249–267.

113 Vgl. einen ersten Bericht über seine künftige Schwiegertochter in einem Brief an Toni (27.3.1959; Tagebuchbriefe, S. 413): »Die U. wird Dir ausgezeichnet gefallen. Man kann (sich) mit ihr über Wölfflin (den sie für Mitschüler im Kunstunterricht z.T. ins Kroatische übersetzte!) … und serbo-kroatische Volksmusik unterhalten. Ein facettenreiches Leben – zunächst einziges, dazu deutsches Mädchen in einem humanistischen Gymnasium, Abenteuer nach der Nazi-Invasion.«
114 So in Gesprächen mit dem Verf. 2006 und 2008.
115 Eberhard Pikart an Toni Stolper, 12.1.1968 (N 1186/132).
116 Darauf deutet beispielsweise die Bemerkung gegenüber Toni nach seinem »Zornesbrief« an Adenauer hin: »Es mag sein, dass Du meinen Brief an Ad(enauer) zu schroff findest …« Tagebuchbriefe, S. 422 (11.4.1959).
117 Heuss an Toni Stolper, 13.3.1958 (N 1186/124).
118 Tagebuchbriefe, S. 510 (7.3.1963).
119 Ebd., S. 440 (6.6.1959).
120 Gross: Die Deutschen, S. 91.
121 Tagebuchbriefe, S. 315 (7.3.1958).
122 Ebd., S. 359 (29.10.1958). Das Gesprächsprotokoll in der Rhöndorfer Adenauer-Ausgabe (Unter vier Augen, S. 285) stammt von Bleek und ist bei diesem Thema kürzer gehalten (BK: »Das ist keine Verlegenheitslösung, sondern geradezu ein gefundenes Fressen«).
123 Tagebuchbriefe, S. 398.
124 Toni Stolper an Ernst Ludwig Heuss, 3.1.1959 (FA).
125 Tagebuchbriefe, S. 388 (18.1.1959).
126 Heuss/Adenauer: Unserem Vaterlande zugute, S. 312.
127 Ebd., S. 310.
128 Schwarz: Adenauer, Bd. 2, S. 507.
129 Tagebuchbriefe, S. 387 (15.1.1959).
130 Vgl. ebd., S. 442 (13. und 17.6.1959).
131 Ernst Ludwig Heuss an Toni Stolper, 13.5.1959 (FA).
132 Carlo Schmid: Erinnerungen, Bern 1979, S. 667.
133 Moritz Pfeil (= Rudolf Augstein): »Was bei uns möglich ist«, in: DER SPIEGEL, 11.3.1959, S. 14.
134 Tagebuchbriefe, S. 405.
135 Tagebuchbriefe, S. 442 (13.6.1959).
136 Ebd., S. 440 (6.6.1959).
137 Ebd., S. 415 (1.4.1959). Ebd., S. 423 (11.4.1959): Adenauer habe seine Kandidatur verkündet, »nachdem die CDU 29 Namen zerredet hat (Bleek hat das addiert) …«.
138 Tagebuchbriefe, S. 452 (12.7.1959).
139 Heuss an Toni Stolper, 12.12.1959 (N 1186/125). Als Lübke noch vor Veröffentlichung der »Tagebuchbriefe« zurücktrat, schrieb Pikart an Toni Stolper: »vielleicht können wir jetzt sogar daran gehen, einige der Briefstellen über Lübke, die wir bislang nicht in den Text übernehmen wollten, doch hineinzunehmen.« (7.3.1969, N 1186/133). Aber *diese* Passage wagte er dann doch nicht aufzunehmen.
140 Heuss an Toni Stolper, 7.3.1961 (N 1186/126). Bleek, der zunächst auch unter Lübke Chef des Präsidialamts blieb, klagte Heuss am 30.4.1960, ihn koste es »ein unvorstellbares Opfer an Zeit und Kraft«, die »unfrohe Stimmung« der Mitarbeiter

»nicht allzu sehr hochkommen zu lassen«. Rudolf Morsey: Heinrich Lübke. Eine politische Biographie, Paderborn 1996, S. 307.

141 Adenauer: Erinnerungen 1953–1955, S. 538 ff.

142 Das erkannte selbst Adenauers Pressechef Felix v. Eckardt an, während CDU-Kreise kurz darauf die Bedeutung der Intervention Carlo Schmids in Moskau herunterzuspielen suchten; dazu Petra Weber: Carlo Schmid, München 1996, S. 545.

143 Martin Greschat: Protestantismus im Kalten Krieg. Kirche, Politik und Gesellschaft im geteilten Deutschland 1945–1963, Paderborn 2010, S. 287: Niemöller selbst behauptete in der Folge, die Presse habe ihn falsch zitiert; dies wird jedoch durch eine Tonbandaufzeichnung dieser seiner Ansprache vom 25.1.1959 widerlegt.

144 Tagebuchbriefe, S. 422, 424, 426, 428 (10., 14., 21., 25.4.1959). Während Heuss bei seinem »Krach« mit Niemöller des Beifalls der Freundin gewiss sein konnte, kann man den Eindruck gewinnen, dass er sie mit seinem »Krach« mit dem Kanzler manchmal foppte, da er sich ja darüber ärgerte, wie sie den Adenauer-Schwärmer Edgar Alexander unter ihre Fittiche nahm. Noch vier Jahre nach seinem Tod konnte oder wollte sie sich nicht daran erinnern, dass Heuss der Veröffentlichung seiner »Händelbriefe« mit Adenauer zugestimmt habe, während der FDP-Politiker William Born das Gegenteil behauptete: so DER SPIEGEL, 29/1967, S. 23.

145 Heuss an Karl Theodor Bleek, 12.4.1959 (N 1221/354).

146 Tagebuchbriefe, S. 442 (13.6.1959).

147 Erik Lommatzsch: Hans Globke (1898–1973). Beamter im Dritten Reich und Staatssekretär Adenauers, Frankfurt 2009, S. 293 f.

148 Ebd., S. 428 (25.4.1959).

149 Aufzeichnung von Erich Welter vom 3.8.1959 (N 1314/314).

150 Vgl. Tagebuchbriefe, S. 459 (31.7.1959): »Adenauer hat sich nun doch ein Herz genommen und sich für nächsten Dienstag angesagt – es sind 2 Monate her, seit er mich ge- und enttäuscht hat.« Aber eine Woche darauf (ebd. S. 461): »Heute Abend war Adenauer bewundernswert unbefangen bei mir …«

151 Adenauer: Erinnerungen 1955–1959, S. 513.

152 Tagebuchbriefe, S. 420 ff. (7.4.1959).

153 Lommatzsch: Hans Globke, S. 285, 397 f.

154 Schwarz: Adenauer, Bd. 2, S. 502 ff.

155 Adenauer: Erinnerungen 1955–1959, S. 515.

156 Tagebuchbriefe, S. 423 (14.4.1959).

157 Heuss/Adenauer: Unserem Vaterlande zugute, S. 327 (14.4.1959).

158 Ebd., S. 314–322.

159 Ebd., S. 326 (13.4.1959).

160 Tagebuchbriefe, S. 422 (11.4.1959).

161 Heuss/Adenauer: Unserem Vaterlande zugute, S. 328 (14.4.1959).

162 Vgl. Tagebuchbriefe, S. 426 (19.4.1959), 428 (25.4.1959).

163 Vgl. Matthias Schreiber: Martin Niemöller, Reinbek 1997, S. 81, 85 u.a.

164 Bürgerin zweier Welten, S. 306 (Rundbrief an Freunde, 2.3.1946).

165 Toni Stolper an Ernst Ludwig Heuss, 29. 3. und 8.4.1947 (FA).

166 Schreiber: Martin Niemöller, S. 108 f.

167 Tagebuchbriefe, S. 414 (28.3.1959).

168 Vgl. Greschat: Protestantismus im Kalten Krieg, S. 103.

169 Ebd., S. 82.
170 Von Heuss angefertigte Aufzeichnung über das Gespräch mit Lilje in B 122/298; ich verdanke den Hinweis Hans Peter Mensing.
171 Heuss am 17.3.1959 an Martin Niemöller (B 122/627): »Wie primitiv, ja fast geistig ärmlich ist etwa der Slogan: ›Gegen den Atomtod‹, weil er psychologisch die Wirkung haben soll, ›die andern‹ seien *für* den Atomtod.«
172 Heuss an Martin Niemöller, 23.5.1951 (V, S. 334–338).
173 Heuss an Gerhard Gollwitzer, 13.4.1959 (N 1221/354).
174 Vgl. dass., 27.2.1953 (V, S. 424–426).
175 Tagebuchbriefe, S. 318 (27.3.1958).
176 Ebd., S. 411 (25.3.1959).
177 Martin Niemöller: Ein Lesebuch, hrsg. von Hans Joachim Oeffler u.a., Köln 1987, S. 202.
178 Tagebuchbriefe, S. 407 (15.3.1959).
179 Heuss: Die großen Reden. Der Staatsmann, S. 287 f.
180 Heuss an Martin Niemöller, 17.3.1959 (B 122/627).
181 Heuss an Martin Niemöller, 31.3.1959 (N 1221/353).
182 Tagebuchbriefe, S. 413 f. (27.3.1959).
183 Über ihn vgl. Greschat: Protestantismus im Kalten Krieg, S. 261 u.a.
184 Man kann sich ihre Empörung vorstellen, wenn man liest, dass Niemöller den von ihr hochgeschätzten Präsidenten Truman wegen Hiroshima als den nächst Hitler »größten Massenmörder aller Zeiten« brandmarkte! James Bentley: Martin Niemöller, München 1985, S. 259.
185 Tagebuchbriefe, S. 421 (7.4.1959).
186 Heuss an Helmut Gollwitzer, 30.12.1957 (B 122/2060).
187 Karl Kupisch: Karl Barth, Reinbek 1971, S. 115.
188 Ebd., S. 127, 148.
189 Tagebuchbriefe, S. 456 (22.7.1959).
190 Vgl. Konrad Hammann: Rudolf Bultmann, Tübingen 2009, S. 478: »Heuss reagierte souverän auf diesen perfiden Versuch, die Integrität des von ihm Geehrten (Bultmann) zu desavouieren. … Die angekündigte Protestaktion gegen Bultmann stelle … ›die Ansage eines organisierten Pharisäismus‹ dar, den Heuss ›schlicht gesprochen einfach verächtlich‹ fand.« Ich verdanke diesen Hinweis Rudolf Fischer.
191 Vgl. als ein Beispiel dafür Daniel Cornu: Karl Barth und die Politik. Widerspruch und Freiheit, Wuppertal 1969, S. 162 f.
192 Tagebuchbriefe, S. 425 (16.4.1959).
193 Heuss an F. Siegmund-Schultze, 17.4.1959 (N 1221/578).
194 Hans Saner: Karl Barth, Reinbek 1970, S. 148.
195 N 1221/576; Politische Verantwortung, 2. Jg., November/Dezember 1958.
196 Heuss an Johannes Rau, 17.12.1958 (B 122/605).
197 Joachim Radkau: Max Weber, S. 851.
198 Karl Jaspers: Die Atombombe und die Zukunft des Menschen. Politisches Bewusstsein in unserer Zeit, 7. Aufl. München 1983 (urspr. 1958), S. 228 f.; dazu Ilona Stölken-Fitschen: Atombombe und Geistesgeschichte. Eine Studie der fünfziger Jahre aus deutscher Sicht, Baden-Baden 1995, S. 260.
199 Heuss an Toni Stolper, 9.1.1959 (N 1186/125). Einen Studentenpfarrer, der Heuss

vorwirft, durch sein Verhalten die Preisverleihung an Barth hintertrieben zu haben, fertigt Heuss in ungewöhnlich schroffer Form ab und erklärt, Barths Brief an einen Pfarrer in der DDR habe ihn selbst vollends darin bestärkt, dass er bei keiner Preisverleihung an Barth zugegen sein könne; und wieder spricht er von Barths »Pharisäismus« (Heuss an Paul Gerhard Küpper, 30.1.1959, B 122/605). Der Pfarrer, der von diesem Bundespräsidenten eine derartige Schärfe offenbar nicht erwartet hat, antwortet am 6.2.1959: »Ich finde die Tiefe des Grabens einfach erschreckend.«

200 Cornu: Karl Barth und die Politik, S. 148 ff.

201 Bentley: Martin Niemöller, S. 173.

202 Martin Niemöller: Vom U-Boot zur Kanzel, Berlin 1934, S. 57 f.

203 George W.F. Hallgarten, der in den späten 1960er Jahren, als ich ihn kennenlernte, an seinem Buch über das Wettrüsten arbeitete, hatte als ehemaliger G.I. testamentarisch verfügt, nach seinem Tod solle seine Asche aus einem Flugzeug der Air Force über dem Atlantik verstreut werden; und doch bezeichnete er mir gegenüber den »atomaren Imperialismus der USA« als das »apokalyptische Untier« und die größte Gefahr für die Menschheit. Dabei hegte er keinerlei Sympathie für die Sowjetunion. Joachim Radkau: »Der Historiker, die Erinnerung und das Exil. Hallgartens Odyssee und Kuczynskis Prädestination«, in: Exilforschung. Ein internationales Jahrbuch, Bd. 2, München 1984, S. 94 f.

204 Heuss an Albert Schweitzer, 2.8.1958 (N 1221/201).

205 Tagebuchbriefe, S. 529; Heuss an Ernst Jünger, 23.11.1951 (V, S. 291).

206 So auch in einem Bericht des SPIEGEL, 12/1959, S. 67.

207 Vgl. Heuss an Albert Schweitzer, 12.3.1959 (N 1221/201): »Die Problematik, dass die sogenannten nuklearen Waffen irgendwo in die Hand von Leuten kommen, die damit einfach einmal ein Geschichtsexperiment machen, ist natürlich groß genug, und ich glaube, dass man das in Moskau, in London und in Washington in gleicher Weise spürt.«

208 Heuss an Toni Stolper, 22.3.1959 (N 1186/125): »So verbiestert sind jetzt hier manche Leute wegen dem ›Atomtod‹ – als ob jemand *für* diesen sei.« Heuss an Ernst Ludwig Heuss, 11.3.1959 (FA): Die Nachricht, dass Gollwitzer meine, eine Trauung durch ihn könne Heuss wegen der politischen Differenz »peinlich« sein, habe ihn selbst »fast erschreckt, denn ich besinne mich, ob, wie und wann ich auf Gollwitzer einen so subalternen Eindruck habe machen können«.

209 Bentley: Martin Niemöller, S. 259.

210 Darauf weist Heuss Albert Schweitzer in einem Brief vom 2.8.1958 (N 1221/201) hin, mit dem Zusatz, dass er Weizsäcker »nach verschiedenen persönlichen Begegnungen für sehr bedeutend halte«.

211 Tagebuchbriefe, S. 353 (17.10.1958).

212 Ebd., S. 232 (2.1.1957).

213 Ebd., S. 405 (8.3.1959).

214 Es ist merkwürdig, aber bezeichend, dass in der stark aus Gesprächen mit Niemöller hervorgegangenen Niemöller-Biographie von James Bentley Albert Schweitzer nicht ein einziges Mal und selbst Helmut Gollwitzer nur einmal nebenbei vorkommen: Beide gehörten einer anderen Welt an, auch wenn sie im Kampf gegen die Atomrüstung zusammenstanden.

215 Vgl. Heuss an Toni Stolper, 5.12.1955 (N 1186/121), wobei man zwischen den Zei-

len erkennt, dass die Freundin Schweitzer kritischer sieht:« A. S. ist eminent gescheit, das haben wir neulich gespürt, aber auch ungeheuer einfach. … Er redet von den Leuten mit Humor. Du hast schon recht: es ist etwas Kindliches, oder besser Kindhaftes an ihm. Dabei seltsam: das großartig Direkte und eine technische Bauernschläue, die ihm selber … heimlich Spaß macht.«

216 So war Gollwitzer in einem Schreiben an Heuss zwar auf die Aufforderung des Theologen Hermann Diem an den Bundespräsidenten, das Gesetz über die atomare Bewaffnung der Bundeswehr nicht zu unterzeichnen, zu sprechen gekommen, hatte jedoch dazu bemerkt, dass er von Heuss eine Antwort auf sein Schreiben nicht erwarte. Vgl. Heuss an Helmut Gollwitzer, 28.4.1958 (B 122/2060).

217 Nils Ole Oermann: Albert Schweitzer, München 2009, S. 172.

218 Heuss an Anna Paulsen (die sowohl ein Buch über Elly wie auch eines über Kierkegaard verfasste!), 13.8.1958 (B 122/597).

219 Tagebuchbriefe, S. 227 f. (20.12.1956).

220 Ebd., S. 228 (20.12.1956); auch S. 497 f. (18.9.1961), als die DFU (Deutsche Friedens-Union), die von der DDR unterstützt wurde, mit Schweitzer warb (»Armer Alb. Schweitzer … Man soll im Urwald keine ›Bekenntnispolitik‹ treiben, sondern, wenn man schon M. Weber gelesen hat, ›Verantwortungspolitik‹).

221 Vgl. Heuss an Toni Stolper, 29.5.1958 (Tagebuchbriefe, S. 333): »elf handschriftliche Seiten von Albert Schweitzer über das medizinisch-biologische Problem der Radio-Aktivität der Luft! Und dies ohne die Anmaßung deutscher Theologen geschrieben.«

222 Heuss an Albert Schweitzer, 2.8.1958 (N 1221/201).

223 Vgl. Stölken-Fitschen: Atombombe und Geistesgeschichte, S. 316.

224 Joachim Bodamer: »Der entpersönlichte Eros«, in: Reinhard Demoll (Hrsg.): Im Schatten der Technik, München 1960, S. 188.

225 Um 1960 in einem Bielefelder Gymnasium; damals war ich unter den Zuhörern und war stolz darauf, dem berühmten Mann in der Diskussion so kräftig kontra zu geben, dass mir das ein Lob von unserem ebenfalls anwesenden Schulsprecher einbrachte!

226 Sieckmeyer/Füßmann: Theodor Heuss – Der Zeichner, S. 118.

227 Heuss an Toni Stolper, 16.9.1957 (Tagebuchbriefe, S. 259): »Die Nazi-Erben, Deutsche Reichspartei und ›Deutsche Gemeinschaft‹, erneut vernichtende Niederlage, um 1%, unter 1% – für uns nicht überraschend.«

228 Vgl. Heuss an Toni Stolper am 7.6.1959 über Kiesinger (Tagebuchbriefe, S. 441): »ein Mann mit geistiger und rednerischer Qualität«.

229 Toni Stolper an Eberhard Pikart, 8.12.1966 (N 1186/131).

230 Theodor W. Adorno an Heuss, 8.4.1958 (N 1221/106).

231 Heuss an Franz Josef Strauß, 25.2.1958 (N 1221/345).

232 Theodor Heuss: Politik durch Kultur, S. 130 (Heuss an Wilhelm Heile, 12.1.1953).

233 Vgl. Alexander Goller: Elly Heuss-Knapp. Gründerin des Müttergenesungswerkes. Eine Biographie, Wien 2012, S. 176–189.

234 Elly Heuss-Knapp zum Gedächtnis, Nürnberg 1952, S. 40.

235 Staatsbibliothek Berlin, Nachlass Boveri 26/6 (August 1963).

236 Heuss an Toni Stolper: »Ich werde auch nicht Mitarbeiter von Schülerzeitungen; ich bin in dieser Branche sehr begehrt.«

237 Heuss: Reden an die Jugend, Tübingen 1956.

238 Heuss an Jürgen Tern, der in der »Frankfurter Allgemeinen Zeitung« vom 9.4.1958 einen Artikel »Volksbefragung« veröffentlicht hatte; 11.4.1958 (B 122/597).

239 Radkau: Die deutsche Emigration in den USA, S. 276, 278 f., 280, 286 f.

240 Vgl. William S. Schlamm: Die Grenzen des Wunders. Ein Bericht über Deutschland, Zürich 1959, S. 207 ff., S. 231 ff.

241 Deutschland. Ein Hausbuch, Gütersloh 1964, S. 35.

242 Hans-Peter Schwarz: Axel Springer, Berlin 2008, S. 177, dort ohne Datum; die Zeitangabe geht aus V, S. 514 Fn., hervor.

243 Tagebuchbriefe, S. 131 (12.1.1956).

244 Ebd., S. 88 (1.11.1955). Dabei ist zu bedenken, dass Springer seine Redakteure auf Versöhnung mit Israel und den Juden eingeschworen hatte; schon von daher war er für Heuss kein neuer Hugenberg!

245 Heuss an Rudolf Augstein, 11.7.1958 (B 122/600).

246 Tagebuchbriefe, S. 304 (26.1.1958).

247 Kabinettsprotokolle 1958, S. 96 f. (22.1.1958).

248 Frankfurter Allgemeine Zeitung, 30.9.1957; ähnlich Hans Bott in seiner Einleitung zu Heuss: Würdigungen, S. 8, über die »Zwiesprache, die Theodor Heuss immer führt«. Ob den Bundespräsidenten dabei anwesende Medien wirklich so störten, wie Bott in dem Zusammenhang behauptet, mag man allerdings bezweifeln. Am 29.10.1962 bemerkte Heuss mit Befriedigung gegenüber Toni Stolper (N 1186/127), dass »es sich herumgesprochen« habe, »was für ein Snob ich gegenüber Rundfunk und Fernsehen bin« – er wusste nicht einmal oder wollte nicht wissen, wie er das eigene Fernsehgerät anstellte, und hatte es längst nicht mehr nötig, den Medienleuten nachzulaufen!

249 Heuss an Toni Stolper, 22.9.1961 (N 1186/126).

250 Dass., 22.9.1961 (ebd.).

251 Becker: Theodor Heuss, S. 174.

252 Morsey: Heinrich Lübke, S. 386 ff. Wenn Heuss an Toni Stolper über einen Auftritt seines Nachfolgers schreibt: »Lübke hielt sich an sein Manuskript« (10.9.1962, Tagebuchbriefe, S. 505), spürt man zwischen den Zeilen ein »Gott sei Dank!«.

253 So ließ er einem Emigranten, der ihn um ein Gutachten zur Erlangung einer akademischen Position in der Bundesrepublik bat, über Bott übermitteln. Hans Bott an Harald Landry (London), 26.6.1957 (B 122/865). Die Formulierung stammt unverkennbar von Heuss selbst!

254 Heuss an Peter Hankammer, den Vorsitzenden des Heimatvereins Solingen-Gräfrath, 11.6.1955 (N 1221/327).

255 Heuss an Margarita Fürstin zu Hohenlohe-Langenburg, 11.1.1957 (B 122/863).

256 Heuss an Willi Daume, 12.5.1955 (N 1221/327).

257 Heuss an Willy Dürr, 10.1.1959 (N 1221/125).

258 Heuss an Gerhard Schröder, 11.4.1959 (B 122/31 271).

259 Heuss an Eugen Gerstenmaier, 3.2.1958 (B 122/48).

260 Wengst: Thomas Dehler, S. 233.

261 Hildegard Hamm-Brücher/Hermann Rudolph: Theodor Heuss. Eine Bildbiographie, Stuttgart 1983, S. 147 f.

262 Jürgen Klammer: »Befreites Lachen: Satire der Nachkriegszeit«, in: Spaß beiseite.

Humor und Politik in Deutschland (Begleitbuch zur Ausstellung), Leipzig 2010, S. 36 f.

263 Tagebuchbriefe, S. 428 (25.4.1959).

264 Heuss an Toni Stolper, 12. 10. und 7.11.1957 (N 1186/123).

265 Dass., 30. 11. und 1.3.1958 (N 1186/124).

266 Dass., 15.12.1957 (N 1186/123).

267 Tagebuchbriefe, S. 442 (17.6.1959).

268 Heuss an Toni Stolper, 15. und 23.11.1962 (N 1186/127).

269 Heuss/Adenauer: Unserem Vaterlande zugute, S. 364, 543.

270 »Das Problem der politischen Emigration«, in Dahrendorf/Vogt (Hrsg.): Theodor Heuss, S. 526 ff.

271 Ein besonders ausführlicher Artikel in der »Schwäbischen Zeitung« vom 24.4.1961: »Heuss: ›Protest gegen verhängnisvollen politischen Stil‹«.

272 Tagebuchbriefe, S. 496 (26.4.1961).

273 Heuss an Toni Stolper, 24.4.1961 (N 1186/126).

274 Tagebuchbriefe, S. 502 (26.2.1962).

275 Ebd., S. 228 (20.12.1956).

276 Tagebuchbriefe, S. 466 f.

277 Ebd., S. 468 (24.1.1960).

278 Heuss: Staat und Volk im Werden. Reden in und über Israel, München 1960, S. 71.

279 Ebd., S. 34.

280 Heuss an Toni Stolper, 2.12.1955 (VII, S. 191).

281 Vgl. Suzanne L. Marchand: German Orientalism in the Age of Empire. Religion, Race, and Scholarship, Cambridge 2009. Die Verfasserin nimmt die deutsche »Orient«-Rezeption (wobei »Orient« die islamische Welt und Indien umfasst) dezidiert gegen den »Orientalismus«-Vorwurf Edward Saids in Schutz, für den die »Orient«-Vorstellung ein Ausdruck westlicher kultureller Arroganz ist.

282 Vgl. Adenauer: Erinnerungen 1955–1959, S. 195.

283 Heuss/Adenauer: Unserem Vaterlande zugute, S. 352 f. (12. und 16.8.1960).

284 Heuss an Eugen Gerstenmaier, 17.10.1960 (N 1221/66).

285 Tagebuchbriefe, S. 367 (16.11.1958); vgl. auch nach dem Besuch sein ausführlicher Bericht darüber an Wilhelm Günther v. Heyden, den Bonner Botschafter in New Delhi (26.11.1958, B 122/501), der – für einen Heuss nach einem solchen Besuch ungewöhnlich – keinen einzigen Anflug eines Gedankens enthält!

286 Gustav Gründgens an Heuss, 14.10.1958 (N 1221/139).

287 Kritisch darüber Agehanandra Bharati: The Tantric Tradition, Bombay 1965, S. 20 u.a.

288 Heuss an Toni Stolper, 11.12.1960 (N 1186/126).

289 Heuss/Adenauer: Unserem Vaterlande zugute, S. 360 (13.11.1960).

290 Heuss an Toni Stolper, 15.4.1959 (N 1186/125) und 3.1.1960 (N 1186/133).

291 Radkau: Max Weber, S. 469.

292 Martin Kämpchen: Rabindranath Tagore, Reinbek 1992, S. 138.

293 Heuss an Toni Stolper, 16.8.1960 (N 1186/125).

294 Heuss: Vor der Bücherwand, S. 264.

295 Stuttgarter Nachrichten, 5.11.1960 (»Heuss über deutschen und indischen Geist –

Rede bei der Verleihung der Ehrendoktorwürde in Neu-Delhi«). Wer viele Heuss-Reden gelesen hat, findet hier eher bemerkenswert, wie wenig ihm zu dem Thema »Deutsch-indische Geistesbeziehungen« einfällt!

296 Staatsbibliothek Berlin, Nachlass Boveri 782 (12.11.1960).

297 Heuss/Adenauer: Unserem Vaterlande zugute, S. 381 (1.2.1963).

298 Heuss an Toni Stolper, 7.8.1960 (N 1186/125).

299 In seinem Heuss-Titel anlässlich der Wahl seines Nachfolgers Lübke stellte DER SPIEGEL (27/1959, S. 42) fest: »Nicht umsonst haben Staatsrechtler wie der verstorbene Hermann von Mangoldt und der Münchener Professor Nawiasky in ihren Kommentaren zum Bonner Grundgesetz Mühe gehabt, die staatsrechtliche Figur des Bundespräsidenten überhaupt zu umreißen.« Heuss habe jedoch aus diesem Dilemma »das Optimum« gemacht (S. 43).

300 Heuss: Schattenbeschwörung, S. 68 f.

301 Mündl. Mitteilung von Hanna Frielinghaus-Heuss an Verf., 29.4.2006.

302 Dagegen im Register von Rudolf Morseys großer Lübke-Biographie kommt Albert Schweitzer nicht ein einziges Mal vor, obwohl gerade die Hilfe für Afrika ein Herzensanliegen dieses Bundespräsidenten war!

303 Tagebuchbriefe, S. 468 (24.1.1960). Dass Heuss den stellvertretenden Präsidialamtschef Albert Einsiedler dafür bedauerte, dass er »die ›Entwicklung Afrikas‹ vorzubereiten hat, ein Hobby von L(übke)« (Heuss an Toni Stolper, 15.2.1962, N 1186/127), blieb unveröffentlicht.

304 Heuss an Gerd Mohn, 8.4.1963 (N 1221/442).

305 Tagebuchbriefe, S. 322 (7.4.1958).

306 Heuss an Toni Stolper, 22.10.1962 (N 1186/127).

307 Chang/Halliday: Mao, S. 612.

308 Sebastian Ullrich glaubt das Gegenteil feststellen zu können: »Seine Antwort war eindeutig: Man müsse die Weimarer Republik zwar gegenüber ihren Kritikern verteidigen, ein Zurück zu den Zuständen vor 1933 gebe es jedoch nicht.« (Ders.: Der Weimar-Komplex. Das Scheitern der ersten deutschen Demokratie und die politische Kultur der frühen Bundesrepublik, Göttingen 2009, S. 200) Natürlich gab es das nicht; aber diese Bilanz verweist doch auf ein typisch Heuss'sches Schwanken!

309 Heuss: Erinnerungen, S. 97.

310 Ullrich: Der Weimar-Komplex, S. 491.

311 Vgl. Tagebuchbriefe, S. 475, 481 (8. 3. und 28.10.1960).

312 Tagebuchbriefe, S. 498 (18.9.1961).

313 Heuss: Politik durch Kultur, S. 180. Dirk Mende, der Mitgestalter jener Ausstellung von 1984/85, wies mich darauf hin, dass diese Heuss'schen Anweisungen das angemessene Finale seien.

314 Vgl. Becker: Theodor Heuss, S. 175. Ernst Wolfgang Becker kündigte mir an: Wenn auch ich eine neue Heuss-Hagiographie schriebe, werde er mein erster Kritiker sein. Heuss habe etwas Besseres verdient. Heuss selbst bemerkte kurz vor seiner Verabschiedung: Dass er »ein Glücksgriff des Schicksals« für die Deutschen gewesen sei, sei »so oft gesagt und geschrieben worden, dass ich manchmal versucht bin, zu glauben, dass die anderen es wenigstens glauben sollen …« (Welchert: Theodor-Heuss-Lesebuch, S. 14)

Egeria, Sarastro und der Sputnik: Die weibliche Seite der Toni-Theodor-Tagebuchbriefe

1 N 1186/145, Toni Stolper an Heuss, 5.11.1955. In der Folge werde ich nur noch das Datum des jeweiligen Briefes nennen. Die Faszikelnummern im Nachlass Stolper des Bundesarchivs Koblenz (N 1186) folgen dem Jahr: 145 für 1955, 146 für 1956 usw.

2 Die großen Deutschen, Bd. 4, S. 143–155.

3 Ebd., S. 539–548.

4 Tagebuchbriefe, S. 77.

5 Adenauer-Bonmot: »Es ist ja nicht alles jelogen, wat ich den Bürgern sage.«

6 Joachim Radkau: »Ins Freie, ins Licht!«, in: Anders leben. Wilder denken, freier lieben, grüner wohnen: Jugendbewegung und Lebensreform in Deutschland um 1900, Hamburg 2013 (DIE ZEIT, Geschichte 2/2013, S. 16–21).

7 Heuss/Adenauer: Unserem Vaterlande zugute, S. 247 (30.3.1956). Man beachte die Begründung dieses Urteils: »Die Leute leben so unbekümmert in den Tag hinein, dass man staunen muss.« Seinen dortigen Gastgeber von der Heydt fand Adenauer »etwas komisch«, während er selbst auf ihn »den Eindruck eines starken Felsblocks« machte. Eduard von der Heydt/Werner von Rheinbaben: Auf dem Monte Verità. Gedanken und Gespräche, Zürich 1958, S. 159.

8 Tagebuchbriefe, S. 317 (12.3.1958).

9 Heuss, der Polanyi von früher her kennt, fühlt sich an Oswald Spengler erinnert (den er nicht mag) und warnt, dass bei einem solchen gedanklichen Geschichtsbau die Gefahr bestehe, dass man »die Kausalketten unbewusst auf ihn zulaufen lässt«.

10 Henkels: »… gar nicht so pingelig«, S. 52.

11 Am 23.4.1956 (N 1186/146) schreibt sie über Margret Boveri: »Vielleicht treffe ich sie einmal, aber dann muss ich wegen ihres Amerikahasses auf meine Manieren aufpassen.«

12 Vgl. die Briefe vom 22.8.1956 (N 1186/146), 14. und 21.1.1958 (N 1186/148).

13 Ingelore M. Winter: Theodor Heuss, S. 290 f.

14 Über Erika Manns damalige Aktivität in den USA, die die Isolationisten auf den Plan rief und daher auch vom »Aufbau«, der verbreitetsten deutschen Emigrantenzeitschrift, als unvorsichtig kritisiert wurde, vgl. Radkau: Die deutsche Emigration in den USA, S. 89 ff.

15 Tagebuchbriefe, S. 406 (9.3.1959).

16 Ebd., S. 170 (27.4.1956). – Über die Art des Heuss-Bezugs im »Glücklichen Löwen« gibt es in meinem Freundeskreis unterschiedliche Kombinationen: Thomas Gorsboth glaubt, dass Heuss sich in dem Jungen erkennt, der den Löwen in sein Gehege zurückführt und »eine angst- und vorurteilsbesetzte Situation beherzt ›entkrampft‹«; meine Frau Orlinde dagegen meint, dass Heuss sich mit dem Löwen identifiziert, der ganz gern wieder in den Zoo zurückkehrt.

17 Heuss an Toni Stolper, S. 218 (21.11.1956).

18 Tagebuchbriefe, S. 324 (21.4.1958).

19 Ebd., S. 96 (16.11.1955).

20 Heuss: »Wagnis zur schöpferischen Freiheit«, in: Bull. des Presse- und Informationsamtes der Bundesregierung, Nr. 27 (8.2.1958), S. 233–235.

21 Ebd., S. 234.
22 Johan Hendrik Jacob van der Pot: Die Bewertung des technischen Fortschritts. Eine systematische Übersicht der Theorien, Bd. 2, Assen/Maastricht 1985, S. 746 ff.
23 Vgl. Thomas P. Hughes: American Genesis. A Century of Invention and Technological Enthusiasm, New York 1989, S. 445.
24 Tagebuchbriefe, S. 300 (11.1.1958).
25 Leo Szilard: »Reminiscences«, in: Donald Fleming/Berhard Bailyn (Hrsg.): The Intellectual Migration, S. 125 ff., 146 ff.; Friedrich Wagner: Die Wissenschaft und die gefährdete Welt, 2. Aufl. München 1969, S. 479 f.
26 Vgl. Tagebuchbriefe, S. 273 (25.10.1957).
27 Ebd., S. 316 (7.3.1958).
28 Toni Stolper: Gustav Stolper, S. 337 ff.
29 Antony Flint: Wrestling with Moses. How Jane Jacobs Took on New York's Master Builder and Transformed the American City, New York 2009; Joachim Radkau: Die Ära der Ökologie – Eine Weltgeschichte, München 2011, S. 302–308.
30 Tagebuchbriefe, S. 144 (8.2.1956).
31 Heuss an Max Horkheimer, 23.4.1956 (VII, S. 266 f.).
32 Ebd., S. 258 (9.9.1957).
33 Vgl. Toni Stolper an Eberhard Pikart, 28.12.1967 (N 1186/131), als sie ein Wort dafür einlegt, der verarmten »Lotti« Kämpffer aus dem Heuss-Erbe eine Altersrente zu gewähren: »Sie hat ihm wirklich in den üblen Jahren der üblen Gehilfin (die sich als solche erst langsam, und dem Chef nie völlig enthüllte) treue und wesentliche Dienste geleistet.« Sie setzt voraus, dass Pikart weiß, wen sie mit der »üblen Gehilfin« meint, die Heuss »üble Jahre« beschert habe und deren Namen sie nicht nennt. Pikart und sein damaliger Mitarbeiter Dirk Mende vermochten sich mir gegenüber jedoch nicht mehr eindeutig an die Gemeinte zu erinnern. Es kann sich nur um eine mit Bott zusammenhängende Frau handeln, die in ähnlicher Rolle wie »Lotti« Heuss Hilfsdienste leistete.
34 Ebd., S. 161 (22.3.1956).
35 Marianne Weber: Max Weber. Ein Lebensbild (urspr. 1926), Neuausgabe München 1989, S. 201 über die Braut: »Wird ihr nicht der Gattungsdienst ein schweres Opfer sein?«
36 Vgl. Lilo Linkes autobiographischen Roman, in dem Gustav Stolper als »Dr. Berger« vorkommt: Tage der Unrast. Von Berlin ins Exil: ein deutsches Mädchenleben 1914–1933, Bremen 2005 (urspr.: Restless Flags, London 1935), dazu das Nachwort von Karl Holl; über die politisch wie intellektuell produktive Beziehung zwischen Lilo Linke und Gustav Stolper vgl. Sabine Wenhold (die an einer Diss. zu diesem Thema arbeitet): Gustav Stolper: »Mentor of a Young German Democrat«, in: Jürgen G. Backhaus (Hrsg.): The Beginnings of Scholarly Economic Journalism: The Austrian Economist and The German Economist, New York 2012, S. 93 ff.
37 Vgl. ihren Brief vom 21.9.1956 (N 1186/146) über den Fortgang der Arbeit von »Grete« Vater: »Aber vor allem, wie soll diese wunderbare Heuss-Welt in ihrer Reinheit, Kraft, Süße und Fülle ungetrübt eingefangen werden?«
38 Auch Toni Stolper besitzt eine ausgeprägte Sehnsucht nach Ungestörtheit, da kann sie Heuss verstehen – aber wenn sie mit sich allein ist, überkommt sie leicht eine Depression der Vereinsamung; vgl. ihr Brief vom 5.7.1955 (N 1186/145): »Frü-

her, wie sehnte ich mich im Trubel der Woche nach meiner geschützten Klause, in der ich mich selbst finden würde, um dann ein Mal ums andere aus allen meinen Himmeln und Erden plötzlich ins Chaos der Einsamkeit zu versinken, hilflos flatternd ...«

39 Begegnungen mit Theodor Heuss, S. 449.

40 Da steht sie unter dem Eindruck eines »ganz prächtigen« Vortrags des Mitemigranten Karl Brandt (Jahrgang 1899), Professor für Wirtschaftspolitik an der Stanford-Universität; zu dessen damaliger Position vgl. seinen noch aus heutiger Sicht scharfsinnigen Beitrag: »Liberale Alternativen für die Politik des Westens gegenüber früheren Kolonialgebieten«, in: Albert Hunold (Hrsg.): Entwicklungsländer – Wahn und Wirklichkeit, Erlenbach-Zürich 1961, S. 83–110. In einem Brief vom 11.4.1959 (N 1186/149) berichtet sie ungewöhnlich ausführlich darüber. Der Ökonom Wolfgang Stolper, Gustav Stolpers Sohn aus erster Ehe, hatte auf das Dilemma der »Übervölkerung« und die »unübersteiglichen Nahrungsgrenzen« hingewiesen. »Aber seine (Brandts) ausgedehnten Studienreisen in Asien (Gespräche mit Nehru) haben ihn durchaus nicht hoffnungslos entlassen – die Probleme werden durchschaut, es wird an ihnen gearbeitet, die krächzenden Raben, so oft und so gründlich blamiert, sollten schweigen. Vor allem warnt er vor dem Aberglauben an Regierungsmaßnahmen gegen Übervölkerung in autokratischen Ländern – sie alle grenzen an Hitlerei.«

41 Tagebuchbriefe, S. 98.

Personenregister

Adenauer, Konrad *11, 14, 16, 19, 78, 85, 107, 111, 147, 150, 175, 196, 212, 251, 254, 256, 258–260, 265–267, 274, 278, 281 f., 286–288, 290, 293, 297, 304, 316 f., 321–324, 326, 331–335, 337–340, 342–344, 350 f., 353–355, 357–360, 364, 368–371, 373, 375–393, 395 f., 398, 400–402, 404–415, 417–420, 423 f., 426, 430, 445 f., 448, 450, 453–464, 472, 475 f., 478, 483, 488 f., 492 f., 495–498, 504, 506–512, 514, 518, 520, 522 f., 526*
Adorno, Theodor W. *371, 374, 407, 481, 485*
Agricola, Rudolf *253, 275*
Alexander, Edgar *375, 388–390, 453, 511 f.*
Andreas, Willy *44, 199, 215, 269, 374*
Andreas-Salomé, Lou *59*
Anshen, Ruth Nanda *391*
Arendt, Hannah *335, 471*
Arndt, Adolf *355*
Arndt, Ernst Moritz *280*
Arnold, Karl *326*
Aron, Raymond *428*
Augstein, Rudolf *457, 484*
Bach, Johann Sebastian *58*
Bakunin, Michael *181*
Balke, Siegfried *370*
Baring, Arnulf *445 f.*
Barth, Karl *215, 469–472, 474–477, 518*
Barth, Theodor *21, 31*
Bauer, Ludwig *22*
Bäuerle, Theodor *25*
Baumeister, Willi *331, 364*
Bäumer, Gertrud *16, 76, 116, 120, 144, 155, 158 f., 162–166, 168–170, 195, 203 f., 213 f., 259*
Bebel, Ferdinand August *65 f., 181 f.*
Becher, Johannes R. *167, 253, 283 f., 332, 346, 412*
Beckmann, Max *373*
Bendixen, Friedrich *152*
Ben-Gurion, David *491*
Benjamin, Walter *100*
Benyowsky, Moritz August von *496*
Berger, Adalbert *253, 275*
Beria, Lawrenti *509*
Bernstein, Eduard *225*
Bethmann Hollweg, Theobald von *73–75, 77 f., 83–90, 96, 100, 103 f., 107, 181, 226, 514*
Bevan, Aneurin *507*
Bismarck, Otto von *30–32, 80, 89, 102, 171, 197, 224, 227, 299–302, 306, 309, 332, 454*
Bizet, Georges *62*
Blank, Theodor *408*
Bleek, Karl Theodor *334, 420, 450, 455, 459*
Blücher, Franz *319, 386*
Blüher, Hans *100*
Böll, Heinrich *478*
Bonhoeffer, Dietrich *246, 425, 428*
Bonhoeffer, Emmy *246, 342, 426*
Bonhoeffer, Karl Friedrich *428*
Bonhoeffer, Klaus *246, 342, 425 f.*

Bonn, Gisela 485
Bonn, Moritz Julius 393–396
Bosch, Paula 236
Bosch, Robert 74, 92, 104, 114, 120, 150, 171–174, 192, 209, 218 f., 221, 231–238, 243, 253, 278, 299, 395
Bott, Hans 147, 196, 206, 208, 214, 334, 338, 340 f., 346, 351 f., 369, 391, 409, 412, 423, 455, 477, 482 f., 495, 505, 522, 524
Bourdieu, Pierre 193
Boveri, Margret 11, 19, 26, 160, 219, 226, 232, 235, 263 f., 286, 300 f., 326, 333, 343, 352, 373–375, 386, 424–427, 436, 438, 442, 444 f., 482, 495, 503, 512, 523
Boxer, John H. 253, 260–262
Brammer, Karl 281
Brandt, Willy 335, 376, 403, 407, 415, 421, 449, 456, 486–490, 509
Brauer, Max 466
Brecht, Bertolt 490, 497
Brentano di Tremezzo, Heinrich 401, 403, 488
Brentano, Lujo 16, 21, 26, 32–34, 36 f., 41–44, 65, 73, 76, 86, 104, 106, 109 f., 357, 377, 393, 416
Briand, Aristide 149 f.
Brod, Max 100, 451
Brüning, Heinrich 155, 168, 170 f., 260, 297, 376, 511
Buber, Martin 491
Bucerius, Gerd 387
Bucher, Lothar 301
Buchholz, Charlotte 351
Bülow, Bernhard von, Reichskanzler 41–43, 66, 69, 77, 80, 87, 89, 99, 107, 215, 226
Bülow, Bernhard Wilhelm von 74, 90, 119, 136, 250
Bultmann, Rudolf 470
Burckhardt, Carl Jacob 432, 436–438, 513
Busch, Wilhelm 66, 70 f., 255, 304, 315, 374
Chruschtschow, Nikita Sergejewitsch 386, 407, 410, 417, 474
Churchill, Winston 78, 285
Clemenceau, Georges 454
Cohnstaedt, Wilhelm 126
Conant, James B. 250, 333
Constant, Benjamin 321
Coudenhove-Kalergi, Richard Nikolaus Graf von 148–150, 437
Curtius, Ludwig 43, 403
Damaschke, Adolf 35
Daninos, Pierre 386, 460
Darwin, Charles 40 f., 224 f.
Daume, Willi 486
David, Eduard 100
de Gaulle, Charles 461
Debatin, Otto 232, 238, 319
Dehler, Thomas 253, 265, 304, 308, 313, 321, 332–334, 354, 356–358, 375, 377, 404 f., 409 f., 430, 478, 483, 487, 503 f.
Dehmel, Richard 117
Deißmann, Adolf 499
Delacroix, Eugène 158
Delbrück, Hans 36, 114, 147, 197
Delekat, Friedrich 408
Dessauer, Friedrich 11, 358, 368, 374, 409 f., 487
Deutscher, Isaac 292
Dewey, John 70, 131, 517
Dibelius, Martin 261
Dibelius, Otto 159–161, 184, 197, 204, 243, 246 f., 261, 283, 327, 414, 452 f.
Diederichs, Eugen 108 f.
Diels, Rudolf 196, 427
Diesel, Eugen 368
Dietrich, Hermann 133, 135, 155, 164, 259 f., 295, 297
Döblin, Alfred 331
Dohm, Hedwig 100 f.
Dohrn, Anton 192, 201, 217, 219, 222–228, 230, 233
Dohrn, Reinhard 223
Dohrn, Wolf 223
Dove, Alfred 91
Dulles, John Foster 509
Dürr, Willy 27
Duvoisin, Roger 513
Ebert, Friedrich 120, 127, 303, 345, 374, 376, 484 f.
Eckardt, Felix von 337, 398, 419
Edschmid, Kasimir 188

Eichmann, Adolf *491*
Einstein, Albert *150, 167, 219, 518*
Eisenhower, Dwight D. *396, 399, 447 f., 509, 516*
Eisler, Hanns *332, 346*
Eisner, Kurt *117, 146*
Eksteins, Modris *151*
Elsas, Fritz *243, 245, 268*
Elsas, Hanne *siehe* Heuss, Hanne
Erdmann, Karl Dietrich *85*
Erhard, Ludwig *11, 324, 367, 379, 386, 435, 449 f., 460, 498*
Erkelenz, Anton *120, 126, 144, 148, 153, 155, 175, 238, 259*
Erzberger, Matthias *88, 93, 107, 111, 119, 498*
Eschenburg, Theodor *312, 324, 374, 446*
Etzel, Franz *450*
Euler, August Martin *253*
Eyck, Erich *32, 40, 42, 139, 144 f., 301 f.*
Fatio, Louise *513*
Faulhaber, Michael Kardinal von *344*
Fechter, Rolf *347*
Feder, Gottfried *156, 161*
Fehrle, Jakob *499*
Fischer, Fritz *75, 78, 81, 83–85, 88–90*
Flick, Friedrich *297*
Ford, Henry *233*
Foerster, Friedrich Wilhelm *107, 144–148, 319, 511*
Fraenkel, Ernst *199*
François-Poncet, André *325*
Frank, Anne *396*
Frank, Ludwig *66, 73*
Frank, Walter *192, 199*
Freud, Sigmund *56, 381, 438, 521 f., 527*
Freund, Michael *373*
Frick, Wilhelm *178 f.*
Friederike von Hannover, Herzogin zu Braunschweig-Lüneburg, Königin von Griechenland *400*
Friedrich Wilhelm IV., König von Preußen *462*
Friedrich, Otto A. *416*
Frielinghaus-Heuss, Hanna (Nichte von Th.H.) *131, 467*
Garibaldi, Giuseppe *31*
Geiger, Willi *357*
Geiss, Imanuel *83*
George, Lloyd *86*
Gerlach, Hellmut von *77, 105, 115*
Gerstenmaier, Eugen *454, 487, 493*
Gessler, Otto *119 f., 143–146, 166 f., 173 f., 192, 215, 219, 278*
Glasenapp, Helmuth von *493, 495*
Glass, Karl *51*
Globke, Hans *402, 455, 460 f.*
Goebbels, Joseph *169, 175 f., 183, 191, 198, 206, 239, 262, 374, 411, 420, 445*
Goerdeler, Carl Friedrich *192, 234 f., 268*
Goethe, Johann Wolfgang von *18, 32, 56, 130, 279, 352, 442, 523*
Goetz, Walter *200*
Gollwitzer, Helmut *265, 428, 453, 469, 475 f.*
Gomułka, Władysław *424*
Gorer, Geoffrey *519*
Gothein, Georg *79*
Gothein, Marie-Luise *494*
Grabert, Herbert *428*
Grant, Bill *261*
Green, Theodor F. *47*
Grimm, Jacob *165*
Gross, Johannes *446 f., 454*
Grosser, Alfred *355, 359*
Grossmann, Kurt *515*
Grotewohl, Otto *414*
Gruhle, Hans W. *244*
Gründgens, Gustav *493*
Guardini, Romano *428*
Hacke, Jens *394*
Haeckel, Ernst *73, 224 f.*
Hagen, Hans W. *374 f.*
Hahn, Diederich *39*
Hahn, Otto *335, 369–372, 383, 428, 475 f., 478*
Haile Selassie I., Kaiser von Äthiopien *400*
Haldane, Richard *79*
Haller, Johannes *45*
Hallgarten, Charles P. *80, 209, 263*
Hallgarten, George W. F. *209*

Hallstein, Walter *358, 412 f., 424*
Hamm-Brücher, Hildegard *501*
Harkort, Günther *296 f.*
Harnack, Adolf von *114, 499*
Hausenstein, Wilhelm *21, 60, 331, 338, 341, 363, 384, 410*
Haußmann, Conrad *16, 82, 104, 120, 125 f., 129 f., 132, 158, 207, 313*
Haußmann, Wolfgang *444*
Hebel, Johann Peter *332, 348 f., 436 f.*
Heidegger, Martin *368*
Heiden, Konrad *179*
Heile, Wilhelm *339*
Heimpel, Hermann *333, 374, 429*
Heine, Heinrich *69, 166, 306, 451, 515*
Heinemann, Gustav *281, 376, 410*
Heinemann, Ulrich *90*
Heise, Carl Georg *228*
Helfferich, Karl *151 f.*
Hellpach, Willy *56, 148, 162, 174 f., 177, 259, 279*
Henkels, Walter *382*
Hermann der Cherusker *374*
Hertfelder, Thomas *25 f., 134, 158*
Hertz, Paul *509*
Herwarth von Bittenfeld, Hans *401*
Herz, Ludwig *197*
Herzog, Wilhelm *93*
Heß, Jürgen C. *239*
Heß, Rudolf *426*
Hesse, Hermann *74, 93–95, 122, 348, 381, 419, 436, 493 f.*
Hesse, Ninon, geb. Dolbin *419*
Heuss, Elisabeth, geb. Gümbel (Mutter) *21, 30*
Heuss, Ernst Ludwig (Sohn) *22, 139, 163, 182, 188, 192, 194, 202, 204, 207 f., 237, 243–246, 276, 284, 349, 359, 392, 405, 426, 432 f., 438, 448 452 f., 455, 457*
Heuss, Hanne, geb. Elsas (Schwiegertochter) *192, 246, 451–453, 525 f.*
Heuss, Hedwig (Schwägerin) *433, 440*
Heuss, Hermann (Bruder) *30, 49*
Heuss, Ludwig (Bruder) *30*
Heuss, Ludwig, genannt Louis (Vater) *21, 29 f.*
Heuss-Czisch, Barbara (Enkelin) *125*
Heuss-Knapp, Elly, geb. Knapp (Ehefrau) *21 f., 24, 27 f., 33, 40, 43 f., 46, 48–50, 52–61, 63–65, 68, 70, 73, 82, 85, 90, 97–99, 103, 113–115, 131, 139, 146, 153 f., 158–163, 169 f., 173, 178, 184, 191 f., 197, 202, 204–210, 212, 230, 238, 243–249, 257, 261 f., 264, 279 f., 292, 297, 302 f., 310, 323, 326, 331 f., 340, 348 f., 352, 361, 379, 382, 400, 413, 431–435, 438, 440, 459, 463, 465, 475, 482, 496, 502, 521, 524*
Heuss-Wolff, Ursula (Schwiegertochter) *244, 453*
Hiller, Kurt *100 f., 108, 115, 150, 267, 273*
Hindenburg, Paul von *120 f., 127, 141, 145, 159, 162, 173 f., 184, 312, 321, 327, 337, 376, 484*
Hintze, Willi *245*
Hirschfeld, Magnus *188*
Hitler, Adolf *51, 63, 79, 121, 135, 140, 144, 155, 159, 169 f., 173 f., 176–187, 198–204, 209–210, 212, 214, 218, 222, 225, 234 f., 239, 242, 249, 251, 267 f., 273 f., 280–283, 287, 289, 296, 300, 327, 334, 345, 363, 389, 391, 395 f., 399, 404 f., 410 f., 426, 432, 438, 463, 468, 472 f., 477, 498, 513*
Hobsbawm, Eric *268*
Hodann, Max *188*
Hodler, Ferdinand *73, 93–95, 439*
Hoffmann von Fallersleben, August Heinrich *141*
Hohenlohe-Langenburg, Margarita Fürstin zu *340*
Hölderlin, Friedrich *26*
Holl, Karl *329*
Homer *315, 332, 348 f.*
Honold, Gottlob *236*
Hoover, Herbert *254, 274, 295, 398*
Höpker Aschoff, Hermann *195, 304, 308 f., 354–358, 431*
Horkheimer, Max *371, 521*
Hugenberg, Alfred *174, 404*
Huxley, Julian *224*
Huxley, Thomas Henry *224*
Jäckh, Ernst *21 f., 40 f., 61, 73 f., 80 f., 91, 104, 114, 119, 135, 140, 148, 187, 191,*

194, 214, 219, 232, 244, 323, 331, 375, 390–394
Jäckh, Marta 391–393
Jagow, Traugott Achaz von 69
Jaspers, Karl 313, 335, 428, 471 f., 479
Jefferson, Thomas 519
Joffre, Joseph 99
Johann, Alfred Ernst 395
John, Otto 333, 342, 424–427
Johnson, Alvin 147, 398f
Jünger, Ernst 334, 473, 475
Kaiser, Jakob 291
Kallmann, Hans Jürgen 497
Kämpffer, Charlotte (gen. Lotti) 326, 348
Kandinsky, Wassily 167
Kapp, Wolfgang 138
Keil, Wilhelm 236
Keller, Gottfried 70, 239
Kennan, George F. 334, 417–420, 424, 507–509
Kennedy, John F. 78, 509
Kerr, Alfred 100
Kessler, Harry Graf 74, 136
Kessler, Hermann 302
Keudell, Robert von 224, 227
Keudell, Walter von 227 f.
Keynes, John Maynard 155
Kiderlen-Waechter, Alfred von 73, 80 f.
Kierkegaard, Søren 476
Kiesinger, Kurt Georg 373, 382, 480
Kießling, Arno 439
Kirkpatrick, Sir Ivone 513
Klaiber, Manfred 334, 340 f., 347, 399, 402 f., 491
Klee, Paul 373
Klein, Ludwig (Jugendfreund) 73
Kleist, Heinrich von 283
Klett, Arnulf 365
Klinger, Gustav 81
Knapp, Georg Friedrich (Schwiegervater) 22, 33, 38, 50, 65, 91, 108, 151 f., 155 f.
Knorr, Hermann 253, 275 f.
Koch, Helmut 13
Koch-Weser, Erich 133, 172, 259
Koeppen, Wolfgang 333, 351 f., 462
Köhler, Horst 14, 382
Kohlhaas, Michael 424
Kohn, Hans 514
Kokoschka, Oskar (»O. K.«) 331, 362 f., 432, 436
Kolbenheyer, Erwin Guido 169
Kortner, Fritz 398
Köstlin, Therese 98
Kästner, Erich 478
Krafft-Ebing, Richard von 59
Krauss, Werner 437
Kroll, Hans 417
Kuby, Erich 360
Külz, Helmut 292, 307
Külz, Wilhelm 169, 177, 254, 283, 287–292, 294, 307, 358, 411
Kupisch, Karl 470
Laach, Maria 380, 506
Lafargue, Paul 300
Lamprecht, Karl 59
Lange, Friedrich Albert 225
Langer, William 251, 335
Lasker-Schüler, Else 503
Lederer, Emil 261
Leins, Hermann 216, 247, 435, 442 f.
Lemmer, Ernst 132, 410, 412
Lenz, Otto 415
Leonhard, Rudolf 100
Leoni, Alexander 98
Liebermann, Max 86
Liebig, Justus von 192, 230 f., 235, 333
Liebknecht, Karl 117, 209
Lilje, Johannes 333, 359, 464
Linke, Lilo 523 f.
Löbe, Paul 320, 343
Lochner, Louis P. 274
Loew, Wilhelm 199
Loewenstein, Karl 11, 260, 434
Lörcher, Karl Christoph 191, 219
Lübke, Heinrich 14, 58, 230, 335, 367, 458, 476, 485, 496 f.
Lübke, Wilhelmine 458, 497
Ludendorff, Erich 174, 473
Lüders, Marie-Elisabeth 169, 478
Ludwig I., König von Bayern 373, 462
Lueger, Karl 176

Luise Prinzessin zu Mecklenburg-Strelitz, Königin von Preußen *374*
Luxemburg, Rosa *117, 205, 209*
MacArthur, General Douglas *408*
Madariaga, Salvador de *428*
Maier, Franz Karl *271–273*
Maier, Reinhold *100, 135, 184 f., 253 f., 259 f., 271–273, 277 f., 281, 290, 295, 332, 358 f., 375, 413, 444, 448*
Mann, Erika *512*
Mann, Heinrich *39, 100–102*
Mann, Klaus *512*
Mann, Thomas *100, 102, 150, 167, 211, 333, 415, 512*
Mao Tse-tung *497*
Märten, Louise Charlotte (gen. Lu) *50 f.*
Marx, Karl *67, 110, 173, 225, 300*
Maurenbrecher, Max *48*
May, Karl *40, 58, 438*
Mayer, Ernst *282*
McCarthy, Joseph (gen. Joe) *425–427, 430, 512*
McCloy, Ellen *524*
McCloy, John J. *325, 331*
Mehnert, Klaus *493*
Meinecke, Friedrich *74, 91, 108, 199, 242*
Meitner, Lise *372*
Mende, Erich *444*
Mensing, Hans Peter *323, 379, 391*
Menzel, Walter *311 f.*
Merseburger, Peter *38, 243*
Metternich, Klemens Wenzel von *419*
Middelhauve, Friedrich *293, 321*
Miller, Oskar von *331, 368*
Mohn, Heinrich *497*
Mommsen, Theodor *165*
Morgenthau, Henry J. *394*
Mörike, Eduard *26*
Morris, William *115*
Moses, Robert *520*
Muchow, Hans Heinrich *46*
Mück, Friedrich *73 f., 154 f., 182, 194, 197, 204, 210, 212*
Mühsam, Erich *93, 183*
Müller, Karl Alexander von *199*
Mussolini, Benito *271*
Nasser, Gamal Abdel *395 f., 508, 513*
Naumann, Friedrich *16, 21 f., 26 f., 31–46, 48, 52, 57–63, 65–68, 71–74, 76, 78–80, 85, 88 f., 91, 95, 97, 102–109, 111, 114–120, 122 f., 127 f., 132, 137, 139 f., 143, 158, 161 f., 164, 166, 187, 192, 196, 198–201, 203 f., 207–209, 212–217, 220–222, 225 f., 229, 232, 234, 250, 259, 262 f., 273, 277, 279, 283, 286, 290, 299 f., 303, 311, 319, 361, 365, 408, 412, 469, 497–499, 504*
Nehru, Jawaharlal *492 f.*
Nelson, Leonard *100*
Neurath, Konstantin Freiherr von *250, 333, 402 f.*
Niemeyer, Elisabeth (gen. Lis) *50*
Niemöller, Martin *143, 191, 270, 335, 375, 394, 410 f., 459, 463–470, 472–476, 478 f., 493, 510, 517 f., 522*
Nietzsche, Friedrich *62, 65*
Nippold, Otfried *82*
Nixon, Richard *509*
Nopitsch, Antonie *331, 482*
Nordhoff, Heinrich *367*
Nuschke, Otto *412*
Ohr, Wilhelm *94*
Ollenhauer, Erich *359, 478*
Oncken, Hermann *195, 199*
Oppenheimer, Robert *428*
Ossietzky, Carl von *150, 167, 170, 183, 188*
Pasternak, Boris *386*
Payer, Friedrich *132, 207, 313*
Peters, Carl *41 f.*
Pfau, Ludwig *32*
Pfleiderer, Karl Georg *413*
Picht, Georg *369*
Pieck, Wilhelm *414 f., 439*
Pikart, Eberhard *328, 381, 383, 385, 388 f., 420, 432, 435, 442 f., 453, 501*
Pizarro, Francisco *42*
Platon *54*
Poelzig, Hans *62, 104 f., 115, 187, 192, 217–222, 233, 362 f., 504*
Poincaré, Raymond *78, 146*
Pol, Heinz *288*

Polanyi, Karl *505, 508*
Polanyi, Michael *428*
Porsche, Ferdinand (gen. Ferry) *367*
Posadowsky-Wehner, Arthur Graf *42*
Preetorius, Emil *339*
Preiser, Erich *38*
Preuß, Hugo *120, 125, 162, 202, 303, 373, 498*
Quidde, Ludwig *36*
Rademacher, Max *255, 320*
Radhakrishnan, Sarvepalli *493 f.*
Rassow, Peter *85*
Rathenau, Walther *103, 373 f., 498*
Rau, Johannes *471*
Reckzeh, Paul *248*
Redslob, Edwin *142*
Reifenberg, Benno *261*
Reimann, Max *316*
Renger, Annemarie *324*
Renner, Heinz *316 f.*
Renner, Karl *287*
Reusch, Paul Hermann *432, 436*
Reuter, Ernst *350, 378, 456*
Rhodes, Cecil *42*
Richter, Eugen *22, 31, 33*
Riehl, Wilhelm Heinrich *36*
Riemerschmid, Richard *229*
Riezler, Kurt *73 f., 83–89, 96, 104, 114, 119, 136, 240, 514*
Riezler, Walter *84, 219*
Ritter, Gerhard *235, 301*
Robertson, Sir Brian *325*
Rodin, Auguste *81*
Rohrbach, Paul *40 f., 73 f., 80 f., 94, 136, 140*
Roosevelt, Franklin D. *212*
Rosenberg, Alfred *218*
Rosenstock-Huessy, Eugen *120*
Rothfels, Hans *84*
Rousseau, Jean-Jacques *41*
Rudolph, Hermann *487*
Ruskin, John *115*
Rustige, Heinrich *51*
Salomon, Alice *159*
Salomon, Ernst von *269*
Sandberger, Martin *148, 250 f., 403*
Savonarola, Girolamo *468*
Schacht, Hjalmar *119 f., 126, 139, 155 f., 168, 211, 273*
Schäffer, Fritz *379*
Schaller, Hans Otto *97*
Schaser, Angelika *163 f.*
Scheffer, Paul *211, 326*
Schickele, René *59*
Schiller, Friedrich *26, 272, 279, 328*
Schlüter, Leonhard *333, 425, 427–430, 448, 512*
Schmid, Carlo *186, 222, 251, 255, 270, 287, 303, 305, 308, 310, 315 f., 318, 320, 322–324, 377, 453, 457–459, 462, 478, 488*
Schmidt-Hellerau, Karl *229*
Schmitt, Carl *111, 200, 202 f., 315, 368, 383, 447*
Schmitthenner, Paul *19, 200, 202, 238*
Schnabel, Franz *230, 269*
Schnee, Heinrich *120, 141*
Schröder, Gerhard *384, 425, 486*
Schröder, Rudolf Alexander *14, 331, 345, 347 f.*
Schukow, Georgi Konstantinowitsch *410*
Schumacher, Kurt *186, 304 f., 324, 332, 349 f., 377 f., 414*
Schumpeter, Joseph *110, 449*
Schurz, Carl *374, 490, 505*
Schwan, Gesine *376*
Schwarz, Hans-Peter *385, 419, 457*
Schweitzer, Albert *22, 40, 57 f., 369, 475–478, 494, 497, 512*
Seidel, Ina *374*
Senn, Marie (Cousine) *50*
Sering, Max *195*
Sethe, Paul *425*
Severing, Carl *350*
Shinnar, Felix E. *397*
Shuster, George N. *389*
Sieburg, Friedrich *351*
Siegmund-Schultze, Friedrich *470*
Siemens, Werner von *368*
Simoneit, Max *485*
Simons, Hans *486*
Simson, Eduard *197*
Smend, Rudolf *425*

Snow, Charles Percy *219*
Sollmann, Wilhelm *185*
Somary, Felix *211*
Sombart, Werner *67, 69*
Speer, Albert *222*
Speidel, Wilhelm *475*
Spengler, Oswald *383*
Spitzemberg, Hildegard von *64*
Spranger, Eduard *195*
Springer, Axel *484*
Stadtler, Eduard *208 f.*
Stalin, Josef *285, 292, 417*
Stapel, Wilhelm *192, 200–202, 207 f., 223, 278 f., 310, 328*
Stark, Oskar *221*
Staudinger, Else *441*
Stephan, Werner *175, 198, 216*
Sternberg, Fritz *183*
Sternberger, Dolf *255, 313–315, 319, 351, 353*
Stettiner-Fuhrmann, Gertrud *160*
Stinnes, Hugo *98, 130, 209*
Stoecker, Adolf *199, 468*
Stoehr, Hans A. *235*
Stolper, Gustav *63, 92, 108, 120 f., 128, 139 f., 144, 150, 154, 156 f., 168, 171, 174, 186, 191 f., 194, 209–212, 225, 247, 254, 258–260, 263, 266, 272, 274, 278, 281, 286 f., 290, 294–298, 300, 334, 383, 389, 398, 422, 431 f., 449 f., 464, 502, 504, 508 f., 512, 518, 520, 523*
Stolper, Max *263, 408*
Stolper, Toni, geb. Kassowitz *13, 25, 63, 74, 76, 84–86, 88, 108, 112, 120 f., 140, 147 f., 154, 157, 159, 161, 163, 169, 186, 193–196, 198, 204 f., 207, 209–212, 225, 228, 240, 246–248, 254, 259 f., 263 f., 266, 268–270, 274, 278, 286 f., 290, 294–299, 302, 320, 323, 330, 333 f., 340, 351, 358, 374 f., 379 f., 386–389, 393 f., 397–399, 405, 408, 412 f., 417 f., 420, 422, 424, 427 f., 430–433, 435–438, 441–443, 445, 447–451, 455–457, 462, 464, 469, 476, 480, 491, 495, 501–527*
Stolper, Wolfgang *463*
Stone, Shepard *262, 279, 517*
Stotz, Gustav (gen. Stotzle) *51–53*
Strasser, Gregor *180*
Strassmann, Fritz *372*
Strauß und Torney, Luise von (gen. Lulu) *21, 29, 35, 50, 64, 91, 93, 99, 108 f., 215, 242*
Strauß, Franz Josef *408, 459, 466, 481, 488*
Strauss, Richard *51*
Stresemann, Gustav *85, 88, 107, 111, 135, 139, 145, 149, 170, 172–174, 374, 376, 454, 498*
Suhr, Otto *255, 456*
Suttner, Bertha von *164*
Szilard, Leo *334, 518 f.*
Tagore, Rabindranath *487, 494 f.*
Talleyrand-Périgord, Charles-Maurice de *419*
Thadden, Elisabeth von *248*
Thielicke, Helmut *387, 466, 519*
Thoma, Ludwig *93 f.*
Thompson, Dorothy *386, 398, 460, 508, 513, 519*
Thoreau, Henry *69*
Thyssen, August *107, 130*
Tille, Alexander *65*
Tirpitz, Alfred von *38 f., 79, 96, 171*
Toller, Ernst *183*
Toombs, Alfred *262*
Traub, Gottfried *48, 94, 139*
Treitschke, Heinrich von *187 f.*
Treviranus, Gottfried *171*
Troeltsch, Ernst *499*
Truman, Harry S. *251, 408, 447*
Tuchman, Barbara *78*
Tucholsky, Kurt *165–168, 170, 188*
Twain, Mark *70*
Uetli, Barbara *247, 251*
Uexküll, Jacob von *224*
Uhland, Ludwig *26*
Varrentrapp, Franz *310*
Vater, Margarethe *98, 524*
Vollmar, Georg von *68*
Vulpius, Christiane *523*
Wagner, Richard *62 f., 157, 240, 352 f., 499*
Waldeck, Georg Friedrich von *240 f.*
Walz, Hans *237 f., 249*

Weber, Alfred *25, 106, 129 f., 182*
Weber, Marianne *44, 55 f., 108, 112, 244, 522 f.*
Weber, Max *15, 19, 44, 48, 53, 55 f., 64 f., 67, 74, 76, 102, 106, 108–113, 116 f., 120, 125, 127, 129, 132, 147, 152, 161, 174, 177 f., 198, 219, 225, 244, 250, 260 f., 329, 334, 358, 360, 388, 403 f., 421, 494, 519, 522*
Weber, Petra *316*
Weber, Werner *371*
Wedekind, Frank *70, 166*
Wegener, Paul *220*
Weizman, Chaim *398*
Weizsäcker, Carl Friedrich von *250, 334, 366, 475 f.*
Weizsäcker, Ernst von *250, 331, 402*
Weizsäcker, Richard von *14, 359*
Welchert, Hans-Heinrich *237, 293*
Wels, Otto *186*
Welter, Erich *460*
Wenger, Paul Wilhelm *310 f.*
Werfel, Franz *100*
Wessel, Horst *346, 350, 375*
Weymar, Paul *317, 323, 380, 387, 390*
Whitman, Walt *70, 132*
Wieland, Phillip *133 f.*
Wildermuth, Eberhard *134*
Wilhelm II., Deutscher Kaiser und König von Preußen *34, 39, 41, 44, 59, 69, 77, 90, 95, 105, 227, 468*
Wilhelm, Bernhard *74, 89, 119, 250*
Wilson, Thomas Woodrow *117, 419*
Winkelried, Arnold *278*
Winkler, Heinrich August *380*
Wintrich, Josef *356*
Wiskemann, Elizabeth (gen. Betty) *512*
Wissell, Rudolf *431*
Woermann, Emil *427, 429*
Wolff, Annemarie *244, 453*
Wolff, Theodor *100, 126, 130, 168, 170*
Wurster, Carl *431*
Wyneken, Gustav *46, 100*
Zähringer, Arnold *236*
Zeppelin, Ferdinand Graf von *62–64*
Zepter, Gerd *332, 344, 352*
Zetkin, Klara *236*
Zuckmayer, Alice *436*
Zuckmayer, Carl *343, 432, 436 f., 470*
Zundel, Friedrich *236*

Bildnachweis

S. 26 Familienarchiv Heuss, Basel/Foto: Veritas, München/Stiftung Bundespräsident-Theodor-Heuss-Haus, Stuttgart
S. 30 Familienarchiv Heuss, Basel/Foto: Ch. Kohler/Stiftung Bundespräsident-Theodor-Heuss-Haus, Stuttgart
S. 33 Familienarchiv Heuss, Basel/Stiftung Bundespräsident-Theodor-Heuss-Haus, Stuttgart
S. 35 Familienarchiv Heuss, Basel/Stiftung Bundespräsident-Theodor-Heuss-Haus, Stuttgart
S. 49 Familienarchiv Heuss, Basel/Foto: M. Gümbel/Stiftung Bundespräsident-Theodor-Heuss-Haus, Stuttgart
S. 51 Familienarchiv Heuss, Basel/Stiftung Bundespräsident-Theodor-Heuss-Haus, Stuttgart
S. 55 Familienarchiv Heuss, Basel/Stiftung Bundespräsident-Theodor-Heuss-Haus, Stuttgart
S. 109 Familienarchiv Heuss, Basel/Stiftung Bundespräsident-Theodor-Heuss-Haus, Stuttgart
S. 229 Presse- und Informationsamt der Bundesregierung/BPA/Bundesbildstelle
S. 259 Familienarchiv Heuss, Basel/Foto: Annelise Rosenberg/Andrea Rosenberg/Stiftung Bundespräsident-Theodor-Heuss-Haus, Stuttgart
S. 264 Familienarchiv Heuss, Basel/Foto: Photo Krongold, London/Stiftung Bundespräsident-Theodor-Heuss-Haus, Stuttgart
S. 275 Familienarchiv Heuss, Basel/Foto: H. Lossen, heidelberg-images.com, Lossen Foto, Heidelberg
S. 291 Familienarchiv Heuss, Basel/Stiftung Bundespräsident-Theodor-Heuss-Haus, Stuttgart
S. 305 Familienarchiv Heuss, Basel/Presse- und Informationsamt der Bundesregierung/BPA/Bundesbildstelle
S. 325 Familienarchiv Heuss, Basel/Presse- und Informationsamt der Bundesregierung/BPA/Bundesbildstelle
S. 326 picture-alliance/AP Images
S. 342 Presse- und Informationsamt der Bundesregierung/BPA/Bundesbildstelle

S. 343 Presse- und Informationsamt der Bundesregierung (Foto: Rolf Unterberg)/BPA/Bundesbildstelle
S. 349 SZ Photo/Strobel, Alfred
S. 354 Presse- und Informationsamt der Bundesregierung (Foto: o.A.)/BPA/Bundesbildstelle
S. 367 Porsche AG, Historisches Archiv/Foto: Detlev F. Haug
S. 370 Nachlass Hanna Frielinghaus-Heuss/Jannamaria Guffarth (Quelle: Heuss-Anekdoten, gesammelt und erzählt von Hanna Frielinghaus-Heuss, München: Bechtle 1964)
S. 377 Presse- und Informationsamt der Bundesregierung (Foto: Jean Schneider)/BPA/Bundesbildstelle
S. 400 Presse- und Informationsamt der Bundesregierung (Foto: Rolf Unterberg)/BPA/Bundesbildstelle
S. 421 Presse- und Informationsamt der Bundesregierung (Foto: Gert Schütz)/BPA/Bundesbildstelle
S. 444 SZ Photo/picture alliance/dpa/ap
S. 466 picture-alliance/dpa/Lothar Heidtmann
S. 477 Nachlass Hanna Frielinghaus-Heuss/Jannamaria Guffarth/Stiftung Bundespräsident-Theodor-Heuss-Haus, Stuttgart
S. 489 Presse- und Informationsamt der Bundesregierung (Foto: Rolf Unterberg)/BPA/Bundesbildstelle
S. 491 Nachlass Hanna Frielinghaus-Heuss/Jannamaria Guffarth/Stiftung Bundespräsident-Theodor-Heuss-Haus, Stuttgart
S. 492 Presse- und Informationsamt der Bundesregierung/BPA/Bundesbildstelle
S. 494 Archiv Max Galli, Foto: E. Hauenstein/H. Plattner/Dokumentationsbibliothek St. Moritz
S. 497 Nachlass Hans Jürgen Kallmann/Dr. Gerda Haddenhorst-Kallmann, Wiesbaden/Kallmann Museum in der Orangerie Ismaning/Stiftung Bundespräsident-Theodor-Heuss-Haus, Stuttgart
S. 499 Familienarchiv Heuss, Basel/Nachlass Jakob Fehrle/Cornelia Fehrle-Choms, Schwäbisch Gmünd/Foto-Fischer, Schwäbisch Gmünd (Fotograf)